Hengstebeck | Rechnungswesen für Steuerfachangestellte

Hengstebeck

Rechnungswesen für Steuerfachangestellte

Merkur Verlag Rinteln

Wirtschaftswissenschaftliche Bücherei für Schule und Praxis
Begründet von Handelsschul-Direktor Dipl.-Hdl. Friedrich Hutkap †

Verfasser:
Klaus Hengstebeck
Diplomökonom

3. Auflage 2001

Gesamtherstellung:
MERKUR VERLAG RINTELN Hutkap GmbH & Co. KG, 31735 Rinteln

ISBN 3-8120-0068-7

Vorwort

Auf die Angabe konkreter Kalenderjahre wird verzichtet. Stattdessen kommen die Ziffern 01, 02 usw. zur Anwendung. Die jeweils höchste Ziffer steht für das aktuelle Kalenderjahr.

Alle Beträge sind in EUR angegeben. Das Steuer-Euroglättungsgesetz wurde dabei so weit wie möglich berücksichtigt. Weitere, noch nicht vorliegende EUR-Werte sind errechnet worden.

Abkürzungsverzeichnis

Abs.	Absatz
AfA	Absetzung für Abnutzung
AG	Aktiengesellschaft
AK	Anschaffungskosten
AktG	Aktiengesetz
ANK	Anschaffungsnebenkosten
A/O	April/Oktober = Zinszahlungstermine für festverzinsliche Wertpapiere
AO	Abgabenordnung
BFH	Bundesfinanzhof München
BGB	Bürgerliches Gesetzbuch
BL	Bundesländer
BStBl.	Bundessteuerblatt
DG	Drittlandsgebiet
d.h.	das heißt
EB	Eröffnungsbestand
EBK	Eröffnungsbilanzkonto
EDV	Elektronische Datenverarbeitung
ESt	Einkommensteuer
EStDV	Einkommensteuer-Durchführungsverordnung
EStG	Einkommensteuergesetz
EStR	Einkommensteuer-Richtlinien
EU	Europäische Union
GewSt	Gewerbesteuer
GewStG	Gewerbesteuergesetz
ggf.	gegebenenfalls
GmbH	Gesellschaft mit beschränkter Haftung
GmbHG	GmbH-Gesetz
GoB	Grundsätze ordnungsmäßiger Buchführung
G+V	Gewinn- und Verlustkonto
HGB	Handelsgesetzbuch
HK	Herstellungskosten
i.H.	im Hundert
KapESt	Kapitalertragsteuer
Kfz	Kraftfahrzeug
KG	Kommanditgesellschaft
KLR	Kosten- und Leistungsrechnung

KSt	Körperschaftsteuer
KStG	Körperschaftsteuergesetz
lfd.	laufend
LKW	Lastkraftwagen
LSt	Lohnsteuer
LStDV	Lohnsteuer-Durchführungsverordnung
LStR	Lohnsteuer-Richtlinien
lt.	laut
ND	Nutzungsdauer
OHG	Offene Handelsgesellschaft
PC	Personalcomputer
PKW	Personenkraftwagen
SachBezVO	Sachbezugsverordnung
SB	Schlussbestand
SBK	Schlussbilanzkonto
StGB	Strafgesetzbuch
SV	Sozialversicherung
SolZG	Solidaritätszuschlaggesetz
SZ	Solidaritätszuschlag
u. a.	unter anderem
USt	Umsatzsteuer
USt-Id.-Nr.	Umsatzsteuer-Identifikations-Nummer
UStG	Umsatzsteuergesetz
UStDV	Umsatzsteuer-Durchführungsverordnung
UStR	Umsatzsteuer-Richtlinien
u. U.	unter Umständen
v. H.	vom Hundert
VorSt	Vorsteuer
vL	vermögenswirksame Leistungen
z. B.	zum Beispiel
z. T.	zum Teil

Inhaltsverzeichnis

D Beschaffungs- und Absatzbereich

E Personalbereich

F Finanzbereich

G Sachanlagenbereich

H Steuerbereich

I Rechtsgrundlagen für Bewertungen im Jahresabschluss

J Abgrenzungen bei der Erstellung des Jahresabschlusses

K Bewertungen bei der Erstellung des Jahresabschlusses

M Jahresabschluss

N Sachliche Abgrenzungen

O Auswertung des Jahresabschlusses

A Gliederung des Rechnungswesens

Das betriebliche Rechnungswesen umfasst alle Maßnahmen und Verfahren zur systematischen Erfassung, Darstellung und Abrechnung des betrieblichen Geschehens, soweit dies zahlenmäßig, d. h. mengen- und wertmäßig, möglich ist. Es spiegelt den Aufbau und den Ablauf der betrieblichen Prozesse wider und ermöglicht es dadurch, den Betrieb, insbesondere im Hinblick auf eine Verbesserung von Wirtschaftlichkeit und Rentabilität, zu durchleuchten.

Aufgabe des Rechnungswesens ist es, Daten, die im Geschäftsverkehr anfallen, zu sammeln, diese sinnvoll aufzubereiten und damit dem Unternehmer als wichtige interne Informationsquelle zur Verfügung zu stehen.

Das betriebliche Rechnungswesen gliedert sich in verschiedene Aufgabenbereiche, und zwar in

- Buchführung,
- Kosten- und Leistungsrechnung,
- Statistik und
- Planungsrechnung.

Diese Teilbereiche stehen nicht isoliert nebeneinander, sondern sind in der genannten Reihenfolge voneinander abhängig.

1 Buchführung

Die Buchführung (Finanzbuchführung) nimmt eine zentrale Stellung ein, weil ihr Zahlenmaterial die Grundlage für die übrigen Zweige des Rechnungswesens darstellt. Sie hat die Aufgabe, alle Geschäftsvorfälle planmäßig und zeitlich geordnet festzuhalten.

Anhand der so erstellten Unterlagen ist in gewissen Zeitabständen die Vermögenslage, vor allem aber auch die Erfolgslage des Unternehmens, insbesondere im Jahresabschluss, festzustellen.

Darüber hinaus übernimmt die Buchführung die folgenden Aufgaben:

Die Buchführung dient der Selbstinformation des Unternehmers.

Der Unternehmer kann sich jederzeit informieren,

- wie sich Vermögen und Schulden zusammensetzen und verändert haben,
- welchen Gewinn oder Verlust er innerhalb eines bestimmten Zeitraums erwirtschaftet hat,
- welche Aufwendungen und Erträge den Erfolg des Unternehmens beeinflusst haben.

Die Buchführung ist Grundlage der Rechenschaftslegung.

Häufig ist eine Person, die ein Unternehmen aufbauen will, nicht in der Lage, das benötigte Eigenkapital allein in voller Höhe bereitzustellen. Das Problem kann gelöst werden, wenn weitere Personen (Gesellschafter) das noch erforderliche Eigenkapital zur Verfügung stellen.

Da die kapitalmäßige Beteiligung an einem Unternehmen nicht auch die Beteiligung an der Geschäftsführung zur Folge haben muss, ist den nicht an der Geschäftsführung beteiligten Gesellschaftern Rechenschaft darüber zu geben, wie mit dem Kapital gearbeitet worden ist (§§ 118, 166, 325 ff. HGB).

Die Rechenschaftslegung erfolgt im Jahresabschluss, dessen Grundlage die Buchführung ist.

2 Hengstebeck – ISBN 3-8120-0068-7

Die Buchführung liefert die Zahlen zur Berechnung der Steuern.

Mit Hilfe der Buchführung ist der Unternehmer in der Lage, korrekte Umsatzsteuer-Voranmeldungen/Erklärungen und Lohnsteueranmeldungen zu erstellen.

Darüber hinaus stellt die Buchführung die Grunddaten (Gewinn) für die Berechnung der Einkommensteuer/Körperschaftsteuer sowie der Gewerbesteuer zur Verfügung.

Den Finanzbehörden bleibt es vorbehalten, die Richtigkeit der Steuererklärungen des Unternehmers anhand der Aufzeichnungen in der Buchführung zu überprüfen.

Die Buchführung schützt die Gläubiger (z. B. Banken, Lieferanten).

Der Gläubigerschutz besteht darin, dass sich ein Kreditgeber aufgrund der Handelsbücher

- vor der Kreditgewährung ein Urteil über die Kreditwürdigkeit des Unternehmens bilden kann,
- während der Laufzeit des Kredits über die Entwicklung der Kreditwürdigkeit des Unternehmers informiert wird.

Die Buchführung dient als Beweismittel.

Im Falle von Rechtsstreitigkeiten des Unternehmers mit Kunden, Gläubigern und Behörden ist das Gericht berechtigt (§ 258 HGB), die Vorlage der Handelsbücher zu verlangen. Diese können dann als Beweismittel dienen. Dies ist allerdings nur möglich, wenn die Handelsbücher ordnungsgemäß geführt worden sind.

2 Kosten- und Leistungsrechnung

Im Gegensatz zur Buchführung, die sich als zahlenmäßige Aufzeichnung sämtlicher wirtschaftlichen Vorgänge des gesamten Unternehmens versteht, beschränkt sich die Kosten- und Leistungsrechnung auf die Erfassung der erfolgsbeeinflussenden Größen, die mit der eigentlichen betrieblichen Tätigkeit - Leistungserstellung und -verwertung - zusammenhängen. Die entsprechenden Beträge werden als Kosten bzw. Leistungen bezeichnet.

Durch Abzug der Kosten von den Leistungen ergibt sich der Erfolg des Betriebes.

Aufgabe der Kosten- und Leistungsrechnung ist es vor allem, Unterlagen bereitzustellen, die als Grundlage der Kalkulation dienen und eine Kontrolle der Wirtschaftlichkeit ermöglichen.

3 Statistik

Die Statistik wertet das Zahlenmaterial von Buchführung und Kosten- und Leistungsrechnung aus. Sie verarbeitet die Zahlen zu Kennziffern, Tabellen, grafischen Darstellungen usw. und ermöglicht dadurch schnelle und übersichtliche Informationen über alle wesentlichen Betriebsdaten (z. B. Lager-, Kosten-, Umsatz- und Personalentwicklung). Sie ist eine Vergleichsrechnung, die der Betriebskontrolle dient und die Wirtschaftlichkeit prüft.

4 *Planungsrechnung*

Die Planungsrechnung ist eine vorausschauende Berechnung, d.h., sie legt aufgrund der Verhältnisse der Vergangenheit und der erwarteten Entwicklung fest, wie das Unternehmen in Zukunft arbeiten soll (Einkaufs-, Absatz-, Produktions-, Finanz-, Werbeplan).

Die Planungsrechnung ist nur dann verlässlich, wenn sie von Buchführung, Kalkulation und Statistik einwandfreie Unterlagen über die Verhältnisse der Vergangenheit erhält, die einen Schluss auf die Zukunft gestatten. Eine weitere Bedingung ist, dass die erwartete Entwicklung sorgfältig abgeschätzt wird.

Gliederung des Rechnungswesens			
Buchführung (Grundlage für übrige Bereiche)	**Kosten- und Leistungsrechnung**	**Statistik**	**Planungsrechnung**
Dokumentation = Aufzeichnung aller Geschäftsvorfälle innerhalb eines bestimmten Zeitraums Rechenschaftslegung im Jahresabschluss	Erfassung der durch die eigentliche betriebliche Tätigkeit verursachten erfolgswirksamen Beträge (Kosten und Leistungen) Überwachung der Wirtschaftlichkeit	Aufbereitung und Auswertung der Zahlen der Buchführung und Kosten- und Leistungsrechnung zur Überwachung des Betriebsgeschehens und Gewinnung von Unterlagen für die betriebliche Planung und Disposition	Berechnung der zukünftigen betrieblichen Entwicklung aufgrund der Zahlen der Buchführung, der Kosten- und Leistungsrechnung und der Statistik

Kontrollaufgaben

1. Erklären Sie, was unter dem Begriff Buchführung zu verstehen ist.
2. Nennen Sie einige wichtige Aufgaben der Buchführung.
3. Welche Informationen liefert die Buchführung dem Unternehmer?
4. Nennen Sie weitere Personen bzw. Institutionen, für die die Buchführung von Bedeutung ist.
5. Warum haben die unter 4. genannten Personen bzw. Institutionen berechtigtes Interesse an der Buchführung?

B Allgemeine Vorschriften zur Buchführung

1 Buchführungspflicht

Die Buchführung ist das zahlenmäßige Spiegelbild des gesamten Unternehmensgeschehens. Demzufolge enthält sie für die Geschäftsführung, die Eigentümer des Unternehmens, die Gläubiger und den Staat wichtige Informationen. Verständlicherweise stellt das Unternehmen diese Informationen Außenstehenden nicht freiwillig zur Verfügung, sondern nur dann, wenn es durch Gesetze dazu gezwungen wird.

1.1 Arten der Buchführungspflicht

Um den unterschiedlichen Informationsbedürfnissen Außenstehender gerecht zu werden, bedarf es unterschiedlicher Vorschriften. Diese befinden sich einerseits im Handelsrecht, andererseits im Steuerrecht.

1.1.1 Handelsrechtliche Buchführungspflicht

Die handelsrechtlichen Vorschriften (§§ 238 ff. HGB) verpflichten nur Kaufleute (§§ 1 ff. HGB) zur Buchführung. In § 238 HGB heißt es: „Jeder Kaufmann ist verpflichtet, Bücher zu führen und in diesen seine Handelsgeschäfte und die Lage seines Vermögens nach den Grundsätzen ordnungsmäßiger Buchführung ersichtlich zu machen."

In Abhängigkeit von der Unternehmensform sind die zu beachtenden Vorschriften allerdings unterschiedlich streng.

Einzelkaufleute und Personengesellschaften (z. B. OHG, KG) müssen bei der Führung der Handelsbücher lediglich die Vorschriften der §§ 238 bis 263 HGB beachten.

Für Kapitalgesellschaften und KapGes & Co. KG/OHG[1] gelten neben den allgemeinen Vorschriften der §§ 238 bis 263 HGB die ergänzenden Vorschriften der §§ 264 bis 335 HGB.

Eingetragene Genossenschaften haben darüber hinaus die Vorschriften der §§ 336 bis 339 HGB zu beachten.

1.1.2 Steuerrechtliche Buchführungspflicht

Die grundlegenden steuerrechtlichen Vorschriften befinden sich in der Abgabenordnung (AO). Nach § 140 AO muss jeder, der nach anderen als den Steuergesetzen Bücher zu führen hat, die für die Besteuerung von Bedeutung sind, die damit auferlegten Verpflichtungen auch im Interesse der Besteuerung erfüllen.

Damit werden die handelsrechtlichen Buchführungspflichten für Kaufleute bestätigt und auch für das Steuerrecht maßgeblich (abgeleitete Buchführungspflicht).

Daneben erweitert § 141 AO den Kreis der Buchführungspflichtigen auch auf Gewerbetreibende und Land- und Forstwirte, die nach Handelsrecht nicht zur Buchführung verpflichtet sind (originäre Buchführungspflicht). Die Buchführungspflicht tritt allerdings nur dann ein, wenn nach den Feststellungen der Finanzbehörde für den einzelnen Betrieb eine der folgenden Grenzen überschritten wird:

- Umsatz 260.000,00 EUR im Kalenderjahr oder
- Wirtschaftswert der selbst bewirtschafteten land- und forstwirtschaftlichen Fläche 20.500,00 EUR oder

1 wenn bei ihnen nicht wenigstens ein persönlich haftender Gesellschafter eine natürliche Person ist

- ▶ Gewinn aus Gewerbebetrieb 25.000,00 EUR im Wirtschaftsjahr oder
- ▶ Gewinn aus Land- und Forstwirtschaft 25.000,00 EUR im Kalenderjahr.

Buchführungspflicht nach	
Handelsrecht	**Steuerrecht**
▶ für alle Kaufleute §§ 238–263 HGB ▶ zusätzlich für alle Kapitalgesellschaften und KapGes & Co. KG/OHG §§ 264–335 HGB ▶ zusätzlich für alle eingetragenen Genossenschaften §§ 336–339 HGB	▶ für alle Kaufleute § 140 AO ▶ für alle anderen Unternehmer[1] (§ 141 AO), wenn alternativ deren - Umsatz > 260.000,00 EUR - Wirtschaftswert > 20.500,00 EUR - Gewinn > 25.000,00 EUR

Beispiel:

Hans A. betreibt als Nichtkaufmann eine Boutique in Stuttgart. Aufgrund der durch A. für das Jahr 01 beim Finanzamt eingereichten Erklärungen stellt dieses einen Umsatz von 220.000,00 EUR und einen Gewinn in Höhe von 27.000,00 EUR fest.

Weil A. nicht Kaufmann ist, ist er nach § 140 AO nicht buchführungspflichtig. Seine Verpflichtung zur Buchführung ergibt sich jedoch aus § 141 AO, weil er eine in § 141 Abs. 1 AO genannte Grenze, hier die Gewinngrenze von 25.000,00 EUR, überschritten hat.

1.2 Beginn und Ende der Buchführungspflicht

Für den Beginn der Buchführungspflicht gelten, abhängig von der Art der Buchführungspflicht, unterschiedliche Vorschriften.

Handelt es sich um Kaufleute, so richtet sich der Beginn der Buchführungspflicht nach den Gesetzen, aus denen die Pflicht zur Buchführung abgeleitet ist. Im Einzelnen heißt das:

- ▶ Der Istkaufmann ist mit der Aufnahme der gewerblichen Tätigkeit,
- ▶ Kannkaufleute, sobald die Eintragung ins Handelsregister erfolgt ist und
- ▶ Formkaufleute mit Gründung der Gesellschaft (Abschluss des Gesellschaftsvertrages)

buchführungspflichtig.

Die Buchführungspflicht von Gewerbetreibenden bzw. Land- und Forstwirten, die nicht Kaufleute sind, beginnt mit dem Wirtschaftsjahr, das dem Wirtschaftsjahr folgt, in dem eine der Grenzen des § 141 Abs. 1 AO überschritten wurde. Der Verpflichtung zur Buchführung ist allerdings erst dann nachzukommen, wenn durch die Finanzbehörde (mindestens einen Monat vor Beginn des Wirtschaftsjahres) darauf hingewiesen wurde (§ 141 Abs. 2 AO).

Beispiel:

Der Schuhmachermeister Friedel H. in Leipzig ist nicht ins Handelsregister eingetragen. Er reicht seine Einkommmensteuererklärung für 01 am 31. Mai 02 beim Finanzamt ein. Der Sachbearbeiter ermittelt daraufhin erstmals einen Gewinn von mehr als 25.000,00 EUR.

Durch das Überschreiten der Gewinngrenze ist H. buchführungspflichtig geworden. Seiner Verpflichtung, Bücher zu führen, muss er jedoch erst nachkommen, wenn er durch Mitteilung des Finanzamts dazu aufgefordert wird. Dies kann frühestens vom Wirtschaftsjahr 03 an der Fall sein.

1 nicht jedoch Freiberufler

Entsprechende Vorschriften gelten für das Ende der Buchführungspflicht. Bei Kaufleuten endet diese mit dem Verlust der Eigenschaft als Kaufmann, bei den übrigen Steuerpflichtigen ein Jahr nach Ablauf des Wirtschaftsjahres, in dem die Finanzbehörde feststellt, dass keine der Grenzen des § 141 Abs. 1 AO mehr überschritten wurde.

Übungen

1. Eine ins Handelsregister eingetragene Einzelunternehmung wurde am 6. Aug. 01 eröffnet. Bei 30 beschäftigten Arbeitnehmern betrug die Verkaufsfläche 550 m^2.

   Bis zum 31. Dez. 01 wurde trotz eines Umsatzes von 720.000,00 EUR kein Gewinn erzielt.

   Nehmen Sie Stellung zur Buchführungspflicht des Unternehmers.

2. Der praktische Arzt Dr. Lenz erzielt im Jahr 02 bei einem Umsatz von 620.000,00 EUR einen Gewinn von 240.000,00 EUR.

   Welche Folgerungen ergeben sich aus diesen Zahlen hinsichtlich der Buchführungspflicht des Arztes für das Jahr 03?

3. Eine GmbH wird am 20. Nov. 01 ins Handelsregister eingetragen. Der bis zum 31. Dez. 01 erzielte Umsatz beläuft sich auf 150.000,00 EUR, der Gewinn auf 20.000,00 EUR.

   Nehmen Sie Stellung zur Buchführungspflicht der GmbH in den Jahren 01 und 02.

4. Ein nicht als Kaufmann zu beurteilender Gewerbetreibender, der im Jahr 01 ein Schuhgeschäft eröffnet hat, macht für die Jahre 01 und 02 die folgenden Angaben:

	01	02
Umsatz	90.000,00 EUR	210.000,00 EUR
Gewinn aus Gewerbebetrieb	– 30.000,00 EUR	27.000,00 EUR

   Erläutern Sie, ob und ggf. ab wann der Unternehmer verpflichtet ist, Bücher zu führen.

5. Ein Gewerbetreibender, der nicht ins Handelsregister eingetragen ist, wird durch das Finanzamt aufgefordert, Bücher zu führen und jährliche Abschlüsse zu machen.

   Welche Begründung kann das Finanzamt für diese Aufforderung geben?

6. Ein selbstständiger Steuerberater, der 10 Fachangestellte beschäftigt, erzielte im Jahr 01 bei einem Umsatz von 400.000,00 EUR einen Gewinn von 150.000,00 EUR.

   Nehmen Sie Stellung zur Buchführungspflicht des Steuerberaters.

7. Entscheiden und begründen Sie, ob folgende Personen buchführungspflichtig sind:
   a) Textileinzelhändler (Kaufmann), Gewinn 22.000,00 EUR, Umsatz 180.000,00 EUR,
   b) GmbH, Gewinn 20.000,00 EUR, Umsatz 250.000,00 EUR,
   c) Werkzeughändler (Nicht-Kaufmann), Gewinn 52.000,00 EUR, Umsatz 240.000,00 EUR,
   d) Steuerberater, Gewinn 110.000,00 EUR, Umsatz 550.000,00 EUR.

8. Entscheiden und begründen Sie, ob folgende Unternehmer verpflichtet sind, Bücher zu führen und jährliche Abschlüsse zu machen:

	Gewinn EUR	Umsatz EUR
Offene Handelsgesellschaft	15.000,00	180.000,00
GmbH	15.000,00	190.000,00
Handwerker (Kfm.), Betrieb Siegen	15.000,00	120.000,00
Betrieb Olpe	21.000,00	150.000,00
Rechtsanwalt	58.000,00	180.000,00

9. Ein Unternehmer eröffnete im Jahr 01 ein Andenkenlädchen. Im ersten Wirtschaftsjahr erzielte er bei einem Umsatz von 90.000,00 EUR einen Gewinn von 20.300,00 EUR. Bei einem Umsatz von 150.000,00 EUR betrug der Gewinn im zweiten Wirtschaftsjahr 27.900,00 EUR.

   Da bisher keine Eintragung des Unternehmers ins Handelsregister erfolgte, verzichtete er darauf, Bücher zu führen und jährliche Abschlüsse zu machen.

   Mit dem Steuerbescheid für das Jahr 02 erhält der Unternehmer am 27. Juni 03 die Aufforderung des Finanzamts, eine ordnungsgemäße Buchführung einzurichten.

   a) Prüfen Sie, ob die Aufforderung des Finanzamts berechtigt ist.
   b) Von welchem Zeitpunkt an hat der Unternehmer ggf. der Aufforderung nachzukommen?

2 *Ordnungsmäßigkeit der Buchführung*

2.1 Grundsätze ordnungsmäßiger Buchführung

Die Buchführung ist ordnungsgemäß, wenn sie den Grundsätzen ordnungsmäßiger Buchführung (GoB) entspricht. Was unter diesem Begriff zu verstehen ist, ist nicht genau bestimmt. Vielmehr sind die GoB nach dem Willen des Gesetzgebers ein unbestimmter Rechtsbegriff, der dazu dient, die Interpretation von Gesetzestexten zu ermöglichen und Gesetzeslücken auszufüllen. Dies vor allem, um Anpassungen der Buchführung an künftige wirtschaftliche und rechtliche Änderungen möglich zu machen.

GoB entstehen durch

- die Verkehrsanschauung,
- die Rechtsordnung mit ihren Gesetzen und Verordnungen,
- die Rechtsprechung,
- Empfehlungen und Gutachten von Behörden und Verbänden, und
- wissenschaftliche Veröffentlichungen.

Ein Teil der GoB ist ausdrücklich, die anderen GoB sind nur allgemein im Handelsgesetzbuch erwähnt. Dies hat jedoch keine unterschiedliche Gewichtung der GoB zur Folge. Alle nicht ausdrücklich im HGB genannten GoB erlangen ihre Rechtswirkung durch die allgemeine Nennung in den §§ 243 und 264 HGB (so genannte Generalklauseln).

Von Bedeutung für die eigentliche Buchführung sind die Grundsätze des systematischen Aufbaus der Buchführung, der Vollständigkeit sowie der Ordnungsmäßigkeit des Belegwesens.

Grundsatz des systematischen Aufbaus der Buchführung

Gegenstand der Buchführung und des Jahresabschlusses ist die korrekte Darstellung der Handelsgeschäfte und der Lage des Unternehmens (§ 238 Abs. 1 HGB). Es wird also die richtige, übersichtliche, zeitgerechte und geordnete Führung der Bücher verlangt.

Die richtige Führung der Bücher ist gewährleistet, wenn alle Buchungen inhaltlich mit den zugrunde liegenden Geschäftsvorfällen übereinstimmen.

Übersichtlich ist die Führung der Bücher dann, wenn ein sachverständiger Dritter sich anhand der Bücher in angemessener Zeit einen Überblick über die Geschäftsvorfälle und die Lage des Unternehmens verschaffen kann.

Zeitgerechte Buchung bedeutet, dass - außer bei Kassenvorgängen, die täglich aufzuzeichnen sind - Buchungen zeitnah und in der richtigen Zeitfolge erfolgen müssen.

Eine geordnete Führung der Bücher ist gewährleistet, wenn die Buchungen aufgrund eines Kontenplans erfolgen, eine Trennung von Sach- und Personenkonten sowie Bestands- und Erfolgskonten vorgenommen wird und für die Buchführung Grund- und Hauptbuch eingerichtet werden.

Grundsatz der Vollständigkeit

Nach diesem Grundsatz

- hat der Jahresabschluss sämtliche Vermögensgegenstände, Schulden, Rechnungsabgrenzungsposten, Aufwendungen und Erträge zu enthalten,
- darf keine Verrechnung von Posten der Aktivseite mit Posten der Passivseite sowie von Aufwendungen und Erträgen erfolgen und
- sind alle Geschäftsvorfälle einzeln aufzuzeichnen.

Grundsatz der Ordnungsmäßigkeit des Belegwesens

Die Geschäftsvorfälle müssen sich in ihrer Entstehung und Abwicklung verfolgen lassen (§ 238 Abs. 1 HGB).

Demnach

- darf keine Buchung ohne Beleg erfolgen,
- ist jeder Beleg mit einem Ausstellungsdatum zu versehen,
- haben alle Buchungen in einer lebenden Sprache zu erfolgen,
- müssen verwendete Abkürzungen, Ziffern, Buchstaben und Symbole eindeutig bestimmt sein,
- müssen gegenseitige Verweise - von der Buchung zum Beleg bzw. vom Beleg zur Buchung - vorhanden sein,
- haben Korrekturen, die dazu führen, dass der ursprüngliche Inhalt einer Buchung nicht mehr feststellbar ist, zu unterbleiben (§ 239 HGB).

2.2 Rechtsfolgen nicht ordnungsmäßiger Buchführung

2.2.1 Steuerrechtliche Folgen

Normalerweise dient die ordnungsgemäße Buchführung als Grundlage für die Besteuerung. Werden jedoch trotz Buchführungspflicht keine Bücher geführt, muss das Finanzamt die Besteuerungsgrundlagen anhand der vorhandenen Unterlagen (Belege, Kontrollmitteilungen) schätzen (§ 162 AO).

Werden Bücher geführt, können diese fehlerhaft sein. Es können sowohl formelle als auch materielle Mängel vorliegen.

Werden formelle Mängel festgestellt, gilt die Buchführung noch als ordnungsmäßig, wenn das sachliche Ergebnis, insbesondere der Gewinn, durch diesen Fehler nicht beeinflusst wird und die Mängel keinen erheblichen Verstoß gegen die GoB darstellen. Ein erheblicher Verstoß liegt z. B. vor, wenn Kasseneinnahmen und -ausgaben nicht täglich, sondern nur monatlich erfasst oder Eintragungen in den Büchern durch Benutzung von Tintenkillern rückgängig gemacht worden sind.

Enthält die Buchführung unwesentliche materielle Mängel, wirkt sich dies ebenfalls nicht auf die Ordnungsmäßigkeit aus. Es muss allerdings gewährleistet sein, dass die Fehler berichtigt werden oder das Buchführungsergebnis durch eine zusätzliche Schätzung (Teilschätzung) richtiggestellt wird. Dies ist z. B. möglich, wenn unbedeutende Geschäftsvorfälle nicht oder nicht richtig gebucht worden sind.

Enthält die Buchführung dagegen erhebliche formelle oder wesentliche sachliche (materielle) Mängel, wird sie verworfen und es kommt zu einer Vollschätzung der Besteuerungsgrundlagen. Dies ist z. B. der Fall, wenn kein Grundbuch geführt worden oder nur ein Teil des Warenbestandes in der Bilanz ausgewiesen ist.

Ist die Schätzung aufgrund fahrlässiger oder vorsätzlicher Falschbuchungen erforderlich, können zusätzlich wegen

- Steuergefährdung (§ 379 AO) Geldbußen bis zu 5.000,00 EUR,
- leichtfertiger Steuerverkürzung Geldbußen bis zu 50.000,00 EUR,
- Steuerhinterziehung Geld- oder Freiheitsstrafen

verhängt werden.

2.2.2 Strafrechtliche Folgen

Werden Handelsbücher nicht ordnungsgemäß geführt, kommt es nur zu strafrechtlichen Folgen, wenn das Unternehmen die Zahlungen eingestellt hat oder das Insolvenzverfahren eröffnet bzw. mangels Masse abgelehnt wurde.

Strafbar sind (§ 283 StGB) die Nichtführung oder die mangelhafte Führung von Handelsbüchern, die Entziehung von aufbewahrungspflichtigen Unterlagen sowie die mangelhafte bzw. verspätete Bilanzaufstellung. Je nach Schwere der Fälle drohen Geldstrafen oder Freiheitsstrafen bis zu 10 Jahren.

Kontrollaufgaben

1. Erklären Sie, was unter dem Begriff Grundsätze ordnungsmäßiger Buchführung zu verstehen ist.
2. Zeigen Sie, aus welchem Grunde GoB entwickelt wurden und werden.
3. Wodurch entstehen GoB?
4. Nennen Sie Beispiele für GoB.
5. Wie ermittelt das Finanzamt die Besteuerungsgrundlagen, wenn ein buchführungspflichtiger Unternehmer der Buchführungspflicht nicht nachkommt?
6. Zwischen welchen Buchführungsmängeln wird grundsätzlich unterschieden?
7. Nennen Sie Beispiele für diese (6.) Mängel.
8. Mit welchen steuerrechtlichen Folgen muss der buchführungspflichtige Unternehmer aufgrund dieser Mängel (6.) rechnen?
9. Wie ist die Rechtslage, wenn es in der Buchführung leichtfertig oder vorsätzlich zu Falschbuchungen gekommen ist?
10. In welchen Fällen muss der buchführungspflichtige Unternehmer aufgrund seiner mangelhaften Buchführung auch mit strafrechtlichen Konsequenzen rechnen?
11. Entscheiden und begründen Sie, ob in den folgenden Fällen gegen das Prinzip des zeitgerechten Buchens verstoßen wird:
    a) Zielverkäufe von Waren werden nicht täglich, sondern wöchentlich gebucht.
    b) Provisionsabrechnungen werden nur monatlich erstellt und gebucht.
    c) Kasseneinnahmen und Kassenausgaben werden nur wöchentlich ermittelt und gebucht.

12. Entscheiden und begründen Sie, ob und ggf. gegen welche GoB Ihr Mandant verstößt, wenn er
   a) Umsätze, die im Wirtschaftsjahr 01 stattgefunden haben, erst im Wirtschaftsjahr 02 erfasst,
   b) Umsätze, für die er keine Rechnungen ausgestellt hat, nicht erfasst,
   c) seine Kasseneinnahmen und Kassenausgaben wöchentlich, aber nach Tagen geordnet, aufzeichnet,
   d) Bücher und Aufzeichnungen in seiner Lieblingssprache „Französisch" führt,
   e) Schreibfehler in Büchern und Aufzeichnungen, der Sauberkeit wegen, mit „Tipp-Ex" beseitigt.

3 Steuerliche Aufzeichnungspflichten

Im Gegensatz zur Buchführung, die sämtliche Geschäftsvorfälle erfasst, beschränkt sich die Verpflichtung zu Aufzeichnungen auf die Erfassung bestimmter geschäftlicher Vorgänge.

Die Aufzeichnungen dienen einerseits dazu, Besteuerungsgrundlagen nachprüfbar zu machen, andererseits sind sie Grundlage für die Inanspruchnahme vorteilhafter steuerlicher Regelungen.

Steuerliche Aufzeichnungen sind insbesondere zu führen

- über die Warenbewegungen (Wareneingang, Warenausgang § 143, 144 AO),
- zur Feststellung und Berechnung der Umsatzsteuer (§ 22 UStG, §§ 63ff. UStDV),
- zur Berücksichtigung bestimmter Betriebsausgaben, z. B. Geschenke, bei der Gewinnermittlung (§ 4 Abs. 5 und 7 EStG, R 21 EStR),
- für geringwertige Wirtschaftsgüter, die in voller Höhe als Betriebsausgaben abgesetzt werden (§ 6 Abs. 2 EStG, R 40 Abs. 3 und 4 EStR),
- für alle Angaben (§ 41 EStG, § 4 LStDV), die für die Lohn-/Gehaltsabrechnung von Bedeutung sind.

Buchführende Unternehmer kommen der steuerlichen Aufzeichnungspflicht grundsätzlich im Rahmen ihrer Buchführung nach.

Besondere Bedeutung haben die steuerlichen Aufzeichnungspflichten deshalb in der Regel nur für Steuerpflichtige, die weder nach Handelsrecht noch nach Steuerrecht der Buchführungspflicht unterliegen (z. B. Freiberufler und Unternehmer, die die Grenzen des § 141 AO nicht überschreiten).

4 Aufbewahrungspflichten nach Handels- und Steuerrecht

Aufgrund handels- und steuerrechtlicher Vorschriften sind betriebliche Unterlagen eine bestimmte Zeit lang aufzubewahren. Für die Aufbewahrung von Büchern und Aufzeichnungen beträgt diese Zeit sowohl handels- als auch steuerrechtlich (§ 257 HGB, § 147 AO) 10 Jahre. Bücher sind z. B. das Kassenbuch, das Kontokorrentbuch, das Wareneingangs- und das Warenausgangsbuch. Als Bücher gelten auch die Eröffnungsbilanz, Jahresabschlüsse und die zu ihrem Verständnis erforderlichen Unterlagen, z. B. Hauptabschlussübersichten, EDV-Programme und Kontenpläne.

Um überprüfen zu können, ob die in den Büchern erfassten Daten mit den Geschäftsvorfällen übereinstimmen, sind auch die entsprechenden Belege aufzubewahren. Belege sind z. B. Eingangsrechnungen, Durchschläge von Ausgangsrechnungen, Überweisungsdurchschriften sowie selbst erstellte Unterlagen zur Erfassung von privaten Entnahmen, Abschreibungen, Stornobuchungen, Umbuchungen und Abschlussbuchungen.

Handels- und steuerrechtlich gilt auch für Belege - wie für Bücher - die 10-jährige Aufbewahrungsfrist. Eine kürzere, d. h. eine 6-jährige Aufbewahrungsfrist, gilt für empfangene Handelsbriefe, Wiedergaben der abgesandten Handelsbriefe und sonstige Unterlagen, soweit sie für die Besteuerung von Bedeutung sind.

Die Aufbewahrungsfristen beginnen mit Ablauf des Kalenderjahres, in dem

- die letzte Eintragung in das Buch gemacht worden ist,
- das Inventar, die Eröffnungsbilanz, der Jahresabschluss oder der Lagebericht aufgestellt worden sind,
- der Buchungsbeleg entstanden ist.

Eröffnungsbilanz und Jahresabschlüsse sind im Original, Handelsbücher und Belege dürfen im Gegensatz dazu auch auf Datenträgern aufbewahrt werden.

Die steuerrechtlichen Aufbewahrungsvorschriften gelten übrigens auch für Unternehmen, die weder handels- noch steuerrechtlich zur Buchführung verpflichtet sind.

Kontrollaufgaben

1. Wer verstößt gegen die Aufbewahrungspflicht für Unterlagen?
2. Welche Unterlagen hat der Kaufmann aufzubewahren?
3. Welche Aufbewahrungsfristen gelten für die verschiedenen Unterlagen?
4. Was spricht dafür, die Unterlagen nicht im Original, sondern auf Datenträgern gespeichert aufzubewahren?
5. Entscheiden und begründen Sie, wie lange die folgenden Unterlagen aufzubewahren sind:
   a) Kassenbericht,
   b) Kreditorenkonten,
   c) Gehaltsliste,
   d) erhaltener Werbebrief,
   e) Bankkonto-Auszüge,
   f) Eingangsrechnung
   g) Durchschrift einer Bestellung,
   h) Lieferantengutschriften,
   i) Journale,
   j) Kassenstreifen,
   k) Inventurreinschrift,
   l) Gewinn- und Verlustrechnung,
   m) Wareneingangsbuch,
   n) Konto „Bank“ der Finanzbuchführung,
   o) Quittung über Bareinkauf.

C Einführung in die Buchführung

1 Ermittlung der Ausgangsgrößen durch Inventur

Die Buchführung versteht sich als zahlenmäßige Darstellung des Unternehmensgeschehens. Um diesem Anspruch genügen zu können, benötigt der Unternehmer entsprechendes Zahlenmaterial. Einen Teil dieser Zahlen, und zwar die Ausgangsgrößen, erhält er zunächst einmal, indem er feststellt,

- welche Vermögensgegenstände und Schulden (Ausnahme: R 31 Abs. 3 EStR)
- sich an einem bestimmten Zeitpunkt
- mit welchen Mengen und Werten

in seinem Unternehmen befinden.

Diese als Bestandsaufnahme oder Inventur bezeichnete Tätigkeit ist nicht nur bei Eröffnung des Unternehmens, sondern danach zum Ende eines jeden Geschäftsjahres durchzuführen. Weitere Inventuranlässe sind z. B. der Erwerb, die Auflösung und die Veräußerung eines Unternehmens.

Inventur ist die

mengenmäßige (nach Stückzahl, Gewicht, Länge usw.) und wertmäßige (in EUR)

Bestandsaufnahme (Tätigkeit)

zu einem bestimmten Zeitpunkt (Gründung, Übernahme, Auflösung, Veräußerung eines Unternehmens; zum Schluss eines jeden Geschäftsjahres).

1.1 Arten der Inventur

Nach der Art der Durchführung der Bestandsaufnahme wird zwischen der körperlichen Inventur und der Buchinventur unterschieden.

Körperliche Inventur

Grundform der Inventur ist die körperliche Bestandsaufnahme aller materiellen Vermögensgegenstände (z. B. Grundstücke, Fahrzeuge, Maschinen, Rohstoffe, Waren), d. h., es wird das Vorhandensein der Vermögensgegenstände überprüft, und zwar in der Regel durch Messen, Zählen oder Wiegen. Gleichzeitig oder anschließend erfolgt die Bewertung dieser Vermögensgegenstände in EUR.

Für Vermögensgegenstände des beweglichen Anlagevermögens (z. B. Maschinen, Fahrzeuge) gilt allerdings eine Besonderheit (R 31 Abs. 5 EStR, § 241 Abs. 2 HGB): Wenn jeder Zu- und Abgang laufend in ein Bestandsverzeichnis (Anlagenverzeichnis) eingetragen wird und damit gewährleistet ist, dass die zum Ende des Wirtschaftsjahres vorhandenen Vermögensgegenstände der Art und Höhe nach problemlos ermittelt werden können, erübrigt sich die körperliche Inventur.

Buchinventur

Die körperliche Bestandsaufnahme ist z. B. bei Forderungen an Kunden, Verbindlichkeiten gegenüber Lieferanten, Bankguthaben und Bankschulden nicht möglich. Deshalb erfolgt die Bestandsermittlung bei diesen immateriellen Vermögensgegenständen und Schulden durch Buchinventur, d. h., die Bestände dieser Vermögensgegenstände und Schulden werden aufgrund der Eintragungen in den Büchern festgestellt. Dabei erfolgt der Nachweis, in welcher Höhe Forderungen und Verbindlichkeiten vorliegen, durch die für die einzelnen Kunden und Lieferanten geführten Kontokorrentkonten, der Nachweis der Höhe der Bankguthaben und -schulden durch Kontoauszüge.

Arten der Inventur	
körperliche Inventur	**Buchinventur**
▶ mengen- und wertmäßige Bestandsaufnahme aller körperlichen Vermögensgegenstände (Maschinen, Rohstoffe, Fertigerzeugnisse usw.) – keine körperliche Inventur beim abnutzbaren Anlagevermögen bei Führen eines Anlagenverzeichnisses	▶ nur wertmäßige Bestandsaufnahme aller nicht körperlichen Vermögensgegenstände und Schulden (Forderungen, Bankguthaben, Lieferanten- und Bankschulden usw.)

1.2 Inventurvereinfachungsverfahren

Vom Grundsatz, dass die Inventur am Ende des Geschäftsjahres durch Vollaufnahme zu erfolgen hat, darf abgewichen werden (§ 241 HGB, § 141 AO, R 30 EStR), d. h., der Unternehmer ist berechtigt, sowohl zeitliche als auch arbeitsmäßige Erleichterungen bei der Durchführung der Inventur in Anspruch zu nehmen.

Zeitliche Inventurerleichterungen

Als zeitliche Inventurerleichterungen kommen

- ▶ die zeitnahe Inventur,
- ▶ die verlegte Inventur und
- ▶ die permanente Inventur

in Betracht.

Zeitnahe Inventur

Findet die Inventur nicht am Abschlussstichtag (z. B. am 31. Dez.), wohl aber stichtagsbezogen, d. h. innerhalb einer Frist von 10 Tagen vor oder bis zu 10 Tagen nach dem Stichtag statt, wird von zeitnaher Inventur gesprochen. Da mit der zeitnahen Inventur die tatsächlich am Abschlussstichtag vorhandenen Bestände (wie bei der Stichtagsinventur) nachgewiesen werden sollen, ist es erforderlich, diese unter Berücksichtigung der Zu- und Abgänge zwischen dem Aufnahme- und Abschlussstichtag zu berechnen. Dies geschieht, indem eine mengen- und wertmäßige Fortschreibung bzw. Rückrechnung des Aufnahmebestandes auf den Abschlussstichtag vorgenommen wird.

Verlegte Inventur

Bei der verlegten Inventur findet die Bestandsaufnahme innerhalb der letzten drei Monate vor oder der ersten zwei Monate nach dem Abschlussstichtag statt.

Der Bestand ist am Aufnahmetag zwar art-, mengen- und wertmäßig zu ermitteln, auf den Abschlussstichtag aber nur wertmäßig fortzuschreiben bzw. zurückzurechnen.

Durch Anwendung dieses Inventurverfahrens hat der Unternehmer die Möglichkeit, die Inventurarbeiten in eine beschäftigungsschwache Zeit zu verlagern, ohne aufwendige art- und mengenmäßige Korrekturen der Bestände zum Abschlussstichtag vornehmen zu müssen.

Beispiel Wertfortschreibung:

Der buchführende Gewerbetreibende Eduard D. in Dresden hat durch körperliche Inventur am 1. Nov. 01 einen Warenbestand von 125.000,00 EUR ermittelt. Bis zum Abschlussstichtag (31. Dez. 01) sind folgende Änderungen eingetreten: Es wurden einerseits Waren zum Inventurwert von 40.000,00 EUR veräußert, andererseits Waren zum Inventurwert von 55.000,00 EUR eingekauft.

Warenbestand am 1. Nov. 01	125.000,00 EUR
+ Wareneinkäufe vom 1. Nov. bis zum 31. Dez. 01	55.000,00 EUR
	180.000,00 EUR
– Warenverkäufe vom 1. Nov. bis zum 31. Dez. 01	40.000,00 EUR
Wert des Warenbestandes zum 31. Dez. 01	140.000,00 EUR

Permanente Inventur

Kann der Bestand am Abschlussstichtag nach Art, Menge und Wert auch ohne gleichzeitige körperliche Inventur festgestellt werden, ist die permanente Inventur als Vereinfachungsverfahren zulässig. Die Bestände werden in diesem Fall nach Art und Menge anhand von Lagerbüchern oder Lagerkarteien ermittelt. Im Einzelhandel wird diese Arbeit dadurch erleichtert, dass EDV-Kassen zum Einsatz kommen, mit denen die Abgänge erfasst werden.

Die Anwendung dieses Verfahrens ist jedoch an folgende Voraussetzungen geknüpft (R 30 Abs. 2 EStR):

1. Die Lagerbücher (Lagerkarteien) müssen alle Bestände und alle Zu- und Abgänge einzeln nach Tag, Art und Menge enthalten.
2. In jedem Wirtschaftsjahr muss mindestens einmal an einem beliebigen Zeitpunkt durch körperliche Bestandsaufnahme geprüft werden, ob das in den Lagerbüchern (Lagerkarteien) ausgewiesene Vorratsvermögen mit den tatsächlichen Beständen übereinstimmt. Die als Vollaufnahme durchzuführende Inventur braucht dabei nicht zur gleichen Zeit für alle Bestände vorgenommen zu werden.
3. Über die Durchführung und das Ergebnis der körperlichen Inventur sind Aufzeichnungen (Protokolle) anzufertigen, die unter Angabe des Zeitpunkts der Aufnahme von den aufnehmenden Personen zu unterzeichnen sind.

Die permanente Inventur ist demnach nicht lediglich eine Buchinventur, sondern eine Buchinventur mit körperlicher Inventur.

Arbeitsmäßige Inventurerleichterungen

Die Inventur durch Vollaufnahme der Bestände verursacht, insbesondere bei Unternehmen mit vielen unterschiedlichen Vermögensgegenständen, einen erheblichen Arbeitsaufwand. Um diesen zu minimieren, ist es zulässig, den Bestand nach Art und Menge auch durch Stichproben zu ermitteln. Dabei hat der Unternehmer keine Entscheidungsfreiheit, auf welche Vermögensgegenstände sich die Stichprobe erstrecken soll. Er ist vielmehr verpflichtet (§ 241 Abs. 1 HGB), die in die Stichprobe gelangenden Vermögensgegenstände durch Anwendung anerkannter mathematisch-statistischer Verfahren, d. h. nach dem Zufallsprinzip, zu ermitteln.

Stichprobeninventur bedeutet also, dass an die Stelle der Vollerhebung sämtlicher Vermögensgegenstände nach dem Zufallsprinzip vorgegebene Erhebungen bei einem bestimmten Teil der Vermögensgegenstände treten.

Damit der Aussagewert der Stichprobeninventur dem der Vollaufnahmeinventur vergleichbar wird, werden die bei der Teilerhebung gewonnenen Ergebnisse anschließend auf die nicht überprüften Bestände übertragen, d. h., die Buchbestände der übrigen Vermögensgegenstände werden entsprechend den ggf. festgestellten Abweichungen berichtigt.

Inventurvereinfachungsverfahren			
zeitliche			arbeitsmäßige
zeitnahe Inventur	verlegte Inventur	permanente Inventur	Stichproben-Inventur
▶ innerhalb von 10 Tagen vor oder nach dem Abschlussstichtag ▶ mengen- und wertmäßige Fortschreibung bzw. Rückrechnung der Zu- oder Abgänge auf den Abschlussstichtag	▶ innerhalb von 3 Monaten vor oder 2 Monaten nach dem Abschlussstichtag ▶ nur wertmäßige Fortschreibung bzw. Rückrechnung der Zu- und Abgänge auf den Abschlussstichtag	▶ laufende Inventur aufgrund der Lagerkartei (Buchinventur) - ergänzt durch körperliche Bestandsaufnahme zu einem beliebigen Zeitpunkt im Geschäftsjahr	▶ statt Vollaufnahme - nur erlaubt bei Berücksichtigung anerkannter mathematisch-statistischer Methoden

Kontrollaufgaben

1. Erklären Sie den Begriff Inventur.
2. Aufgrund welcher Anlässe muss eine Inventur durchgeführt werden?
3. Was ist mit dem Begriff körperliche Inventur gemeint?
4. Welche Bestände lassen sich nur durch Buchinventur ermitteln?
5. Welche Feststellungen bezüglich der Vermögensgegenstände müssen bei körperlicher Inventur schriftlich festgehalten werden?
6. Erklären Sie die Begriffe
   a) permanente Inventur,
   b) Stichtagsinventur,
   c) zeitnahe Inventur,
   d) Stichprobeninventur und
   e) verlegte Inventur.

Übungen

1. Ein Unternehmer, der seinen Jahresabschluss zum 31. Dez. 03 erstellt, macht zur Ermittlung des Warenbestandes folgende Angaben:

Warenbestand lt. Inventur vom 15. Feb. 04	440.000,00 EUR
Wareneinkäufe vom 1. Jan. bis zum 15. Feb. 04	180.000,00 EUR
Verkauf von Waren (zum Inventurwert) vom 1. Jan. bis zum 15. Feb. 04	210.000,00 EUR

   Führen Sie die Berechnung durch.

2. Ein Großhändler hat am 15. Okt. 02 eine körperliche Bestandsaufnahme durchgeführt und einen Warenbestand von 480.000,00 EUR ermittelt. Bis zum 31. Dez. 02 (Abschlussstichtag) kam es noch zu folgenden Vorgängen: Es wurden

   Waren für 55.000,00 EUR eingekauft,
   Waren für 63.000,00 EUR (zu Inventurwerten) verkauft.

   Bestimmen Sie den Warenbestand zum 31. Dez. 02.

3. Ein Einzelhändler, dessen Wirtschaftsjahr mit dem Kalenderjahr übereinstimmt, führte die körperliche Bestandsaufnahme erst am 28. Feb. 03 durch und ermittelte einen Warenbestand in Höhe von 180.000,00 EUR. In der Zeit vom 1. Jan. 03 bis zum 28. Feb. 03 wurden Waren für 28.000,00 EUR eingekauft. Gleichzeitig fanden Verkäufe für 20.000,00 EUR (bewertet zu Inventurpreisen) statt.

   Ermitteln Sie den Warenbestand zum 31. Dez. 02.

4. Ein Unternehmer, dessen Wirtschaftsjahr mit dem Kalenderjahr übereinstimmt, macht zur Ermittlung des Warenbestandes zum Abschlussstichtag die folgenden Angaben:

Warenbestand lt. Inventur vom 10. Okt. 02	630.000,00 EUR
Wareneingang vom 11. Okt. 02 bis zum 31. Dez. 02	220.000,00 EUR
Wareneinsatz (verkaufte Waren zum Inventurwert) vom 11. Okt. 02 bis zum 31. Dez. 02	200.000,00 EUR

   Führen Sie die Berechnung zur Ermittlung des Warenbestandes zum 31. Dez. 02 durch.

5. Ein Großhändler, dessen Wirtschaftsjahr mit dem Kalenderjahr übereinstimmt, ermittelte aufgrund körperlicher Inventur zum 31. Mär. 03 einen Warenbestand von 322.000,00 EUR. Vom 1. Jan. 03 bis zum 31. Mär. 03 wurden Waren für 82.000,00 EUR eingekauft. Die in der gleichen Zeit durchgeführten Warenverkäufe, bewertet zu Inventurpreisen, beliefen sich auf 149.600,00 EUR.

   Wie hoch ist der Warenbestand zum 31. Dez. 02?

   Nehmen Sie Stellung zur vorgenommenen Lösung.

2 *Darstellung der Ausgangsgrößen*

2.1 Darstellung der Ausgangsgrößen im Inventar

Die Bestandsaufnahme (Inventur) findet ihren schriftlichen Niederschlag in einem Verzeichnis, das als Inventar bezeichnet wird. Das Inventar stellt also die lückenlose Sammlung aller Inventurlisten und gleichwertigen Unterlagen, z. B. Kontoauszüge, dar.

Obwohl keine Formvorschriften für den Aufbau des Inventars bestehen, hat es sich als zweckmäßig erwiesen, sachlich verwandte Bereiche unter gemeinsamen Oberbegriffen auszuweisen. Aus diesem Grunde ergibt sich für ein Inventar die folgende Grobgliederung:

A	Vermögen
B	./. Schulden
C	Reinvermögen (Eigenkapital)

Vermögen

Dieser Teil des Inventars enthält alle Vermögensgegenstände, geordnet nach Anlage- und Umlaufvermögen. Zum Anlagevermögen gehören solche Vermögensgegenstände, die dazu bestimmt sind, dem Geschäftsbetrieb dauernd bzw. längerfristig zu dienen (z. B. Grundstücke, Gebäude, Maschinen, Betriebs- und Geschäftsausstattung). Vermögensgegenstände, deren Höhe und/oder Zusammensetzung sich ständig ändert (z. B. Kassenbestand, Forderungen an Kunden) oder die dazu bestimmt sind, verarbeitet oder veräußert zu werden (z. B. Rohstoffe, Waren), sind dem Umlaufvermögen zuzuordnen.

Gleichzeitig wird ein weiterer Gliederungsgesichtspunkt beachtet: Das Vermögen wird nach seiner Flüssigkeit (Liquidität), d. h. nach der Schnelligkeit, im normalen Geschäftsbetrieb in Geld umgewandelt werden zu können, geordnet. Die weniger flüssigen Vermögensgegenstände (z. B. Gebäude, Maschinen) werden deshalb im Inventar als erste, die bereits flüssigen Mittel (Kassenbestand, Bankguthaben) als letzte aufgeführt.

Schulden

Dieser Teil des Inventars enthält sämtliche Schulden. Eine der Gliederung des Vermögens entsprechende Ordnung, d. h. eine Einteilung in lang- und kurzfristige Schulden, ist zwar möglich, für Zwecke der Buchführung aber nicht erforderlich.

Um Anschlussarbeiten zu erleichtern, scheint es sinnvoller zu sein, die Schulden in folgender Reihenfolge aufzuführen (§ 266 HGB):

- ▶ Verbindlichkeiten gegenüber Kreditinstituten,
- ▶ Verbindlichkeiten aus Lieferungen und Leistungen,
- ▶ sonstige Verbindlichkeiten.

Reinvermögen (Eigenkapital)

Wird die Summe der Schulden von der Summe des Vermögens abgezogen, ergibt sich als Restbetrag das Reinvermögen. Dieses entspricht dem Wert, der dem Eigentümer (den Eigentümern) des Unternehmens nach dem Verkauf sämtlicher Vermögensgegenstände zu Inventurwerten und nach Begleichung sämtlicher Schulden verbleiben würde. Damit ist das Reinvermögen auch die Summe, die der Eigentümer des Unternehmens selbst dem Unternehmen zur Verfügung gestellt hat.

Um den Überblick über das umfangreiche Inventar zu erleichtern, wird i. d. R. eine Kurzübersicht erstellt und dem Inventar als Deckblatt beigefügt. Dieses könnte für ein kleines Unternehmen wie folgt aussehen:

Beispiel:

Inventar

der Firma Rüdiger Langenbach e. K., Köln zum 31. Dez. 02

	EUR	EUR
A. Vermögenswerte		
I. Anlagevermögen		
1. Geschäftseinrichtung		
verschiedene Gegenstände lt. Anlagenbuchführung		85.900,00
2. Kraftfahrzeuge		
1 Lieferwagen Ford Kombi	14.500,00	
1 VW-Kleinbus	22.000,00	36.500,00
II. Umlaufvermögen		
1. Waren		
Damenschuhe lt. Inventurliste 1	72.000,00	
Herrenschuhe lt. Inventurliste 2	36.000,00	
Kinderschuhe lt. Inventurliste 3	25.500,00	
Hausschuhe lt. Inventurliste 4	40.000,00	
Pflegemittel lt. Inventurliste 5	9.000,00	182.500,00

2. Forderungen aus Lieferungen und Leistungen[1] lt. Saldenliste		
Jung, Karlsruhe	1.200,00	
Hagmann, Erlangen	6.800,00	
Schwarzhaupt, Köln	9.500,00	17.500,00
3. Bankguthaben		
Deutsche Bank, Köln	4.500,00	
Sparkasse, Köln	3.700,00	8.200,00
4. Kassenbestand lt. Kassenprotokoll		1.500,00
Summe der Vermögenswerte		332.100,00
B. Schuldwerte		
I. Verbindlichkeiten gegenüber Kreditinstituten[2]		
Dresdner Bank, Köln	42.500,00	
Commerzbank, Köln	50.000,00	92.500,00
II. Verbindlichkeiten aus Lieferungen und Leistungen[3]		
Schuh-GmbH, Pirmasens	28.500,00	
Lederwerke GmbH, Stuttgart	70.000,00	98.500,00
Summe der Schuldwerte		191.000,00
C. Reinvermögen		
Summe der Vermögenswerte	332.100,00	
./. Summe der Schuldwerte	191.000,00	
= Reinvermögen (bzw. Eigenkapital)	141.100,00	

Kontrollaufgaben

1. Welcher Unterschied besteht zwischen den Begriffen Inventur und Inventar?
2. In welche Bereiche ist das Inventar gegliedert?
3. Nach welchem Prinzip sind die Vermögensgegenstände im Inventar angeordnet?
4. In welcher Reihenfolge sind die Schulden im Inventar aufgeführt?
5. Was ist unter dem Begriff Reinvermögen zu verstehen?

Übungen

1. Ihr Mandant, der Gewerbetreibende Thomas W. in Kassel, hat durch Inventur zum 31. Dez. 01 folgende Bestände ermittelt:

Verbindlichkeiten bei Sparkasse Kassel	260.000,00 EUR
Kassenbestand	8.500,00 EUR
Grund und Boden bebaut	150.000,00 EUR
Verbindlichkeiten aus Lieferungen und Leistungen lt. besonderem Verzeichnis	163.000,00 EUR
Guthaben bei Deutsche Bank Kassel	31.500,00 EUR
LKW	25.000,00 EUR

1 abgekürzt: Forderungen LuL
2 abgekürzt: Verbindlichkeiten KI
3 abgekürzt: Verbindlichkeiten LuL

Forderungen aus Lieferungen und Leistungen lt. besonderem Verzeichnis	112.000,00 EUR
Geschäftsbauten	450.000,00 EUR
Waren lt. besonderem Verzeichnis	380.000,00 EUR
sonstige Betriebs- und Geschäftsausstattung lt. besonderem Verzeichnis	72.000,00 EUR

Erstellen Sie das Inventar zum 31. Dez. 01.

2. Ihr Mandant, der Gewerbetreibende Holger F. in Essen, hat durch Inventur zum 31. Dez. 01 folgende Werte festgestellt:

Guthaben bei Deutsche Bank Essen	80.000,00 EUR
Dresdner Bank Dortmund	12.000,00 EUR
Geschäftsbauten	360.000,00 EUR
Postbankguthaben	8.500,00 EUR
Fahrzeuge, und zwar 1 Ford Focus	20.000,00 EUR
1 Opel Vectra	15.000,00 EUR
Grund und Boden bebaut	80.000,00 EUR
Waren lt. besonderem Verzeichnis	250.000,00 EUR
Forderungen aus Lieferungen und Leistungen lt. besonderem Verzeichnis	93.000,00 EUR
Verbindlichkeiten aus Lieferungen und Leistungen lt. besonderem Verzeichnis	102.000,00 EUR
sonstige Betriebs- und Geschäftsausstattung lt. besonderem Verzeichnis	75.000,00 EUR
Verbindlichkeiten bei Commerzbank Essen	180.000,00 EUR
Kassenbestand	5.200,00 EUR

Erstellen Sie das Inventar zum 31. Dez. 01.

3. Durch Inventur werden die folgenden Vermögensgegenstände und Schulden festgestellt:

a) Kassenbestand,
b) Verbindlichkeiten gegenüber Kreditinstituten,
c) Warenvorräte,
d) Grund und Boden bebaut,
e) Verbindlichkeiten gegenüber Finanzbehörden,
f) Bankguthaben,
g) Fahrzeuge,
h) Betriebs- und Geschäftsausstattung,
i) Geschäftsbauten,
j) Verbindlichkeiten aus Lieferungen und Leistungen,
k) Postbankguthaben,
l) Forderungen aus Lieferungen und Leistungen.

Ordnen Sie diese Posten den Gruppen Anlagevermögen, Umlaufvermögen und Schulden zu.

2.2 Darstellung der Ausgangsgrößen in der Bilanz

Weil das Inventar ein Verzeichnis sämtlicher Vermögensgegenstände und Schulden nach Art, Menge und Wert ist, liefert es Detailinformationen, allerdings in unübersichtlicher Form. Demzufolge ist es kaum möglich, sich anhand des Inventars einen schnellen Überblick über die Lage des Unternehmens zu verschaffen.

Aus der Sicht des Unternehmers sind selbstverständlich auch die Detailinformationen von großem Interesse. Es ist aber wohl kaum ratsam, auch Dritten die Informationen in dieser Ausführlichkeit zur Verfügung zu stellen.

Um einerseits die Übersichtlichkeit über die bereitgestellten Informationen zu erhöhen, andererseits aber auch, um einen bestimmten Umfang an Informationen für Dritte zu gewährleisten, hat der Unternehmer (§§ 242, 266 HGB) auf der Grundlage des Inventars eine Bilanz zu erstellen.

Die Bilanz unterscheidet sich vom Inventar einmal dadurch, dass die Inventarinhalte verkürzt und verdichtet wiedergegeben werden, also Zusammenfassungen zu größeren und damit ungleichartigeren Gruppen erfolgen. Dementsprechend wird auf Mengenangaben verzichtet und es werden nur noch Werte für die zusammengefassten Posten ausgewiesen.

Ein weiterer Unterschied besteht in der Art und Weise der Darstellung. Die Bilanz ist eine kontenmäßige Darstellung der Inventarteile Vermögen, Schulden und Reinvermögen. Auf der linken Seite, die mit Aktiva überschrieben ist, wird das Vermögen, auf der rechten Seite, die mit Passiva überschrieben ist, werden die Schulden (jetzt als Fremdkapital oder Verbindlichkeiten bezeichnet) ausgewiesen. Der Ausweis des Reinvermögens (jetzt als Eigenkapital bezeichnet) erfolgt auf der wertmäßig kleineren Seite. Das ist in der Regel die rechte oder Passivseite.

Die Verkürzung und Verdichtung der Informationen in der Bilanz erfolgt nicht willkürlich, sondern unter Berücksichtigung oder in Anlehnung an gesetzliche Vorschriften (§§ 247, 266 HGB). Unter Beachtung des § 245 HGB – Angabe des Datums und Unterschrift des Kaufmanns – und bezogen auf das Inventar zu 2.1 hat die Bilanz deshalb folgendes Aussehen:

Bilanz
der Firma Langenbach e. K., Köln, zum 31. Dez. 02

Aktiva			Passiva
I. Anlagevermögen		**I. Eigenkapital**	141.100,00
1. Ladeneinrichtung	85.900,00	**II. Fremdkapital**	
2. Fahrzeuge	36.500,00	1. Verbindlichkeiten KI	92.500,00
II. Umlaufvermögen		2. Verbindlichkeiten LuL	98.500,00
1. Waren	182.500,00		
2. Forderungen LuL	17.500,00		
3. Bankguthaben	8.200,00		
4. Kassenbestand	1.500,00		
	332.100,00		332.100,00

25. Mai 03 Rüdiger Langenbach

Aufgrund dieser Darstellungsform ist es möglich, sich schnell über das Unternehmen zu informieren.

Da sämtliche materiellen und immateriellen Vermögensgegenstände durch Eigenkapital oder Fremdkapital finanziert worden sind, gibt die Passivseite der Bilanz Auskunft darüber, woher das Kapital stammt (Vermögensquellen, Mittelherkunft, Finanzierung), die Aktivseite, wie dieses Kapital angelegt worden ist (Vermögensformen, Mittelverwendung, Investierung).

Das Wort Bilanz kommt aus dem Italienischen und bedeutet Waage. Diese Bezeichnung soll ausdrücken, dass die beiden Seiten der Bilanz wertmäßig übereinstimmen müssen. Die Gleichung

Summe der Aktiva = Summe der Passiva

muss also immer erfüllt sein.

Bilanz (Waage)

- ► stellt eine Kurzfassung des Inventars in Kontenform dar,
- ► ist vorgeschrieben in den §§ 242, 266 HGB,
- ► weist auf der linken Seite (Aktiva) die Vermögensteile, auf der rechten Seite (Passiva) das Eigenkapital und das Fremdkapital aus,
- ► ermöglicht es, mit einem Blick das Verhältnis zwischen Vermögen und Schulden festzustellen.

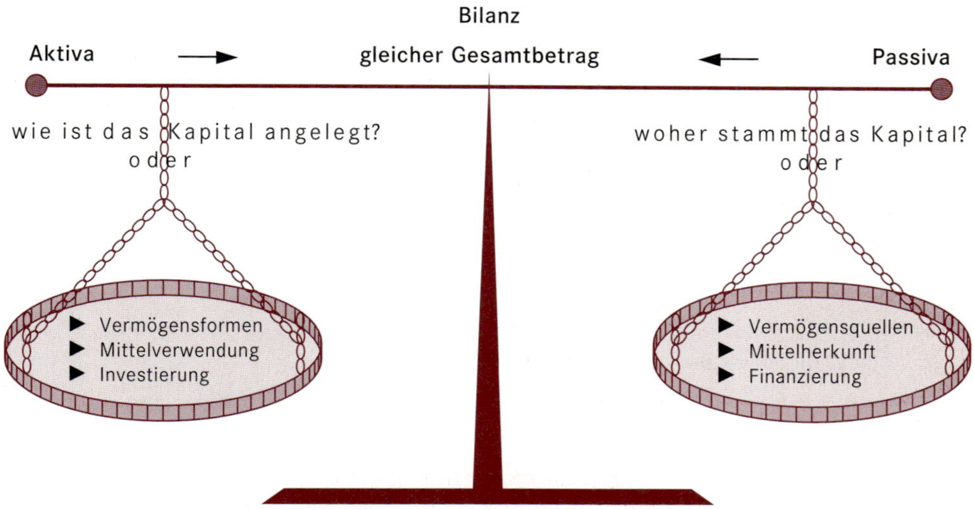

Kontrollaufgaben

1. Welche Bedeutung hat der Begriff Bilanz?
2. Zeigen Sie die formalen und inhaltlichen Unterschiede zwischen Inventar und Bilanz.
3. Wie werden die Seiten der Bilanz überschrieben?
4. Welche Seite der Bilanz zeigt die Kapitalverwendung, welche die Kapitalherkunft?
5. Definieren Sie mit Hilfe der Bilanzgliederung die Begriffe Eigenkapital, Fremdkapital und Vermögen.
6. Erklären Sie, warum die Summe der Aktiva immer gleich der Summe der Passiva sein muss.
7. In welche Bereiche sind Aktiv- bzw. Passivseite der Bilanz grundsätzlich gegliedert?
8. Welche Vorschriften zur Gliederung der Bilanz enthält das Handelsgesetzbuch?

Übung

Erstellen Sie zu den Aufgaben 1 und 2 zu Punkt 2.1 die formgerecht gegliederten Bilanzen.

3 Umschichtung der Ausgangsgrößen

Die Bilanz zeigt die Höhe der Aktiva (Posten der Aktivseite) und Passiva (Posten der Passivseite) immer nur für einen bestimmten Zeitpunkt, den Bilanzstichtag. Schon der nächste Geschäftsvorfall am folgenden Arbeitstag führt zu einer Änderung dieser Bestände. Aufgabe des Unternehmers ist es nun, darauf zu achten, dass das Bilanzgleichgewicht, d.h. die summenmäßige Übereinstimmung von Aktiva und Passiva, erhalten bleibt. Dies ist nur gewährleistet, wenn jede Änderung eines Postens zu einer entsprechenden Änderung eines anderen Postens führt.

In Abhängigkeit von der Art der Änderungen lassen sich vier Bilanzumschichtungen unterscheiden. Diese werden als

- Aktivtausch,
- Passivtausch,
- Aktiv-Passiv-Mehrung und
- Aktiv-Passiv-Minderung

bezeichnet.

Beispiel:
(Jeweils) ausgehend von der

Bilanz
der Firma Stephan Dümpelmann, Wiesbaden, zum 31. Dez. 02

Aktiva		Passiva	
I. Anlagevermögen		**I. Eigenkapital**	141.100,00
1. Ladeneinrichtung	85.900,00	**II. Fremdkapital**	
2. Fahrzeuge	36.500,00	1. Verbindlichkeiten KI	92.500,00
II. Umlaufvermögen		2. Verbindlichkeiten LuL	98.500,00
1. Waren	182.500,00		
2. Forderungen LuL	17.500,00		
3. Bankguthaben	8.200,00		
4. Kassenbestand	1.500,00		
	332.100,00		332.100,00

25. Mai 03 Stephan Dümpelmann

lassen sich diese wie folgt darstellen:

1. Aktivtausch

Beispiel:

Der Unternehmer Dümpelmann kauft Waren für 5.000,00 EUR ein. Der Rechnungsausgleich erfolgt sofort durch Überweisung vom Bankguthabenkonto.

Aktiva	Bilanz zum ...		Passiva
I. Anlagevermögen		**I. Eigenkapital**	141.100,00
1. Ladeneinrichtung	85.900,00	**II. Fremdkapital**	
2. Fahrzeuge	36.500,00	1. Verbindlichkeiten KI	92.500,00
II. Umlaufvermögen		2. Verbindlichkeiten LuL	98.500,00
1. Waren	**187.500,00**		
2. Forderungen LuL	17.500,00		
3. Bankguthaben	**3.200,00**		
4. Kassenbestand	1.500,00		
	332.100,00		332.100,00

Durch diesen Geschäftsvorfall ändern sich zwei Bilanzposten der Aktivseite. Der Posten Waren wird größer (5.000,00 EUR), der Posten Bankguthaben kleiner (5.000,00 EUR).

Die Bilanzsumme ändert sich durch diesen Geschäftsvorfall nicht.

Da lediglich Posten der Aktivseite getauscht werden, wird dieser Vorgang als Aktivtausch bezeichnet.

2. Passivtausch

Beispiel:

Der Unternehmer Dümpelmann begleicht Schulden gegenüber Lieferanten in Höhe von 12.000,00 EUR durch Überweisung von einem Bankkonto mit Schuldsaldo.

Aktiva	Bilanz zum ...		Passiva
I. Anlagevermögen		**I. Eigenkapital**	141.100,00
1. Ladeneinrichtung	85.900,00	**II. Fremdkapital**	
2. Fahrzeuge	36.500,00	**1. Verbindlichkeiten KI**	**104.500,00**
II. Umlaufvermögen		**2. Verbindlichkeiten LuL**	**86.500,00**
1. Waren	182.500,00		
2. Forderungen LuL	17.500,00		
3. Bankguthaben	8.200,00		
4. Kassenbestand	1.500,00		
	332.100,00		332.100,00

Der Posten Verbindlichkeiten gegenüber Kreditinstituten wird um 12.000,00 EUR höher, der Posten Verbindlichkeiten aus Lieferungen und Leistungen vermindert sich um denselben Betrag.

Da durch diesen Geschäftsvorfall nur Posten der Passivseite umgeschichtet werden, wird dieser Vorgang als Passivtausch bezeichnet.

Eine Änderung der Bilanzsumme ergibt sich nicht.

3. Aktiv-Passiv-Mehrung

Beispiel:

Der Unternehmer Dümpelmann erwirbt einen PKW für 25.000,00 EUR. Vereinbarungsgemäß soll der Rechnungsausgleich erst in einem Monat erfolgen.

Lösung:

Aktiva — Bilanz zum ... — Passiva

Aktiva		Passiva	
I. Anlagevermögen		**I. Eigenkapital**	141.100,00
1. Ladeneinrichtung	85.900,00	**II. Fremdkapital**	
2. Fahrzeuge	**61.500,00**	1. Verbindlichkeiten KI	92.500,00
II. Umlaufvermögen		**2. Verbindlichkeiten LuL**	**123.500,00**
1. Waren	182.500,00		
2. Forderungen LuL	17.500,00		
3. Bankguthaben	8.200,00		
4. Kassenbestand	1.500,00		
	357.100,00		357.100,00

Der Geschäftsvorfall führt dazu, dass sich sowohl ein Posten der Aktivseite als auch ein Posten der Passivseite erhöht (Aktiv-Passiv-Mehrung).

Da die Posten Fahrzeuge und Verbindlichkeiten aus Lieferungen und Leistungen um jeweils 25.000,00 EUR zunehmen, erhöht sich auch die Bilanzsumme um denselben Betrag (Bilanzverlängerung).

4. Aktiv-Passiv-Minderung

Beispiel:

Der Unternehmer Dümpelmann begleicht seine Schulden gegenüber einem Lieferanten (4.000,00 EUR) durch Überweisung vom Bankguthabenkonto.

Lösung:

Aktiva — Bilanz zum ... — Passiva

Aktiva		Passiva	
I. Anlagevermögen		**I. Eigenkapital**	141.100,00
1. Ladeneinrichtung	85.900,00	**II. Fremdkapital**	
2. Fahrzeuge	36.500,00	1. Verbindlichkeiten KI	92.500,00
II. Umlaufvermögen		**2. Verbindlichkeiten LuL**	**94.500,00**
1. Waren	182.500,00		
2. Forderungen LuL	17.500,00		
3. Bankguthaben	**4.200,00**		
4. Kassenbestand	1.500,00		
	328.100,00		328.100,00

Durch diesen Geschäftsvorfall vermindert sich sowohl ein Posten der Aktivseite als auch ein Posten der Passivseite (Aktiv-Passiv-Minderung).

Da sich die Posten Verbindlichkeiten aus Lieferungen und Leistungen und Bankguthaben um 4.000,00 EUR vermindern, nimmt auch die Bilanzsumme um denselben Betrag ab (Bilanzverkürzung).

Geschäftsvorfälle führen lediglich zu einer inhaltlichen Veränderung der Bilanz.

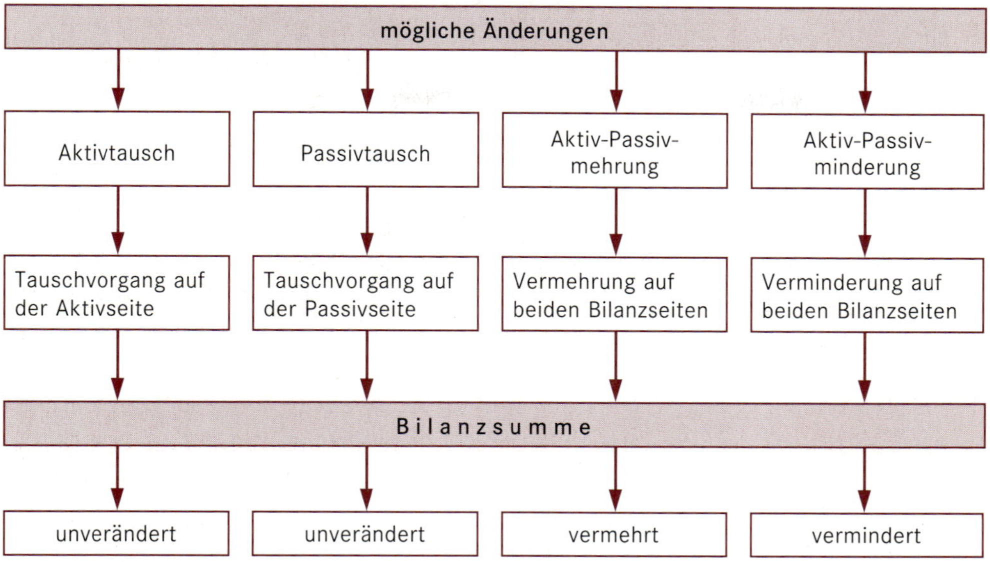

Übungen

1. Ihr Mandant, der Gewerbetreibende Rüdiger Langenbach, Heilbronn, hat zum 31. Dezember 02 folgende Bilanz erstellt:

Aktiva		Passiva	
I. Anlagevermögen		**I. Eigenkapital**	141.100,00
1. Ladeneinrichtung	85.900,00	**II. Fremdkapital**	
2. Fahrzeuge	36.500,00	1. Verbindlichkeiten KI	92.500,00
II. Umlaufvermögen		2. Verbindlichkeiten LuL	98.500,00
1. Waren	182.500,00		
2. Forderungen LuL	17.500,00		
3. Bankguthaben	8.200,00		
4. Kassenbestand	1.500,00		
	332.100,00		332.100,00

Im Laufe des Geschäftsjahres kommt es zu folgenden Geschäftsvorfällen:

a) Langenbach kauft Waren für 6.000,00 EUR ein und bezahlt diese sofort durch Überweisung vom Bankguthabenkonto.

b) Langenbach begleicht eine Verbindlichkeit aus Lieferungen und Leistungen in Höhe von 1.000,00 EUR durch Barzahlung.

c) Langenbach begleicht eine weitere Verbindlichkeit aus Lieferungen und Leistungen in Höhe von 30.000,00 EUR durch Überweisung von seinem Bankkonto mit Schuldsaldo.

d) Langenbach erwirbt einen PKW im Wert von 25.000,00 EUR, der erst später bezahlt werden muss.

Erstellen Sie - aufeinander aufbauend - nach jedem Geschäftsvorfall eine neue Bilanz.

2. In einem Unternehmen kommt es zu folgenden Geschäftsvorfällen:
   a) Waren im Wert von 20.000,00 EUR werden gegen Barzahlung eingekauft.
   b) Ein Bankkredit über 100.000,00 EUR wird aufgenommen und dem Bankkonto (mit Guthaben) gutgeschrieben.
   c) Kunden überweisen zum Ausgleich der noch offenen Rechnungen 8.000,00 EUR auf das Bankkonto (mit Guthaben).
   d) Zum Ausgleich einer Verbindlichkeit LuL werden 3.000,00 EUR vom Postbankkonto überwiesen.
   e) Ein Lagerplatz im Wert von 50.000,00 EUR wird gegen Barzahlung erworben.
   f) Ein Kunde begleicht eine Forderung LuL durch eine Banküberweisung über 10.000,00 EUR.
   g) Zur Tilgung eines Bankkredits werden 40.000,00 EUR vom Bankkonto (mit Guthaben) überwiesen.
   h) Ein Barbetrag von 35.000,00 EUR wird der Kasse entnommen und auf das Bankkonto (mit Schulden) eingezahlt.
   i) Ein PKW mit einem Buchwert von 12.000,00 EUR wird bar für 12.000,00 EUR verkauft.
   j) Lt. Bankauszug hat ein Kunde zum Rechnungsausgleich 7.000,00 EUR überwiesen.
   k) Durch Tausch gegen eine gebrauchte EDV-Anlage im Buchwert von 15.000,00 EUR wird ein gleichwertiger PKW erworben.
   l) Vom Postbankkonto werden 9.000,00 EUR auf das Bankkonto (mit Guthaben) überwiesen.
   m) Ein PKW mit einem Buchwert von 7.000,00 EUR wird bei einem Unfall völlig zerstört. Die Versicherung überweist daraufhin eine Entschädigung in Höhe von 7.000,00 EUR auf das Bankkonto (mit Guthaben).

Aufgaben:

1. Bestimmen Sie, um welche der vier möglichen Bilanzveränderungen es sich bei den vorstehenden Geschäftsvorfällen handelt.
2. Zeigen Sie, ob und ggf. wie die Bilanzsumme durch die jeweiligen Geschäftsvorfälle beeinflusst wird.
3. Wie verändern sich (+ bzw. –) die verschiedenen Bilanzposten durch die jeweiligen Geschäftsvorfälle?

4 Weiterführung der Bilanz in Bestandskonten

Es ist dem Unternehmer aus wirtschaftlichen Gründen nicht möglich, jeweils nach Berücksichtigung eines Geschäftsvorfalls eine neue Bilanz zu erstellen. Da einerseits verboten ist (§ 239 Abs. 3 HGB), Eintragungen so zu verändern, dass der ursprüngliche Inhalt (der Bilanz) nicht mehr feststellbar ist, andererseits aber sichergestellt sein muss, dass alle durch Geschäftsvorfälle bewirkten Veränderungen der Bilanzposten festgehalten werden, ist eine andere Darstellungsform erforderlich.

4.1 Erfassung von Wertänderungen auf Bestandskonten

In der Praxis hat sich für die buchmäßige Fortführung der Bestände die Form des Kontos durchgesetzt. Auf dem Konto, das die Form eines T hat (T-Konto), werden die durch Geschäftsvorfälle bewirkten Zu- und Abgänge nicht untereinander (mit Plus- bzw. Minuszeichen), sondern nebeneinander dargestellt. Die linke Seite des Kontos ist die Sollseite, die rechte die Habenseite.

Entsprechend der Gliederung der Bilanz in Aktiva und Passiva werden die aus der Bilanz abgeleiteten Konten in Aktiv- und Passivkonten eingeteilt.

Für jeden Posten der (Eröffnungs-)Bilanz wird grundsätzlich ein Konto eingerichtet.

Die Bestände der Aktivposten befinden sich auf der linken Seite (Aktivseite) der Bilanz. Da diese Posten aufgrund von Geschäftsvorfällen nur weitergeführt werden sollen, erscheinen - ausgehend von der Bilanz - auch die Anfangsbestände der Aktivkonten auf der linken Kontenseite (Sollseite).

Passivkonten dienen dementsprechend der Fortschreibung der Passivposten. Die Bestände der Passivposten befinden sich auf der rechten Seite (Passivseite) der Bilanz, die von ihnen abgeleiteten Anfangsbestände der Passivkonten stehen deshalb auf der rechten Kontenseite (Habenseite).

Da in der Bilanz die Summe der Aktiva der Summe der Passiva entspricht, ist auch die Summe aller Anfangs- oder Eröffnungsbestände (EB) auf den Aktivkonten gleich der Summe aller Anfangs- oder Eröffnungsbestände auf den Passivkonten.

Beispiel:

Bilanz zum ...

Aktiva		Passiva	
I. Anlagevermögen		**I. Eigenkapital**	75.000,00
1. Geschäftsausstattung	50.000,00	**II. Fremdkapital**	
II. Umlaufvermögen		1. Verbindlichkeiten KI	45.000,00
1. Waren	40.000,00	2. Verbindlichkeiten LuL	20.000,00
2. Forderungen LuL	15.000,00		
3. Kasse	35.000,00		
	140.000,00		140.000,00

Aktivkonten

S	Geschäftsausstattung		H
EB	50.000,00		

S	Waren		H
EB	40.000,00		

S	Forderungen LuL		H
EB	15.000,00		

S	Kasse		H
EB	35.000,00		

Passivkonten

S		Eigenkapital	H
		EB	75.000,00

S		Verbindlichkeiten KI	H
		EB	45.000,00

S		Verbindlichkeiten LuL	H
		EB	20.000,00

Durch die Buchung von Geschäftsvorfällen auf den Bestandskonten werden die Kontenstände verändert. Jeder Zugang erhöht den ursprünglichen Bestand und ist ihm deshalb zuzurechnen. Er muss also auf der Seite des Kontos gebucht werden, auf der sich bereits der Anfangsbestand befindet.

Zugänge bei Aktivkonten gehören deshalb ins Soll, Zugänge bei Passivkonten ins Haben.

Die Abgänge werden jeweils auf der den Beständen entgegengesetzten Kontenseite erfasst, d. h. Abgänge von Aktivkonten gehören ins Haben, Abgänge von Passivkonten ins Soll.

Aktivkonten	
Soll	Haben
Anfangsbestand Zugänge	Abgänge

Passivkonten	
Soll	Haben
Abgänge	Anfangsbestand Zugänge

Jeder Geschäftsvorfall verändert mindestens zwei Bestände. Deshalb erfolgt jede Buchung auf mindestens zwei Konten, und zwar auf den jeweils entgegengesetzten Seiten. Der Betrag erscheint demnach einmal auf der Sollseite eines Kontos und einmal auf der Habenseite eines anderen Kontos.

Ausgehend von den vier typischen Bilanzveränderungen sind folgende Buchungsmöglichkeiten festzustellen:

Aktivtausch	Buchung auf zwei Aktivkonten, einmal im Soll, einmal im Haben
Passivtausch	Buchung auf zwei Passivkonten, einmal im Soll, einmal im Haben
Aktiv-Passiv-Mehrung	Buchung auf einem Aktivkonto im Soll, auf einem Passivkonto im Haben
Aktiv-Passiv-Minderung	Buchung auf einem Passivkonto im Soll, auf einem Aktivkonto im Haben

Beispiel: (ausgehend von den Beständen der vorstehenden Bilanz)

Geschäftsvorfälle		**Art der Konten**	**Buchung im**
1. Einkauf von Waren gegen Barzahlung, 20.000,00 EUR			
Folge:			
Warenbestand	+	Aktivkonto	Soll
Kassenbestand	–	Aktivkonto	Haben
2. Ausgleich einer Eingangsrechnung durch Banküberweisung, 8.000,00 EUR			
Folge:			
Verbindlichkeiten LuL	–	Passivkonto	Soll
Verbindlichkeiten KI	+	Passivkonto	Haben
3. Kauf eines Aktenschrankes auf Ziel (Kredit), 4.000,00 EUR			
Folge:			
Geschäftsausstattung	+	Aktivkonto	Soll
Verbindlichkeiten LuL	+	Passivkonto	Haben
4. Einzahlung von Bareinnahmen auf das Bankkonto, 14.000,00 EUR			
Folge:			
Verbindlichkeiten KI	–	Passivkonto	Soll
Kassenbestand	–	Aktivkonto	Haben

Nach Übertragung (Buchung) dieser Geschäftsvorfälle in die aus der Bilanz abgeleiteten Konten, haben diese folgendes Aussehen:

S	Geschäftsausstattung		H
EB	50.000,00		
3.	4.000,00		

S	Eigenkapital		H
		EB	75.000,00

S	Waren		H
EB	40.000,00		
1.	20.000,00		

S	Verbindlichkeiten KI		H
4.	14.000,00	EB	45.000,00
		2.	8.000,00

S	Forderungen LuL		H
EB	15.000,00		

S	Verbindlichkeiten LuL		H
2.	8.000,00	EB	20.000,00
		3.	4.000,00

S	Kasse		H
EB	35.000,00	1.	20.000,00
		4.	14.000,00

Sind alle im Geschäftsjahr angefallenen Geschäftsvorfälle auf den Bestandskonten gebucht worden, wird für jedes Aktiv- und Passivkonto der Schlussbestand errechnet.

Dies geschieht in drei Schritten:

- Die Beträge der wertmäßig größeren Kontenseite sind zu addieren.
- Die Summe dieser Kontenseite ist auf die wertmäßig kleinere Kontenseite zu übertragen.
- Durch Vergleich zwischen den auf der kleineren Kontenseite vorgenommenen Eintragungen und der Kontensumme wird der Schlussbestand als Differenzbetrag (= Saldo) ermittelt.

Da jede Buchung eines Geschäftsvorfalls doppelt, d. h. einmal im Soll und einmal im Haben erfolgt, bleibt das Bilanzgleichgewicht stets erhalten. Es ist deshalb möglich, die zum Ende des Geschäftsjahres ermittelten Bestände der Konten wieder zu einer (Schluss-)Bilanz zusammenzufassen. Dies geschieht ganz einfach durch Übertragung der Schlussbestände der Aktivkonten auf die Aktivseite und der Schlussbestände der Passivkonten auf die Passivseite der Bilanz.

Die zum Ende des Geschäftsjahres erstellte Bilanz wird als Schlussbilanz bezeichnet. Wegen des Grundsatzes der Bilanzidentität (§ 252 Abs. 1 Ziff. 1 HGB) ist diese unverändert der Konteneröffnung des folgenden Geschäftsjahres zugrunde zu legen. Sie wird dann allerdings als Eröffnungsbilanz bezeichnet.

Beispiel:

S	Geschäftsausstattung		H
EB	50.000,00	SB	54.000,00
3.	4.000,00		
	54.000,00		54.000,00

S	Eigenkapital		H
SB	75.000,00	EB	75.000,00

S	Waren		H
EB	40.000,00	SB	60.000,00
1.	20.000,00		
	60.000,00		60.000,00

S	Verbindlichkeiten KI		H
4.	14.000,00	EB	45.000,00
SB	39.000,00	2.	8.000,00
	53.000,00		53.000,00

S	Forderungen LuL		H
EB	15.000,00	SB	15.000,00

S	Verbindlichkeiten LuL		H
2.	8.000,00	EB	20.000,00
SB	16.000,00	3.	4.000,00
	24.000,00		24.000,00

S	Kasse		H
EB	35.000,00	1.	20.000,00
		4.	14.000,00
		SB	1.000,00
	35.000,00		35.000,00

Aktiva	Bilanz zum 31. Dez. ...		Passiva
I. Anlagevermögen		**I. Eigenkapital**	75.000,00
1. Geschäftsausstattung	54.000,00	**II. Fremdkapital**	
II. Umlaufvermögen		1. Verbindlichkeiten KI	39.000,00
1. Waren	60.000,00	2. Verbindlichkeiten LuL	16.000,00
2. Forderungen LuL	15.000,00		
3. Kasse	1.000,00		
	130.000,00		130.000,00

Auflösung der Bilanz in Konten

- Jeder Geschäftsvorfall wirkt sich auf mindestens zwei Posten der Bilanz aus.
- Die Bilanzerstellung erfolgt nur zu bestimmten Zeitpunkten.
- Nicht mehr gültige Zahlen dürfen nicht unkenntlich gemacht werden.
- Änderungen sind jedoch fortlaufend und übersichtlich festzuhalten.

Kontrollaufgaben

1. Welche Arten von Bestandskonten lassen sich unterscheiden?
2. Welche Eintragungen befinden sich
   a) auf der Sollseite,
   b) auf der Habenseite der Aktivkonten?
3. Welche Eintragungen werden
   a) auf der Sollseite,
   b) auf der Habenseite der Passivkonten vorgenommen?
4. Erklären Sie, was unter dem Begriff Bilanzidentität zu verstehen ist.

Übungen

1. In einem Unternehmen kommt es zu folgenden Geschäftsvorfällen:
   1. Waren im Wert von 20.000,00 EUR werden gegen Barzahlung eingekauft.
   2. Ein Bankkredit über 100.000,00 EUR wird aufgenommen und dem Bankkonto (mit Guthaben) gutgeschrieben.
   3. Kunden überweisen zum Ausgleich der noch offenen Rechnungen 8.000,00 EUR auf das Bankkonto (mit Guthaben).
   4. Zum Ausgleich einer Verbindlichkeit LuL werden 3.000,00 EUR vom Postbankkonto überwiesen.
   5. Ein Lagerplatz im Wert von 50.000,00 EUR wird gegen Barzahlung erworben.
   6. Ein Kunde begleicht eine Forderung LuL über 10.000,00 EUR durch Banküberweisung.
   7. Zur Tilgung eines Bankkredits werden 40.000,00 EUR vom Bankkonto (mit Guthaben) überwiesen.
   8. Ein Barbetrag von 35.000,00 EUR wird der Kasse entnommen und auf das Bankkonto (mit Schulden) eingezahlt.
   9. Ein PKW mit einem Buchwert von 12.000,00 EUR wird bar für 12.000,00 EUR verkauft.
   10. Lt. Bankauszug hat ein Kunde zum Rechnungsausgleich 7.000,00 EUR überwiesen.
   11. Durch Tausch gegen eine gebrauchte EDV-Anlage im Buchwert von 15.000,00 EUR wird ein gleichwertiger PKW erworben.
   12. Vom Postbankkonto werden 9.000,00 EUR auf das Bankkonto (mit Guthaben) überwiesen.
   13. Ein PKW mit einem Buchwert von 7.000,00 EUR wird bei einem Unfall völlig zerstört. Die Versicherung überweist daraufhin die entsprechende Entschädigung auf das Bankkonto (mit Guthaben).

   Beantworten Sie im Hinblick auf die einzelnen Geschäftsvorfälle jeweils die folgenden Fragen:

   a) Welche Konten werden durch den Geschäftsvorfall berührt?
   b) Bei welchen dieser Konten handelt es sich um Aktiv-, bei welchen um Passivkonten?
   c) Wie verändert der Geschäftsvorfall die Höhe der Bestände (+/−)?
   d) Auf welcher Seite der angesprochenen Konten (Soll/Haben) ist demnach zu buchen?

2. Ihr Mandant, der Gewerbetreibende Werner Altmann in Leipzig, hat durch Inventur am 31. Dez. 01 folgende Bestände ermittelt:

	EUR		EUR
Geschäftsausstattung	120.000,00	Bankguthaben	51.000,00
Waren	210.000,00	Eigenkapital	?
Forderungen LuL	32.000,00	Verbindlichkeiten KI	80.000,00
Kasse	5.000,00	Verbindlichkeiten LuL	240.000,00

Im Laufe des Geschäftsjahres kommt es zu folgenden Geschäftsvorfällen:

		EUR
1.	Es werden Waren auf Ziel eingekauft	30.000,00
2.	Ein PC mit einem Buchwert von 1.500,00 EUR wird gegen Barzahlung verkauft	1.500,00
3.	Ein Bankdarlehen wird durch Überweisung vom Bankguthabenkonto zurückgezahlt (getilgt)	25.000,00
4.	Der Ausgleich einer Eingangsrechnung erfolgt durch Barzahlung	4.500,00
5.	Eine Ausgangsrechnung wird durch Gutschrift auf dem Bankguthabenkonto beglichen	16.000,00

Aufgaben:

a) Erstellen Sie die Eröffnungsbilanz zum 1. Jan. 02.
b) Eröffnen Sie die Konten.
c) Buchen Sie die Geschäftsvorfälle.
d) Schließen Sie die Konten ab.
e) Erstellen Sie die Schlussbilanz zum 31. Dez. 02.

3. Ihr Mandant, der Gewerbetreibende Heinz Kuhlmann in Berlin, hat durch Inventur zum 31. Dez. 01 folgende Bestände ermittelt:

	EUR		EUR
Ladeneinrichtung	180.000,00	Bankguthaben	42.500,00
PKW	38.000,00	Eigenkapital	?
Waren	165.000,00	Verbindlichkeiten KI	130.000,00
Forderungen LuL	18.000,00	Verbindlichkeiten LuL	140.000,00
Kasse	7.000,00		

Im Laufe des Geschäftsjahres kommt es zu folgenden Geschäftsvorfällen:

1. Zum Ausgleich einer Verbindlichkeit LuL werden 5.200,00 EUR vom Bankguthabenkonto überwiesen.
2. Ein Barbetrag in Höhe von 3.200,00 EUR wird der Kasse entnommen und auf das Bankguthabenkonto eingezahlt.
3. Zur teilweisen Tilgung eines Bankkredits werden 10.000,00 EUR vom Bankguthabenkonto überwiesen.
4. Durch Tausch gegen einen gebrauchten PKW im Buchwert von 8.000,00 EUR wird eine computergesteuerte Kassenanlage erworben.
5. Ein Kunde begleicht seine Schulden in Höhe von 4.500,00 EUR durch Banküberweisung.

Aufgaben:

a) Erstellen Sie die Eröffnungsbilanz zum 1. Jan. 02.
b) Eröffnen Sie die Konten.
c) Buchen Sie die Geschäftsvorfälle.
d) Schließen Sie die Konten ab.
e) Erstellen Sie die Schlussbilanz zum 31. Dez. 02.

4. Ihr Mandant, der Gewerbetreibende Erwin Weise in Hamburg, hat durch Inventur zum 31. Dez. 01 folgende Bestände ermittelt:

	EUR		EUR
Ladeneinrichtung	125.000,00	Bankguthaben	38.500,00
PKW	32.000,00	Eigenkapital	?
Waren	180.000,00	Verbindlichkeiten KI	120.000,00
Forderungen LuL	21.000,00	Verbindlichkeiten LuL	115.000,00
Kasse	38.000,00		

Im Laufe des Geschäftsjahres kommt es zu folgenden Geschäftsvorfällen:

1. Waren im Wert von 25.000,00 EUR werden gegen Barzahlung eingekauft.
2. Einem Bankauszug (Guthabenkonto) ist zu entnehmen, dass ein Kunde zum Rechnungsausgleich 4.800,00 EUR überwiesen hat.
3. Es werden 10.000,00 EUR vom Bankguthabenkonto auf ein neu eröffnetes Postbankkonto überwiesen.
4. Kunden überweisen zum Ausgleich der noch offenen Rechnungen 6.500,00 EUR auf das Postbankkonto.
5. Ein neuer PKW mit Anschaffungskosten von 32.000,00 EUR wird auf Ziel (gegen Rechnung) erworben.
6. Eine Eingangsrechnung über 5.000,00 EUR wird durch Barzahlung beglichen.

Aufgaben:

a) Erstellen Sie die Eröffnungsbilanz zum 1. Jan. 02.
b) Eröffnen Sie die Konten.
c) Buchen Sie die Geschäftsvorfälle.
d) Schließen Sie die Konten ab.
e) Erstellen Sie die Schlussbilanz zum 31. Dez. 02.

4.2 Vervollständigung der Darstellung

Bisher wurde die Übertragung der aus der Eröffnungsbilanz stammenden Anfangsbestände auf die Aktiv- und Passivkonten nur schematisch gezeigt. Allen Buchungen in Konten ist aber gemeinsam, dass auf eine Sollbuchung eine Habenbuchung folgt. Dieses Prinzip wird als System der Doppik bezeichnet. Gegen dieses Prinzip ist bei der Übertragung der Anfangsbestände aus der Bilanz verstoßen worden.

Soll auch bei den Eröffnungsbuchungen für die Aktiv- und Passivkonten das Prinzip der Doppik berücksichtigt werden, ist für die Übertragung der Anfangsbestände ein Hilfskonto, das Eröffnungsbilanzkonto (EBK), einzurichten. Es hat lediglich die Aufgabe, bei der Eröffnung der Konten die Gegenbuchungen aufzunehmen.

4 Hengstebeck - ISBN 3-8120-0068-7

Bei der Eröffnung der Aktivkonten, deren Anfangsbestände auf der Sollseite der Bestandskonten erscheinen, erfolgen die Gegenbuchungen auf der Habenseite des Kontos EBK, bei der Eröffnung der Passivkonten, deren Anfangsbestände auf die Habenseite der Bestandskonten kommen, auf der Sollseite des Kontos EBK. Aus diesem Grunde wird häufig gesagt, das Konto EBK sei das Spiegelbild zur Eröffnungsbilanz.

Beispiel:

Ausgehend von der folgenden Eröffnungsbilanz:

Aktiva	Bilanz zum ...		Passiva
I. Anlagevermögen		**I. Eigenkapital**	75.000,00
1. Geschäftsausstattung	50.000,00	**II. Fremdkapital**	
II. Umlaufvermögen		1. Verbindlichkeiten KI	45.000,00
1. Waren	40.000,00	2. Verbindlichkeiten LuL	20.000,00
2. Forderungen LuL	15.000,00		
3. Kasse	35.000,00		
	140.000,00		140.000,00

ergibt sich bei der Eröffnung der Bestandskonten folgendes Eröffnungsbilanzkonto:

Soll	Eröffnungsbilanzkonto		Haben
Eigenkapital	75.000,00	Geschäftsausstattung	50.000,00
Verbindlichkeiten KI	45.000,00	Waren	40.000,00
Verbindlichkeiten LuL	20.000,00	Forderungen LuL	15.000,00
		Kasse	35.000,00
	140.000,00		140.000,00

Zusammenfassend lässt sich Folgendes festhalten:

1. Bei dem Eröffnungsbilanzkonto handelt es sich um ein Hilfskonto, dessen Aufgabe es ist, die Gegenbuchungen zu den Buchungen in den Aktiv- und Passivkonten bei der Kontoneröffnung aufzunehmen.
2. Die Eröffnungsbilanz ist mit Aktiva und Passiva, das Eröffnungsbilanzkonto mit Soll und Haben überschrieben.
3. Das Eröffnungsbilanzkonto ist Bestandteil der Buchführung, die Eröffnungsbilanz nicht.
4. Das Eröffnungsbilanzkonto ist grundsätzlich die spiegelbildliche Darstellung der Eröffnungsbilanz.

Nach der Erfassung sämtlicher Geschäftsvorfälle werden zum Schluss des Geschäftsjahres die aktiven und passiven Bestandskonten abgeschlossen und zur Schlussbilanz zusammengefasst. Dazu wird – ebenso wie bei der Eröffnung der Bestandskonten – ein Hilfskonto benutzt. Dieses wird Schlussbilanzkonto (SBK) genannt.

Da sich die Schlussbestände der Aktivkonten auf der Habenseite und die Schlussbestände der Passivkonten auf der Sollseite der Bestandskonten befinden, sind Schlussbilanzkonto und Schlussbilanz grundsätzlich identisch.

Es gibt allerdings einige formale Unterschiede:

1. Das Schlussbilanzkonto ist mit Soll und Haben, die Schlussbilanz mit Aktiva und Passiva überschrieben.
2. Das Schlussbilanzkonto nimmt als Teil der Buchführung die beim Abschluss der Bestandskonten ermittelten Bestände (Salden) auf.
3. Die Schlussbilanz ist Teil des Jahresabschlusses, nicht aber Bestandteil der Buchführung.
4. Für das Schlussbilanzkonto bestehen keine Gliederungsvorschriften wie für die Bilanz (§ 266 HGB).

Beispiel:

Unter Berücksichtigung der Eröffnungsbilanz und der Geschäftsvorfälle von Seite 44 ergibt sich unter Einbeziehung des Eröffnungs- und Schlussbilanzkontos folgende Darstellung:

Aktiva	Bilanz zum ...		Passiva
I. Anlagevermögen		**I. Eigenkapital**	75.000,00
1. Geschäftsausstattung	50.000,00	**II. Fremdkapital**	
II. Umlaufvermögen		1. Verbindlichkeiten KI	45.000,00
1. Waren	40.000,00	2. Verbindlichkeiten LuL	20.000,00
2. Forderungen LuL	15.000,00		
3. Kasse	35.000,00		
	140.000,00		140.000,00

Soll	Eröffnungsbilanzkonto		Haben
Eigenkapital	75.000,00	Geschäftsausstattung	50.000,00
Verbindlichkeiten KI	45.000,00	Waren	40.000,00
Verbindlichkeiten LuL	20.000,00	Forderungen LuL	15.000,00
		Kasse	35.000,00
	140.000,00		140.000,00

S	Geschäftsausstattung		H
EBK	50.000,00	SBK	54.000,00
3.	4.000,00		
	54.000,00		54.000,00

S	Eigenkapital		H
SBK	75.000,00	EBK	75.000,00

S	Waren		H
EBK	40.000,00	SBK	60.000,00
1.	20.000,00		
	60.000,00		60.000,00

S	Verbindlichkeiten KI		H
4.	14.000,00	EBK	45.000,00
SBK	39.000,00	2.	8.000,00
	53.000,00		53.000,00

S	Forderungen LuL		H
EBK	15.000,00	SBK	15.000,00

S	Verbindlichkeiten LuL		H
2.	8.000,00	EBK	20.000,00
SBK	16.000,00	3.	4.000,00
	24.000,00		24.000,00

S	Kasse		H
EBK	35.000,00	1.	20.000,00
		4.	14.000,00
		SBK	1.000,00
	35.000,00		35.000,00

Soll	Schlussbilanzkonto		Haben
Geschäftsausstattung	54.000,00	Eigenkapital	75.000,00
Waren	60.000,00	Verbindlichkeiten KI	39.000,00
Forderungen LuL	15.000,00	Verbindlichkeiten LuL	16.000,00
Kasse	1.000,00		
	130.000,00		130.000,00

Aktiva	Bilanz zum 31. Dez. ...		Passiva
I. Anlagevermögen		**I. Eigenkapital**	75.000,00
1. Geschäftsausstattung	54.000,00	**II. Fremdkapital**	
II. Umlaufvermögen		1. Verbindlichkeiten KI	39.000,00
1. Waren	60.000,00	2. Verbindlichkeiten LuL	16.000,00
2. Forderungen LuL	15.000,00		
3. Kasse	1.000,00		
	130.000,00		130.000,00

Kontrollaufgaben

1. Über welche Konten werden Bestandskonten
   a) eröffnet,
   b) abgeschlossen?
2. Worin unterscheiden sich
   a) Eröffnungsbilanz und Eröffnungsbilanzkonto?
   b) Schlussbilanz und Schlussbilanzkonto?

Übungen

1. Ihr Mandant, der Gewerbetreibende Holger Wiegand in Magdeburg, hat durch Inventur am 31. Dez. 01 folgende Bestände ermittelt:

	EUR		EUR
Geschäftsausstattung	100.000,00	Bankguthaben	25.000,00
Waren	240.000,00	Eigenkapital	?
Forderungen LuL	30.000,00	Verbindlichkeiten KI	120.000,00
Kasse	20.000,00	Verbindlichkeiten LuL	150.000,00
Postbank	5.000,00		

Im Laufe des Geschäftsjahres 02 kommt es zu folgenden Geschäftsvorfällen:

1. Ein Kunde überweist zum Rechnungsausgleich 4.000,00 EUR auf das Konto Bankguthaben.
2. Waren im Wert von 8.000,00 EUR werden gegen Barzahlung erworben.
3. Zur teilweisen Tilgung eines Bankkredits werden 12.000,00 EUR vom Bankguthabenkonto überwiesen.
4. Vom Konto Bankguthaben werden 2.000,00 EUR auf das Postbankkonto überwiesen.
5. Eine Kassenanlage mit Anschaffungskosten von 15.000,00 EUR wird auf Ziel erworben.

Aufgaben:

a) Eröffnen Sie die Konten mit Hilfe des Eröffnungsbilanzkontos.
b) Nehmen Sie die laufenden Buchungen vor.
c) Schließen Sie die Konten zum 31. Dez. 02 mit Hilfe des Schlussbilanzkontos ab.

2. Ihr Mandant, der Gewerbetreibende Andreas Seidel in Sindelfingen, hat durch Inventur am 31. Dez. 01 folgende Bestände ermittelt:

	EUR		EUR
Geschäftsausstattung	80.000,00	Postbank	15.000,00
Waren	190.000,00	Bankguthaben	5.000,00
Forderungen LuL	30.000,00	Eigenkapital	?
Kasse	20.000,00	Verbindlichkeiten LuL	150.000,00

Im Laufe des Geschäftsjahres 02 kommt es zu folgenden Geschäftsvorfällen:

1. Ein Barbetrag von 6.000,00 EUR wird der Kasse entnommen und auf das Konto Bankguthaben eingezahlt.
2. Zum Ausgleich einer Eingangsrechnung werden 7.500,00 EUR vom Postbankkonto überwiesen.
3. Ein gebrauchter Kleincomputer mit einem Buchwert von 8.000,00 EUR wird bar für 8.000,00 EUR verkauft.
4. Waren im Wert von 3.000,00 EUR werden gegen Barzahlung erworben.
5. Ein Bankkredit über 50.000,00 EUR wird aufgenommen und dem Konto Bankguthaben gutgeschrieben.

Aufgaben:

a) Eröffnen Sie die Konten mit Hilfe des Eröffnungsbilanzkontos.
b) Nehmen Sie die laufenden Buchungen vor.
c) Schließen Sie die Konten zum 31. Dez. 02 mit Hilfe des Schlussbilanzkontos ab.

5 Arbeiten im Zusammenhang mit der Datenerfassung

Die Buchführung eines Kaufmanns muss so beschaffen sein (§ 238 HGB), dass sich ein sachverständiger Dritter (z. B. Steuerberater, Wirtschaftsprüfer, Prüfer des Finanzamts) innerhalb angemessener Zeit einen Überblick über die Geschäftsvorfälle und ihre Auswirkungen verschaffen kann. Die Voraussetzungen dafür liegen vor, wenn

- alle Geschäftsvorfälle und die durch sie hervorgerufenen Änderungen in zeitlicher Reihenfolge erfasst (zeitliche Ordnung) und
- sämtliche auf Geschäftsvorfälle zurückzuführenden Änderungen, die ein bestimmtes Konto betreffen, auf diesem Konto gebucht werden (sachliche Ordnung).

Diese in § 239 Abs. 2 HGB vorgeschriebene Vorgehensweise bedeutet nichts anderes, als eine Zerlegung der im Zusammenhang mit der Weiterführung der Konten anfallenden Arbeiten in zwei Teilbereiche, und zwar in die Buchungsvorbereitung und die Buchungsdurchführung.

5.1 Vorbereitung der Buchung

Die Bearbeitung der Belege erfolgt grundsätzlich in derselben zeitlichen Reihenfolge, in der sich die Geschäftsvorfälle ereignet haben. Zunächst ist – ohne Buchung in den Konten – festzuhalten, wie ein Geschäftsvorfall die Bestandskonten beeinflusst. Dies geschieht in der Regel dadurch, dass die Belege mit einem kurzen Vermerk bezüglich der Auswirkungen des Geschäftsvorfalls versehen werden.

Beispiel:
Werden z. B. Waren im Wert von 1.500,00 EUR auf Ziel eingekauft, sieht dieser Vermerk wie folgt aus:

Konto	Soll/EUR	Haben/EUR
Waren an Verbindlichkeiten LuL	1.500,00	 1.500,00

Wird die Auswirkung eines Geschäftsvorfalls in dieser Art und Weise dargestellt, ist ein Buchungssatz gebildet worden.

Ein Buchungssatz weist zuerst das Konto der Sollbuchung, dann das Konto der Habenbuchung, jeweils mit den entsprechenden Beträgen, aus. Der Übergang von der Soll- zur Habenbuchung wird durch das Wort „an“ gekennzeichnet.

Der Vorteil des Buchungssatzes liegt darin, dass er kurz und eindeutig angibt, auf welchen Konten ein Geschäftsvorfall zu buchen ist.

Je nachdem wie viele Konten durch einen Geschäftsvorfall angesprochen werden, wird zwischen einfachen und zusammengesetzten Buchungssätzen unterschieden.

Berührt ein Geschäftsvorfall nur ein Sollkonto und ein Habenkonto, so wird der zu bildende Buchungssatz als einfacher Buchungssatz bezeichnet.

Zusammengesetzte Buchungssätze entstehen dann, wenn ein Geschäftsvorfall Einfluss auf mehr als zwei Konten hat.

Beispiel:
Ein Kunde begleicht eine Ausgangsrechnung über 15.000,00 EUR durch Barzahlung (5.000,00 EUR) und Banküberweisung (10.000,00 EUR).

Buchungssatz:

Konto	Soll/EUR	Haben/EUR
Kasse Bankguthaben an Forderungen	5.000,00 10.000,00	 15.000,00

In Abhängigkeit von der Art der Buchungen ist eine weitere Einteilung der Buchungssätze in solche zur Konteneröffnung, für laufende Buchungen und zum Kontenabschluss möglich.

Werden Bestandskonten eröffnet, lauten die

Buchungssätze:

	Soll/EUR	Haben/EUR
Aktivkonten an Eröffnungsbilanzkonto	.....	 .....
Eröffnungsbilanzkonto an Passivkonten	.....	 .....

Die Buchungssätze für die laufenden Buchungen sind abhängig vom jeweils zugrunde liegenden Geschäftsvorfall.

Für den Abschluss der Bestandskonten lauten die

Buchungssätze:

	Soll/EUR	Haben/EUR
Schlussbilanzkonto an Aktivkonten	.....	 .....
Passivkonten an Schlussbilanzkonto	.....	 .....

Die Gesamtheit der nach der Zeit erfassten Geschäftsvorfälle wird als Grundbuch (Tagebuch, Journal oder Primanota) bezeichnet (Grundlage für die Buchung in Konten). Die Führung des Grundbuchs geschieht durch Fachkräfte. Sie kann sowohl in der geordneten Ablage der vorkontierten (mit Buchungssätzen versehenen) Belege (§ 146 Abs. 5 AO, § 238 Abs. 4 HGB) bestehen als auch über Buchungslisten erfolgen. Erfolgt sie über Buchungslisten, stellen diese ein fortlaufendes Verzeichnis sämtlicher Geschäftsvorfälle dar. In der Regel enthalten Buchungslisten deshalb für jeden Geschäftsvorfall folgende Angaben: Datum, Vorgang, Beleghinweis, Buchungssatz und Betrag.

Beispiel:

Journal		Monat August 02				Seite ...
Datum	Beleg Nr.	Buchungstext	Buchungssatz Soll	Haben	Betrag Soll	Haben
10. Aug.		Übertrag von Seite ...				
10. Aug.	577	Überweisung an Vogt	Verb.	Bank	2.430	2.430
11. Aug.	578	Verkauf an Reimann	Ford.	V.-Erl. USt	5.800	5.000 800
12. Aug.	579	Überweisung von Klein	Bank	Ford.	4.500	4.500
:	:	... ...	:	:	:	:

5.2 Durchführung der Buchung

Nachdem die Buchungssätze durch Fachkräfte gebildet worden sind, ist die weitere Buchführungsarbeit Routine, d. h., sie kann auch durch Hilfskräfte erfolgen. Aufgrund der vorliegenden Buchungssätze ist nämlich nur noch eine Übertragung der entsprechenden Vorgaben in die Konten, die in ihrer Gesamtheit als Hauptbuch bezeichnet werden, erforderlich.

Das Hauptbuch erfasst also dieselben Sachverhalte wie das Grundbuch, allerdings in anderer Ordnung.

Bei der Übertragung der Buchungssätze in die Konten ist im Konto außer dem Betrag auch das jeweilige Gegenkonto anzugeben. Dies ist notwendig, damit jederzeit festgestellt werden kann, ob zu jeder Buchung auch die Gegenbuchung erfolgt ist.

Beispiel:

Konto	Soll/EUR	Haben/EUR
Bankguthaben an Forderungen LuL	1.800,00	 1.800,00

Lösung:

S	Bankguthaben		H
EBK	15.000,00		
Ford. LuL	1.800,00		

S	Forderungen LuL		H
EBK	20.000,00	Bankguth.	1.800,00

Kontrollaufgaben

1. Beschreiben Sie, wie ein Buchungssatz gebildet wird.
2. Welche Arten von Buchungssätzen lassen sich
   a) vom Umfang des Buchungssatzes her,
   b) vom Zeitpunkt der Buchung her

   unterscheiden?
3. Worin besteht der grundsätzliche Unterschied zwischen Grund- und Hauptbuch.
4. Beschreiben Sie, zu welchem Zweck
   a) Grundbücher und
   b) das Hauptbuch

   geführt werden.

Übungen

1. Bei Ihrem Mandanten, der Firma Hans Blecher e. K. in Saarbrücken, kommt es im Laufe des Geschäftsjahres zu folgenden Geschäftsvorfällen:
   a) Zum Ausgleich einer Ausgangsrechnung überweist ein Kunde 3.000,00 EUR.
   b) Zur Erhöhung des Kassenbestandes werden 2.500,00 EUR vom Konto Bankguthaben abgehoben.
   c) Waren im Wert von 5.000,00 EUR werden auf Ziel eingekauft.

d) Eine Eingangsrechnung in Höhe von 4.800,00 EUR wird durch Überweisung vom Bankkonto (mit Schulden) beglichen.

e) Ein Kunde gleicht eine Ausgangsrechnung über 2.100,00 EUR durch Überweisung auf das Postbankkonto aus.

f) Vom Bankguthabenkonto werden 5.500,00 EUR auf das Postbankkonto überwiesen.

g) Ein gebrauchter PKW mit einem Buchwert von 7.200,00 EUR wird gegen eine Barzahlung in Höhe von 7.200,00 EUR verkauft.

h) Zur teilweisen Tilgung eines Bankkredits werden 30.000,00 EUR vom Konto Bankguthaben überwiesen.

i) Eine Eingangsrechnung über 2.500,00 EUR wird durch Barzahlung beglichen.

Bilden Sie die Buchungssätze.

2. Bestimmen Sie, welche Geschäftsvorfälle den folgenden Buchungssätzen zugrunde liegen.

	Soll/EUR	Haben/EUR
a) Waren	5.000,00	
an Verbindlichkeiten LuL		5.000,00
b) Grund und Boden unbebaut	70.000,00	
an Bankguthaben		70.000,00
c) Verbindlichkeiten KI	8.400,00	
an Bankguthaben		8.400,00
d) Bank	4.600,00	
an Kasse		4.600,00
e) Postbank	3.900,00	
an Forderungen LuL		3.900,00
f) Verbindlichkeiten LuL	12.000,00	
an Bankguthaben		12.000,00

3. Bei Ihrem Mandanten, der Firma Heinz Müller e.K. in Stuttgart, kommt es im Laufe des Geschäftsjahres zu folgenden Geschäftsvorfällen:

a) Der Ausgleich einer Eingangsrechnung über 9.800,00 EUR erfolgt durch Überweisung vom Konto Bankguthaben.

b) Durch Tausch gegen einen gebrauchten PKW im Buchwert von 9.000,00 EUR werden Waren im selben Wert erworben.

c) Ein Bankkredit über 80.000,00 EUR wird aufgenommen und dem Bankguthabenkonto gutgeschrieben.

d) Lt. Bankauszug hat ein Kunde zum Rechnungsausgleich 6.100,00 EUR auf das Konto Bankguthaben überwiesen.

e) Ein Lagerplatz im Wert von 70.000,00 EUR wird gegen Barzahlung erworben.

f) Ein Barbetrag von 8.700,00 EUR wird der Kasse entnommen und auf das Bankkonto (mit Schulden) eingezahlt.

g) Durch Tausch gegen eine gebrauchte EDV-Anlage mit einem Buchwert von 7.000,00 EUR wird ein PKW im selben Wert erworben.

h) Ein zusätzliches Bankkonto wird mit einer Bareinzahlung von 1.000,00 EUR eröffnet.

Bilden Sie die Buchungssätze.

4. Bestimmen Sie, welche Geschäftsvorfälle den folgenden Buchungssätzen zugrunde liegen.

	Soll/EUR	Haben/EUR
a) Bankguthaben	40.000,00	
an Verbindlichkeiten KI		40.000,00
b) Kasse	7.100,00	
an Bankguthaben		7.100,00
c) Waren	2.000,00	
an Kasse		2.000,00
d) Bankguthaben	3.500,00	
an Postbank		3.500,00
e) Bankguthaben	1.100,00	
an Forderungen LuL		1.100,00
f) PKW	28.000,00	
an Postbank		28.000,00
g) Waren	11.000,00	
an Geschäftsausstattung		11.000,00
h) Verbindlichkeiten LuL	6.000,00	
an Forderungen LuL		6.000,00

5. Bei Ihrem Mandanten, der Firma Ludger Hausmann e.K. in Trier, kommt es im Laufe des Geschäftsjahres zu folgenden Geschäftsvorfällen:

a) Der Ausgleich von Ausgangsrechnungen erfolgt durch Überweisungen von Kunden. Dem Konto Bankguthaben werden 7.000,00 EUR, dem Postbankkonto 4.000,00 EUR gutgeschrieben.

b) Ein gebrauchter PC mit einem Buchwert von 4.000,00 EUR wird für 4.000,00 EUR verkauft. Der sofortige Rechnungsausgleich erfolgt durch eine Barzahlung in Höhe von 1.000,00 EUR und Banküberweisung des Restbetrags.

c) Die Tilgung eines Bankkredits in Höhe von 50.000,00 EUR erfolgt durch Überweisungen von den Konten Bankguthaben und Postbank mit jeweils 25.000,00 EUR.

d) Der Verkauf eines gebrauchten PKW erfolgt zum Buchwert von 8.000,00 EUR. Vereinbarungsgemäß zahlt der Käufer bei Übergabe einen Barbetrag von 2.000,00 EUR. Der Restbetrag ist in zwei Monaten fällig.

e) Der Kauf eines PKW im Wert von 30.000,00 EUR erfolgt gegen eine Barzahlung in Höhe von 10.000,00 EUR und Inzahlunggabe eines gebrauchten PKW zu dessen Buchwert von 20.000,00 EUR.

f) Der Ausgleich einer Eingangsrechnung erfolgt durch Überweisungen. Das Konto Bankguthaben wird mit 8.000,00 EUR, das Konto Postbank mit 3.000,00 EUR belastet.

g) Es werden Waren im Wert von 15.000,00 EUR eingekauft. Vereinbarungsgemäß werden zum Rechnungsausgleich zunächst nur 10.000,00 EUR vom Postbankkonto überwiesen.

6. Bestimmen Sie, welche Geschäftsvorfälle den folgenden Buchungssätzen zugrunde liegen.

	Soll/EUR	Haben/EUR
a) Waren	8.000,00	
an Verbindlichkeiten LuL		4.500,00
an Bankguthaben		3.500,00
b) Verbindlichkeiten KI	14.000,00	
an Bankguthaben		10.000,00
an Postbank		4.000,00
c) Bank	3.000,00	
Postbank	4.200,00	
Kasse	6.400,00	
an Forderungen LuL		13.600,00
d) PKW	25.000,00	
an Kasse		20.000,00
an PKW		5.000,00
e) Kasse	3.000,00	
Bankguthaben	4.000,00	
an Geschäftsausstattung		7.000,00
f) Verbindlichkeiten LuL	11.000,00	
an Bankguthaben		6.000,00
an Postbank		3.000,00
an Kasse		2.000,00

7. Ihr Mandant, der Gewerbetreibende Frank Rickert in Aschaffenburg, hat durch Inventur am 31. Dez. 01 folgende Bestände ermittelt:

	EUR		EUR
PKW	50.000,00	Bankguthaben	20.000,00
Waren	200.000,00	Eigenkapital	?
Forderungen LuL	70.000,00	Verbindlichkeiten KI	100.000,00
Kasse	65.000,00	Verbindlichkeiten LuL	80.000,00
Postbank	6.000,00		

Im Laufe des Geschäftsjahres 02 kommt es zu folgenden Geschäftsvorfällen:

1. Waren im Wert von 20.000,00 EUR werden eingekauft und sofort bar bezahlt.
2. Der Ausgleich von Ausgangsrechnungen erfolgt durch eine Überweisung auf das Konto Bankguthaben mit 10.000,00 EUR und durch eine Überweisung auf das Konto Postbank mit 15.000,00 EUR.
3. Ein Bankkredit über 40.000,00 EUR wird aufgenommen und dem Konto Bankguthaben gutgeschrieben.
4. Ein PKW im Wert von 35.000,00 EUR wird gegen Inzahlunggabe eines gebrauchten PKW mit einem Buchwert von 8.000,00 EUR und Barzahlung des Restbetrages von 27.000,00 EUR erworben.
5. Eine Eingangsrechnung in Höhe von 4.800,00 EUR wird durch Überweisung vom Bankguthabenkonto beglichen.

Aufgaben:

a) Bilden Sie die zur Kontenеröffnung notwendigen Buchungssätze und eröffnen Sie die Konten.

b) Bilden Sie die aufgrund der Geschäftsvorfälle erforderlichen Buchungssätze.

c) Nehmen Sie aufgrund der Buchungssätze die Buchungen in den Bestandskonten vor.

d) Bilden Sie die zum Abschluss der Bestandskonten notwendigen Buchungssätze und schließen Sie die Konten ab.

8. Ihr Mandant, der Gewerbetreibende Manfred Stahl in Siegburg, hat durch Inventur am 31. Dez. 01 folgende Bestände ermittelt:

	EUR		EUR
Geschäftsausstattung	40.000,00	Bankguthaben	24.000,00
Waren	220.000,00	Eigenkapital	?
Forderungen LuL	45.000,00	Verbindlichkeiten KI	80.000,00
Kasse	40.000,00	Verbindlichkeiten LuL	160.000,00
Postbank	30.000,00		

Im Laufe des Geschäftsjahres 02 kommt es zu folgenden Geschäftsvorfällen:

1. Kunden überweisen zum Ausgleich der noch offenen Rechnungen 6.000,00 EUR auf das Postbankkonto.
2. Die Tilgung eines Bankkredits in Höhe von 40.000,00 EUR erfolgt durch Überweisungen von den Konten Bankguthaben und Postbank mit jeweils 20.000,00 EUR.
3. Eine Eingangsrechnung in Höhe von 8.000,00 EUR wird durch Überweisung vom Bankkonto (mit Schulden) beglichen.
4. Es werden Waren im Wert von 12.000,00 EUR eingekauft. Vereinbarungsgemäß werden zum Rechnungsausgleich zunächst nur 6.000,00 EUR vom Postbankkonto überwiesen.
5. Eine neue Ladentheke im Wert von 30.000,00 EUR wird gegen Barzahlung erworben.

Aufgaben:

a) Bilden Sie die zur Konteneröffnung notwendigen Buchungssätze und eröffnen Sie die Konten.

b) Bilden Sie die aufgrund der Geschäftsvorfälle erforderlichen Buchungssätze.

c) Nehmen Sie aufgrund der Buchungssätze die Buchungen in den Bestandskonten vor.

d) Bilden Sie die zum Abschluss der Bestandskonten notwendigen Buchungssätze und schließen Sie die Konten ab.

9. Ihr Mandant, der Gewerbetreibende Albert Müller in Kaiserslautern, hat durch Inventur am 31. Dez. 01 folgende Bestände ermittelt:

	EUR		EUR
Geschäftsausstattung	90.000,00	Bankguthaben	50.000,00
Waren	210.000,00	Eigenkapital	?
Forderungen LuL	75.000,00	Verbindlichkeiten KI	100.000,00
Kasse	10.000,00	Verbindlichkeiten LuL	180.000,00
Postbank	30.000,00		

Im Laufe des Geschäftsjahres 02 kommt es zu folgenden Geschäftsvorfällen:

1. Eine gebrauchte Kassenanlage mit einem Buchwert von 10.000,00 EUR wird bar für 10.000,00 EUR verkauft.
2. Der Ausgleich von Eingangsrechnungen erfolgt durch Überweisungen. Das Konto Bankguthaben wird mit 6.000,00 EUR, das Konto Postbank mit 2.000,00 EUR belastet.
3. Ein Barbetrag von 5.000,00 EUR wird der Kasse entnommen und auf das Bankguthabenkonto eingezahlt.
4. Die Tilgung eines Bankkredits in Höhe von 60.000,00 EUR erfolgt durch Überweisung von den Konten Bankguthaben mit 40.000,00 EUR und Postbank mit 20.000,00 EUR.
5. Ein Kunde begleicht eine Rechnung über 400,00 EUR durch Postüberweisung.

Aufgaben:

a) Bilden Sie die zur Konteneröffnung notwendigen Buchungssätze und eröffnen Sie die Konten.
b) Bilden Sie die aufgrund der Geschäftsvorfälle erforderlichen Buchungssätze.
c) Nehmen Sie aufgrund der Buchungssätze die Buchungen in den Bestandskonten vor.
d) Bilden Sie die zum Abschluss der Bestandskonten notwendigen Buchungssätze und schließen Sie die Konten ab.

6 Einbeziehung von Erfolgskonten

Alle bisherigen Buchungen erfolgten lediglich auf Bestandskonten. Aus diesem Grunde wurden Geschäftsvorfälle, die durch die eigentliche betriebliche Tätigkeit verursacht werden und u. a. darin bestehen, Umsätze vorzubereiten und durchzuführen, nicht berücksichtigt. Das soll nun geändert werden.

6.1 Erklärung der Eigenschaften von Aufwendungen und Erträgen

Beispiel:

Der Unternehmer zahlt einem Arbeitnehmer zum Monatsende den Lohn in Höhe von 3.500,00 EUR bar aus.

Das hat zur Folge, dass die Bildung des Buchungssatzes mit dem bisher bekannten Instrumentarium nicht möglich ist. Da lediglich ein Bestandskonto angesprochen wird, ist zunächst unklar, auf welchem Konto die Gegenbuchung zu erfolgen hat.

Um auch diesen Geschäftsvorfall richtig erfassen zu können, ist es erforderlich, sich Klarheit über die Auswirkungen des Geschäftsvorfalls zu verschaffen. Eine Möglichkeit dies zu tun, besteht darin, die Veränderungen mit Hilfe des Inventars darzustellen.

Ausgehend vom Inventar vor der Lohnzahlung, das folgendermaßen aussieht:

Summe des Vermögens	270.000,00 EUR
– Summe der Schulden	182.800,00 EUR
= Reinvermögen (Eigenkapital)	87.200,00 EUR

ergibt sich nach der Lohnzahlung folgendes Inventar:

Summe des Vermögens	266.500,00 EUR
– Summe der Schulden	182.800,00 EUR
= Reinvermögen (Eigenkapital)	83.700,00 EUR

Der Minderung im Konto Kasse (Summe des Vermögens) steht also eine Minderung des Eigenkapitals in derselben Höhe gegenüber.

Die entgegengesetzte Änderung ergibt sich im folgenden

Beispiel:

Für eine Vermittlungstätigkeit wird dem Unternehmer eine Provision in Höhe von 5.000,00 EUR auf dem Postbankkonto gutgeschrieben.

Ausgehend vom Inventar vor der Provisionszahlung, das wie folgt aussieht:

Summe des Vermögens	266.500,00 EUR
– Summe der Schulden	182.800,00 EUR
= Reinvermögen (Eigenkapital)	83.700,00 EUR

ergibt sich nach der Provisionszahlung das folgende Inventar:

Summe des Vermögens	271.500,00 EUR
– Summe der Schulden	182.800,00 EUR
= Reinvermögen (Eigenkapital)	88.700,00 EUR

Der Erhöhung im Konto Postbank (Summe des Vermögens) steht hier also eine Erhöhung des Eigenkapitals in derselben Höhe gegenüber.

Sämtliche Geschäftsvorfälle, die zu einer betrieblich veranlassten Änderung des Eigenkapitals führen, stellen Erfolgsvorgänge dar. Führen diese zu einer Verminderung des Eigenkapitals, liegen Aufwendungen vor, führen sie zu einer Erhöhung des Eigenkapitals, werden diese Wertänderungen als Erträge bezeichnet.

6.2 Erfassung erfolgswirksamer Vorgänge

Weil erfolgswirksame Vorgänge die Höhe des Eigenkapitals verändern, ist es theoretisch möglich, alle diese Änderungen auf dem Eigenkapitalkonto zu erfassen. Diese Vorgehensweise hätte allerdings einen Verstoß gegen handelsrechtliche Vorschriften zur Folge (§§ 239, 243 Abs. 2 HGB). Das HGB schreibt nämlich auch für den Bereich der Aufwendungen und Erträge eine sachliche Ordnung bezüglich der Auswirkungen der Geschäftsvorfälle vor.

Um die gesetzlichen Vorschriften beachten zu können, ist es demnach erforderlich, alle Arten von Aufwendungen und Erträgen getrennt zu erfassen. Um dies zu ermöglichen, werden Erfolgskonten als Unterkonten des Eigenkapitalkontos eingerichtet.

Für die Erfassung der Aufwendungen werden z. B. die Konten Löhne, Gehälter, Miete, Bürobedarf, Fahrzeugkosten, Porto und Zinsaufwendungen, für die Erfassung der Erträge die Konten Verkaufserlöse, Provisionserlöse und Zinserträge angelegt.

Kommt es zur Bebuchung dieser Konten, gelten für sie dieselben Buchungsregeln wie für das Konto Eigenkapital. Aufwendungen als Eigenkapitalminderungen werden deshalb im Soll, Erträge als Eigenkapitalerhöhungen im Haben gebucht.

Beispiel:

In der Bilanz zum 31. Dez. 01 ist ein Bankguthaben von 5.000,00 EUR, ein Kassenbestand von 8.000,00 EUR und ein Eigenkapital von 13.000,00 EUR ausgewiesen.

Es ereignen sich folgende Geschäftsvorfälle:

1. Es werden Löhne in Höhe von 1.500,00 EUR bar ausgezahlt.
2. Für eine Vermittlungsleistung geht eine Provision in Höhe von 4.000,00 EUR auf dem Bankkonto ein.
3. Die Miete (1.800,00 EUR) für die betrieblich genutzten Räume wird bar bezahlt.
4. Dem Bankkonto werden Zinsen in Höhe von 200,00 EUR gutgeschrieben.

Buchungssätze:

	Soll/EUR	Haben/EUR
1. Löhne	1.500,00	
an Kasse		1.500,00
2. Bank	4.000,00	
an Provisionserlöse		4.000,00
3. Miete	1.800,00	
an Kasse		1.800,00
4. Bank	200,00	
an Zinserträge		200,00

Buchungen in den Konten:

S Bank H

EBK	5.000,00		
Prov.Erl.	4.000,00		
Zinsertr.	200,00		

S Kasse H

EBK	8.000,00	Löhne	1.500,00
		Miete	1.800,00

S Löhne H

Kasse	1.500,00		

S Provisionserlöse H

		Bank	4.000,00

S Miete H

Kasse	1.800,00		

S Zinserträge H

		Bank	200,00

S Eigenkapital H

		EBK	13.000,00

6.3 Erfolgsermittlung durch Gegenüberstellung von Aufwendungen und Erträgen

Obwohl es sich bei den Erfolgskonten um Unterkonten des Eigenkapitalkontos handelt, werden diese zum Ende des Geschäftsjahres nicht direkt über das Eigenkapitalkonto abgeschlossen. Die Begründung für diese Vorgehensweise ergibt sich aus den §§ 242 und 275 HGB. Nach diesen sind den einzelnen Aufwendungen die einzelnen Erträge gegenüberzustellen, weil nur auf diese Weise festgestellt werden kann, wie der Erfolg des Unternehmens zustande gekommen ist.

Damit auch diese Vorschrift befolgt werden kann, ist ein zusätzliches Konto erforderlich, das Gewinn- und Verlustkonto (G+V). Auf diesem Konto werden im Soll alle Aufwendungen, im Haben alle Erträge gesammelt.

Die Buchungssätze für den Abschluss der Erfolgskonten lauten deshalb:

	Soll/EUR	Haben/EUR
G+V	.....	
an Aufwandskonten		.....
Ertragskonten	.....	
an G+V		.....

Beispiel:

Wird das Beispiel fortgeführt, lauten die Buchungssätze für den Abschluss der Erfolgskonten:

Buchungssätze:

	Soll/EUR	Haben/EUR
G+V	3.300,00	
an Aufwandskonten		3.300,00
Ertragskonten	4.200,00	
an G+V		4.200,00

Buchungen in den Erfolgskonten und im Konto G+V:

S	Löhne		H
Kasse	1.500,00	G+V	1.500,00

S	Provisionserlöse		H
G+V	4.000,00	Bank	4.000,00

S	Miete		H
Kasse	1.800,00	G+V	1.800,00

S	Zinserträge		H
G+V	200,00	Bank	200,00

S	G+V-Konto		H
Löhne	1.500,00	Prov.Ertr.	4.000,00
Miete	1.800,00	Zinsertr.	200,00

Durch Gegenüberstellung der Aufwendungen und Erträge im G+V-Konto ist es jetzt möglich, den Erfolg (Gewinn bzw. Verlust) des Unternehmens zu ermitteln. Sind die Erträge höher als die Aufwendungen, stellt der Saldo, der sich dann auf der Sollseite des G+V-Kontos befindet, den Gewinn dar. Für den Fall, dass die Aufwendungen höher als die Erträge sind, erscheint der Saldo auf der Habenseite des G+V-Kontos. Er gibt in diesem Fall die Höhe des Verlustes an.

Erst jetzt, beim Abschluss des G+V-Kontos, erfolgt die Buchung auf dem Eigenkapitalkonto.

Die Buchungssätze für diese Abschlussbuchung lauten

bei Gewinn:

	Soll/EUR	Haben/EUR
G+V an Eigenkapital	.....	 .....

bei Verlust:

	Soll/EUR	Haben/EUR
Eigenkapital an G+V	.....	 .....

Buchungssatz im Beispiel:

	Soll/EUR	Haben/EUR
G+V an Eigenkapital	900,00	 900,00

Buchungen in den Konten:

S	G+V-Konto		H
Löhne	1.500,00	Prov.Ertr.	4.000,00
Miete	1.800,00	Zinsertr.	200,00
EK	900,00		
	4.200,00		4.200,00

S	Eigenkapital		H
SBK	13.900,00	EBK	13.000,00
		G+V	900,00
	13.900,00		13.900,00

Soll lediglich die Höhe des Erfolgs ermittelt werden, ist das auch auf andere Weise möglich, und zwar durch Vergleich der Eigenkapitalbeträge von zwei aufeinander folgenden Inventaren (bzw. Bilanzen). Weil die Aufwendungen und Erträge bereits zu einer Änderung des Eigenkapitals im Inventar (bzw. der Bilanz) des Abschlussjahres geführt haben, ist die Erfolgsermittlung nach folgendem Schema durchzuführen (§ 4 EStG: Betriebsvermögensvergleich):

Eigenkapital am Ende des Geschäftsjahres 02	13.900,00 EUR
– Eigenkapital am Ende des Geschäftsjahres 01	13.000,00 EUR
= Gewinn (bzw. Verlust) 02	900,00 EUR

5 Hengstebeck - ISBN 3-8120-0068-7

Kontrollaufgaben

1. Erklären Sie den Unterschied zwischen Erfolgs- und Bestandskonten.
2. Beschreiben Sie, wie sich
   a) Aufwendungen,
   b) Erträge

   auf die Höhe des Eigenkapitals auswirken.
3. Wie werden betrieblich veranlasste Wertänderungen bezeichnet, die eine
   a) Eigenkapitalminderung,
   b) Eigenkapitalmehrung

   zur Folge haben?
4. Auf welchen Konten werden die betrieblich verursachten Eigenkapitaländerungen erfasst?
5. Nennen Sie Beispiele für Erfolgskonten.
6. Auf welcher Kontenseite werden
   a) Aufwendungen in den Aufwandskonten,
   b) Erträge in den Ertragskonten

   gebucht?
7. Beschreiben Sie, wie buchungstechnisch die Verrechnung der in den Erfolgskonten erfassten Aufwendungen und Erträge mit dem Eigenkapital erfolgt.
8. Wie wird der Erfolg des Unternehmens bezeichnet, der sich als Saldo
   a) auf der Sollseite des G+V-Kontos,
   b) auf der Sollseite des Eigenkapitalkontos

   ergibt?

Übungen

1. Bilden Sie die Buchungssätze zu folgenden Geschäftsvorfällen:

	EUR
a) Die Prämie zur Kfz-Haftpflichtversicherung wird vom Bankguthabenkonto überwiesen	600,00
b) Die Gebühren für das betriebliche Telefon werden vom Postbankkonto abgebucht	150,00
c) Sofort nach ihrem Eingang wird die Rechnung über eine Kfz-Reparatur durch Postüberweisung beglichen	750,00
d) Für eine vermietete Garage zahlt der Mieter bar	80,00
e) Büromaterial wird gegen Rechnung erworben	95,00
f) Auf dem Bankkonto geht eine Zinsgutschrift ein	350,00
g) Gehälter werden vom Bankguthabenkonto überwiesen	2.800,00
h) Die Provision für die Vermittlung eines Vertrages geht auf dem Postbankkonto ein	1.200,00
i) Briefmarken werden bei der Post gegen Barzahlung erworben	90,00
j) Für den Bezug einer Fachzeitschrift wird das Bankguthabenkonto belastet	120,00
k) Wegen verspäteter Zahlung erfolgt eine Belastung mit Verzugszinsen durch einen Lieferer	200,00

2. Im Laufe des Geschäftsjahres kommt es zu folgenden Geschäftsvorfällen:

		EUR
a)	Eine Gehaltszahlung erfolgt durch Überweisung vom Postbankkonto	3.000,00
b)	Ein Bankkredit wird durch Barzahlung getilgt	50.000,00
c)	Das Bankguthabenkonto wird mit Zinsen belastet	180,00
d)	Zum Rechnungsausgleich zahlen Kunden auf das Postbankkonto ein	4.800,00
e)	Der Kauf einer Schreibmaschine erfolgt gegen Barzahlung	900,00
f)	Eine Provisionsgutschrift geht auf dem Bankguthabenkonto ein	350,00
g)	Für vermietete Geschäftsräume geht die Miete bar ein	1.500,00
h)	Die Rechnung für eine Werbeanzeige in der Tageszeitung wird sofort nach ihrem Eingang durch Postüberweisung beglichen	450,00
i)	Wegen verspäteter Zahlung wird ein Kunde mit Verzugszinsen belastet	150,00
j)	Für eine Kfz-Reparatur geht eine Rechnung ein	920,00
k)	Zum Rechnungsausgleich erfolgt eine Überweisung vom Bankguthabenkonto	6.000,00
l)	Die Beiträge zur Industrie- und Handelskammer werden vom Postbankkonto abgebucht	240,00
m)	Ein Barbetrag wird der Kasse entnommen und auf das Bankguthabenkonto eingezahlt	4.100,00
n)	Die Kfz-Steuer wird durch Überweisung vom Postbankkonto bezahlt	580,00

Aufgaben:

1. Bilden Sie die Buchungssätze.
2. Zeigen Sie, wie die Geschäftsvorfälle die Bilanzsumme verändern (keine Veränderung, Erhöhung, Verminderung).
3. Welchen Einfluss haben die Geschäftsvorfälle auf den Erfolg des Unternehmens (keinen, einen positiven, einen negativen)?

3. Bilden Sie die Buchungssätze zu folgenden Geschäftsvorfällen:

		EUR
a)	Der Ausgleich von Ausgangsrechnungen erfolgt	
	durch Überweisung auf das Postbankkonto	3.000,00
	durch Barzahlung	1.800,00
b)	Für die Vermittlung eines Auftrags gehen auf dem Postbankkonto ein	700,00
c)	Das Bankguthabenkonto wird belastet durch Überweisungen	
	für Miete	2.200,00
	für Gewerbesteuer	1.050,00
d)	Der Kauf eines LKW erfolgt	
	gegen Barzahlung	60.000,00
	auf Ziel	70.000,00
e)	Das Postbankkonto wird durch Überweisungen belastet, und zwar	
	für Kfz-Steuer	600,00
	zur Tilgung von Bankschulden	12.000,00
f)	Für die Überlassung von Geschäftsräumen erfolgt eine Gutschrift auf dem Bankguthabenkonto	1.600,00
g)	Das Bankguthabenkonto wird belastet	
	durch eine Überweisung zum Ausgleich einer Eingangsrechnung	7.200,00
	für Zinsen	500,00
h)	Der Kauf von Büromaterial erfolgt gegen Barzahlung	150,00

4. Welche Geschäftsvorfälle liegen den folgenden Buchungssätzen zugrunde?

	Soll/EUR	Haben/EUR
a) Gehälter	3.800,00	
an Bank		3.800,00
b) Bank	40.000,00	
an Verbindlichkeiten KI		40.000,00
c) Porto	50,00	
an Kasse		50,00
d) Verkaufsprovision	600,00	
an Bank		600,00
e) Bank	280,00	
an Zinserträge		280,00
f) Kfz-Kosten	180,00	
an Kasse		180,00
g) Bank	2.500,00	
an Forderungen LuL		2.500,00
h) Telefonkosten	150,00	
an Postbank		150,00
i) Kasse	700,00	
an Mieterträge		700,00
j) Gewerbesteuer	1.100,00	
an Bank		1.100,00
k) Postbank	850,00	
an Provisionserträge		850,00
l) Verbindlichkeiten LuL	3.800,00	
an Verbindlichkeiten KI		3.800,00
m) Bank	4.000,00	
an Kasse		4.000,00

5. Ihr Mandant, der Gewerbetreibende Alexander Vogt in Hameln, hat durch Inventur am 31. Dez. 01 folgende Bestände ermittelt:

	EUR		EUR
Geschäftsausstattung	60.000,00	Bankguthaben	100.000,00
Waren	220.000,00	Eigenkapital	?
Forderungen LuL	25.000,00	Verbindlichkeiten KI	60.000,00
Kasse	15.000,00	Verbindlichkeiten LuL	180.000,00

Im Laufe des Geschäftsjahres 02 kommt es zu folgenden Geschäftsvorfällen:

1. Eine Kassenanlage im Wert von 6.000,00 EUR wird auf Ziel erworben.
2. Die Mietzahlung für die gemieteten Geschäftsräume erfolgt durch eine Überweisung in Höhe von 2.400,00 EUR vom Bankkonto (mit Schulden).
3. Die Gehälter in Höhe von 3.500,00 EUR werden bar ausgezahlt.
4. Ein Bankkredit in Höhe von 50.000,00 EUR sowie die fälligen Zinsen in Höhe von 4.000,00 EUR werden durch Überweisung vom Bankguthabenkonto beglichen.

5. Wegen verspäteter Zahlung erfolgt eine Belastung durch den Lieferer mit Verzugszinsen in Höhe von 50,00 EUR.
6. Zum Ausgleich einer Ausgangsrechnung zahlt ein Kunde 3.000,00 EUR bar.
7. Die Kfz-Steuer in Höhe von 400,00 EUR wird vom Bankguthabenkonto abgebucht.
8. Für eine Fachzeitschrift geht eine Rechnung über 240,00 EUR ein.

Aufgaben:

a) Eröffnen Sie die Bestandskonten.
b) Bilden Sie die Buchungssätze für die Geschäftsvorfälle.
c) Buchen Sie die Geschäftsvorfälle.
d) Schließen Sie die Erfolgskonten ab.
e) Schließen Sie die Bestandskonten ab.

7 Buchungserleichterungen durch Benutzung von Kontenplänen

7.1 Notwendigkeit des Kontenrahmens

Nach dem Handelsgesetzbuch muss die Buchführung so beschaffen sein, dass sie einem sachverständigen Dritten innerhalb angemessener Zeit einen Überblick über die Geschäftsvorfälle und die Lage des Unternehmens vermitteln kann. Dies ist nur möglich, wenn der Unternehmer ein Kontensystem verwendet, das folgende Ordnungsprinzipien berücksichtigt:

- Inhaltlich gleichartige Konten müssen als solche erkennbar sein.
- Eine klare und eindeutige Kontenbezeichnung muss gewährleistet sein.
- Jedes Konto muss eindeutig einer bestimmten Position im Jahresabschluss zugeordnet werden können.

Diese Prinzipien werden grundsätzlich beachtet, wenn nach einem Kontenrahmen gebucht wird.

Ein Kontenrahmen ist ein nach einheitlichen Gesichtspunkten gestalteter Organisationsplan für die Konten einer Buchführung. Er wird grundsätzlich für alle Unternehmen einer Branche erstellt.

Da nicht alle Betriebe der gleichen Branche auch die gleichen Konten benötigen, muss jeder Betrieb aus dem Branchenkontenrahmen die Konten auswählen, die er entsprechend seiner Größe und Rechtsform benötigt. Diese auf den einzelnen Betrieb bezogene Auswahl der Konten heißt Kontenplan.

Kontenrahmen	=	Ordnungsrahmen für Konten der Buchführung einer ganzen Branche

Angepasst an die Bedürfnisse eines Unternehmens ergibt sich daraus der

Kontenplan	=	alle in einem Unternehmen geführten Konten

Die Buchung nach einem aus einem Kontenrahmen abgeleiteten Kontenplan ist nicht vorgeschrieben. Sie bietet sich jedoch an, denn sie ermöglicht

- einen genauen Überblick über die im Unternehmen geführten Konten,

- einen Vergleich der einzelnen Aufwendungen und Erträge desselben Unternehmens in verschiedenen Zeiträumen (interner Betriebsvergleich) oder eines Unternehmens mit denen anderer Unternehmen desselben Wirtschaftszweiges (externer Betriebsvergleich),
- die Vereinheitlichung und Vereinfachung des Buchungstextes durch Verwendung von Kontenziffern.

Alle modernen Kontenrahmen sind so aufgebaut, dass sich mit Hilfe der Buchführung problemlos, entweder manuell oder automatisch, die USt-Voranmeldungen und die USt-Erklärung erstellen lassen.

Sollen anhand der Buchführung auch automatisch der Jahresabschluss und betriebswirtschaftliche Auswertungen erfolgen, ist darüber hinaus ein datenverarbeitungsgerechter Kontenrahmen erforderlich.

7.2 Aufbau der Kontenrahmen

7.2.1 Formale Gliederung

Alle Kontenrahmen sind nach dem Zehnersystem (dekadischen System) gegliedert. Danach enthält ein Kontenrahmen 10 Kontenklassen, jede Kontenklasse 10 Kontengruppen, jede Kontengruppe 10 Kontenarten und jede Kontenart 10 Konten.

Aufbau eines Kontenrahmens nach dem dekadischen System

Klassifikation		Bezifferung
10 Kontenklassen	→	eine Ziffer
mit jeweils		
10 Kontengruppen	→	zwei Ziffern
mit jeweils		
10 Kontenarten	→	drei Ziffern
mit jeweils		
10 Konten	→	vier Ziffern

Beispiel:

Kontenklasse	0:	Anlagevermögen
Kontengruppe	02:	Sachanlagen
Kontenart	021:	Grundstücke
Konto	0215:	unbebaute Grundstücke

Findet die Buchführung mit Datenverarbeitungsanlagen statt, werden aus technischen Gründen stets vierstellige Kontenziffern verwendet. Zu diesem Zweck wird z. B. die Kontenziffer für die Kontengruppe 02 auf 0200 verlängert. Dieser Vorgang wirkt sich sachlich in keiner Weise aus.

7.2.2 Inhaltliche Gliederung

Die Mandantenbuchführung ist grundsätzlich mit Hilfe von zwei ganz unterschiedlich konzipierten Kontenrahmen (z. B. Datev SKR 03 und Datev SKR 04) möglich. In beiden Kontenrahmen sind dieselben Konten, allerdings mit unterschiedlichen Kontenziffern, enthalten. Beide Kontenrahmen sind heute so aufgebaut, dass innerhalb des Kontensystems lediglich die (Finanz-)Buchführung möglich ist.

Selbst in ein und demselben Büro wird häufig nebeneinander mit beiden Kontenrahmen gearbeitet. Die Entscheidung, welcher der gleichwertigen Kontenrahmen der Buchführung zugrunde gelegt wird, ist häufig nicht von logischen Überlegungen abhängig. Vielmehr bucht jeder mit der Buchhaltung Beauftragte nach dem Kontenrahmen, dessen Handhabung ihm am einfachsten erscheint.

Zur Auswahl stehen ein prozessorientierter und ein abschlussbezogener Kontenrahmen.

7.2.2.1 Prozessorientierter Kontenrahmen

Beim prozessgegliederten Kontenrahmen erfolgt die Gliederung der Kontenklassen nach dem betrieblichen Wertefluss. Die Einteilung erfolgt also grundsätzlich in der Reihenfolge, in der betriebliche Prozesse ablaufen.

In der Kontenklasse 0 sind die Anlage- und Kapitalkonten, in der Kontenklasse 1 die Finanzkonten und Privatkonten untergebracht.

Aufwendungen und Erträge, die nicht auf die eigentliche betriebliche Leistungserstellung und -verwertung zurückzuführen sind, werden in der Kontenklasse 2 abgegrenzt.

Für die Wareneingangs- und Warenbestandskonten ist die Kontenklasse 3 vorgesehen.

In der Kontenklasse 4 werden die betrieblichen Aufwendungen gebucht.

Die Kontenklassen 5 und 6 sind in diesem Kontenrahmen nicht besetzt.

In der Kontenklasse 7 werden Bestände an unfertigen und fertigen Erzeugnissen erfasst.

Die Kontenklasse 8 nimmt die Erlöskonten auf.

In der abschließenden Kontenklasse 9 befinden sich die Vortragskonten und die statistischen Konten.

Bei der Gliederung des Kontenrahmens nach dem Prozessgliederungsprinzip wird auf die Stellung der Konten im Jahresabschluss keine Rücksicht genommen. Bilanz und G+V-Rechnung lassen sich also nicht unmittelbar aus der Buchführung ermitteln. Für Zwecke des Jahresabschlusses ist es deshalb erforderlich, eine Umgruppierung der Konten vorzunehmen.

Aus diesem Grunde ist z. B. beim Datev-Kontenrahmen SKR 03 zusätzlich vermerkt, zu welchem Posten der Bilanz bzw. der G+V-Rechnung ein bestimmtes Konto gehört.

Soll der Jahresabschluss bei Benutzung eines prozessgegliederten Kontenrahmens per Hand erstellt werden, ist das äußerst arbeitsaufwendig und deshalb wenig sinnvoll.

In der Praxis wird die Buchführung heute jedoch vorwiegend mit Hilfe von Datenverarbeitungsanlagen erledigt. Datenverarbeitungsanlagen sind bei entsprechender Software in der Lage, alle möglichen Verbindungen herzustellen. Es ist daher selbstverständlich auch möglich, automatisch den Jahresabschluss zu erstellen.

Ein Problem ist aber trotz dieser Erleichterungen noch nicht beseitigt. Es besteht die Gefahr, dass Konten unzulässigerweise zusammengefasst werden. Ist der Jahresabschluss für Kapitalgesellschaften zu erstellen, müssen alle im Kontenrahmen aufgeführten Konten in Anspruch genommen werden. Weil die Kontengruppen Konten enthalten, die zu unterschiedlichen Posten des Jahresabschlusses gehören, hat eine Zusammenfassung innerhalb der Kontengruppen zu unterbleiben.

7.2.2.2 Abschlussorientierter Kontenrahmen

Innerhalb eines abschlussorientierten Kontenrahmens ist die Anordnung der Kontenklassen durch die Stellung der Konten im Jahresabschluss (§§ 266, 275 HGB) bestimmt.

Die Bestandskonten befinden sich, gegliedert wie in § 266 HGB, in den Kontenklassen 0 bis 3. Grundsätzlich ist die Kontenklasse 0 für das Anlagevermögen, die Kontenklasse 1 für das Umlaufvermögen, die Kontenklasse 2 für das Eigenkapital und die Kontenklasse 3 für das Fremdkapital vorgesehen.

Bilanzgliederung nach § 266 HGB

Aktiva	Passiva
A. Anlagevermögen I. Immaterielle Vermögensgegenstände 1. Konzessionen, Schutzrechte 2. Firmenwert 3. geleistete Anzahlungen II. Sachanlagen 1. Grundstücke, Bauten 2. technische Anlagen, Maschinen 3. andere Anlagen, B.- u. G.-Ausst. 4. geleistete Anzahlungen/ Anlagen im Bau III. Finanzanlagen 1. Anteile an verbundenen Untern. 2. Ausleihungen an verb. Untern. 3. Beteiligungen 4. Ausleihungen an bet. Untern. 5. Wertpapiere des Anlagevermögens 6. sonstige Ausleihungen **B. Umlaufvermögen** I. Vorräte 1. Roh-, Hilfs- u. Betriebsstoffe 2. unfertige Erzeugnisse/ unfertige Leistungen 3. fertige Erzeugnisse/Waren 4. geleistete Anzahlungen II. Forderungen und sonstige Vermögensgegenstände 1. Forderungen aus Lieferungen und Leistungen 2. Forderungen gegen verb. Untern. 3. Forderungen gegen bet. Untern. 4. sonst. Vermögensgegenstände III. Wertpapiere 1. Anteile an verbundenen Untern. 2. eigene Anteile 3. sonstige Wertpapiere IV. Schecks, Kassenbestand, Bundesbank- u. Postbankguthaben, Guthaben bei Kreditinstituten **C. Rechnungsabgrenzungsposten**	**A. Eigenkapital** I. Gezeichnetes Kapital II. Kapitalrücklage III. Gewinnrücklage 1. gesetzl. Rücklage 2. Rücklage für eigene Anteile 3. satzungsmäßige Rücklagen 4. andere Gewinnrücklagen IV. Gewinn-/Verlustvortrag V. Jahresüberschuss/-fehlbetrag **B. Rückstellungen** 1. Rückstellungen für Pensionen 2. Steuerrückstellungen 3. sonstige Rückstellungen **C. Verbindlichkeiten** 1. Anleihen 2. Verbindlichkeiten gegenüber Kreditinstituten 3. erhaltene Anzahlungen 4. Verbindlichkeiten aus Lieferungen und Leistungen 5. Verbindlichkeiten aus Wechseln 6. Verbindlichkeiten gegenüber verbundenen Unternehmen 7. Verbindlichkeiten gegenüber beteiligten Unternehmen 8. sonstige Verbindlichkeiten **D. Rechnungsabgrenzungsposten**

In den Kontenklassen 4 bis 8 werden die Erträge und Aufwendungen entsprechend der in § 275 Abs. 2 HGB genannten Reihenfolge aufgeführt. Dadurch können neben dem Jahresergebnis wichtige Teilergebnisse ermittelt werden.

Gewinn- und Verlustrechnung nach § 275 HGB

1.		Umsatzerlöse
2.	+/–	Erhöhung oder Verminderung des Bestandes an fertigen und unfertigen Erzeugnissen
3.	+	andere aktivierte Eigenleistungen
	=	Gesamtleistung (1. – 3.)
4.	+	sonstige betriebliche Erträge
5.	–	Materialaufwand a) Aufwendungen für Roh-, Hilfs- und Betriebsstoffe und für bezogene Waren b) Aufwendungen für bezogene Leistungen
	=	Rohergebnis (1. – 5.)
6.	–	Personalaufwand a) Löhne und Gehälter b) soziale Abgaben und Aufwendungen für Unterstützung, davon für Altersversorgung
7.	–	Abschreibungen a) auf immaterielle Vermögensgegenstände des Anlagevermögens und Sachanlagen sowie auf aktivierte Aufwendungen für die Ingangsetzung und Erweiterung des Geschäftsbetriebes b) auf Vermögensgegenstände des Umlaufvermögens, soweit diese die in der Kapitalgesellschaft üblichen Abschreibungen überschreiten
8.	–	sonstige betriebliche Aufwendungen
	=	Ergebnis der eigentlichen Betriebstätigkeit (1. – 8.)
9.	+	Erträge aus Beteiligungen, davon aus verbundenen Unternehmen
10.	+	Erträge aus anderen Wertpapieren und Ausleihungen des Finanzanlagevermögens, davon aus verbundenen Unternehmen
11.	+	sonstige Zinsen und ähnliche Erträge, davon aus verbundenen Unternehmen
12.	–	Abschreibungen auf Finanzanlagen und auf Wertpapiere des Umlaufvermögens
13.	–	Zinsen und ähnliche Aufwendungen, davon aus verbundenen Unternehmen
	=	Finanzergebnis (9. – 13.)
14.		**Ergebnis der gewöhnlichen Geschäftstätigkeit (1. – 13.)**
15.	+	außerordentliche Erträge
16.	–	außerordentliche Aufwendungen
17.		**außerordentliches Ergebnis (15., 16.)**
18.	–	Steuern vom Einkommen und vom Ertrag
19.	–	sonstige Steuern
20.		**Jahresüberschuss/Jahresfehlbetrag (1. – 19.)**

Die Kontenklasse 9 (Datev SKR 04) enthält die Vortragskonten und dient darüber hinaus statistischen Zwecken.

Da die Summen der einzelnen Kontengruppen Bausteine der Bilanz und G+V-Rechnung darstellen, ist die Erstellung des Jahresabschlusses auch per Hand problemlos innerhalb kurzer Zeit möglich.

Ein abschlussorientierter Kontenrahmen bietet darüber hinaus noch einen weiteren Vorteil: Da sämtliche in einer Kontengruppe aufgeführten Konten zum selben Posten im Jahresabschluss gehören, ist es zulässig, innerhalb der Kontengruppen Konten zusammenzufassen, ohne dass dadurch die strengen Vorschriften für den Jahresabschluss von Kapitalgesellschaften verletzt werden.

Kontrollaufgaben

1. Definieren Sie den Begriff Kontenrahmen.
2. Wodurch unterscheidet sich ein Kontenrahmen von einem Kontenplan?
3. Nach welchem Prinzip ist jeder Kontenrahmen formal aufgebaut?
4. Unterscheiden Sie zwischen Kontenklasse, Kontengruppe, Kontenart und Konto.
5. Welche Vorteile ergeben sich aus der Benutzung von Kontenrahmen?
6. Warum ist ein abschlussorientierter Kontenrahmen besonders für die (Finanz-)Buchführung geeignet?
7. Bestimmen Sie anhand der beiliegenden Kontenrahmen (in Anlehnung an SKR 03 und SKR 04) jeweils die Ziffern für die Konten:
   a) PKW
   b) Maschinen
   c) Warenbestand
   d) Forderungen LuL
   e) Kasse
   f) Lfd. Kfz-Kosten
   g) Verbindlichkeiten LuL
   h) Miete
   i) Gehälter
   j) Grundstückserträge
   k) Bürobedarf
   l) Zinserträge
   m) Kfz-Steuer
   n) Postbank

Übungen

1. Bilden Sie die Buchungssätze für die folgenden Geschäftsvorfälle. Benutzen Sie dabei sowohl die Kontenbezeichnungen als auch die Kontenziffern (nach 03 und 04).
   1. Eine Eingangsrechnung über 9.200,00 EUR wird durch Banküberweisung beglichen.
   2. Eine Eingangsrechnung für die Reparatur eines PC lautet auf 200,00 EUR.
   3. Eine Eingangsrechnung über 2.500,00 EUR wird durch Banküberweisung bezahlt.
   4. Lt. Eingangsrechnung sind für die Anschaffung eines PKW innerhalb eines Monats 27.000,00 EUR zu zahlen.
   5. Ein Kunde begleicht eine Ausgangsrechnung über 4.600,00 EUR durch Banküberweisung.
   6. Für die Vermittlung eines Auftrags fordert Ihr Mandant von einem Geschäftsfreund einen Betrag von 400,00 EUR.
   7. Für das Ladenlokal werden am 1. Jul. 02 Möbel im Wert von 15.000,00 EUR auf Ziel eingekauft.
   8. Über den Bareinkauf von Bürobedarf liegt eine Quittung vor. Daraus ergibt sich ein Gesamtbetrag von 184,00 EUR.
   9. Gehälter in Höhe von 4.500,00 EUR werden bar ausgezahlt.
   10. Für eine Kfz-Reparatur sind lt. Eingangsrechnung binnen eines Monats 700,00 EUR zu zahlen.
   11. Für die gemieteten Geschäftsräume werden 1.200,00 EUR vom Bankkonto überwiesen.

2. Ihr Mandant, der Gewerbetreibende Armin Kölsch in Regen, hat durch Inventur am 31. Dez. 01 folgende Bestände ermittelt:

	EUR		EUR
Geschäftsausstattung	45.000,00	Bankguthaben	44.000,00
Waren	200.000,00	Eigenkapital	?
Kasse	45.000,00	Verbindlichkeiten LuL	90.000,00

Im Laufe des Geschäftsjahres 02 kommt es zu folgenden Geschäftsvorfällen:

1. Briefmarken im Wert von 50,00 EUR werden bei der Post gegen Barzahlung erworben.
2. Die Telefongebühren in Höhe von 180,00 EUR werden vom Bankkonto abgebucht.
3. Für die Reinigung der Büroräume wird Reinigungsmaterial im Wert von 200,00 EUR bar gekauft.
4. Für die Reparatur der Kassenanlage werden sofort nach Rechnungseingang 300,00 EUR überwiesen.
5. Gehälter in Höhe von 3.200,00 EUR werden bar ausgezahlt.
6. Die Mietzahlung für die gemieteten Geschäftsräume erfolgt durch eine Banküberweisung in Höhe von 1.100,00 EUR.
7. Lt. Kontoauszug beträgt die Zinsgutschrift für ein Bankguthaben 180,00 EUR.
8. Für die Vermittlung eines Auftrags werden dem Bankkonto des Mandanten 1.500,00 EUR gutgeschrieben.

Aufgaben:

a) Eröffnen Sie die Bestandskonten.
b) Bilden Sie die Buchungssätze für die Geschäftsvorfälle. Benutzen Sie dabei sowohl die Kontenbezeichnungen als auch die Kontenziffern (nach 03 und 04).
c) Buchen Sie die Geschäftsvorfälle.
d) Schließen Sie die Erfolgskonten ab.
e) Schließen Sie die Bestandskonten ab.

3. Ihr Mandant, der Gewerbetreibende Markus Sippel in Lippstadt, hat durch Inventur am 31. Dez. 01 folgende Bestände ermittelt:

	EUR		EUR
Geschäftsausstattung	40.000,00	Bankguthaben	54.000,00
Waren	280.000,00	Eigenkapital	?
Forderungen LuL	55.000,00	Verbindlichkeiten LuL	180.000,00
Kasse	4.000,00		

Im Laufe des Geschäftsjahres 02 kommt es zu folgenden Geschäftsvorfällen:

1. Zum Ausgleich einer Ausgangsrechnung geht eine Gutschrift in Höhe von 6.000,00 EUR auf dem Bankkonto ein.
2. Der Kauf von Büromaterial im Wert von 200,00 EUR erfolgt gegen Barzahlung.
3. Die Rechnung des Steuerberaters trifft ein. Für Jahresabschlussarbeiten berechnet er 1.000,00 EUR.
4. Die Telefongebühren in Höhe von 250,00 EUR werden vom Bankkonto abgebucht.
5. Eine Eingangsrechnung in Höhe von 5.000,00 EUR wird durch Banküberweisung beglichen.
6. Für die Vermittlung eines Vertrages geht eine Bankgutschrift in Höhe von 6.000,00 EUR ein.

7. Die Feuerversicherungsprämie in Höhe von 600,00 EUR wird durch Banküberweisung bezahlt.
8. Ein Kunde wird mit Verzugszinsen in Höhe von 300,00 EUR belastet.

Aufgaben:

a) Eröffnen Sie die Bestandskonten.
b) Bilden Sie die Buchungssätze für die Geschäftsvorfälle. Benutzen Sie dabei sowohl die Kontenbezeichnungen als auch die Kontenziffern (nach 03 und 04).
c) Buchen Sie die Geschäftsvorfälle.
d) Schließen Sie die Erfolgskonten ab.
e) Schließen Sie die Bestandskonten ab.

8 *Behandlung der Warenein- und -verkäufe als erfolgswirksame Vorgänge*

Die eigentliche Aufgabe eines Handelsbetriebes besteht darin

1. zum Verkauf bestimmte Waren einzukaufen,
2. zur Sicherung der Lieferbereitschaft ein Lager zu halten und
3. Waren zu verkaufen.

Für die Übernahme dieser Aufgaben werden drei verschiedene Konten eingerichtet.

Auf dem Konto Einkauf von Waren erscheinen alle Waren, die eingekauft werden, auf dem Konto Verkaufserlöse alle Waren, die verkauft werden und auf dem Konto Warenbestand alle Waren, die gelagert werden.

Ist der Warenbestand lt. Inventur zum Ende des laufenden Geschäftsjahres genau so hoch wie der Warenbestand lt. Inventur zum Ende des vorangegangenen Geschäftsjahres, bedeutet das, dass das Lager in keiner Weise in Anspruch genommen wurde und alle Waren, die eingekauft wurden, auch verkauft worden sind.

Da in diesem Falle - zumindest über das gesamte Geschäftsjahr gesehen - weder die Wareneinkäufe noch die Warenverkäufe zu einer Änderung des Warenbestands führen, handelt es sich sowohl bei den Wareneinkäufen als auch bei den Warenverkäufen um erfolgswirksame Vorgänge. Alle im Konto Einkauf von Waren erfassten Beträge (zu Einkaufswerten) gelten deshalb grundsätzlich als Aufwendungen, alle im Konto Verkaufserlöse (zu Verkaufswerten) gebuchten Beträge als Erträge.

Beispiel:

Bei einem Warenbestand lt. Inventur, der sowohl zum 31. Dez. 01 als auch zum 31. Dez. 02 80.000,00 EUR beträgt, Wareneinkäufen in Höhe von 250.000,00 EUR und Warenverkäufen von 400.000,00 EUR sieht die kontenmäßige Darstellung wie folgt aus:

S	Warenbestand		H
EBK	80.000,00	SBK	80.000,00

S	Einkauf von Waren		H
V. LuL	250.000,00		

S	Verkaufserlöse		H
		Kasse	400000,00

Durch Gegenüberstellung dieser Aufwendungen und Erträge im Konto G+V kann der Rohgewinn festgestellt werden. Dieser Betrag zeigt, um wie viel EUR die durch Verkäufe erzielten Erträge (Verkaufserlöse) die Aufwendungen für den Einsatz der dafür benötigten Waren (Wareneinsatz) übersteigen.

Die Unterstellung, dass genau so viele Waren verkauft wie eingekauft werden, ist natürlich praxisfremd. Da der Unternehmer nicht vorhersehen kann, wie sich sein Umsatz entwickelt, wird er normalerweise mehr oder weniger Waren verkaufen, als er eingekauft hat.

Wenn jetzt Wareneinsatz und Rohgewinn ermittelt werden sollen, ist die oben dargestellte Vorgehensweise nicht möglich, denn das Konto Einkauf von Waren enthält nicht genau die Aufwendungen, die zur Erzielung der Verkaufserlöse notwendig waren. Damit diese Aufwendungen in ihrer tatsächlichen Höhe erfasst werden können, ist es erforderlich, die bei der Inventur zum Ende des Geschäftsjahres festgestellten Änderungen des Warenbestandes zu berücksichtigen.

Um zu den gewünschten Ergebnissen zu kommen, sind nunmehr i. d. R. folgende Schritte erforderlich (Bruttoabschluss): Es wird

- der durch Inventur zum Ende des Geschäftsjahres ermittelte Warenbestand auf die Habenseite des Kontos Warenbestand übertragen,
- die Kontensumme im Konto Warenbestand berechnet und auf die andere Kontenseite übernommen,
- der im Konto Warenbestand festgestellte Saldo auf das Konto Einkauf von Waren übertragen,
- der sich auf dem Konto Einkauf von Waren ergebende Saldo auf der Sollseite des Kontos G+V gebucht,
- der Saldo des Kontos Verkaufserlöse auf die Habenseite des Kontos G+V übertragen.

Beispiel:

Bei einem Warenbestand lt. Inventur, der zum 31. Dez. 01 80.000,00 EUR, zum 31. Dez. 02 aber 100.000,00 EUR beträgt, Wareneinkäufen in Höhe von 250.000,00 EUR und Warenverkäufen von 400.000,00 EUR kommt es z. B. zu folgenden Buchungssätzen:

	Soll/EUR	Haben/EUR
Eröffnungsbuchung:		
3980/1140 Warenbestand	80.000,00	
an Eröffnungsbilanzkonto		80.000,00
Laufende Buchungen:		
3200/5200 Einkauf von Waren	250.000,00	
an 1600/3300 Verbindlichkeiten LuL		250.000,00
1400/1200 Forderungen LuL	400.000,00	
an 8000/4000 Verkaufserlöse		400.000,00
Vorbereitende Abschlussbuchungen und Abschlussbuchungen:		
Schlussbilanzkonto	100.000,00	
an 3980/1140 Warenbestand		100.000,00
3980/1140 Warenbestand	20.000,00	
an 3200/5200 Einkauf von Waren		20.000,00
G+V	230.000,00	
an 3200/5200 Einkauf von Waren		230.000,00
8000/4000 Verkaufserlöse	400.000,00	
an G+V		400.000,00

Buchungen in den Konten:

S	Warenbestand		H
EBK	80.000,00	SBK	100.000,00
E. v. W.	20.000,00		
	100.000,00		100.000,00

S	Einkauf von Waren		H
V.LuL	250.000,00	W.-B.	20.000,00
		G+V	230.000,00
	250.000,00		250.000,00

S	Verkaufserlöse		H
G+V	400.000,00	Kasse	400.000,00

S	G+V-Konto		H
E.W	230.000,00	V.E	400.000,00

Für Einzelunternehmen und Personengesellschaften sowie kleine Kapitalgesellschaften besteht auch die Möglichkeit des Nettoabschlusses der Warenkonten. In diesem Fall lauten die vorbereitenden Abschlussbuchungen und die Abschlussbuchungen wie folgt:

Buchungssätze:

	Soll/EUR	Haben/EUR
Schlussbilanzkonto	100.000,00	
an 3980/1140 Warenbestand		100.00,00
3980/1140 Warenbestand	20.000,00	
an 3200/5200 Einkauf von Waren		20.000,00
8000/4000 Verkaufserlöse	230.000,00	
an 3200/5200 Einkauf von Waren		230.000,00
8000/4000 Verkaufserlöse	170.000,00	
an G+V		170.000,00

Buchungen in den Konten:

S	Warenbestand		H
EBK	80.000,00	SBK	100.000,00
E. v. W.	20.000,00		
	100.000,00		100.000,00

S	Einkauf von Waren		H
V.LuL	250.000,00	W.-B.	20.000,00
		V.-E.	230.000,00
	250.000,00		250.000,00

S	Verkaufserlöse		H
E.W.	230.000,00	Kasse	400.000,00
G+V	170.000,00		
	400.000,00		400.000,00

S	G+V-Konto		H
		V.E	170.000,00

Warenverkehr

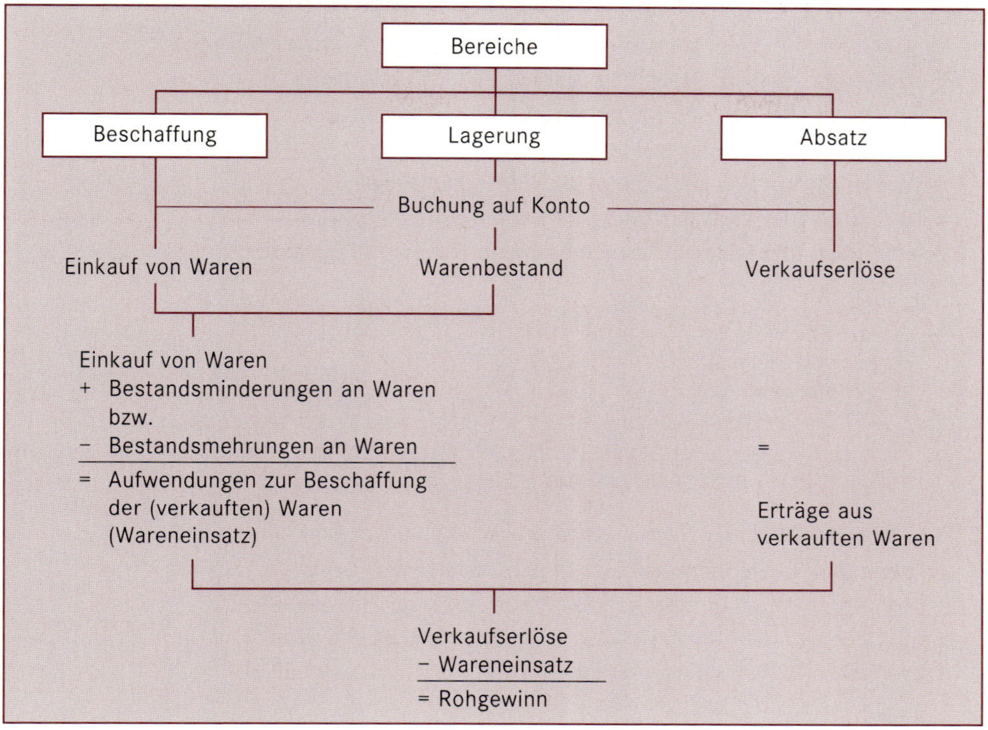

Kontrollaufgaben

1. Welcher Betrag steht im Konto Warenbestand immer im Soll, welcher immer im Haben?
2. Welche Aussage kann gemacht werden, wenn außer dem Anfangsbestand auf der Sollseite des Kontos Warenbestand eine Buchung erfolgt ist?
3. Auf welchem Konto und auf welcher Seite dieses Kontos werden Wareneinkäufe erfasst?
4. Wie werden die Aufwendungen, die zur Beschaffung der verkauften Waren erforderlich sind (Wareneinsatz)

   a) bei einer Erhöhung des Warenbestandes,
   b) bei einer Verminderung des Warenbestandes

   ermittelt?
5. Über welches Konto werden im Falle des Bruttoabschlusses sowohl das Konto Einkauf von Waren als auch das Konto Verkaufserlöse abgeschlossen?
6. Wie wird der Differenzbetrag bezeichnet, der sich dadurch ergibt, dass die Verkaufserlöse höher (niedriger) als der Wareneinsatz sind?
7. Erklären Sie, warum die Begriffe Rohgewinn und (Rein-)Gewinn nicht identisch sind.
8. Stellen Sie die Unterschiede zwischen dem Brutto- und dem Nettoabschluss der Warenkonten dar.

Übungen

1. Zum 31. Dez. 01 ist ein Warenbestand von 20.000,00 EUR ermittelt worden.

   Im Laufe des Geschäftsjahres 02 kommt es zu folgenden Geschäftsvorfällen:

   1. Waren im Wert von 30.000,00 EUR werden auf Ziel eingekauft.
   2. Waren im Wert von 50.000,00 EUR werden bar verkauft.
   3. Waren im Wert von 40.000,00 EUR werden bar eingekauft.
   4. Waren im Wert von 70.000,00 EUR werden auf Ziel verkauft.

   Zum 31. Dez. 02 beträgt der Warenbestand lt. Inventur 28.000,00 EUR.

   Aufgaben:

   a) Ermitteln Sie
      1. den Wareneinsatz
      2. den Rohgewinn.

   b) Bilden Sie sämtliche Buchungssätze bei Bruttoabschluss der Warenkonten.

   c) Nehmen Sie die Buchungen auf den Konten Warenbestand, Einkauf von Waren, Verkaufserlöse und Gewinn- und Verlust vor.

2. Zum 31. Dez. 01 ist ein Warenbestand von 40.000,00 EUR ermittelt worden.

   Im Laufe des Geschäftsjahres 02 kommt es zu folgenden Geschäftsvorfällen:

   1. Es werden Waren im Wert von 220.000,00 EUR auf Ziel verkauft.
   2. Es finden Wareneinkäufe im Wert von 130.000,00 EUR auf Ziel statt.

   Zum 31. Dez. 02 beträgt der Warenbestand lt. Inventur 25.000,00 EUR.

   Aufgaben:

   a) Ermitteln Sie
      1. den Wareneinsatz,
      2. den Rohgewinn.

   b) Bilden Sie sämtliche Buchungssätze bei Bruttoabschluss der Warenkonten.

   c) Nehmen Sie die Buchungen auf den Konten Warenbestand, Einkauf von Waren, Verkaufserlöse und Gewinn- und Verlust vor.

3. Ihr Mandant, der Gewerbetreibende Andreas Müller in Jena, hat durch Inventur zum 31. Dez. 01 folgende Bestände ermittelt:

	EUR		EUR
Geschäftsausstattung	80.000,00	Bankguthaben	70.000,00
Waren	220.000,00	Eigenkapital	?
Forderungen LuL	55.000,00	Verbindlichkeiten LuL	260.000,00
Kasse	25.000,00		

   Im Laufe des Geschäftsjahres 02 kommt es zu folgenden Geschäftsvorfällen:

   1. Waren im Wert von 5.000,00 EUR werden bar eingekauft.
   2. Zum Ausgleich von Ausgangsrechnungen geht ein Betrag in Höhe von 30.000,00 EUR auf dem Bankkonto ein.
   3. Waren im Wert von 25.000,00 EUR werden auf Ziel verkauft.
   4. Die Telefongebühren in Höhe von 180,00 EUR werden vom Bankkonto abgebucht.
   5. Waren im Wert von 10.000,00 EUR werden bar verkauft.
   6. Eine Kassenanlage im Wert von 12.000,00 EUR wird gegen Rechnung erworben.

Der zum 31. Dez. 02 ermittelte Warenbestand lt. Inventur beträgt 215.000,00 EUR.

Aufgaben:

a) Eröffnen Sie die Bestandskonten.
b) Bilden Sie sämtliche Buchungssätze.
c) Buchen Sie die Geschäftsvorfälle.
d) Schließen Sie die Erfolgskonten ab.
e) Schließen Sie die Bestandskonten ab.
f) Ermitteln Sie
   1. den Wareneinsatz,
   2. den Rohgewinn,
   3. den Reingewinn.
g) Zeigen Sie, wie sich die Geschäftsvorfälle
   1. auf den Erfolg,
   2. auf die Bilanzsumme
   auswirken.

4. Ihr Mandant, der Gewerbetreibende Christian Lang in Freiburg, hat durch Inventur zum 31. Dez. 01 folgende Bestände ermittelt:

	EUR		EUR
Geschäftsausstattung	40.000,00	Bankguthaben	100.000,00
Waren	180.000,00	Eigenkapital	?
Forderungen LuL	25.000,00	Verbindlichkeiten LuL	140.000,00
Kasse	7.000,00		

Im Laufe des Geschäftsjahres 02 kommt es zu folgenden Geschäftsvorfällen:

1. Waren im Wert von 17.500,00 EUR werden auf Ziel verkauft.
2. Eine Eingangsrechnung in Höhe von 24.800,00 EUR wird durch Überweisung vom Bankkonto beglichen.
3. Zinsen in Höhe von 250,00 EUR werden dem Bankkonto gutgeschrieben.
4. Zum Ausgleich einer Ausgangsrechnung leistet ein Kunde eine Barzahlung von 8.100,00 EUR.
5. Für Wareneinkäufe in Höhe von 7.000,00 EUR geht die Rechnung ein.
6. Ein Kunde erhält Waren im Wert von 11.200,00 EUR gegen Barzahlung.
7. Die Provision (3.000,00 EUR) für die Vermittlung eines Auftrags geht auf dem Bankkonto ein.
8. Büromaterial im Wert von 180,00 EUR wird gegen Barzahlung erworben.
9. Eine Schreibmaschine wird gegen eine Warenlieferung im Wert von 750,00 EUR erworben.
10. Einem Angestellten wird das Gehalt in Höhe von 3.000,00 EUR durch Überweisung vom Bankkonto gezahlt.

Der zum 31. Dez. 02 ermittelte Warenbestand lt. Inventur beträgt 175.000,00 EUR.

Aufgaben:

a) Eröffnen Sie die Bestandskonten.
b) Bilden Sie sämtliche Buchungssätze.
c) Buchen Sie die Geschäftsvorfälle.
d) Schließen Sie die Erfolgskonten ab.
e) Schließen Sie die Bestandskonten ab.

f) Ermitteln Sie
   1. den Wareneinsatz,
   2. den Rohgewinn,
   3. den Reingewinn.

g) Zeigen Sie, wie sich die Geschäftsvorfälle
   1. auf den Erfolg,
   2. auf die Bilanzsumme

   auswirken.

5. Ihr Mandant, der Gewerbetreibende Ewald Jansen in Lübeck, hat durch Inventur zum 31. Dez. 01 folgende Bestände ermittelt:

	EUR		EUR
Geschäftsausstattung	70.000,00	Bankguthaben	50.000,00
Waren	220.000,00	Eigenkapital	?
Forderungen LuL	25.000,00	Verbindlichkeiten KI	90.000,00
Kasse	15.000,00	Verbindlichkeiten LuL	120.000,00

Im Laufe des Geschäftsjahres 02 kommt es zu folgenden Geschäftsvorfällen:

1. Die Rechnung (820,00 EUR) über die Reparatur der Kassenanlage wird sofort nach ihrem Eingang durch Banküberweisung beglichen.
2. Für einen Bankkredit wird das Bankguthabenkonto mit Zinsen in Höhe von 300,00 EUR belastet.
3. Waren im Wert von 12.000,00 EUR werden bar verkauft.
4. Für die gemieteten Geschäftsräume werden 1.800,00 EUR vom Bankguthabenkonto überwiesen.
5. Ein Bankkredit in Höhe von 30.000,00 EUR wird durch Überweisung vom Bankguthabenkonto getilgt.
6. Ein Kunde wird wegen verspäteter Zahlung mit Verzugszinsen in Höhe von 40,00 EUR belastet.
7. Waren im Wert von 15.000,00 EUR werden auf Ziel eingekauft.
8. Eine Eingangsrechnung in Höhe von 500,00 EUR wird durch Barzahlung beglichen.
9. Waren im Wert von 8.000,00 EUR werden bar verkauft.
10. Ein Barbetrag in Höhe von 19.500,00 EUR wird der Kasse entnommen und auf das Bankkonto (mit Schulden) eingezahlt.

Der zum 31. Dez. 02 ermittelte Warenbestand lt. Inventur beträgt 230.000,00 EUR.

Aufgaben:

a) Eröffnen Sie die Bestandskonten.

b) Bilden Sie sämtliche Buchungssätze.

c) Buchen Sie die Geschäftsvorfälle.

d) Schließen Sie die Erfolgskonten ab.

e) Schließen Sie die Bestandskonten ab.

f) Ermitteln Sie
   1. den Wareneinsatz,
   2. den Rohgewinn,
   3. den Reingewinn.

6. Ihr Mandant, der Gewerbetreibende Horst Köster in Erlangen, hat durch Inventur zum 31. Dez. 01 folgende Bestände ermittelt:

	EUR		EUR
Geschäftsausstattung	60.000,00	Bankguthaben	100.000,00
Waren	290.000,00	Eigenkapital	?
Forderungen LuL	30.000,00	Verbindlichkeiten LuL	60.000,00
Kasse	20.000,00		

Im Laufe des Geschäftsjahres 02 kommt es zu folgenden Geschäftsvorfällen:

1. Die Telefongebühren in Höhe von 200,00 EUR werden vom Bankkonto abgebucht.
2. Waren im Wert von 15.000,00 EUR werden gegen Rechnung erworben.
3. Wegen verspäteter Zahlung verlangt ein Lieferer Verzugszinsen in Höhe von 100,00 EUR.
4. Der Verkauf von Waren im Wert von 20.000,00 EUR erfolgt auf Ziel.
5. Ausgangsrechnungen werden durch Überweisungen in Höhe von 18.000,00 EUR auf das Bankkonto beglichen.
6. Für eine Reparatur an den Sitzmöbeln in den Geschäftsräumen geht eine Rechnung über 1.500,00 EUR ein.
7. Einem Angestellten wird das Gehalt in Höhe von 3.500,00 EUR bar ausgezahlt.
8. Der Kauf vom Büromaterial im Wert von 180,00 EUR erfolgt auf Ziel.
9. Ein Postbankkonto wird mit einer Bareinzahlung von 1.000,00 EUR eröffnet.
10. Waren im Wert von 14.000,00 EUR werden gegen Barzahlung verkauft.

Der zum 31. Dez. 02 ermittelte Warenbestand lt. Inventur beträgt 284.000,00 EUR.

Aufgaben:

a) Eröffnen Sie die Bestandskonten.

b) Bilden Sie sämtliche Buchungssätze.

c) Buchen Sie die Geschäftsvorfälle.

d) Schließen Sie die Erfolgskonten ab.

e) Schließen Sie die Bestandskonten ab.

f) Ermitteln Sie
   1. den Wareneinsatz,
   2. den Rohgewinn,
   3. den Reingewinn.

g) Zeigen Sie, wie sich die Geschäftsvorfälle
   1. auf den Erfolg,
   2. auf die Bilanzsumme

   auswirken.

9 *Einbeziehung der Umsatzsteuer*

Die Tätigkeit des Unternehmers, insbesondere eines Händlers, ist durch Umsätze bestimmt. Einerseits werden diese an ihn erbracht, andererseits durch ihn ausgeführt. Nach § 1 UStG unterliegen diese Umsätze grundsätzlich der Umsatzsteuer.

9.1 Umsatzsteuer beim Ein- und Verkauf

9.1.1 Umsatzsteuer beim Bezug von Leistungen

Bezieht der Unternehmer für sein Unternehmen z. B. Waren von anderen Unternehmern, so ist dieser Umsatz ordnungsgemäß abzurechnen. Findet der Umsatz im Inland statt, benötigt der Leistungsempfänger deshalb grundsätzlich (Ausnahmen bei Kleinbetragsrechnungen und Fahrausweisen[1]) eine Rechnung (§ 14 UStG), die u. a. folgende Angaben enthalten muss:

- das Entgelt für die Lieferung oder sonstige Leistung und
- den auf das Entgelt entfallenden Steuerbetrag (in EUR).

Die Angabe des Rechnungsbetrages ist nicht vorgeschrieben. Er ergibt sich, wenn zum Entgelt, d. h. zum Wert der Ware selbst, die Umsatzsteuer (grundsätzlich 16 %, ausnahmsweise 7 %) hinzugerechnet wird.

Der Unternehmer als Leistungsempfänger hat demnach dem Lieferanten sowohl die Ware als auch die in Rechnung gestellte Umsatzsteuer zu bezahlen.

Durch die Umsatzsteuer soll die Wettbewerbsfähigkeit der Unternehmen nicht beeinflusst werden, d. h., die Umsatzsteuer soll sich nicht auf den Erfolg des Unternehmens auswirken. Um dieses Ziel zu erreichen, darf der leistungsempfangende Unternehmer (§ 15 Abs. 1 UStG) die an den Lieferanten gezahlte (bzw. zu zahlende) Umsatzsteuer als Forderung gegenüber dem Finanzamt geltend machen. Dieser Forderungsbetrag wird als Vorsteuer bezeichnet.

Weil der Umsatzsteuer-Zahlung an den Lieferanten eine Forderung des leistenden Unternehmers in derselben Höhe gegenübersteht, also kein Erfolgskonto berührt wird, gilt die Umsatzsteuer als durchlaufender Posten.

Beispiel:

Der Unternehmer Gerhard Danner in Freiburg kauft Waren eines Herstellers in Bielefeld. Die Rechnung über diesen Vorgang enthält u. a. folgende Angaben:

6.000 Stück Kugelschreiber	0,50 EUR je Stück	3.000,00 EUR
+ 16 % USt		480,00 EUR
Rechnungsbetrag		3.480,00 EUR

---

1 Kleinbetragsrechnungen sind Rechnungen, deren Gesamtbetrag (einschließlich USt) 100,00 EUR nicht übersteigt. Enthalten Kleinbetragsrechnungen die übrigen in § 33 UStDV genannten Angaben, kann die Vorsteuer aus dem Rechnungsbetrag herausgerechnet werden. Voraussetzung ist aber, dass die Höhe des Steuersatzes auf der Rechnung angegeben ist.

Fahrausweise sind Rechnungen über Personenbeförderungen mit öffentlichen Verkehrsmitteln.

Enthalten Fahrausweise, die die Voraussetzungen des § 34 UStDV erfüllen, keinen Hinweis auf die Höhe der berechneten USt, kann die Vorsteuer mit 7 % aus dem Rechnungsbetrag ermittelt werden. Ein höherer Steuerabzug ist nur möglich, wenn der höhere Steuersatz auf dem Fahrausweis angegeben ist.

Bei Fahrkarten der Deutschen Bahn AG richtet sich die Höhe des Vorsteuerabzugs nach der Tarifentfernung. Bei einer Tarifentfernung bis zu 50 km ist die USt mit 7 % im Rechnungsbetrag enthalten, bei größeren Entfernungen mit 16 %.

Beispiel: Eine Kleinbetragsrechnung nach § 33 UStDV weist einen Gesamtbetrag in Höhe von 98,60 EUR aus.

98,60 EUR : 1,16 = 85,00 EUR netto

$$98{,}60 \text{ EUR} \cdot \frac{16}{116} = 13{,}60 \text{ EUR Umsatzsteuer.}$$

Neben dem Wareneinkauf und den Verbindlichkeiten aus Lieferungen und Leistungen ist die an den Lieferanten zu zahlende Umsatzsteuer als Forderung gegenüber dem Finanzamt zu buchen. Zu diesem Zweck wird das Konto Vorsteuer eingerichtet.

Buchungssatz:

	Soll/EUR	Haben/EUR
3200/5200 Einkauf von Waren an 1570/1400 Vorsteuer an 1600/3300 Verbindlichkeiten LuL	3.000,00 480,00	 3.480,00

Buchungen in den Konten:

S	Einkauf von Waren		H
Verb.LuL	3.000,00		

S	Verbindlichkeiten LuL		H
		EBK	70.000,00
		EvW, V	3.480,00

S	Vorsteuer		H
Verb.LuL	480,00		

9.1.2 Umsatzsteuer beim Absatz von Leistungen

Durch die Umsatzsteuer, die sich wie eine Verbrauchsteuer auswirkt, soll grundsätzlich nur der Letztverbrauch belastet werden. Das könnte zu Problemen führen, weil der leistende Unternehmer regelmäßig sowohl Leistungen an andere Unternehmer für deren Unternehmen als auch an Letztverbraucher ausführt.

Da es dem leistenden Unternehmer nicht möglich ist, den jeweiligen Verwendungszweck für eine durch einen Kunden erworbene Leistung festzustellen, ist im Umsatzsteuergesetz festgelegt, dass der Unternehmer grundsätzlich für alle Umsätze Umsatzsteuer in Rechnung zu stellen hat. Ein gesonderter Umsatzsteuerausweis ist dabei allerdings nicht vorgeschrieben.

Jeder Kunde hat dem leistenden Unternehmer demnach sowohl die Leistung selbst als auch die in Rechnung gestellte Umsatzsteuer zu bezahlen. Da die Umsatzsteuer als durchlaufender Posten anzusehen ist, durch die Umsatzsteuer also die Höhe des Erfolgs nicht beeinflusst wird, stellt die von Kunden gezahlte (bzw. zu zahlende) Umsatzsteuer(-Traglast) eine Verbindlichkeit des leistenden Unternehmers gegenüber dem Finanzamt dar.

Beispiel:

Der Unternehmer Gerhard Danner verkauft Waren auf Ziel. Über diesen Vorgang erteilt er eine Rechnung, die u. a. folgende Angaben enthält:

8.000 Stück Aktenordner	5,00 EUR je Stück	40.000,00 EUR
+ 16 % Umsatzsteuer		6.400,00 EUR
Rechnungsbetrag		46.400,00 EUR

Neben den Verkaufserlösen und den Forderungen aus Lieferungen und Leistungen ist die von den Kunden zu zahlende Umsatzsteuer als Verbindlichkeit gegenüber dem Finanzamt zu buchen. Zu diesem Zweck wird das Konto Umsatzsteuer eingerichtet.

Buchungssatz:

	Soll/EUR	Haben/EUR
1400/1200 Forderungen LuL an 8000/4000 Verkaufserlöse an 1770/3800 Umsatzsteuer	46.400,00	 40.000,00 6.400,00

Buchungen in den Konten:

S	Forderungen LuL		H
EBK	30.000,00		
V.Erl.	46.400,00		

S	Verkaufserlöse		H
		Ford. LuL	40.000,00

S	Umsatzsteuer		H
		Ford. LuL	6.400,00

Die Umsatzsteuer ist dem Leistungsempfänger normalerweise mit 16 % in Rechnung zu stellen. Bei bestimmten Lieferungen und sonstigen Leistungen (§ 12 Abs. 2 UStG) ist nur der ermäßigte Steuersatz in Höhe von 7 % zu berücksichtigen. Erfolgen Lieferungen in andere Staaten, wird grundsätzlich auf eine Erhebung der Umsatzsteuer verzichtet (steuerfreie Umsätze gem. § 4 Ziff. 1 - 6 UStG), weil diese Umsätze mit ausländischer Umsatzsteuer belastet werden. Daneben sind weitere Umsätze von der Umsatzsteuer befreit. Aus Sicht der Gewerbetreibenden sind von diesen vor allem Umsätze im Kreditverkehr und Vermietungsumsätze von Bedeutung (§ 4 Ziff. 8 und 12 UStG).

9.2 Umsatzsteuer-Zahllast

Durch Ein- und Verkäufe entstehen sowohl Forderungen als auch Verbindlichkeiten des Unternehmers gegenüber dem Finanzamt. Nach § 16 UStG hat der Unternehmer diese Beträge miteinander zu verrechnen und nur den Umsatzsteuer-Anteil an das Finanzamt abzuführen, der über den Vorsteuerbetrag hinausgeht. Dieser wird als USt-Zahllast bezeichnet.

Schematisch sieht die Berechnung der Zahllast wie folgt aus:

Umsatzsteuer-Traglast
– Vorsteuer
Umsatzsteuer-Zahllast

Sollte der Fall eintreten, dass der Vorsteuerbetrag höher als die USt-Traglast ist, wird der vom Finanzamt zu erstattende Betrag als Vorsteuer-Überhang (Vorsteuerguthaben) bezeichnet.

Besteuerungszeitraum für die Umsatzsteuer ist das Kalenderjahr, d.h., die USt-Zahllast ist grundsätzlich für ein Kalenderjahr zu ermitteln. Nach § 18 UStG hat der Unternehmer auf diese Jahressteuerschuld aber Vorauszahlungen zu leisten. Beträgt die USt-Schuld für das vorangegangene Kalenderjahr

- mehr als 6.136,00 EUR, ist der Kalendermonat Voranmeldungszeitraum;
- nicht mehr als 6.136,00 EUR, ist das Kalendervierteljahr Voranmeldungszeitraum.

Auf Antrag kann das Finanzamt den Unternehmer von der Verpflichtung zur Entrichtung von Vorauszahlungen befreien. Dies ist allerdings nur möglich, wenn die USt-Schuld des Unternehmers für das vorangegangene Kalenderjahr nicht mehr als 512,00 EUR betragen hat.

Die Höhe der Vorauszahlungen ist vom Unternehmer nach amtlichem Vordruck (UStVA) zu ermitteln und am 10. Tag nach Ablauf des Voranmeldungszeitraums fällig. Erfolgt die Zahlung der USt-Schuld nicht bis zum Ablauf einer zusätzlichen Schonfrist von 5 Tagen (§ 240 Abs. 3 AO), setzt das Finanzamt einen Säumniszuschlag fest.[1]

Beispiel:

Bei einer Umsatzsteuer(-Traglast) von 6.105,00 EUR und Vorsteuer in Höhe von 4.650,00 EUR ergibt sich eine USt-Zahllast von 1.455,00 EUR. Diese wird durch die Bank an das Finanzamt überwiesen.

Buchungssatz:

	Soll/EUR	Haben/EUR
1770/3800 Umsatzsteuer an 1200/1800 Bank	1.455,00	 1.455,00

Buchungen in den Konten:

S	Vorsteuer		H
...	4.650,00		

S	Umsatzsteuer		H
Bank	1.455,00	...	6.105,00

S	Bank		H
		USt	1.455,00

Durch diese Buchung wird das Konto Umsatzsteuer im Laufe der Zeit unübersichtlich. Um diesen Nachteil zu vermeiden, kann ein Hilfs-Konto mit der Bezeichnung USt-Vorauszahlungen eingerichtet werden. Dieses hat lediglich die Aufgabe, die im Laufe des Jahres anfallenden USt-Zahlungen an das Finanzamt (und ggf. vom Finanzamt) aufzunehmen.

Buchungssatz:

	Soll/EUR	Haben/EUR
1780/3820 Umsatzsteuervorauszahlungen an 1200/1800 Bank	1.455,00	 1.455,00

Buchungen in den Konten:

S	Vorsteuer		H
...	4.650,00		

S	Umsatzsteuer		H
		...	6.105,00

S	USt-Vorauszahlungen		H
Bank	1.455,00		

S	Bank		H
		USt	1.455,00

1 Wird die UStVA nicht am 10. Tag nach Ablauf des Voranmeldungszeitraums, sondern bis zu 5 Tage später, jedoch mit beiliegendem Scheck beim Finanzamt eingereicht, kommt es weder zu Säumnis- noch zu Verspätungszuschlägen (Anwendungserlass zur AO zu § 152 Ziff. 7).

Zum Ende des Geschäftsjahres ist die Höhe der noch zu begleichenden USt-Schuld (bzw. des Vorsteuerüberhangs) zu ermitteln und in das Schlussbilanzkonto zu übernehmen.

Wurde nur mit den Konten Vorsteuer und Umsatzsteuer gearbeitet, besteht die Möglichkeit, den Saldo des betragsmäßig kleineren (Vorsteuer-)Kontos auf das betragsmäßig größere (Umsatzsteuer-)Konto zu übertragen. Der anschließend im betragsmäßig höheren Konto ermittelte Schlussbestand wird daraufhin in das Schlussbilanzkonto übernommen.

Beispiel:
Der Unternehmer Danner hat im Laufe des Geschäftsjahres auf dem Vorsteuerkonto im Soll 25.000,00 EUR, auf dem Umsatzsteuerkonto im Soll 12.000,00 EUR und im Haben 40.000,00 EUR gebucht.

Buchungssätze:

	Soll/EUR	Haben/EUR
1770/3800 Umsatzsteuer an 1570/1400 Vorsteuer	25.000,00	25.000,00
1770/3800 Umsatzsteuer an Schlussbilanzkonto	3.000,00	3.000,00

Buchungen in den Konten:

S	Vorsteuer		H
...	25.000,00	USt	25.000,00

S	Umsatzsteuer		H
Bank	12.000,00	...	40.000,00
Vorst.	25.000,00		
SBK	3.000,00		
	40.000,00		40.000,00

S	SBK		H
		USt	3.000,00

Ist auch ein USt-Vorauszahlungskonto verwendet worden, muss dies beim Abschluss der USt-Konten berücksichtigt werden.

Beispiel:
Der Unternehmer Danner hat im Laufe des Geschäftsjahres auf dem Vorsteuerkonto im Soll 25.000,00 EUR, auf dem Umsatzsteuervorauszahlungskonto im Soll 12.000,00 EUR und auf dem Umsatzsteuerkonto im Haben 40.000,00 EUR gebucht.

Buchungssätze:

	Soll/EUR	Haben/EUR
1770/3800 Umsatzsteuer an 1570/1400 Vorsteuer	25.000,00	25.000,00
1770/3800 Umsatzsteuer an 1780/3820 USt-Vorauszahlungen	12.000,00	12.000,00
1770/3800 Umsatzsteuer an Schlussbilanzkonto	3.000,00	3.000,00

Buchungen in den Konten:

S	Vorsteuer		H
...	25.000,00	USt	25.000,00

S	USt-Vorauszahlungen		H
Bank	12.000,00	USt	12.000,00

S	USt		H
Vorst.	25.000,00	...	40.000,00
USt-VZ	12.000,00		
SBK	3.000,00		
	40.000,00		40.000,00

S	SBK		H
		USt	3.000,00

Begriffsmerkmale im Überblick

Umsatzsteuer	Vorsteuer
▶ ist eine Nettoallphasensteuer mit Vorsteuerabzug, ▶ eine Verkehrsteuer mit der Auswirkung einer Verbrauchsteuer (Belastung des Endverbrauchers), ▶ eine Verbindlichkeit des Unternehmers gegenüber dem Finanzamt (Passivkonto), ▶ grundsätzlich erfolgsneutral (durchlaufender Posten). ▶ Die USt-Zahllast ist der an das Finanzamt abzuführende USt-Betrag, wenn USt > Vorsteuer.	▶ ist die von anderen Unternehmern in Rechnung gestellte USt, ▶ eine Forderung des Unternehmers an das Finanzamt (Aktivkonto), ▶ grundsätzlich nur abzugsfähig, wenn sie gesondert in der Rechnung ausgewiesen ist. ▶ Der VorSt-Überhang (Vorsteuer-Guthaben) ist der vom Finanzamt zu erstattende USt-Betrag, wenn Vorsteuer > USt.

Die Zusammenhänge zwischen den verwendeten Begriffen lassen sich wie folgt verdeutlichen:

Umsatzsteuer beim Ein- und Verkauf			USt	VorSt	Mehrwert	Zahllast
Rohstofflieferant →	Spinnerei + 16 % USt	100,00 16,00 116,00	16,00	–	100,00	16,00
Spinnerei →	Weberei + 16 % USt	140,00 22,40 162,40	22,40	16,00	40,00	6,40
Weberei →	Anzughersteller + 16 % USt	170,00 27,20 197,20	27,20	22,40	30,00	4,80
Anzughersteller →	Großhändler + 16 % USt	220,00 35,20 255,20	35,20	27,20	50,00	8,00
Großhändler →	Einzelhändler + 16 % USt	280,00 44,80 324,80	44,80	35,20	60,00	9,60
Einzelhändler →	Verbraucher + 16 % USt	350,00 56,00	56,00	44,80	70,00	11,20
			201,60	145,60	350,00	56,00
Verkaufspreis		406,00				

Auf jeder Wirtschaftsstufe wird das Erzeugnis mit Umsatzsteuer belastet. Bemessungsgrundlage ist der jeweilige Preis ohne Umsatzsteuer (Nettopreis).

Durch den Vorsteuerabzug wird erreicht, dass tatsächlich auf jeder Stufe nur der Mehrwert besteuert wird, die Zahllast also jeweils 16 % des Mehrwerts ausmacht.

Kontrollaufgaben

1. Erklären Sie, warum es sich bei der Vorsteuer um eine Forderung gegenüber dem Finanzamt handelt.
2. Zeigen Sie an einem Beispiel, dass die Umsatzsteuer ein durchlaufender Posten ist.
3. Unterscheiden Sie zwischen Umsatzsteuer(-Traglast) und Umsatzsteuer-Zahllast.
4. Warum ist die Umsatzsteuer wettbewerbsneutral?
5. Wie wird die Höhe der Umsatzsteuerzahllast ermittelt?
6. Erläutern Sie den Abschluss der Umsatzsteuerkonten.

Übungen

1. Bilden Sie die Buchungssätze zu folgenden Geschäftsvorfällen:
   a) Es werden Waren auf Ziel eingekauft. Der Rechnungsbetrag von 4.640,00 EUR setzt sich aus dem Warenwert von 4.000,00 EUR und der USt von 640,00 EUR zusammen.
   b) Lt. Eingangsrechnung sind für die Anschaffung einer Maschine innerhalb eines Monats 30.000,00 EUR zuzüglich 4.800,00 EUR USt zu zahlen.
   c) Die durch Barverkäufe erzielte Tageseinnahme (brutto) beträgt 5.800,00 EUR (USt 16 %).
   d) Die Quittung über den Bareinkauf von Bürobedarf lautet auf 250,00 EUR zuzüglich 40,00 EUR USt.
   e) Eine Eingangsrechnung über 11.500,00 EUR wird durch Banküberweisung beglichen.
   f) Die USt-Zahllast in Höhe von 2.000,00 EUR wird durch die Bank überwiesen.
   g) Ein Wareneinkauf im Wert von 8.000,00 EUR zuzüglich 1.280,00 EUR USt erfolgt gegen sofortige Banküberweisung.
   h) Durch den Verkauf von Waren werden bar 2.320,00 EUR (USt 16 %) eingenommen.

2. Bilden Sie die Buchungssätze zu folgenden Geschäftsvorfällen:
   a) Eine Eingangsrechnung für die Reparatur eines PC lautet auf 300,00 EUR zuzüglich 48,00 EUR USt.
   b) Eine Eingangsrechnung über 4.000,00 EUR zuzüglich 640,00 EUR USt wird durch Banküberweisung bezahlt.
   c) Das Finanzamt überweist ein Vorsteuerguthaben von 600,00 EUR auf das Bankkonto.
   d) Waren im Wert von 9.000,00 EUR (USt 16 %) werden auf Ziel verkauft.
   e) Nach Beendigung einer Dienstreise legt ein Arbeitnehmer folgende Belege vor:
      - Fahrkarte der Deutschen Bahn AG, Tarifentfernung 90 km 58,00 EUR,
      - Taxiquittung über 10,70 EUR.

      Der zweite Beleg enthält den Hinweis, dass die USt mit 7 % enthalten ist.
   f) Für einen Wareneinkauf geht die Rechnung über 7.000,00 EUR zuzüglich 490,00 EUR USt ein.
   g) Ein Kunde begleicht eine Ausgangsrechnung über 2.320,00 EUR durch Banküberweisung.
   h) Für die Vermittlung eines Auftrags fordert Ihr Mandant von einem Geschäftsfreund eine Provision in Höhe von 500,00 EUR zuzüglich 16 % USt.
   i) Aus dem Verkauf von Waren wird ein Betrag von 3.480,00 EUR bar eingenommen (USt 16 %).

3. Bis zum Ende des Wirtschaftsjahres sind auf den Konten

Umsatzsteuer	im Haben	36.450,00 EUR
Vorsteuer	im Soll	20.170,00 EUR
USt-Vorauszahlungen	im Soll	12.360,00 EUR

gebucht worden.

Bilden Sie die zum Abschluss der Konten notwendigen Buchungssätze und schließen Sie die Konten ab.

4. Bis zum Ende eines Voranmeldungszeitraums sind auf den Konten

Umsatzsteuer	im Haben	39.200,00 EUR
Vorsteuer	im Soll	22.480,00 EUR
USt-Vorauszahlungen	im Soll	14.120,00 EUR

gebucht worden.

a) Ermitteln Sie die USt-Zahllast.

b) Wie lautet der Buchungssatz, wenn die USt-Vorauszahlung durch Banküberweisung erfolgt?

5. Aus Vereinfachungsgründen (§ 63 UStDV) hat der Unternehmer alle Warenein- und -verkäufe, die im Voranmeldungszeitraum Januar stattgefunden haben, mit Bruttobeträgen im Konto Einkauf von Waren bzw. im Konto Verkaufserlöse erfasst.

Im Konto Einkauf von Waren ist im Soll ein Betrag von 72.500,00 EUR, im Konto Verkaufserlöse im Haben ein Betrag von 106.488,00 EUR gebucht worden. Der zu berücksichtigende USt-Satz beträgt 16 %.

a) Berechnen Sie die Höhe der Zahllast.

b) Bilden Sie die Buchungssätze, die zur Ermittlung der Zahllast erforderlich sind.

6. Ihr Mandant, der Gewerbetreibende Heinz Wissmann in Münster, hat durch Inventur zum 31. Dez. 01 folgende Bestände ermittelt:

	EUR		EUR
PKW	7.500,00	Bankguthaben	55.000,00
Waren	70.000,00	Eigenkapital	?
Forderungen LuL	30.000,00	Verbindlichkeiten LuL	80.000,00
Kasse	15.000,00	Umsatzsteuer	1.800,00

Im Laufe des Geschäftsjahres 02 kommt es zu folgenden Geschäftsvorfällen:

1. Die USt-Zahllast für das IV. Quartal 01 wird durch die Bank an das Finanzamt überwiesen.
2. Aus Barverkäufen von Waren wird eine Tageseinnahme (brutto) von 8.120,00 EUR (USt 16%) erzielt.
3. Für eine Kfz-Reparatur sind lt. Eingangsrechnung binnen eines Monats 800,00 EUR zuzüglich 128,00 EUR USt zu zahlen.
4. Die USt-Zahllast für das I. Quartal 02 (2. und 3.) wird durch die Bank an das Finanzamt überwiesen.
5. Eine Eingangsrechnung über 11.500,00 EUR wird durch Banküberweisung bezahlt.
6. Ihr Mandant verkauft Waren für 6.000,00 EUR zuzüglich 16 % USt gegen Barzahlung.
7. Die USt-Zahllast für das II. Quartal 02 (6.) wird durch die Bank an das Finanzamt überwiesen.
8. Gehälter in Höhe von 3.600,00 EUR werden durch Überweisung vom Bankkonto gezahlt.
9. Waren im Wert von 5.000,00 EUR zuzüglich 800,00 EUR USt werden auf Ziel eingekauft.
10. Für die gemieteten Geschäftsräume werden 1.200,00 EUR vom Bankkonto überwiesen.
11. Das Vorsteuerguthaben aus dem III. Quartal 02 (9.) wird vom Finanzamt auf das Bankkonto überwiesen.
12. Ein Kunde begleicht eine Ausgangsrechnung über 2.875,00 EUR durch Banküberweisung.
13. Ihr Mandant verkauft Waren für 4.500,00 EUR zuzüglich 720,00 EUR USt auf Ziel.

Zum 31. Dez. 02 ist ein Warenbestand lt. Inventur in Höhe von 68.000,00 EUR festgestellt worden.

Aufgaben:

a) Eröffnen Sie die Bestandskonten.
b) Bilden Sie sämtliche Buchungssätze.
c) Buchen Sie die Geschäftsvorfälle.
d) Schließen Sie die Erfolgskonten ab.
e) Schließen Sie die Umsatzsteuerkonten ab.
f) Schließen Sie die übrigen Bestandskonten ab.
g) Zeigen Sie, wie sich die Geschäftsvorfälle 2, 3, 5, 6, 8, 9, 10, 12 und 13
   1. auf den Erfolg,
   2. auf die Höhe des Eigenkapitals,
   3. auf die Bilanzsumme

   auswirken.

7. Ihr Mandant, der Gewerbetreibende Gerold Strack in Bremen, hat durch Inventur zum 31. Dez. 01 folgende Bestände ermittelt:

	EUR		EUR
Geschäftsausstattung	15.000,00	Bankguthaben	60.000,00
Waren	90.000,00	Eigenkapital	?
Forderungen LuL	30.000,00	Verbindlichkeiten LuL	150.000,00
Kasse	15.000,00	Umsatzsteuer	580,00

Im Laufe des Geschäftsjahres 02 kommt es zu folgenden Geschäftsvorfällen:

1. Für das Ladenlokal werden Möbel im Wert von 10.000,00 EUR zuzüglich 1.600,00 EUR USt auf Ziel eingekauft.
2. Die USt-Zahllast, die für das Vorjahr mit 580,00 EUR ermittelt wurde, wird durch die Bank überwiesen.
3. Waren im Nettowert von 3.500,00 EUR (USt 16 %) werden auf Ziel verkauft.
4. Über den Bareinkauf von Bürobedarf liegt eine Quittung vor. Daraus ergibt sich, dass im Gesamtbetrag von 69,60 EUR die USt mit 16 % enthalten ist.
5. Wareneinkäufe im Wert von 6.500,00 EUR zuzüglich 1.040,00 EUR USt erfolgen gegen Banküberweisung.
6. Ihr Mandant veräußert Waren für 3.480,00 EUR (einschließlich 16 % USt) auf Ziel.
7. Der Ausgleich einer Eingangsrechnung über 10.000,00 EUR zuzüglich 1.600,00 EUR USt erfolgt durch Banküberweisung.
8. Gehälter in Höhe von 3.500,00 EUR werden bar ausgezahlt.
9. Ein Kunde begleicht eine Ausgangsrechnung über 3.480,00 EUR durch Banküberweisung.
10. Aus dem Verkauf von Waren werden 5.800,00 EUR bar eingenommen (USt 16 %).

Zum 31. Dez. 02 ist ein Warenbestand lt. Inventur in Höhe von 92.000,00 EUR festgestellt worden.

Aufgaben:

a) Eröffnen Sie die Bestandskonten.
b) Bilden Sie sämtliche Buchungssätze.
c) Buchen Sie die Geschäftsvorfälle.
d) Schließen Sie die Erfolgskonten ab.
e) Schließen Sie die Umsatzsteuerkonten ab.
f) Schließen Sie die übrigen Bestandskonten ab.

g) Zeigen Sie, wie sich die Geschäftsvorfälle
   1. auf den Erfolg,
   2. auf die Höhe des Eigenkapitals,
   3. auf die Bilanzsumme

   auswirken.

8. Ihr Mandant hat durch Zählen folgende Kassenbestände ermittelt:

- am Ende des 30. Sep. 01	443,70 EUR
- am Ende des 29. Sep. 01	289,80 EUR

Der Kassenbestand am 30. Sep. 01 ist durch folgende Vorgänge beeinflusst worden:

- Begleichung einer Eingangsrechnung vom 30. Aug. 01	696,00 EUR
- Einzahlung auf das betriebliche Bankkonto, lt. Einzahlungsbeleg	1.850,00 EUR
- Kauf von Büromaterial, lt. ordnungsgemäßer Rechnung	23,20 EUR
- Kauf von Kraftstoff, lt. ordnungsgemäßer Rechnung	92,80 EUR
- Begleichung einer Ausgangsrechnung vom 10. Sep. 01	870,00 EUR

a) Berechnen Sie die Höhe der Tageseinnahmen (= Höhe der gegen Barzahlung erzielten Verkaufserlöse) vom 30. Sep. 01. Gehen Sie davon aus, dass die Umsätze dem allgemeinen Steuersatz unterliegen.

b) Bilden Sie die Buchungssätze.

10 Berücksichtigung privater Vorgänge

10.1 Private Geldentnahmen und -einlagen

Der (Einzel-)Unternehmer erhält für seine Tätigkeit im Unternehmen keinen Arbeitslohn. Da er aber, wie jeder andere, seinen privaten Lebensunterhalt finanzieren muss, entnimmt er dem Unternehmen von Zeit zu Zeit die dafür benötigten Geldbeträge. Darüber hinaus kann es auch zu Zahlungen von Personensteuern (Einkommensteuer, Kirchensteuer, Erbschaftsteuer), Strafen oder Geldbußen, Lebensversicherungsbeiträgen, Spenden und privaten Wohnungsmieten aus betrieblichen Mitteln kommen.

Zu privaten Entnahmen kommt es auch, wenn Eingangsrechnungen, die ganz oder zum Teil den Privatbereich betreffen, durch den Betrieb bezahlt werden. Als Entnahmebetrag sind in diesen Fällen die Höhe der privat verursachten Aufwendungen und die darauf entfallende USt zu berücksichtigen. Besonders häufig ist das der Fall, wenn über einen Telefonanschluss sowohl betriebliche als auch private Gespräche geführt werden (Abschn. 24c Abs. 4 und 192 Abs. 18 UStR).

Geschäftsvorfälle, die eine privat verursachte Eigenkapitaländerung zur Folge haben, sind erfolgsneutral, d. h., sie wirken sich nicht auf die Höhe des Unternehmenserfolges aus. Führen private Vorgänge zu Eigenkapitalminderungen, werden sie als Privatentnahmen, haben sie Eigenkapitalerhöhungen zur Folge, werden sie als Privateinlagen bezeichnet.

Weil private Vorgänge die Höhe des Eigenkapitals verändern, besteht grundsätzlich die Möglichkeit, diese Änderungen direkt im Eigenkapitalkonto zu buchen. Um eine klare und übersichtliche Darstellung der Geschäftsvorfälle zu erreichen, wird allerdings auf diese Vorgehensweise verzichtet. Stattdessen wird zur Erfassung sämtlicher privat verursachten Eigenkapitaländerungen ein Privatkonto (oder mehrere Privatkonten) als Unterkonto des Eigenkapitalkontos eingerichtet.

Bei der Bebuchung dieses Kontos sind dieselben Buchungsregeln wie für das Eigenkapitalkonto zu berücksichtigen. Privatentnahmen als Eigenkapitalminderungen werden deshalb im Soll, Privateinlagen als Eigenkapitalerhöhungen im Haben des Privatkontos gebucht.

Beispiel:

Der Unternehmer entnimmt der Geschäftskasse 3.000,00 EUR für private Zwecke.

Buchungssatz:

	Soll/EUR	Haben/EUR
1800/2100 Privat an 1000/1600 Kasse	3.000,00	 3.000,00

Beispiel:

Der Unternehmer zahlt einen aus einer Erbschaft stammenden Betrag in Höhe von 50.000,00 EUR auf das betriebliche Bankkonto ein.

Buchungssatz:

	Soll/EUR	Haben/EUR
1200/1800 Bank an 1800/2100 Privat	50.000,00	 50.000,00

Buchungen in den Konten:

S	Kasse		H
EBK	30.000,00	Privat	3.000,00

S	Eigenkapital		H
		EBK	150.000,00

S	Bank		H
EBK	30.000,00		
Privat	50.000,00		

S	Privat		H
Kasse	3.000,00	Bank	50.000,00

Zum Ende des Geschäftsjahres erfolgt der Abschluss des Privatkontos über das Eigenkapitalkonto.

Buchungssatz:

	Soll/EUR	Haben/EUR
1800/2100 Privat an 0870/2000 Eigenkapital	47.000,00	 47.000,00

Buchungen in den Konten:

S	Eigenkapital		H
		EBK	150.000,00
		Privat	47.000,00

S	Privat		H
Kasse	3.000,00	Bank	50.000,00
EK	47.000,00		
	50.000,00		50.000,00

Private Entnahmen und Einlagen beeinflussen zwar die Höhe des Eigenkapitals, haben aber keine Auswirkung auf die Höhe des Erfolgs.

Der Gewinn kann auch für den Fall, dass es zu privaten Entnahmen und Einlagen gekommen ist, durch Betriebsvermögensvergleich (§ 4 Abs. 1 EStG) ermittelt werden. Die errechnete Kapitalmehrung bzw. -minderung stellt jedoch noch nicht den Gewinn/Verlust dar. Dieser ergibt sich erst, wenn das ermittelte Ergebnis um private Entnahmen erhöht (weil diese das Eigenkapital vermindert haben) und um private Einlagen vermindert wird (weil diese das Eigenkapital erhöht haben).

Schematisch lässt sich die Erfolgsermittlung folgendermaßen darstellen:

	Eigenkapital am Ende des Wirtschaftsjahres
–	Eigenkapital am Ende des vorangegangenen Wirtschaftsjahres
	Kapitalmehrung bzw. Kapitalminderung
+	Entnahmen
–	Einlagen
=	Gewinn bzw. Verlust

Kontrollaufgaben

1. Nennen Sie Beispiele für
   a) Entnahmen,
   b) Einlagen.
2. Nach welchen Buchungsregeln erfolgt die Buchung auf dem Privatkonto?
3. Über welches Konto wird das Privatkonto abgeschlossen?
4. Wie wirken sich private Entnahmen
   a) auf den Erfolg,
   b) auf die Bilanzsumme
   einer Unternehmung aus?
5. Zeigen Sie
   a) Gemeinsamkeiten,
   b) Unterschiede
   von Gewinnen und Privateinlagen.
6. Jemand behauptet, auch das Privatkonto sei über das G+V-Konto abzuschließen. Überzeugen Sie ihn vom Gegenteil!

Übungen

1. Bilden Sie die Buchungssätze.
   a) Die Miete für die Privatwohnung Ihres Mandanten wird durch eine Überweisung in Höhe von 1.000,00 EUR vom betrieblichen Bankkonto bezahlt.
   b) Für eine private Kreditgewährung gehen Zinsen in Höhe von 800,00 EUR auf dem betrieblichen Bankkonto Ihres Mandanten ein.
   c) Ein Darlehen in Höhe von 40.000,00 EUR, das Ihr Mandant zur Finanzierung seines privaten Einfamilienhauses bei einer Bank aufgenommen hatte, wird durch Überweisung vom betrieblichen Bankkonto getilgt.

d) Ein Betrag von 6.000,00 EUR, der vom privaten Bankkonto abgehoben wurde, wird in die Geschäftskasse eingelegt.

e) Eine Einkommensteuer-Erstattung in Höhe von 2.500,00 EUR geht auf dem betrieblichen Postbankkonto ein.

f) Für eine Spende an das Rote Kreuz werden der Geschäftskasse 300,00 EUR entnommen.

g) Als Ausgleich für einen am privaten PKW Ihres Mandanten entstandenen Sachschaden gehen 5.000,00 EUR auf dem betrieblichen Bankkonto ein.

h) Weil das private Bankkonto überzogen ist, wird eine Zahnarztrechnung in Höhe von 4.500,00 EUR durch Überweisung vom betrieblichen Bankkonto beglichen.

i) Eine Eingangsrechnung über 12.000,00 EUR wird durch Überweisung vom privaten Bankkonto beglichen.

j) Die Telekom buchte Telefongebühren in Höhe von 200,00 EUR zuzüglich 32,00 EUR USt vom betrieblichen Bankkonto ab. 20 % des Gesamtbetrages sind privat verursacht.

2. Im Laufe des Geschäftsjahres kommt es zu folgenden Geschäftsvorfällen:

1. Für Strom werden vom betrieblichen Bankkonto 1.200,00 EUR zuzüglich 192,00 EUR USt abgebucht. Lt. Abrechnung entfallen von diesem Betrag 330,00 EUR zuzüglich USt auf die private Wohnung Ihres Mandanten.
2. Das betriebliche Bankkonto wird mit folgenden Beträgen belastet:
   - mit 450,00 EUR für die Haftpflichtversicherung des Geschäftsgebäudes,
   - mit 1.500,00 EUR für die Lebensversicherung Ihres Mandanten.
3. Die Abbuchung der Telefongebühren erfolgt vom betrieblichen Postbankkonto, und zwar mit 400,00 EUR zuzüglich 64,00 EUR USt für das betriebliche und mit 90,00 EUR zuzüglich 14,40 EUR USt für das private Telefon.
4. Zum Ausgleich eines Blechschadens am privaten PKW Ihres Mandanten überweist die Kfz-Haftpflichtversicherung 4.000,00 EUR auf das betriebliche Bankkonto.
5. Auf dem betrieblichen Bankkonto wurden folgende Beträge gebucht:
   - eine Gewerbesteuer-Vorauszahlung in Höhe von 680,00 EUR,
   - eine Einkommensteuer-Erstattung in Höhe von 3.200,00 EUR.

Aufgaben:

a) Bilden Sie die Buchungssätze zu diesen Geschäftsvorfällen.

b) Zeigen Sie, wie sich diese Geschäftsvorfälle
   1. auf die Höhe des Erfolgs,
   2. auf die Höhe des Eigenkapitals

   Ihres Mandanten auswirken.

3. Das Eigenkapital Ihres Mandanten wird zum 31. Dez. 01 mit 266.900,00 EUR und zum 31. Dez. 02 mit 305.400,00 EUR ermittelt.

Welchen Gewinn bzw. Verlust hat Ihr Mandant erzielt, wenn er im Jahr 02 38.500,00 EUR aus dem Betriebsvermögen entnommen und 31.200,00 EUR in das Unternehmen eingelegt hat?

4. Aus der Buchführung Ihres Mandanten können Sie folgende Zahlen entnehmen:

Anlagevermögen	31. Dez. 02	345.600,00 EUR
Umlaufvermögen	31. Dez. 02	953.800,00 EUR
Eigenkapital	1. Jan. 02	677.300,00 EUR
Fremdkapital	31. Dez. 02	486.700,00 EUR
Privatentnahmen	02	120.000,00 EUR
Privateinlagen	02	15.800,00 EUR

Ermitteln Sie den Gewinn des Jahres 02 durch Eigenkapital-(Betriebsvermögens-)vergleich.

5. Richten Sie die Konten Privat, Eigenkapital und G+V ein. Übertragen Sie die nachfolgenden Beträge in die entsprechenden Konten und schließen Sie diese Konten ab.

Eigenkapital 1. Jan. 01	642.100,00 EUR
Aufwendungen insgesamt	1.795.300,00 EUR
private Entnahmen	132.000,00 EUR
private Einlagen	22.800,00 EUR
Erträge insgesamt	1.998.400,00 EUR

6. Ihr Mandant, der Gewerbetreibende Peter Hintermeier in Landshut, hat durch Inventur zum 31. Dez. 01 folgende Bestände ermittelt:

	EUR		EUR
Geschäftsausstattung	105.000,00	Bankguthaben	60.000,00
Waren	320.000,00	Eigenkapital	?
Forderungen LuL	110.000,00	Verbindlichkeiten LuL	420.000,00
Kasse	25.000,00		

Im Laufe des Geschäftsjahres 02 kommt es zu folgenden Geschäftsvorfällen:

1. Die Miete für die betrieblich genutzten Räume wird durch eine Überweisung in Höhe von 1.800,00 EUR vom betrieblichen Bankkonto bezahlt.
2. Ein Kunde begleicht eine Ausgangsrechnung durch eine Barzahlung in Höhe von 4.800,00 EUR.
3. Die Abbuchung der Telefongebühren erfolgt vom betrieblichen Bankkonto, und zwar mit 250,00 EUR zuzüglich 40,00 EUR USt für das betriebliche und 80,00 EUR einschließlich 16 % USt für das private Telefon.
4. Waren im Wert von 12.000,00 EUR zuzüglich 1.920,00 EUR USt werden auf Ziel verkauft.
5. Lt. Kontoauszug beträgt die Zinsgutschrift für ein betriebliches Bankguthaben 400,00 EUR.
6. Zur Bestreitung des Lebensunterhalts werden durch Ihren Mandanten der Geschäftskasse 5.000,00 EUR entnommen.
7. Eine Eingangsrechnung in Höhe von 3.000,00 EUR wird durch Überweisung vom privaten Bankkonto beglichen.
8. Waren im Wert von 4.000,00 EUR zuzüglich 640,00 EUR USt werden auf Ziel eingekauft.
9. Die Kfz-Steuer für den privaten PKW Ihres Mandanten beträgt 580,00 EUR. Sie wird durch Überweisung vom betrieblichen Bankkonto bezahlt.
10. Gehälter in Höhe von 3.400,00 EUR werden bar ausgezahlt.
11. Ein Barbetrag in Höhe von 5.000,00 EUR wird der Kasse entnommen und auf das betriebliche Bankkonto eingezahlt.

Zum 31. Dez. 02 ist ein Warenbestand lt. Inventur in Höhe von 315.000,00 EUR festgestellt worden.

Aufgaben:

a) Eröffnen Sie die Bestandskonten.
b) Bilden Sie sämtliche Buchungssätze.
c) Buchen Sie die Geschäftsvorfälle.
d) Schließen Sie die Erfolgskonten ab.
e) Schließen Sie das Privatkonto ab.
f) Schließen Sie die Bestandskonten ab.
g) Zeigen Sie, wie sich die Geschäftsvorfälle
   1. auf den Erfolg,
   2. auf die Höhe des Eigenkapitals,
   3. auf die Bilanzsumme
   auswirken.

7. Am Ende des 25. Nov. 01 hat Ihr Mandant durch Zählen einen Kassenbestand in Höhe von umgerechnet 324,80 EUR ermittelt. Außerdem ist bekannt, dass es im Laufe des Tages zu folgenden Kasseneinnahmen und -ausgaben gekommen ist:

– Kauf von Packpapier, lt. ordnungsgemäßer Quittung	58,00 EUR
– Kauf von Briefmarken, lt. ordnungsgemäßer Quittung	111,60 EUR
– Einzahlung auf das betriebliche Bankkonto, lt. Einzahlungsbeleg	2.000,00 EUR
– Entnahme für den privaten Haushalt	500,00 EUR
– Begleichung einer Ausgangsrechnung	638,00 EUR
– Spende an das Rote Kreuz	50,00 EUR
– Mieteingang für eine der Ehefrau Ihres Mandanten gehörende Wohnung	1.200,00 EUR

a) Berechnen Sie die Höhe der Tageseinnahmen (= Höhe der gegen Barzahlung erzielten Verkaufserlöse). Gehen Sie dabei davon aus, dass der Kassenbestand am Ende des 24. Nov. 01 435,00 EUR betrug und die Umsätze dem allgemeinen Steuersatz unterliegen.

b) Bilden Sie die Buchungssätze.

10.2 Privat verursachte Warenumsätze

Werden Leistungen nicht an Kunden, sondern an den bzw. die Eigentümer des Unternehmens für deren Letztverbrauch ausgeführt, unterliegen auch diese Leistungen der Umsatzsteuer.

Entnimmt der Unternehmer seinem Unternehmen z. B. Waren für private Zwecke, wird dieser Vorgang nicht auf dem Forderungs- oder einem Geldkonto, sondern im Soll des Privatkontos gebucht. Die Habenbuchung findet wie bei anderen Umsätzen auf einem Erfolgskonto und auf dem Umsatzsteuerkonto statt.

Beim Absatz von Leistungen an Kunden verfolgt der Unternehmer das Ziel, durch den Umsatzvorgang sämtliche anfallenden Aufwendungen zu decken und einen Gewinn zu erzielen.

Entnimmt der Unternehmer seinem Unternehmen Waren für private Zwecke, soll dadurch der Erfolg des Unternehmens nicht beeinflusst werden. Um das zu erreichen, werden den als Aufwand erfassten Einkäufen Erträge (Umsätze) in derselben Höhe gegenübergestellt (§ 6 Abs. 1 Nr. 4 EStG, § 10 Abs. 4 UStG).

Da das Unternehmen also verschiedenartige Umsätze ausführt, muss dies aus Gründen der Übersichtlichkeit (insbesondere für Zwecke der UStVA) kenntlich gemacht werden. Zur Erfassung von Umsätzen, die für private Zwecke des Unternehmers ausgeführt werden, wird deshalb zusätzlich das Konto Entnahmen § 3 Abs. 1 b eingerichtet.

Bemessungsgrundlage für die Höhe der Umsatzsteuer sind der Einkaufspreis (netto) zuzüglich der Nebenkosten zum Zeitpunkt der Entnahme (§ 10 Abs. 4 UStG).

Beispiel:

Der Unternehmer Danner entnimmt seinem Unternehmen Waren (USt 16 %), deren Einkaufswert im Zeitpunkt der Entnahme 700,00 EUR beträgt.

Buchungssatz:

	Soll/EUR	Haben/EUR
1800/2100 Privat an 8900/4600 Entnahmen § 3 Abs. 1 b an 1770/3800 Umsatzsteuer	812,00	 700,00 112,00

Buchung in den Konten:

S	Privat	H
Entn., USt	812,00	

S	Entnahmen § 3 Abs. 1 b		H
		Privat	700,00

S	Umsatzsteuer		H
		Privat	112,00

Das Erfolgskonto Entnahmen § 3 Abs. 1b wird zum Ende des Geschäftsjahres über das Konto G+V abgeschlossen.

Buchungssatz:

	Soll/EUR	Haben/EUR
8900 Entnahmen § 3 Abs. 1 b an G+V	700,00	 700,00

Buchung in den Konten:

S	G+V		H
Aufw.	.....	V.-Erl.	.....
		Entn.	700,00

S	Entnahmen § 3 Abs. 1 b		H
G+V	700,00	Privat	700,00

Kontrollaufgaben

1. Auf welchen Konten wird die private Warenentnahme des Unternehmers gebucht?
2. Wie setzt sich die Bemessungsgrundlage für die Umsatzsteuer bei privaten Warenentnahmen zusammen?

Übungen

1. Ihr Mandant, ein Juwelier, entnimmt anlässlich der Verlobung seiner Tochter einen Brillantring aus seinem Geschäft und schenkt ihn ihr. Der Verkaufspreis des Ringes beträgt 630,00 EUR. Der Einkauf des Ringes wurde gebucht:

Einkauf von Waren	420,00 EUR	
Vorsteuer	67,20 EUR	
an Verbindlichkeiten LuL		487,20 EUR

   Zum Zeitpunkt der Entnahme müsste der Juwelier 480,00 EUR + 16 % USt für die Wiederbeschaffung des gleichen Ringes zahlen.

   Nehmen Sie die Buchung vor.

2. Anfang Oktober entnahm Ihr Mandant dem Warenlager einen Computer zur privaten Nutzung durch seine Familie. Das zu diesem Zeitpunkt zum Ladenverkaufspreis von 6.960,00 EUR angebotene Gerät wurde Ende September des Jahres für 4.000,00 EUR zuzüglich 640,00 EUR USt eingekauft und buchhalterisch korrekt erfasst.

   Aufgrund des rasanten technischen Fortschritts können Ende des Jahres die gleichen Geräte für 2.000,00 EUR zuzüglich 320,00 EUR USt vom Hersteller bezogen werden.

   Da Ihr Mandant unschlüssig ist, welchen Wert er für die Entnahme anzusetzen hat, ist eine Buchung bisher noch nicht erfolgt. Holen Sie diese Arbeit nach.

3. Nach eigener Aufstellung hat Ihr Mandant im Jahr 02 Textilien zum Verkaufspreis von 9.048,00 EUR (USt 16 %) für sich und seine Familie entnommen. Die Nettoeinkaufspreise dieser Waren betrugen zum Zeitpunkt der Entnahme 4.950,00 EUR. Zum Schluss des Wirtschaftsjahres bewertet Ihr Mandant die entsprechenden Waren mit 3.500,00 EUR.

   Bilden Sie den Buchungssatz.

4. Ihr Mandant, ein Textilhändler, schenkt seiner Frau zum Besuch einer Festveranstaltung ein Modellkleid (USt 16 %), dessen Nettoverkaufspreis 950,00 EUR beträgt. Der Einkaufspreis betrug 500,00 EUR netto. Es hat zum Zeitpunkt der Entnahme einen Wiederbeschaffungspreis von 580,00 EUR netto.

   Eine Buchung dieses Vorgangs ist bisher nicht erfolgt. Führen Sie diese - falls erforderlich - durch.

5. Ihr Mandant, ein Händler, entnahm seinem Geschäft im April 03 ein fabrikneues Fernsehgerät des Typs 125, das er im Februar 03 für 1.200,00 EUR zuzüglich 16 % USt eingekauft hatte.

   Als im März 03 das Modell 250 herausgebracht wurde, senkte der Hersteller den Preis auf 1.000,00 EUR zuzüglich 16 % USt. Zu diesem Preis kann der Händler auch am Entnahmetag noch Geräte des Typs 125 vom Hersteller beziehen.

   Zum Zeitpunkt der Entnahme verkaufte der Händler ein Fernsehgerät des Typs 125 zum Preis von 2.320,00 EUR. Den Entnahmevorgang buchte er deshalb auch:

Privat	2.320,00 EUR	
an Entnahmen § 3 Abs. 1 b		2.320,00 EUR

   Nehmen Sie die ggf. erforderliche Korrekturbuchung vor.

6. Für eine private Feier entnimmt Ihr Mandant, ein Lebensmittelhändler, dem Betriebsvermögen Waren, die dem ermäßigten Steuersatz unterliegen. Der Bezugspreis (netto) zum Zeitpunkt des Umsatzes beträgt 280,00 EUR. Zum Zeitpunkt der Anschaffung belief er sich auf 300,00 EUR. Außerdem ist bekannt, dass der Bruttoverkaufspreis der entnommenen Waren 449,40 EUR beträgt.

   Buchen Sie den Entnahmevorgang.

7. Ihr Mandant hat seinem Warenlager im Juli 01 eine Schreibmaschine entnommen und seiner Tochter zum bestandenen Abitur geschenkt. Die Schreibmaschine wurde im Januar 01 für 250,00 EUR zuzüglich 40,00 EUR USt erworben. An Transportkosten fielen außerdem 10,00 EUR zuzüglich 1,60 EUR USt an.

   Wie ist zu buchen, wenn der Listenpreis der Schreibmaschine unverändert 250,00 EUR beträgt, der Ladenverkaufspreis aber mit 464,00 EUR angegeben ist?

8. Ihr Mandant, der Gewerbetreibende Gerold Strack in Bremen, hat durch Inventur zum 31. Dez. 01 folgende Bestände ermittelt:

	EUR		EUR
Geschäftsausstattung	28.000,00	Bankguthaben	52.000,00
Waren	90.000,00	Eigenkapital	?
Forderungen LuL	48.000,00	Verbindlichkeiten LuL	180.000,00
Kasse	23.000,00	Umsatzsteuer	620,00

   Im Laufe des Geschäftsjahres 02 kommt es zu folgenden Geschäftsvorfällen:

   1. Gehälter in Höhe von 4.200,00 EUR werden bar ausgezahlt.
   2. Die USt-Zahllast, die für das Vorjahr mit 620,00 EUR ermittelt wurde, wird durch die Bank überwiesen.
   3. Der Ausgleich einer Eingangsrechnung über 16.000,00 EUR zuzüglich 2.560,00 EUR USt erfolgt durch Banküberweisung.

4. Über den Bareinkauf von Bürobedarf liegen zwei Quittungen vor. Aus diesen ergibt sich, dass im Gesamtbetrag von jeweils 69,60 EUR die USt mit 16 % enthalten ist.
5. Wareneinkäufe im Wert von 7.800,00 EUR zuzüglich 1.248,00 EUR USt erfolgen gegen Barzahlung.
6. Aus dem Verkauf von Waren werden 8.120,00 EUR bar eingenommen (USt 16 %).
7. Ihr Mandant entnimmt für seinen Haushalt Waren, die er für 350,00 EUR zuzüglich 16 % USt eingekauft hat und an Kunden normalerweise für 600,00 EUR verkauft.
8. Für das Ladenlokal werden am 2. Jan. 02 Möbel im Wert von 20.000,00 EUR zuzüglich 3.200,00 EUR USt auf Ziel eingekauft.
9. Ein Kunde begleicht eine Ausgangsrechnung über 5.000,00 EUR durch Banküberweisung.
10. Waren im Nettowert von 6.500,00 EUR (USt 16 %) werden auf Ziel verkauft.
11. Die Miete für die Privatwohnung Ihres Mandanten wird durch eine Überweisung in Höhe von 1.100,00 EUR vom betrieblichen Bankkonto bezahlt.

Zum 31. Dez. 02 ist ein Warenbestand lt. Inventur in Höhe von 86.500,00 EUR festgestellt worden.

Aufgaben:

a) Eröffnen Sie die Bestandskonten.
b) Bilden Sie sämtliche Buchungssätze.
c) Buchen Sie die Geschäftsvorfälle.
d) Schließen Sie die Erfolgskonten und das Privatkonto ab.
e) Schließen Sie die Umsatzsteuerkonten ab.
f) Schließen Sie die übrigen Bestandskonten ab.
g) Zeigen Sie, wie sich die Geschäftsvorfälle
   1. auf den Erfolg,
   2. auf die Höhe des Eigenkapitals,
   3. auf die Bilanzsumme

   auswirken.

11 Berücksichtigung von Aufwendungen aus der Verteilung von Anschaffungskosten

Um die Aufgaben Beschaffung, Lagerung und Absatz wahrnehmen zu können, benötigt der Unternehmer u. a. Gebäude, Einrichtungsgegenstände und Fahrzeuge. Für die Beschaffung dieser Gegenstände stehen ihm grundsätzlich zwei Möglichkeiten zur Verfügung. Er kann diese Gegenstände für den Betrieb mieten oder kaufen.

Diese beiden Beschaffungsvorgänge haben folgende Konsequenzen:

Wird z. B. ein Fahrzeug gemietet, erscheint es nicht in der Bilanz. Weil es im Eigentum des Vermieters verbleibt, sind während der gesamten Mietdauer Mietzahlungen zu leisten, die sofort als Aufwendungen des Betriebes zu berücksichtigen sind.

Beispiel:

Ein ausschließlich betrieblich genutzter PKW wird für drei Jahre gemietet. Die Mietzahlung für den Monat März 02 erfolgt durch eine Überweisung vom Postbankkonto mit 696,00 EUR (600,00 EUR zuzüglich 96,00 EUR USt).

Buchungssatz:

	Soll/EUR	Haben/EUR
4570/6560 Fahrzeugmiete 1570/1400 Vorsteuer an 1100/1700 Postbank	600,00 96,00	 696,00

Erwirbt der Unternehmer dagegen ein Fahrzeug, ist dieses zu bilanzieren. Weil das Eigentum an diesem Fahrzeug auf den Käufer übergeht, kommt es nur einmal zu einer Zahlung, und zwar zum Zeitpunkt des Erwerbs.

Beispiel:

Ein ausschließlich betrieblich genutzter PKW wird für 30.000,00 EUR zuzüglich 4.800,00 EUR USt auf Ziel erworben.

Buchungssatz:

	Soll/EUR	Haben/EUR
0320/0520 PKW 1570/1400 Vorsteuer an 1600/3300 Verbindlichkeiten LuL	30.000,00 4.800,00	 34.800,00

Die Folge dieser verschiedenen Beschaffungsvorgänge ist zunächst einmal ein bei sonst gleichen Aufwendungen und Erträgen unterschiedlich hoher Gewinn. Werden fremde Anlagen genutzt, ist der Gewinn niedriger als bei der Nutzung eigener Anlagen.

Um diese Abweichungen auszuschließen, sind sowohl nach dem Handelsgesetzbuch (§ 253 Abs. 1 HGB) als auch nach dem Einkommensteuergesetz (§ 6 Abs. 1 EStG) Aufwendungen zu verrechnen, die denen bei Fremdnutzung entsprechen. Die Höhe dieser Aufwendungen wird ermittelt, indem die Anschaffungskosten (Nettobetrag) der eigenen Anlagegüter als Aufwendungen auf den Zeitraum der betriebsgewöhnlichen Nutzung verteilt werden (§ 7 EStG).

Die als Aufwand zu verrechnenden Beträge werden nach § 253 HGB als Abschreibungen, nach § 6 EStG als Absetzung für Abnutzung (AfA) bezeichnet.

Abschreibungen der Anlagegüter erfolgen aber nicht nur zur Erfassung der Aufwendungen, die durch die Nutzung der eigenen Anlagen verursacht sind, sondern auch, um die nutzungsbedingten Wertminderungen der Anlagegüter festzuhalten. Bei der Verteilung der Anschaffungskosten auf den Zeitraum der Nutzung wird nämlich unterstellt, dass der Wert des Anlagegutes (Buchwert) von Jahr zu Jahr sinkt und am Ende der Nutzungsdauer null ist.

Die Höhe des Abschreibungsbetrages kann durch gleichmäßige Verteilung der Anschaffungskosten auf die Nutzungsjahre ermittelt werden.

$$\text{Jährlicher Abschreibungsbetrag} = \frac{\text{Anschaffungskosten}}{\text{Nutzungsdauer}}$$

Soll lediglich der Abschreibungssatz ermittelt werden, ist das grundsätzlich folgendermaßen möglich:

$$\text{Abschreibungssatz} = \frac{100\,\%}{\text{Nutzungsdauer}}$$

Beispiel:

Ein ausschließlich betrieblich genutzter PKW mit Anschaffungskosten von 30.000,00 EUR kann aufgrund betrieblicher Erfahrungen sechs Jahre lang genutzt werden.

Lösung:

a) Jährlicher Abschreibungsbetrag: $\frac{30.000{,}00 \text{ EUR}}{6} = 5.000{,}00 \text{ EUR}$

b) Abschreibungssatz: $\frac{100\,\%}{6} = 16\,\frac{2}{3}\,\%$

Ausschlaggebend für die Höhe der Abschreibung ist die betriebsgewöhnliche Nutzungsdauer des Anlagegutes. Diese ist jeweils zum Zeitpunkt der Anschaffung des Gegenstandes vorsichtig zu schätzen.

Anhaltspunkte für diese Schätzung bieten einmal die amtlichen AfA-Tabellen, die der Bundesminister der Finanzen sowohl für Anlagegüter bestimmter Branchen, als auch für allgemein verwendbare Anlagegüter herausgibt. Daneben sind aber auch die Erfahrungen, die der Unternehmer im Hinblick auf die Nutzungsdauer entsprechender Anlagegüter gesammelt hat, zu berücksichtigen. Das kann zur Folge haben, dass der Berechnung der Abschreibung eine kürzere oder längere als die in den AfA-Tabellen vorgesehene Nutzungsdauer zugrunde zu legen ist.

Auszug aus der AfA-Tabelle

Anlagegüter	Nutzungsdauer in Jahren	AfA-Satz in %
Betriebs- und Geschäftsausstattung		
I. 1. Werkstätten-, Laborausstattungen und Lagereinrichtungen	14	$7\frac{1}{7}$
2. Ladeneinrichtungen	8	12,5
3. Kühlmöbel	8	12,5
4. Hochregallager	15	$6\frac{2}{3}$
II. Ausstattung für Belegschaftsbetreuung	8	12,5
III. Ausstattung für Werkssicherheit	8	12,5
IV. Fernsprechnebenstellenanlagen	10	10
V. Büromaschinen und Organisationsmittel, z. B.:		
Adressiermaschinen	8	12,5
Personalcomputer	3	$33\frac{1}{3}$
Fotokopiergeräte	7	$14\frac{2}{7}$
Frankiermaschinen	8	12,5
Geldprüfgeräte	7	$14\frac{2}{7}$
Registrierkassen	6	$16\frac{2}{3}$
Schreibmaschinen	9	$11\frac{1}{9}$
VI. Büroeinrichtungen		
Büromöbel	13	$7\frac{9}{13}$
Panzerschränke	23	$4\frac{8}{23}$

Die Auswirkungen der Abschreibung, sowohl als Aufwand als auch als Wertminderung, lassen sich verdeutlichen, wenn die Buchung in den Konten erfolgt.

Beispiel:

Ein PKW, der am 2. Jan. 01 für 30.000,00 EUR (netto) erworben worden ist, hat eine betriebsgewöhnliche Nutzungsdauer von 6 Jahren.

Buchungssatz zum 31. Dez. 01:

	Soll/EUR	Haben/EUR
4830/6220 Abschreibungen auf Sachanlagen	5.000,00	
an 0320/0520 PKW		5.000,00

Buchungen in den Konten:

S	PKW		H
Bank	30.000,00	Ab. SA	5.000,00

S	Abschreibungen auf Sachanlagen		H
PKW	5.000,00		

Das Konto Abschreibung auf Sachanlagen wird als Erfolgskonto über das G+V-Konto, das Konto PKW als Bestandskonto über das Schlussbilanzkonto abgeschlossen.

Buchungssätze:

	Soll/EUR	Haben/EUR
G+V	5.000,00	
an 4830/6220 Abschreibung auf Sachanlagen		5.000,00
Schlussbilanzkonto	25.000,00	
an 0320/0520 PKW		25.000,00

Buchungen in den Konten:

S	PKW		H
Bank	30.000,00	Ab. SA	5.000,00
		SBK	25 000,00
	30.000,00		30.000,00

S	Abschreibung auf Sachanlagen		H
PKW	5.000,00	G+V	5.000,00

S	SBK		H
PKW	25.000,00		

S	G+V		H
Ab. SA	5.000,00		

Zum Ende des Geschäftsjahres zeigt das Konto G+V die durch die Nutzung der PKW verursachten Aufwendungen, das Schlussbilanzkonto den Rest- oder Buchwert der PKW an.

Die Abschreibung (AfA) ist die buchmäßige Erfassung der Wertminderung abnutzbarer Anlagegüter. Bei gleich bleibenden jährlichen Abschreibungsbeträgen liegt eine lineare Abschreibung vor. Der Wert auf dem Anlagekonto, der sich nach Verminderung der Anschaffungskosten um den Abschreibungsbetrag ergibt, ist der Restbuchwert.

Kontrollaufgaben

1. Beschreiben Sie, was unter dem Begriff Abschreibung zu verstehen ist.
2. Aus welchen Gründen werden Abschreibungen gebucht?
3. Wie wird die Höhe des Abschreibungsbetrages grundsätzlich ermittelt?
4. Zeigen Sie, wie Abschreibungen
   a) den Erfolg,
   b) die Höhe des Anlagevermögens,
   c) die Bilanzsumme

   beeinflussen.
5. Durch welche Größe wird neben der Höhe der Anschaffungskosten die Höhe der Abschreibung bestimmt?

Übungen

1. Zum Anlagevermögen Ihres Mandanten ist Folgendes bekannt:

Anlagegut	Anschaffungskosten	Nutzungsdauer
PKW	36.000,00 EUR	6 Jahre
LKW	180.000,00 EUR	9 Jahre
LKW-Anhänger	44.000,00 EUR	11 Jahre
Ladentheke	24.000,00 EUR	10 Jahre
Büromöbel	130.000,00 EUR	13 Jahre
Panzerschrank	46.000,00 EUR	23 Jahre

   Berechnen Sie
   a) die Höhe der jährlichen Abschreibungsbeträge,
   b) die jeweiligen AfA-Sätze.

2. Im Januar des Abschlussjahres wurde erstmals eine Maschine für 96.000,00 EUR zuzüglich USt angeschafft. Die Buchung dieses Vorgangs erfolgte ordnungsgemäß.

   Bilden Sie die Buchungssätze zum Ende des Geschäftsjahres, und führen Sie die Buchungen in den Konten Maschinen, Abschreibung auf Sachanlagen, SBK und G+V durch. Berücksichtigen Sie dabei, dass die betriebsgewöhnliche Nutzungsdauer der Maschine auf 8 Jahre geschätzt wird.

3. Der Restbuchwert eines PKW mit einer Nutzungsdauer von 6 Jahren beträgt nach dreijähriger Abschreibung 21.000,00 EUR.
   a) Mit welchem Abschreibungssatz wurde der PKW abgeschrieben?
   b) Wie hoch waren die Anschaffungskosten des PKW?

4. Ihr Mandant, der Gewerbetreibende Herbert Wellmann in Bonn, hat durch Inventur zum 31. Dez. 01 folgende Bestände ermittelt:

	EUR		EUR
Ladeneinrichtung	80.000,00	Bankguthaben	90.000,00
PKW	22.500,00	Eigenkapital	?
Waren	210.000,00	Verbindlichkeiten KI	90.000,00
Forderungen LuL	20.000,00	Verbindlichkeiten LuL	190.000,00
Kasse	15.000,00		

Im Laufe des Geschäftsjahres 02 kommt es zu folgenden Geschäftsvorfällen:

1. Waren im Wert von 20.000,00 EUR zuzüglich 3.200,00 EUR USt werden auf Ziel eingekauft.
2. Eingangsrechnungen in Höhe von 30.000,00 EUR werden durch Überweisungen vom Bankguthabenkonto beglichen.
3. Ein Bankkredit in Höhe von 40.000,00 EUR wird durch Überweisung vom Bankguthabenkonto getilgt.
4. Waren im Wert von 35.000,00 EUR zuzüglich 16% USt werden bar verkauft.
5. Ein PKW mit Anschaffungskosten von 36.000,00 EUR zuzüglich 5.760,00 EUR USt wird am 5. Jan. 02 gegen Rechnung erworben.
6. Gehälter in Höhe von 4.000,00 EUR werden bar ausgezahlt.
7. Zum Ausgleich einer Eingangsrechnung werden 10.000,00 EUR vom Bankguthabenkonto überwiesen.
8. Die Bank belastet das Bankkonto (mit Schulden) mit Zinsen in Höhe von 500,00 EUR.
9. Über eine durchgeführte Kfz-Reparatur geht eine Rechnung in Höhe von 900,00 EUR zuzüglich 144,00 EUR USt ein.
10. Ihr Mandant entnimmt der Kasse 1.500,00 EUR für private Zwecke.

Bei der Durchführung der Abschlussarbeiten sind folgende Angaben zu berücksichtigen:

1. Zum 31. Dez. 02 ist ein Warenbestand lt. Inventur in Höhe von 220.000,00 EUR festgestellt worden.
2. Die Abschreibung
   a) der Ladeneinrichtung erfolgt mit 10% von den Anschaffungskosten. Diese betrugen 100.000,00 EUR.
   b) der neuen PKW erfolgt mit $16\frac{2}{3}$% von den Anschaffungskosten, die der Altfahrzeuge erfolgt mit 8700,00 EUR.

Aufgaben:

a) Eröffnen Sie die Bestandskonten.
b) Bilden Sie sämtliche Buchungssätze.
c) Buchen Sie die Geschäftsvorfälle.
d) Schließen Sie die Erfolgskonten und das Privatkonto ab.
e) Schließen Sie die Bestandskonten ab.
f) Ermitteln Sie
   1. den Wareneinsatz,
   2. den Rohgewinn,
   3. den Reingewinn.
g) Zeigen Sie, wie sich die Geschäftsvorfälle
   1. auf den Erfolg,
   2. auf die Höhe des Eigenkapitals,
   3. auf die Bilanzsumme

   auswirken.

5. Ihr Mandant, der Gewerbetreibende Arthur Winter in Hildesheim, hat durch Inventur zum 31. Dez. 01 folgende Bestände ermittelt:

	EUR		EUR
Grund und Boden	80.000,00	Kasse	20.000,00
Geschäftsgebäude	264.000,00	Bankguthaben	50.000,00
PKW	30.000,00	Eigenkapital	?
Waren	220.000,00	Verbindlichkeiten LuL	280.000,00
Forderungen LuL	60.000,00		

Im Laufe des Geschäftsjahres 02 kommt es zu folgenden Geschäftsvorfällen:

1. Waren im Wert von 25.000,00 EUR zuzüglich 4.000,00 EUR USt werden auf Ziel verkauft.
2. Ein PKW mit Anschaffungskosten von 50.000,00 EUR zuzüglich 8.000,00 EUR USt wird gegen Rechnung erworben.
3. Für Geschäftsräume, die einem Mieter überlassen wurden, geht eine Gutschrift in Höhe von 1.500,00 EUR auf dem Bankkonto ein.
4. Zum Ausgleich einer Eingangsrechnung werden 10.000,00 EUR vom Bankkonto überwiesen.
5. Waren im Wert von 5.000,00 EUR zuzüglich 800,00 EUR USt werden bar eingekauft.
6. Für Kfz-Steuer und Kfz-Versicherung wird das Bankkonto mit Beträgen von 400,00 EUR und 700,00 EUR belastet.
7. Ein Barbetrag in Höhe von 4.000,00 EUR wird der Kasse entnommen und auf das Bankkonto eingezahlt.
8. Eine Gehaltszahlung in Höhe von 3.500,00 EUR erfolgt durch Barauszahlung.
9. Die Telefongebühren in Höhe von 250,00 EUR zuzüglich 40,00 EUR USt werden aufgrund einer Einzugsermächtigung vom Bankkonto abgebucht.
10. Ihr Mandant hat seinem Geschäft Waren im Nettowert von 800,00 EUR (USt 16 %) entnommen.

Bei der Durchführung der Abschlussarbeiten sind folgende Angaben zu berücksichtigen:

1. Zum 31. Dez. 02 ist ein Warenbestand lt. Inventur in Höhe von 200.000,00 EUR festgestellt worden.
2. Die Abschreibung
   a) der Geschäftsgebäude erfolgt mit 2 % von den Anschaffungskosten. Diese betrugen 300.000,00 EUR,
   b) der neuen PKW erfolgt mit $16\,^2\!/_3$ % von den Anschaffungskosten, die der Altfahrzeuge erfolgt mit 8 666,67 EUR.

Aufgaben:

a) Eröffnen Sie die Bestandskonten.
b) Bilden Sie sämtliche Buchungssätze.
c) Buchen Sie die Geschäftsvorfälle.
d) Schließen Sie die Erfolgskonten und das Privatkonto ab.
e) Schließen Sie die Bestandskonten ab.
f) Ermitteln Sie
   1. den Wareneinsatz,
   2. den Rohgewinn,
   3. den Reingewinn.
g) Zeigen Sie, wie sich die Geschäftsvorfälle
   1. auf den Erfolg,
   2. auf die Höhe des Eigenkapitals,
   3. auf die Bilanzsumme

   auswirken.

12 Hauptabschlussübersicht

12.1 Bedeutung der Hauptabschlussübersicht

Zum Ende des Wirtschaftsjahres hat der Unternehmer den Jahresabschluss zu erstellen. In diesem Zusammenhang kommen verschiedene Aufgaben auf ihn zu.

Er muss

- überprüfen, ob die Buchführung rechnerisch richtig ist, d. h. ob die Summe der im Soll gebuchten Beträge mit der Summe der im Haben gebuchten Beträge identisch ist,
- kontrollieren, ob die Buchführung sachlich richtig ist, d. h. ob die in den Konten erfassten Bestände mit den Inventurbeständen übereinstimmen und
- die noch vorzunehmenden Umbuchungen zusammenfassend darstellen.

Der Unternehmer erledigt diese Arbeiten, indem er vor Abschluss der Sachkonten eine Hauptabschlussübersicht erstellt. Zu dieser Vorgehensweise ist er grundsätzlich verpflichtet, weil das Finanzamt den Unternehmer verpflichten kann, seiner Steuererklärung eine Hauptabschlussübersicht beizufügen (§ 60 Abs. 1 EStDV).

Die Hauptabschlussübersicht vermittelt in tabellarischer Form einen Überblick über das innerhalb eines bestimmten Zeitraums angefallene Zahlenmaterial der Buchführung. Der Informationsgehalt der Hauptabschlussübersicht ist wesentlich höher als der des Jahresabschlusses. Das ist deshalb so, weil die durch den Betriebsablauf verursachten Entwicklungen zusammenhängend in den Bestands- und Erfolgskonten dargestellt werden.

12.2 Aufbau der Hauptabschlussübersicht

Die ausführliche Hauptabschlussübersicht setzt sich aus den Vorspalten Kontonummer und Kontenbezeichnung und den Hauptspalten Eröffnungsbilanz, Umsatzbilanz, Summenbilanz, vorläufige Saldenbilanz (Saldenbilanz I), Umbuchungen, endgültige Saldenbilanz (Saldenbilanz II), Schlussbilanz und Gewinn- und Verlustrechnung zusammen.

Bei der im Unterricht und bei Prüfungen verwendeten verkürzten Hauptabschlussübersicht entfallen in der Regel die Hauptspalten Eröffnungsbilanz, Umsatzbilanz, Summenbilanz und endgültige Saldenbilanz.

Im Einzelnen sind die Hauptspalten der ausführlichen Hauptabschlussübersicht folgendermaßen gekennzeichnet:

1. Eröffnungsbilanz

In dieser Spalte sind die Bestände aus der Bilanz des Vorjahres aufgeführt.

2. Umsatzbilanz

In der Umsatzbilanz werden die durch die laufenden Buchungen verursachten Erhöhungen im Soll und im Haben der Konten festgehalten. Im Gegensatz zur Buchung in den Konten werden in der Spalte Umsatzbilanz aber keine Einzelbeträge, sondern die Summen der Erhöhungen im Soll und im Haben der einzelnen Konten erfasst.

3. Summenbilanz

Die Beträge dieser Spalte ergeben sich dadurch, dass die in der Eröffnungsbilanz aufgeführten Sollbeträge mit den Sollbeträgen der Umsatzbilanz addiert werden. Mit den Habenbeträgen wird entsprechend verfahren.

4. **Vorläufige Saldenbilanz**

Die Beträge der vorläufigen Saldenbilanz kommen durch Verrechnung der in der Summenbilanz aufgeführten Soll- und Habenbeträge zustande. Der bei dieser Verrechnung entstehende Saldo (Überschuss) erscheint in der vorläufigen Saldenbilanz auf der ursprünglich höheren Kontenseite.

5. **Umbuchungen**

Die Umbuchungsspalte dient zur Erfassung von

- vorbereitenden Abschlussbuchungen, z. B. von Abschreibungen,
- eigentlichen Umbuchungen, z. B. des Abschlusses der Konten Privat und Vorsteuer,
- Nachtragsbuchungen, z. B. der noch nicht gebuchten privaten Warenentnahmen,
- Korrekturbuchungen, z. B. der Berichtigung von Falschbuchungen und des Ausgleichs von Inventurdifferenzen.

6. **Endgültige Saldenbilanz**

In die endgültige Saldenbilanz gehen die Salden ein, die sich durch Verrechnung der in der vorläufigen Saldenbilanz erfassten mit den in der Umbuchungsspalte gebuchten Beträgen ergeben.

7. **Schlussbilanz**

Die Spalte Schlussbilanz nimmt die Bestände aller in der endgültigen Saldenbilanz erfassten Aktiv- und Passivkonten auf.

8. **Gewinn- und Verlustrechnung**

Die Gewinn- und Verlustrechnung ist zur Aufnahme aller in der endgültigen Saldenbilanz erfassten Aufwendungen und Erträge bestimmt.

Der Zusammenhang zwischen den verschiedenen Spalten der Hauptabschlussübersicht lässt sich folgendermaßen verdeutlichen:

Beispiel:

Das Konto PKW weist vor Buchung der Abschreibung im Soll einen Eröffnungsbestand von 60.000,00 EUR sowie einen Zugang von 35.000,00 EUR aus. Auf der Habenseite ist ein Abgang von 20.000,00 EUR erfasst worden.

S	PKW		H
EBK	60.000,00	F. LuL	20.000,00
V. LuL	35.000,00		

Zum Ende des Wirtschaftsjahres ist die Abschreibung der PKW mit 25.000,00 EUR zu berücksichtigen.

Buchungssatz:

	Soll/EUR	Haben/EUR
4830/6220 Abschreibung SA an 0320/0520 PKW	25.000,00	 25.000,00

Die Buchung der Abschreibung soll nicht im Konto, sondern in der Umbuchungsspalte der Hauptabschlussübersicht erfolgen.

Kto.-Nr.	Konten-bezeichnung	Eröffnungsbilanz		Umsatzbilanz		Summenbilanz	
		Aktiv	Passiv	Soll	Haben	Soll	Haben
	PKW	60.000,00		35.000,00	20.000,00	95.000,00	20.000,00
	Abschreibung						

Fortsetzung:

Saldenbilanz I		Umbuchungen		Saldenbilanz II		Schlussbilanz		Erfolgsbilanz	
Soll	Haben	Soll	Haben	Soll	Haben	Aktiv	Passiv	Aufwand	Ertrag
75.000,00			25.000,00	50.000,00		50.000,00			
		25.000,00		25.000,00				25.000,00	

12.3 Buchungen in der Hauptabschlussübersicht

Die Vorbereitung des Jahresabschlusses in der Hauptabschlussübersicht geschieht - ausgehend von der Summenbilanz - wie folgt:

Aufbau der Hauptabschlussübersicht bei Anwendung des SKR 03:

Kto.-Nr.	Kontenbezeichnung	Summenbilanz		Saldenbilanz I	
		Soll	Haben	Soll	Haben
0430	Ladeneinrichtung	60.000,00		60.000,00	
0870	Eigenkapital		110.500,00		110.500,00
1000	Kasse	7.000,00	2.000,00	5.000,00	
1200	Bank	110.000,00	90.000,00	20.000,00	
1400	Forderungen LuL	120.000,00	104.000,00	16.000,00	
1570	Vorsteuer	30.000,00		30.000,00	
1600	Verbindlichkeiten LuL	125.000,00	152.000,00		27.000,00
1770	Umsatzsteuer		52.500,00		52.500,00
1800	Privat	15.000,00	3.000,00	12.000,00	
2650	Zinserträge		5.500,00		5.500,00
3200	Einkauf von Waren	200.000,00		200.000,00	
3980	Warenbestand	150.000,00		150.000,00	
4120	Gehälter	32.000,00		32.000,00	
4210	Miete	18.000,00		18.000,00	
4830	Abschreibung SA				
4930	Bürobedarf	2.500,00		2.500,00	
8000	Verkaufserlöse		350.000,00		350.000,00
8900	Entnahmen § 3 Abs. 1 b				
		869.500,00	869.500,00	545.500,00	545.500,00

Zum Ende des Wirtschaftsjahres sind folgende Abschlussangaben zu berücksichtigen:

1. Für die Ladeneinrichtung ist ein Abschreibungsbetrag in Höhe von 20.000,00 EUR ermittelt worden.
2. Der Unternehmer hat seinem Geschäft im Laufe des Jahres Waren im Nettoeinkaufspreis von 400,00 EUR entnommen (USt 16 %).
3. Der Warenendbestand lt. Inventur beträgt 110.000,00 EUR.
4. Das Konto Vorsteuer ist abzuschließen.
5. Das Konto Privat ist abzuschließen.

Buchungssätze:

	Soll/EUR	Haben/EUR
1. 4830/6220 Abschreibungen SA	20.000,00	
an 0430/0640 Ladeneinrichtung		20.000,00
2. 1800/2100 Privat	464,00	
an 8900/4600 Entnahmen § 3 Abs. 1 b		400,00
an 1770/3800 Umsatzsteuer		64,00
3. 3200/5200 Einkauf von Waren	40.000,00	
an 3980/1140 Warenbestand		40.000,00
4. 1770/3800 Umsatzsteuer	30.000,00	
an 1570/1400 Vorsteuer		30.000,00
5. 0870/2000 Eigenkapital	12.464,00	
an 1800/2100 Privat		12.464,00

Kto.-Nr.	Saldenbilanz I		Umbuchungen		Saldenbilanz II	
	Soll	Haben	Soll	Haben	Soll	Haben
0430	60.000,00			20.000,00	40.000,00	
0870		110.500,00	12.464,00			98.036,00
1000	5.000,00				5.000,00	
1200	20.000,00				20.000,00	
1400	16.000,00				16.000,00	
1570	30.000,00			30.000,00		
1600		27.000,00				27.000
1770		52.500	30.000,00	64,00		22.564,00
1800	12.000,00		464,00	12.464,00		
2650		5.500,00				5.500,00
3200	200.000,00		40.000,00		240.000,00	
3980	150.000,00			40.000,00	110.000,00	
4120	32.000,00				32.000,00	
4210	18.000,00				18.000,00	
4830			20.000,00		20.000,00	
4930	2.500,00				2.500,00	
8000		350.000,00				350.000,00
8900				400,00		400,00
	545.500,00	545.500,00	102.928,00	102.928,00	503.500,00	503.500,00

Kto.-Nr.	Saldenbilanz II		Schlussbilanz		G+V-Rechnung	
	Soll	Haben	Aktiva	Passiva	Soll	Haben
0430	40.000,00		40.000,00			
0870		98.036,00		98.036,00		
1000	5.000,00		5.000,00			
1200	20.000,00		20.000,00			
1400	16.000,00		16.000,00			
1570						
1600		27.000,00		27.000,00		
1770		22.564,00		22.564,00		
1800						
2650		5.500,00				5.500,00
3200	240.000,00				240.000,00	
3980	110.000,00		110.000,00			
4120	32.000,00				32.000,00	
4210	18.000,00				18.000,00	
4830	20.000,00				20.000,00	
4930	2.500,00				2.500,00	
8000		350.000,00				350.000,00
8900		400,00				400,00
	503.500,00	503.500,00	191.000,00	147.600,00	312.500,00	355.900,00
				43.400,00	43.400,00	
			191.000,00	191.000,00	355.900,00	355.900,00

Aufbau der Hauptabschlussübersicht bei Anwendung des SKR 04:

Kto.-Nr.	Kontenbezeichnung	Summenbilanz		Saldenbilanz I	
		Soll	Haben	Soll	Haben
0640	Ladeneinrichtung	60.000,00		60.000,00	
1140	Warenbestand	150.000,00		150.000,00	
1200	Forderungen LuL	120.000,00	104.000,00	16.000,00	
1400	Vorsteuer	30.000,00		30.000,00	
1600	Kasse	7.000,00	2.000,00	5.000,00	
1800	Bank	110.000,00	90.000,00	20.000,00	
2000	Eigenkapital		110.500,00		110.500,00
2100	Privat	15.000,00	3.000,00	12.000,00	
3300	Verbindlichkeiten LuL	125.000,00	152.000,00		27.000,00
3800	Umsatzsteuer		52.500,00		52.500,00
4000	Verkaufserlöse		350.000,00		350.000,00
4600	Entnahmen § 3 Abs. 1 b				
5200	Einkauf von Waren	200.000,00		200.000,00	
6020	Gehälter	32.000,00		32.000,00	
6220	Abschreibung SA				
6310	Miete	18.000,00		18.000,00	
6815	Bürobedarf	2.500,00		2.500,00	
7100	Zinserträge		5.500,00		5.500,00
		869.500,00	869.500,00	545.500,00	545.500,00

Kto.-Nr.	Saldenbilanz I		Umbuchungen		Saldenbilanz II	
	Soll	Haben	Soll	Haben	Soll	Haben
0640	60.000,00			20.000,00	40.000,00	
1140	150.000,00			40.000,00	110.000,00	
1200	16.000,00				16.000,00	
1400	30.000,00			30.000,00		
1600	5.000,00				5.000,00	
1800	20.000,00				20.000,00	
2000		110.500,00	12.464,00			98.036,00
2100	12.000,00		464,00	12.464,00		
3300		27.000,00				27.000,00
3800		52.500,00	30.000,00	64,00		22.564,00
4000		350.000,00				350.000,00
4600				400,00		400,00
5200	200.000,00		40.000,00		240.000,00	
6020	32.000,00				32.000,00	
6220			20.000,00		20.000,00	
6310	18.000,00				18.000,00	
6815	2.500,00				2.500,00	
7100		5.500,00				5.500,00
	545.500,00	545.500,00	102.928,00	102.928,00	503.500,00	503.500,00

Kto.-Nr.	Saldenbilanz II		Schlussbilanz		G+V-Rechnung	
	Soll	Haben	Aktiva	Passiva	Soll	Haben
0640	40.000,00		40.000,00			
1140	110.000,00		110.000,00			
1200	16.000,00		16.000,00			
1400						
1600	5.000,00		5.000,00			
1800	20.000,00		20.000,00			
2000		98.036,00		98.036,00		
2100						
3300		27.000,00		27.000,00		
3800		22.564,00		22.564,00		
4000		350.000,00				350.000,00
4600		400,00				400,00
5200	240.000,00				240.000,00	
6020	32.000,00				32.000,00	
6220	20.000,00				20.000,00	
6310	18.000,00				18.000,00	
6815	2.500,00				2.500,00	
7100		5.500,00				5.500,00
	503.500,00	503.500,00	191.000,00	147.600,00	312.500,00	355.900,00
				43.400,00	43.400,00	
			191.000,00	191.000,00	355.900,00	355.900,00

Aus dem System der Doppik folgt, dass in den Spalten Eröffnungsbilanz, Umsatzbilanz, Summenbilanz, vorläufige Saldenbilanz, Umbuchungen und endgültige Saldenbilanz jeweils die Summen der Soll- und Habenseite gleich hoch sein müssen. Anders ist das bei den Spalten Schlussbilanz und Gewinn- und Verlustrechnung. Die in beiden Spalten gleich hohen Differenzbeträge - einmal im Soll, das andere Mal im Haben - stellen den Gewinn/Verlust des Unternehmens dar.

Kontrollaufgaben

1. Definieren Sie den Begriff Hauptabschlussübersicht.
2. Aus welchen Gründen wird eine Hauptabschlussübersicht erstellt?
3. Aus welchen Spalten besteht die ausführliche Hauptabschlussübersicht?
4. Nennen Sie die Spalten der verkürzten Hauptabschlussübersicht.
5. Erläutern Sie, wie die Beträge in den Spalten der verkürzten Hauptabschlussübersicht zustande kommen.
6. Zeigen Sie den Unterschied zwischen der vorläufigen und endgültigen Saldenbilanz.
7. Wodurch unterscheiden sich die Schlussbilanz und die G+V-Rechnung der Hauptabschlussübersicht - erstellt nach SKR 03 bzw. SKR 04 - von der Bilanz und G+V-Rechnung in Anlehnung an die §§ 266 und 275 HGB?

Übungen

1. Erstellen Sie die Hauptabschlussübersicht (wahlweise unter Berücksichtigung der Kontenrahmen SKR 03 und SKR 04).

SKR 03

Kto.-Nr.	Kontenbezeichnung	Saldenbilanz I	
		Soll	Haben
0410	Ladeneinrichtung	35.000,00	
0870	Eigenkapital		48.000,00
1000	Kasse	8.000,00	
1200	Bank	20.000,00	
1400	Forderungen LuL	48.000,00	
1570	Vorsteuer	10.500,00	
1600	Verbindlichkeiten LuL		23.500,00
1770	Umsatzsteuer 16 %		22.500,00
1780	Umsatzsteuer-Vorauszahlung	9.500,00	
1800	Privat	6.500,00	
3200	Einkauf von Waren	72.000,00	
3980	Warenbestand	25.000,00	
4210	Miete	8.000,00	
4830	Abschreibung SA		
4930	Bürobedarf	1.500,00	
8000	Verkaufserlöse 16 % USt		150.000,00
		244.000,00	244.000,00

Zum Ende des Wirtschaftsjahres sind noch folgende Buchungen vorzunehmen:

1. Der Warenbestand zum Ende des Wirtschaftsjahres beträgt lt. Inventur 30.000,00 EUR.
2. Die Abschreibung auf die Ladeneinrichtung hat mit 3.500,00 EUR zu erfolgen.

3. Das Konto Privat ist abzuschließen.
4. Die Umsatzsteuer-Zahllast ist zu ermitteln.

SKR 04

Kto.-Nr.	Kontenbezeichnung	Saldenbilanz I	
		Soll	Haben
0640	Ladeneinrichtung	35.000,00	
1140	Warenbestand	25.000,00	
1200	Forderungen LuL	48.000,00	
1400	Vorsteuer	10.500,00	
1600	Kasse	8.000,00	
1800	Bank	20.000,00	
2000	Eigenkapital		48.000,00
2100	Privat	6.500,00	
3300	Verbindlichkeiten LuL		23.500,00
3800	Umsatzsteuer 16%		22.500,00
3820	Umsatzsteuer-Vorauszahlung	9.500,00	
4000	Verkaufserlöse 16% USt		150.000,00
5200	Einkauf von Waren	72.000,00	
6220	Abschreibung SA		
6310	Miete	8.000,00	
6815	Bürobedarf	1.500,00	
		244.000,00	244.000,00

2. Erstellen Sie die Hauptabschlussübersicht (wahlweise unter Berücksichtigung der Kontenrahmen SKR 03 und SKR 04).

SKR 03

Kto.-Nr.	Kontenbezeichnung	Saldenbilanz I	
		Soll	Haben
0410	Ladeneinrichtung	40.000,00	
0870	Eigenkapital		67.600,00
1000	Kasse	4.000,00	
1200	Bank	35.000,00	
1400	Forderungen LuL	32.000,00	
1570	Vorsteuer	9.400,00	
1600	Verbindlichkeiten LuL		18.000,00
1770	Umsatzsteuer 16%		21.000,00
1780	Umsatzsteuer-Vorauszahlung	10.000,00	
1800	Privat	12.000,00	
3200	Einkauf von Waren	63.000,00	
3980	Warenbestand	18.000,00	
4120	Gehälter	8.000,00	
4210	Miete	16.000,00	
4830	Abschreibung SA		
8000	Verkaufserlöse 16% USt		140.000,00
8900	Entnahmen § 3 Abs. 1b		800,00
		247.000,00	247.000,00

Zum Ende des Wirtschaftsjahres sind noch folgende Buchungen vorzunehmen:

1. Die Rechnung über einen Wareneinkauf lautet auf 15.000,00 EUR zuzüglich 2.400,00 EUR USt.
2. Ihr Mandant hat seinem Geschäft Waren zum Nettoeinkaufspreis von 1.000,00 EUR entnommen (USt 16 %).
3. Ein Kunde hat zum Ausgleich einer Ausgangsrechnung einen Betrag von 2.500,00 EUR auf das Bankkonto überwiesen.
4. Waren im Wert von 4.000,00 EUR zuzüglich 640,00 EUR USt wurden auf Ziel verkauft.
5. Der Warenbestand zum Ende des Wirtschaftsjahres beträgt lt. Inventur 25.000,00 EUR.
6. Die Ladeneinrichtung ist mit 4.000,00 EUR abzuschreiben.
7. Das Privatkonto ist abzuschließen.
8. Die Umsatzsteuer-Zahllast ist zu ermitteln.

SKR 04

Kto.-Nr.	Kontenbezeichnung	Saldenbilanz I	
		Soll	Haben
0640	Ladeneinrichtung	40.000,00	
1140	Warenbestand	18.000,00	
1200	Forderungen LuL	32.000,00	
1400	Vorsteuer	9.400,00	
1600	Kasse	4.000,00	
1800	Bank	35.000,00	
2000	Eigenkapital		67.600,00
2100	Privat	12.000,00	
3300	Verbindlichkeiten LuL		18.000,00
3800	Umsatzsteuer 16 %		21.000,00
3820	Umsatzsteuer-Vorauszahlung	10.000,00	
4000	Verkaufserlöse 16 % USt		140.000,00
4600	Entnahmen § 3 Abs. 1 b		800,00
5200	Einkauf von Waren	63.000,00	
6000	Gehälter	8.000,00	
6220	Abschreibung SA		
6310	Miete	16.000,00	
		247.400,00	247.400,00

3. Erstellen Sie die Hauptabschlussübersicht (wahlweise unter Berücksichtigung der Kontenrahmen SKR 03 und SKR 04).

SKR 03

Kto.-Nr.	Kontenbezeichnung	Saldenbilanz I	
		Soll	Haben
0085	Grund und Boden	150.000,00	
0090	Geschäftsbauten	200.000,00	
0320	PKW	40.000,00	
0410	Ladeneinrichtung	100.000,00	
0630	Verbindlichkeiten KI		70.000,00
0870	Eigenkapital		548.000,00
1000	Kasse	44.000,00	
1200	Bank	57.000,00	
1400	Forderungen LuL	30.000,00	
1570	Vorsteuer	22.500,00	
1600	Verbindlichkeiten LuL		80.000,00
1770	Umsatzsteuer 16%		30.000,00
1780	Umsatzsteuer-Vorauszahlung	6.000,00	
1800	Privat	24.000,00	
3200	Einkauf von Waren	150.000,00	
3980	Warenbestand	70.000,00	
4120	Gehälter	12.000,00	
4210	Miete	16.500,00	
4500	Fahrzeugkosten	6.000,00	
4830	Abschreibung SA		
8000	Verkaufserlöse 16% USt		200.000,00
		928.000,00	928.000,00

Zum Ende des Wirtschaftsjahres sind noch folgende Buchungen vorzunehmen:

1. Die Eingangsrechnung für eine Kfz-Reparatur lautet auf 800,00 EUR zuzüglich 128,00 EUR USt.
2. Die Miete für die Geschäftsräume wurde durch eine Überweisung in Höhe von 1.500,00 EUR vom Bankkonto bezahlt.
3. Ihr Mandant legte 10.000,00 EUR von seinem privaten Sparkonto in die Geschäftskasse ein.
4. Waren im Wert von 2.500,00 EUR zuzüglich 400,00 EUR USt wurden auf Ziel verkauft.
5. Der Warenbestand zum Ende des Wirtschaftsjahres beträgt lt. Inventur 55.000,00 EUR.
6. Es sind abzuschreiben:
   - das Geschäftsgebäude mit 8.000,00 EUR,
   - die PKW mit 15.000,00 EUR,
   - die Ladeneinrichtung mit 6.000,00 EUR.
7. Das Privatkonto ist abzuschließen.
8. Die Umsatzsteuer-Zahllast ist zu ermitteln.

SKR 04

Kto.-Nr.	Kontenbezeichnung	Saldenbilanz I	
		Soll	Haben
0235	Grund und Boden	150.000,00	
0240	Geschäftsgebäude	200.000,00	
0520	PKW	40.000,00	
0640	Ladeneinrichtung	100.000,00	
1140	Warenbestand	70.000,00	
1200	Forderungen LuL	30.000,00	
1400	Vorsteuer	22.500,00	
1600	Kasse	44.000,00	
1800	Bank	57.000,00	
2000	Eigenkapital		548.000,00
2100	Privat	24.000,00	
3150	Verbindlichkeiten KI		70.000,00
3300	Verbindlichkeiten LuL		80.000,00
3800	Umsatzsteuer 16%		30.000,00
3820	Umsatzsteuer-Vorauszahlung	6.000,00	
4000	Verkaufserlöse 16% USt		200.000,00
5200	Einkauf von Waren	150.000,00	
6000	Gehälter	12.000,00	
6220	Abschreibung SA		
6310	Miete	16.500,00	
6500	Fahrzeugkosten	6.000,00	
		928.000,00	928.000,00

4. Erstellen Sie die Hauptabschlussübersicht (wahlweise unter Berücksichtigung der Kontenrahmen SKR 03 und SKR 04).

SKR 03

Kto.-Nr.	Kontenbezeichnung	Saldenbilanz I	
		Soll	Haben
0320	PKW	60.000,00	
0410	Ladeneinrichtung	100.000,00	
0630	Verbindlichkeiten KI		40.000,00
0870	Eigenkapital		130.700,00
1000	Kasse	7.000,00	
1200	Bank	18.000,00	
1400	Forderungen LuL	45.000,00	
1570	Vorsteuer	16.500,00	
1600	Verbindlichkeiten LuL		30.000,00
1770	Umsatzsteuer 16%		33.000,00
1780	Umsatzsteuer-Vorauszahlung	12.000,00	
1800	Privat	9.000,00	
2100	Zinsaufwendungen	1.000,00	
3200	Einkauf von Waren	110.000,00	
3980	Warenbestand	30.000,00	
4120	Gehälter	24.000,00	
4210	Miete	13.200,00	
4500	Fahrzeugkosten	8.000,00	
4830	Abschreibung SA		
8000	Verkaufserlöse 16% USt		220.000,00
		453.700,00	453.700,00

Zum Ende des Wirtschaftsjahres sind noch folgende Buchungen vorzunehmen:

1. Die für die Geschäftsräume vereinbarte Dezembermiete in Höhe von 1.200,00 EUR wurde bar bezahlt.
2. Zur teilweisen Tilgung des Bankkredits wurde ein Betrag von 10.000,00 EUR vom Bank(guthaben)konto überwiesen.
3. Nach Durchführung einer Kfz-Reparatur ging eine Rechnung über 500,00 EUR zuzüglich 80,00 EUR USt ein.
4. Für die Inanspruchnahme des Bankkredits wurde das Bank(guthaben)konto mit 2.400,00 EUR belastet.
5. Der Warenbestand zum Ende des Wirtschaftsjahres beträgt lt. Inventur 22.000,00 EUR.
6. Die PKW sind mit 30.000,00 EUR, die Ladeneinrichtung ist mit 6.000,00 EUR abzuschreiben.
7. Das Privatkonto ist abzuschließen.
8. Die Umsatzsteuer-Zahllast ist zu ermitteln.

SKR 04

Kto.-Nr.	Kontenbezeichnung	Saldenbilanz I	
		Soll	Haben
0520	PKW	60.000,00	
0640	Ladeneinrichtung	100.000,00	
1140	Warenbestand	30.000,00	
1200	Forderungen LuL	45.000,00	
1400	Vorsteuer	16.500,00	
1600	Kasse	7.000,00	
1800	Bank	18.000,00	
2000	Eigenkapital		130.700,00
2100	Privat	9.000,00	
3150	Verbindlichkeiten KI		40.000,00
3300	Verbindlichkeiten LuL		30.000,00
3800	Umsatzsteuer 16%		33.000,00
3820	Umsatzsteuer-Vorauszahlung	12.000,00	
4000	Verkaufserlöse 16% USt		220.000,00
5200	Einkauf von Waren	110.000,00	
6000	Gehälter	24.000,00	
6220	Abschreibung SA		
6310	Miete	13.200,00	
6500	Fahrzeugkosten	8.000,00	
7300	Zinsaufwendungen	1.000,00	
		453.700,00	453.700,00

5. Erstellen Sie die Hauptabschlussübersicht (wahlweise unter Berücksichtigung der Kontenrahmen SKR 03 und SKR 04).

SKR 03

Kto.-Nr.	Kontenbezeichnung	Saldenbilanz I	
		Soll	Haben
0320	PKW	90.000,00	
0410	Ladeneinrichtung	80.000,00	
0630	Verbindlichkeiten KI		60.000,00
0870	Eigenkapital		179.100,00
1000	Kasse	20.000,00	
1100	Postbank	8.000,00	
1200	Bank	18.000,00	
1400	Forderungen LuL	50.000,00	
1570	Vorsteuer	13.500,00	
1600	Verbindlichkeiten LuL		42.000,00
1770	Umsatzsteuer 16 %		24.000,00
1780	Umsatzsteuer-Vorauszahlung	8.500,00	
1800	Privat	18.500,00	
2100	Zinsaufwendungen	600,00	
3200	Einkauf von Waren	90.000,00	
3980	Warenbestand	30.000,00	
4120	Gehälter	14.000,00	
4210	Miete	24.000,00	
4830	Abschreibung SA		
8000	Verkaufserlöse 16 % USt		160.000,00
		465.100,00	465.100,00

Zum Ende des Wirtschaftsjahres sind noch folgende Buchungen vorzunehmen:

1. Der Ausgleich einer Eingangsrechnung erfolgte durch eine Überweisung in Höhe von 2.300,00 EUR vom Postbankkonto.
2. Lt. Bankauszug wurde das Bankkonto mit Zinsen in Höhe von 6.000,00 EUR belastet.
3. Es wurden Waren im Wert von 5.000,00 EUR zuzüglich 16 % USt auf Ziel verkauft.
4. Die Rechnung über einen Wareneinkauf lautet auf 6.000,00 EUR zuzüglich 960,00 EUR USt.
5. Der Warenbestand zum Ende des Wirtschaftsjahres beträgt lt. Inventur 22.000,00 EUR.
6. Die PKW sind mit 30.000,00 EUR, die Ladeneinrichtung ist mit 4.000,00 EUR abzuschreiben.
7. Das Privatkonto ist abzuschließen.
8. Die Umsatzsteuer-Zahllast ist zu ermitteln.

SKR 04

Kto.-Nr.	Kontenbezeichnung	Saldenbilanz I	
		Soll	Haben
0520	PKW	90.000,00	
0640	Ladeneinrichtung	80.000,00	
1140	Warenbestand	30.000,00	
1200	Forderungen LuL	50.000,00	
1400	Vorsteuer	13.500,00	
1600	Kasse	20.000,00	
1700	Postbank	8.000,00	
1800	Bank	18.000,00	
2000	Eigenkapital		179.100,00
2100	Privat	18.500,00	
3150	Verbindlichkeiten KI		60.000,00
3300	Verbindlichkeiten LuL		42.000,00
3800	Umsatzsteuer 16%		24.000,00
3820	Umsatzsteuer-Vorauszahlung	8.500,00	
4000	Verkaufserlöse 16% USt		160.000,00
5200	Einkauf von Waren	90.000,00	
6000	Gehälter	14.000,00	
6220	Abschreibung SA		
6310	Miete	24.000,00	
7300	Zinsaufwendungen	600,00	
		465.100,00	465.100,00

6. Erstellen Sie in Anlehnung an die §§ 266 und 275 HGB die Jahresabschlüsse. Berücksichtigen Sie dabei die Beträge, die Sie in den Spalten Schlussbilanz und G+V-Rechnung der Aufgaben 1 bis 5 ermittelt haben.

D Beschaffungs- und Absatzbereich

1 Beschaffung und Absatz in Handelsbetrieben

1.1 Beschaffung von Waren

Bestellt ein Unternehmer Waren, hat er diese u. a. anzunehmen und zu prüfen. Die Buchung des Wareneingangs erfolgt, sobald die Ware eingetroffen ist und die Eingangsrechnung vorliegt.

Beispiel:

Die Eingangsrechnung für bezogene Waren lautet auf 4.000,00 EUR zuzüglich 640,00 EUR USt.

Buchungssatz:

	Soll/EUR	Haben/EUR
3200/5200 Einkauf von Waren 1570/1400 Vorsteuer an 1600/3300 Verbindlichkeiten LuL	4.000,00 640,00 	 4.640,00

Buchungen in den Konten:

S	Einkauf von Waren		H
1.	4.000,00		

S	Verbindlichkeiten LuL		H
		1.	4.640,00

S	Vorsteuer		H
1.	640,00		

Stellt sich bei der Überprüfung des Wareneingangs heraus, dass andere als die bestellten Waren geliefert wurden oder befinden sich die bestellten Waren in einem vom Lieferanten zu vertretenden Zustand, der einen Weiterverkauf ausschließt, wird der Leistungsempfänger die bezogenen Waren an den Lieferanten zurückgeben (§ 462 HGB, §§ 377 ff. HGB, § 477 BGB).

Beispiel:

Bei der Überprüfung der gelieferten Waren wird festgestellt, dass zum Teil andere als die bestellten Waren geliefert wurden. Die nicht bestellten Waren werden an den Lieferanten zurückgeschickt. Dieser erteilt daraufhin eine Gutschrift in Höhe von 1.000,00 EUR zuzüglich 160,00 EUR USt.

Durch diese Rücksendung kommt es zu einer Korrektur des ursprünglichen Geschäftsvorfalls. Aus diesem Grunde ändern sich die Beträge in den Konten Verbindlichkeiten LuL, Einkauf von Waren und Vorsteuer.

Buchungssatz:

	Soll/EUR	Haben/EUR
1600/3300 Verbindlichkeiten LuL an 3200/5200 Einkauf von Waren an 1570/1400 Vorsteuer	1.160,00 	 1.000,00 160,00

Buchungen in den Konten:

S	Einkauf von Waren		H
1.	4.000,00	2.	1.000,00

S	Verbindlichkeiten LuL		H
2.	1.160,00	1.	4.640,00

S	Vorsteuer		H
1.	640,00	2.	160,00

Kontrollaufgaben

1. Nennen Sie Ursachen für Warenrücksendungen.
2. Wie wirkt sich die Warenrücksendung an Lieferanten in der Buchführung aus?

Übungen

1. Ihr Mandant sendet beschädigte Waren an den Lieferer zurück. Dieser erteilt eine Gutschrift über

netto	550,00 EUR
+ 16 % USt	88,00 EUR

   Buchen Sie den Vorgang.

2. Ihr Mandant hat von seinem Recht auf Wandlung Gebrauch gemacht und einen soeben erhaltenen Posten Waren an den Hersteller zurückgeschickt.

   Laut Liefererrechnung vom 20. Mai 01 ist der Rechnungsbetrag von 8.000,00 EUR zuzüglich 1.280,00 EUR USt spätestens am 20. Jun. 01 fällig.

   Wie ist zu buchen, wenn Ihr Mandant nicht zahlt, aber am 25. Mai 01 die Mitteilung des Lieferers erhält, dass er diese Handlungsweise akzeptiert und weiterhin an guten Geschäftsbeziehungen interessiert ist?

3. Für die an den Lieferer zurückgesandten schadhaften Waren erteilt dieser Ihrem Mandanten eine Gutschrift über 650,00 EUR zuzüglich 104,00 EUR USt.

   Bilden Sie den Buchungssatz.

4. Am 5. Feb. 02 sendet Ihr Mandant beschädigte Waren, die er im Januar 02 gekauft und gebucht, aber noch nicht bezahlt hat, an den Lieferer zurück. Dieser erteilt eine Gutschrift über 900,00 EUR zuzüglich 144,00 EUR USt.

   Buchen Sie den Vorgang.

1.1.1 Nebenkosten beim Einkauf von Waren

Es kommt häufig vor, dass sich das Unternehmen des Lieferanten an einem anderen Ort als dem seines Kunden befindet. Ebenso ist es möglich, dass sich Lieferant und Kunde nicht persönlich kennen bzw. Geschäfte zwischen Lieferant und Kunde nur über Dritte möglich sind.

Beim Einkauf von Waren fallen deshalb u. U. Transportkosten, Zölle und Vermittlungsgebühren an. Diese gelten als Anschaffungsnebenkosten, d. h., sie sind erforderlich, um die Waren in einen betriebsbereiten Zustand zu versetzen. Neben dem Kaufpreis selbst gehören sie damit zu den Anschaffungskosten der Waren (§ 255 Abs. 1 HGB).

Anschaffungsnebenkosten		
Transportkosten	Zölle	Vermittlungskosten
▶ Eingangsfrachten ▶ Rollgelder ▶ Nachentgelt ▶ Transportversicherungsprämien ▶ Verpackungskosten		▶ Einkaufsprovisionen ▶ Einkaufskommissionen

Beispiel:

Der Großhändler Rainer Weller in Iserlohn bezieht Waren für 2.000,00 EUR zuzüglich 320,00 EUR USt von einem Lieferanten in Mannheim. Die Lieferung erfolgt frei Haus.

Für Vermittlungstätigkeiten in diesem Zusammmenhang berechnet ein Handelsvertreter dem Großhändler einen Betrag von 150,00 EUR zuzüglich 25,60 EUR USt.

Lösung:

Die Anschaffungskosten der Waren betragen 2.150,00 EUR.

Die in Rechnung gestellte Umsatzsteuer ist beim Leistungsempfänger grundsätzlich abziehbare Vorsteuer (§ 15 UStG) und gehört damit nicht zu den Anschaffungskosten (§ 9 b EStG).

Da die Anschaffungsnebenkosten Teil der Anschaffungskosten der eingekauften Waren sind, besteht die Möglichkeit, die Anschaffungsnebenkosten direkt auf dem Konto Einkauf von Waren zu buchen. Wird die Höhe der Anschaffungsnebenkosten aber z. B. für betriebswirtschaftliche Auswertungen oder für die Warenkalkulation benötigt, ist es zweckmäßig, die Nebenkosten auf einem Unterkonto zum Konto Einkauf von Waren zu erfassen. Dieses Konto trägt die Bezeichnung Anschaffungsnebenkosten.

Beispiel:

Der Einzelhändler Michael Hamacher in Lüneburg bezieht von einem Lieferanten in Passau Waren für 1.200,00 EUR zuzüglich 192,00 EUR USt auf Ziel.

Buchungssatz:

	Soll/EUR	Haben/EUR
3200/5200 Einkauf von Waren 1570/1400 Vorsteuer an 1600/3300 Verbindlichkeiten LuL	1.200,00 192,00	 1.392,00

Buchung in den Konten:

S	Einkauf von Waren		H
1.	1.200,00		

S	Verbindlichkeiten LuL		H
		1.	1.392,00

S	Vorsteuer		H
1.	192,00		

Für den Transport der Waren nach Lüneburg stellt ein Spediteur dem Einzelhändler einen Betrag von 100,00 EUR zuzüglich 16,00 EUR USt in Rechnung.

Buchungssatz:

	Soll/EUR	Haben/EUR
3800/5800 Anschaffungsnebenkosten	100,00	
1570/1400 Vorsteuer	16,00	
an 1600/3300 Verbindlichkeiten LuL		116,00

Buchungen in den Konten:

S	Einkauf von Waren		H
1.	1.200,00		

S	Verbindlichkeiten LuL		H
		1.	1.392,00
		2.	116,00

S	Anschaffungsnebenkosten		H
2.	100,00		

S	Vorsteuer		H
1.	192,00		
2.	16,00		

Oft hat der leistungsempfangende Unternehmer die Möglichkeit, die ihm berechnete Transportverpackung (z. B. Fässer, Kisten, Flaschen) gegen Kostenerstattung an den Lieferanten zurückzugeben. Um dies kenntlich zu machen, empfiehlt es sich, für entsprechende Vorgänge ein besonderes Konto einzurichten. Dieses trägt die Bezeichnung Leergut.

Beispiel:

Über einen Wareneinkauf erhält ein Einzelunternehmer am 20. Mär. 01 folgende Rechnung:

Warenwert	1.500,00 EUR
+ Transportkosten	200,00 EUR
+ Verpackungskosten (Leergut)	100,00 EUR
	1.800,00 EUR
+ 16 % USt	288,00 EUR
Rechnungsbetrag	2.088,00 EUR

Buchungssatz:

	Soll/EUR	Haben/EUR
3200/5200 Einkauf von Waren 3800/5800 Anschaffungsnebenkosten 3830/5820 Leergut 1570/1400 Vorsteuer an 1600/3300 Verbindlichkeiten LuL	1.500,00 200,00 100,00 288,00	 2.088,00

Buchung in den Konten:

S	Einkauf von Waren	H
1.	1.500,00	

S	Verbindlichkeiten LuL	H
	1.	2.088,00

S	Anschaffungsnebenkosten	H
1.	200,00	

S	Leergut	H
1.	100,00	

S	Vorsteuer	H
1.	288,00	

Wird das Leergut an den Lieferer zurückgegeben, lautet der

Buchungssatz:

	Soll/EUR	Haben/EUR
1600/3300 Verbindlichkeiten LuL an 3830/5820 Leergut an 1570/1400 Vorsteuer	116,00	 100,00 16,00

Zum Ende des Wirtschaftsjahres werden die Konten Anschaffungsnebenkosten und Leergut über das Konto Einkauf von Waren abgeschlossen.

Buchungssätze:

	Soll/EUR	Haben/EUR
Einkauf von Waren an Anschaffungsnebenkosten	.....	 .....
Einkauf von Waren an Leergut	.....	 .....

Kontrollaufgaben

1. Nennen Sie Beispiele für Aufwendungen, die im Zusammenhang mit dem Einkauf von Waren entstehen können.
2. Erklären Sie den Begriff Anschaffungsnebenkosten.
3. Obwohl im Kontenrahmen das Konto Anschaffungsnebenkosten enthalten ist, bucht ein Buchhalter Eingangsfrachten stets auf dem Konto Einkauf von Waren. Beurteilen Sie diese Vorgehensweise.
4. Warum wird das Konto Anschaffungsnebenkosten nicht über das Konto G+V abgeschlossen?

Übungen

1. Über einen Wareneinkauf erhält Ihr Mandant am 10. Dez. 01 folgende Eingangsrechnung:

Warenwert	5.600,00 EUR
+ 16 % USt	896,00 EUR
Rechnungsbetrag	6.496,00 EUR

   Der Ausgleich dieser Rechnung soll erst am 10. Jan. 02 erfolgen.

   Die auf diesen Warentransport entfallenden Beträge an Fracht und Rollgeld von 80,00 EUR zuzüglich 12,80 EUR USt werden bei Anlieferung bar an den Frachtführer gezahlt.

   Welche Buchungen sind vorzunehmen?

2. Ihr Mandant erhält über einen Wareneinkauf folgende ordnungsmäßige Rechnung:

ABC-Waren	4.500,00 EUR
Leihgebühr für Bahnbehälter (Leergut)	200,00 EUR
Fracht	430,00 EUR
Transportversicherung	80,00 EUR
Sonderverpackung	150,00 EUR
	5.360,00 EUR
+ 16 % USt	857,60 EUR
Rechnungsbetrag	6.217,60 EUR

   Bilden Sie den Buchungssatz.

3. Für seine Vermittlertätigkeit im Zusammenhang mit dem Einkauf von Waren stellt ein Handelsvertreter Ihrem Mandanten einen Betrag in Höhe von 2.500,00 EUR zuzüglich 400,00 EUR USt in Rechnung.

   Wie ist zu buchen?

4. Im Zusammenhang mit einem Einkauf von Waren bestand die Möglichkeit, die unberechnete Verpackung (Leergut) zurückzugeben. Weil dies nicht geschah, wurde Ihr Mandant vertragsgemäß nachträglich mit 200,00 EUR Verpackungskosten zuzüglich 32,00 EUR USt belastet.

   Welche Buchung hat zu erfolgen?

5. Am 5. Okt. 02 erstellte Ihr Mandant die Provisionsabrechnung für die Leistungen des Einkaufskommissionärs und überwies gleichzeitig den errechneten Betrag von 3.100,00 EUR zuzüglich 496,00 EUR USt.

   Bilden Sie den Buchungssatz.

6. Ihr Mandant, ein Getränkehändler, kauft am 25. Mär. 01 eine Palette Mineralwasser ein und erhält folgende Eingangsrechnung:

630 l Mineralwasser	315,00 EUR
75 Kisten (Leergut)	630,00 EUR
1 Palette (Leergut)	20,00 EUR
Transportkosten	120,00 EUR
Nettopreis	1.085,00 EUR
+ 16% USt	173,60 EUR
Rechnungsbetrag	1.258,60 EUR

Bei dieser Gelegenheit nimmt der Frachtführer eine Palette mit 90 Kisten Leergut mit zum Lieferer zurück. Dieser erteilt Ihrem Mandanten am 28. Mär. 01 eine Gutschrift über 776,00 EUR zuzüglich 124,16 EUR USt, die mit der Eingangsrechnung verrechnet wird.

Bilden Sie die Buchungssätze.

7. Ihr Mandant, ein Getränkehändler, bezieht für ein Volksfest eine größere Menge Fassbier und erhält über diesen Vorgang am 25. Jul. 01 eine ordnungsmäßige Rechnung, die u. a. folgende Angaben enthält:

80 · 100 Liter Bier	18.000,00 EUR
Transportkosten	160,00 EUR
Leergut 80 · 95,00 EUR	7.600,00 EUR
	25.760,00 EUR
+ 16% USt	4.121,60 EUR
Rechnungsbetrag	29.881,60 EUR

Am 3. Aug. 01, nach Beendigung des Festes, gibt der Händler die leeren Fässer zurück. Er erhält gleichzeitig eine ordnungsmäßig erstellte Gutschrift im Gesamtbetrag von 8.816,00 EUR.

Bilden Sie die Buchungssätze für Ihren Mandanten.

8. Ihr zum Vorsteuerabzug berechtigter Mandant Werner Kleine in Würzburg hat durch Inventur zum 31. Dez. 01 folgende Bestände ermittelt:

	EUR		EUR
Ladeneinrichtung	60.000,00	Bankguthaben	25.000,00
Waren	140.000,00	Eigenkapital	?
Forderungen LuL	53.000,00	Verbindlichkeiten LuL	70.000,00
Kasse	8.000,00	Umsatzsteuer	3.500,00

Im Laufe des Geschäftsjahres 02 kommt es zu folgenden Geschäftsvorfällen:

1. Waren im Wert von 6.000,00 EUR zuzüglich 960,00 EUR USt werden auf Ziel eingekauft.
2. Die auf diesen Wareneinkauf entfallenden Frachtkosten in Höhe von 200,00 EUR zuzüglich 32,00 EUR USt werden bei Anlieferung der Ware bar bezahlt.
3. Die USt-Zahllast in Höhe von 3.500,00 EUR wird durch die Bank an das Finanzamt überwiesen.
4. Über einen Wareneinkauf geht folgende Rechnung ein:

Warenwert	6.000,00 EUR
+ Fracht	300,00 EUR
+ Leergut	500,00 EUR
	6.800,00 EUR
+ 16% USt	1.088,00 EUR
Rechnungsbetrag	7.888,00 EUR

5. Zum Ausgleich einer Eingangsrechnung wird ein Betrag in Höhe von 7.820,00 EUR vom Bankkonto überwiesen.
6. Waren im Nettowert von 14.500,00 EUR (USt 16%) werden auf Ziel verkauft.

Bei der Durchführung der Abschlussarbeiten sind folgende Angaben zu berücksichtigen:

1. Zum 31. Dez. 02 ist ein Warenbestand lt. Inventur in Höhe von 149.000,00 EUR festgestellt worden.
2. Die Abschreibung der Ladeneinrichtung erfolgt gleichmäßig über 10 Jahre. Die Anschaffungskosten der Ladeneinrichtung beliefen sich ursprünglich auf 100.000,00 EUR.

Aufgaben:

a) Eröffnen Sie die Bestandskonten.
b) Bilden Sie sämtliche Buchungssätze mit Hilfe von Kontenziffern. Benutzen Sie die Konten Anschaffungsnebenkosten und Leergut.
c) Buchen Sie die Geschäftsvorfälle.
d) Schließen Sie die Konten ab.
e) Ermitteln Sie
   1. den Wareneinsatz,
   2. den Rohgewinn,
   3. den Reingewinn.
f) Zeigen Sie, wie sich die Geschäftsvorfälle
   1. auf den Erfolg,
   2. auf die Höhe des Eigenkapitals,
   3. auf die Bilanzsumme

   auswirken.

1.1.2 Entgeltminderungen beim Einkauf von Waren

1.1.2.1 Entgeltminderungen aufgrund von Mängelrügen

Werden an gekauften Waren Mängel festgestellt, ist es u. a. möglich, eine Herabsetzung des Kaufpreises zu verlangen. Entsprechende Gutschriften des Lieferanten mindern die Verbindlichkeiten LuL, die abziehbare Vorsteuer und die Anschaffungskosten der eingekauften Waren (§ 255 Abs. 1 HGB). Gebucht wird dies zunächst einmal direkt in den Konten Verbindlichkeiten LuL und Vorsteuer. Die Verringerung der Anschaffungskosten der eingekauften Waren könnte direkt im Konto Einkauf von Waren erfasst werden, wird aber aus Gründen der Übersichtlichkeit im Konto Nachlässe gebucht.

Beispiel:

Aufgrund einer Mängelrüge erteilt ein Lieferant eine Gutschrift über 800,00 EUR zuzüglich 128,00 EUR USt.

Buchungssatz:

	Soll/EUR	Haben/EUR
1600/3300 Verbindlichkeiten LuL an 3700/5700 Nachlässe an 1570/1400 Vorsteuer	928,00	 800,00 128,00

Buchungen in den Konten:

S	Einkauf von Waren		H
...	6.500,00		

S	Verbindlichkeiten LuL		H
N., V.	928,00	...	14.500,00

S	Nachlässe		H
		Verb.	800,00

S	Vorsteuer		H
...	2.175,00	Verb.	128,00

Zum Ende des Wirtschaftsjahres ist das Konto Nachlässe über das Konto Einkauf von Waren abzuschließen.

Buchungssatz:

	Soll/EUR	Haben/EUR
Nachlässe an Einkauf von Waren	.....	 .....

Übungen

1. Wegen teilweise fehlerhaft gelieferter Waren erteilt ein Lieferant Ihrem Mandanten eine

Gutschrift über	620,00 EUR
+ 16 % USt	99,20 EUR
Gesamtbetrag	719,20 EUR

Die Gutschrift ist noch nicht erfasst.

Wie lautet die Buchung zum Bilanzstichtag, wenn sich die Verbindlichkeiten gegenüber diesem Lieferanten auf 4.000,00 EUR belaufen?

2. Für einen am 15. Dez. 01 eingegangenen Posten Waren im Wert von 17.000,00 EUR zuzüglich 2.720,00 EUR USt erteilt der Lieferer Ihrem Mandanten aufgrund einer Mängelrüge eine Gutschrift über 2.200,00 EUR zuzüglich 352,00 EUR USt.

Der Eingang der Lieferung wurde bereits gebucht. Eine Bezahlung fand aber noch nicht statt.

Nehmen Sie die Buchung zum 31. Dez. 01 vor.

3. Aufgrund einer Mängelrüge wird Ihrem Mandanten am 28. Dez. 01 eine Gutschrift über

netto	450,00 EUR
+ 16 % USt	72,00 EUR

erteilt.

Wie ist zu buchen, wenn gegenüber diesem Lieferer Verbindlichkeiten in Höhe von 1.000,00 EUR bestehen?

4. Die dringend von Ihrem Mandanten benötigte Ware im Wert von 3.500,00 EUR zuzüglich 560,00 EUR USt wird zwar pünktlich, aber in stark verschmutztem Zustand geliefert. Da kurzfristig keine gleichartige Ware zu beschaffen ist, teilt er dem Lieferer mit, dass er die Ware behalten will, aber einen Preisnachlass von 812,00 EUR verlangt.

   Die ordnungsgemäße Gutschrift (USt 16 %) dieses Betrages geht wenige Tage später ein. Sie wird mit bestehenden Verbindlichkeiten verrechnet.

   Bilden Sie die Buchungssätze.

5. Aufgrund der Mängelrüge Ihres Mandanten vom 15. Jun. 01 erteilt der Lieferant am 25. Jun. 01 eine

Gutschrift über	8.000,00 EUR
+ 16 % USt	1.280,00 EUR
Gesamtbetrag	9.280,00 EUR

   Bilden Sie den Buchungssatz.

6. Ihr zum Vorsteuerabzug berechtigter Mandant Günter Decker in Eisenach hat durch Inventur zum 31. Dez. 01 folgende Bestände ermittelt:

	EUR		EUR
Ladeneinrichtung	40.000,00	Bankguthaben	30.000,00
Waren	120.000,00	Eigenkapital	?
Forderungen LuL	33.000,00	Verbindlichkeiten LuL	50.000,00
Kasse	12.000,00	Umsatzsteuer	3.500,00

   Im Laufe des Geschäftsjahres 02 kommt es zu folgenden Geschäftsvorfällen:

   1. Im Zusammenhang mit einem Wareneinkauf trifft folgende Eingangsrechnung ein:

Warenwert	3.200,00 EUR
Spezialverpackung (Leergut)	800,00 EUR
Transportkosten	80,00 EUR
	4.080,00 EUR
16 % USt	652,80 EUR
Rechnungsbetrag	4.732,80 EUR

   2. Die Spezialverpackung (1.) wird an den Lieferer zurückgesandt. Dieser erteilt eine Gutschrift über 500,00 EUR zuzüglich 80,00 EUR USt.
   3. Beschädigte Waren im Wert von 1.000,00 EUR zuzüglich 160,00 EUR USt werden an den Lieferer zurückgeschickt.
   4. Waren im Nettowert von 6.000,00 EUR werden auf Ziel verkauft (USt 16 %).
   5. Eine Eingangsrechnung über 2.300,00 EUR wird durch Banküberweisung beglichen.
   6. Zum Ausgleich einer Ausgangsrechnung gehen auf dem Bankkonto 7.072,50 EUR ein.

   Bei der Durchführung der Abschlussarbeiten sind folgende Angaben zu berücksichtigen:

   1. Zum 31. Dez. 02 ist ein Warenbestand lt. Inventur in Höhe von 119.000,00 EUR festgestellt worden.
   2. Die Abschreibung der Ladeneinrichtung erfolgt gleichmäßig über 10 Jahre. Die Anschaffungskosten der Ladeneinrichtung beliefen sich ursprünglich auf 50.000,00 EUR.

   Aufgaben:

   a) Eröffnen Sie die Bestandskonten.
   b) Bilden Sie sämtliche Buchungssätze mit Hilfe von Kontenziffern. Benutzen Sie die Konten Anschaffungsnebenkosten und Leergut.
   c) Buchen Sie die Geschäftsvorfälle.
   d) Schließen Sie die Konten ab.

1.1.2.2 Entgeltminderungen durch andere Preisnachlässe

Jeder Kaufmann ist bestrebt, viel umzusetzen und die Höhe seines Forderungsbestandes klein zu halten. Diese Ziele versucht er vor allem dadurch zu erreichen, dass er nach Abnahmemengen gestaffelte Preise verlangt und Kunden durch günstige Zahlungsbedingungen zur schnelleren Zahlung veranlasst.

Bestehen zwischen Lieferant und Kunde langjährige Geschäftsbeziehungen oder nimmt ein Kunde große Mengen ab, erhält er häufig auf den Listenpreis einen Abschlag, der als Rabatt bezeichnet wird. Bereits beim Vertragsabschluss wird also ein entsprechend niedrigerer als der normale Preis vereinbart.

Auch Kleinabnehmer erhalten einen Anreiz, nach und nach größere Mengen beim selben Lieferanten zu erwerben. Überschreitet ein Kunde einen vertraglich vereinbarten Jahresumsatz, erhält er nachträglich einen nach der Umsatzhöhe gestaffelten Nachlass, einen Bonus.

Anreize zum schnelleren Rechnungsausgleich werden dadurch geschaffen, dass bei Zahlung innerhalb einer bestimmten Frist vor Fälligkeit des Rechnungsbetrages nachträglich ein Preisnachlass, der Skonto, in Anspruch genommen werden kann.

Erhaltene Rabatte

Da Rabatte i. d. R. bereits bei der Rechnungserstellung abgezogen werden, wirken sie sich nicht mehr auf die Höhe der Anschaffungskosten der Waren und die Bemessungsgrundlage der USt aus. Aus diesem Grunde werden erhaltene Rabatte regelmäßig nicht in der Buchführung erfasst.

Beispiel:

Im Zusammenhang mit einem Wareneinkauf geht folgende Rechnung ein:

Listenpreis der Ware	1.400,00 EUR
– 20 % Rabatt	280,00 EUR
	1.120,00 EUR
+ 16 % USt	179,20 EUR
Rechnungsbetrag	1.299,20 EUR

Buchungssatz:

	Soll/EUR	Haben/EUR
3200/5200 Einkauf von Waren 1570/1400 Vorsteuer an 1600/3300 Verbindlichkeiten LuL	1.120,00 179,20	 1.299,20

In Ausnahmefällen ist es möglich, dass auch nachträglich Rabatte gewährt werden oder der Unternehmer die gesonderte Erfassung der erhaltenen Rabatte wünscht. In diesen Fällen kann die Buchung dieser Beträge auf dem Konto erhaltene Rabatte erfolgen.

Dieses Konto ist ein Unterkonto des Kontos Einkauf von Waren. Es ist deshalb zum Ende des Wirtschaftsjahres über das Konto Einkauf von Waren abzuschließen.

Erhaltene Skonti

Werden Eingangsrechnungen mit Skontoabzug beglichen, kommt es nachträglich sowohl zu einer Minderung der Anschaffungskosten der Waren (§ 255 Abs. 1 HGB) als auch zu einer Minderung der Bemessungsgrundlage für die Umsatzsteuer (§ 17 UStG).

Obwohl sich erhaltene Skonti unmittelbar auf die Höhe der Anschaffungskosten der eingekauften Waren auswirken, ist es aus Gründen der besseren Übersicht üblich, sie auf einem besonderen Konto zu erfassen. Dieses Konto, das die Bezeichnung erhaltene Skonti trägt, ist ein Unterkonto des Kontos Einkauf von Waren.

Beispiel:

Waren im Wert von 5.000,00 EUR zuzüglich 800,00 EUR USt werden auf Ziel eingekauft.

Buchungssatz:

	Soll/EUR	Haben/EUR
3200/5200 Einkauf von Waren 1570/1400 Vorsteuer an 1600/3300 Verbindlichkeiten LuL	5.000,00 800,00	 5.800,00

Buchung in den Konten:

S	Einkauf von Waren		H
1.	5.000,00		

S	Verbindlichkeiten LuL		H
		1.	5.800,00

S	Vorsteuer		H
1.	800,00		

Vereinbarungsgemäß erfolgt der Ausgleich der Eingangsrechnung nach 8 Tagen mit Abzug von 2 % Skonto durch Banküberweisung.

Es kommt zu einer Kürzung des Rechnungsbetrages in Höhe von 116,00 EUR. Da sich der Rechnungsbetrag aus dem Warenwert (netto) und der Umsatzsteuer zusammensetzt, ist auch der Abzugsbetrag in die entsprechenden Teilbeträge zu zerlegen. Der Warenwert ist demnach um 100,00 EUR zu kürzen, die Vorsteuer um 16,00 EUR zu berichtigen.

Buchungssatz:

	Soll/EUR	Haben/EUR
1600/3300 Verbindlichkeiten LuL an 1200/1800 Bank an 3730/5730 erhaltene Skonti an 1570/1400 Vorsteuer	5.800,00	 5.684,00 100,00 16,00

Buchungen in den Konten:

S	Einkauf von Waren		H
1.	5.000,00		

S	Vorsteuer		H
1.	800,00	2.	16,00

S	erhaltene Skonti		H
		2.	100,00

S	Bank		H
...	10.800,00	2.	5.684,00

S	Verbindlichkeiten LuL		H
2.	5.800,00	1.	5.800,00

Kommt es, wie im vorstehenden Beispiel, bereits zum Zeitpunkt der Zahlung zu einer Berichtigung der Vorsteuer, wird die entsprechende Buchung als Nettobuchung bezeichnet.

Für den Fall, dass viele Rechnungen mit Skontoabzug beglichen werden, kann es sinnvoll sein, die Abzugsbeträge zunächst insgesamt, also einschließlich Umsatzsteuer, im Konto erhaltene Skonti zu erfassen. Eine entsprechende Buchung wird als Bruttobuchung bezeichnet. Insbesondere, wenn die Buchführungsarbeiten noch per Hand erledigt werden, führt dies zu einer erheblichen Arbeitsersparnis.

Beispiel:

Eine Eingangsrechnung in Höhe von 4.640,00 EUR wird nach Abzug von 3 % Skonto durch Banküberweisung beglichen.

Buchungssatz:

	Soll/EUR	Haben/EUR
1600/3300 Verbindlichkeiten LuL an 1200/1800 Bank an 3730/5730 erhaltene Skonti	4.640,00	 4.500,80 139,20

Buchungen in den Konten:

S	Bank		H
...	25.000,00	1.	4.500,80

S	Verbindlichkeiten LuL		H
1.	4.640,00	...	30.000,00

S	erhaltene Skonti		H
		...	2.992,80
		1.	139,20

S	Vorsteuer		H
...	2.600,00		

Die im Konto erhaltene Skonti enthaltenen Vorsteuerbeträge werden in diesem Falle zum Ende eines jeden Voranmeldungszeitraums errechnet und insgesamt auf das Konto Vorsteuer umgebucht.

Zum Ende des Voranmeldungszeitraums werden die im Konto erhaltene Skonti enthaltenen Vorsteuerbeträge (432,00 EUR) umgebucht.

Buchungssatz:

	Soll/EUR	Haben/EUR
3730/5730 erhaltene Skonti an 1570/1400 Vorsteuer	432,00	 432,00

Buchungen in den Konten:

S	erhaltene Skonti		H
2.	432,00	...	2.992,80
		1.	139,20

S	Vorsteuer		H
...	2.600,00	2.	432,00

Das Konto erhaltene Skonti ist ein Unterkonto des Kontos Einkauf von Waren. Es ist deshalb grundsätzlich zum Ende des Wirtschaftsjahres über das Konto Einkauf von Waren abzuschließen.

Erhaltene Boni

Häufig gehen Lieferantengutschriften ein, weil innerhalb eines bestimmten Zeitraums vertraglich festgelegte Mindestabnahmemengen überschritten wurden (erhaltene Boni). Diese Preisnachlässe führen sowohl zu einer nachträglichen Minderung der Anschaffungskosten der Waren (§ 255 Abs. 1 HGB) als auch zu einer Minderung der Bemessungsgrundlage für die Umsatzsteuer (§ 17 UStG).

Obwohl sich erhaltene Boni unmittelbar auf die Höhe der Anschaffungskosten der eingekauften Waren auswirken, ist es aus Gründen der besseren Übersicht üblich, sie auf einem besonderen Konto zu erfassen. Dieses Konto, das die Bezeichnung erhaltene Boni trägt, ist ein Unterkonto des Kontos Einkauf von Waren. Es ist deshalb zum Ende des Wirtschaftsjahres über das Konto Einkauf von Waren abzuschließen.

Beispiel:

Dem Schreiben eines Lieferanten ist zu entnehmen, dass er einen Bonus in Höhe von 2.000,00 EUR zuzüglich 320,00 EUR USt gewährt.

Buchungssatz:

	Soll/EUR	Haben/EUR
1600/3300 Verbindlichkeiten LuL	2.320,00	
an 3740/5740 erhaltene Boni		2.000,00
an 1570/1400 Vorsteuer		320,00

Neben dieser Nettobuchung der erhaltenen Boni ist auch die Bruttobuchung (vgl. erhaltene Skonti) möglich.

Preisnachlässe beim Einkauf		
(Sofort)rabatte	**Skonti**	**Boni**
► sofortige Minderung der Anschaffungskosten ► direkte Buchung des Nettobetrages auf Konto Einkauf von Waren	► nachträgliche Minderung der Anschaffungskosten ► Erfassung auf Konto erhaltene Skonti	► nachträgliche Minderung der Anschaffungskosten ► Erfassung auf Konto erhaltene Boni

Übungen

1. Am 20. Aug. 02 erhält Ihr Mandant die Gutschrift eines Lieferanten über den Bonus für das 1. Halbjahr 01

in Höhe von	6.000,00 EUR
+ 16 % USt	960,00 EUR
Gesamtbetrag	6.960,00 EUR

   Die Gutschrift, die zum 31. Jul. 01 noch nicht erfasst worden ist, soll mit einer noch offenen Liefererschuld verrechnet werden.

   Buchen Sie den Vorgang.

2. Über einen Wareneinkauf erhält Ihr Mandant eine ordnungsmäßige Rechnung, deren Gesamtbetrag sich wie folgt zusammensetzt:

SP-Ware	26.400,00 EUR
+ 16 % USt	4.224,00 EUR
Rechnungsbetrag	30.624,00 EUR

   Außerdem ist der Rechnung zu entnehmen, dass der Lieferer bei Zahlung innerhalb von 8 Tagen nach Rechnungsdatum 3 % Skonto gewährt.

   Wie ist der gesamte Vorgang bei sofortiger USt-Korrektur zu buchen, wenn der Rechnungsausgleich bereits 7 Tage nach Rechnungsdatum durch Banküberweisung erfolgt?

3. Die Gutschrift über den Umsatzbonus für das 1. Halbjahr 01 geht am 20. Jul. 01 bei Ihrem Mandanten ein. Sie beträgt

netto	2.400,00 EUR
+ 16 % USt	384,00 EUR

   und wird laut Mitteilung des Lieferers mit den noch offenen Rechnungen verrechnet.

   Bilden Sie den Buchungssatz.

4. Ihr Mandant bucht seine erhaltenen Skonti und Boni zunächst mit den Bruttobeträgen in den entsprechenden Konten. Zum Ende des Monats nimmt er dann eine USt-Berichtigung (USt 16 %) vor.

   Die zum Ende eines Voranmeldungszeitraums noch zu berichtigenden erhaltenen Skonti- und Bonibeträge belaufen sich auf 21.170,00 EUR bzw. 6.066,80 EUR.

   Führen Sie die Berichtigungsbuchungen durch.

5. Einer ordnungsmäßigen Eingangsrechnung können Sie folgende Angaben entnehmen:

Listenpreis	1.400,00 EUR
– 15 % Rabatt	210,00 EUR
Nettopreis	1.190,00 EUR
+ 16 % USt	190,40 EUR
Rechnungsbetrag	1.380,40 EUR

   Der Rechnungsausgleich Ihres Mandanten erfolgte unter Abzug von 2 % Skonto durch Banküberweisung.

   Eine Buchung ist noch nicht erfolgt. Bilden Sie den Buchungssatz. Gehen Sie davon aus, dass die USt-Korrektur sofort vorzunehmen ist.

6. Ihr Mandant kauft Waren auf Ziel. Der Warenwert beträgt 2.500,00 EUR, die USt 400,00 EUR. Die Lieferung mit beiliegender ordnungsmäßiger Rechnung trifft am 10. Sep. 01 ein. Sie wird folgendermaßen ausgeglichen:
   - durch Verrechnung mit einer noch nicht gebuchten Umsatzrückvergütung von 1.000,00 EUR zuzüglich 160,00 EUR USt, die am 5. Sep. 01 für die Einkäufe aus dem 1. Halbjahr gewährt wurde,
   - durch Banküberweisung des Restbetrages am 10. Okt. 01.

   Nehmen Sie die Buchungen vor.
7. Ihr Mandant begleicht eine ordnungsmäßige Rechnung (USt 16 %) mit Abzug von 3 % Skonto. Der Banklastschrift ist zu entnehmen, dass er 7.313,80 EUR überwiesen hat.

   Buchen Sie den Rechnungsausgleich mit sofortiger USt-Korrektur.
8. Am 10. Dez. 01 hat Ihr Mandant eine Wareneingangsrechnung unter Abzug von 3 % Skonto durch Banküberweisung beglichen. Laut Mitteilung des Lieferers vom 28. Dez. 01 war der Skontoabzug zu diesem Zeitpunkt nicht mehr berechtigt. Ihr Mandant wird deshalb aufgefordert, den Betrag von 191,40 EUR (einschließlich 16 % USt) zu überweisen.

   Der gesamte Vorgang ist noch nicht erfasst. Bilden Sie den Buchungssatz.
9. Ihr Mandant kaufte Waren ein und erhielt folgende Eingangsrechnung:

Warenwert	16.000,00 EUR
– Wiederverkäuferrabatt	4.000,00 EUR
Nettopreis	12.000,00 EUR
+ 16 % USt	1.920,00 EUR
Rechnungsbetrag	13.920,00 EUR

   Aufgrund einer Mängelrüge sandte er 20 % der Waren an den Lieferer zurück. Den Restbetrag beglich er nach Abzug von 3 % Skonto (berechnet vom Restbetrag) durch Banküberweisung.

   Eine Buchung des gesamten Vorgangs ist noch nicht erfolgt (sofortige USt-Korrektur). Holen Sie diese Arbeit nach.
10. Lt. Eingangsrechnung erwarb Ihr Mandant Waren für 29.000,00 EUR zuzüglich 4.640,00 EUR USt, sodass gebucht wurde:

Einkauf von Waren	29.000,00 EUR	
Vorsteuer	4.640,00 EUR	
an Verbindlichkeiten LuL		33.640,00 EUR

   Ihr Mandant beanstandete jedoch diese Eingangsrechnung, weil ein vertraglich zugesicherter Wiederverkäuferrabatt von 25 % nicht berücksichtigt worden war. Gleichzeitig überwies er den gekürzten Rechnungsbetrag nach Abzug von 2 % Skonto durch die Bank.

   Nehmen Sie die Buchung vor.
11. Ihr zum Vorsteuerabzug berechtigter Mandant Hartmut Eckert in Aachen hat durch Inventur zum 31. Dez. 01 folgende Bestände ermittelt:

	EUR		EUR
Ladeneinrichtung	32.000,00	Bankguthaben	50.000,00
Waren	140.000,00	Eigenkapital	?
Forderungen LuL	28.000,00	Verbindlichkeiten LuL	45.000,00
Kasse	15.000,00	Umsatzsteuer	2.500,00

   Im Laufe des Geschäftsjahres 02 kommt es zu folgenden Geschäftsvorfällen:
   1. Es werden Waren im Wert von 5.000,00 EUR zuzüglich 800,00 EUR USt auf Ziel eingekauft.
   2. Die auf diesen Einkauf (1.) entfallenden Frachtkosten in Höhe von 200,00 EUR zuzüglich 32,00 EUR USt werden bar gezahlt.

3. Aufgrund einer Mängelrüge (zu 1.) geht eine Lieferergutschrift in Höhe von 800,00 EUR zuzüglich 128,00 EUR USt ein.
4. Der verbleibende Betrag der Eingangsrechnung (1.) wird nach Abzug von 3 % Skonto durch Banküberweisung beglichen (Nettobuchung).
5. Waren im Wert von 9.000,00 EUR zuzüglich 1.440,00 EUR USt werden auf Ziel verkauft.
6. Aufgrund einer Falschlieferung werden Waren im Wert von 1.000,00 EUR zuzüglich 160,00 EUR USt an einen Lieferer zurückgesandt. Der Wareneingang wurde bereits gebucht.
7. Ein Lieferant teilt mit, dass er einen Bonus in Höhe von 600,00 EUR zuzüglich 96,00 EUR USt gewährt und diesen Betrag mit noch offenen Rechnungen verrechnet hat.

Bei der Durchführung der Abschlussarbeiten sind folgende Angaben zu berücksichtigen:

1. Zum 31. Dez. 02 ist ein Warenbestand lt. Inventur in Höhe von 141.000,00 EUR festgestellt worden.
2. Die Abschreibung der Ladeneinrichtung erfolgt gleichmäßig über 10 Jahre. Die Anschaffungskosten der Ladeneinrichtung beliefen sich ursprünglich auf 40.000,00 EUR.

Aufgaben:

a) Eröffnen Sie die Bestandskonten.
b) Bilden Sie sämtliche Buchungssätze mit Hilfe von Kontenziffern. Benutzen Sie die Konten Anschaffungsnebenkosten, Vertriebskosten, erhaltene Skonti und erhaltene Boni.
c) Buchen Sie die Geschäftsvorfälle.
d) Schließen Sie die Konten ab.
e) Zeigen Sie, wie sich die Geschäftsvorfälle
   1. auf den Erfolg,
   2. auf das Eigenkapital,
   3. auf die Bilanzsumme

   auswirken.

1.1.3 Gutschriften für Schadenersatzansprüche

Der reibungslose Ablauf des Warenverkehrs setzt voraus, dass der leistende Unternehmer die bestellte Ware pünktlich und in einwandfreiem Zustand liefert.

Erhebliche Nachteile entstehen dann, wenn die zum Verkauf benötigte Ware gar nicht bzw. zu spät geliefert wird oder nicht über die zugesicherten Eigenschaften verfügt. In diesen Fällen ist der Leistungsempfänger berechtigt (§§ 286, 463 BGB) vom Lieferanten Schadenersatz zu verlangen.

Muss die Ware anderweitig teurer beschafft werden (Deckungskauf), setzt sich die Schadenersatzforderung aus dem Preisunterschied und den zusätzlich entstandenen Kosten zusammen. Wird die Ware nicht geliefert oder kann die verspätet gelieferte Ware nicht mehr abgesetzt werden, entsteht ein Schaden in Höhe des entgangenen Gewinns. Um Streitigkeiten bei der Berechnung der Höhe der Schadenersatzforderung zu vermeiden, wird häufig anstelle der gesetzlich möglichen Schadenersatzbeträge bereits im Kaufvertrag die Zahlung einer Konventionalstrafe (Vertragsstrafe) vereinbart.

Schadenersatzleistungen liegt kein Leistungsaustausch zugrunde. Es kommt deshalb zu nicht steuerbaren Umsätzen (Abschn. 3 UStR).

Beispiel:

Weil ein Lieferant zu spät geliefert hat, begleicht der Unternehmer eine Rechnung in Höhe von 20.000,00 EUR zuzüglich 3.200,00 EUR USt durch Verrechnung mit einer gegenüber dem Lieferanten geltend gemachten (noch nicht gebuchten) Konventionalstrafe in Höhe von 1.500,00 EUR und durch Banküberweisung.

Buchungssatz:

	Soll/EUR	Haben/EUR
1600/3300 Verbindlichkeiten LuL an 1200/1800 Bank an 2700/4830 sonst. betrieb. Erträge	23.200,00	 21.700,00 1.500,00

Übung

Eine für einen Kunden bestellte EDV-Anlage trifft 4 Tage später als vereinbart bei Ihrem Mandanten ein. Laut Eingangsrechnung beläuft sich der Rechnungsbetrag auf 6.000,00 EUR zuzüglich 960,00 EUR USt. Er wird nach Abzug von 3 % Skonto sowie der Konventionalstrafe von 100,00 EUR täglich durch Banküberweisung beglichen.

Wie ist zu buchen?

1.2 Absatz von Waren

Aufgrund vertraglicher Vereinbarungen hat der Unternehmer seinen Kunden rechtzeitig die bestellten Waren zur Verfügung zu stellen. Er bucht dies, sobald die Lieferung ausgeführt worden ist.

Beispiel:

Einem Kunden werden Waren im Wert von 5.000,00 EUR zuzüglich 800,00 EUR USt geliefert.

Buchungssatz:

	Soll/EUR	Haben/EUR
1400/1200 Forderungen LuL an 8000/4000 Verkaufserlöse an 1770/3800 Umsatzsteuer	5.800,00	 5.000,00 800,00

Buchung in den Konten:

S	Forderungen LuL		H
1.	5.800,00		

S	Verkaufserlöse		H
		1.	5.000,00

S	Umsatzsteuer		H
		1.	800,00

Sendet ein Kunde Waren zurück, kommt es zu einer Korrektur der vorgenommenen Buchung.

Beispiel:

Aufgrund eines Fehlers der Versandabteilung ist es zu einer Falschlieferung im Wert von 3.000,00 EUR zuzüglich 480,00 EUR USt gekommen. Der Kunde sendet die Waren zurück, eine Ersatzlieferung kommt nicht in Betracht.

Buchungssatz:

	Soll/EUR	Haben/EUR
8000/4000 Verkaufserlöse 1770/3800 Umsatzsteuer an 1400/1200 Forderungen LuL	3.000,00 480,00	 3.480,00

Buchungen in den Konten:

S	Forderungen LuL		H
1.	5.800,00	2.	3.480,00

S	Verkaufserlöse		H
2.	3.000,00	1.	5.000,00

S	Umsatzsteuer		H
2.	480,00	1.	800,00

Tatsächlich ist es also nur noch zu einem Umsatz in Höhe von 2.000,00 EUR gekommen.

Zu gar keinem Umsatz kommt es, wenn der Unternehmer Waren, die er normalerweise verkauft, zum Ge- oder Verbrauch im eigenen Unternehmen verwendet. Weil kein Leistungsaustausch stattfindet, ist in diesem Fall lediglich eine Umgruppierung der Aufwendungen (Anschaffungskosten) vorzunehmen.

Beispiel:

Ein Möbelhändler entnimmt seinem Lager für die Einrichtung eines Büroraums einen Schreibtisch, 3 Komfortstühle und zwei Aktenschränke. Die Anschaffungskosten dieser Gegenstände haben insgesamt 12.000,00 EUR betragen.

Buchungssatz:

	Soll/EUR	Haben/EUR
0420/0650 Büroeinrichtung an 3200/5200 Einkauf von Waren	12.000,00	 12.000,00

Kontrollaufgaben

1. Wann liegt innerbetrieblicher Warenverbrauch vor?
2. Wie wird die Höhe der Vorsteuer/USt durch den innerbetrieblichen Warenverbrauch beeinflusst?
3. Warum sind die im Konto Einkauf von Waren erfassten Aufwendungen im Falle des innerbetrieblichen Warenverbrauchs umzubuchen?

Übungen

1. Ein Kunde hat von seinem Recht auf Wandlung Gebrauch gemacht und einen soeben erhaltenen Posten Waren an Ihren Mandanten zurückgeschickt.

   Die bereits erteilte und in der Buchführung erfasste Ausgangsrechnung lautete auf 7.540,00 EUR einschließlich 16% USt.

   Nehmen Sie die noch erforderliche Buchung vor.

2. Ihr Mandant, der mit Büromaschinen handelt, möchte seinen Angestellten die Verwaltungsarbeiten erleichtern. Aus diesem Grunde stellt er den bisher im Schaufenster ausgestellten PC in den an das Geschäftslokal angrenzenden Büroraum.

   Der PC wurde für 4.060,00 EUR im Schaufenster angeboten. Eingekauft wurde er für 2.500,00 EUR zuzüglich 16% USt.

   Buchen Sie den Geschäftsvorfall.

3. Ihr Mandant entnimmt seinem Warenlager 100 m^2 Teppichboden und verlegt ihn in seinem gemieteten Geschäftslokal. Er hat diesen Teppichboden für 50,00 EUR je m^2 eingekauft und bietet ihn seinen Kunden für 69,60 EUR je m^2 an.

   Eine Buchung hat er noch nicht vorgenommen. Holen Sie diese Arbeit nach.

4. Ein Kunde teilte mit, dass durch Ihren Mandanten verdorbene Ware geliefert wurde. Da eine Ersatzlieferung nicht sofort möglich war, nahm der Kunde das Recht auf Wandlung in Anspruch und sandte die Ware, für die ihm 2.800,00 EUR zuzüglich 16% USt in Rechnung gestellt worden waren, an Ihren Mandanten zurück.

   Welcher Buchungssatz ist zu bilden?

5. Aufgrund der Tatsache, dass über das Vermögen eines Kunden das Insolvenzverfahren eröffnet wurde, holte Ihr Mandant die unter Eigentumsvorbehalt gelieferten und zum Teil noch vorhandenen Waren im Verkaufspreis von 17.400,00 EUR (USt 16%) zurück.

   Eine Buchung dieses Vorgangs ist noch nicht erfolgt. Holen Sie diese Arbeit nach.

6. Ihr Mandant entnimmt seinem Lager einen PC und stellt ihn in die Büroräume, um ihn für die anfallenden Verwaltungsarbeiten zu nutzen. Der PC wurde für 3.000,00 EUR zuzüglich 16% USt eingekauft. Verkauft werden entsprechende Geräte für 4.000,00 EUR einschließlich 16% USt.

   Bilden Sie den ggf. erforderlichen Buchungssatz.

7. Für die Reinigung der Geschäftsräume entnimmt Ihr Mandant dem Warenlager Reinigungsmaterial. Es ist bekannt, dass die Anschaffungskosten dieses Reinigungsmaterials 120,00 EUR betragen haben. Verkauft wird es für 150,00 EUR zuzüglich 24,00 EUR USt.

   Nehmen Sie die Buchung vor.

8. Am 20. April 01 erhält Ihr Mandant beschädigte Waren, die am 15. April geliefert und gebucht wurden, von einem Kunden zurück. Die daraufhin erteilte Gutschrift lautet auf 1.102,00 EUR einschließlich 16% USt.

   Bilden Sie den Buchungssatz. Gehen Sie davon aus, dass der Kunde den Rechnungsbetrag noch nicht überwiesen hat.

1.2.1 Nebenkosten beim Verkauf von Waren

Wie beim Einkauf von Waren fallen auch beim Verkauf von Waren verschiedene Aufwendungen an. Die als Vertriebskosten bezeichneten Aufwendungen lassen sich in Transportkosten, Zölle und Vermittlungsgebühren einteilen.

Vertriebskosten		
Transportkosten	**Zölle**	**Vermittlungsgebühren**
▶ Ausgangsfrachten ▶ Porto ▶ Abfuhrkosten ▶ Transportversicherungsbeiträge ▶ Kosten der Versandverpackung		▶ Verkaufsprovisionen ▶ Verkaufskommissionen

Gehen Rechnungen über Vertriebskosten ein, sind die Nettobeträge als Aufwand in einem Vertriebskostenkonto (Kosten der Warenabgabe, Verpackungsmaterial, Ausgangsfrachten, Verkaufsprovisionen) zu erfassen. Die in Rechnung gestellte Umsatzsteuer kann grundsätzlich als Vorsteuer geltend gemacht werden.

Beispiel:

Der zum Vorsteuerabzug berechtigte Unternehmer Helmut Schreiber in Koblenz bezahlt für eine Warenlieferung an seinen Kunden Winfried Berg in Heidelberg die Ausgangsfracht in Höhe von 200,00 EUR zuzüglich 32,00 EUR USt bar.

Buchungssatz:

	Soll/EUR	Haben/EUR
4730/6740 Ausgangsfrachten 1570/3800 Vorsteuer an 1000/1600 Kasse	200,00 32,00	 232,00

Buchungen in den Konten:

S	Ausgangsfrachten		H
1.	200,00		

S	Kasse		H
EBK	5.000,00	1.	232,00

S	Vorsteuer		H
1.	32,00		

Zum Ende des Wirtschaftsjahres sind die als Aufwand erfassten Vertriebskosten über das G+V-Konto abzuschließen.

Buchungssatz:

	Soll/EUR	Haben/EUR
G+V an Ausgangsfrachten	..... 	 .....

Werden Kunden mit Vertriebskosten belastet, ändert sich dadurch die Höhe der Aufwendungen nicht. Das ist deshalb so, weil die entsprechenden Nettobeträge als Verkaufserlöse zu buchen sind.

Beispiel:

Im Zusammenhang mit einem Verkauf von Waren erstellt der Unternehmer eine Ausgangsrechnung, die u. a. folgende Angaben enthält:

Warenwert	4.000,00 EUR
+ Verpackung	300,00 EUR
+ Fracht	200,00 EUR
	4.500,00 EUR
+ 16 % USt	720,00 EUR
Rechnungsbetrag	5.220,00 EUR

Buchungssatz:

	Soll/EUR	Haben/EUR
1400/1200 Forderungen LuL	5.220,00	
an 8000/4000 Verkaufserlöse		4.500,00
an 1770/3800 USt		720,00

Hat der Kunde die Möglichkeit, die ihm berechnete Transportverpackung (z. B. Fässer, Kisten, Flaschen) gegen Kostenerstattung zurückzugeben, empfiehlt es sich, für entsprechende Vorgänge ein besonderes Konto einzurichten. Dieses wird als Erlöse Leergut bezeichnet.

Beispiel:

Der Kunde gibt die im Konto Erlöse Leergut gebuchte Verpackung im Wert von 300,00 EUR zuzüglich 48,00 EUR USt an den Lieferer zurück.

Buchungssatz:

	Soll/EUR	Haben/EUR
8540/4520 Erlöse Leergut	300,00	
1770/3800 USt	48,00	
an 1400/1200 Forderungen LuL		348,00

Der Abschluss des Kontos Erlöse Leergut erfolgt zum Ende des Wirtschaftjahres mit dem

Buchungssatz:

	Soll/EUR	Haben/EUR
Erlöse Leergut	.....	
an Verkaufserlöse		.....

Kontrollaufgaben

1. Welche Aufwendungen können im Zusammenhang mit dem Verkauf von Waren entstehen?
2. Wie wirken sich Vertriebskosten auf die Höhe der Verkaufserlöse aus?
3. Über welches Konto werden die Vertriebskosten abgeschlossen?
4. Warum ist die dem Unternehmer sowohl im Zusammenhang mit Eingangsfrachten als auch mit Ausgangsfrachten in Rechnung gestellte Umsatzsteuer als Vorsteuer zu buchen?

Übungen

1. Um einen Warentransport zu einem Kunden vorbereiten zu können, erwirbt Ihr Mandant 80 Versandkartons für 240,00 EUR zuzüglich 38,40 EUR USt gegen Barzahlung.

   Wie hat er zu buchen?

2. Ein Spediteur sendet Ihrem Mandanten für einen durchgeführten Warentransport zu einem Kunden eine Rechnung über 400,00 EUR zuzüglich 64,00 EUR USt zu.

   Bilden Sie den Buchungssatz.

3. Um Risiken auf dem Transportweg auszuschließen, schloss Ihr Mandant für eine an einen Kunden gehende Warensendung eine Transportversicherung ab. Die daraufhin eintreffende Beitragsrechnung in Höhe von 150,00 EUR beglich er sofort durch Überweisung vom Bankkonto.

   Nehmen Sie die Buchung vor.

4. Über die Durchführung von Warentransporten ging Ihrem Mandanten eine ordnungsmäßige Rechnung zu, die u.a. folgende Angaben enthält:

Transportkosten	
für Warentransport zum Kunden	400,00 EUR
für Warentransport vom Lieferanten	500,00 EUR
	900,00 EUR
+ 16 % USt	144,00 EUR
Rechnungsbetrag	1.044,00 EUR

   Wie hat Ihr Mandant zu buchen?

5. Über einen Warenverkauf erteilt Ihr Mandant folgende Ausgangsrechnung:

FD-Erzeugnisse	42.320,00 EUR
+ Verpackung	370,00 EUR
+ Transportkosten	280,00 EUR
	42.970,00 EUR
+ 16 % USt	6.875,20 EUR
Rechnungsbetrag	49.845,20 EUR

   Bilden Sie den Buchungssatz.

6. Die Provisionsabrechnung für einen im Verkauf tätigen Handelsvertreter erstellt Ihr Mandant erst am 5. Nov. 01. Für den Monat Oktober sieht sie folgendermaßen aus:

Verkaufsprovision 6 % von 74.500,00 EUR	4.470,00 EUR
+ 16 % USt	715,20 EUR
Gesamtbetrag	5.185,20 EUR

   Bilden Sie den Buchungssatz für den Fall, dass die Überweisung des Betrages am selben Tag erfolgt.

10 Hengstebeck - ISBN 3-8120-0068-7

7. Über den Verkauf einer Ware erteilte Ihr Mandant am 5. Jun. 01 folgende Ausgangsrechnung:

AB-Ware, Listenpreis	4.950,00 EUR
+ Fracht	150,00 EUR
+ Verpackung (Leergut)	500,00 EUR
	5.600,00 EUR
+ 16% USt	896,00 EUR
Rechnungsbetrag	6.496,00 EUR

a) Wie ist bei Lieferung zu buchen?

b) Wie lautet der Buchungssatz, wenn der Kunde die Verpackung an Ihren Mandanten zurücksendet?

8. Erstellen Sie die Hauptabschlussübersicht (wahlweise unter Berücksichtigung der Kontenrahmen SKR 03 und SKR 04).

SKR 03

Kto.-Nr.	Kontenbezeichnung	Saldenbilanz I	
		Soll	Haben
0430	Ladeneinrichtung	40.000,00	
0870	Eigenkapital		67.600,00
1000	Kasse	4.000,00	
1200	Bank	35.000,00	
1400	Forderungen LuL	42.000,00	
1570	Vorsteuer	9.400,00	
1600	Verbindlichkeiten LuL		30.000,00
1770	Umsatzsteuer 16%		21.000,00
1780	Umsatzsteuer-Vorauszahlung	10.000,00	
1800	Privat	12.000,00	
3200	Einkauf von Waren	63.000,00	
3730	erhaltene Skonti		4.000,00
3800	Anschaffungsnebenkosten	2.000,00	
3830	Leergut	3.000,00	
3980	Warenbestand	18.000,00	
4120	Gehälter	9.000,00	
4210	Miete	14.000,00	
4730	Ausgangsfrachten	1.200,00	
4830	Abschreibung SA		
8000	Verkaufserlöse 16% USt		140.000,00
		262.600,00	262.600,00

Zum Ende des Wirtschaftsjahres sind noch folgende Buchungen vorzunehmen:

1. Waren im Wert von 4.000,00 EUR zuzüglich 640,00 EUR USt wurden auf Ziel verkauft. Die Lieferung erfolgte frei Haus.
2. Die für diese Lieferung (1.) anfallenden Beträge an Fracht und Rollgeld in Höhe von 120,00 EUR zuzüglich 19,20 EUR USt wurden bar an den Frachtführer gezahlt.
3. Die Rechnung über einen Wareneinkauf lautet auf 5.000,00 EUR zuzüglich 800,00 EUR USt.
4. Der Rechnungsausgleich (3.) findet durch Banküberweisung nach Abzug von 2% Skonto statt.
5. Die Warenunterkonten sind abzuschließen.
6. Der Warenbestand zum Ende des Wirtschaftsjahres beträgt lt. Inventur 25.000,00 EUR.

7. Die Ladeneinrichtung ist mit 4.000,00 EUR abzuschreiben.
8. Das Privatkonto ist abzuschließen.
9. Die Umsatzsteuer-Zahllast ist zu ermitteln.

SKR 04

Kto.-Nr.	Kontenbezeichnung	Saldenbilanz I	
		Soll	Haben
0640	Ladeneinrichtung	40.000,00	
1140	Warenbestand	18.000,00	
1200	Forderungen LuL	42.000,00	
1400	Vorsteuer	9.400,00	
1600	Kasse	4.000,00	
1800	Bank	35.000,00	
2000	Eigenkapital		67.600,00
2100	Privat	12.000,00	
3300	Verbindlichkeiten LuL		30.000,00
3800	Umsatzsteuer 16 %		21.000,00
3820	Umsatzsteuer-Vorauszahlung	10.000,00	
4000	Verkaufserlöse 16 % USt		140.000,00
5200	Einkauf von Waren	63.000,00	
5730	erhaltene Skonti		4.000,00
5800	Anschaffungsnebenkosten	2.000,00	
5820	Leergut	3.000,00	
6000	Gehälter	9.000,00	
6220	Abschreibung SA		
6310	Miete	14.000,00	
6740	Ausgangsfrachten	1.200,00	
		262.600,00	262.600,00

1.2.2 Entgeltminderungen beim Verkauf von Waren

1.2.2.1 Entgeltminderung aufgrund von Mängelrügen

Aufgrund mangelhafter Lieferung kann es zu Preisnachlässen kommen. Entsprechende Gutschriften gegenüber Kunden führen zu einer Verringerung der Forderungen LuL. Da diese sich grundsätzlich aus dem Wert der Erlöse (netto) und der Umsatzsteuer zusammensetzen, hat ihre Verringerung eine Verringerung der Erlöse und der Umsatzsteuer zur Folge (§ 17 UStG). Gebucht wird dies zunächst einmal direkt in den Konten Forderungen LuL und Umsatzsteuer. Die Verringerung der Erlöse der verkauften Waren könnte direkt im Konto Erlöse erfolgen, wird aber aus Gründen der Übersichtlichkeit im Konto Erlösschmälerungen erfasst.

Beispiel:

Waren im Wert von 15.000,00 EUR (USt 16 %) werden auf Ziel verkauft.

Buchungssatz:

	Soll/EUR	Haben/EUR
1600/1200 Forderungen LuL an 8000/4000 Verkaufserlöse an 1770/3800 Umsatzsteuer	17.400,00	 15.000,00 2.400,00

Buchung in den Konten:

S	Forderungen LuL		H
1.	17.400,00		

S	Verkaufserlöse		H
		1.	15.000,00

S	Umsatzsteuer		H
		1.	2.400,00

Aufgrund einer Mängelrüge wird einem Kunden eine Gutschrift über 2.000,00 EUR zuzüglich 320,00 EUR USt erteilt.

Buchungssatz:

	Soll/EUR	Haben/EUR
8700/4700 Erlösschmälerungen 1770/3800 Umsatzsteuer an 1400/1200 Forderungen LuL	2.000,00 320,00	 2.320,00

Buchungen in den Konten:

S	Forderungen LuL		H
1.	17.400,00	2.	2.320,00

S	Erlösschmälerungen		H
2.	2.000,00		

S	Umsatzsteuer		H
2.	320,00	1.	2.400,00

Das Konto Erlösschmälerungen ist zum Ende des Wirtschaftsjahres über das Konto Verkaufserlöse abzuschließen.

Kontrollaufgaben

1. Nennen Sie Ursachen für Warenrücksendungen.
2. In welchem Fall ist es sinnvoll, Waren zu behalten, obwohl sie mit Mängeln behaftet sind?
3. Wie wirken sich Gutschriften aufgrund von Mängelrügen
   a) auf die Höhe der Anschaffungskosten der Waren,
   b) auf die Höhe der Verkaufserlöse
   aus?
4. Auf welchen Konten sind diese (3.) Gutschriften zu buchen?
5. Über welche Konten hat der Abschluss dieser Unterkonten (4.) zu erfolgen?
6. Warum hat eine Verringerung der Anschaffungskosten der Waren bzw. der Verkaufserlöse eine Korrektur der Umsatzsteuer zur Folge?

Übungen

1. Ihr Mandant erteilte einem Kunden wegen teilweise fehlerhaft gelieferter Ware eine

Gutschrift über	850,00 EUR
+ 16 % USt	136,00 EUR
Gesamtbetrag	986,00 EUR

   Der Vorgang ist noch zu buchen.

2. Wunschgemäß gewährte Ihr Mandant wegen beanstandeter Qualitätsmängel einen Preisnachlass von brutto 6.032,00 EUR. Ein ordnungsmäßiger Beleg (USt 16 %) wurde erstellt und dem Kunden zugesandt.

   Eine Buchung ist bisher nicht erfolgt. Holen Sie diese nach.

3. Aufgrund einer Mängelrüge erteilte Ihr Mandant einem Kunden eine Gutschrift, die buchhalterisch noch nicht erfasst wurde. Sie lautete auf 2.250,00 EUR zuzüglich 360,00 EUR USt.

   Die offenen Rechnungen dieses Kunden betrugen zum Zeitpunkt der Gutschrift noch 8.790,00 EUR.

   Bilden Sie den Buchungssatz.

4. Mit Datum vom 20. Nov. 01 verlangte ein Kunde einen Preisnachlass von 20 %. Da er nachwies, dass die durch Ihren Mandanten gelieferte Ware tatsächlich nicht in einwandfreiem Zustand war, erteilte dieser am 28. Dez. 01 eine

Gutschrift über	1.600,00 EUR
+ 16 % USt	256,00 EUR
Gesamtbetrag	1.856,00 EUR

   Da diese Gutschrift erst verrechnet werden kann, wenn im Jahr 02 neue Kundenforderungen entstehen, ist bisher keine Buchung erfolgt.

   Nehmen Sie die ggf. noch durchzuführende Buchung vor.

5. Ein Kunde teilte mit, dass die gelieferte Ware nicht einwandfrei war. Nachdem Ihr Mandant sich bereit erklärt hatte, einen Preisnachlass zu gewähren, war der Kunde bereit, die Ware zu behalten. Aus diesem Grunde wurde folgender Beleg erstellt:

Gutschrift wegen Minderung	4.100,00 EUR
+ 16% USt	656,00 EUR
Gesamtbetrag	4.756,00 EUR

Bilden Sie den Buchungssatz. Gehen Sie davon aus, dass die Forderungen gegenüber diesem Kunden zum Zeitpunkt der Gutschrift noch 6.000,00 EUR betragen.

6. Aufgrund einer Warenlieferung besteht gegenüber einem Kunden eine Forderung in Höhe von 14.848,00 EUR.

   Nach Überprüfung des entsprechenden Wareneingangs erteilte dieser Kunde fristgerecht eine Mängelrüge und sandte 30% der noch nicht bezahlten Waren (USt 16%) zurück.

   Auch die restliche Ware befand sich nicht in einwandfreiem Zustand. Da Ihr Mandant aber einer Minderung des verbleibenden Kaufpreises um 25% zustimmte, wurde auf eine Rücksendung verzichtet.

   Bilden Sie die Buchungssätze. Unterstellen Sie, dass ordnungsmäßige Belege vorliegen.

7. Am 10. Dez. 02 erteilte Ihr Mandant einem Kunden aufgrund einer eingegangenen Mängelrüge eine

Gutschrift über	7.500,00 EUR
+ 16% USt	1.200,00 EUR
Gesamtbetrag	8.700,00 EUR

   Der Kunde hatte längere Zeit keine Ware von Ihrem Mandanten bezogen. Forderungen gegen ihn bestehen deshalb gegenwärtig nicht.

   Bilden Sie den Buchungssatz.

8. Erstellen Sie die Hauptabschlussübersicht (wahlweise unter Berücksichtigung der Kontenrahmen SKR 03 und SKR 04).

SKR 03

Kto.-Nr.	Kontenbezeichnung	Saldenbilanz I	
		Soll	Haben
0410	Ladeneinrichtung	50.000,00	
0870	Eigenkapital		83.100,00
1000	Kasse	4.000,00	
1200	Bank	38.000,00	
1400	Forderungen LuL	45.000,00	
1570	Vorsteuer	9.400,00	
1600	Verbindlichkeiten LuL		35.000,00
1770	Umsatzsteuer 16%		21.000,00
1780	Umsatzsteuer-Vorauszahlung	10.000,00	
1800	Privat	15.000,00	
3200	Einkauf von Waren	63.000,00	
3800	Anschaffungsnebenkosten	3.000,00	
3830	Leergut	2.200,00	
3980	Warenbestand	18.000,00	
4120	Gehälter	8.000,00	
4210	Miete	14.000,00	
4730	Ausgangsfrachten	2.500,00	
4830	Abschreibung SA		
8000	Verkaufserlöse 16% USt		140.000,00
8540	Erlöse Leergut		3.000,00
		282.100,00	282.100,00

Zum Ende des Wirtschaftsjahres sind noch folgende Buchungen vorzunehmen:

1. Aufgrund einer Mängelrüge wurden Waren im Wert von 3.000,00 EUR zuzüglich 480,00 EUR USt an einen Lieferer zurückgeschickt.
2. Es wurden Waren frachtfrei für 2.500,00 EUR zuzüglich 400,00 EUR USt auf Ziel verkauft.
3. Die in diesem Zusammenhang (2.) anfallenden Frachtkosten in Höhe von 120,00 EUR zuzüglich 19,20 EUR USt wurden bar bezahlt.
4. Für zurückgesandtes Leergut erhielt ein Kunde eine Gutschrift in Höhe von 400,00 EUR zuzüglich 64,00 EUR USt.
5. Die Warenunterkonten sind abzuschließen.
6. Der Warenbestand zum Ende des Wirtschaftsjahres beträgt lt. Inventur 20.000,00 EUR.
7. Die Ladeneinrichtung ist mit 4.000,00 EUR abzuschreiben.
8. Das Konto Erlöse Leergut ist über das Konto Verkaufserlöse abzuschließen.
9. Das Privatkonto ist abzuschließen.
10. Die Umsatzsteuer-Zahllast ist zu ermitteln.

SKR 04

Kto.-Nr.	Kontenbezeichnung	Saldenbilanz I	
		Soll	Haben
0640	Ladeneinrichtung	50.000,00	
1140	Warenbestand	18.000,00	
1200	Forderungen LuL	45.000,00	
1400	Vorsteuer	9.400,00	
1600	Kasse	4.000,00	
1800	Bank	38.000,00	
2000	Eigenkapital		83.100,00
2100	Privat	15.000,00	
3300	Verbindlichkeiten LuL		35.000,00
3800	Umsatzsteuer 16 %		21.000,00
3820	Umsatzsteuer-Vorauszahlung	10.000,00	
4000	Verkaufserlöse 16 % USt		140.000,00
4510	Erlöse Leergut		3.000,00
5200	Einkauf von Waren	63.000,00	
5800	Anschaffungsnebenkosten	3.000,00	
5820	Leergut	2.200,00	
6000	Gehälter	8.000,00	
6220	Abschreibung SA		
6310	Miete	14.000,00	
6740	Ausgangsfrachten	2.500,00	
		282.100,00	282.100,00

1.2.2.2 Entgeltminderungen aufgrund anderer Preisnachlässe

Wie beim Einkauf, kann es auch beim Verkauf zu Preisnachlässen durch Rabatte, Skonti und Boni kommen.

Gewährte Rabatte

Da Rabatte i.d.R. bereits bei der Rechnungserstellung abgezogen werden, wirken sie sich nicht mehr auf die Höhe der Verkaufserlöse und die Bemessungsgrundlage für die USt aus. Aus diesem Grunde werden erhaltene Rabatte regelmäßig nicht in der Buchführung erfasst.

Beispiel:

Im Zusammenhang mit einem Warenverkauf wird folgende Rechnung erteilt:

Listenpreis der Ware	1.800,00 EUR
– 10 % Rabatt	180,00 EUR
	1.620,00 EUR
+ 16 % USt	259,20 EUR
Rechnungsbetrag	1.879,20 EUR

Buchungssatz:

	Soll/EUR	Haben/EUR
1400/1200 Forderungen LuL an 8000/4000 Verkaufserlöse an 1770/3800 Umsatzsteuer	1.879,20	 1.620,00 259,20

In Ausnahmefällen können auch nachträglich Rabatte gewährt werden. Außerdem kann der Unternehmer an der gesonderten Erfassung der gewährten Rabatte interessiert sein. In diesen Fällen ist es möglich, die Buchung dieser Beträge auf dem Konto gewährte Rabatte vorzunehmen.

Dieses Konto ist ein Unterkonto des Kontos Verkaufserlöse. Es ist deshalb zum Ende des Wirtschaftsjahres über das Konto Verkaufserlöse abzuschließen.

Gewährte Skonti

Werden Ausgangsrechnungen mit Skontoabzug beglichen, kommt es nachträglich sowohl zu einer Minderung der Verkaufserlöse (§ 277 Abs. 1 HGB) als auch zu einer Minderung der Bemessungsgrundlage für die Umsatzsteuer (§ 17 UStG).

Obwohl sich gewährte Skonti unmittelbar auf die Höhe der Verkaufserlöse auswirken, ist es aus Gründen der besseren Übersicht üblich, sie auf einem besonderen Konto zu erfassen. Dieses Konto, das die Bezeichnung gewährte Skonti trägt, ist ein Unterkonto des Kontos Verkaufserlöse.

Beispiel:

Waren im Wert von 7.000,00 EUR zuzüglich 1.120,00 EUR USt werden auf Ziel verkauft.

Buchungssatz:

	Soll/EUR	Haben/EUR
1400/1200 Forderungen LuL	8.120,00	
an 8000/4000 Verkaufserlöse		7.000,00
an 1770/3800 Umsatzsteuer		1.120,00

Buchung in den Konten:

S	Forderungen LuL		H
1.	8.120,00		

S	Verkaufserlöse		H
		1.	7.000,00

S	Umsatzsteuer		H
		1.	1.120,00

Der Ausgleich der Rechnung erfolgt innerhalb von 8 Tagen. Vereinbarungsgemäß überweist der Kunde den um 2 % gekürzten Rechnungsbetrag auf das Bankkonto.

Es kommt zu einer Kürzung des Rechnungsbetrages um 162,40 EUR. Da sich der Rechnungsbetrag aus dem Warenwert (netto) und der Umsatzsteuer zusammensetzt, ist auch der Abzugsbetrag entsprechend zu zerlegen. Der Warenwert ist demnach um 140,00 EUR zu kürzen, die Vorsteuer um 22,40 EUR zu berichtigen.

Buchungssatz:

	Soll/EUR	Haben/EUR
1200/1800 Bank	7.957,60	
8730/4730 gewährte Skonti	140,00	
1770/3800 Umsatzsteuer	22,40	
an 1400/1200 Forderungen LuL		8.120,00

Buchungen in den Konten:

S	Forderungen LuL		H
1.	8.120,00	2.	8.120,00

S	Verkaufserlöse		H
		1.	7.000,00

S	Umsatzsteuer		H
2.	22,40	1.	1.120,00

S	gewährte Skonti		H
2.	140,00		

S	Bank		H
2.	7.957,60		

Neben dieser Nettobuchung (USt-Korrektur zum Zeitpunkt der Zahlung) ist auch die Bruttobuchung möglich. Die insgesamt im Konto gewährte Skonti enthaltene Umsatzsteuer wird in diesem Falle zum Ende eines jeden Voranmeldungszeitraums errechnet und insgesamt auf das Konto Umsatzsteuer umgebucht.

Beispiel:

Im Konto gewährte Skonti sind die Skontibeträge brutto gebucht worden. Insgesamt weist das Konto zum Ende des Voranmeldungszeitraums einen Betrag von 7.540,00 EUR aus (USt 16%).

Buchungssatz:

	Soll/EUR	Haben/EUR
1770/3800 Umsatzsteuer an 8730/4730 gewährte Skonti	1.040,00	 1.040,00

Das Konto gewährte Skonti ist ein Unterkonto des Kontos Verkaufserlöse. Es ist deshalb grundsätzlich zum Ende des Wirtschaftsjahres über das Konto Verkaufserlöse abzuschließen.

Gewährte Boni

Häufig werden Kunden Gutschriften erteilt, weil diese innerhalb eines bestimmten Zeitraums mehr als die vertraglich festgelegten Mindestmengen abgenommen haben (gewährte Boni). Diese Preisnachlässe führen sowohl zu einer nachträglichen Minderung der Verkaufserlöse (§ 277 Abs. 1 HGB) als auch zu einer Minderung der Bemessungsgrundlage für die Umsatzsteuer (§ 17 UStG).

Obwohl sich gewährte Boni unmittelbar auf die Höhe der Verkaufserlöse auswirken, ist es aus Gründen der besseren Übersicht üblich, sie auf einem besonderen Konto zu erfassen. Dieses Konto, das die Bezeichnung gewährte Boni trägt, ist ein Unterkonto des Kontos Verkaufserlöse. Es ist deshalb zum Ende des Wirtschaftsjahres über das Konto Verkaufserlöse abzuschließen.

Beispiel:

Einem Kunden wird eine Bonusgutschrift in Höhe von 1.500,00 EUR zuzüglich 240,00 EUR USt erteilt.

Buchungssatz:

	Soll/EUR	Haben/EUR
8740/4740 gewährte Boni 1770/3800 Umsatzsteuer an 1400/1200 Forderungen LuL	1.500,00 240,00	 1.740,00

Neben dieser Nettobuchung der erhaltenen Boni ist auch die Bruttobuchung (vgl. gewährte Skonti) möglich.

Preisnachlässe beim Verkauf		
(Sofort)rabatte	Skonti	Boni
▶ sofortige Minderung der Verkaufserlöse ▶ direkte Buchung des geringeren Nettobetrages auf Konto Verkaufserlöse	▶ nachträgliche Minderung der Verkaufserlöse ▶ Erfassung auf Konto gewährte Skonti	▶ nachträgliche Minderung der Verkaufserlöse ▶ Erfassung auf Konto gewährte Boni

Kontrollaufgaben

1. Warum werden Rabatte grundsätzlich nicht in der Buchführung erfasst?
2. Welchen Vorteil hat der Lieferer dadurch, dass sein Kunde den Skontoabzug in Anspruch nimmt?
3. Wodurch unterscheiden sich Bonus und Rabatt?
4. Welches Ziel wird mit der Bonusgewährung verfolgt?
5. Über welche Konten sind
   a) die Konten erhaltene Boni/erhaltene Skonti,
   b) die Konten gewährte Boni/gewährte Skonti
   abzuschließen?
6. Erklären Sie den Unterschied zwischen der Nettobuchung und der Bruttobuchung.

Übungen

1. Ihr Mandant verkaufte Waren auf Ziel und erteilte folgende Ausgangsrechnung:

CT-Ware, Listenpreis	13.000,00 EUR
– Wiederverkäuferrabatt 22 %	2.860,00 EUR
Nettopreis	10.140,00 EUR
+ 16 % USt	1.622,40 EUR
Rechnungsbetrag	11.762,40 EUR

   Wie ist zu buchen?

2. Die einem Kunden am 31. Dez. 01 erteilte Gutschrift wurde noch nicht gebucht. Es handelt sich um den Jahresbonus für das Jahr 01 in

Höhe von	4.750,00 EUR
+ 16 % USt	760,00 EUR
im Gesamtbetrag von	5.510,00 EUR

   Bilden Sie den Buchungssatz.

3. Ein Kunde beglich eine Ausgangsrechnung in Höhe von 18.328,00 EUR (USt 16 %) mit Abzug von 2 % Skonto durch Überweisung auf das Bankkonto Ihres Mandanten.
   Buchen Sie den Vorgang. Beachten Sie dabei, dass die USt-Korrektur sofort vorzunehmen ist.

4. Ihr Mandant gewährt einem Kunden am 31. Dez. 01 einen Jahresbonus von 2 %. Die Umsätze im Kalenderjahr betrugen
   - zum allgemeinen Steuersatz 220.000,00 EUR zuzüglich 35.200,00 EUR USt,
   - zum ermäßigten Steuersatz 180.000,00 EUR zuzüglich 12.600,00 EUR USt.

   Die ordnungsmäßige Gutschrift wird dem Kunden am 31. Dez. 01 zugesandt.

   Wie ist zu buchen, wenn zum Zeitpunkt der Gutschrift keine Ansprüche Ihres Mandanten gegen den Kunden bestehen?

5. Ihr Mandant hat am 10. Jul. 01 Waren, die mit 16 % versteuert werden, an einen Kunden verkauft. Da der Kunde bereits am 20. Jul. 01 die Rechnung ausgleicht, zieht er vereinbarungsgemäß 3 % Skonto ab. Dem Bankkonto Ihres Mandanten wird ein Betrag von 6.751,20 EUR gutgeschrieben.

   Bilden Sie den Buchungssatz zum 20. Jul. 01.

6. Ihr Mandant lieferte einem Privatmann Waren im Rechnungsbetrag von 9.860,00 EUR. Aufgrund einer Mängelrüge sandte dieser $^1/_4$ der Waren zurück. Der Ausgleich des Restbetrages erfolgte durch Überweisung auf das Bankkonto Ihres Mandanten. Vereinbarungsgemäß kürzte der Kunde den noch offenen Posten um 3 % Skonto.

   Nehmen Sie die Buchung bei sofortiger Korrektur der USt (16 %) vor.

7. Ihr Mandant lieferte einem Kunden am 15. Jan. 02 Waren im Nettowert von 3.100,00 EUR zuzüglich 496,00 EUR USt auf Ziel.

   Der Rechnungsausgleich durch den Kunden fand wie folgt statt:
   - durch Verrechnung mit einer am 31. Dez. 01 erteilten und gebuchten Bonusgutschrift über 1.050,00 EUR zuzüglich 168,00 EUR USt und
   - durch Banküberweisung des Restbetrages mit Abzug von 3 % Skonto vom Rechnungsbetrag.

   Buchen Sie den Vorgang.

8. Auf dem Kontoauszug Ihres Mandanten ist eine Gutschrift von 15.471,50 EUR aufgeführt. Bei einer Kontrolle der angegebenen Ausgangsrechnung stellen Sie fest, dass der Kunde den Rechnungsbetrag vereinbarungsgemäß um 3 % Skonto gekürzt hat.

   Die Buchung (USt 16 %) ist noch vorzunehmen.

9. Im Voranmeldungszeitraum Dezember 01 hat Ihr Mandant die gewährten Skonti- und Bonibeträge (USt 7 %) brutto gebucht. Im Konto gewährte Skonti ist deshalb ein noch nicht korrigierter Betrag von 246,10 EUR, im Konto gewährte Boni ein solcher von 363,80 EUR enthalten.

   Führen Sie die Korrekturbuchungen zum 31. Dez. 01 durch.

10. Eine Ausgangsrechnung (USt 16 %) wurde durch einen Kunden mit einem Skontoabzug von 24,36 EUR beglichen.

    Buchen Sie den Geschäftsvorfall, wenn bekannt ist, dass der Skontoabzug 2 % beträgt und der Rechnungsausgleich durch Banküberweisung erfolgte.

1.2.3 Gutschriften für Schadenersatzansprüche

Der reibungslose Ablauf des Warenverkehrs setzt voraus, dass der leistende Unternehmer die bestellte Ware pünktlich und in einwandfreiem Zustand liefert (vgl. Punkt 1.1.3). Kommt er dieser Verpflichtung nicht nach, muss er ggf. damit rechnen, Schadenersatz leisten zu müssen.

Schadenersatzleistungen liegt kein Leistungsaustausch zugrunde. Es kommt deshalb nicht zu einer Korrektur der Bemessungsgrundlage für die Umsatzsteuer (Abschn. 3 UStR).

Beispiel:

Weil der Unternehmer zu spät geliefert hat, begleicht ein Kunde eine Rechnung in Höhe von 20.000,00 EUR zuzüglich 3.200,00 EUR USt durch Verrechnung mit einer Konventionalstrafe von 1.500,00 EUR und durch Banküberweisung.

Buchungssatz:

	Soll/EUR	Haben/EUR
1200/1800 Bank	21.700,00	
4900/6300 sonst. betriebl. Aufwendungen	1.500,00	
an 1400/1200 Forderungen LuL		23.200,00

Übungen

1. Wegen Nichtlieferung verlangt ein Vertragspartner Ihres Mandanten berechtigterweise Schadenersatz wegen entgangenen Gewinns in Höhe von 1.200,00 EUR.

   Bilden Sie den Buchungssatz.

2. Mit Datum vom 30. Nov. 01 erteilte Ihr Mandant einem Kunden eine Gutschrift in Höhe von 7.296,00 EUR. Bei diesem Betrag handelt es sich um eine Konventionalstrafe, die Ihr Mandant zahlen muss, weil er nicht pünktlich liefern konnte.

   Mit dem Kunden wurde vereinbart, den Rechnungsbetrag für die noch auszuführende Lieferung entsprechend zu kürzen.

   a) Bilden Sie den Buchungssatz zum 30. Nov. 01.

   b) Wie ist zu buchen, wenn die Warenlieferung im Nettowert von 30.000,00 EUR zuzüglich 4.800,00 EUR USt am 10. Dez. 01 erfolgt?

2 Beschaffung und Absatz in Fertigungsbetrieben

Aufgabe der Industriebetriebe ist es, Sachgüter herzustellen und diese abzusetzen.

Die Herstellung von Sachgütern erfolgt grundsätzlich im eigenen Industriebetrieb. Das setzt allerdings voraus, dass die für die Produktion benötigten Anlagen, Arbeitskräfte und Materialien zur Verfügung stehen. Sind diese nicht bzw. nicht im benötigten Umfang vorhanden, müssen Teile der Produktion auf andere Unternehmen übertragen werden.

2.1 Besonderheiten bei der Leistungserstellung

2.1.1 Materialaufwand

Materialien sind alle Stoffe, die im Produktionsprozess verarbeitet, bearbeitet oder eingebaut werden, darüber hinaus aber auch die Stoffe, die zur Aufrechterhaltung des Betriebsprozesses eingesetzt werden. Die entsprechenden Aufwendungen lassen sich wie folgt einteilen:

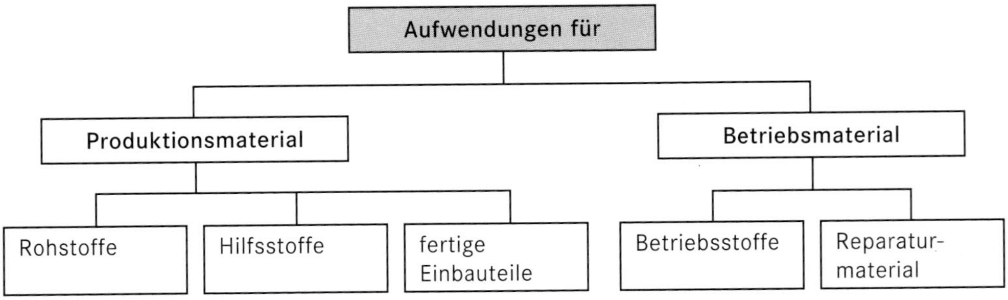

Rohstoffe	Hilfsstoffe	fertige Einbauteile	Betriebsstoffe	Reparaturmaterial
Hauptbestandteil des Produkts	Nebenbestandteil des Produkts	fremdbezogene Nebenbestandteile des Produkts	gehen nicht in das Produkt ein, sind aber für die Aufrechterhaltung des Betriebsprozesses erforderlich	
Holz, Blech, Glas	Leim, Nägel, Farben	Batterie, Sitz, Reifen	Schmieröl, Treibstoff, Energie	Riemen, Ketten, Kabel

Wird Material eingekauft, erfolgt die Buchung der Nettobeträge i. d. R. direkt in den Aufwandskonten Einkauf von Rohstoffen, Einkauf von Hilfsstoffen usw. Es wird also unterstellt, dass alles, was eingekauft auch sofort verbraucht wird (just in time).

Beispiel:

Über den Einkauf von Rohstoffen geht folgende Rechnung ein:

Rohstoffe	25.000,00 EUR
+ 16 % USt	4.000,00 EUR
Rechnungsbetrag	29.000,00 EUR

Buchungssatz:

	Soll/EUR	Haben/EUR
3000/5100 Einkauf von Rohstoffen	25.000,00	
1570/1400 Vorsteuer	4.000,00	
an 1600/3300 Verbindlichkeiten LuL		29.000,00

Aufwandsberichtigungen, die sich durch Preisnachlässe (Boni, Skonti und Gutschriften aufgrund von Mängelrügen) ergeben, werden in den Konten erhaltene Skonti, erhaltene Boni bzw. andere Aufwandsberichtigungen gebucht.

Beispiel:

Der Ausgleich der Eingangsrechnung erfolgt nach Abzug von 3 % Skonto durch Banküberweisung.

Buchungssatz:

	Soll/EUR	Haben/EUR
1600/3300 Verbindlichkeiten LuL an 3730/5730 erhaltene Skonti an 1570/1400 Vorsteuer an 1200/1800 Bank	29.000,00	 750,00 120,00 28.130,00

Kommt es zu Rücksendungen, wird die Buchung auf der Habenseite der Konten Einkauf von Rohstoffen, Einkauf von Hilfsstoffen usw. vorgenommen.

Beispiel:

Falsch gelieferte Rohstoffe im Wert von 5.000,00 EUR zuzüglich 800,00 EUR USt werden an den Lieferer zurückgesandt.

Buchungssatz:

	Soll/EUR	Haben/EUR
1600/3300 Verbindlichkeiten LuL an 3000/5100 Einkauf von Rohstoffen an 1570/1400 Vorsteuer	5.800,00	 5.000,00 800,00

Eine Buchung in den Bestandskonten Rohstoffe, Hilfsstoffe, Betriebsstoffe usw. erfolgt nur zum Beginn und zum Ende des Geschäftsjahres.

Stimmen Eröffnungs- und Schlussbestände überein, sind die Aufwendungen korrekt erfasst worden.

Sind die Schlussbestände höher als die Eröffnungsbestände, wurden im Laufe des Geschäftsjahres zu hohe Aufwendungen unterstellt.

Beispiel:

Das Konto Rohstoffe weist zum 1. Jan. 01 einen Bestand in Höhe von 80.000,00 EUR aus. Durch Inventur zum 31. Dez. 01 ergibt sich ein neuer Bestand in Höhe von 100.000,00 EUR. Außerdem ist bekannt, dass im Laufe des Geschäftsjahres Rohstoffe im Wert von 400.000,00 EUR eingekauft und im Konto Einkauf von Rohstoffen als Aufwand gebucht worden sind.

Buchungssatz:

	Soll/EUR	Haben/EUR
Schlussbilanzkonto an 3970/1000 Rohstoffe	100.000,00	 100.000,00

Da der Bestand an Rohstoffen gestiegen ist, sind im Geschäftsjahr tatsächlich weniger Rohstoffe verbraucht als eingekauft worden. Der Differenzbetrag in Höhe von 20.000,00 EUR ist deshalb auf das Bestandskonto Rohstoffe umzubuchen.

Buchungssatz:

	Soll/EUR	Haben/EUR
3970/1000 Rohstoffe an 3000/5100 Einkauf von Rohstoffen	20.000, 00	20.000,00

Werden Schlussbestände festgestellt, die niedriger als die Eröffnungsbestände sind, heißt das, dass nicht nur die eingekauften Roh-, Hilfs- und Betriebsstoffe usw. sondern zusätzlich auf Lager befindliche Stoffe für die Produktion benötigt wurden.

Beispiel:

Das Konto Rohstoffe weist zum 1. Jan. 01 einen Bestand in Höhe von 180.000,00 EUR aus. Durch Inventur zum 31. Dez. 01 ergibt sich ein neuer Bestand in Höhe von 140.000,00 EUR. Außerdem ist bekannt, dass im Laufe des Geschäftsjahres Rohstoffe im Wert von 600.000,00 EUR eingekauft und im Konto Einkauf von Rohstoffen als Aufwand gebucht worden sind.

Buchungssatz:

	Soll/EUR	Haben/EUR
Schlussbilanzkonto an 3970/1000 Rohstoffe	140.000,00	140.000,00

Da der Bestand an Rohstoffen gesunken ist, sind im Geschäftsjahr tatsächlich mehr Rohstoffe verbraucht als eingekauft worden. Der Differenzbetrag in Höhe von 40.000,00 EUR ist deshalb auf das Aufwandskonto Einkauf von Rohstoffen umzubuchen.

Buchungssatz:

	Soll/EUR	Haben/EUR
3000/5100 Einkauf von Rohstoffen an 3970/1000 Rohstoffe	40.000,00	40.000,00

2.1.2 Aufwendungen für bezogene Leistungen

Als Materialaufwand sind auch Aufwendungen für bezogene Leistungen auszuweisen. Dies aber nur, wenn es sich um Aufwendungen für Fremdleistungen handelt, die bei betriebswirtschaftlicher Betrachtung dem Materialaufwand gleichgestellt oder zuzuordnen sind. Zu entsprechenden Aufwendungen kommt es, wenn Teile der Produktion auf andere Unternehmen übertragen werden, z. B.

- Fräs- und Stanzarbeiten,
- Lackierarbeiten,
- das Härten von Fertigungsteilen,
- Montagearbeiten,
- Entwicklungs-, Versuchs- und Konstruktionsarbeiten,
- Garantiearbeiten,
- Transport- und Lagerarbeiten,
- die Instandhaltung von Gegenständen des Sachanlagevermögens.

Beispiel:

Für Reparaturen, die am betrieblichen Maschinenpark ausgeführt wurden, geht eine Rechnung in Höhe von 1.500,00 EUR zuzüglich 240,00 EUR USt ein.

Buchungssatz:

	Soll/EUR	Haben/EUR
3100/5900 Fremdleistungen 1570/1400 Vorsteuer an 1600/3300 Verbindlichkeiten LuL	1.500,00 240,00	 1.740,00

2.2 Besonderheiten bei der Leistungsverwertung

Im Laufe des Geschäftsjahres wird zunächst unterstellt, dass alles, was hergestellt auch sofort verkauft wird. Deshalb bleiben Erhöhungen oder Verminderungen der Bestände, die sich durch die Herstellung oder den Verkauf von Erzeugnissen ergeben, vorerst unberücksichtigt.

Kommt es zu Verkäufen, führen diese zu Umsätzen. Die entsprechenden Buchungen erfolgen auf dem Konto Umsatzerlöse.

Beispiel:

Der Unternehmer verkauft eine Maschine mit Herstellungskosten in Höhe von 120.000,00 EUR für 140.000,00 EUR zuzüglich 22.400,00 EUR USt auf Ziel.

Buchungssatz:

	Soll/EUR	Haben/EUR
1400/1200 Forderungen LuL an 8000/4000 Umsatzerlöse an 1770/3800 USt	162.400,00	 140.000,00 22.400,00

Eine Anpassung der Bestände der unfertigen bzw. fertigen Erzeugnisse erfolgt erst dann, wenn aufgrund der Inventur zum Ende des Geschäftsjahres ein vom Eröffnungsbestand abweichender Schlussbestand, bewertet zu Herstellungskosten, ermittelt wird. In den Konten unfertige und fertige Erzeugnisse kommt es also nur zum Beginn und zum Ende des Geschäftsjahres zu Buchungen.

Wird zum Ende des Geschäftsjahres kein vom Eröffnungsbestand abweichender Bestand an unfertigen bzw. fertigen Erzeugnissen festgestellt, bedeutet das gleichzeitig, dass die Herstellungskosten für die insgesamt hergestellten Erzeugnisse mit den Herstellungskosten der insgesamt abgesetzten Erzeugnisse übereinstimmen.

Weichen die Schlussbestände der unfertigen bzw. fertigen Erzeugnisse von den Eröffnungsbeständen ab, sind zunächst zu hohe oder zu niedrige Herstellungskosten für die abgesetzten Erzeugnisse berücksichtigt worden. Um den Erfolg des Abschlussjahres bestimmen zu können, ist es deshalb erforderlich, die Herstellungskosten der abgesetzten Erzeugnisse zu bestimmen.

Ergibt sich aufgrund der Inventur ein Schlussbestand an Erzeugnissen, der unter dem Eröffnungsbestand liegt, heißt das, dass wertmäßig mehr verkauft als hergestellt worden ist. Werden die (in einer Vorperiode entstandenen) Herstellungskosten der zusätzlich verkauften Erzeugnisse (Minder-

11 Hengstebeck - ISBN 3-8120-0068-7

bestand) den im Geschäftsjahr entstandenen Herstellungskosten der Erzeugnisse hinzugerechnet, ergeben sich die Herstellungskosten für die im Geschäftsjahr insgesamt verkauften (umgesetzten) Erzeugnisse.

Beispiel:

Das Konto Fertigerzeugnisse weist zum 1. Jan. 01 einen Bestand in Höhe von 240.000,00 EUR aus. Durch Inventur zum 31. Dez. 01 ergibt sich ein neuer Bestand in Höhe von 200.000,00 EUR.

Das bedeutet, dass im Laufe des Geschäftsjahres mehr Fertigerzeugnisse verkauft als hergestellt worden sind.

Um die Herstellungskosten der umgesetzten Menge ermitteln zu können, ist es erforderlich, den im Konto Fertigerzeugnisse ermittelten Differenzbetrag zusätzlich als Aufwand des Geschäftsjahres zu berücksichtigen. Dies geschieht durch Umbuchung dieses Betrages auf das Erfolgskonto Bestandsveränderungen.

Buchungssätze:

	Soll/EUR	Haben/EUR
Schlussbilanzkonto	200.000,00	
an 7110/1110 fertige Erzeugnisse		200.000,00
8980 Bestandsveränderungen	40.000,00	
an 7110/1110 fertige Erzeugnisse		40.000,00

Ist der Schlussbestand an Erzeugnissen höher als der Eröffnungsbestand, ergibt sich daraus, dass wertmäßig weniger verkauft als hergestellt worden ist. Zur Ermittlung der Herstellungskosten der tatsächlich verkauften (umgesetzten) Erzeugnisse ist es deshalb erforderlich, die im Geschäftsjahr insgesamt angefallenen Herstellungskosten um die Herstellungskosten zu kürzen, die auf den nicht verkauften Bestand (Mehrbestand) an Erzeugnissen entfallen.

Beispiel:

Das Konto Fertigerzeugnisse weist zum 1. Jan. 01 einen Bestand in Höhe von 300.000,00 EUR aus. Durch Inventur zum 31. Dez. 01 ergibt sich ein neuer Bestand in Höhe von 330.000,00 EUR.

Daraus folgt, dass im Laufe des Geschäftsjahres weniger Fertigerzeugnisse verkauft als hergestellt worden sind.

Um die Herstellungskosten der umgesetzten Menge ermitteln zu können, ist es erforderlich, den im Konto Fertigerzeugnisse ermittelten Differenzbetrag, d. h. die Herstellungskosten für die nicht verkauften Erzeugnisse auszusondern und neben den Verkaufserlösen als Ertrag auszuweisen. Dies geschieht durch Umbuchung dieses Differenzbetrages auf das Erfolgskonto Bestandsveränderungen.

Buchungssätze:

	Soll/EUR	Haben/EUR
Schlussbilanzkonto	330.000,00	
an 7110/1110 fertige Erzeugnisse		330.000,00
7110/1110 fertige Erzeugnisse	30.000,00	
an 8980 Bestandsveränderungen		30.000,00

Inventur der unfertigen und fertigen Erzeugnisse		
Endbestand **= Anfangsbestand**	**Endbestand** **< Anfangsbestand** (Bestandsminderung)	**Endbestand** **> Anfangsbestand** (Bestandsmehrung)
Produktion **= Verkauf**	**Produktion** **< Verkauf**	**Produktion** **> Verkauf**
HK der Rechnungsperiode = HK der umgesetzten Menge	HK der Rechnungsperiode + HK des Minderbestandes (Aufw., da in Vorperiode als Ertr. erfasst) HK der umgesetzten Menge	HK der Rechnungsperiode – HK des Mehrbestandes (Ertr., da Herstellung als Aufwand erfasst) HK der umgesetzten Menge

Kontrollaufgaben

1. Wie wird die Höhe des Verbrauchs an Roh-, Hilfs- und Betriebsstoffen ermittelt?
2. Welche Aufwendungen werden wie Materialaufwendungen behandelt?
3. Wann kommt es zu einem
   a) Mehrbestand,
   b) Minderbestand
   an Erzeugnissen?
4. Wie wirkt sich ein
   a) Mehrbestand,
   b) Minderbestand
   auf den Erfolg des Unternehmens aus?
5. Wie unterscheiden sich die Herstellungskosten der Rechnungsperiode von den Herstellungskosten der umgesetzten Menge?

Übungen

1. Bilden Sie die Buchungssätze zu folgenden Geschäftsvorfällen:
   a) Ihr Mandant verkauft Fertigerzeugnisse im Wert von 18.000,00 EUR zuzüglich 16 % USt gegen Barzahlung.
   b) Für Energiekosten (Strom und Gas) werden vom Bankkonto 5.000,00 EUR zuzüglich 800,00 EUR USt abgebucht.
   c) Ein Kunde begleicht eine Ausgangsrechnung in Höhe von 8.000,00 EUR zuzüglich 1.280,00 EUR USt nach Abzug von 2 % Skonto durch Banküberweisung.
   d) Für die Wartung und Pflege des betrieblichen PKW geht eine Rechnung in Höhe von 150,00 EUR zuzüglich 24,00 EUR USt ein.
   e) Laut Quittung sind für den betrieblichen PKW Kraftstoffkosten in Höhe von 130,00 EUR zuzüglich 20,80 EUR USt bar bezahlt worden.
   f) Ein Kunde sendet falsch gelieferte Fertigerzeugnisse im Wert von 1.000,00 EUR zuzüglich 160,00 EUR USt zurück.

g) Die Eingangsrechnung für eine Heizöllieferung lautet auf 2.000,00 EUR zuzüglich 320,00 EUR USt.

h) Aufgrund einer Mängelrüge erhält ein Kunde einen Preisnachlass in Höhe von 464,00 EUR (incl. 16% USt).

i) Ihr Mandant erhält eine Rechnung in Höhe von 900,00 EUR zuzüglich 144,00 EUR USt für Garantiearbeiten, die durch einen Geschäftsfreund ausgeführt wurden.

2. Ermitteln Sie die Höhe der tatsächlich angefallenen Aufwendungen für Roh-, Hilfs- und Betriebsstoffe. Berücksichtigen Sie dabei die folgenden Angaben:

	Rohstoffe	Hilfsstoffe	Betriebsstoffe
Anfangsbestände	40.000,00 EUR	3.500,00 EUR	1.000,00 EUR
Einkäufe (als Aufwand gebucht)	180.000,00 EUR	10.000,00 EUR	800,00 EUR
Endbestände	50.000,00 EUR	2.800,00 EUR	1.100,00 EUR

3. Der Buchführung eines Mandanten sind die folgenden Angaben zu entnehmen:

	1. Jan. 01	31. Dez. 01
unfertige Erzeugnisse	32.500,00 EUR	28.600,00 EUR
fertige Erzeugnisse	233.900,00 EUR	245.400,00 EUR

a) Ermitteln Sie die Höhe der Bestandsveränderungen (insgesamt).

b) Wie wirkt sich die Summe der Bestandsveränderungen auf den Erfolg des Unternehmens aus?

c) Bilden Sie die Buchungssätze für den Abschluss der Konten.

4. Bilden Sie die Buchungssätze zu folgenden Geschäftsvorfällen:

a) Ihr Mandant kauft Fremdbauteile im Wert von 8.500,00 EUR zuzüglich 1.360,00 EUR USt auf Ziel ein.

b) Für die Vermittlung eines Auftrags zahlt Ihr Mandant einem Handelsvertreter einen Betrag in Höhe von 1.400,00 EUR zuzüglich 224,00 EUR USt durch Banküberweisung.

c) Einer Eingangsrechnung ist zu entnehmen, dass Ihr Mandant Heizöl im Wert von 3.000,00 EUR zuzüglich 480,00 EUR USt eingekauft hat.

d) Weil Rohstoffe mangelhaft geliefert wurden, erhält Ihr Mandant einen Preisnachlass in Höhe von 500,00 EUR zuzüglich 80,00 EUR USt.

e) Ihr Mandant verkauft eine soeben fertig gestellte Maschine für 80.000,00 EUR zuzüglich 12.800,00 EUR USt auf Ziel.

f) Der Rechnungsausgleich (zu e) erfolgt nach Abzug von 3% Skonto durch Banküberweisung.

g) Lt. Eingangsrechnung sind Reparaturarbeiten für 4.200,00 EUR zuzüglich 672,00 EUR USt am Dach des betrieblichen Gebäudes ausgeführt worden.

h) Ein Kunde sendet Ihrem Mandanten schadhafte Fertigerzeugnisse im Wert von 20.000,00 EUR zuzüglich 3.200,00 EUR USt zurück.

i) Ein Rohstoffeinkauf im Wert von 7.000,00 EUR zuzüglich 1.120,00 EUR USt ist noch nicht gebucht worden.

5. Bilden Sie die Buchungssätze zum Abschluss der folgenden Konten:

S unfertige Erzeugnisse	H
EBK 9.850,00	

S Rohstoffe	H
... 82.000,00	

S fertige Erzeugnisse	H
EBK 92.400,00	

S Einkauf von Rohstoffen	H
... 168.000,00	

S Bestandsveränderungen	H

S ANK für Rohstoffe	H
... 11.300,00	

Berücksichtigen Sie dabei Inventurbestände für
- Rohstoffe in Höhe von 122.400,00 EUR,
- unfertige Erzeugnisse in Höhe von 12.100,00 EUR,
- fertige Erzeugnisse in Höhe von 73.900,00 EUR.

6. Der vorläufigen Saldenbilanz sind u. a. folgende Konten und Beträge zu entnehmen:

	Soll/EUR	Haben/EUR
3970/1000 Rohstoffe	60.000,00	
3971/1010 Hilfsstoffe	8.400,00	
3972/1020 Betriebsstoffe	1.250,00	
7050/1050 unfertige Erzeugnisse	28.400,00	
7100/1100 fertige Erzeugnisse	357.800,00	
8000/4000 Umsatzerlöse		4.736.500,00
8960/4800 Bestandsveränderungen		
3000/5100 Einkauf von Rohstoffen	298.200,00	
3010/5110 Einkauf von Hilfsstoffen	33.400,00	
3020/5120 Einkauf von Betriebsstoffen	4.830,00	

Zum Ende des Geschäftsjahres werden durch Inventur die folgenden Bestände ermittelt:

Rohstoffe	55.100,00 EUR
Hilfsstoffe	9.300,00 EUR
Betriebsstoffe	1.180,00 EUR
unfertige Erzeugnisse	25.700,00 EUR
fertige Erzeugnisse	382.900,00 EUR

a) Ermitteln Sie die Höhe der Rohstoff-, Hilfsstoff- und Betriebsstoffaufwendungen sowie die Herstellungskosten der abgesetzten Menge.

b) Bilden Sie die Buchungssätze und nehmen Sie die entsprechenden Umbuchungen vor.

3 Handelskalkulation

Ein Händler wird stets versuchen, Waren zu einem höheren Preis, als dem, zu dem er die Waren eingekauft hat, zu verkaufen. Das ist deshalb so, weil ihm zusätzliche Kosten entstehen und er Gewinn erzielen möchte.

Bei seiner Preisgestaltung ist der Händler allerdings nicht frei. Einerseits darf er nur Preise wählen, die genügend Umsatz erwarten lassen, andererseits sind bereits bekannte Preise konkurrierender Unternehmen Anhaltspunkte für seine Kalkulation.

Alle in diesem Zusammenhang anfallenden Arbeiten gehören zur Handelskalkulation. Sie

- legt die Preise fest, zu denen zu beziehende Waren veräußert werden sollten,
- gibt die höchstmöglichen Einkaufspreise für Waren mit vorgegebenen Verkaufspreisen vor und
- zeigt, ob Waren mit vorgegebenen Ein- und erwarteten Verkaufspreisen mit Gewinn verkauft werden können.

Solange in die Berechnungen nur erwartete Größen (Kosten und Leistungen) eingehen, die gewonnenen Ergebnisse also vorläufig sind, wird von Vorkalkulation gesprochen.

Ist es zu Umsatzvorgängen gekommen, und werden nachträglich Berechnungen aufgrund der tatsächlich entstandenen Kosten und Leistungen durchgeführt, liegt eine Nachkalkulation vor. Sie ist notwendig, um genauere Vorgabewerte für weitere Vorkalkulationen zu erhalten.

Die Vorkalkulation erfolgt stets für eine bestimmte Ware oder Warengruppe, und zwar mit Hilfe des Kalkulationsschemas. Dieses ist wie folgt aufgebaut:

Listeneinkaufspreis	
./. erhaltene Rabatte	v.H.
Zieleinkaufspreis	
./. erhaltene Skonti	v.H.
Bareinkaufspreis	
+ Anschaffungsnebenkosten (Bezugskosten)	EUR
Einstandspreis (Bezugspreis)	
+ Handlungskosten (Geschäftskosten)	v.H.
Selbstkostenpreis	
+ Gewinn	v.H.
Barverkaufspreis (Verkaufswert)	
+ Vertreterprovision	i.H.
+ gewährte Skonti	i.H.
Zielverkaufspreis	
+ gewährte Rabatte	i.H.
Listenverkaufspreis	

Die Nachkalkulation für eine einzelne Ware oder Warengruppe ist ebenfalls mit Hilfe des Kalkulationsschemas möglich und dann relativ genau. Interessant ist aber auch die Feststellung, mit welchen Kosten und Leistungen und mit welchem Erfolg der Betrieb insgesamt im Wirtschaftsjahr gearbeitet hat.

Liegen keine weiteren Angaben vor, sind die entsprechenden Größen den Konten der Buchführung zu entnehmen. Ausgehend vom Warenanfangsbestand ist dann folgende Berechnung vorzunehmen:

Warenanfangsbestand
./. Warenendbestand

Bestandsveränderung
\+ Wareneinkäufe
\+ Anschaffungsnebenkosten
./. Rücksendungen an Lieferanten (nur, wenn diese nicht bereits im Konto Einkauf von Waren berücksichtigt sind)
./. Nachlässe aufgrund von Mängelrügen
./. erhaltene Skonti
./. erhaltene Boni

Wareneinsatz (Bezugspreis/Einstandspreis der verkauften Waren)
\+ Handlungskosten (Geschäftskosten)

Selbstkostenpreis
\+ Gewinn

Verkaufserlöse (ggf. gekürzt um Erlösschmälerungen, gewährte Skonti, gewährte Boni)

In jedem Fall ist zu beachten, dass die Umsatzsteuer als durchlaufender Posten weder die Höhe der Kosten noch der Leistungen beeinflusst.

Kontrollaufgaben

1. Zu welchen Zeitpunkten kalkuliert der Unternehmer?
2. Wozu dient die Kalkulation?

3.1 Vorwärtskalkulation

Berechnet der Händler, ausgehend vom Einkaufspreis, den Verkaufspreis, wird diese Vorgehensweise als Vorwärtskalkulation bezeichnet. Sie ist in mehreren Schritten durchzuführen.

3.1.1 Bezugskalkulation

Mit Hilfe der Bezugskalkulation soll der Bezugspreis/Einstandspreis, d. h. die Anschaffungskosten der eingekauften Waren, ermittelt werden. Ausgangswert ist der Listeneinkaufspreis (ein Betrag ohne Umsatzsteuer). Nach Kürzung dieses Betrages um erhaltene Rabatte, erhaltene Skonti und erhaltene Boni sowie Hinzurechnung der Anschaffungsnebenkosten wie Zölle, Frachten, Leergut und Transportversicherung ergibt sich die gesuchte Größe (Bezugspreis).

Beispiel 1:

Einem Händler wird eine Ware zum Listenpreis von 8.000,00 EUR angeboten. Er erwirbt diese mit einem Rabatt von 20% und gleicht den Rechnungsbetrag, gekürzt um 3% Skonto, durch Banküberweisung aus. Als Anschaffungsnebenkosten entstehen Frachtkosten in Höhe von 200,00 EUR sowie Verpackungskosten in Höhe von 80,00 EUR.

Lösung:

Listeneinkaufspreis	8.000,00 EUR	100 %	
./. erhaltene Rabatte 20 %	1.600,00 EUR	20 %	
Zieleinkaufspreis	6.400,00 EUR	80 %	100 %
./. erhaltene Skonti 3 %	192,00 EUR		3 %
Bareinkaufspreis	6.208,00 EUR		97 %
+ Anschaffungsnebenkosten			
– Fracht 200,00 EUR			
– Verpackung 80,00 EUR	280,00 EUR		
Bezugspreis	6.488,00 EUR		

Beispiel 2:

Die Konten Warenbestand und Einkauf von Waren sehen zum Ende des Wirtschaftsjahres wie folgt aus:

S	Warenbestand		H
EBK	130.000,00	SBK	110.000,00

S	Einkauf von Waren		H
Verb.	150.000,00	e.Sk.	5.700,00
Verb.	80.000,00		
ANK	2.200,00		

Lösung:

Warenanfangsbestand	130.000,00 EUR
./. Warenendbestand	110.000,00 EUR
Bestandsveränderung	20.000,00 EUR
+ Einkauf von Waren	230.000,00 EUR
+ Anschaffungsnebenkosten	2.200,00 EUR
	252.200,00 EUR
./. erhaltene Skonti	5.700,00 EUR
Wareneinsatz (AK der verkauften Waren)	246.500,00 EUR

Kontrollaufgaben

1. Wodurch unterscheiden sich Listeneinkaufspreis und Einstandspreis?
2. Wie wird der Wareneinsatz innerhalb der Buchführung ermittelt?

Übungen

1. Ein Großhändler kauft in einem Tank 700 Liter Säure zum Listenpreis von 80,00 EUR je Liter. Er erhält 10 % Rabatt und 3 % Skonto. Für Fracht und Verpackung fallen 560,00 EUR an.
   a) Wie hoch ist der Einstandspreis pro Liter?
   b) Welcher Einstandspreis pro Literflasche ergibt sich, wenn die Anschaffungskosten für die leere Flasche 0,30 EUR betragen und mit einem Abfüllverlust von 10 Litern zu rechnen ist?

2. Der Buchführung eines Großhändlers entnehmen Sie folgende Angaben:

	Soll/EUR	Haben/EUR
Warenanfangsbestand	140.000,00 EUR	
Warenendbestand		115.000,00 EUR
Wareneinkäufe	320.000,00 EUR	
Anschaffungsnebenkosten	12.200,00 EUR	
Nachlässe von Lieferanten		8.500,00 EUR
erhaltene Skonti		10.100,00 EUR

Berechnen Sie die Höhe des Wareneinsatzes.

3. Zum Abschlussstichtag liegen Ihnen u. a. die folgenden Konten eines Einzelhändlers vor:

S	Warenbestand		H
EBK	114.000,00	SBK	165.000,00

S	Einkauf von Waren		H
Verb.	310.000,00		
Verb.	220.000,00		

S	Anschaffungsnebenkosten		H
Kasse	35.000,00		

S	erhaltene Skonti		H
		...	14.700,00

Berechnen Sie den Wareneinsatz.

4. Ein Textilhändler bestellt beim Hersteller 500 Hemden zum Listenpreis von je 25,00 EUR. Laut Eingangsrechnung erfolgt die Lieferung mit einem Rabatt von 10%. Außerdem ist der Rechnung zu entnehmen, dass neben den 500 bestellten Hemden zusätzlich 5 - allerdings unberechnet - geliefert werden.

   Berechnen Sie den Bezugspreis pro Hemd, wenn für die gesamte Sendung Transportkosten in Höhe von 120,00 EUR anfallen.

5. Ein Händler kann ein Küchengerät von zwei Lieferanten beziehen.

   Lieferant A bietet das Gerät frei Haus zum Rechnungsbetrag von 170,00 EUR an und gewährt bei Zahlung innerhalb von 8 Tagen 2% Skonto.

   Lieferant B nennt einen Listenpreis von 180,00 EUR, gewährt 5% Rabatt, verlangt Barzahlung und Frachtkosten von 5,00 EUR.

   Welches Angebot ist günstiger, wenn der Händler sofort zahlt?

3.1.2 Selbstkostenkalkulation

Selbstkosten sind alle Kosten, die durch die betriebliche Leistungserstellung und -verwertung entstanden sind. Bestandteil der Selbstkosten sind deshalb neben dem Wareneinsatz bzw. Bezugspreis die Handlungs- oder Geschäftskosten. Unter diesem Begriff werden alle weiteren Kosten des Betriebes verstanden, wie z. B. Personalkosten, Raumkosten, Abschreibungen.

Probleme ergeben sich dadurch, dass diese Kosten nicht genau einer Ware oder Warengruppe zugeordnet werden können, sondern durch den gesamten Betrieb verursacht sind. Aus diesem Grunde erfolgt die Verteilung dieser Kosten mit Hilfe mehr oder weniger genauer Zuschlagssätze, denen Erkenntnisse aus vergangenen Abrechnungsperioden zugrunde liegen.

Beispiel:

Dem G+V-Konto eines Großhändlers ist ein Wareneinsatz in Höhe von 350.000,00 EUR zu entnehmen. Daneben sind dem Großhändler Handlungskosten in Höhe von 130.000,00 EUR entstanden.

Lösung:

350.000,00 EUR - 100%
130.000,00 EUR - x %

$$\frac{100 \cdot 130\,000}{350.000} = 37{,}14\ (\%)$$ Handlungskostenzuschlagssatz für die insgesamt verkauften Waren

Kontrollaufgaben

1. Nennen Sie Beispiele für Kosten, die im Handlungskosten-/Geschäftskostenzuschlag berücksichtigt werden.
2. Nehmen Sie Stellung zur Notwendigkeit des Handlungskostenzuschlags.

Übungen

1. Aus den Konten Warenbestand und Einkauf von Waren sind zum Ende des Geschäftsjahres folgende Angaben ersichtlich:

S	Warenbestand		H
EBK	40.000,00		

S	Einkauf von Waren		H
Verb.	410.000,00	Nachl.	9.500,00
ANK	8.200,00	erh. Sk.	7.600,00
		erh. Boni	1.300,00

   a) Welcher Wareneinsatz ergibt sich, wenn der Warenendbestand 35.700,00 EUR ausmacht?
   b) Auf wie viel Prozent belaufen sich die Geschäftskosten, wenn die übrigen Kosten lt. G+V-Konto 102.000,00 EUR betragen?
   c) Wie hoch ist der Selbstkostenpreis?

2. Einem Großhändler wird eine Ware zum Listenpreis von 1.000,00 EUR angeboten. Er erwirbt sie mit einem Rabatt von 20% und kürzt den Rechnungsbetrag um 3% Skonto. Für Fracht und Verpackung werden ihm Kosten in Höhe von 50,00 EUR berechnet. Sein Handlungskostenzuschlagssatz beträgt 59%.

   Berechnen Sie den Selbstkostenpreis der Ware.

3. Auf den Konten Warenbestand und Einkauf von Waren sind bis zum Ende des Geschäftsjahres folgende Beträge gebucht worden:

S	Warenbestand		H
EBK	250.000,00	SBK	205.000,00

S	Einkauf von Waren		H
Verb.	2.038.000,00	Nachl.	40.500,00
ANK	30.500,00		

   Die Geschäftskosten betragen lt. G+V-Konto 96.000,00 EUR.

   a) Berechnen Sie den Handlungskostenzuschlag in Prozent.
   b) Wie hoch ist der Selbstkostenpreis?

3.1.3 Kalkulation des Verkaufswerts

Ein Händler will beim Verkauf von Waren nicht nur die entstandenen Kosten decken, er möchte auch einen angemessenen Gewinn erzielen. Die Höhe des entsprechenden Zuschlags, dessen Berechnungsgrundlage der Selbstkostenpreis ist, wird nicht allein vom Unternehmer bestimmt. Er ist vor allem auch von der Nachfrage und der Konkurrenzsituation abhängig.

Selbstkostenpreis und Gewinnzuschlag ergeben zusammen den Barverkaufspreis (Verkaufswert).

Beispiel:

Ein Kaufmann möchte für seine unternehmerische Tätigkeit 5 % Gewinn, berechnet vom Selbstkostenpreis, erzielen. Die für das Geschäftsjahr ermittelten Selbstkosten belaufen sich auf 2.250.000,00 EUR.

Lösung:

Selbstkostenpreis	2.250.000,00 EUR	100 %	↓
Gewinn 5 %	112.500,00 EUR	5 %	
Verkaufswert	2.362.500,00 EUR	105 %	

Kontrollaufgaben

1. Wie unterscheiden sich Selbstkosten- und Barverkaufspreis?
2. Wie wird die Differenz zwischen Selbstkosten- und Barverkaufspreis innerhalb der Buchführung ermittelt?

Übungen

1. Ein Kaufmann erwirbt eine Ware, deren Listeneinkaufspreis 6.200,00 EUR beträgt, mit 25 % Rabatt. Den Rechnungsbetrag kürzt er vereinbarungsgemäß um 2 % Skonto. Die entstandenen Anschaffungsnebenkosten belaufen sich auf 250,00 EUR.

   Welcher Verkaufswert ergibt sich für die Ware, wenn der Kaufmann mit 60 % Handlungskosten und 8 % Gewinn kalkuliert?

2. Der G+V-Rechnung sind folgende Angaben zu entnehmen:

Wareneinsatz	980.000,00 EUR
Personalkosten	185.000,00 EUR
Abschreibungen	70.000,00 EUR
sonstige betriebliche Aufwendungen (Kosten)	46.000,00 EUR
Gewinn	102.000,00 EUR

   Berechnen Sie
   a) den Handlungskostenzuschlag in EUR und Prozent,
   b) den Gewinnzuschlag in Prozent,
   c) die Höhe des Umsatzes (andere Aufwendungen und Erträge liegen nicht vor).

3. Der Buchführung sind zum Ende des Geschäftsjahres folgende Angaben zu entnehmen:

	Soll/EUR	Haben/EUR
Warenanfangsbestand	580.000,00	
Warenendbestand		410.000,00
Wareneinkäufe	4.220.000,00	
Warenverkäufe		6.950.000,00
Anschaffungsnebenkosten	85.000,00	
Nachlässe von Lieferanten		65.000,00

Die Handlungskosten belaufen sich insgesamt auf 955.000,00 EUR.

Berechnen Sie

a) den Handlungskostenzuschlag in Prozent,

b) den Gewinnzuschlag in EUR und Prozent.

3.1.4 Kalkulation des Verkaufspreises

Oft ist mit der Ermittlung des Verkaufswerts die Kalkulation nicht beendet. Häufig wird Kunden nämlich die Möglichkeit des Skontoabzugs eingeräumt oder es werden Vertreter, die für ihre Tätigkeit Provision erhalten, mit dem Warenverkauf beauftragt. Kommt es zu entsprechenden Nachlässen bzw. Kosten, müssen diese vorher im Angebotspreis berücksichtigt worden sein. Dasselbe gilt für Rabatte, die den Kunden aus verschiedenen Anlässen gewährt werden.

Die Berechnung dieser Verkaufszuschläge hat so zu erfolgen, dass der Zuschlag bei der Kalkulation und die spätere Kürzung in der Höhe übereinstimmen. Dies wird durch eine Prozentrechnung im Hundert erreicht.

3.1.4.1 Kalkulation des Verkaufspreises im Großhandel

Da der Großhändler nur andere Unternehmer beliefert, weist er die Umsatzsteuer gesondert in der Rechnung aus. Die Umsatzsteuer ist demnach kostenneutral und beeinflusst die Kalkulation nicht.

Beispiel:

Ein Großhändler hat für eine Ware einen Verkaufswert von 1.800,00 EUR ermittelt. Er rechnet damit, dass ein Kunde 20 % Rabatt und 3 % Skonto beanspruchen wird.

Lösung:

Verkaufswert/Barverkaufspreis	1.800,00 EUR	97 %	
+ 3 % Skonto	55,67 EUR	3 %	
Zielverkaufspreis	1.855,67 EUR	100 %	80 %
+ 20 % Rabatt	463,92 EUR		20 %
Listenverkaufspreis	2.319,59 EUR		100 %

Kontrollaufgaben

1. Warum werden gewährte Skonti, Vertreterprovisionen und gewährte Rabatte in den Listenverkaufspreis eingerechnet?
2. Auf welchen Konten werden gewährte Skonti, Vertreterprovisionen und gewährte Rabatte gebucht?

Übungen

1. Welcher Listenverkaufspreis ergibt sich, wenn einem Kunden bei einem Verkaufswert von 930,00 EUR 15 % Rabatt und 2 % Skonto gewährt werden?
2. Ein Großhändler hat für eine Ware einen Verkaufswert in Höhe von 1.280,00 EUR ermittelt.

   Wie hoch muss der Listenverkaufspreis sein, wenn Kunden 20 % Rabatt gewährt wird und 3 % Vertreterprovision anfallen werden?
3. Nach Abzug von 2 % Vertreterprovision, 3 % Kundenskonto und 10 % Kundenrabatt ergibt sich ein Barverkaufspreis in Höhe von 4.240,00 EUR.

   Berechnen Sie den Listenverkaufspreis.
4. Ein Großhändler hat einem Kunden einen Rabatt von 25 % zugesagt. Er gewährt ihm außerdem bei Zahlung innerhalb von 8 Tagen 3 % Skonto.

   Bestimmen Sie den Listenverkaufspreis, wenn der Verkaufswert 720,00 EUR ausmacht und davon auszugehen ist, dass der Kunde vom Skontoabzug Gebrauch machen wird.
5. Ein Einzelhändler soll 20 % Rabatt und 2 % Skonto erhalten.

   Welcher Listenverkaufspreis errechnet sich, wenn der Großhändler einen Barverkaufspreis von 5.400,00 EUR zugrunde legt?
6. Ein Großhändler hat einem Einzelhändler einen Rabatt von 18 % zugesagt. Außerdem wird dem Einzelhändler die Möglichkeit gegeben, einen Skontoabzug in Höhe von 3 % vorzunehmen.

   Wie hoch muss der Listenverkaufspreis sein, wenn als Verkaufswert ein Betrag von 820,00 EUR errechnet wurde?
7. Einem Großhändler wird eine Waschmaschine zum Listenpreis von 850,00 EUR angeboten. Er erwirbt diese mit 10 % Rabatt und zieht vom Rechnungsbetrag 2 % Skonto ab. Die Bezugskosten belaufen sich auf 60,00 EUR, die Geschäftskosten auf 40 %, der erwartete Gewinn auf 8 %.

   Außerdem arbeitet er mit folgenden Verkaufszuschlägen:

Vertreterprovision	2 %
Skonto	3 %
Rabatt	15 %

   Zu welchem Listenverkaufspreis kann er die Waschmaschine Einzelhändlern anbieten?

3.1.4.2 Kalkulation des Verkaufspreises im Einzelhandel

Der Einzelhändler bietet seinen Kunden Waren zum Ladenverkaufspreis an. Bei diesem handelt es sich stets um einen Betrag einschließlich Umsatzsteuer. Obwohl die Umsatzsteuer nun im Rahmen der Kalkulation zu berücksichtigen ist, wirkt sie sich nicht auf den Erfolg des Einzelhändlers aus.

Beispiel:

Ein Einzelhändler hat für eine Ware einen Verkaufswert von 291,00 EUR ermittelt. Er möchte seinen Kunden 3% Skonto gewähren und hat den Umsatz mit 16% USt zu besteuern.

Lösung:

Verkaufswert		291,00 EUR	97 %	
+ 3% Skonto	i.H.	9,00 EUR	3 %	
Ziel-/Listenverkaufspreis		300,00 EUR	100 %	100 %
+ 16 % USt	v.H.	48,00 EUR		16 %
Ladenverkaufspreis		348,00 EUR		116 %

Kontrollaufgaben

1. Vergleichen Sie die Kalkulation des Verkaufspreises im Einzelhandel mit der im Großhandel.
2. Warum liegt der Kaufpreis für einen Endabnehmer grundsätzlich über dem eines Händlers?

Übungen

1. Ein Einzelhändler gewährt seinen Kunden 2 % Skonto.

   Wie hoch ist sein Ladenverkaufspreis, wenn der Verkaufswert 428,00 EUR ausmacht und der Umsatz mit 16 % USt zu besteuern ist?

2. Ein Einzelhändler bezieht Waren eines Großhändlers, die dieser zum Listenpreis von 280,00 EUR mit 18 % Rabatt anbietet. Den Rechnungsbetrag kürzt der Einzelhändler um 3 % Skonto. Für die eingehende Lieferung entstehen Bezugskosten in Höhe von 9,50 EUR. Der Einzelhändler kalkuliert mit 45 % Handlungskosten und 12 % Gewinn. Seinen Kunden gewährt er 2 % Skonto.

   Wie hoch ist der Ladenverkaufspreis, wenn die Ware mit 16 % USt besteuert wird?

3. Ein Kunde überweist zum Ausgleich einer Rechnung 15.752,80 EUR auf das Konto eines Einzelhändlers.

   Wie hoch war der Ladenverkaufspreis, wenn dem Kunden 3 % Skonto gewährt wurden und der Lieferung ein USt-Satz von 16 % zugrunde lag?

4. Ein Einzelhändler kalkuliert eine Ware, deren Einstandspreis 200,00 EUR beträgt, unter Berücksichtigung von 30 % Handlungskosten, 18 % Gewinn, 15 % Kundenrabatt sowie 16 % USt.

   Berechnen Sie den Ladenverkaufspreis.

5. Eine Ware wird einem Einzelhändler zum Listenpreis von 250,00 EUR angeboten. Vereinbarungsgemäß erhält er darauf einen Rabatt in Höhe von 20 % und, da er Barzahler ist, 2 % Skonto.

   Aufgrund der Zahlen seiner Buchführung muss der Händler davon ausgehen, dass ihm Bezugskosten in Höhe von 11,50 EUR und 55 % Geschäftskosten entstehen werden.

   Er selbst möchte seinen Kunden 12 % Rabatt sowie 3 % Skonto gewähren. Außerdem beabsichtigt er, einen Gewinn von 8 % zu erzielen.

   Berechnen Sie den Ladenverkaufspreis der Ware, wenn diese mit 16 % USt besteuert wird.

3.2 Rückwärtskalkulation

Berechnet der Händler, ausgehend vom Verkaufspreis, den Einkaufspreis, wird diese Vorgehensweise als Rückwärtskalkulation bezeichnet.

Die Rückwärtskalkulation kommt zur Anwendung, wenn für Waren bereits ein Marktpreis bekannt ist. Durch sie soll festgestellt werden, zu welchem Preis der Händler höchstens einkaufen darf, wenn er seine üblichen Zuschläge berücksichtigen will.

3.2.1 Rückwärtskalkulation im Großhandel

Der Großhändler geht bei der Rückwärtskalkulation vom Listenverkaufspreis aus.

Beispiel:

Zur Ermittlung des Listeneinkaufspreises macht ein Großhändler folgende Angaben:

Listenverkaufspreis	600,00 EUR
Rabatt des Lieferanten	20 %
Skonto des Lieferanten	3 %
Bezugskosten	18,00 EUR
Handlungskosten	25 %
Gewinn	8 %
Kunden gewährter Skonto	2 %
Kunden gewährter Rabatt	12 %

Lösung:

Listeneinkaufspreis	470,74 EUR	100 %	
Liefererrabatt 20 %	94,15 EUR	20 %	
Zieleinkaufspreis	376,59 EUR	80 %	100 %
Liefererskonto 3 %	11,30 EUR		3 %
Bareinkaufspreis	365,29 EUR		97 %
Bezugskosten	18,00 EUR		
Einstandspreis	383,29 EUR	100 %	
Handlungskosten 25 %	95,82 EUR	25 %	
Selbstkostenpreis	479,11 EUR	125 %	100 %
Gewinn 8 %	38,33 EUR		8 %
Verkaufswert/Barverkaufspreis	517,44 EUR	98 %	108 %
Kundenskonto 2 %	10,56 EUR	2 %	
Zielverkaufspreis	528,00 EUR	100 %	88 %
Kundenrabatt 12 %	72,00 EUR		12 %
Listenverkaufspreis	600,00 EUR		100 %

Kontrollaufgaben

1. Welche Preise sind Grundwert (100 %) für die Berechnung
   a) des Zielverkaufspreises,
   b) des Selbstkostenpreises,
   c) des Zieleinkaufspreises?
2. Wann ist der Unternehmer zur Rückwärtskalkulation gezwungen?

Übungen

1. Ein Großhändler berücksichtigt bei seiner Kalkulation die folgenden Angaben:

Kunden gewährter Rabatt	25 %
Kunden gewährter Skonto	3 %
Bezugskosten	7,50 EUR
Handlungskosten	20 %
Gewinn	5 %
Liefererrabatt	10 %

Wie hoch darf der Listeneinkaufspreis des Großhändlers höchstens sein, wenn als Listenverkaufspreis ein Betrag von 1.350,00 EUR feststeht?

2. Ein Großhändler bietet einen Schreibtisch zum Listenverkaufspreis von 1.500,00 EUR an. Zur Belebung der Nachfrage wird dieser Preis auf 1.390,00 EUR gesenkt.

   a) Wie viel EUR darf der Bareinkaufspreis höchstens noch betragen, wenn folgende Angaben zu berücksichtigen sind:

Fracht	13,58 EUR
Handlungskosten	$66\frac{2}{3}$ %
Gewinn	8 %
Vertreterprovision	3 %
Kunden gewährter Skonto	2 %

   b) Welcher Rabatt muss beim Lieferanten durchgesetzt werden, wenn der Listeneinkaufspreis 1.060,00 EUR beträgt und stets ein Skontoabzug von 3 % vom Zieleinkaufspreis möglich ist?

3. Ein Einzelhändler, der einen Listeneinkaufspreis von höchstens 1.250,00 EUR akzeptiert, erwartet vom Großhändler 15 % Rabatt und die Möglichkeit eines 3 %igen Skontoabzugs.

   Wie viel EUR darf der Listeneinkaufspreis des Großhändlers demnach höchstens betragen, wenn er mit 8 % Gewinn und 65 % Handlungskosten kalkuliert und aufgrund der Geschäftsbedingungen seines Lieferanten mit 25 % Rabatt und 3 % Skonto rechnen kann?

4. Ermitteln Sie

   a) den Bezugspreis bei einem Selbstkostenpreis von 4.780,00 EUR und Handlungskosten von 28 %,
   b) den Selbstkostenpreis bei einem Barverkaufspreis von 3.690,00 EUR und einem Gewinn von 9 %,
   c) den Zielverkaufspreis bei einem Listenverkaufspreis von 6.150,00 EUR und einem Kundenrabatt von 25 %,
   d) den Selbstkostenpreis bei einem Bezugspreis von 612,00 EUR und Handlungskosten von 46 %,
   e) den Zielverkaufspreis bei einem Barverkaufspreis von 758,00 EUR und Kundenskonto von 3 %.

3.2.2 Rückwärtskalkulation im Einzelhandel

Der Einzelhändler geht bei der Rückwärtskalkulation vom Ladenverkaufspreis aus.

Beispiel:

Zur Ermittlung des Listeneinkaufspreises macht ein Einzelhändler folgende Angaben:

Ladenverkaufspreis	348,00 EUR
Rabatt des Lieferanten	15 %
Skonto des Lieferanten	3 %
Bezugskosten	18,00 EUR
Handlungskosten	35 %
Gewinn	10 %
Kunden gewährter Skonto	2 %
Umsatzsteuer	16 %

Lösung:

Listeneinkaufspreis	218,29 EUR	100 %	
Liefererrabatt 15 %	32,74 EUR	15 %	
Zieleinkaufspreis	185,55 EUR	85 %	100 %
Liefererskonto 3 %	5,57 EUR		3 %
Bareinkaufspreis	179,98 EUR		97 %
Bezugskosten	18,00 EUR		
Einstandspreis	197,98 EUR	100 %	
Handlungskosten 35 %	69,29 EUR	35 %	
Selbstkostenpreis	267,27 EUR	135 %	100 %
Gewinn 10 %	26,73 EUR		10 %
Verkaufswert	294,00 EUR	98 %	110 %
Kundenskonto 2 %	6,00 EUR	2 %	
Verkaufspreis (netto)	300,00 EUR	100 %	100 %
Umsatzsteuer 16 %	48,00 EUR		16 %
Ladenverkaufspreis	348,00 EUR		116 %

Kontrollaufgaben

1. Vergleichen Sie die Rückwärtskalkulation im Einzelhandel mit der im Großhandel.
2. Bei welchen Größen im Kalkulationsschema handelt es sich
   a) um vermehrte Grundwerte,
   b) um verminderte Grundwerte?

Übungen

1. Wie viel EUR darf der Listeneinkaufspreis eines Einzelhändlers höchstens betragen, wenn sein Ladenverkaufspreis 324,80 EUR ausmachen soll und folgende Angaben zu berücksichtigen sind:

Rabatt des Lieferanten	25 %
Skonto des Lieferanten	3 %
Handlungskosten	48 %
Gewinn	6 %
Kunden gewährter Skonto	2 %
Umsatzsteuer	16 %

2. Zu welchem Listenpreis darf ein Einzelhändler eine bestimmte Ware bei seinem Lieferanten einkaufen, wenn diese einen Ladenverkaufspreis (USt 16 %) von 696,00 EUR haben soll?

   Der Einzelhändler kann davon ausgehen, dass sein Lieferant einen Rabatt von 8 % gewähren wird und Bezugskosten in Höhe von 9,20 EUR anfallen werden. Sein Aufschlag für Geschäftskosten beträgt 55 %, sein Gewinnaufschlag 9 %. Kunden erhalten regelmäßig 3 % Skonto.

3. Ein Elektrohändler möchte einen Haartrockner zum Ladenverkaufspreis vom 50,44 EUR anbieten. In diesem Preis sollen berücksichtigt werden:

Rabatt des Lieferanten	20 %
Skonto des Lieferanten	3 %
Bezugskosten	1,50 EUR
Handlungskosten	16 %
Gewinn	4 %
Umsatzsteuer	16 %

   Wie viel EUR darf unter diesen Voraussetzungen der Listeneinkaufspreis betragen?

4. Ein Versandhaus bietet ein bestimmtes Fahrrad zum Ladenverkaufspreis (USt 16 %) von 1.109,57 EUR an.

   Zu welchem Listeneinkaufspreis muss einem am Ort befindlichen Fahrradhändler, der mit 16 % USt, 3 % Gewinn, 15 % Handlungskosten, 2 % Liefererskonto und 15 % Liefererrabatt kalkuliert, das gleiche Fahrrad angeboten werden, wenn dieser den Preis des Versenders um 5 % unterbieten möchte?

3.3 Differenzkalkulation

Viele, insbesondere kleinere Händler, haben weder die Möglichkeit, Einfluss auf die Einkaufs- noch auf die Verkaufspreise zu nehmen. Beide werden häufig vom Markt vorgegeben. In diesen Fällen muss überprüft werden, ob durch den Warenein- und -verkauf ein Gewinn erzielt werden kann, d. h. ob es sich überhaupt lohnt, entsprechend tätig zu werden.

Die Kalkulation erfolgt zunächst vom Listeneinkaufspreis bis zum Selbstkostenpreis, dann vom Listen- bzw. Ladenverkaufspreis bis zum Verkaufswert.

Nach Abzug des auf diese Weise ermittelten kleineren Betrages vom größeren ergibt sich als Differenz (Differenzkalkulation) die gesuchte Größe (Gewinn bzw. Verlust).

Beispiel:

Zur Überprüfung, ob eine Ware mit Gewinn verkauft werden kann, liegen folgende Angaben vor:

Listeneinkaufspreis	90,00 EUR
Rabatt des Lieferanten	25%
Bezugskosten	2,50 EUR
Handlungskosten	45%
Kunden gewährter Skonto	2%
Umsatzsteuer	16%
Ladenverkaufspreis	139,20 EUR

Lösung:

Listeneinkaufspreis	90,00 EUR	100%	
Liefererrabatt 25%	22,50 EUR	25%	
Ziel-/Bareinkaufspreis	67,50 EUR	75%	
Bezugskosten	2,50 EUR		
Einstandspreis	70,00 EUR		100%
Handlungskosten 45%	31,50 EUR		45%
Selbstkosten	101,50 EUR		145%
Gewinn	16,10 EUR	15,86%	
Verkaufswert	117,60 EUR		98%
Kundenskonto 2%	2,40 EUR		2%
Verkaufspreis (netto)	120,00 EUR	100%	100%
Umsatzsteuer 16%	19,20 EUR	16%	
Ladenverkaufspreis	139,20 EUR	116%	

Kontrollaufgaben

1. In welchen Fällen wird der Unternehmer eine Differenzkalkulation durchführen?
2. Erläutern Sie die einzelnen Schritte bei der Differenzkalkulation.

Übungen

1. Eine Ware hat einen Listeneinkaufspreis von 14,00 EUR. Als Großabnehmer erhält der Einzelhändler darauf 30% Rabatt. Außerdem nimmt er stets die Möglichkeit in Anspruch, den Rechnungsbetrag um 2% Skonto zu kürzen.

   Wie hoch ist der Gewinn des Einzelhändlers in EUR und Prozent, wenn sein Ladenverkaufspreis 16,14 EUR beträgt, die Geschäftskosten 25% ausmachen und der Umsatz dem Steuersatz von 16% unterliegt?

2. Ein Großhändler möchte ein Haushaltsgerät zum Listenpreis von 273,00 EUR anbieten. Sein Listeneinkaufspreis beträgt 202,50 EUR. Bei Abnahme von 250 Stück gewährt ihm der Lieferant 10% Rabatt und 3% Skonto. Er selbst rechnet mit insgesamt 470,63 EUR Frachtkosten, 30% Handlungskosten, 5% Kundenrabatt und 2% Kundenskonto.

   Wie viel EUR beträgt der Gewinn pro Stück in EUR und Prozent, wenn der Großhändler 250 Haushaltsgeräte einkauft?

3. Wie hoch ist der Gewinn eines Einzelhändlers, der mit 16 % USt, 30 % Liefererrabatt, 40 % Geschäftskosten und 5 % Kundenrabatt kalkuliert, wenn der Ladenverkaufspreis 4.222,40 EUR ausmacht und der Listeneinkaufspreis 3.640,00 EUR beträgt?

4. Einem Großhändler wurde bisher eine Ware zum Listeneinkaufspreis von 90,00 EUR angeboten. Diese Ware bot er seinen Kunden zum Listenverkaufspreis von 147,00 EUR an. Aufgrund sinkender Nachfrage erhöht der Lieferant seinen Rabatt von 10 auf 20 %. Dadurch sieht sich der Großhändler veranlasst, seinen Listenverkaufspreis auf 131,00 EUR zu senken.

   Wie hoch (in EUR und Prozent)
   a) war der Gewinn vor,
   b) ist der Gewinn nach

   der Änderung, wenn der Großhändler nach wie vor mit 1,00 EUR Bezugskosten, 44 % Handlungskosten und 10 % Kundenrabatt kalkuliert?

5. Ein Textileinzelhändler bietet ein Hemd zum Ladenverkaufspreis von 46,40 EUR an. Das Hemd hat einen Listeneinkaufspreis von 36,00 EUR und wird vom Einzelhändler mit einem Rabatt von 30 % erworben. Außerdem nimmt er den vertraglich vereinbarten Skontoabzug von 3 % in Anspruch.

   Wie hoch ist der Gewinn des Einzelhändlers in EUR und Prozent, wenn die Anschaffungsnebenkosten 1,50 EUR betragen, die Handlungskosten 25 % ausmachen und Kunden 2 % Skonto in Anspruch nehmen dürfen?

6. Ein Großhändler bezieht Drucker, deren Listeneinkaufspreis 1.500,00 EUR beträgt. Sein Lieferant gewährt 20 % Rabatt und 3 % Skonto, berechnet zusätzlich jedoch Verpackungskosten in Höhe von 36,00 EUR.

   Der Großhändler rechnet mit Handlungskosten von 10 % und verkauft die Drucker zum Listenpreis von 2.000,00 EUR. Er gewährt seinen Kunden allerdings 20 % Rabatt und 2 % Skonto.

   Berechnen Sie den Gewinn des Großhändlers in EUR und Prozent.

7. Eine Ware hat einen Bezugspreis von 850,00 EUR.
   a) Welcher Listenverkaufspreis ergibt sich, wenn der Händler mit 30 % Handlungskosten, 12 % Gewinn und 5 % Kundenrabatt kalkuliert?
   b) Wie hoch ist der Gewinn in EUR und Prozent tatsächlich, wenn der Händler seinem Kunden aufgrund einer Mängelrüge einen Preisnachlass von 50,00 EUR (netto) gewährt?

8. Stellen Sie fest, wie viel Prozent Gewinn ein Unternehmer erzielt, wenn seiner Buchführung die folgenden Angaben zu entnehmen sind:

	Soll/EUR	Haben/EUR
Warenanfangsbestand	122.500,00	
Warenendbestand		147.300,00
Einkauf von Waren	674.800,00	
erhaltene Skonti		15.100,00
sonstige Kosten	323.200,00	
Verkaufserlöse		1.195.700,00
Erlösschmälerungen	29.600,00	

9. Berechnen Sie den Gewinn in EUR und Prozent unter Berücksichtigung folgender Angaben:

Einstandspreis	510,00 EUR
Geschäftskosten	35 %
Verkaufserlöse	720,00 EUR

10. Welcher Gewinn in EUR und Prozent ergibt sich unter Berücksichtigung folgender Angaben:

Einkaufspreis (netto)	830,00 EUR
Bezugspreis	950,00 EUR
Selbstkostenpreis	1.170,00 EUR
Verkaufspreis (netto)	1.330,00 EUR
Ladenverkaufspreis (USt 16 %)	1.542,80 EUR

11. Der Buchführung eines Großhändlers sind die folgenden Angaben zu entnehmen:

	Soll/EUR	Haben/EUR
Warenanfangsbestand	545.000,00	
Warenendbestand		496.300,00
Einkauf von Waren	2.746.000,00	
Nachlässe von Lieferern		84.700,00
erhaltene Skonti		54.400,00
sonst. betriebl. Aufw. (Kosten)	976.900,00	
Verkaufserlöse		4.125.900,00
Erlösschmälerungen	32.600,00	
gewährte Skonti	41.300,00	

Ermitteln Sie die Höhe des erzielten Gewinns in EUR und Prozent.

3.4 Kalkulationsvereinfachungen

Um schneller bei vorgegebenem Bezugspreis den Verkaufspreis oder bei vorgegebenem Verkaufspreis den Einkaufspreis ermitteln zu können, wurden Möglichkeiten zur Kalkulationsvereinfachung entwickelt. Die erzielten Ergebnisse sind allerdings nur dann zutreffend, wenn die aus Vergangenheitswerten ermittelten Zuschlagssätze unverändert bleiben.

3.4.1 Kalkulationsvereinfachungen im Großhandel

Sowohl für die Vorwärts- als auch für die Rückwärtskalkulation wird zunächst der Rohgewinn benötigt. Wird dieser dem Bezugspreis hinzugerechnet, ergibt sich der Verkaufspreis, wird er in Prozent des Bezugspreises ausgedrückt, ist das Ergebnis der Kalkulationszuschlag. Die entsprechende Berechnung kann auch ausgehend vom Verkaufspreis erfolgen. Wird der Rohgewinn vom Verkaufspreis abgezogen, ergibt sich der Bezugspreis, wird er in Prozent des Verkaufspreises ausgedrückt, ist das Ergebnis die Handelsspanne.

Beispiel:

Ein Großhändler hat für eine Ware einen Bezugspreis von 200,00 EUR ermittelt. Er kalkuliert mit 30 % Handlungskosten, 15 % Gewinn, 2 % Kundenskonto und 15 % Kundenrabatt.

Bezugspreis	200,00 EUR		100 % ↓	
+ Handlungskosten 30 %	60,00 EUR			
Selbstkostenpreis	260,00 EUR			
+ Gewinn 15 %	39,00 EUR	Rohgewinn	Kalkulationszuschlag	Handelsspanne
Verkaufswert	299,00 EUR	158,94 EUR		
+ gewährter Skonto 2 %	6,10 EUR			
Zielverkaufspreis	305,10 EUR			
+ gewährter Rabatt 15 %	53,84 EUR			
Listenverkaufspreis	358,94 EUR			↑ 100 %

Kalkulationszuschlag:

200,00 EUR – 100 %
158,94 EUR – x %

$$\frac{100 \cdot 158{,}94}{200} = 79{,}47\ (\%)$$

Handelsspanne:

358,94 EUR – 100 %
158,94 EUR – x %

$$\frac{100 \cdot 158{,}94}{358{,}94} = 44{,}28\ (\%)$$

Eine weitere Größe zur Kalkulationsvereinfachung ergibt sich, wenn der Verkaufspreis durch den Bezugspreis oder der Kalkulationszuschlag durch die Handelsspanne dividiert wird. Diese Größe wird als Kalkulationsfaktor bezeichnet.

Kalkulationsfaktor: 358,94 : 200 = 1,7947
79,47 : 44,28 = 1,7947

Kontrollaufgaben

1. Welche Werte sind Ausgangsgrößen für die Berechnung des Kalkulationszuschlages bzw. der Handelsspanne?
2. Wie lässt sich der Kalkulationsfaktor berechnen?
3. Welche Vorteile ergeben sich für den Unternehmer, wenn er mit dem Kalkulationszuschlag, der Handelsspanne oder dem Kalkulationsfaktor rechnet?

Übungen

1. Einem Händler wird eine Ware zum Listeneinkaufspreis von 615,00 EUR mit 10 % Rabatt angeboten. Er selbst kalkuliert mit 10,50 EUR Bezugskosten, 25 % Handlungskosten, 15 % Gewinn und 3 % Kundenskonto.

   Berechnen Sie Kalkulationszuschlag, Kalkulationsfaktor und Handelsspanne.

2. Ein Großhändler hat für eine Ware einen Einstandspreis von 654,00 EUR ermittelt.

a) Wie viel EUR beträgt der Listenverkaufspreis, wenn der Großhändler mit einem Kalkulationszuschlag von 30 % arbeitet?

b) Wie hoch ist die Handelsspanne beim Kalkulationszuschlag von 30 %?

3. Ein Großhändler hat eine Ware mit einem Listenverkaufspreis von 441,00 EUR für 367,50 EUR (Einstandspreis) bezogen.

Ermitteln Sie

a) den Rohgewinn,
b) den Kalkulationszuschlag,
c) den Kalkulationsfaktor,
d) die Handelsspanne.

4. Der Buchführung eines Mandanten sind die folgenden Angaben zu entnehmen:

	Soll/EUR	Haben/EUR
Warenanfangsbestand	236.000,00	
Warenendbestand		245.900,00
Einkauf von Waren	1.438.800,00	
Anschaffungsnebenkosten	48.600,00	
Verkaufserlöse		2.612.100,00
Erlösschmälerungen	81.200,00	
Geschäftskosten	849.400,00	

Ermitteln Sie

a) den Rohgewinn,
b) den Kalkulationszuschlag,
c) die Handelsspanne,
d) den Gewinn in EUR und Prozent.

5. Berücksichtigt ein Großhändler einen Kalkulationszuschlag von 81 %, ergibt sich ein Listenverkaufspreis von 2.226,30 EUR.

Ermitteln Sie den Listeneinkaufspreis, wenn der Händler von seinem Lieferanten 3 % Skonto erhält.

6. Betragen die Handlungskosten 80 %, errechnet sich ein Kalkulationsfaktor von 1,93.

Wie viel Prozent betragen in diesem Falle

a) die Handelsspanne,
b) der Kalkulationszuschlag,
c) der Gewinn?

7. Zum Ende des Geschäftsjahres können der Buchführung eines Großhändlers folgende Angaben entnommen werden:

	Soll/EUR	Haben/EUR
Warenanfangsbestand	435.000,00	
Einkauf von Waren	1.521.700,00	
Nachlässe von Lieferanten		32.100,00
Verkaufserlöse		2.980.300,00
Erlösschmälerungen	41.600,00	
Warenendbestand		392.800,00

Berechnen Sie

a) den Wareneinsatz,
b) den Kalkulationszuschlag,
c) die Handelsspanne.

8. Der vorläufigen Saldenbilanz eines Großhändlers sind für das Geschäftsjahr 02 u. a. die folgenden Angaben zu entnehmen:

	Soll/EUR	Haben/EUR
Warenanfangsbestand	176.400,00	
Einkauf von Waren	785.200,00	
Nachlässe von Lieferanten		9.600,00
erhaltene Skonti		19.200,00
Anschaffungsnebenkosten	22.900,00	
Verkaufserlöse		1.320.100,00
Erlösschmälerungen	38.400,00	

Laut Inventur beträgt der Warenbestand zum Ende des Geschäftsjahres 02 109.200,00 EUR.

Berechnen Sie

a) den Wareneinsatz,
b) den Kalkulationszuschlag,
c) die Handelsspanne.

9. Ein Großhändler erwirbt 300 Herrenhosen zum Listenpreis von 91,20 EUR pro Stück. Die Anschaffungsnebenkosten für diese Lieferung betragen 70,00 EUR.

Zu welchem Listenverkaufspreis bietet er Einzelhändlern ein Hemd an, wenn er

a) mit einer Handelsspanne von 35 % rechnet,
b) mit einem Kalkulationsfaktor von 1,55 arbeitet?

10. Welcher Kalkulationszuschlag bzw. welche Handelsspanne ergibt sich, wenn ein Großhändler mit 30 % Handlungskosten und 24 % Gewinn rechnet?

11. Die Warenkonten eines Großhändlers sehen zum Ende des Geschäftsjahres wie folgt aus:

S	Warenbestand		H
EBK	240.000,00	SBK	165.000,00
		Eink.W.	75.000,00
	240.000,00		240.000,00

S	Einkauf von Waren		H
Verb.	1.963.000,00	Nachl.	40.500,00
WB	75.000,00	VErl.	1.997.500,00
	2.038.000,00		2.038.000,00

S	Verkaufserlöse		H
ESchm.	33.600,00	Ford.	3.205.000,00
Eink.W.	1.997.500,00		
G+V	1.173.900,00		
	3.205.000,00		3.205.000,00

Berechnen Sie Kalkulationszuschlag und Handelsspanne.

12. Den Warenkonten können Sie zum Ende des Geschäftsjahres folgende Angaben entnehmen:

	Soll/EUR	**Haben/EUR**
Warenanfangsbestand	104.000,00	
Einkauf von Waren	756.000,00	
Warenendbestand		117.000,00
Verkaufserlöse		1.736.000,00

Berechnen Sie

a) den Wareneinsatz,
b) den Kalkulationszuschlag,
c) die Handelsspanne.

13. Ein Großhändler berücksichtigt bei seiner Kalkulation 60 % Handlungskosten, 15 % Gewinn und 15 % Kundenrabatt.

Mit welchem Kalkulationszuschlag bzw. welcher Handelsspanne arbeitet er?

14. Zur Ermittlung des Kalkulationsfaktors, der Handelsspanne und der Höhe des Reingewinns macht ein Großhändler folgende Angaben:

Einkauf von Waren	240.000,00 EUR
Wareneinsatz	268.800,00 EUR
Verkaufserlöse	430.080,00 EUR
Geschäftskosten	139.776,00 EUR

Führen Sie die Berechnung durch.

15. Wie hoch sind

a) der Gewinn in EUR und Prozent,
b) die Handelsspanne,
c) der Kalkulationszuschlag,
d) der Kalkulationsfaktor,

wenn den Unterlagen eines Großhändlers die folgenden Angaben zu entnehmen sind:

Einkaufspreis (netto)	1.080,00 EUR
Einstandspreis	1.170,00 EUR
Selbstkostenpreis	1.260,00 EUR
Verkaufspreis (netto)	1.365,00 EUR

16. Einem Großhändler werden 6 Drucker zum Listeneinkaufspreis von je 2.100,00 EUR angeboten. Er erwirbt sie mit 20 % Rabatt und kürzt den Rechnungsbetrag um 2 % Skonto. Die Bezugskosten der Drucker betragen insgesamt 240,00 EUR. Der Großhändler kalkuliert mit 45 % Geschäftskosten, 5 % Gewinn, 2 % Vertreterprovision, 3 % Kundenskonto und 10 % Kundenrabatt.

a) Zu welchem Listenpreis kann einem Einzelhändler ein Drucker angeboten werden?

b) Mit welchem Kalkulationszuschlag arbeitet der Großhändler?

3.4.2 Kalkulationsvereinfachungen im Einzelhandel

Ausgangswert für eine Vereinfachung der Vorwärtskalkulation im Einzelhandel ist der Bezugspreis, für die Rückwärtskalkulation entweder der Verkaufspreis (netto) oder der Ladenverkaufspreis (also ein Betrag einschließlich Umsatzsteuer).

Der sich als Differenz zwischen Bezugs- und Verkaufspreis (netto) ergebende Betrag stellt – wie beim Großhandel – den Rohgewinn dar. Wird der Bezugs- mit dem Ladenverkaufspreis verglichen, ist in diesem Differenzbetrag auch die Umsatzsteuer enthalten.

Weil der Einzelhändler bei der Vorwärtskalkulation möglichst schnell den Ladenverkaufspreis ermitteln möchte, beinhaltet der Kalkulationszuschlag nun auch die Umsatzsteuer. Will der Einzelhändler ausgehend vom Ladenverkaufspreis den Einstandspreis ermitteln, nimmt er einen Abschlag vor, in dem ebenfalls die Umsatzsteuer berücksichtigt wird. Dieser Kalkulationsabschlag darf nicht mit der Handelsspanne verwechselt werden, bei deren Ermittlung nach wie vor der Rohgewinn (ohne Umsatzsteuer) mit dem Verkaufspreis (netto) verglichen wird.

Beispiel:

Ein Einzelhändler hat für eine Ware einen Bezugspreis von 300,00 EUR ermittelt. Er kalkuliert mit 30 % Handlungskosten, 15 % Gewinn, 2 % Kundenskonto und 16 % Umsatzsteuer.

Bezugspreis	300,00 EUR		100 % ↓	
+ Handlungskosten 30 %	90,00 EUR	Rohgewinn 230,89 EUR (incl. USt)	Kalkulationszuschlag	Kalkulationsabschlag
Selbstkostenpreis	390,00 EUR			
+ Gewinn 15 %	58,50 EUR			
Verkaufswert	448,50 EUR			
+ gewährter Skonto 2 %	9,15 EUR			
Zielverkaufspreis	457,65 EUR			
+ Umsatzsteuer 16 %	73,24 EUR			
Ladenverkaufspreis	530,89 EUR			100 % ↑

Kalkulationszuschlag: (incl. Umsatzsteuer)
300,00 EUR – 100 %
230,89 EUR – x %

$$\frac{100 \cdot 230{,}89}{300} = 76{,}96\ (\%)$$

Kalkulationsabschlag: (incl. Umsatzsteuer)
530,89 EUR – 100 %
230,89 EUR – x %

$$\frac{100 \cdot 230{,}89}{530{,}89} = 43{,}49\ (\%)$$

Eine weitere Größe zur Kalkulationsvereinfachung ergibt sich, wenn der Ladenverkaufspreis durch den Bezugspreis dividiert wird. Diese Größe wird auch hier als Kalkulationsfaktor bezeichnet.

Kalkulationsfaktor:
(incl. Umsatzsteuer) 530,89 : 300 = 1,7696 (incl. Umsatzsteuer)

Die Berechnung der Handelsspanne erfolgt wie beim Großhandel. Ausgangswert ist der Verkaufspreis netto (457,65 EUR). Von diesem ist der Einstandspreis (300,00 EUR) abzuziehen und so der Rohgewinn (157,65 EUR) zu ermitteln. Wird dann der Rohgewinn in Prozent des Verkaufspreises (netto) ausgedrückt, ergibt sich die Handelsspanne.

Handelsspanne:

457,65 EUR – 100 %
157,65 EUR – x %

$$\frac{100 \cdot 157{,}65}{457{,}65} = 34{,}45\ (\%)$$

Kontrollaufgaben

1. Wodurch unterscheidet sich der Kalkulationszuschlag im Einzelhandel von dem im Großhandel?
2. Welcher Begriff entspricht wertmäßig dem Kalkulationszuschlag
   a) im Einzelhandel,
   b) im Großhandel?

Übungen

1. Ein Einzelhändler bietet seinen Kunden eine Ware, deren Einstandspreis 55,00 EUR beträgt, für 100,87 EUR (USt 16 %) an.

   Wie hoch sind in diesem Fall
   a) der Kalkulationszuschlag,
   b) der Kalkulationsfaktor,
   c) der Kalkulationsabschlag,
   d) die Handelsspanne?
2. Einem Einzelhändler wird eine Ware zum Listenpreis von 70,00 EUR angeboten. Er erwirbt sie mit 30 % Liefererrabatt und kürzt den Rechnungsbetrag vereinbarungsgemäß um 3 % Skonto.

   Berechnen Sie
   a) Kalkulationszu- und -abschlag, wenn die Ware Endabnehmern zum Ladenverkaufspreis (USt 16 %) von 83,52 EUR angeboten wird,
   b) den Reingewinn in EUR und Prozent, wenn der Handlungskostenzuschlag 35 % ausmacht.
3. Wenn ein Einzelhändler mit 30 % Handlungskosten, 2 % Kundenskonto und 16 % USt kalkuliert, beträgt sein Ladenverkaufspreis für eine Ware 1.734,95 EUR.
   a) Wie viel EUR beträgt in diesem Fall der Einstandspreis, wenn der Kalkulationszuschlag 74,5 % ausmacht?
   b) Wie hoch ist der Reingewinn in EUR und Prozent?
   c) Mit welcher Handelsspanne arbeitet der Einzelhändler?
4. Sie erhalten von einem Einzelhändler den Auftrag,
   a) den Gewinnzuschlag in EUR und Prozent,
   b) den Kalkulationszuschlag,
   c) den Kalkulationsfaktor,
   d) den Kalkulationsabschlag und
   e) die Handelsspanne

   zu berechnen. Gleichzeitig stellt er Ihnen folgende Angaben zur Verfügung:

Einkaufspreis	1.800,00 EUR
Einstandspreis	2.050,00 EUR
Selbstkostenpreis	3.680,00 EUR
Verkaufspreis (netto)	4.130,00 EUR
Ladenverkaufspreis (USt 16 %)	4.790,80 EUR

Führen Sie die Berechnungen durch.

5. Einem Einzelhändler wird eine Ware zum Listenpreis von 1.640,00 EUR angeboten. Er kalkuliert mit 16 % USt, 40 % Liefererrabatt, 35 % Handlungskosten sowie 3 % Kundenskonto und bietet seinen Kunden die Ware für 1.902,40 EUR an.
   a) Wie hoch ist der Gewinn des Einzelhändlers in EUR und Prozent?
   b) Mit welchem Kalkulationszu- bzw. -abschlag arbeitet der Einzelhändler?
   c) Wie viel Prozent beträgt seine Handelsspanne?

6. Ein Einzelhändler (USt 16 %) arbeitete bisher mit einem Kalkulationszuschlag von 90 %. Aufgrund der schlechten Geschäftslage senkt er den Ladenverkaufspreis seiner Waren um 20 %. Seine Handlungskosten betragen nach wie vor 35 %.

   Ermitteln Sie
   a) die bisherige und jetzige Handelsspanne,
   b) den ursprünglich und jetzt erwarteten Gewinnzuschlagssatz.

7. Ein Einzelhändler kalkuliert mit 80 % Handlungskosten, 20 % Gewinn und 16 % USt.
   a) Mit welchem Kalkulationszu- bzw. -abschlag rechnet der Einzelhändler?
   b) Berechnen Sie den Kalkulationsfaktor.

8. Einem Einzelhändler ist bekannt, dass er einen Anzug höchstens zum Ladenpreis (USt 16 %) von 625,39 EUR verkaufen kann.
   a) Wie viel EUR darf der Bareinkaufspreis deshalb höchstens betragen, wenn der Händler mit 10,00 EUR Bezugskosten, 30 % Handlungskosten und 20 % Gewinn rechnet?
   b) Mit welchem Kalkulationszu- bzw. -abschlag arbeitet der Händler in diesem Fall?

9. Der Ladenverkaufspreis einer Ware beträgt 1.856,00 EUR, ihr Listeneinkaufspreis beträgt 1.600,00 EUR.

   Wie hoch sind
   a) der Gewinn in EUR und Prozent,
   b) der Kalkulationszuschlag,
   c) der Kalkulationsabschlag,

   wenn der Einzelhändler mit 16 % USt, 30 % Liefererrabatt, 50 % Geschäftskosten und 2 % Kundenskonto kalkuliert?

Vermischte Übungen

1. Um zu gewährleisten, dass die Zahlungen an den einzigen Lieferanten stets pünktlich und mit Skontoabzug erfolgen können, hat Ihr Mandant Einzugsermächtigung erteilt, d. h., Eingangsrechnungen werden stets durch Bankeinzug beglichen.

   Am 20. Okt. 01 erhielt Ihr Mandant eine Lastschrift der Bank über 10.689,40 EUR. Sie erfolgte für eine ordnungsgemäße Eingangsrechnung, die der Lieferer sofort um 3 % Skonto gekürzt hatte.

   Sowohl der Wareneingang als auch der Rechnungsausgleich wurden bisher nicht gebucht.

   Holen Sie diese Arbeiten nach (Nettobuchung, USt 16 %).

2. Ihr Mandant liefert einem Kunden am 27. Apr. 01 Waren für 18.000,00 EUR zuzüglich 16 % USt. Laut Mitteilung des Kunden ist ein Teil der Waren beschädigt. Er sendet diese am 2. Mai 01 an Ihren Mandanten zurück und erhält vereinbarungsgemäß am 2. Mai 01 eine Gutschrift über 900,00 EUR zuzüglich 16 % USt. Den Restbetrag begleicht der Kunde pünktlich nach Einbehaltung von 2 % Skonto (berechnet vom Restbetrag) durch Banküberweisung.

   Buchen Sie den gesamten Vorgang. Nehmen Sie die ggf. erforderlichen USt-Korrekturen sofort vor.

3. Ihr Mandant kauft am 15. Aug. 01 einen Posten Lederwaren und erhält über diesen Vorgang eine ordnungsgemäße Rechnung, der u. a. die folgenden Angaben zu entnehmen sind:

Lederwaren	12.000,00 EUR
– 25 % Rabatt	3.000,00 EUR
Nettopreis	9.000,00 EUR
+ 16 % USt	1.440,00 EUR
Rechnungsbetrag	10.440,00 EUR

   Am 20. Aug. 01 werden aufgrund einer Mängelrüge 20 % der Waren zurückgeschickt. Der Restbetrag wird am 23. Aug. 01 nach Abzug von 2 % Skonto (berechnet vom Restbetrag) durch Banküberweisung bezahlt.

   Buchen Sie den gesamten Vorgang. Der Skontoabzug ist nach dem Nettoprinzip zu buchen.

4. Laut Ausgangsrechnung vom 20. Apr. 02 lieferte Ihr Mandant Waren im Wert von 18.500,00 EUR zuzüglich 16 % USt an einen Privatmann. Dem Kaufvertrag ist zu entnehmen, dass Ihr Mandant sich verpflichtete, bei Bezahlung innerhalb von 10 Tagen 3 % Skonto zu gewähren.

   Am 2. Mai 02 wurde dem Konto Ihres Mandanten zum Ausgleich der Rechnung vom 20. Apr. 02 ein Betrag von 20.816,20 EUR gutgeschrieben.

   Ihr Mandant teilte dem Kunden sofort mit, dass er mit der Höhe des überwiesenen Betrages nicht einverstanden war. Er forderte den fälligen Restbetrag an, der am 4. Mai 02 seinem Bankkonto gutgeschrieben wurde.

   Erstellen Sie sämtliche Buchungssätze zu diesem Vorgang.

5. Sie haben noch folgende Geschäftsvorfälle für Ihren Mandanten zu buchen:

   a) Er erhielt am 15. Aug. 01 folgende Eingangsrechnung:

XY-Ware	2.800,00 EUR
Transportkosten	180,00 EUR
Verpackungskosten	650,00 EUR
	3.630,00 EUR
+ 16 % USt	580,80 EUR
Rechnungsbetrag	4.210,80 EUR

   b) Am 20. Aug. 01 sandte er die Verpackung zurück. Sein Lieferant erteilte ihm daraufhin eine Gutschrift über 650,00 EUR zuzüglich 104,00 EUR USt.

6. Ihr Mandant lieferte einem Kunden am 18. Jul. 01 Waren für 5.742,00 EUR (einschließlich 16 % USt). Aufgrund einer Mängelrüge erteilte Ihr Mandant am 22. Jul. 01 eine Gutschrift von 203,00 EUR (einschließlich 16 % USt). Den verbleibenden Restbetrag glich der Kunde am 25. Jul. 01 aus durch

   - Barzahlung eines Betrages von 2.500,00 EUR und
   - Banküberweisung des verbleibenden Betrages unter Abzug von 3 % Skonto, berechnet vom ursprünglichen Rechnungsbetrag.

   Eine Buchung ist noch nicht erfolgt. Holen Sie diese Arbeit nach.

7. Im Voranmeldungszeitraum Dezember 01 hat Ihr Mandant die erhaltenen Skonti- und Bonibeträge (USt 16 %) brutto erfasst. Im Konto erhaltene Skonti ist ein noch nicht korrigierter Betrag von 255,20 EUR, im Konto erhaltene Boni ein solcher von 498,80 EUR ausgewiesen.

   Buchen Sie die Steuerberichtigung zum 31. Dez. 01.

8. Über einen Warenverkauf erteilte Ihr Mandant einem Kunden eine Rechnung im Gesamtbetrag von 27.260,00 EUR einschließlich 16 % USt. Der Rechnungsausgleich erfolgte wenige Tage später nach Abzug von 3 % Skonto durch Banküberweisung.

   Es wurde gebucht:

Forderungen	27.260,00 EUR	
an Bank		26.442,20 EUR
an erhaltene Skonti		705,00 EUR
an Vorsteuer		112,80 EUR

   Nehmen Sie die ggf. erforderlichen Buchungen vor.

9. Ihr Mandant hat im Jahr 01 ausschließlich Waren eines Herstellers bezogen. Den Eingangsrechnungen ist zu entnehmen, dass der Listenpreis der Waren insgesamt 235.000,00 EUR betrug, ein Rabatt von 10 % gewährt wurde und die Möglichkeit des Skontoabzugs (3 %) bestand.

   Sämtliche Liefererrechnungen wurden mit Skontoabzug durch Banküberweisung bezahlt.

   Zur Überraschung Ihres Mandanten trifft am 31. Dez. 01 zusätzlich eine Bonigutschrift

über	4.230,00 EUR
+ 16 % USt	676,80 EUR
Gesamtbetrag	4.906,80 EUR

   ein.

   a) Bilden Sie den Buchungssatz zum 31. Dez. 01.
   b) Berechnen Sie die Anschaffungskosten der bezogenen Waren.

10. Ein Kunde, der am 5. Mär. 01 einen Videorecorder für 1.200,00 EUR zuzüglich 16 % USt erworben hat, tauscht diesen am 10. Mär. 01 gegen ein besseres Gerät um, das für 2.000,00 EUR zuzüglich 16 % USt angeboten wird.

    Wie hat Ihr Mandant zu buchen, wenn

    - die Ausgangsrechnung vom 5. Mär. 01 bereits gebucht, aber noch nicht bezahlt worden ist und
    - der neue Rechnungsbetrag am 10. Mär. 01 nach Abzug von 3 % Skonto sofort bar bezahlt wird?

11. Mit Datum vom 28. Dez. 01 erhält Ihr Mandant erwartungsgemäß eine Lieferergutschrift in Höhe von 928,00 EUR. Sie wurde angefordert, weil der Vertragspartner trotz Mahnung mit Fristsetzung nicht liefern konnte.

    Zum Zeitpunkt der Gutschrift belaufen sich die noch offenen Rechnungen Ihres Mandanten bei diesem Lieferanten auf 3.500,00 EUR.

    Buchen Sie den Vorgang (USt 16 %).

12. Am 20. Aug. 01 hat Ihr Mandant einem Kunden Waren im Wert von 1.200,00 EUR zuzüglich 16 % USt geliefert. Laut Kaufvertrag ist der Kunde berechtigt, bei Zahlung innerhalb von 10 Tagen 2 % Skonto abzuziehen.

    Am 20. Sep. 01 geht die Zahlung des Kunden in Höhe von 1.364,16 EUR auf dem betrieblichen Bankkonto ein. Daraufhin teilt Ihr Mandant dem Kunden mit, dass sein Konto einen Sollsaldo von 27,84 EUR ausweist.

    Buchen Sie den gesamten Vorgang.

13. Bei Überprüfung der am 27. Dez. 01 eingekauften und bereits wie folgt gebuchten Waren

Wareneinkauf	32.500,00 EUR	
Vorsteuer	5.200,00 EUR	
an Verbindlichkeiten LuL		37.700,00 EUR

wird festgestellt, dass ein Warenposten im Wert von 8.500,00 EUR zuzüglich 1.360,00 EUR falsch geliefert worden ist.

Nach Rücksprache mit dem Lieferer und Rücksendung der Waren am 31. Dez. 01 berichtigt Ihr Mandant die entsprechenden Konten.

Erstellen Sie die ggf. erforderliche Korrekturbuchung.

14. Aufgrund der langjährigen guten Geschäftsbeziehungen erteilt Ihr Mandant einem Kunden am 28. Dez. 01 eine Gutschrift über 1.200,00 EUR zuzüglich 192,00 EUR USt. Zusammen mit der Gutschrift geht dem Kunden ein Schreiben zu, in dem Ihr Mandant darauf hinweist, dass er die gegenüber ihm bestehenden Forderungen um diesen Betrag gekürzt hat.

Bilden Sie den Buchungssatz.

15. Eine Telefongesellschaft buchte Telefongebühren in Höhe von 250,00 EUR zuzüglich 40,00 EUR USt vom betrieblichen Bankkonto ab. 30 % des Gesamtbetrages sind privat durch Ihren Mandanten verursacht.

16. Der Kassenbestand am Ende des 20. Mai 01 beträgt 225,80 EUR. Er ist durch folgende Vorgänge beeinflusst worden:

- Spende an den Heimatverein	80,00 EUR
- Kauf von Büromaterial, lt. ordnungsgemäßer Quittung	52,20 EUR
- Entnahme für den privaten Haushalt	400,00 EUR
- Ausgleich einer Eingangsrechnung vom 10. Mai 01	835,20 EUR
- Einzahlung auf das betriebliche Bankkonto, lt. Einzahlungsbeleg	750,00 EUR

a) Ermitteln Sie die Höhe der Tageseinnahme (Höhe der gegen Barzahlung erzielten Verkaufserlöse) vom 20. Mai 01, wenn der Kassenbestand am Ende des 19. Mai 01 255,20 EUR betragen hat. Beachten Sie dabei, dass die Umsätze dem allgemeinen Steuersatz unterliegen.

b) Bilden Sie die Buchungssätze.

17. Erstellen Sie die Hauptabschlussübersicht für einen Einzelhändler (wahlweise unter Berücksichtigung der Kontenrahmen SKR 03 und SKR 04).

SKR 03

Kto.-Nr.	Kontenbezeichnung	Saldenbilanz I	
		Soll	Haben
0410	Ladeneinrichtung	45.000,00	
0870	Eigenkapital		84.078,00
1000	Kasse	8.000,00	
1200	Bank	38.370,00	
1400	Forderungen LuL	45.000,00	
1570	Vorsteuer	9.400,00	
1600	Verbindlichkeiten LuL		42.000,00
1770	Umsatzsteuer 16 %		21.000,00
1780	Umsatzsteuer-Vorauszahlung	12.000,00	
1800	Privat	14.000,00	
3200	Einkauf von Waren	63.000,00	
3730	erhaltene Skonti		1.740,00
3740	erhaltene Boni		464,00
3800	Anschaffungsnebenkosten	2.800,00	
3830	Leergut	2.400,00	
3980	Warenbestand	18.000,00	
4120	Gehälter	9.000,00	
4210	Miete	18.000,00	
4730	Ausgangsfrachten	2.500,00	
4830	Abschreibung SA		
8000	Verkaufserlöse 16 % USt		140.000,00
8700	Erlösschmälerungen	1.000,00	
8730	gewährte Skonti	812,00	
		289.282,00	289.282,00

Zum Ende des Wirtschaftsjahres sind noch folgende Buchungen vorzunehmen:

1. Die Rechnung über einen Wareneinkauf lautet auf 6.000,00 EUR zuzüglich 960,00 EUR USt.
2. Der Ausgleich der Eingangsrechnung (1.) erfolgte nach Abzug von 3 % Skonto durch Banküberweisung (Bruttobuchung).
3. Die Eingangsfracht (1.) in Höhe von 250,00 EUR zuzüglich 40,00 EUR USt wurde bar bezahlt.
4. Ein Lieferer erteilte eine Bonusgutschrift in Höhe von 500,00 EUR zuzüglich 80,00 EUR USt (Bruttobuchung).
5. Beschädigte Waren im Wert von 800,00 EUR zuzüglich 128,00 EUR USt wurden an den Lieferer zurückgeschickt.
6. Leergut im Wert von 400,00 EUR zuzüglich 64,00 EUR USt wurde gegen eine entsprechende Gutschrift an einen Lieferer zurückgegeben.
7. Es wurden Waren im Wert von 10.000,00 EUR zuzüglich 1.600,00 EUR USt auf Ziel verkauft.
8. Aufgrund einer Mängelrüge wird einem Kunden eine Gutschrift in Höhe von 300,00 EUR zuzüglich 48,00 EUR USt erteilt.
9. Eine Ausgangsrechnung in Höhe von 8.120,00 EUR (USt 16 %) wurde nach Abzug von 2 % Skonto durch Banküberweisung beglichen (Bruttobuchung).

10. Die Ladeneinrichtung ist mit 5.000,00 EUR abzuschreiben.
11. Die in den Konten erhaltene Skonti, erhaltene Boni und gewährte Skonti erfassten Beträge sind Bruttobeträge (USt 16%). Die darin enthaltene Umsatzsteuer ist umzubuchen.
12. Die Unterkonten der Konten Einkauf von Waren und Verkaufserlöse sind abzuschließen.
13. Der Warenbestand zum Ende des Wirtschaftsjahres beträgt lt. Inventur 19.000,00 EUR.
14. Das Privatkonto ist abzuschließen.
15. Die Umsatzsteuer-Zahllast ist zu ermitteln.
16. Berechnen Sie
    a) Handelsspanne,
    b) Kalkulationszuschlag,
    c) Kalkulationsabschlag.
17. Zeigen Sie, wie sich die Geschäftsvorfälle 1 bis 11 und 13
    a) auf den Erfolg,
    b) auf die Bilanzsumme auswirken.

SKR 04

Kto.-Nr.	Kontenbezeichnung	Saldenbilanz I	
		Soll	Haben
0640	Ladeneinrichtung	45.000,00	
1140	Warenbestand	18.000,00	
1200	Forderungen LuL	45.000,00	
1400	Vorsteuer	9.400,00	
1600	Kasse	8.000,00	
1800	Bank	38.370,00	
2000	Eigenkapital		84.078,00
2100	Privat	14.000,00	
3300	Verbindlichkeiten LuL		42.000,00
3800	Umsatzsteuer 16%		21.000,00
3820	Umsatzsteuer-Vorauszahlung	12.000,00	
4000	Verkaufserlöse 16% USt		140.000,00
4700	Erlösschmälerungen	1.000,00	
4730	gewährte Skonti	812,00	
5200	Einkauf von Waren	63.000,00	
5730	erhaltene Skonti		1.740,00
5740	erhaltene Boni		464,00
5800	Anschaffungsnebenkosten	2.800,00	
5820	Leergut	2.400,00	
6000	Gehälter	9.000,00	
6220	Abschreibung SA		
6310	Miete	18.000,00	
6740	Ausgangsfrachten	2.500,00	
		289.282,00	289.282,00

13 Hengstebeck - ISBN 3-8120-0068-7

E Personalbereich

Je größer ein Unternehmen ist, umso mehr und umso speziellere Arbeiten kommen auf den Unternehmer zu. In vielen Fällen ist dann der Unternehmer überfordert, sämtliche im Unternehmen anfallenden Arbeiten selbst zu übernehmen. Er beschäftigt deshalb Arbeitnehmer, denen er Teile dieser Arbeiten überträgt.

1 Grundsätzlich anfallende Arbeiten

Die Beschäftigung von Arbeitnehmern ist für den Unternehmer auch mit zusätzlichen Arbeiten verbunden. Er muss die Personalaufwendungen abrechnen, sie aufzeichnen, für Buchungen sammeln, überweisen und buchen.

1.1 Abrechnung der Personalaufwendungen

Die Personalaufwendungen lassen sich grundsätzlich in zwei Bereiche einteilen, in Löhne und Gehälter einerseits und in gesetzliche soziale Aufwendungen andererseits.

Als Löhne (der Arbeiter) und Gehälter (der Angestellten) sind alle Aufwendungen zu berücksichtigen, die als Arbeitslohn i. S. des § 19 EStG gelten. Beispiele für diese Aufwendungen sind vertraglich vereinbarte Arbeitsentgelte, Urlaubs- und Weihnachtsgelder, erstattete Fahrtkosten und Beträge für Kontoführungsgebühren.

Gesetzliche soziale Aufwendungen sind die Arbeitgeberanteile zur Kranken-, Pflege-, Renten- und Arbeitslosenversicherung (Arbeitsförderung) sowie die Beiträge zur Unfallversicherung (Berufsgenossenschaft).

Löhne bzw. Gehälter werden den Arbeitnehmern nicht in voller Höhe ausgezahlt. Der Arbeitgeber ist verpflichtet, die Lohnsteuer, (die Kirchensteuer), den Solidaritätszuschlag und den Sozialversicherungsanteil des Arbeitnehmers bei der Lohn-/Gehaltszahlung einzubehalten.

Damit der Arbeitnehmer kontrollieren kann, ob die Lohn-/Gehaltsabrechnung korrekt erfolgt ist, erhält er als Abrechnungsbeleg einen Lohn-/Gehaltsstreifen. Aus diesem Beleg ist zu ersehen, wie der Unternehmer vom Bruttolohn/-gehalt zum Auszahlungsbetrag gekommen ist.

Grundsätzlich setzen sich der Personalaufwand des Arbeitgebers und das Entgelt des Arbeitnehmers wie folgt zusammen:

Arbeitgeber	Arbeitnehmer
Bruttoarbeitsentgelt + Sozialversicherungsbeitrag (Arbeitgeberanteil) + Beitrag zur Unfallversicherung	Bruttoarbeitsentgelt – Lohnsteuer – Kirchensteuer – Solidaritätszuschlag – Sozialversicherungsbeitrag (Arbeitnehmeranteil)
= gesamter Personalaufwand	= Auszahlungsbetrag

1.2 Aufzeichnung abrechnungsbezogener Daten

Die Höhe der Personalaufwendungen und der vorzunehmenden Lohnabzüge ist für die einzelnen Lohnzahlungszeiträume festzuhalten (§ 41 Abs. 1 EStG, § 4 LStDV). Aus diesem Grunde hat der Unternehmer für jeden Arbeitnehmer ein Lohn-/Gehaltskonto zu führen, das alle Stamm- und Bewegungsdaten aufnimmt, die die Lohn-/Gehaltsabrechnung betreffen.

Stammdaten sind z. B. der Name und die Anschrift des Arbeitnehmers, das Geburtsdatum, die Steuerklasse, die Anzahl der Kinderfreibeträge, die Konfession, der monatliche und der jährliche LSt-Freibetrag, die Gemeinde, die die LSt-Karte ausgestellt hat, das Betriebsfinanzamt.

Als Bewegungsdaten gelten z. B. der Tag der Lohn-/Gehaltszahlung, der Lohnzahlungszeitraum, das Bruttoarbeitsentgelt, die einbehaltenen Beträge für Lohnsteuer, Kirchensteuer, Solidaritätszuschlag, die Beiträge zur Sozialversicherung, die vermögenswirksamen Leistungen, die steuerfreien Lohnersatzleistungen, die Zeiträume ohne Anspruch auf Arbeitslohn („U"), die Höhe des pauschal versteuerten Arbeitslohns.

Besondere Bedeutung kommt den Lohn-/Gehaltskonten bei Prüfungen durch das Finanzamt und die Rentenversicherung zu.

Das Lohnkonto ist nach Ablauf des Kalenderjahres abzuschließen. Endet das Dienstverhältnis vorher, ist der Abschluss entsprechend früher vorzunehmen. Aufgrund der Eintragungen, die für den entsprechenden Zeitraum im Lohnkonto erfolgt sind, muss der Arbeitgeber auch die Lohnsteuerbescheinigung auf der Lohnsteuerkarte vornehmen.

1.3 Sammlung der buchungsrelevanten Daten

Die für die einzelnen Arbeitnehmer ermittelten Löhne/Gehälter, Steuern und Sozialversicherungsbeiträge müssen selbstverständlich im Grund- und Hauptbuch erfasst werden. Denkbar wären entsprechende Einzelbuchungen für jeden Arbeitnehmer. Werden in einem Unternehmen mehrere Arbeitnehmer beschäftigt, wird aus Rationalisierungsgründen jedoch eine andere Vorgehensweise gewählt:

- Die für die einzelnen Arbeitnehmer ermittelten Bruttolöhne/-gehälter, Abzüge und Auszahlungsbeträge werden in einer Lohn-/Gehaltsliste gesammelt.
- Aufgrund dieser Lohn-/Gehaltsliste (Buchungsbeleg) findet die Lohn-/Gehaltsbuchung gleichzeitig für alle Arbeitnehmer statt.

Beispiel:

Arbeitnehmer	K. Ruge	N. Wolf	Insgesamt
Bruttolohn/-gehalt	2.500,00 EUR	3.100,00 EUR	5.600,00 EUR
LSt/KiSt/SZ	285,11 EUR	509,77 EUR	794,88 EUR
Sozialversicherung			
– Arbeitnehmeranteil	517,50 EUR	641,70 EUR	1.159,20 EUR
– Arbeitgeberanteil	517,50 EUR	641,70 EUR	1.159,20 EUR
Nettolohn/-gehalt	1.697,39 EUR	1.948,53 EUR	3.645,92 EUR
Auszahlungsbetrag	1.697,39 EUR	1.948,53 EUR	3.645,92 EUR

1.4 Überweisung der Löhne/Gehälter

Der Arbeitgeber überweist den Nettobetrag (Bruttoarbeitslohn abzüglich der Abzugsbeträge) i. d. R. zum Ende des Monats an den Arbeitnehmer. Lohn-/Kirchensteuer/SZ und Sozialversicherungsbeiträge werden zwar von diesem Zeitpunkt an geschuldet, sie sind aber nicht gleichzeitig mit der Auszahlung des Nettobetrages fällig.

Grundsätzlich ist geregelt, dass der Arbeitgeber die Beträge für Lohnsteuer, Kirchensteuer und Solidaritätszuschlag spätestens am zehnten Tag nach Ablauf des Lohnsteuer-Anmeldungszeitraums nach amtlich vorgeschriebenem Vordruck anzumelden und ans Betriebsfinanzamt abzuführen hat. Erfolgt die Zahlung innerhalb der nächsten 5 Werktage (Schonfrist), kommt es nicht zu Säumniszuschlägen (§ 240 Abs. 3 AO).[1]

Lohnsteuer-Anmeldungszeitraum ist bei einer für das Vorjahr abgeführten Lohnsteuer von

- mehr als 3.000,00 EUR der Kalendermonat,
- mehr als 800,00 EUR, aber nicht mehr als 3.000,00 EUR das Kalendervierteljahr,
- nicht mehr als 800,00 EUR das Kalenderjahr.

Die Abführung der Beiträge zur Renten-, Kranken-, Pflege- und Arbeitslosenversicherung hat grundsätzlich (abhängig von der Satzung der jeweiligen Krankenversicherung) bis zum 10. des Folgemonats zu erfolgen. Geschieht dies nicht innerhalb einer Woche nach Fälligkeit, werden Säumniszuschläge erhoben.

1.5 Buchung der Personalaufwendungen

Aufgrund der unterschiedlichen Zahlungstermine für die Auszahlungsbeträge einerseits und die Steuern und Sozialversicherungsbeiträge andererseits, haben sich verschiedene Buchungsmethoden entwickelt. Diese werden als Brutto- und als Nettobuchung bezeichnet.

1.5.1 Bruttobuchung

Löhne/Gehälter und Sozialversicherungsanteile des Arbeitgebers stellen Aufwendungen dar. Werden diese Beträge insgesamt zum Ende des Monats in Aufwandskonten erfasst, wird diese Buchung als Bruttobuchung bezeichnet.

Beispiel:

Der Gehaltsliste für August 01 sind folgende Angaben zu entnehmen:

Bruttogehälter		18.600,00 EUR
LSt/KiSt/SZ	2.232,00 EUR	
Arbeitnehmeranteil zur SV	3.348,00 EUR	5.580,00 EUR
Nettogehälter		13.020,00 EUR
Arbeitgeberanteil zur SV		3.348,00 EUR

Die Auszahlung erfolgt durch Banküberweisung. Die Nettogehälter werden am 31. Aug., die Sozialversicherungsbeiträge am 10. Sep. und die LSt-/KiSt-/SZ-Beträge am 12. Sep. 01 überwiesen.

Da die LSt-/KiSt-/SZ-Beträge und die Sozialversicherungsbeiträge nicht gleichzeitig mit dem Nettogehalt überwiesen werden, werden sie zunächst auf einem Verbindlichkeitenkonto erfasst. Die noch abzuführenden LSt-/KiSt-/SZ-Beträge werden auf dem Konto Verbindlichkeiten LSt/KiSt/SZ, die Sozialversicherungsbeiträge auf dem Konto Verbindlichkeiten im Rahmen der sozialen Sicherheit (Verb. SV) gebucht.

1 Wird die Lohnsteuer-Anmeldung nicht am 10. Tag nach Ablauf des Anmeldungszeitraums, sondern bis zu 5 Tage später, jedoch mit beiliegendem Scheck beim Finanzamt eingereicht, fallen allerdings weder Säumnis- noch Verspätungszuschläge an (Anwendungserlass zur AO zu § 152 Ziff. 7).

Buchungssätze:

	Soll/EUR	Haben/EUR
31. Aug. 01 4120/6020 Gehälter an 1200/1800 Bank an 1742/3740 Verb. SV an 1741/3730 Verb. LSt/KiSt/SZ	 18.600,00	 13.020,00 3.348,00 2.232,00
4130/6110 gesetzl. soziale Aufwendungen an 1742/3740 Verb. SV	3.348,00	 3.348,00
10. Sep. 01 1772/3740 Verb. SV an 1200/1800 Bank	 6.696,00	 6.696,00
12. Sep. 01 1771/3730 Verb. LSt/KiSt/SZ an 1200/1800 Bank	 2.232,00	 2.232,00

1.5.2 Nettobuchung

Werden Personalaufwendungen durch Nettobuchung erfasst, geschieht dies, indem der Nettobetrag (Auszahlungsbetrag), die Sozialversicherungsbeiträge und die Beträge für Lohn-/Kirchensteuer/SZ einzeln gebucht werden. Die Buchung findet immer dann statt, wenn die entsprechende Zahlung erfolgt. Zum Ende des Monats wird nur der Nettobetrag als Aufwand gebucht. Die Abzüge des Arbeitnehmers und der Sozialversicherungsanteil des Arbeitgebers werden erst bei ihrer Abführung als Aufwand erfasst.

Beispiel:

Der Gehaltsliste für August 01 sind folgende Angaben zu entnehmen:

Bruttogehälter		18.600,00 EUR
LSt/KiSt/SZ	2.232,00 EUR	
Arbeitnehmeranteil zur SV	3.348,00 EUR	5.580,00 EUR
Nettogehälter		13.020,00 EUR
Arbeitgeberanteil zur SV		3.348,00 EUR

Die Auszahlung erfolgt durch Banküberweisung. Die Nettogehälter werden am 31. Aug., die Sozialversicherungsbeiträge am 10. Sep. und die LSt-/KiSt-/SZ-Beträge am 12. Sep. 01 überwiesen.

Buchungssätze:

	Soll/EUR	Haben/EUR
31. Aug. 01 4120/6020 Gehälter an 1200/1800 Bank	 13.020,00	 13.020,00
10. Sep. 01 4130/6110 gesetzl. soziale Aufwendungen insges. an 1200/1800 Bank	 6.696,00	 6.696,00
12. Sep. 01 4120/6020 Gehälter (LSt/KiSt/SZ) an 1200/1800 Bank	 2.232,00	 2.232,00

Kontrollaufgaben

1. Aus welchen Beträgen setzen sich die Personalaufwendungen des Betriebes zusammen?
2. Wie unterscheidet sich der Bruttoarbeitslohn vom Nettoarbeitslohn?
3. Welche Steuern und Beiträge hat der Arbeitgeber vom Arbeitslohn einzubehalten?
4. Wie sind die abrechnungsbezogenen Daten festzuhalten?
5. Erläutern Sie den Aufbau einer Lohn-/Gehaltsliste.
6. Wann und an wen sind
   a) die Lohn-/Kirchensteuer und der Solidaritätszuschlag,
   b) die Beiträge zur Renten-, Kranken-, Pflege- und Arbeitslosenversicherung

   abzuführen?
7. Stellen Sie den Unterschied zwischen der Bruttolohn-/-gehaltsbuchung und der Nettolohn-/-gehaltsbuchung dar.

Übungen

1. Der Gehaltsliste für den Monat November 01 ist Folgendes zu entnehmen:

steuerpflichtiger Arbeitslohn		44.000,00 EUR
Lohnsteuer	8.000,00 EUR	
Kirchensteuer	700,00 EUR	
Solidaritätszuschlag	600,00 EUR	
Arbeitnehmeranteil zur SV	7.500,00 EUR	16.800,00 EUR
Nettoauszahlung		27.200,00 EUR
Arbeitgeberanteil zur SV		7.500,00 EUR

   Bilden Sie die Buchungssätze (Bruttobuchung) bei Banküberweisung
   a) des Nettobetrages am 30. Nov. 01,
   b) der Sozialversicherungsbeiträge am 10. Dez. 01 und
   c) der LSt-/KiSt-/SZ-Beträge am 12. Dez. 01.

2. Eine Angestellte Ihres Mandanten bezieht im Oktober 01 einen steuerpflichtigen Arbeitslohn in Höhe von 2.100,00 EUR. Für LSt/KiSt/SZ fällt insgesamt ein Betrag von 328,53 EUR an. Der anteilige Sozialversicherungsbeitrag beträgt sowohl für den Arbeitnehmer als auch für Ihren Mandanten 361,33 EUR.

   Wie lautet der Buchungssatz zum Ende des Monats (Bruttobuchung), wenn die Gehaltszahlung durch Banküberweisung erfolgt?

3. Wegen der vom 18. Jun. bis zum 2. Jul. 01 dauernden Betriebsferien wurden die Gehälter erst am 3. Jul. 01 ausgerechnet und durch die Bank überwiesen. Die erforderliche Buchung für den Monat Juni 01 steht deshalb noch aus.

   Lt. Gehaltsliste liegen für diesen Monat folgende Angaben vor:

Bruttogehälter	48.000,00 EUR
Lohn-/Kirchensteuer/SZ	5.748,00 EUR
Arbeitnehmeranteil zur Sozialversicherung	8.871,00 EUR
Nettogehälter	33.381,00 EUR
Arbeitgeberanteil zur Sozialversicherung	8.871,00 EUR

   Holen Sie die Buchung nach (Bruttobuchung).

4. Ein Arbeitnehmer bezieht im April 01 ein Bruttogehalt von 4.000,00 EUR. Von diesem Betrag hat Ihr Mandant folgende Abzüge einzubehalten:

Lohn-/Kirchensteuer/SZ	1.607,78 EUR
Rentenversicherung	390,00 EUR
Arbeitslosenversicherung	130,00 EUR
Krankenversicherung	280,00 EUR
Pflegeversicherung	34,00 EUR

Der Arbeitgeberanteil zur Sozialversicherung entspricht dem Arbeitnehmeranteil.

a) Berechnen Sie den auszuzahlenden Betrag.

b) Führen Sie die Gehaltsbuchung (Bruttobuchung) bei Banküberweisung des Nettobetrages durch.

5. Bilden Sie sämtliche Buchungssätze nach der Brutto- und Nettomethode, wenn folgende Angaben vorliegen:

tariflicher Arbeitslohn	2.400,00 EUR
Lohnsteuer	415,89 EUR
Kirchensteuer	37,43 EUR
Solidaritätszuschlag	22,87 EUR
SV-Anteile AN und AG, jeweils	496,80 EUR

Banküberweisung	des Nettobetrages	am 28. Feb. 01
	der SV-Beiträge	am 12. Mär. 01
	der LSt-/KiSt-/SZ-Beträge	am 13. Mär. 01

6. Das Bruttogehalt eines Angestellten für den Monat August 01 beträgt 2.000,00 EUR. Von diesem Betrag sind folgende Abzüge vorzunehmen:

Lohn-/Kirchensteuer/SZ	337,76 EUR
Sozialversicherungsanteil	414,00 EUR

Der Sozialversicherungsanteil Ihres Mandanten beträgt ebenfalls 414,00 EUR.

Wie lauten die Buchungssätze bei Nettobuchung, wenn sämtliche Beträge durch Banküberweisung bezahlt werden, und zwar

- das Nettogehalt am 31. Aug. 01,
- die Sozialversicherungsbeiträge am 10. Sep. 01 und
- die LSt-/KiSt-/SZ-Beträge am 12. Sep. 01?

7. Buchen Sie die Gehaltszahlung für Mai 01 nach der Nettomethode. Gehen Sie dabei von folgenden Angaben aus:

steuerpflichtiger Arbeitslohn	27.500,00 EUR
Abzüge:	
- Lohnsteuer	5.230,00 EUR
- Kirchensteuer	456,00 EUR
- SZ	392,25 EUR
- SV-Anteil des Arbeitnehmers	2.585,00 EUR
SV-Anteil des Arbeitgebers	2.585,00 EUR

Die Auszahlung des Nettogehalts erfolgt am 30. Apr. 01 durch Banküberweisung. Die Sozialversicherungsbeiträge und die Beträge an Lohn- und Kirchensteuer/Solidaritätszuschlag werden am 12. Mai 01 durch Überweisung vom Postbankkonto bezahlt.

8. Zur buchhalterischen Erfassung der Personalaufwendungen für den Monat Februar 01 legt Ihr Mandant folgende Lastschriften seiner Hausbank vor:

Datum	Verwendungszweck	Betrag
28. Feb. 01	Nettogehälter	9.763,00 EUR
10. Mär. 01	Arbeitgeber- und Arbeitnehmeranteil zur Sozialversicherung	3.514,68 EUR
15. Mär. 01	Lohn-/Kirchensteuer/SZ	4.270,30 EUR

Buchen Sie die Gehaltszahlung

a) nach der Bruttomethode,

b) nach der Nettomethode.

2 *Abzüge vom Arbeitslohn*

Es ist regelmäßig so, dass der mit dem Arbeitnehmer vereinbarte Arbeitslohn nicht in voller Höhe ausbezahlt wird. Das ist deshalb so, weil der Arbeitgeber gesetzlich vorgeschriebene und ggf. weitere Beträge vom Arbeitslohn einzubehalten hat.

2.1 Berechnung der gesetzlichen Abzugsbeträge

Aufgrund steuer- und sozialversicherungsrechtlicher Vorschriften hat der Arbeitgeber die Lohnsteuer, (die Kirchensteuer), den Solidaritätszuschlag und die Sozialversicherungsbeiträge einzubehalten. Damit dies auf korrekte Weise geschehen kann, muss der Arbeitnehmer dem Arbeitgeber die Lohnsteuerkarte und den Sozialversicherungsausweis vorlegen.

2.1.1 Mit dem Finanzamt abzurechnende Beträge

2.1.1.1 Lohnsteuer

Die Höhe der Lohnsteuer ist abhängig von

- der Höhe des steuerpflichtigen Arbeitslohns und
- der Steuerklasse.

Es gibt insgesamt sechs LSt-Klassen (§ 38 b EStG). Diese gelten für folgende Personen:

Steuerklasse	Personenkreis
I	ledige Arbeitnehmer (AN) verheiratete, verwitwete oder geschiedene AN, die die Voraussetzungen für die Steuerklassen III oder IV nicht erfüllen
II	der Steuerklasse I entsprechende AN, die einen Haushaltsfreibetrag erhalten
III	verheiratete AN, die nicht dauernd getrennt leben, wenn der Ehegatte des AN - keinen Arbeitslohn bezieht oder - Arbeitslohn bezieht, aber einer der Ehegatten auf Antrag nach Steuerklasse V besteuert wird

Steuer-klasse	Personenkreis
IV	verheiratete AN, die nicht dauernd getrennt leben, wenn auch der Ehegatte Arbeitslohn bezieht und kein Antrag zur Einbeziehung in die Steuerklassen III und V gestellt wird
V	der Steuerklasse IV entsprechende Arbeitnehmer, wenn der andere Ehegatte nach Steuerklasse III besteuert wird
VI	Arbeitnehmer, die nebeneinander Arbeitslohn von mehreren Arbeitgebern beziehen (zweite und jede weitere LSt-Karte) oder einem neuen Arbeitgeber keine LSt-Karte vorlegen

Ist auf der Lohnsteuerkarte außerdem ein Freibetrag eingetragen, mindert sich dadurch der steuerpflichtige Arbeitslohn. Für die Ermittlung der Lohnsteuer ist deshalb nicht der tatsächliche, sondern der um den (monatlichen) Freibetrag gekürzte Arbeitslohn maßgeblich.

Ein Lohnsteuer-Freibetrag kann immer beantragt werden für z. B.

- Behinderten- und Hinterbliebenen-Pauschbeträge,
- einen Verlustvortrag nach § 10d Abs. 2 EStG,
- die negative Summe der Einkünfte aus den Einkunftsarten 1 bis 3, 6 und 7 EStG sowie die negativen Einkünfte aus Kapitalvermögen.

Ein Lohnsteuer-Freibetrag kann außerdem beantragt werden, wenn die Summe der folgenden Beträge 600,00 EUR übersteigt. Es handelt sich um

- Werbungskosten aus nichtselbstständiger Arbeit, soweit sie den Arbeitnehmer-Pauschbetrag übersteigen,
- Sonderausgaben, die keine Vorsorgeaufwendungen sind,
- außergewöhnliche Belastungen nach § 33 EStG (tatsächliche Aufwendungen) und außergewöhnliche Belastungen nach § 33a und § 33b Abs. 6 EStG (die abziehbaren Beträge).

Kontrollaufgaben

Ermitteln Sie die Höhe der Lohnsteuer unter Berücksichtigung der folgenden Angaben anhand der gültigen Lohnsteuertabelle, und zwar für

a) einen Angestellten, Steuerklasse III, Monatsgehalt 2.900,00 EUR,
b) einen Arbeiter, Steuerklasse IV/2,0, Monatslohn 1.870,00 EUR,
c) eine Angestellte, Steuerklasse V, Monatsgehalt 2.165,00 EUR, monatlicher LSt-Freibetrag 430,00 EUR,
d) eine Angestellte, Steuerklasse II/1,0, Monatsgehalt 1.930,00 EUR.

2.1.1.2 Kirchensteuer

Ist der Arbeitnehmer Mitglied einer öffentlich-rechtlichen Religionsgemeinschaft (z. B. Mitglied der evangelischen oder katholischen Kirche), hat der Arbeitgeber gleichzeitig mit der Lohnsteuer die Kirchensteuer einzubehalten (§ 51 a EStG). Je nach Bundesland beträgt sie 8 bzw. 9 %.

Bemessungsgrundlage für die Höhe der Kirchensteuer ist bei

- kinderlosen Steuerpflichtigen die Jahreslohnsteuer,
- Steuerpflichtigen mit Kindern die fiktive Jahreslohnsteuer.

Die fiktive Jahreslohnsteuer lässt sich aus der LSt-Tabelle ablesen, nachdem der Jahresarbeitslohn um die Kinderfreibeträge gekürzt worden ist.

Als Kinderfreibetrag wird z. B.

- bei LSt-Klasse IV jährlich ein Betrag von 1.782,00 EUR,
- bei LSt-Klasse III jährlich ein Betrag von 3.564,00 EUR

pro Kind abgezogen.

Damit es während des laufenden Kalenderjahres nicht zu einer zu hohen Kirchensteuerzahlung kommt, wird der Jahresfreibetrag bei monatlichen Lohn-/Gehaltszahlungen jeweils in Höhe von $^1/_{12}$, also mit 148,50 EUR bzw. 297,00 EUR je Kind berücksichtigt.

2.1.1.3 Solidaritätszuschlag

Neben der Lohn- und Kirchensteuer hat der Arbeitgeber grundsätzlich auch den Solidaritätszuschlag einzubehalten (§ 3 Abs. 4 SolZG). Er beträgt 5,5 % der Lohnsteuer bzw. der fiktiven Lohnsteuer. Ist die monatliche Bemessungsgrundlage nicht höher als 162,00 EUR (bei StKl. III) bzw. nicht höher als 81,00 EUR (bei den anderen Steuerklassen außer Steuerklasse V), wird auf die monatliche Erhebung verzichtet.

Beispiel:

Der steuerpflichtige Arbeitslohn für einen Arbeitnehmer, der nach der Steuerklasse III/1,0 besteuert wird, ist für den Monat Januar 01 mit 3.500,00 EUR ermittelt worden.

steuerpflichtiger Arbeitslohn für die Lohnsteuer	3.500,00 EUR		
Lohnsteuer			465,36 EUR
steuerpflichtiger Arbeitslohn für die Lohnsteuer	3.500,00 EUR		
– monatlicher KFB	297,00 EUR		
Bemessungsgrundlage für die fiktive LSt	3.203,00 EUR		
ergibt			
fiktive Lohnsteuer	382,70 EUR		
· (8 %) 9 % (Kirchensteuer)		(30,62 EUR)	34,44 EUR[1]
· 5,5 % (Solidaritätszuschlag)			21,05 EUR[1]
ans Finanzamt zu überweisen		(517,03 EUR)	520,85 EUR

Die Höhe der Kirchensteuer und des Solidaritätszuschlages muss nicht jeweils berechnet werden, sondern kann – wie die Lohnsteuer – direkt der Tabelle entnommen werden.

1 Abweichung von den Tabellenwerten durch (ab 2002 gültigen) aufgerundeten Kinderfreibetrag.

Kontrollaufgaben

Ermitteln Sie die Höhe der Lohn- und Kirchensteuer und des Solidaritätszuschlags für evangelische bzw. katholische Arbeitnehmer, bei deren Lohnabrechnung im Monat Januar die folgenden Angaben zu berücksichtigen sind:

a) Bruttogehalt 3.000,00 EUR, Steuerklasse III/1,5,
b) Bruttogehalt 2.190,00 EUR, Steuerklasse II/2,0,
c) Bruttogehalt 2.435,00 EUR, Steuerklasse IV/1,0, monatlicher LSt-Freibetrag 450,00 EUR,
d) Bruttogehalt 2.070,00 EUR, Steuerklasse III/1,0.
e) Bruttogehalt 3.039,00 EUR, Steuerklasse I,
f) Bruttogehalt 1.930,00 EUR, Steuerklasse IV,
g) Bruttogehalt 1.105,00 EUR, Steuerklasse V.

2.1.2 Sozialversicherungsbeiträge

2.1.2.1 Allgemeine Behandlung

Grundsätzlich hat jede Beschäftigung von Arbeitnehmern deren Zwangsmitgliedschaft in der Sozialversicherung und damit die Zahlung entsprechender Pflichtbeiträge zur Folge.

In der Regel werden die Pflichtbeiträge zur Kranken-, Pflege-, Renten- und Arbeitslosenversicherung je zur Hälfte vom Arbeitnehmer und Arbeitgeber getragen. Die Beiträge zur Unfallversicherung (Berufsgenossenschaft), deren Höhe vom Arbeitslohn der Versicherten und dem Grad der Unfallgefahr abhängig ist, hat der Arbeitgeber allein zu übernehmen.

Für die Berechnung der Beitragshöhe sind neben dem Arbeitslohn so genannte Beitragsbemessungsgrenzen zu beachten. Ist der der Sozialversicherung zu unterwerfende Arbeitslohn niedriger als die Beitragsbemessungsgrenzen, wird der Beitrag vom Arbeitslohn berechnet. Ist er höher als die Beitragsbemessungsgrenzen, bilden die Beitragsbemessungsgrenzen die Grundlage der Beitragsberechnung.

Ein auf der Lohnsteuerkarte eingetragener LSt-Freibetrag mindert die Berechnungsgrundlage für die Sozialversicherungsbeiträge nicht.

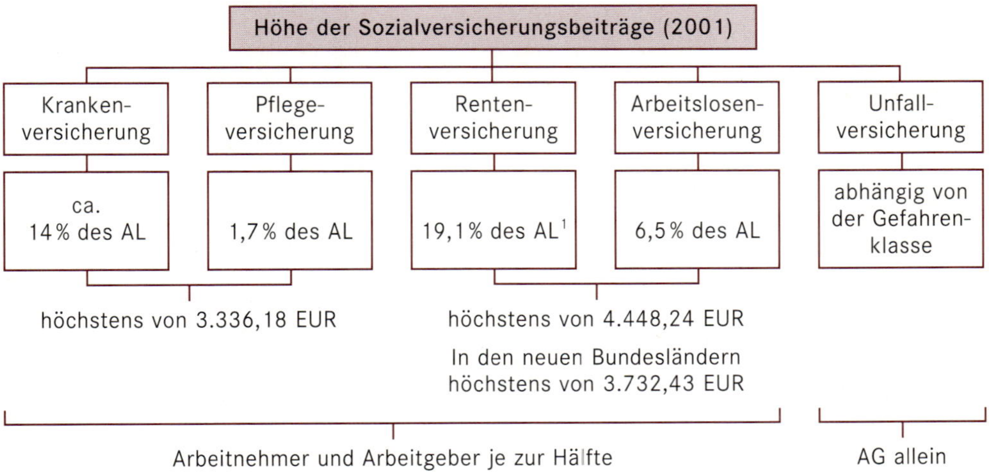

1 2002 voraussichtlich 19,0%; 2003 und 2004 voraussichtlich 18,7%.

Die Höhe der Sozialversicherungsbeiträge wird rechnerisch ermittelt. Dazu müssen allerdings die Beitragssätze und die Beitragsbemessungsgrundlagen bekannt sein.

Beispiel:

Der steuerpflichtige Arbeitslohn (kein LSt-Freibetrag) eines Arbeitnehmers (alte Bundesländer) beträgt im Monat Mai 01 2.500,00 EUR, im Monat Juni 01 3.500,00 EUR und im Monat Juli 01 4.700,00 EUR.

Beiträge	Mai (EUR)	Juni (EUR)	Juli (EUR)
Rentenversicherung	2.500,00 · 19,1% = 477,50 EUR	3.500,00 · 19,1% = 668,50 EUR	4.448,24 · 19,1% = 849,61 EUR
Arbeitslosenversicherung	2.500,00 · 6,5% = 162,50 EUR	3.500,00 · 6,5% = 227,50 EUR	4.448,24 · 6,5% = 289,14 EUR
Krankenversicherung	2.500,00 · 14,0% = 350,00 EUR	3.336,18 · 14,0% = 467,07 EUR	3.336,18 · 14,0% = 467,07 EUR
Pflegeversicherung	2.500,00 · 1,7% = 42,50 EUR	3.336,18 · 1,7% = 56,72 EUR	3.336,18 · 1,7% = 56,72 EUR

Von diesen Beträgen entfällt jeweils die Hälfte auf den Arbeitnehmer und den Arbeitgeber.

Kontrollaufgaben

Berechnen Sie die jeweiligen Arbeitnehmeranteile zur Sozialversicherung (Beitragssatz zur Krankenversicherung 14%). Der Arbeitslohn beläuft sich auf

a) 2.700,00 EUR,
b) 3.800,00 EUR,
c) 4.800,00 EUR,
d) 3.500,00 EUR.

Wie ändert sich die Höhe der Sozialversicherungsbeiträge, wenn auf der Steuerkarte des Arbeitnehmers ein monatlicher Lohnsteuerfreibetrag in Höhe von 200,00 EUR eingetragen ist?

Übungen

1. Ein verheirateter Arbeitnehmer mit einem zu berücksichtigenden Kind bezieht ein monatliches Bruttogehalt von 1.850,00 EUR.

   Welche Buchungssätze hat Ihr Mandant - sein Arbeitgeber - zum Monatsende zu bilden, wenn der Nettobetrag durch Banküberweisung gezahlt wird und folgende Angaben zu berücksichtigen sind:

monatlicher Freibetrag			100,00 EUR
Sozialversicherungsanteil jeweils			379,25 EUR
Lohnsteuer Steuerklasse III/1,0			
bis	1.951,08 EUR		56,84 EUR
bis	1.852,15 EUR		39,63 EUR
bis	1.750,91 EUR		21,99 EUR
Kirchensteuer		(1,76 EUR)	1,98 EUR
Solidaritätszuschlag			0,00 EUR

2. Ein evangelischer Arbeitnehmer Ihres Mandanten arbeitete im Monat April 01 170 Stunden. Der ihm dafür zustehende Stundenlohn betrug 12,00 EUR.
   a) Berechnen Sie den steuerpflichtigen Arbeitslohn des Arbeitnehmers.
   b) Wie lauten die Buchungssätze bei Bruttobuchung, wenn
      - der Nettolohn durch die Bank überwiesen wird,
      - die anteiligen Sozialversicherungsbeiträge jeweils 418,20 EUR ausmachen und die Steuerabzugsbeträge anhand der LSt-Tabelle, Steuerklasse III/2,0, zu berechnen sind.
3. Am 30. Nov. 01 nimmt Ihr Mandant die Gehaltsabrechnung für einen evangelischen Angestellten, Steuerklasse IV/1,0, vor. Das monatliche Fixum beträgt 2.000,00 EUR. Daneben zahlt Ihr Mandant eine Umsatzprovision von 1.500,00 EUR.

   Außerdem ist zu beachten, dass die Sozialversicherungsbeiträge je zur Hälfte (jeweils 20,5 %) vom Arbeitnehmer und vom Arbeitgeber getragen werden.

   Bilden Sie die Buchungssätze bei Banküberweisung des Nettobetrages.

2.1.2.2 Sonderfälle

1. Einmalzahlungen

Erhält ein Arbeitnehmer neben dem normalen monatlichen Arbeitslohn/-gehalt Sonderzahlungen, wie Urlaubsgeld, Weihnachtsgeld oder 13. Monatsgehalt, werden diese als Einmalzahlungen bezeichnet. Einmalzahlungen sind also Vergütungen, die nicht für einen einzelnen Monat, sondern für einen längeren Zeitraum gewährt werden.

Für die Berechnung der Sozialversicherungsbeiträge bedeutet dies, dass die monatliche Beitragsbemessungsgrenze nicht mehr als (höchstmögliche) Berechnungsgrundlage heranzuziehen ist (§ 23 a SGB IV). An ihre Stelle tritt in diesen Fällen (höchstens) die Summe der bis zu diesem Lohn-/Gehaltszahlungszeitraum zu berücksichtigenden monatlichen Beitragsbemessungsgrenzen (anteilige Jahres-Beitragsbemessungsgrenze). Da Sozialversicherungsbeiträge aber nicht mehrfach erhoben werden sollen, ist diese um die Summe aller bisher schon beitragspflichtigen Beträge zu kürzen.

Beispiel:

Ein Angestellter erhält im Juli 01 neben seinem Gehalt von 3.100,00 EUR ein Urlaubsgeld in Höhe von 2.300,00 EUR.

Vom 1. Jan. 01 bis zum 30. Jun. 01 beläuft sich das beitragspflichtige Arbeitsentgelt dieses Angestellten auf 18.600,00 EUR.

Lösung:

	Kranken-/Pflegeversicherung	Renten-/Arbeitslosenversicherung
anteilige Beitragsbemessungsgrenze bis Juli 01	23.353,26 EUR	31.137,68 EUR
beitragspflichtiges Entgelt bis 30. Juni 01	18.600,00 EUR	18.600,00 EUR
Beitragsbemessungsgrenze für Juli höchstens	4.753,26 EUR	12.537,68 EUR
Arbeitsentgelt Juli 01 insgesamt	5.400,00 EUR	5.400,00 EUR
beitragspflichtig Juli 01	4.753,26 EUR	5.400,00 EUR

Gelegentlich kommt es auch in der Zeit vom 1. Jan. bis zum 31. Mär. zu Einmalzahlungen. Der Arbeitgeber ist dann verpflichtet, zu überprüfen, ob diese zusammengerechnet mit dem laufenden Lohn/Gehalt einen beitragspflichtigen Arbeitslohn ergeben, der über der monatlichen Beitragsbemessungsgrenze liegt. Ist dies der Fall, müssen die Einmalzahlungen dem letzten Lohn-/Gehaltsabrechnungszeitraum des vergangenen Kalenderjahres zugerechnet werden.

Lohnsteuerrechtlich gelten Einmalzahlungen bis zur Höhe von 150,00 EUR (§ 39 b Abs. 3 EStG) als Arbeitslohn des Abrechnungsmonats. Sind sie höher, ist zur Ermittlung der Lohnsteuer die Jahreslohnsteuer-Tabelle zu berücksichtigen, d. h., der Arbeitnehmer wird lohnsteuerrechtlich so behandelt, als hätte er jeden Monat $^{1}/_{12}$ der Einmalzahlung erhalten.

Kontrollaufgaben

1. Warum ist bei Einmalzahlungen die monatliche Beitragsbemessungsgrenze grundsätzlich nicht zu beachten?
2. Zeigen Sie, wie das beitragspflichtige Arbeitsentgelt im Falle von Einmalzahlungen berechnet wird.

Übungen

1. Ein Arbeitnehmer erhält im November 01 neben seinem Gehalt von 3.000,00 EUR die jährliche Weihnachtsgratifikation von 6.000,00 EUR.

   Wie viel DM beträgt das beitragspflichtige Arbeitsentgelt im November 01
   a) für die Kranken-/Pflegeversicherung,
   b) für die Renten-/Arbeitslosenversicherung,

   wenn sich das beitragspflichtige Arbeitsentgelt dieses Arbeitnehmers für die Monate Januar 01 bis Oktober 01 auf insgesamt 30.000,00 EUR beläuft?

2. Ein Arbeitnehmer hat in den Monaten Januar 01 bis September 01 ein beitragspflichtiges Arbeitsentgelt in Höhe von 29.500,00 EUR bezogen.

   Neben seinem laufenden Gehalt von 2.950,00 EUR erhält er im Monat Oktober eine Einmalzahlung in Höhe von 7.800,00 EUR.

   Berechnen Sie die Höhe des beitragspflichtigen Arbeitsentgelts
   a) für die Kranken-/Pflegeversicherung,
   b) für die Renten-/Arbeitslosenversicherung

   im Monat Oktober.

2. Umlagen

Klein- und Mittelbetriebe (Betriebe mit nicht mehr als 20, je nach Satzung der AOK/IKK ggf. auch solche mit nicht mehr als 30 Arbeitnehmern) müssen neben den eigentlichen Beiträgen zur Renten-, Arbeitslosen-, Kranken- und Pflegeversicherung auch Beiträge (Umlagen) zur so genannten Lohnausgleichsversicherung an die Krankenkasse abführen. Aufgabe der Lohnausgleichsversicherung ist es, das Risiko der Lohnfortzahlung im Krankheitsfalle (nur für Arbeiter und Auszubildende) sowie von Arbeitgeberaufwendungen bei Mutterschaft abzumildern bzw. zu vermeiden.

Bemessungsgrundlage für die Berechnung der Umlagen ist höchstens die Beitragsbemessungsgrenze zur Rentenversicherung. Sind die Arbeitsentgelte geringer, erfolgt die Berechnung zum Ausgleich der Aufwendungen für Arbeiter und Auszubildende bei Krankheit (U 1) unter Berücksichtigung

- des Lohns der lohnfortzahlungsberechtigten Arbeiter und
- der Vergütung der Auszubildenden,

der Arbeitgeberaufwendungen bei Mutterschaft (U 2) unter Berücksichtigung

- des Lohns der lohnfortzahlungsberechtigten Arbeiter,
- der Vergütung der Auszubildenden und
- des Gehalts der Angestellten.

Die Umlage U 2 wird auch erhoben, wenn im Betrieb ausschließlich männliche Arbeitnehmer beschäftigt sind.

Die Höhe der Umlage ergibt sich nach Multiplikation der Bemessungsgrundlage mit dem Umlagesatz. Dieser ist bei der U 1 gestaffelt. Wünscht der Arbeitgeber eine Kostenerstattung von 70 % (Normalfall) des durch ihn zu zahlenden sozialversicherungspflichtigen Arbeitslohns, beträgt er etwa 1,8 %. Soll die Erstattung 60 bzw. 80 % betragen, ermäßigt er sich auf etwa 1,5 % bzw. er erhöht sich auf etwa 2,8 %.

Zur Berechnung der U 2, die immer zu einer Kostenerstattung von 100 % führt, wird ein einheitlicher Satz berücksichtigt. Dieser beträgt - abhängig von der Krankenkasse - etwa 0,04 bis 0,14 %.

Beispiel:

Für die Umlagen U 1 und U 2 hat Ihr Mandant einen Betrag in Höhe von 230,21 EUR zu zahlen. Die Umlage wird am 10. Feb. 01 an die AOK abgeführt.

Buchungssatz:

	Soll/EUR	Haben/EUR
4130/6110 gesetzl. soziale Aufwendungen an 1200/1800 Bank	230,21	 230,21

Zur Ermittlung des Erstattungsbetrages im Zusammenhang mit der U 1 ist der sozialversicherungspflichtige Arbeitslohn des Monats, in den die Krankheit fällt, durch 30 (jeder Monat wird mit 30 Tagen berücksichtigt) zu dividieren und mit der Anzahl der Krankheitstage und dem Erstattungsprozentsatz zu multiplizieren.

Beispiel:

Ein Arbeiter hat im Monat Jun. 01 einen Bruttoarbeitslohn in Höhe von 1.950,00 EUR bezogen. Krankheitsbedingt fehlte er in der Zeit vom 7. bis 15. Jun. 01. Die entsprechende Krankmeldung liegt Ihrem Mandanten, der 15 Arbeitnehmer beschäftigt, vor. Der Arbeitnehmer hat eine Lohnfortzahlung von 100 % erhalten. Aufgrund des gezahlten Beitragssatzes von 2,8 % beträgt der Erstattungssatz 80 %.

Lösung:

Bruttolohn 1.950,00 EUR : 30 Kalendertage	65,00 EUR
auf Krankheitszeitraum entfallender Betrag (9 Tage)	585,00 EUR
beim Erstattungssatz von	80 %
Erstattungsbetrag (585,00 EUR · 80 %)	468,00 EUR

Dieser Betrag wird von der AOK auf das Bankkonto Ihres Mandanten überwiesen.

Buchungssatz:

	Soll/EUR	Haben/EUR
1200/1800 Bank an 2700/4830 sonst. betriebl. Erträge	468,00	 468,00

Zur Berechnung des Erstattungsbetrages aufgrund der U 2 ist zunächst der durchschnittliche Nettoarbeitslohn (Bruttoarbeitslohn vermindert um die gesetzlichen Lohnabzugsbeträge) der vorangegangenen 3 Monate zu ermitteln und durch 90 (jeder Monat ist mit 30 Tagen zu berücksichtigen) zu dividieren. Von dem sich ergebenden Betrag ist dann das von der Krankenversicherung des Arbeitnehmers gezahlte Mutterschaftsgeld (12,78 EUR[1] pro Tag) abzuziehen. Durch anschließende Multiplikation des Restbetrages mit der Anzahl der Tage, für die Mutterschaftsgeld zu zahlen ist, ergibt sich der Erstattungsbetrag der Lohnausgleichsversicherung.

Beispiel:

Ihr Mandant beschäftigt 5 Arbeitnehmer und 2 Arbeitnehmerinnen. Eine Arbeitnehmerin, die vom 20. Apr. 01 bis zum 30. Jul. 01 Mutterschaftsgeld bezogen hat, erzielte in den Monaten Januar, Februar und März 01 Nettoarbeitsentgelte in Höhe von 1.050,00 EUR, 900,00 EUR und 975,00 EUR.

Lösung:

Nettoarbeitslohn für 3 Monate	2.925,00 EUR
pro Tag (: 90)	32,50 EUR
abzüglich Mutterschaftsgeld	12,78 EUR
Arbeitgeberzuschuss pro Tag	19,72 EUR
Erstattungsbetrag vom 20. Apr. bis zum 30. Jul. (102 Tage)	2.011,44 EUR

Die AOK überweist diesen Betrag auf das betriebliche Bankkonto.

Buchungssatz:

	Soll/EUR	Haben/EUR
1200/1800 Bank	2.011,44	
an 2700/4830 sonst. betriebl. Erträge		2.011,44

Kontrollaufgaben

1. Welche Betriebe nehmen am Umlageverfahren teil?
2. Für welche Personengruppen kann es aufgrund des Umlageverfahrens zu Kostenerstattungen kommen?
3. Beurteilen Sie das Umlageverfahren aus Sicht der beteiligten Unternehmer.

Übungen

1. Die Arbeiterin Erika Mohl erhielt im Monat März 01 einen Bruttoarbeitslohn in Höhe von 1.800,00 EUR. Sie war vom 20. bis zum 27. Mär. 01 krankgeschrieben. Ihr Mandant leistete eine Lohnfortzahlung von 100 % und zahlte einen Umlagesatz von 1,8 % (Erstattung 70 %) an die IKK.
   a) Berechnen Sie, welcher Erstattungsbetrag dem Beitragskonto Ihres Mandanten durch die IKK gutgeschrieben wird.
   b) Bilden Sie den Buchungssatz.
2. Frau Silke Gerster ist als Bürokauffrau bei Ihrem Mandanten beschäftigt. Ihr monatlicher Nettoarbeitslohn beträgt 1.200,00 EUR.

1 Errechneter Wert.

a) Berechnen Sie, wie hoch die Erstattung der Arbeitgeberaufwendungen bei Mutterschutz sein wird, wenn Ihr Mandant am Umlageverfahren teilnimmt und folgende Angaben vorliegen:
   - voraussichtlicher Tag der Entbindung lt. ärztlicher Bescheinigung: 20. Aug. 01,
   - Geburt des Kindes lt. Geburtsurkunde: 25. Aug. 01.

b) Bilden Sie den Buchungssatz.

2.2 Berücksichtigung weiterer (Abzugs-)Beträge

2.2.1 Vermögenswirksame Leistungen

Jeder Arbeitnehmer ist berechtigt, vermögenswirksam zu sparen. Geschieht das, hat der Arbeitgeber monatlich bis zu 40,00 EUR (jährlich bis zu 480,00 EUR) vom Arbeitslohn des Arbeitnehmers einzubehalten und auf ein Sparkonto (z. B. Bausparkonto) zu überweisen. Darüber hinaus ist es jedem Arbeitnehmer möglich, zusätzlich jährlich bis zu 408,00 EUR Produktivkapital (Beteiligung in Form von Aktien oder Fonds an Unternehmen) vermögenswirksam anzulegen.

Ist das zu versteuernde Einkommen des Arbeitnehmers für das laufende Kalenderjahr nicht höher als 17.900,00 EUR (bei Zusammenveranlagung nicht höher als 35.800,00 EUR), wird dem Arbeitnehmer auf Antrag im Rahmen der Einkommensteuer-Veranlagung eine Arbeitnehmer-Sparzulage in Höhe von 10 % der vermögenswirksamen Sparbeiträge und in Höhe von 20 % der als Produktivkapital angelegten Beträge gewährt.

Beispiel:

Ein Angestellter spart monatlich 40,00 EUR vermögenswirksam. Dieser Betrag wird von ihm allein getragen. Seine Gehaltsabrechnung für den Monat Juni 01 sieht deshalb wie folgt aus:

Bruttogehalt	2.045,17 EUR
Lohn-/Kirchensteuer/SZ	349,59 EUR
Sozialversicherungsanteil des AN	419,26 EUR
vermögenswirksame Leistungen	40,00 EUR
Auszahlungsbetrag	1.236,32 EUR

Der Sozialversicherungsanteil des Arbeitgebers beträgt 419,26 EUR.

Die Auszahlung des Restbetrages erfolgt am 30. Jun. 01 durch Banküberweisung. Alle anderen Beträge werden am 10. Jul. 01 durch die Bank überwiesen.

Buchungssätze:

	Soll/EUR	Haben/EUR
30. Jun. 01		
4120/6020 Gehälter	2.045,17	
an 1200/1800 Bank		1.236,32
an 1741/3730 Verb. LSt/KiSt/SZ		349,59
an 1742/3740 Verb. SV		419,26
an 1750/3770 Verb. Vermögensbildung		40,00
4130/6110 gesetzl. soziale Aufwendungen	419,26	
an 1742/3740 Verb. SV		419,26
10. Jul. 01		
1741/3730 Verb. LSt/KiSt/SZ	349,59	
1742/3740 Verb. SV	838,52	
1750/3770 Verb. Vermögensbildung	40,00	
an 1200/1800 Bank		1.228,11

Häufig werden die vermögenswirksamen Leistungen ganz oder zum Teil vom Arbeitgeber übernommen. Die zusätzlich gezahlten Beträge stellen für den Arbeitgeber Aufwand dar. Für den Arbeitnehmer sind sie zusätzlicher steuerpflichtiger Arbeitslohn.

Die Buchung der vom Arbeitgeber übernommenen vermögenswirksamen Leistungen kann direkt im Konto Löhne/Gehälter erfolgen. Häufig werden sie allerdings auch auf dem Konto vermögenswirksame Leistungen erfasst.

Beispiel:

Ein Angestellter spart monatlich 40,00 EUR vermögenswirksam. An diesem Betrag beteiligt sich der Arbeitgeber mit 20,00 EUR. Die Gehaltsabrechnung für den Monat August 01 sieht deshalb wie folgt aus:

normales Gehalt	1.600,00 EUR
vL des Arbeitgebers	20,00 EUR
steuerpflichtiger Arbeitslohn	1.620,00 EUR
Lohn-/Kirchensteuer/SZ	211,97 EUR
SV-Anteil des Arbeitnehmers	328,00 EUR
vermögenswirksame Leistungen	40,00 EUR
Auszahlungsbetrag	1.040,03 EUR

Der Arbeitgeberanteil zur Sozialversicherung beträgt 328,00 EUR.

Die Auszahlung des Restbetrages erfolgt am 31. Aug. 01 durch Banküberweisung. Alle anderen Beträge werden am 10. Sep. 01 durch die Bank überwiesen (Bruttobuchung).

Buchungssätze:

	Soll/EUR	Haben/EUR
31. Aug. 01		
4120/6020 Gehälter	1.600,00	
4170/6080 vermögenswirksame Leistungen AG	20,00	
an 1200/1800 Bank		1.040,03
an 1741/3730 Verb. LSt/KiSt/SZ		211,97
an 1742/3740 Verb. SV		328,00
an 1750/3770 Verb. Vermögensbildung		40,00
4130/6110 gesetzl. soziale Aufwendungen	328,00	
an 1742/3740 Verb. SV		328,00
10. Sep. 01		
1741/3730 Verb. LSt/KiSt/SZ	211,97	
1742/3740 Verb. SV	656,00	
1750/3770 Verb. Vermögensbildung	40,00	
an 1200/1800 Bank		707,97

Kontrollaufgaben

1. Wie beeinflussen vermögenswirksame Leistungen, die der Arbeitgeber dem Arbeitnehmer zusätzlich gewährt, die Höhe des steuerpflichtigen Arbeitslohns?
2. An welche Bedingungen ist die Gewährung einer Arbeitnehmer-Sparzulage geknüpft?
3. Wann und durch wen wird die Arbeitnehmer-Sparzulage gewährt?

Übungen

1. Ein Arbeitnehmer Ihres Mandanten erhält am 31. Mär. 01 folgende Gehaltsabrechnung:

	Bruttogehalt		1.500,00 EUR
+	Arbeitgeberanteil zu den vL		20,00 EUR
			1.520,00 EUR
–	Lohnsteuer	155,13 EUR	
–	Kirchensteuer	13,96 EUR	
–	Solidaritätszuschlag	8,53 EUR	
–	Sozialversicherungsanteil	311,60 EUR	
–	vermögenswirksame Leistungen	40,00 EUR	529,22 EUR
	Nettoauszahlung		990,78 EUR
	Arbeitgeberanteil zur Sozialversicherung		311,60 EUR

Die Auszahlung des Nettogehalts und die Abführung der vermögenswirksamen Leistungen erfolgen am 31. Mär. 01 durch Banküberweisung.

Bilden Sie die Buchungssätze für die Bruttobuchung dieser Personalaufwendungen.

2. Bilden Sie sämtliche Buchungssätze nach der Brutto- und Nettomethode, wenn folgende Angaben vorliegen:

tariflicher Arbeitslohn	1.400,00 EUR
vermögenswirksame Leistungen	40,00 EUR
(davon freiwillig vom Arbeitgeber übernommener Anteil	30,00 EUR)
LSt/KiSt/SZ	146,26 EUR
SV-Anteile AN und AG, jeweils	293,15 EUR
Banküberweisung des Nettobetrages	am 28. Feb. 01
der vL	am 28. Feb. 01
der SV-Beiträge	am 12. Mär. 01
der LSt-/KiSt-/SZ-Beträge	am 13. Mär. 01

3. Wegen der Betriebsferien vom 15. Jul. bis zum 6. Aug. 01 wurden die Gehälter erst am 7. Aug. 01 ausgerechnet und durch die Bank überwiesen. Die erforderliche Bruttobuchung für den Monat Juli 01 steht deshalb noch aus.

Laut Gehaltsliste liegen für diesen Monat folgende Angaben vor:

Bruttogehälter	26.000,00 EUR
Lohn- und Kirchensteuer/SZ	3.410,00 EUR
Arbeitnehmeranteil zur SV	5.330,00 EUR
vermögenswirksame Leistungen	680,00 EUR
Überweisungsbetrag	16.580,00 EUR
Arbeitgeberanteil zur SV	5.330,00 EUR

Holen Sie die Buchung nach.

4. Buchen Sie die Gehaltszahlung für Juni 01 nach der Nettomethode. Gehen Sie dabei von folgenden Angaben aus:

steuerpflichtiger Arbeitslohn	30.000,00 EUR
Abzüge:	
– Lohnsteuer	6.389,70 EUR
– Kirchensteuer	570,07 EUR
– SZ	351,43 EUR
– SV-Anteil des Arbeitnehmers	6.150,00 EUR
– vL des Arbeitnehmers	320,00 EUR
SV-Anteil des Arbeitgebers	6.150,00 EUR

Die Auszahlung des Nettogehalts und die Überweisung der vermögenswirksamen Leistungen erfolgen am 30. Jun. 01 durch Banküberweisung. Die Sozialversicherungsbeiträge und die Beträge an Lohn- und Kirchensteuer/SZ werden am 12. Jul. 01 durch Überweisung vom Postbankkonto bezahlt.

5. Ein Angestellter, Steuerklasse III/2,0, ev., bezieht ein monatliches Gehalt von 3.067,75 EUR. Für den Monat Januar 01 buchte dies Ihr Mandant wie folgt:

Gehälter	3.067,75 EUR	
an Bank		2.072,93 EUR
an Verbindlichkeiten LSt/KiSt/SZ		365,93 EUR
an Verbindlichkeiten SV		628,89 EUR
gesetzliche soz. Aufw.	628,89 EUR	
an Verbindlichkeiten SV		628,89 EUR

Wie ist in den folgenden Monaten zu buchen, wenn die SV-Anteile jeweils 20,5 % betragen und Ihr Mandant

a) bei der Berechnung der LSt-/KiSt-/SZ-Beträge ab März 01 einen monatlichen Freibetrag von 300,00 EUR zu berücksichtigen hat,

b) zusätzlich als vermögenswirksame Anlage – erstmals ab April 01 – einen Betrag von 40,00 EUR auf ein Bausparkonto des Arbeitnehmers zu überweisen hat,

c) ab Mai 01 die vermögenswirksamen Leistungen des Arbeitnehmers in voller Höhe übernimmt.

2.2.2 Vorschüsse

Hin und wieder benötigt ein Arbeitnehmer vorübergehend mehr Geld, als er im Augenblick zur Verfügung hat. Teilt er dies seinem Arbeitgeber mit, ist dieser in der Regel bereit, dem Arbeitnehmer einen Lohn-/Gehaltsvorschuss zu gewähren.

Werden Vorschüsse gewährt, erhält der Arbeitnehmer Geld, obwohl er noch keine Arbeitsleistung erbracht hat. Die an den Arbeitnehmer gezahlten Vorschüsse sind deshalb nicht als Aufwand, sondern als Forderung gegen Personal zu buchen.

Der Ausgleich dieser Forderungen erfolgt normalerweise durch Verrechnung bei der nächsten Lohn-/Gehaltsabrechnung.

Beispiel:

Einem Angestellten wird im Juli 01 ein Gehaltsvorschuss in Höhe von 800,00 EUR bar ausgezahlt.

Buchungssatz:

	Soll/EUR	Haben/EUR
1530/1340 Forderungen gegen Personal an 1000/1600 Kasse	800,00	 800,00

Beispiel:

Das Gehalt des Angestellten für Juli 01 beträgt 3.500,00 EUR. Bei Lohn-/Kirchensteuer/SZ in Höhe von 1.231,30 EUR, einem Arbeitnehmeranteil zur Sozialversicherung in Höhe von 702,50 EUR und nach Verrechnung des Vorschusses in Höhe von 800,00 EUR beträgt der Auszahlungsbetrag 766,20 EUR.

Der Arbeitgeberanteil zur Sozialversicherung entspricht dem Arbeitnehmeranteil.

Die Auszahlung des Restbetrages erfolgt durch Banküberweisung.

Buchungssätze:

	Soll/EUR	Haben/EUR
4120/6020 Gehälter an 1200/1800 Bank an 1741/3730 Verb. LSt/KiSt/SZ an 1742/3740 Verb. SV an 1530/1340 Ford. gegen Personal	3.500,00	 766,20 1.231,30 702,50 800,00
4130/6110 gesetzl. soziale Aufwendungen an 1742/3740 Verb. SV	702,50	 702,50

Kontrollaufgaben

1. Wie wirkt sich die Gewährung von Vorschüssen an Arbeitnehmer auf den Erfolg des Unternehmens aus?
2. Zeigen Sie, welche Konsequenz sich für den Arbeitnehmer aus einer Verrechnung eines Vorschusses bei der Gehaltsabrechnung ergibt.

Übungen

1. Ein neu eingestellter Arbeitnehmer, Steuerklasse III/3,0, erhielt zur Einrichtung seiner Wohnung am 15. Nov. 01 einen Vorschuss in Höhe von 3.000,00 EUR. Es wurde vereinbart, dass ab Dezember 01 monatlich ein Betrag von 250,00 EUR von den laufenden Bezügen einzubehalten ist.

   Das Bruttogehalt des Angestellten beträgt im Dezember 2.600,00 EUR. Für LSt/KiSt/SZ fallen 204,64 EUR an. Die SV-Anteile belaufen sich auf jeweils 533,00 EUR. Der Restbetrag wird am 31. Dez. 01 durch die Bank überwiesen.

   Wie lauten die Buchungssätze zum 31. Dez. 01, wenn am 15. Nov. 01 gebucht wurde:

Gehälter	3.000,00 EUR	
an Kasse		3.000,00 EUR

2. Dem Lohnkonto eines Angestellten entnehmen Sie für den Monat August 01 folgende Angaben:

1. Gehalt		3.500,00 EUR
2. Arbeitgeberanteil vL		30,00 EUR
3. steuerpflichtiger Arbeitslohn		3.530,00 EUR
4. LSt/KiSt/SZ	941,51 EUR	
5. Arbeitnehmeranteil zur SV	717,50 EUR	
6. Gesamtabzüge		1.659,01 EUR
7. Nettogehalt		1.870,99 EUR
8. vermögenswirksame Leistungen		40,00 EUR
9. Vorschuss		388,00 EUR
10. Auszahlung		1.442,99 EUR

Die Gehaltszahlung erfolgt durch Banküberweisung.

Welche Buchungssätze sind zu bilden, wenn nach dem Bruttoverfahren gebucht wird und der Arbeitgeberanteil zur Sozialversicherung 717,50 EUR beträgt?

3. Bilden Sie die Buchungssätze, wenn bei der Gehaltsabrechnung für einen ev. Angestellten für den Monat Dezember 01 die folgenden Sachverhalte zu berücksichtigen sind und der Auszahlungsbetrag durch die Bank überwiesen wird.
   - Auf der Lohnsteuerkarte sind die Steuerklasse I und ein monatlicher Freibetrag von 250,00 EUR eingetragen.
   - Die SV-Anteile belaufen sich jeweils auf 20,5 %.
   - Die an eine Bausparkasse zu überweisenden vermögenswirksamen Leistungen des Arbeitnehmers belaufen sich auf 40,00 EUR. Ihr Mandant übernimmt freiwillig einen Betrag von 30,00 EUR.
   - Ein Vorschuss in Höhe von 2.000,00 EUR, der dem Arbeitnehmer im Oktober 01 gewährt wurde, ist mit monatlich 500,00 EUR zu tilgen.
   - Lt. Tarifvertrag beträgt das Gehalt des Angestellten 3.100,00 EUR.

2.2.3 Abschlagszahlungen

In einigen Unternehmen ist es üblich, gewerblichen Arbeitnehmern (Arbeitern) den Monatslohn nicht in einer Summe, sondern in Teilbeträgen auszuzahlen. Da es auch in diesen Unternehmen nicht zu mehreren Lohnabrechnungen innerhalb eines Monats kommt, folgt daraus, dass die Höhe der vorher auszuzahlenden Beträge (Abschlagszahlungen) geschätzt werden muss. Grundlage der Schätzung sind der im Vormonat bezogene Arbeitslohn und die Anzahl der Abschläge. Bei nur einer Abschlagszahlung zum 15. des Monats könnte der Abschlag z. B. 50 % vom Nettolohn des Vormonats ausmachen. Kommt es am 10. und 20. des Monats zu Abschlagszahlungen, könnten diese sich z. B. auf jeweils $^1/_3$ des im Vormonat ausgezahlten Nettolohnes belaufen.

Abschläge stellen im Gegensatz zu Vorschüssen Aufwand für eine bereits erhaltene Arbeitsleistung dar.

Erfolgt die Lohnbuchung in Form der Nettobuchung, werden die Aufwendungen zum Zeitpunkt der Zahlung im Lohnkonto erfasst.

Beispiel:

Ein Unternehmer zahlt seinen Arbeitern am 15. April 01 einen Abschlag in Höhe von 30.000,00 EUR durch Banküberweisung. Zum 30. April 01 nimmt er die Lohnabrechnung vor. Er ermittelt dabei die folgenden Beträge:

Bruttolöhne	107.250,00 EUR
– LSt/KiSt/SZ	25.700,00 EUR
– Arbeitnehmeranteil zur SV	20.500,00 EUR
– Abschläge	30.000,00 EUR

Der Arbeitgeberanteil zur SV beträgt ebenfalls 20.500,00 EUR.

Am 30. Apr. 01 werden die verbleibenden Nettobeträge, am 10. Mai 01 die SV-Beiträge und am 12. Mai 01 die ans Finanzamt zu zahlenden Beträge durch die Bank überwiesen.

Buchungssätze:

	Soll/EUR	Haben/EUR
15. Apr. 01		
4110/6010 Löhne	30.000,00	
an 1200/1800 Bank		30.000,00
30. Apr. 01		
4110/6010 Löhne	31.050,00	
an 1200/1800 Bank		31.050,00
10. Mai 01		
4130/6110 gesetzl. soziale Aufwendungen	41.000,00	
an Bank (insgesamt)		41.000,00
12. Mai 01		
4110/6010 Gehälter (LSt/KiSt/SZ)	25.700,00	
an 1200/1800 Bank		25.700,00

Anders sieht es im Falle der Bruttobuchung aus: Sämtliche Personalaufwendungen werden zum Ende des Monats als Aufwand gebucht. Dies ist nur möglich, wenn zur Buchung der Abschläge zunächst ein Verrechnungskonto (Abschläge) in Anspruch genommen wird.

Buchungssätze:

	Soll/EUR	Haben/EUR
15. Apr. 01		
4115/6015 Abschläge	30.000,00	
an 1200/1800 Bank		30.000,00
30. Apr. 01		
4110/6010 Löhne	107.250,00	
an 1200/1800 Bank		31.050,00
an 1742/3740 Verb. SV		20.500,00
an 1741/3730 Verb. LSt/KiSt/SZ		25.700,00
an 4115/6015 Abschläge		30.000,00
4130/6110 gesetzl. soziale Aufwendungen	20.500,00	
an 1741/3740 Verb. SV		20.500,00
10. Mai 01		
1742/3740 Verb. SV	41.000,00	
an 1200/1800 Bank		41.000,00
12. Mai 01		
1741/3740 Verb. LSt/KiSt/SZ	25.700,00	
an 1200/1800 Bank		25.700,00

Kontrollaufgaben

1. Aus welchen Gründen werden
   a) Abschläge,
   b) Vorschüsse

   gezahlt?
2. Zeigen Sie Unterschiede und Gemeinsamkeiten von Abschlägen und Vorschüssen.

Übungen

1. Ihr Mandant hat einem Arbeiter am 15. Feb. 01 als Abschlag auf den Monatslohn 1.000,00 EUR durch Banküberweisung ausgezahlt. Eine Buchung ist bisher nicht erfolgt.

   Außerdem entnehmen Sie der Lohnliste folgende Angaben:

– Lohn für 182 geleistete Stunden	3.286,40 EUR
– Arbeitgeberanteil zu den vL	30,00 EUR
– LSt/KiSt/SZ	841,85 EUR
– Arbeitnehmeranteil zur SV	673,71 EUR
– abzuführende vL	40,00 EUR
– Auszahlungsbetrag	760,84 EUR
– Arbeitgeberanteil zur SV	673,71 EUR

   Wie lauten die Buchungssätze, wenn nach dem Bruttoverfahren zu buchen ist?

2. Für einen Arbeiter wurde zum Ende des Monats Juli folgende Lohnabrechnung erstellt:

1. Lohn für 176 Stunden		2.869,60 EUR
2. Arbeitgeberanteil vL		40,00 EUR
3. steuerpflichtiger Arbeitslohn		2.909,60 EUR
4. LSt/KiSt/SZ	673,53 EUR	
5. Arbeitnehmeranteil zur SV	596,47 EUR	
6. Gesamtabzüge		1.270,00 EUR
7. Nettogehalt		1.639,60 EUR
8. vermögenswirksame Leistungen		40,00 EUR
9. Abschlag		800,00 EUR
10. Vorschuss		300,00 EUR
11. Auszahlungsbetrag		499,60 EUR

   Welche Buchungssätze sind bei Bruttobuchung noch zu bilden, wenn der Arbeitgeberanteil zur SV ebenfalls 596,47 EUR beträgt und sowohl der Abschlag als auch der Vorschuss bereits bei der Auszahlung korrekt erfasst worden sind?

2.2.4 Arbeitgeberdarlehen

Manche Arbeitgeber bieten ihren Mitarbeitern für größere Anschaffungen Arbeitgeberdarlehen an. Macht ein Arbeitnehmer von dieser Möglichkeit Gebrauch, vermindert sich der monatliche Auszahlungsbetrag neben den vereinbarten Tilgungsraten um entsprechende Zinsen.

Beispiel:

Zur Finanzierung eines Gebäudekaufs erhält ein Arbeitnehmer ein Arbeitgeberdarlehen in Höhe von 30.000,00 EUR durch Banküberweisung. Die monatlich fälligen Zinsen in Höhe von 150,00 EUR sowie die monatlich fälligen Tilgungsraten in Höhe von 500,00 EUR sind mit dem Gehalt zu verrechnen.

Buchungssatz:

	Soll/EUR	Haben/EUR
0550/0940 Darlehen	30.000,00	
an 1200/1800 Bank		30.000,00

Beispiel:

Der an den Arbeitnehmer für den Monat Juni 01 durch Banküberweisung ausgezahlte Betrag setzt sich wie folgt zusammen:

Bruttogehalt		4.500,00 EUR
Lohn-/Kirchensteuer/SZ	1.011,30 EUR	
Sozialversicherungsanteil des AN	922,50 EUR	1.933,80 EUR
Darlehenstilgung		500,00 EUR
Darlehenszinsen		150,00 EUR
Auszahlungsbetrag		1.916,20 EUR

Der Arbeitgeberanteil zur Sozialversicherung beträgt 922,50 EUR.

Buchungssätze:

	Soll/EUR	Haben/EUR
4120/6020 Gehälter	4.500,00	
an 1200/1800 Bank		1.916,20
an 1741/3730 Verb. LSt/KiSt/SZ		1.011,30
an 1742/3740 Verb. SV		922,50
an 0550/0940 Darlehen		500,00
an 2650/7100 Zinserträge		150,00
4130/6110 gesetzl. soziale Aufwendungen	922,50	
an 1742/3740 Verb. SV		922,50

Kontrollaufgaben

1. Zeigen Sie, wie die Gewährung eines Darlehens an Arbeitnehmer den Erfolg des Unternehmens beeinflusst.
2. Wie sind Zinsen, die der Arbeitgeber für ein gewährtes Darlehen einbehält, bei der Lohn-/Gehaltsbuchung zu behandeln?

Übungen

1. Ihr Mandant beschäftigt einen Angestellten, dessen Bruttogehalt für Sep. 01 3.200,00 EUR beträgt.

   Wie lautet die Bruttobuchung bei einem Arbeitgeberanteil zur Sozialversicherung in Höhe von 656,00 EUR, wenn die Auszahlung des Restbetrages durch Banküberweisung erfolgt und folgende Abzugsbeträge zu berücksichtigen sind:

Lohn-/Kirchensteuer/SZ	546,67 EUR
Arbeitnehmeranteil zur SV	656,00 EUR
Darlehenstilgung	400,00 EUR
Zinsen für das Arbeitgeberdarlehen	95,00 EUR

2. Am 30. Nov. 01 nimmt Ihr Mandant die Gehaltsabrechnung für einen ev. Angestellten, der verheiratet ist und 1 Kind hat (Steuerklasse IV, 1,0), vor. Das Fixum (ohne vermögenswirksame Leistungen) beträgt 1.500,00 EUR. Außerdem zahlt Ihr Mandant eine Umsatzprovision in Höhe von 2.000,00 EUR.

   Daneben ist Folgendes zu beachten:

   - auf der Lohnsteuerkarte ist ein monatlicher Freibetrag von 290,00 EUR eingetragen,
   - die zum Monatsende auf das Bausparkonto des Arbeitnehmers abzuführenden vermögenswirksamen Leistungen betragen 40,00 EUR. Ihr Mandant beteiligt sich daran mit 25,00 EUR,
   - ein Arbeitgeberdarlehen ist monatlich mit 100,00 EUR zu tilgen und mit 70,00 EUR zu verzinsen,
   - die SV-Anteile betragen jeweils 20,5 %.

   Bilden Sie die Buchungssätze bei Banküberweisung.

2.2.5 Wohnungsmiete

Manchmal haben Arbeitnehmer die Möglichkeit, im Geschäftsgebäude des Arbeitgebers zu wohnen. Besonders interessant ist das, wenn dem Arbeitnehmer dadurch weite Fahrten zur Arbeitsstätte erspart werden.

Verlangt der Arbeitgeber für die Wohnungsnutzung vom Arbeitnehmer die ortsübliche Miete, ändert sich durch diesen Vorgang lediglich die Höhe des Auszahlungsbetrages.

Beispiel:

Ein Arbeitnehmer, der eine Wohnung des Arbeitgebers nutzt, erhält folgende Gehaltsabrechnung:

Bruttogehalt	5.000,00 EUR
Lohn-/Kirchensteuer/SZ	1.203,04 EUR
Sozialversicherungsanteil des Arbeitnehmers	1.025,00 EUR
Miete für Werkswohnung	1.200,00 EUR
Auszahlungsbetrag	1.571,96 EUR

Der Arbeitgeberanteil zur Sozialversicherung beträgt 1.025,00 EUR.

Buchungssätze:

	Soll/EUR	Haben/EUR
4120/6110 Gehälter	5.000,00	
an 1200/1800 Bank		1.571,96
an 1741/3730 Verb. LSt/KiSt/SZ		1.203,04
an 1742/3740 Verb. SV		1.025,00
an 2750/4860 Grundstückserträge		1.200,00
4130/6110 gesetzl. soziale Aufwendungen	1.025,00	
an 1742/3740 Verb. SV		1.025,00

Kontrollaufgabe

Wie wird die Höhe des Unternehmenserfolgs und des Lohn-/Gehaltsauszahlungsbetrages beeinflusst, wenn der Arbeitnehmer zur ortsüblichen Miete in einem Gebäude des Unternehmers wohnt?

Übungen

1. Ihr Mandant beschäftigt einen Angestellten, dessen Bruttogehalt für August 01 2.600,00 EUR beträgt.

Wie lautet die Nettobuchung bei einem Arbeitgeberanteil zur Sozialversicherung von 533,00 EUR, wenn die Auszahlung des Restbetrages durch Banküberweisung erfolgt und folgende Abzugsbeträge zu berücksichtigen sind:

Lohn-/Kirchensteuer/SZ	551,52 EUR
Arbeitnehmeranteil zur SV	533,00 EUR
Miete für Werkswohnung	360,00 EUR
Vorschuss	400,00 EUR
Zinsen für ein Arbeitgeberdarlehen	95,00 EUR

2. Ein Angestellter Ihres Mandanten bezieht im Dezember 01 einen steuerpflichtigen Arbeitslohn in Höhe von 2.750,00 EUR. Bei der Berechnung des Auszahlungsbetrages ergeben sich folgende Abzüge:

Lohn-/Kirchensteuer/SZ	610,69 EUR
Sozialversicherungsanteil	563,75 EUR
vermögenswirksame Leistungen	40,00 EUR
gewährter Vorschuss	340,00 EUR
Miete für Werkswohnung	420,00 EUR

Der Sozialversicherungsanteil Ihres Mandanten beträgt ebenfalls 563,75 EUR.

Bilden Sie die Buchungssätze zum 31. Dez. bei Banküberweisung des Auszahlungsbetrages.

3. Lt. Bankauszug wurde einem Angestellten Ihres Mandanten für den Monat Juli 01 ein Betrag von 788,91 EUR überwiesen. Dieser Betrag errechnet sich wie folgt:

steuerpflichtiges Gehalt	3.120,00 EUR
gesetzliche Lohnabzugsbeträge	
- Lohn-/Kirchensteuer/SZ	761,49 EUR
- Sozialversicherungsanteil	639,60 EUR
sonstige Abzugsbeträge	
- Miete für Werkswohnung	430,00 EUR
- Vorschuss	500,00 EUR

Wie ist noch zu buchen, wenn der Arbeitgeberanteil zur Sozialversicherung bereits korrekt erfasst worden ist?

2.2.6 Pfändungen

Gelegentlich kommen Arbeitnehmer ihren Zahlungsverpflichtungen gegenüber Banken, anderen Unternehmern oder dem geschiedenen Ehegatten nicht freiwillig nach. Durch Einschaltung des Gerichts kann in diesen Fällen erreicht werden, dass zur Begleichung der Schulden ein Teil des Lohns/Gehalts gepfändet wird.

Die Höhe des nicht pfändbaren Betrages ist von der Höhe des Nettoarbeitseinkommens, vom Familienstand und der Anzahl der Kinder abhängig.

Für den Arbeitgeber bedeuten Lohn-/Gehaltspfändungen zusätzliche Arbeit. Er hat die entsprechenden Beträge bei der Lohn-/Gehaltszahlung einzubehalten und gleichzeitig oder später an den Gläubiger abzuführen.

Bis zum Zeitpunkt der Abführung sind die gepfändeten Beträge auf dem Konto Verbindlichkeiten aus Einbehaltungen zu erfassen.

Beispiel:

Ein Arbeitnehmer erhält folgende Gehaltsabrechnung:

Bruttogehalt	4.200,00 EUR
Lohn-/Kirchensteuer/SZ	901,21 EUR
Sozialversicherungsanteil des Arbeitnehmers	861,00 EUR
Pfändung	1.050,00 EUR
Auszahlungsbetrag	1.387,79 EUR

Der Arbeitgeberanteil zur Sozialversicherung beträgt 861,00 EUR.

Buchungssätze:

	Soll/EUR	Haben/EUR
4120/6020 Gehälter	4.200,00	
an 1200/1800 Bank		1.387,79
an 1741/3730 Verb. LSt/KiSt/SZ		901,21
an 1742/3740 Verb. SV		861,00
an 1746/3760 Verb. aus Einbehaltungen		1.050,00
4130/6110 gesetzl. soziale Aufwendungen	861,00	
an 1742/3740 Verb. SV		861,00

Kontrollaufgaben

1. Wann kommt es ggf. zu Lohn-/Gehaltspfändungen?
2. Welche zusätzlichen Arbeiten fallen für den Unternehmer im Zusammenhang mit Lohn-/Gehaltspfändungen an?

Übungen

1. Über die am 30. Jun. 01 überwiesenen Gehälter geht Ihnen der folgende Sammelbeleg zu:

tarifliches Bruttogehalt		41.200,00 EUR
+ Arbeitgeberanteil zu den vL		480,00 EUR
steuerpflichtiger Arbeitslohn		41.680,00 EUR
– Lohnsteuer	3.960,00 EUR	
– Kirchensteuer	320,50 EUR	
– Solidaritätszuschlag	217,80 EUR	
– Sozialversicherung	7.556,40 EUR	
– vermögensw. Leistungen	480,00 EUR	
– Lohnpfändung	450,00 EUR	
Gesamtabzüge	12.984,70 EUR	12.984,70 EUR
Bankauszahlung		28.695,30 EUR
Arbeitgeberanteil zur SV		7.556,40 EUR

Bilden Sie die Buchungssätze.

2. Da sich einer der Angestellten Ihres Mandanten in finanziellen Schwierigkeiten befindet, hat Ihr Mandant ab März 01 ein Jahr lang monatlich 1.000,00 EUR des Nettogehalts einzubehalten und durch Banküberweisung an die Gläubiger abzuführen.

Damit der Angestellte seinen Lebensunterhalt finanzieren kann, gewährt Ihr Mandant ihm – jeweils gleichzeitig mit der monatlichen Gehaltszahlung – einen Vorschuss von 300,00 EUR. Dieser ist erst dann mit dem laufenden Gehalt zu verrechnen, wenn die Gehaltspfändung abgeschlossen ist.

Für den Monat Mai 01 liegen zusätzlich folgende Angaben vor:

Bruttogehalt	3.000,00 EUR
Lohnsteuer	620,45 EUR
Kirchensteuer	55,84 EUR
SZ	34,12 EUR
SV-Anteil des AN und AG, jeweils	615,00 EUR

Bilden Sie die Buchungssätze bei Banküberweisung des Restbetrages.

3 Sonderleistungen des Arbeitgebers

3.1 Annehmlichkeiten und Aufmerksamkeiten

Um Annehmlichkeiten und Aufmerksamkeiten handelt es sich, wenn der Arbeitgeber freiwillig zur Wahrnehmung seiner Fürsorgepflicht oder zur Verbesserung der Arbeitsbedingungen und des Betriebsklimas Aufwendungen tätigt, die nicht zum Arbeitslohn gehören (R 70ff. LStR).

Entsprechende Aufwendungen entstehen durch (R 70ff. LStR)

- die Bereitstellung von Aufenthalts- und Erholungsräumen sowie von betrieblichen Dusch- und Badeanlagen,
- übliche Zuwendungen bei Betriebsveranstaltungen, z.B. Aufwendungen für Speisen, Getränke, Fahrtkosten und Eintrittskarten. Diese werden vom Finanzamt ohne weitere Prüfung bis zur Höhe von 103,00 EUR[1] je Teilnehmer und Veranstaltung anerkannt.[1]
- vom Arbeitgeber übernommene Vorsorgeuntersuchungen des Arbeitnehmers,
- kleinere Aufmerksamkeiten (z.B. Blumen, Pralinen, Bücher oder Schallplatten) zu besonderen Anlässen (Geburtstag, Erstkommunion der Kinder, Meisterprüfung) bis zu 31,00 EUR,[2]
- berufliche Fort- und Weiterbildungsmaßnahmen, wenn die Bildungsmaßnahmen im ganz überwiegenden Interesse des Arbeitgebers durchgeführt werden,
- pauschale Fehlgeldentschädigungen (Mankogeld) bis zur Höhe von 16,00 EUR[2] monatlich, wenn diese Arbeitnehmern im Kassen- und Zähldienst gezahlt werden.

Beispiel:

Der Unternehmer erwirbt ein Buch bar zum Preis von 30,00 EUR (incl. 7 % USt), um es einem seiner Arbeitnehmer zur bestandenen Meisterprüfung zu schenken.

Buchungssatz:

	Soll/EUR	Haben/EUR
4140/6130 freiwillige soz. Aufw. steuerfrei	28,04	
1571/1400 Vorsteuer	1,96	
an 1000/1600 Kasse		30,00

3.2 Verpflegung und Wohnung nach der Sachbezugsverordnung

In einigen Gewerbezweigen (z.B. Gaststätten, Metzgereien, Bäckereien) ist es üblich, Arbeitnehmern Teile des Arbeitsentgelts in Form von Sachbezügen zu gewähren.

Sachbezüge, die nach der Sachbezugsverordnung vor allem in der freien Überlassung von Kost und Wohnung bestehen, gehören damit zum steuerpflichtigen Arbeitslohn.

Der Wert dieser Sachbezüge wird jährlich neu bestimmt. Er beläuft sich für das Kalenderjahr 2001 grundsätzlich auf monatlich 189,38 EUR[2] für Verpflegung (Frühstück 41,42 EUR,[2] Mittagessen 73,98 EUR,[2] Abendessen 73,98 EUR)[2] und auf 183,55 EUR[2] (alte Bundesländer) bzw. 148,27 EUR[2] (neue Bundesländer) für Unterkunft.

Im Sachbezugswert für Verpflegung ist die Umsatzsteuer enthalten. Der Sachbezugswert für freie Unterkunft ist ein steuerfreier Betrag.

---

1 Erlangt ein Arbeitnehmer aus Anlass von Betriebsveranstaltungen steuerpflichtige Zuwendungen, kann deren Wert auch pauschal mit 25 % Lohnsteuer, 7 % Kirchensteuer und 5,5 % Solidaritätszuschlag versteuert werden.

2 Errechnete Werte.

Beispiel:

Der Unternehmer gewährt einem Arbeitnehmer im Juni 01 neben dem tariflichen Arbeitslohn in Höhe von 2.000,00 EUR freie Kost und Wohnung.

normaler Arbeitslohn	2.000,00 EUR
freie Kost und Wohnung	372,93 EUR
steuer-/sv-pflichtiger Arbeitslohn	2.372,93 EUR
LSt/KiSt/SZ	466,04 EUR
Sozialversicherungsbeiträge für Arbeitnehmer und Arbeitgeber jeweils	486,45 EUR
Sachbezugswert insgesamt	372,93 EUR
Sachbezugswert freie Wohnung (umsatzsteuerfrei)	183,55 EUR
Sachbezugswert freie Kost (incl. 16 % USt)	189,38 EUR
– 16 % USt	26,12 EUR
Sachbezugswert freie Kost (netto)	163,26 EUR

Der Auszahlungsbetrag (Bruttobuchung) wird am 30. Jun. 01 durch die Bank überwiesen.

Buchungssätze:

	Soll/EUR	Haben/EUR
4120/6020 Gehälter	2.372,93	
an 1200/1800 Bank		1.047,51
an 1741/3730 Verb. LSt/KiSt/SZ		466,04
an 1742/3740 Verb. SV		486,45
an 8590/4940 verrechnete Sachbezüge steuerfrei		183,55
an 8595/4945 verrechnete Sachbezüge stpfl.		163,26
an 1770/3800 Umsatzsteuer		26,12
4130/6110 gesetzl. soziale Aufwendungen	486,45	
an 1742/3740 Verb. SV		486,45

In bestimmten Fällen kommt es zu einer Verminderung bzw. zu einer Erhöhung des Sachbezugswerts.

Eine Kürzung des Sachbezugswerts für Unterkunft ist vorzunehmen

- bei Jugendlichen bis zur Vollendung des 18. Lebensjahres und Auszubildenden sowie Personen, die in den Haushalt des Arbeitgebers aufgenommen oder in einer Gemeinschaftsunterkunft untergebracht werden. Die Kürzung beträgt 15 %.
- bei Unterbringung mehrerer Beschäftigter in einem Wohnraum. Bei Belegung mit 2 Beschäftigten beträgt die Kürzung 40 %, bei Belegung mit 3 Beschäftigten 50 % und bei Belegung mit mehr als 3 Beschäftigten 60 %.
- für kürzere Zeiträume als einen Monat. Hier beträgt die Kürzung $^{1}/_{30}$ je Tag.

Der Sachbezugswert für Verpflegung ist zu erhöhen, wenn nicht beim Arbeitgeber beschäftigten Familienangehörigen des Arbeitnehmers freie Kost und Wohnung gewährt werden. Werden dem Ehegatten des Arbeitnehmers und volljährigen Kindern freie Kost und Wohnung gewährt, erhöht sich der Sachbezugswert um 80 %. Für zu berücksichtigende Kinder bis zur Vollendung des 6. Lebensjahres erhöht er sich um 30 %, für jedes ältere noch nicht 14-jährige Kind um 40 %, für jedes ältere noch nicht 18-jährige Kind um 60 %. Erfolgt die unentgeltliche Verpflegung nicht während des ganzen Monats, kommt es zu einer Kürzung des Sachbezugswerts um $^{1}/_{30}$ je Tag.

Besonderheiten

Kürzung des Sachbezugswerts	Erhöhung des Sachbezugswerts
▶ um 15 % z. B. bei Jugendlichen bis zur Vollendung des 18. Lebensjahres und Auszubildenden ▶ für freie Wohnung bei Unterbringung mehrerer Beschäftigter in einem Wohnraum ▶ für kürzere Zeiträume als einen Monat um $^1/_{30}$ je Tag	▶ bei Gewährung freier Kost und Wohnung an nicht beim Arbeitgeber beschäftigte Familienangehörige

Wird einem Arbeitnehmer lediglich eine freie Wohnung zur Verfügung gestellt, ist als Sachbezugswert der ortsübliche Mietpreis zu berücksichtigen (§ 4 SachBezVO).

Beispiel:

Neben einem tariflichen Gehalt in Höhe von 3.000,00 EUR nutzt ein Arbeitnehmer kostenlos eine Wohnung des Arbeitgebers. Die ortsübliche Vergleichsmiete dieser Wohnung beträgt 400,00 EUR.

Die Gehaltsabrechnung sieht wie folgt aus:

tarifliches Gehalt	3.000,00 EUR
Sachbezugswert (Miete)	400,00 EUR
steuerpflichtiger Arbeitslohn	3.400,00 EUR
Lohn-/Kirchensteuer/SZ	479,44 EUR
SV-Anteil des Arbeitnehmers	676,60 EUR
zu verrechnende Miete	400,00 EUR
Banküberweisung	1.843,96 EUR

Der Sozialversicherungsanteil des Arbeitgebers beträgt 676,60 EUR.

Buchungssätze:

	Soll/EUR	Haben/EUR
4120/6020 Gehälter	3.400,00	
an 1200/1800 Bank		1.843,96
an 1741/3730 Verb. LSt/KiSt/SZ		479,44
an 1742/3740 Verb. SV		676,60
an 2750/4860 Grundstückserträge		400,00
4130/6110 gesetzl. soziale Aufwendungen	676,60	
an 1742/3740 Verb. SV		676,60

Mahlzeiten, die der Arbeitgeber im Betrieb an seine Arbeitnehmer abgibt, sind ebenfalls nach der Sachbezugsverordnung zu bewerten. Je Mittag- und/oder Abendessen ist $^1/_{30}$ des Sachbezugswerts für Mittag- und/oder Abendessen als Arbeitslohn zu verrechnen. Im Kalenderjahr 2001 sind das 2,47 EUR je Mahlzeit.[1]

1 Erlangt ein Arbeitnehmer aufgrund von Mahlzeiten, die er verbilligt oder unentgeltlich im Betrieb einnimmt, geldwerte Vorteile, kann deren Wert auch pauschal mit 25 % Lohnsteuer, 7 % Kirchensteuer und 5,5 % Solidaritätszuschlag versteuert werden.

Beispiel:

Außer dem tariflichen Gehalt in Höhe von 3.200,00 EUR erhält ein Angestellter im Monat Februar kostenlos 20-mal Mittagessen in der betrieblichen Kantine (Sachbezugswert 2,47 EUR je Mahlzeit).

Die Gehaltsabrechnung sieht wie folgt aus:

tarifliches Gehalt	3.200,00 EUR
Sachbezugswert (20 Mahlzeiten)	49,40 EUR
steuerpflichtiger Arbeitslohn	3.249,40 EUR
Lohn-/Kirchensteuer/SZ	816,76 EUR
SV-Anteil des Arbeitnehmers	666,13 EUR
verrechnete Sachbezüge	49,40 EUR
Banküberweisung	1.717,11 EUR

Der Arbeitgeberanteil zur Sozialversicherung beträgt 666,13 EUR.

Der Sachbezugswert der Mahlzeiten ist ein Bruttobetrag. Er ist in den Nettobetrag in Höhe von 42,59 EUR und die Umsatzsteuer in Höhe von 6,81 EUR aufzuteilen.

Buchungssätze:

	Soll/EUR	Haben/EUR
4120/6020 Gehälter	3.249,40	
an 1200/1800 Bank		1.717,11
an 1741/3730 Verb. LSt/KiSt/SZ		816,76
an 1742/3740 Verb. SV		666,13
an 8595/4945 verrechnete Sachbezüge stpfl.		42,59
an 1770/3800 Umsatzsteuer		6,81
4130/6110 gesetzl. soziale Aufwendungen	666,13	
an 1742/3740 Verb. SV		666,13

Kommt es zu einer verbilligten Überlassung von Kost und/oder Wohnung, ist als Arbeitslohn der Differenzbetrag zwischen vereinbartem Preis und dem höheren Wert lt. Sachbezugsverordnung anzusetzen.

Kontrollaufgaben

1. Welche Sachbezüge sind in der Sachbezugsverordnung aufgeführt?
2. Aus welchen Teilbereichen setzt sich der Sachbezugswert aus umsatzsteuerrechtlicher Sicht zusammen?
3. Wie wird die Höhe des Sachbezugswerts bei Jugendlichen und Auszubildenden berechnet?
4. Mit welchem Wert sind Mahlzeiten, die der Arbeitgeber unentgeltlich an seine Arbeitnehmer abgibt, als Arbeitslohn zu berücksichtigen?

Übungen

1. Ihr Mandant gewährt einem katholischen Arbeitnehmer im Juli 01 freie Unterkunft und Verpflegung und darüber hinaus ein Arbeitsentgelt in Höhe von 1.800,00 EUR.

   Bilden Sie die Buchungssätze für den Fall, dass folgende Angaben zu berücksichtigen sind:

   - Lohnsteuerklasse I,
   - Sachbezugswert für freie Unterkunft und Verpflegung 372,93 EUR,
   - Sozialversicherungsanteile von AN und AG jeweils 445,47 EUR,
   - Banküberweisung des Restbetrages.

2. Ihr Mandant, der Besitzer eines Restaurants, beschäftigt zwei Serviererinnen, die neben einem Arbeitsentgelt von jeweils 1.400,00 EUR auch Sachbezüge erhalten.

   Wie lautet die Sammelbuchung, wenn

   - Lohn-/Kirchensteuer und SZ insgesamt 461,06 EUR betragen,
   - die Sozialversicherungsanteile von AN und AG jeweils 689,27 EUR ausmachen,
   - eine der Serviererinnen kostenlos untergebracht und verpflegt wird, die andere aber nur freie Kost erhält und
   - der Nettobetrag bar ausgezahlt wird?

3. Ein katholischer Verkäufer Ihres Mandanten erhält im Monat Juli neben einem Fixum von 1.200,00 EUR eine Prämie von 2.200,00 EUR. Zusätzlich darf er eine Wohnung im Geschäftsgebäude, für die eine marktübliche Miete von 820,00 EUR erzielt werden könnte, für 420,00 EUR nutzen. Dieser Betrag wird von seinem Gehalt einbehalten.

   Wie lautet die Bruttobuchung bei Banküberweisung des Restbetrages zum 31. Jul., wenn außerdem bekannt ist, dass

   - die Abzugsbeträge für Lohn-/Kirchensteuer/SZ nach der Lohnsteuerklasse III berechnet werden,
   - die Rentenversicherungsanteile jeweils 362,90 EUR,
   - die Beiträge zur Arbeitsförderung jeweils 123,50 EUR und
   - die Beiträge zur Kranken- und Pflegeversicherung jeweils 261,25 EUR

   betragen.

4. Das Gehalt, das Ihr Mandant mit einem Angestellten vereinbart hat, beträgt für den Monat September 01 2.500,00 EUR. Wie alle Beschäftigten, erhält der Angestellte zusätzlich an jedem der 22 Arbeitstage kostenlos ein Mittagessen in der Werkskantine.

   Wie hat Ihr Mandant zum 30. Sep. 01 zu buchen, wenn

   - die Abzugsbeträge für
     Lohn-/Kirchensteuer/SZ 533,92 EUR
     den Arbeitnehmeranteil zur Sozialversicherung 523,64 EUR
     betragen,
   - der Arbeitgeberanteil zur Sozialversicherung dem Arbeitnehmeranteil entspricht und
   - die Auszahlung des Restbetrages durch Banküberweisung erfolgt?

5. Bei 176 Arbeitsstunden im Monat August erzielt ein evangelischer Arbeiter einen Monatslohn von 2.432,00 EUR. Außerdem spart der Arbeiter vermögenswirksam. Die vermögenswirksamen Leistungen von 40,00 EUR übernimmt Ihr Mandant zusätzlich in voller Höhe.

   Für eine Wohnung, die Ihr Mandant dem Arbeitnehmer in einem zum Betriebsvermögen gehörenden Gebäude zur Verfügung stellt, wird monatlich nur ein Betrag von 350,00 EUR einbehalten, obwohl lt. Auskunft des Finanzamts die ortsübliche Miete 600,00 EUR beträgt.

Wie ist zu buchen, wenn die Steuerabzugsbeträge nach LStKl I berechnet werden, die Anteile an den Sozialversicherungen jeweils 558,01 EUR betragen und der Restbetrag vom Bankkonto überwiesen wird?

6. Aus den Gehaltslisten für den Monat Juli 01 sind folgende Angaben zu entnehmen:

Gehalt lt. Tarifvertrag	360.000,00 EUR
+ Arbeitgeberanteil zu den vL	3.600,00 EUR
+ Urlaubsgeld	75.000,00 EUR
– Miete für Werkswohnung (ortsübl. Miete 1.200,00 EUR)	600,00 EUR
– Lohn-/Kirchensteuer/SZ	109.650,00 EUR
– Sozialversicherungsanteil der Arbeitnehmer	89.913,00 EUR
– vermögenswirksame Leistungen	7.200,00 EUR
Sozialversicherungsanteil des Arbeitgebers	89.913,00 EUR

Wie ist zum 31. Jul. 01 zu buchen, wenn lediglich der verbleibende Restbetrag und die vermögenswirksamen Leistungen durch die Bank überwiesen werden?

3.3 Überlassung von Fahrzeugen zur privaten Nutzung

Überlässt ein Arbeitgeber dem Arbeitnehmer einen Kraftwagen zur privaten Nutzung, ist dieser Vorteil (Sachbezug) als steuerpflichtiger Arbeitslohn zu behandeln (§ 8 Abs. 2 EStG, § 6 Abs. 1 Nr. 4 S. 2 EStG, BStBl. 2000 I S. 819).

Der Wert des grundsätzlich umsatzsteuerpflichtigen Sachbezugs ist monatlich zu ermitteln.

Wird ein Fahrtenbuch geführt, kann die Höhe des Sachbezugswerts genau berechnet werden.

Die Berechnung erfolgt, indem die tatsächlichen Kosten (incl. Abschreibung) je gefahrenen km ermittelt, mit der Anzahl der durch den Arbeitnehmer gefahrenen km multipliziert und dieser Betrag (Bemessungsgrundlage) um 16% USt erhöht wird (§ 10 Abs. 4 Ziff. 2 UStG).

Beispiel:

Ein Außendienstmitarbeiter nutzte den betrieblichen PKW im Monat Mai – wie in den Vormonaten – auch für private Zwecke. Insgesamt fuhr er 6.000 km. Davon entfielen 300 km auf Privatfahrten.

Die auf den Monat Mai entfallenden Beträge für Kfz-Steuer, Kfz-Versicherung, Reparaturen, Kraftstoff, Öl und AfA belaufen sich auf 5.400,00 EUR.

Sachbezugswert:

Aufwendungen für 6.000 km insgesamt	5.400,00 EUR
anteiliger Betrag für 300 km	270,00 EUR
+ 16% USt	43,20 EUR
Sachbezugswert brutto (stpfl. Arbeitslohn)	313,20 EUR

Wird kein Fahrtenbuch geführt, muss als Sachbezug für die ausschließlich privat gefahrenen km 1% (12% im Jahr) des Listenpreises (brutto) des Kraftfahrzeugs angesetzt werden. Für Fahrten zwischen Wohnung und Arbeitsstätte erhöht sich der monatliche Sachbezugswert um 0,03% des Listenpreises (brutto) für jeden Entfernungs-km zwischen Wohnung und Arbeitsstätte.

Beispiel:

Ein Angestellter mit einem tariflichen Gehalt von 3.500,00 EUR ist berechtigt, kostenlos einen betrieblichen PKW für private Fahrten und für Fahrten zwischen Wohnung und Arbeitsstätte zu nutzen.

Der Listenpreis für den PKW hat 34.800,00 EUR betragen. Die Entfernung zwischen der Wohnung des Arbeitnehmers und der Arbeitsstätte beträgt 20 km (einfache Entfernung). Der PKW wurde für entsprechende Fahrten an 21 Tagen genutzt (insgesamt 840 km).

Sachbezugswert:

Listenpreis 34.800,00 EUR · 1%	348,00 EUR
34.800,00 EUR · 0,03% · 20 km	208,80 EUR
Sachbezugswert brutto	556,80 EUR
darin enthaltene USt	76,80 EUR
Sachbezugswert netto	480,00 EUR

Die Gehaltsabrechnung sieht wie folgt aus:

tarifliches Gehalt	3.500,00 EUR
Sachbezug (PKW-Nutzung)	556,80 EUR
steuerpflichtiger Arbeitslohn	4.056,80 EUR
Lohn-/Kirchensteuer/SZ	1.191,93 EUR
SV-Anteil des Arbeitnehmers	791,08 EUR
verrechnete Sachbezüge stpfl.	480,00 EUR
Umsatzsteuer	76,80 EUR
Banküberweisung	1.516,19 EUR

Der Arbeitgeberanteil zur Sozialversicherung beträgt 791,08 EUR.

Buchungssätze:

	Soll/EUR	Haben/EUR
4120/6020 Gehälter	4.056,80	
an 1200/1800 Bank		1.516,19
an 1741/3730 Verb. LSt/KiSt/SZ		1.191,93
an 1742/3740 Verb. SV		791,08
an 8595/4945 verrechnete Sachbezüge stpfl.		480,00
an 1770/3800 Umsatzsteuer		76,80
4130/6110 gesetzl. soziale Aufwendungen	791,08	
an 1742/3740 Verb. SV		791,08

Sachbezugswert für die private Nutzung von betrieblichen Kraftfahrzeugen

wenn

- Fahrtenbuch geführt wird
  - für private Fahrten und Fahrten zwischen Wohnung und Arbeitsstätte
    - tatsächliche Kosten je gefahrenen km + 16 % USt
- kein Fahrtenbuch geführt wird
  - für reine Privatfahrten
    - 1 % des Kfz-Listenpreises (brutto) je Monat
  - für Fahrten zwischen Wohnung und Arbeitsstätte
    - 0,03 % des Kfz-Listenpreises (brutto) je Entfernungs-km und Monat

Kontrollaufgaben

1. Beurteilen Sie die unentgeltliche Nutzungsüberlassung von Fahrzeugen durch Arbeitnehmer aus einkommen- und umsatzsteuerrechtlicher Sicht.
2. Beschreiben Sie die Möglichkeiten zur Bestimmung des Sachbezugswerts für die kostenlose Nutzung von betrieblichen Fahrzeugen durch Arbeitnehmer.

Übungen

1. Ein evangelischer Arbeitnehmer (LStKl III/2,0) Ihres Mandanten arbeitete im Monat April 01 170 Stunden. Der ihm dafür zustehende Arbeitslohn je Stunde betrug 15,00 EUR. Lt. Arbeitsvertrag war er zusätzlich berechtigt, den betrieblichen PKW kostenlos zu benutzen. Den Unterlagen ist zu entnehmen, dass der Listenpreis dieses Fahrzeugs 23.200,00 EUR betragen hat.
   a) Berechnen Sie den steuerpflichtigen Arbeitslohn des Arbeitnehmers.
   b) Wie lauten die Buchungssätze bei Bruttobuchung, wenn
      - der Nettolohn durch die Bank überwiesen wird und
      - die anteiligen Sozialversicherungsbeiträge jeweils 570,31 EUR ausmachen?

2. Lt. Bankauszug wurde einem Angestellten Ihres Mandanten für den Monat Juli 01 ein Betrag von 1.186,02 EUR überwiesen. Dieser Betrag errechnet sich wie folgt:

steuerpflichtiges Gehalt (incl. Sachbezugsw.)	5.120,00 EUR
gesetzliche Lohnabzugsbeträge	
– Lohn-/Kirchensteuer/SZ	1.103,04 EUR
– Sozialversicherungsanteil	778,44 EUR
sonstige Abzugsbeträge	
– Miete für Werkswohnung	730,00 EUR
– Vorschuss	500,00 EUR
– Sachbezug	? EUR

   Außerdem ist bekannt, dass der Arbeitnehmer einen betrieblichen PKW mit einem Listenpreis von 40.600,00 EUR (einschließlich 16 % USt) kostenlos für private Zwecke nutzt (im steuerpflichtigen Gehalt berücksichtigt).

   Wie ist noch zu buchen, wenn der Arbeitgeberanteil zur Sozialversicherung bereits korrekt erfasst worden ist?

3. Ein Angestellter mit einem tariflichen Arbeitslohn von 3.100,00 EUR benutzt zusätzlich kostenlos einen betrieblichen PKW sowohl für private Fahrten als auch für Fahrten zwischen Wohnung und Arbeitsstätte.

   Der Listenpreis (brutto) des PKW hat 43.500,00 EUR betragen. Den Aufzeichnungen des Arbeitnehmers ist zu entnehmen, dass er im Abrechnungsmonat neben den betrieblichen Fahrten 1.150 km gefahren ist. Davon entfallen 400 km auf reine Privatfahrten, 750 km auf Fahrten zwischen Wohnung und Arbeitsstätte (einfache Strecke 25 km, 15 Fahrten).
   a) Berechnen Sie den steuerpflichtigen Arbeitslohn.
   b) Bilden Sie die Buchungssätze. Gehen Sie davon aus, dass
      - die Lohnsteuer 957,65 EUR beträgt,
      - die Kirchensteuer und der SZ mit insgesamt 138,86 EUR zu berücksichtigen sind,
      - die Sozialversicherungsanteile jeweils 656,41 EUR ausmachen und
      - der Restbetrag durch die Bank überwiesen wird.

3.4 Belegschaftsrabatte

Gelegentlich ist es für den Arbeitnehmer interessant, vom eigenen Arbeitgeber Waren bzw. Dienstleistungen zu beziehen. Beispielsweise ist das der Fall, wenn der Arbeitgeber mit PKW, Textilien oder Lebensmitteln handelt oder diese herstellt, aber auch, wenn der Arbeitgeber eine Fluggesellschaft, ein beratender Freiberufler oder eine Bank ist.

Der Wert der vom Arbeitgeber bezogenen Waren und Dienstleistungen ist grundsätzlich Arbeitslohn. Er ist aber nicht in voller Höhe steuerpflichtig. Die Berechnung des steuerpflichtigen Betrages findet nach folgendem Schema statt (§ 8 Abs. 3 EStG, R 32 LStR, Abschn. 12 Abs. 6 und 18 UStR).

tatsächlicher Endpreis für fremde Letztverbraucher	.... EUR
– 4 % Preisabschlag	.... EUR
Bruttowert der Ware oder Dienstleistung	.... EUR
– vom Arbeitnehmer gezahltes Entgelt	.... EUR
geldwerter Vorteil	.... EUR
– Rabatt-(Jahres-)Freibetrag	1.224,00 EUR
Sachbezugswert (incl. USt) = stpfl. Arbeitslohn	.... EUR
– darin enthaltene Umsatzsteuer	.... EUR
Sachbezugswert (netto)	.... EUR

Beispiel:

Ein Arbeitnehmer erwirbt von seinem Arbeitgeber (Autohändler) einen auf Lager befindlichen PKW mit Anschaffungskosten von 20.000,00 EUR, der für andere Kunden 25.500,00 EUR kosten würde, bar für 22.000,00 EUR.

tatsächlicher Endpreis		25.500,00 EUR
– 4 % Preisabschlag		1.020,00 EUR
Bruttowert		24.480,00 EUR
– gezahltes Entgelt	18.965,52 EUR	
+ 16 % USt	3.034,48 EUR	22.000,00 EUR
geldwerter Vorteil		2.480,00 EUR
– Rabatt-Freibetrag		1.224,00 EUR
stpfl. Arbeitslohn = Sachbezugswert brutto		1.256,00 EUR
– darin enthaltene Umsatzsteuer		173,24 EUR
Sachbezugswert netto		1.082,76 EUR

Buchungssatz:

	Soll/EUR	Haben/EUR
1000/1600 Kasse	22.000,00	
an 8000/4000 Verkaufserlöse		18.965,52
an 1770/3800 Umsatzsteuer		3.034,48

Beispiel:

Die Gehaltsabrechnung zum Ende des Monats sieht wie folgt aus:

tarifliches Gehalt	2.500,00 EUR
Sachbezug	1.256,00 EUR
steuerpflichtiger Arbeitslohn	3.756,00 EUR
Lohn-/Kirchensteuer/SZ	570,14 EUR
SV-Anteil des Arbeitnehmers	747,44 EUR
verrechneter Sachbezug	1.256,00 EUR
Banküberweisung	1 182,42 EUR
Der Arbeitgeberanteil zur Sozialversicherung beträgt	747,44 EUR

Buchungssätze:

	Soll/EUR	Haben/EUR
4120/6020 Gehälter	2.500,00	
4145/6060 freiw. soziale Aufwendungen	1.256,00	
an 1200/1800 Bank		1.182,42
an 1741/3730 Verb. LSt/KiSt/SZ		570,14
an 1742/3740 Verb. SV		747,44
an 8595/4945 verrechnete Sachbezüge stpfl.		1.082,76
an 1770/3800 USt		173,24
4130/6110 gesetzl. soziale Aufwendungen	747,44	
an 1742/3740 Verb. SV		747,44

Kontrollaufgaben

1. Warum ist es sinnvoll, Belegschaftsrabatte zu gewähren?
2. Bis zu welcher Höhe sind Belegschaftsrabatte nicht als Arbeitslohn zu berücksichtigen?
3. Wie sind Belegschaftsrabatte, die den Rabatt-Freibetrag übersteigen, einkommen- und umsatzsteuerrechtlich zu berücksichtigen?
4. Wie wird in diesem Fall (3.) die Höhe des als Sachbezugswert zu berücksichtigenden Betrages berechnet?

Übungen

1. Ein Angestellter Ihres Mandanten bezieht im Dezember 01 einen tariflichen Arbeitslohn in Höhe von 2.750,00 EUR.

   Außerdem ist bekannt, dass der Arbeitnehmer am 28. Dez. - erstmals im Kalenderjahr - Waren des Arbeitgebers gegen Zahlung eines Betrages in Höhe von 6.500,00 EUR bezogen hat. Ihr Mandant verkauft diese normalerweise für 8.300,00 EUR (einschließlich 16 % USt).

Bei der Berechnung des Auszahlungsbetrages ergeben sich folgende Abzüge:

Lohn-/Kirchensteuer/SZ	708,51 EUR
Sozialversicherungsanteil	583,83 EUR

Der Sozialversicherungsanteil Ihres Mandanten beträgt ebenfalls 583,83 EUR.

Bilden Sie die Buchungssätze zum 31. Dez. bei Banküberweisung des Auszahlungsbetrages.

2. Bilden Sie die Buchungssätze, wenn bei der Gehaltsabrechnung für einen Angestellten im Monat Dezember 01 die folgenden Sachverhalte zu berücksichtigen sind und der Auszahlungsbetrag durch die Bank überwiesen wird.
   - Der Arbeitnehmer hat im Dezember - erstmals im Kalenderjahr - Waren gegen Zahlung eines Betrages in Höhe von 2.000,00 EUR von Ihrem Mandanten bezogen. Normalerweise werden diese Waren an andere Letztverbraucher zum Preis von 5.000,00 EUR (incl. 16% USt) verkauft.
   - Lt. Tarifvertrag beträgt das Gehalt des Angestellten 3.100,00 EUR.
   - Lohn-/Kirchensteuer und SZ sind mit 1.011,31 EUR ermittelt worden.
   - Die von Arbeitnehmer und Arbeitgeber jeweils zu tragenden Sozialversicherungsanteile belaufen sich auf 922,50 EUR.

3. Ein katholischer Arbeitnehmer, dessen tarifliches Gehalt 3.300,00 EUR beträgt, bezieht im Dezember 01 Waren Ihres Mandanten gegen Zahlung eines Betrages in Höhe von 10.000,00 EUR. Diese Waren werden normalerweise an andere Letztverbraucher für 12.000,00 EUR (incl. 16% USt) verkauft.

   Wie ist bei Banküberweisung des Auszahlungsbetrages zu buchen, wenn
   - auf der LSt-Karte die LSt-Klasse III/1,0 eingetragen ist,
   - die von Arbeitnehmer und Arbeitgeber jeweils zu tragenden Sozialversicherungsanteile sich auf 668,86 EUR belaufen und
   - im Kalenderjahr bisher noch keine verbilligten Warenlieferungen an den Arbeitnehmer erfolgt sind?

4. Ein Angestellter Ihres Mandanten (Autohändler) erwirbt von diesem im Dezember einen neuen PKW für 25.000,00 EUR zuzüglich 4.000,00 EUR USt gegen Barzahlung. An andere Letztverbraucher würde dieser PKW für 30.000,00 EUR zuzüglich 4.800,00 EUR USt verkauft werden.

   Wie muss gebucht werden, wenn
   - das tarifliche Gehalt des Angestellten 3.500,00 EUR beträgt,
   - die Lohnsteuer mit 910,74 EUR ermittelt worden ist,
   - die Kirchensteuer 81,97 EUR beträgt,
   - der SZ 50,09 EUR ausmacht,
   - die SV-Beiträge sich jeweils auf 1.370,22 EUR belaufen und
   - die Auszahlung des Restbetrages durch Banküberweisung erfolgt?

3.5 Unentgeltliche oder verbilligte Überlassung von Vermögensbeteiligungen

Werden einem Arbeitnehmer aufgrund des Dienstverhältnisses durch den Arbeitgeber unentgeltlich oder verbilligt Vermögensbeteiligungen (z. B. Aktien, GmbH-Anteile, bestimmte Schuldverschreibungen, stille Beteiligungen) überlassen (§ 19 a EStG, §§ 5 - 7 LStDV, R 77 LStR), erlangt der Arbeitnehmer einen geldwerten Vorteil. Dieser ist unter den Voraussetzungen des § 19 a EStG steuerbegünstigt.

Der geldwerte Vorteil ergibt sich aus dem Unterschied zwischen dem Wert der Vermögensbeteiligung und dem geringeren Preis, zu dem dem Arbeitnehmer die Vermögensbeteiligung überlassen wird.

Steuerfrei bleibt der geldwerte Vorteil in Höhe der Hälfte des Werts der Vermögensbeteiligung, höchstens jedoch in Höhe von 154,00 EUR jährlich.

Beispiel:

Zuzahlung des Arbeitnehmers (EUR)	Wert der Beteiligung (EUR)	Lohnsteuer-frei (EUR)	Lohnsteuer-pflichtig (EUR)
–	100,00	50,00	50,00
–	500,00	154,00	346,00
–	600,00	154,00	446,00
196,00	350,00	154,00	–
50,00	250,00	125,00	75,00
150,00	300,00	150,00	–
175,00	350,00	154,00	21,00

Beispiel:

Ein Angestellter erwirbt eine Vermögensbeteiligung, deren Wert 650,00 EUR beträgt, zum Preis von 100,00 EUR.

Die daraufhin erstellte Gehaltsabrechnung sieht wie folgt aus:

tarifliches Gehalt			2.850,00 EUR
Sachbezug	Wert der Beteiligung	650,00 EUR	
	lohnsteuerfrei	154,00 EUR	
	übersteigender Betrag	496,00 EUR	
	– Zuzahlung	100,00 EUR	
	stpfl. Arbeitslohn	396,00 EUR	396,00 EUR
steuerpflichtiger Arbeitslohn insgesamt			2.454,00 EUR
Lohn-/Kirchensteuer/SZ			488,96 EUR
Arbeitnehmeranteil zur Sozialversicherung			503,07 EUR
verrechneter Sachbezug			396,00 EUR
geleistete (verrechnete) Zuzahlung			100,00 EUR
Auszahlungsbetrag			965,97 EUR

Der Arbeitgeberanteil zur Sozialversicherung beträgt 503,07 EUR.

Buchungssätze:

	Soll/EUR	Haben/EUR
4120/6020 Gehälter	2.850,00	
4140/6130 freiw. soziale Aufw. stfr.	154,00	
4145/6060 freiw. soziale Aufw. stpfl.	396,00	
an 1200/1800 Bank		965,97
an 1741/3730 Verb. LSt/KiSt/SZ		488,96
an 1742/3740 Verb. SV		503,07
an 1750/3770 Verb. Vermögensbildung		650,00
4130/6110 gesetzl. soziale Aufwendungen	503,07	
an 1742/3740 Verb. SV		503,07

Kontrollaufgaben

1. Nennen Sie Beispiele für Vermögensbeteiligungen.
2. In welcher Höhe ist der geldwerte Vorteil beim Erwerb von Vermögensbeteiligungen grundsätzlich lohnsteuerfrei?
3. Wie hoch darf der lohnsteuerfreie Betrag beim Erwerb von Vermögensbeteiligungen insgesamt jährlich sein?

Übungen

1. Ein Angestellter, LStKl I, rk., mit einem tariflichen Gehalt von 3.300,00 EUR erwirbt im Monat November (erstmals im Kalenderjahr) eine Vermögensbeteiligung, indem er sich als typischer stiller Gesellschafter am Unternehmen Ihres Mandanten beteiligt.

   Die stille Beteiligung, deren Wert 400,00 EUR beträgt, überlässt Ihr Mandant dem Arbeitnehmer für 200,00 EUR.

   Wie ist zu buchen, wenn die Arbeitnehmer- und Arbeitgeberbeiträge zur Sozialversicherung jeweils 685,93 EUR ausmachen und der Auszahlungsbetrag durch die Bank überwiesen wird?

2. Das tarifliche Gehalt eines Angestellten, LStKl V, ev., beträgt 3.000,00 EUR. Im Monat August erwirbt der Arbeitnehmer eine Aktie Ihres Mandanten.

   Die Aktie im Wert von 600,00 EUR wird dem Arbeitnehmer für 300,00 EUR überlassen.

   Wie lauten die Buchungssätze, wenn die Arbeitnehmer- und Arbeitgeberanteile zur Sozialversicherung jeweils 644,93 EUR ausmachen und der Auszahlungsbetrag durch die Bank überwiesen wird?

3.6 Steuerfreie Zusatzleistungen

In bestimmten Fällen kann sich der Arbeitgeber veranlasst sehen, dem Arbeitnehmer neben dem eigentlichen Arbeitslohn bestimmte Beträge zukommen zu lassen (§ 3 EStG).

Beschafft der Arbeitnehmer eigene Werkzeuge zur betrieblichen Nutzung, unternimmt er Dienstreisen oder unterhält er außerhalb des Ortes, an dem seine Familie wohnt, aus beruflichen Gründen eine Zweitwohnung, ist der Arbeitgeber berechtigt, dem Arbeitnehmer die dadurch entstandenen Aufwendungen steuerfrei zu ersetzen.

Außerdem sind zu bestimmten Anlässen bzw. für bestimmte Tätigkeiten des Arbeitnehmers zusätzliche Zahlungen zulässig.

Wird ein Dienstverhältnis aufgelöst, sind - abhängig vom Lebensalter des Arbeitnehmers und der Dauer seiner Betriebszugehörigkeit - steuerfreie Abfindungen bis zur Höhe von 12.271,00 EUR möglich.

Wegen der Heirat des Arbeitnehmers oder der Geburt eines Kindes dürfen steuerfreie Heirats- bzw. Geburtsbeihilfen in Höhe von 358,00 EUR gewährt werden.

Leistet ein Arbeitnehmer Sonntags-, Feiertags- oder Nachtarbeit, darf der Arbeitgeber dafür Zuschläge bis zu einer bestimmten Höhe steuerfrei vergüten.

Daneben ist der Arbeitgeber berechtigt, dem Arbeitnehmer steuerfrei (Freigrenze monatlich 50,00 EUR) Leistungen, die nicht er selbst, sondern andere Unternehmer ausführen, zu überlassen. Diese Regelung ist insbesondere im Zusammenhang mit der kostenlosen Telefonnutzung für Privatgespräche durch Arbeitnehmer von Bedeutung (§ 8 Abs. 2 EStG).

Fährt der Arbeitnehmer mit öffentlichen Verkehrsmitteln von seiner Wohnung zur Arbeitsstätte, darf der Arbeitgeber dem Arbeitnehmer die entstandenen Aufwendungen steuerfrei erstatten.[1]

Beispiel:

Anlässlich seiner Eheschließung wird einem Arbeitnehmer eine Heiratsbeihilfe in Höhe von 358,00 EUR bar ausgezahlt.

Buchungssatz:

	Soll/EUR	Haben/EUR
4140/6130 freiw. soziale Aufw. stfr.	358,00	
an 1000/1600 Kasse		358,00

Werden einem Arbeitnehmer höhere als die verauslagten Beträge erstattet oder sind die Leistungen des Arbeitgebers höher als die zulässigen Freibeträge, kommt es in Höhe des übersteigenden Betrages zu zusätzlichem steuerpflichtigem Arbeitslohn.

Beispiel:

Anlässlich der Geburt eines Kindes erhält ein Angestellter eine Geburtsbeihilfe in Höhe von 500,00 EUR.

Die daraufhin zum Monatsende erstellte Gehaltsabrechnung sieht wie folgt aus:

tarifliches Gehalt			3.500,00 EUR
Geburtsbeihilfe	steuerfrei	358,00 EUR	
	steuerpflichtig	142,00 EUR	500,00 EUR
			4.000,00 EUR
Lohn-/Kirchensteuer/SZ			1.163,60 EUR
Sozialversicherungsanteil des Arbeitnehmers			697,30 EUR
Banküberweisung			2.139,10 EUR

Der Arbeitgeberanteil zur Sozialversicherung beträgt 697,30 EUR.

Buchungssätze:

	Soll/EUR	Haben/EUR
4120/6020 Gehälter	3.500,00	
4140/6130 freiw. soziale Aufw. stfr.	358,00	
4145/6060 freiw. soziale Aufw. stpfl.	142,00	
an 1200/1800 Bank		2.139,10
an 1741/3730 Verb. LSt/KiSt/SZ		1.163,60
an 1742/3740 Verb. SV		697,30
4130/6110 gesetzl. soziale Aufwendungen	697,30	
an 1742/3700 Verb. SV		697,30

1 Erhält ein Arbeitnehmer Sachbezüge in Form der unentgeltlichen oder verbilligten Beförderung zwischen Wohnung und Arbeitsstätte oder Barzuschüsse zu den Fahrtaufwendungen, können diese pauschal mit 15 % Lohnsteuer, 7 % Kirchensteuer und 5,5 % Solidaritätszuschlag versteuert werden.

Kontrollaufgaben

1. Welche Vorteile verspricht sich der Unternehmer, wenn er Arbeitnehmern steuerfreie Zusatzleistungen zukommen lässt?
2. Nennen Sie Beispiele für steuerfreie Zusatzleistungen des Arbeitgebers.
3. Welche Folgen ergeben sich, wenn der Arbeitgeber Arbeitnehmern Geburtsbeihilfen gewährt, die den Betrag von 358,00 EUR überschreiten?

Übungen

1. Eine Angestellte Ihres Mandanten bezieht im Oktober 01 einen steuerpflichtigen Arbeitslohn von 2.100,00 EUR. Für Lohn-/Kirchensteuer und SZ fällt insgesamt ein Betrag von 368,57 EUR an. Der anteilige SV-Beitrag beträgt sowohl für den Arbeitnehmer als auch für Ihren Mandanten 430,50 EUR.

   Wie lautet die Bruttobuchung, wenn

   - die Gehaltszahlung durch Banküberweisung erfolgt und
   - die Angestellte anlässlich ihrer Hochzeit zusätzlich einen steuerfreien Betrag von 358,00 EUR erhält?

2. Zum Monatsende bittet Sie Ihr Mandant, ihm bei der Buchung der folgenden Fälle behilflich zu sein:

   a) In einer Kasse, die ausschließlich von einer Kassiererin bedient wird, fehlt zum Monatsende ein Betrag von 12,00 EUR, der auf falsche Geldrückgabe zurückzuführen ist. Die Kassiererin erhält ein monatliches Mankogeld von 16,00 EUR.

   b) Für einen Betriebsausflug mit 70 Arbeitnehmern, der mit der Deutschen Bahn AG unternommen wurde, erhielt Ihr Mandant eine Rechnung über 4.000,00 EUR zuzüglich 640,00 EUR USt.

   c) Der Nachruf für einen verstorbenen Mitarbeiter in der örtlichen Tageszeitung wurde ordnungsgemäß mit 210,00 EUR zuzüglich 14,70 EUR USt abgerechnet.

3. Neben einem tariflichen Gehalt von 3.200,00 EUR erhielt ein Angestellter im Monat Juli 01 durch Ihren Mandanten die folgenden Vergünstigungen:

   - Er nahm während der betrieblichen Arbeitszeit an einem Fortbildungslehrgang teil. Ihr Mandant erstattete dem Angestellten die entstandenen Aufwendungen in Höhe von 600,00 EUR,
   - er aß an 20 Arbeitstagen jeweils einmal mittags in der Betriebskantine, wodurch monatlich Aufwendungen in Höhe von 150,00 EUR anfielen,
   - er heiratete am 1. Aug. 01. Ihr Mandant zahlte ihm deshalb eine Heiratsbeihilfe in Höhe von 450,00 EUR.

   Wie ist zu buchen, wenn der evangelische Arbeitnehmer nach Steuerklasse I besteuert wird, sich die anteiligen SV-Beiträge auf jeweils 20,5 % belaufen und die Auszahlung des Nettobetrages durch Banküberweisung erfolgt?

4 Besondere Personengruppen

4.1 Aushilfskräfte

Neben Arbeitnehmern, die ihre Arbeitskraft einem Arbeitgeber in vollem Umfang zur Verfügung stellen, werden häufig Aushilfskräfte beschäftigt.

Als Aushilfskräfte gelten Personen, die entweder nur kurzfristig oder dauernd, aber nur geringfügig beschäftigt werden.

4.1.1 Kurzfristig Beschäftigte

Nach dem EStG (§ 40 a Abs. 1 EStG) gilt als kurzfristig beschäftigte Aushilfskraft eine Person, die keine Lohnsteuerkarte vorlegt, nicht regelmäßig beschäftigt wird und deren Beschäftigung höchstens 18 zusammenhängende Arbeitstage dauert. Weiter ist vorgeschrieben, dass der Höchstlohn je Arbeitsstunde durchschnittlich nicht mehr als 12,00 EUR und je Arbeitstag nicht mehr als 62,00 EUR betragen darf oder die Beschäftigung der Person zu einem unvorhergesehenen Zeitpunkt sofort erforderlich sein muss.

Sind die Voraussetzungen erfüllt, wird die Lohnsteuer pauschal mit 25 % des Arbeitslohns, die Kirchensteuer pauschal mit 7 % der Lohnsteuer und der Solidaritätszuschlag pauschal mit 5,5 % der Lohnsteuer ermittelt und vom Arbeitgeber getragen (Aufwand).

Das Sozialgesetzbuch definiert den Begriff „kurzfristig Bechäftigte" anders als das EStG.

Als kurzfristig beschäftigte Aushilfskräfte gelten Personen, die der Arbeitgeber innerhalb von 12 Monaten höchstens 2 Monate oder 50 Arbeitstage beschäftigt.

Kurzfristig Beschäftigte

Voraussetzungen

nach § 40 a Abs. 1 EStG

- keine LSt-Karte
- keine regelmäßige Beschäftigung
- nur kurzfristige Beschäftigung
- Beschäftigungsdauer höchstens 18 zusammenhängende Arbeitstage
- Höchstlohn je
  - Arbeitsstunde 12,00 EUR
  - Arbeitstag 62,00 EUR oder
- Beschäftigung ist zu unvorhergesehenem Zeitpunkt sofort erforderlich

↓

LSt: pauschal 25 % des Arbeitslohns
KiSt: pauschal 7 % der Lohnsteuer
SZ: pauschal 5,5 % der Lohnsteuer

nach § 8 SGB V

- keine berufsmäßige Ausübung
- Beschäftigungsdauer innerhalb von 12 Monaten höchstens 2 Monate oder 50 Arbeitstage

↓

keine Beitragspflicht zur Renten-, Arbeitslosen-, Kranken- und Pflegeversicherung

Beispiel:

Vom 5. bis zum 23. Dez. 01 (15 Arbeitstage) wird eine sonst nicht berufstätige Frau als Aushilfe in einem Spielzeugladen beschäftigt. Sie arbeitet täglich 8 Stunden zum Stundenlohn von 7,00 EUR. Eine Lohnsteuerkarte liegt nicht vor. Der Aushilfslohn wird zum Monatsende bar ausgezahlt.

Arbeitslohn: 15 Tage · 8 Std. · 7,00 EUR	=	840,00 EUR
Lohnsteuer: 25 %	=	210,00 EUR
Kirchensteuer: 7 % der LSt	=	14,70 EUR
Solidaritätszuschlag: 5,5 % der LSt	=	11,55 EUR
Personalaufwand		1.076,25 EUR

Buchungssatz:

	Soll/EUR	Haben/EUR
4190/6030 Aushilfslöhne	1.076,25	
an 1000/1600 Kasse		840,00
an 1741/3730 Verb. LSt/KiSt/SZ		236,25

Übungen

1. Um einen Auftrag termingerecht ausführen zu können, war es erforderlich, für 12 Arbeitstage eine Aushilfskraft einzustellen. Bei einer täglichen Arbeitszeit von 5 Stunden und einem Stundenlohn von 12,00 EUR beträgt die Vergütung 720,00 EUR.

   Wie ist zu buchen, wenn die Auszahlung des Nettobetrags durch Banküberweisung erfolgt und keine LSt-Karte vorliegt?

2. Wegen der Erkrankung eines Mitarbeiters arbeitet eine sonst nicht berufstätige Hausfrau drei Wochen (15 zusammenhängende Arbeitstage) als Aushilfskraft im Produktionsbetrieb Ihres Mandanten.

   Wie ist zu buchen, wenn

   - die tägliche Arbeitszeit 6 Stunden beträgt,
   - ein Stundenlohn von 10,00 EUR vereinbart ist,
   - eine Lohnsteuerkarte nicht vorliegt und
   - die Auszahlung des Arbeitslohns nach Beendigung der Arbeiten bar erfolgt?

3. Ein kurzfristig durch Ihren Mandanten an 18 zusammenhängenden Arbeitstagen beschäftigter Facharbeiter (Urlaubsvertretung) erzielt im Monat Juli einen Arbeitslohn von 1.116,00 EUR.

   Wie ist zu buchen, wenn die der Krankenkasse gemeldete Aushilfskraft

   - keine Lohnsteuerkarte vorlegt,
   - die SV-Beiträge des Arbeitnehmers und Ihres Mandanten bei einem Arbeitslohn von 1.116,00 EUR normalerweise jeweils 228,78 EUR betragen würden und
   - die Auszahlung des Aushilfslohns durch Banküberweisung erfolgt?

4.1.2 Geringfügige Beschäftigungsverhältnisse

Ein geringfügiges Beschäftigungsverhältnis liegt vor, wenn ein Arbeitnehmer wöchentlich weniger als 15 Stunden beschäftigt wird und der Arbeitslohn monatlich nicht mehr als 325,00 EUR (wöchentlich nicht mehr als 76,00 EUR,[1] pro Stunde nicht mehr als 12,00 EUR) beträgt (§ 8 Abs. 1 Nr. 4 IV SGB, § 40 a Abs. 2 EStG).

Die Behandlung eines solchen Beschäftigungsverhältnisses ist von den steuer- und sozialversicherungsrechtlichen Gegebenheiten der einzelnen Aushilfskraft abhängig.

Bescheinigt das Finanzamt der Aushilfskraft, dass sie weder Arbeitslohn aus einem anderen Beschäftigungsverhältnis noch eine positive Summe anderer Einkünfte hat (§ 39 a Abs. 6 EStG), ist das Beschäftigungsverhältnis steuerfrei (§ 3 Nr. 39 EStG). Es fallen jedoch Beiträge zur Rentenversicherung (12 %) und grundsätzlich zur Krankenversicherung (10 %) an, die der Arbeitgeber zu tragen hat.

Handelt es sich bei der Aushilfskraft um eine Person, die keinen gesetzlichen Krankenversicherungsschutz genießt (z. B. privat Versicherte und Ehegatten von Beamten), entfällt allerdings der Krankenversicherungsbeitrag.

Möchte die Aushilfskraft vollen Rentenversicherungsschutz genießen, hat sie die Möglichkeit, freiwillig die Rentenversicherungsbeiträge um 7,1 % des Aushilfslohns aufzustocken. Liegt der Aushilfslohn monatlich unter 154,00 EUR,[1] erfolgt die Berechnung der freiwilligen Zuzahlung mit 7,1 % von 154,00 EUR.

Stellt das Finanzamt der Aushilfskraft keine Bescheinigung nach § 39 a Abs. 6 EStG aus, kann das darauf zurückzuführen sein, dass die Aushilfskraft Arbeitslohn aus einem anderen Beschäftigungsverhältnis bezieht oder aber eine positive Summe anderer Einkünfte erzielt.

Bezieht die Aushilfskraft bereits Arbeitslohn aus einem anderen Beschäftigungsverhältnis, ist die Beschäftigung steuerpflichtig und in vollem Umfang sozialversicherungspflichtig (Renten-, Kranken- und Pflegeversicherung - nicht jedoch Arbeitslosenversicherung). Die Steuer kann - wie bei anderen Arbeitnehmern - nach LSt-Karte (Steuerklasse VI), aber auch pauschal (§ 40 a Abs. 2 S. 2 EStG) ermittelt werden (LSt 20 %, KiSt 7 % der LSt, SZ 5,5 % der LSt). Wird die Steuer pauschaliert, ist sie vom Arbeitgeber zu tragen.

Bezieht die Aushilfskraft noch keinen Arbeitslohn, aber eine positive Summe anderer Einkünfte, ist die Beschäftigung ebenfalls steuer- und sozialversicherungspflichtig.

Die Steuer kann wiederum nach LSt-Karte (jedoch Steuerklasse I, II, III, IV oder V) oder pauschal (§ 40 a Abs. 2 S. 2 EStG) ermittelt werden. Wird sie pauschaliert, ist sie vom Arbeitgeber zu tragen.

Versicherungsbeiträge fallen für die Rentenversicherung (12 %) und grundsätzlich für die Krankenversicherung (10 %) an. Diese Beiträge hat der Arbeitgeber zu tragen. Die Aushilfskraft hat wiederum die Möglichkeit, freiwillig die Rentenversicherungsbeiträge um 7,1 % aufzustocken.

---

1 Errechnete Werte.

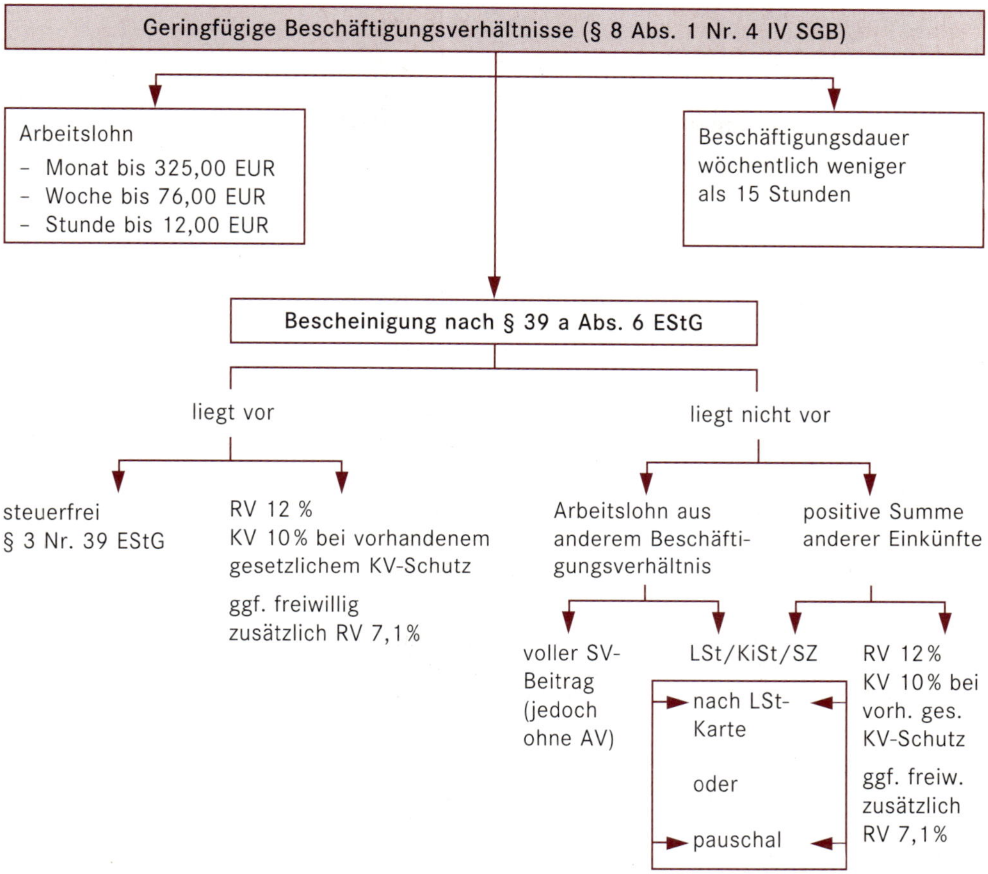

Beispiel:

Eine Aushilfskraft, die eine Bescheinigung nach § 39 a Abs. 6 EStG vorlegt, wird wöchentlich 9 Stunden beschäftigt. Als Stundenlohn ist ein Betrag von 7,70 EUR vereinbart. Im Monat März arbeitete die Aushilfskraft 42 Stunden. Die Lohnzahlung erfolgt bar.

Arbeitslohn	42 Std. · 7,70 EUR =	323,40 EUR
Rentenversicherung	12% von 323,40 EUR =	38,81 EUR
Krankenversicherung	10% von 323,40 EUR =	32,34 EUR
Abzüge für LSt/KiSt/SZ fallen nicht an		–
Personalaufwand		394,55 EUR

Buchungssätze:

	Soll/EUR	Haben/EUR
4190/6030 Aushilfslöhne an 1000/1600 Kasse	323,40	 323,40
4130/6110 gesetzl. soziale Aufwendungen an 1742/3740 Verb. SV	71,36	 71,36

16 Hengstebeck - ISBN 3-8120-0068-7

Übungen

1. Zur Erledigung von Reinigungsarbeiten beschäftigt Ihr Mandant täglich für 2 Stunden eine Aushilfskraft.

   Wie ist zu buchen, wenn

   - die Abrechnung für den Monat März erfolgt, der 23 Arbeitstage hat,
   - ein Stundenlohn von 7,00 EUR vereinbart ist,
   - die Aushilfskraft im Rahmen der Familienversicherung gesetzlich krankenversichert ist,
   - eine Bescheinigung nach § 39 a Abs. 6 EStG vorliegt,
   - die vorliegende LSt-Karte die Steuerklasse V ausweist und
   - der Aushilfslohn am Ende des Monats bar ausgezahlt wird?

2. Ihr Mandant beschäftigt seit Jahren samstags eine Aushilfskraft. Bei einer täglichen Arbeitszeit von 7 Stunden arbeitet diese im Monat Februar 28 Stunden.

   Bei der Aushilfskraft, Steuerklasse V, handelt es sich um die Ehefrau eines Beamten.

   Wie lautet der Buchungssatz, wenn der vereinbarte Stundenlohn 8,00 EUR beträgt, eine Bescheinigung nach § 39 Abs. 6 EStG vorliegt und die Überweisung des entsprechenden Betrages am Ende des Monats durch die Bank erfolgt?

3. Bei Ihrem Mandanten arbeitet eine Aushilfskraft wöchentlich 10 Stunden, im Monat Mai insgesamt 50 Stunden. Als Aushilfslohn ist pro Stunde ein Betrag von 6,50 EUR vereinbart.

   Die Aushilfskraft ist im Rahmen der Familienversicherung gesetzlich krankenversichert. Der vorliegenden LSt-Karte ist die Steuerklasse V zu entnehmen. Um ggf. auch eine Erwerbs- oder Berufsunfähigkeitsrente der Rentenversicherung zu erhalten, leistet die Aushilfskraft über Ihren Mandanten eine freiwillige Zuzahlung zur Rentenversicherung in Höhe von 7,1 % des Aushilfslohns.

   Wie lautet der Buchungssatz, wenn die Auszahlung des Aushilfslohns bar erfolgt und eine Bescheinigung nach § 39 a Abs. 6 EStG vorliegt?

4. Zur Erledigung von Montagearbeiten beschäftigt Ihr Mandant einen 18-jährigen Schüler. Dieser arbeitet im Monat Juni wöchentlich 6 Stunden, insgesamt 24 Stunden. Als Stundenlohn ist ein Betrag von 9,00 EUR vereinbart. Andere Einkünfte hat er lt. Bescheinigung (§ 39 a Abs. 6 EStG) des Finanzamts nicht.

   Der Schüler, Steuerklasse I, ist über seine Eltern gesetzlich krankenversichert.

   Bilden Sie den Buchungssatz bei Barauszahlung des Aushilfslohns.

5. Ihr Mandant beschäftigt einen Facharbeiter, der bereits von montags bis freitags (37,5 Stunden) bei einem anderen Arbeitgeber arbeitet, samstags jeweils für 7 Stunden. Bei einem Stundenlohn von 11,00 EUR beträgt sein Aushilfslohn im August 308,00 EUR.

   Der Facharbeiter, Lohnsteuerklasse VI, ist gesetzlich krankenversichert (Beitragssatz 13,3 %). Die Auszahlung des Aushilfslohns erfolgt durch Banküberweisung.

   Wie ist zu buchen?

6. Ein 20-jähriger Schüler, der über seine Eltern privat krankenversichert ist, wird durch Ihren Mandanten zum Stundenlohn von 6,50 EUR als Aushilfskraft beschäftigt. Im Monat Oktober betrug seine Arbeitszeit 48 Stunden (wöchentlich weniger als 15 Stunden).

   Wie muss bei Barauszahlung gebucht werden, wenn keine Bescheinigung nach § 39 a Abs. 6 EStG vorliegt und die Abrechnung unter Berücksichtigung der Lohnsteuerklasse I erfolgt?

7. Mit einer Aushilfskraft (Steuerklasse I) ist ein Stundenlohn von 10,00 EUR vereinbart worden. Im Monat September arbeitete sie wöchentlich 5 Stunden, insgesamt 20 Stunden.

   Die Aushilfskraft ist im Rahmen der Familienversicherung gesetzlich krankenversichert. Um den vollen Leistungsanspruch gegenüber der Rentenversicherung zu haben, leistet sie eine freiwillige Zuzahlung zur Rentenversicherung in gesetzlich vorgeschriebener Höhe.

   Bilden Sie den Buchungssatz. Unterstellen Sie, dass die Auszahlung des Aushilfslohns bar erfolgt und eine Bescheinigung nach § 39 a Abs. 6 EStG vorliegt.

4.2 Geringverdiener

Beschäftigt ein Unternehmer Auszubildende oder Praktikanten, deren monatlicher Arbeitslohn nicht mehr als 325,00 EUR beträgt, hat er die Beiträge zur Renten-, Arbeitslosen-, Kranken- und Pflegeversicherung allein aufzubringen, d. h., er hat sowohl den Arbeitnehmer- als auch den Arbeitgeberanteil zu tragen. Im Gegensatz zu Aushilfskräften können Auszubildende oder Praktikanten im Bedarfsfall Ansprüche gegenüber der Renten-, Arbeitslosen-, Kranken- und Pflegeversicherung geltend machen.

Findet die Besteuerung des Arbeitslohns nach den Steuerklassen I bis IV statt, fallen Lohn-/Kirchensteuer und Solidaritätszuschlag nicht an. Der mit dem Arbeitgeber vereinbarte Bruttoarbeitslohn entspricht also grundsätzlich dem Auszahlungsbetrag.

Beispiel:

Ein Auszubildender, Steuerklasse I, erhält eine monatliche Ausbildungsvergütung in Höhe von 325,00 EUR. Der entsprechende Sozialversicherungsbeitrag beläuft sich auf insgesamt 133,25 EUR.

Die Ausbildungsvergütung wird durch Banküberweisung gezahlt.

Buchungssatz:

	Soll/EUR	Haben/EUR
4120/6020 Gehälter	325,00	
4130/6110 gesetzl. soziale Aufwendungen	133,25	
an 1200/1800 Bank		325,00
an 1742/3740 Verb. SV		133,25

Kontrollaufgaben

1. Welche Personen werden als sozialversicherungspflichtige Geringverdiener behandelt?
2. Wodurch unterscheiden sich Aushilfskräfte von Geringverdienern?

Übungen

1. Ein Auszubildender, Steuerklasse I, erhält im Juni 01 eine Ausbildungsvergütung von 300,00 EUR.

   Wie lauten die Buchungssätze, wenn sich der Sozialversicherungsbeitrag auf 123,00 EUR beläuft und Ihr Mandant den Nettobetrag durch die Bank überweist?

2. Ein Auszubildender (Steuerklasse I) Ihres Mandanten erhält im August 01 eine Ausbildungsvergütung von 310,00 EUR. Lohn-/Kirchensteuer und SZ fallen nicht an, der Sozialversicherungsbeitrag beläuft sich auf 127,10 EUR.

   Bilden Sie die Buchungssätze bei Barauszahlung des Nettobetrages.

3. Zum 31. Mär. 01 ist die Sammelbuchung für die folgenden Personalaufwendungen zu erstellen:
   - Einer Aushilfskraft (Steuerklasse I), die wöchentlich 14 Stunden gearbeitet und eine Bescheinigung nach § 39 a Abs. 6 EStG vorgelegt hat, wurde ein Betrag in Höhe von 325,00 EUR,
   - einem Auszubildenden (Steuerklasse I) wurde als Ausbildungsvergütung ein Betrag von 310,00 EUR

   vom betrieblichen Bankkonto überwiesen.

   Wie lauten die Buchungssätze, wenn die Sozialversicherungsbeiträge grundsätzlich mit 40,5 % zu berechnen sind?

4.3 Nicht krankenversicherungspflichtige Arbeitnehmer

Angestellte und Arbeiter, deren Jahresarbeitsentgelt mehr als 75 % der Beitragsbemessungsgrenze zur Rentenversicherung beträgt (2001 jährlich mehr als 40.034,15 EUR, monatlich mehr als 3.336,18 EUR), sind nicht mehr krankenversicherungspflichtig. Die Arbeitnehmer haben in diesem Falle verschiedene Möglichkeiten. Sie können

- freiwillig in der Pflichtversicherung bleiben,
- einer privaten Krankenversicherung beitreten oder
- auf Krankenversicherungsschutz verzichten.

Bleibt der Arbeitnehmer freiwillig in der Pflichtversicherung, ergeben sich buchungstechnisch keine Besonderheiten. Allerdings sind die monatlichen Kranken- und Pflegeversicherungsbeiträge höchstens von (2001) 3.336,18 EUR zu berechnen.

Tritt der Arbeitnehmer einer privaten Krankenversicherung bei, ist der Arbeitgeber verpflichtet, sich an den Beiträgen des Arbeitnehmers zu beteiligen. Nach § 3 Nr. 62 EStG kommt es durch diese Zahlung nicht zu einer Erhöhung des steuerpflichtigen Arbeitslohns.

Die Höhe des vom Arbeitgeber zu leistenden Zuschusses zur privaten Kranken- und Pflegeversicherung des Arbeitnehmers ist nach dem durchschnittlichen Beitragssatz von der Beitragsbemessungsgrenze zur Kranken- und Pflegeversicherung zu errechnen (§ 257 SGB V). Er beläuft sich aber höchstens auf die Hälfte des Betrages, den der Arbeitnehmer für seine private Krankenversicherung zu zahlen hat.

Da der Arbeitnehmer die Beiträge zur privaten Kranken- und Pflegeversicherung selbst abführen muss, erhöht sich der vom Arbeitgeber auszuzahlende Nettobetrag entsprechend.

Beispiel:

Ein Arbeitnehmer bezieht im Monat August 01 einen steuerpflichtigen Arbeitslohn in Höhe von 4.000,00 EUR. Außerdem beteiligt sich der Arbeitgeber mit 262,00 EUR am Beitrag zur privaten Kranken- und Pflegeversicherung des Arbeitnehmers.

Lohn-/Kirchensteuer und SZ sind mit 1.163,43 EUR zu berücksichtigen. Die zur Hälfte vom Arbeitgeber und Arbeitnehmer zu tragenden Beiträge zur Renten- und Arbeitslosenversicherung belaufen sich jeweils auf insgesamt 512,00 EUR.

Der Auszahlungsbetrag wird durch die Bank überwiesen.

Buchungssätze:

	Soll/EUR	Haben/EUR
4120/6020 Gehälter	4.000,00	
4130/6110 gesetzl. soziale Aufwendungen	262,00	
an 1200/1800 Bank		2.586,57
an 1741/3730 Verb. LSt/KiSt/SZ		1.163,43
an 1742/3740 Verb. SV		512,00
4130/6110 gesetzl. soziale Aufwendungen	512,00	
an 1742/3740 Verb. SV		512,00

Verzichtet ein Arbeitnehmer auf Krankenversicherungsschutz, werden keine Beiträge zur Kranken- und Pflegeversicherung gezahlt. In diesem - normalerweise nicht vorkommenden - Fall kommt es zu einer Kostenersparnis für den Arbeitgeber und zu einem höheren frei verfügbaren Betrag für den Arbeitnehmer.

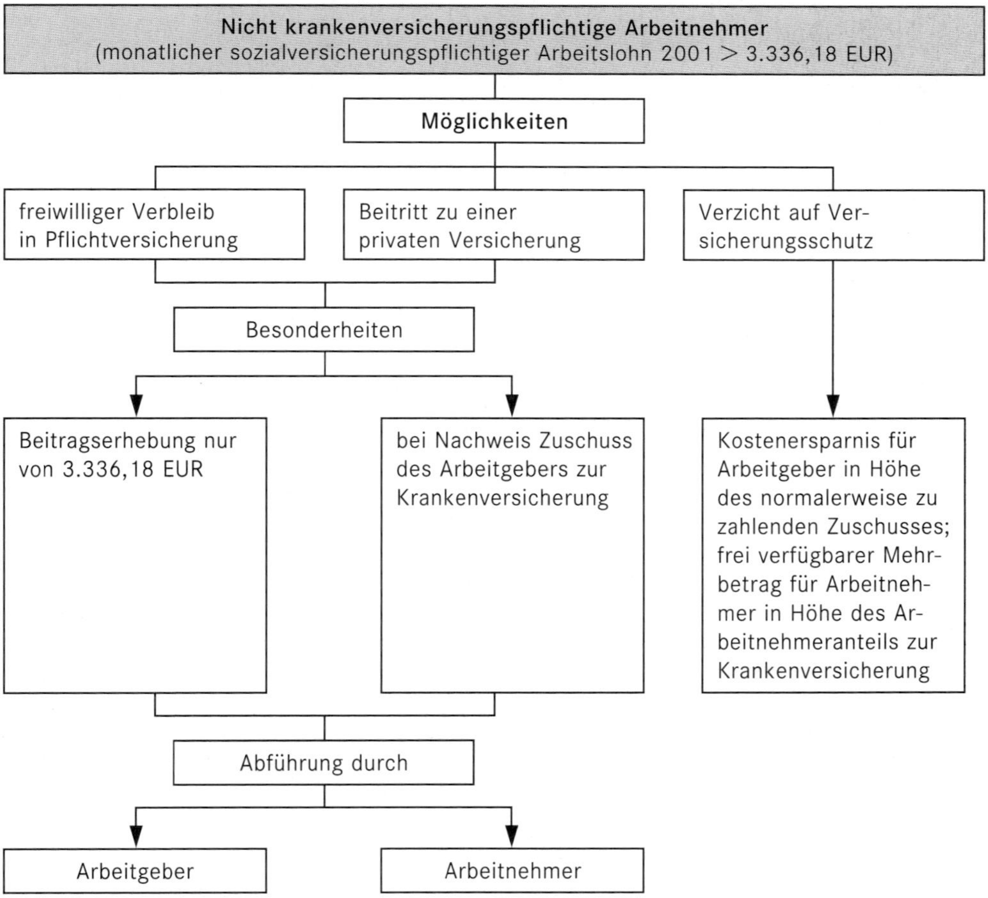

Kontrollaufgaben

1. Welche Bedeutung hat die Beitragsbemessungsgrenze zur Krankenversicherung?
2. Welche Besonderheiten ergeben sich bei der Lohn-/Gehaltsbuchung, wenn ein nicht krankenversicherungspflichtiger Arbeitnehmer Mitglied einer privaten Krankenversicherung ist?

Übungen

1. Ein Arbeitnehmer bezieht im April 01 ein Bruttogehalt von 4.900,00 EUR. Von diesem Betrag hat Ihr Mandant folgende Beträge einzubehalten:

Lohn-/Kirchensteuer/SZ	1.418,29 EUR
Rentenversicherung	424,81 EUR
Arbeitsförderung	144,58 EUR

   Neben dem Nettogehalt erhält der Arbeitnehmer von Ihrem Mandanten einen steuerfreien Zuschuss zur freiwilligen Kranken- und Pflegeversicherung in Höhe von 229,76 EUR.

   Berechnen Sie den durch Banküberweisung auszuzahlenden Betrag und führen Sie die Bruttobuchung zum Monatsende durch.

2. Ein Angestellter Ihres Mandanten erhält im Monat Juli ein tarifliches Gehalt in Höhe von 4.400,00 EUR. Zusätzlich darf er eine Wohnung im Geschäftsgebäude, für die eine marktübliche Miete von 550,00 EUR erzielt werden könnte, für 350,00 EUR nutzen. Dieser Betrag wird von seinem Gehalt einbehalten.

   Wie lautet die Bruttobuchung bei Banküberweisung des Restbetrages zum 31. Jul., wenn außerdem bekannt ist, dass

Lohn-/Kirchensteuer und SZ	1.472,30 EUR	
die Rentenversicherungsanteile jeweils	424,81 EUR	
die Beiträge zur Arbeitsförderung jeweils	144,57 EUR	und
der Zuschuss zur Krankenversicherung gem. § 3 Nr. 62 EStG	226,86 EUR	

   betragen?

3. Ein Angestellter Ihres Mandanten erhält im Mai ein Gehalt von 3.500,00 EUR. Außerdem werden ihm die nachgewiesenen Kosten für Fahrten mit öffentlichen Verkehrsmitteln zur Arbeitsstätte erstattet. Für den Monat Mai belaufen sich diese lt. Fahrausweis auf 96,30 EUR (USt 7 %).

   Da der Arbeitnehmer nicht krankenversicherungspflichtig ist, gewährt Ihr Mandant einen Zuschuss zur privaten Kranken- und Pflegeversicherung in Höhe von 233,53 EUR, kürzt den steuer- und sozialversicherungspflichtigen Arbeitslohn um 810,40 EUR Lohnsteuer, 72,94 EUR Kirchensteuer, 44,57 EUR SZ, 50 % des Rentenversicherungsbeitrags von 19,1 % sowie 50 % des Beitrags zur Arbeitsförderung von 6,5 % und zahlt den Restbetrag durch Banküberweisung aus.

   Wie lauten die Buchungssätze?

4.4 Exkurs: Beherrschende Gesellschafter-Geschäftsführer

Oft ist der Geschäftsführer einer GmbH gleichzeitig der alleinige oder aber der mit mehr als 50 % am Kapital der GmbH beteiligte Gesellschafter.

Aus steuerrechtlicher Sicht ist auch der Geschäftsführer Arbeitnehmer. Er erhält Arbeitslohn, von dem die Lohn-/Kirchensteuer und der SZ einzubehalten sind.

Aufgrund ihrer unabhängigen Stellung (Mehrheitsbeteiligung) gelten Gesellschafter-Geschäftsführer aus sozialversicherungsrechtlicher Sicht jedoch als Arbeitgeber. Sozialversicherungsbeiträge fallen deshalb grundsätzlich nicht an.

Beispiel:

Der nicht freiwillig versicherte beherrschende Gesellschafter-Geschäftsführer einer GmbH erzielt im Monat Mai ein Gehalt in Höhe von 12.500,00 EUR. Nach Abzug von Lohn-/Kirchensteuer/SZ in Höhe von umgerechnet 6.802,55 EUR wird der Restbetrag durch die Bank überwiesen.

Buchungssatz:

	Soll/EUR	Haben/EUR
4120/6020 Gehälter	12.500,00	
an 1200/1800 Bank		5.697,45
an 1741/3730 Verb. LSt/KiSt/SZ		6.802,55

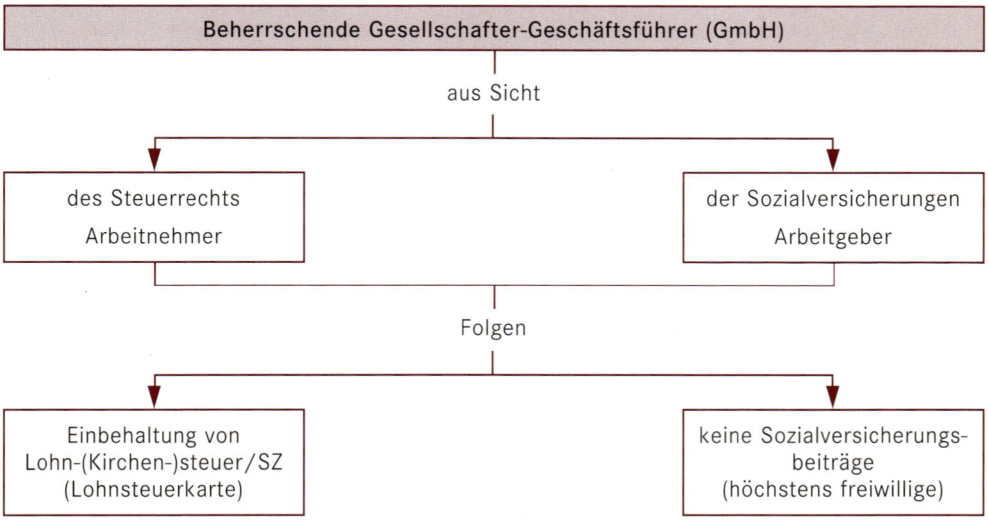

4.5 Exkurs: Mitarbeitende Ehegatten

Auch Ehegatten können als Arbeitnehmer beschäftigt werden (R 19 Abs. 1, H 19 EStR). Als Arbeitslohn ist allerdings nur eine angemessene Vergütung zu berücksichtigen. Diese liegt vor, wenn ihre Höhe den Betrag nicht übersteigt, den ein fremder Arbeitnehmer für eine gleichartige Tätigkeit erhalten würde.

Da bei der Auszahlung des Arbeitslohns - wie bei allen anderen Arbeitnehmern - Lohn-/Kirchensteuer/SZ und Sozialversicherungsbeiträge einzubehalten und abzuführen sind, ergeben sich buchungstechnisch keine Besonderheiten.

4.6 Exkurs: Aufsichtsratsmitglieder

Aufgabe der Aufsichtsratsmitglieder ist es, die Tätigkeit der Geschäftsführer bzw. des Vorstands zu überwachen. Demnach können Aufsichtsratsmitglieder nicht weisungsgebunden, also nicht Arbeitnehmer sein.

Für ihre selbstständige Tätigkeit beziehen Aufsichtsratsmitglieder Aufsichtsratsvergütungen (sonstige betriebliche Aufwendungen), die der Umsatzsteuer unterliegen.

Gesetzlich ist geregelt (§ 10 Ziff. 4 KStG), dass nur 50% dieser Aufwendungen den steuerlichen Gewinn mindern dürfen.

Beispiel:

Für seine Überwachungstätigkeit erhält ein Aufsichtsratsmitglied einen Betrag in Höhe von 30.000,00 EUR zuzüglich 4.800,00 EUR USt durch Banküberweisung.

Buchungssatz:

	Soll/EUR	Haben/EUR
4957/6827 Abschluss- und Prüfungskosten	15.000,00	
2385/6875 nicht abziehb. Hälfte der Aufsichtsratsvergütungen	15.000,00	
1570/1400 Vorsteuer	4.800,00	
an 1200/1800 Bank		34.800,00

5 Sonderfälle

5.1 Nettolöhne

Gelegentlich wird zwischen Arbeitgeber und Arbeitnehmer statt eines Bruttolohnes ein Nettolohn vereinbart. Insbesondere sind diejenigen Arbeitnehmer an einer solchen Regelung interessiert, die nach den ungünstigen Steuerklassen V und VI besteuert werden.

Werden Nettolöhne vereinbart, hat der Arbeitgeber zusätzlich die Lohn-/Kirchensteuer, den Solidaritätszuschlag und den Sozialversicherungsanteil des Arbeitnehmers zu tragen. Steuern und Sozialversicherungsbeiträge sind aber stets vom Bruttolohn zu berechnen. Da dieser nicht bekannt ist, muss der Arbeitgeber versuchen, in einem „Abtastverfahren“ (R 122 LStR) den Betrag zu ermitteln, der nach Abzug der einzubehaltenden Beträge den Nettolohn ergibt.

Beispiel:

Ein Arbeitnehmer, Steuerklasse V, erhält einen monatlichen Nettolohn in Höhe von 800,00 EUR. Der Arbeitgeber übernimmt die Lohnsteuer, die Kirchensteuer (9 %), den SZ und den Arbeitnehmeranteil zur Sozialversicherung (20,5 %).

Ohne Übernahme durch den Arbeitgeber würden sich folgende Lohnabzugsbeträge ergeben:

Lohnsteuer	141,67 EUR
Kirchensteuer/SZ	20,54 EUR
Arbeitnehmeranteil zur SV	164,00 EUR
Insgesamt	326,21 EUR

Der zu ermittelnde Arbeitslohn muss aufgrund der zu übernehmenden Lohnabzugsbeträge über 1.126,21 EUR liegen. Der genaue Betrag ist im Wege des Abtastens anhand der Tabelle zu ermitteln. Dies geschieht folgendermaßen:

Bei einem Bruttolohn in Höhe von 1.630,00 EUR betragen die Abzüge für

Lohnsteuer	434,77 EUR
Kirchensteuer/SZ	63,04 EUR
Arbeitnehmeranteil zur SV	334,15 EUR
Insgesamt	831,96 EUR

Nach Abzug dieses Betrages verbleibt ein Nettolohn in Höhe von 796,09 EUR.
Der zu ermittelnde Bruttoarbeitslohn muss also 1.630,00 EUR übersteigen.

Bei einem Bruttoarbeitslohn von 1.635,00 EUR (2. Stufengrenze nach 1.630,00 EUR) betragen die Abzüge für

Lohnsteuer	436,47 EUR
Kirchensteuer/SZ	63,29 EUR
Arbeitnehmeranteil zur SV	335,18 EUR
Insgesamt	834,94 EUR

Nach Abzug dieses Betrages verbleibt ein Nettolohn in Höhe von 800,06 EUR. Dieser liegt nur 0,06 EUR unter dem vereinbarten Nettolohn. Werden vom Bruttoarbeitslohn diese 0,06 EUR abgezogen, ergibt sich ein Betrag in Höhe von 1.634,94 EUR. Die darauf entfallenden tarifgemäßen Lohnabzugsbeträge sind die gleichen wie bei 1.635,00 EUR. Demnach beträgt der dem Nettolohn in Höhe von 800,00 EUR entsprechende Bruttoarbeitslohn 1.634,94 EUR.

Hinsichtlich der Buchung der Nettolöhne ergeben sich keine besonderen Probleme. Sie werden ebenso gebucht wie Bruttolöhne.

Buchungssätze:

	Soll/EUR	Haben/EUR
4120/6020 Gehälter	1.634,94	
an 1200/1800 Bank		800,00
an 1741/3730 Verb. LSt/KiSt/SZ		499,76
an 1742/3740 Verb. SV		335,18
4130/6110 gesetzl. soziale Aufwendungen	335,18	
an 1742/3740 Verb. SV		335,18

Kontrollaufgaben

1. Von welcher Größe sind im Fall einer Nettolohnvereinbarung Lohn-/Kirchensteuer/SZ und Sozialversicherungsbeiträge zu berechnen?
2. Zeigen Sie, welche Schritte erforderlich sind, um vom Nettolohn zum Bruttolohn zu gelangen.

Übungen

1. Berechnen Sie den Bruttoarbeitslohn eines Angestellten, Steuerklasse VI, der einen Nettolohn in Höhe von 875,00 EUR erhält.

   Es wurde vereinbart, dass der Arbeitgeber die Lohnsteuer, die Kirchensteuer (9 %), den SZ und den Arbeitnehmeranteil zur Sozialversicherung (20,5 %) zu übernehmen hat.

2. Welcher Bruttoarbeitslohn ergibt sich, wenn ein Angestellter, Steuerklasse V, einen Nettolohn in Höhe von 700,00 EUR erhält und der Arbeitgeber die Lohnsteuer, die Kirchensteuer, den SZ und den Arbeitnehmeranteil zur Sozialversicherung (20,5 %) zu tragen hat?

5.2 Lohnsteuerjahresausgleich

Da der Arbeitslohn eines Arbeitnehmers nicht jeden Monat gleich hoch ist, wird im Laufe des Jahres grundsätzlich zu viel Lohn-/Kirchensteuer und SZ durch den Arbeitgeber einbehalten.

Beschäftigt ein Arbeitgeber am 31. Dez. des Ausgleichsjahres mindestens 10 Arbeitnehmer, ist er verpflichtet, einen Lohnsteuerjahresausgleich durchzuführen, d. h. dem Arbeitnehmer die zu viel gezahlten Beträge an Lohn- und Kirchensteuer/SZ zu erstatten.

Beschäftigt er weniger Arbeitnehmer, ist er berechtigt, für Arbeitnehmer, die während des Ausgleichsjahres ständig in einem Arbeitsverhältnis gestanden haben, den Lohnsteuerjahresausgleich vorzunehmen (Ausnahmen: § 42 b Abs. 1 EStG).

Der Lohnsteuerjahresausgleich ist frühestens bei der Lohnabrechnung für den Monat Dezember, spätestens bei der Lohnabrechnung für den Monat März des Folgejahres durchzuführen.

Bei der Durchführung des Lohnsteuerjahresausgleichs geht der Arbeitgeber vom Jahresarbeitslohn des Arbeitnehmers aus. Dieser ist ggf. um den Versorgungsfreibetrag, den Altersentlastungsbetrag und einen auf der LSt-Karte eingetragenen Freibetrag zu kürzen. Durch Anwendung der Jahreslohnsteuertabelle (nach der zuletzt eingetragenen LSt-Klasse) wird die Jahreslohnsteuer ermittelt. Ist diese niedriger als die bereits erhobene Lohnsteuer, hat der Arbeitgeber dem Arbeitnehmer den Differenzbetrag zu erstatten.

Beispiel:

Aus dem Lohnkonto eines 30-jährigen Angestellten geht hervor, dass das Gehalt für die Monate Januar bis November 36.550,00 EUR beträgt und bisher 8.145,72 EUR Lohnsteuer, 732,27 EUR Kirchensteuer sowie 447,48 EUR SZ einbehalten worden sind.

Im Dezember bezieht der Arbeitnehmer ein Bruttogehalt in Höhe von 4.000,00 EUR. Die Lohnsteuer hierfür beträgt 1.016,23 EUR, die Kirchensteuer 91,46 EUR, der SZ 55,89 EUR. Die vom Arbeitnehmer und Arbeitgeber jeweils zu tragenden Sozialversicherungsbeiträge belaufen sich auf 783,76 EUR.

Gehalt Januar bis November	36.550,00 EUR
Gehalt Dezember	4.000,00 EUR
Jahresarbeitslohn	40.550,00 EUR
Jahreslohnsteuer lt. Tabelle	9.152,12 EUR
bereits einbehaltene Steuer	8.145,72 EUR
noch abzuführende Lohnsteuer	1.006,40 EUR
Jahreskirchensteuer 9 % von 9.152,12 EUR	823,69 EUR
bereits einbehaltene Steuer	732,27 EUR
noch abzuführende Kirchensteuer	91,42 EUR
Jahres-SZ 5,5 % von 9.152,12 EUR	503,37 EUR
bereits einbehalten	447,48 EUR
noch abzuführender SZ	55,89 EUR

Ans Finanzamt sind demnach im Dezember nicht 1.016,23 EUR Lohnsteuer, 55,89 EUR SZ und 91,46 EUR Kirchensteuer, sondern nur 1.006,40 EUR Lohnsteuer, 91,42 EUR Kirchensteuer und 55,89 EUR Solidaritätszuschlag abzuführen.

Buchungssätze:

	Soll/EUR	Haben/EUR
4120/6020 Gehälter	4.000,00	
an 1200/1800 Bank		2.062,53
an 1741/3730 Verb. LSt/KiSt/SZ		1.153,71
an 1742/3740 Verb. SV		783,76
4130/6110 gesetzl. soziale Aufwendungen	783,76	
an 1742/3740 Verb. SV		783,76

Kontrollaufgaben

1. Unter welchen Voraussetzungen ist der Arbeitgeber zur Durchführung des Lohnsteuer-Jahresausgleichs verpflichtet?
2. In welcher Weise wird der Lohnsteuer-Jahresausgleich durch den Arbeitgeber durchgeführt?

Übungen

Hauptabschlussübersicht

Ihr Mandant, ein Einzelhändler, der seinen Gewinn nach § 5 EStG ermittelt, versteuert seine Umsätze nach vereinbarten Entgelten (USt 16 %).

Erstellen Sie in einer Hauptabschlussübersicht die Bilanz und Gewinn- und Verlustrechnung. Gehen Sie dabei von der vorläufigen Saldenbilanz zum 31. Dez. 02 aus. Berücksichtigen Sie noch die folgenden Angaben:

SKR 03

Kto.-Nr.	Kontenbezeichnung	Saldenbilanz I	
		Soll	Haben
0410	Ladeneinrichtung	252.000,00	
0870	Eigenkapital		346.200,00
1000	Kasse	8.000,00	
1200	Bank	64.000,00	
1400	Forderungen LuL	202.940,00	
1530	Forderungen gegen Pers.	4.800,00	
1570	Vorsteuer	65.400,00	
1600	Verbindlichkeiten LuL		42.000,00
1741	Verb. LSt/KiSt/SZ		
1742	Verbindlichkeiten SV		
1750	Verb. aus Vermögensb.		
1770	Umsatzsteuer 16 %		128.000,00
1780	Umsatzsteuer-Vorausz.	56.000,00	
1800	Privat	24.000,00	
3200	Einkauf von Waren	472.000,00	
3800	Anschaffungsnebenkosten	6.100,00	
3980	Warenbestand	148.000,00	
4120	Gehälter	71.500,00	
4130	gesetzl. soziale Aufwendungen	14.300,00	
4138	Beiträge zur Berufsgen.	1.260,00	
4190	Aushilfslöhne	9.000,00	
4210	Miete	18.000,00	
4610	Werbekosten	3.400,00	
4660	Reisekosten	6.500,00	
4830	Abschreibung SA		
4900	andere sonst. betr. Aufw.	16.800,00	
8000	Verkaufserlöse 16 % USt		920.000,00
8730	gewährte Skonti	1.200,00	
8940	Entnahmen § 3 Abs. 1 b		9.000,00
		1.445.200,00	1.445.200,00

1. Lt. Kontoauszug hat die Berufsgenossenschaft Beiträge zur Unfallversicherung in Höhe von 420,00 EUR vom Bankkonto abgebucht.
2. Waren im Wert von 10.000,00 EUR zuzüglich 1.600,00 EUR USt wurden auf Ziel eingekauft.
3. Für Fracht und Rollgeld (vgl. 2.) wurden an den Frachtführer 250,00 EUR zuzüglich 40,00 EUR USt bar gezahlt.
4. Ein Kunde beglich eine Ausgangsrechnung in Höhe von 11.020,00 EUR mit Abzug von 3% Skonto durch Überweisung auf das Bankkonto (Nettobuchung).
5. Für den privaten Haushalt entnahm Ihr Mandant dem Lager Waren, zu denen Folgendes bekannt ist:

Bezugspreis (netto)	600,00 EUR
Verkaufspreis (incl. 16% USt)	1.160,00 EUR

6. Die Gehaltsabrechnung für Dezember 03 wurde noch nicht gebucht.

Gehälter (brutto)	12.900,00 EUR
+ Arbeitgeberanteil vermögensw. Leistungen	260,00 EUR
– LSt/KiSt/SZ lt. Tabelle	1.940,00 EUR
– Arbeitnehmeranteil zur SV	2.698,00 EUR
– einbehaltene vermögensw. Leistungen	780,00 EUR
– verrechneter Gehaltsvorschuss	500,00 EUR
auszuzahlender Betrag	7.242,00 EUR
Arbeitgeberanteil zur SV	2.698,00 EUR

Die Banklastschrift erfolgte wegen der Feiertage erst am 2. Jan. 04.

7. Wegen der Erkrankung eines Mitarbeiters war im Dezember die kurzfristige Beschäftigung einer Aushilfskraft erforderlich. Dieser wurde für diese Tätigkeit zulässigerweise ein Betrag in Höhe von 1.000,00 EUR bar ausgezahlt. Eine Lohnsteuerkarte lag nicht vor.
8. Die Ladeneinrichtung ist mit 50.400,00 EUR abzuschreiben.
9. Die Unterkonten der Konten Einkauf von Waren und Verkaufserlöse sind abzuschließen.
10. Der Warenbestand zum Ende des Wirtschaftsjahres beträgt lt. Inventur 120.000,00 EUR.
11. Das Privatkonto ist abzuschließen.
12. Die Umsatzsteuer-Zahllast ist zu ermitteln.
13. Zeigen Sie, wie sich die Geschäftsvorfälle 1 bis 8 und 10
    a) auf den Erfolg,
    b) auf die Bilanzsumme

    auswirken.

SKR 04

Kto.-Nr.	Kontenbezeichnung	Saldenbilanz I	
		Soll	Haben
0640	Ladeneinrichtung	252.000,00	
1140	Warenbestand	148.000,00	
1200	Forderungen LuL	202.940,00	
1340	Forderungen gegen Pers.	4.800,00	
1400	Vorsteuer	65.400,00	
1600	Kasse	8.000,00	
1800	Bank	64.000,00	
2000	Eigenkapital		346.200,00
2100	Privat	24.000,00	
3300	Verbindlichkeiten LuL		42.000,00
3730	Verb. LSt/KiSt/SZ		
3740	Verbindlichkeiten SV		
3770	Verb. aus Vermögensb.		
3800	Umsatzsteuer 16%		128.000,00
3820	Umsatzsteuer-Vorausz.	56.000,00	
4000	Verkaufserlöse 16% USt		920.000,00
4660	Entnahmen § 3 Abs. 1 b		9.000,00
4730	gewährte Skonti	1.200,00	
5200	Einkauf von Waren	472.000,00	
5800	Anschaffungsnebenkosten	6.100,00	
6020	Gehälter	71.500,00	
6030	Aushilfslöhne	9.000,00	
6110	gesetzl. soziale Aufwendungen	14.300,00	
6120	Beiträge zur Berufsgen.	1.260,00	
6220	Abschreibungen SA		
6310	Miete	18.000,00	
6600	Werbekosten	3.400,00	
6650	Reisekosten	6.500,00	
6900	andere sonst. betr. Aufw.	16.800,00	
		1.445.200,00	1.445.200,00

Vermischte Übungen

1. Ihr Mandant, ein Spielwareneinzelhändler, entnahm seinem Warenlager einen ferngesteuerten Geländewagen, um ihn seinem Sohn zu Weihnachten zu schenken. In Zeitungsanzeigen bietet er solche Spielwaren für 232,00 EUR an. Sein Kalkulationsabschlag beträgt 30%.

   Wie hat er zu buchen?

2. Ein Angestellter erhält neben dem tariflichen Gehalt von 3.600,00 EUR im Monat Mai 01 folgende Sonderleistungen Ihres Mandanten:
   - eine Heiratsbeihilfe von 1.500,00 EUR,
   - eine Fahrtkostenerstattung für Fahrten zwischen Wohnung und Arbeitsstätte in Höhe von 80,00 EUR,
   - die Kostenerstattung für die Teilnahme an einem außerhalb der Dienstzeit stattfindenden EDV-Kurs (im Interesse Ihres Mandanten) in Höhe von 500,00 EUR.

Lt. Tabelle hat Ihr Mandant LSt/KiSt/SZ in Höhe von 807,66 EUR einzubehalten. Außerdem ist bekannt, dass die Beiträge zur Sozialversicherung in Höhe von 1.508,80 EUR zur Hälfte vom Arbeitgeber und zur Hälfte vom Arbeitnehmer zu tragen sind.

Bilden Sie die Buchungssätze bei Banküberweisung.

3. Eine Ausgangsrechnung (USt 16%) wurde durch einen Kunden mit einem Skontoabzug von 24,36 EUR beglichen.

   Wie ist zu buchen, wenn bekannt ist, dass der Skontoabzug 2% beträgt und der Rechnungsausgleich durch Banküberweisung erfolgte.

4. Führen Sie die Lohnabrechnung und Lohnbuchung für den Monat Juni 01 unter Berücksichtigung der folgenden Angaben durch:
   - Der Arbeiter erhält einen Stundenlohn von 12,80 EUR. Sein Überstundenzuschlag beträgt 25%.
   - Die normale Arbeitszeit im Abrechnungszeitraum betrug 174 Stunden. Der Arbeiter fehlte allerdings krankheitsbedingt 32 Stunden, leistete andererseits aber 40 Überstunden.
   - Ein bereits am 15. Jun. 01 gewährter und gebuchter Vorschuss in Höhe von 650,00 EUR ist zu verrechnen.
   - Der Arbeitnehmeranteil zur Sozialversicherung beträgt 587,78 EUR.
   - Der Arbeitgeberanteil zur Sozialversicherung entspricht dem Arbeitnehmeranteil.
   - Der einzubehaltende LSt-/KiSt-/SZ-Betrag ist korrekt mit 151,80 EUR ermittelt worden.
   - Der auszuzahlende Betrag wird vom Bankkonto überwiesen.

5. Ein Großhändler arbeitet mit einem Kalkulationsfaktor von 1,96.

   Wie hoch sind

   a) die Handelsspanne,
   b) der Kalkulationszuschlag und
   c) der Gewinn in Prozent bei Handlungskosten von 70%?

6. Bilden Sie die Buchungssätze zu folgenden Geschäftsvorfällen:

   a) Ein Angestellter nimmt auf Wunsch Ihres Mandanten während der betrieblichen Arbeitszeit an einem Fortbildungskurs teil. Die nachgewiesenen Kursgebühren in Höhe von 1.500,00 EUR werden dem Angestellten bar erstattet.
   b) Einem Angestellten wird am 20. Apr. 01 ein Vorschuss von 1.000,00 EUR bar gewährt.
   c) Die anlässlich des 25-jährigen Betriebsjubiläums durchgeführte Feier fand in einer Gaststätte statt. Für die Bewirtung der als Gäste geladenen 20 Arbeitnehmer geht eine Rechnung über 1.100,00 EUR zuzüglich 176,00 EUR USt ein.
   d) Als vierteljährlich fälliger Beitrag zur Berufsgenossenschaft wird ein Betrag in Höhe von 620,00 EUR durch die Bank überwiesen.

7. Über den Verkauf einer Ware erteilte Ihr Mandant folgende Ausgangsrechnung:

Textilwaren, Listenpreis	5.000,00 EUR
– Rabatt	250,00 EUR
	4.750,00 EUR
+ Fracht	250,00 EUR
+ Verpackung	70,00 EUR
+ Transportversicherung	140,00 EUR
	5.210,00 EUR
+ 16 % USt	833,60 EUR
Rechnungsbetrag	6.043,60 EUR

Wie ist zu buchen?

8. Für die Lohn- und Gehaltsbuchung zum 30. Apr. 01 liegen folgende Angaben vor:

Gehälter für 15 Angestellte	61.500,00 EUR
Löhne für 40 Arbeiter	128.000,00 EUR

Von den Arbeitnehmern haben 14 Angestellte und 35 Arbeiter einen vermögenswirksamen Vertrag über monatlich 40,00 EUR abgeschlossen. Lt. Tarifvertrag hat sich Ihr Mandant mit jeweils monatlich 20,00 EUR daran zu beteiligen.

Zum 15. Apr. 01 wurden Lohn- und Gehaltsvorschüsse von insgesamt 65.000,00 EUR gewährt und korrekt gebucht.

Außerdem sind folgende Angaben zu berücksichtigen:

Lohn- und Kirchensteuer/SZ	49.270,00 EUR
Sozialversicherungsbeiträge (je zur Hälfte von AN und AG zu tragen)	41 %

Wie ist zum 30. Apr. 01 zu buchen, wenn die Steuern am 12. Mai, die SV-Beiträge am 20. Mai und die vermögenswirksamen Leistungen sowie der Restbetrag am 30. Apr. durch die Bank überwiesen werden?

9. Am 5. Jan. 02 sendet Ihr Mandant beschädigte Ware, die im Dezember 01 gekauft und gebucht, aber noch nicht bezahlt worden ist, an den Lieferer zurück. Dieser erteilt am 10. Jan. 02 eine Gutschrift über 900,00 EUR zuzüglich 144,00 EUR USt.

Buchen Sie den Vorgang.

10. Die Löhne für März 01 betrugen 60.000,00 EUR. Nach Abzug von 13.500,00 EUR LSt/KiSt/SZ, 12.300,00 EUR Sozialversicherungsanteil, 1.170,00 EUR vermögenswirksamen Leistungen und 200,00 EUR wegen Lohnpfändung zahlte Ihr Mandant den Restbetrag durch Banküberweisung aus.

Bilden Sie die Buchungssätze. Gehen Sie davon aus, dass der Arbeitgeberanteil zur Sozialversicherung ebenfalls 12.300,00 EUR beträgt.

F Finanzbereich

1 Zahlungsverkehr

Werden Verträge abgeschlossen, ergeben sich daraus für beide Vertragsparteien Verpflichtungen. Einer der Vertragspartner muss Waren, Roh-, Hilfs-, Betriebsstoffe oder Sachanlagen liefern bzw. sonstige Leistungen ausführen, der andere hat den für die Lieferung oder die sonstige Leistung vereinbarten Preis zu zahlen. Die Höhe des zu zahlenden Betrages ergibt sich aus der Rechnung. Rechnungen an Kunden werden als Ausgangs-, Rechnungen von Lieferanten als Eingangsrechnungen bezeichnet.

1.1 Rechnungsausgleich durch Kunden

Der Ausgleich von Ausgangsrechnungen kann auf verschiedene Weise erfolgen, und zwar durch Barzahlung, Scheckübergabe, Verwendung von Scheck-/Kreditkarten, Überweisung oder Lastschrift. Welche dieser Möglichkeiten im Vordergrund stehen, ist davon abhängig, ob die Kunden Großhändler, Einzelhändler oder Privatpersonen sind.

1.1.1 Kasseneinnahmen

1.1.1.1 Kasseneinnahmen durch Barzahlung

Zur Barzahlung kommt es vorwiegend in Einzelhandelsgeschäften. Vorteilhaft an dieser Zahlungsform ist, dass der Rechnungsausgleich i. d. R. sofort erfolgt, es also nicht zu Forderungsausfällen kommt. Nachteilig sind die zusätzlich anfallenden Arbeiten. Solange sich Bargeld im Betrieb befindet, muss es sicher aufbewahrt und sein Bestand einer ständigen Kontrolle unterworfen werden.

Wird beim Nachzählen des Bargeldes ein Bestand festgestellt, der niedriger ist, als er sein müsste, kann das verschiedene Ursachen haben.

Hat der Unternehmer selbst Zugriff zur Kasse, ist der nicht zu klärende Kassenfehlbestand grundsätzlich als private Entnahme zu behandeln. Das Finanzamt unterstellt, dass der Unternehmer der Kasse Bargeld entnommen und lediglich vergessen hat, das entsprechend zu vermerken.

Beispiel:

Die Geschäftskasse wird sowohl von einem Kassierer als auch vom Unternehmer selbst bedient. Bei der Überprüfung des Kassenbestandes wird ein Fehlbestand von 80,00 EUR ermittelt.

Buchungssatz:

Konto	Soll/EUR	Haben/EUR
1800/2100 Privat an 1000/1600 Kasse	80,00	 80,00

17 Hengstebeck - ISBN 3-8120-0068-7

Sind lediglich Arbeitnehmer zur Bedienung der Geschäftskasse berechtigt, hat der Betrieb grundsätzlich das Riskio für fehlende Geldbeträge zu tragen (8 AZR 175/97).

Beispiel:

Die Geschäftskasse wird ausschließlich durch einen angestellten Kassierer bedient. Bei einer Überprüfung des Kassenbestandes wird ein Fehlbetrag in Höhe von 100,00 EUR festgestellt.

Buchungssatz:

	Soll/EUR	Haben/EUR
4900/6300 sonst. betr. Aufw. an 1000/1600 Kasse	100,00	 100,00

Wird einem Kassierer jedoch ein ausreichendes Mankogeld gezahlt, ist er zum Ersatz der Fehlbeträge verpflichtet, sodass es zu keiner Buchung kommt.

Mankogelder, die der Arbeitgeber zahlt, gehören zu den freiwilligen sozialen Aufwendungen. Diese stellen, wenn der monatliche Freibetrag von 16,00 EUR[1] überschritten wird, steuerpflichtigen Arbeitslohn dar (R 70 Abs. 2 Ziff. 11 LStR).

Beispiel:

Die Bedienung der Geschäftskasse erfolgt ausschließlich durch einen angestellten Kassierer. Dieser erhält ein monatliches Mankogeld in Höhe von 16,00 EUR.

Buchungssatz:

	Soll/EUR	Haben/EUR
4140/5130 freiwillige soziale Aufwendungen an 1000/1600 Kasse	16,00	 16,00

1.1.1.2 Kasseneinnahmen aufgrund anderer Zahlungsvorgänge

Immer häufiger erfolgt der Rechnungsausgleich durch Übergabe von Schecks oder die Verwendung von Scheck-/Kreditkarten. Die auf diese Weise eingehenden Beträge werden ebenfalls als Kasseneinnahmen behandelt und - wie im Falle der Barzahlung - durch einen Kassenbon quittiert. Der Buchungssatz entspricht deshalb dem bei Barzahlung.

Beispiel:

Ein Einzelhändler verkauft Waren im Wert von 1.000,00 EUR zuzüglich 160,00 EUR USt gegen Bankscheck.

Buchungssatz:

	Soll/EUR	Haben/EUR
1000/1600 Kasse an 8000/4000 Verkaufserlöse an 1770/3800 Umsatzsteuer	1.160,00	 1.000,00 160,00

1 Errechneter Wert.

1.1.2 Gutschriften auf Bank-/Postbankkonten

Zu Gutschriften auf Bankkonten (Kontokorrentkonten) kommt es zunächst einmal, wenn Kunden Rechnungen durch Überweisung der entsprechenden Beträge begleichen oder das Lastschriftverfahren Anwendung findet.

Beispiel:

Ein Kunde begleicht eine Ausgangsrechnung über 5.800,00 EUR durch Überweisung auf das betriebliche Bankkonto.

Buchungssatz:

	Soll/EUR	Haben/EUR
1200/1800 Bank an 1400/1200 Forderungen LuL	5.800,00	 5.800,00

Gutschriften auf Bankkonten ergeben sich aber auch, wenn die bar eingenommenen Beträge auf ein Bankkonto eingezahlt oder der Bank/dem Kreditkarteninstitut Schecks bzw. entsprechende Abrechnungsbelege zur Gutschrift eingereicht werden. Die Gutschriften werden allerdings nicht sofort, sondern regelmäßig mit zeitlicher Verzögerung erteilt.

Um Abstimmungsprobleme, die sich insbesondere durch die Doppelerfassung von Zahlungsvorgängen ergeben könnten, zu vermeiden, werden die geltend gemachten Ansprüche auf Bankgutschrift zunächst auf einem Verrechnungskonto erfasst. Dieses trägt die Bezeichnung Geldtransit. Die Ansprüche des Unternehmers werden so lange in diesem Konto ausgewiesen, bis die entsprechenden Bankgutschriften erfolgt sind.

Selbstverständlich wird der Kontoinhaber für Leistungen der Kredit- und Kreditkarteninstitute in Anspruch genommen. Diese berechnen Gebühren für laufende Buchungen (Postengebühr) und Provisionen und belasten das Konto zusätzlich mit Auslagen für Fremdgebühren, Porto u. Ä.

Da diese Beträge durch die Abwicklung des Zahlungsverkehrs veranlasst sind, stellen sie Kosten des Geldverkehrs dar.

Nach § 4 Nr. 8 d UStG sind Umsätze im Zahlungs- und Überweisungsverkehr steuerbefreit. Da die in diesem Zusammenhang anfallenden Nebenleistungen das Schicksal der Hauptleistung teilen, trifft die Steuerbefreiung auch für sie zu.

Leistungen der Kreditkarteninstitute sind als selbstständige Leistungen zu beurteilen. Für sie trifft deshalb die Steuerbefreiung nach § 4 Nr. 8 d UStG nicht zu.

Beispiel:

Ein Einzelhändler (USt 16 %) ermittelt am Abend des 31. Mär. 01 einen Kassenbestand von umgerechnet 9.000,00 EUR. Am Morgen des 31. Mär. 01 hatte dieser noch 300,00 EUR betragen.

Buchungssatz:

	Soll/EUR	Haben/EUR
1000/1600 Kasse an 8000/4000 Verkaufserlöse an 1770/3800 Umsatzsteuer	8.700,00	 7.500,00 1.200,00

Der Kassenbestand setzt sich folgendermaßen zusammen:

Bargeld	4.975,00 EUR
Ansprüche aufgrund von Schecks	1.495,00 EUR
Ansprüche aufgrund von Kreditkarten	2.530,00 EUR

Am Abend des 31. Mär. 01 werden 4.600,00 EUR und die Schecks zur Bank gebracht (Nachttresor).

Buchungssatz:

	Soll/EUR	Haben/EUR
1360/1460 Geldtransit an 1000/1600 Kasse	6.095,00	 6.095,00

Die Abrechnung mit dem Kreditkarteninstitut erfolgt am 1. Apr. 01.

Buchungssatz:

	Soll/EUR	Haben/EUR
1360/1460 Geldtransit an 1000/1600 Kasse	2.530,00	 2.530,00

Laut Kontoauszug vom 1. Apr. 01 hat die Bank die Bareinzahlung von 4.600,00 EUR und auch die aufgrund der eingereichten Schecks geltend gemachten Beträge bei Buchungsgebühren von 12,50 EUR gutgeschrieben.

Buchungssatz:

	Soll/EUR	Haben/EUR
1200/1800 Bank 4970/6855 Kosten des Geldverkehrs an 1360/1460 Geldtransit	6.082,50 12,50	 6.095,00

Die Bankgutschrift für die gegenüber dem Kreditkarteninstitut geltend gemachten Ansprüche trifft am 10. Apr. 01, gleichzeitig mit der entsprechenden Abrechnung, ein. Ihr sind folgende Angaben zu entnehmen:

Betrag lt. Abrechnungsbeleg		2.530,00 EUR
Provision 5 %	126,50 EUR	
+ 16 % USt	20,24 EUR	146,74 EUR
Gutschriftsbetrag		2.383,26 EUR

Buchungssatz:

	Soll/EUR	Haben/EUR
1200/1800 Bank 4970/6855 Kosten des Geldverkehrs 1570/1400 Vorsteuer an 1360/1460 Geldtransit	2.383,26 126,50 20,24	 2.530,00

Zu umsatzsteuerlichen Besonderheiten kommt es, wenn eine Lieferung per Nachnahme erfolgt (Abschn. 149 Abs. 3 UStR). Von dieser Möglichkeit machen vor allem Versandhäuser Gebrauch. Nachnahmelieferungen kommen aber auch vor, wenn neue oder nicht kreditwürdige Kunden beliefert werden.

Erfolgt eine Lieferung gegen Nachnahme, berechnet die Deutsche Post AG außer dem üblichen Beförderungsentgelt ein Einzugsentgelt.

Die bei Aufgabe der Sendung anfallenden Gebühren sind vom Lieferanten (Versender) zu verauslagen. Bei der Weiterberechnung an den Kunden teilen diese Gebühren das Schicksal der Hauptleistung, d.h., sie sind grundsätzlich umsatzsteuerpflichtig.

Die Übergabe der Nachnahmesendung an den Kunden erfolgt gegen Barzahlung der Nachnahmeforderung/des Zahlscheinbetrags sowie der zur Abwicklung des Zahlungsverkehrs anfallenden Zahlscheingebühr.

Die Zahlscheingebühr wird nicht vom Lieferanten verauslagt, ist aber in den Nachnahmebetrag einzurechnen. Als Nebenleistung einer Warenlieferung teilt auch sie das Schicksal der Hauptleistung und ist grundsätzlich umsatzsteuerpflichtig (Abschn. 149 Abs. 3 UStR).

Buchungstechnisch ergeben sich Besonderheiten, weil es bei Nachnahmesendungen in Höhe der Zahlscheingebühren zu umsatzsteuerpflichtigen Erlösen kommt. Diese sind jedoch nicht Erträge des Unternehmers, sondern der Post.

Beispiel:

Der Unternehmer versendet Waren gegen Nachnahme. Das Beförderungsentgelt in Höhe von 8,69 EUR sowie das Einzugsentgelt in Höhe von 2,56 EUR werden bar durch ihn verauslagt.

Buchungssatz:

	Soll/EUR	Haben/EUR
4730/6740 Ausgangsfrachten an 1000/1600 Kasse	11,25	 11,25

Die Berechnung des Nachnahmebetrages/Einzugsbetrages und des Betrages, der seinem Postbankkonto gutgeschrieben werden soll (Zahlscheinbetrag), nimmt der Versender wie folgt vor:

	Warenwert	600,00 EUR
+	Beförderungsentgelt	8,69 EUR
+	Einzugsentgelt	2,56 EUR
+	Übermittlungsentgelt	1,53 EUR
		612,78 EUR
+	16 % USt	98,04 EUR
=	Nachnahmebetrag/Einzugsbetrag	710,82 EUR
–	Übermittlungsentgelt	1,53 EUR
=	Zahlscheinbetrag (Gutschrift auf Konto)	709,29 EUR

Buchungssatz:

	Soll/EUR	Haben/EUR
1400/1200 Forderungen LuL 8005/4405 Erlösberichtigung (Zahlscheingebühr) an 8000/4400 Verkaufserlöse an 1770/3800 Umsatzsteuer	709,29 1,53	 612,78 98,04

Nachdem das Paket dem Kunden ausgehändigt worden ist, geht auf dem Postbankkonto die entsprechende Gutschrift ein.

Buchungssatz:

	Soll/EUR	Haben/EUR
1100/1700 Postbank an 1400/1200 Forderungen LuL	709,29	 709,29

Kontrollaufgaben

1. Welche Vor- und Nachteile bringt die Barzahlung mit sich?
2. Zeigen Sie verschiedene Möglichkeiten für die Buchung von Kassenfehlbeständen.
3. Auf welchem Konto sind Aufwendungen zu buchen, die durch die Abwicklung des Zahlungsverkehrs entstehen?
4. Welche Besonderheiten sind bei der Buchung von Nachnahmesendungen zu beachten?
5. Welche Vorteile bietet die Zahlung mit Kreditkarte dem Kreditkarteninhaber?
6. Aus welchen Gründen ist dem Unternehmer der Rechnungsausgleich durch Scheck oder Bargeld i. d. R. lieber als der Rechnungsausgleich durch Kreditkarte?

Übungen

1. Ihr Mandant gewährt einem angestellten Kassierer im Monat Mai 01 ein Mankogeld in Höhe von 16,00 EUR, obwohl es nicht zu Kassenfehlbeträgen gekommen ist.

   Wie ist zu buchen?

2. Dem Kontoauszug vom 31. Mär. 01 ist zu entnehmen, dass zwei Kunden zum Ausgleich von Ausgangsrechnungen 7.200,00 EUR bzw. 3.900,00 EUR überwiesen haben. Die Bank selbst hat das Konto für die Kontoführung und die entstandenen Aufwendungen mit 68,00 EUR belastet.

   Bilden Sie den Buchungssatz.

3. Ihr Mandant nimmt am 10. Mai 01 aus dem Verkauf von Waren 14.384,00 EUR (USt 16 %) bar ein.

   Am Abend desselben Tages holt ein Sicherheits-Service das Geld ab, um es bei der Hausbank abzuliefern.

   Die Bankgutschrift über diesen Vorgang geht am 12. Mai ein.

   Buchen Sie den gesamten Vorgang.

4. Ein Kunde Ihres Mandanten begleicht eine bereits gebuchte Ausgangsrechnung durch einen Barscheck in Höhe von 3.000,00 EUR. Die Einlösung dieses Schecks erfolgt durch Gutschrift der bezogenen Bank.

   Nehmen Sie die Buchung vor.

5. Bei einer Geschäftskasse, die Ihr Mandant auch selbst bedient, wird ein Fehlbetrag in Höhe von 80,00 EUR festgestellt. Ihr Mandant ist der Ansicht, dass dieser Betrag auf eine falsche Geldrückgabe zurückzuführen ist.

   Buchen Sie den Vorgang.

6. Ihr Mandant verkauft Waren für 2.000,00 EUR zuzüglich 320,00 EUR USt. Der Kunde ist Besitzer einer Kreditkarte. Zu einer Bezahlung der Waren kommt es deshalb mit Einverständnis Ihres Mandanten nicht. Der Kunde unterschreibt lediglich einen Abrechnungsbeleg, der Ihren Mandanten berechtigt, vom zuständigen Karteninstitut den ihm dafür lt. Vertrag zustehenden Betrag anzufordern.

   Nach Einreichung des Abrechnungsbeleges beim Kartenausgeber schreibt dieser dem Konto Ihres Mandanten 2.204,00 EUR gut. Gleichzeitig geht folgende Abrechnung ein:

Betrag lt. Abrechnungsbeleg		2.320,00 EUR
Provision	100,00 EUR	
+ 16 % USt	16,00 EUR	116,00 EUR
Gutschrift		2.204,00 EUR

   Buchen Sie den gesamten Vorgang.

7. Einem Kunden werden Waren im Nettobetrag von 300,00 EUR (USt 16 %) gegen Nachnahme geliefert. Das anfallende Beförderungsentgelt von 7,16 EUR sowie das Einzugsentgelt von 2,56 EUR verauslagt Ihr Mandant. Außerdem ist ihm bekannt, dass der Kunde ein Übermittlungsentgelt von 1,53 EUR zu zahlen hat.

   Buchen Sie den Verkauf gegen Nachnahme einschließlich des Zahlungseingangs.

8. Ihr Mandant, der Waren gegen Nachnahme verkauft hat, legt Ihnen die Durchschrift der Ausgangsrechnung vor, die u. a. folgende Angaben enthält:

Warenwert	280,00 EUR
Beförderungsentgelt	8,69 EUR
Einzugsentgelt	2,56 EUR
Übermittlungsentgelt	1,53 EUR
	292,78 EUR
+ 16 % USt	46,84 EUR
	339,62 EUR
– Übermittlungsentgelt	1,53 EUR
Nachnahmeforderung/Zahlscheinbetrag	338,09 EUR

   Beförderungs- und Einzugsentgelt wurden vom Ihrem Mandanten bar entrichtet.

   Buchen Sie den gesamten Vorgang.

1.2 Ausgleich von Eingangsrechnungen

Der Ausgleich von Eingangsrechnungen kann ebenso wie der von Ausgangsrechnungen durch Barzahlung, Scheckübergabe, Verwendung von Scheck-/Kreditkarten, Überweisung oder Lastschrift erfolgen.

Findet er durch Barzahlung statt, verringern sich der Kassenbestand und die Höhe der Verbindlichkeiten LuL.

Beispiel:

Der Unternehmer begleicht eine Eingangsrechnung über 1.700,00 EUR durch Barzahlung.

Buchungssatz:

	Soll/EUR	Haben/EUR
1600/3300 Verbindlichkeiten LuL an 1000/1600 Kasse	1.700,00	 1.700,00

Erfolgt der Ausgleich von Eingangsrechnungen nicht durch Barzahlung, wird der Vorgang zunächst als Zieleinkauf erfasst. Zur Buchung des Rechnungsausgleichs kommt es erst, wenn ein Bankauszug vorliegt, aus dem sich die Höhe der entsprechenden Lastschrift ergibt.

Beispiel:

Der Unternehmer erwirbt am 22. Apr. 01 Waren für 5.000,00 EUR zuzüglich 800,00 EUR USt gegen Vorlage seiner Kreditkarte. Der Lieferant bestätigt dies auf der Eingangsrechnung.

Buchungssatz:

	Soll/EUR	Haben/EUR
3200/5200 Einkauf von Waren 1570/1400 Vorsteuer an 1600/3300 Verbindlichkeiten LuL	5.000,00 800,00	 5.800,00

Laut Bankauszug vom 28. Apr. 01 ist das betriebliche Bankkonto mit 5.800,00 EUR belastet worden.

Buchungssatz:

	Soll/EUR	Haben/EUR
1600/3300 Verbindlichkeiten LuL an 1200/1800 Bank	5.800,00	 5.800,00

Übungen

1. Ihr Mandant begleicht am 4. Jun. 01 eine Eingangsrechnung über 12.000,00 EUR durch Übergabe eines Verrechnungsschecks. Die entsprechende Bankbelastung findet laut Kontoauszug am 10. Jun. 01 statt.

   Buchen Sie den gesamten Vorgang.

2. Am 30. Jun. 01 trifft die Rechnung für den Bezug einer Fachzeitschrift ein. Der Rechnungsbetrag lautet auf 120,00 EUR zuzüglich 8,40 EUR USt. Der Eingangsrechnung ist zu entnehmen, dass aufgrund einer vorliegenden Einzugsermächtigung eine Überweisung nicht vorzunehmen ist.

   Wie lautet der Buchungssatz?

3. Ihr Mandant bezieht Waren im Nettowert von 200,00 EUR (USt 16 %) gegen Nachnahme. Der ordnungsmäßigen Eingangsrechnung ist außerdem zu entnehmen, dass der Lieferant 6,39 EUR für Beförderungsentgelt und 2,56 EUR für Einzugsentgelt verauslagt hat.

   Bei Zustellung der Waren fällt zusätzlich ein Übermittlungsentgelt in Höhe von 1,53 EUR an, das sofort bar an den Postzusteller gezahlt wird.

   Buchen Sie den Nachnahmevorgang.

4. Über einen Wareneinkauf gegen Nachnahme erhält Ihr Mandant die Eingangsrechnung, der u. a. folgende Angaben zu entnehmen sind:

Warenwert	210,00 EUR
Beförderungsentgelt	5,62 EUR
Einzugsentgelt	2,56 EUR
Übermittlungsentgelt	1,53 EUR
	219,71 EUR
+ 16 % USt	35,15 EUR
	254,86 EUR
– Übermittlungsentgelt	1,53 EUR
Nachnahmeforderung/Zahlscheinbetrag	253,33 EUR

   Wie ist dieser Vorgang zu buchen, wenn das Übermittlungsentgelt bei Zustellung der Ware bar bezahlt wird?

2 *Kreditverkehr*

2.1 Notwendigkeit

Die betriebliche Leistungserstellung setzt das Vorhandensein der benötigten finanziellen Mittel voraus. Wie hoch dieser Betrag sein muss, ist nicht nur von der Unternehmensgröße, sondern vor allem auch von der Branche abhängig.

Die benötigten finanziellen Mittel können dem Unternehmen durch den oder die Eigentümer des Unternehmens selbst, also in Form von Eigenkapital, oder durch Dritte, z. B. Kreditinstitute, Versicherungen, Lieferanten und Kunden, in Form von Krediten (Fremdkapital) zur Verfügung gestellt werden.

Verfügt das Unternehmen über finanzielle Mittel, die es nicht benötigt, besteht andererseits die Möglichkeit, diese z. B. bei einem Kreditinstitut anzulegen.

Die Aufwendungen für eine Inanspruchnahme von Krediten bzw. die Erträge für die Überlassung von Krediten werden als Zinsen bezeichnet. Die Höhe der Zinsen ist abhängig

- von der Höhe des gewährten/erhaltenen Kredits,
- vom Zinssatz und
- von der Dauer der Kreditgewährung/-inanspruchnahme.

Zinszahlungen führen in vielen Unternehmen zu erheblichen Aufwendungen. Der Unternehmer muss deshalb in der Lage sein,

- eingehende Zinsabrechnungen überprüfen zu können und
- Berechnungen durchzuführen, aus denen sich ergibt, ob und ggf. in welcher Höhe und zu welchen Bedingungen Kredite in Anspruch genommen werden sollen/können.

Gewährt der Unternehmer Kredite, hat er ggf. auch noch die Aufgabe, Zinsabrechnungen erstellen zu müssen.

Alle diese Arbeiten setzen voraus, dass der Unternehmer das Verfahren der kaufmännischen Zinsrechnung beherrscht.

2.2 Grundsätzlich anfallende Berechnungen

2.2.1 Zinsberechnung nach der allgemeinen Zinsformel

2.2.1.1 Zinsrechnung vom Hundert

Berechnung der Zinsen

Die Zinsrechnung baut auf der Prozentrechnung auf. Sie unterscheidet sich von ihr nur dadurch, dass eine weitere Größe, und zwar die Zeit, in die Berechnung einbezogen wird.

Soll eine der vier Größen der Zinsrechnung (Zinsen, Kapital, Zinssatz, Zeit) ermittelt werden, müssen drei dieser Größen bekannt sein.

Der Prozentsatz, bezogen auf eine bestimmte Zeit, ist der Zinssatz. Wird dieser ohne Zusatz (z. B. je Monat) angegeben, bezieht er sich stets auf ein Jahr. Dieses umfasst für die Zinsberechnung 12 Monate zu je 30 Tagen, also 360 Tage.

Beispiel:

Ein Unternehmer nimmt einen Kredit in Höhe von 12.500,00 EUR bei einem Zinssatz von 12 % für 21 Tage in Anspruch.

Lösung:

$$12.500{,}00 \text{ EUR} \cdot 12\,\% = 1.500{,}00 \text{ EUR}$$

$$1.500{,}00 \text{ EUR} \cdot \frac{21}{360} = 87{,}50 \text{ EUR}$$

Die entsprechende Berechnung ist auch mit Hilfe der allgemeinen Zinsformel möglich. Diese lautet

$$\text{Zinsen (Z)} = \frac{\text{Kapital (K)} \cdot \text{Zinssatz (p)} \cdot \text{Tage (t)}}{100 \cdot 360}$$

und führt selbstverständlich zum selben Ergebnis:

$$\frac{12.500 \cdot 12 \cdot 21}{100 \cdot 360} = 87{,}50 \text{ (EUR)}$$

Ist die Anzahl der Zinstage nicht bekannt, muss diese berechnet werden. Üblicherweise geschieht dies, indem vom höheren Datum das niedrigere subtrahiert wird.

Beispiele:

Die Verzinsung erfolgt für die Zeit vom

7. Mär.	01	bis zum	27. Sep.	01,
25. Feb.	01	bis zum	12. Jul.	01,
5. Jan.	01	bis zum	28. Feb.	01,
10. Mai	01	bis zum	31. Okt.	01,
8. Okt.	01	bis zum	10. Mär.	02.

Lösungen:

Ist die Anzahl der Tage (Monate) im höheren Datum geringer als im niedrigeren Datum, muss zunächst ein Monat in 30 Tage (ein Jahr in 12 Monate) umgewandelt werden.

27.	9.	42.	6.	28.	2.	31.	10.	10.	15.
7.	3.	25.	2.	5.	1.	10.	5.	8.	10.
20 T	6 M	17 T	4 M	23 T	1 M	20 T	5 M	2 T	5 M
= 200 Tage		= 137 Tage		= 53 Tage		= 170 Tage		= 152 Tage	

Übungen

1. Stellen Sie die Anzahl der Zinstage fest, wenn ein Kredit für folgende Zeiträume zu verzinsen ist:
   a) 2. Apr. 01 bis 28. Okt. 01,
   b) 18. Feb. 01 bis 4. Jun. 01,
   c) 13. Mai 01 bis 31. Dez. 01,
   d) 1. Jun. 01 bis 25. Mär. 02,
   e) 9. Apr. 01 bis 30. Nov. 01,
   f) 23. Jun. 01 bis 31. Okt. 01,
   g) 17. Apr. 01 bis 2. Nov. 01,
   h) 22. Aug. 01 bis 18. Apr. 02,
   i) 15. Jul. 01 bis 11. Sep. 01,
   j) 19. Nov. 01 bis 7. Jan. 02.

2. Ihr Mandant nimmt ab 15. Aug. 01 einen Kredit in Höhe von 3.650,00 EUR in Anspruch.
   Wie viel EUR Zinsen fallen bei einem Zinssatz von 9 % an, wenn die Rückzahlung
   a) am 26. Nov. 01,
   b) am 14. Mär. 02
   erfolgt?

3. Ein Kredit über 7.630,00 EUR wird bei einem Zinssatz von 12,5 % für die Zeit vom 5. Sep. 01 bis zum 27. Jan. 02 in Anspruch genommen.
   Mit wie viel EUR Zinsen wird der Kreditnehmer belastet?

4. Die Hausbank gewährt Ihrem Mandanten für die Zeit vom 20. Feb. 01 bis zum 7. Jul. 01 einen Kredit in Höhe von 52.000,00 EUR. Vereinbarungsgemäß behält sie die zum Zinssatz von 12 % berechneten Zinsen direkt ein und zahlt nur den Restbetrag aus.
   Über welchen Betrag kann Ihr Mandant verfügen?

5. Ihr Mandant nimmt für die Zeit vom 28. Feb. 01 bis zum 5. Apr. 01 einen Kredit in Höhe von 24.500,00 EUR zum Zinssatz von 11,5 % in Anspruch.
   Wie viel EUR schuldet er der Bank einschließlich der Zinsen am 5. Apr. 01?

Berechnung von Kapital, Zinssatz und Zeit

Die Berechnung von Kapital, Zinssatz und Zeit erfolgt mit Hilfe der allgemeine Zinsformel. Diese wird so umgestellt, dass die gesuchte Größe als Ergebnis ermittelt werden kann.

Beispiel Kapital:

Für einen Kredit, der bei einem Zinssatz von 10 % 135 Tage in Anspruch genommen wurde, fielen 318,75 EUR Zinsen an.

Lösung:

$$\text{Kapital (K)} = \frac{\text{Zinsen (Z)} \cdot 100 \cdot 360}{\text{Zinssatz (p)} \cdot \text{Tage (t)}} \qquad \frac{318{,}75 \cdot 100 \cdot 360}{10 \cdot 135} = 8.500{,}00 \text{ (EUR)}$$

Beispiel Zinssatz:

Ein Kredit in Höhe von 5.200,00 EUR wurde für die Zeit vom 20. Sep. 01 bis zum 5. Nov. 01 in Anspruch genommen. Die auf diesen Zeitraum entfallenden Zinsen belaufen sich auf 58,50 EUR.

Lösung:

$$\text{Zinssatz (p)} = \frac{\text{Zinsen (Z)} \cdot 100 \cdot 360}{\text{Kapital (K)} \cdot \text{Tage (t)}} \qquad \frac{58{,}50 \cdot 100 \cdot 360}{5.200 \cdot 45} = 9 \text{ (\%)}$$

Beispiel Zeit:

Wird ein Kredit in Höhe von 7.500,00 EUR bei einem Zinssatz von 9,2 % für eine bestimmte Zeit in Anspruch genommen, berechnet die Bank Zinsen in Höhe von 86,25 EUR.

Lösung:

$$\text{Zeit (t)} = \frac{\text{Zinsen (Z)} \cdot 100 \cdot 360}{\text{Kapital (K)} \cdot \text{Zinssatz (p)}} \qquad \frac{86{,}25 \cdot 100 \cdot 360}{7.500 \cdot 9{,}2} = 45 \text{ (Tage)}$$

Zu zusätzlichen Arbeiten kommt es, wenn Kreditinstitute anderen Unternehmern Zinsgutschriften erteilen. Da Kreditinstitute grundsätzlich verpflichtet sind, 30 % der Zinserträge als Kapitalertragsteuer und 5,5 % Solidaritätszuschlag (berechnet von der Kapitalertragsteuer) einzubehalten und ans Finanzamt abzuführen, muss die Höhe der Zinserträge erst ermittelt werden. Das gilt nur dann nicht, wenn der Guthabenzinssatz weniger als 1 % beträgt.

Beispiel:

Aufgrund einer Darlehensgewährung des Unternehmers erhöht sich das Guthaben seines Bankkontos um 2.187,20 EUR. Das Darlehen war 300 Tage zum Zinssatz von 6 % angelegt worden.

Lösung:

Zinserträge		100 %
Kapitalertragsteuer	30 %	
Solidaritätszuschlag (5,5 % von 30)	1,65 %	31,65 %
Auszahlung (Bankgutschrift)		68,35 %

68,35 % – 2.187,20 EUR
100,00 % – x EUR

$$\frac{2.187{,}20 \cdot 100}{68{,}35} = 3.200{,}00 \text{ (EUR Zinsen)}$$

$$\text{Kapital (K)} = \frac{\text{Zinsen (Z)} \cdot 100 \cdot 360}{\text{Zinssatz (p)} \cdot \text{Tage (t)}} \qquad \frac{3.200 \cdot 100 \cdot 360}{6 \cdot 300} = 64.000{,}00 \text{ (EUR)}$$

Übungen

1. Ihr Mandant zahlt den am 5. Okt. 01 bewilligten Kredit am 12. Feb. 02 einschließlich der für diesen Zeitraum angefallenen Zinsen zurück.

   Welcher Rückzahlungsbetrag ergibt sich, wenn beim Zinssatz von 9 % 659,13 EUR Zinsen entstanden sind?

2. In der Zeit vom 5. Jun. 01 bis zum 8. Sep. 01 werden 17.400,00 EUR als Kredit benötigt. Diesen Betrag bewilligt die Hausbank zum Zinssatz von 6 %.

   Wie lange kann anschließend ein Kreditbetrag von 5.394,00 EUR in Anspruch genommen werden, wenn sich die gleiche Zinsbelastung wie zuvor ergeben soll?

3. Ihr Mandant wird aufgefordert, eine Rechnung über 21.000,00 EUR zu begleichen. Bei 9,26 % Verzugszinsen (Basiszinssatz zuzüglich 5 %) und 11,60 EUR Mahngebühren kommt es am 2. Jul. 01 zu einer Gesamtbelastung von 21.297,89 EUR.

   Bis wann hätte der Rechnungsausgleich ohne Belastung mit Verzugszinsen und Mahngebühren erfolgen können?

4. Welcher Kreditbetrag verursacht bei einem Zinssatz von 8 % in 150 Tagen den gleichen Zinsbetrag wie ein Kreditbetrag in Höhe von 14.400,00 EUR zu 9 % in 85 Tagen?

5. Eine Eingangsrechnung über 3.480,00 EUR, fällig am 5. Mai 01, wird am 26. Mai 01 einschließlich der Verzugszinsen sowie Mahngebühren in Höhe von 7,60 EUR beglichen. Ihr Mandant überweist insgesamt einen Betrag in Höhe von 3.506,40 EUR.

   Wie viel Prozent Verzugszinsen hat der Lieferant berücksichtigt?

6. Wann muss ein Kredit in Höhe von 7.560,00 EUR aufgenommen werden, wenn die Zinsbelastung bei einem Zinssatz von 7 % bis zum 15. Okt. 01 genau 161,70 EUR betragen soll?

7. Weil Ihr Mandant versehentlich nicht die am Ende des 2. Quartals fälligen Quartalszinsen überweist, belastet ihn die Hausbank am 25. Jul. 01 mit 49,00 EUR Verzugszinsen. Diese wurden vereinbarungsgemäß unter Berücksichtigung eines Zinssatzes von 8 % ermittelt.

   Berechnen Sie die Höhe des in Anspruch genommenen Kredits, wenn dieser mit 7 % zu verzinsen ist.

8. Ein Kredit in Höhe von 24.750,00 EUR wurde am 14. Mai 01 aufgenommen. Vereinbarungsgemäß ist der Kredit mit 8,5 % zu verzinsen. Außerdem verlangt die Hausbank eine Bearbeitungsgebühr in Höhe von 2 %. Beide Beträge sind nachträglich zu zahlen. Dadurch ergibt sich ein Rückzahlungsbetrag von insgesamt 26.086,50 EUR.

   An welchem Tag hat die Rückzahlung zu erfolgen?

9. Für einen vom 20. Apr. 01 bis zum 30. Jul. 01 in Anspruch genommenen Kredit in Höhe von 6.500,00 EUR beträgt die Zinslastschrift 81,25 EUR. Wird ein Kredit in Höhe von 7.200,00 EUR in Anspruch genommen, ergibt sich für die Zeit vom 22. Jan. 01 bis zum 22. Jun. 01 eine Zinslastschrift in Höhe von 180,00 EUR.

   Berechnen Sie, um wie viel Prozent der höchste den niedrigsten Zinssatz übersteigt.

10. Wenn ein Kredit in Höhe von 5.000,00 EUR für 36 Tage in Anspruch genommen wird, beläuft sich der Rückzahlungsbetrag auf 5.035,00 EUR.

    Welcher Kreditbetrag kann 40 Tage lang zu denselben Bedingungen beansprucht werden, wenn die Zinsbelastung genau 21,00 EUR betragen soll?

11. Ihr Mandant lässt einem betrieblichen Bankkonto am 20. Mai 01 einen Betrag in Höhe von 9.650,00 EUR gutschreiben.

    Über welchen Betrag kann er am 30. Aug. 01 verfügen, wenn die Bank das Guthaben mit 4 % verzinst?

12. Weil Ihr Mandant der Hausbank am 2. Feb. 01 einen Betrag von 72.000,00 EUR zur Verfügung stellte, erhöhte sich sein Guthaben bis zum 22. Jul. 01 um 929,56 EUR.

Welchen Zinssatz berücksichtigte die Bank?

13. An welchem Tag zahlte Ihr Mandant einen Betrag von 16.000,00 EUR auf ein betriebliches Konto ein, wenn sein Guthaben bei einer Verzinsung von 7% am 25. Nov. 01 16.612,42 EUR beträgt?

2.2.1.2 Zinsrechnung auf und im Hundert

Mit Hilfe der Zinsformel lässt sich beim Vorliegen von drei der vier Größen (Kapital, Zinssatz, Zeit, Zinsen) die vierte berechnen.

Ist die Höhe des Kapitals nicht direkt erkennbar, weil zum ursprünglichen Wert Zinsen hinzugerechnet oder von diesem abgezogen worden sind, muss vorab eine Umrechnung erfolgen. Diese ist am leichtesten durchzuführen, wenn der Jahreszinssatz in einen (anteiligen) Zeitprozentsatz umgerechnet und zum ursprünglichen Kapital (100%) hinzugerechnet (vermehrter Grundwert) bzw. von diesem abgezogen wird (verminderter Grundwert).

Beispiel Zinsrechnen auf Hundert:

Für einen Bankkredit, der für die Zeit vom 15. Feb. 01 bis zum 27. Apr. 01 in Anspruch genommen wurde und mit 12 % zu verzinsen war, muss ein Unternehmer einen Gesamtbetrag in Höhe von 18.944,00 EUR zurückzahlen.

Lösung:

Zeitprozentsatz:

360 Tage – 12 %
72 Tage – x %

$$\frac{12 \cdot 72}{360} = 2{,}4\ (\%)$$

Gewährter Kredit:

102,4% – 18.944,00 EUR
100 % – x EUR

$$\frac{18.944 \cdot 100}{102{,}4} = 18.500{,}00\ (\text{EUR})$$

Beispiel Zinsrechnen im Hundert:

Die Hausbank gewährt dem Unternehmer für die Zeit vom 2. Mai 01 bis zum 7. Sep. 01 einen Kredit zum Zinssatz von 9,9 %. Nach Einbehaltung der Zinsen schreibt sie dem Bankguthabenkonto 40.383,00 EUR gut.

Lösung:

Zeitprozentsatz:

360 Tage – 9,9%
125 Tage – x %

$$\frac{9{,}9 \cdot 125}{360} = 3{,}4375\ (\%)$$

Gewährter Kredit:

96,5625% – 40.383,00 EUR
100 % – x EUR

$$\frac{40.383 \cdot 100}{96{,}5625} = 41.820{,}58\ (\text{EUR})$$

Übungen

1. Am 21. Jan. 01 gewährte Ihr Mandant einem Kunden einen Kredit zum Zinssatz von 9 %. Vereinbarungsgemäß zahlte der Kunde dafür am 11. Jun. 01 11.281,50 EUR zurück.

   Wie viel EUR betrug der gewährte Kredit?

2. Weil ein Kunde eine am 16. Sep. 01 fällige Rechnung erst am 28. Okt. 01 begleicht, wird er mit Verzugszinsen von 9,26 % belastet.

   Bestimmen Sie die Höhe des Rechnungsbetrages, wenn der Kunde am 28. Okt. 01 insgesamt 7.028,86 EUR zu überweisen hat.

3. Ein Kredit für die Zeit vom 15. Feb. 01 bis zum 30. Nov. 01 wird mit 15.117,90 EUR ausgezahlt.

   Bestimmen Sie die Höhe des zugesagten Kreditbetrages, wenn 11 % Zinsen bei der Auszahlung einbehalten werden.

4. Ihr Mandant erhält vom 1. Feb. 01 bis zum 17. Dez. 01 einen Bankkredit, der nach Einbehaltung von 8,5 % Zinsen mit 81.827,55 EUR ausgezahlt wird.

   Stellen Sie die Höhe des gewährten Kredits fest.

5. Am 10. Jan. 01 nahm Ihr Mandant einen Bankkredit zu 9 % auf. Nachdem der Zinssatz am 4. Dez. 01 auf 10 % gestiegen war, musste Ihr Mandant am 28. Mai 02 27.304,00 EUR zurückzahlen.

   Ermitteln Sie die Höhe des aufgenommenen Kredits.

6. Ein zum 1. Apr. 01 aufgenommener Kredit ist vierteljährlich mit 2 % zu tilgen. Die Zinszahlung hat ebenfalls vierteljährlich zu erfolgen.

   Bei einem Zinssatz von 9 % kommt es deshalb zu einer vierteljährlichen Gesamtbelastung von 13.982,50 EUR.

   Berechnen Sie
   a) die Höhe der Zinsen,
   b) die Höhe des aufgenommenen Kredits.

7. Die Hausbank zahlt Ihrem Mandanten einen Kredit unter Einbehaltung von 2 % Bearbeitungsgebühren und Zinsen für 3 Monate aus. Auf dem Konto Ihres Mandanten gehen daraufhin 92.400,00 EUR ein.

   Über welchen Kreditbetrag lautet der Kreditvertrag, wenn ein Zinssatz von 8 % vereinbart ist?

8. Wenn Ihr Mandant einen bestimmten Betrag 8 Monate bei einem Geschäftsfreund anlegt, erhält er einschließlich der Zinsen nach dieser Zeit 25.440,00 EUR zurück. Legt er diese Summe nochmals zu denselben Bedingungen für 15 Monate an, beläuft sich sein Guthaben auf 28.302,00 EUR.

   Bestimmen Sie
   a) die Höhe des Zinssatzes,
   b) die Höhe des ursprünglich angelegten Betrages.

9. Ihr Mandant hat die Möglichkeit, einem Geschäftsfreund einen Geldbetrag 5 Jahre lang zum Zinssatz von 10 % zur Verfügung zu stellen. Dieser sichert nach Ablauf dieser Zeit ein Guthaben von 80.525,50 EUR zu. Bedingung ist jedoch, dass die Zinsen dem Guthaben jeweils nach Ablauf des Jahres zugerechnet werden.

   Wie viel EUR soll Ihr Mandant nach den Vorstellungen des Geschäftsfreundes anlegen?

10. Ihr Mandant überlässt einem Geschäftsfreund 3 Monate einen bestimmten Geldbetrag und erhält nach dieser Zeit 2.142,00 EUR zurück. Anschließend überlässt er dem Geschäftsfreund diesen Betrag zu denselben Bedingungen für weitere 5 Monate. Nach Ablauf dieser Zeit erhält Ihr Mandant 2.213,40 EUR zurück.

    Wie viel EUR betrug die ursprünglich angelegte Summe?

2.2.2 Zinsberechnung nach der kaufmännischen Zinsformel

Bestehen mehrere verzinsliche Ansprüche bzw. Verpflichtungen gegenüber derselben Person, sollte die Berechnung der insgesamt anfallenden Zinsen möglichst zeitsparend erfolgen. Dies ist möglich, wenn mit der kaufmännischen Zinsformel gearbeitet wird.

Ausgangspunkt zur Ermittlung der kaufmännischen Zinsformel ist die allgemeine Zinsformel. Diese wird lediglich nach mathematischen Regeln umgestellt und in zwei Teile zerlegt.

$$Z = \frac{K \cdot t \cdot p}{100 \cdot 360} \longrightarrow Z = \frac{K \cdot t}{100} \cdot \frac{p}{360} \longrightarrow$$

$$Z = \underbrace{\frac{K \cdot t}{100}}_{\text{Zinszahl}} : \underbrace{\frac{360}{p}}_{\text{Zinsdivisor}} \quad \text{kaufmännische Zinsformel}$$

Ergebnis ist die kaufmännische Zinsformel. Der erste Teil dieser Zinsformel heißt Zinszahl, der zweite wird als Zinsdivisor bezeichnet. Anders ausgedrückt lautet die kaufmännische Zinsformel also:

$$Z = \frac{\text{Zinszahl } (\#)}{\text{Zinsdivisor}}$$

Sind mehrere Beträge zum selben Zinssatz zu verzinsen, werden entsprechend viele Zinszahlen, aber nur ein Zinsdivisor berechnet.

2.2.2.1 Abrechnung einseitiger Mehrfachansprüche

Einseitige Ansprüche auf Verzinsung entstehen z. B. durch Zahlungsverzug oder durch Stundung, ggf. aber auch, wenn es zu Anzahlungen gekommen ist.

Beispiel:

Ein Kunde befindet sich mit mehreren Beträgen, und zwar mit

14.500,00 EUR, fällig seit 15. Feb. 01,
18.400,00 EUR, fällig seit 20. Jan. 01 und
9.800,00 EUR, fällig seit 5. Mär. 01,

in Zahlungsverzug.
Der Unternehmer belastet ihn deshalb mit 9,26 % Verzugszinsen bis zum 10. Mai 01.

Lösung:

Beträge in EUR	10. Mai 01	Tage	Zinszahlen (#)
14.500,00	15. Feb. 01	85	12.325
18.400,00	20. Jan. 01	110	20.240
9.800,00	5. Mär. 01	65	6.370
42.700,00			38.935

1.001,41 Zinsen
43.701,41 Gesamtbetrag

Zinsdivisor: $\frac{360}{9{,}26} = 38{,}88$

Zinsen: 38.935 : 38,88 = 1.001,41 (EUR)

Übungen

1. Ihr Mandant erwirbt eine Maschine für 120.000,00 EUR (einschließlich 16 % USt). Beim Abschluss des Vertrages am 20. Jan. 01 leistet er eine Anzahlung in Höhe von 40.000,00 EUR, am 25. Feb. 01 eine weitere in Höhe von 60.000,00 EUR.

   Welchen Betrag hat Ihr Mandant bei Lieferung der Maschine am 21. Mär. 01 noch zu zahlen, wenn die Vorauszahlungen mit 5 % verzinst werden?

2. Weil sich ein Kunde in Zahlungsschwierigkeiten befindet, stundet Ihr Mandant die folgenden Beträge bei Stundungszinsen von 6 % bis zum 22. Aug. 01:

   14.800,00 EUR, fällig am 22. Jun. 01,
   29.100,00 EUR, fällig am 10. Feb. 01,
   21.500,00 EUR, fällig am 27. Mai 01.

   Ermitteln Sie, welchen Betrag der Kunde am 22. Aug. 01 einschließlich der angefallenen Zinsen zu zahlen hat.

3. Ein Lieferant tritt als Kapitalgeber gegenüber Ihrem Mandanten auf. Er stellt diesem im Laufe des Jahres 01 die folgenden Beträge zum Zinssatz von 7 % zur Verfügung:

   38.200,00 EUR am 2. Feb. 01,
   20.800,00 EUR am 25. Jun. 01,
   46.100,00 EUR am 17. Aug. 01.

   Auf welchen Betrag (einschließlich der Zinsen) belaufen sich die entsprechenden Verpflichtungen Ihres Mandanten bis zum 31. Dez. 01?

4. Ein Kunde Ihres Mandanten kommt seinen Zahlungsverpflichtungen nicht nach. Er wird deshalb am 10. Sep. 01 mit 9,26 % Verzugszinsen belastet.

   Berechnen Sie die Höhe der insgesamt anzufordernden Verzugszinsen, wenn folgende Rechnungen noch nicht beglichen worden sind:

   71.200,00 EUR, fällig am 7. Jun. 01,
   44.500,00 EUR, fällig am 24. Mär. 01,
   51.700,00 EUR, fällig am 12. Mai 01.

5. Ihr Mandant stundete einem Kunden die folgenden Beträge:

   18.600,00 EUR, fällig am 28. Jun. 01,
   34.500,00 EUR, fällig am 20. Apr. 01,
   41.900,00 EUR, fällig am 2. Jul. 01.

   Welchen Zinssatz berücksichtigte Ihr Mandant, wenn die Stundungsfrist am 21. Okt. 01 endet und der Kunde fristgerecht 96.793,53 EUR überweist?

2.2.2.2 Abrechnung wechselseitiger Ansprüche

Der Unternehmer kann einmal als Kreditnehmer und kurze Zeit später als Kreditgeber gegenüber Kunden, Lieferanten oder Kreditinstituten auftreten. Dieses Problem wird in der Praxis dadurch gelöst, dass so genannte Kontokorrentkonten eingerichtet werden. Kontokorrentkonten sind laufende Konten, deren Kontostand ständig schwankt und sowohl positiv als auch negativ sein darf/kann.

Als Kreditnehmer tritt der Unternehmer z. B. auf, wenn

- er Eingangsrechnungen mit zeitlicher Verzögerung ausgleicht,
- er sein laufendes Bankkonto auch dann noch für Zahlungen in Anspruch nimmt, wenn dieses kein Guthaben mehr ausweist oder
- Kunden Anzahlungen leisten oder höhere als die in Ausgangsrechnungen ermittelten Beträge überweisen.

Kreditgeber wird er z. B., wenn

- er Kreditinstituten Guthabenbeträge kurzfristig zur Verfügung stellt,
- Kunden Ausgangsrechnungen mit zeitlicher Verzögerung begleichen oder
- Lieferanten, gegenüber denen keine finanziellen Verpflichtungen mehr bestehen, Gutschriften erteilen oder Anzahlungen erhalten.

Entsprechende Berechnungen sind aber auch durchzuführen, wenn der Unternehmer betriebliche Kontokorrentkonten auch für private Vorgänge in Anspruch nimmt oder wenn bei Personengesellschaften Kapitalkonten zu verzinsen sind.

Ansprüche durch bzw. an Geschäftsfreunde

Gelegentlich vereinbaren die Geschäftspartner, ihre gegenseitig bestehenden Ansprüche ab Fälligkeit des Rechnungsbetrages bzw. ab Gutschrift eines Preisnachlasses u. Ä. zu verzinsen.

Die Berechnung der Zinsen erfolgt dann summarisch mit Hilfe der Staffelmethode. Das bedeutet, ausgehend vom Anfangsbestand führt jeder Geschäftsvorfall zu einem neuen Saldo, der bis zur nächsten Buchung zu verzinsen ist. Diese Vorgehensweise führt allerdings nur dann zu korrekten Ergebnissen, wenn die Geschäftsvorfälle zeitlich geordnet, d. h. entsprechend der Wertstellung, in die Berechnung übernommen werden.

Beispiel:

Der Unternehmer Heinz Stahl führt erstmals ein Kontokorrentkonto für seinen Kunden Berthold Schmidt. Die Abrechnung erfolgt zum 31. Mär. 01 bei 6% Zinsen. Außerdem sind die folgenden Geschäftsvorfälle zu beachten:

Ausgangsrechnung, fällig	am 20. Jan. 01	5.400,00 EUR
Zahlungseingang	am 27. Jan. 01	4.700,00 EUR
Ausgangsrechnung, fällig	am 14. Feb. 01	4.200,00 EUR
Zahlungseingang	am 20. Feb. 01	6.400,00 EUR
Ausgangsrechnung, fällig	am 12. Mär. 01	2.800,00 EUR

Lösung:

Wert	S/H	EUR	Tage	Soll #	Haben #
20. Jan. 01	S	5.400,00	7 →	378	
27. Jan. 01	H	4.700,00			
	S	700,00	17 →	119	
14. Feb. 01	S	4.200,00			
	S	4.900,00	6 →	294	
20. Feb. 01	H	6.400,00			
	H	1.500,00	22 →		330
12. Mär. 01	S	2.800,00			
	S	1.300,00	18 →	234	
31. Mär. 01	S	11,58	70	1.025	330
31. Mär. 01	S	1.311,58			

1.025
330
695 : 60 = 11,58 (EUR)

Übungen

1. Ein Kunde schuldet Ihrem Mandanten

   9.300,00 EUR, fällig am 13. Mär. 01,
   3.940,00 EUR, fällig am 27. Apr. 01,
   6.420,00 EUR, fällig am 8. Jun. 01.

   5.150,00 EUR überweist er am 24. Mär. 01, weitere 11.530,00 EUR am 30. Apr. 01.

   Berechnen Sie die Höhe des am 30. Jun. 01 zu zahlenden Restbetrags, wenn die gegenseitigen Ansprüche mit 6 % zu verzinsen sind.

2. Ihr Mandant hat einen Geschäftspartner, der sowohl als Kunde als auch als Lieferant auftritt. Im ersten Quartal wurden folgende Rechnungen erteilt:

durch Ihren Mandanten	durch den Geschäftspartner Ihres Mandanten
Rechnungsbeträge:	
7.380,00 EUR, fällig 5. Feb. 01	10.730,00 EUR, fällig 10. Mär. 01
15.450,00 EUR, fällig 8. Apr. 01	12.110,00 EUR, fällig 3. Mai 01
18.320,00 EUR, fällig 25. Mai 01	14.640,00 EUR, fällig 16. Jun. 01

   Ermitteln Sie den Betrag, den der Geschäftspartner unter Berücksichtigung eines Zinssatzes von 5 % am 30. Jun. 01 an Ihren Mandanten zu zahlen hat.

3. Zur Ermittlung der einem Kunden in Rechnung zu stellenden Verzugszinsen, Zinssatz 9,26 %, legt Ihnen Ihr Mandant folgende Zinsstaffel vor:

Wert	S/H	Betrag EUR	Tage	#
31. Dez. 01	S	5.000,00	?	1.250
?	S	3.600,00		
	S	8.600,00	12	?
7. Feb. 02	H	?		
	S	?	13	572
20. Feb. 02	S	3.200,00		
	S	?	20	?
10. Mär. 02	H	4.000,00		
31. Mär. 02	S	3.600,00	20	720
			90	?

   Suchen Sie die fehlenden Angaben und berechnen Sie die Höhe der Verzugszinsen.

4. Beim Abschluss eines Kundenkontokorrentkontos hat Ihr Mandant einen vorläufigen Forderungsbetrag von 36.742,50 EUR und die Soll- und Habenzinszahlen ermittelt. Diese belaufen sich auf 8.357 und 4.266.

   Wie viel EUR beträgt die endgültige Forderung zum Zeitpunkt des Kontoabschlusses, wenn ein Zinssatz von 4 % zu berücksichtigen ist?

5. Berichtigen Sie die Fehler und erstellen Sie den Abschluss zum 31. Mär. 02 unter Berücksichtigung der an den Lieferanten zu zahlenden Verzugszinsen (9,26%).

Wert	S/H	Betrag EUR	Tage	Soll #	Haben #
31. Dez. 01	H	2.500,00	4		100
4. Jan. 02	S	3.700,00			
	S	1.200,00	16	192	
19. Jan. 02	H	6.400,00			
	H	5.200,00	3		156
22. Jan. 02	S	4.900,00			
	H	10.100,00	4	404	
26. Feb. 02	H	2.800,00			
	H	12.900,00	39		5.031
25. Mär. 02	S	9.200,00			
	H	3.700,00	6		222
31. Mär. 02			90	596	5.509

Ansprüche durch bzw. an Kreditinstitute

1. Berechnungen bei gleich bleibenden Zinssätzen

Zur Abwicklung des Zahlungsverkehrs lassen sich Geschäftsleute von Kreditinstituten Kontokorrentkonten einrichten. Auf diesen werden ständig die zwischen Kreditinstitut und Kontoinhaber bestehenden Forderungen und Verbindlichkeiten verrechnet. Der Abschluss dieser Konten erfolgt mindestens einmal jährlich. Üblich sind aber der halbjährliche, vierteljährliche und monatliche Abschluss.

Zum Zeitpunkt des Abschlusses schreibt das Kreditinstitut dem Kontoinhaber für Guthaben Habenzinsen gut. Es belastet sein Konto für beanspruchte Kredite mit Sollzinsen, für die Kontoführung mit Provision (für jede aufgrund eines Geschäftsvorfalls durchzuführende Buchung z.B. mit einer Postengebühr von 0,50 EUR) und für entstandene Auslagen (z.B. Porto) mit den angefallenen Beträgen.

Nimmt der Kontoinhaber das Kontokorrentkonto über den vereinbarten Höchstkredit hinaus in Anspruch, belastet ihn das Kreditinstitut zusätzlich mit einer Überziehungsprovision.

Beispiel:

Das Kontokorrentkonto eines Geschäftsmanns weist zum 1. Apr. 01 (Wert 31. Mär. 01) einen Saldovortrag von 1.000,00 EUR (Haben) aus. Bis zum 30. Jun. 01 kommt es zu folgenden Kontenbewegungen:

Wert	Vorgang	Umsätze in EUR	
21. Apr. 01	Überweisungseingang		H 4.300,00
16. Mai 01	Scheckeinlösung	S 400,00	
10. Jun. 01	Wechseleinlösung	S 16.500,00	

Das Konto ist zum 30. Jun. 01 unter Berücksichtigung von 9% Sollzinsen, 0,5% Habenzinsen, 3% Überziehungsprovision (vereinbarter Höchstkredit: 10.000,00 EUR), 0,50 EUR Postengebühr sowie 25,00 EUR Auslagen abzuschließen.

Lösung:

Wert	S/H	Betrag EUR	Tage	Haben #	Soll #	Überziehungs-#
31. Mär. 01	H	1.000,00	21	210		
21. Apr. 01	H	4.300,00				
	H	5.300,00	25	1.325		
16. Mai 01	S	400,00				
	H	4.900,00	24	1.176		
10. Jun. 01	S	16.500,00				
	S	11.600,00	20		2.320	320
			90	2.711	2.320	320

31. Mär. 01	S	25,00	Auslagen	
31. Mär. 01	S	1,50	Postengebühr	0,50 EUR · 3 = 1,50 EUR
31. Mär. 01	S	58,00	Sollzinsen	2.320 : 40 = 58,00 (EUR)
	S	2,67	Überz.-Zinsen	320 : 120 = 2,67 (EUR)
	H	3,77	Habenzinsen	2.711 : 720 = 3,77 (EUR)
31. Mär. 01	S	11.683,40	Kontostand	

Übungen

1. Die Hausbank schließt das Kontokorrentkonto Ihres Mandanten unter Berücksichtigung von 8 % Sollzinsen, 0,75 % Habenzinsen, 0,50 EUR Postengebühr und 13,20 EUR Auslagen zum Quartalsende ab. Das Konto wurde am 14. Apr. 01 mit einer Einzahlung von 2.940,00 EUR (Wert 15. Apr. 01) eröffnet und weist außerdem die folgenden Vorgänge aus:

Vorgang	Wert	EUR	
Überweisung	20. Apr. 01	S 1.600,00	
Wertpapierkauf	2. Mai 01	S 2.960,00	
Scheckeinlösung	25. Mai 01	S 4.200,00	
Einzahlung	7. Jun. 01		H 950,00

2. Ein Kontokorrentkonto weist neben dem Saldovortrag folgende Eintragungen aus:

Vorgang	Wert	EUR	
Saldovortrag	30. Sep. 01		H 2.600,00
Einzahlung	14. Okt. 01		H 1.600,00
Scheckeinlösung	10. Nov. 01	S 800,00	
Barabhebung	23. Nov. 01	S 5.400,00	
Scheckeinreichung	18. Dez. 01		H 3.000,00

Das Konto ist zum 31. Dez. 01 bei 10 % Sollzinsen, 0,8 % Habenzinsen und 18,50 EUR Spesen abzuschließen.

3. Das Kontokorrentkonto Ihres Mandanten wies zum 1. Jul. 01 (Wert 30. Jun. 01) einen Saldovortrag von 7.100,00 EUR (Haben) aus. Bis zum 30. Sep. 01 kam es zu folgenden Geschäftsvorfällen:

Vorgang	Wert	EUR
Wechseldiskontierung	15. Jul. 01	4.300,00
Überweisung von Kunden	27. Jul. 01	3.720,00
Überweisung an Lieferer	3. Aug. 01	20.240,00
Scheckeinreichung	13. Aug. 01	6.420,00
Wechseleinlösung	11. Sep. 01	12.760,00

Das Konto wird zu folgenden Bedingungen geführt: 11 % Sollzinsen, 0,5 % Habenzinsen. Außerdem berechnet die Bank 25,50 EUR Auslagen.

Führen Sie den Abschluss durch.

4. Das Kontokorrentkonto Ihres Mandanten wird von der Hausbank zu folgenden Bedingungen geführt: 9 % Sollzinsen, 0,6 % Habenzinsen, 2,5 % Überziehungsprovision (eingeräumter Höchstkredit 10.000,00 EUR), 0,50 EUR Postengebühr und 22,50 EUR Auslagen.

Schließen Sie das Konto, das bisher die folgenden Buchungen ausweist, zum 31. Mär. 02 ab.

Vorgang	Wert	EUR	
Barabhebung	4. Jan. 02	S 7.400,00	
Scheckeinlösung	22. Jan. 02	S 9.600,00	
Scheckeinlösung	25. Mär. 02	S 18.400,00	
Saldovortrag	31. Dez. 01		H 5.800,00
Scheckeinreichung	19. Jan. 02		H 12.800,00
Überweisung	26. Feb. 02		H 5.600,00

5. Am 18. Jan. 01 wurde für Ihren Mandanten ein Kontokorrentkonto eröffnet, das die Bank zu folgenden Bedingungen führt: 0,5 % Habenzinsen, 8 % Sollzinsen, 0,60 EUR Postengebühr und 2 % Überziehungsprovision (vereinbarter Höchstkredit 20.000,00 EUR).

Das Konto wird erstmals zum 30. Jun. 01 unter Berücksichtigung der folgenden Kontenbewegungen abgeschlossen:

Vorgang	Wert	EUR	
Überweisung	19. Jan. 01		H 10.600,00
Barbhebung	28. Jan. 01	S 18.600,00	
Scheckeinlösung	3. Feb. 01	S 25.600,00	
Wechseleinreichung	9. Apr. 01		H 13.800,00
Scheckeinlösung	22. Mai 01	S 2.800,00	
Bareinzahlung	2. Jun. 01		H 14.000,00

Führen Sie die notwendigen Berechnungen durch.

6. Wegen des Abbruchs der Geschäftsbeziehungen wird das Konto Ihres Mandanten, das folgende Bewegungen ausweist, zum 13. Jun. 02 abgeschlossen.

Vorgang	Wert	EUR			
Saldovortrag	31. Dez. 01	S	15.800,00		
Barabhebung	22. Jan. 02	S	7.600,00		
Scheckeinreichung	8. Feb. 02			H	9.000,00
Wechselseinlösung	20. Apr. 02	S	12.600,00		
Bareinzahlung	30. Mai 02			H	3.600,00

Der Abschluss erfolgt unter Berücksichtigung von 10 % Sollzinsen, 0,5 % Habenzinsen, 0,50 EUR Postengebühr, 35,70 EUR Auslagen sowie 3 % Überziehungsprovision (vereinbarter Höchstkredit: 16.000,00 EUR).

Ermitteln Sie den Kontostand.

7. Zur Durchführung des Kontoabschlusses sind zum Ende des 2. Quartals 01 die folgenden Werte berechnet worden:

Guthaben (vorläufig)	5.370,00 EUR
Summe der Sollzinszahlen	13.475
Summe der Habenzinszahlen	7.476
Summe der Überziehungszinszahlen	1.289

Ermitteln Sie den endgültigen Kontostand zum 30. Jun. 01, wenn folgende Bedingungen gelten: Sollzinsen 9 %, Habenzinsen 0,5 %, Überziehungszinsen 3 %.

8. Beim Abschluss eines Kontokorrentkontos zum 30. Sep. 01 sind folgende Angaben ermittelt worden:

Wert	S/H	EUR	Tage	Soll #	Haben #
30. Sep. 01	H	12.736,80	90	4.182	2.461

Stellen Sie fest,

a) an welchem Tag die vorhergehende Abrechnung durchgeführt worden ist,

b) welcher Sollzinssatz berücksichtigt wurde, wenn die Abrechnung unter Berücksichtigung von 0,6 % Habenzinsen und 21,50 EUR Auslagen erfolgte und der Habensaldo nach Abrechnung des Kontos 12.568,38 EUR beträgt.

9. Ein Konto wurde zum 31. Mär. 02 abgerechnet. Bei 9 % Sollzinsen, 0,5 % Habenzinsen, einer Postengebühr von 0,60 EUR, 1,5 % Überziehungsprovision (vereinbarter Höchstkredit 20.000,00 EUR) und 24,00 EUR Spesen und unter Berücksichtigung der folgenden Buchungen ergab sich ein Kontostand von 22.581,50 EUR.

Vorgang	Wert	EUR			
Saldovortrag	31. Dez. 01			H	7.000,00
Wertpapierverkauf	20. Jan. 02			H	3.000,00
Überweisung	17. Feb. 02	S	16.000,00		
Wechseleinlösung	25. Feb. 02	S	18.400,00		
Scheckeinreichung	2. Mär. 02			H	8.200,00
Überweisung	16. Mär. 02	S	6.600,00		

Prüfen Sie das Ergebnis und führen Sie die ggf. notwendigen Korrekturen durch.

2. Berechnungen mit wechselnden Zinssätzen

Kommt es innerhalb einer Abrechnungsperiode zu Zinssatzänderungen, muss dies in der Zinsstaffel vermerkt werden. Zinssatzänderungen führen nicht zu Umsätzen. Deshalb wird lediglich festgehalten, bis wann die alten Bedingungen gelten. Diese Eintragung hat i. d. R. zur Folge, dass zweimal derselbe Saldo in der Berechnung erscheint und zweimal für denselben Saldo Zinstage und Zinszahlen zu berechnen sind.

Beispiel:

Ein Kontokorrentkonto, das folgende Kontenbewegungen ausweist,

Vorgang	Wert	EUR	
Saldovortrag	31. Dez. 01		H 4.000,00
Barabhebung	22. Jan. 02	S 6.000,00	
Bareinzahlung	19. Feb. 02		H 3.000,00
Wechseleinlösung	13. Mär. 02	S 1.500,00	

ist zum 31. Mär. 02 abzuschließen. Die Bank berechnet bis einschließlich 31. Jan. 02

0,5 %, danach 0,6 % Habenzinsen,
7,5 %, danach 8 % Sollzinsen.

Lösung:

Wert	S/H	Betrag EUR	Tage	Soll #	Haben #
31. Dez. 01	H	4.000,00	22		880
22. Jan. 02	S	6.000,00			
	S	2.000,00	8	160	
31. Jan. 02		-		160	880
	S	2.000,00	19	380	
19. Feb. 02	H	3.000,00			
	H	1.000,00	24		240
13. Mär. 02	S	1.500,00			
	S	500,00	17	85	
31. Mär. 02			90	465	240

	S	3,11	Sollzinsen	$160 : \frac{360}{7} = 3{,}11$ (EUR)
	S	10,33	Sollzinsen	465 : 45 = 10,33 (EUR)
	H	1,22	Habenzinsen	880 : 720 = 1,22 (EUR)
	H	0,40	Habenzinsen	240 : 600 = 0,40 (EUR)
31. Mär. 02	S	511,92	Schuldsaldo	

Übungen

1. Das Kontokorrentkonto Ihres Mandanten weist folgende Buchungen aus:

Vorgang	Wert	EUR	
Saldovortrag	30. Sep. 01	S 8.300,00	
Scheckeinreichung	9. Okt. 01		H 16.600,00
Barabhebung	18. Okt. 01	S 14.760,00	
Überweisung	5. Nov. 01		H 9.000,00
Wertpapierkauf	13. Nov. 01	S 4.800,00	
Wechseleinlösung	7. Dez. 01	S 10.600,00	

Es wird zu folgenden Bedingungen geführt:

Sollzinsen bis einschließlich 31. Okt. 01 8 %, dann 9 %, Habenzinsen bis einschließlich 31. Okt. 01 0,5 %, dann 0,75 %, Postengebühr 0,60 EUR, Auslagen 35,50 EUR.

Ermitteln Sie den Abschlusssaldo zum 31. Dez. 01.

2. Auf einem Kontokorrentkonto finden Sie folgende Buchungen:

Vorgang	Wert	EUR	
Saldovortrag	30. Jun. 01		H 6.400,00
Wechseleinlösung	12. Jul. 01	S 16.700,00	
Bareinzahlung	18. Jul. 01		H 13.600,00
Scheckeinlösung	3. Aug. 01	S 8.240,00	
Überweisung	15. Aug. 01	S 2.800,00	
Wertpapierkauf	10. Sep. 01	S 5.520,00	

Welcher Kontostand ergibt sich zum 30. Sep. 01, wenn die Bank das Konto zu folgenden Bedingungen führt:

Sollzinsen bis einschließlich 25. Jul. 01 9 %, danach 8 %, Habenzinsen bis einschließlich 25. Jul. 01 0,6 %, danach 0,5 %, Postengebühr 0,60 EUR.

3. Neben dem Saldovortrag in Höhe von 9.000,00 EUR (Haben), Wert 30. Jun. 01, weist das Kontokorrentkonto Ihres Mandanten bis zum 30. Sep. 01 folgende Umsätze aus:

Vorgang	Wert	EUR	
Überweisung	29. Jul. 01	S 7.000,00	
Lastschrift	1. Aug. 01	S 2.860,00	
Überweisung	28. Aug. 01		H 11.200,00
Barabhebung	10. Sep. 01	S 3.600,00	
Überweisung	29. Sep. 01		H 2.900,00

Berechnen Sie den Kontostand, wenn das Konto zu folgenden Bedingungen geführt wurde:

Sollzinsen bis einschließlich 15. Aug. 10 %, danach 9 %, Habenzinsen bis einschließlich 15. Aug. 0,7 %, danach 0,5 %, Postengebühr 0,50 EUR.

2.3 Kreditarten

2.3.1 Warenkredite

In Unternehmen ergeben sich ständig Geschäftsvorfälle, die einmal zu Forderungen, ein anderes Mal zu Verbindlichkeiten gegenüber derselben Person führen. Typisch ist dies bei der kurzfristigen Kreditgewährung durch oder an Geschäftsfreunde, d. h., wenn Ein- oder Ausgangsrechnungen nicht sofort beglichen werden. Zu Zinsaufwendungen oder -erträgen kommt es bei diesen Krediten nicht, wohl aber ggf. zur Nichtinanspruchnahme von Skonto.

Die Inanspruchnahme von Skonto lohnt sich immer, wenn flüssige Mittel vorhanden sind, die kurzfristig nicht zinsbringend angelegt werden können. Muss jedoch ein Kredit aufgenommen werden, um Skonto abziehen zu können, so ist der Skontoabzug nur dann vorteilhaft, wenn er die Finanzierungskosten übersteigt.

Beispiel:

Eine Rechnung über 30.000,00 EUR kann innerhalb von 8 Tagen mit Abzug von 3 % Skonto bezahlt werden oder ist innerhalb von 30 Tagen netto Kasse zu begleichen.

Um Skonto in Anspruch nehmen zu können, muss ein Bankkredit aufgenommen werden, der mit 11 % zu verzinsen ist.

Lösung:

30.000,00 EUR · 3 % = 900,00 EUR Skontoabzug

30.000,00 EUR	Rechnungsbetrag	Zahlung innerhalb von	30 Tagen
900,00 EUR	Skontoabzug	Zahlung innerhalb von	8 Tagen
29.100,00 EUR	Kreditbetrag	früher zu zahlen bei Skontoabzug	22 Tage

$$\frac{29.100 \cdot 11 \cdot 22}{100 \cdot 360} = 195{,}62 \text{ EUR (Zinsen)}$$

Skontoabzug	900,00 EUR
Zinsaufwendungen	195,62 EUR
Finanzierungserfolg	704,38 EUR

Eine zusätzliche Kreditgewährung durch den Lieferanten ist möglich, wenn der Schuldner fällige Rechnungsbeträge nicht begleichen kann. Der Schuldner hat dann die Möglichkeit, sich an den Gläubiger zu wenden und diesen um Stundung des fälligen Betrages zu bitten. Wird daraufhin zwischen den Vertragspartnern ein Kreditvertrag geschlossen (Abschn. 29 a Abs. 2 UStR), ist diese Kreditgewährung als steuerfreier Vorgang (§ 4 Nr. 8 a UStG) zu beurteilen. Die gesondert in Rechnung gestellten Stundungszinsen werden demnach nicht mit Umsatzsteuer belastet.

Beispiel:

Der Unternehmer stellt fest, dass er einen fälligen Rechnungsbetrag in Höhe von 8.000,00 EUR nicht begleichen kann. Er wendet sich an seinen Lieferanten und bittet um Stundung. Der Lieferer ist einverstanden. Im Stundungsvertrag werden Stundungszinsen in Höhe von 160,00 EUR vereinbart.

Lösung:

Die Stundungszinsen stellen Zinsaufwendungen dar und sind umsatzsteuerfrei.

Es kommt auch immer wieder zum verspäteten Rechnungsausgleich, weil der Schuldner vereinbarte Zahlungsziele nicht beachtet. Liegt Zahlungsverzug vor, kann der Schuldner mit Verzugszinsen (5 % zuzüglich des Basiszinssatzes der EZB) und Mahngebühren belastet werden. Da beide Beträge als Schadenersatzleistungen anzusehen sind (Abschn. 3 Abs. 2 und 3 UStR), kommt es zu keinem steuerbaren Umsatz. Verzugszinsen und Mahngebühren werden also stets ohne Umsatzsteuer in Rechnung gestellt.

Bei Kreditgewährungen durch oder an Geschäftsfreunde hat der Unternehmer dafür zu sorgen, dass jederzeit festgestellt werden kann, in welcher Höhe gegenüber jedem seiner Geschäftsfreunde Forderungen bzw. Verbindlichkeiten bestehen (R 29 Abs. 5 EStR). Aus diesem Grunde richtet er zusätzlich (Nebenbuch der Buchführung) für jeden seiner Geschäftsfreunde ein Kontokorrentkonto (laufendes Konto) ein, auf dem er den gesamten Kreditverkehr mit den einzelnen Kunden bzw. Lieferanten festhält. Ansprüche an Geschäftsfreunde werden im Soll, Verpflichtungen gegenüber den Geschäftsfreunden im Haben des Kontokorrentkontos erfasst.

Während aus den Konten Forderungen LuL und Verbindlichkeiten LuL (Sachkonten) nach wie vor der Gesamtbestand der Forderungen und Verbindlichkeiten ersichtlich ist, zeigen die Kontokorrentkonten (Personenkonten) die Höhe der Forderungen an den einzelnen Kunden (Debitor) bzw. der Verbindlichkeiten gegenüber dem einzelnen Lieferanten (Kreditor).

Zusätzliche Buchungen verursachen selbstverständlich zusätzliche Arbeiten.

Die Buchführung findet heute aber unter Einbeziehung der Datenverarbeitung statt. Aus diesem Grunde ist die zusätzlich anfallende Buchungsarbeit kaum erwähnenswert. Durch entsprechende Kennzeichnung der Geschäftsvorfälle (Buchungssätze) kann nämlich erreicht werden, dass gleichzeitig eine Buchung in einem Sachkonto und in einem Personenkonto ausgelöst wird. Für die Erfassung der Forderungen werden deshalb die 5-stelligen Kontenziffern 10000 bis 69999, für die Erfassung der Verbindlichkeiten die Kontenziffern 70000 bis 99999 verwendet.

Beispiel:

Dem Kunden Heinz Bald, Kundennummer 12075, werden Waren für 12.000,00 EUR zuzüglich 1.920,00 EUR USt auf Ziel verkauft.

Buchungssatz:

	Soll/EUR	Haben/EUR
12075 Forderungen Bald	13.920,00	
an 8000/4400 Verkaufserlöse		12.000,00
an 1770/3800 Umsatzsteuer		1.920,00

Beispiel:

Hauptbuchkonten

Sachkonto

S	Forderungen	H
...	27.920,00	

Kontokorrentkonten

Debitoren-(Kunden-)konten

S	Kunde Bald	H
...	13.920,00	

S	Kunde Krause	H
...	9.000,00	

S	Kunde Wilden	H
...	5.000,00	

Sachkonto

S	Verbindlichkeiten		H
		...	50.000,00

Kreditoren-(Lieferanten-)konten

S	Lieferer Breuer		H
		...	15.000,00

S	Lieferer Giese		H
		...	5.000,00

S	Lieferer Vollmer		H
		...	30.000,00

Da jede Ausgangs- und Eingangsrechnung und auch jeder Rechnungsausgleich sowohl auf dem Sachkonto als auch auf dem Personenkonto zu buchen ist (R 29 Abs. 4 EStR), muss die Summe der Salden der einzelnen Personenkonten selbstverständlich jederzeit mit den Salden der entsprechenden Sachkonten übereinstimmen.

Kontrollaufgaben

1. Auf welche Weise werden Warenkredite gewährt?
2. Zeigen Sie, ob und ggf. welche finanziellen Nachteile durch die Inanspruchnahme von Warenkrediten in Kauf genommen werden müssen.
3. Wie sind
   a) Stundungszinsen,
   b) Verzugszinsen,
   die der Unternehmer seinen Kunden in Rechnung stellt, umsatzsteuerrechtlich zu beurteilen?

Übungen

1. Ein Kunde Ihres Mandanden (Kunden-Nr. 11264) befindet sich seit vier Monaten mit einem Betrag in Höhe von 70.000,00 EUR in Zahlungsverzug. Um keine finanziellen Nachteile zu erleiden, belastet Ihr Mandant diesen Kunden mit Mahngebühren in Höhe von 6,00 EUR und mit Verzugszinsen in Höhe von 9,26 %.

   Bilden Sie den Buchungssatz.
2. Ein Rechnungsbetrag in Höhe von 14.900,00 EUR kann auf folgende Weise beglichen werden: In 8 Tagen mit 2 % Skontoabzug, in 60 Tagen netto Kasse.

   Berechnen Sie
   a) den Skontoabzug in EUR.
   b) den Finanzierungserfolg für den Fall, dass für die Zahlung mit Skontoabzug ein Bankkredit zum Zinssatz von 12 % aufgenommen werden muss.
3. Ein Kunde (Kunden-Nr. 14117) kann am fest vereinbarten Fälligkeitstag nicht zahlen. Er wendet sich an Ihren Mandanten und bittet ihn, den Rechnungsbetrag in Höhe von 5.175,00 EUR (gesonderte Kreditgewährung) für drei Monate zu stunden.

   Ihr Mandant ist einverstanden. Nach Ablauf der Stundungsfrist belastet er den Kunden mit 6 % Stundungszinsen.

   Wie ist zu buchen?

4. Ein Kunde (Kunden-Nr. 12301) befindet sich mit einem Betrag von 8.550,00 EUR (einschließlich 16% USt) seit 2 Monaten in Zahlungsverzug.

   Ihr Mandant belastet ihn mit Verzugszinsen in Höhe von 9,26%.

   Bilden Sie den Buchungssatz.

5. Ihr Mandant erhält am 10. Mai eine Rechnung über 21.000,00 EUR, die folgendermaßen zu begleichen ist:
   - nach 10 Tagen mit 2% Skontoabzug oder
   - nach 30 Tagen netto Kasse.

   Nach 30 Tagen könnte er die Rechnung aus eigenen Mitteln begleichen. Bei früherer Zahlung muss er einen Kontokorrentkredit in Anspruch nehmen, der mit 11% zu verzinsen ist.

   Entscheiden und begründen Sie, bei welcher Zahlungsweise er sich besser steht.

6. Ein Lieferant (Lieferanten-Nr. 72439) gewährt Ihrem Mandanten einen Zahlungsaufschub für einen Betrag in Höhe von 30.000,00 EUR für 3 Monate. Vertraglich wurde ein Jahreszins von 6% vereinbart (gesonderte Kreditgewährung).

   Nach Ablauf der Stundungsfrist überweist Ihr Mandant gleichzeitig den gestundeten Betrag und die Stundungszinsen vom Bankkonto.

   Buchen Sie den Vorgang.

7. Aufgrund der Zahlungsbedingungen eines Lieferanten kann eine Rechnung in Höhe von 19.200,00 EUR wie folgt beglichen werden:
   - innerhalb von 30 Tagen netto Kasse oder
   - innerhalb von 14 Tagen abzüglich 2% Skonto.

   Um Skonto in Anspruch nehmen zu können, muss Ihr Mandant das betriebliche Bankkonto überziehen. Die Bank berechnet hierfür 10% Zinsen.

   Ermitteln Sie den Finanzierungserfolg Ihres Mandanten beim Rechnungsausgleich mit Skontoabzug.

8. Ihr Mandant liefert eine Maschine für 20.000,00 EUR zuzüglich 16% USt. Als Termin für den Rechnungsausgleich ist der 20. Aug. 02 vereinbart.

   Da der Kunde (Kunden-Nr. 14913) am 20. Aug. 02 nicht zahlen kann, wird der Rechnungsbetrag unter Berücksichtigung eines Zinssatzes von 6% (gesonderte Kreditgewährung) bis zum 20. Sep. 02 gestundet.

   Buchen Sie den gesamten Vorgang.

9. Ein Kunde (Kunden-Nr. 21687) befindet sich mit einer Summe von 10.000,00 EUR (brutto) seit einem Monat in Zahlungsverzug. Ihr Mandant belastet ihn für diese Zeit mit 9,26% Verzugszinsen.

   Bisher ist noch keine Buchung erfolgt. Holen Sie diese Arbeit nach.

10. Ihrem Mandanten geht eine am 5. Juni 01 ausgestellte Rechnung über 58.000,00 EUR zu. Bezüglich des Rechnungsausgleichs sind im Kaufvertrag folgende Vereinbarungen getroffen worden: Zahlbar innerhalb von 10 Tagen nach Rechnungsdatum mit 2% Skonto oder innerhalb von 30 Tagen nach Rechnungsdatum netto Kasse.

    Um den Skontoabzug in Anspruch nehmen zu können, muss Ihr Mandant einen Kredit zu 9% Zinsen aufnehmen.

    Berechnen Sie, ob sich die Kreditaufnahme für Ihren Mandanten lohnt, wenn die Rechnung am 8. Juni 01 eingeht.

11. Am 5. Okt. 01 gehen auf dem Bankkonto Ihres Mandanten folgende Beträge ein:
- 8% Zinsen für einen für 3 Monate gestundeten Betrag in Höhe von 50.000,00 EUR,
- 9,26% Verzugszinsen für eine Warenforderung von 30.000,00 EUR, fällig am 30. Jul. 01.

Beide Beträge wurden am 30. Sep. 01 von dem Kunden (Kunden-Nr. 19222) angefordert. Eine Buchung ist noch nicht erfolgt.

Bilden Sie die Buchungssätze.

2.3.2 Anzahlungen

Die Leistung von Anzahlungen/Vorauszahlungen wird vor allem bei Großaufträgen, bei teuren Spezialanfertigungen und bei Aufträgen, deren Ausführung längere Zeit in Anspruch nimmt, vereinbart.

Der Auftragnehmer (Hersteller/Händler) will dadurch sicherstellen, dass die für den Auftraggeber (Käufer) herzustellenden oder zu beschaffenden Gegenstände auch abgenommen werden.

Darüber hinaus haben Anzahlungen/Vorauszahlungen für den Auftragnehmer einen weiteren Vorteil: Die Auftraggeber beteiligen sich an der Finanzierung des Auftrags, sodass es zu einer erheblichen Einsparung an Finanzierungskosten kommt.

Vorauszahlungen liegen vor, wenn der Auftraggeber dem Auftragnehmer vor Erhalt der Lieferung den gesamten Rechnungsbetrag bezahlt.

Zu Anzahlungen kommt es, wenn ein Auftraggeber vor Erhalt einer Lieferung oder Teillieferung Teilbeträge als Abschlag auf den endgültigen Rechnungsbetrag zahlt.

Anzahlungen/Vorauszahlungen werden aus der Sicht des Auftraggebers als geleistete Anzahlungen bezeichnet. Sie haben bis zum Zeitpunkt der Lieferung Forderungscharakter. Je nachdem, was angeschafft wird, werden sie auf den Konten geleistete Anzahlungen auf immaterielle Vermögensgegenstände, auf Sachanlagen oder auf Vorräte gebucht.

Anzahlungen/Vorauszahlungen, die der Auftragnehmer erhält, werden als erhaltene Anzahlungen bezeichnet. Sie haben bis zum Zeitpunkt der Lieferung Verbindlichkeitencharakter. Da sie immer für Bestellungen erfolgen, werden sie stets auf dem Konto erhaltene Anzahlungen auf Bestellungen gebucht.

Werden Vorauszahlungen oder Anzahlungen vereinnahmt, bevor die Lieferung oder Teillieferung erfolgt ist, sind diese immer im Zeitpunkt der Vereinnahmung zu versteuern.

Der Vorsteuerabzug durch den Auftraggeber ist möglich, sobald eine Rechnung mit gesondertem USt-Ausweis vorliegt und eine Anzahlung/Vorauszahlung geleistet worden ist.

Beispiel:

Beim Vertragsabschluss über eine Warenlieferung im Wert von 40.000,00 EUR zuzüglich 16% USt werden am 15. Feb. 01 folgende Teilzahlungen vereinbart:

15. Mär. 01	17.400,00 EUR,
25. Mär. 01	7.000,00 EUR + 1.120,00 EUR USt,
10. Apr. 01	11.000,00 EUR.

Sämtliche Zahlungen werden pünktlich durch Banküberweisung geleistet. – Die Lieferung der Waren erfolgt am 28. Apr. 01. Eine ordnungsgemäße Endabrechnung mit USt-Ausweis geht gleichzeitig ein.

Buchungssätze beim Auftraggeber

	Soll/EUR	Haben/EUR
zum 15. Mär. 01:		
0299/0700 gel. Anzahlungen	17.400,00	
an 1200/1800 Bank		17.400,00
zum 25. Mär. 01:		
0299/0700 gel. Anzahlungen	7.000,00	
1570/1400 Vorsteuer	1.120,00	
an 1200/1800 Bank		8.120,00
zum 10. Apr. 01:		
0299/0700 gel. Anzahlungen	11.000,00	
an 1200/1800 Bank		11.000,00
zum 28. Apr. 01:		
0210/0440 Einkauf von Waren	40.000,00	
1570/1400 Vorsteuer	6.400,00	
an 0299/0700 gel. Anzahlungen		35.400,00
an 1570/1400 Vorsteuer		1.120,00
an 1600/3300 Verbindlichkeiten LuL		9.880,00

Buchungssätze beim Auftragnehmer

	Soll/EUR	Haben/EUR
zum 15. Mär. 01:		
1200/1800 Bank	17.400,00	
an 1710/3250 erhaltene Anzahlungen		15.000,00
an 1770/3800 Umsatzsteuer		2.400,00
zum 25. Mär. 01:		
1200/1800 Bank	8.120,00	
an 1710/3250 erhaltene Anzahlungen		7.000,00
an 1770/3800 Umsatzsteuer		1.120,00
zum 10. Apr. 01:		
1200/1800 Bank	11.000,00	
an 1710/3250 erhaltene Anzahlungen		9.482,76
an 1770/3800 USt		1.517,24
zum 28. Apr. 01:		
1710/3250 erhaltene Anzahlungen	31.482,76	
1770/3800 Umsatzsteuer	5.037,24	
1400/1200 Forderungen LuL	9.880,00	
an 8000/4000 Verkaufserlöse		40.000,00
an 1770/3800 Umsatzsteuer		6.400,00

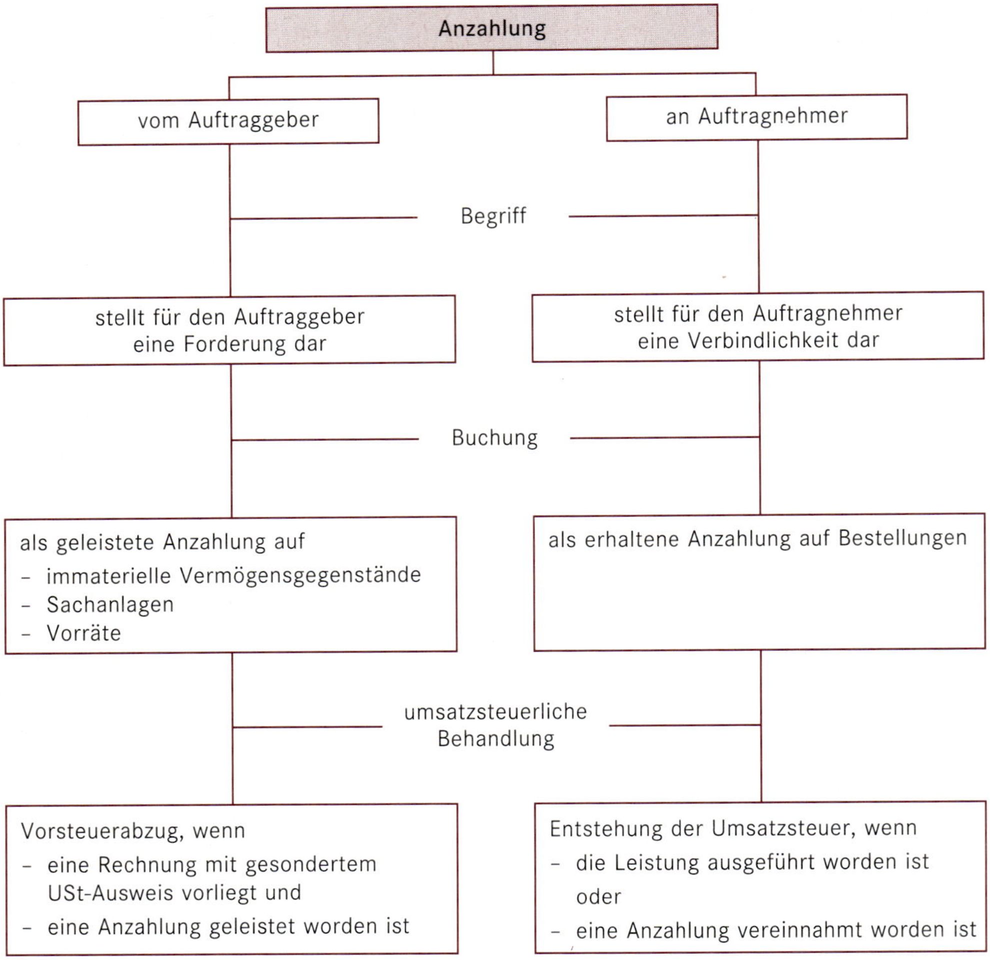

Kontrollaufgaben

1. Welche Voraussetzungen müssen erfüllt sein, damit bereits vor Ausführung einer Leistung ein Vorsteuerabzug möglich ist?
2. Unter welchen Voraussetzungen entsteht die Umsatzsteuer bereits vor Ausführung einer Leistung?

Übungen

1. Ein Privatmann bestellt am 15. Mär. 01 einen PKW zum Preis von 69.600,00 EUR. Als Liefertermin ist der 20. Apr. 01 vereinbart. Da das Fahrzeug unter Berücksichtigung spezieller Kundenwünsche produziert werden soll und anderweitig schwer verkäuflich sein wird, verlangt Ihr Mandant beim Kaufvertragsabschluss eine Anzahlung von 15.000,00 EUR, die der Kunde sofort bar leistet. Der Zahlungseingang wird durch eine Quittung bestätigt. Ein gesonderter USt-Ausweis erfolgt dabei nicht.

   a) Bilden Sie den Buchungssatz zum 15. Mär. 01.

   b) Wie ist zu buchen, wenn die Lieferung des PKW pünktlich am 20. Apr. 01 erfolgt, die gleichzeitig erteilte Rechnung aber wiederum keinen gesonderten USt-Ausweis enthält?

2. Am 1. Feb. 02 wurden Ihrem Mandanten Waren für 33.000,00 EUR zuzüglich 5.280,00 EUR USt geliefert.

   Für diese Waren (ordnungsmäßige Rechnung lag vor) hatte er am 1. Dez. 01 eine Anzahlung in Höhe von 11.000,00 EUR zuzüglich 1.760,00 EUR USt geleistet. Gebucht wurde dies wie folgt:

Einkauf von Waren	11.000,00 EUR	
Vorsteuer	1.760,00 EUR	
an Bank		12.760,00 EUR

   Laut ordnungsmäßiger Rechnung vom 1. Feb. 02 ist noch ein Restbetrag von 22.000,00 EUR zuzüglich 3.520,00 EUR USt zu zahlen. Der Rechnungsausgleich soll vereinbarungsgemäß am 1. Apr. 02 erfolgen.

   Bilden Sie die Buchungssätze zum 31. Dez. 01 und zum 1. Feb. 02.

3. Ihr Mandant hat beim Auftragseingang am 16. Jul. 01 einen Barbetrag von 10.440,00 EUR als Anzahlung erhalten. Über diese Anzahlung hat er eine Rechnung mit gesondertem USt-Ausweis (1.440,00 EUR) erteilt. Es wurde gebucht:

Kasse	10.440,00 EUR	
an erhaltene Anzahlungen		10.440,00 EUR

   Die Lieferung der Waren im Wert von 35.000,00 EUR zuzüglich 5.600,00 EUR USt erfolgt am 18. Aug. 01.

   Nehmen Sie alle notwendigen Buchungen für Juli und August 01 vor.

4. Ihr Mandant bestellte am 16. Okt. 01 Waren und leistete vertragsgemäß sofort eine Anzahlung in Höhe von 10.000,00 EUR durch Bankverrechnungsscheck.

   Am 9. Feb. 02 wurden die Waren geliefert und folgendermaßen abgerechnet:

Waren, Listenpreis	70.000,00 EUR
– Rabatt	560,00 EUR
	69.440,00 EUR
+ 16 % USt	11.110,40 EUR
	80.550,40 EUR
– Anzahlung	10.000,00 EUR
Restforderung	70.550,40 EUR

   Der Restbetrag wurde am 12. Feb. 02 nach Abzug von 2 % Skonto vom Kaufpreis durch Banküberweisung beglichen.

   Buchen Sie

   a) die Anzahlung,

   b) die Lieferung der Waren,

   c) den Ausgleich des Restbetrages.

5. Ihr Mandant verpflichtete sich am 2. Mai 01, eine Warenlieferung zum Preis von 81.780,00 EUR (einschließlich 16% USt) auszuführen.

Am 10. Mai 01 überwies sein Kunde die vertraglich vereinbarte Anzahlung von 42.920,00 EUR.

Die ordnungsgemäße Endrechnung wurde dem Kunden mit der Warenlieferung am 25. Jun. 01 erteilt.

Am 2. Jul. 01 überwies er den Restbetrag von 38.860,00 EUR unter Abzug von 3% Skonto vom vereinbarten Kaufpreis.

Erstellen Sie sämtliche Buchungssätze.

6. Beim Abschluss eines Kaufvertrages über Waren im Wert von 39.950,00 EUR zuzüglich 16% USt leistete Ihr Mandant am 15. Dez. 01 eine Baranzahlung von 11.585,50 EUR. Die weiteren Teilbeträge von jeweils 11.585,50 EUR wurden vereinbarungsgemäß am 15. Mär. 02, bei Lieferung am 15. Jun. 02 und am 15. Sep. 02 durch Banküberweisung gezahlt.

Die ordnungsgemäße Rechnung über den Wareneinkauf ging am 15. Jun. 02 ein.

Buchen Sie den gesamten Vorgang.

7. Ihr Mandant, Inhaber eines Warenhauses in Hamburg, bestellte am 28. Feb. 01 zehn Kassenanlagen, die an die betriebliche EDV-Anlage angeschlossen werden können. Laut Kaufvertrag betrug der Kaufpreis, auf den bereits bei Vertragsabschluss eine Anzahlung von 30% zu leisten war, 150.000,00 EUR zuzüglich 24.000,00 EUR USt.

Über die am 28. Feb. 01 geleistete Anzahlung, die mit Bankscheck erfolgte, erhielt Ihr Mandant folgende Rechnung:

30% Anzahlung lt. Vertrag vom 28. Feb. 01	45.000,00 EUR
+ 16% USt	7.200,00 EUR
Gesamtbetrag	52.200,00 EUR

Mit Lieferung der Kassenanlagen ging folgende Endrechnung ein:

10 Kassenanlagen, je 15.000,00 EUR		150.000,00 EUR
+ 16% USt		24.000,00 EUR
		174.000,00 EUR
– Anzahlung vom 28. Feb. 01	45.000,00 EUR	
+ 16% USt	7.200,00 EUR	52.200,00 EUR
Restbetrag		121.800,00 EUR

Buchen Sie den gesamten Vorgang.

8. Ihr Mandant fordert am 27. Sep. 01 die vereinbarte Anzahlung für eine Warenlieferung an und stellt darüber die folgende Rechnung aus:

Anzahlung	22.500,00 EUR
+ 16% USt	3.600,00 EUR
Gesamtbetrag	26.100,00 EUR

Dieser Betrag wird dem Bankkonto Ihres Mandanten am 29. Sep. 01 gutgeschrieben.

Am 20. Okt. 01 werden die bestellten Waren an den Kunden ausgeliefert. Gleichzeitig wird die folgende Endrechnung erstellt:

CD-Ware		95.000,00 EUR
+ 16% USt		15.200,00 EUR
		110.200,00 EUR
- Anzahlung 27. Sep. 01	22.500,00 EUR	
+ 16% USt	3.600,00 EUR	26.100,00 EUR
Restbetrag		84.100,00 EUR

Der Rechnungsausgleich ist bis heute noch nicht erfolgt.

Buchen Sie den gesamten Vorgang.

9. Ihr Mandant, ein Lebensmittelhändler in Worms, bestellte für seine Geschäftsräume neue Kühlgeräte. Vertraglich wurde vereinbart, dass der Kaufpreis von 48.720,00 EUR in drei Raten zu zahlen war:

beim Vertragsabschluss am 12. Apr. 01	16.240,00 EUR
am 12. Mai 01	11.020,00 EUR
am Tag der Lieferung	21.460,00 EUR

Über die am 12. Apr. 01 durch Banküberweisung geleistete Anzahlung erhielt der Lebensmittelhändler folgende Rechnung:

Anzahlung auf Kühlgeräte	14.000,00 EUR
+ 16 % USt	2.240,00 EUR
Gesamtbetrag	16.240,00 EUR

Nach Banküberweisung des zweiten Teilbetrages am 12. Mai 01 erfolgte keine Bestätigung des Zahlungseingangs durch den Lieferanten.

Die Endrechnung ging am 30. Mai 01 gleichzeitig mit den Kühlgeräten beim Lebensmittelhändler ein. Unter anderem sind ihr die folgenden Angaben zu entnehmen:

Kühlgeräte		42.000,00 EUR
+ 16 % USt		6.720,00 EUR
		48.720,00 EUR
– Anzahlungen		
12. Apr. 01	14.000,00 EUR	
+ 16 % USt	2.240,00 EUR	16.240,00 EUR
12. Mai 01		11.020,00 EUR
Restbetrag		21.460,00 EUR

Der Rechnungsausgleich soll erst nach eingehender Überprüfung der Geräte erfolgen.

Bilden Sie sämtliche Buchungssätze bis zum 30. Mai 01.

10. Am 5. Mär. 01 bestellte Ihr Mandant eine neue Geschäftseinrichtung. Im Kaufvertrag verpflichtete er sich, folgende Beträge zu zahlen:

29.000,00 EUR am 10. Mär. 01,
58.000,00 EUR bei Lieferung.

Aufgrund der eingegangenen Anzahlungsrechnung über 25.000,00 EUR zuzüglich 4.000,00 EUR USt überwies Ihr Mandant am 10. Mär. 01 29.000,00 EUR an den Lieferer.

Die Geschäftseinrichtung wurde am 2. Apr. 01 geliefert. Gleichzeitig ging folgende Endrechnung ein:

Geschäftseinrichtung		75.000,00 EUR
+ 16 % USt		12.000,00 EUR
		87.000,00 EUR
– Anzahlung 10. Mär. 01	25.000,00 EUR	
+ 16 % USt	4.000,00 EUR	29.000,00 EUR
Restbetrag		58.000,00 EUR

Der Restbetrag wurde sofort durch Banküberweisung bezahlt.

Buchen Sie den gesamten Vorgang.

11. Am 25. Okt. 01 ging die Anzahlung eines Kunden im vereinbarten Betrag von 11.700,00 EUR auf dem Bankkonto Ihres Mandanten ein. Da noch keine Rechnung erstellt wurde, buchte Ihr Mandant wie folgt (USt 16 %):

Bank	11.700,00 EUR	
an erhaltene Anzahlungen		11.700,00 EUR

Nehmen Sie die ggf. erforderliche Korrekturbuchung vor.

12. Ihr Mandant, ein Bauunternehmer in Hagen, vereinbarte mit einem Kunden, ein Wohnhaus schlüsselfertig zum Festpreis von 429.200,00 EUR (incl. 16 % USt) zu erstellen. Hinsichtlich der Bezahlung wurde folgende Vereinbarung getroffen:

15. Jul. 01 Abschlagszahlung	120.000,00 EUR
15. Aug. 01 Abschlagszahlung	160.000,00 EUR
15. Sep. 01 Restzahlung	149.200,00 EUR

Sämtliche Beträge wurden pünktlich auf das betriebliche Bankkonto des Bauunternehmers überwiesen.

Aus der Endrechnung, die dem Auftraggeber am 20. Sep. 01 zugeht, ist nur der Gesamtbetrag zu ersehen. Die USt ist nicht gesondert ausgewiesen.

Bilden Sie die Buchungssätze.

2.3.3 Kontokorrentkredite

Unterhält der Unternehmer bei einem Kreditinstitut ein Kontokorrentkonto, kann er jederzeit über etwaige Guthabenbeträge verfügen. Zu Kontokorrentkrediten kommt es, wenn er das Konto auch dann noch für Zahlungen in Anspruch nimmt, wenn dieses kein Guthaben mehr ausweist.

Für Guthaben auf Kontokorrentkonten werden Habenzinsen in geringer Höhe vergütet.

Wird ein Kontokorrentkredit in Anspruch genommen, belastet die Bank das Konto mit Sollzinsen. Zu einer weiteren Belastung kommt es, wenn ein höherer als der vereinbarte Höchstkredit in Anspruch genommen wird. In diesem Fall verlangt die Bank zusätzlich eine Überziehungsprovision. Diese wird wie ein Zins für den Betrag und die Dauer der Überziehung berechnet.

Der Kontoinhaber wird darüber hinaus für die Kontoführung und die damit zusammenhängenden Auslagen belastet.

Beispiel:

Beim Kontoabschluss zum Ende des Quartals belastet die Bank das Konto des Unternehmers mit 120,00 EUR Sollzinsen, 30,00 EUR Überziehungsprovision und 8,00 EUR Auslagen. Außerdem schreibt sie dem Konto 3,50 EUR Habenzinsen gut.

Buchungssatz:

	Soll/EUR	Haben/EUR
2100/7300 Zinsaufwendungen	150,00	
4970/6855 Kosten des Geldverkehrs	8,00	
an 1200/1800 Bank		154,50
an 2650/7100 Zinserträge		3,50

2.3.4 Exkurs: Factoring

Echtes Factoring liegt vor, wenn der Unternehmer Forderungen aus Lieferungen und Leistungen an ein Finanzierungsinstitut (Factor) verkauft und dieses das Risiko des Forderungsausfalls übernimmt.

Die Kosten des Factorings setzen sich aus der Factoring-Gebühr und den Zinsen bis zur Fälligkeit der Forderung zusammen. Umsatzsteuer auf diese Beträge fällt regelmäßig nicht an, weil die Abtretung von Geldforderungen an den Factor als steuerfreie Leistung gilt (§ 4 Ziff. 8 c UStG, Abschn. 60 Abs. 3 UStR).

Beispiel:

Nach dem Verkauf von Forderungen an einen Factor geht beim Unternehmer folgende Abrechnung ein:

Forderungen aus Lieferungen und Leistungen	81.000,00 EUR
– Zinsen, 10% für einen Monat	675,00 EUR
– Factoring-Gebühr, 1,2% des Umsatzes	972,00 EUR
Gutschrift	79.353,00 EUR

Buchungssatz:

	Soll/EUR	Haben/EUR
1200/1800 Bank	79.353,00	
2100/7300 Zinsaufwendungen	675,00	
4970/6855 Kosten des Geldverkehrs	972,00	
an 1400/1200 Forderungen LuL		81.000,00

Unechtes Factoring liegt vor, wenn der Unternehmer seine Forderungen aus Lieferungen und Leistungen zwar an den Factor abtritt (nicht verkauft!), aber in vollem Umfang das Risiko des Forderungsausfalls zu tragen hat. Die Tätigkeit des Factors besteht in diesem Fall z. B. in der Gewährung von Krediten, der Bonitätsprüfung der Schuldner, der Führung der Debitorenkonten, der Anfertigung von Übersichten und statistischem Material sowie im Inkasso (Abschn. 57 Abs. 3 UStR).

Umsatzsteuerrechtlich gilt Folgendes:

- die Gewährung von Krediten an den Unternehmer ist steuerfrei,
- die übrigen Leistungen des Factors sind steuerpflichtig.

Beispiel:

Der Unternehmer tritt alle seine Forderungen an einen Factor ab. Für die Kreditgewährung, die Rechnungsausstellung und für Inkassotätigkeiten des Factors geht folgende Abrechnung beim Unternehmer ein:

abgetretene Forderungen im Mai 01		66.000,00 EUR
Zinsen für Kreditgewährung		400,00 EUR
Factoring-Provision	1.300,00 EUR	
+ 16% Umsatzsteuer	208,00 EUR	1.508,00 EUR
Bankgutschrift		64.092,00 EUR

Buchungssatz:

	Soll/EUR	Haben/EUR
1200/1800 Bank	64.092,00	
2100/7300 Zinsaufwendungen	400,00	
4970/6855 Kosten des Geldverkehrs	1.300,00	
1570/1400 Vorsteuer	208,00	
an 1400/1200 Forderungen LuL		66.000,00

2.3.5 Festgelder

Gelegentlich verfügt der Unternehmer über liquide Mittel,

- die er kurzfristig nicht für den Betrieb benötigt,
- die für größere Zahlungsverpflichtungen bestimmt sind, aber erst zu einem späteren Zeitpunkt bereitstehen müssen (z. B. für Steuerzahlungen oder Gewinnausschüttungen) oder
- die er längerfristig, aber nicht zu den zurzeit geltenden Konditionen, anlegen möchte.

Er hat dann die Möglichkeit, diese Mittel als Festgeld anzulegen.

Beispiel:

Der Unternehmer legt einen Betrag von 50.000,00 EUR bei seiner Hausbank an. Diese schreibt seinem Festgeldkonto 50.000,00 EUR gut und belastet das Kontokorrentkonto mit demselben Betrag.

Buchungssatz:

	Soll/EUR	Haben/EUR
1550/1360 kurzfristig gew. Darlehen an 1200/1800 Bank	50.000,00	 50.000,00

Festgelder sind Beträge, die für eine bestimmte Zeit, mindestens für 30 Tage, einem Kreditinstitut zur Vergügung gestellt werden. Bereits zum Zeitpunkt des Vertragsabschlusses ist deshalb bekannt, wann diese Beträge wieder auf das Kontokorrentkonto des Anlegers zurückfließen werden.

Festgelder dienen nicht dem Zahlungsverkehr, sondern ausschließlich der Vermögensanlage. Der als Festgeld angelegte Betrag wird daher regelmäßig höher verzinst als ein Guthaben auf einem Kontokorrentkonto.

Zu Zinsgutschriften kommt es am Ende der Anlegefrist. Von den Zinserträgen des Anlegers (Unternehmers) hat die Bank 30 % Kapitalertragsteuer sowie 5,5 % Solidaritätszuschlag (berechnet von der KapESt) einzubehalten und ans Finanzamt abzuführen.

Die einbehaltenen Beträge wirken sich wie Vorauszahlungen auf die Einkommensteuer und den Solidaritätszuschlag des Unternehmers aus und sind deshalb als Privatentnahmen zu buchen (§ 36 Abs. 2 Ziff. 2 EStG).

Beispiel:

Nach 30 Tagen wird dem Kontokorrentkonto des Unternehmers ein Betrag von 50.169,37 EUR gutgeschrieben. Der Abrechnung der Bank ist zu entnehmen, dass der Festgeldbetrag in Höhe von 50.000,00 EUR einen Monat lang bei einem Zinssatz von 6 % verzinst wurde. Die Zinsgutschrift erfolgte nach Einbehaltung von 75,00 EUR Kapitalertragsteuer und 4,13 EUR Solidaritätszuschlag.

Buchungssatz:

	Soll/EUR	Haben/EUR
1200/1800 Bank 1800/2100 Privat an 1550/1360 kurzfristig gew. Darlehen an 2650/7110 Zinserträge	50.170,87 79,13	 50.000,00 250,00

Kontrollaufgaben

1. Aus welchen Gründen kommt es zur Anlage von Festgeldern?
2. Warum werden die einbehaltenen Beträge für Kapitalertragsteuer und Solidaritätszuschlag als private Entnahmen behandelt?

2.3.6 Leasing

In zunehmendem Maße werden Anlagegüter geleast (vgl. Leasingerlass). Je nach Ausgestaltung des Leasingvertrages hat der Leasingnehmer das Recht, die geleasten Sachanlagen nach einer vereinbarten Zeit zurückzugeben, sie unter Anrechnung eines Teils der Leasingraten zu erwerben oder gegen modernere Sachanlagen auszutauschen.

Der Vorteil des Leasingnehmers besteht vor allem darin, dass er keinen hohen Anschaffungspreis, sondern nur die monatlichen Leasingraten bezahlen muss. Die Finanzierung findet demnach nicht durch die Bereitstellung flüssiger Mittel, sondern durch die Bereitstellung der benötigten Sachanlagen statt.

Ein Leasingvertrag wird über eine bestimmte Zeit abgeschlossen, während der er bei vertragsmäßiger Erfüllung von beiden Vertragsparteien nicht gekündigt werden kann (Grundmietzeit). Beträgt die vereinbarte Grundmietzeit mindestens 40% und höchstens 90% der betriebsgewöhnlichen Nutzungsdauer, wird der Leasinggegenstand dem Leasinggeber zugerechnet. Bei kürzerer oder längerer Grundmietzeit erfolgt die Zurechnung beim Leasingnehmer.

Beispiel:

Eine Maschine mit einer betriebsgewöhnlichen Nutzungsdauer von 10 Jahren wird geleast. Die Grundmietzeit beträgt

a) 3 Jahre,

b) 5 Jahre.

Im Fall a) erfolgt die Zurechnung (Aktivierung) beim Leasingnehmer, im Fall b) beim Leasinggeber.

2.3.6.1 Vertragsarten

Grundsätzlich sind zwei Arten von Leasingverträgen zu unterscheiden: Leasingverträge mit Vollamortisation (BStBl. I 1971 S. 264) und Leasingverträge mit Teilamortisation (BMF IV B2 - S 2170 - 161/75). Bei Vollamortisation hat der Leasingnehmer die Anschaffungskosten der Sachanlagen während der Grundmietzeit in voller Höhe zu bezahlen. Von Teilamortisation wird gesprochen, wenn die Anschaffungskosten der geleasten Sachanlagen während der Grundmietzeit nur zum Teil durch den Leasingnehmer bezahlt werden müssen.

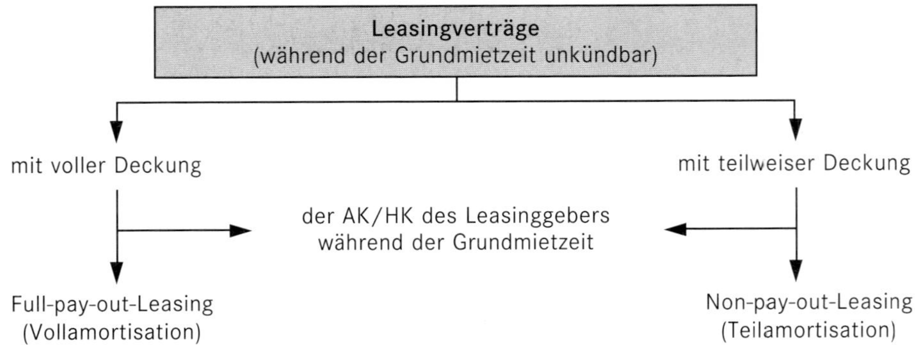

1. Vollamortisationsverträge

Leasingverträge ohne Option

Bei Leasingverträgen ohne Kauf- oder Mietverlängerungsoption hat der Leasingnehmer nach Ablauf der Grundmietzeit den Leasinggegenstand zurückzugeben. Diese Verträge sind mit normalen Mietverträgen vergleichbar und wie diese zu behandeln.

Leasingverträge mit Kaufoption

Bei Leasingverträgen mit Kaufoption hat der Leasingnehmer das Recht, den Leasinggegenstand nach Ablauf der Grundmietzeit zu erwerben. Soll der Leasinggegenstand beim Leasinggeber aktiviert werden, darf der vorgesehene Kaufpreis grundsätzlich den (unter Berücksichtigung der linearen AfA ermittelten) Buchwert nicht unterschreiten.

Beispiel:

Eine Maschine mit Anschaffungskosten von 20.000,00 EUR und einer betriebsgewöhnlichen Nutzungsdauer von 10 Jahren wird geleast. Die Grundmietzeit beträgt 5 Jahre. Der vorgesehene Kaufpreis nach Ablauf der Grundmietzeit beträgt

a) 10.000,00 EUR,
b) 6.000,00 EUR.

Im Fall a) erfolgt die Zurechnung (Aktivierung) beim Leasinggeber, im Fall b) beim Leasingnehmer.

Leasingverträge mit Mietverlängerungsoption

Bei Leasingverträgen mit Mietverlängerungsoption hat der Leasingnehmer die Möglichkeit, den Leasinggegenstand über die Grundmietzeit hinaus zu mieten. Soll der Leasinggegenstand beim Leasinggeber aktiviert werden, muss die Anschlussmiete dem Wertverzehr entsprechen, der sich bei einer Verteilung des (unter Berücksichtigung der linearen AfA ermittelten) Buchwerts auf die Restnutzungsdauer ergibt.

Beispiel:

Eine Maschine mit Anschaffungskosten von 30.000,00 EUR und einer betriebsgewöhnlichen Nutzungsdauer von 10 Jahren wird geleast. Die Grundmietzeit beträgt 5 Jahre. Nach Ablauf der Grundmietzeit kann die Vertragsdauer verlängert werden. Die Anschlussmiete beträgt pro Jahr

a) 3.000,00 EUR,
b) 1.500,00 EUR.

Im Fall a) erfolgt die Zurechnung (Aktivierung) beim Leasinggeber, im Fall b) beim Leasingnehmer.

Spezialleasingverträge

Spezialleasing liegt vor, wenn der Leasinggegenstand so auf die speziellen Anforderungen und Verhältnisse des Leasingnehmers zugeschnitten ist, dass eine wirtschaftlich sinnvolle anderweitige Nutzung oder Verwertung nicht möglich ist. Aus diesem Grunde erfolgt stets, d. h. unabhängig vom Verhältnis Grundmietzeit/betriebsgewöhnliche Nutzungsdauer, eine Zurechnung des Leasinggegenstandes beim Leasingnehmer.

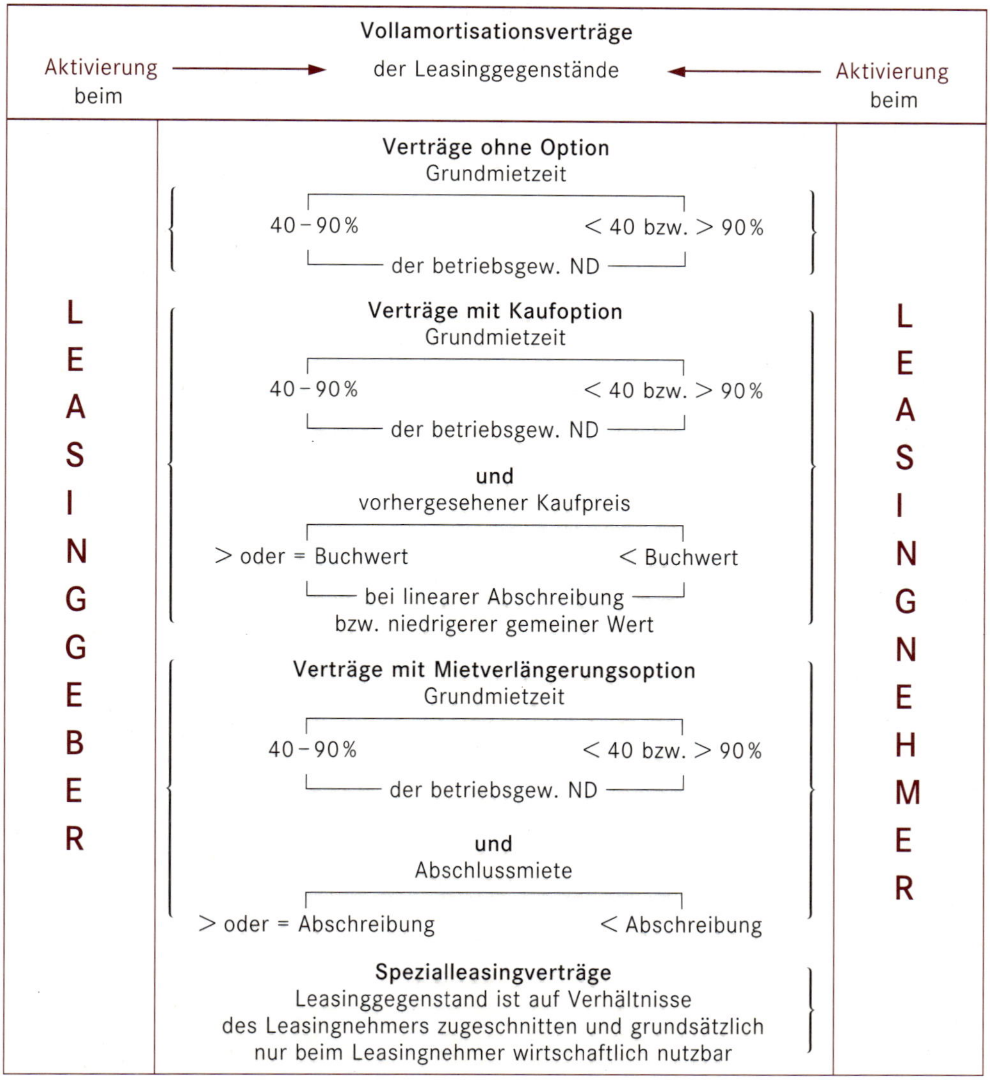

2. Teilamortisationsverträge

Vertrag mit Andienungsrecht des Leasinggebers

Liegt ein Leasingvertrag mit Andienungsrecht des Leasinggebers vor, ist der Leasingnehmer auf Verlangen des Leasinggebers verpflichtet, den Leasinggegenstand zu einem Preis zu erwerben, der bereits beim Abschluss des Leasingvertrages fest vereinbart ist. Ein Recht, den Leasinggegenstand zu erwerben, hat der Leasingnehmer allerdings nicht.

Da der Leasinggeber nach Ablauf der Grundmietzeit frei über den Leasinggegenstand verfügen kann, erfolgt die Zurechnung des Leasinggegenstandes stets bei ihm.

Vertrag mit Aufteilung des Mehrerlöses

Bei einem Leasingvertrag mit Aufteilung des Mehrerlöses wird der Leasinggegenstand nach Ablauf der Grundmietzeit veräußert. Werden durch den Veräußerungserlös und die Leasingraten die Anschaffungs-/Herstellungskosten zuzüglich der Finanzierungskosten nicht gedeckt, hat der Leasingnehmer dem Leasinggeber den Differenzbetrag zu erstatten.

Wird ein Mehrerlös erzielt, ist dieser nach einem vertraglich vereinbarten Schlüssel auf die Vertragspartner aufzuteilen. Erhält der Leasinggeber danach weniger als 25% des Mehrerlöses, ist der Leasinggegenstand dem Leasingnehmer zuzurechnen. Ist der Leasinggeber mit 25% oder mehr am Mehrerlös beteiligt, hat die Zurechnung bei ihm zu erfolgen.

Kündbarer Vertrag mit Abschlusszahlung

Liegt ein kündbarer Leasingvertrag vor, kann die Kündigung durch den Leasingnehmer frühestens nach Ablauf der Grundmietzeit erfolgen. Im Falle der Kündigung ist eine Abschlusszahlung in Höhe der durch die Leasingraten nicht gedeckten Gesamtkosten des Leasinggebers zu entrichten. Auf diese Abschlusszahlung sind 90% des vom Leasinggeber erzielten Veräußerungserlöses anzurechnen. Ist der anrechenbare Betrag niedriger als die zu leistende Abschlusszahlung, muss der Leasingnehmer den Differenzbetrag an den Leasinggeber zahlen. Ist er höher, steht dem Leasinggeber der Mehrbetrag in vollem Umfang zu.

Da nur der Leasinggeber nach Ablauf der Grundmietzeit Vorteile aus dem Leasinggegenstand erzielen kann, erfolgt die Zurechnung des Leasinggegenstandes stets bei ihm.

Aktivierung beim →	**Teilamortisationsverträge** (Grundmietzeit 40 – 90 % der betriebsgew. ND) der Leasinggegenstände	← Aktivierung beim
L E A S I N G G E B E R	**Vertrag mit Andienungsrecht des Leasinggebers** Leasingnehmer ist verpflichtet, den Leasinggegenstand zu einem beim Vertragsabschluss fest vereinbarten Preis auf Verlangen des Leasinggebers zu erwerben (kein Rechtsanspruch des Leasingnehmers) **Vertrag mit Aufteilung des Mehrerlöses** bei Veräußerung nach Ablauf der Grundmietzeit (vertraglich vereinbart) Leasinggeber erhält mindestens 25 % / Leasingnehmer erhält mehr als 75 % des Mehrerlöses **Nach Grundmietzeit kündbarer Mietvertrag** mit Abschlusszahlung in Höhe der durch die Raten nicht gedeckten Gesamtkosten des Leasinggebers (Anrechnung von 90 % des bei der Veräußerung des Leasinggegenstandes durch den Leasinggeber erzielten Erlöses)	L E A S I N G N E H M E R

2.3.6.2 Buchmäßige Behandlung der Leasingraten

Erfolgt die Aktivierung des Leasinggegenstandes beim Leasinggeber, sind die Leasingraten beim Leasingnehmer sofort abzugsfähige Betriebsausgaben.

Beispiel:

Der Unternehmer hat eine Maschine mit Anschaffungskosten von 20.000,00 EUR und einer betriebsgewöhnlichen Nutzungsdauer von 10 Jahren geleast. Es ist vereinbart, dass er während der Grundmietzeit von 5 Jahren monatlich eine Leasingrate in Höhe von 375,00 EUR zuzüglich 60,00 EUR USt zu zahlen hat.

Die erste Zahlung erfolgt am 1. Mär. 01 durch Banküberweisung.

Buchungssatz:

	Soll/EUR	Haben/EUR
4810/6840 Mietleasing	375,00	
1570/1400 Vorsteuer	60,00	
an 1200/1800 Bank		435,00

Erfolgt die Aktivierung des Leasinggegenstandes beim Leasingnehmer, hat er in Höhe der Anschaffungs-/Herstellungskosten eine Verbindlichkeit gegenüber dem Leasinggeber zu passivieren. Die Leasingraten müssen in diesem Fall in einen Zins- und Kostenanteil sowie einen Tilgungsanteil aufgeteilt werden.

Während der Tilgungsanteil erfolgsneutral von der Kaufpreisschuld abzusetzen ist, stellt der jeweilige Zins- und Kostenanteil sofort abzugsfähige Betriebsausgaben dar.

Beispiel:

Der Leasingnehmer erhält am 1. Mär. 01 eine Maschine mit einer Nutzungsdauer von 10 Jahren, die der Leasinggeber für 27.000,00 EUR zuzüglich 4.320,00 EUR erworben hat. Als Grundmietzeit sind 3 Jahre vereinbart worden. Die monatliche Leasingrate beträgt 950,00 EUR. Sie setzt sich aus 150,00 EUR Zinsen, 50,00 EUR Kosten und einem Tilgungsanteil von 750,00 EUR zusammen. Der insgesamt zu berücksichtigende und sofort fällige Vorsteuerbetrag (für die Maschine und die Nebenkosten) beläuft sich auf 5.472,00 EUR.

Die erste Leasingrate wird am 31. Mär. 01 durch Banküberweisung gezahlt.

Umsatzsteuerrechtlich ist die gesamte Leistung als Lieferung anzusehen, da die Nebenleistung das Schicksal der Hauptleistung teilt.

Der Vorsteuerabzug (für die gesamte Lieferung) ist möglich, sobald die Rechnung vorliegt und die Lieferung ausgeführt worden ist (§ 15 Abs. 1 UStG).

Da Finanzierungs- und Geldbeschaffungskosten den Wert der Maschine nicht erhöhen, gehören diese Beträge nicht zu den Anschaffungskosten. Die Aktivierung hat demnach mit 27.000,00 EUR zu erfolgen.

Buchungssätze:

	Soll/EUR	Haben/EUR
Bei Überlassung der Maschine:		
0210/0440 Maschinen	27.000,00	
1570/1400 Vorsteuer	5.472,00	
an 1600/3300 Verb. LuL (Leasinggeber)		32.472,00
Bei Zahlung der in Rechnung gestellten Umsatzsteuer:		
1600/3300 Verb. LuL	5.472,00	
an 1200/1800 Bank		5.472,00
Bei Zahlung der Leasingrate:		
1600/3300 Verb. LuL	750,00	
2100/7300 Zinsaufwendungen	150,00	
4970/6855 Nebenkosten des Geldverkehrs	50,00	
an 1200/1800 Bank		950,00

Kontrollaufgaben

1. Wovon hängt es ab, wer den Leasinggegenstand zu bilanzieren hat?
2. Warum werden Leasingverträge i. d. R. so gestaltet, dass der Leasinggegenstand zum Betriebsvermögen des Leasinggebers gehört?
3. Welche Erfolgsauswirkungen ergeben sich, wenn der Leasinggegenstand
   a) vom Leasinggeber,
   b) vom Leasingnehmer
   bilanziert wird?

Übungen

1. Eine Leasinggesellschaft erwirbt eine Maschine für 47.700,00 EUR zuzüglich 7.632,00 EUR USt, die der Hersteller direkt Ihrem Mandanten als Leasingnehmer zusendet.

   Dem bereits am 15. Jul. 01 abgeschlossenen Leasingvertrag sind die folgenden Angaben zu entnehmen:

   - Während der Grundmietzeit von 36 Monaten besteht keine Möglichkeit, den Leasingvertrag zu kündigen.
   - Nach Ablauf der Grundmietzeit ist es möglich, die Maschine zu gleichen Bedingungen weiter zu mieten.
   - Als monatliche Leasingrate ist ein Betrag von 1.518,00 EUR zuzüglich 242,88 EUR USt vereinbart.
   - Die monatlichen Leasingraten sind jeweils am 1. eines Monats fällig. Aufgrund einer Einzugsermächtigung werden sie vom Bankkonto Ihres Mandanten abgebucht.

   Welche Buchungen hat Ihr Mandant

   a) beim Zugang der Maschine,
   b) zum Zeitpunkt der Abbuchung der Leasingrate

   vorzunehmen, wenn die Maschine lt. AfA-Tabelle eine Nutzungsdauer von 4 Jahren hat?

2. Ihr Mandant schließt einen Vertrag mit einer Leasinggesellschaft ab. Dieser Vertrag enthält u. a. die folgenden Angaben:

   - Ihr Mandant erhält von der Leasinggesellschaft eine Maschine für 55.800,00 EUR zuzüglich 8.928,00 EUR USt.
   - Die Grundmietzeit, während der von keiner Seite eine Kündigung des Vertrages möglich ist, beträgt 36 Monate.
   - Die monatlichen Leasingraten belaufen sich auf 2.000,00 EUR (Tilgung 1.550,00 EUR, Zinsen 400,00 EUR, Kosten 50,00 EUR). Sie werden zum 1. eines jeden Monats vom Bankkonto abgebucht.
   - Die USt für die Dauer der Grundmietzeit beträgt 11.520,00 EUR. Sie wird bei Übergabe der Maschine in Rechnung gestellt und ist sofort fällig.
   - 3 Monate vor Vertragsablauf kann Ihr Mandant verlangen, dass der Vertrag um jeweils 1 Jahr verlängert wird. Als monatliche Anschlussmiete ist in diesem Fall ein Nettobetrag von 200,00 EUR vereinbart.

   Welche Buchungen hat Ihr Mandant als Leasingnehmer

   a) bei Übernahme der Maschine,
   b) bei Zahlung der ersten Leasingrate

   vorzunehmen, wenn die Maschine, die am 20. Okt. 01 geliefert wird, eine betriebsgewöhnliche Nutzungsdauer von 5 Jahren hat?

3. Nach Abschluss eines Leasingvertrages beschafft eine Leasinggesellschaft eine EDV-Anlage, deren Nutzungsdauer lt. AfA-Tabelle 5 Jahre beträgt, für 20.500,00 EUR zuzüglich 3.280,00 EUR USt.

   Dem Leasingvertrag sind u. a. die folgenden Angaben zu entnehmen:

   - Die Grundmietzeit, während der eine Kündigung des Vertrages ausgeschlossen ist, beträgt 54 Monate.
   - Die ab 1. Dez. 01 monatlich zu zahlende Leasingrate beträgt 750,00 EUR zuzüglich 120,00 EUR USt.
   - Nach Ablauf der Grundmietzeit ist die Anlage an die Leasinggesellschaft zurückzugeben.

Bilden Sie sämtliche Buchungssätze für Ihren Mandanten als Leasingnehmer

a) zum Zeitpunkt der Übergabe der EDV-Anlage,
b) bei Zahlung der ersten Leasingrate.

4. Der dringend benötigte neue LKW mit Anschaffungskosten von 96.000,00 EUR wurde nicht gekauft, sondern geleast. Bei einer betriebsgewöhnlichen Nutzungsdauer des Fahrzeugs von 5 Jahren wurde eine Grundmietzeit von 51 Monaten vereinbart. Während der Grundmietzeit sind monatlich 2.640,00 EUR zuzüglich 422,40 EUR USt als Leasinggebühren zu entrichten.

   Nach Ablauf der Grundmietzeit ist der LKW in ordnungsgemäßem Zustand zurückzugeben.

   Wie lauten die Buchungssätze

   a) bei Übernahme des Fahrzeugs,
   b) bei Überweisung der 1. Monatsrate?

2.3.7 Darlehen

Benötigt der Unternehmer - insbesondere zur Finanzierung von Anlagenkäufen - mittel- oder langfristige Kredite, kann er sich diese durch Aufnahme von Darlehen beschaffen.

2.3.7.1 Geldbeschaffungskosten

Darlehen können direkt bei einem Kreditgeber aufgenommen werden. Manchmal ist es aber günstiger für den Unternehmer, sich zunächst an einen Kreditmakler zu wenden. Der Kreditmakler übernimmt dann die Aufgabe, die Kreditbedingungen der verschiedensten Kreditgeber miteinander zu vergleichen, den für den Unternehmer günstigsten Anbieter herauszufinden und den Kontakt zwischen Unternehmer und Kreditinstitut zu knüpfen.

Voraussetzung für die Gewährung von Darlehen sind regelmäßig Sicherheiten. Als solche dienen vor allem bebaute Grundstücke, die für diese Zwecke mit einer Grundschuld belastet werden. Muss der Zeitwert der Grundstücke durch einen Architekten ermittelt und die Eintragung der Grundschuld veranlasst werden, entstehen Aufwendungen für den Architekten (Schätzgebühren), den Notar (Gebühren für die Beurkundung einer Grundschuld) und das Amtsgericht (für die Eintragung der Grundschuld ins Grundbuch).

Alle Aufwendungen, die notwendig sind, damit es zu einer Darlehensgewährung kommen kann, sind sofort abzugsfähige Betriebsausgaben, wenn sie nicht an den Kreditgeber selbst, sondern an Dritte gezahlt werden (H 37 EStR).

Beispiel:

Ein Kreditmakler berechnet dem Unternehmer für die Vermittlung eines Kredits eine Provision in Höhe von 2.000,00 EUR (§ 4 Ziff. 8 UStG), ein Notar für die Beurkundung der Grundschuld einen Betrag in Höhe von 1.000,00 EUR zuzüglich 160,00 EUR USt und das Amtsgericht für die Eintragung der Grundschuld ins Grundbuch eine Gebühr in Höhe von 500,00 EUR.

Sämtliche Beträge werden beim Rechnungseingang durch Banküberweisung beglichen.

Buchungssatz:

	Soll/EUR	Haben/EUR
4970/6855 Kosten des Geldverkehrs	3.500,00	
1570/1400 Vorsteuer	160,00	
an 1200/1800 Bank		3.660,00

2.3.7.2 Finanzierungskosten

Werden Darlehen aufgenommen, kommen vor allem Banken und Versicherungen als Kreditgeber in Betracht. Darlehen, die bei Banken aufgenommen werden, sind auf dem Konto Verbindlichkeiten gegenüber Kreditinstituten, Darlehen, die bei Versicherungen aufgenommen werden, auf dem Konto Darlehen zu buchen.

Für die Gewährung von Darlehen stellt der Kreditgeber normalerweise einmalige Beträge in Form von Abschluss-, Bearbeitungs- oder Verwaltungsgebühren in Rechnung.

Außerdem kommt es häufig vor, dass Darlehen nicht in Höhe des später an den Kreditgeber zurückzuzahlenden Betrages ausgezahlt werden.

In der Bilanz sind Darlehen immer in Höhe des Rückzahlungsbetrages auszuweisen (§ 253 Abs. 1 HGB).

Ist der Auszahlungsbetrag niedriger als der Nennwert des Darlehens, handelt es sich bei dem Differenzbetrag um ein Darlehensabgeld, das auch als Disagio oder Damnum bezeichnet wird.

Entspricht der Auszahlungsbetrag dem Nennwert des Darlehens, besteht aber die Verpflichtung, einen höheren Betrag an den Kreditgeber zurückzuzahlen, liegt in Höhe des Differenzbetrages ein Aufgeld, das auch als Agio bezeichnet wird, vor.

Beispiel:

Der Unternehmer nimmt bei einer Bank ein Darlehen im Nennwert von 120.000,00 EUR auf. Es hat eine Laufzeit von 5 Jahren und wird dem Bankkonto nach Abzug eines Disagios von 5 % mit 114.000,00 EUR gutgeschrieben.

Buchungssatz:

	Soll/EUR	Haben/EUR
1200/1800 Bank 0986/1940 Disagio an 0630/3150 Verbindlichkeiten KI	114.000,00 6.000,00	 120.000,00

Neben einmalig anfallenden Beträgen verlangt der Kreditgeber während der gesamten Laufzeit des Darlehens Zinsen. Diese hängen nicht nur von der Höhe des Darlehens und seiner Laufzeit, sondern vor allem auch von der Höhe des Disagios/Agios (bzw. dem Auszahlungskurs des Darlehens) ab, d. h., je höher das Disagio ist, umso niedriger ist der Zinssatz.

Das Disagio/Agio ist demnach eine neben der laufenden Verzinsung zu zahlende Vergütung für die Kapitalüberlassung, eigentlich eine zusätzliche Verzinsung. Es gilt deshalb als zinsähnlicher Aufwand.

Steuerrechtlich müssen die einmalig anfallenden Aufwendungen immer aktiviert und auf die Laufzeit des Darlehens verteilt werden (R 37 Abs. 3 EStR).

Die Abschreibung/Verteilung dieser Beträge hat stets zeitanteilig zu erfolgen.

Die Buchung ist nicht im Konto Abschreibung auf Sachanlagen, sondern im Konto zinsähnliche Aufwendungen vorzunehmen.

Beispiel:

Ein Darlehen in Höhe von 45.000,00 EUR wird dem Unternehmer nach Abzug eines Disagios in Höhe von 4 % zum 1. Okt. 01 zugeteilt. Es hat eine Laufzeit von 6 Jahren und ist jährlich mit 8 % zu verzinsen. Lt. Vertrag haben die Zinszahlungen nachträglich zum Ende eines jeden Vierteljahres, d. h. erstmals zum 31. Dez. 01, zu erfolgen. Die Tilgung des Darlehens ist am Ende der Laufzeit in einer Summe vorzunehmen.

Buchungssätze:

	Soll/EUR	Haben/EUR
Bei Zuteilung des Darlehens:		
1200/1800 Bank	43.200,00	
0986/1940 Disagio	1.800,00	
an 0630/3150 Verbindlichkeiten KI		45.000,00
Bei Zahlung der Zinsen für 3 Monate:		
2120/7320 Zinsaufwendungen	900,00	
an 1200/1800 Bank		900,00
Bei Abschreibung des Disagios für 3 Monate:		
2140/7330 zinsähnliche Aufwendungen	75,00	
an 0986/1940 Disagio		75,00

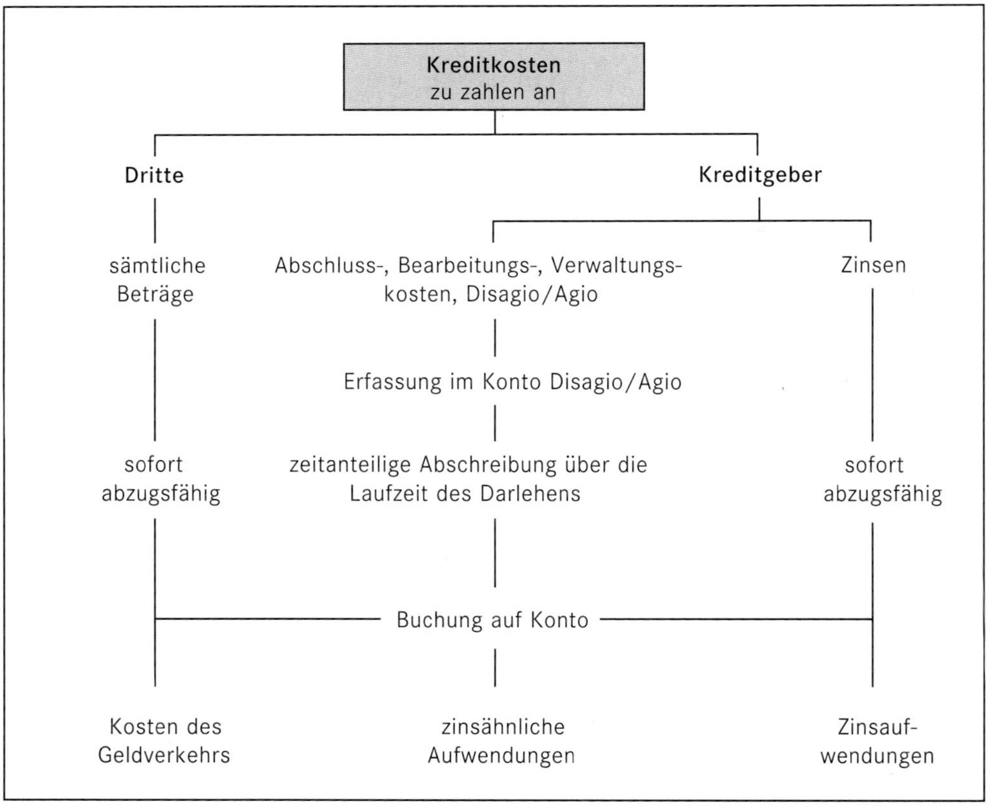

Kontrollaufgaben

1. Erläutern Sie den Begriff Geldbeschaffungskosten.
2. Nennen Sie Beispiele für Geldbeschaffungskosten.
3. Wann und in welcher Höhe beeinflussen Geldbeschaffungskosten den Erfolg des Unternehmens?
4. Erläutern Sie den Begriff Finanzierungskosten.
5. Wodurch unterscheiden sich einmalig anfallende Finanzierungskosten von Geldbeschaffungskosten?
6. Nennen Sie Beispiele für einmalig anfallende Finanzierungskosten.
7. Wann und in welcher Höhe beeinflussen einmalig anfallende Finanzierungskosten den steuerlichen Gewinn des Unternehmens?

Übungen

1. Am 1. Jul. 02 nimmt Ihr Mandant ein Darlehen in Höhe von 54.000,00 EUR auf. Es hat eine Laufzeit von 5 Jahren und wird nach Abzug eines Disagios von 5 % dem Bankkonto gutgeschrieben. Aus dem Kreditvertrag ergibt sich, dass die Zinsen in Höhe von 8 % p.a. halbjährlich nachträglich jeweils am 30. Jun. und am 31. Dez. zu entrichten sind.

   Bilden Sie die Buchungssätze
   a) zum Zeitpunkt der Kreditaufnahme,
   b) für die erste Zinszahlung am 31. Dez. 02 und
   c) für die Abschreibung des Disagios zum 31. Dez. 02.

2. Dem betrieblichen Bankkonto Ihres Mandanten wurde am 1. Okt. 02 ein Darlehen über 150.000,00 EUR mit 145.500,00 EUR gutgeschrieben. Das Darlehen hat eine Laufzeit von 6 Jahren. Es ist bei einem Zinssatz von 10 % nachträglich am Ende eines Vierteljahres (erstmals am 31. Dez. 02) zu verzinsen. Als Rückzahlungstermin ist der 30. Sep. 08 vereinbart.

   Erstellen Sie die Buchungen zum 1. Okt. 02 und zum 31. Dez. 02.

3. Ihr Mandant schließt am 30. Sep. 01 einen Darlehensvertrag mit einer Bank ab. Für die in diesem Zusammenhang erforderliche Vermittlungstätigkeit überweist er einem Finanzmakler am 26. Sep. 01 einen Betrag von 1.800,00 EUR.

   Dem Darlehensvertrag ist Folgendes zu entnehmen:

– Darlehensbetrag	180.000,00 EUR
– Zinssatz	8 %
– Zinszahlung	jeweils am Ende des Kalendervierteljahres
– Auszahlungskurs	92 %
– Tilgung	30. Sep. 06 in einer Summe

   Bilden Sie die Buchungssätze
   a) zum 26. Sep. 01,
   b) zum 1. Okt. 01 (Tag der Bankgutschrift),
   c) zum 31. Dez. 01 (Zinszahlung und Abschreibung des Disagios)

4. Am 30. Sep. 01 nahm Ihr Mandant ein Darlehen auf, das nach Abzug von 5% Disagio mit 57.000,00 EUR dem Bankkonto gutgeschrieben wurde.

   Das Darlehen hat eine Laufzeit von 6 Jahren, ist bei einem Zinssatz von 9 % nachträglich am Ende eines jeden Monats zu verzinsen und am 30. Sep. 07 in einer Summe zu tilgen.

   Bisher wurde gebucht:

Bank	57.000,00 EUR	
Disagio	3.000,00 EUR	
an Verbindlichkeiten KI		60.000,00 EUR

   Nehmen Sie die Buchungen zum 31. Dez. 01 vor.

5. Zum 1. Okt. 01 wird Ihrem Mandanten ein Darlehen über 120.000,00 EUR zugeteilt. Dem zugrunde liegenden Kreditvertrag sind u. a. folgende Bedingungen zu entnehmen:

Auszahlung	96%
Zinssatz	11%
Fälligkeit der Zinsen	vierteljährlich nachträglich
Tilgung	30. Sep. 09 in einer Summe

   Zum Zeitpunkt der Auszahlung wurde gebucht:

Bank	115.200,00 EUR	
an Verbindlichkeiten KI		115.200,00 EUR

   Welche Buchungen sind bis zum 31. Dez. 01 noch vorzunehmen?

6. Am 30. Jun. 02 hat Ihr Mandant ein Darlehen aufgenommen. Dem Kreditvertrag ist Folgendes zu entnehmen:

Nennwert	240.000,00 EUR
Laufzeit	8 Jahre
Zinssatz	11%
Disagio	4%
Tilgung	30.000,00 EUR (jährlich nachträglich)
Fälligkeit der Zinszahlungen	halbjährlich nachträglich, erstmalig am 31. Dez. 02

   Bisher wurde lediglich gebucht:

Bank	240.000,00 EUR	
an Verbindlichkeiten KI		240.000,00 EUR

   Nehmen Sie alle notwendigen Buchungen bis zum 31. Dez. 02 vor.

7. Ihr Mandant nahm am 1. Jul. 02 ein betriebliches Darlehen, Zinssatz 9 %, Laufzeit 4 Jahre, in Höhe von 30.000,00 EUR auf. Nach Abzug eines Disagios von 1.200,00 EUR sowie der für ein halbes Jahr im Voraus zu entrichtenden Zinsen in Höhe von 1.350,00 EUR wurde dem Bankkonto ein Betrag von 27.450,00 EUR gutgeschrieben.

   Für den gesamten Vorgang wurde bisher lediglich folgender Buchungssatz erstellt:

Zinsaufwand	1.350,00 EUR	
an Bank		1.350,00 EUR

   Nehmen Sie alle bis zum 31. Dez. 02 notwendigen Buchungen vor.

Exkurs: Effektivverzinsung von Darlehen

Neben den Zinsen hat der Unternehmer alle weiteren mit dem Kredit im Zusammenhang stehenden Aufwendungen zu tragen. Diese weiteren Aufwendungen verteuern den Kredit. Um entscheiden zu können, ob die Kreditbedingungen günstig oder ungünstig sind, muss er die Höhe der anfallenden Kreditkosten und den Auszahlungsbetrag ermitteln. Die prozentuale Belastung des Auszahlungsbetrages mit Kreditkosten, d.h. der Effektivzinssatz, wird dann mit Hilfe der Zinsformel berechnet.

Beispiel:

Der Unternehmer kann einen Kredit in Höhe von 100.000,00 EUR zu folgenden Bedingungen aufnehmen:

- 10% Zinsen nachträglich,
- 0,2% Bearbeitungsgebühren von der Kreditsumme (werden bei der Auszahlung einbehalten),
- 3% Disagio,
- Laufzeit 5 Jahre,
- Tilgung in einer Summe am Ende der Laufzeit.

Lösung:

100.000,00 EUR	Kreditbetrag
200,00 EUR	Bearbeitungsgebühren
3.000,00 EUR	Disagio
96.800,00 EUR	Auszahlung

Kosten für die gesamte Laufzeit:

50.000,00 EUR	Zinsen
200,00 EUR	Bearbeitungsgebühren
3.000,00 EUR	Disagio
53.200,00 EUR	insgesamt

$$\frac{53.200,00 \cdot 100 \cdot 1}{96.800,00 \cdot 5} = 10,99\,(\%)$$

Der Effektivzinssatz beträgt 10,99%.

Übungen

1. Ihr Mandant kann ein Darlehen zu folgenden Bedingungen aufnehmen:

- Nennwert	160.000,00 EUR
- Disagio	9%
- Zinssatz	6,5%, zahlbar jährlich nachträglich
- Laufzeit	10 Jahre
- Provision	2%, wird bei der Auszahlung einbehalten
- Tilgung	in einer Summe am Ende der Laufzeit

   Mit welchem Effektivzinssatz ist das Darlehen zu verzinsen?

2. Eine Bank berechnet Ihrem Mandanten für einen Kredit in Höhe von 240.000,00 EUR für die Zeit vom 15. Jan. 01 bis zum 20. Jun. 01 9% Zinsen, 2% Provision und 5,00 EUR Auslagen.

   Welchem effektiven Zinssatz entspricht die gesamte Belastung, wenn sämtliche Kreditkosten nachträglich gezahlt werden?

3. Ihr Mandant hat ein Darlehen in Höhe von 180.000,00 EUR zu folgenden Bedingungen aufgenommen:

- Zinssatz 7 %
- Disagio 6 %
- Bearbeitungsgebühr 240,00 EUR, wird einbehalten
- Laufzeit 8 Jahre
- Zinszahlung jährlich im Voraus
- Tilgung in einer Summe am Ende der Laufzeit

Berechnen Sie

a) den Auszahlungsbetrag,
b) den Effektivzinssatz.

4. Einer Ihrer Mandanten nimmt bei seiner Hausbank ein Darlehen über 140.000,00 EUR zu 9 % auf. Das Darlehen hat eine Laufzeit von 5 Jahren und wird zu 97 % ausgezahlt. Außerdem verlangt die Bank im Voraus 0,9 % Provision vom Darlehensbetrag und 120,00 EUR Bearbeitungsgebühren. Das Darlehen ist nach Ablauf von 5 Jahren in einer Summe zurückzuzahlen, die Zinszahlungen haben jährlich nachträglich zu erfolgen.

a) Welchen Betrag kann der Unternehmer jährlich als Betriebsausgaben absetzen?
b) Welchem jährlichen effektiven Zinssatz entspricht dieser Betrag?

5. Nach Abzug eines Disagios von 5 %, einer Bearbeitungsgebühr von 1.600,00 EUR, 0,25 % Provision sowie der Zinsen für das erste Quartal (Zinssatz 9 %) wird Ihrem Mandanten ein Betrag von 72.400,00 EUR ausgezahlt.

Berechnen Sie

a) die Höhe des aufgenommenen Kredites,
b) den effektiven Jahreszinssatz, wenn das Darlehen am Ende der Laufzeit von 5 Jahren in einer Summe rückzahlbar ist.

6. Berechnen Sie den effektiven Zinssatz für einen Bankkredit, der Ihrem Mandanten am 1. Jul. 01 zu folgenden Bedingungen gewährt wird:

- Kreditbetrag 450.000,00 EUR
- Zinssatz 10 % jährlich nachträglich
- Disagio 8 %
- Bearbeitungsgebühr 2 %, wird bei der Auszahlung einbehalten
- Tilgung in einer Summe am 1. Jul. 11

7. Eine Bank berechnet Ihrem Mandanten für einen Kredit in Höhe von 120.000,00 EUR für die Zeit vom 27. Mär. 01 bis zum 2. Dez. 01 nachträglich 10 % Zinsen, 0,2 % Bearbeitungsgebühren und 8,00 EUR Auslagen.

Welchem effektiven Zinssatz entspricht die Gesamtbelastung?

3 Wechselverkehr

Der Abschluss von Kaufverträgen kann gefährdet sein, wenn die Vertragspartner unterschiedliche Vorstellungen darüber haben, innerhalb welcher Zeit der Rechnungsausgleich für eine ggf. mögliche Lieferung zu erfolgen hat. Ist das der Fall, kann das Wechselgeschäft als Finanzierungs- und Absatzhilfe dienen. Es bietet dem Kunden die Möglichkeit, die Rechnung des Lieferanten pünktlich zu begleichen und gleichzeitig ein verlängertes Zahlungsziel in Anspruch zu nehmen.

Stellt sich erst am Ende des üblichen Zahlungsziels heraus, dass der Kunde zurzeit noch nicht zahlen kann, können die sich daraus ergebenden Probleme ebenfalls durch Abschluss eines Wechselgeschäfts gelöst werden.

3.1 Abschluss des Wechselgeschäfts

Das Wechselgeschäft wird zwischen dem Lieferanten (Gläubiger) und dem Kunden (Schuldner) abgeschlossen.

Die Tätigkeit des Lieferanten, der wechselrechtlich als Aussteller bezeichnet wird, besteht darin, einen Wechsel auf den Kunden zu ziehen (gezogener Wechsel, Tratte). Damit wird der Kunde angewiesen, an einem bestimmten Tag eine bestimmte Summe an den Lieferanten (Aussteller) oder eine andere Person zu zahlen.

Der Kunde, auf den der Wechsel gezogen wird, wird wechselrechtlich als Bezogener bezeichnet. Unterschreibt (akzeptiert) er den auf ihn gezogenen Wechsel, verpflichtet er sich, die vereinbarten Bedingungen anzuerkennen. Der durch die Unterschrift des Bezogenen wirtschaftlich vollwertig gewordene Wechsel heißt Akzept.

Für Zwecke der Buchführung werden Wechsel, die zum Ausgleich von Ausgangsrechnungen eingehen, als Wechsel aus Lieferungen und Leistungen (Besitzwechsel) bezeichnet. Wechsel, die der Bezogene zur Verlängerung seines Zahlungsziels unterschrieben hat, sind Schuldwechsel.

Beispiel:

Der Unternehmer liefert einem Kunden Waren für 20.000,00 EUR zuzüglich 3.200,00 EUR USt. Vertraglich ist vereinbart, dass der Rechnungsausgleich durch Wechsel zu erfolgen hat. Aus diesem Grunde sendet der Unternehmer (Aussteller) dem Kunden (Bezogener) ein ausgefülltes Wechselformular zu. Aus diesem ergibt sich, dass die Wechselsumme in Höhe von 23.200,00 EUR in 90 Tagen fällig ist.

Der Kunde akzeptiert den Wechsel und sendet ihn an den Unternehmer zurück.

Buchungssätze beim Aussteller:

	Soll/EUR	Haben/EUR
1400/1200 Forderungen LuL	23.200,00	
an 8000 Verkaufserlöse		20.000,00
an 1770/3800 Umsatzsteuer		3.200,00
1300/1230 Wechsel aus LuL	23.200,00	
an 1400/1200 Forderungen LuL		23.200,00

Buchungssätze beim Bezogenen:

	Soll/EUR	Haben/EUR
3200/5200 Einkauf von Waren 1570/1400 Vorsteuer an 1600/3300 Verbindlichkeiten LuL	20.000,00 3.200,00	 23.200,00
1600/3300 Verbindlichkeiten LuL an 1660/3350 Schuldwechsel	23.200,00	 23.200,00

Wechselgeschäft

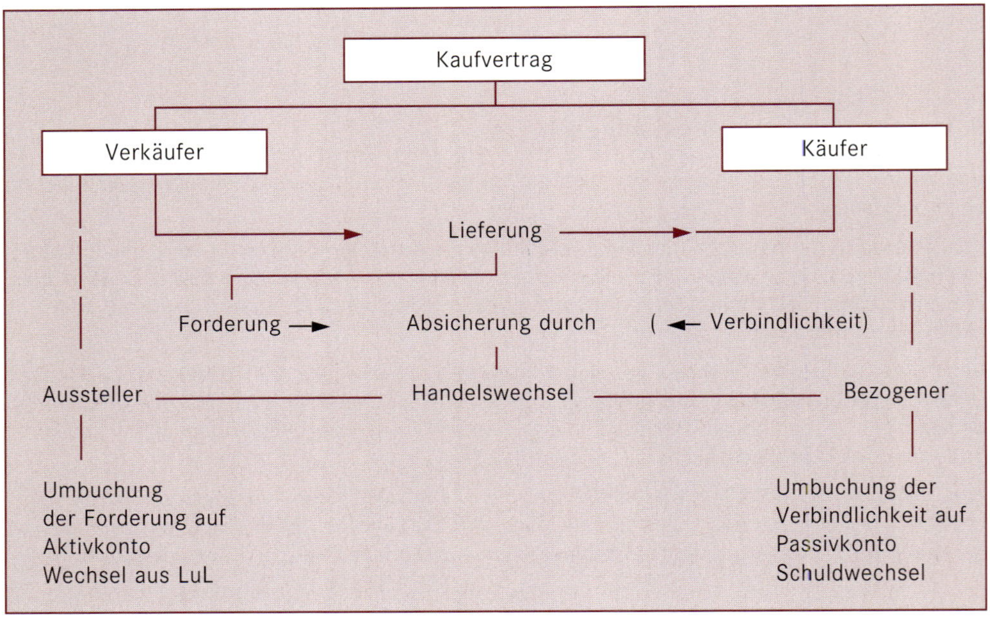

3.2 Berechnung der Wechselsumme

Problematisch beim Wechselgeschäft ist ggf. die Berechnung der Wechselsumme.

Der Lieferant möchte verständlicherweise bei einem Verkauf gegen Wechsel nicht schlechter gestellt sein als beim normalen Verkauf. Er belastet deshalb den Kunden möglicherweise bereits zum Zeitpunkt der Wechselausstellung mit Zinsen (Diskont) bis zur Fälligkeit des Wechsels, u. U. auch noch mit Auslagen.

Der Kunde kann diese Beträge sofort bar begleichen, häufig werden sie jedoch in die Wechselsumme eingerechnet. Erfolgt eine Einrechnung, ist die Wechselsumme durch Anwendung der Zinsberechnung im Hundert zu ermitteln.

Die Höhe der Zinsbelastung (Diskont) ist

- von der Wechselsumme (nicht von der Höhe des in Anspruch genommenen Kredits),
- von der Laufzeit und
- von der Höhe des zugrunde gelegten Zinssatzes (Diskontsatzes)

abhängig.

Im Gegensatz zur normalen Zinsberechnung, bei der jeder Monat mit 30 Tagen und das Jahr mit 360 Tagen zu berücksichtigen ist, werden die Zinsen bei der Inanspruchnahme von Wechselkrediten taggenau ermittelt. Monate werden mit den tatsächlichen Tagen, das Jahr aber nur mit 360 Tagen angesetzt (Euro-Zins-Methode).

Besonderheiten ergeben sich auch noch, wenn der Verfalltag des Wechsels auf einen Samstag, Sonntag oder Feiertag fällt. In diesen Fällen verschiebt sich das Ende der Zahlungsfrist auf den nächsten Werktag.

3.2.1 Wechselkredit als Nebenleistung

Gilt die Wechselkreditgewährung als unselbstständige Nebenleistung einer Lieferung oder sonstigen Leistung (Normalfall), teilt sie das Schicksal der Hauptleistung. Sie ist umsatzsteuerrechtlich dann wie die Hauptleistung selbst zu beurteilen.

Zinsen (Diskont) und Auslagen, die im Zusammenhang mit steuerpflichtigen Lieferungen/sonstigen Leistungen entstehen, unterliegen deshalb ebenfalls der Umsatzsteuer.

Beispiel:

Gegenüber einem Kunden besteht eine Forderung über 20.000,00 EUR zuzüglich 3.200,00 EUR USt. Diese soll durch einen Wechsel mit einer Laufzeit von 90 Tagen beglichen werden. In die Wechselsumme einzurechnen sind 5,00 EUR Auslagen, 6% Zinsen (Diskont) sowie die entsprechende Umsatzsteuer (Kreditgewährung als Nebenleistung).

Lösung:

Wechselsumme		23.616,73 EUR	100 %
Diskont 90 Tage/6%	354,25 EUR		1,5 %
+ 16% USt	56,68 EUR	410,93 EUR	0,24 %
		23.205,80 EUR	98,26 %
Auslagen	5,00 EUR		
+ 16% USt	0,80 EUR	5,80 EUR	
Forderung		23.200,00 EUR	

Die neben dem Rechnungsbetrag in die Wechselsumme eingehenden Beträge für Diskont und Auslagen bucht der Aussteller in den Konten Diskonterträge bzw. sonstige Erträge (Abschn. 151 UStR).

Buchungssatz beim Aussteller:

	Soll/EUR	Haben/EUR
1300/1230 Wechsel aus LuL	23.616,73	
an 1400/1200 Forderungen LuL		23.200,00
an 2670/7130 Diskonterträge		354,25
an 2700/4830 sonstige Erträge		5,00
an 1770/3800 Umsatzsteuer		57,48

Der Bezogene bucht die anfallenden Nebenkosten in den Konten Diskontaufwendungen bzw. Kosten des Geldverkehrs.

Buchungssatz beim Bezogenen:

	Soll/EUR	Haben/EUR
1600/3300 Verbindlichkeiten LuL	23.200,00	
2130/7340 Diskontaufwendungen	354,25	
4970/6855 Kosten des Geldverkehrs	5,00	
1570/1400 Vorsteuer	57,48	
an 1660/3350 Schuldwechsel		23.616,73

3.2.2 Wechselkredit als selbstständige Leistung

Kommt es durch einen Unternehmer im Zusammenhang mit einer Lieferung oder sonstigen Leistung zu einer Kreditgewährung (z. B. durch ein Wechselgeschäft), so ist diese umsatzsteuerfrei, wenn sie als selbstständige Leistung anzusehen ist (Abschn. 29 a UStR).

Eine Kreditgewährung als selbstständige Leistung setzt voraus, dass eine eindeutige Trennung zwischen der Lieferung/sonstigen Leistung und dem Kreditgeschäft erfolgt. Zu dieser kommt es, wenn folgende Voraussetzungen erfüllt sind:

- Die Entgelte für die Lieferung und die Kreditgewährung müssen beim Abschluss des Umsatzgeschäfts gesondert vereinbart werden,
- in der Vereinbarung über die Kreditgewährung muss der Jahreszins angegeben sein und
- die Entgelte für die beiden Leistungen müssen getrennt abgerechnet werden.

Beispiel:

Gegenüber einem Kunden besteht eine Forderung über 20.000,00 EUR zuzüglich 3.200,00 EUR USt. Diese soll durch einen Wechsel mit einer Laufzeit von 90 Tagen beglichen werden (Kreditgewährung als selbstständige Leistung). In die Wechselsumme einzurechnen sind 5,00 EUR Auslagen sowie 6% Zinsen (Diskont).

Lösung:

Wechselsumme	23.558,38 EUR	100 %	↑
Diskont 90 Tage/6%	353,38 EUR	1,5 %	
	23.205,00 EUR	98,5 %	
Auslagen	5,00 EUR		
Forderung	23.200,00 EUR		

Buchungssatz beim Aussteller:

	Soll/EUR	Haben/EUR
1300/1230 Wechsel aus LuL	23.558,38	
an 1400/1200 Forderungen LuL		23.200,00
an 2670/7130 Diskonterträge		353,38
an 2700/4830 sonstige Erträge		5,00

Buchungssatz beim Bezogenen:

	Soll/EUR	Haben/EUR
1600/3300 Verbindlichkeiten LuL 2130/7340 Diskontaufwendungen 4970/6855 Kosten des Geldverkehrs an 1660/3350 Schuldwechsel	23.200,00 353,38 5,00	 23.558,38

Kontrollaufgaben

1. Definieren Sie die Begriffe
   a) Handelswechsel,
   b) Besitzwechsel,
   c) Schuldwechsel.
2. Welche Vorteile bietet das Wechselgeschäft
   a) dem Schuldner,
   b) dem Gläubiger?

Übungen

1. Ein Kunde bittet Ihren Mandanten, zum Ausgleich einer am 28. Mai 01 fälligen Rechnung über 6.400,00 EUR einen am 24. Aug. 01 fälligen Wechsel zu ziehen.
   a) Wie hoch muss die Wechselsumme sein, wenn 8 % Diskont eingerechnet werden sollen und die Kreditgewährung als selbstständige Leistung gilt?
   b) Wie hat Ihr Mandant zu buchen?
2. Ein Kunde schuldet Ihrem Mandanten einen Betrag von 9.200,00 EUR, der am 15. Jun. 01 fällig ist. Da der Kunde nicht zahlen kann, wird das Zahlungsziel durch Ausstellung eines am 15. Sep. 01 fälligen Wechsels verlängert. Die Kreditgewährung erfolgt als selbstständige Leistung.

   Auf welchen Betrag muss der Wechsel lauten, wenn 6 % Diskont und 12,50 EUR Auslagen in die Wechselsumme einzurechnen sind?
3. Zum Ausgleich einer seit dem 10. Aug. 01 fälligen Rechnung über 25.400,00 EUR akzeptiert ein Kunde am 20. Sep. 01 einen am 19. Dez. 01 fälligen Wechsel.
   a) Auf welchen Betrag lautet dieser, wenn die Kreditgewährung als selbstständige Leistung zu beurteilen ist und Ihr Mandant 8 % Diskont und 9,26 % Verzugszinsen in die Wechselsumme eingerechnet hat?
   b) Bilden Sie den Buchungssatz.
4. Ein Kunde Ihres Mandanten begleicht am 30. Nov. 01 einen am 12. Nov. 01 fälligen Rechnungsbetrag über 18.000,00 EUR wie folgt: Er überweist 7.000,00 EUR und akzeptiert einen am 28. Feb. 02 fälligen Wechsel über den Restbetrag zuzüglich 9,26 % Verzugszinsen und 8 % Diskont.

   Auf welche Summe lautet der Wechsel, wenn die Kreditgewährung als selbstständige Leistung zu beurteilen ist?

5. Ein Kunde schuldet Ihrem Mandanten noch folgende Beträge:

3.500,00 EUR, fällig am 14. Jun. 01,
15.200,00 EUR, fällig am 20. Jul. 01,
9.100,00 EUR, fällig am 1. Aug. 01.

Da sich der Kunde vorübergehend in Zahlungsschwierigkeiten befindet, ist Ihr Mandant am 20. Aug. 01 bereit, über den Gesamtbetrag einschließlich 9,26 % Verzugszinsen sowie 8 % Diskont einen am 18. Nov. 01 fälligen Wechsel auszustellen.

Auf welchen Betrag muss dieser lauten, wenn die Kreditgewährung als selbstständige Leistung zu beurteilen ist?

6. Ein Kunde Ihres Mandanten akzeptiert zum Rechnungsausgleich am 25. Apr. 01 einen am 24. Jul. 01 fälligen Wechsel.

a) Auf welche Summe muss dieser lauten, wenn
   - der am 25. Apr. 01 fällige Rechnungsbetrag 12.500,00 EUR ausmacht,
   - 8 % Diskont sowie die entsprechende USt (16 %) in die Wechselsumme einzurechnen sind und
   - die Wechselkreditgewährung als unselbstständige Leistung gilt?

b) Wie hat Ihr Mandant dies zu buchen?

7. Ein Kunde schuldet Ihrem Mandanten einen am 10. Jun. 01 fälligen Betrag von 9.500,00 EUR. Wegen vorübergehender Zahlungsschwierigkeiten des Kunden erklärt sich Ihr Mandant am 10. Jun. 01 bereit, das Zahlungsziel durch Ausstellung eines am 8. Sep. 01 fälligen Wechsels zu verlängern.

Auf welchen Betrag muss der Wechsel lauten, wenn

- die Wechselkreditgewährung als unselbstständige Leistung gilt und
- 10 % Diskont, 35,00 EUR Auslagen sowie 16 % USt in die Wechselsumme einzurechnen sind?

8. Zum Ausgleich einer seit dem 20. Apr. 01 fälligen Rechnung über 35.400,00 EUR akzeptiert ein Kunde am 20. Jun. 01 einen am 18. Sep. 01 fälligen Wechsel.

a) Auf welchen Betrag lautet dieser, wenn die Wechselkreditgewährung als unselbstständige Leistung gilt und Ihr Mandant 8 % Diskont, 9,26 % Verzugszinsen, 22,50 EUR Auslagen sowie 16 % USt in die Wechselsumme einrechnet?

b) Bilden Sie den Buchungssatz.

9. Ein Kunde schuldet Ihrem Mandanten noch folgende Beträge:

4.500,00 EUR, fällig am 14. Aug. 01,
15.600,00 EUR, fällig am 25. Aug. 01,
19.700,00 EUR, fällig am 1. Sep. 02.

Da sich der Kunde vorübergehend in Zahlungsschwierigkeiten befindet, ist Ihr Mandant am 10. Sep. 01 bereit, über den Gesamtbetrag einschließlich 9,26 % Verzugszinsen, 8 % Diskont sowie 16 % USt einen am 8. Dez. 01 fälligen Wechsel auszustellen.

Auf welchen Betrag muss dieser lauten, wenn die Kreditgewährung als unselbstständige Leistung zu beurteilen ist?

3.3 Verwendungsmöglichkeiten für Wechsel

Ein Besitzwechsel kann durch den Inhaber
- bis zum Verfalltag aufbewahrt,
- als Zahlungsmittel weitergegeben oder
- vor dem Verfalltag bei einer Bank diskontiert werden.

3.3.1 Aufbewahrung bis zum Verfalltag

Der Inhaber eines Besitzwechsels kann diesen bis zum Verfalltag aufbewahren und dann selbst dem Bezogenen zur Einlösung vorlegen.

Da dies oft mit unverhältnismäßig hohen Aufwendungen verbunden ist, wird diese Aufgabe in der Regel auf eine Bank übertragen. Diese zieht die Wechselsumme ein (Inkasso), berechnet für ihre Arbeit eine Inkassogebühr und schreibt dem Konto des Auftraggebers den Restbetrag gut.

Umsatzsteuer stellt die Bank für diese Tätigkeit nicht in Rechnung, weil eine Steuerbefreiung nach § 4 Ziff. 8 d UStG vorliegt.

Beispiel:

Ein Besitzwechsel mit einer Summe von 11.500,00 EUR wird einer Bank zum Einzug übergeben. Diese schreibt dem Bankkonto des Auftraggebers nach Abzug von 25,00 EUR Inkassoprovision 11.475,00 EUR gut.

Das Bankkonto des Bezogenen wird daraufhin mit 11.500,00 EUR und einer Domizilprovision in Höhe von 23,00 EUR belastet.

Buchungssatz beim Einreicher:

	Soll/EUR	Haben/EUR
1200/1800 Bank	11.475,00	
4970/6855 Kosten des Geldverkehrs	25,00	
an 1300/1230 Wechsel aus LuL		11.500,00

Buchungssatz beim Bezogenen:

	Soll/EUR	Haben/EUR
1660/3350 Schuldwechsel	11.500,00	
4970/6855 Kosten des Geldverkehrs	23,00	
an 1200/1800 Bank		11.523,00

Übungen

1. Ihr Mandant hat gegenüber einem Kunden eine Forderung in Höhe von 16.200,00 EUR, die bereits korrekt erfasst worden ist.

   Bei Fälligkeit des Betrages überweist der Kunde 6.200,00 EUR auf das betriebliche Bankkonto. Den Restbetrag gleicht er durch Übergabe eines fälligen Wechsels aus.

   Der Einzug der Wechselsumme erfolgt durch die Hausbank Ihres Mandanten. Diese schreibt dem betrieblichen Konto nach Abzug von 0,2 % Inkassoprovision einen Betrag von 9.980,00 EUR gut.

   Bilden Sie die Buchungssätze.

2. Zum Ausgleich einer Warenverbindlichkeit akzeptierte Ihr Mandant eine Lieferertratte über 25.000,00 EUR. Am Verfalltag wurde dieser Schuldwechsel wie vereinbart von einer auswärtigen Bank eingelöst.

   Der Abrechnung der Hausbank ist zu entnehmen, dass sie das Konto Ihres Mandanten mit der Wechselsumme und einer Domizilprovision von 0,2 % belastet hat.

   Bilden Sie die Buchungssätze. Gehen Sie davon aus, dass noch keine Buchung erfolgt ist.

3.3.2 Wechselweitergabe

Beim Abschluss des Wechselgeschäfts steht grundsätzlich noch nicht fest, an wen die Wechselsumme letzten Endes zu zahlen ist. Das ist deshalb so, weil die als Zahlungsempfänger im Wechsel genannte Person jederzeit die Möglichkeit hat, den Wechsel zum Ausgleich eigener offener Rechnungen weiterzugeben. Aus diesem Grunde gilt der Wechsel als ein vom zugrunde liegenden Rechtsgeschäft losgelöstes abstraktes Forderungspapier (Orderpapier).

Wird ein Wechsel weitergegeben, gehen die Rechte aus dem Besitzwechsel durch Indossament auf den neuen Inhaber des Wechsels über.

Beispiel:

Zum Ausgleich einer offenen Rechnung gibt ein Indossant einen Besitzwechsel über 6.000,00 EUR zahlungshalber an einen Lieferer weiter.

Buchungssatz beim Weiterreichenden (Indossanten):

	Soll/EUR	Haben/EUR
1600/3300 Verbindlichkeiten LuL an 1300/1230 Wechsel aus LuL	6.000,00	 6.000,00

Buchungssatz beim Lieferanten (Indossatar):

	Soll/EUR	Haben/EUR
1300/1230 Wechsel aus LuL an 1400/1200 Forderungen LuL	6.000,00	 6.000,00

Übungen

1. Zum Ausgleich einer Rechnung übergibt ein Kunde Ihrem Mandanten einen Wechsel mit einer Wechselsumme von 8.400,00 EUR. Der Wechsel wird noch am selben Tage mit Vollindossament an einen Lieferer, bei dem Ihr Mandant noch offene Rechnungen in Höhe von 23.850,00 EUR auszugleichen hat, weitergegeben.

   Wie lauten die Buchungen?

2. Über eine bereits eingetroffene Warenlieferung erhält Ihr Mandant folgende Eingangsrechnung:

A-Ware, Listenpreis	48.000,00 EUR
Rabatt 15 %	7.200,00 EUR
	40.800,00 EUR
+ 16 % USt	6.528,00 EUR
Rechnungsbetrag	47.328,00 EUR

Der Rechnungsausgleich erfolgt durch

- Weitergabe eines Kundenwechsels über 16.200,00 EUR,
- Verrechnung mit der noch nicht erfassten Bonigutschrift

von	1.350,00 EUR
+ 16% USt	216,00 EUR
Gesamtbetrag	1.566,00 EUR

- eigenes Wechselakzept in Höhe des Restbetrages.

Nehmen Sie die Buchungen vor.

3. Ihr Mandant hat eine Eingangsrechnung über 60.000,00 EUR zuzüglich 9.600,00 EUR USt noch nicht beglichen. Nach Rücksprache mit dem Gläubiger erfolgt der Rechnungsausgleich wie folgt:
   - durch Weitergabe eines Besitzwechsels über 46.400,00 EUR und
   - durch Barzahlung des Restbetrages.

   Führen Sie die Buchung durch.

4. Über einen Wareneinkauf geht folgende Liefererrechnung ein:

Listenpreis	80.000,00 EUR
Rabatt 20%	16.000,00 EUR
	64.000,00 EUR
Verpackung	800,00 EUR
Transport	4.000,00 EUR
	68.800,00 EUR
+ 16% USt	11.008,00 EUR
Rechnungsbetrag	79.808,00 EUR

Der Rechnungsausgleich erfolgt durch

- Weitergabe eines Kundenwechsels über 24.900,00 EUR,
- Akzeptierung einer Liefererttratte über 25.000,00 EUR,
- eine bei Auftragserteilung geleistete Anzahlung von 20.000,00 EUR. Sie wurde gebucht:

geleistete Anzahlung	20.000,00 EUR	
an Bank		20.000,00 EUR

- Banküberweisung des Restbetrages.

Nehmen Sie die erforderlichen Buchungen vor.

3.3.3 Wechseldiskontierung

3.3.3.1 Durchführung der Wechseldiskontierung

Benötigt der Wechselinhaber bereits vor dem Verfalltag des Besitzwechsels flüssige Mittel, hat er die Möglichkeit, den Wechsel an eine Bank zu verkaufen, d. h. den Wechsel diskontieren zu lassen.

Dieser Vorgang ist gleichbedeutend mit einer Kreditgewährung für die Zeit vom Tag der Diskontierung bis zum Verfalltag des Wechsels. Aus diesem Grunde belastet die Bank den Einreicher im Zeitpunkt des Wechseldiskonts mit den entsprechenden Zinsen (Diskont), normalerweise auch noch mit Spesen (für Provisionen, Gebühren und Auslagen) und schreibt dem Konto des Einreichers den Restbetrag gut.

Umsatzsteuer stellt die Bank für diese Kreditgewährung und die damit zusammenhängenden Nebentätigkeiten nicht in Rechnung, weil eine Steuerbefreiung nach § 4 Ziff. 8 a UStG vorliegt.

1. Diskontierung eines Wechsels

Beispiel:

Der Unternehmer reicht am 5. Jul. 01 einen in 90 Tagen fälligen Besitzwechsel über 17.250,00 EUR bei der Bank zum Diskont ein. Diese erteilt daraufhin folgende Abrechnung:

Wechselsumme		17.250,00 EUR
– Diskont	345,00 EUR	
– Spesen	42,00 EUR	387,00 EUR
Bankgutschrift/Barwert		16.863,00 EUR

Buchungssatz:

	Soll/EUR	Haben/EUR
1200/1800 Bank	16.863,00	
2130/7340 Diskontaufwendungen	345,00	
4970/6855 Kosten des Geldverkehrs	42,00	
an 1300/1230 Wechsel aus LuL		17.250,00

Übungen

1. Ihr Mandant erhält am 20. Jun. 01 einen am 5. Sep. 01 fälligen Wechsel über 15.800,00 EUR. Er reicht den Wechsel noch am selben Tag bei seiner Hausbank ein. Diese schreibt seinem Konto daraufhin die Wechselsumme, gekürzt um 8 % Diskont, gut.

   Berechnen Sie die Höhe der Bankgutschrift.

2. Am 10. Jul. 01 gibt Ihr Mandant einen am 28. Sep. 01 fälligen Wechsel über 20.500,00 EUR zur Hausbank. Diese schreibt dem Konto Ihres Mandanten den nach Abzug von 6 % Diskont und 15,80 EUR Spesen verbleibenden Betrag gut.

   Auf wie viel EUR lautet die Bankgutschrift?

3. Wie viel EUR werden dem Bankkonto Ihres Mandanten gutgeschrieben, wenn er am 23. Jul. 01 einen am 1. Sep. 01 fälligen Wechsel über 16.450,00 EUR zur Hausbank gibt, die die Abrechnung unter Berücksichtigung von 9 % Diskont und 12,40 EUR Spesen vornimmt?

4. Ihr Mandant reichte den am 5. Jun. 01 fälligen Kundenwechsel über 14.980,00 EUR bei der Hausbank ein. Diese berechnete 5 % Diskont und 8,00 EUR Nebenkosten und schrieb dem Konto Ihres Mandanten 14.876,30 EUR gut.

   An welchem Tage wurde der Wechsel diskontiert?

5. Am 5. Sep. 01 ließ Ihr Mandant einen am 19. Dez. 01 fälligen Wechsel über 28.800,00 EUR diskontieren. Die Bank schrieb seinem Konto daraufhin 28.422,00 EUR gut.

   Welchen Diskontsatz hat die Bank der Abrechnung zugrunde gelegt?

6. Zum Ausgleich einer am 10. Aug. 01 fälligen Schuld von 7.080,00 EUR erhält Ihr Mandant einen am 5. Aug. 01 ausgestellten Dreimonatswechsel in gleicher Höhe. Dieser wird am 10. Aug. 01 der Hausbank eingereicht, die ihn nach Abzug von 6 % gutschreibt.

   Berechnen Sie den Barwert des Wechsels.

2. Diskontierung mehrerer Wechsel

Gelegentlich reichen Unternehmer mehrere Wechsel gleichzeitig zum Diskont ein. Werden diese Wechsel zum selben Diskontsatz abgerechnet, ermittelt die Bank den Barwert nach dem Prinzip der summarischen Zinsrechnung. Statt der Begriffe Zinszahl und Zinsdivisor werden hier die Begriffe Diskontzahl und Diskontdivisor verwendet.

Beispiel:

Ein Unternehmer lässt am 20. Apr. 01 zwei Wechsel beim Diskontsatz von 6 % und insgesamt 13,20 EUR Spesen abrechnen. Der erste Wechsel über 7.100,00 EUR ist am 10. Jun. 01, der zweite über 4.800,00 EUR am 25. Jun. 01 fällig.

Lösung:

Betrag in EUR	20. Apr. 01	Tage	#
7.100,00	10. Jun. 01	51	3.621
4.800,00	25. Jun. 01	66	3.168
11.900,00			6.789

113,15	Diskont
13,20	Auslagen
11.773,65	Bankgutschrift/Barwert

$$6.789 : \frac{360}{6} = 113{,}15 \text{ EUR}$$

Übungen

1. Zum Ausgleich einer Ausgangsrechnung erhält Ihr Mandant am 25. Aug. 01 einen Wechsel über 21.600,00 EUR, fällig am 2. Nov. 01 und einen Wechsel über 13.400,00 EUR, fällig am 7. Nov. 01.

   Auf welchen Betrag lautet die Bankgutschrift, wenn die Wechsel sofort zur Bank gegeben und von dieser zum Diskontsatz von 6 % abgerechnet werden?

2. Ihr Mandant reicht der Hausbank folgende Wechsel zum Diskont ein:

   Nr. 1: 8.530,00 EUR, fällig am 10. Jul. 01,
   Nr. 2: 4.570,00 EUR, fällig am 25. Jul. 01,
   Nr. 3: 6.160,00 EUR, fällig am 1. Aug. 01.

   Auf wie viel EUR lautet die Bankgutschrift, wenn die Abrechnung am 4. Jun. 01 zum Diskontsatz von 7 % erfolgt?

3. Am 30. Jun. 01 reicht Ihr Mandant der Hausbank folgende Kundenwechsel zum Diskont ein:

   Nr. 1: 8.900,00 EUR, fällig am Samstag, 21. Jul. 01,
   Nr. 2: 6.800,00 EUR, fällig am Montag, 30. Jul. 01,
   Nr. 3: 7.100,00 EUR, fällig am Sonntag, 19. Aug. 01.

   Wie viel EUR schreibt die Bank Ihrem Mandanten gut, wenn die Abrechnung unter Abzug von 12,50 EUR Gebühren und 8 % Diskont erfolgt?

4. Ihr Mandant reichte folgende Wechsel zum Diskont ein:

   Nr. 1: 9.520,00 EUR, fällig am 5. Sep. 01,
   Nr. 2: 10.220,00 EUR, fällig am 19. Okt. 01,
   Nr. 3: 6.560,00 EUR, fällig am 10. Nov. 01.

   Die Bank schrieb daraufhin einen Barwert von 26.072,08 EUR gut.

   Welcher Diskontsatz wurde der Abrechnung am 25. Aug. 01 zugrunde gelegt?

3.3.3.2 Folgen der Wechseldiskontierung

Durch die Wechseldiskontierung erhält der Einreicher weniger als die im Wechsel genannte Summe. Je nachdem, welche Vereinbarungen zwischen Lieferant und Kunde getroffen worden sind, führt dies zu unterschiedlichen Konsequenzen.

Wechselkredit als Nebenleistung

Gilt die Gewährung des Wechselkredits als Nebenleistung der Warenlieferung - das ist der Normalfall - , mindert der Diskont das Entgelt für den zugrunde liegenden Umsatz. Der Lieferant ist deshalb berechtigt, die auf die vorausgegangene Lieferung entfallende Umsatzsteuer entsprechend zu kürzen. Voraussetzung dafür ist allerdings, dass eine Mitteilung an den Kunden ergeht. Aus dieser muss sich die Höhe des Diskontbetrages und des darin enthaltenen Umsatzsteuerbetrages ergeben. Die Mitteilung ist gleichzeitig eine Aufforderung an den Kunden, die im Zusammenhang mit der Lieferung angefallene Vorsteuer entsprechend zu kürzen.

Anders sieht es aus, wenn die Bank darüber hinaus auch Diskontspesen einbehält. Diese mindern nach Abschn. 151 Abs. 5 UStR das Entgelt nicht.

Beispiel:

Der Lieferant teilt einem Kunden mit, dass ein zahlungshalber angenommener Wechsel diskontiert worden ist und die Bank dafür 290,00 EUR Diskont (incl. 40,00 EUR USt) einbehalten hat.

Buchungssatz beim Lieferanten:

	Soll/EUR	Haben/EUR
1770/3800 Umsatzsteuer an 2130/7340 Diskontaufwendungen	40,00	 40,00

Buchungssatz beim Kunden:

	Soll/EUR	Haben/EUR
2130/7340 Diskontaufwendungen an 1570/1400 Vorsteuer	40,00	 40,00

Wenn sich Lieferant und Kunde einig darüber sind, dass der Rechnungsausgleich durch Wechsel erfolgen soll, wird normalerweise gleichzeitig festgelegt, wer die im Falle einer Wechseldiskontierung entstehenden Aufwendungen zu tragen hat. Da diese Aufwendungen vor allem durch eine Kreditgewährung an den Kunden verursacht sind, wird grundsätzlich bestimmt, dass sie auch vom Kunden zu tragen sind.

Entweder werden diese Aufwendungen sofort in die Wechselsumme eingerechnet, oder sie werden dem Kunden nach erfolgter Diskontierung in Rechnung gestellt.

Beispiel:

Im Zusammenhang mit einer Wechseldiskontierung wurde bisher durch den Lieferanten gebucht:

Buchungssatz:

	Soll/EUR	Haben/EUR
1200/1800 Bank	17.010,00	
2130/7340 Diskontaufwendungen	348,00	
4970/6855 Kosten des Geldverkehrs	42,00	
an 1300/1230 Wechsel aus LuL		17.400,00

Er teilt seinem Kunden mit, dass er aufgrund des Diskonts die Umsatzsteuer um 48,00 EUR korrigiert hat. Gleichzeitig belastet er den Kunden mit 300,00 EUR Diskont, 42,00 EUR Diskontspesen sowie 54,72 EUR USt.

Buchungssätze beim Lieferanten:

	Soll/EUR	Haben/EUR
1770/3800 Umsatzsteuer	48,00	
an 2700/4830 Diskonterträge		48,00
1500/1300 sonstige Vermögensgegenstände	396,72	
an 2670/7130 Diskonterträge		300,00
an 2700/4830 sonstige Erträge		42,00
an 1770/3800 Umsatzsteuer		54,72

Buchungssätze beim Kunden:

	Soll/EUR	Haben/EUR
2130/7340 Diskontaufwendungen	48,00	
an 1570/1400 Vorsteuer		48,00
2130/7340 Diskontaufwendungen	300,00	
4970/6855 Kosten des Geldverkehrs	42,00	
1570/1400 Vorsteuer	54,72	
an 1700/3500 sonstige Verbindlichkeiten		396,72

In der Praxis wird häufig auf die umsatzsteuerliche Entgeltskorrektur verzichtet, weil die durch die Diskontierung verursachte Entgeltminderung und die nachträglich durch die Weiterbelastung des Diskonts verursachte Entgelterhöhung sich ausgleichen. In diesem Fall werden lediglich die in Rechnung gestellten Spesen mit Umsatzsteuer belastet.

Die entsprechende Abrechnung sieht in diesem Falle wie folgt aus:

Diskont		348,00 EUR
Diskontspesen	42,00 EUR	
+ 16 % Umsatzsteuer	6,72 EUR	48,72 EUR
Gesamtbetrag		396,72 EUR

Buchungssatz beim Lieferanten:

	Soll/EUR	Haben/EUR
1500/1300 sonstige Vermögensgegenstände	396,72	
an 2670/7130 Diskonterträge		348,00
an 2700/4830 sonstige Erträge		42,00
an 1770/3800 Umsatzsteuer		6,72

Buchungssatz beim Kunden:

	Soll/EUR	Haben/EUR
2130/7340 Diskontaufwendungen	348,00	
4970/6855 Kosten des Geldverkehrs	42,00	
1570/1400 Vorsteuer	6,72	
an 1700/3500 sonstige Verbindlichkeiten		396,72

Kontrollaufgaben

1. Unter welchen Voraussetzungen kommt es nach der Diskontierung eines Besitzwechsels zu einer Korrektur des umsatzsteuerrechtlichen Entgelts?
2. Warum setzt eine Korrektur der Umsatzsteuer eine Benachrichtigung des Vormanns voraus?
3. Wie sind weiterberechnete Beträge für Wechseldiskont, Wechselspesen und Auslagen umsatzsteuerrechtlich grundsätzlich zu beurteilen?

Übungen

1. Zur Verbesserung der Liquiditätslage reicht Ihr Mandant einen Kundenwechsel über 11.600,00 EUR bei seiner Hausbank zum Diskont ein. Nach Abzug von 232,00 EUR Diskont und 15,00 EUR Spesen wird dem Bankkonto der Barwert in Höhe von 11.353,00 EUR gutgeschrieben.

   Ihr Mandant belastet seinen Kunden mit 200,00 EUR Diskont, 15,00 EUR Spesen und 34,40 EUR USt. Gleichzeitig geht dem Kunden die Mitteilung zu, dass Ihr Mandant aufgrund des Diskontabzugs die Umsatzsteuer korrigiert hat.

   Buchen Sie den gesamten Vorgang.

2. Ihr Mandant lässt am 9. Jun. 01 einen Kundenwechsel über 5.000,00 EUR diskontieren. In diesem Zusammenhang belastet ihn die Bank mit 97,75 EUR Diskont und 10,00 EUR Spesen.

   Da diese Aufwendungen bereits bei der Ausstellung des Wechsels berücksichtigt wurden, sendet Ihr Mandant dem Kunden lediglich die Mitteilung zu, dass er die USt (16 %) wegen des Diskontabzugs korrigiert hat.

   Buchen Sie den gesamten Vorgang.

3. Zum Ausgleich einer Rechnung in Höhe von 17.400,00 EUR (USt 16%) sendet ein Kunde Ihrem Mandanten am 9. Jun. 01 Wechsel in Höhe von 11.600,00 EUR und 5.800,00 EUR zu. Da Ihr Mandant dringend flüssige Mittel benötigt, lässt er den ersten Wechsel am 10. Jun. 01 bei seiner Hausbank diskontieren. Diese sendet ihm folgende Abrechnung zu:

Wechselsumme	11.600,00 EUR
– Diskont	252,00 EUR
– Spesen	20,00 EUR
Gutschrift	11.328,00 EUR

Den zweiten Wechsel reicht Ihr Mandant am 30. Aug. 01, einen Tag vor Fälligkeit des Wechsels, zum Inkasso ein. Über diesen Vorgang erstellt die Bank folgende Abrechnung:

Wechselsumme	5.800,00 EUR
– Inkassogebühren	58,00 EUR
Gutschrift	5.742,00 EUR

Wie haben Sie zu buchen, wenn auf eine Weiterbelastung der entstehenden Aufwendungen und eine Benachrichtigung des Kunden verzichtet wird?

4. Ihr Mandant verkauft am 27. Apr. 01 Waren im Wert von 5.500,00 EUR zuzüglich 880,00 EUR USt gegen Kundenakzept. Dieser Wechsel wird noch am selben Tage von der Hausbank Ihres Mandanten diskontiert. Nach Abzug von 126,50 EUR Diskont und 15,00 EUR Spesen erfolgt auf dem Bankkonto eine Gutschrift von 6.238,50 EUR.

   Buchen Sie den gesamten Vorgang für den Fall, dass auf eine USt-Korrektur und auf eine Weiterbelastung der von der Bank in Rechnung gestellten Beträge verzichtet wird.

5. Wie hat Ihr Mandant in den folgenden Fällen zu buchen?

   a) Lt. Eingangsrechnung kaufte er am 20. Jul. 01 Waren für 2.400,00 EUR zuzüglich 384,00 EUR USt ein.

   b) Nach Kürzung des Rechnungsbetrages um 2% Skonto (Nettobuchung) erfolgte der Rechnungsausgleich am 28. Jul. 01 durch Übergabe eines Kundenwechsels mit einer Wechselsumme von 1.300,00 EUR und durch Aushändigung eines Bankverrechnungsschecks über den Restbetrag.

   c) Der Lieferer belastete daraufhin am 30. Jul. 01 das Konto Ihres Mandanten mit 35,18 EUR. Der vorliegenden Abrechnung ist im Einzelnen Folgendes zu entnehmen:

Diskont	26,00 EUR
Wechselspesen	4,33 EUR
	30,33 EUR
+ 16% USt	4,85 EUR
Gesamtbetrag	35,18 EUR

6. Eine bereits gebuchte Eingangsrechnung über 18.500,00 EUR wird wie folgt ausgeglichen:

   Durch

   - Banküberweisung eines Betrages von 6.350,00 EUR,
   - Weitergabe eines fälligen Kundenwechsels über 4.600,00 EUR und
   - Annahme eines gezogenen Wechsels über den Restbetrag.

Da der Barwert des Schuldwechsels nicht mit der Höhe des fälligen Restbetrages übereinstimmt, geht gleichzeitig mit der Mitteilung des Lieferers, dass er das Konto Ihres Mandanten mit 198,36 EUR belastet hat, die folgende Rechnung ein:

Diskont	151,00 EUR
Spesen	20,00 EUR
	171,00 EUR
+ 16 % USt	27,36 EUR
Gesamtbetrag	198,36 EUR

Buchen Sie den gesamten Vorgang.

7. Ihr Mandant reicht bei seiner Hausbank einen Besitzwechsel über 26.400,00 EUR zum Diskont ein. Die Bank berechnet 528,00 EUR Diskont und 20,00 EUR Spesen. Den Restbetrag schreibt sie dem Konto Ihres Mandanten gut.

   Wie ist zu buchen, wenn Ihr Mandant die USt nicht berichtigt, aber dem Kunden die Kosten der Diskontierung in Rechnung stellt? Gehen Sie davon aus, dass die Kreditgewährung als unselbstständige Leistung zu betrachten ist.

8. Ein Besitzwechsel mit einer Restlaufzeit von 80 Tagen wird der Bank zum Diskont eingereicht. Nach Abzug des Diskonts von 9 % und der Diskontspesen von 15,00 EUR schreibt diese dem Bankkonto Ihres Mandanten einen Betrag von 39.072,00 EUR gut.

   Bilden Sie den Buchungssatz.

9. Nachdem ein Wechsel diskontiert worden ist, erhält Ihr Mandant die schriftliche Mitteilung, dass der Gläubiger aufgrund der dadurch eingetretenen Entgeltminderung seine Umsatzsteuer um 55,00 EUR korrigiert hat.

   Wie ist zu buchen?

10. Bei der Diskontierung eines Besitzwechsels über 34.800,00 EUR belastete die Bank Ihren Mandanten mit 696,00 EUR Diskont sowie 15,00 EUR Diskontspesen.

   Die ordnungsgemäß in der Buchführung erfassten Beträge und seine eigenen Auslagen belastet Ihr Mandant weiter. Die Rechnung über diesen Vorgang sieht wie folgt aus:

Verauslagter Diskont		696,00 EUR
Verauslagte Spesen	15,00 EUR	
Eigene Auslagen	15,00 EUR	
	30,00 EUR	
+ 16 % USt	4,80 EUR	34,80 EUR
Gesamtbetrag		730,80 EUR

   Wie ist dieser Vorgang zu buchen?

Wechselkredit als selbstständige Leistung

Werden Wechsel, die auf ein selbstständiges Wechselgeschäft zurückzuführen sind (gesonderte Kreditgewährung), an Banken zum Diskont weitergegeben, führt der Diskontabzug nicht zu einer Minderung des Entgelts für die ursprüngliche Lieferung. Infolge dessen darf es auch nicht zu einer Korrektur der Umsatzsteuer beim Lieferanten und der Vorsteuer beim Kunden kommen.

Da das Hauptgeschäft (die Kreditgewährung) als steuerfreie Leistung (§ 4 Nr. 8 UStG) gilt, sind auch die im Zusammenhang mit dieser Kreditgewährung angefallenen Nebenleistungen umsatzsteuerfrei, d. h., auch wenn die Diskontspesen weiterbelastet werden, fällt keine Umsatzsteuer an.

Beispiel:

Im Zusammenhang mit einer Wechseldiskontierung wurde bisher durch den Lieferanten gebucht:

	Soll/EUR	Haben/EUR
1200/1800 Bank	16.863,00	
2130/7340 Diskontaufwendungen	345,00	
4970/6855 Kosten des Geldverkehrs	42,00	
an 1300/1230 Wechsel aus LuL		17.250,00

Er teilt seinem Kunden mit, dass er ihn mit 345,00 EUR Diskont sowie Diskontspesen in Höhe von 42,00 EUR belastet.

Buchungssatz beim Lieferanten:

	Soll/EUR	Haben/EUR
1500/1300 sonstige Vermögensgegenstände	387,00	
an 2670/7130 Diskonterträge		345,00
an 2700/4830 sonstige Erträge		42,00

Buchungssatz beim Kunden:

	Soll/EUR	Haben/EUR
2130/7340 Diskontaufwendungen	345,00	
4970/6855 Kosten des Geldverkehrs	42,00	
an 1700/3500 sonstige Verbindlichkeiten		387,00

Kontrollaufgaben

1. Unter welchen Voraussetzungen gilt die Gewährung eines Wechselkredits als selbstständige Leistung?
2. Welche umsatzsteuerrechtlichen Konsequenzen ergeben sich, wenn eine Wechselkreditgewährung als selbstständige Leistung zu beurteilen ist?

Übungen

1. Bilden Sie die Buchungssätze für folgende Geschäftsvorfälle:
   a) Zum Ausgleich einer Eingangsrechnung über 39.000,00 EUR zuzüglich 6.240,00 EUR USt akzeptierte Ihr Mandant am 31. Jan. einen Dreimonatswechsel über 45.240,00 EUR.
   b) Um keinen finanziellen Nachteil zu erleiden, belastete der Lieferant das Konto Ihres Mandanten mit 9 % Wechselzinsen. (Ein Vertrag über eine gesonderte Kreditgewährung lag vor.)
   c) Die Wechseleinlösung erfolgte am Verfalltag durch die Hausbank. Für diese Tätigkeit belastete sie das Konto Ihres Mandanten zusätzlich mit 45,00 EUR.

2. Ein Kunde begleicht eine Ausgangsrechnung über 12.880,00 EUR, indem er eine durch Ihren Mandanten zugesandte Tratte in gleicher Höhe akzeptiert.

   Ihr Mandant lässt diesen Wechsel bei seiner Hausbank diskontieren. Nach Abzug von 255,36 EUR Diskont und 18,00 EUR Spesen werden seinem Konto 12.606,64 EUR gutgeschrieben.

   Weil Diskont und Wechselspesen nicht in die Wechselsumme eingerechnet wurden, belastet Ihr Mandant seinen Kunden nachträglich mit diesen Beträgen.

   Bilden Sie die Buchungssätze. Gehen Sie davon aus, dass die Kreditgewährung als selbstständige Leistung zu beurteilen ist.

3. Ein Kunde übersendet Ihrem Mandanten zum Ausgleich einer Rechnung über 7.200,00 EUR einen Wechsel in derselben Höhe (gesonderte Kreditgewährung).

   Ihr Mandant belastet den Kunden sofort mit 180,00 EUR Diskont, obwohl die Hausbank nur 126,00 EUR Diskont und 14,00 EUR Spesen in Rechnung stellt.

   Wie lauten die Buchungssätze
   a) für den Rechnungsausgleich durch Kundenakzept,
   b) für die Nachbelastung des Kunden mit Diskont,
   c) für die Gutschrift des Barwerts durch die Hausbank?

4. Ihr Mandant zieht zur Absicherung einer Warenforderung über 7.500,00 EUR zuzüglich 1.200,00 EUR USt einen Wechsel über den Gesamtbetrag, den der Kunde akzeptiert. Der Wechsel hat eine Laufzeit von 90 Tagen und wird sofort bei der Hausbank zum Diskont eingereicht.
   a) Bilden Sie den Buchungssatz für die gesonderte Gewährung dieses Wechselkredits.
   b) Wie ist zu buchen, wenn die Diskontabrechnung der Bank unter Berücksichtigung von 8 % Diskont und 20,00 EUR Spesen erfolgt?

5. Ein Besitzwechsel über 60.000,00 EUR hat eine Restlaufzeit von 40 Tagen. Er wird bei einem Diskontsatz von 8 % und Bankspesen in Höhe von 0,05 % der Wechselsumme diskontiert.

   Wie lauten die Buchungen für Ihren Mandanten, wenn die Kosten der Diskontierung sowie die eigenen Auslagen in Höhe von 43,00 EUR dem Kunden in Rechnung gestellt werden (gesonderte Kreditgewährung)?

3.4 Wechselprolongation

Stellt der Bezogene fest, dass er einen Wechsel bei Fälligkeit nicht (oder nur teilweise) einlösen kann, hat er die Möglichkeit, sich rechtzeitig an den Aussteller zu wenden und diesen um Prolongation des Wechsels, d. h. um eine Verlängerung der Kreditlaufzeit zu bitten.

Der Aussteller wird nur dann einer Prolongation zustimmen, wenn er davon ausgehen kann, dass der Bezogene nach Ablauf der zusätzlich gewährten Zahlungsfrist in der Lage sein wird, seiner Zahlungsverpflichtung nachzukommen.

Hat der Aussteller den fälligen Wechsel noch nicht weitergegeben, erfolgt die Prolongation, indem der Aussteller den alten Wechsel an den zurzeit zahlungsunfähigen Bezogenen zurückgibt und ein neuer, später fälliger Wechsel (Prolongationswechsel) ausgestellt, akzeptiert und dem Aussteller ausgehändigt wird. Bleibt die Wechselsumme unverändert, kommt es sowohl beim Aussteller als auch beim Bezogenen zu keiner Buchung.

Hat der Aussteller den fälligen Wechsel bei einer Bank zum Diskont eingereicht oder an einen Lieferanten zahlungshalber weitergegeben, kann er dem Bezogenen nur helfen, wenn er ihm die für die Einlösung des fälligen Wechsels benötigten finanziellen Mittel zur Verfügung stellt. Der Bezogene ist in diesem Falle verpflichtet, dem Aussteller spätestens gleichzeitig mit der Bankgutschrift oder Übergabe der flüssigen Mittel einen akzeptierten Prolongationswechsel auszuhändigen.

Beispiel:

Der Bezogene bittet den Aussteller einen fälligen Wechsel in Höhe von 6.000,00 EUR zu prolongieren.

Nach Eingang des akzeptierten Prolongationswechsels, dessen Wechselsumme ebenfalls 6.000,00 EUR beträgt, stellt der Aussteller dem Bezogenen 6.000,00 EUR zur Einlösung des fälligen Wechsels durch Banküberweisung zur Verfügung.

Buchungssätze beim Aussteller:

	Soll/EUR	Haben/EUR
1300/1230 Wechsel aus LuL	6.000,00	
an 1700/3500 sonstige Verbindlichkeiten		6.000,00
1700/3500 sonstige Verbindlichkeiten	6.000,00	
an 1200/1800 Bank		6.000,00

Buchungssätze beim Bezogenen:

	Soll/EUR	Haben/EUR
1500/1300 sonstige Vermögensgegenstände	6.000,00	
an 1660/3350 Schuldwechsel		6.000,00
1200/1800 Bank	6.000,00	
an 1500/1300 sonstige Vermögensgegenstände		6.000,00

Da der Aussteller durch die Wechselprolongation nicht mit zusätzlichen Aufwendungen belastet werden möchte, lässt er sich diese vom Bezogenen erstatten. Dies kann auf verschiedene Weise geschehen. Die Aufwendungen werden

- in die Wechselsumme des Prolongationswechsels eingerechnet,
- dem Aussteller vom Bezogenen unmittelbar erstattet oder

- ▶ dem Bezogenen, nachdem der Prolongationswechsel diskontiert worden ist, in Rechnung gestellt.

Handelt es sich bei der Wechselprolongation um eine Nebenleistung des Warengeschäfts, sind die weiterberechneten Aufwendungen umsatzsteuerpflichtig.

Wird die Wechselprolongation als selbstständige und damit steuerfreie Leistung behandelt, sind auch die weiterberechneten Aufwendungen nicht umsatzsteuerpflichtig.

Beispiel:

Im Zusammenhang mit einer Wechselprolongation wird der Bezogene vom Aussteller mit folgenden Beträgen belastet:

Diskont		250,00 EUR
Spesen	40,00 EUR	
+ 16 % Umsatzsteuer	6,40 EUR	46,40 EUR
Gesamtbetrag		296,40 EUR

Buchungssatz beim Aussteller:

	Soll/EUR	Haben/EUR
1500/1300 sonstige Vermögensgegenstände	296,40	
an 2670/7130 Diskonterträge		250,00
an 2700/4830 sonstige Erträge		40,00
an 1770/3800 Umsatzsteuer		6,40

Buchungssatz beim Bezogenen:

	Soll/EUR	Haben/EUR
2130/7340 Diskontaufwendungen	250,00	
4970/6855 Kosten des Geldverkehrs	40,00	
1570/1400 Vorsteuer	6,40	
an 1700/3500 sonstige Verbindlichkeiten		296,40

Wechselprolongation
(Verlängerung der Laufzeit des Wechsels)

Wechsel

beim Aussteller

Tausch neuer Wechsel (neuer Verfalltag) gegen alten Wechsel

bei unbekanntem Besitzer

Akzeptierung und anschließende Diskontierung eines neuen Wechsels zur Beschaffung der liquiden Mittel für die Einlösung des alten Wechsels

u. U. gesonderte Abrechnung des Diskonts und der Spesen

Kontrollaufgaben

1. Welche Wirkung hat eine Wechselprolongation?
2. Wann wird der Gläubiger bereit sein, einen Prolongationswechsel auszustellen?
3. Erläutern Sie den Ablauf des Prolongationsverfahrens.

Übungen

1. Nachdem ein Kunde darauf hingewiesen hat, dass er einen fälligen Wechsel über 18.000,00 EUR nicht einlösen kann, stellt Ihr Mandant einen neuen Wechsel über die ursprüngliche Wechselsumme zuzüglich 360,00 EUR Diskont aus, den der Kunde akzeptiert.

   Der alte Wechsel, der sich noch im Besitz Ihres Mandanten befindet, wird dem Kunden ausgehändigt.

   Den neuen Wechsel behält Ihr Mandant bis zum Verfalltag. Auf Wunsch Ihres Mandanten zieht die Bank die Wechselsumme ein. Die Gutschrift für diesen Wechsel erfolgt nach Abzug von 0,2 % Inkassoprovision auf dem Bankkonto.

   Wie lauten die Buchungssätze?

2. Ihr Mandant wird gebeten, einen fälligen Wechsel über 9.500,00 EUR zu prolongieren. Da er nicht mehr im Besitz dieses Wechsels ist, stellt er einen Prolongationswechsel über denselben Betrag aus. Nach Eingang des Kundenakzepts überweist Ihr Mandant dem Kunden 9.500,00 EUR durch die Bank. Gleichzeitig sendet er ihm folgende Abrechnung zu:

Diskont	190,00 EUR
Spesen	20,00 EUR
	210,00 EUR
+ 16 % USt	33,60 EUR
Gesamtbetrag	243,60 EUR

   Die Gutschrift dieses Gesamtbetrages geht wenige Tage später auf dem betrieblichen Bankkonto ein.

   Welche Buchungssätze sind zu bilden?

3. Einem gesonderten Kreditvertrag ist zu entnehmen, dass der Rechnungsausgleich für einen Wareneinkauf durch Wechselakzept zu erfolgen hat. Zusätzlich wurde vereinbart, vor Fälligkeit des Wechsels über die Hälfte der Wechselsumme einen Prolongationswechsel auszustellen.

   Wie hat Ihr Mandant (Bezogener) zu buchen, wenn

   - vor Fälligkeit ein Prolongationswechsel über 14.000,00 EUR akzeptiert wird,
   - der Rechnungsbetrag 28.000,00 EUR beträgt,
   - zur Einlösung des alten Wechsels 14.000,00 EUR an Ihren Mandanten überwiesen werden,
   - der alte Wechsel (28.000,00 EUR) am Verfalltag durch die Bank eingelöst wird und
   - der Lieferer die Kosten für die Diskontierung des Prolongationswechsels (280,00 EUR Diskont und 25,00 EUR Diskontspesen) zu tragen hat?

4. Ein Kunde, der rechtzeitig feststellt, dass er einen am 20. Jun. 01 fälligen Wechsel über 4.535,00 EUR nicht einlösen kann, bittet Ihren Mandanten um Prolongation. Um das Verfahren zu beschleunigen, hat er seinem Brief einen akzeptierten Prolongationswechsel über 4.600,00 EUR beigefügt, der am 20. Aug. 01 fällig ist.

   Da es sich um einen guten Kunden handelt, unterzeichnet Ihr Mandant diesen Wechsel als Aussteller und reicht ihn seiner Bank zum Diskont ein. Diese rechnet den Wechsel bei 60,00 EUR Diskont und 5,00 EUR Spesen ab.

a) Bilden Sie die Buchungssätze.

b) Welche Buchungssätze sind zusätzlich zu bilden,
   - damit der Kunde seinen Zahlungsverpflichtungen am Verfalltag nachkommen kann,
   - wenn Ihr Mandant durch diesen Vorgang keine finanziellen Nachteile erleiden möchte?

5. Zur Einlösung eines Schuldwechsels benötigt ein Kunde eine Summe in Höhe von 5.000,00 EUR. Ihr Mandant, als Aussteller dieses Wechsels, ist bereit zu helfen. Da er den Wechsel weitergegeben hat und selbst auch nicht finanziell in Anspruch genommen werden möchte, stellt er einen neuen Wechsel über 5.105,00 EUR aus, der vom Kunden akzeptiert wird. Diesen Wechsel lässt Ihr Mandant bei seiner Hausbank diskontieren. Seinem Bankkonto werden daraufhin 5.000,00 EUR gutgeschrieben, die er sofort an den Kunden überweist.

   Welche Buchungen hat Ihr Mandant vorzunehmen, wenn eine gesonderte Kreditgewährung vorliegt und sowohl bei der Berechnung der Wechselsumme als auch bei der Berechnung des Barwerts 100,00 EUR Diskont und 5,00 EUR Spesen zu berücksichtigen sind?

6. Weil der Bezogene einen nicht weitergegebenen Wechsel über 6.800,00 EUR am Fälligkeitstag nicht einlösen kann, verlängert Ihr Mandant wunschgemäß die Laufzeit dieses Wechsels um 90 Tage. Für diese Leistung stellt er dem Kunden 8 % Diskont und 25,00 EUR Spesen in Rechnung.

   Wie ist zu buchen, wenn die Kreditgewährung als selbstständige Leistung Ihres Mandanten anzusehen ist?

3.5 Wechselprotest und Rückgriff

Der normale Verlauf des Wechselgeschäfts wird gestört, wenn es dem Bezogenen bis zum Verfalltag des Wechsels nicht gelingt, die für die Einlösung des Wechsels benötigten Geldmittel zu beschaffen oder den Aussteller zu einer Prolongation des Wechsels zu veranlassen. In diesem Fall wird der Wechselinhaber am 1. oder 2. Werktag nach dem Verfalltag Wechselprotest erheben lassen, d. h. die Zahlungsunfähigkeit des Bezogenen amtlich feststellen lassen. Dies kann durch einen Gerichtsvollzieher oder einen Notar geschehen. Über den entsprechenden Vorgang wird eine Protesturkunde ausgestellt und an den Wechsel geheftet.

Die mit dieser Tätigkeit verbundenen Aufwendungen werden dem Wechselinhaber in Rechnung gestellt. Erfolgt der Wechselprotest durch einen Notar (Normalfall), fallen zusätzlich 16 % USt an. Erfolgt er durch einen Gerichtsvollzieher (er ist nicht Unternehmer im Sinne des UStG), liegt kein steuerbarer Umsatz vor, sodass USt nicht anfällt.

Protestwechsel sind mit einem größeren Risiko als normale Besitzwechsel behaftet. Sie werden deshalb in der Buchführung von den übrigen Wechselforderungen getrennt und auf das Konto zweifelhafte Forderungen umgebucht.

Beispiel:

Weil ein Besitzwechsel über 3.600,00 EUR am Verfalltag durch den Bezogenen nicht eingelöst werden kann, wird durch einen Notar Wechselprotest erhoben. Die daraufhin eintreffende Rechnung des Notars sieht wie folgt aus:

Protestkosten	50,00 EUR
+ 16 % USt	8,00 EUR
Rechnungsbetrag	58,00 EUR

Buchungssätze:

	Soll/EUR	Haben/EUR
1460/1240 zweifelhafte Forderungen	3.600,00	
an 1300/1230 Wechsel aus LuL		3.600,00
4950/6825 Rechts- und Beratungskosten	50,00	
1570/1400 Vorsteuer	8,00	
an 1600/3300 Verbindlichkeiten LuL		58,00

Für die Einlösung des Wechsels haftet neben dem Bezogenen auch jede andere Person, die als Aussteller oder Indossant den Wechsel unterschrieben hat. Da dies dem Inhaber des Protestwechsels bekannt ist, greift er, um zu seinem Geld zu kommen, auf einen seiner Vormänner oder den Aussteller zurück. Er belastet ihn mit der Wechselsumme und hat zusätzlich die Möglichkeit

- die angefallenen Protestkosten,
- die Auslagen für Porto, Telefon, Wegekosten, Schreibaufwand,
- Verzugszinsen seit dem Verfalltag, mindestens Basiszinssatz der EZB zuzüglich 5 %, sowie
- eine Wechselprovision von maximal $^1/_3$ % der Wechselsumme

in Rechnung zu stellen.

Umsatzsteuerrechtlich gelten die im Falle des Rückgriffs zu zahlenden Protestkosten, Auslagen, Verzugszinsen und Provisionen als echter Schadenersatz (Abschn. 3 Abs. 3 UStR). Umsatzsteuer für diese Beträge ist also nicht zu berücksichtigen.

Beispiel:

Der Besitzer des Protestwechsels macht seinen Rückgriffsanspruch gegenüber dem Aussteller geltend und belastet diesen wie folgt:

Wechselsumme des Protestwechsels 3.600,00 EUR, Protestkosten 50,00 EUR, Auslagen 20,00 EUR, Verzugszinsen 6,00 EUR, Wechselprovision 12,00 EUR, Gesamtbetrag der Rückrechnung 3.688,00 EUR.

Buchungssatz beim Regressnehmer:

	Soll/EUR	Haben/EUR
1400/1200 Forderungen LuL	3.688,00	
an 1460/1240 zweifelhafte Forderungen		3.600,00
an 2700/4830 sonstige Erträge		82,00
an 2650/7100 Zinserträge		6,00

Buchungssatz beim Aussteller:

	Soll/EUR	Haben/EUR
1460/1240 zweifelhafte Forderungen	3.600,00	
4970/6855 Kosten des Geldverkehrs	82,00	
2100/7300 Zinsaufwendungen	6,00	
an 1600/3300 Verbindlichkeiten LuL		3.688,00

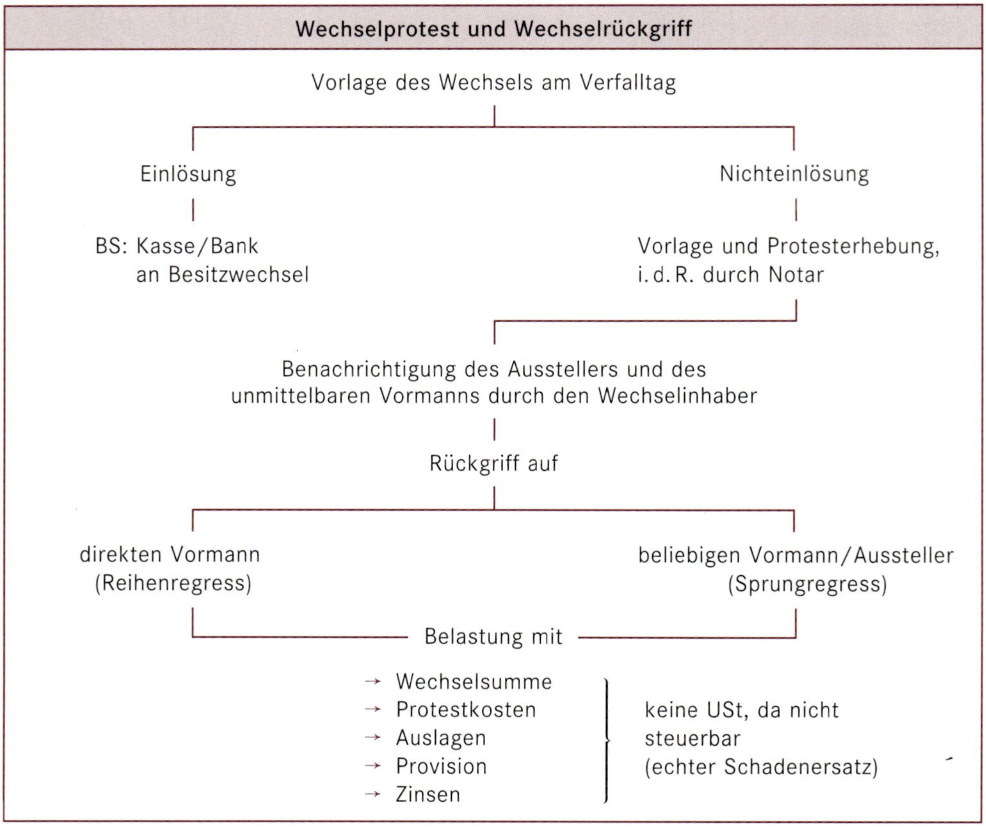

Kontrollaufgaben

1. Wann kommt es zum Wechselprotest?
2. Wer ist berechtigt, Wechselprotest zu erheben?
3. Wem werden die Protestkosten zunächst in Rechnung gestellt?
4. Mit welchen Beträgen belastet der Wechselinhaber seinen Vormann bzw. den Aussteller im Falle des Wechselprotests?

Übungen

1. Für die folgenden Geschäftsvorfälle steht die Buchung noch aus:
   a) Ein Besitzwechsel über 3.000,00 EUR, der zum Ausgleich einer Eingangsrechnung an einen Lieferer weitergereicht worden war, ging zu Protest. Mit der Benachrichtigung ging die folgende Rückrechnung bei Ihrem Mandanten ein:

Wechselsumme	3.000,00 EUR
Protestkosten	78,00 EUR
Auslagen	6,00 EUR
Wechselprovision	10,00 EUR
Zinsen	2,50 EUR
Gesamtbetrag	3.096,50 EUR

b) Für diesen Wechsel wurde der Kunde in Regress genommen. Ihr Mandant belastete das Kundenkonto mit:

Wechselsumme	3.000,00 EUR
Protestkosten	78,00 EUR
Auslagen	20,00 EUR
Wechselprovision	10,00 EUR
Zinsen	5,00 EUR
Gesamtbetrag	3.113,00 EUR

Bilden Sie die Buchungssätze.

2. Ein Besitzwechsel über 20.000,00 EUR wird am Verfalltag vorgelegt, aber nicht eingelöst. Daraufhin lässt Ihr Mandant durch einen Notar Protest erheben. Die Rechnung für diese Leistung lautet auf 200,00 EUR zuzüglich 32,00 EUR USt.

Der Vormann und der Aussteller werden über diesen Vorgang informiert. Gleichzeitig wird dem Vormann folgende Wechselrückrechnung erteilt:

Wechselsumme	20.000,00 EUR
Protestkosten	200,00 EUR
Verzugszinsen für 8 Tage	40,00 EUR
Provision	66,67 EUR
Gesamtbetrag	20.306,67 EUR

Der gesamte Vorgang ist noch zu buchen.

3. Ein Besitzwechsel über 25.000,00 EUR wird pünktlich am Verfalltag durch Ihren Mandanten beim Bezogenen vorgelegt, aber nicht eingelöst. Daraufhin wird ein Gerichtsvollzieher beauftragt, den Wechsel nochmals beim Bezogenen vorzulegen. Statt der Wechselsumme überreicht dieser Ihrem Mandanten die Protestnote und die Abrechnung über seine Protestgebühren in Höhe von 80,00 EUR.

Ihr Mandant erstellt zulässigerweise die Rückrechnung und belastet den Vormann mit folgenden Beträgen:

Wechselsumme	25.000,00 EUR
Protestkosten	80,00 EUR
Zinsen	62,50 EUR
Provision	83,33 EUR
Spesen	6,00 EUR
Gesamtbetrag	25.231,83 EUR

Welche Buchungen ergeben sich aus diesem Vorgang

a) bei Ihrem Mandanten,
b) beim Vormann?

4. Ein fälliger Besitzwechsel über 6.200,00 EUR wird trotz rechtzeitiger Vorlage vom Bezogenen nicht eingelöst. Ihr Mandant beauftragt daraufhin einen Notar, die erforderlichen Schritte vorzunehmen.

   Bereits am nächsten Tag erhält Ihr Mandant die Protestnote und die Gebührenrechnung des Notars über

Protestkosten	50,00 EUR
Fahrtkosten	40,00 EUR
	90,00 EUR
+ 16 % USt	14,40 EUR
Gesamtbetrag	104,40 EUR

   Nachdem Ihr Mandant den Vormann und den Aussteller über diesen Vorgang informiert hat, nimmt er die Rückrechnung vor. Neben den zusätzlich angefallenen Protest- und Fahrtkosten belastet er diesen mit 10,20 EUR Verzugszinsen, 6,00 EUR Auslagen und 20,67 EUR Provision.

   Bilden Sie die Buchungssätze.

5. Nachdem Ihr Mandant einen Besitzwechsel über 30.000,00 EUR vergeblich zur Zahlung vorgelegt hatte, beauftragte er einen Notar, Wechselprotest zu erheben. Dieser erledigte die notwendigen Arbeiten, übergab Ihrem Mandanten den Protestwechsel nebst Protesturkunde und stellte ihm 70,00 EUR zuzüglich 11,20 EUR USt in Rechnung.

   Anschließend nahm Ihr Mandant zulässigerweise fristgerecht Rückgriff auf seinen Vormann. Dazu erstellte er folgende Rechnung:

Protestwechsel		30.000,00 EUR
Protestkosten	70,00 EUR	
Verzugszinsen	20,00 EUR	
Provision $^1/_3$ %	100,00 EUR	190,00 EUR
Gesamtbetrag		30.190,00 EUR

   Buchen Sie den gesamten Vorgang.

3.6 Exkurs: Scheck-Wechsel-Tauschverfahren (Umkehrwechsel)

Der Unternehmer ist stets daran interessiert, Rechnungen mit Skontoabzug zu begleichen. Diesen Vorteil kann er aber häufig nur dann wahrnehmen, wenn er kurzfristig Kredite aufnimmt.

Einer dieser Kredite ist der Wechselkredit. Die Inanspruchnahme des Wechselkredits schließt jedoch grundsätzlich den Skontoabzug aus. Ein Skontoabzug ist allerdings möglich, wenn das Scheck-Wechsel-Tauschverfahren vereinbart wird.

In diesem Falle findet der Rechnungsausgleich zunächst durch Scheck statt.

Der Wechselkredit kommt zustande, wenn der Schuldner (Kunde) einen bereits ausgefüllten und akzeptierten Wechsel an den Lieferanten weiterleitet, dieser den Wechsel als Aussteller unterschreibt und ihn an den Kunden (Bezogenen) zurückgibt.

Die Beschaffung der zur Einlösung des Schecks benötigten liquiden Mittel erfolgt, indem dieser Wechsel daraufhin durch den Bezogenen bei der Bank zum Diskont eingereicht wird und die Bank dem Konto des Bezogenen den entsprechenden Betrag (Barwert) gutschreibt.

Beispiel:

Ein Kunde, der Waren im Wert von 10.000,00 EUR zuzüglich 1.600,00 EUR USt erworben hat, gleicht die Rechnung nach Abzug von 3 % Skonto durch Scheck aus. Mit dem Lieferanten ist das Scheck-Wechsel-Tauschverfahren vereinbart worden.

Für die Diskontierung des Wechsels stellt die Bank 75,00 EUR Diskont und 10,00 EUR Spesen in Rechnung.

Buchungssätze beim Kunden:

	Soll/EUR	Haben/EUR
1200/1800 Bank	11.252,00	
2130/7340 Diskontaufwendungen	75,00	
4970/6855 Kosten des Geldverkehrs	10,00	
an 1660/3350 Schuldwechsel		11.337,00
1600/3300 Verbindlichkeiten LuL	11.600,00	
an 1200/1800 Bank		11.252,00
an 3730/5730 erhaltene Skonti		300,00
an 1570/1400 Vorsteuer		48,00
1660/3350 Schuldwechsel	11.337,00	
an 1200/1800 Bank		11.337,00

Buchungssatz beim Lieferanten:

	Soll/EUR	Haben/EUR
1200/1800 Bank	11.337,00	
8730/4730 gewährte Skonti	300,00	
1770/3800 Umsatzsteuer	48,00	
an 1400/1200 Forderungen LuL		11.600,00

Kontrollaufgaben

1. Welchem Zweck dient das Scheck-Wechsel-Tauschverfahren?
2. Erläutern Sie die Durchführung des Scheck-Wechsel-Tauschverfahrens.

Übungen

1. Ein Kunde kauft Waren für 20.000,00 EUR zuzüglich 1.400,00 EUR USt. Er begleicht die Rechnung unter Abzug von 3 % Skonto. Dies geschieht jedoch nicht durch Überweisung vom Bankkonto, sondern durch Übergabe eines Schecks. Dieser ist allerdings erst in voller Höhe gedeckt, wenn der beigefügte akzeptierte Wechsel vom Aussteller unterschrieben und vom Bezogenen der Bank, die 450,00 EUR Wechselzinsen sowie 15,00 EUR Diskontspesen berechnet, fristgerecht eingereicht worden ist.

   Bilden Sie sämtliche Buchungssätze

   a) aus Sicht des Ausstellers,
   b) aus Sicht des Bezogenen.

2. Ihr Mandant begleicht eine Liefererschuld (Einkauf von Waren) in Höhe von 6.780,00 EUR (USt 16 %) unter Abzug von 3 % Skonto durch einen Verrechnungsscheck über 6.576,60 EUR. Zur Kreditbeschaffung legt er diesem Scheck ein ausgefülltes, noch nicht unterschriebenes Wechselformular (Wechselsumme 6.753,00 EUR, Laufzeit 3 Monate) bei und bittet den Lieferer, dieses als Aussteller zu unterschreiben.

   Die vom Aussteller zurückkommende Tratte wird von Ihrem Mandanten (Bezogener) akzeptiert und sofort bei der Hausbank eingereicht. Diese diskontiert den Wechsel bei einem Diskont von 151,40 EUR und 25,00 EUR Wechselspesen.

   Buchen Sie

   a) den Rechnungsausgleich,
   b) die Gutschrift auf dem Bankkonto Ihres Mandanten,
   c) die Lastschrift auf dem Bankkonto Ihres Mandanten,
   d) die Lastschrift auf dem Bankkonto Ihres Mandanten bei Einlösung des Wechsels am Verfalltag. Gehen Sie davon aus, dass eine Domizilprovision von 66,00 EUR zu berücksichtigen ist.

3. Der Ausgleich einer Wareneingangsrechnung über 150.000,00 EUR zuzüglich 24.000,00 EUR USt kann bei Zahlung innerhalb von 8 Tagen mit Abzug von 3 % Skonto erfolgen. Um diesen Vorteil zu erhalten, haben Kunde und Lieferant vereinbart, dass die finanzielle Abwicklung in Form des Scheck-Wechsel-Tauschverfahrens durchgeführt werden soll.

   Die Hausbank des Kunden erwirbt den Wechsel über 168.780,00 EUR und diskontiert ihn mit einem Diskontabzug von 480,00 EUR.

   Wie ist dieser Vorgang

   a) aus Sicht des Ausstellers,
   b) aus Sicht des Bezogenen

   zu buchen, wenn der Kunde den Wechsel fristgerecht einlöst?

4 *Wertpapierverkehr*

Gelegentlich weist der Unternehmer in seiner Bilanz Wertpapiere aus. Bei ihnen handelt es sich in der Regel um Aktien oder um festverzinsliche Wertpapiere. Diese Wertpapiere können zum Anlagevermögen, aber auch zum Umlaufvermögen gehören.

Wertpapiere, die dazu bestimmt sind, dauernd dem Betrieb zu dienen, sind dem Anlagevermögen zuzurechnen.

Um Anlagevermögen handelt es sich deshalb immer bei Wertpapieren, die als Beteiligungen gelten. Beteiligungen liegen vor, wenn auf Dauer mit Hilfe der erworbenen Anteilsrechte versucht wird, Einfluss auf die Zielsetzungen des Beteiligungsunternehmens auszuüben. Gehören mehr als 20 % des Nennkapitals einer Kapitalgesellschaft zum Betriebsvermögens eines Unternehmers, wird grundsätzlich eine Beteiligung vermutet.

Darüber hinaus gehören aber auch andere Aktien und festverzinsliche Wertpapiere zum Anlagevermögen, wenn der Unternehmer die Absicht hat, diese Papiere auf Dauer zu behalten.

Wertpapiere, die dazu bestimmt sind, nur vorübergehend dem Betrieb zu dienen, sind dem Umlaufvermögen zuzurechnen. Um Wertpapiere des Umlaufvermögens handelt es sich deshalb bei allen Wertpapieren, die nicht zum Anlagevermögen gehören. Ihre Zuordnung zum Umlaufvermögen ist ausschließlich darauf zurückzuführen, dass diese Papiere nur kurzfristig dem Betrieb dienen sollen, sie also jederzeit veräußerbar sind.

Beteiligungen werden im Konto Beteiligungen, andere als Anlagevermögen gehaltene Wertpapiere im Konto Wertpapiere des Anlagevermögens und die als Umlaufvermögen gehaltenen Wertpapiere im Konto sonstige Wertpapiere erfasst.

4.1 Aktien

4.1.1 Kauf von Aktien

Werden Aktien gekauft, geschieht dies grundsätzlich an der Börse. Der direkte Aktienerwerb durch den Unternehmer ist dort allerdings nicht möglich. Er kann nur durch Personen erfolgen, die zum Abschluss von Geschäften an der Börse zugelassen sind, d. h. durch Börsenmakler.

Kreditinstitute stehen in ständigem Kontakt mit Börsenmaklern. Will der Unternehmer Wertpapiere erwerben, wendet er sich deshalb an ein Kreditinstitut und erteilt den entsprechenden Auftrag. Das Kreditinstitut leitet den Kaufauftrag an einen Börsenmakler weiter, der ihn daraufhin ausführt.

Alle bei diesem Aktienkauf in Anspruch genommenen Stellen lassen sich ihre Tätigkeit vergüten. Das Kreditinstitut erhält für die Weiterleitung des Kaufauftrags an den Börsenmakler eine Provision, der Börsenmakler für die Ausführung des Kaufauftrags eine Maklergebühr (Courtage). Diese Beträge zuzüglich ggf. angefallener Auslagen werden dem Bankkonto des Unternehmers neben dem eigentlichen Kaufpreis (Kurswert) der Aktien belastet.

Nach § 255 Abs. 1 HGB gelten alle diese mit dem Erwerb der Aktien zusammenhängenden Beträge als Anschaffungskosten.

Beispiel:

Der Unternehmer erwirbt zur kurzfristigen Anlage flüssiger Mittel 20 Stück X-Aktien.

Über diesen Vorgang erhält er folgende Abrechnung der Bank:

20 Stück X-Aktien, Kurs 257,50 EUR		5.150,00 EUR
+ 1 % Bankprovision	51,50 EUR	
+ 0,8 ‰ Maklergebühr	4,12 EUR	55,62 EUR
Lastschrift		5.205,62 EUR

Buchungssatz:

	Soll/EUR	Haben/EUR
1348/1510 sonstige Wertpapiere an 1200/1800 Bank	5.205,62	 5.205,62

Kontrollaufgaben

1. Beschreiben Sie, wie der Kauf von Aktien erfolgt.
2. Welche Beträge gehören zu den Anschaffungskosten von Aktien?

Übungen

1. Ihr Mandant erwirbt am 20. Feb. 01 50 ABC-Aktien. Die Wertpapiere werden zur vorübergehenden Anlage flüssiger Mittel gekauft.

   Wie ist zu buchen, wenn die Abrechnung der Bank zum Stückkurs von 98,00 EUR erfolgt und dem betrieblichen Bankkonto zusätzlich 1 % Provision sowie 0,08 % Maklergebühr (jeweils vom Kurswert) belastet werden.

2. Ihr Mandant hat am 25. Jun. 01 40 Stück X-Aktien zum Kurswert von 370,00 EUR/Stück erworben. Es wurde gebucht:

sonstige Wertpapiere	14.800,00 EUR	
an Bank		14.800,00 EUR

   Als Anschaffungsnebenkosten stellte die Bank einen Betrag von 159,84 EUR in Rechnung, der im Konto Kosten des Geldverkehrs erfasst wurde.

   Nehmen Sie die ggf. erforderliche Korrekturbuchung vor.

3. Ihr Mandant erwirbt im Jahr 01 Aktien der A-AG, um langfristig seinen Beschaffungsmarkt zu sichern. Die Wertpapiere im Nennwert von 100.000,00 EUR (25 % des Grundkapitals der AG) werden zum Kurswert von 185.000,00 EUR bei Nebenkosten von 1.998,00 EUR angeschafft.

   Bilden Sie den Buchungssatz. Gehen Sie davon aus, dass die Hausbank Ihres Mandanten das betriebliche Bankkonto mit dem Gesamtbetrag belastet.

4.1.2 Laufende Erträge aus Aktien

Die laufenden Erträge aus dem Besitz von Aktien werden als Dividenden bezeichnet. Dividendenempfänger ist die Person, die die Aktie an dem Tag besitzt, der auf den Tag folgt, an dem die Hauptversammlung die Gewinnverteilung für das abgelaufene Wirtschaftsjahr beschließt.

Die Auszahlung der Dividende findet nach Zwischenschaltung eines Kreditinstituts durch Überweisung auf das Bankkonto des Dividendenempfängers statt.

Gleichzeitig mit der Bankgutschrift geht dem Dividendenempfänger eine (Dividenden- und) Steuerbescheinigung zu. Aus ihr ergibt sich, dass die für Rechnung des Dividendenempfängers einbehaltenen Beträge an Kapitalertragsteuer (20 %) und Solidaritätszuschlag (5,5 % der Kapitalertragsteuer) Bestandteile des Dividendenertrages sind (§ 20 Abs. 1 Ziff. 1 EStG, R 154 Abs. 2 EStR, § 43 Abs. 1 S. 1 Ziff. 1 a EStG, § 43 a Abs. 1 Ziff. 1 EStG).

Beispiel:

Im Betriebsvermögen des Unternehmers befinden sich 100 Aktien. Lt. Beschluss der Hauptversammlung wird je Aktie eine Dividende von 12,00 EUR ausgeschüttet. Nach Abzug der Kapitalertragsteuer und des SZ führt dies zu einer Bankgutschrift in Höhe von 946,80 EUR.

Dividende lt. Beschluss der HV (Betriebseinnahme/Dividendenertrag)	1.200,00 EUR	100 %
– 20 % Kapitalertragsteuer	240,00 EUR	20 %
Nettodividende	960,00 EUR	80 %
– 5,5 % Solidaritätszuschlag (von 240,00 EUR)	13,20 EUR	1,1 %
Bankgutschrift	946,80 EUR	78,9 %

Da die für Rechnung des Dividendenempfängers einbehaltenen Beträge an Kapitalertragsteuer und Solidaritätszuschlag keine selbstständigen Steuern sind, werden sie wie eine Einkommensteuer-Vorauszahlung auf die Einkommensteuer bzw. wie eine Solidaritätszuschlag-Vorauszahlung auf den Solidaritätszuschlag des Dividendenempfängers angerechnet (§ 36 Abs. 2 Ziff. 2 EStG).

Aufgrund dieser Tatsachen führt eine Dividendenausschüttung dazu, dass sich beim Dividendenempfänger sowohl das betriebliche Vermögen (durch die Bankgutschrift) als auch das private Vermögen (durch Schaffung eines ESt-/SZ-Guthabens) erhöhen.

Da der Unternehmer durch die Anrechnung der Steuerbeträge finanzielle Vorteile im privaten Bereich erlangt, sind die anrechenbaren Steuerbeträge als private Entnahmen zu buchen.

Nach § 3 Ziff. 40 d EStG sind Dividendenerträge zur Hälfte steuerfrei. Für die Buchung der Dividendenerträge sind deshalb einerseits Konten, die für steuerpflichtige Erträge bestimmt sind und andererseits Konten, die zur Erfassung der steuerfreien Erträge dienen, einzurichten. Je nachdem, um welche Dividendenerträge es sich handelt, tragen diese Konten die Bezeichnungen Erträge aus Beteiligungen, Erträge aus anderen Wertpapieren bzw. zinsähnliche Erträge.

Buchungssatz:

	Soll/EUR	Haben/EUR
1200/1800 Bank	946,80	
1800/2100 Privat	253,20	
an 2680/7120 zinsähnliche Erträge		600,00
an 2685/7125 zinsähnliche Erträge stfr.		600,00

Voraussetzung für die Anrechnung dieser Steuerbeträge auf die Einkommensteuer bzw. den Solidaritätszuschlag des Dividendenempfängers (ersatzweise des Unternehmers) ist allerdings das Vorliegen einer Steuerbescheinigung.

Kontrollaufgaben

1. Wie werden die laufenden Erträge aus Aktien bezeichnet?
2. Erläutern Sie die Begriffe
   a) Dividende,
   b) Nettodividende,
   c) Bankgutschrift.
3. Wie wirkt sich die anrechenbare Kapitalertragsteuer auf die Einkommensteuerabschlusszahlung des Unternehmers aus?

Übungen

1. Am 15. Mai 02 erhält Ihr Mandant aufgrund des Hauptversammlungsbeschlusses der ABC-AG vom 15. Apr. 02 eine Dividende von 8,00 EUR pro Aktie. Der Abrechnung der Bank, die gleichzeitig als Steuerbescheinigung für anzurechnende Beträge an Kapitalertragsteuer und SZ dient, ist als Bankgutschrift ein Betrag in Höhe von 1.262,40 EUR zu entnehmen.

   Wie ist zu buchen?

2. Für die im Umlaufvermögen Ihres Mandanten erfassten Aktien beschloss die Hauptversammlung eine Dividende in Höhe von 2.400,00 EUR. Nach Abzug von 20 % Kapitalertragsteuer und des Solidaritätszuschlags von 5,5 % schreibt die Bank Ihrem Mandanten daraufhin einen Betrag von 1.893,60 EUR gut. Der kurze Zeit später eingehenden Steuerbescheinigung ist außerdem zu entnehmen, dass die anrechenbaren Beträge für Kapitalertragsteuer 480,00 EUR und für Solidaritätszuschlag 26,40 EUR ausmachen.

   Bisher wurde lediglich gebucht:

Bank	1.893,60 EUR	
an zinsähnliche Erträge		1.893,60 EUR

   Vervollständigen Sie den Buchungssatz.

3. Für die im Umlaufvermögen Ihres Mandanten erfassten 70 X-Aktien geht eine Gutschrift in Höhe von 463,84 EUR auf dem Bankkonto ein. Außerdem ist bekannt, dass die bereits vorliegende Dividendenbescheinigung gleichzeitig als Steuerbescheinigung gilt.

   Eine Buchung ist noch nicht erfolgt. Holen Sie diese Arbeit nach.

4. Für die im Umlaufvermögen befindlichen Aktien erhält Ihr Mandant folgende Bescheinigung des Kreditinstituts:

Name:	Kurt König Sandstr. 3 57074 Siegen
Dividende:	4.000,00 EUR
anrechenbare Kapitalertragsteuer:	800,00 EUR
anrechenbarer Solidaritätszuschlag:	44,00 EUR

   Wie ist noch zu buchen, wenn gleichzeitig die entsprechende Gutschrift auf dem betrieblichen Bankkonto eingeht?

5. Im Betriebsvermögen befinden sich 60 X-Aktien, die in 01 gekauft und als Umlaufvermögen behandelt wurden.

   Am 10. Mai 02 wird die Dividende für diese Aktien gezahlt. Nach Abzug von 20 % Kapitalertragsteuer und des Solidaritätszuschlags in Höhe von 11,50 EUR lautet die Bankgutschrift auf 824,60 EUR.

   Gebucht wurde:

Bank	824,60 EUR	
an zinsähnliche Erträge		824,60 EUR

   Die Dividendenbescheinigung, die gleichzeitig als Steuerbescheinigung gilt, liegt vor.

   Holen Sie ggf. noch fehlende Buchungen nach.

6. Die Dividendengutschrift und Steuerbescheinigung für Ihren Mandanten enthält u. a. folgende Angaben:

Dividende für 01	1.433,60 EUR
anrechenbare Kapitalertragsteuer	286,72 EUR
anrechenbarer Solidaritätszuschlag	15,77 EUR

   Bilden Sie den Buchungssatz, wenn die Bankgutschrift am 5. Mai 02 erfolgt.

Exkurs: Laufende effektive Verzinsung (Dividendenrendite) bei Aktien

In der Regel möchte der Unternehmer nicht nur die Höhe der Dividende erfahren, sondern auch wissen, wie viel Prozent der laufende Ertrag seiner Aktien (Dividendenrendite) ausmacht. Um diese Berechnung durchführen zu können, wird neben der Dividende der Kurswert der Aktien benötigt.

Beispiel:

Eine AG schüttet bei einem Kurs von 51,15 EUR eine Dividende von 1,13 EUR aus.

Lösung:

51,15 EUR - 100%
1,13 EUR - ? %

$$\frac{100 \cdot 1{,}13}{51{,}15} = 2{,}21\,(\%)$$

Die laufende effektive Verzinsung (Dividendenrendite) beträgt 2,21%.

Übungen

1. Ihr Mandant besitzt 50 Stück X-Aktien, die er zum Stückkurs von 32,50 EUR erworben hat.

   Wie hoch ist die laufende effektive Verzinsung (Dividendenrendite), wenn die X-AG eine Dividende von 0,65 EUR ausschüttet?

2. Eine AG schüttet eine Dividende in Höhe von 0,80 EUR aus.

   Zu welchem Kurs darf Ihr Mandant eine Aktie dieser AG höchstens erwerben, wenn er eine Dividendenrendite von 4% erzielen möchte?

3. Der Börsenkurs einer Aktie beträgt 52,60 EUR.

   Wie hoch ist die laufende effektive Verzinsung, wenn die Aktiengesellschaft 0,90 EUR pro Aktie ausschüttet?

4. Ihr Mandant hat für seine Kapitalanlage in Aktien eine laufende effektive Verzinsung von 1,85% errechnet.

   Zu welchem Kurs hat er die Aktien erworben, wenn die AG eine Dividende von 1,40 EUR ausschüttet?

4.1.3 Verkauf von Aktien

Werden Aktien verkauft, geschieht dies grundsätzlich an der Börse, und zwar durch einen Börsenmakler, der den Verkaufsauftrag durch ein Kreditinstitut erhält.

Die anfallenden Veräußerungskosten, also Bankprovision, Maklergebühr und ggf. Auslagen, hat der Auftraggeber zu tragen.

Gebucht werden diese Aufwendungen im Konto Kosten des Geldverkehrs.

Durch den Verkauf vermindert sich der Bestand an Aktien. Aus diesem Grunde ist der Buchwert (Anschaffungskosten) der verkauften Aktien aus dem Bestandskonto auszubuchen.

Werden Aktien zu einem Kurswert verkauft, der über den Anschaffungskosten dieser Wertpapiere liegt, kommt es zu einem Kursgewinn. Wird der Verkauf bei einem Kurswert durchgeführt, der unter den Anschaffungskosten der Aktien liegt, führt das zu einem Kursverlust.

Kursgewinne werden - da sie Entgelt für eine Kapitalüberlassung darstellen - auf den Konten Erträge aus Beteiligungen, Erträge aus anderen Wertpapieren oder zinsähnliche Erträge gebucht. Die Buchung von Kursverlusten erfolgt auf dem Konto Verluste aus dem Abgang von Wertpapieren.

Beispiel:

Der Unternehmer verkauft aus seinem Umlaufvermögen Aktien, deren Anschaffungskosten 2.450,00 EUR betragen haben.

Über diesen Vorgang erhält er folgende Abrechnung:

Kurswert		2.600,00 EUR
- Bankprovision 1 %	26,00 EUR	
- Maklergebühr 0,08 %	2,08 EUR	28,08 EUR
Gutschrift		2.571,92 EUR

Bei Anschaffungskosten in Höhe von 2.450,00 EUR und einem Kurswert in Höhe von 2.600,00 EUR wird durch diesen Verkauf ein Kursgewinn in Höhe von 150,00 EUR erzielt.

Die anfallenden Nebenkosten sind nur zur Hälfte als Betriebsausgaben abzugsfähig (§ 3 c Abs. 2 EStG), entstehende Veräußerungsgewinne sind zur Hälfte steuerfrei (§ 3 Ziff. 40 a EStG).

Buchungssatz:

	Soll/EUR	Haben/EUR
1200/1800 Bank	2.571,92	
4970/6855 Kosten des Geldverkehrs	14,04	
4975/6858 Kosten des Geldverkehrs nicht abzugsfähig	14,04	
an 1348/1510 sonstige Wertpapiere		2.450,00
an 2680/7120 zinsähnliche Erträge		75,00
an 2685/7125 zinsähnliche Erträge steuerfrei		75,00

Kontrollaufgaben

1. Welche Aufwendungen entstehen beim Verkauf von Aktien?
2. Wie wird
   a) der Buchgewinn,
   b) der Buchverlust

   beim Verkauf von Aktien berechnet?

Übungen

1. Ihr Mandant verkauft am 25. Aug. 02 50 Stück ABC-Aktien (Wertpapiere UV) über die Hausbank. Diese sendet folgende Verkaufsabrechnung zu:

Kurswert:	4.000,00 EUR
Provision:	40,00 EUR
Maklergebühr:	3,20 EUR
Bankgutschrift:	3.956,80 EUR

Bilden Sie den Buchungssatz. Gehen Sie davon aus, dass die Aktien zum Ende des vorangegangenen Wirtschaftsjahres mit den Anschaffungskosten von 3.800,00 EUR bilanziert wurden.

2. a) Ihr Mandant kauft am 20. Mär. 01 zur vorübergehenden Geldanlage 180 Stahl-Aktien. Bei einem Stückkurs von 190,00 EUR berechnet die Bank Kaufspesen in Höhe von 369,36 EUR.

   b) Am 10. Aug. 01 verkauft Ihr Mandant 100 Stück dieser Stahl-Aktien zum Stückkurs von 220,00 EUR. Bei Nebenkosten in Höhe von 237,60 EUR schreibt die Bank Ihrem Mandanten einen Betrag von 21.762,40 EUR gut.

   Bilden Sie die Buchungssätze.

3. Von den 100 Stück Hoesch-Aktien, die als Anlagevermögen behandelt und mit den Anschaffungskosten von 18.750,00 EUR bilanziert wurden, verkaufte Ihr Mandant am 27. Dez. 02 70 Stück und erhielt über diesen Vorgang folgende Abrechnung seiner Bank:

Kurswert		18.375,00 EUR
– Verkaufsspesen:	Provision	183,75 EUR
	Maklergebühr	14,70 EUR
Gesamtbetrag		18.176,55 EUR

Eine Buchung ist bis zum Bilanzstichtag noch nicht erfolgt. Holen Sie diese Arbeit nach.

4. Ihr Mandant erwarb am 20. Mai 01 800 Aktien als Umlaufvermögen. Lt. Abrechnung seiner Hausbank erfolgte der Kauf zum Stückkurs von 330,00 EUR bei Nebenkosten von 1,08 % vom Kurswert.

   Von diesen Aktien verkaufte Ihr Mandant am 20. Jul. 01 300 Stück zum Stückkurs von 390,00 EUR. Die Berechnung der Nebenkosten erfolgte wie beim Ankauf.

   Der als Anlage zum Kontoauszug vom 5. Nov. 01 eingehenden Dividendengutschrift und Steuerbescheinigung ist Folgendes zu entnehmen:

Dividende	3.500,00 EUR
anrechenbare KapESt	700,00 EUR
anrechenbarer SZ	38,50 EUR
Gutschrift	2.761,50 EUR

Bilden Sie die Buchungssätze

a) für den Kauf der Aktien,

b) für den Verkauf der Aktien,

c) für die Dividendengutschrift.

5. Bedingt durch den An- und Verkauf von Aktien hat Ihr Mandant im Jahr 01 folgende Geschäftsvorfälle zu buchen:

   a) Er kaufte am 10. Apr. 01 90 Aktien der X-AG zum Stückkurs von 275,00 EUR und behandelte sie als Umlaufvermögen. Bei Ankaufspesen von 1,08 % belastete ihn die Bank mit 25.017,30 EUR.

b) Aufgrund des Beschlusses der Hauptversammlung der X-AG vom 15. Sep. 01 erhielt Ihr Mandant am 2. Okt. 01 eine Dividendengutschrift. Am Tag der Bankgutschrift ging auch die Dividenden- und Steuerbescheinigung ein. Ihr sind folgende Angaben zu entnehmen:

Dividende	1.512,00 EUR
anrechenbare KapESt	302,40 EUR
anrechenbarer SZ	16,63 EUR
Gutschrift	1.192,97 EUR

c) 30 Stück der am 10. Apr. 01 erworbenen Aktien verkaufte er am 25. Nov. 01 zum Stückkurs von 260,00 EUR. Bei 1% Bankprovision und 0,08% Maklergebühr betrug die Bankgutschrift 7.715,76 EUR.

Buchen Sie den gesamten Vorgang.

4.2 Festverzinsliche Wertpapiere

4.2.1 Kauf festverzinslicher Wertpapiere

Werden festverzinsliche Wertpapiere gekauft, geschieht dies grundsätzlich mit Hilfe von Banken und Börsenmaklern an der Börse.

Die Bank erhält für die Weiterleitung des Kaufauftrags an den Börsenmakler eine Provision, der Börsenmakler für die Ausführung des Kaufauftrags eine Maklergebühr (Courtage). Diese Beträge zuzüglich ggf. angefallener Auslagen werden dem Bankonto des Unternehmers neben dem eigentlichen Kaufpreis (Kurswert) der festverzinslichen Papiere belastet.

Nach § 255 Abs. 1 HGB gelten alle diese mit dem Kauf selbst zusammenhängenden Beträge als Anschaffungskosten des festverzinslichen Wertpapiers.

Neben dem festverzinslichen Wertpapier selbst erwirbt der Wertpapierkäufer stets auch den laufenden Zinsschein. Bei Vorlage dieses Zinsscheins erhält der Berechtigte am Zinszahlungstermin die Zinszahlung für den gesamten vorangegangenen Zinszahlungszeitraum.

Die Zinszahlung kann jährlich nachträglich erfolgen. Ist auf dem Zinsschein z. B. Zinszahlung 1. Okt. ganzjährig angegeben, werden die Zinsen für das Zinsjahr 1. Okt. 01 bis zum 30. Sep. 02 nachträglich am 1. Okt. 02 gezahlt.

Häufiger ist allerdings die halbjährlich nachträgliche Zinszahlung. Als Zinszahlungstermine kommen in diesem Fall Januar/Juli (J/J), Februar/August (F/A), März/September (M/S), April/Oktober (A/O), Mai/November (M/N) und Juni/Dezember (J/D) in Betracht. Sind als Zinszahlungstermine z. B. Januar/Juli festgelegt, bedeutet das, dass am 1. Jan. 02 die Zinsen für den Zeitraum 1. Jul. 01 bis 31. Dez. 01 gezahlt werden und am 1. Jul. 02 die Zinszahlung für die Zeit vom 1. Jan. 02 bis zum 30. Jun. 02 erfolgt.

Wird ein festverzinsliches Wertpapier im Laufe eines Zinszahlungszeitraums erworben, stehen dem Käufer tatsächlich nur die Zinsen ab dem 2. Tag nach dem Handelstag bis zum nächsten Zinszahlungstermin zu. Da ihm am Zinszahlungstermin jedoch die Zinsen für den gesamten Zinszahlungszeitraum gutgeschrieben werden, hat er dem Verkäufer des Wertpapiers die Zinsen (Stückzinsen) vom letzten Zinszahlungstermin bis einschließlich einen Tag nach dem Handelstag zu vergüten.

Die Vergütung erfolgt, indem dem Käufer des festverzinslichen Wertpapiers diese Zinsen zusätzlich in Rechnung gestellt werden.

Nach § 20 Abs. 2 EStG i. V. mit H 154 EStR sind diese Zinsen nicht als Aufwand, sondern als negativer Ertrag zu behandeln.

Beispiel:

Der Unternehmer kauft am 29. Jun. 01 8 %-Pfandbriefe im Nennwert von 70.000,00 EUR, Zinstermin A/O, zum Kurs von 97 % zu banküblichen Bedingungen.

Die daraufhin eingehende Abrechnung der Bank sieht wie folgt aus:

Kurswert		67.900,00 EUR
+ Bankprovision	350,00 EUR	
+ Maklergebühr	52,50 EUR	402,50 EUR
Anschaffungskosten		68.302,50 EUR
+ Stückzinsen 8 % für 90 Tage		1.400,00 EUR
Banklastschrift		69.702,50 EUR

Buchungssatz:

	Soll/EUR	Haben/EUR
1348/1510 sonstige Wertpapiere 2650/7100 Zinserträge an 1200/1800 Bank	68.302,50 1.400,00	 69.702,50

Kontrollaufgaben

1. Welche Beträge gehören zu den Anschaffungskosten festverzinslicher Wertpapiere?
2. Warum sind beim Kauf festverzinslicher Wertpapiere Stückzinsen zu berücksichtigen?

Übungen

1. Ihr Mandant kauft 8 %-Bundesanleihen (Wertpapiere UV) im Nennwert von 18.000,00 EUR zum Kurs von 99 %. Über diesen Vorgang erhält er folgende Abrechnung:

Kurswert	17.820,00 EUR
+ Stückzinsen	288,00 EUR
ausmachender Betrag	18.108,00 EUR
+ Maklergebühr	90,00 EUR
+ Provision	13,50 EUR
Banklastschrift	18.211,50 EUR

Bilden Sie den Buchungssatz.

2. Ihr Mandant erwirbt zur vorübergehenden Geldanlage festverzinsliche Wertpapiere im Nennwert von 15.000,00 EUR.

   Wie ist zu buchen, wenn der Abrechnung der Bank die folgenden Angaben zu entnehmen sind:

Kurswert	15.225,00 EUR
+ Stückzinsen	102,08 EUR
ausmachender Betrag	15.327,08 EUR
Maklergebühr	75,00 EUR
Provision	11,25 EUR
Gesamtbetrag	15.413,33 EUR

3. Am 20. Mär. 01 erhält Ihr Mandant die Abrechnung der Bank über den Kauf von 7%-Anleihen (Wertpapiere AV) im Nennwert von 20.000,00 EUR. Ihr sind die folgenden Angaben zu entnehmen:

Kurswert	20.100,00 EUR
+ Maklergebühr	100,00 EUR
+ Provision	15,00 EUR
Anschaffungskosten	20.215,00 EUR
+ Stückzinsen	405,00 EUR
Banklastschrift	20.620,00 EUR

   Buchen Sie den Vorgang.

4.2.2 Laufende Erträge bei festverzinslichen Wertpapieren

Die laufenden Erträge aus dem Besitz festverzinslicher Wertpapiere heißen Zinserträge. Empfänger der Zinsen ist die Person, die am Zinszahlungstermin den Zinsschein besitzt.

Die Auszahlung der Zinsen findet nach Zwischenschaltung eines Kreditinstituts durch Überweisung auf das Bankkonto des Zinsempfängers statt.

Gleichzeitig mit der Bankgutschrift geht dem Empfänger der Zinsen eine Bescheinigung der Bank zu, aus der sich ergibt, dass diese für Rechnung des Zinsempfängers 30 % Kapitalertragsteuer und den Solidaritätszuschlag (5,5 % der Kapitalertragsteuer) einbehalten hat. Diese Beträge werden wie eine Einkommensteuervorauszahlung auf die Einkommensteuer bzw. den Solidaritätszuschlag des Zinsempfängers (ersatzweise des Unternehmers) angerechnet (§ 36 Abs. 2 Ziff. 2 EStG).

Beispiel:

Die halbjährlich nachträglich fälligen Zinsen für einen Pfandbrief im Nennwert von 20.000,00 EUR betragen 800,00 EUR. Sie werden dem betrieblichen Konto nach Abzug der Kapitalertragsteuer (30%) und des Solidaritätszuschlags (13,20 EUR) am 1. Jul. 02 gutgeschrieben.

Buchungssatz:

	Soll/EUR	Haben/EUR
1200/1800 Bank 1800/2100 Privat an 2650/7100 Zinserträge	546,80 253,20	 800,00

Kontrollaufgaben

1. Warum entspricht die Gutschrift für Zinserträge auf dem Kontokorrentkonto nicht der Höhe der Zinserträge?
2. Wie wirkt sich die einbehaltene Kapitalertragsteuer auf die Einkommensteuerabschlusszahlung des Unternehmers aus?

Übungen

1. Für die 8 %-Pfandbriefe im Nennwert von 15.000,00 EUR (Anschaffungskosten 15.238,12 EUR) werden Ihrem Mandanten am 1. Okt. 02 die Zinsen für die Zeit vom 1. Apr. bis zum 30. Sep. 02 gutgeschrieben.

   Wie lautet der Buchungssatz, wenn die Bank 30 % Kapitalertragsteuer und den Solidaritätszuschlag einbehält?
2. Im Mai 01 kaufte Ihr Mandant 7 %-Obligationen im Nennwert von 20.000,00 EUR. Die anfallenden Stückzinsen wurden mit dem Buchungssatz

Zinserträge	150,00 EUR	
an Bank		150,00 EUR

   erfasst.

   Welche Buchung ist vorzunehmen, wenn am 1. Sep. 01 die Halbjahreszinsen für diese Obligationen nach Abzug von 30 % Kapitalertragsteuer und des Solidaritätszuschlags auf dem Bankkonto Ihres Mandanten eingehen?

4.2.3 Verkauf festverzinslicher Wertpapiere

Werden festverzinsliche Wertpapiere verkauft, geschieht dies grundsätzlich an der Börse. Wie beim Kauf ist dies wiederum nicht durch den Unternehmer selbst, sondern nur mit Hilfe der Bank durch einen Börsenmakler möglich.

Die anfallenden Veräußerungskosten, also Bankprovision, Maklergebühr und ggf. Auslagen, hat der Auftraggeber zu tragen.

Gebucht werden diese Aufwendungen im Konto Kosten des Geldverkehrs.

Durch den Verkauf vermindert sich der Bestand an festverzinslichen Wertpapieren. Aus diesem Grunde ist der Buchwert (Anschaffungskosten) der verkauften Wertpapiere aus dem Bestandskonto auszubuchen.

Werden festverzinsliche Wertpapiere zu einem Kurswert verkauft, der über den Anschaffungskosten dieser Wertpapiere liegt, kommt es zu einem Kursgewinn. Wird der Verkauf bei einem Kurswert durchgeführt, der unter den Anschaffungskosten liegt, führt das zu einem Kursverlust.

Kursgewinne werden – da sie Entgelt für eine Kapitalüberlassung darstellen – auf den Konten Erträge aus anderen Wertpapieren oder zinsähnliche Erträge gebucht. Die Buchung von Kursverlusten erfolgt auf dem Konto Verluste aus dem Abgang von Wertpapieren.

Neben dem festverzinslichen Wertpapier selbst wird stets der laufende Zinsschein veräußert. Dieser berechtigt den Wertpapierkäufer, am nächsten Zinszahlungstermin die Zinsen für den gesamten vorangegangenen Zinszahlungszeitraum einzuziehen.

Wird ein festverzinsliches Wertpapier im Laufe eines Zinszahlungszeitraums erworben, stehen dem Verkäufer die Zinsen bis zu dem Tag zu, der auf den Handelstag folgt. Da der Käufer als Inhaber des Zinsscheins am Zinszahlungstermin die Zinsen für den gesamten Zinszahlungszeitraum erhält, hat der Verkäufer einen entsprechenden Vergütungsanspruch.

Die Vergütung erfolgt dadurch, dass dem Verkäufer des festverzinslichen Wertpapiers die anteiligen Zinsen bei der Abrechnung des Wertpapierkaufs gutgeschrieben werden.

Beispiel:

Der Unternehmer verkauft am 29. Jun. 01 8%-Pfandbriefe im Nennwert von 70.000,00 EUR, Zinstermin A/O, zum Kurs von 97% zu banküblichen Bedingungen.

Die Anschaffungskosten dieser Wertpapiere (Buchwert) beliefen sich auf 70.402,50 EUR.

Dem Abrechnungsbeleg der Bank sind die folgenden Angaben zu entnehmen:

Kurswert		67.900,00 EUR
– Bankprovision	350,00 EUR	
– Maklergebühr	52,50 EUR	402,50 EUR
		67.497,50 EUR
+ Stückzinsen 8% für 90 Tage		1.400,00 EUR
Bankgutschrift		68.897,50 EUR

Buchungssatz:

	Soll/EUR	Haben/EUR
1200/1800 Bank	68.897,50	
4970/6855 Kosten des Geldverkehrs	402,50	
2145/7350 Verluste a.d. Abg. von Wertp.	2.502,50	
an 1348/1510 sonstige Wertpapiere		70.402,50
an 2650/7100 Zinserträge		1.400,00

Wertpapiere

Arten	Aktien		festverzinsliche Wertpapiere	
Anschaffungskosten	Kurswert, Bankprovision, Maklergebühr	Beteiligungen, Wertpapiere d. Anlagev., sonstige Wertpapiere	Kurswert, Bankprovision, Maklergebühr	Wertpapiere des Anlagevermögens, sonstige Wertpapiere
Erträge - laufende	Dividenden	Ertr. aus Beteiligungen, Ertr. a. a. Wertpapieren des Anlagevermögens, zinsähnliche Erträge	Zinsen	Erträge a. a. Wertpapieren d. Anlagev., Zinserträge
- bei Veräußerung	ggf. Kursgewinne	zinsähnliche Erträge	ggf. Kursgewinne	Erträge a. a. Wertpapieren d. Anlagev., zinsähnliche Erträge
Aufwendungen bei Veräußerung - immer	Bankprovision, Maklergebühr	Kosten des Geldverkehrs	Bankprovision, Maklergebühr	Kosten des Geldverkehrs
- zusätzlich	ggf. Kursverluste	Verluste aus dem Abgang von Wertp.	ggf. Kursverluste	Verluste aus dem Abgang von Wertp.

Kontrollaufgaben

1. Welche ggf. anfallenden Aufwendungen und Erträge beeinflussen den Erfolg des Unternehmens beim Verkauf festverzinslicher Wertpapiere?

2. Wie wird der
   a) Buchgewinn,
   b) Buchverlust
   beim Verkauf festverzinslicher Wertpapiere berechnet?

Übungen

1. Über den Verkauf von 7%-Obligationen (Wertpapiere UV) im Nennwert von 18.000,00 EUR (Buchwert/Anschaffungskosten 17.500,00 EUR) ist Folgendes bekannt:

Kurswert	18.180,00 EUR
Provision	90,00 EUR
Maklergebühr	13,50 EUR
Zinsen	168,00 EUR
Bankgutschrift	18.244,50 EUR

Bilden Sie den Buchungssatz.

2. Der Buchhalter Ihres Mandanten buchte den Verkauf der festverzinslichen Wertpapiere des Umlaufvermögens folgendermaßen:

Bank	18.185,98 EUR	
an sonstige Wertpapiere		18.185,98 EUR

Welche Korrekturbuchungen ergeben sich, wenn dem Verkaufsvorgang folgende Daten zugrunde liegen:

Nennwert	18.000,00 EUR
Buchwert/Anschaffungskosten	17.950,00 EUR
Kurswert	18.090,00 EUR
Nebenkosten	104,02 EUR
Stückzinsen	200,00 EUR

3. Ihr Mandant verkaufte 8.000,00 EUR 9%-Staatsanleihen, Zinstermin Januar/Juli. Über diesen Verkaufsvorgang erhielt er folgende Verkaufsabrechnung:

Kurswert	7.960,00 EUR
Provision	40,00 EUR
Maklergebühr	6,00 EUR
Zinsen	240,00 EUR
Bankgutschrift	8.154,00 EUR

Der letzte Bilanzansatz (Anschaffungskosten) für diese Wertpapiere des Umlaufvermögens betrug 8.126,46 EUR.

Bilden Sie den Buchungssatz.

4. Ihr Mandant schließt in 02 folgende Wertpapiergeschäfte ab:

   a) Er kauft am 29. Jun. 02 8%-Pfandbriefe (Wertpapiere UV). Zu diesen Wertpapieren ist Folgendes bekannt:

Nennwert	35.000,00 EUR
Kurswert	34.300,00 EUR
+ Maklergebühr	175,00 EUR
+ Provision	26,25 EUR
Anschaffungskosten	34.501,25 EUR
+ Stückzinsen	466,67 EUR
Banklastschrift	34.967,92 EUR

b) Er verkauft einen Teil dieser Wertpapiere am 29. Aug. 02 und erhält folgende Abrechnung:

Nennwert	4.000,00 EUR
Kurswert	4.020,00 EUR
– Provision	20,00 EUR
– Maklergebühr	3,00 EUR
+ Zinsen	26,67 EUR
Bankgutschrift	4.023,67 EUR

Bilden Sie die Buchungssätze.

5. Über den Verkauf von 2.000,00 EUR 9%-Pfandbriefen (Wertpapiere UV), die mit den Anschaffungskosten von 2.045,00 EUR bilanziert wurden, erteilt die Bank Ihrem Mandanten folgende Abrechnung:

Kurswert	1.990,00 EUR
Maklergebühr	1,50 EUR
Provision	10,00 EUR
	1.978,50 EUR
+ Stückzinsen	63,50 EUR
Gesamtbetrag	2.042,00 EUR

Bilden Sie den Buchungssatz.

6. Ihr Mandant verkauft am 20. Aug. 02 25.000,00 EUR 8%-Anleihen (Buchwert/AK 24.766,59 EUR) über seine Hausbank. Der Verkaufsabrechnung entnehmen Sie, dass

– der Kurswert mit	25.125,00 EUR
– die Stückzinsen mit	122,22 EUR
– die Provision mit	125,63 EUR
und	
– die Maklergebühr mit	18,75 EUR

ermittelt wurden.

Wie ist zum 20. Aug. 02 zu buchen, wenn die Anleihen zum Umlaufvermögen gehörten?

7. Einer Ihrer Mandanten hat beim Verkauf festverzinslicher Wertpapiere folgende Abrechnung erhalten:

18.000,00 EUR 7%-Anleihe des Bundes, Kurs 102%		18.360,00 EUR
+ Stückzinsen		105,00 EUR
ausmachender Betrag		18.465,00 EUR
– Maklergebühr	13,50 EUR	
– Provision	91,80 EUR	105,30 EUR
Gutschrift		18.359,70 EUR

Wie lautet der Buchungssatz, wenn die Wertpapiere mit den Anschaffungskosten von 18.500,00 EUR bilanziert wurden?

Hauptabschlussübersicht

Ihr Mandant, ein Großhändler, der seinen Gewinn nach § 5 EStG ermittelt, versteuert seine Umsätze nach vereinbarten Entgelten (USt 16%).

Erstellen Sie in einer Hauptabschlussübersicht die Bilanz und Gewinn- und Verlustrechnung. Gehen Sie von der vorläufigen Saldenbilanz zum 31. Dez. 02 aus. Berücksichtigen Sie die folgenden noch zu buchenden Angaben.

SKR 03

Kto.-Nr.	Kontenbezeichnung	Vorläufige Saldenbilanz I	
		Aktiva	Passiva
0085	Grund und Boden	446.000,00	
0090	Geschäftsgebäude	300.000,00	
0320	Fahrzeuge	105.000,00	
0420	Büroeinrichtung	84.000,00	
0630	Verbindlichkeiten KI		196.000,00
0870	Eigenkapital		593.690,00
0986	Disagio		
1000/1200	Geldkonten	48.720,00	
1300	Besitzwechsel	25.000,00	
1348	sonstige Wertpapiere	76.000,00	
1400	Forderungen LuL	260.000,00	
1500	sonstige VG	15.200,00	
1530	Ford. gegen Personal	3.500,00	
1570	Vorsteuer	12.560,00	
1600	Verbindlichkeiten LuL		431.900,00
1700	sonstige Verb.		12.720,00
1710	erhaltene Anzahlungen		60.000,00
1770	USt		30.860,00
1800	Privat	62.000,00	
2110	Zinsaufwendungen	2.480,00	
2130	Diskontaufwendungen	1.320,00	
2140	zinsähnl. Aufw.	600,00	
2680	zinsähnliche Erträge		21.450,00
2685	zinsähnliche Erträge stfr.		10.000,00
2700	sonstige b. Ertr.		4.300,00
3200	Einkauf von Waren	1.201.780,00	
3700	Nachlässe		19.100,00
3980	Warenbestand	136.000,00	
4100	Aufw. für Personal	87.450,00	
4330	Gewerbesteuer	7.710,00	
4340	sonstige Steuern	10.500,00	
4830	Abschreibungen SA		
4900	andere s. b. Aufw.	63.440,00	
4970	Nebenkosten GV	4.760,00	
8000	Verkaufserlöse		1.568.000,00
8900	Entnahmen § 3 Abs. 1 b		6.000,00
		2.954.020,00	2.954.020,00

1. Die durch Bankscheck geleistete Anzahlung eines Kunden hat Ihr Mandant wie folgt gebucht:

Bank	12.400,00 EUR	
an erhaltene Anzahlungen		12.400,00 EUR

2. Wegen verspäteter Zahlung eines Betrages in Höhe von 25.000,00 EUR wird ein Kunde mit Mahngebühren von 15,00 EUR und Verzugszinsen in Höhe von 166,67 EUR belastet.

3. Nach eigenen Aufzeichnungen hat Ihr Mandant dem Warenlager im Jahre 02 Waren mit einem Ladenverkaufspreis von 6.728,00 EUR für private Zwecke entnommen. Der Einstandspreis betrug 3.000,00 EUR; zum Zeitpunkt der Entnahme hätten für den Einkauf dieser Waren 4.060,00 EUR (incl. 16 % USt) bezahlt werden müssen.

4. Am 30. Jun. 02 hat Ihr Mandant ein Darlehen in Höhe von 200.000,00 EUR aufgenommen: Laufzeit 8 Jahre, Zinssatz 8 %, Disagio 2 %, Tilgungsraten jeweils 12.500,00 EUR. Tilgungsraten und Zinsen werden halbjährlich nachträglich (erstmalig am 31. Dez. 02) dem Bankkonto belastet. Bisher wurde lediglich gebucht:

Bank	196.000,00 EUR	
an Verbindlichkeiten KI		196.000,00 EUR

5. Die Bankgutschrift für eine am 30. Dez. 02 erfolgte Diskontierung eines Besitzwechsels über 10.800,00 EUR ist versehentlich noch nicht gebucht worden. Die Bank berechnete 243,00 EUR Diskont und 20,00 EUR Wechselspesen. Eine Benachrichtigung des Bezogenen nach § 17 UStG ist nicht beabsichtigt.

6. Für die als Betriebsvermögen gehaltenen Aktien (sonstige Wertpapiere) ging auf dem Bankkonto eine Gutschrift in Höhe von 4.123,00 EUR ein. Der vorliegenden Steuerbescheinigung ist zu entnehmen, dass die anrechenbaren Steuerbeträge sich auf 1.102,60 EUR belaufen.

   Bisher wurde lediglich gebucht:

Bank	4.123,00 EUR	
an zinsähnliche Erträge		4.123,00 EUR

7. Ein Kunde begleicht einen Rechnungsbetrag über 30.000,00 EUR durch Akzept. Ihr Mandant rechnet Diskont in Höhe von 7 % für 90 Tage in die Wechselsumme ein (gesonderte Kreditgewährung).

8. Am 15. Dez. 02 wurde einem Angestellten ein Gehaltsvorschuss in Höhe von 1.000,00 EUR bar ausgezahlt. Der Vorschuss soll mit dem Januargehalt 03 verrechnet werden.

   Es fand folgende Buchung statt:

Gehälter	1.000,00 EUR	
an Kasse		1.000,00 EUR

9. Aufgrund einer Mängelrüge erhält Ihr Mandant eine Lieferergutschrift über

netto	1.200,00 EUR
zuzüglich 16 % USt	192,00 EUR
Gesamtbetrag	1.392,00 EUR

10. Ihr Mandant erwarb zur kurzfristigen Geldanlage festverzinsliche Wertpapiere zum Kurswert von 44.000,00 EUR. Die Ankaufsspesen betrugen 594,00 EUR.

    Gebucht wurde:

Wertpapiere Umlaufvermögen	44.000,00 EUR	
Nebenkosten des Geldverkehrs	594,00 EUR	
an Bank		44.594,00 EUR

11. Es sind folgende Abschreibungen vorzunehmen, auf
    a) Geschäftsbauten: 4 %, die Herstellungskosten betrugen 400.000,00 EUR,
    b) Fahrzeuge: 20 %, die Anschaffungskosten betrugen 150.000,00 EUR,
    c) Büroeinrichtung: 10 %, die Anschaffungskosten betrugen 120.000,00 EUR.

12. Das Privatkonto ist abzuschließen.

13. Die USt-Konten sind abzuschließen.

14. Der Abschluss der Warenkonten ist vorzunehmen. Dabei ist ein Warenbestand lt. Inventur zum 31. Dez. 02 in Höhe von 115.000,00 EUR zu berücksichtigen.

15. Zeigen Sie, wie sich die Geschäftsvorfälle 1 bis 11 und 14
    a) auf den Erfolg,
    b) auf die Bilanzsumme

    auswirken.

SKR 04

Kto.-Nr.	Kontenbezeichnung	Vorläufige Saldenbilanz I	
		Aktiva	Passiva
0235	Grund und Boden	446.000,00	
0240	Geschäftsgebäude	300.000,00	
0520	Fahrzeuge	105.000,00	
0650	Büroeinrichtung	84.000,00	
1140	Warenbestand	136.000,00	
1200	Forderungen LuL	260.000,00	
1230	Besitzwechsel	25.000,00	
1300	sonstige VG	15.200,00	
1340	Ford. gegen Personal	3.500,00	
1400	Vorsteuer	12.560,00	
1510	sonstige Wertpapiere	76.000,00	
1600/1800	Geldkonten	48.720,00	
1940	Disagio		
2000	Eigenkapital		593.690,00
2100	Privat	62.000,00	
3150	Verbindlichkeiten KI		196.000,00
3250	erhaltene Anzahlungen		60.000,00
3300	Verbindlichkeiten LuL		431.900,00
3500	sonstige Verb.		12.720,00
3800	USt		30.860,00
4000	Verkaufserlöse		1.568.000,00
4600	Entnahmen § 3 Abs. 1 b		6.000,00
4830	sonstige b. Ertr.		4.300,00
5200	Einkauf von Waren	1.201.780,00	
5700	Nachlässe		19.100,00
6000	Aufw. für Personal	87.450,00	
6220	Abschreibungen SA		
6855	Nebenkosten GV	4.760,00	
6900	andere s. b. Aufw.	63.440,00	
7120	zinsähnliche Erträge		21.450,00
7125	zinsähnliche Erträge stfr.		10000,00
7300	Zinsaufwendungen	2.480,00	
7330	zinsähnl. Aufw.	600,00	
7340	Diskontaufwendungen	1.320,00	
7620	Gewerbesteuer	7.710,00	
7650	sonstige Steuern	10.500,00	
		2.954.020,00	2.954.020,00

Vermischte Übungen

1. Ihr Mandant überweist einem Arbeitnehmer am 31. Jul. 01 den zustehenden Arbeitslohn.
   Für die Buchung der Personalaufwendungen liegen die folgenden Angaben vor:

Gehalt	3.000,00 EUR
LSt/KiSt/SZ	475,00 EUR
Arbeitnehmeranteil zur SV	615,00 EUR
Arbeitgeberanteil zur SV	615,00 EUR

   Buchen Sie den Vorgang.

2. Die Bank führt für Ihren Mandanten den Verkauf von Industrieobligationen durch und überreicht folgende Abrechnung:

20.000,00 EUR Industrieobligationen, Kurs 99,5 %		19.900,00 EUR
+ Stückzinsen 100 Tage/8 %		444,44 EUR
ausmachender Betrag		20.344,44 EUR
– Maklergebühr 0,075 % vom Nennwert	15,00 EUR	
– Provision 0,5 % vom Nennwert	100,00 EUR	115,00 EUR
Gutschrift		20.229,44 EUR

Nehmen Sie die notwendigen Buchungen vor. Gehen Sie davon aus, dass der letzte Bilanzansatz (Anschaffungskosten) der Wertpapiere 20.226,00 EUR betrug.

3. Ein Angestellter Ihres Mandanten erhält am 15. Apr. 01 einen Gehaltsvorschuss (bar) von umgerechnet 1.000,00 EUR, der am Monatsende verrechnet werden soll.

Für die Gehaltsbuchung des Monats April liegen außerdem die folgenden Angaben vor:

Gehalt lt. Tarifvertrag	4.000,00 EUR
Arbeitgeberanteil vL	25,00 EUR
vermögenswirksame Leistungen	40,00 EUR
Lohn-/Kirchensteuer/SZ	600,00 EUR
Arbeitnehmeranteil zur SV	825,45 EUR
einzubehaltende Zinsen für Arbeitgeberdarlehen	160,00 EUR

Der Arbeitgeberanteil zur SV entspricht dem des Arbeitnehmers.

Buchen Sie den gesamten Vorgang bei Banküberweisung des Restbetrages.

4. Die Hausbank schreibt Ihrem Mandanten für die Aktien des Umlaufvermögens die Dividende gut. Eine Bescheinigung über die Abführung von 20 % Kapitalertragsteuer und 5,5 % Solidaritätszuschlag wird ebenfalls ausgehändigt (Gesamtbetrag 2.005,70 EUR).

Dem betrieblichen Bankkonto kann Ihr Mandant entnehmen, dass sich sein Guthaben um 7.500,00 EUR erhöht hat.

Wie ist zu buchen?

5. Der Gehaltsliste für den Monat November 01 sind folgende Angaben zu entnehmen:

Gehalt lt. Tarifvertrag	4.200,00 EUR
– Miete für Werkswohnung (ortsübliche Miete 900,00 EUR)	400,00 EUR
– LSt/KiSt/SZ	933,58 EUR
– SV-Anteil des Arbeitnehmers	963,50 EUR
– vermögenswirksame Leistungen	40,00 EUR
SV-Anteil des Arbeitgebers	963,50 EUR

Wie ist zum 30. Nov. 01 zu buchen, wenn lediglich der verbleibende Restbetrag und die vermögenswirksamen Leistungen durch die Bank überwiesen werden?

6. Ihr Mandant nimmt ein Darlehen im Nennwert von 150.000,00 EUR auf. Es hat eine Laufzeit von 5 Jahren und wird dem betrieblichen Bankkonto mit 141.000,00 EUR gutgeschrieben.

Das Darlehen, das am 1. Jul. 02 bewilligt wurde, ist mit 8 % zu verzinsen. Die während der Laufzeit des Darlehens gleich bleibenden Zinszahlungen sind halbjährlich nachträglich am 30. Jun. bzw. am 31. Dez., die jährlich gleich bleibenden Tilgungszahlungen am 30. Jun. eines jeden Jahres zu leisten.

Wie lauten die Buchungssätze zum 1. Jul. und 31. Dez. 02, wenn der anteilige Disagiobetrag für die Zeit bis zum 31. Dez. 02 1.500,00 EUR beträgt?

7. Ihr Mandant entnimmt seinem Geschäft am 10. Jul. 01 Waren für den privaten Gebrauch. Er hat diese am 2. Feb. 01 für 4.150,00 EUR zuzüglich 664,00 EUR USt bezogen, bietet sie seinen Kunden für 8.500,00 EUR an und kann sie zum Zeitpunkt der Entnahme für 3.980,00 EUR (netto) bei Bezugskosten von 70,00 EUR (netto) erwerben.

   Wie ist zum Zeitpunkt der Entnahme zu buchen?

8. Zum Ausgleich einer Forderung über 6.900,00 EUR erhält Ihr Mandant am 21. Mai 01 einen Kundenwechsel in gleicher Höhe. Da er selbst Zahlungsverpflichtungen hat, gibt er den Wechsel am 23. Mai 01 an seinen Lieferanten weiter. Dieser belastet ihn am 25. Mai 01 mit 91,20 EUR Diskont zuzüglich 14,59 EUR USt.

   Am 27. Mai 01 stellt Ihr Mandant seinem Kunden mit ordnungsmäßiger Rechnung den Diskont von 91,20 EUR und 13,00 EUR Bearbeitungsgebühr sowie 16,67 EUR USt in Rechnung.

   Erstellen Sie sämtliche Buchungssätze. Gehen Sie davon aus, dass eine gesonderte Kreditgewährung nicht vereinbart wurde.

9. Eine Ware hat einen Listeneinkaufspreis von 107,00 EUR. Als Großabnehmer erhält Ihr Mandant (Einzelhändler) darauf 25 % Rabatt. Außerdem kürzt er den Rechnungsbetrag vereinbarungsgemäß stets um 3 % Skonto.

   Wie hoch ist der Gewinn Ihres Mandanten in EUR und Prozent, wenn sein Ladenverkaufspreis 121,04 EUR beträgt, die Geschäftskosten 30 % ausmachen und der Umsatz dem Steuersatz von 16 % unterliegt?

10. Ein Angestellter mit einem tariflichen Arbeitslohn von 4.000,00 EUR benutzt zusätzlich kostenlos einen betrieblichen PKW sowohl für private Fahrten als auch für Fahrten zwischen Wohnung und Arbeitsstätte.

    Der Listenpreis des PKW hat 30.000,00 EUR betragen. Den Aufzeichnungen des Arbeitnehmers ist zu entnehmen, dass er im Abrechnungsmonat neben den betrieblichen Fahrten 1.500 km gefahren ist. Davon entfallen 1.100 km auf reine Privatfahrten und 400 km auf Fahrten zwischen Wohnung und Arbeitsstätte (einfache Entfernung 10 km).

    a) Berechnen Sie den steuerpflichtigen Arbeitslohn.

    b) Bilden Sie die Buchungssätze. Gehen Sie davon aus, dass für LSt/KiSt/SZ ein Betrag von insgesamt 666,40 EUR einzubehalten ist, die SV-Anteile jeweils 20,5 % betragen und der Restbetrag durch die Bank überwiesen wird.

11. Ihr Mandant lieferte einem Kunden eine Maschine, für die er mit ordnungsmäßiger Rechnung vom 3. Dez. 01 einen Betrag von 65.000,00 EUR zuzüglich 10.400,00 EUR USt in Rechnung stellte.

    Auf Anforderung Ihres Mandanten hatte der Kunde

    - am 1. Okt. 01 eine Teilzahlung von 19.000,00 EUR und
    - am 2. Nov. 01 eine Teilzahlung von 10.500,00 EUR

    durch Banküberweisung geleistet. Beide Teilzahlungen wurden buchhalterisch korrekt erfasst. Rechnungen über diese Vorgänge wurden aber nicht erstellt.

    Bilden Sie den Buchungssatz zum 3. Dez. 01.

12. Ein Kunde befindet sich mit mehreren Beträgen, und zwar mit

    14.800,00 EUR, fällig seit 20. Mär. 01,
    22.500,00 EUR, fällig seit 5. Jan. 01 und
    27.300,00 EUR, fällig seit 6. Feb. 01,

    in Zahlungsverzug. Ihr Mandant belastet ihn deshalb bis zum 20. Apr. 01 mit 9,26 % Verzugszinsen.

    a) Welchen Betrag hat der Kunde zu überweisen?
    b) Wie lautet die Buchung bei Rechnungserteilung?

G Sachanlagenbereich

1 Beschaffung von Sachanlagen

Der Einkauf, die Lagerung und der Verkauf von Waren sowie der Einkauf von Roh-, Hilfs- und Betriebsstoffen, deren Lagerung und Weiterverarbeitung zu Fertigerzeugnissen setzen die Nutzung von Sachanlagen voraus. Sachanlagen sind u. a. Grund und Boden, Gebäude, Maschinen, Einrichtungsgegenstände und Fahrzeuge. Um sie nutzen zu können, müssen sie zunächst beschafft werden. Dafür stehen dem Unternehmer verschiedene Möglichkeiten zur Verfügung. Er kann sie z. B. kaufen oder selbst herstellen.

1.1 Anschaffung

Werden Sachanlagen gekauft, heißt das, dass sie gegen Entgelt von einem Dritten erworben, also angeschafft werden. Um die Buchung dieses Anschaffungsvorgangs vornehmen zu können, ist es erforderlich, die Höhe der Anschaffungskosten zu bestimmen.

Nach § 255 Abs. 1 HGB gehören zu den Anschaffungskosten alle Aufwendungen, die geleistet werden müssen, um einen Vermögensgegenstand zu erwerben und ihn in einen betriebsbereiten Zustand zu versetzen, soweit diese Beträge dem Vermögensgegenstand einzeln zugeordnet werden können.

Zu den Anschaffungskosten gehören zunächst der für den Vermögensgegenstand aufgewendete Kaufpreis, aber auch alle zusätzlich anfallenden Aufwendungen, die mit der Anschaffung des Vermögensgegenstandes (Anschaffungsnebenkosten) im Zusammenhang stehen sowie die nachträglich entstehenden Anschaffungskosten. Anschaffungspreisminderungen sind vom Anschaffungspreis abzuziehen, weil die Anschaffungskosten nur aus den tatsächlich geleisteten Aufwendungen bestehen dürfen.

Anschaffungspreis
\+ Anschaffungsnebenkosten
\+ nachträgliche Anschaffungskosten
− Anschaffungspreisminderungen

= Anschaffungskosten

Die gesondert in Rechnung gestellte Umsatzsteuer gehört nicht zu den Anschaffungskosten, wenn sie als Vorsteuer geltend gemacht werden kann (§ 9 b EStG).

Ist die Vorsteuer nicht abziehbar, gehört sie grundsätzlich zu den Anschaffungskosten. Überschreiten die nicht abziehbaren Vorsteuerbeträge jedoch die in § 9 b Abs. 1 Satz 2 EStG genannten Beträge nicht, kann auf ihre Einbeziehung in die Anschaffungskosten verzichtet werden. In diesem Fall darf die nicht abziehbare Vorsteuer als sofort abzugsfähige Betriebsausgabe behandelt werden.[1]

Nicht zu den Anschaffungskosten gehören die mit dem Beschaffungsvorgang zusammenhängenden nicht einzeln zurechenbaren Aufwendungen. Als solche gelten z. B. die Personalaufwendungen für die Einkaufsabteilung, die Kosten des Angebotsvergleichs, die Kosten der Geldbeschaffung sowie die Kosten zur Finanzierung des Kaufpreises (H 32 a EStR).

1 Vgl. S. 400.

1.1.1 Anschaffung unbeweglichen Sachanlagevermögens

Werden unbebaute oder bebaute Grundstücke angeschafft, sind neben dem eigentlichen Kaufpreis u. a. folgende Anschaffungsnebenkosten in die Anschaffungskosten einzurechnen:

- die Grunderwerbsteuer,
- die Notariatskosten für den Grundstückskaufvertrag,
- die Gebühren des Amtsgerichts für die Eintragung des Eigentümerwechsels ins Grundbuch und
- die Provision für den Makler, der den Kaufabschluss vermittelt hat.

Anschaffungspreisminderungen können sich z. B. durch erhaltene Skonti, Gutschriften aufgrund von Mängelrügen, aber auch durch den Zufluss öffentlicher oder privater Zuschüsse ergeben (R 34 Abs. 2 EStR). Werden Zuschüsse als Betriebseinnahmen behandelt, kommt es allerdings nicht zu einer Minderung der Anschaffungskosten.

Beispiel:

Der Unternehmer erwirbt am 18. Mär. 01 ein unbebautes Grundstück für 55.000,00 EUR. Am 15. Apr. 01 erhält er den Steuerbescheid über 1.925,00 EUR Grunderwerbsteuer, am 20. Apr. 01 eine Rechnung über angefallene Notariatsgebühren in Höhe von 600,00 EUR zuzüglich 96,00 EUR USt und am 25. Apr. 01 – für die Eintragung des Eigentumswechsels ins Grundbuch – eine Gebührenrechnung des Amtsgerichts über 100,00 EUR.

Sämtliche Beträge werden am 20. Mai 01 durch Banküberweisung bezahlt.

Buchungssätze:

	Soll/EUR	Haben/EUR
18. Mär. 01		
0065/0215 unbebaute Grundstücke	55.000,00	
an 1600/3300 Verb. LuL		55.000,00
15. Apr. 01		
0065/0215 unbebaute Grundstücke	1.925,00	
an 1700/3500 sonst. Verb.		1.925,00
20. Apr. 01		
0065/0215 unbebaute Grundstücke	600,00	
1570/1400 Vorsteuer	96,00	
an 1600/3300 Verb. LuL		696,00
25. Apr. 01		
0065/0215 unbebaute Grundstücke	100,00	
an 1700/3500 sonst. Verb.		100,00
20. Mai 01		
1600/3300 Verb. LuL	55.696,00	
1700/3500 sonst. Verb.	2.025,00	
an 1200/1800 Bank		57.721,00

Wird ein bebautes Grundstück angeschafft, sind die entsprechend berechneten Anschaffungskosten in einen Teil, der auf das Grundstück ohne Gebäude entfällt und einen Teil, der auf das Gebäude entfällt, aufzuteilen. Dieser Schritt ist erforderlich, weil die Abschreibung grundsätzlich nur von den Anschaffungskosten berechnet werden darf, die auf das Gebäude selbst entfallen.

Beispiel:

Ein Unternehmer kauft ein mit einem Verwaltungsgebäude bebautes Grundstück für 360.000,00 EUR und bezahlt dieses sofort durch Banküberweisung. Der Grund-und-Boden-Anteil beträgt 25%.

Buchungssatz:

	Soll/EUR	Haben/EUR
0085/0235 bebaute Grundstücke	90.000,00	
0090/0240 Geschäftsbauten	270.000,00	
an 1200/1800 Bank		360.000,00

Als Notariatsgebühren für diesen Kauf werden dem Unternehmer 2.400,00 EUR zuzüglich 384,00 EUR USt in Rechnung gestellt.

Buchungssatz:

	Soll/EUR	Haben/EUR
0085/0235 bebaute Grundstücke	600,00	
0090/0240 Geschäftsbauten	1.800,00	
1570/1400 Vorsteuer	384,00	
an 1600/3300 Verb. LuL		2.784,00

Die Überweisung der Grunderwerbsteuer in Höhe von 12.600,00 EUR erfolgt sofort nach Eingang des Steuerbescheides durch Banküberweisung.

Buchungssatz:

	Soll/EUR	Haben/EUR
0085/0235 bebaute Grundstücke	3.150,00	
0090/0240 Geschäftsbauten	9.450,00	
an 1200/1800 Bank		12.600,00

Die Grundbuchgebühren in Höhe von 800,00 EUR werden sofort nach Rechnungseingang bar bezahlt.

Buchungssatz:

	Soll/EUR	Haben/EUR
0085/0235 bebaute Grundstücke	200,00	
0090/0240 Geschäftsbauten	600,00	
an 1000/1600 Kasse		800,00

Fallen nach der Anschaffung des bebauten Grundstücks weitere werterhöhende Aufwendungen an, so ist zu unterscheiden zwischen

- Aufwendungen, die den Grund und Boden betreffen und
- Aufwendungen, die dem Gebäude zuzurechnen sind.

Verlangt die Gemeinde vom Grundstückseigentümer z. B. noch Zuschüsse zum Bau einer Ortsstraße, handelt es sich bei diesen ausschließlich um Anschaffungskosten des Grund und Bodens.

Erfolgt nach dem Kauf eines unbebauten oder bebauten Grundstücks die Bebauung des unbebauten Grundstücks bzw. ein Umbau oder Ausbau des Gebäudes, so sind die entstandenen Aufwendungen grundsätzlich nachträgliche Anschaffungskosten. Aus steuerrechtlicher Sicht gelten diese jedoch als Herstellungskosten des Gebäudes.

Beispiel:

Nachdem das Dachgeschoss des Firmengebäudes ausgebaut worden ist, trifft die Rechnung des Bauunternehmers in Höhe von 60.000,00 EUR zuzüglich 9.600,00 EUR USt ein.

Buchungssatz:

	Soll/EUR	Haben/EUR
0090/0240 Geschäftsbauten 1570/1400 Vorsteuer an 1600/3300 Verb. LuL	60.000,00 9.600,00	 69.600,00

Der Rechnungsausgleich erfolgt nach Abzug von 2 % Skonto durch Banküberweisung.

Buchungssatz:

	Soll/EUR	Haben/EUR
1600/3300 Verb. LuL an 1200/1800 Bank an 0090/0240 Geschäftsbauten an 1570/1400 Vorsteuer	69.600,00	 68.208,00 1.200,00 192,00

Liegt der in Rechnung gestellte Betrag für eine einzelne Baumaßnahme nicht über 2.050,00 EUR[1] (netto), ist nicht zu prüfen, ob es sich um Herstellungskosten oder um Erhaltungsaufwand handelt (R 157 Abs. 3 EStR). Auf Antrag werden solche Aufwendungen als Erhaltungsaufwand und damit als sofort abzugsfähige Betriebsausgaben behandelt.

Beispiel:

Auf Anweisung der Berufsgenossenschaft wurde eine Duschkabine ins Geschäftsgebäude eingebaut. Die daraufhin eingehende Rechnung lautet auf 1.900,00 EUR zuzüglich 304,00 EUR USt.

Buchungssatz:

	Soll/EUR	Haben/EUR
4620/6335 Inst. betrieblicher Räume 1570/1400 Vorsteuer an 1600/3300 Verb. LuL	1.900,00 304,00	 2.204,00

oder

Buchungssatz:

	Soll/EUR	Haben/EUR
0090/0240 Geschäftsbauten 1570/1400 Vorsteuer an 1600/3300 Verb. LuL	1.900,00 304,00	 2.204,00

1 Errechneter Wert.

Kontrollaufgaben

1. Was ist unter dem Begriff Anschaffung zu verstehen?
2. Aus welchen Beträgen setzen sich die Anschaffungskosten zusammen?
3. Nennen Sie Beispiele für Anschaffungsnebenkosten und Kaufpreisminderungen, die bei der Anschaffung unbeweglicher Wirtschaftsgüter des Anlagevermögens anfallen können.
4. Aus welchem Grund sind die beim Kauf eines bebauten Grundstücks anfallenden Nebenkosten aufzuteilen?
5. Wie hat die Aufteilung der Nebenkosten (4.) zu erfolgen?

Übungen

1. Um eine zusätzliche Lagerhalle errichten zu können, erwarb Ihr Mandant am 5. Sep. 02 ein Nachbargrundstück. In diesem Zusammenhang fielen folgende Aufwendungen an:

Kaufpreis	44.000,00 EUR
Grunderwerbsteuer	1.540,00 EUR
Notargebühren für die Beurkundung des Kaufvertrages	900,00 EUR
Gebühren des Amtsgerichts für die Änderungseintragung im Grundbuch	250,00 EUR
insgesamt	46.690,00 EUR

   Der Rechnung des Notars ist außerdem noch ein USt-Betrag von 144,00 EUR zu entnehmen.

   Es wurde bereits gebucht:

unbebaute Grundstücke	44.000,00 EUR	
an Bank		44.000,00 EUR

   Welche Buchung muss noch erfolgen, wenn sämtliche Beträge durch Banküberweisung beglichen wurden?

2. Im Zusammenhang mit der Anschaffung eines unbebauten Grundstücks fielen verschiedene Beträge an:

   a) der Kaufpreis, der sofort durch Banküberweisung beglichen wurde. Er wurde gebucht:

unbebaute Grundstücke	80.000,00 EUR	
an Bank		80.000,00 EUR

   b) die Gebühren des Notars, über die eine ordnungsmäßige Rechnung vorliegt. Sie wurden gebucht:

Rechts- und Beratungsk.	1.250,00 EUR	
Vorsteuer	200,00 EUR	
an Verbindlichkeiten LuL		1.450,00 EUR

   c) die Gebühren des Amtsgerichts, die sofort vom Postbankkonto überwiesen wurden. Sie wurden gebucht:

sonstige b. Aufwendungen	380,00 EUR	
an Postbank		380,00 EUR

   d) die an das Finanzamt zu zahlende Grunderwerbsteuer. Sie wurde gebucht:

sonstige Steuern	2.800,00 EUR	
an sonst. Verb.		2.800,00 EUR

   Nehmen Sie die ggf. erforderlichen Korrekturbuchungen vor.

3. Am 20. Apr. 01 kauft Ihr Mandant ein Betriebsgebäude. Der Kaufpreis beträgt 800.000,00 EUR, der darin enthaltene Grundstücksanteil 30 %.

   Nachdem die Eintragung ins Grundbuch erfolgt ist, wird der Kaufpreis am 15. Mai 01 durch Banküberweisung bezahlt.

   Außerdem sind folgende Sachverhalte zu beachten:

   - Am 20. Mai 01 geht der Grunderwerbsteuerbescheid über 28.000,00 EUR ein.
   - Mit Rechnung vom 30. Apr. 01 verlangt ein Makler für seine Vermittlungsleistungen 24.000,00 EUR zuzüglich 3.840,00 EUR USt.
   - Für die Beurkundung des Grundstückskaufvertrags fordert der Notar mit Rechnung vom 2. Mai 01 einen Betrag von 16.000,00 EUR zuzüglich 2.560,00 EUR USt.
   - Die Abrechnung über die Gebühren des Amtsgerichts in Höhe von 680,00 EUR geht am 30. Apr. 01 ein.

   Wie hat Ihr Mandant zu buchen?

4. Ihr Mandant kauft am 18. Mär. 01 ein Bürogebäude für 360.000,00 EUR und bezahlt den Kaufpreis durch Banküberweisung.

   Für Notariatsarbeiten werden Ihrem Mandanten am 28. Mär. 01 2.400,00 EUR zuzüglich 384,00 EUR USt in Rechnung gestellt. Die Grunderwerbsteuer, die sofort nach Eingang des Steuerbescheids am 30. Mär. 01 durch Postscheck bezahlt wird, beläuft sich auf 12.600,00 EUR. Außerdem verlangt das Amtsgericht für die Eintragung des Eigentumswechsels am 10. Apr. 01 einen Betrag in Höhe von 800,00 EUR.

   Wie ist zu buchen, wenn der Grundstücksanteil lt. Auskunft des Finanzamts mit 25 % der Anschaffungskosten zu berücksichtigen ist?

5. Auf einem unbebauten betrieblichen Grundstück, das zum 31. Dez. 01 mit 30.000,00 EUR bilanziert und bisher als Lagerplatz genutzt wurde, errichtet Ihr Mandant im Jahr 02 ein Fabrikgebäude. Der ordnungsmäßigen Eingangsrechnung für diese Arbeiten ist ein Betrag von 400.000,00 EUR zuzüglich 64.000,00 EUR USt zu entnehmen.

   Der Rechnungsausgleich erfolgt nach Abzug von 2 % Skonto durch Banküberweisung.

   Bilden Sie die Buchungssätze.

6. Ihr Mandant, der einen Werkzeuggroßhandel betreibt, erwarb im Jahr 01 ein unbebautes Grundstück. Es hat eine Größe von 7.500 m^2 und soll für betriebliche Zwecke genutzt werden.

   Lt. Kaufvertrag betrug der Kaufpreis 225.000,00 EUR. Der Notar verlangte für die Beurkundung des Grundstückskaufs 1.800,00 EUR zuzüglich 288,00 EUR USt, das Amtsgericht für die Eintragung ins Grundbuch 720,00 EUR. Diese Beträge wurden durch den Verkauf einiger privat angeschaffter Kunstgegenstände finanziert. Eine Buchung fand bisher nicht statt.

   Außerdem wurde die Grunderwerbsteuer in Höhe von 7.875,00 EUR sowie die Maklergebühr in Höhe von 6.750,00 EUR zuzüglich 1.080,00 EUR USt durch Banküberweisung gezahlt. Dies wurde wie folgt gebucht:

sonstige Steuern	7.875,00 EUR	
sonstige betriebl. Aufw.	6.750,00 EUR	
Vorsteuer	1.080,00 EUR	
an Bank		15.705,00 EUR

   Nehmen Sie die ggf. noch erforderlichen Buchungen vor.

7. Von Ihrem Mandanten, der im Jahr 01 ein Grundstück für 200.000,00 EUR erworben und im selben Jahr darauf ein Betriebsgebäude mit Herstellungskosten von 800.000,00 EUR errichtet hat, wurden im Jahr 02 noch folgende Beträge angefordert:

   - 80.000,00 EUR zuzüglich 12.800,00 EUR USt für einen im Juni 01 durchgeführten Dachausbau,
   - 7.000,00 EUR Grunderwerbsteuer lt. Steuerbescheid vom 12. Juli 02,

- 4.800,00 EUR zuzüglich 768,00 EUR USt für die im September 01 eingebauten Duschkabinen im Erdgeschoss,
- 50.000,00 EUR Straßenanliegerbeitrag lt. Heranziehungsbescheid der Gemeinde vom 2. Okt. 02.

Wie ist zu buchen, wenn sämtliche in 02 angefallenen Beträge sofort durch Banküberweisung bezahlt werden?

8. Am 20. Apr. 01 kauft Ihr Mandant ein Betriebsgebäude. Der Kaufpreis beträgt 800.000,00 EUR, der darin enthaltene Grundstücksanteil 20 %.

Nachdem die Eintragung ins Grundbuch erfolgt ist, wird der Kaufpreis am 15. Mai 01 durch Banküberweisung bezahlt.

Außerdem sind folgende Sachverhalte zu beachten:

- Am 20. Mai 01 geht der Grunderwerbsteuerbescheid über 28.000,00 EUR ein.
- Mit Rechnung vom 30. Apr. 01 verlangt ein Makler für seine Vermittlungsleistungen 24.000,00 EUR zuzüglich 3.840,00 EUR USt.
- Für die Beurkundung des Grundstückskaufvertrags fordert der Notar mit Rechnung vom 2. Mai 01 einen Betrag von 16.000,00 EUR zuzüglich 2.560,00 EUR USt. Außerdem sendet er Ihrem Mandanten für die Beurkundung einer Grundschuld eine Rechnung über 1.000,00 EUR zuzüglich 160,00 EUR USt zu.
- Die Abrechnung über die Gebühren des Amtsgerichts in Höhe von 680,00 EUR geht am 30. Apr. 01 ein. Von diesen entfallen 100,00 EUR auf die Eintragung einer Grundschuld.
- Zur Begleichung des Grundstückskaufpreises muss ein Bankdarlehen aufgenommen werden. Dieses wird dem Bankguthabenkonto am 14. Mai 01 gutgeschrieben.

Wie hat Ihr Mandant zu buchen?

9. Ihr Mandant erwarb im Jahr 01 ein bebautes Grundstück für eigengewerbliche Zwecke. Bis zum 31. Dez. 01 fielen für dieses Grundstück die folgenden Beträge an: Für

den Kauf des Grund und Bodens		160.000,00 EUR
des Gebäudes		640.000,00 EUR
Grunderwerbsteuer		28.000,00 EUR
die Schätzung des Beleihungswertes	4.000,00 EUR	
+ 16 % USt	640,00 EUR	4.640,00 EUR
Notariatskosten		
– zur Beurkundung des Kaufvertrages	12.000,00 EUR	
+ 16 % USt	1.920,00 EUR	13.920,00 EUR
– zur Eintragung einer Grundschuld	5.000,00 EUR	
+ 16 % USt	800,00 EUR	5.800,00 EUR
die Eintragung des neuen Eigentümers ins Grundbuch		1.760,00 EUR
der Grundschuld ins Grundbuch		880,00 EUR

Weil Ihr Mandant nicht wusste, wie er diesen Fall buchen sollte, fand bisher keine Buchung statt.

Holen Sie diese Arbeit nach.

10. Im Zusammenhang mit dem Kauf eines Bürogebäudes zum 1. Jan. 03 sind folgende Angaben zu berücksichtigen:

vereinbarter Kaufpreis (Grund und Boden 20%)		1.900.000,00 EUR
Notariatskosten für den Kauf		18.000,00 EUR
	+ 16% USt	2.880,00 EUR
	für die Grundschuld	3.000,00 EUR
	+ 16% USt	480,00 EUR
Grundbuchkosten für die Eintragung des Grundstücks		1.400,00 EUR
	für die Eintragung der Grundschuld	750,00 EUR
Grunderwerbsteuer		66.500,00 EUR

Nachdem Ihr Mandant zum 1. Jan. 03 ein Darlehen in Höhe von 1.500.000,00 EUR aufgenommen hat, werden am 2. Feb. 03 sämtliche Beträge durch Überweisung vom Bankkonto Ihres Mandanten beglichen.

Bilden Sie die Buchungssätze zum 1. Jan. und 2. Feb. 03.

11. Mit notariellem Vertrag vom 5. Dez. 01 erwarb Ihr Mandant ein Bürogebäude mit dem dazugehörigen Grund und Boden. In diesem Zusammenhang fielen die folgenden Beträge an:

Kaufpreis lt. Vertrag 400.000,00 EUR zuzüglich 64.000,00 EUR USt, Maklergebühren 12.000,00 EUR zuzüglich 1.920,00 EUR USt, Grunderwerbsteuer 16.240,00 EUR.

Notariatsgebühren

- für den Kaufvertrag 4.000,00 EUR zuzüglich 640,00 EUR USt,
- für die Bestellung einer Briefgrundschuld 1.500,00 EUR zuzüglich 240,00 EUR USt.

Grundbuchkosten

- für den Kauf 450,00 EUR,
- für die Eintragung der Grundschuld 280,00 EUR.

Bilden Sie die Buchungssätze für das Jahr 01. Gehen Sie davon aus, dass

a) der Grund-und-Boden-Anteil 20% beträgt,
b) ein Darlehensbetrag in Höhe von 340.000,00 EUR aufgenommen und auf das betriebliche Bankkonto überwiesen wird und
c) der Ausgleich sämtlicher Eingangsrechnungen durch Banküberweisung erfolgt.

Exkurs: Effektivverzinsung bei Gebäuden

Will der Unternehmer Grundvermögen anschaffen, überprüft er, ob ein solcher Erwerb vorteilhaft (rentabel) ist. Er ermittelt zu diesem Zweck die voraussichtlichen Erträge und Aufwendungen des Jahres sowie den voraussichtlichen Überschuss. Berechnet er auch noch, wie viel Prozent des eingesetzten Eigenkapitals der Überschuss ausmacht, stellt er den effektiven Zinssatz fest.

Beispiel:

Für ein Bürogebäude muss bei monatlichen Mieteinnahmen von 5.000,00 EUR (bei eigenbetrieblicher Nutzung eine entsprechende Mietersparnis) mit folgenden Aufwendungen gerechnet werden:

- Versicherungen, monatlich 280,00 EUR,
- Reparaturen, jährlich durchschnittlich 6.600,00 EUR,
- AfA 3%,

- Zinsen 1. Grundschulddarlehen: 200.000,00 EUR zu 7%,
  2. Grundschulddarlehen: 150.000,00 EUR zu 8%.

Die Anschaffungskosten des Grund und Bodens werden 190.000,00 EUR, die Herstellungskosten des Bürogebäudes 510.000,00 EUR betragen.

Lösung:

	EUR	EUR
Mieteinnahmen		60.000,00
Versicherungen	3.360,00	
Reparaturen	6.600,00	
AfA	15.300,00	
Zinsen: 7% von 200.000,00 EUR	14.000,00	
8% von 150.000,00 EUR	12.000,00	51.260,00
Eigenkapitalverzinsung		8.740,00
Grund und Boden		190.000,00
Gebäude		510.000,00
Anschaffungs-/Herstellungskosten		700.000,00
– 1. Grundschulddarlehen		200.000,00
– 2. Grundschulddarlehen		150.000,00
Eigenkapital		350.000,00

$$\text{Effektivverzinsung} = \frac{8.740{,}00 \cdot 100}{350.000{,}00} = 2{,}5\,(\%)$$

Übungen

1. Ermitteln Sie, wie hoch der Anschaffungspreis eines Geschäftsgebäudes höchstens sein darf, wenn von folgenden Werten auszugehen ist:
   - monatliche Mietersparnis 6.250,00 EUR,
   - 1. Grundschulddarlehen 320.000,00 EUR, Zinsen 7% nachträglich,
   - 2. Grundschulddarlehen 130.000,00 EUR, Zinsen 7,75% nachträglich,
   - Grundbesitzabgaben 650,00 EUR vierteljährlich,
   - (geschätzte) AfA 10.500,00 EUR,
   - erwartete Instandhaltung, jährlich 3.500,00 EUR,
   - Mindestverzinsung des eingesetzten Eigenkapitals 5%.

2. Für ein Wohngebäude sind im Jahr 03 bei monatlichen Mieteinnahmen von 3.600,00 EUR die folgenden Aufwendungen angefallen:
   - nicht umlegbare Hausausgaben, monatlich 150,00 EUR,
   - Reparaturen, jährlich 2.400,00 EUR,
   - AfA 5%,
   - Zinsen 1. Grundschulddarlehen 150.000,00 EUR zu 6% nachträglich,
   - Zinsen 2. Grundschulddarlehen 120.000,00 EUR zu 7% nachträglich.

   Ermitteln Sie die Rentabilität des eingesetzten Eigenkapitals bei Anschaffungskosten des Grund und Bodens von 120.000,00 EUR und Herstellungskosten des Gebäudes von 350.000,00 EUR.

3. Ihr Mandant möchte ein Bürogebäude zum Preis von 482.600,00 EUR erwerben. Die Finanzierung soll durch 240.000,00 EUR Eigenkapital und durch zwei Grundschulddarlehen erfolgen. Zu diesen ist Folgendes bekannt:
   - 1. Grundschulddarlehen 180.000,00 EUR, Auszahlung 99 %, Zinsen 7 % nachträglich,
   - 2. Grundschulddarlehen, Auszahlung 92 %.

   Welcher Zinssatz darf für das zweite Grundschulddarlehen höchstens vereinbart werden, wenn jährlich insgesamt nicht mehr als 17.752,00 EUR Zinsen anfallen sollen?

4. Ihr Mandant beabsichtigt, ein Vierfamilienhaus zu kaufen. Die monatlichen Mieteinnahmen einschließlich der Umlage für die Zentralheizung schätzt er auf 2.800,00 EUR. Auf dem Haus lasten bereits Schulden, die er übernehmen kann, und zwar ein
   - 1. Grundschulddarlehen in Höhe von 80.000,00 EUR zu 6 % Zinsen nachträglich,
   - 2. Grundschulddarlehen in Höhe von 70.000,00 EUR zu 7 % Zinsen nachträglich.

   Außerdem wird mit folgenden weiteren Aufwendungen gerechnet:

- Grundsteuer, vierteljährlich	250,00 EUR,
- Heizungskosten, jährlich	4.200,00 EUR,
- Abschreibung, jährlich	7.000,00 EUR.

   Welches Kapital darf Ihr Mandant höchstens anlegen, wenn es sich mit 6 % verzinsen soll?

5. Ein Mietwohngebäude mit Anschaffungskosten von 650.000,00 EUR ist folgendermaßen finanziert:
   - Eigenkapital 200.000,00 EUR,
   - 1. Grundschulddarlehen in Höhe von 250.000,00 EUR zu 6 % Zinsen nachträglich,
   - 2. Grundschulddarlehen in Höhe von 200.000,00 EUR zu 7 % Zinsen nachträglich.

   Für Reparaturen, Abschreibungen usw. rechnet Ihr Mandant jährlich mit einem Betrag von 16.000,00 EUR. Außerdem erwartet er monatliche Mieteinnahmen von 3.900,00 EUR.

   Wie verzinst sich das eingesetzte Eigenkapital, wenn die Annahmen zutreffend sind?

6. Ihrem Mandanten wird ein Mietwohngebäude zum Kauf angeboten. Der Kaufpreis soll 380.000,00 EUR betragen. Für Grunderwerbsteuer, Notargebühren und die Grundbucheintragung würden zusätzlich 12.000,00 EUR anfallen.

   Zur Finanzierung des Gebäudekaufs können die auf dem Gebäude lastenden Schulden übernommen werden, und zwar
   - 1. Grundschulddarlehen 100.000,00 EUR zu 5,5 % Zinsen nachträglich,
   - 2. Grundschulddarlehen 150.000,00 EUR zu 6 % Zinsen nachträglich.

   Außerdem ist mit folgenden Aufwendungen zu rechnen:

- Grundbesitzabgaben, vierteljährlich	350,00 EUR,
- Instandhaltung, jährlich	3.000,00 EUR,
- Abschreibung, jährlich	7.840,00 EUR.

   Wie hoch müssten die jährlichen Mieteinnahmen sein, wenn sich das einzusetzende Eigenkapital mit 6 % verzinsen soll?

7. Ihr Mandant beabsichtigt, ein Geschäftsgebäude für 460.000,00 EUR zu erwerben. Der Kauf soll finanziert werden durch

- Eigenkapital in Höhe von 100.400,00 EUR,
- ein 1. Grundschulddarlehen über 150.000,00 EUR, Auszahlung 96 %, Zinsen 6 % nachträglich,
- ein 2. Grundschulddarlehen in Höhe des Restbetrages, Auszahlung 98 %.

Welcher Zinssatz darf höchstens für das zweite Darlehen vereinbart werden, wenn insgesamt nicht mehr als 18.900,00 EUR Zinsen gezahlt werden sollen?

8. Ihr Mandant stellt Ihnen für das Jahr 03 folgende Zahlen über sein Mehrfamilienhaus zur Verfügung:

- Anschaffungskosten des Grund und Bodens in 01	98.000,00 EUR,
- Herstellungskosten des Gebäudes in 02	562.000,00 EUR,
- 1. Grundschulddarlehen 180.000,00 EUR, Zinsen 6 % nachträglich,	
- 2. Grundschulddarlehen 210.000,00 EUR, Zinsen 7 % nachträglich,	
- Mieteinnahmen für Kaltmiete, monatlich	3.600,00 EUR,
- Reparaturen, jährlich	1.200,00 EUR,
- nach den Mietverträgen nicht umlegbare Hausabgaben	1.300,00 EUR,
- Abschreibung 2 %.	

Ermitteln Sie die Rentabilität des eingesetzten Eigenkapitals.

9. Ihr Mandant erwirbt ein Gebäude mit Anschaffungskosten von 500.000,00 EUR. Es wird durch 290.000,00 EUR Eigenkapital und durch Übernahme einer bereits auf dem Grundstück lastenden, mit 8 % nachträglich zu verzinsenden Darlehensschuld in Höhe von 210.000,00 EUR finanziert.

Außer den Zinsen fallen jährlich 6.000,00 EUR Aufwendungen für Instandhaltung, 2 % Abschreibung von 400.000,00 EUR sowie 4.000,00 EUR Steuern und Abgaben an.

Das Darlehen ist jährlich mit 3 % zu tilgen. Die monatlichen Mieteinnahmen betragen 5.800,00 EUR.

Mit wie viel Prozent verzinst sich das Eigenkapital im Jahr der Anschaffung?

10. Ihr Mandant hat die Möglichkeit, ein Mehrfamilienhaus, dessen Anschaffungskosten sich auf 520.000,00 EUR belaufen werden, zu erwerben. Nach den Angaben des jetzigen Gebäudeeigentümers belaufen sich die Mieteinnahmen zurzeit auf jährlich 64.278,00 EUR und die nicht umlagefähigen Gebäudeaufwendungen (einschließlich der Abschreibungen) auf 20.200,00 EUR.

Den Kauf könnte Ihr Mandant durch eigene Mittel in Höhe von 100.000,00 EUR sowie zwei Grundschulddarlehen finanzieren.

Zum ersten Grundschulddarlehen liegen folgende Angaben vor:

- Nennwert	312.000,00 EUR
- Zinsen	7 % nachträglich
- Auszahlung	97 %
- Laufzeit	10 Jahre
- Tilgung	in einer Summe am Ende der Laufzeit

Zum zweiten Darlehen liegen noch keine Angaben vor.

Berechnen Sie

a) die Höhe des zweiten Darlehens, das zu 100 % ausgezahlt werden soll,

b) den Zinssatz für dieses Darlehen, wenn sich die eingesetzten eigenen Mittel noch mindestens mit 5 % verzinsen sollen.

1.1.2 Anschaffung beweglichen abnutzbaren Sachanlagevermögens

1.1.2.1 Grundsätzliche Vorgehensweise

Werden technische Anlagen, Maschinen, Einrichtungsgegenstände oder Fahrzeuge angeschafft, sind neben dem eigentlichen Kaufpreis ggf. die folgenden Anschaffungsnebenkosten in die Anschaffungskosten einzurechnen:

Bei technischen Anlagen, Maschinen und Einrichtungsgegenständen die

- Transportkosten,
- Verpackungskosten,
- Einfuhrzölle,
- Fundamentierungskosten,
- Montagekosten,
- Abbruchkosten der alten Anlage.

Bei Fahrzeugen die

- Überführungskosten,
- Einfuhrzölle,
- Zubehörkosten (Autoradio, Autotelefon),
- Kosten des Kfz-Briefs,
- Zulassungskosten und,

wenn ein Fahrzeug nach dem 31. Mär. 1999 angeschafft worden ist und auch für den privaten Bedarf des Unternehmers oder für andere unternehmensfremde Zwecke verwendet wird, die Hälfte der Vorsteuerbeträge, die auf die Anschaffung des Fahrzeugs entfallen (§ 15 Abs. 1 b UStG, § 9 b EStG).

Als nachträgliche Anschaffungskosten sind z. B. Aufwendungen für Ergänzungsgeräte und Erweiterungen der Sachanlagen zu berücksichtigen.

Zu Anschaffungspreisminderungen kommt es durch Gutschriften, Rücksendungen, erhaltene Boni und erhaltene Skonti.

Zuschüsse von Dritten mindern die Anschaffungskosten nur, wenn sie nicht erfolgswirksam gebucht werden.

Beispiel:

Der Unternehmer kauft einen neuen PKW und erhält über diesen Vorgang folgende Rechnung:

1 PKW, Modell AX	40.000,00 EUR
Überführungskosten	600,00 EUR
Kfz-Brief	20,00 EUR
Nummernschilder	25,00 EUR
	40.645,00 EUR
+ 16% USt	6.503,20 EUR
	47.148,20 EUR
Verauslagte Kosten:	
Zulassungsgebühren	70,00 EUR
Rechnungsbetrag	47.218,20 EUR

Bei den verauslagten Kosten handelt es sich um einen durchlaufenden Posten, d. h. um einen Betrag, den der Unternehmer im Namen und für Rechnung eines anderen vereinnahmt oder verausgabt hat. Dieser gehört nicht zum Entgelt (§ 10 Abs. 1 Satz 5 UStG), wenn er in der Rechnung gesondert ausgewiesen ist.

Buchungssatz:

	Soll/EUR	Haben/EUR
0320/0520 PKW	40.715,00	
1570/1400 Vorsteuer	6.503,20	
an 1600/3300 Verb. LuL		47.218,20

Der Rechnungsausgleich erfolgt nach Abzug von 3% Skonto, berechnet vom Rechnungsbetrag ohne die verauslagten Kosten, durch Banküberweisung.

Buchungssatz:

	Soll/EUR	Haben/EUR
1600/3300 Verb. LuL an 1200/1800 Bank an 0320/0520 PKW an 1570/1400 Vorsteuer	47.218,20	 45.803,75 1.219,35 195,10

Selbstständig nutzbare, bewegliche abnutzbare Wirtschaftsgüter mit Anschaffungskosten von nicht mehr als 410,00 EUR gelten als **geringwertige Wirtschaftsgüter** (§ 6 Abs. 2 EStG).

Die Höhe der Anschaffungskosten dieser Wirtschaftsgüter ist wie bei den anderen Wirtschaftsgütern des Anlagevermögens zu ermitteln. Bei der Prüfung, ob die 410-EUR-Grenze überschritten ist, bleiben Vorsteuerbeträge, gleichgültig, ob diese abziehbar oder nicht abziehbar sind, außer Acht. Es ist also stets der Nettowert maßgebend (R 86 Abs. 5 EStR).

Zur Erfassung der geringwertigen Wirtschaftsgüter wird das Konto geringwertige Wirtschaftsgüter eingerichtet.

1.1.2.2 Anschaffung auch privat genutzter Fahrzeuge

Werden Fahrzeuge angeschafft, die sowohl betrieblich als auch privat genutzt werden, besteht nur noch die Möglichkeit, 50% der in Rechnung gestellten Umsatzsteuer als abziehbare Vorsteuer geltend zu machen (§ 15 Abs. 1b UStG). Der nicht abziehbare Vorsteuerbetrag gehört zu den Anschaffungskosten des Fahrzeugs (§ 9b EStG).

Beispiel:

Am 10. Mai 01 erwirbt der Unternehmer einen betrieblichen PKW, den er auch für Privatfahrten nutzt, für 28.000,00 EUR zuzüglich 4.480,00 EUR USt.

Buchungssatz:

	Soll/EUR	Haben/EUR
0320/0520 Fahrzeuge 1570/1400 Vorsteuer an 1600/3300 Verb. LuL	30.240,00 2.240,00	 32.480,00

Kontrollaufgaben

1. Mit welchem Wert sind Vermögensgegenstände des beweglichen abnutzbaren Anlagevermögens bei der Anschaffung zu aktivieren?
2. Nennen Sie Beispiele für Anschaffungsnebenkosten und Kaufpreisminderungen, die bei der Anschaffung der Wirtschaftsgüter des beweglichen abnutzbaren Sachanlagevermögens anfallen können.
3. Erläutern Sie den Begriff durchlaufende Posten.

24 Hengstebeck - ISBN 3-8120-0068-7

Übungen

1. Ihr Mandant erwarb am 29. Nov. 01 eine neue Hebebühne und erhielt darüber vom Hersteller folgende Rechnung:

Planungskosten	7.500,00 EUR
Lohn- und Materialkosten	61.500,00 EUR
Transportkosten	5.800,00 EUR
Montagekosten	4.200,00 EUR
	79.000,00 EUR
+ 16 % USt	12.640,00 EUR
Rechnungsbetrag	91.640,00 EUR

Der Rechnungsausgleich erfolgte am 7. Dez. 01 nach Abzug von 2 % Skonto durch Banküberweisung.

Der gesamte Vorgang ist buchhalterisch noch nicht erfasst worden. Holen Sie dies nach.

2. Bei Lieferung eines neuen, ausschließlich betrieblich genutzten PKW erhält Ihr Mandant am 7. Jun. 01 folgende Rechnung:

1 PKW, Modell XI	15.000,00 EUR
Überführungskosten	700,00 EUR
Kfz-Brief	15,00 EUR
	15.715,00 EUR
+ 16 % USt	2.514,40 EUR
Verauslagte Kosten:	
Zulassungsgebühren	80,00 EUR
Kraftstoff lt. Tankbeleg (incl. 16 % USt)	84,00 EUR
Rechnungsbetrag	18.393,40 EUR

Bilden Sie den Buchungssatz.

3. Ihr Mandant erwarb am 20. Mär. 01 eine Maschine für 25.000,00 EUR zuzüglich 4.000,00 EUR USt auf Ziel.

Für den Transport zum Bestimmungsort berechnete der beauftragte Spediteur am 25. Mär. 01 einen Betrag von 500,00 EUR zuzüglich 80,00 EUR USt.

Da die Maschine sehr schwer ist, wurde sie mit Hilfe eines Kranwagens abgeladen und in die Fabrikhalle transportiert. Für diese Leistung erhielt Ihr Mandant am 30. Mai 01 eine Rechnung über 800,00 EUR zuzüglich 128,00 EUR USt.

Bisher wurde gebucht:

Maschinen	25.000,00 EUR	
Vorsteuer	4.000,00 EUR	
an Verbindlichkeiten LuL		29.000,00 EUR
Anschaffungsnebenkosten	500,00 EUR	
Vorsteuer	80,00 EUR	
an Verbindlichkeiten LuL		580,00 EUR
sonstige betriebliche Aufw.	800,00 EUR	
Vorsteuer	128,00 EUR	
an Verbindlichkeiten LuL		928,00 EUR

Führen Sie die ggf. notwendigen Korrekturbuchungen durch.

4. Über den Kauf einer Maschine erhielt Ihr Mandant am 20. Jan. 01 folgende Rechnung:

Listenpreis	180.000,00 EUR
– Sonderrabatt	18.000,00 EUR
Nettopreis	162.000,00 EUR
+ 16 % USt	25.920,00 EUR

Außerdem fielen im Zusammenhang mit der Anschaffung der Maschine noch die folgenden Beträge an:

für den Transport der Maschine	5.000,00 EUR +	800,00 EUR USt
für das Aufstellen der Maschine	7.000,00 EUR +	1.120,00 EUR USt
für die Verankerung der Maschine	12.000,00 EUR +	1.920,00 EUR USt
für Bearbeitungsgebühren der eigenen Einkaufsabteilung ca.	1.500,00 EUR	
für im Voraus zu zahlende Finanzierungskosten (Laufzeit des Kredits 6 Monate)	8.500,00 EUR +	1.360,00 EUR USt

Berechnen Sie die Anschaffungskosten der Maschine.

5. Am 1. Dez. 01 kaufte Ihr Mandant einen neuen LKW und erhielt von seinem Lieferanten folgende Rechnung:

1 LKW, Modell T 2	65.000,00 EUR
Überführungskosten	1.300,00 EUR
	66.300,00 EUR
+ 16 % USt	10.608,00 EUR
Rechnungsbetrag	76.908,00 EUR

Ihr Mandant buchte wie folgt:

LKW	66.300,00 EUR	
Vorsteuer	10.608,00 EUR	
an Verbindlichkeiten LuL		76.908,00 EUR

Bereits beim Abschluss des Kaufvertrages wurde vereinbart, dass bei Begleichung des Rechnungsbetrages innerhalb von 8 Tagen ein Skontoabzug von 2 % des Autopreises ohne Überführungskosten zulässig war.

Am 8. Dez. 01 überwies Ihr Mandant deshalb zum vollständigen Rechnungsausgleich einen Betrag von 75.400,00 EUR durch seine Hausbank.

Dieser Vorgang wurde versehentlich noch nicht gebucht.

6. Ein betrieblicher PKW, der auch durch den Unternehmer für Privatfahrten genutzt wird, wurde am 1. Jul. 01 für 30.000,00 EUR zuzüglich 4.800,00 EUR USt angeschafft. Zum Zeitpunkt der Anschaffung wurde gebucht:

Fahrzeuge	30.000,00	
Vorsteuer	4.800,00	
an Verbindlichkeiten LuL		34.800,00

Nehmen Sie die ggf. erforderliche Berichtigungsbuchung vor.

7. Über den Kauf eines EDV-Gerätes erhielt Ihr Mandant folgende Eingangsrechnung:

1 Laptop, Modell 80386	5.000,00 EUR
1 Drucker, Modell 500	1.470,00 EUR
1 Druckeranschlusskabel	30,00 EUR
	6.500,00 EUR
Rabatt 15%	975,00 EUR
	5.525,00 EUR
+ 16% USt	884,00 EUR
Rechnungsbetrag	6.409,00 EUR

Eine Buchung ist versehentlich noch nicht erfolgt. Holen Sie diese nach.

8. Der Rechnungsausgleich für den am 26. Nov. 01 angeschafften und korrekt gebuchten Schreibtisch (USt 16%) im Bruttobetrag von 3.654,00 EUR erfolgte am 2. Okt. 01. Nach Abzug von 3% Skonto überwies Ihr Mandant einen Betrag von 3.544,38 EUR und buchte:

Verbindlichkeiten LuL	3.654,00 EUR	
an Bank		3.544,38 EUR
an erhaltene Skonti		94,50 EUR
an USt		15,12 EUR

Nehmen Sie die ggf. notwendige Korrekturbuchung vor.

9. Über den Kauf eines auch für Privatfahrten Ihres Mandanten genutzten PKW liegt folgende Eingangsrechnung vor:

1 PKW, Modell XL, Listenpreis	43.500,00 EUR
– Rabatt für Auslaufmodell	4.350,00 EUR
	39.150,00 EUR
Überführung	450,00 EUR
Autoradio	960,00 EUR
Nummernschilder	28,00 EUR
	40.588,00 EUR
+ 16% USt	6.494,08 EUR
Rechnungsbetrag	47.082,08 EUR

Bilden Sie den Buchungssatz. Unterstellen Sie, dass der Rechnungsbetrag mit Abzug von 3% Skonto durch Banküberweisung beglichen wird.

10. Der Lieferer stellt die neuen Büromöbel am 28. Jun. 01 in den Büroräumen Ihres Mandanten auf.

Welche Buchungen hat Ihr Mandant durchzuführen, wenn

- die Rechnung auf 44.800,00 EUR zuzüglich 7.168,00 EUR USt lautet,
- der Lieferer wegen teilweise unsauber ausgeführter Arbeiten einen Preisnachlass von 15% gewährt (ordnungsmäßiger Beleg liegt vor),
- der verbleibende Betrag nach Abzug von 3% Skonto, berechnet vom Restbetrag, durch Banküberweisung beglichen wird?

11. Ihr Mandant erwarb am 29. Jul. 01 einen Kleincomputer für 421,30 EUR zuzüglich 67,41 EUR USt. Der Rechnungsausgleich erfolgte am 6. Aug. 01 durch Banküberweisung. Vereinbarungsgemäß nahm Ihr Mandant den Skontoabzug von 3% in Anspruch.

Bilden Sie die Buchungssätze

a) zum 29. Jul. 01,
b) zum 6. Aug. 01.

12. Ihr Mandant lässt sein Geschäftslokal neu einrichten. Für die gelieferten Gegenstände und die ausgeführten Arbeiten verlangt der Lieferant lt. Eingangsrechnung 25.000,00 EUR zuzüglich 4.000,00 EUR USt.

    Da die Arbeiten nicht termingerecht abgeschlossen werden, findet der Rechnungsausgleich wie folgt statt:

    - durch Verrechnung mit der vertraglich vereinbarten, noch nicht gebuchten Konventionalstrafe in Höhe von 1.000,00 EUR und
    - durch Banküberweisung des Restbetrages nach Abzug von 2 % Skonto vom vereinbarten Kaufpreis.

    Wie ist zu buchen?

1.2 Herstellung

1.2.1 Herstellung von Sachanlagen

Oft sieht sich der Unternehmer veranlasst, die für den eigenen Betrieb benötigten Sachanlagen im eigenen Unternehmen herstellen zu lassen. Besonders häufig ist das bei Bau-, Industrie- und Handwerksbetrieben der Fall.

Selbst hergestellte Sachanlagen sind mit den Herstellungskosten zu aktivieren (§ 6 Abs. 1 Ziff. 1 EStG).

Herstellungskosten sind die Aufwendungen, die durch den Verbrauch von Gütern und die Inanspruchnahme von Diensten für die Herstellung eines Vermögensgegenstands, für seine Erweiterung oder für eine über seinen ursprünglichen Zustand hinausgehende wesentliche Verbesserung entstehen.

Zu den handels- und steuerrechtlichen Herstellungskosten gehören (§ 255 Abs. 2 HGB, R 33 EStR) die Materialeinzelkosten, die Fertigungseinzelkosten und die Sondereinzelkosten der Fertigung.

Einzelkosten, also Material-, Fertigungs- und Sondereinzelkosten, sind die Kosten, die den hergestellten Vermögensgegenständen direkt zugerechnet werden können.

Materialeinzelkosten entstehen vor allem durch den Verbrauch von Rohstoffen.

Fertigungseinzelkosten sind die im Rahmen der Produktion anfallenden Fertigungslöhne.

Sondereinzelkosten entstehen durch Aufwendungen für Modelle und Spezialwerkzeuge, Lizenzen, Materialprüfungen sowie das Anlernen neuer Fachkräfte für die neue Produktion.

Neben den Einzelkosten werden durch die Herstellung auch **Gemeinkosten** verursacht. Gemeinkosten sind Kosten, die für alle Leistungen des Betriebes gemeinsam anfallen. Sie lassen sich nicht direkt, sondern nur indirekt, d.h. mit Hilfe von Zuschlagssätzen, einem Vermögensgegenstand zurechnen.

Zu unterscheiden sind Material-, Fertigungs- und Verwaltungsgemeinkosten.

Materialgemeinkosten entstehen im Zusammenhang mit der Annahme, Lagerung, Pflege, Ausgabe und Versicherung des Materials.

Fertigungsgemeinkosten entstehen durch

- die Beschäftigung von Maschinisten, Heizern, Hilfsarbeitern, Meistern und technischen Angestellten,
- den Verbrauch von Strom, Gas und Wasser bei der Herstellung,
- den zur Fertigung erforderlichen Hilfs- und Betriebsstoffverbrauch sowie
- die auf die Maschinen und maschinellen Anlagen vorzunehmenden Abschreibungen.

Verwaltungsgemeinkosten sind z. B. die Gehälter für die Geschäftsleitung und die Angestellten der Verwaltungsabteilungen, die Aufwendungen für Büromaterial und die Abschreibungen auf die Einrichtung der Büroräume.

Handelsrechtlich dürfen, steuerrechtlich müssen die Materialgemeinkosten und die Fertigungsgemeinkosten in die zu aktivierenden Herstellungskosten einbezogen werden.

Bezüglich der Einbeziehung der Verwaltungsgemeinkosten in die Herstellungskosten besteht sowohl handels- als auch steuerrechtlich ein Wahlrecht.

Zinsen für Fremdkapital gehören grundsätzlich nicht zu den Herstellungskosten. Wird jedoch nachweislich in unmittelbarem Zusammenhang mit der Herstellung eines Vermögensgegenstandes ein Kredit aufgenommen, so können die Zinsen, soweit sie auf den Herstellungszeitraum entfallen, in die Herstellungskosten des Vermögensgegenstandes einbezogen werden (§ 255 Abs. 3 HGB, R 33 Abs. 7 EStR).

Vertriebskosten, d. h. Kosten, die erst entstehen, wenn der Produktionsvorgang abgeschlossen ist, gehören handels- und steuerrechtlich nicht zu den Herstellungskosten.

Vergleich der Herstellungskosten nach Handels- und Steuerrecht

	Handelsrecht (§ 255 Abs. 2 u. 3 HGB)	Steuerrecht (R 33 EStR)
1. Materialeinzelkosten (Fertigungsmaterial) 2. Fertigungseinzelkosten (Fertigungslöhne) 3. Sondereinzelkosten der Fertigung	AKTIVIERUNGSPFLICHT	AKTIVIERUNGSPFLICHT
4. Notwendige Materialgemeinkosten 5. Notwendige Fertigungsgemeinkosten (incl. Wertverzehr des fertigungsbedingten Anlagevermögens)	AKTIVIERUNGSWAHLRECHT	AKTIVIERUNGSPFLICHT
6. Allgemeine Verwaltungskosten 7. Zinsen für fertigungsbedingtes Fremdkapital	AKTIVIERUNGSWAHLRECHT	AKTIVIERUNGSWAHLRECHT
8. Vertriebskosten	AKTIVIERUNGSVERBOT	AKTIVIERUNGSVERBOT

Aufwendungen, die bei der Herstellung selbst genutzter Sachanlagen entstehen, werden wie die Aufwendungen zur Erstellung von Fertigerzeugnissen zunächst auf den Konten Aufwendungen für Roh-, Hilfs- und Betriebsstoffe, Löhne usw. erfasst.

Nach ihrer Fertigstellung sind die Sachanlagen auf dem entsprechenden Anlagenkonto, z. B. auf dem Konto Geschäftsbauten oder dem Konto Maschinen, zu aktivieren.

Da die Herstellung von Sachanlagen eine betriebliche Leistung ist, ist sie als solche zu erfassen. Dies geschieht auf dem Konto aktivierte Eigenleistungen.

Mit der Buchung in diesem Konto werden die als Aufwendungen für die selbst erstellten Anlagen gebuchten Beträge erfolgsmäßig neutralisiert.

Beispiel:

Ein Industriebetrieb hat eine Maschine zur eigengewerblichen Nutzung hergestellt. Dabei kam es zu folgenden Aufwendungen, die entsprechend gebucht wurden: 20.000,00 EUR Fertigungsmaterial, 15.000,00 EUR Fertigungslöhne, 30% Materialgemeinkosten, 150% Fertigungsgemeinkosten und 12% Verwaltungsgemeinkosten.

Die fertig gestellte Maschine wird zu höchstmöglichen Herstellungskosten aktiviert.

Materialeinzelkosten (Fertigungsmat.)	20.000,00 EUR	
+ 30% Materialgemeinkosten	6.000,00 EUR	
Materialkosten		26.000,00 EUR
Fertigungseinzelkosten (Fertigungsl.)	15.000,00 EUR	
+ 150% Fertigungsgemeinkosten	22.500,00 EUR	
Fertigungskosten		37.500,00 EUR
steuerrechtliche Herstellungskosten mindestens		63 500,00 EUR
+ 12% Verwaltungsgemeinkosten		7.620,00 EUR
steuerrechtliche Herstellungskosten höchstens		71.120,00 EUR

Buchungssatz:

	Soll/EUR	Haben/EUR
0210/0440 Maschinen an 8990/4820 andere aktiv. Eigenleistungen	71.120,00	 71.120,00

Kontrollaufgaben

1. Mit welchem Wert sind Gegenstände zu aktivieren, die durch den eigenen Betrieb für eigengewerbliche Zwecke hergestellt werden?
2. Welche Bestandteile gehören
   a) nach dem Handelsgesetzbuch,
   b) nach den Einkommensteuer-Richtlinien
   mindestens zu den Herstellungskosten?
3. Bestimmen Sie die höchstmöglichen Herstellungskosten
   a) nach dem Handelsgesetzbuch,
   b) nach den Einkommensteuer-Richtlinien.

Übungen

1. Ihr Mandant ist Besitzer einer Maschinenfabrik. Er fertigte zur eigengewerblichen Nutzung ein Werkzeug an. Im Falle des Verkaufs würde der Fabrikabgabepreis für dieses Werkzeug folgendermaßen ermittelt:

Fertigungsmaterial	430,00 EUR
Fertigungslöhne	400,00 EUR
Sondereinzelkosten (Planung)	120,00 EUR
30 % Materialgemeinkosten	129,00 EUR
80 % Fertigungsgemeinkosten	320,00 EUR
Verwaltungsgemeinkosten	200,00 EUR
Selbstkosten	1.599,00 EUR
+ Gewinn 15 %	239,85 EUR
netto	1.838,85 EUR
+ 16 % USt	294,22 EUR
Fabrikabgabepreis	2.133,07 EUR

   Befindet sich ein Auftraggeber nicht am Ort Ihres Mandanten, würde er darüber hinaus mit 180,00 EUR Transportkosten zuzüglich USt belastet.

   Wie hat Ihr Mandant zu buchen, wenn er die Herstellungskosten für dieses Werkzeug steuerrechtlich so niedrig wie möglich ansetzen will?

2. Ihr Mandant produzierte ein Werkzeug für eigenbetriebliche Zwecke. Dabei wurden folgende Kosten verursacht: Fertigungsmaterial 400,00 EUR, Fertigungslöhne 800,00 EUR, Materialgemeinkosten 300,00 EUR, Fertigungsgemeinkosten 200,00 EUR, Sondereinzelkosten der Fertigung 250,00 EUR, Verwaltungsgemeinkosten 150,00 EUR, Vertriebsgemeinkosten 180,00 EUR.

   Sämtliche Aufwendungen wurden korrekt gebucht.

   Bilden Sie den Buchungssatz für die Erfassung des Werkzeugs als Anlagevermögen. Berücksichtigen Sie dabei die höchstmöglichen Herstellungskosten für das eigenbetrieblich genutzte Werkzeug.

3. Am 20. Jun. 01 wird ein Tank zur Lagerung flüssiger Chemikalien durch Ihren Mandanten, die Chemie AG, angeschafft. Der Rechnungsbetrag beläuft sich auf 32.000,00 EUR zuzüglich 5.120,00 EUR USt.

   Um die vom Umweltamt vorgeschriebenen Sicherheitsvorschriften einhalten zu können, ist es erforderlich, den Tank bis zu 60 % seiner Höhe einzumauern. Die benötigten Materialien werden in einer Baustoffhandlung für 1.000,00 EUR zuzüglich 160,00 EUR USt eingekauft. Gebucht wird dies:

Instandhaltung Maschinen	1.000,00 EUR	
Vorsteuer	160,00 EUR	
an Verbindlichkeiten LuL		1.160,00 EUR

   Die anfallenden Maurer- und Verputzerarbeiten werden durch einen Arbeitnehmer Ihres Mandanten ausgeführt. Nachweislich fällt für diese Arbeiten ein Betrag von 2.500,00 EUR für Lohn- und Lohnnebenkosten an. Da dieser Betrag zum laufenden Arbeitslohn des Arbeitnehmers gehört, wurde er nicht gesondert erfasst.

   Nehmen Sie alle noch erforderlichen Buchungen vor.

4. Am 12. Sep. 01 kauft Ihr Mandant eine Maschine für 8.500,00 EUR zuzüglich 1.360,00 EUR USt. Für den Transport vom Lieferer verlangt der Frachtführer einen Betrag von 500,00 EUR zuzüglich 80,00 EUR USt, für die Transportversicherung 150,00 EUR zuzüglich 24,00 EUR USt.

   Wie ist der gesamte Vorgang zu buchen, wenn nachweislich für das Aufstellen der Maschine Lohn- und Lohnnebenkosten für Arbeitnehmer des Betriebes in Höhe von 450,00 EUR anfallen?

5. Die Büroräume Ihres Mandanten wurden mit 3 gleich großen, maßgefertigten Bücherregalen ausgestattet. Weil diese anderweitig nicht zu beschaffen waren, mussten sie durch die im Unternehmen Ihres Mandanten beschäftigten Handwerker hergestellt werden. Für Holz, Beschläge, Leim und Farbe fielen Beträge von 99,00 EUR, 52,50 EUR, 11,70 EUR und 6,80 EUR an. Diese werden jeweils durch Kassenbons, auf denen der USt-Satz mit 16 % angegeben ist, nachgewiesen.

   An Fertigungslöhnen und Fertigungsgemeinkosten entstanden zusätzlich für Arbeitnehmer Ihres Mandanten insgesamt 680,00 EUR. Außerdem fielen für Planungsarbeiten der eigenen Konstruktionsabteilung Aufwendungen in Höhe von 280,00 EUR an.

   Bilden Sie alle Buchungssätze, die für die korrekte Erfassung der steuerrechtlichen Herstellungskosten der Bücherregale von Bedeutung sind.

6. Ihr Mandant ließ durch eigene Arbeitnehmer eine Maschine für eigengewerbliche Zwecke herstellen.

   Die Anschaffungskosten des für die Herstellung der Maschine benötigten Fertigungsmaterials beliefen sich auf 22.000,00 EUR, die Fertigungslöhne betrugen 41.000,00 EUR. Außerdem liegen die folgenden Angaben vor:

Fertigungsgemeinkosten	30 %
Materialgemeinkosten	6 %
Verwaltungsgemeinkosten	8 %
normaler Gewinn	15 %

   Sämtliche im Zusammenhang mit der Herstellung angefallenen Aufwendungen wurden korrekt erfasst.

   Wie ist zu buchen, wenn die steuerlichen Herstellungskosten

   a) so hoch wie möglich,
   b) so niedrig wie möglich

   angesetzt werden sollen?

7. Ihr Mandant, ein Fertighaushersteller, lässt durch seine Arbeitnehmer auf betrieblichem Grund und Boden ein Bürogebäude für eigengewerbliche Zwecke errichten. Nachweislich fallen dafür die folgenden Beträge an:

Fertigungsmaterial	130.000,00 EUR
Fertigungslöhne	95.000,00 EUR

   Die Abteilung Kostenrechnung teilt mit, dass die Materialgemeinkosten 25 % und die Fertigungsgemeinkosten 70 % betragen.

   Wie ist zu buchen, wenn Ihr Mandant gleichartige Gebäude in seinem Katalog für 425.000,00 EUR anbietet?

8. Ihr Mandant, ein Fertighaushersteller, erweitert seine Verwaltungsgebäude mit Hilfe eigener Arbeitnehmer. Die korrekt erfassten Materialeinzelkosten betragen 80.000,00 EUR, die Fertigungslöhne 120.000,00 EUR. Außerdem ist den Kalkulationsunterlagen zu entnehmen, dass Ihr Mandant mit einem Materialgemeinkostenzuschlag von 15 %, einem Fertigungsgemeinkostenzuschlag von 50 % und einem Gewinnzuschlag von 20 % rechnet.

   Wie hat Ihr Mandant zu buchen, damit eine korrekte Aktivierung dieses Anbaus erfolgen kann?

1.2.2 Im Bau befindliche Anlagen

Für die Herstellung von Gebäuden, Maschinen und maschinellen Anlagen sowie Einrichtungsgegenständen wird häufig ein längerer Zeitraum benötigt.

Sind die Anlagegegenstände am Bilanzstichtag noch nicht fertig gestellt, ist aus Gründen der Klarheit ein gesonderter Bilanzausweis erforderlich. Deshalb werden in der Buchführung alle zu aktivierenden Aufwendungen für noch nicht fertig gestellte Anlagen auf dem Konto Anlagen im Bau erfasst. Dabei ist es gleichgültig, ob die Aufwendungen für Eigen- oder Fremdleistungen entstanden sind.

Erst wenn die Anlagegegenstände fertig gestellt sind, erfolgt die Umbuchung der im Konto Anlagen im Bau gesammelten Beträge auf die entsprechenden Anlagekonten.

Beispiel:

Auf einem betriebseigenen Grundstück (Buchwert 30.000,00 EUR) wird im Jahre 01 mit der Herstellung eines Fabrikgebäudes begonnen. Bis zum Bilanzstichtag fallen die folgenden Beträge an:

- für Tiefbauarbeiten 25.000,00 EUR zuzüglich 4.000,00 EUR USt,
- für Hochbauarbeiten (Eigenleistung des Betriebes) Fertigungslöhne und Fertigungsgemeinkosten 120.000,00 EUR, Fertigungsmaterial und Materialgemeinkosten 30.000,00 EUR.

Buchungssätze:

	Soll/EUR	Haben/EUR
0120/0710 Fabrikbauten im Bau auf eig. Grundst.	25.000,00	
1570/1400 Vorsteuer	4.000,00	
an 1600/3300 Verb. LuL		29.000,00
0120/0710 Fabrikbauten im Bau auf eig. Grundst.	150.000,00	
an 8990/4820 andere akt. Eigenleistungen		150.000,00

Im Jahr 02 wird das Fabrikgebäude fertig gestellt. Für weitere ausgeführte Arbeiten verlangen andere Unternehmen 100.000,00 EUR zuzüglich 16.000,00 EUR USt.

Buchungssätze:

	Soll/EUR	Haben/EUR
0120/0710 Fabrikbauten im Bau auf eig. Grundst.	100.000,00	
1570/1400 Vorsteuer	16.000,00	
an 1600/3300 Verb. LuL		116.000,00
0100/0250 Fabrikbauten	275.000,00	
an 0120/0710 Fabrikbauten im Bau auf eig. Grundst.		275.000,00
0085/0235 bebaute Grundstücke	30.000,00	
an 0065/0215 unbebaute Grundstücke		30.000,00

Kontrollaufgaben

1. Warum sind Anlagen im Bau gesondert in der Bilanz auszuweisen?
2. Welche Beträge sind auf dem Konto Anlagen im Bau zu erfassen?
3. Wann und wie ist das Konto Anlagen im Bau aufzulösen?

Übungen

1. In der Bilanz zum 31. Dez. 01 ist ein noch nicht fertig gestelltes Bürogebäude mit den bis dahin entstandenen und korrekt erfassten Herstellungskosten von 220.000,00 EUR (Anlagen im Bau) ausgewiesen.

   Bis zu seiner Fertigstellung im September 02 fallen weitere Beträge an, und zwar
   - für den Innenausbau 215.000,00 EUR zuzüglich 34.400,00 EUR USt,
   - für die Leistungen des Architekten 21.750,00 EUR zuzüglich 3.480,00 EUR USt.

   Wie ist zu buchen, wenn das Bürogebäude auf einem bereits vorhandenen unbebauten betrieblichen Grundstück steht, das zum 31. Dez. 01 mit 65.000,00 EUR bilanziert wurde?

2. Die bis zum 20. Aug. 01 angefallenen Herstellungskosten für eine neue Fabrikhalle Ihres Mandanten wurden auf dem Konto Anlagen im Bau mit 720.000,00 EUR erfasst.

   Am 2. Sep. 01 traf die Rechnung des Architekten für Zeichnung und Bauleitung in Höhe von 36.000,00 EUR zuzüglich 5.760,00 EUR USt ein. Es wurde gebucht:

Grundstücksaufwendungen	36.000,00 EUR	
Vorsteuer	5.760,00 EUR	
an Verbindlichkeiten LuL		41.760,00 EUR

   Am 28. Sep. 01 wurde die noch nicht gebuchte Grunderwerbsteuer in Höhe von 2.000,00 EUR für das am 10. Feb. 01 erworbene, inzwischen bebaute Grundstück durch Banküberweisung an das Finanzamt abgeführt. Es wurde gebucht:

sonstige Steuern	2.000,00 EUR	
an Bank		2.000,00 EUR

   Die Fabrikhalle wurde am 25. Sept. 01 fertig gestellt und bezogen.

   Welche Buchungssätze sind noch bis zum 1. Okt. 01 zu bilden?

3. Ihr Mandant beginnt im Jahr 01 mit der Errichtung eines Geschäftsgebäudes auf einem betriebseigenen unbebauten Grundstück, Buchwert 60.000,00 EUR. Bis zum Ende des Geschäftsjahres gehen folgende Rechnungen ein:
   - Architekt: 20.000,00 EUR zuzüglich 3.200,00 EUR USt,
   - Hochbauunternehmer: 280.000,00 EUR zuzüglich 44.800,00 EUR USt.

   Für den Innenausbau geht im Jahr 02 eine Rechnung in Höhe von 60.000,00 EUR zuzüglich 9.600,00 EUR ein.

   Außerdem sind im Jahr 02 bis zur Fertigstellung des Gebäudes Eigenleistungen Ihres Mandanten (Fertigungslöhne für Arbeitnehmer) in Höhe von 50.000,00 EUR zu berücksichtigen.

   Bilden Sie die in den Jahren 01 und 02 erforderlichen Buchungssätze (ohne Abschluss- und Eröffnungsbuchungen).

4. Ihr Mandant, ein Eisenwarenhändler in Kassel, beauftragte eine Bauträgergesellschaft, ein neues Betriebsgebäude zum Festpreis von 750.000,00 EUR zuzüglich 120.000,00 EUR USt zu errichten. Mit den Bauarbeiten auf dem bereits vorhandenen unbebauten Grundstück, Buchwert 80.000,00 EUR, wurde im Dez. 01 begonnen. Bereits im Mai 02 erfolgte die Bauabnahme.

   Auf Aufforderung der Bauträgergesellschaft beglich der Eisenwarenhändler nach Ausführung der entsprechenden Leistungen
   - am 20. Dez. 01 die Rechnung (kein USt-Ausweis) des Tiefbauunternehmers über 9.500,00 EUR,
   - am 10. Apr. 02 die Rechnung des Hochbauunternehmers über 300.000,00 EUR zuzüglich 48.000,00 EUR USt,
   - am 25. Mai 02 die Rechnung (kein USt-Ausweis) des Unternehmers, der den Innenausbau durchgeführt hatte, über 210.000,00 EUR.

   Sämtliche Beträge wurden durch Banküberweisung gezahlt.

Mit der ordnungsmäßigen Endrechnung (§ 14 Abs. 1 UStG) vom 30. Mai 02 verlangte die Bauträgergesellschaft den Restbetrag von 302.500,00 EUR.

Bilden Sie sämtliche mit der Gebäudeherstellung im Zusammenhang stehenden Buchungssätze.

2 Abschreibung der Sachanlagen

Wirtschaftsgüter des Anlagevermögens, die der Abnutzung unterliegen, sind aufgrund handels- und steuerrechtlicher Vorschriften über die betriebsgewöhnliche Nutzungsdauer abzuschreiben. Die Höhe des Abschreibungsbetrages kann durch gleichmäßige Verteilung der Anschaffungs-/Herstellungskosten auf die Nutzungsjahre ermittelt werden.

Beispiel:

Ein PKW mit Anschaffungskosten von 42.000,00 EUR kann aufgrund betrieblicher Erfahrungen sechs Jahre lang genutzt werden.

Lösung:

$$\text{jährlicher Abschreibungsbetrag: } \frac{42.000{,}00 \text{ EUR}}{6} = 7.000{,}00 \text{ EUR}$$

Werden Wirtschaftsgüter des abnutzbaren Anlagevermögens entweder

- nicht zum Beginn eines Wirtschaftsjahres erworben oder
- nicht zum Ende eines Wirtschaftsjahres veräußert,

ergeben sich Besonderheiten bei der Berechnung des Abschreibungsbetrages. § 7 EStG schreibt vor, dass die AfA in diesen Fällen grundsätzlich zeitanteilig vorzunehmen ist. Das bedeutet, sie ist nur für die Monate zu berechnen, in denen das Wirtschaftsgut zum Betriebsvermögen gehört.

Im Jahr der Anschaffung/Herstellung erfolgt die Abschreibung üblicherweise auch für angefangene Monate in voller Höhe. Anders ist das, wenn ein Wirtschaftsgut im Laufe eines Monats aus dem Betriebsvermögen ausscheidet. In diesem Fall wird für angefangene Monate keine Abschreibung berücksichtigt.

Beispiel:

Ein ausschließlich betrieblich genutzter PKW, der am 20. Aug. 01 für 48.000,00 EUR zuzüglich 7.680,00 EUR USt angeschafft wurde, hat eine betriebsgewöhnliche Nutzungsdauer von 6 Jahren. Er ist zum Ende des Wirtschaftsjahres abzuschreiben.

Lösung:

$$\text{jährlicher Abschreibungsbetrag: } \frac{48.000{,}00 \text{ EUR}}{6} = 8.000{,}00 \text{ EUR}$$

$$\text{anteiliger Abschreibungsbetrag 01: } \frac{8.000{,}00 \text{ EUR} \cdot 5}{12} = 3.333{,}33 \text{ EUR}$$

Werden bewegliche Wirtschaftsgüter des abnutzbaren Anlagevermögens angeschafft/hergestellt, besteht auch die Möglichkeit, die Höhe der AfA nach der Vereinfachungsregelung (R 44 Abs. 2 EStR) zu ermitteln. Nach dieser darf die AfA für ein

- volles Jahr in Anspruch genommen werden, wenn die Anschaffung/Herstellung in der ersten,
- halbes Jahr in Anspruch genommen werden, wenn die Anschaffung/Herstellung in der zweiten

Hälfte des Wirtschaftsjahres erfolgt ist.

$$\text{Abschreibung nach R 44 Abs. 2 EStR: } \frac{8.000{,}00 \text{ EUR} \cdot 1}{2} = 4.000{,}00 \text{ EUR}$$

Kontrollaufgabe

Erklären Sie, wie die Höhe des Abschreibungsbetrages ermittelt wird, wenn die Anschaffung/Veräußerung des Anlagegegenstandes nicht zum Beginn bzw. Ende des Geschäftsjahres erfolgt.

Übungen

1. Berechnen Sie die Höhe der Abschreibung
   a) für das Jahr 01,
   b) für das Jahr der Veräußerung,
   wenn folgende Angaben vorliegen:

Anlagegut	Anschaffungskosten in EUR	ND in Jahren	Anschaffung	Veräußerung
PKW	60.000,00	6	10. Mär. 01	
LKW	126.000,00	9	2. Jan. 01	10. Aug. 04
LKW-Anhänger	33.000,00	11	2. Jun. 01	
Geldwechsler	14.000,00	7	18. Jul. 01	
Büromöbel	91.000,00	13	1. Jul. 01	8. Nov. 08
Panzerschrank	23.000,00	23	1. Dez. 01	

2. Ein Gebäude mit Anschaffungskosten von 450.000,00 EUR wurde am 2. Mai 01 erworben und am 1. Sep. 03 wieder veräußert.
   Mit welchen Beträgen ist die AfA für die Jahre 01 bis 03 zu berücksichtigen, wenn der Berechnung ein AfA-Satz von 2 % zugrunde zu legen ist?

3. Eine Maschine, deren Anschaffungskosten 36.000,00 EUR betragen, wurde am 2. Jun. 01 durch Ihren Mandanten angeschafft.
   Wie viel EUR
   a) darf die AfA zum 31. Dez. 01 höchstens,
   b) muss die AfA zum 31. Dez. 01 mindestens
   betragen, wenn die Maschine nach § 7 Abs. 1 EStG mit 20 % abgeschrieben wird?

4. Beim Kauf eines PC am 5. Aug. 01 gewährt ein Büromaschinenhändler Ihrem Mandanten einen Rabatt von 8 %. Die Rechnung weist dadurch bedingt nur noch einen Nettobetrag von 3.312,00 EUR zuzüglich 529,92 EUR USt aus.
   Sie wird am 15. Aug. 01 mit Abzug von 3 % Skonto durch Banküberweisung beglichen.
   Wie ist zum 31. Dez. 01 zu buchen, wenn die AfA bei einer Nutzungsdauer von 3 Jahren höchstmöglich nach § 7 Abs. 1 EStG erfolgen soll?

3 Verkauf von Sachanlagen

Anlagegegenstände können nach Ablauf, aber auch während der betriebsgewöhnlichen Nutzungsdauer verkauft werden. Grundsätzlich tritt dabei das Problem auf, dass der zum Zeitpunkt der Veräußerung ermittelte Buchwert der Anlagegüter vom erzielten Verkaufserlös abweichen kann.

3.1 Verkauf unbeweglicher Sachanlagen

Werden Grundstücke und Gebäude (steuerfrei nach § 4 Ziff. 9 a UStG) verkauft, sind bei der Buchung des Vorgangs einkommensteuerrechtliche Vorschriften zu beachten. Das heißt, dass der auf diese Verkaufsvorgänge zurückzuführende Buchgewinn oder -verlust für eine zutreffende Gewinnermittlung korrekt ermittelt werden muss. Aus diesem Grunde sind die abnutzbaren Sachanlagen zunächst für die Zeit vom letzten Bilanzstichtag bis zum Zeitpunkt der Veräußerung zeitanteilig abzuschreiben.

Ist der Veräußerungserlös höher als der Buchwert, liegt ein Buchgewinn vor, ist er niedriger, kommt es in entsprechender Höhe zu einem Buchverlust.

Werden unbewegliche Sachanlagen verkauft, müssen diese in Höhe des Buchwerts aus dem Anlagenkonto ausgebucht werden.

Bei einem Verkauf mit Buchgewinn wird der Mehrbetrag im Konto Erträge aus dem Abgang von Gegenständen des Anlagevermögens gebucht, bei Buchverlust erscheint der Minderbetrag im Konto Verluste aus dem Abgang von Gegenständen des Anlagevermögens.

Beispiel:

Ein unbebautes Grundstück mit einem Buchwert in Höhe von 30.000,00 EUR wird für 58.500,00 EUR auf Ziel verkauft.

Buchungssatz:

	Soll/EUR	Haben/EUR
1400/1200 Forderungen LuL an 0065/0215 unbebaute Grundstücke an 2720/4900 Ertr. a. d. A. v. G. AV	58.500,00	 30.000,00 28.500,00

Kontrollaufgaben

1. Wie ist der Verkauf von Grund und Boden und Gebäuden umsatzsteuerrechtlich zu beurteilen?
2. Wie wird ein gegenüber dem Buchwert erzielter
   a) Mindererlös,
   b) Mehrerlös

   bezeichnet und auf welchen Konten erfolgt die Buchung dieses Betrages?

Übungen

1. Am 1. Mär. 01 verkauft Ihr Mandant ein Bürogebäude für 1.500.000,00 EUR auf Ziel. Der Anlagenkartei ist zu entnehmen, dass sich die Buchwerte zum Zeitpunkt der Veräußerung
   - für den Grundstücksanteil auf 100.000,00 EUR (Anschaffungskosten) und
   - für den Gebäudeanteil auf 1.124.000,00 EUR

   belaufen.

   Da der Verkauf mit Hilfe eines Maklers abgewickelt wird, hat Ihr Mandant für dessen Leistungen lt. Rechnung vom 20. Mär. 01 45.000,00 EUR zuzüglich 7.200,00 EUR USt zu zahlen.

   Buchen Sie den gesamten Vorgang.

2. Mit notariellem Kaufvertrag vom 10. Dez. 01 wird ein betriebliches Gebäude veräußert. Es ist vereinbart, dass der Käufer das wirtschaftliche Eigentum mit Ablauf des 31. Dez. 01 erwirbt.

   Wie ist zu buchen, wenn
   - ein Verkaufspreis von 290.000,00 EUR erzielt wird,
   - der Buchwert zum 1. Jan. 01
     für den Grundstücksanteil 50.000,00 EUR (Anschaffungskosten),
     für den Gebäudeanteil 192.000,00 EUR beträgt,
   - sich die Jahres-AfA auf 4.800,00 EUR beläuft und
   - die von Ihrem Mandanten zu übernehmenden Maklergebühren 11.700,00 EUR zuzüglich 1.872,00 EUR USt ausmachen?

3. Ein unbebautes Grundstück mit einer Fläche von 2.000 m^2 wurde am 27. Nov. 01 für 140.000,00 EUR gekauft.

   Der Grunderwerbsteuerbescheid für diesen Kauf ging am 5. Jan. 02 ein. Weil die Überweisung des Betrages von 4.900,00 EUR sofort erfolgte, wurde gebucht:

sonstige Steuern	4.900,00 EUR	
an Bank		4.900,00 EUR

   Als auch noch der Heranziehungsbescheid der Gemeinde über 80.000,00 EUR Erschließungskosten eintraf, verkaufte Ihr Mandant am 5. Mai 02 700 m^2 des unbebauten Grundstücks für 80.000,00 EUR gegen Bankscheck.

   Bilden Sie den Buchungssatz zum 20. Mai 02.

4. Von einem unbebauten Grundstück, dessen Bilanzansatz zum 31. Dez. 01 168.000,00 EUR betrug, wurden am 8. Jun. 02 600 m^2 an einen Nachbarn verkauft.

   Wie ist zu buchen, wenn das unbebaute Grundstück eine Fläche von 60 m · 35 m hatte und ein Verkaufspreis von 75,00 EUR je m^2 erzielt wurde?

5. Ein Bürogebäude Ihres Mandanten (Baujahr 1960) wird am 10. Mär. 01 für 1.500.000,00 EUR verkauft.

   Wie ist zu buchen, wenn der Buchwert des Grund und Bodens 100.000,00 EUR (Anschaffungskosten) beträgt, sich der Buchwert des Gebäudes zum 1. Jan. 01 auf 1.128.000,00 EUR beläuft, die Jahres-AfA nach § 7 Abs. 4 EStG 30.000,00 EUR ausmacht und Veräußerungskosten in Höhe von 10.000,00 EUR zuzüglich 1.600,00 EUR USt bar bezahlt werden?

6. Eine Lagerhalle (Baujahr 1995) Ihres Mandanten wird mit dem zugehörigen Grundstück zum 1. Sep. 03 für 290.000,00 EUR veräußert.

   Zum 1. Jan. 03 beträgt der Buchwert
   - ▶ des Grund und Bodens (Anschaffungskosten) 50.000,00 EUR,
   - ▶ des Gebäudes (HK 300.000,00 EUR) 240.000,00 EUR.

   Wie ist zu buchen, wenn die AfA für dieses Gebäude mit 4 % erfolgt und Veräußerungskosten von 1.000,00 EUR zuzüglich 160,00 EUR USt anfallen?

7. Ihr Mandant erwarb am 2. Apr. 01 ein Fabrikgebäude (Baujahr 1971, AfA 2 %) mit Anschaffungskosten von 280.000,00 EUR. Der in diesem Betrag enthaltene Grundstücksanteil, dessen Buchwert sich bis zum Tag der Veräußerung nicht verändert hat, beläuft sich auf 30.000,00 EUR.

   Dieses Gebäude (incl. Grund und Boden) verkauft er zum 1. Nov. 06 für 350.000,00 EUR.

   Bilden Sie den Buchungssatz.

8. Ein Bürogebäude, das Ihr Mandant 4 Jahre mit 4 % abgeschrieben hat, wird in der Bilanz zum 31. Dez. 04 noch mit 312.000,00 EUR ausgewiesen. Der Bilanzansatz für den zugehörigen Grund und Boden beläuft sich auf 50.000,00 EUR (Anschaffungskosten).

   Wie ist zum 2. Sep. 05 zu buchen, wenn das bebaute Grundstück für 370.000,00 EUR veräußert wird?

9. Ein Bürogebäude, das Ihr Mandant im Jahr 01 hergestellt hat, wurde 5 Jahre mit jeweils 4 % abgeschrieben. Zum 31. Dez. 05 beträgt der Buchwert des Gebäudes dementsprechend noch 275.000,00 EUR.

   Das Gebäude mit dem dazugehörigen Grundstück wird am 10. Aug. 06 für 300.000,00 EUR gegen Bankscheck verkauft.

   Wie ist zu buchen, wenn der Wert des Grund und Bodens 55.000,00 EUR (Anschaffungskosten) beträgt?

10. Ihr Mandant errichtete im Jahr 01 auf betrieblichem Grund und Boden eine neue Fabrikhalle. Die Halle wurde am 5. Jul. 01 fertig gestellt. Sie ist in der vorläufigen Saldenbilanz zum 31. Dez. 01 nach Buchung der AfA (AfA-Satz 3 %) mit 709.200,00 EUR ausgewiesen.

    Wegen unvorhergesehener Zahlungsschwierigkeiten ist Ihr Mandant gezwungen, das Gebäude einschließlich Grundstück bereits am 2. Apr. 02 wieder zu veräußern.

    Wie lauten die Buchungssätze zum 31. Dez. 01 und 2. Apr. 02, wenn der Käufer 700.000,00 EUR durch Banküberweisung bezahlt und der Buchwert des Grundstücks zum 31. Dez. 01 80.000,00 EUR (Anschaffungskosten) beträgt?

3.2 Verkauf beweglicher abnutzbarer Sachanlagen

3.2.1 Grundsätzliche Vorgehensweise

Werden bewegliche abnutzbare Sachanlagen verkauft, sind bei der Buchung des Vorgangs neben einkommensteuerrechtlichen auch umsatzsteuerrechtliche Vorschriften zu berücksichtigen. Das bedeutet, dass neben der korrekten Buchwertermittlung umsatzsteuerrechtliche Aufzeichnungspflichten (§ 22 UStG) zu beachten sind. Sollen diese Aufzeichnungspflichten mit der Buchung selbst erfüllt werden, muss der Nettobetrag aus dem Anlagenverkauf in voller Höhe als Erlös erfasst werden. Dies geschieht auf dem Konto Erlöse aus Anlagenverkäufen.

Beispiel:

Ein PKW mit einem Buchwert in Höhe von 12.000,00 EUR wird für 15.000,00 EUR zuzüglich 2.400,00 EUR USt bar verkauft.

Buchungssatz:

	Soll/EUR	Haben/EUR
1000/1600 Kasse	17.400,00	
an 8800/4845 Erlöse aus Anlagenverkäufen bei Buchgewinn		15.000,00
an 1770/3800 Umsatzsteuer		2.400,00

Da die Erlöse aus Anlagenverkäufen nicht den Buchgewinn darstellen und der PKW, obwohl er verkauft ist, noch im Anlagenkonto erfasst ist, hat eine entsprechende Berichtigungsbuchung zu erfolgen. Die Korrektur zum Erlöskonto findet im Konto Anlagenabgänge, die Korrektur der Sachanlagen im Anlagenkonto selbst statt.

Buchungssatz:

	Soll/EUR	Haben/EUR
2315/4855 Anlagenabgänge bei Buchgewinn an 0320/0520 PKW	12.000,00	 12.000,00

Wird bei einem Anlagenverkauf ein Buchverlust erzielt, ändert sich dadurch der Buchungssatz grundsätzlich nicht. Die Konten Erlöse aus Anlagenverkäufen bei Buchgewinn und Anlagenabgänge bei Buchgewinn werden lediglich durch die Konten Erlöse aus Anlagenverkäufen bei Buchverlust und Anlagenabgänge bei Buchverlust ersetzt.

Häufig werden zur Begleichung des Kaufpreises beim Kauf neuer beweglicher Sachanlagen gebrauchte Sachanlagen in Zahlung gegeben (Tausch mit Baraufgabe). In diesem Fall kommt es gleichzeitig zu einer Anschaffung und zu einer Veräußerung von Sachanlagen. Die Höhe der Anschaffungskosten ist dann vom gemeinen Wert des getauschten Gegenstandes abhängig.

Beispiel:

Der Unternehmer erwirbt einen neuen PKW für 30.000,00 EUR zuzüglich 4.800,00 EUR USt. Der Rechnungsausgleich erfolgt durch Inzahlunggabe eines gebrauchten PKW, der mit 4.000,00 EUR zuzüglich 640,00 EUR USt auf den Rechnungspreis angerechnet wird, und Banküberweisung des Restbetrages.

Außerdem ist bekannt, dass der Buchwert des gebrauchten PKW zum Zeitpunkt des Ausscheidens aus dem Betriebsvermögen 2.000,00 EUR beträgt.

Buchungssätze:

	Soll/EUR	Haben/EUR
0320/0520 PKW 1570/1400 Vorsteuer an 1600/3300 Verb. LuL	30.000,00 4.800,00	 34.800,00
1600/3300 Verb. LuL an 1200/1800 Bank an 8800/4845 Erlöse aus AV bei Buchgewinn an 1770/3800 USt	34.800,00	 30.160,00 4.000,00 640,00
2315/4855 Anlagenabg. bei Buchgewinn an 0320/0520 PKW	2.000,00	 2.000,00

Kontrollaufgaben

1. Wie ist der Verkauf beweglicher abnutzbarer Wirtschaftsgüter umsatzsteuerrechtlich zu beurteilen?
2. Wie wird die Höhe des Buchverlustes/Buchgewinns ermittelt, wenn der aus dem Verkauf erzielte Nettobetrag auf dem Konto Erlöse aus Anlagenverkäufen gebucht wird?
3. Welche umsatzsteuerrechtliche Konsequenz ergibt sich, wenn bei der Anschaffung eines beweglichen abnutzbaren Wirtschaftsguts ein gebrauchtes Wirtschaftsgut in Zahlung gegeben wird?

Übungen

1. Am 1. Apr. 02 wird ein nicht mehr benötigter betrieblicher Bus für 16.240,00 EUR (incl. 16 % USt) an einen Privatmann verkauft. Zum Zeitpunkt des Ausscheidens beträgt der Restbuchwert des Busses noch 16.000,00 EUR.

   Wie ist zu buchen, wenn der Rechnungsausgleich nach Abzug von 2 % Skonto durch Überweisung auf das Bankkonto Ihres Mandanten erfolgt?

2. Ihr Mandant verkauft am 10. Mär. 02 einen betrieblich genutzten PKW für 27.260,00 EUR (incl. 16 % USt) gegen Barzahlung. Der Buchwert dieses Fahrzeugs betrug zum 31. Dez. 01 noch 29.400,00 EUR.

   Welche Buchungen sind zum 10. Mär. 02 vorzunehmen, wenn die zeitanteilige AfA für das Jahr 02 2.450,00 EUR beträgt?

3. Der Verkauf einer gebrauchten EDV-Anlage erfolgte am 28. Aug. 03 für 3.200,00 EUR zuzüglich 512,00 EUR USt. Weil die Bezahlung durch Bankscheck erfolgte, wurde gebucht:

Bank	3.712,00 EUR	
an Verkaufserlöse		3.200,00 EUR
an USt		512,00 EUR

   In der Bilanz zum 31. Dez. 02 wurde die EDV-Anlage mit 5.500,00 EUR berücksichtigt.

   Die noch nicht gebuchte zeitanteilige AfA für 03 beträgt 2.900,00 EUR.

   Nehmen Sie die ggf. noch durchzuführenden Buchungen vor.

4. Eine Maschine, die Ihr Mandant für 30.000,00 EUR zuzüglich 16 % USt angeschafft hatte, wird am 5. Sep. 03 verkauft.

   Wie ist zu buchen, wenn
   - der Buchwert der Maschine zum 1. Jan. 03 22.500,00 EUR betrug,
   - die AfA nach § 7 Abs. 1 EStG mit 12,5 % erfolgt,
   - ein Verkaufserlös von netto 9.500,00 EUR erzielt wird,
   - USt in Höhe von 1.520,00 EUR anfällt und
   - der Rechnungsausgleich durch Banküberweisung erfolgt?

5. Eine Maschine, die Ihr Mandant am 10. Mär. 01 für 80.000,00 EUR zuzüglich 16 % USt angeschafft hatte, wird am 5. Mär. 08 für 12.000,00 EUR zuzüglich 1.920,00 EUR USt gegen Barzahlung verkauft.

   Wie ist zu buchen, wenn die Maschine eine betriebsgewöhnliche Nutzungsdauer von 10 Jahren hat, nach § 7 Abs. 1 EStG abgeschrieben wurde und die AfA im Anschaffungsjahr (linear) höchstmöglich erfolgt ist?

6. Ihr Mandant erwirbt einen neuen PKW für 30.000,00 EUR zuzüglich 4.800,00 EUR USt. Der Rechnungsausgleich erfolgt durch Inzahlunggabe eines gebrauchten PKW, der mit 4.000,00 EUR zuzüglich 640,00 EUR USt auf den Rechnungspreis angerechnet wird, und durch Banküberweisung des Restbetrages unter Abzug von 3% Skonto vom Kaufpreis.

   Wie ist zu buchen, wenn der Buchwert des gebrauchten PKW zum Zeitpunkt des Ausscheidens aus dem Betriebsvermögen 2.000,00 EUR beträgt?

7. Beim Kauf einer neuen Fräsmaschine im Wert von 79.500,00 EUR zuzüglich 12.720,00 EUR USt gibt Ihr Mandant eine alte Maschine für 12.400,00 EUR zuzüglich 1.984,00 EUR USt in Zahlung.

   Wie ist zu buchen, wenn der Buchwert der alten Maschine zum Zeitpunkt des Verkaufs 15.000,00 EUR beträgt und der noch offene Restbetrag nach Abzug von 2% Skonto, berechnet vom Restbetrag, durch Banküberweisung beglichen wird?

8. Eine Maschine, die linear abgeschrieben wird und am 1. Jan. 04 noch eine Restnutzungsdauer von 2 Jahren hat, wird beim Kauf einer neuen Maschine am 3. Dez. 04 für 18.500,00 EUR zuzüglich 2.960,00 EUR USt in Zahlung gegeben.

   Welche Buchungssätze haben Sie zu bilden, wenn

   - der Wert der neuen Maschine lt. Rechnung 80.000,00 EUR zuzüglich 12.800,00 EUR USt beträgt,
   - zum 1. Jan. 04 für die alte Maschine ein Buchwert von 48.000,00 EUR ermittelt wird?

3.2.2 Verkauf auch privat genutzter Fahrzeuge

Wird ein (nach dem 31. Mär. 1999 angeschafftes) betriebliches Fahrzeug, das auch privat durch den Unternehmer genutzt worden ist, verkauft, kommt es ggf. zu zusätzlichen Buchungen. Das ist dann der Fall, wenn der Verkauf des Fahrzeugs innerhalb eines Zeitraums von 5 Jahren nach dessen Anschaffung erfolgt. Da eine Änderung der Verhältnisse vorliegt und damit die Möglichkeit des Vorsteuerabzugs zum Zeitpunkt der Veräußerung anders zu beurteilen ist, als zum Zeitpunkt der Anschaffung, ist eine Berichtigung des Vorsteuerabzugs (§ 15 a UStG) zugunsten des Unternehmers durchzuführen.

Beispiel:

Ein betrieblicher PKW, der auch durch den Unternehmer für Privatfahrten genutzt wird, wurde am 1. Jul. 01 für 30.000,00 EUR zuzüglich 4.800,00 EUR USt angeschafft. Gebucht wurde:

Buchungssatz:

	Soll/EUR	Haben/EUR
0320/0520 Fahrzeuge 1570/1400 Vorsteuer an 1600/3300 Verb. LuL	32.400,00 2.400,00	 34.800,00

Dieser PKW wird zum 1. Sep. 03 für 21.000,00 EUR zuzüglich 3.360,00 EUR USt gegen Barzahlung verkauft.

Buchungssatz:

	Soll/EUR	Haben/EUR
1000/1600 Kasse an 8800/4845 Erlöse aus AV bei Buchgewinn an 1770/3800 USt	24.360,00	 21.000,00 3.360,00

Zum Zeitpunkt des Verkaufs hat der PKW einen Restbuchwert von 20.700,00 EUR. Die zeitanteilige AfA für das Jahr 03 beträgt 3.600,00 EUR.

Buchungssätze:

	Soll/EUR	Haben/EUR
4830/6220 Abschreibung SA an 0320/0520 PKW	3.600,00	 3.600,00
2315/4855 Anlagenabg. bei Buchgewinn an 0320/0520 PKW	20.700,00	 20.700,00

Der zu berichtigende Vorsteuerbetrag wird folgendermaßen ermittelt:

Die gesamte in Rechnung gestellte Umsatzsteuer betrug	4.800,00 EUR
Als Vorsteuer abgezogen wurden	2.400,00 EUR
Nicht als Vorsteuer abgezogen wurden	2.400,00 EUR
Davon entfielen auf die betriebliche und private Nutzung in der Zeit vom 1. Jul. 01 bis zum 1. Sep. 03 (26 Monate)	1.040,00 EUR
Demnach ergibt sich eine zu berichtigende Vorsteuer in Höhe von	1.360,00 EUR

Buchungssatz:

	Soll/EUR	Haben/EUR
1570/1400 Vorsteuer an 2700/4830 sonstige betr. Erträge	1.360,00	 1.360,00

Zur Buchung im Konto sonstige betriebliche Erträge kommt es, weil die zuvor nicht abzugsfähige (aktivierte) Vorsteuer im Rahmen der Abschreibung (als Aufwand) berücksichtigt worden ist.

Übungen

1. Ihr Mandant veräußert am 1. Okt. 02 einen betrieblichen PKW für 15.000,00 EUR zuzüglich 2.400,00 EUR USt gegen Rechnung. Der PKW, der am 2. Jan. 01 für 25.000,00 EUR zuzüglich 4.000,00 EUR USt angeschafft worden war, wird linear über 6 Jahre abgeschrieben und wurde auch für Privatfahrten genutzt.
   a) Berechnen Sie die Höhe der zu berichtigenden Vorsteuer.
   b) Wie lauten die Buchungssätze, die sich aus diesem Geschäftsvorfall für das Jahr 02 ergeben.
2. Ein PKW, der am 1. Jul. 01 für 28.000,00 EUR zuzüglich 4.480,00 EUR USt angeschafft wurde, wird am 1. Jun. 05 für 8.000,00 EUR zuzüglich 1.280,00 EUR USt gegen Barzahlung verkauft. Der PKW wurde sowohl betrieblich als auch privat genutzt. Die Abschreibung erfolgt linear über 6 Jahre.
   a) Ermitteln Sie die Höhe der zu berichtigenden Vorsteuer.
   b) Bilden Sie die Buchungssätze, die sich aus diesem Geschäftsvorfall für das Jahr 05 ergeben.

4 *Anlagenverzeichnis*

Das Anlagenverzeichnis ist ein Nebenbuch der Buchführung. Es ist von allen Unternehmern zu führen, die zur Führung von Büchern verpflichtet sind (§ 240 Abs. 2 HGB, §§ 140, 141 AO) und dient dazu,

- sämtliche Vermögensgegenstände des Anlagevermögens tabellarisch oder mit Hilfe von Karteikarten zu erfassen,
- einen Überblick über die buchmäßige Entwicklung der einzelnen Anlagegüter zu ermöglichen,
- die Höhe der jährlichen Abschreibung je Vermögensgegenstand und Anlagegruppe nachzuweisen,
- der steuerlichen Verpflichtung nachzukommen, nach der für jeden Bilanzstichtag aufgrund einer körperlichen Inventur ein Bestandsverzeichnis aufzustellen ist,
- die Voraussetzungen dafür zu schaffen, dass auf die jährliche körperliche Bestandsaufnahme der Anlagegüter verzichtet werden kann.

In das Anlagenverzeichnis werden grundsätzlich alle Vermögensgegenstände des Anlagevermögens aufgenommen, selbst dann, wenn sie bereits voll abgeschrieben sind. Geringwertige Wirtschaftsgüter, die im Jahr der Anschaffung/Herstellung in voller Höhe abgeschrieben worden sind, brauchen nicht in das Anlagenverzeichnis aufgenommen zu werden, wenn die Anschaffungs-/Herstellungskosten (netto) der geringwertigen Wirtschaftsgüter nicht mehr als 51,00 EUR[1] betragen oder wenn diese Vermögensgegenstände auf einem besonderen Konto gebucht oder in einem besonderen Verzeichnis erfasst worden sind.

Das Anlagenverzeichnis muss

- die genaue Bezeichnung des Gegenstandes und
- seinen Bilanzwert am Bilanzstichtag

enthalten.

Will der Unternehmer auf die jährliche körperliche Bestandsaufnahme verzichten, müssen aus dem Anlagenverzeichnis außerdem die folgenden Angaben ersichtlich sein:

- der Tag der Anschaffung/Herstellung des Gegenstandes,
- die Höhe der Anschaffungs-/Herstellungskosten,
- der Tag des Abgangs.

Darüber hinaus erweist es sich als vorteilhaft, die folgenden - nicht vorgeschriebenen - Angaben im Anlagenverzeichnis aufzuführen:

- betriebsgewöhnliche Nutzungsdauer,
- AfA-Art,
- AfA-Satz,
- jährliche AfA,
- Bilanzwert des vorhergehenden Wirtschaftsjahres,
- Wert des Abgangs.

1 Errechneter Wert.

Beispiel:

Konto-Nr.	Bezeichnung des Gegenstandes	Tag der Ansch./Herst.	Anschaf-fungs-/Her-stellungsk.	ND in Jah-ren	AfA-Art	AfA-Satz %	Bilanz-wert 31. Dez. 06	AfA Wj.	Tag des Ab-gangs	Wert des Abgangs	Bilanz-wert 31. Dez. 07
0235	**Grund u. Boden**										
	Schulstr. 93	6. Mär. 01	120.000				120.000				120.000
0250	**Fabrikgebäude**										
	Schulstr. 93	6. Jan. 02	800.000	50	lin.	2	676.000	16.000			660.000
0440	**Maschinen**										
	Bandsäge	15. Mai 01	70.000	8	lin.	12,5	17.500	8.750			8.750
	Furnierpresse	21. Apr. 02	80.000	8	lin.	12,5	30.000	2.500	1. Apr. 07	27.500,00	
0500	**Andere Anlagen/ B.- u. G.-Ausst.**										
	PKW BMW	18. Dez. 04	50.000	4	lin.	25	18.750	12.500			6.250
	VW Kombi	25. Jul. 05	36.000	4	lin.	25	22.500	9.000			13.500
	LKW 1	10. Nov. 04	110.000	5	lin.	20	55.000	22.000			33.000
	LKW 2	20. Mär. 06	120.000	5	lin.	20	96.000	24.000			72.000
	LKW-Anhänger	14. Mai 06	40.000	6	lin.	20	32.000	8.000			24.000
	Gabelstapler	10. Sep. 04	20.000	5	lin.	20	10.000	4.000			6.000

Kontrollaufgaben

1. Was ist unter einem Anlagenverzeichnis zu verstehen?
2. Welche Aufgaben erfüllt das Anlagenverzeichnis?
3. Wie ist ein Anlagenverzeichnis aufgebaut?
4. Welche Informationen liefert ein Anlagenverzeichnis?

Übungen

1. Erstellen Sie das Anlagenverzeichnis für die Zeit vom 1. Jan. 07 bis zum 31. Dez. 07. Berücksichtigen Sie dabei die folgenden Angaben:

Konto-Nr.	Bezeichnung des Gegenstandes	Tag der Ansch./Herst.	Anschaf-fungs-/Her-stellungsk.	ND in Jahren	AfA-Art	Bilanz-wert 31. Dez. 06
0235	Grund u. Boden					
	Uferstr. 22	10. Mai 04	90.000,00			90.000,00
0250	Fabrikgebäude					
	Uferstr. 22	20. Nov. 06	540.000,00	25	lin.	536.400,00
0300	Kraftfahrzeuge					
	PKW	18. Feb. 02	45.000,00	4	lin.	1,00
	LKW	15. Nov. 06	100.000,00	5	lin.	90.000,00
0400	andere BGA					
	EDV-Anlage	3. Jun. 05	80.000,00	5	lin.	48.000,00
	Büromöbel	11. Okt. 04	70.000,00	10	lin.	52.500,00

2. Erstellen Sie das Anlagenverzeichnis für die Zeit vom 1. Jan. 07 bis zum 31. Dez. 07. Berücksichtigen Sie dabei die folgenden Angaben:

Konto-Nr.	**Bezeichnung des Gegenstandes**	**Tag der Ansch./Herst.**	**Anschaf-fungs-/Her-stellungsk.**	**ND in Jahren**	**AfA-Art**	**Bilanz-wert 31. Dez. 06**
0235	Grund und Boden	17. Feb. 01	12.000,00			12.000,00
0250	Fabrikgebäude	2. Jun. 07	660.000,00	33	lin.	-
0300	Fahrzeuge					
	PKW	15. Okt. 06	38.000,00	5	lin.	34.200,00
	LKW	9. Mär. 05	85.000,00	5	lin.	51.000,00
	LKW-Anhänger	10. Jul. 05	38.000,00	5	lin.	26.600,00
0400	Betriebsausst.					
	Drehbank	5. Mai 04	40.000,00	8	lin.	25.000,00
	Kompressor	25. Jul. 02	15.000,00	10	lin.	8.250,00
0420	Büroeinrichtung					
	EDV-Anlage	7. Nov. 07	49.000,00	7	lin.	-
	Schreibtisch	8. Okt. 04	4.800,00	10	lin.	3.600,00
	Schreibmaschine	19. Apr. 04	960,00	4	lin.	240,00

Hauptabschlussübersicht

Ihr Mandant, ein Großhändler, der seinen Gewinn nach § 5 EStG ermittelt, versteuert seine Umsätze nach vereinbarten Entgelten (USt 16 %).

Erstellen Sie in einer Hauptabschlussübersicht die Bilanz und Gewinn- und Verlustrechnung. Gehen Sie von der vorläufigen Saldenbilanz zum 31. Dez. 02 aus. Berücksichtigen Sie die folgenden noch zu buchenden Angaben und unterstellen Sie, dass der steuerrechtliche Gewinn so niedrig wie möglich ausgewiesen werden soll.

SKR 03

Kto.-Nr.	Kontenbezeichnung	Vorl. Saldenbilanz	
		Aktiva	Passiva
0085	Grund und Boden	85.680,00	
0090	Geschäftsbauten	342.720,00	
0320	Fahrzeuge	194.703,00	
0420	Büroeinrichtung	85.400,00	
0630	Verbindlichkeiten KI		350.000,00
0870	Eigenkapital		947.561,00
1000/1200	Geldkonten	231.643,00	
1400	Forderungen LuL	405.270,00	
1570	Vorsteuer	281.000,00	
1600	Verbindlichkeiten LuL		192.200,00
1700	sonst. Verb.		49.245,00
1740	Verb. Lohn/Gehalt		
1741	Verb. LSt/KiSt/SZ		
1742	Verbindlichkeiten SV		
1770	USt		457.100,00

1780	USt-Vorauszahlungen	155.000,00	
1800	Privat	92.150,00	
2315	Anlagenabgang	8.900,00	
3200	Einkauf von Waren	1.878.410,00	
3700	Nachlässe		
3730	erhaltene Skonti		16.100,00
3800	Anschaffungsnebenk.	7.546,00	
3980	Warenbestand	82.000,00	
4120	Gehälter	968.133,00	
4130	gesetzl. soziale Aufwendungen	174.000,00	
4500	Fahrzeugkosten	74.739,00	
4610	Werbekosten	12.460,00	
4670	Reisekosten	12.247,00	
4830	Abschreibungen SA		
4920	Telefon	1.250,00	
8000	Verkaufserlöse		3.047.628,00
8800	Erlöse a. AV		24.500,00
8900	Entnahmen § 3 Abs. 1 b		8.917,00
		5.093.251,00	5.093.251,00

1. Für die am 15. Dez. 02 eingegangenen Waren erteilt der Lieferant aufgrund einer Mängelrüge Ihres Mandanten eine Gutschrift über 2.500,00 EUR zuzüglich 400,00 EUR USt. Die Eingangsrechnung ist durch Ihren Mandanten noch nicht bezahlt worden.
2. Ihr Mandant erwarb lt. Kaufvertrag vom 10. Aug. 02 ein bebautes Grundstück für ausschließlich betriebliche Zwecke. Als Tag des Übergangs der Nutzungen und Lasten wurde der 1. Okt. 02 vereinbart. Die Anschaffungskosten des Grundstücks betragen einschließlich der Grunderwerbsteuer 428.400,00 EUR, der auf den Grund und Boden entfallende Anteil 20%. (Die entsprechende Buchung ist bereits erfolgt.)

   Zum 31. Dez. 02 liegen folgende offenen Rechnungen vor, die buchmäßig noch nicht erfasst worden sind:

   a) Notarkosten in Höhe von 9.000,00 EUR + 1.440,00 EUR USt lt. Rechnung vom 7. Dez. 02.

   b) Gerichtskosten von 2.100,00 EUR für die Eintragung des Eigentumsübergangs ins Grundbuch lt. Rechnung vom 19. Dez. 02.

   Beide Rechnungen wurden Anfang 03 durch Banküberweisung beglichen.
3. Ihr Mandant hat seinem Betrieb Waren für private Zwecke entnommen. Diese hatte er für 2.000,00 EUR angeschafft. Er bietet sie Kunden für 2.500,00 EUR zuzüglich USt an. Am Entnahmetag kann er sie für 1.800,00 EUR zuzüglich 288,00 EUR USt bei Bezugskosten von 40,00 EUR zuzüglich 6,40 EUR USt beziehen.
4. Eine Fahrkarte der Deutschen Bahn AG über 58,00 EUR für eine Geschäftsreise Ihres Mandanten wurde privat durch diesen bezahlt (Tarifentfernung 114 km) und bisher nicht gebucht.
5. Ihr Mandant hat den betrieblichen Telefonanschluss auch für private Gespräche in Anspruch genommen. Erfahrungsgemäß sind 30% der gebuchten Telefongebühren privat verursacht.
6. Ihr Mandant erwarb am 28. Dez. 02 ein neues betriebliches Fahrzeug zum Preis von 70.000,00 EUR zuzüglich 11.200,00 EUR USt. Am selben Tag gab er ein gebrauchtes Fahrzeug für 15.080,00 EUR (einschl. 16% USt), das bereits am 31. Dez. 02 bis auf den Erinnerungswert abgeschrieben war, in Zahlung. Der Restkaufpreis wurde im Januar 03 durch Bankscheck bezahlt. Die Nutzungsdauer des neuen Fahrzeugs beträgt 6 Jahre.

7. Am 14. Dez. 02 wurde die Rechnung für den Kauf einer Computeranlage (Anschaffung und Buchung am 3. Dez. 02, ND 7 Jahre) durch Banküberweisung beglichen. Der Bruttorechnungsbetrag (USt 16 %) belief sich auf 29.000,00 EUR. Nach Abzug von 3 % Skonto hat Ihr Mandant 28.130,00 EUR überwiesen und wie folgt gebucht:

Verbindlichkeiten LuL	29.000,00 EUR	
an erhaltene Skonti		750,00 EUR
an Vorsteuer		120,00 EUR
an Bank		28.130,00 EUR

8. Für den Monat Dezember 03 wurden die Löhne und Gehälter erst am 2. Jan. 04 ausgerechnet und danach durch die Bank ausgezahlt, sodass in 03 die Bruttobuchung dieser Personalkosten noch nicht erfolgt ist.

Lt. Lohn- und Gehaltsliste 12/03 betragen die

Bruttobeträge		50.000,00 EUR
LSt-/KiSt-/SZ-Beträge	11.600,00 EUR	
AN-Anteil zur SV	6.400,00 EUR	18.000,00 EUR
Nettobeträge		32.000,00 EUR

Der Arbeitgeberanteil zur Sozialversicherung beläuft sich auf 6.400,00 EUR.

9. Die Sachanlagen sind wie folgt abzuschreiben:
   a) Geschäftsbauten: 2 %
   b) Fahrzeuge: Das neue Fahrzeug wird mit $16\,^2/_3$ % abgeschrieben. Die Abschreibung der Altfahrzeuge erfolgt mit 58.067,00 EUR.
   c) Ladeneinrichtung: allgemein 10 % (Anschaffungskosten: 128.930,00 EUR)
   d) PC höchstmöglich nach § 7 Abs. 1 EStG

10. Das Privatkonto ist abzuschließen.

11. Die USt-Konten sind abzuschließen.

12. Der Abschluss der Warenkonten ist vorzunehmen. Dabei ist ein Warenbestand lt. Inventur zum 31. Dez. 02 in Höhe von 60.000,00 EUR zu berücksichtigen.

13. Zeigen Sie, wie sich die Geschäftsvorfälle 1 bis 9 und 12
   a) auf den Erfolg,
   b) auf die Bilanzsumme auswirken.

SKR 04

Kto.-Nr.	Kontenbezeichnung	Vorl. Saldenbilanz	
		Aktiva	Passiva
0235	Grund und Boden	85.680,00	
0240	Geschäftsbauten	342.720,00	
0520	Fahrzeuge	194.703,00	
0650	Büroeinrichtung	85.400,00	
1140	Warenbestand	82.000,00	
1200	Forderungen LuL	405.270,00	
1400	Vorsteuer	281.000,00	
1600/1800	Geldkonten	231.643,00	
2000	Eigenkapital		947.561,00
2100	Privat	92.150,00	
3150	Verbindlichkeiten KI		350.000,00
3300	Verbindlichkeiten LuL		192.200,00

3500	sonst. Verb.		49.245,00
3720	Verb. Lohn/Gehalt		
3730	Verb. LSt/KiSt/SZ		
3740	Verbindlichkeiten SV		
3800	USt		457.100,00
3820	USt-Vorauszahlungen	155.000,00	
4000	Verkaufserlöse		3.047.628,00
4600	Entnahmen § 3 Abs. 1 b		8.917,00
4845	Erlöse a. AV		24.500,00
4855	Anlagenabgang	8.900,00	
5200	Einkauf von Waren	1.878.410,00	
5700	Nachlässe		
5730	erhaltene Skonti		16.100,00
5800	Anschaffungsnebenk.	7.546,00	
6020	Gehälter	968.133,00	
6110	gesetzl. soziale Aufwendungen	174.000,00	
6220	Abschreibungen SA		
6500	Fahrzeugkosten	74.739,00	
6600	Werbekosten	12.460,00	
6650	Reisekosten	12.247,00	
6805	Telefon	1.250,00	
		5.093.251,00	5.093.251,00

Vermischte Übungen

1. Am 20. Jul. 02 erhält Ihr Mandant die Gutschrift eines Lieferanten über den Bonus für das 1. Halbjahr 01

in Höhe von	6.000,00 EUR
+ 16% USt	960,00 EUR
Gesamtbetrag	6.960,00 EUR

Die Gutschrift soll mit einer noch offenen Liefererschuld verrechnet werden.

Buchen Sie den Vorgang.

2. Ihr Mandant (Großhändler) hat für eine Ware einen Einstandspreis von 700,00 EUR ermittelt.

a) Wie viel EUR beträgt der Listenverkaufspreis, wenn Ihr Mandant mit einem Kalkulationszuschlag von 45% arbeitet?

b) Wie hoch ist die Handelsspanne bei einem Kalkulationszuschlag von 45%?

3. Aufgrund der Tatsache, dass über das Vermögen eines Kunden das Insolvenzverfahren eröffnet wurde, holte Ihr Mandant die unter Eigentumsvorbehalt gelieferten und noch vorhandenen Waren im Verkaufspreis von 17.400,00 EUR (USt 16%) zurück.

Eine Buchung des Vorgangs ist noch nicht erfolgt. Holen Sie diese Arbeit nach.

4. Ihr Mandant kann einen Rechnungsbetrag (Einkauf von Waren) von 14.900,00 EUR auf folgende Weise begleichen: in 8 Tagen mit 2 % Skonto, in 60 Tagen netto Kasse.

   Berechnen Sie

   a) den Skontoabzug in EUR,

   b) den Finanzierungserfolg für den Fall, dass für die Zahlung mit Skontoabzug ein Bankkredit zum Zinssatz von 12 % aufgenommen werden muss.

   c) Buchen Sie den Rechnungsausgleich mit Skontoabzug (USt 16 %) bei Banküberweisung.

5. Ihr Mandant kaufte am 2. Jul. 01 eine Maschine für 40.000,00 EUR zuzüglich 6.400,00 EUR USt. Der Lieferant gewährte 2 % Skonto vom Bruttopreis der Maschine, nahm eine auf 1,00 EUR abgeschriebene Maschine für 1.200,00 EUR zuzüglich 192,00 EUR USt in Zahlung und erhielt über den Restbetrag einen Verrechnungsscheck in Höhe von 44.080,00 EUR. Obwohl ordnungsmäßige Rechnungen vorlagen, buchte der Buchhalter lediglich:

Verbindlichkeiten LuL	44.080,00 EUR	
an Bank		44.080,00 EUR

   Um die Standfestigkeit zu erhöhen, musste die Maschine verankert werden. Lt. Eingangsrechnung vom 5. Aug. 01 entstanden dabei Materialkosten von 1.500,00 EUR und Montagekosten von 1.300,00 EUR. Außerdem war die USt mit 448,00 EUR ausgewiesen.

   Es wurde gebucht:

Instandhaltung Maschinen	2.800,00 EUR	
Vorsteuer	448,00 EUR	
an Verbindlichkeiten LuL		3.248,00 EUR

   Führen Sie alle zur Ermittlung des Buchwerts zum 31. Dez. 01 notwendigen Buchungen und Korrekturbuchungen durch. Bei einer betriebsgewöhnlichen Nutzungsdauer von 8 Jahren ist die AfA nach § 7 Abs. 1 EStG vorzunehmen.

6. Im Jahr 05 verkaufte Ihr Mandant einen alten PKW, der bereits voll abgeschrieben wurde, für 638,00 EUR. Da er der Meinung war, dass dieser Preis nur auf seine geschickte Verkaufstaktik zurückzuführen war, behandelte er diesen Betrag nicht als betriebliche, sondern als private Einnahme.

   Eine Buchung dieses Vorgangs erfolgte deshalb bislang nicht.

   Bilden Sie den ggf. noch notwendigen Buchungssatz.

7. Im November 01 hat Ihr Mandant die betriebliche Heizungsanlage durch einen selbstständigen Handwerker reparieren lassen. Als die ordnungsmäßige Rechnung über diesen Vorgang am 2. Dez. 01 einging, wurde sie gewohnheitsmäßig unter Abzug von 3 % Skonto durch Banküberweisung beglichen.

   Es wurde gebucht:

Instandhaltung Gebäude	4.074,00 EUR	
Vorsteuer	651,84 EUR	
an Bank		4.725,84 EUR

   Am 15. Dez. 01 teilte der Handwerker mit, dass Handwerkerrechnungen stets ohne Skontoabzug zu begleichen sind. Er belastete deshalb Ihren Mandanten mit einem Bruttobetrag von 146,16 EUR, den dieser sofort durch Banküberweisung beglich.

   Nehmen Sie die ggf. erforderliche Korrekturbuchung vor.

8. Ihr Mandant lässt am 10. Mai 01 drei Wechsel zu 8 % diskontieren. Der erste Wechsel über 500,00 EUR ist am 10. Jun. 01, der zweite über 7.400,00 EUR am 29. Jun. 01 und der dritte über 8.500,00 EUR am 14. Jul. 01 fällig.

   a) Welchen Barwert schreibt die Bank gut?

   b) Wie lautet der Buchungssatz?

9. Aufgrund einer Produktionsumstellung wurden im November 01 einige Trennwände in der Fabrikhalle (Baujahr 1968) Ihres Mandanten errichtet. Die entsprechende Eingangsrechnung lautet auf 12.000,00 EUR zuzüglich 1.920,00 EUR USt.

   Außerdem mussten auf Anordnung der Berufsgenossenschaft die sanitären Anlagen erneuert werden. Die Rechnung für diese Arbeiten, die im Dezember 01 einging, lautet auf 6.000,00 EUR zuzüglich 960,00 EUR USt.

   Da der Ausgleich der Rechnungen erst im Januar 02 erfolgen soll, fand bis zum 31. Dez. 01 noch keine Buchung statt.

   Führen Sie die ggf. noch notwendigen Buchungen durch.

10. Ein Angestellter bezieht ein monatliches Gehalt von 4.000,00 EUR. Daneben ersetzt Ihr Mandant die nachgewiesenen Kosten für Fahrten mit öffentlichen Verkehrsmitteln zur Arbeitsstätte. Für den Monat Mai belaufen sich diese lt. Fahrausweis auf 92,30 EUR (USt 7%).

    Da der Arbeitnehmer nicht krankenversicherungspflichtig ist, gewährt Ihr Mandant einen Zuschuss zur privaten Kranken- und Pflegeversicherung in Höhe von 250,00 EUR, kürzt den steuer- und sozialversicherungspflichtigen Arbeitslohn um 1.163,58 EUR LSt/KiSt/SZ, 50% des Rentenversicherungsbeitrags von 19,1% sowie 50% des Beitrags zur Arbeitsförderung von 6,5% und zahlt den Restbetrag durch Banküberweisung aus.

    Wie lauten die Buchungssätze, wenn die Auszahlung des Restbetrages durch Banküberweisung erfolgt?

11. Ihr Mandant kauft einen neuen Betriebs-PKW. Der Nettopreis beträgt 20.000,00 EUR, die Überführungskosten zusätzlich 540,00 EUR und die USt 3.286,40 EUR. Auf den Kaufpreis wird ein in Zahlung gegebener gebrauchter PKW mit 7.000,00 EUR zuzüglich 1.120,00 EUR USt angerechnet. Der Restbetrag wird durch Postscheck beglichen.

    An zusätzlichen Barauslagen entstehen Ihrem Mandanten 60,00 EUR für Zulassungskosten (durchlaufender Posten) und 23,20 EUR einschließlich 16% USt für das Kfz-Kennzeichen.

    Der in Zahlung gegebene PKW hatte zum Zeitpunkt des Ausscheidens einen Buchwert von 5.500,00 EUR.

    Buchen Sie den Vorgang.

12. Ihrem Mandanten (Großhändler) werden Fernsehgeräte zum Listenpreis von 1.200,00 EUR angeboten. Er erwirbt diese mit 15% Rabatt und zieht vom Rechnungsbetrag 3% Skonto ab. Die Bezugskosten pro Gerät belaufen sich auf 20,00 EUR, die Geschäftskosten auf 80,00 EUR und der erwartete Gewinn auf 5%.

    Zu welchem Listenverkaufspreis kann er diese Fernsehgeräte Einzelhändlern anbieten, wenn er mit folgenden Verkaufszuschlägen arbeitet:

– Vertreterprovision	1,5%
– Skonto	2%
– Rabatt	10%

13. Am 20. Jan. trifft die Rechnung über Wasserverbrauch und Kanalgebühren ein. Sie weist für den Wasserverbrauch einen Betrag von 2.250,00 EUR zuzüglich 157,50 EUR USt und für Kanalgebühren einen Betrag von 2.550,00 EUR aus.

    Laut Wasserzähler entfallen vom Rechnungsbetrag 30% auf betrieblich genutzte und 70% auf privat genutzte Räume.

    Der Rechnungsbetrag wird vom betrieblichen Bankkonto abgebucht.

    Wie ist zu buchen?

H Steuerbereich

Der Unternehmer führt seinen Betrieb vor allem im eigenen Interesse, d. h. um Gewinne zu erzielen. Aus diesem Grunde pflegt er freiwillig Kontakte mit seinen Kunden, Lieferanten, Arbeitnehmern und Kreditgebern.

Gesetzlich ist er darüber hinaus verpflichtet, mit den Finanzbehörden zusammenzuarbeiten. Diese Zusammenarbeit hat letztendlich immer Steuerzahlungen zur Folge.

Die Existenz eines Gewerbebetriebes, eine erhaltene Erbschaft oder Schenkung, der Betrieb eines Kraftfahrzeugs, die Erzielung von Einkommen und der Besitz sowie der Erwerb von Grundstücken führen zu Steuern, die den Unternehmer/das Unternehmen selbst mit der entsprechenden Steuer belasten.

Zahlt der Unternehmer Arbeitslöhne oder tätigt er Umsätze, entstehen auch dadurch Steuern. Diese sind aber vom Unternehmer nicht wirtschaftlich zu tragen, sondern lediglich ans Finanzamt abzuführen. Der Unternehmer wird in diesen Fällen also als verlängerter Arm des Finanzamts benutzt.

1 Steuern

Im Hinblick auf ihre Behandlung in der Buchführung lassen sich betriebliche und private Steuern unterscheiden.

1.1 Betriebliche Steuern

Voraussetzung für das Vorliegen einer betrieblichen Steuer ist, dass der Unternehmer für diese Steuer als Steuerpflichtiger (§ 33 AO) gilt.

Bei betrieblichen Steuern kann es sich um sofort abzugsfähige Steuern, aktivierungspflichtige Steuern, nicht abzugsfähige Steuern und um Steuern, die als durchlaufende Posten gelten, handeln.

1.1.1 Sofort abzugsfähige betriebliche Steuern

Sind Steuern bei der steuerlichen Gewinnermittlung direkt abzugsfähig, werden sie als sofort abzugsfähige Steuern bezeichnet. Um sofort abzugsfähige Steuern handelt es sich z. B. bei

- ▶ der betrieblichen Grundsteuer,
- ▶ der betrieblichen Kfz-Steuer,
- ▶ der Gewerbesteuer und
- ▶ der nicht anrechenbaren Vorsteuer bei sofort abzugsfähigen Aufwendungen.

Die betriebliche Grundsteuer ist auf dem Konto Grundsteuer, die betriebliche Kfz-Steuer auf dem Konto Kfz-Steuer und die Gewerbesteuer auf dem Konto Gewerbesteuer zu buchen.

Beispiel:

Lt. Steuerbescheid belaufen sich die vierteljährlichen Gewerbesteuervorauszahlungen auf 1.850,00 EUR.

Die Vorauszahlung für das 1. Quartal 01 erfolgt am 15. Feb. 01 durch Banküberweisung.

Buchungssatz:

	Soll/EUR	Haben/EUR
4330/7620 Gewerbesteuer	1.850,00	
an 1200/1800 Bank		1.850,00

Nicht anrechenbare Vorsteuer entsteht durch Aufwendungen, die im Zusammenhang mit steuerfreien Umsätzen stehen. Sie ist im Konto sonstige Steuern zu buchen.

Beispiel:

Ein in vollem Umfang zum Betriebsvermögen gehörendes Gebäude, das zur Hälfte für eigengewerbliche Zwecke genutzt und zur Hälfte zu Wohnzwecken vermietet wird, erhält einen neuen Außenanstrich. Der für diese Arbeiten in Rechnung gestellte Betrag beläuft sich auf 12.000,00 EUR zuzüglich 1.920,00 EUR USt.

Buchungssatz:

	Soll/EUR	Haben/EUR
4340/7650 sonstige Steuern	960,00	
4260/6450 Instandhaltung von Bauten	12.000,00	
1570/1400 Vorsteuer	960,00	
an 1600/3300 Verbindlichkeiten LuL		13.920,00

Zu nicht anrechenbarer Vorsteuer kommt es aber z. B. auch, wenn der Unternehmer Arbeitnehmern die Fahrtkosten für die Benutzung öffentlicher Verkehrsmittel erstattet. Das ist so, weil die Leistung der Verkehrsbetriebe nicht für den Unternehmer, sondern den Arbeitnehmer ausgeführt wird.

Nur zum Teil (zur Hälfte) anrechenbar und damit in Höhe des Restbetrages als Aufwand zu berücksichtigen sind die Vorsteuerbeträge, die auf den Betrieb von Fahrzeugen entfallen, die der Unternehmer auch für den privaten Bedarf oder für andere unternehmensfremde Zwecke verwendet (Anschaffung nach dem 31. März 1999).

Beispiel:

Ein betrieblicher PKW, der auch für private Fahrten durch den Unternehmer genutzt wird, wurde repariert. Die entsprechende Eingangsrechnung lautet auf 500,00 EUR zuzüglich 80,00 EUR USt.

Buchungssatz:

	Soll/EUR	Haben/EUR
4540/6540 Kfz-Reparaturen	500,00	
4340/7650 sonstige Steuern	40,00	
1570/1400 Vorsteuer	40,00	
an 1600/3300 Verbindlichkeiten LuL		580,00

Übungen

1. Ihr Mandant kauft Heizöl für 7.000,00 EUR zuzüglich 1.120,00 EUR USt ein. Es ist seit Jahren so, dass 25 % des Heizöls zur Beheizung von im Geschäftshaus gelegenen, vermieteten Wohnungen, der Rest zur Beheizung eigengewerblich genutzter Flächen verwendet werden.

   Welche Buchungen sind vorzunehmen, wenn der Rechnungsbetrag durch Banküberweisung beglichen wird?

2. Die als Geschäftsräume und Wohnungen vermieteten Räume Ihres Mandanten werden gemeinsam mit Energie versorgt. Für den Voranmeldungszeitraum November wurden folgende Beträge durch ordnungsmäßige Rechnungen angefordert:

Gas (netto)	5.000,00 EUR
Strom (netto)	4.500,00 EUR
Wasser (netto)	800,00 EUR

   Auf die Wohnräume entfielen lt. Zähler:

Gasverbrauch	30 %
Stromverbrauch	20 %
Wasserverbrauch	30 %

   Außerdem musste in einer Wohnung der Fußboden erneuert werden. Die Rechnung hierfür belief sich auf 3.000,00 EUR zuzüglich 480,00 EUR USt.

   Ihr Mandant hat auf die Steuerbefreiung gem. § 9 UStG verzichtet.

   Wie ist zu buchen, wenn sämtliche Beträge vom betrieblichen Bankkonto bezahlt wurden und der Buchhalter sämtliche Nettobeträge als Grundstücksaufwendungen und die in Rechnung gestellten USt-Beträge als Vorsteuer gebucht hat?

3. Infolge eines Unwetters wurde das Dach des vermieteten, nicht bilanzierten Mehrfamilienhauses, das Ihrem Mandanten gehört, zum Teil abgedeckt. Die erforderlichen Reparaturarbeiten führte Ihr Mandant, der einen Baustoffhandel betreibt, selbst aus. Er verwendete hierbei Dachziegel, die er für 3.000,00 EUR zuzüglich 480,00 EUR USt bezogen hatte und normalerweise für 4.000,00 EUR zuzüglich 640,00 EUR USt veräußert hätte.

   Nehmen Sie die notwendigen Buchungen vor.

4. Ihr Mandant ist Eigentümer eines Gebäudes, das zu 80 % im Betriebsvermögen enthalten ist. Es wird zu 50 % zu eigengewerblichen Zwecken, zu 30 % zu fremden Wohnzwecken und zu 20 % privat genutzt.

   Am 15. Okt. 01 trifft über durchgeführte Malerarbeiten im Treppenhaus des Gebäudes eine Rechnung ein, die u. a. folgende Angaben enthält:

Tapeten und Farben	1.200,00 EUR	
Arbeitslohn	6.500,00 EUR	7.700,00 EUR
+ 16 % USt		1.232,00 EUR
Rechnungsbetrag		8.932,00 EUR

   Bilden Sie den Buchungssatz bei sofortigem Rechnungsausgleich durch Banküberweisung.

5. Am 5. Mai trifft die Kraftstoffrechnung für den vorangegangenen Monat ein. Sie lautet auf 450,00 EUR zuzüglich 72,00 EUR USt.

   Ihr Mandant verfügt nur über einen betrieblichen PKW, den er auch für private Fahrten nutzt.

   Bilden Sie den Buchungssatz.

1.1.2 Aktivierungspflichtige betriebliche Steuern

Fallen bei der Anschaffung eines Wirtschaftsgutes Steuern an, die als Anschaffungsnebenkosten anzusehen sind, so sind diese als Teil der Anschaffungskosten im entsprechenden Bestandskonto zu aktivieren.

Eine häufig vorkommende aktivierungspflichtige Steuer ist die Grunderwerbsteuer.

Beispiel:

Der Unternehmer erwirbt ein bebautes Betriebsgrundstück für 400.000,00 EUR. Von diesem Betrag entfallen 80 % auf das Gebäude und 20 % auf den Grund und Boden.

Lt. Steuerbescheid verlangt das Finanzamt Grunderwerbsteuer in Höhe von 14.000,00 EUR.

Sämtliche Beträge werden durch Banküberweisung bezahlt.

Die Anschaffungskosten betragen 414.000,00 EUR. Davon entfallen 82.800,00 EUR auf den Grund und Boden und 331.200,00 EUR auf das Gebäude.

Buchungssatz:

	Soll/EUR	Haben/EUR
0085/0235 bebaute Grundstücke	82.800,00	
0090/0240 Geschäftsbauten	331.200,00	
an 1200/1800 Bank		414.000,00

Um aktivierungspflichtige Steuern kann es sich auch bei nicht abziehbaren Vorsteuern handeln.

Führt der Unternehmer neben Umsätzen, die den Vorsteuerabzug zulassen, auch Umsätze aus, die zum Ausschluss des Vorsteuerabzugs führen, ist die Vorsteuer in einen abziehbaren und einen nicht abziehbaren Betrag aufzuteilen (§ 15 Abs. 4 UStG). Der nicht abziehbare Teil ist grundsätzlich den Anschaffungskosten zuzurechnen.

Beispiel:

Der Unternehmer kauft einen PKW für 40.000,00 EUR zuzüglich 6.400,00 EUR USt. Er benutzt diesen zu 20 % zur Ausführung von Ausschlussumsätzen.

20 % der Vorsteuer sind als Anschaffungskosten zu behandeln.

Buchungssatz:

	Soll/EUR	Haben/EUR
0320/0520 PKW	41.280,00	
1570/1400 Vorsteuer	5.120,00	
an 1600/3300 Verbindlichkeiten LuL		46.400,00

Nach § 9 b Abs. 1 Satz 2 EStG besteht aber auch die Möglichkeit, auf eine Hinzurechnung der nicht abziehbaren Vorsteuer zu den Anschaffungskosten zu verzichten. Voraussetzung ist allerdings, dass

- der nicht abziehbare Vorsteuerbetrag 25 % des mit diesem Anschaffungsvorgang zusammenhängenden Vorsteuerbetrages und 260,00 EUR nicht übersteigt

  oder

- die zum Ausschluss vom Vorsteuerabzug führenden Umsätze nicht mehr als 3 % des Gesamtumsatzes betragen.

Beispiel:

Der Unternehmer kauft eine Maschine für 10.000,00 EUR zuzüglich 1.600,00 EUR USt. Die Maschine wird zu 15% zur Ausführung von Ausschlussumsätzen verwendet.

15% der Vorsteuer dürfen als Anschaffungskosten, aber auch als sofort abzugsfähige Betriebsausgaben behandelt werden.

Buchungssatz:

	Soll/EUR	Haben/EUR
0210/0440 Maschinen	10.240,00	
1570/1400 Vorsteuer	1.360,00	
an 1600/3300 Verbindlichkeiten LuL		11.600,00
oder		
0210/0440 Maschinen	10.000,00	
4340/7650 sonstige Steuern	240,00	
1570/1400 Vorsteuer	1.360,00	
an 1600/3300 Verbindlichkeiten LuL		11.600,00

Zu aktivierungspflichtigen Steuern kommt es auch, wenn ein Fahrzeug nach dem 31. Mär. 1999 angeschafft und auch für den privaten Bedarf des Unternehmers oder für andere unternehmensfremde Zwecke verwendet wird. Aktivierungspflichtig ist nach § 15 Abs. 1 b UStG die Hälfte der auf die Anschaffung des Fahrzeugs entfallenden Vorsteuerbeträge (§ 9 b EStG).

Beispiel:

Am 20. Apr. 01 erwirbt der Unternehmer einen betrieblichen PKW, den er auch für Privatfahrten nutzt, für 32.000,00 EUR zuzüglich 5.120,00 EUR USt.

Buchungssatz:

	Soll/EUR	Haben/EUR
0320/0520 Fahrzeuge	34.560,00	
1570/1400 Vorsteuer	2.560,00	
an 1600/3300 Verbindlichkeiten LuL		37.120,00

Übungen

1. Ihr Mandant erwirbt am 1. Mär. 01 ein Fabrikgebäude. Für diesen Kaufvorgang hat er insgesamt 2.196.420,00 EUR zu zahlen. Dieser Betrag setzt sich folgendermaßen zusammen:

Kaufpreis lt. Vertrag		2.100.000,00 EUR
Gebühren des Notars	12.000,00 EUR	
+ 16% USt	1.920,00 EUR	13.920,00 EUR
Gebühren des Amtsgerichts		9.000,00 EUR
Grunderwerbsteuer		73.500,00 EUR

Bilden Sie den Buchungssatz. Gehen Sie davon aus, dass der Anteil des Grund und Bodens $^{1}/_{6}$ der Anschaffungskosten beträgt.

2. Ein gemischt genutztes Gebäude wurde im Jahr 01 für 570.000,00 EUR zuzüglich 91.200,00 EUR USt hergestellt. Es wird in voller Höhe als Betriebsvermögen behandelt.

   Wie ist die ordnungsgemäße Eingangsrechnung zu buchen, wenn das Gebäude zu 40 % für eigengewerbliche Zwecke verwendet und zu 60 % für fremde Wohnzwecke vermietet wird?

3. Ihr Mandant, der für die Abteilung Rechnungswesen einen PC angeschafft hat, erhält über diesen Vorgang eine ordnungsmäßige Rechnung, die u. a. folgende Angaben enthält:

Laptop mit Festplatte 80386	5.400,00 EUR
Laserdrucker	2.500,00 EUR
Druckerkabel	20,00 EUR
	7.920,00 EUR
16 % USt	1.267,20 EUR
Rechnungsbetrag	9.187,20 EUR

   Ihr Mandant verwendet den PC zu 80 % für umsatzsteuerpflichtige und zu 20 % für umsatzsteuerbefreite Umsätze (§ 4 Ziff. 12 UStG). Eine Option nach § 9 UStG ist nicht erfolgt.

   Wie ist zu buchen, wenn Ihr Mandant im Jahr der Anschaffung

   a) einen möglichst niedrigen,
   b) einen möglichst hohen

   Gewinn erzielen möchte?

4. Ihr Mandant erwirbt am 8. Jun. 01 ein betriebliches Verwaltungsgebäude zum Preis von 240.000,00 EUR. 80 % dieses Betrages entfallen auf den Gebäudeteil, 20 % auf den Grundstücksteil.

   Im Zusammenhang mit diesem Kauf fallen lt. Steuerbescheid noch 3,5 % Grunderwerbsteuer, lt. Rechnung des Notars noch 1.000,00 EUR zuzüglich 160,00 EUR USt für die notarielle Beurkundung des Kaufvertrages und lt. Gebührenrechnung des Amtsgerichts noch 250,00 EUR für die Eintragung ins Grundbuch an.

   Buchen Sie diesen Anschaffungsvorgang.

5. Für die Herstellung eines betrieblichen Gebäudes, das zu 50 % für eigengewerbliche Zwecke und zu 50 % für fremde Wohnzwecke genutzt wird, erhielt Ihr Mandant eine Rechnung über 432.000,00 EUR zuzüglich 69.120,00 EUR USt.

   Wie ist zu buchen, wenn der Rechnungsausgleich mit Abzug von 2 % Skonto durch Banküberweisung erfolgt?

1.1.3 Nicht abzugsfähige betriebliche Steuern

1.1.3.1 Allgemeine Darstellung

Typisches Beispiel für diesen Bereich sind die Aufwendungen für Körperschaftsteuer bei Kapitalgesellschaften.

Die Buchung dieser Beträge erfolgt zum Zwecke der handelsrechtlichen Gewinnermittlung auf dem Aufwandskonto Körperschaftsteuer.

Beispiel:

Lt. Steuerbescheid belaufen sich die vierteljährlich zu leistenden Körperschaftsteuervorauszahlungen auf 8.700,00 EUR.

Die Vorauszahlung für das 1. Quartal 01 erfolgt am 15. Mär. 01 durch Banküberweisung.

Buchungssatz:

	Soll/EUR	Haben/EUR
2200/7600 Körperschaftsteuer an 1200/1800 Bank	8.700,00	 8.700,00

Als nicht abzugsfähige Steuern sind aber auch die Vorsteuerbeträge auf Aufwendungen, für die das Abzugsverbot des § 4 Abs. 5 S. 1 Nr. 1 bis 4 und 7 oder Abs. 7 des EStG gilt und Vorsteuerbeträge, die auf Reisekosten des Unternehmers und seines Personals, soweit es sich um Verpflegungskosten oder um Fahrtkosten für Fahrzeuge des Personals handelt, zu berücksichtigen (§ 15 Abs. 1a UStG, § 10 Ziff. 2 KStG, § 12 Ziff. 3 EStG).

Für alle nicht abzugsfähigen Beträge gilt, dass sie zwar den handelsrechtlichen, nicht aber den steuerrechtlichen Gewinn mindern dürfen. Um vom handelsrechtlichen zum steuerrechtlichen Erfolg zu kommen, müssen diese Aufwendungen neutralisiert werden. Das geschieht außerhalb der Buchführung, indem der handelsrechtliche Erfolg um die nicht abzugsfähigen Steuern erhöht wird.

Beispiel:

Der in der G+V-Rechnung ermittelte (handelsrechtliche) Gewinn beträgt 125.780,00 EUR. Die im Laufe des Geschäftsjahres gebuchten nicht abzugsfähigen Aufwendungen belaufen sich auf 28.340,00 EUR.

Gewinn lt. G+V-Rechnung (handelsrechtlicher Gewinn)	125.780,00 EUR
+ nicht abzugsfähige Aufwendungen	28.340,00 EUR
steuerrechtlicher Gewinn	154.120,00 EUR

1.1.3.2 Einzelfälle

1. Geschenke an Geschäftsfreunde

Der Unternehmer kann Geschäftsbeziehungen auch dadurch verbessern, dass er Geschäftsfreunden Geschenke zukommen lässt.

Zugaben

Erhalten Kunden in unmittelbarem Zusammenhang mit dem Kauf von Waren Geschenke, dürfen die überlassenen Gegenstände nur einen geringen Wert haben. Beispiele für solche als Zugaben bezeichnete Geschenke sind Taschenkalender, Luftballons und Kugelschreiber.

Beispiel:

Ein Textilhändler kauft 2.000 Stück Kugelschreiber mit Firmenaufdruck. Die Eingangsrechnung über diesen Vorgang weist einen Nettobetrag in Höhe von 600,00 EUR zuzüglich 96,00 EUR USt aus.

Buchungssatz:

	Soll/EUR	Haben/EUR
4610/6600 Werbekosten 1570/1400 Vorsteuer an 1600/3300 Verbindlichkeiten LuL	600,00 96,00	 696,00

Werden diese Kugelschreiber an Kunden verschenkt, löst dieser Vorgang keine Buchung aus.

Geschenke bis 40,00 EUR

Selbstverständlich sind auch höherwertige **Geschenke** an Geschäftsfreunde möglich. Die Erfassung als Geschenk setzt allerdings voraus, dass eine unentgeltliche Zuwendung an einen Dritten erfolgt. Dies ist nur der Fall, wenn die Zuwendung nicht als Entgelt für eine bestimmte Gegenleistung anzusehen ist.

Abzugsfähig, d. h. gewinnmindernd zu berücksichtigen, sind diese Aufwendungen nur, wenn ihr Wert den Betrag von 40,00 EUR nicht übersteigt.

Beispiel:

Ein Kunde erhält zur Feier seines 50. Geburtstags einen Blumenstrauß. Für die Ausführung des Auftrags verlangt ein Blumenhändler einen Betrag von 30,00 EUR zuzüglich 2,10 EUR USt.

Buchungssatz:

	Soll/EUR	Haben/EUR
4630/6610 Geschenke bis 40,00 EUR 1570/1400 Vorsteuer an 1600/3300 Verbindlichkeiten LuL	30,00 2,10	 32,10

Geschenke über 40,00 EUR

Überschreiten die Aufwendungen für Geschenke pro Person und Wirtschaftsjahr den Betrag von 40,00 EUR (Freigrenze) gelten zusätzliche Vorschriften.

Beispiel:

Als Hochzeitsgeschenk erhält ein Geschäftsfreund eine Armbanduhr, die für 400,00 EUR zuzüglich 64,00 EUR USt bar gekauft wurde.

Da der Wert des Geschenks den Betrag von 40,00 EUR übersteigt, liegen in Höhe der entsprechenden Aufwendungen nicht abzugsfähige Betriebsausgaben vor (§ 4 Abs. 5 Nr. 1 EStG). Entsprechendes gilt nach § 12 Nr. 3 EStG und § 15 Abs. 1a UStG für die in Rechnung gestellte Umsatzsteuer.

Buchungssatz:

	Soll/EUR	Haben/EUR
4635/6625 Geschenke über 40,00 EUR 4656/7655 nicht abzugsfähige sonstige Steuern an 1000/1600 Kasse	400,00 64,00	 464,00

Besonderheiten gelten für alle Sachgeschenke, die ausschließlich betrieblich nutzbar sind. Die entsprechenden Nettobeträge sind unabhängig von ihrer Höhe abzugsfähige Betriebsausgaben (Aufwendungen).

Kontrollaufgaben

1. Wann werden Geschenke an Geschäftsfreunde als Zugaben bezeichnet?
2. Nennen Sie Beispiele für Zugaben.
3. Wie wirken sich
   a) Sachgeschenke bis 40,00 EUR,
   b) Geldgeschenke bis 40,00 EUR

   auf die Höhe des steuerlichen Gewinns aus?
5. Wie beeinflussen Sachgeschenke über 40,00 EUR die Höhe des steuerlichen Gewinns?
6. Wie wird beim Vorliegen nicht abzugsfähiger Betriebsausgaben - ausgehend vom handelsrechtlichen - der steuerrechtliche Gewinn ermittelt?

Übungen

1. Den Buchungsunterlagen Ihres Mandanten entnehmen Sie, dass für vier besonders gute Kunden aus verschiedenen Gründen Präsentkörbe im Wert von jeweils 180,00 EUR zuzüglich 28,80 EUR USt gegen Barzahlung erworben und den Kunden überreicht wurden.

   Der gesamte Vorgang ist noch nicht erfasst worden. Nehmen Sie die ggf. notwendigen Buchungen vor.

2. Ihr Mandant stellt als Großhändler für Personalcomputer einem Hardware-Einzelhändler kostenlos ein neues Gerät, das nur zu Demonstrationszwecken geeignet ist, zur Verfügung. Er selbst hat das Gerät zum Nettopreis von 2.150,00 EUR bezogen. Wegen des rasanten technischen Fortschritts kommt eine Rückgabe des PC nicht in Betracht.

   Zur Beschleunigung des Verkaufserfolges überreicht Ihr Mandant dem Einzelhändler außerdem einen Gutschein für eine Wochenendfahrt nach Paris, die bereits für 700,00 EUR + 16 % USt bei einem Reiseunternehmen gebucht und bar bezahlt wurde, und zusätzlich ein Taschengeld von 500,00 EUR.

   Buchen Sie den gesamten Vorgang.

3. Anlässlich des 50. Geburtstages erhielt ein Geschäftsfreund als Geschenk eine Ledermappe, die Ihr Mandant für 150,00 EUR zuzüglich 24,00 EUR USt bar gekauft hatte.

   Wie ist der Vorgang zu buchen?

4. Im Konto Werbekosten steht ein Betrag von 150,00 EUR, der Ihnen unklar ist. Auf Anfrage teilt Ihnen Ihr Mandant mit, dass es sich bei diesem Betrag um ein Geschenk an einen guten Kunden handelt, und zwar um

   - 80,00 EUR Anschaffungskosten für eine Brieftasche und
   - einen Barbetrag von 70,00 EUR, der in die Brieftasche gelegt wurde.

   Der in diesem Zusammenhang als abziehbare Vorsteuer gebuchte Betrag beläuft sich auf 12,80 EUR.

   Wie ist zu buchen?

5. Als Geschenk zu einem Firmenjubiläum eines guten Kunden wurde ein Minifernseher für 450,00 EUR zuzüglich 72,00 EUR USt erworben. Ihr Mandant buchte diesen Vorgang wie folgt:

Geschenke über 40,00 EUR	450,00 EUR	
Vorsteuer	72,00 EUR	
an Kasse		522,00 EUR

   Führen Sie die ggf. erforderliche Korrekturbuchung durch.

6. Im Jahr 01 schenkte Ihr Mandant einem guten Kunden zu dessen Geburtstag ein Buch, das er bar zum Preis von 37,45 EUR (incl. 7 % USt) erworben hatte. Zur Silberhochzeit erhielt der Kunde im selben Wirtschaftsjahr von Ihrem Mandanten auch noch ein Geldgeschenk in Höhe von 150,00 EUR.

   Beide Beträge wurden der Kasse entnommen.

   Buchen Sie den gesamten Vorgang.

7. Auf dem Konto Geschenke über 40,00 EUR befindet sich am Ende des Wirtschaftsjahres ein Betrag von 1.280,00 EUR, der auf Sachgeschenke an Kunden zurückzuführen ist. Zusätzlichen Aufzeichnungen ist zu entnehmen, dass die Anschaffungskosten dieser Geschenke (USt 16 %) je Kunde mindestens 100,00 EUR betragen haben.

   Nehmen Sie die ggf. notwendige Buchung vor. Die in Rechnung gestelle USt ist als abziehbare Vorsteuer gebucht worden.

8. Ihr Mandant kauft im Dezember 01 als Weihnachtspräsente für seine besten Kunden je einen Autoatlas zum Preis von 26,75 EUR. Der Rechnungsbetrag beläuft sich auf 1.000,00 EUR zuzüglich 70,00 EUR USt.

   Bilden Sie die Buchungssätze

   a) für den Kauf der Atlanten,
   b) für die Weitergabe der Bücher an die Kunden.

9. Ihr Mandant, ein Lebensmittelhändler, schenkt einem guten Kunden zum 25-jährigen Firmenjubiläum einen Aktenkoffer. Diesen hat er für 90,00 EUR zuzüglich 14,40 EUR USt auf Ziel erworben.

   a) Wie ist der gesamte Vorgang zu buchen?
   b) Welche Auswirkungen ergeben sich aus diesem Vorgang auf den
      - handelsrechtlichen Erfolg,
      - steuerrechtlichen Erfolg?

10. Den Einkauf einer Kamera für 500,00 EUR zuzüglich 80,00 EUR USt, die einem guten Kunden als Geschenk zum Firmenjubiläum übergeben wurde, buchte Ihr Mandant wie folgt:

Werbekosten	500,00 EUR	
Vorsteuer	80,00 EUR	
an Kasse		580,00 EUR

   Führen Sie die ggf. erforderliche Korrekturbuchung durch.

2. Bewirtung von Geschäftsfreunden

Um ein angenehmes Klima für Gespräche mit Geschäftsfreunden zu schaffen, ist es oft erforderlich, diese entsprechend zu bewirten. Dies geschieht häufig in dafür besonders geeigneten Gaststätten.

Wenn Bewirtungsaufwendungen aus geschäftlichem Anlass entstehen, liegen Betriebsausgaben vor. Diese sind jedoch, selbst wenn sie ordnungsgemäß nachgewiesen werden, nicht in voller Höhe abzugsfähig.

Auszuscheiden sind zunächst einmal die Bewirtungsaufwendungen, die nach der allgemeinen Verkehrsauffassung als unangemessen anzusehen sind.

Die darüber hinausgehenden Aufwendungen dürfen nur zu 80 % den Gewinn mindern (§ 4 Abs. 5 Ziff. 2 EStG). Die verbleibenden 20 % sind nicht abzugsfähig.

Nach § 15 Abs. 1 a UStG sind außerdem nur die Vorsteuerbeträge, die auf Aufwendungen entfallen, für die das Abzugsverbot des § 4 Abs. 5 S. 1 Nr. 2 UStG nicht gilt, abziehbar.

Werden Geschäftsfreunde in Gaststätten eingeladen, fallen sowohl für die Geschäftsfreunde als auch für den Unternehmer selbst Aufwendungen für Speisen und Getränke an. Eine Aufteilung des Rechnungsbetrags in einen Teilbetrag für die Bewirtung der Geschäftsfreunde und einen Teilbetrag für die Bewirtung des Unternehmers findet nicht statt.

Beispiel:

Dem Unternehmer entstehen aus geschäftlichem Anlass Bewirtungsaufwendungen in Höhe von 500,00 EUR zuzüglich 80,00 EUR USt. Von diesen Aufwendungen gelten 100,00 EUR als unangemessen.

Rechnungsbetrag	580,00 EUR
– Vorsteuer	80,00 EUR
Aufwendungen (ohne USt)	500,00 EUR
– unangemessene Aufwendungen (nicht abzugsfähige Betriebsausgaben)	100,00 EUR
angemessene Aufwendungen	400,00 EUR
davon 80 % (abzugsfähige Betriebsausgaben)	320,00 EUR
davon 20 % (nicht abzugsfähige Betriebsausgaben)	80,00 EUR
abzugsfähige Betriebsausgaben (ohne USt)	320,00 EUR
darauf entfallende abzugsfähige Vorsteuer	51,20 EUR
nicht abzugsfähige Betriebsausgaben (ohne USt) insgesamt	180,00 EUR
darauf entfallende nicht abzugsfähige (Vorsteuer) sonstige Steuern	28,80 EUR

Buchungssätze:

	Soll/EUR	Haben/EUR
4650/6640 abzugsfähige Bewirtungskosten	320,00	
1570/1400 Vorsteuer	51,20	
4651/6641 nicht abzugsfähige Bewirtungskosten	180,00	
4656/7655 nicht abzugsfähige sonstige Steuern	28,80	
an 1600/3300 Verbindlichkeiten LuL		580,00

Aufwendungen für die Bewirtung von Geschäftsfreunden

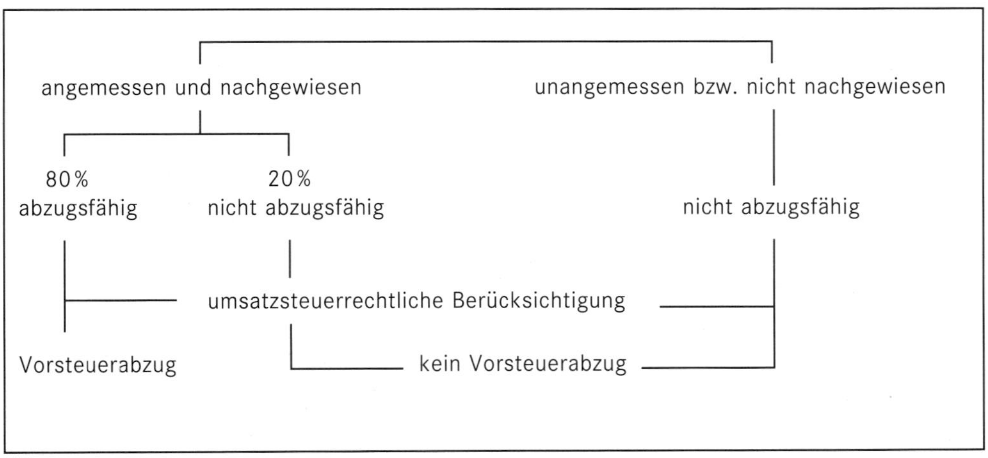

Kontrollaufgaben

1. Welche Aufwendungen gelten als Bewirtungsaufwendungen?
2. Welche Bewirtungsaufwendungen dürfen den steuerlichen Gewinn mindern?
3. Wie sind die übrigen Bewirtungsaufwendungen steuerlich zu behandeln?

Übungen

1. Ihr Mandant, der seinen Gewinn nach § 5 EStG ermittelt, hat seinen Kunden nach dem Abschluss eines lukrativen Kaufvertrags in ein Restaurant eingeladen. Für die Bewirtung des Kunden ist ein Betrag (Barzahlung) von 60,00 EUR zuzüglich 9,60 EUR USt entstanden. Die Aufwendungen werden korrekt nachgewiesen. Es bestehen keine Zweifel, dass ihre Höhe angemessen ist.

   Nehmen Sie die steuerlich korrekte Buchung der Bewirtungsaufwendungen vor.

2. Um in aller Ruhe einen Kaufvertrag abschließen zu können, lud Ihr Mandant einen Kunden in ein Nobelrestaurant ein. Nach Abschluss dieser Arbeitssitzung erhielt er für die Kundenbewirtung eine Rechnung über 160,00 EUR zuzüglich 25,60 EUR USt. Nach Rücksprache mit dem Finanzamt können jedoch nur 90,00 EUR (netto) dieser Bewirtungsaufwendungen als angemessen angesehen werden.

   Selbstverständlich weist Ihr Mandant die Bewirtungsaufwendungen ordnungsgemäß nach.

   Bilden Sie den Buchungssatz unter Berücksichtigung steuerrechtlicher Vorschriften.

3. Ihr in Köln ansässiger Mandant besuchte am 27. Okt. 01 mit einigen Vertretern die Messe in Hannover. Für die Bewirtung der Vertreter fielen 150,00 EUR zuzüglich 24,00 EUR USt an. Dem ordnungsmäßigen Beleg sind außerdem die Namen der bewirteten Personen und der betriebliche Anlass zu entnehmen. Der auf Ihren Mandanten entfallende Anteil an den Bewirtungsaufwendungen beläuft sich auf 45,00 EUR zuzüglich 7,20 EUR USt.

   Wie ist zu buchen, wenn der Unternehmer sämtliche Beträge privat verauslagt hat und die Bewirtungsaufwendungen als angemessen anzusehen sind?

4. Anlässlich eines erfolgreichen Geschäftsabschlusses werden mehrere Geschäftsfreunde in einer Gaststätte bewirtet. Die hierdurch veranlassten Bewirtungsaufwendungen belaufen sich auf 1.500,00 EUR zuzüglich 240,00 EUR USt. Nach allgemeiner Verkehrsauffassung sind jedoch nur 1.200,00 EUR dieser Aufwendungen als angemessen anzusehen.

   Wie hat Ihr Mandant zu buchen, wenn die Aufwendungen ordnungsgemäß nachgewiesen werden?

5. Durch die Bewirtung von Geschäftsfreunden entstehen Ihrem Mandanten Bewirtungsaufwendungen in Höhe von 800,00 EUR zuzüglich 128,00 EUR USt.

   Es ist davon auszugehen, dass 200,00 EUR dieser Aufwendungen als nicht angemessen anzusehen sind.

   Außerdem ist bekannt, dass von den Bewirtungsaufwendungen 100,00 EUR auf Ihren Mandanten selbst entfallen.

   Bilden Sie den Buchungssatz.

6. Anlässlich der Bewirtung von Geschäftsfreunden erhält Ihr Mandant eine Rechnung über 3.500,00 EUR zuzüglich 560,00 EUR USt. Der Rechnungsausgleich erfolgt sofort durch Banküberweisung.

   Wie ist zu buchen, wenn feststeht, dass 30 % dieser Bewirtungsaufwendungen unangemessen sind?

1.1.4 Steuern als durchlaufende Posten

Steuern, die das Unternehmen ans Finanzamt abzuführen, aber nicht selbst zu tragen hat, stellen durchlaufende Posten dar. Die als durchlaufende Posten zu behandelnden Steuern treten zwar in der Buchführung in Erscheinung, sie beeinflussen aber nicht den Erfolg des Unternehmens. Typische Beispiele für entsprechende durchlaufende Posten sind die im Zusammenhang mit Lohn-/Gehaltszahlungen einbehaltenen Beträge für Lohn-/Kirchensteuer/SZ (bei Bruttobuchung) und die Umsatzsteuer.

Beispiel:

Bei der Gehaltszahlung für Mai 01 buchte der Unternehmer zum 31. Mai 01 wie folgt:

Buchungssätze:

	Soll/EUR	Haben/EUR
4120/6020 Gehälter	48.000,00	
an 1200/1800 Bank		31.710,00
an 1741/3730 Verb. LSt/KiSt/SZ		7.650,00
an 1742/3740 Verb. SV		8.640,00
4130/6110 gesetzl. soziale Aufwendungen	8.640,00	
an 1742/3740 Verb. SV		8.640,00

Die einbehaltenen Beträge an LSt/KiSt/SZ für Mai 05 werden am 15. Jun. 01 vom Bankkonto ans Finanzamt überwiesen.

Buchungssatz:

	Soll/EUR	Haben/EUR
1741/3730 Verb. LSt/KiSt/SZ	7.650,00	
an 1200/1800 Bank		7.650,00

1.2 Private Steuern

Steuern, die nicht der Betrieb, sondern der Unternehmer als Privatperson schuldet (§ 43 AO), gelten als private Steuern.

Beispiele für solche Steuern sind die

- Einkommensteuer,
- Kirchensteuer,
- Erbschaft- und Schenkungsteuer,
- Grundsteuer für private Grundstücke,
- Kraftfahrzeugsteuer für den privaten PKW und
- Umsatzsteuer für Umsätze nach § 3 Abs. 1 b Nr. 1 sowie § 3 Abs. 9 a Nr. 1 UStG.

Da diese Steuern nicht durch den Betrieb veranlasst sind, kommt es durch sie weder zu abziehbaren noch zu nicht abziehbaren Betriebsausgaben. Werden private Steuerzahlungen durch Überweisungen von betrieblichen Geldkonten vorgenommen, sind die entprechenden Beträge als private Entnahmen zu buchen (§ 12 Ziff. 3 EStG).

Beispiel:

Am 20. Mär. 01 überweist der Unternehmer die vierteljährlich zu leistende Einkommen- und Kirchensteuervorauszahlung in Höhe von 3.270,00 EUR und die für den privaten PKW mit Steuerbescheid angeforderte Kfz-Steuer in Höhe von 390,00 EUR vom betrieblichen Bankkonto.

Buchungssatz:

	Soll/EUR	Haben/EUR
1800/2100 Privat an 1200/1800 Bank	3.660,00	 3.660,00

Kontrollaufgaben

1. Wodurch unterscheiden sich betriebliche und private Steuern?
2. Nennen Sie Beispiele für
   a) betriebliche Steuern,
   b) private Steuern.
3. In welche Bereiche lassen sich die betrieblichen Steuern einteilen?
4. Unter welchen Voraussetzungen liegen
   a) sofort abzugsfähige Steuern,
   b) aktivierungspflichtige Steuern,
   c) nicht abzugsfähige Steuern,
   d) Steuern, die als durchlaufende Posten gelten,
   vor?

Übungen

1. Ihr Mandant überwies einen Betrag in Höhe von 2.480,00 EUR an das Finanzamt und bat gleichzeitig, den darüber hinausgehenden Betrag mit dem Umsatzsteuer-Guthaben (5.580,00 EUR) für Juli 02 zu verrechnen. Im Einzelnen handelt es sich um folgende Steuern:

ESt-/KiSt-/SZ-Vorauszahlungen, III. Quartal 02	3.130,00 EUR
Kfz-Steuer für Betriebs-PKW, 1. Jul. – 31. Dez. 02	280,00 EUR
ESt-/KiSt-/SZ-Abschlusszahlung 01	1.250,00 EUR
Grunderwerbsteuer für unbeb. Betriebsgrundstück	3.400,00 EUR

   Führen Sie die Buchung durch.
2. Ihr Mandant überwies 3.400,00 EUR an das Finanzamt. Der vorliegenden Durchschrift für den Auftraggeber entnehmen Sie, dass LSt/KiSt/SZ für Februar 02 2.420,00 EUR betragen, als ESt-Vorauszahlung für das I. Quartal 02 ein Betrag in Höhe von 2.100,00 EUR fällig ist, gleichzeitig aber auch ein Umsatzsteuer-Guthaben in Höhe von 1.120,00 EUR zu verrechnen ist.

   Wie lautet der Buchungssatz bei Bruttobuchung der Personalaufwendungen?
3. Ihr Mandant entnimmt dem Betrieb Waren, die er vor einem Jahr für 1.000,00 EUR eingekauft hat. Am Entnahmetag könnte er diese für 900,00 EUR zuzüglich 16 % USt beziehen. Kunden bietet er die Waren für 1.200,00 EUR zuzüglich 192,00 EUR USt an.

   Bilden Sie den Buchungssatz.

4. Ihr Mandant erhält am 26. Aug. 01 eine Rechnung über ausgeführte Malerarbeiten. Diese setzt sich wie folgt zusammen:

Für Malerarbeiten	
in fremdgewerblich genutzten Räumen	2.500,00 EUR
in eigengewerblich genutzten Räumen	4.500,00 EUR
in privat genutzten Räumen	2.000,00 EUR
	9.000,00 EUR
+ 16 % USt	1.440,00 EUR
Rechnungsbetrag	10.440,00 EUR

Wie lauten die Buchungssätze, wenn Ihr Mandant

a) nach § 9 UStG optiert hat,
b) nicht optiert hat?

5. Ihr Mandant zahlte folgende Steuern durch Banküberweisung:

Gewerbesteuervorauszahlung	5.600,00 EUR
Grundsteuer für ein Gebäude, das zu 50 % für eigenbetriebliche Zwecke und zu 50 % für fremde Wohnzwecke genutzt wird	780,00 EUR
Lohn-/Kirchensteuer/SZ (bei Bruttobuchung der Personalkosten)	6.230,00 EUR
Kfz-Steuer für den betrieblichen PKW	460,00 EUR
privaten PKW	370,00 EUR
Einkommen-/Kirchensteuer/SZ	23.480,00 EUR
Grunderwerbsteuer für ein unbebautes betriebliches Grundstück, das inzwischen bebaut wurde	2.400,00 EUR

Bilden Sie die Buchungssätze.

6. Die Hausbank schreibt Ihrem Mandanten für die Aktien des Umlaufvermögens die Dividende gut. Eine Bescheinigung über die Abführung von 6.000,00 EUR Kapitalertragsteuer und 330,00 EUR Solidaritätszuschlag wird ebenfalls ausgehändigt.

Dem betrieblichen Bankkonto kann Ihr Mandant entnehmen, dass sich sein Guthaben um 23.670,00 EUR erhöht hat.

Wie ist zu buchen, wenn Ihr Mandant als Empfänger der Gutschrift Einzelunternehmer ist?

2 Steuernachzahlungen und -erstattungen

Zur Buchung von Steuernachzahlungen bzw. -erstattungen kommt es, wenn sich herausstellt, dass der Unternehmer in einem vorangegangenen Wirtschaftsjahr eine nicht zutreffend ermittelte Steuer an die Finanzbehörden bzw. Gemeinden abgeführt hat.

Bei der Gewerbesteuer ist das der Fall, wenn die Vorauszahlungen zu niedrig oder zu hoch festgesetzt worden sind.

Ein zusätzlicher Gewerbesteuerbetrag[1] ist auf dem Konto Steuernachzahlungen Vorjahre für Steuern vom Einkommen und Ertrag zu buchen.

Ist in den Vorjahren zu viel Gewerbesteuer gezahlt worden, erfolgt die Korrekturbuchung im Konto Steuererstattungen Vorjahre.

Beispiel:

Lt. Steuerbescheid der Gemeinde vom 20. Aug. 02 hat der Unternehmer im Jahr 01 1.200,00 EUR Gewerbesteuer zu viel entrichtet.

Es besteht eine Forderung gegenüber der Gemeinde. Diese Forderung wird auf dem Konto Steuerüberzahlungen gebucht.

Buchungssatz:

	Soll/EUR	Haben/EUR
1540/1435 Steuerüberzahlungen an 2780/4950 Steuererstattungen Vorjahre	1.200,00	 1.200,00

Dieser Betrag wird dem betrieblichen Bankkonto am 5. Sep. 02 gutgeschrieben.

Buchungssatz:

	Soll/EUR	Haben/EUR
1200/1800 Bank an 1540/1435 Steuerüberzahlungen	1.200,00	 1.200,00

Zu Nachzahlungen von Lohn-/Kirchensteuer/SZ kommt es u. a. dann, wenn der Arbeitgeber einen zu niedrigen LSt-/KiSt-/SZ-Betrag einbehalten und abgeführt, dem Arbeitnehmer aber den zutreffenden höheren Betrag auf seiner Lohnsteuerkarte bescheinigt hat. – Da der Arbeitnehmer Schuldner von Lohn-/Kirchensteuer/SZ ist, hat er den Differenzbetrag zu tragen (§ 41 c EStG).

Beispiel:

Versehentlich hat der Arbeitgeber vom Jahresarbeitslohn eines Arbeitnehmers nur Lohn-/Kirchensteuer/SZ in Höhe von 7.800,00 EUR einbehalten, dem Arbeitnehmer auf der Lohnsteuerkarte aber einen einbehaltenen LSt-/KiSt-/SZ-Betrag in Höhe von 8.500,00 EUR bescheinigt.

Buchungssatz:

	Soll/EUR	Haben/EUR
1530/1340 Forderungen gegen Personal an 1741/3730 Verb. Lohn-/Kirchensteuer/SZ	700,00	 700,00

1 der über die gebildete Gewerbesteuerrückstellung (vgl. S. 580ff.) hinausgeht

Kommt es im Zusammenhang mit der Umsatzsteuer zu Nachzahlungen bzw. Erstattungen, ist das z. B. darauf zurückzuführen, dass sich die Bemessungsgrundlagen geändert haben und dies bei der Erstellung der USt-Voranmeldung noch nicht berücksichtigt werden konnte bzw. worden ist.

Beispiel:

Der Buchhalter behandelte in 01 die Umsätze aus der Vermietung von Geschäftsräumen als steuerfreie Umsätze, obwohl zur Regelbesteuerung optiert worden war (§ 9 UStG). Er buchte:

Buchungssatz:

	Soll/EUR	Haben/EUR
1200/1800 Bank an 2750/4860 Grundstückserträge	13.920,00	 13.920,00

Erst bei der Erstellung der USt-Erklärung am 20. Mai 02 wird dieser Fehler festgestellt und die erforderliche Korrektur vorgenommen.

	Soll/EUR	Haben/EUR
2750/4860 Grundstückserträge an 1770/3800 USt	1.920,00	 1.920,00

Zu USt-Nachzahlungen kann es aber auch kommen, wenn der Unternehmer Vorsteuerbeträge geltend gemacht hat, die nicht durch Rechnungen i. S. des § 14 Abs. 1 UStG nachgewiesen werden können. Solche Fälle werden häufig im Rahmen von Außenprüfungen festgestellt. Ist eine Berichtigung der Rechnung nicht mehr möglich, weil der Rechnungsersteller inzwischen verstorben oder sein Unternehmen aufgelöst worden ist, kommt es zu Aufwendungen in Höhe der USt-Nachzahlungen.

Kommt es zu Nachzahlungen bzw. Erstattungen privater Steuern, sind diese stets auf dem Privatkonto zu buchen.

Kontrollaufgaben

1. Wie beeinflussen Nachzahlungen/Erstattungen betrieblicher Steuern den Erfolg des Unternehmens?
2. Auf welchen Konten sind Steuernachzahlungen/-erstattungen zu buchen?

Übungen

1. Dem privaten Bankkonto Ihres Mandanten werden im Mai 03 folgende Steuererstattungen gutgeschrieben:

Umsatzsteuer 02	390,00 EUR
ESt/KiSt/SZ 02	4.140,00 EUR
Gewerbesteuer 03	350,00 EUR
Gewerbesteuer 02	960,00 EUR

Die USt-Erstattung erfolgt, weil ein steuerfreier Vermietungsumsatz als steuerpflichtiger Umsatz beurteilt worden war.

Bereits gebucht wurde deshalb:

USt-Forderungen	390,00 EUR	
an Grundstückserträge		390,00 EUR

Bilden Sie den Buchungssatz.

2. Aufgrund eigener Berechnungen erwartet Ihr Mandant am Ende des Geschäftsjahres 02 eine Gewerbesteuer-Erstattung in Höhe von 1.210,00 EUR.

   Lt. Gewerbesteuer-Bescheid vom 26. Aug. 03 hat er jedoch eine Abschlusszahlung von 850,00 EUR zu leisten.

   Wie lauten die Buchungssätze zum 31. Dez. 02 und zum 26. Aug. 03?

3. Lt. Gewerbesteuer-Bescheid vom 6. Dez. 03 hat Ihr Mandant für das Jahr 02 eine Gewerbesteuer-Abschlusszahlung in Höhe von 1.200,00 EUR zu leisten. Der Mehrbetrag ist auf einen höheren Gewinn zurückzuführen.

   Die Zahlung dieses Betrages erfolgt am 6. Jan. 04 durch Banküberweisung.

   Bilden Sie die Buchungssätze zum 6. Dez. 03 und zum 6. Jan. 04.

4. Aufgrund einer Außenprüfung kommt es zu folgenden Steuernachforderungen des Finanzamts bzw. der Gemeinde:

Einkommensteuer/Kirchensteuer/SZ	3.670,00 EUR
Lohnsteuer/Kirchensteuer/SZ	950,00 EUR
Gewerbesteuer	320,00 EUR
Umsatzsteuer (Rechnung nach § 14 Abs. 1 UStG lag nicht vor)	760,00 EUR

   Wie ist zu buchen, wenn Ansprüche gegen dritte Personen nicht geltend gemacht werden können?

5. Versehentlich wurde statt der in der UStVA ermittelten USt-Zahllast von 14.700,00 EUR ein Betrag von 17.400,00 EUR an das Finanzamt überwiesen.

   Wie ist zu buchen, wenn das Finanzamt den Mehrbetrag

   a) auf das betriebliche Bankkonto überweist,
   b) mit der fälligen ESt-Vorauszahlung verrechnet?

Steuern

betriebliche Steuern				Privatsteuern
sofort abzugsfähig	aktivierungspflichtig	nicht abzugsfähig	durchlaufende Posten	
Gewerbesteuer, Grundsteuer, Kfz-Steuer, Vorsteuer bei stfr. u. ä. Umsätzen	Grunderwerbsteuer, Vorsteuer bei stfr. und nicht steuerbaren Umsätzen	Vorsteuer bei nicht abzugsfähigen Aufwendungen und **nur bei Kapitalgesellschaften!** Körperschaftsteuer	Umsatzsteuer, Lohn-/Kirchensteuer der Arbeitnehmer	ESt, Kirchensteuer, Erbschaftsteuer, private Kfz- und Grundsteuer, USt bei fiktiven Lieferungen u. sonst. Leistungen

Buchungen der Steuern, Steuernachzahlungen auf

Aufwandskonten für Steuern	Bestandskonten	Aufwandskonten für Steuern[1]	Bestandskonten	Privatkonto

Buchung von Steuererstattungen auf

Konto Steuererstattungen Vorjahre	Bestandskonten	Konto Steuererstattungen Vorjahre[1]	Bestandskonten	Privatkonto

1 Neutralisierung außerhalb der Buchführung.

3 Steuerliche Nebenleistungen

Um steuerliche Nebenleistungen handelt es sich bei Verspätungszuschlägen, Säumniszuschlägen, Zinsen, Zwangsgeldern und Kosten. Im Anwendungserlass (zu § 3 AO) zur AO wird bestimmt, dass es sich bei diesen Nebenleistungen nicht um Steuern handelt.

Bei der Ermittlung des steuerlichen Gewinns wirken sich die steuerlichen Nebenleistungen grundsätzlich wie die zugrunde liegende Steuer selbst aus (§ 10 Nr. 2 KStG, § 12 Nr. 3 EStG).

Ist die Steuer, für die steuerliche Nebenleistungen berechnet werden, sofort abzugsfähig (z. B. Kfz-Steuer) oder als durchlaufender Posten zu behandeln (z. B. USt), sind die steuerlichen Nebenleistungen sofort abzugsfähig. Säumniszuschläge werden in diesem Falle als zinsähnliche Aufwendungen, Zinsen als Zinsaufwendungen, Verspätungszuschläge und Zwangsgelder als sonstige Aufwendungen gebucht.

Beispiel:

Für die verspätete Zahlung der Gewerbesteuer setzt die Gemeinde einen Säumniszuschlag in Höhe von 102,00 EUR fest.

Buchungssatz:

	Soll/EUR	Haben/EUR
2140/7330 zinsähnliche Aufwendungen an 1736/3700 Verb. aus Betriebssteuern	102,00	 102,00

Ist eine Steuer Bestandteil der Anschaffungskosten eines Vermögensgegenstandes (z. B. Grunderwerbsteuer), sind auch die steuerlichen Nebenleistungen als Teil der Anschaffungskosten zu berücksichtigen. Ihre Buchung hat deshalb im entsprechenden Bestandskonto zu erfolgen.

Beispiel:

Im Zusammenhang mit der Grunderwerbsteuer für ein unbebautes Betriebsgrundstück setzt das Finanzamt einen Säumniszuschlag in Höhe von 7.000,00 EUR fest.

Buchungssatz:

	Soll/EUR	Haben/EUR
0065/0215 unbebaute Grundstücke an 1736/3700 Verb. aus Betriebssteuern	7.000,00	 7.000,00

Die im Zusammenhang mit nicht abzugsfähigen Steuern (z. B. Körperschaftsteuer) zu zahlenden steuerlichen Nebenleistungen dürfen, wie die Steuern selbst, den steuerlichen Gewinn nicht mindern. Ihre Buchung erfolgt zunächst auf den Konten zinsähnliche Aufwendungen, Zinsaufwendungen und sonstige Aufwendungen. Für die steuerliche Gewinnermittlung sind die als Aufwand gebuchten Beträge später außerhalb der Buchführung dem in der G+V-Rechnung ermittelten Gewinn wieder hinzuzurechnen.

Steuerliche Nebenleistungen, die im Zusammenhang mit Privatsteuern festgesetzt werden, sind stets auf dem Privatkonto zu buchen.

Beispiel:

Nach Ablauf der vom Finanzamt gewährten Stundungsfrist zahlt der Unternehmer sowohl den gestundeten ESt-/KiSt-/SZ-Betrag als auch die festgesetzten Stundungszinsen. Als Gesamtbetrag werden vom betrieblichen Bankkonto 12.365,00 EUR überwiesen.

Buchungssatz:

	Soll/EUR	Haben/EUR
1800/2100 Privat an 1200/1800 Bank	12.365,00	 12.365,00

Kontrollaufgaben

1. Nennen Sie Beispiele für steuerliche Nebenleistungen.
2. Wie wird der steuerliche Gewinn durch steuerliche Nebenleistungen beeinflusst?
3. Auf welchen Konten werden steuerliche Nebenleistungen gebucht?

Übungen

1. Die USt-Voranmeldung für den Monat Jun. 01 traf zwar pünktlich am 10. Jul. 01 beim Finanzamt ein. Der als Zahllast errechnete Betrag von 9.810,00 EUR wurde aber erst am 20. Jul. 01 einschließlich des inzwischen festgesetzten, aber noch nicht gebuchten Säumniszuschlages von 98,00 EUR an das Finanzamt überwiesen.

   Buchen Sie den gesamten Vorgang.

2. Die durch pünktliche Abgabe der UStVA festgesetzte Umsatzsteuerzahllast für Mai 01 sowie die durch Vorauszahlungsbescheid festgesetzte ESt/KiSt und der SZ für das 2. Quartal 01 wurden versehentlich nicht überwiesen. Daraufhin traf die Mahnung des Finanzamts ein, mit der die USt-Zahllast von 7.688,00 EUR, die ESt-Vorauszahlung von 6.500,00 EUR und ein Säumniszuschlag von 141,50 EUR angefordert wurden.

   Der Gesamtbetrag von 14.329,50 EUR wurde sofort durch Banküberweisung beglichen.

   Nehmen Sie die notwendigen Buchungen vor.

3. Ihr Mandant begleicht seine Schulden gegenüber dem Finanzamt durch Banküberweisung. Der Gesamtbetrag von 4.128,50 EUR setzt sich folgendermaßen zusammen:

Lohn-/Kirchensteuer/SZ (Nettobuchung der Personalkosten)		4.680,00 EUR
Einkommensteuervorauszahlung	2.150,00 EUR	
+ Säumniszuschlag	21,50 EUR	2.171,50 EUR
		6.851,50 EUR
– USt-Guthaben		2.723,00 EUR
Überweisungsbetrag		4.128,50 EUR

   Führen Sie die notwendigen Buchungen durch.

4. Am 10. Jul. 02 erhält Ihr Mandant die Mitteilung des Finanzamts, dass ein Teil der Einkommensteuer-Erstattung für das Jahr 01 entsprechend dem Antrag Ihres Mandanten verrechnet wurde.

   Die Umbuchung erfolgte auf:

Umsatzsteuer April 02	1.580,00 EUR
Säumniszuschläge zur USt	31,00 EUR
ESt-/KiSt-/SZ-Vorauszahlung Juni 02	1.230,00 EUR
Säumniszuschläge zur ESt/KiSt und dem SZ	12,00 EUR
Lohn-/Kirchensteuer/SZ Mai 02 (bei Bruttobuchung der Personalkosten)	3.285,00 EUR
Säumniszuschläge zur LSt/KiSt und dem SZ	32,50 EUR
Grunderwerbsteuer (Kauf eines unbebauten Betriebsgrundstücks)	2.680,00 EUR

   Der Restbetrag in Höhe von 2.356,00 EUR ging am 18. Jul. 02 auf dem betrieblichen Bankkonto ein.

   Buchen Sie den gesamten Vorgang. Unterstellen Sie, dass die vom Finanzamt festgesetzten Beträge noch nicht gebucht worden sind.

5. Entsprechend dem Antrag Ihres Mandanten buchte das Finanzamt ein Umsatzsteuerguthaben von 8.950,71 EUR wie folgt um: Auf

rückständige Einkommen-/Kirchensteuer und SZ	6.170,00 EUR
Säumniszuschläge zur ESt/KiSt und dem SZ	123,00 EUR
Lohn-/Kirchensteuer/SZ (bei Bruttobuchung)	2.658,00 EUR

   Führen Sie die erforderlichen Buchungen durch.

6. Ihr Mandant versäumte es, die ESt-Vorauszahlung für das II. Quartal 02 in Höhe von 4.850,00 EUR sowie die USt-Vorauszahlung im Mai 02 in Höhe von 968,00 EUR pünktlich zu veranlassen. Erst nachdem das Finanzamt am 16. Jul. 02 die Beträge angemahnt und Säumniszuschläge von 145,50 EUR (zur ESt) und 28,50 EUR (zur USt) angefordert hatte, wurde der Gesamtbetrag vom betrieblichen Bankkonto ans Finanzamt überwiesen.

   Buchungen sind noch nicht erfolgt. Holen Sie diese nach.

7. Auf Wunsch Ihres Mandanten verrechnet das Finanzamt ein Einkommensteuerguthaben mit folgenden fälligen, noch nicht gebuchten Beträgen:

ESt-Vorauszahlung, II. Quartal 03	2.960,00 EUR
Säumniszuschlag zur ESt	59,00 EUR
Grunderwerbsteuer für unbeb. Betriebsgrundstück	5.640,00 EUR
LSt/KiSt/SZ Mai 03 (Nettobuchung)	2.760,00 EUR
Säumniszuschlag zur LSt/KiSt und zum SZ	55,00 EUR
Erbschaftsteuer	1.100,00 EUR

   Der Restbetrag von 1.480,00 EUR geht auf dem betrieblichen Bankkonto ein.

   Bilden Sie den Buchungssatz.

4 Steuerliche Sonderfälle

4.1 Umsatzsteuer im internationalen Warenverkehr

4.1.1 Warenverkehr mit Drittstaaten

4.1.1.1 Einfuhr von Gegenständen

Eine Einfuhr liegt nur vor, wenn ein Gegenstand aus einem Drittlandsgebiet (Gebiet, das nicht zur EG gehört) in das Inland gelangt.

Durch die Einfuhr kommt es zu einem - normalerweise steuerpflichtigen - Umsatz nach § 1 Abs. 1 Ziff. 4 UStG. Der Lieferant stellt dem leistungsempfangenden Unternehmer jedoch nur das Entgelt, d. h. den Betrag ohne Umsatzsteuer in Rechnung.

Die Umsatzsteuer (Einfuhrumsatzsteuer) ist aber auch in diesem Fall vom Leistungsempfänger zu zahlen. Diese Zahlung erfolgt aber nicht an den Lieferanten, sondern an das Zollamt.

Sobald (durch zollamtlichen Beleg) nachgewiesen wird, dass die Einfuhrumsatzsteuer entrichtet worden ist, kann sie wie die Vorsteuer als Anspruch gegenüber dem Finanzamt geltend gemacht werden (§ 15 Abs. 1 Ziff. 2 UStG).

Beispiel:

Der Unternehmer Gerhard Danner in Frankfurt kauft Waren bei einem Lieferanten in Zürich (Schweiz). Die über diesen Vorgang eingehende Rechnung enthält u. a. die folgenden Angaben:

10.000 Stück Aktenordner 2,80 EUR je Stück 28.000,00 EUR

Außerdem wird beim Grenzzollamt die Einfuhrumsatzsteuer (als Vorsteuer zu behandeln) in Höhe von 4.480,00 EUR bar bezahlt. Ein entsprechender Beleg liegt vor.

Buchungssätze:

	Soll/EUR	Haben/EUR
3200/5200 Einkauf von Waren	28.000,00	
an 1600/3300 Verbindlichkeiten LuL		28.000,00
1570/1400 Vorsteuer (EUSt)	4.480,00	
an 1000/1600 Kasse		4.480,00

Zu einer Einfuhr im Sinne des § 1 Abs. 1 Ziff. 4 UStG kommt es nicht, wenn der Liefergegenstand aus dem Drittlandsgebiet in das Inland gelangt und der Lieferer Schuldner der in diesem Fall zu entrichtenden Einfuhrumsatzsteuer ist (§ 3 Abs. 8 UStG). Ist der Leistungsempfänger Unternehmer, wird er vom leistenden Unternehmer entweder nur in Höhe des Nettobetrages oder aber - wie bei allen im Inland ausgeführten steuerpflichtigen Umsätzen - in Höhe des Nettobetrages und der Umsatzsteuer belastet.

Wird dem Leistungsempfänger lediglich eine Rechnung in Höhe des Nettobetrages erteilt, steht diesem kein Vorsteuerabzug zu (diesen hat dann der Leistende).

Beispiel:

Ein Unternehmer in Bremen erwirbt von einem Unternehmer in Budapest Waren im Wert von 32.000,00 EUR auf Ziel. Die Lieferung erfolgt verzollt und versteuert. In der Eingangsrechnung ist lediglich der Nettobetrag ausgewiesen.

Buchungssatz:

	Soll/EUR	Haben/EUR
3200/5200 Einkauf von Waren an 1600/3300 Verbindlichkeiten LuL	32.000,00	 32.000,00

Geht dem Leistungsempfänger jedoch eine Rechnung zu, in der der Nettobetrag und die Umsatzsteuer ausgewiesen sind (§ 14 Abs. 1 UStG), kann der Leistungsempfänger den Vorsteuerabzug geltend machen (Abschn. 31 Abs. 2 UStR).

Beispiel:

Ein Unternehmer in Bremen erwirbt von einem Unternehmer in Budapest (Ungarn) Waren im Wert von 32.000,00 EUR. Die Lieferung erfolgt verzollt und versteuert. In der Eingangsrechnung ist auch die Umsatzsteuer in Höhe von 5.120,00 EUR ausgewiesen.

Buchungssatz:

	Soll/EUR	Haben/EUR
3200/5200 Einkauf von Waren 1570/1400 Vorsteuer an 1600/3300 Verbindlichkeiten LuL	32.000,00 5.120,00	 37.120,00

4.1.1.2 Ausfuhr von Gegenständen

Zu einer Ausfuhrlieferung kommt es, wenn der Liefergegenstand in das Drittlandsgebiet gelangt. Da Ausfuhrlieferungen nach § 4 Nr. 1 a UStG steuerbefreit sind, gleichzeitig aber der leistende Unternehmer zum vollen Vorsteuerabzug berechtigt ist, kommt es zu einer vollständigen Umsatzsteuerentlastung der Ausfuhrlieferung im Inland.

Die Steuerbefreiung tritt jedoch nur ein, wenn das Vorliegen der Ausfuhrlieferung buch- und belegmäßig nachgewiesen wird.

Beispiel:

Der Unternehmer Bernd Koch in Kassel erwirbt am 5. Feb. 01 vom Hersteller in Worms eine Maschine für 40.000,00 EUR zuzüglich 6.400,00 EUR USt auf Ziel. Er beabsichtigt, diese Maschine wieder zu veräußern.

Buchungssatz:

	Soll/EUR	Haben/EUR
3200/5200 Einkauf von Waren 1570/1400 Vorsteuer an 1600/3300 Verbindlichkeiten LuL	40.000,00 6.400,00	 46.400,00

Der Weiterverkauf der Maschine an einen Händler in Prag findet am 20. Feb. 01 statt. Der Unternehmer Koch stellt dem Abnehmer einen Nettobetrag von 45.000,00 EUR in Rechnung. Die Ausfuhrlieferung wird buch- und belegmäßig nachgewiesen.

Buchungssatz:

	Soll/EUR	Haben/EUR
1600/1200 Forderungen LuL an 8120/4120 steuerfreie Umsätze DG	45.000,00	 45.000,00

4.1.2 Warenverkehr innerhalb der Europäischen Gemeinschaft

4.1.2.1 Innergemeinschaftlicher Erwerb

Zum innergemeinschaftlichen Erwerb (§ 1 Abs. 1 Ziff. 5 UStG) kommt es, wenn im Inland ansässige Unternehmer Waren aus anderen EG-Mitgliedsstaaten erwerben. Teilt der Leistungsempfänger (der deutsche Unternehmer) dem leistenden Unternehmer (der in einem anderen Mitgliedsstaat der EG ansässig ist) seine USt-Id.-Nr. mit, hat er den entsprechenden Erwerbsvorgang der deutschen Umsatzsteuer zu unterwerfen.

Die Umsatzsteuer (Erwerbsteuer) entsteht grundsätzlich mit Ausstellung der Rechnung (§ 13 Abs. 1 Nr. 6 UStG). Gleichzeitig kann der Unternehmer die Steuer für den innergemeinschaftlichen Erwerb als Vorsteuer geltend machen (§ 15 Abs. 1 Nr. 3 UStG). Das bedeutet, der Unternehmer hat gleichzeitig eine Verbindlichkeit gegenüber dem Finanzamt und eine Forderung an das Finanzamt. Zu einer Zahllast aufgrund dieses Vorgangs kommt es also nicht.

Beispiel:

Der Unternehmer Dirk Müller in Münster erwirbt von einem Hersteller in Kopenhagen Waren im Wert von 28.000,00 EUR. Beim Vertragsabschluss hat er dem Hersteller seine USt-Id.-Nr. mitgeteilt.

Buchungssätze:

	Soll/EUR	Haben/EUR
3200/5200 Einkauf von Waren (innergem. Erwerb) an 1600/3300 Verbindlichkeiten LuL	28.000,00	 28.000,00
1572/1402 Vorsteuer innergem. Erwerb an 1772/3802 Umsatzsteuer innergem. Erwerb	4.480,00	 4.480,00

4.1.2.2 Innergemeinschaftliche Lieferung

Lieferungen gelten als innergemeinschaftliche Lieferungen, wenn sie an Unternehmer der übrigen Mitgliedsstaaten der EG ausgeführt werden. Nach § 4 Nr. 1 b UStG sind diese Lieferungen steuerbefreit, wenn der Leistungsempfänger diese Vorgänge versteuert. Dazu verpflichtet er sich, wenn er dem leistenden Unternehmer seine USt-Id.-Nr. mitteilt.

Beispiel:

Ein Unternehmer in Mainz verkauft einem Unternehmer, der seinen Sitz in Wien hat, Waren im Wert von 55.000,00 EUR auf Ziel. Die USt-Id.-Nr. des Leistungsempfängers liegt vor.

	Soll/EUR	Haben/EUR
1600/1200 Forderungen LuL an 8125/4125 steuerfreie Umsätze EG	55.000,00	 55.000,00

Kontrollaufgaben

1. Wodurch unterscheiden sich Einfuhr und innergemeinschaftlicher Erwerb?
2. Zeigen Sie die Unterschiede zwischen Ausfuhrlieferungen und innergemeinschaftlichen Lieferungen.
3. Welcher Unterschied besteht zwischen einer Einfuhr und einer Lieferung nach § 3 Abs. 8 UStG?

Übungen

1. Ihr Mandant in Nürnberg führt am 30. Nov. 01 folgende Umsätze (USt 16%) aus. Er liefert
   a) einem Unternehmer in der Schweiz Waren für netto 21.000,00 EUR,
   b) einem Privatmann in Passau Waren für netto 3.500,00 EUR,
   c) einem Unternehmer in Frankreich Waren für netto 7.200,00 EUR.

   Wie ist zu buchen, wenn sämtliche ggf. erforderlichen Nachweise/USt-Id.-Nrn. vorliegen?

2. Ihr Mandant in Bielefeld erwirbt am 3. Sep. 01 folgende Waren (USt 16%):

   Von einem Unternehmer in
   a) Stuttgart für netto 20.000,00 EUR,
   b) Warschau für netto 24.000,00 EUR,
   c) Zürich für netto 18.000,00 EUR (verzollt und versteuert),
   d) Wien für netto 25.000,00 EUR,
   e) Tokio für netto 30.000,00 EUR (verzollt und versteuert).

   Wie ist zu buchen, wenn in
   - den Eingangsrechnungen zu a) und c) die Umsatzsteuer in korrekter Höhe ausgewiesen ist,
   - der Eingangsrechnung zu b) keine USt ausgewiesen ist, jedoch ein zollamtlicher Beleg vorliegt, aus dem hervorgeht, dass Ihr Mandant die entsprechende Einfuhrumsatzsteuer bar entrichtet hat,
   - der Eingangsrechnung zu d) sowohl die USt-Id.-Nrn. des Lieferanten als auch Ihres Mandanten angegeben sind, Umsatzsteuer jedoch nicht ausgewiesen ist,
   - der Eingangsrechnung zu e) Umsatzsteuer nicht ausgewiesen ist.

3. Als Weihnachtspräsent sendet Ihr Mandant, der mit EDV-Anlagen handelt, seinen 40 Kunden jeweils einen in Leder eingebundenen Taschenkalender. Die Taschenkalender wurden bei einem polnischen Produzenten eingekauft. Mit Rechnung vom 10. Dez. 01 stellt dieser dafür einen Betrag von 4.000,00 EUR in Rechnung.

   Da die Bezahlung der Rechnung erst im Januar 02 erfolgte, ist eine Buchung des Einkaufs bisher unterblieben.

   Die vom Spediteur verauslagte Einfuhrumsatzsteuer von 640,00 EUR erstattete Ihr Mandant diesem bar bei Anlieferung der Taschenkalender.

   Gebucht wurde:

Vorsteuer	640,00 EUR	
an Kasse		640,00 EUR

   Nehmen Sie die ggf. noch erforderlichen Buchungen vor.

4. Ihr Mandant in Hagen bezog Waren frei Flughafen Düsseldorf von einem Hersteller in Hongkong. Dadurch bedingt fielen die folgenden Beträge an:

Liefererrechnung		20.000,00 EUR
Zoll		1.000,00 EUR
Einfuhrumsatzsteuer		3.360,00 EUR
Rechnung des Frachtführers	300,00 EUR	
+ 16 % USt	48,00 EUR	348,00 EUR

Die vom Frachtführer verauslagten Beträge an Zoll und Einfuhrumsatzsteuer wurden bei Anlieferung der Waren sofort bar bezahlt.

Welche Buchungssätze sind zu bilden?

4.2 Vorsteuer bei Reisekosten

Häufig ist es so, dass sich das Unternehmen des Lieferanten an einem anderen Ort als dem seines Kunden befindet. Um zu Vertragsabschlüssen zu kommen ist es deshalb z. T. unumgänglich, Kunden oder auch Lieferanten zu besuchen. Werden die Reisen durch den Unternehmer selbst durchgeführt, werden diese als Geschäftsreisen bezeichnet, unternimmt sie ein Arbeitnehmer im Auftrag des Unternehmers, handelt es sich um Dienstreisen.

Die durch Geschäfts- bzw. Dienstreisen verursachten Aufwendungen werden als Reisekosten bezeichnet. Um Reisekosten handelt es sich demnach bei

- Fahrtkosten (z. B. Kosten für die Benutzung des privaten PKW, der Deutschen Bahn AG, von Taxen und Flugzeugen),
- Übernachtungskosten,
- Verpflegungsmehraufwendungen und
- Nebenkosten (z. B. Gepäck-, Telefon- und Parkplatzkosten).

Der Vorsteuerabzug ist nur bei Reisekosten des Unternehmers und seines Personals möglich, soweit es sich nicht um Verpflegungskosten oder um Fahrtkosten für Fahrzeuge des Personals handelt (§ 15 Abs. 1 a Ziff. 2 UStG; BFH, Urteil vom 23. 11. 2000, VR 49/00).

4.2.1 Einzelnachweis von Reisekosten

Sollen die Reisekosten aufgrund von Einzelbelegen abgerechnet werden, müssen ordnungsmäßige Rechnungen vorliegen. Die Vorsteuer kann dann in der Höhe abgezogen werden, mit der sie in der Rechnung (in EUR) ausgewiesen ist (§ 14 UStG) oder - bei Kleinbetragsrechnungen und Fahrausweisen der Deutschen Bahn AG (§§ 33, 34 UStG) - im Rechnungsbetrag enthalten ist.

4.2.2 Pauschbeträge für Reisekosten

Anstelle oder in Verbindung mit der Einzelabrechnung ist die pauschale Abrechnung von Reisekosten möglich. Kommt diese Abrechnungsform zur Anwendung, dürfen

- für Aufwendungen privater Fahrzeuge, die für Dienst- und Geschäftsfahrten (H 38 LStR, R 23 Abs. 2 EStR) genutzt werden 0,30 EUR je gefahrenen Kilometer,

- für Übernachtungskosten bei Dienstreisen 20,00 EUR[1] je Übernachtung (H 39 LStR) und
- für Verpflegungsmehraufwendungen[2] bei Dienst- und Geschäftsreisen (§ 4 Abs. 5 S. 1 Nr. 5 EStG, R 40 Abs. 1 und 3 LStR),

  wenn die Reise je Kalendertag

24 Stunden dauert	24,00 EUR
mindestens 14 bis unter 24 Stunden dauert	12,00 EUR
mindestens 8 bis unter 14 Stunden dauert	6,00 EUR

als Betriebsausgaben abgezogen werden. Kommt es zu einem niedrigeren Erstattungsbetrag, ist auch nur ein entsprechend niedrigerer Betriebsausgabenabzug zulässig.

Ein Vorsteuerabzug im Zusammenhang mit pauschal abgerechneten Reisekosten ist nicht möglich.

Beispiel:

Ein Arbeitnehmer unternimmt eine zweitägige Dienstreise nach Hamburg. Am ersten Tag ist er 9 Stunden, am zweiten Tag mehr als 14 Stunden von seiner Wohnung abwesend.

Nach seiner Rückkehr rechnet er folgende Reisekosten ab:

Fahrtkosten		
– mit dem privaten PKW (500 km · 0,30 EUR)		150,00 EUR
– lt. Taxibeleg	50,00 EUR	
+ 7 % USt	3,50 EUR	53,50 EUR
Mehraufwendungen für Verpflegung		
1. Tag	6,00 EUR	
2. Tag	12,00 EUR	18,00 EUR
Übernachtungsaufwendungen		20,00 EUR
Gesamtbetrag (Erstattungsbetrag)		241,50 EUR

Der Erstattungsbetrag wird bar ausgezahlt.

	Gesamtbetrag	Vorsteuer	Reisekosten
Fahrtkosten	150,00 EUR	-	150,00 EUR
	53,50 EUR	3,50 EUR	50,00 EUR
Verpflegungsmehraufwendungen	18,00 EUR	-	18,00 EUR
Übernachtungsaufwendungen	20,00 EUR	-	20,00 EUR
	241,50 EUR	3,50 EUR	238,00 EUR

Buchungssatz:

	Soll/EUR	Haben/EUR
4660/6650 Reisekosten	238,00	
1570/1400 Vorsteuer	3,50	
an 1000/1600 Kasse		241,50

1 Errechneter Betrag.

2 Erstattet der Arbeitgeber einem Arbeitnehmer für Verpflegungsmehraufwendungen mehr als die Pauschbeträge, kann der übersteigende (steuerpflichtige) Betrag pauschal mit 25 % Lohnsteuer, 7 % Kirchensteuer und 5,5 % Solidaritätszuschlag versteuert werden.

Kontrollaufgaben

1. Erklären Sie den Unterschied zwischen Geschäfts- und Dienstreisen.
2. Welche Arten von Reisekosten lassen sich unterscheiden?
3. Welche Möglichkeiten bestehen, um Reisekosten abzurechnen?
4. Erläutern Sie, unter welchen Voraussetzungen ein Vorsteuerabzug bei Reisekosten möglich ist.

Übungen

1. Ein Angestellter, der im Auftrag Ihres Mandanten mit seinem privaten PKW einen Kunden besucht hat, macht der Buchhaltung folgende Angaben:
   - Fahrkosten: 950 km 285,00 EUR
   - Verpflegungsmehraufwand: Erstattung nach Pauschbeträgen, Abwesenheit von der Wohnung

     1. Tag: 7 Stunden
     2. + 3. Tag: ganz
     4. Tag: 11 Stunden
   - Übernachtungsaufwand: Erstattung nach Pauschbeträgen

   Bilden Sie den Buchungssatz bei Barerstattung.

2. Ihr Mandant hatte bei einer 5-tägigen Geschäftsreise im Inland folgende Bruttoausgaben (ordnungsmäßige Rechnungen liegen vor):
   - Fahrtkosten (Deutsche Bahn AG) für Fahrten von jeweils über 50 km, lt. Fahrkarten 750,00 EUR
   - Übernachtungskosten für 4 Übernachtungen, insgesamt 180,00 EUR

   Er war am ersten und am letzten Tag 9 Stunden, sonst jeweils ganztägig von seiner Wohnung abwesend.

   Außerdem entstanden ihm Verpflegungsmehraufwendungen, die mit Hilfe von Pauschbeträgen abgerechnet werden sollen.

   Wie lautet der Buchungssatz bei Barerstattung?

3. Eine Dienstreise wird unter Berücksichtigung der folgenden Angaben mit Ihrem Mandanten abgerechnet:
   - Beginn der Reise: 15. Okt. 01 9.00 Uhr; Ende der Reise: 16. Okt. 01 19.00 Uhr,
   - DB-Fahrkarte, Tarifentfernung 60 km, über 46,40 EUR zuzüglich IC-Zuschlag 15,00 EUR,
   - Taxibelege (mit Angabe des ermäßigten USt-Satzes) über 42,80 EUR,
   - Telefonkostenrechnung (mit Angabe des USt-Satzes) über 24,36 EUR,
   - Übernachtungskosten (lt. ordnungsmäßiger Rechnung) 102,80 EUR brutto,
   - Verpflegungsaufwendungen werden pauschal abgerechnet.

   Buchen Sie die Reisekosten bei Barauszahlung.

4. Nach Beendigung einer Dienstreise, die er mit seinem privaten PKW durchgeführt hat, rechnet ein Arbeitnehmer diese wie folgt mit Ihrem Mandanten ab:

- Fahrtkosten: 520 km · 0,30 EUR		156,00 EUR
- Übernachtungskosten (eine ordnungsmäßige Rechnung liegt vor): Rechnungsbetrag		320,00 EUR
- Verpflegungsmehraufwendungen (nach Pauschbeträgen):		
1 Tag 11 Stunden	6,00 EUR	
3 Tage 24 Stunden	72,00 EUR	
1 Tag 15 Stunden	12,00 EUR	90,00 EUR
- Nebenkosten (lt. Beleg mit Angabe des USt-Satzes):		
Telefon	30,00 EUR	
Hotelgarage	24,00 EUR	54,00 EUR

Führen Sie die Buchung der Reisekosten für Ihren Mandanten bei Barauszahlung durch.

5. Ihr Mandant rechnet eine eintägige Geschäftsreise ab. Die Reise begann um 8.00 Uhr und endete um 19.00 Uhr. Sie wurde mit dem betrieblichen PKW durchgeführt. Die gefahrene Strecke betrug 520 km.

   Ihr Mandant legt einen Tankbeleg über 69,60 EUR, einen Beleg über Verzehr in Höhe von 50,00 EUR und einen Beleg über Parkgebühren in Höhe von 23,20 EUR vor. Auf sämtlichen Belegen befindet sich der Hinweis, dass die USt mit 16% im Rechnungsbetrag enthalten ist.

   a) Berechnen Sie die Höhe des Vorsteuerabzugs.

   b) Buchen Sie den Vorgang. Unterstellen Sie, dass Ihr Mandant die Beträge privat verauslagt hat und in Höhe der steuerlich abzugsfähigen Beträge bar erstattet bekommt.

6. Ein neuer Mitarbeiter unternahm im Auftrag Ihres Mandanten eine Dienstreise und rechnete diese nach ihrer Beendigung wie folgt ab:

Fahrtkosten mit eigenem PKW 680 km · 0,30 EUR	204,00 EUR
- Übernachtungsaufwendungen pauschal	20,00 EUR
- Verpflegungsmehraufwendungen pauschal (Beginn der Reise 18. Feb. 01 11.30 Uhr, Ende der Reise 19. Feb. 01 15.00 Uhr)	18,00 EUR

   Der Arbeitnehmer erhielt vor Beginn der Reise einen Abschlag von 200,00 EUR, der in voller Höhe als Reisekosten gebucht wurde. Außerdem ist bekannt, dass Ihr Mandant stets die steuerlich höchstzulässigen Reisekosten vergütet.

   Wie ist dieser Vorgang noch zu buchen?

7. Ein Außendienstmitarbeiter rechnet eine 4-tägige Dienstreise mit Ihrem Mandanten ab:

- Fahrtkosten: 680 km · 0,30 EUR		204,00 EUR
- Verpflegungsmehraufwand:	Pauschbeträge für	
	1 Tag zu 12 Stunden	6,00 EUR
	2 Tage zu 24 Stunden	48,00 EUR
	1 Tag zu 17 Stunden	12,00 EUR
- Übernachtungsaufwand:	Pauschbeträge für	
	3 Übernachtungen	60,00 EUR

   Bilden Sie den Buchungssatz. Gehen Sie davon aus, dass die Erstattung durch Ihren Mandanten bar erfolgt, je km aber nur 0,20 EUR und je Übernachtung nur 15,00 EUR beträgt.

8. Ein Handlungsreisender besucht am 9. Jun. 01 einen Kunden. Er verlässt um 8.00 Uhr seine Wohnung und kehrt um 19.00 Uhr zurück. Als Reisekosten rechnet er folgende Beträge mit Ihrem Mandanten ab:

- Fahrkosten für die Benutzung des privaten PKW für 240 km	72,00 EUR
- Verpflegungsmehraufwendungen	6,00 EUR

Vor Reiseantritt erhielt er einen Reisekostenvorschuss von 70,00 EUR. Es wurde gebucht:

Forderungen gegen Personal	70,00 EUR	
an Kasse		70,00 EUR

Bilden Sie den Buchungssatz. Gehen Sie davon aus, dass Ihr Mandant die steuerlich abziehbaren Reisekosten erstattet.

9. Ein Handlungsreisender fuhr im Auftrag Ihres Mandanten zu einem Kunden nach Dortmund. Sein Reisekostenvorschuss wurde gebucht:

Forderungen gegen Personal	200,00 EUR	
an Kasse		200,00 EUR

Über die Reise, die mit Pauschbeträgen abgerechnet wurde, erstellte der Reisende folgende Abrechnung:

3 Übernachtungen zu je 20,00 EUR	60,00 EUR
Verpflegungsmehraufwendungen	
1 Tag zu 9 Stunden	6,00 EUR
2 Tage zu 24 Stunden	48,00 EUR
1 Tag zu 16 Stunden	12,00 EUR
650 km zu je 0,30 EUR	195,00 EUR
Gesamtbetrag	321,00 EUR

Bilden Sie den Buchungssatz. Berücksichtigen Sie dabei, dass der Reisende seinen privaten Pkw für die Dienstreise benutzt hat und der Restanspruch des Reisenden bar ausgezahlt wurde.

5 *Steuerberatungskosten*

Viele Unternehmer fühlen sich heute überfordert, selbst Bücher zu führen, den Jahresabschluss zu erstellen und Steuererklärungen anzufertigen. Sie wenden sich deshalb an einen Steuerberater, der diese Aufgaben kompetent und kostengünstig übernimmt.

Ein Steuerberater wird aber auch in Anspruch genommen, um dem Unternehmer beratend zur Seite zu stehen. Das ist besonders wichtig, wenn unter Berücksichtigung betriebswirtschaftlicher und steuerrechtlicher Aspekte Entscheidungen für die Zukunft getroffen werden sollen, aber auch, wenn Steueransprüche im Rechtsbehelfsverfahren durchzusetzen sind.

Für seine Tätigkeit stellt der Steuerberater dem Unternehmer Gebühren in Rechnung. Entfallen die Steuerberatungskosten auf den betrieblichen Bereich, sind sie in den Konten Rechts- und Beratungskosten, Abschluss- und Prüfungskosten oder Buchführungskosten zu buchen. Entfallen sie auf den Privatbereich des Unternehmers hat die Buchung im Privatkonto zu erfolgen.

Beispiel:

Für die Übernahme von Buchführungsarbeiten stellt ein Steuerberater dem Unternehmer einen Betrag in Höhe von 850,00 EUR zuzüglich 136,00 EUR USt in Rechnung.

Buchungssatz:

	Soll/EUR	Haben/EUR
4955/6830 Buchführungskosten 1570/1400 Vorsteuer an 1600/3300 Verbindlichkeiten LuL	850,00 136,00	 986,00

Entstehen im Kalenderjahr Steuerberatungskosten von nicht mehr als 512,00 EUR,[1] ist eine Aufteilung des Betrages in einen betrieblich und einen privat verursachten Anteil nicht erforderlich (R 102 S. 3 EStR).

Übungen

1. Am 31. Dez. 02 trifft die Rechnung des Steuerberaters über die im Jahr 02 angefallenen (privat und betrieblich zu je 50% verursachten) Steuerberatungskosten bei Ihrem Mandanten ein. Der Rechnungsbetrag setzt sich aus dem Nettobetrag in Höhe von 800,00 EUR und der Umsatzsteuer in Höhe von 128,00 EUR zusammen.

   Wie ist zu buchen, wenn Ihr Mandant einen möglichst niedrigen Gewinn ausweisen will?

2. Über die im ersten Halbjahr 02 angefallenen Steuerberatungskosten (USt 1.032,00 EUR) geht Ihrem Mandanten folgende Abrechnung zu:

Beratung in Erbschaftsteuerangelegenheiten	350,00 EUR
Buchführung	2.000,00 EUR
Gewerbesteuererklärung	1.800,00 EUR
Umsatzsteuer-Voranmeldung	800,00 EUR
Einkommensteuererklärung	1.500,00 EUR

   Bilden Sie den Buchungssatz.

Hauptabschlussübersicht

Ihr Mandant, ein Großhändler, der seinen Gewinn nach § 5 EStG ermittelt, versteuert seine Umsätze nach vereinbarten Entgelten (USt 16%).

Erstellen Sie in einer Hauptabschlussübersicht die Bilanz und Gewinn- und Verlustrechnung. Gehen Sie von der vorläufigen Saldenbilanz zum 31. Dez. 02 aus. Berücksichtigen Sie die folgenden noch zu buchenden Angaben.

SKR 03

Kto.-Nr.	Kontenbezeichnung	Vorl. Saldenbilanz	
		Aktiva	Passiva
0085	Grund und Boden	80.000,00	
0090	Geschäftsgebäude	320.000,00	
0320	Fahrzeuge	61.250,00	
0430	Ladeneinrichtung	124.000,00	
0630	Verbindlichkeiten KI		200.000,00
0870	Eigenkapital		203.690,00

1 Errechneter Wert.

1000/1200	Geldkonten	58.700,00	
1348	sonstige Wertpapiere	157.720,00	
1400	Forderungen LuL	95.000,00	
1500	sonstige VG	15.200,00	
1570	Vorsteuer	13.500,00	
1600	Verbindlichkeiten LuL		230.000,00
1700	sonstige Verb.		18.200,00
1710	erhaltene Anzahlungen		50.000,00
1740	Verb. Lohn/Gehalt		
1741	Verb. LSt/KiSt/SZ		
1742	Verbindlichkeiten SV		
1770	USt		25.600,00
1800	Privat	69.000,00	
2110	Zinsaufwendungen	2.480,00	
2200	Steuern v. E. u. v. E.	2.200,00	
2680	zinsähnliche Erträge		3.450,00
2685	zinsähnliche Erträge stfr.		
2700	sonstige betriebl. Ertr.		3.300,00
3200	Einkauf von Waren	879.640,00	
3700	Nachlässe		18.600,00
3980	Warenbestand	205.000,00	
4120	Gehälter	80.500,00	
4130	gesetzl. soziale Aufwendungen	14.800,00	
4330	Gewerbesteuer	7.710,00	
4340	sonstige Steuern	10.500,00	
4345	nicht abz. sonstige Steuern		
4630	Geschenke bis 40,00 EUR	8.200,00	
4650	Bewirtungskosten		
4651	nicht abz. Bewirtungsk.		
4850	Abschreibungen SA		
4900	andere sonstige betriebl. Aufw.	63.440,00	
8000	Verkaufserlöse		1.500.000,00
8900	Entnahmen § 3 Abs. 1 b		16.000,00
		2.268.840,00	2.268.840,00

1. Im November 02 ist für die zum Betriebsvermögen gehörenden Aktien die Dividende in Höhe von 2.899,48 EUR überwiesen worden. Dies wurde gebucht:

   Bank 2.899,48 EUR
   an zinsähnliche Erträge 2.899,48 EUR

   Eine ordnungsgemäße Steuerbescheinigung über die anrechenbaren Beträge an KapESt/SZ in Höhe von 775,40 EUR liegt vor.

2. Aufgrund einer Mängelrüge erteilte ein Lieferer mit Datum vom 28. Dez. 02 eine Gutschrift über 1.650,00 EUR zuzüglich 264,00 EUR USt. Es steht fest, dass Ihr Mandant die bereits gebuchte Eingangsrechnung für diese mangelhafte Lieferung erst im Jahr 03 ausgleichen wird.

3. Zum Weihnachtsfest 02 schenkte Ihr Mandant jedem Kunden einen in Leder eingebundenen Taschenkalender. Diese Taschenkalender wurden zum Stückpreis von 25,50 EUR von einem Hersteller in Belgien bezogen. Die entsprechende Eingangsrechnung lautete auf 5.100,00 EUR. Sie wurde im Januar 03 bezahlt und bisher noch nicht gebucht.

4. Als Abschlusszahlung für Einkommen-/Kirchensteuer/SZ 02 setzte das Finanzamt einen Betrag in Höhe von 2.200,00 EUR fest.

   Es wurde gebucht:

Steuern v. Einkommen u. v. Ertrag	2.200,00 EUR	
an Bank		2.200,00 EUR

5. Durch die Bewirtung von Geschäftsfreunden entstanden Ihrem Mandanten Bewirtungsaufwendungen in Höhe von 650,00 EUR zuzüglich 104,00 EUR USt. Diese wurden bisher weder bezahlt noch gebucht.

   Es ist davon auszugehen, dass 20 % dieser Aufwendungen als nicht angemessen anzusehen sind.

6. Die Gehälter für den Monat Dezember 02 wurden erst am 2. Jan. 03 ausgerechnet und danach durch die Bank ausgezahlt. Die Bruttobuchung dieser Personalkosten ist in 02 noch nicht vorgenommen worden.

   Lt. Gehaltsliste 12/02 betragen:

Bruttobeträge		50.000,00 EUR
Lohn-/Kirchensteuer/SZ	14.700,00 EUR	
AN-Anteil zur SV	8.300,00 EUR	23.000,00 EUR
Nettobeträge		27.000,00 EUR
Arbeitgeberanteil zur Sozialversicherung		8.300,00 EUR

7. Nach einer vorläufigen Berechnung ist für das Jahr 02 mit einer Gewerbesteuererstattung in Höhe von 2.400,00 EUR zu rechnen.

8. Im Oktober 02 erwarb Ihr Mandant ein unbebautes Grundstück, das er zur Erweiterung seines Betriebes verwenden will. Es entstanden folgende Aufwendungen:

Kaufpreis	30.000,00 EUR
Grunderwerbsteuer	1.050,00 EUR
Notargebühren	600,00 EUR
Gerichtsgebühren (Eintragung ins Grundbuch)	300,00 EUR
insgesamt	31.950,00 EUR

   Der Notar stellte zusätzlich 96,00 EUR USt in Rechnung. Der Buchhalter buchte:

Grundstücke	30.000,00 EUR	
an Bank		30.000,00 EUR

   Die Grunderwerbsteuer belastete er dem Konto sonstige Steuern, während die im Januar 03 beglichenen Rechnungen des Notars bzw. des Amtsgerichts in 02 nicht erfasst wurden, obwohl sie bereits am 31. Dez. 02 vorlagen.

9. Es sind folgende Abschreibungen vorzunehmen:
   a) auf Gebäude 4% der Anschaffungskosten in Höhe von 400.000,00 EUR,
   b) auf Fahrzeuge 20% der Anschaffungskosten in Höhe von 122.500,00 EUR,
   c) auf Ladeneinrichtung 10% der Anschaffungskosten in Höhe von 140.000,00 EUR.

10. Das Privatkonto ist abzuschließen.

11. Die USt-Konten sind abzuschließen.

12. Der Abschluss der Warenkonten ist vorzunehmen. Dabei ist lt. Inventur zum 31. Dez. 02 ein Warenbestand in Höhe von 160.000,00 EUR zu berücksichtigen.

13. Ermitteln Sie sowohl den handelsrechtlichen als auch den steuerrechtlichen Gewinn.

14. Zeigen Sie, wie sich die Geschäftsvorfälle 1 bis 9 und 12
a) auf den Erfolg,
b) auf die Bilanzsumme
auswirken.

SKR 04

Kto.-Nr.	Kontenbezeichnung	Vorl. Saldenbilanz	
		Aktiva	Passiva
0235	Grund und Boden	80.000,00	
0240	Geschäftsgebäude	320.000,00	
0520	Fahrzeuge	61.250,00	
0640	Ladeneinrichtung	124.000,00	
1140	Warenbestand	205.000,00	
1200	Forderungen LuL	95.000,00	
1300	sonstige VG	15.200,00	
1400	Vorsteuer	13.500,00	
1510	sonstige Wertpapiere	157.720,00	
1600/1800	Geldkonten	58.700,00	
2000	Eigenkapital		203.690,00
2100	Privat	69.000,00	
3150	Verbindlichkeiten KI		200.000,00
3250	erhaltene Anzahlungen		50.000,00
3300	Verbindlichkeiten LuL		230.000,00
3500	sonstige Verb.		18.200,00
3720	Verb. Lohn/Gehalt		
3730	Verb. LSt/KiSt/SZ		
3740	Verbindlichkeiten SV		
3800	USt		25.600,00
4000	Verkaufserlöse		1.500.000,00
4600	Entnahmen § 3 Abs. 1 b		16.000,00
4830	sonstige betriebl. Ertr.		3.300,00
5200	Einkauf von Waren	879.640,00	
5700	Nachlässe		18.600,00
6020	Gehälter	80.500,00	
6110	gesetzl. soziale Aufwendungen	14.800,00	
6220	Abschreibungen SA		
6610	Geschenke bis 40,00 EUR	8.200,00	
6640	Bewirtungskosten		
6641	nicht abz. Bewirtungsk.		
6900	andere sonstige betriebl. Aufw.	63.440,00	
7110	zinsähnliche Erträge		3.450,00
7115	zinsähnliche Erträge stfr.		
7300	Zinsaufwendungen	2.480,00	
7600	Steuern v. E. u. v. E.	2.200,00	
7620	Gewerbesteuer	7.710,00	
7650	sonstige Steuern	10.500,00	
7655	nicht abz. sonstige Steuern		
		2.268.840,00	2.268.840,00

Vermischte Übungen

1. Am 20. Dez. 02 erstellte Ihr Mandant die Provisionsabrechnung für die Leistungen des Einkaufskommissionärs und überwies gleichzeitig den errechneten Betrag von 250,00 EUR zuzüglich 40,00 EUR USt.

   Buchen Sie den Vorgang.

2. Ihr Mandant, der für die Abteilung Rechnungswesen einen PC angeschafft hat, erhält über diesen Vorgang eine ordnungsmäßige Rechnung, die u. a. folgende Angaben enthält:

PC 486 DX	4.200,00 EUR
Laserdrucker	2.000,00 EUR
	6.200,00 EUR
16 % USt	992,00 EUR
Rechnungsbetrag	7.192,00 EUR

   Ihr Mandant verwendet den PC zu 70 % für umsatzsteuerpflichtige und zu 30 % für umsatzsteuerbefreite Umsätze.

   Wie ist zu buchen, wenn Ihr Mandant im Jahr der Anschaffung

   a) einen möglichst niedrigen,
   b) einen möglichst hohen

   Gewinn erzielen möchte?

3. Am 20. Apr. 01 erhält Ihr Mandant beschädigte Waren, die am 15. Apr. 01 geliefert und gebucht wurden, von einem Kunden zurück. Die daraufhin erteilte Gutschrift lautet auf 1.102,00 EUR einschließlich 16 % USt.

   Bilden Sie den Buchungssatz. Gehen Sie davon aus, dass der Kunde den Rechnungsbetrag noch nicht überwiesen hat.

4. Ihr Mandant ist mit 180.000,00 EUR an einer GmbH in Aachen beteiligt. Am 20. Sep. 02 schüttete die GmbH den Gewinnanteil für das Wirtschaftsjahr 01 aus.

   Anhand des Kontoauszuges wurde gebucht:

Bank	25.248,00 EUR	
an zinsähnliche Erträge		25.248,00 EUR

   Führen Sie die ggf. noch erforderlichen Buchungen durch. Eine ordnungsgemäße Steuerbescheinigung über anrechenbare Beträge an KapESt/SZ in Höhe von 6.752,00 EUR liegt vor.

5. Im Dezember 02 überwies Ihr Mandant versehentlich einige Beträge vom privaten statt vom betrieblichen Bankkonto. Sämtliche Beträge wurden buchhalterisch noch nicht erfasst.

   Es handelt sich um

   - die Kosten für die Renovierung der Büroräume in Höhe von 2.500,00 EUR zuzüglich 400,00 EUR USt,
   - eine Spende an das Rote Kreuz in Höhe von 200,00 EUR,
   - die Einkommensteuer-Abschlusszahlung für das Jahr 01 in Höhe von 4.200,00 EUR,
   - Darlehenszinsen in Höhe von 500,00 EUR, die für einen betrieblichen Kredit gezahlt wurden,
   - den Beitrag für die Mitgliedschaft in einer politischen Partei in Höhe von 480,00 EUR,
   - eine Beitragszahlung an die Berufsgenossenschaft in Höhe von 200,00 EUR und um
   - eine Kranzspende in Höhe von 80,00 EUR (einschließlich 7 % USt) anlässlich des Todes eines guten Kunden.

   Welche Buchungen sind noch vorzunehmen?

6. Zur Einlösung eines fälligen Wechsels über 12.000,00 EUR, der sich nicht mehr bei Ihrem Mandanten befindet, benötigt ein Kunde noch 8.000,00 EUR. Das Problem wird dadurch gelöst, dass Ihr Mandant diesen Betrag auf das Bankkonto des Kunden überweist, nachdem dieser einen neuen Wechsel (gesonderte Kreditgewährung ist vereinbart) über 8.000,00 EUR akzeptiert hat.

   Der Prolongationswechsel wird noch am selben Tag von Ihrem Mandanten bei der Hausbank zum Diskont eingereicht und folgendermaßen abgerechnet:

Wechselsumme	8.000,00 EUR
Diskont	160,00 EUR
Spesen	15,00 EUR
Gutschrift	7.825,00 EUR

   Um selbst keinen finanziellen Nachteil durch diese Gefälligkeit zu erleiden, belastet Ihr Mandant das Konto des Kunden mit 160,00 EUR Diskont und 15,00 EUR Spesen. Eine entsprechende Abrechnung wird dem Kunden zugesandt.

   Nehmen Sie alle in diesem Zusammenhang anfallenden Buchungen vor.

7. Ein Angestellter unternahm für Ihren Mandanten eine Dienstreise. Diese begann am 10. Mai um 9.00 Uhr und endete am 18. Mai um 17.00 Uhr. Der Angestellte war mit seinem privaten PKW unterwegs und fuhr dabei 530 km, die ihm mit 0,30 EUR je km vergütet wurden. Für die Übernachtungen legte er einen Beleg über 800,00 EUR zuzüglich 128,00 EUR USt vor. Verpflegungsaufwendungen wies er nicht nach.

   Die Reisekostenerstattung erfolgte durch Barauszahlung.

   Bilden Sie den Buchungssatz.

8. Ihr Mandant hat zum 1. Jan. 01 ein Darlehen aufgenommen. Dem entsprechenden Kreditvertrag ist Folgendes zu entnehmen:

Nennwert	240.000,00 EUR
Laufzeit	8 Jahre
Zinssatz	11%
Disagio	4%
Tilgung	in einer Summe am Ende der Laufzeit
Fälligkeit der Zahlungen	jährlich nachträglich, erstmalig am 31. Dez. 01

   Bisher wurde lediglich gebucht:

Bank	240.000,00 EUR	
an Verbindlichkeiten KI		240.000,00 EUR

   Nehmen Sie alle notwendigen Buchungen bis zum 31. Dez. 01 vor.

9. Ihr Mandant produzierte eine Maschine für eigenbetriebliche Zwecke. Dabei wurden folgende Kosten verursacht: Fertigungsmaterial 900,00 EUR, Fertigungslöhne 1.200,00 EUR, Materialgemeinkosten 20%, Fertigungsgemeinkosten 30%, Sondereinzelkosten der Fertigung 800,00 EUR, Verwaltungsgemeinkosten 650,00 EUR.

   Sämtliche Aufwendungen wurden buchhalterisch korrekt erfasst.

   Bilden Sie den Buchungssatz. Berücksichtigen Sie dabei die höchstmöglichen Herstellungskosten für die eigenbetrieblich genutzte Maschine.

10. Ihr Mandant erhielt für eine im Jahr 02 zu erbringende Leistung am 30. Nov. 01 eine Anzahlung von 8.120,00 EUR. In der Anzahlungsrechnung hatte er lediglich den Gesamtbetrag und den Steuersatz mit 16% angegeben.

Es wurde gebucht:

Bank	8.120,00 EUR	
an Verkaufserlöse		7.000,00 EUR
an USt		1.120,00 EUR

Führen Sie die ggf. erforderliche Korrekturbuchung zum 31. Dez. 01 durch.

11. Ihr Mandant erwarb am 9. Jan. 02 eine Maschine mit einer betriebsgewöhnlichen Nutzungsdauer von 4 Jahren. Über Kaufpreis und Rechnungsausgleich liegen folgende Angaben vor:

- Kaufpreis: 42.000,00 EUR + 6.720,00 EUR USt =		48.720,00 EUR
- Rechnungsausgleich: Skontoabzug 2 %	840,00 EUR	
+ 16 % USt	134,40 EUR	974,40 EUR
- Inzahlungnahme einer auf 1,00 EUR abgeschriebenen Maschine für	1.000,00 EUR	
+ 16 % USt	160,00 EUR	1 160,00 EUR
= Bankverrechnungsscheck		46.585,60 EUR

Da dem Buchhalter aufgrund ungeklärter Umstände nur die Banklastschrift zur Verfügung stand, buchte er lediglich:

Verbindlichkeiten	46.585,60 EUR	
an Bank		46.585,60 EUR

Zur Steigerung der Leistungsfähigkeit dieser Maschine kaufte der Unternehmer am 20. Jan. 02 ein Zusatzgerät, das sofort angeschlossen wurde. Die Eingangsrechnung für diesen Vorgang lautete auf 3.000,00 EUR zuzüglich 480,00 EUR USt. Der Buchhalter buchte:

Instandhaltung Maschinen	3.000,00 EUR	
Vorsteuer	480,00 EUR	
an Verbindlichkeiten LuL		3.480,00 EUR

Führen Sie alle im Monat Januar noch erforderlichen Buchungen durch. Gehen Sie davon aus, dass inzwischen alle Rechnungen vorliegen.

12. Am 1. Jul. 01 erwarb Ihr Mandant einen betrieblichen PKW für 48.000,00 EUR zuzüglich 7.680,00 EUR USt. Bei einer Nutzungsdauer von 6 Jahren wurde das Fahrzeug nach § 7 Abs. 1 EStG abgeschrieben. Am 5. Sep. 03 wird der PKW für 19.140,00 EUR (incl. 16 % USt) an einen Privatmann verkauft.

Bilden Sie die beim Ausscheiden des PKW erforderlichen Buchungssätze.

13. Ihr Mandant (Einzelhändler) verkauft eine Ware zum Ladenpreis von 452,50 EUR (USt 16 %). Wie viel EUR beträgt

a) sein Einstandspreis,
b) sein Gewinnzuschlag,
c) seine Handelsspanne,

wenn sein Kalkulationszuschlag 126,25 % ausmacht und Handlungskosten in Höhe von 184,50 EUR anfallen?

14. Ein Kunde begleicht eine Rechnung über 250.000,00 EUR wie folgt:

sofort bei Fälligkeit	70.000,00 EUR
30 Tage nach Fälligkeit	20.000,00 EUR
60 Tage nach Fälligkeit	40.000,00 EUR
90 Tage nach Fälligkeit	65.000,00 EUR
120 Tage nach Fälligkeit	55.000,00 EUR

a) Mit welchem Betrag belastet Ihr Mandant den Kunden noch, wenn er ihm 9,26 % Verzugszinsen in Rechnung stellt?

b) Wie lautet der Buchungssatz zu a)?

I Rechtsgrundlagen für Bewertungen im Jahresabschluss

Jeder Kaufmann ist verpflichtet, Bücher zu führen und in diesen die Lage seines Unternehmens ersichtlich zu machen. Mit Lage des Unternehmens ist vor allem die Vermögens- und Ertragslage gemeint. Nach § 242 HGB hat der Kaufmann deshalb zur Darstellung der Vermögenslage eine Bilanz, und zur Darstellung der Ertragslage eine G+V-Rechnung zu erstellen.

Die Feststellung der Vermögens- und Ertragslage geschieht allerdings nicht durch schematischen Abschluss der Bestands- und Erfolgskonten, sondern setzt eine sorgfältige Bewertung des Vermögens und der Schulden voraus. Dabei sind nicht nur handelsrechtliche, sondern auch steuerrechtliche Vorschriften zu beachten (§§ 240, 252 bis 256 HGB, §§ 6 ff. EStG).

1 Maßgeblichkeitsprinzip

Obwohl Kaufleute nur einheitliche Aufzeichnungen führen, sind sie verpflichtet, sowohl eine Handels- als auch eine Steuerbilanz zu erstellen. Die Steuerbilanz ist jedoch häufig keine selbstständige Bilanz. Sie wird vielmehr aus der Handelsbilanz abgeleitet, d. h., die Steuerbilanz ist eine für steuerrechtliche Zwecke aufbereitete Handelsbilanz (§ 60 Abs. 2 EStDV).

Es besteht jedoch die Gefahr, dass aufgrund unterschiedlicher gesetzlicher Vorschriften zwei völlig verschiedene Bilanzen nebeneinander stehen, obwohl nach § 5 Abs. 1 EStG bestimmte handelsrechtliche Vorschriften auch steuerrechtlich (Maßgeblichkeitsprinzip) und bestimmte steuerrechtliche Vorschriften auch handelsrechtlich (umgekehrte Maßgeblichkeit) zu beachten sind.

Handelsbilanz

Die Vorschriften des Handelsgesetzbuchs dienen vor allem dem Gläubigerschutz. Ziel dieser Vorschriften ist es, eine zu hohe Bewertung der Vermögensgegenstände zu vermeiden, damit

- die Vermögenslage nicht zu gut dargestellt wird,
- kein zu hoher Gewinnausweis erfolgt und
- vermieden wird, dass durch ungerechtfertigt hohe Gewinnausschüttungen Haftungssubstanz verloren geht.

Die Handelsbilanz ist erforderlich, weil die Gesellschafter aus dieser Bilanz ihren Gewinnanspruch ableiten, aber auch, weil bei einer Offenlegung/Veröffentlichung der Bilanz Außenstehende zwar den handelsrechtlichen, nicht aber den steuerrechtlichen Erfolg des Unternehmens erfahren sollen.

Steuerbilanz

Die Vorschriften der Steuergesetze dienen der korrekten Ermittlung des steuerrechtlichen Gewinns. Ziel dieser Vorschriften ist es, den Ausweis eines unerwünscht niedrigen steuerlichen Gewinns zu vermeiden.

1.1 Maßgeblichkeit der Handelsbilanz für die Steuerbilanz

Der Maßgeblichkeitsgrundsatz bestimmt, dass in der Steuerbilanz alle Wirtschaftsgüter angesetzt werden müssen, die nach Handelsrecht als bilanzierungspflichtige Vermögensgegenstände und Schulden zu berücksichtigen sind (§ 5 Abs. 1 S. 1 EStG). Darüber hinaus besagt er, dass bei der Ausübung von Ansatzwahlrechten unterschiedlich zu verfahren ist.

Besteht aufgrund handelsrechtlicher Vorschriften das Recht, einen Vermögensgegenstand aktivieren zu dürfen (z. B. Disagio, Firmenwert), ergibt sich daraus die Verpflichtung, steuerrechtlich diesen Vermögensgegenstand aktivieren zu müssen (§§ 250 Abs. 3, 255 Abs. 4 HGB, § 5 Abs. 5 Ziff. 1, § 7 S. 3 EStG).

Besteht aufgrund handelsrechtlicher Vorschriften das Recht, Schulden passivieren zu dürfen (z. B. Wahlrückstellungen), ergibt sich daraus die Verpflichtung, steuerrechtlich diese Schulden nicht passivieren zu dürfen (§ 249 Abs. 1 S. 3 und Abs. 2 HGB, H 31c Abs. 1 EStR).

Zu weiteren Abweichungen kommt es nur, wenn aufgrund steuerrechtlicher Vorschriften (z. B. § 5 Abs. 4 a und § 6 Abs. 1 EStG) zwingend anders zu verfahren ist.

1.2 Maßgeblichkeit der Steuerbilanz für die Handelsbilanz

Es kommt vor, dass bestimmte steuerliche Wahlrechte (z. B. §§ 6 b, 7 g EStG, R 35 EStR), die mit der handelsrechtlichen Rechnungslegung nichts zu tun haben, in Anspruch genommen werden sollen. Um hier die Einheit von Handels- und Steuerbilanz zu erhalten, befinden sich im Handels- und Steuerrecht Vorschriften (§§ 254, 273 HGB), die eine übereinstimmende Bewertung ermöglichen (umgekehrte Maßgeblichkeit). Nach § 5 Abs. 1 Satz 2 EStG dürfen die aufgrund von steuerrechtlichen Vorschriften bestehenden Wahlrechte aber nur ausgeübt werden, wenn gleichzeitig in der Handelsbilanz entsprechend verfahren wird.

Handels- und Steuerbilanz müssen demnach nur auseinander fallen, wenn spezielle handelsrechtliche oder steuerrechtliche Vorschriften anzuwenden sind, die nur eine Bilanz betreffen.

Kontrollaufgaben

1. Welchem Zweck dient
   a) die Handelsbilanz,
   b) die Steuerbilanz?
2. Was besagt grundsätzlich das Prinzip der
   a) Maßgeblichkeit der Handelsbilanz für die Steuerbilanz,
   b) Maßgeblichkeit der Steuerbilanz für die Handelsbilanz?

2 Allgemeine Bewertungsgrundsätze

Bei der Bewertung der im Jahresabschluss auszuweisenden Vermögensgegenstände und Schulden sind die allgemeinen Bewertungsgrundsätze (§ 252 HGB)

- Bilanzidentität,
- Unternehmensfortführung,
- Einzelbewertung,
- Vorsicht,
- Periodenabgrenzung und
- Stetigkeit

zu beachten.

Grundsatz der Bilanzkontinuität

Nach dem Grundsatz der Bilanzkontinuität ist die Schlussbilanz des vorangegangenen Geschäftsjahres gleichzeitig die Eröffnungsbilanz des folgenden Geschäftsjahres (Schlussbilanz 01 = Eröffnungsbilanz 02). Unterschiedliche Wertansätze oder Postenbezeichnungen in der Schlussbilanz und der Eröffnungsbilanz sind deshalb ausgeschlossen (Bilanzidentität).

Grundsatz der Unternehmensfortführung

Im Allgemeinen hängt der Wert eines Gegenstandes von seiner Verwertbarkeit ab. Aus diesem Grunde schreibt der Grundsatz der Unternehmensfortführung (Going-Concern-Prinzip) vor, dass grundsätzlich von der Weiterführung des Unternehmens auszugehen und deshalb die Bewertung der Vermögensgegenstände nach §§ 253 bis 256 und 279 bis 283 HGB vorzunehmen ist.

Der Verkehrswert der Vermögensgegenstände und Schulden (Liquidationswerte) ist nur anzusetzen, wenn z. B. wegen der Eröffnung eines Insolvenzverfahrens eine vollständige oder teilweise Einstellung des Geschäftsbetriebes zu erwarten ist. Eine entsprechende Bewertung führt zu einer drastischen Verschlechterung der Vermögenslage, weil insbesondere das abnutzbare Anlagevermögen nicht zum Buchwert zu veräußern ist.

Grundsatz der Einzelbewertung

Grundsätzlich ist jeder Vermögensgegenstand und jeder Schuldposten für sich zu bewerten. Damit wird ausgeschlossen, dass Wertminderungen bei einzelnen Vermögensgegenständen mit Wertsteigerungen bei anderen Vermögensgegenständen saldiert werden dürfen.

Vom Grundsatz der Einzelbewertung darf nur abgewichen werden, wenn die Einzelbewertung aus praktischen Gründen nicht durchführbar ist oder zu einem nicht zu vertretenden Arbeitsaufwand führen würde.

Grundsatz der Vorsicht

Der Grundsatz der Vorsicht ist Oberbegriff für verschiedene Bewertungsgrundsätze. Er umfasst

- das Realisationsprinzip,
- das Imparitätsprinzip und
- das Wertaufhellungsprinzip.

Das Realisationsprinzip bestimmt, dass Gewinne erst, nachdem sie tatsächlich aufgrund eines Umsatzvorgangs erzielt (realisiert) worden sind, ausgewiesen werden dürfen. Das ist in dem Zeitpunkt der Fall, in dem ein Umsatzvorgang erfolgreich abgeschlossen worden ist. Der Zeitpunkt der Zahlung ist nicht von Bedeutung.

Das Imparitätsprinzip schreibt eine ungleiche Behandlung von Gewinnen und Verlusten vor. Am Bilanzstichtag noch nicht realisierte Gewinne dürfen noch nicht ausgewiesen werden, am Bilanzstichtag noch nicht realisierte Verluste sind aber bereits zu berücksichtigen.

Nach dem Wertaufhellungsprinzip müssen alle Risiken und Verluste, die bereits am Bilanzstichtag bestanden haben, dem Bilanzierenden aber erst später, d. h. bis zum Tag der Aufstellung des Jahresabschlusses bekannt geworden sind, im Jahresabschluss berücksichtigt werden.

Grundsatz der Periodenabgrenzung

Der Grundsatz der Periodenabgrenzung verlangt, Aufwendungen und Erträge unabhängig vom Zeitpunkt der entsprechenden Zahlungen im Jahresabschluss zu berücksichtigen.

Grundsatz der Stetigkeit

Durch den Grundsatz der Bewertungsstetigkeit wird der Ermessensspielraum des Unternehmers begrenzt. Hat er sich bei früheren Bilanzierungen für eine bestimmte Bewertungsmethode entschieden, soll er diese auch künftig anwenden.

Diesem Grundsatz kommt vor allem deshalb Bedeutung zu, weil das Gesetz die Ausübung von Bewertungswahlrechten zulässt. So ist es z. B. möglich, linear, degressiv oder nach Maßgabe der Leistung abzuschreiben, die Herstellungskosten in unterschiedlicher Höhe zu ermitteln oder auch Fest- und Durchschnittswerte zu bilden. Hat sich der Unternehmer einmal für eine bestimmte Methode entschieden, so soll er diese künftig beibehalten.

Das Wörtchen „soll“ ist allerdings sehr eng auszulegen, weil § 252 Abs. 2 HGB besagt, dass von diesem Grundsatz nur in begründeten Ausnahmefällen abgewichen werden darf. Wird die Organisation eines Unternehmens geändert, ändern sich Rechtsprechung bzw. Gesetzgebung, wird das Management ausgewechselt oder werden allein steuerliche Bewertungswahlrechte in Anspruch genommen, so ist eine Abweichung vom Grundsatz der Stetigkeit ausnahmsweise möglich.

Kontrollaufgaben

1. Was ist unter dem Begriff Bilanzidentität zu verstehen?
2. Wie ist die Bewertung vorzunehmen, wenn davon auszugehen ist, dass
   a) das Unternehmen fortgeführt wird,
   b) nicht fortgeführt wird?
3. Unter welchen Voraussetzungen darf vom Grundsatz der Einzelbewertung abgewichen werden?
4. Welche Bewertungsprinzipien beinhaltet das Vorsichtsprinzip?
5. Erläutern Sie die Begriffe
   a) Realisationsprinzip,
   b) Imparitätsprinzip,
   c) Wertaufhellungsprinzip.
6. Aus welchem Grunde ist eine Periodenabgrenzung vorzunehmen?
7. Was besagt der Grundsatz der Stetigkeit?

J Abgrenzungen bei der Erstellung des Jahresabschlusses

1 Abgrenzung von Aufwendungen und Erträgen

Der jeweils für ein Wirtschafts-/Geschäftsjahr zu ermittelnde Erfolg eines Unternehmens setzt sich grundsätzlich nur aus Aufwendungen und Erträgen zusammen, die dem Abschlussjahr wirtschaftlich zuzurechnen sind.

Aufwendungen und Erträge führen zwangsläufig zu Ausgaben und Einnahmen. Da die Ausgabe/Einnahme der entsprechenden Beträge jedoch in einem anderen Wirtschaftsjahr erfolgen kann, als dem Wirtschaftsjahr, zu dem die Aufwendungen bzw. Erträge wirtschaftlich gehören, muss bei der Vorbereitung des Jahresabschlusses überprüft werden,

- ob alle Aufwendungen und Erträge, die in das Abschlussjahr gehören, auch in der Buchführung erfasst worden sind und
- ob alle in den Erfolgskonten ausgewiesenen Beträge auch in das Abschlussjahr gehören.

1.1 Sonstige Vermögensgegenstände und sonstige Verbindlichkeiten

Es kommt vor, dass der Unternehmer bis zum Abschlussstichtag Leistungen oder Teilleistungen erbracht oder in Anspruch genommen hat, ohne dass eine Abrechnung erfolgt ist oder die entsprechenden Beträge fällig sind. Da es im Zusammenhang mit der periodengerechten Erfolgsermittlung nicht auf den Zeitpunkt der Zahlung, sondern auf den Zeitpunkt der Ausführung der Leistung ankommt, ist in beiden Fällen von einer Erfolgsrealisierung auszugehen (R 31 b Abs. 3 EStR).

Die entsprechenden Sachverhalte/Geschäftsvorfälle führen deshalb im Abschlussjahr zu Erträgen bzw. Aufwendungen und – da es bis zum Abschlussstichtag nicht zu Zahlungsvorgängen kommt – zu Forderungen bzw. Verbindlichkeiten. Diese sind jedoch von den Forderungen aus Lieferungen und Leistungen bzw. den Verbindlichkeiten gegenüber Kreditinstituten und Verbindlichkeiten aus Lieferungen und Leistungen abzugrenzen.

Forderungen für Leistungen, die noch nicht abgerechnet oder fällig sind, werden – wie z. B. die Forderungen gegen Personal – als sonstige Vermögensgegenstände behandelt. Verbindlichkeiten aus Leistungen, die noch nicht abgerechnet oder fällig sind, werden – wie z. B. die Verbindlichkeiten aus Lohn- und Kirchensteuer/SZ – als sonstige Verbindlichkeiten erfasst.

1.1.1 Sonstige Vermögensgegenstände

Erträge, die wirtschaftlich dem Abschlussjahr zuzurechnen sind, aber erst im Folgejahr zu Einnahmen führen, gelten als sonstige Vermögensgegenstände. Im Rahmen der zeitlichen Abgrenzung sind dem entsprechenden Konto u. a. noch nicht abgerechnete/noch nicht zugeflossene Beträge für Miete, Pacht, Zinsen und Provision zuzuführen.

Beispiel:

Der Unternehmer hat betriebliche Räume für monatlich 600,00 EUR vermietet. Vertraglich wurden monatlich nachträgliche Mietzahlungen vereinbart, die spätestens am 5. des Folgemonats fällig sind. Laut Bankauszug erfolgte die Mietzahlung für Dezember 01 am 2. Jan. 02.

Buchungssätze:[1]

	Soll/EUR	Haben/EUR
31. Dez. 01 1500/1300 sonstige Vermögensgegenstände an 2750/4860 Grundstückserträge	 600,00 	 600,00
02. Jan. 02 1200/1800 Bank an 1500/1300 sonstige Vermögensgegenstände	 600,00 	 600,00

Aufgrund dieser Buchungssätze werden dem Wirtschaftsjahr 01 die Erträge, dem Wirtschaftsjahr 02 lediglich die nicht erfolgswirksamen Einnahmen zugerechnet.

Kommt es nach Ablauf des Wirtschaftsjahres zu Zahlungen, die sowohl Ertrag des Abschlussjahres als auch Ertrag des Folgejahres sind, ist es erforderlich, zum Ende des Wirtschaftsjahres eine zeitanteilige Aufteilung der Erträge vorzunehmen.

Beispiel:

Für vermietete betriebliche Räume ist eine Monatsmiete in Höhe von 500,00 EUR vereinbart. Aus dem Vertrag ergibt sich, dass die Mietzahlungen vierteljährlich nachträglich zu erfolgen haben. Die letzte Mietzahlung im Abschlussjahr ging am 30. Nov. 01, die erste im Folgejahr am 28. Feb. 02 auf dem betrieblichen Bankkonto ein.

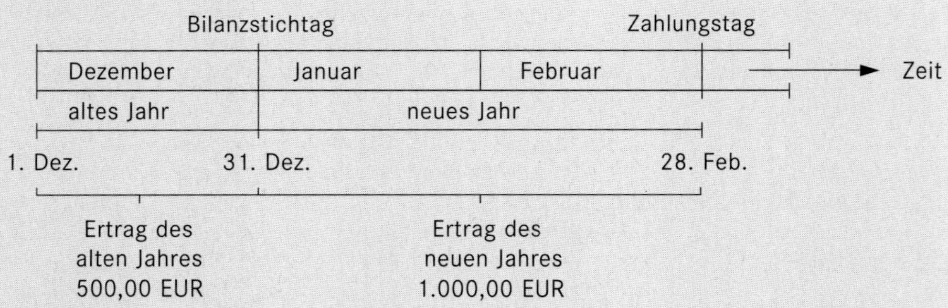

Buchungssätze:

	Soll/EUR	Haben/EUR
31. Dez. 01 1500/1300 sonstige Vermögensgegenstände an 2750/4860 Grundstückserträge	 500,00 	 500,00
28. Feb. 02 1200/1800 Bank an 1500/1300 sonstige Vermögensgegenstände an 2750/4860 Grundstückserträge	 1.500,00 	 500,00 1.000,00

1 außer den Eröffnungs- und Abschlussbuchungen

1.1.2 Sonstige Verbindlichkeiten

Aufwendungen, die wirtschaftlich dem Abschlussjahr zuzurechnen sind, aber erst im Folgejahr zu Ausgaben führen, gelten als sonstige Verbindlichkeiten. Im Rahmen der zeitlichen Abgrenzung sind dem entsprechenden Konto u. a. noch nicht abgerechnete/noch nicht gezahlte Beträge für Miete, Pacht, Zinsen und Provision zuzuführen.

Beispiel:

Vertragsgemäß zahlt der Unternehmer die auf das letzte Quartel 01 entfallenden Darlehenszinsen in Höhe von 2.000,00 EUR erst am 5. Jan. 02 durch Banküberweisung.

Buchungssätze:

	Soll/EUR	Haben/EUR
31. Dez. 01		
2100/7300 Zinsaufwendungen	2.000,00	
an 1700/3500 sonstige Verbindlichkeiten		2.000,00
05. Jan. 02		
1700/3500 sonstige Verbindlichkeiten	2.000,00	
an 1200/1800 Bank		2.000,00

Aufgrund dieser Buchungssätze werden dem Wirtschaftsjahr 01 die Aufwendungen, dem Wirtschaftsjahr 02 dagegen lediglich die nicht erfolgswirksamen Ausgaben zugerechnet.

Kommt es nach Ablauf des Wirtschaftsjahres zu Zahlungen, die sowohl Aufwand des Abschlussjahres als auch Aufwand des Folgejahres sind, ist es erforderlich, zum Ende des Wirtschaftsjahres eine zeitanteilige Aufteilung der Aufwendungen vorzunehmen.

Beispiel:

Der Unternehmer hat am 1. Nov. 01 ein Darlehen aufgenommmen. Vereinbarungsgemäß hat er dafür halbjährlich nachträglich 1.800,00 EUR Zinsen zu zahlen. Die erste Zinszahlung erfolgt am 30. Apr. 02 durch Banküberweisung.

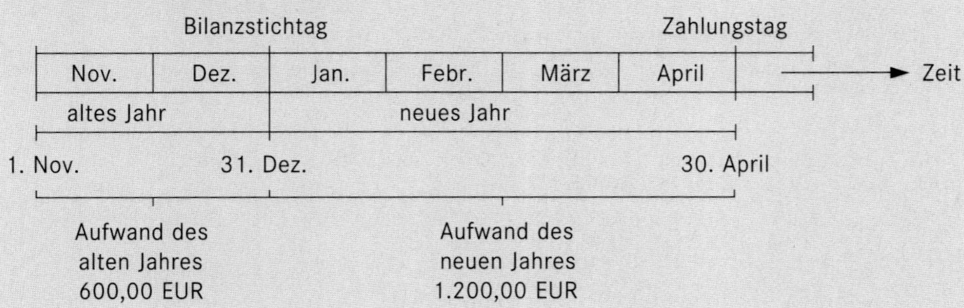

Buchungssätze:

	Soll/EUR	Haben/EUR
31. Dez. 01 2650/7300 Zinsaufwendungen an 1700/3500 sonstige Verbindlichkeiten	 600,00 	 600,00
30. Apr. 02 1700/3500 sonstige Verbindlichkeiten 2650/7300 Zinsaufwendungen an 1200/1800 Bank	 600,00 1.200,00 	 1.800,00

Kontrollaufgaben

1. Was soll durch die Abgrenzung der Aufwendungen und Erträge zum Ende des Geschäftsjahres erreicht werden?
2. Unter welchen Voraussetzungen sind bei der zeitlichen Abgrenzung
   a) sonstige Vermögensgegenstände,
   b) sonstige Verbindlichkeiten

   zu buchen?

Übungen

1. Zum Bilanzstichtag (31. Dez. 02) hat der Buchhalter Ihres Mandanten Probleme bei der Behandlung folgender Geschäftsvorfälle:
   a) Ein Mieter hat die Dezembermiete in Höhe von 600,00 EUR trotz Mahnung noch nicht gezahlt.
   b) Die bis zur Tilgung gleich bleibenden Jahreszinsen für ein durch den Betrieb aufgenommenes Darlehen sind jeweils am 1. Aug. eines Jahres nachträglich fällig. Laut Bankauszug belastete die Bank Ihren Mandanten am 1. Aug. 03 mit 2.400,00 EUR.
   c) Die Überweisung der Prämie (16. Dez. 02 bis 15. Dez. 03) in Höhe von 90,00 EUR für die Familienhaftpflichtversicherung Ihres Mandanten ist noch nicht erfolgt.
   d) Die Zinsen für eine 6%-Obligation, Nennwert 10.000,00 EUR, Kurswert 10.500,00 EUR, werden Ihrem Mandanten jährlich nachträglich am 1. Apr. gutgeschrieben.
   e) Die für das letzte Quartal 02 noch zu entrichtende Gewerbesteuer-Vorauszahlung beträgt 1.920,00 EUR.

   Helfen Sie ihm bei den zu erledigenden Arbeiten.
2. Zum Ende des Wirtschaftsjahres 02, das mit dem Kalenderjahr übereinstimmt, wurden die Aufwendungen und Erträge korrekt durch Ihren Mandanten abgegrenzt. Welche Buchungssätze ergeben sich im Jahr 03 (außer zum 1. Jan. und zum 31. Dez.), wenn Abgrenzungen bei folgenden Geschäftsvorfällen stattgefunden haben?
   a) Die für Dezember 02 gestundete Büromiete überweist Ihr Mandant am 15. Jan. 03 zusammen mit der Januarmiete. Der monatlich zu zahlende Betrag beläuft sich auf 800,00 EUR.
   b) Die Zinsen für ein betriebliches Darlehen hat Ihr Mandant jährlich nachträglich zu zahlen. Der Jahresbetrag in Höhe von 1.800,00 EUR wird dem Bankkonto am 2. Mai 03 belastet.

c) Der Mieter der zum Betriebsvermögen gehörenden Lagerhalle überweist die rückständige November- und Dezembermiete 02 gleichzeitig mit der Januarmiete 03. Die Monatsmiete ist seit Jahren unverändert. Laut Bankauszug beträgt die Gutschrift insgesamt 4.500,00 EUR.

d) Die Zinsgutschrift für die festverzinslichen Wertpapiere des Umlaufvermögens, A/O, erhält Ihr Mandant am 1. Apr. 03. Laut Bankauszug beträgt sie nach Abzug der KapESt und des SZ 2.870,70 EUR.

e) Die Kfz-Steuer für die Zeit vom 1. Sep. 02 bis zum 28. Feb. 03 wurde gestundet. Am 1. Mär. 03 wird nunmehr der Jahresbetrag (Zeitraum 1. Sep. 02 bis 31. Aug. 03) in Höhe von 720,00 EUR an das Finanzamt überwiesen.

3. Ihr Mandant muss für ein Darlehen in Höhe von 120.000,00 EUR nachträglich am 1. Apr. und am 1. Okt. 9% Jahreszinsen zahlen. Die letzte Zahlung erfolgte am 1. Okt. 02.

a) Wie ist zum 31. Dez. 02 zu buchen?

b) Wie lautet der Buchungssatz, wenn die Zinszahlung am 1. Apr. 03 durch Banküberweisung erfolgt?

4. Am 1. Mär. 02 ist durch Ihren Mandanten ein Darlehen in Höhe von 60.000,00 EUR aufgenommen worden. Es wurde vereinbart, dass die halbjährlich nachträglich zu zahlenden Zinsen 9% p. a. betragen sollen und von der jeweiligen Restschuld zu berechnen sind. Als Zinszahlungstermine sind der 1. Mär. und der 1. Sep. eines jeden Jahres vereinbart. Die letzte Zinszahlung erfolgte am 1. Sep. 03.

Das Darlehen ist mit 10.000,00 EUR am 1. Mär. eines jeden Jahres zu tilgen. Die letzte Tilgung erfolgte am 1. Mär. 03.

Wie ist zum 31. Dez. 03 zu buchen?

5. Für die für 59.600,00 EUR angeschafften 9%-Pfandbriefe, Nennwert 60.000,00 EUR, werden Ihrem Mandanten die Zinsen halbjährlich nachträglich am 1. Apr. und 1. Okt. eines jeden Jahres ausgezahlt. Die letzte Gutschrift und Buchung erfolgte am 1. Okt. 02.

Bilden Sie den Buchungssatz zum 31. Dez. 02.

6. Laut Kreditvertrag hat Ihr Mandant die Zinsen (Zinssatz 8%, Kreditbetrag 50.000,00 EUR) für ein betriebliches Darlehen vierteljährlich nachträglich zu leisten.

Die Zinsen für das letzte Quartal 02 wurden am 5. Jan. 03 irrtümlich vom privaten Bankkonto Ihres Mandanten überwiesen und deshalb in der Geschäftsbuchführung nicht erfasst.

Eine nachträgliche Belastung des betrieblichen Bankkontos soll nicht erfolgen.

Führen Sie die ggf. notwendige Buchung

a) zum 31. Dez. 02,

b) zum 5. Jan. 03

durch.

7. Für die in 01 für 82.000,00 EUR angeschafften 7%igen Industrieobligationen im Nennwert von 80.000,00 EUR werden die Zinsen nachträglich am 16. Jul. eines jeden Jahres ausgezahlt.

Buchen Sie die Bankgutschrift für Ihren Mandanten zum 16. Jul. 02. Gehen Sie davon aus, dass die Abgrenzung zum 31. Dez. 01 korrekt erfolgt ist. Die KapESt beträgt 30%, der SZ 5,5 %.

8. Nach den Berechnungen Ihres Mandanten waren die Vorauszahlungen an Gewerbesteuer für das Jahr 01 um 3.650,00 EUR zu hoch. Als Korrekturposten wurde deshalb in der Bilanz zum 31. Dez. 01 ein entsprechender Betrag bei den sonstigen Vermögensgegenständen ausgewiesen.

Der tatsächliche Erstattungsbetrag belief sich allerdings nur auf 3.300,00 EUR. Er wurde mit der am 15. Feb. 02 fälligen Vorauszahlung in Höhe von 5.100,00 EUR verrechnet. Ihr Mandant überwies dementsprechend nur noch 1.800,00 EUR an die Gemeinde.

Nehmen Sie die notwendigen Buchungen vor.

9. Zum 31. Dez. 01 weist das Konto Versicherungen in der Buchführung Ihres Mandanten einen Gesamtbetrag von 11.380,00 EUR aus. In dieser Summe ist der Beitrag zur Kfz-Versicherung in Höhe von 960,00 EUR enthalten, der für die Zeit vom 1. Mai 01 bis zum 30. Apr. 02 entrichtet wurde.

   Wie ist zu buchen, wenn das versicherte Fahrzeug am Bilanzstichtag veräußert und sowohl bei der Versicherung als auch bei der Zulassungsstelle abgemeldet worden ist?

10. Vom Bankkonto Ihres Mandanten wird am 30. Apr. 03 ein Betrag in Höhe von 18.000,00 EUR abgebucht. Der vorliegenden Lastschrift ist zu entnehmen, dass es sich dabei um eine Annuitätenzahlung (14.500,00 EUR Zinsen nachträglich, 3.500,00 EUR Tilgung) handelt, die für die Inanspruchnahme eines Grundschulddarlehens zu leisten ist.

    Bilden Sie die Buchungssätze zum 31. Dez. 02 und 30. Apr. 03.

1.2 Rechnungsabgrenzungsposten

Rechnungsabgrenzungsposten werden gebildet, wenn der Unternehmer im Abschlussjahr Zahlungen leistet oder erhält, für die er die entsprechende Leistung erst im Folgejahr zu erhalten oder zu erbringen hat (§ 250 Abs. 1 HGB, § 5 Abs. 5 EStG). Im Gegensatz zu Forderungen und Verbindlichkeiten, die erst im Folgejahr zu Zahlungsvorgängen führen sollen, stellen Rechnungsabgrenzungsposten Leistungsforderungen bzw. Leistungsverbindlichkeiten dar, die keinen Zahlungsvorgang mehr auslösen.

Je nachdem, ob der Unternehmer Zahlungen für Aufwendungen des Folgejahres geleistet oder für Erträge des Folgejahres erhalten hat, wird zwischen aktiven und passiven Rechnungsabgrenzungsposten unterschieden.

1.2.1 Aktive Rechnungsabgrenzungsposten

Aktive Rechnungsabgrenzungsposten sind zu bilden, wenn der Unternehmer im Abschlussjahr Zahlungen leistet, die sich erst im Folgejahr erfolgsmindernd, d. h. als Aufwand, auswirken dürfen. Die Bildung aktiver Rechnungsabgrenzungsposten ist allerdings nur zulässig, soweit die vor dem Abschlussstichtag angefallenen Ausgaben Aufwand für eine bestimmte Zeit nach dem Abschlussstichtag darstellen. Dies ist z. B. bei Ausgaben für Werbemaßnahmen nicht der Fall. Als typische Beispiele für aktive Rechnungsabgrenzungsposten gelten im Voraus bezahlte Mieten, Versicherungsprämien, Steuern, Beiträge und Zinsen.

Beispiel:

Vereinbarungsgemäß überweist der Unternehmer am 31. Dez. 01 die für das I. Quartal 02 anfallenden Zinsen in Höhe von 5.000,00 EUR.

Da dieser Betrag Aufwand des Jahres 02 ist, muss er in voller Höhe abgegrenzt werden.

Buchungssatz:

	Soll/EUR	Haben/EUR
31. Dez. 01 0980/1900 aktive Rechnungsabgrenzung an 1200/1800 Bank	 5.000,00	 5.000,00

Der abgegrenzte Betrag ist als Aufwand ins Folgejahr zu übernehmen.

Buchungssatz:

	Soll/EUR	Haben/EUR
2. Jan. 02 2100/7300 Zinsaufwendungen an 0980/1900 aktive Rechnungsabgrenzung	5.000,00	5.000,00

Sind Ausgaben des Unternehmers nur zum Teil Aufwand des Abschlussjahres, muss die Höhe des abzugrenzenden Betrages, d.h. des nicht im Abschlussjahr als Aufwand zu berücksichtigenden Betrages, zunächst berechnet werden.

Beispiel:

Am 1. Nov. 01 überweist der Unternehmer die Miete für die betrieblich genutzten Garagen für ein halbes Jahr im Voraus. Der Gesamtbetrag beläuft sich auf 900,00 EUR.

Buchungssatz:

	Soll/EUR	Haben/EUR
1. Nov. 01 4550/6550 Garagenmiete an 1200/1800 Bank	900,00	900,00

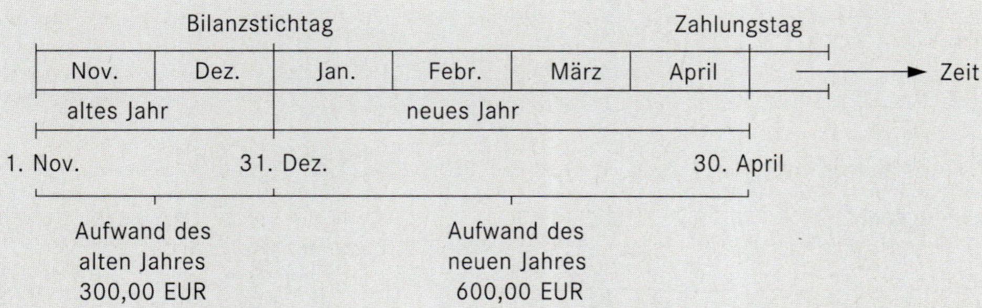

Das Aufwandskonto Garagenmiete weist nun einen Betrag in Höhe von 900,00 EUR aus, der zum Teil Aufwand des Abschlussjahres (300,00 EUR) und zum Teil Aufwand des Folgejahres (600,00 EUR) ist. Da der Erfolg des Unternehmens periodengerecht zu ermitteln ist, muss der Aufwand, der nicht dem Abschlussjahr zuzurechnen ist, abgegrenzt und ins Folgejahr übertragen werden.

Buchungssätze:

	Soll/EUR	Haben/EUR
31. Dez. 01 0980/1900 aktive Rechnungsabgrenzung an 4550/6550 Garagenmiete	600,00	600,00
2. Jan. 02 4550/6550 Garagenmiete an 0980/1900 aktive Rechnungsabgrenzung	600,00	600,00

Aus Rationalisierungsgründen wird in der Praxis die Rechnungsabgrenzung - soweit dies möglich ist - nicht erst zum Ende des Wirtschaftsjahres, sondern bereits bei Zahlung der entsprechenden Beträge vorgenommen. Im Hinblick auf den vorstehenden Geschäftsvorfall ändert sich dann die Buchung zum 1. Nov. 01 wie folgt (und die Buchung zum 31. Dez. 01 entfällt).

Buchungssatz:

	Soll/EUR	Haben/EUR
4550/6550 Garagenmiete 0980/1900 aktive Rechnungsabgrenzung an 1200/1800 Bank	300,00 600,00	 900,00

1.2.2 Passive Rechnungsabgrenzungsposten

Passive Rechnungsabgrenzungsposten sind zu bilden, wenn der Unternehmer im Abschlussjahr Zahlungen erhält, die sich erst im Folgejahr erfolgserhöhend, d. h. als Ertrag auswirken dürfen. Die Bildung passiver Rechnungsabgrenzungsposten ist allerdings nur zulässig, soweit die vor dem Abschlussstichtag angefallenen Einnahmen Ertrag für eine bestimmte Zeit nach dem Abschlussstichtag darstellen. Als typische Beispiele für passive Rechnungsabgrenzungsposten gelten im Voraus erhaltene Zinsen, Mieten und Provisionen.

Beispiel:

Am 28. Dez. 01 werden durch einen Mieter 1.500,00 EUR auf das betriebliche Bankkonto überwiesen. Bei diesem Betrag handelt es sich um die im Voraus fälligen Mietzahlungen für das I. Quartal 02.

Da dieser Betrag Ertrag des Jahres 02 ist, muss er in voller Höhe abgegrenzt werden.

Buchungssatz:

	Soll/EUR	Haben/EUR
28. Dez. 01 1200/1800 Bank an 0990/3900 passive Rechnungsabgrenzung	 1.500,00	 1.500,00

Der abgegrenzte Betrag ist als Ertrag ins Folgejahr zu übernehmen.

Buchungssatz:

	Soll/EUR	Haben/EUR
2. Jan. 02 0990/3900 passive Rechnungsabgrenzung an 2750/4860 Grundstückserträge	 1.500,00	 1.500,00

Sind Einnahmen des Unternehmers nur zum Teil Ertrag des Abschlussjahres, muss die Höhe des abzugrenzenden Betrages, d. h. des nicht im Abschlussjahr als Ertrag zu berücksichtigenden Betrages, zunächst berechnet werden.

Beispiel:

Für ein durch den Unternehmer gewährtes Darlehen hat ein Kreditnehmer halbjährlich im Voraus Zinsen in Höhe von 1.200,00 EUR zu zahlen. Die Gutschrift für die Zeit vom 1. Sep. 01 bis zum 28. Feb. 02 geht pünktlich am 31. Aug. 01 auf dem Bankkonto ein.

Buchungssatz:

	Soll/EUR	Haben/EUR
31. Aug. 01 1200/1800 Bank an 2650/7100 Zinserträge	 1.200,00 	 1.200,00

Das Konto Zinserträge weist nun einen Betrag in Höhe von 1.200,00 EUR aus, der zum Teil Ertrag des Abschlussjahres (800,00 EUR) und zum Teil Ertrag des Folgejahres (400,00 EUR) ist. Da der Erfolg des Abschlussjahres zu ermitteln ist, muss der Ertrag, der nicht diesem Zeitraum zuzurechnen ist, abgegrenzt und ins Folgejahr übertragen werden.

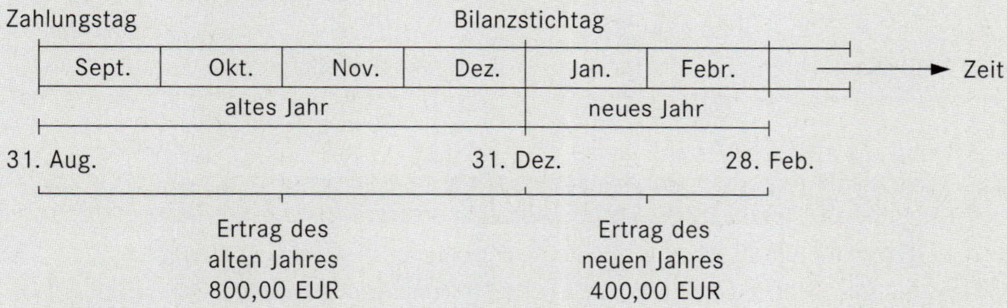

Buchungssätze:

	Soll/EUR	Haben/EUR
31. Dez. 01 2650/7100 Zinserträge an 0990/3900 passive Rechnungsabgrenzung	 400,00 	 400,00
2. Jan. 01 0990/3900 passive Rechnungsabgrenzung an 2650/7100 Zinserträge	 400,00 	 400,00

Aus praktischen Gründen wird die Abgrenzung der Erträge häufig bereits zum Zeitpunkt des Zahlungseingangs vorgenommen. Ist das der Fall, ändert sich die Buchung zum 31. Aug. 01 wie folgt (und die Buchung zum 31. Dez. 01 entfällt).

Buchungssatz:

	Soll/EUR	Haben/EUR
1200/1800 Bank an 2650/7100 Zinserträge an 0990/3900 passive Rechnungsabgrenzung	1.200,00 	 800,00 400,00

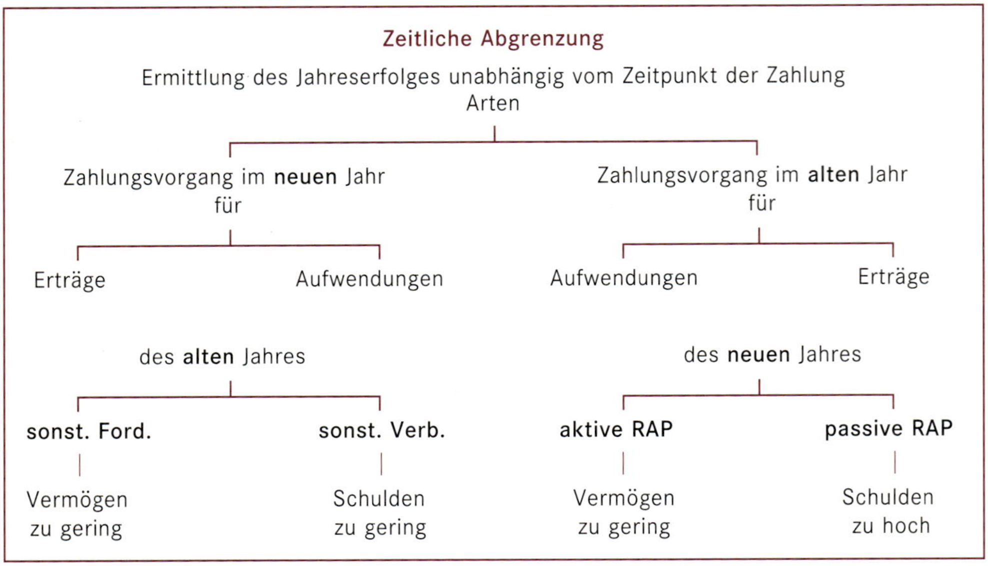

Kontrollaufgaben

1. Welches Ziel wird mit der Bildung von Rechnungsabgrenzungsposten verfolgt?
2. An welche Voraussetzungen ist die Bildung von Rechnungsabgrenzungsposten geknüpft?
3. Wodurch unterscheiden sich aktive von passiven Rechnungsabgrenzungsposten?
4. Nennen Sie Geschäftsvorfälle, die die Bildung von
   a) aktiven,
   b) passiven

   Rechnungsabgrenzungsposten notwendig machen.
5. Zu welchen Zeitpunkten ist die Bildung von Rechnungsabgrenzungsposten möglich?

Übungen

1. Während des Geschäftsjahres erfasste der Buchhalter die in den nachstehenden Geschäftsvorfällen angesprochenen Ausgaben und Einnahmen in voller Höhe als Aufwand bzw. Ertrag. Nehmen Sie die Korrekturbuchungen zum Bilanzstichtag (31. Dez. 02) vor.
   a) Am 1. Nov. 02 wurde die Kfz-Versicherung für den betrieblichen PKW für ein halbes Jahr im Voraus überwiesen. Die Bank belastete Ihren Mandanten mit 480,00 EUR.
   b) Am 1. Okt. 02 gewährte Ihr Mandant einem Kunden ein Darlehen in Höhe von 20.000,00 EUR. Die Zinsen (Zinssatz 5 %) bis zum 31. Mär. 03 wurden bei der Auszahlung des Darlehens einbehalten.
   c) Am 30. Nov. 02 bezahlte Ihr Mandant die Büromiete für 3 Monate im Voraus. Der Betrag in Höhe von 2.700,00 EUR wurde dem Bankkonto belastet.
   d) Am 1. Apr. 02 wurde ein Darlehen (Nennwert 100.000,00 EUR, Zinssatz 8 %) aufgenommen. Es hat eine Laufzeit von 5 Jahren und wurde nach Einbehaltung eines Disagios (als Aufwand gebucht) in Höhe von 6.000,00 EUR und der Zinsen für ein Jahr dem Bankkonto gutgeschrieben.

2. In Ihrem Büro ist es üblich, die zeitliche Abgrenzung zum Zeitpunkt der Einnahme bzw. Ausgabe vorzunehmen.

   Im Wirtschaftsjahr 02, das mit dem Kalenderjahr übereinstimmmt, waren folgende Geschäftsvorfälle zu bearbeiten:

   a) Die vierteljährlich im Voraus fällige Büromiete (monatlich 1.000,00 EUR) überwies Ihr Mandant am 30. Nov. 02 durch die Bank.
   b) Am 1. Sep. 02 gewährte Ihr Mandant einem Kunden ein Darlehen (Nennwert 25.000,00 EUR, Laufzeit 6 Jahre, Zinssatz 6%), das nach Einbehaltung eines Disagios in Höhe von 1.500,00 EUR und der Zinsen für ein halbes Jahr überwiesen wurde.
   c) Die Feuerversicherungsprämie wurde für den Zeitraum 1. Okt. 02 bis 30. Sep. 03 abgebucht. Laut Bankauszug betrug die Jahresprämie 1.920,00 EUR.
   d) Ein Kunde überwies die Stundungszinsen in Höhe von 84,50 EUR für die Zeit vom 1. Nov. 02 bis zum 31. Jan. 03 vereinbarungsgemäß am 1. Nov. 02 auf das Bankkonto Ihres Mandanten.

   Wie lauten die Buchungssätze?

3. Am 1. Okt. 02 wurden für ein betriebliches Darlehen 6.000,00 EUR an die Bank überwiesen. Der Buchhalter Ihres Mandanten buchte:

Zinsaufwand	6.000,00 EUR	
an Bank		6.000,00 EUR

   Dem Darlehensvertrag ist zu entnehmen, dass der Tilgungsanteil 3.600,00 EUR und der Zinsanteil 2.400,00 EUR beträgt. Darüber hinaus wurde vereinbart, dass die Zinsen jährlich im Voraus zu entrichten sind.

   Welche Buchungen haben zum 31. Dez. 02 noch zu erfolgen?

4. Nach Vorlage der genehmigten Baupläne für die Errichtung eines neuen Geschäftlokals schloss Ihr Mandant am 1. Nov. 02 einen Mietvertrag mit dem Eigentümer ab und zahlte bereits zu diesem Zeitpunkt eine Kaution in Höhe von 18.000,00 EUR durch Banküberweisung. Vereinbarungsgemäß soll diese Kaution mit monatlich 500,00 EUR auf die Mietzahlungen der ersten 3 Jahre angerechnet werden.

   Das Gebäude wird zum 1. Jul. 03 fertig gestellt und Ihrem Mandanten sofort zur betrieblichen Nutzung überlassen.

   Die normale monatliche Miete beträgt 3.000,00 EUR und ist im Voraus fällig. Der noch ausstehende Restbetrag für Juli 03 wird durch Banküberweisung gezahlt.

   Buchen Sie den Vorgang.

5. Ein tilgungsfreies Darlehen in Höhe von 150.000,00 EUR hat Ihr Mandant am 31. Mär. und 30. Sep. eines jeden Jahres im Voraus zu verzinsen (Zinssatz 8%). Die Überweisung des am 30. Sep. 02 fälligen Zinsbetrages wurde folgendermaßen gebucht:

Zinsaufwendungen	6.000,00 EUR	
an Bank		6.000,00 EUR

   Nehmen Sie die Korrekturbuchung zum 31. Dez. 02 vor.

6. Am 1. Dez. 02 wurde die Kfz-Haftpflichtversicherungsprämie in Höhe von 720,00 EUR für den Zeitraum 1. Dez. 02 bis 30. Nov. 03 im Voraus überwiesen. Ihr Mandant buchte:

Versicherungen	60,00 EUR	
aktive RAP	660,00 EUR	
an Bank		720,00 EUR

   Nehmen Sie alle sich hieraus ergebenden Buchungen außer den Abschluss- und Eröffnungsbuchungen bis zum 30. Nov. 03 vor.

7. Ein Darlehen in Höhe von 100.000,00 EUR wurde dem Bankkonto Ihres Mandanten nach Einbehaltung eines Disagios mit 90.000,00 EUR gutgeschrieben. Es hat eine Laufzeit von 5 Jahren und ist mit 8 % zu verzinsen.

   Wie ist im Jahr 02 zu buchen, wenn

   - das Darlehen am 1. Okt. 01 aufgenommen wurde,
   - die Zinszahlung halbjährlich im Voraus erfolgt,
   - der jährlich nachträglich fällige Tilgungsbetrag 20.000,00 EUR ausmacht und
   - die Buchungen bis zum 31. Dez. 01 nicht zu beanstanden sind?

8. Ihr Mandant reichte am 16. Dez. 01 einen Besitzwechsel mit einer Restlaufzeit von 90 Tagen bei seiner Hausbank zum Diskont ein. Neben Diskontspesen in Höhe von 20,00 EUR berechnete die Bank Wechselzinsen in Höhe von 360,00 EUR.

   Wie ist zu buchen, wenn die Wechselsumme 9.000,00 EUR betrug?

9. Ihr Mandant erwirbt zum 1. Jan. 02 ein unbebautes Grundstück zum Kaufpreis von 60.000,00 EUR. Das Grundstück wurde bereits ab 1. Jan. 01 gegen eine im Voraus zu entrichtende Jahrespacht in Höhe von 3.000,00 EUR als Lagerplatz genutzt. Bereits beim Abschluss des Pachtvertrages stand fest, dass der Eigentumswechsel zum 1. Jan. 02 stattfinden und die bis dahin gezahlte Pacht zu 50 % auf den Kaufpreis angerechnet werden sollte.

   Zum 1. Jan. 01 wurde gebucht:

Miete/Pacht	3.000,00 EUR	
an Bank		3.000,00 EUR

   Die in 02 noch angeforderten (noch nicht gebuchten) Beträge für Grunderwerbsteuer (3,5 %), Grundbuchgebühren (350,00 EUR) und Notariatsgebühren (900,00 EUR zuzüglich 144,00 EUR USt) zahlte Ihr Mandant vom privaten Bankkonto.

   Nehmen Sie die noch notwendigen Buchungen für die Jahre 01 und 02 vor.

10. Ihr Mandant hat am 31. Okt. 01 einen Kreditvertrag über ein mit 11 % zu verzinsendes Darlehen in Höhe von 80.000,00 EUR abgeschlossen.

    Der Darlehensbetrag wird am 1. Nov. 01 nach Abzug eines Disagios von 6 % und der halbjährlich im Voraus zu zahlenden Zinsen gutgeschrieben.

    Welche Buchungen sind zum 1. Nov. 01 und 31. Dez. 01 vorzunehmen, wenn die Rückzahlung des Darlehens am 31. Okt. 11 in einer Summe zu erfolgen hat?

11. Bis zum Bilanzstichtag 02 ist für die folgenden Geschäftsvorfälle noch keine Buchung erfolgt:

    a) Bereits am 28. Dez. 02 bezahlte Ihr Mandant die Büromiete für Januar 03 in Höhe von 1.200,00 EUR durch Banküberweisung.
    b) Wegen der ungünstig gelegenen Feiertage wurden Ihrem Mandanten die nachträglich zu zahlenden Zinsen für ein betriebliches Darlehen erst am 3. Jan. 03 mit 2.100,00 EUR belastet.
    c) Laut Bankauszug ging die Januarmiete für eine zum Betriebsvermögen gehörende Garage bereits am 29. Dez. 02 ein. Die Bankgutschrift betrug 60,00 EUR.
    d) Die Kfz-Steuer für das Jahr 03 in Höhe von 320,00 EUR wurde bereits am 27. Dez. 02 vom betrieblichen Bankkonto überwiesen.
    e) Der Ausgleich einer am 28. Dez. 02 fälligen Liefererrechnung über 12.500,00 EUR erfolgte erst am 4. Jan. 03 durch Banklastschrift (Einzugsermächtigung).
    f) Die Zinserträge in Höhe von 120,00 EUR, die im Dezember 02 für ein betriebliches Festgeldkonto angefallen waren, wurden erst am 3. Jan. 03 gutgeschrieben (KapESt 30 %, SZ 5,5 %).

    Holen Sie diese Arbeiten nach.

2 Abgrenzung der Umsatzsteuer

Für eine Erfolgsabgrenzung kommen nur Ausgaben und Einnahmen in Betracht, wenn diese zu Aufwendungen bzw. zu Erträgen führen.

Vorsteuer- und Umsatzsteuerbeträge, die im Zusammenhang mit diesen Aufwendungen und Erträgen stehen, wirken sich grundsätzlich nicht auf den Erfolg des Unternehmens aus. Deshalb unterbleibt insoweit eine Abgrenzung der Vorsteuer und der Umsatzsteuer.

Allerdings sind die ggf. mit den Aufwendungen und Erträgen zusammenhängenden Vorsteuer- bzw. Umsatzsteuerbeträge - insbesondere zum Ende des Wirtschaftsjahres - daraufhin zu untersuchen, ob sie bereits anrechenbar bzw. fällig sind.

2.1 Zeitpunkt des Vorsteuerabzugs

Der Vorsteuerabzug ist in dem Besteuerungszeitraum vorzunehmen (§ 15 Abs. 1 UStG), in dem

- die Leistung bewirkt worden ist
  und
- die entsprechende Rechnung (§ 14 Abs. 1 S. 2 UStG) vorliegt.

Eine Ausnahme von diesem Grundsatz gilt nur, soweit der gesondert ausgewiesene Steuerbetrag auf eine Zahlung vor Ausführung des Umsatzes entfällt. In diesem Falle ist die Vorsteuer bereits dann abziehbar, wenn

- die Rechnung (§ 14 Abs. 1 S. 2 UStG) vorliegt
  und
- die Zahlung geleistet worden ist.

Aufgrund dieser Gegebenheiten lassen sich unterschiedliche Möglichkeiten beim Vorsteuerabzug unterscheiden.

1. Möglichkeit

Der Auftraggeber erhält die gesamte Leistung im Abschlussjahr. Die Rechnung hierfür geht ihm jedoch erst im Folgejahr zu. Grundsätzlich erfolgt deshalb der Rechnungsausgleich auch erst im Folgejahr.

Beispiel:

Ein Gebäudereiniger übernimmt vom 1. Nov. 01 bis zum 31. Dez. 01 die Reinigung der Geschäftsräume des Unternehmers. Die Rechnung in Höhe von 2.000,00 EUR zuzüglich 320,00 EUR USt trifft am 15. Jan. 02 beim Unternehmer ein. Dieser begleicht sie sofort durch Banküberweisung.

Die Vorsteuer kann erst am 15. Jan. 02 geltend gemacht werden, weil die Rechnung erst zu diesem Zeitpunkt vorliegt.

Buchungssätze:

	Soll/EUR	Haben/EUR
31. Dez. 01 4250/6330 Reinigung an 1700/3500 sonstige Verbindlichkeiten	 2.000,00 	 2.000,00
15. Jan. 02 1570/1400 Vorsteuer 1700/3500 sonstige Verbindlichkeiten an 1200/1800 Bank	 320,00 2.000,00 	 2.320,00

2. Möglichkeit

Der Auftraggeber erhält im Abschlussjahr nur eine Teilleistung. Außerdem geht ihm im Abschlussjahr die Rechnung (§ 14 Abs. 1 S. 2 UStG) über die Gesamtleistung zu. Diese begleicht er jedoch erst im Folgejahr.

Beispiel:

Ein Gebäudereiniger übernimmt vom 1. Nov. 01 bis zum 31. Jan. 02 die Reinigung der Geschäftsräume des Unternehmers. Die Rechnung in Höhe von 3.000,00 EUR zuzüglich 480,00 EUR USt trifft am 15. Dez. 01 beim Unternehmer ein. Dieser begleicht sie am 31. Jan. 02 durch Banküberweisung.

Obwohl am 15. Dez. 01 eine Rechnung vorliegt, kann im Jahr 01 nur ein Teil der ausgewiesenen Steuer als Vorsteuer geltend gemacht werden, weil im Abschlussjahr nur eine Teilleistung erbracht worden ist.

Buchungssätze:

	Soll/EUR	Haben/EUR
15. Dez. 01 4250/6330 Reinigung 1570/1400 Vorsteuer an 1700/3500 Verbindlichkeiten LuL	 2.000,00 320,00 	 2.320,00
31. Jan. 02 4250/6330 Reinigung 1570/1400 Vorsteuer 1700/3500 Verbindlichkeiten LuL an 1200/1800 Bank	 1.000,00 160,00 2.320,00 	 3.480,00

3. Möglichkeit

Der Auftraggeber erhält im Abschlussjahr eine Rechnung (§ 14 Abs. 1 S. 2 UStG) über eine noch nicht ausgeführte Leistung. Er begleicht diese Rechnung noch im Abschlussjahr.

Beispiel:

Ein Gebäudereiniger übernimmt vom 1. Nov. 01 bis zum 31. Jan. 02 die Reinigung der Geschäftsräume des Unternehmers. Die Rechnung in Höhe von 3.000,00 EUR zuzüglich 480,00 EUR USt trifft am 15. Dez. 01 beim Unternehmer ein. Dieser begleicht sie sofort durch Banküberweisung.

Die Vorsteuer kann im Jahr 01 in voller Höhe abgezogen werden, weil die Rechnung vorliegt und bezahlt worden ist.

Buchungssätze:

	Soll/EUR	Haben/EUR
15. Dez. 01		
4250/6330 Reinigung	3.000,00	
1570/1400 Vorsteuer	480,00	
an 1200/1800 Bank		3.480,00
31. Dez. 01		
0980/1900 aktive Rechnungsabgrenzung	1.000,00	
an 4250/6330 Reinigung		1.000,00
2. Jan. 02		
4250/6330 Reinigung	1.000,00	
an 0980/1900 aktive Rechnungsabgrenzung		1.000,00

4. Möglichkeit

Der Auftraggeber leistet im Abschlussjahr eine Vorauszahlung. Eine Rechnung (§ 14 Abs. 1 S. 2 UStG) wird ihm erst im Folgejahr, wenn auch die Leistung ausgeführt wird, erteilt.

Beispiel:

Ein Gebäudereiniger übernimmt vom 1. Jan. 02 bis zum 31. Mär. 02 die Reinigung der Geschäftsräume des Unternehmers. Die Rechnung in Höhe von 3.000,00 EUR zuzüglich 480,00 EUR USt trifft am 31. Mär. 02 beim Unternehmer ein. Vereinbarungsgemäß zahlt er den Gesamtbetrag (3.480,00 EUR) aber bereits am 28. Dez. 01 durch Banküberweisung.

Die Vorsteuer kann erst im Jahr 02 abgezogen werden, weil erst dann die Rechnung vorliegt. Weil das Bankkonto jedoch um den Bruttobetrag gemindert wird, ist der Steuerbetrag als erst im Folgejahr abziehbare Vorsteuer zu buchen.

Buchungssätze:

	Soll/EUR	Haben/EUR
28. Dez. 01		
0980/1900 aktive Rechnungsabgrenzung	3.000,00	
1548/1434 Vorsteuer im Folgejahr abziehbar	480,00	
an 1200/1800 Bank		3.480,00
31. Mär. 02		
4250/6330 Reinigung	3.000,00	
1570/1400 Vorsteuer	480,00	
an 1548/1434 Vorsteuer im Folgejahr abziehbar		480,00
an 0980/1900 aktive Rechnungsabgrenzung		3.000,00

Zeitpunkt des Vorsteuerabzugs (§ 15 Abs. 1 UStG)

Besteuerungszeitraum, in dem

- die **Lieferung oder sonstige Leistung bewirkt** worden ist
  und
- die entsprechenden **Rechnungen vorliegen**

oder

vor Ausführung dieser Umsätze
- die **Rechnung** vorliegt
  und
- die **Zahlung geleistet** worden ist

Möglichkeiten

▶ Gesamtleistung im Jahr ▶ Rechnungseingang im neuen Jahr ▶ Zahlung im neuen Jahr	▶ Teilleistung im alten Jahr ▶ Rechnungseingang für Gesamtleistung im alten Jahr ▶ Zahlung im neuen Jahr	▶ keine oder Teilleistung im alten Jahr ▶ Rechnungseingang im alten Jahr ▶ Zahlung im alten Jahr	▶ keine oder Teilleistung im alten Jahr ▶ Rechnungseingang im neuen Jahr ▶ Zahlung im alten Jahr

Vorsteuerabzug

in voller Höhe im neuen Jahr	entsprechend der Teilleistung im alten Jahr	in voller Höhe im alten Jahr	in voller Höhe im neuen Jahr

Kontrollaufgaben

1. Unter welchen Voraussetzungen ist ein Vorsteuerabzug erlaubt?
2. Wann und in welcher Höhe ist ein Vorsteuerabzug möglich, wenn im Abschlussjahr eine Rechnung nach § 14 UStG vorliegt, aber nur
   a) eine Teilleistung erbracht worden ist,
   b) eine Anzahlung geleistet worden ist?

Übungen

1. Ihr Mandant hat mit einem Heizungsbauunternehmen einen Vertrag über die Wartung der betrieblichen Heizungsanlage abgeschlossen. In diesem Vertrag wurde ein monatlicher Pauschalpreis von netto 135,00 EUR vereinbart.

   Am 15. Dez. 01 ging die Rechnung über 1.080,00 EUR zuzüglich 172,80 EUR USt für den Wartungszeitraum vom 1. Okt. 01 bis zum 31. Mai 02 ein. Sie wurde am 30. Dez. 01 durch Banküberweisung beglichen.

   Eine Buchung ist noch nicht erfolgt. Holen Sie diese – falls erforderlich – nach.

2. Die Provisionsabrechnung für den Monat Dezember 01 wird erst am 6. Jan. 02 durch Ihren Mandanten erstellt. Der Gesamtbetrag in Höhe von 4.060,00 EUR (Provision 3.500,00 EUR, USt 560,00 EUR) wird dem für den Absatzbereich tätigen Vertreter noch am selben Tag durch die Bank überwiesen.

   Bilden Sie die Buchungssätze zum 31. Dez. 01 und zum 6. Jan. 02.

3. Laut Vertrag hat Ihr Mandant die Leasingraten in Höhe von 600,00 EUR zuzüglich 96,00 EUR USt für den betrieblichen PKW monatlich im Voraus zu zahlen. Am 31. Dez. 01 überwies er deshalb die Rate für Januar 02.

   Wegen der Feiertage fand noch keine Buchung statt. Wie ist zum Ende des Wirtschaftsjahres zu buchen?

4. Ihr Mandant hat am 1. Jul. 01 für 1 Jahr Geschäftsräume gemietet. Er überwies am 31. Dez. 01 den vereinbarten Gesamtbetrag in Höhe von 13.920,00 EUR (einschließlich 16% USt) und buchte:

Miete	12.000,00 EUR	
Vorsteuer	1.920,00 EUR	
an Bank		13.920,00 EUR

   Eine Rechnung des gewerblichen Vermieters lag am Bilanzstichtag (31. Dez. 01) nicht vor.

   Bilden Sie den Buchungssatz für die Abgrenzung zum 31. Dez. 01.

5. Am 30. Aug. 01 schloss Ihr Mandant mit einem Büromaschinenhändler einen Wartungsvertrag über 5 Jahre. Der Händler verpflichtete sich darin, die anfallenden Wartungsarbeiten zu einem monatlichen Festpreis von 200,00 EUR zuzüglich 16% USt zu übernehmen.

   a) Für den Zeitraum vom 1. Sep. 01 bis zum 31. Aug. 02 ging die Rechnung in Höhe von 2.400,00 EUR zuzüglich 384,00 EUR USt bereits am 7. Sep. 01 ein. Sie wurde am selben Tage vom betrieblichen Bankkonto bezahlt.

      Wie ist zum 7. Sep. und zum 31. Dez. 01 zu buchen?

   b) Es wurde vereinbart, die Rechnung jeweils für die drei vorangegangenen Monate zu erstellen. Die letzte Rechnung ging am 30. Nov. 01 ein. Mit dem Eingang der nächsten Rechnung wird am 28. Feb. 02 gerechnet.

      Erstellen Sie die Buchung zum 31. Dez. 01.

6. Ihr Mandant beauftragte einen Unternehmer, in den Wintermonaten Dezember 01, Januar 02 und Februar 02 den Schneeräumungsdienst für monatlich netto 1.200,00 EUR zu übernehmen. Da dieser Unternehmer an einer schnellen Bezahlung interessiert war, überwies Ihr Mandant den vereinbarten Gesamtpreis von 4.176,00 EUR (einschließlich 16% USt) bereits am 2. Dez. 01.

   Der Buchhalter nahm folgende Buchung vor:

Grundstücksaufwendungen	3.600,00 EUR	
anrechenbare Vorsteuer	576,00 EUR	
an Bank		4.176,00 EUR

   Wie ist zum Bilanzstichtag (31. Dez. 01) zu buchen, wenn noch keine ordnungsmäßige Rechnung des leistenden Unternehmers vorliegt?

7. Ein Busreiseunternehmen sendet Ihrem Mandanten, einem Veranstalter von „Kaffeefahrten“, am 5. Dez. 01 eine Rechnung über die in den Monaten Februar und März 02 durchzuführenden Fahrten. Der im Voraus zu entrichtende Rechnungsbetrag beläuft sich auf 11.500,00 EUR zuzüglich 1.840,00 EUR USt.

   Wie hat Ihr Mandant zum 31. Dez. 01 zu buchen, wenn er

   a) am 10. Dez. 01,
   b) am 31. Jan. 02

   den Rechnungsbetrag durch Banküberweisung begleicht?

8. Die Miete für eine CNC-Maschine ist vierteljährlich nachträglich durch Ihren Mandanten zu entrichten. Wie ist
   a) zum 31. Dez. 01,
   b) zum 5. Jan. 02

   zu buchen, wenn die Rechnung des Vermieters über 6.600,00 EUR zuzüglich 1.056,00 EUR USt am 5. Jan. 02 eintrifft und sofort durch Banküberweisung beglichen wird?
9. Um für die im Februar 02 stattfindende Fachmesse eine Fläche auf dem Messegelände in Köln zu bekommen, musste Ihr Mandant bereits im Dezember 01 laut Eingangsrechnung einen Betrag von 2.400,00 EUR zuzüglich 384,00 EUR USt an den Messeveranstalter überweisen.

   Da es sich bei diesem Vorgang um Aufwendungen des Jahres 02 handelt, hat Ihr Mandant von einer Buchung abgesehen.

   Prüfen Sie, ob er korrekt gehandelt hat und holen Sie eine ggf. noch notwendige Buchung zum 31. Dez. 01 nach.
10. Zur Wartung der Büromaschinen hat Ihr Mandant einen Wartungsvertrag abgeschlossen. Die Rechnung für den Zeitraum Dezember 01 bis Februar 02 ging am 28. Feb. 02 ein. Sie wies einen Betrag in Höhe von 900,00 EUR (monatlich 300,00 EUR) zuzüglich 144,00 EUR USt aus.

    Wie ist zum 31. Dez. 01 zu buchen, wenn der Rechnungsbetrag am 1. Mär. 02 durch Banküberweisung beglichen wird?
11. Aufgrund fehlender Angaben eines für Ihren Mandanten tätigen Handelsvertreters (Einkäufer) wurde die Provisionsabrechnung für Dezember 01 erst am 9. Jan. 02 erstellt. Sie setzt sich folgendermaßen zusammen:

Provision	3.100,00 EUR
16 % USt	496,00 EUR
Gesamtbetrag	3.596,00 EUR

    Welche Buchungen (keine Abschluss- und Eröffnungsbuchungen) haben zum 31. Dez. 01 und zum 9. Jan. 02 zu erfolgen?
12. Ihr Mandant hat seit dem 1. Nov. 01 einen LKW geleast. Die Grundmietzeit beträgt 48 Monate. Laut Vertrag sind eine Leasing-Sonderzahlung in Höhe von 43.800,00 EUR zuzüglich 7.008,00 EUR USt, fällig am 1. Nov. 01, sowie 48 jeweils am 1. eines Monats im Voraus fällige Leasingraten in Höhe von 2.000,00 EUR zuzüglich 320,00 EUR USt zu leisten.

    Im Jahr 01 ist Ihr Mandant seinen Zahlungsverpflichtungen stets pünktlich durch Banküberweisung nachgekommen.

    Zeigen Sie, welche Buchungssätze er deshalb bis zum Ende des Jahres 01 bilden muss.

2.2 Entstehung der Umsatzsteuer

Die Umsatzsteuer entsteht bei der Besteuerung nach vereinbarten Entgelten (§ 13 Abs. 1 UStG) in dem Besteuerungszeitraum, in dem die Leistung (Teilleistung) ausgeführt worden oder eine Anzahlung/Vorauszahlung vereinnahmt worden ist.

Aufgrund dieser Voraussetzungen lassen sich unterschiedliche Möglichkeiten hinsichtlich der Entstehung der Umsatzsteuer unterscheiden.

1. Möglichkeit

Der Auftragnehmer erbringt die gesamte Leistung im Abschlussjahr, erstellt die Rechnung über diese Leistung aber erst im Folgejahr.

Beispiel:

Der Unternehmer hat vom 10. Dez. 01 bis zum 22. Dez. 01 Wartungsarbeiten an einem Gebäude ausgeführt. Seinen Kunden wird er deshalb mit 11.000,00 EUR zuzüglich 16 % USt belasten. - Aus zeitlichen Gründen ist es ihm bis zum 31. Dez. 01 nicht möglich, eine Rechnung zu erteilen. Diese wird erst am 15. Jan. 02 erstellt.

Die Umsatzsteuer ist in voller Höhe im Abschlussjahr entstanden, weil die Leistung in voller Höhe im Abschlussjahr erbracht worden ist.

Buchungssatz:

	Soll/EUR	Haben/EUR
31. Dez. 01 1500/1300 Forderungen LuL an 8000/4000 Verkaufserlöse an 1770/3800 Umsatzsteuer	 12.760,00	 11.000,00 1.760,00

2. **Möglichkeit**

Der Auftragnehmer erbringt im Abschlussjahr eine Teilleistung. Außerdem erstellt er im Abschlussjahr die Rechnung (§ 14 Abs. 1 S. 2 UStG) über die gesamte Leistung. Der Rechnungsausgleich durch den Kunden findet aber erst im Folgejahr statt.

Beispiel:

Der Unternehmer hat für die Zeit vom 1. Dez. 01 bis zum 31. Jan. 02 Wartungsarbeiten gegen eine monatliche Pauschale in Höhe von netto 600,00 EUR übernommen. Die für den gesamten Zeitraum erstellte Rechnung lautet auf 1.200,00 EUR zuzüglich 192,00 EUR USt. Sie wird dem Kunden am 20. Dez. 01 zugestellt und von diesem am 8. Feb. 02 durch Banküberweisung beglichen.

Die Umsatzsteuer ist nur entsprechend der Teilleistung im Abschlussjahr entstanden, weil der Rechnungsausgleich durch den Kunden erst im Folgejahr stattfindet.

Buchungssätze:

	Soll/EUR	Haben/EUR
20. Dez. 01 1400/1200 Forderungen LuL an 8000/4000 Verkaufserlöse an 1770/3800 Umsatzsteuer	 696,00	 600,00 96,00
31. Jan. 02 1400/1200 Forderungen LuL an 8000/4000 Verkaufserlöse an 1770/3800 Umsatzsteuer	 696,00	 600,00 96,00
8. Feb. 02 1200/1800 Bank an 1400/1200 Forderungen LuL	 1.392,00	 1.392,00

3. Möglichkeit

Der Auftragnehmer erteilt im Abschlussjahr eine Rechnung (§ 14 Abs. 1 S. 2 UStG) über eine noch nicht ausgeführte Leistung. Diese Rechnung wird durch den Kunden im Abschlussjahr beglichen.

Beispiel:

Der Unternehmer übernimmt Wartungsarbeiten gegen eine monatliche Pauschale in Höhe von 2.000,00 EUR zuzüglich 16 % USt. Die für den Zeitraum vom 1. Nov. 01 bis 31. Jan. 02 erstellte Rechnung lautet auf 6.000,00 EUR zuzüglich 960,00 EUR USt. Sie wird dem Kunden am 23. Dez. 01 zugestellt und durch diesen am selben Tag durch Banküberweisung beglichen.

Die Umsatzsteuer ist in voller Höhe im Abschlussjahr entstanden, weil der Gesamtbetrag im Abschlussjahr vereinnahmt worden ist.

Buchungssätze:

	Soll/EUR	Haben/EUR
23. Dez. 01		
1200/1800 Bank	6.960,00	
an 8000/4000 Verkaufserlöse		4.000,00
an 0990/3900 passive Rechnungsabgrenzung		2.000,00
an 1770/3800 Umsatzsteuer		960,00
2. Jan. 02		
0990/3900 passive Rechnungsabgrenzung	2.000,00	
an 8000/4000 Verkaufserlöse		2.000,00

4. Möglichkeit

Der Auftragnehmer erteilt im Abschlussjahr keine Rechnung (§ 14 UStG) über die noch auszuführende Leistung. Der künftige Leistungsempfänger leistet aber bereits im Abschlussjahr Zahlungen.

Beispiel:

Der Unternehmer verzichtet gegen einen Betrag von 9.000,00 EUR zuzüglich 16 % USt für die Zeit vom 1. Jan. 02 bis zum 31. Dez. 02 darauf, in einem bestimmten Gebiet als Anbieter aufzutreten. Sein Vertragspartner zahlt den Betrag in Höhe von 10.440,00 EUR bereits am 20. Dez. 01, erhält die Rechnung über diesen Vorgang aber erst am 10. Jan. 02.

Die Umsatzsteuer entsteht im Jahr des Zahlungseingangs.

Buchungssätze:

	Soll/EUR	Haben/EUR
20. Dez. 01		
1200/1800 Bank	10.440,00	
an 0990/3900 passive Rechnungsabgrenzung		9.000,00
an 1770/3800 Umsatzsteuer		1.440,00
10. Jan. 02		
0990/3900 passive Rechnungsabgrenzung	9.000,00	
an 2700/4830 sonstige Erträge		9.000,00

Entstehung der Umsatzsteuer (§ 13 UStG)
bei Sollbesteuerung

in dem Voranmeldungszeitraum, in dem

die **Leistung ausgeführt** worden ist	oder	eine **Anzahlung** vereinnahmt worden ist

Möglichkeiten

▶ Gesamtleistung im alten Jahr ▶ Rechnungserstellung im neuen Jahr	▶ Teilleistung im alten Jahr ▶ Rechnung über Gesamtleistung im alten Jahr ▶ Zahlung durch Kunden im neuen Jahr	▶ keine oder Teilleistung im alten Jahr ▶ Rechnung im alten Jahr ▶ Zahlung durch Kunden im alten Jahr	▶ keine oder Teilleistung im alten Jahr ▶ Rechnung im neuen Jahr ▶ Zahlung durch Kunden im alten Jahr

Entstehung der Umsatzsteuer

in voller Höhe im alten Jahr	entsprechend der Teilleistung im alten Jahr	in voller Höhe im alten Jahr	in voller Höhe im alten Jahr

Kontrollaufgaben

1. Nennen Sie die Voraussetzungen, die zur Entstehung der Umsatzsteuer führen.
2. Wann und in welcher Höhe entsteht die Umsatzsteuer, wenn im Abschlussjahr
   a) nur eine Teilleistung erbracht wird,
   b) eine Anzahlung in Höhe von 20.000,00 EUR (netto) eingeht?

Übungen

1. Ein gewerblicher Mieter Ihres Mandanten überweist vereinbarungsgemäß am 31. Okt. 01 die Miete für eine betriebliche Lagerhalle für 3 Monate im Voraus. Lt. Mietvertrag beläuft sich die Miete auf monatlich 1.500,00 EUR zuzüglich 240,00 EUR USt.

   Es wurde gebucht:

Bank	5.220,00 EUR	
an Grundstückserträge		4.500,00 EUR
an USt		720,00 EUR

   Welche Buchung hat zum 31. Dez. 01 zu erfolgen?

2. Eine zum Betriebsvermögen Ihres Mandanten gehörende Lagerhalle ist für monatlich 2.100,00 EUR zuzüglich 336,00 EUR USt zu fremden gewerblichen Zwecken vermietet.

   Wie ist zum 31. Dez. 02 zu buchen, wenn die Dezembermiete 02 erst am 12. Jan. 03 zusammen mit der Januarmiete 03 auf dem betrieblichen Bankkonto eingeht?

3. Ihr Mandant hat von einem Kleinunternehmer (§ 19 Abs. 1 UStG) einen Büroraum gemietet. Die im Voraus zu entrichtende Januarmiete in Höhe von 928,00 EUR wird ausnahmsweise nicht überwiesen, sondern am 15. Dez. 01 durch eine Lieferung im Wert von 928,00 EUR (einschließlich 16% USt) an den Kleinunternehmer beglichen.

   Bis zum Bilanzstichtag (31. Dez. 01) ist noch keine Buchung erfolgt. Holen Sie diese nach.

4. Ihr Mandant vermietete ein im Betriebsgebäude befindliches Geschäftslokal an einen Einzelhändler, der darin Lebensmittel vertreibt. Lt. Vertrag ist vereinbart, dass die monatliche Miete 2.100,00 EUR zuzüglich 336,00 EUR USt beträgt.

   Wie ist zum 31. Dez. 01 zu buchen, wenn Ihr Mandant auf die Umsatzsteuerbefreiung verzichtet hat und die Mieten für Dezember 01 bis Februar 02 am 27. Dez. 01 auf dem Bankkonto gutgeschrieben werden.

5. Aus zeitlichen Gründen ist Ihr Mandant, der nur Umsätze tätigt, die dem allgemeinen Steuersatz unterliegen, erst am 25. Jan. 02 in der Lage, die im letzten Quartal 01 erbrachten Reparaturleistungen abzurechnen. Zum 31. Dez. 01 beläuft sich der Nettowert dieser Leistungen auf 15.000,00 EUR.

   Prüfen Sie, ob zum 31. Dez. 01 eine Buchung erforderlich ist und bilden Sie den ggf. notwendigen Buchungssatz.

6. Ihr Mandant verpflichtete sich, mit Wirkung vom 1. Jan. 02 für 5 Jahre auf die Produktion einer Ware zu verzichten. Aus diesem Grunde zahlte ein Konkurrenzunternehmen einen Betrag von 8.000,00 EUR zuzüglich 16% USt. Die Rechnung über diesen Vorgang (§ 14 UStG) wurde erst am 20. Jan. 02 erteilt.

   Beim Zahlungseingang am 20. Dez. 01 wurde gebucht:

Bank	9.280,00 EUR	
an sonstige Erträge		8.000,00 EUR
an USt		1.280,00 EUR

   Nehmen Sie - falls erforderlich - die Korrekturbuchung zum 31. Dez. 01 vor.

7. Mit Wirkung vom 1. Jan. 01 vergab Ihr Mandant eine auf 10 Jahre befristete Lizenz. Die im Voraus für die gesamte Laufzeit fälligen Lizenzgebühren in Höhe von 80.000,00 EUR zuzüglich 12.800,00 EUR USt gingen am 10. Jan. 01 auf dem Bankkonto ein.

   Eine Buchung dieses Vorgangs ist versehentlich unterblieben. Holen Sie diese Arbeit nach.

Hauptabschlussübersicht

Ihr Mandant, ein Großhändler, der seinen Gewinn nach § 5 EStG ermittelt, versteuert seine Umsätze nach vereinbarten Entgelten (USt 16%).

Erstellen Sie in einer Hauptabschlussübersicht die Bilanz und Gewinn- und Verlustrechnung. Gehen Sie von der vorläufigen Saldenbilanz zum 31. Dez. 02 aus. Berücksichtigen Sie die folgenden noch zu buchenden Angaben.

SKR 03

Kto.-Nr.	Kontenbezeichnung	Vorl. Saldenbilanz	
		Aktiva	Passiva
0085	Grund und Boden	387.400,00	
0090	Geschäftsgebäude	931.000,00	
0320	Fahrzeuge	93.568,00	
0430	Ladeneinrichtung	188.200,00	
0630	Verbindlichkeiten KI		590.000,00
0870	Eigenkapital		769.616,00
0980	aktive RAP/Disagio	5.200,00	
0990	passive RAP		
1000/1200	Geldkonten	53.460,00	
1400	Forderungen LuL	159.326,00	
1500	sonstige VG	4.288,00	
1570	Vorsteuer	15.480,00	
1600	Verbindlichkeiten LuL		239.086,00
1700	sonstige Verb.		9.350,00
1741	Verb. LSt/KiSt/SZ		37.600,00
1770	USt		29.428,00
1800	Privat	96.000,00	
2100	Zinsaufwendungen	29.500,00	
2140	zinsähnl. Aufw.	1.100,00	
2315	Anlagenabgang		
2350	Inst. von Bauten	6.200,00	
2650	Zinserträge		3.460,00
2750	Grundstückserträge		7.700,00
2790	andere sonstige betriebl. Ertr.		21.920,00
3200	Einkauf von Waren	1.186.360,00	
3700	Nachlässe		
3980	Warenbestand	122.580,00	
4100	Aufw. Personal	266.250,00	
4190	Aushilfslöhne	10.598,00	
4200	Raumkosten	124.000,00	
4260	Inst. von BGA	3.400,00	
4320	Gewerbesteuer	35.460,00	
4340	sonstige Steuern	8.186,00	
4345	nicht abz. sonstige Steuern		
4360	Versicherungen	32.000,00	
4500	Fahrzeugkosten	32.988,00	
4635	Geschenke über 40,00 EUR		
4655	nicht abz. Betriebsausg.	2.500,00	
4830	Abschr. SA		
4930	Bürobedarf	23.496,00	
8000	Verkaufserlöse		2.063.780,00
8800	Erlöse aus AV		
8820	Anlagenabgang		
8900	Entnahmen § 3 Abs. 1 b		46.600,00
		3.818.540,00	3.818.540,00

1. Ihr Mandant hat zur Finanzierung des Grundstückserwerbs zum 1. Okt. 02 ein Darlehen mit einer Laufzeit von 5 Jahren aufgenommen:

Darlehenssumme	100.000,00 EUR
– Disagio 6 %	6.000,00 EUR
ausgezahlter Betrag	94.000,00 EUR

Das Darlehen ist am Ende der Laufzeit in einer Summe zu tilgen. Die Zinszahlungen erfolgen halbjährlich nachträglich, erstmals zum 31. Mär. 03. Der Zinssatz für das Darlehen beträgt 9 %.

Bisher wurde lediglich gebucht:

Bank	94.000,00 EUR	
an Verbindlichkeiten KI		94.000,00 EUR

2. Ihr Mandant entnahm seinem Lager am 28. Dez. 02 Waren zur privaten Nutzung. Der Verkaufspreis dieser Waren beträgt 650,00 EUR. Zum Zeitpunkt des Einkaufs, d. h. am 14. Mai 01, wurde gebucht:

Einkauf von Waren	400,00 EUR	
Vorsteuer	64,00 EUR	
an Verbindlichkeiten LuL		464,00 EUR

Der Bezug der Waren zum Zeitpunkt der Entnahme wäre zum Preis von 390,00 EUR zuzüglich 16 % USt bei Bezugskosten in Höhe von 30,00 EUR zuzüglich 4,80 EUR USt möglich gewesen.

3. Zur Verbesserung der Geschäftsbeziehungen hat Ihr Mandant einem Kunden eine Uhr geschenkt, die er für 350,00 EUR zuzüglich 56,00 EUR USt bar erworben hatte. Der gesamte Vorgang wurde noch nicht gebucht.

4. Ihr Mandant beschäftigte im Dezember 02, wie in den Vormonaten, an 4 Samstagen eine gesetzlich krankenversicherte Aushilfskraft. Den Arbeitslohn für jeweils 7 Stunden (Stundenlohn 9,00 EUR) zahlte er am 31. Dez. 02 bar aus. Eine Bescheinigung nach § 39 a Abs. 6 EStG liegt vor.

5. Die für die Betriebshaftpflichtversicherung zu zahlende Prämie in Höhe von 14.400,00 EUR wurde am 30. Nov. 02 für ein Jahr im Voraus vom Bankkonto überwiesen und in voller Höhe als Aufwand gebucht.

6. Lt. Vertrag werden Ihrem Mandanten für Wartungsarbeiten an den Büromaschinen monatlich pauschal 150,00 EUR zuzüglich 16 % USt berechnet. Die Rechnung für den Zeitraum 1. Nov. 02 bis 31. Jan. 03 ging erst im Februar 03 ein. Sie wurde am 16. Mär. 03 bezahlt.

7. Eine Wareneingangsrechnung in Höhe von 25.000,00 EUR zuzüglich 4.000,00 EUR USt beglich Ihr Mandant nach Abzug von 3 % Skonto durch Banküberweisung.

8. Einige Räume des Betriebsgebäudes sind als Lagerräume für monatlich 700,00 EUR zuzüglich 112,00 EUR USt vermietet. Im Dezember 02 überwies der Mieter einen Betrag von 2.436,00 EUR als Miete für die Monate Dezember 02 bis Februar 03.

Gebucht wurde im Dezember 02:

Bank	700,00 EUR	
an Grundstückserträge		700,00 EUR

9. Ihr Mandant verkaufte eine gebrauchte Kassenanlage mit einem Buchwert von 8.200,00 EUR für 9.500,00 EUR zuzüglich 16 % USt auf Ziel.

10. Am 15. Nov. 01 (Vorjahr) hat Ihr Mandant vom betrieblichen Bankkonto folgende Beträge überweisen lassen:

a) die Prämie in Höhe von 1.800,00 EUR zur betrieblichen Gebäudeversicherung für die Zeit vom 1. Dez. 01 bis zum 30. Nov. 02,

b) die Prämie in Höhe von 2.400,00 EUR zur betrieblichen Kfz-Versicherung für die Zeit vom 1. Nov. 01 bis zum 31. Okt. 02.

Die beiden Vorgänge wurden im Abschluss 01 richtig behandelt. Für 02 erfolgte – außer der Eröffnungsbuchung zum 1. Jan. 02 – bisher keine Buchung.

11. Wegen verspäteter Zahlung wurde Ihr Mandant mit Verzugszinsen in Höhe von 150,00 EUR belastet.

12. Es sind folgende Abschreibungen vorzunehmen:
    a) auf Gebäude 4 % der Anschaffungskosten in Höhe von 1.000.000,00 EUR,
    b) auf Fahrzeuge 20 % der Anschaffungskosten in Höhe von 122.000,00 EUR,
    c) auf Ladeneinrichtung 10 % der Anschaffungskosten in Höhe von 240.000,00 EUR.

13. Das Privatkonto ist abzuschließen.

14. Die USt-Konten sind abzuschließen.

15. Der Abschluss der Warenkonten ist vorzunehmen. Dabei ist ein Warenbestand lt. Inventur zum 31. Dez. 02 in Höhe von 160.000,00 EUR zu berücksichtigen.

16. Ermitteln Sie sowohl den handelsrechtlichen als auch den steuerrechtlichen Gewinn.

17. Zeigen Sie, wie sich die Geschäftsvorfälle 1 bis 12 und 15
    a) auf den Erfolg,
    b) auf die Bilanzsumme

    auswirken.

SKR 04

Kto.-Nr.	Kontenbezeichnung	Vorl. Saldenbilanz	
		Aktiva	Passiva
0235	Grund und Boden	387.400,00	
0240	Geschäftsgebäude	931.000,00	
0520	Fahrzeuge	93.568,00	
0640	BGA	188.200,00	
1140	Warenbestand	122.580,00	
1200	Forderungen LuL	159.326,00	
1300	sonstige VG	4.288,00	
1400	Vorsteuer	15.480,00	
1600/1800	Geldkonten	53.460,00	
1900	aktive RAP/Disagio	5.200,00	
2000	Eigenkapital		769.616,00
2100	Privat	96.000,00	
3150	Verbindlichkeiten KI		590.000,00
3300	Verbindlichkeiten LuL		239.086,00
3500	sonstige Verb.		9.350,00
3730	Verb. LSt/KiSt/SZ		37.600,00
3800	USt		29.428,00
3900	passive RAP		
4000	Verkaufserlöse		2.063.780,00
4600	Entnahmen § 3 Abs. 1 b		46.600,00
4845	Erlöse aus AV		
4855	Anlagenabgang		
4860	Grundstückserträge		7.700,00
4900	andere sonstige betriebl. Ertr.		21.920,00
5200	Einkauf von Waren	1.186.360,00	
5700	Nachlässe		
6000	Aufw. Personal	266.250,00	
6030	Aushilfslöhne	10.598,00	
6220	Abschr. SA		
6305	Raumkosten	124.000,00	
6400	Versicherungen	32.000,00	

6450	Inst. von Bauten	6.200,00	
6470	Inst. von BGA	3.400,00	
6500	Fahrzeugkosten	32.988,00	
6620	Geschenke über 40,00 EUR		
6645	nicht abz. Betriebsausg.	2.500,00	
6815	Bürobedarf	23.496,00	
6825	Rechts- u. Beratungskosten	10.598,00	
7100	Zinserträge		3.460,00
7300	Zinsaufwendungen	29.500,00	
7330	zinsähnl. Aufw.	1.100,00	
7620	Gewerbesteuer	35.460,00	
7650	sonstige Steuern	8.186,00	
7655	nicht abz. sonstige Steuern		
		3.818.540,00	3.818.540,00

Vermischte Übungen

1. Ihr Mandant errichtet im Jahr 01 auf einem betriebseigenen Grundstück ein Bürogebäude. Der Bauunternehmer stellt nach Fertigstellung einen Betrag von 500.000,00 EUR zuzüglich 80.000,00 EUR USt in Rechnung. Dieser wird nach Abzug von 2 % Skonto durch Banküberweisung beglichen.

   Ab 1. Aug. 01 werden die Büroräume an andere Unternehmer für gewerbliche Zwecke vermietet. Als Monatsmiete ist für die Benutzung der Räume ein Nettobetrag von 3.000,00 EUR vereinbart worden.

   Wie lauten die Buchungen bei Fertigstellung und beim Eingang der Mieten, wenn

   a) nicht optiert wurde,
   b) nach § 9 UStG optiert wurde?

2. Ein Unternehmer wurde durch Ihren Mandanten beauftragt, in den Monaten November 01, Dezember 01 und Januar 02 Warenversendungen im Inland durchzuführen. Die Rechnung über 3.000,00 EUR zuzüglich 480,00 EUR USt (monatlich 1.000,00 EUR netto) ging am 29. Dez. 01 ein und wurde am 31. Jan. 02 durch Banküberweisung bezahlt.

   Wie lauten die Buchungen zum 31. Dez. 01 und 31. Jan. 02?

3. Ihr Mandant lässt am 20. Jul. 01 folgende Wechsel diskontieren:

   1.100,00 EUR, fällig am 5. Aug. 01,
   2.340,00 EUR, fällig am 17. Sep. 01,
   4.730,00 EUR, fällig am 15. Okt. 01.

   a) Welcher Betrag wird Ihrem Mandanten gutgeschrieben, wenn die Bank 8 % Diskont berechnet?
   b) Wie hat Ihr Mandant diesen Vorgang zu buchen?

4. Zur Beheizung des Betriebsgebäudes wurden durch Ihren Mandanten am 10. Jul. 01 9.600 l Heizöl eingekauft. Laut ordnungsgemäßer Rechnung waren dafür 3.792,00 EUR zuzüglich 606,72 EUR USt zu zahlen. Zum Zeitpunkt der Überweisung wurde gebucht:

Grundstücksaufwendungen	3.792,00 EUR	
Vorsteuer	606,72 EUR	
an Bank		4.398,72 EUR

   Nach Auskunft des Hausmeisters sind am 31. Dez. 01 noch 5.150 l Heizöl vorhanden.

   Welche Buchung ist zur korrekten Gewinnermittlung des Jahres 01 erforderlich?

5. Ein Angestellter Ihres Mandanten bezieht einen tariflichen Arbeitslohn in Höhe von 3.500,00 EUR. Zusätzlich darf er kostenlos einen betrieblichen PKW sowohl für private Fahrten als auch für Fahrten zwischen Wohnung und Arbeitsstätte nutzen.

   Der Listenpreis des PKW hat 15.400,00 EUR betragen. Den Aufzeichnungen des Arbeitnehmers ist zu entnehmen, dass er im Abrechnungsmonat neben den betrieblichen Fahrten 600 km gefahren ist. Davon entfallen 100 km auf reine Privatfahrten, 500 km auf Fahrten zwischen Wohnung und Arbeitsstätte (einfache Entfernung 25 km).

   a) Berechnen Sie den steuerpflichtigen Arbeitslohn.
   b) Bilden Sie die Buchungssätze. Gehen Sie davon aus, dass die Abzüge
      - für LSt/KiSt/SZ 1.213,44 EUR,
      - für Sozialversicherung (AN-Anteil) 753,86 EUR betragen,

      der Arbeitgeberanteil zur Sozialversicherung dem Arbeitnehmeranteil entspricht und der Nettobetrag durch die Bank überwiesen wird.

6. Ihr Mandant führt ein Kontokorrentkonto, das zum Ende des Quartals wie folgt aussieht:

Wert	S/H	Betrag in EUR	Tage	S #	H #
31. Mär. 01	S	11.378,84	90	3.591	1.332

   a) Mit wie viel EUR belastet Ihr Mandant seinen Kunden, wenn die Abrechnung unter Berücksichtigung von 6 % Sollzinsen und 0,5 % Habenzinsen erfolgt?
   b) Wie hat Ihr Mandant zu buchen?

7. Ein Fabrikgebäude (Baujahr 1920) wurde zum 1. Nov. 01 für 320.000,00 EUR erworben. Nach Rücksprache mit dem Finanzamt betragen der Grund-und-Boden-Anteil 60.000,00 EUR und der Gebäudeanteil 260.000,00 EUR. Außerdem fielen Erwerbsnebenkosten von 15.500,00 EUR zuzüglich 490,00 EUR USt an.

   Es wurde gebucht:

Grund und Boden	60.000,00 EUR	
Gebäude	260.000,00 EUR	
an Bank		320.000,00 EUR
Grundstücksaufwendungen	15.500,00 EUR	
Vorsteuer	490,00 EUR	
an Bank		15.990,00 EUR

   Nehmen Sie die Buchungen zum 31. Dez. 01 vor.

8. Zum 1. Aug. 01 wurde ein Darlehen in Höhe von 60.000,00 EUR durch Ihren Mandanten aufgenommen und nach Abzug von 5 % Disagio mit 57.000,00 EUR dem betrieblichen Bankkonto gutgeschrieben. Das Darlehen ist jährlich nachträglich mit 10 % zu verzinsen und am 31. Jul. 09 in einer Summe zurückzuzahlen.

   Bisher wurde folgendermaßen gebucht:

Bank	57.000,00 EUR	
Zinsaufwand	3.000,00 EUR	
an Verbindlichkeiten KI		60.000,00 EUR

   Überprüfen Sie die Buchung auf ihre Richtigkeit. Nehmen Sie die ggf. erforderlichen Korrekturbuchungen zum 31. Dez. 01 vor.

9. Ihr Mandant (Großhändler) arbeitet mit einem Kalkulationszuschlag von 45 %. Sein Listenverkaufspreis für eine Ware beträgt deshalb 3.509,00 EUR.

   Wie hoch war der Listeneinkaufspreis dieser Ware, wenn keine Bezugskosten zu berücksichtigen waren, aber ein Liefererskonto von 2 % in Anspruch genommen wurde?

10. Ihr Mandant ließ auf einem bisher als Lagerplatz genutzten unbebauten Grundstück eine Fabrikhalle errichten. Entsprechend dem Fortschritt der Bauarbeiten leistete er durch Banküberweisung folgende, durch ordnungsmäßige Rechnungen angeforderte Abschlagszahlungen:

20. Sep. 01	46.400,00 EUR
10. Nov. 01	69.600,00 EUR

Das Gebäude wurde am 5. Apr. 02 fertig gestellt. Bereits am 10. Apr. 02 traf die Endabrechnung bei Ihrem Mandanten ein. Sie enthielt u. a. die folgenden Angaben:

Herstellung einer Fabrikhalle		180.000,00 EUR
+ 16 % USt		28.800,00 EUR
		208.800,00 EUR
– geleistete Anzahlungen	100.000,00 EUR	
+ 16 % USt	16.000,00 EUR	116.000,00 EUR
Restforderung		92.800,00 EUR

Buchen Sie den gesamten Vorgang.

11. Im Zusammenhang mit dem Kauf eines Bürogebäudes am 2. Apr. 03 werden Ihrem Mandanten folgende Beträge in Rechnung gestellt:

vereinbarter Kaufpreis (Grund und Boden 20 %)		1.500.000,00 EUR
Notariatskosten	für den Kauf	16.000,00 EUR
	+ 16 % USt	2.560,00 EUR
	für die Grundschuld	4.000,00 EUR
	+ 16 % USt	640,00 EUR
Grundbuchkosten	für die Eintragung des Grundstücks	1.800,00 EUR
	für die Eintragung der Grundschuld	600,00 EUR
Grunderwerbsteuer		52.500,00 EUR

Sämtliche Beträge werden am 2. Mai 03 durch Überweisung vom Bankkonto beglichen. Um Zahlungen in dieser Höhe vornehmen zu können, wird am 30. Apr. 03 ein Darlehen von 1.500.000,00 EUR aufgenommen, das zu 96 % ausgezahlt wird und mit 8 % zu verzinsen ist. Vereinbarungsgemäß haben die Zins- und Tilgungszahlungen jährlich nachträglich am 30. Apr. zu erfolgen.

Bilden Sie die Buchungssätze zum 2. Apr., 30. Apr., 2. Mai und 31. Dez. 03. Unterstellen Sie, dass die Laufzeit des Darlehens 10 Jahre beträgt.

12. Ihr Mandant erwarb einen neuen betrieblichen PKW für 60.000,00 EUR zuzüglich 9.600,00 EUR USt. Gleichzeitig gab er einen gebrauchten PKW, dessen Buchwert noch 8.000,00 EUR betrug, für brutto 11.252,00 EUR in Zahlung. Den Restbetrag beglich er wenige Tage später mit Abzug von 3 % Skonto (berechnet von 69.600,00 EUR) durch Banküberweisung.

Wie lauten die Buchungssätze?

K Bewertungen bei der Erstellung des Jahresabschlusses

Zum Ende des Geschäftsjahres muss zunächst geklärt werden, welche Posten in die Bilanz aufgenommen werden dürfen, d. h. bilanzierungsfähig sind. Grundsätzlich ergibt sich dies aus der Bilanzgliederung des § 266 HGB. Aufgrund zusätzlicher Vorschriften besteht aber auch die Möglichkeit, weitere Posten zu bilanzieren. Dies aber nur, soweit es sich um Bilanzierungshilfen und Sonderposten mit Rücklageanteil handelt.

Ist geklärt, welche Posten bilanziert werden müssen und welche darüber hinaus zusätzlich bilanziert werden sollen, müssen die Werte ermittelt werden, mit denen die Posten in der Bilanz anzusetzen sind. Diese Werte ergeben sich für die Vermögensgegenstände dadurch, dass die Buchwerte der Wirtschaftsgüter um ggf. vorzunehmende Abschreibungen vermindert werden.

Abschreibungen werden aus verschiedenen Gründen vorgenommen.

Werden Sachanlagen vorübergehend nicht genutzt, verlieren sie ihren Wert z. B. durch Verrotten. Werden sie zur Leistungserstellung verwendet, kommt es zu Wertminderungen, weil sich die Sachanlagen entweder nach und nach oder aufgrund außergewöhnlicher Umstände abnutzen.

Eine Abnutzung, die nach und nach zustande kommt, liegt vor, wenn Sachanlagen während der betriebsgewöhnlichen Nutzungsdauer verschleißen.

Außergewöhnliche Abnutzungen sind nicht vorhersehbar. Sie können technischer oder wirtschaftlicher Art sein. Gemeinsam ist ihnen, dass sie zu einer Verkürzung der Nutzungsdauer der Anlagegüter führen.

Wird ein zum Betriebsvermögen gehörender PKW durch Totalschaden vernichtet, brennt ein Fabrikgebäude ab oder werden betriebseigene Anlagegüter infolge höherer Gewalt vernichtet oder erheblich beschädigt, kommt es zu außergewöhnlichen technischen Abnutzungen.

Außergewöhnliche wirtschaftliche Abnutzungen liegen vor, wenn z. B. Fertigerzeugnisse, die mit betrieblichen Anlagen hergestellt werden, nicht mehr verkauft werden können, oder Anlagen, die zur Herstellung eines bestimmten Erzeugnisses dienen, infolge neu entwickelter, wirtschaftlicher arbeitender Produktionsverfahren nicht mehr genutzt werden können.

Zu unerwarteten Wertminderungen kann es auch kommen, wenn die Wiederbeschaffungskosten von Wirtschaftsgütern erheblich sinken. Diese Wertminderungen sind nicht durch eine stärkere Nutzung, sondern durch Preisverfall begründet (Teilwertabschreibung). Zu einer Verkürzung der Nutzungsdauer kommt es in diesen Fällen grundsätzlich nicht.

Neben Abschreibungen, die auf die Abnutzung zurückzuführen sind, und Abschreibungen, deren Ursache ein Preisverfall ist, können – ohne dass eine zusätzliche Wertminderung vorliegt – steuerrechtliche Sonderabschreibungen in Anspruch genommen werden.

	Abschreibungsursachen	
verbrauchsbedingt	wirtschaftlich bedingt	steuerrechtlich bedingt
durch ▶ natürlichen Verschleiß ▶ technischen Verschleiß ▶ Katastrophenverschleiß	infolge ▶ technischen Fortschritts ▶ von Nachfrage-verschiebungen ▶ sinkender Wieder-beschaffungskosten ▶ sinkender Absatzpreise	infolge ▶ steuerrechtlicher Sondervorschriften

Das EStG (§ 7 EStG) bezeichnet Abschreibungen, die auf eine Abnutzung zurückzuführen sind, als Absetzung für Abnutzung. Abschreibungen, die auf Preisverfall zurückzuführen sind, werden Teilwertabschreibungen (§ 6 EStG) genannt. Daneben gibt es Sonderabschreibungen.

Das HGB (§ 253 HGB) unterscheidet grundsätzlich zwischen planmäßigen (vorhersehbaren) und außerplanmäßigen Abschreibungen. Außerdem gibt es Abschreibungen, die aufgrund nur steuerrechtlicher Vorschriften in Anspruch genommen werden dürfen.

Im Steuer- und Handelsrecht werden also unterschiedliche Abschreibungsbegriffe verwendet. Mit diesen unterschiedlichen Begriffen werden auch unterschiedliche Inhalte angesprochen. Absetzungen für außergewöhnliche technische oder wirtschaftliche Absetzung sind zwar AfA, aber keine planmäßigen Abschreibungen.

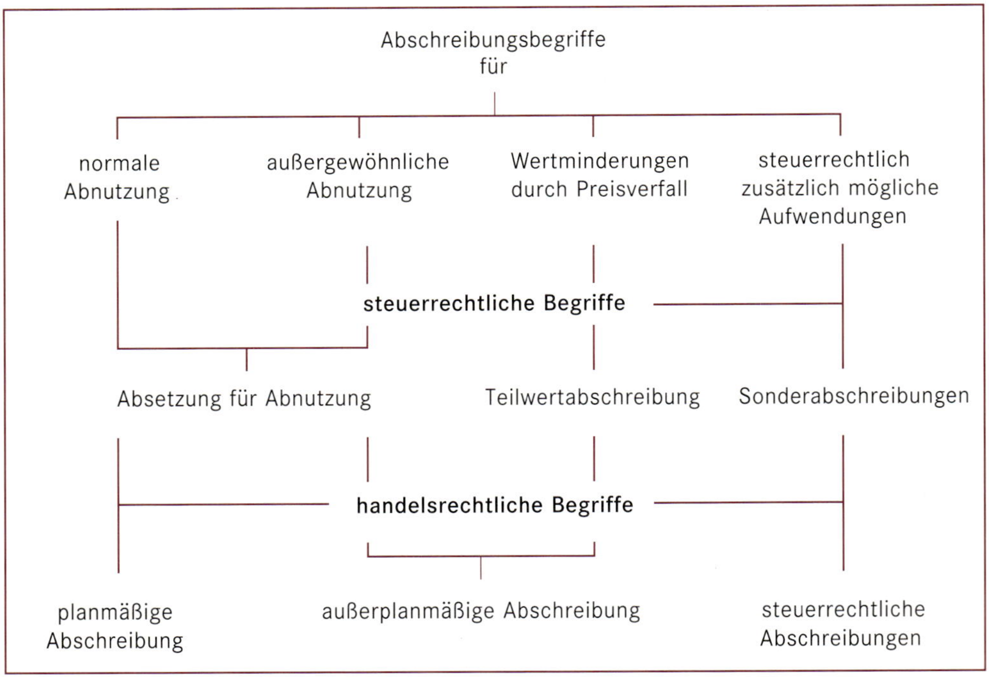

1 Exkurs: Bilanzierungshilfen

Auf der Aktivseite der Bilanz können vor dem Anlagevermögen Bilanzierungshilfen ausgewiesen sein. Ein entsprechender Bilanzausweis ist allerdings nur möglich für

- die Aufwendungen für die Ingangsetzung und Erweiterung des Geschäftsbetriebs (§ 269 HGB) und
- die aktiven latenten Steuern (§ 274 Abs. 2 HGB).

Aufwendungen für die Ingangsetzung und Erweiterung des Geschäftsbetriebs entstehen durch den Auf- und Ausbau der Betriebs-, Verwaltungs- und Vertriebsorganisation. Sie fallen z. B. für die Personalbeschaffung, die Produktionsvorbereitung, die Einführungswerbung und die Schaffung eines werbewirksamen Markenzeichens an. Aufwendungen, die im Zusammenhang mit der Gründung

(Gründungskosten) des Unternehmens stehen, also z. B. für die Abfassung des Gesellschaftsvertrags und die Handelsregistereintragung anfallen, gehören nicht hierzu. Ein Ausweis dieser Aufwendungen in der Bilanz ist deshalb unzulässig (§ 248 Abs. 1 HGB), d. h., sie sind sofort erfolgsmindernd zu buchen.

Durch die Bilanzierungshilfe für die Aufwendungen für die Ingangsetzung und Erweiterung des Geschäftsbetriebes soll ein möglicher handelsrechtlicher Verlustausweis in der Anlauf- oder Erweiterungsphase verringert bzw. vermieden werden. Das wird möglich, wenn die entsprechenden Ausgaben nicht im Jahr ihres Entstehens als Aufwand ausgewiesen werden, sondern als Aktivposten in der Bilanz erscheinen. Durch Abschreibungen (§ 282 HGB), die in jedem folgenden Geschäftsjahr mit mindestens 25 % zu erfolgen haben, wird eine gleichmäßigere Belastung des Erfolgs im Zeitablauf erreicht.

Beispiel:

Eine Motoren GmbH hat im Jahr 05 zur Erweiterung ihres Produktionsprogramms mit der Herstellung von Rasenmähern begonnen. Im Zusammenhang mit dieser Erweiterung fielen bis zur Aufnahme der Produktion Personalaufwendungen in Höhe von 800.000,00 EUR an.

Um einen Verlustausweis zu vermeiden, bildet das Unternehmen für diese Aufwendungen eine Bilanzierungshilfe.

Außer im Konto Aufwendungen für die Ingangsetzung und Erweiterung des Geschäftsbetriebs hat die Buchung in einem Erfolgskonto zu erfolgen. Da kein gesondertes Konto zur Aufnahme dieses Betrages existiert, wird die Buchung im Konto aktivierte Eigenleistungen vorgenommen.

Buchungssatz:

	Soll/EUR	Haben/EUR
0001/0095 Aufw. für die Ingangsetzung und Erweiterung des Geschäftsbetriebs	800.000,00	
an 8990/4820 andere aktivierte Eigenleistungen		800.000,00

Zum Ende des Wirtschaftsjahres 06 erfolgt die Abschreibung der Bilanzierungshilfe für Aufwendungen für die Ingangsetzung und Erweiterung des Geschäftsbetriebs mit 25 %.

Buchungssatz:

	Soll/EUR	Haben/EUR
4820/6268 Abschreibungen auf Aufwendungen für Ingangsetzung und Erweiterung des Geschäftsbetriebs	200.000,00	
an 0001/0095 Aufw. für die Ingangsetzung und Erweiterung des Geschäftsbetriebs		200.000,00

Aktive latente Steuern liegen vor, wenn es im Abschlussjahr zu Ertragsteuerbelastungen kommt, die handelsrechtlich erst nach Ablauf des Wirtschaftsjahres zu Aufwand werden.[1]

Die Bildung von Bilanzierungshilfen hat eine handelsrechtliche Gewinnerhöhung zur Folge, ohne dass diese zu einer Erhöhung der Vermögensgegenstände oder aktiven Rechnungsabgrenzungsposten führt. Um zu vermeiden, dass Haftungssubstanz (Gläubigerschutz) verloren geht, ist die Bildung von Bilanzierungshilfen deshalb mit einer Gewinnausschüttungssperre in entsprechender Höhe verbunden (§ 269 HGB).

1 vgl. S. 590

Da es sich bei Bilanzierungshilfen auch nicht um Wirtschaftsgüter oder aktive Rechnungsabgrenzungsposten handelt, ist das Maßgeblichkeitsprinzip nicht anwendbar. Beträge, die in der Handelsbilanz als Bilanzierungshilfen ausgewiesen werden, mindern deshalb immer dann, wenn sie entstehen (soweit dies nicht - wie beim Aufwand für Körperschaftsteuer - überhaupt ausgeschlossen ist), in voller Höhe den steuerrechtlichen Gewinn.

Kontrollaufgaben

1. Was soll durch die Bildung von Bilanzierungshilfen erreicht werden?
2. Nennen Sie Beispiele für Bilanzierungshilfen.
3. Wie unterscheiden sich Bilanzierungshilfen von anderen Bilanzierungswahlrechten?
4. Nennen Sie Beispiele für gesetzliche Bilanzierungsverbote.
5. Wie wirkt sich die Bildung von Bilanzierungshilfen auf die Höhe des ausschüttungsfähigen Gewinns aus?

Übungen

1. Entscheiden Sie, ob die folgenden, als Aufwand gebuchten Beträge als Bilanzierungshilfe in der Handelsbilanz ausgewiesen werden dürfen:
   a) 50.000,00 EUR für Werbemaßnahmen, die zu Beginn des Unternehmens erfolgt sind (Einführungswerbung),
   b) 10.000,00 EUR für die Abfassung des Gesellschaftsvertrags durch einen Notar,
   c) 8.000,00 EUR für ein Gutachten zur Bestimmung des betrieblichen Standorts.
2. In der Bilanz für das Geschäftsjahr 01 hat Ihr Mandant Aufwendungen für die Ingangsetzung und Erweiterung des Geschäftsbetriebs in Höhe von 20.000,00 EUR ausgewiesen.
   a) Buchen Sie die Abschreibung dieses Postens zum Ende des Geschäftsjahres 02. Unterstellen Sie dabei einen Abschreibungssatz in Höhe von 25%.
   b) Erläutern Sie, wie die Höhe des
      - handelsrechtlichen,
      - steuerrechtlichen

      Gewinns durch diese Abschreibung beeinflusst wird.

2 Anlagevermögen

Zum Anlagevermögen gehören immaterielle Vermögensgegenstände, Sachanlagen und Finanzanlagen.

2.1 Bewertung des nicht abnutzbaren Anlagevermögens

2.1.1 Grund und Boden

Bei nicht abnutzbaren Sachanlagen handelt es sich um Wirtschaftsgüter, die dem Unternehmen zeitlich unbegrenzt zur Nutzung zur Verfügung stehen. Aus diesem Grunde hat die Bewertung dieser Wirtschaftsgüter auch grundsätzlich mit den Anschaffungskosten zu erfolgen (§ 253 Abs. 1 S. 1 HGB, § 6 Abs. 1 Ziff. 2 EStG).

Kommt es allerdings zu Ereignissen, die eine Wertminderung des Vermögensgegenstandes zum Bilanzstichtag zur Folge haben,

- muss handels- und steuerrechtlich (Maßgeblichkeitsprinzip) eine Abschreibung des Vermögensgegenstandes auf den niedrigeren Wert erfolgen, wenn die Wertminderung voraussichtlich von Dauer ist (strenges Niederstwertprinzip),
- darf, allerdings nur handelsrechtlich, durch Einzelunternehmen und Personengesellschaften (§ 253 Abs. 2 und § 279 Abs. 1 S. 2 HGB) eine Abschreibung auf den niedrigeren Wert erfolgen, auch wenn es sich voraussichtlich nur um eine vorübergehende Wertminderung des Vermögensgegenstandes handelt (gemildertes Niederstwertprinzip).

Beispiel:

Der Unternehmer hat vor Jahren ein unbebautes Grundstück erworben und dieses stets mit den Anschaffungskosten in Höhe von 100.000,00 EUR bilanziert. Infolge einer Straßensperrung im Jahr 07 ist dieses Grundstück mit LKW nicht mehr erreichbar. Da diese Sperrung voraussichtlich von Dauer sein wird, sinkt der Wert des Grundstücks auf 40.000,00 EUR.

Weil eine dauernde Wertminderung vorliegt, muss eine Abschreibung auf den niedrigeren Wert erfolgen.

Buchungssatz:

	Soll/EUR	Haben/EUR
4840/6230 außerplanm. Abschr. auf Sachanlagen an 0065/0215 unbebaute Grundstücke	60.000,00	 60.000,00

Entfallen nachträglich die Gründe für die Vornahme einer Abschreibung auf den niedrigeren Wert, ist es Einzelunternehmen und Personengesellschaften handelsrechtlich möglich (§ 253 Abs. 5 HGB), den in der Vergangenheit gewählten niedrigeren Wertansatz für diesen Vermögensgegenstand beizubehalten (Wertbeibehaltungswahlrecht).

Es besteht handelsrechtlich aber auch die Möglichkeit, für Kapitalgesellschaften und KapGes & Co. KG/OHG allerdings die Verpflichtung (§ 280 Abs. 1 HGB), wieder einen höheren Wert für diesen Vermögensgegenstand anzusetzen (Zuschreibung). Dieser darf jedoch nicht über den ursprünglichen Anschaffungskosten des Wirtschaftsguts liegen.

Steuerrechtlich besteht für alle Unternehmensformen eine Zuschreibungsverpflichtung, wenn die Gründe für die Vornahme einer Teilwertabschreibung entfallen oder es aus anderen Gründen zu einer Erhöhung des Teilwerts kommt (§ 6 Abs. 1 Ziff. 2 S. 3 EStG).

Beispiel:

Die im Jahr 07 gesperrte Straße wird aufgrund eines Gerichtsurteils im Jahr 09 wieder für den Verkehr freigegeben. Dadurch steigt der Wert des Grundstücks auf 200.000,00 EUR.

Einzelunternehmen und Personengesellschaften haben die Möglichkeit, Kapitalgesellschaften und KapGes & Co. KG/OHG die Verpflichtung, das Grundstück höher zu bewerten, allerdings höchstens mit den Anschaffungskosten. Steuerrechtlich ist die Zuschreibung zwingend vorgeschrieben.

Buchungssatz (bei Zuschreibung):

	Soll/EUR	Haben/EUR
0065/0215 unbebaute Grundstücke an 2710/4910 Erträge aus Zuschreibungen des Anlagevermögens	60.000,00	60.000,00

Finden Zuschreibungen statt, führt dies nicht zu einem Verstoß gegen das Realisationsprinzip. Es kommt nämlich nicht zum Ausweis noch nicht realisierter Gewinne, sondern lediglich zu einer Rückgängigmachung nicht realisierter Verluste.

Übersteigt der tatsächliche Wert für Grund und Boden den ermittelten Buchwert, kommt es zur Bildung stiller Rücklagen (Unterbewertung von Vermögensgegenständen). Möglich ist dies, wenn Wertsteigerungen stattgefunden haben oder wenn Zuschreibungen beim Fortfall des Abschreibungsgrundes durch Einzelunternehmen und Personengesellschaften nicht vorgenommen werden (§ 253 Abs. 5 HGB).

Bewertung von Grund und Boden			
	handelsrechtlich		steuerrechtlich
	EU/PersGes	KapGes und KapGes & Co. KG/OHG	alle Unternehmensformen
grundsätzlich	AK	AK	AK
bei dauernder Wertminderung	Abschreibung vorgeschrieben	Abschreibung vorgeschrieben	Abschreibung vorgeschreiben
bei vorübergehender Wertminderung	Abschreibung zulässig	Abschreibung unzulässig	Abschreibung unzulässig
bei Fortfall des Abschreibungsgrundes oder einer Erhöhung des Teilwerts aus anderen Gründen	Zuschreibung möglich	Zuschreibung vorgeschrieben	Zuschreibung vorgeschrieben

Kontrollaufgaben

1. Mit welchem Wert sind die Wirtschaftsgüter des nicht abnutzbaren Sachanlagevermögens grundsätzlich in der Bilanz auszuweisen?
2. Unter welcher Voraussetzung
   a) darf,
   b) muss

   der Ausweis des nicht abnutzbaren Sachanlagevermögens
   a) handelsrechtlich,
   b) steuerrechtlich

   mit einem niedrigeren Wert erfolgen?
3. Wie ist das nicht abnutzbare Sachanlagevermögen
   a) handelsrechtlich,
   b) steuerrechtlich

   zu bewerten, wenn der Grund für eine vorgenommene Abschreibung in einem der folgenden Wirtschaftsjahre entfällt?

Übungen

Vorbemerkungen zu den Geschäftsvorfällen 1 bis 9:

- Die Buchungssätze sind nach handelsrechtlichen Vorschriften zu bilden.
- Zeigen Sie jeweils, wie sich die Geschäftsvorfälle einerseits auf den handelsrechtlichen, andererseits auf den steuerrechtlichen Erfolg auswirken.

1. Der Bilanzansatz für ein unbebautes Lagergrundstück mit einer Fläche von 800 m^2 beträgt zum 31. Dez. 05 12.000,00 EUR. Wegen einer nicht mehr vorhandenen Straßenanbindung war die betriebliche Nutzung nur noch bedingt möglich. Zum 31. Dez. 03 wurde deshalb zulässigerweise eine Abschreibung in Höhe von 13.600,00 EUR vorgenommen.

   Bei einem Verkauf zum 31. Dez. 06 könnte Ihr Mandant, ein Einzelunternehmer, einen m^2-Preis von 50,00 EUR erzielen.

   Wie ist zum Bilanzstichtag zu buchen, wenn Ihr Mandant einen möglichst hohen Gewinn ausweisen möchte?
2. Ein unbebautes Betriebsgrundstück ist 1970 erworben und mit den Anschaffungskosten von 88.000,00 EUR bilanziert worden. Aufgrund einer Änderung des Bebauungsplanes sank der Wert des Grundstücks im März 01 um 30.000,00 EUR. Dementsprechend bewertete Ihr Mandant, eine Einzelunternehmung, das Grundstück zum 31. Dez. 01 mit 58.000,00 EUR.

   Wider Erwarten wird der geänderte Bebauungsplan im Jahr 03 durch Gerichtsbeschluss aufgehoben. Der Grundstückswert steigt dadurch auf 100.000,00 EUR.
   a) Mit welchen Werten kann das Grundstück zum 31. Dez. 03 bewertet werden?
   b) Bilden Sie die Buchungssätze zum 31. Dez. 01 und zum 31. Dez. 03.
3. Durch Sperrung einer Durchgangsstraße sinkt der Wert des bisher verkehrsgünstig gelegenen Lagergrundstücks, das mit den Anschaffungskosten von 200.000,00 EUR bilanziert wird, im Jahr 03 auf 100.000,00 EUR. Ihr Mandant, ein Einzelunternehmer, rechnet damit, dass das Fahrverbot wieder aufgehoben wird.

a) Mit welchen Werten ist das Grundstück zum 31. Dez. 03 bilanzierbar?

b) Im Jahr 05 steht fest, dass die Durchgangsstraße auf Dauer gesperrt bleiben wird. Wie ist zu buchen, wenn eine Abschreibung auf den niedrigeren Wert bisher nicht erfolgt ist?

c) Wider Erwarten wird die Straßensperrung im Jahr 08 aufgehoben. Der Wert des Lagergrundstücks steigt dadurch auf 280.000,00 EUR. Nehmen Sie, falls erforderlich, die Korrekturbuchung zum 31. Dez. 08 vor.

4. Ihr Mandant erwarb vor Jahren ein unbebautes Grundstück. Die Bewertung dieses Grundstücks erfolgte bisher stets mit den Anschaffungskosten in Höhe von 72.000,00 EUR.

   Als sich im Jahr 01 ein Interessent meldete, der das Grundstück kaufen wollte, ließ Ihr Mandant dieses durch einen vereidigten Sachverständigen neu schätzen. Dieser stellte in einem schriftlichen Gutachten einen Grundstückswert von 85.000,00 EUR fest.

   Aufgrund der schlechten Geschäftslage in 01 ist Ihr Mandant an einem möglichst hohen Gewinnausweis interessiert.

   Wie ist zum 31. Dez. 01 zu buchen, damit dieses Ziel erreicht werden kann?

5. Ihr Mandant wies in der Bilanz zum 31. Dez. 01 ein unbebautes Grundstück, das eine Fläche von 1.500 m^2 hat, mit den Anschaffungskosten von 45.000,00 EUR aus.

   Am 20. Sep. 02 verkaufte er mit notariellem Vertrag 700 m^2 dieses Grundstücks für 24.500,00 EUR. Der Vorgang wurde ordnungsmäßig gebucht.

   Zum Ende des Jahres 02 könnte Ihr Mandant das Restgrundstück zu einem m^2-Preis von 38,00 EUR veräußern.

   Wie ist zum 31. Dez. 02 zu buchen, wenn von einer Veräußerung des Restgrundstücks abgesehen wird?

6. Im Bilanzansatz für Grundstücke und Bauten sind zum 31. Dez. 01 zwei unbebaute Grundstücke mit ihren Anschaffungskosten enthalten, Grundstück A mit 32.000,00 EUR und Grundstück B mit 27.000,00 EUR.

   Lt. Mitteilung der Gemeinde ist das Grundstück A, das 800 m^2 groß ist, zu Bauland geworden. Für Grundstücke in der gleichen Lage wird zum Bilanzstichtag 02 mindestens ein m^2-Preis von 80,00 EUR erzielt.

   Infolge einer für LKW auf Dauer angeordneten Straßensperrung ist das als Lagerplatz genutzte Grundstück B für Ihren Mandanten nicht mehr nutzbar. Ein Privatmann möchte das Gelände zu einem Biotop umgestalten. Er ist bereit, für das Grundstück 6.000,00 EUR zu zahlen. Denselben Betrag hat auch ein Makler geboten.

   Nehmen Sie die notwendigen Buchungen zum 31. Dez. 02 vor.

7. Zum Betriebsvermögen Ihres Mandanten, einer GmbH, gehört seit Jahren ein unbebautes Grundstück mit Anschaffungskosten von 120.000,00 EUR, das wegen einer Änderung des Bebauungsplanes zum 31. Dez. 01 auf 60.000,00 EUR abgeschrieben wurde.

   Wider Erwarten wird der geänderte Bebauungsplan im Jahr 03 durch ein rechtskräftiges Urteil aufgehoben. Daraufhin steigt der Wert lt. Sachverständigengutachten auf 160.000,00 EUR.

   Wie hat Ihr Mandant zu buchen, wenn er den Gewinn zum 31. Dez. 03
   a) so hoch wie möglich,
   b) so niedrig wie möglich

   ausweisen möchte?

8. Zum Betriebsvermögen gehört ein unbebautes Grundstück, das Ihr Mandant, eine Einzelunternehmung, im Jahr 01 für 150.000,00 EUR angeschafft hat. Weil die Gemeinde die am Grundstück vorbeiführende Straße zur Sackgasse machte, sank der Wert des Grundstücks. Zum 31. Dez. 03 wurde es deshalb nur noch mit 60.000,00 EUR bewertet.

Aufgrund des hohen Verkehrsaufkommens in der Innenstadt sah sich die Gemeinde im Jahr 05 gezwungen, die Straße nochmals umzubauen. Da sie seit Dezember 05 wieder für den Durchgangsverkehr freigegeben ist, hat sich der Wert des Grundstücks zum 31. Dez. 05 auf 170.000,00 EUR erhöht.

Nehmen Sie die ggf. notwendige Buchung zum 31. Dez. 05 vor.

9. Zum Bilanzstichtag 31. Dez. 01 ist auf ein 2.500 m^2 großes unbebautes Grundstück, das Ihr Mandant, ein Einzelunternehmer, für 50.000,00 EUR angeschafft hatte, pflichtgemäß eine Abschreibung in Höhe von 15.000,00 EUR vorgenommen worden.

   Nach Auskunft mehrerer Grundstücksmakler wäre bei einem Verkauf des Grundstücks zum Bilanzstichtag 31. Dez. 04 ein m^2-Preis von 40,00 EUR zu erzielen.

   Entscheiden Sie ob und ggf. wie zu buchen ist, wenn der höchstmögliche Bilanzansatz gewählt werden soll.

2.1.2 Finanzanlagevermögen

Beim Finanzanlagevermögen handelt es sich um Kapitalbeträge, die langfristig außerhalb des eigenen Unternehmens eingesetzt werden. In der Bilanz werden sie als Beteiligungen, als Wertpapiere des Anlagevermögens und als Ausleihungen ausgewiesen.

Beteiligungen liegen vor, wenn auf Dauer mit Hilfe der erworbenen Anteilsrechte versucht wird, Einfluss auf die Zielsetzungen des Beteiligungsunternehmens auszuüben. Gehören mehr als 20 % des Nennkapitals einer Kapitalgesellschaft zum Betriebsvermögen eines Unternehmers, wird grundsätzlich eine Beteiligung vermutet.

Beteiligungen sind an Aktiengesellschaften, an Gesellschaften mit beschränkter Haftung, aber auch an Personengesellschaften möglich (§ 271 HGB). Daraus ergibt sich zwangsläufig, dass eine Beteiligung nicht unbedingt den Besitz von in Wertpapieren verbrieften Anteilen voraussetzt.

Als Wertpapiere des Anlagevermögens sind

- festverzinsliche Wertpapiere (z. B. Pfandbriefe und Obligationen)
  und
- Dividendenpapiere (z. B. Aktien)

zu behandeln. Diese Zuordnung ist aber nur korrekt, wenn es sich bei diesen Wertpapieren weder um Beteiligungen noch um Ausleihungen handelt.

Ausleihungen sind alle Forderungen, die deshalb zum Anlagevermögen gehören, weil sie erst nach Ablauf einer vertraglich vereinbarten längeren Frist vom Schuldner zu begleichen sind. Sie können an verbundene Unternehmen, an Unternehmen, mit denen ein Beteiligungsverhältnis besteht, oder auch an Arbeitnehmer, Geschäftsfreunde, Gesellschafter usw. erfolgen. Außerdem sind Genossenschaftsanteile als Ausleihungen zu behandeln, weil sie weder als Beteiligungen noch als Wertpapiere des Anlagevermögens zu berücksichtigen sind.

Das gesamte Finanzanlagevermögen gehört zum nicht abnutzbaren Anlagevermögen. Dementsprechend sind Finanzanlagen grundsätzlich mit ihren Anschaffungskosten zu bewerten (§ 253 Abs. 1 S. 1 HGB, § 6 Abs. 1 Ziff. 2 EStG).

Kommt es allerdings zu Ereignissen, die eine Wertminderung der Finanzanlagen zum Bilanzstichtag zur Folge haben,

- muss handels- und steuerrechtlich (Maßgeblichkeitsprinzip) eine Abschreibung der Finanzanlagen auf den niedrigeren Wert erfolgen, wenn die Wertminderung voraussichtlich von Dauer ist (strenges Niederstwertprinzip),

- darf, nur handelsrechtlich, durch alle Unternehmensformen eine Abschreibung auf den niedrigeren Wert erfolgen, auch wenn es sich voraussichtlich nur um eine vorübergehende Wertminderung der Finanzanlagen handelt (gemildertes Niederstwertprinzip, § 253 Abs. 2 und § 279 Abs. 1 S. 2 HGB).

Beispiel:

Im Anlagevermögen einer GmbH befinden sich Aktien der X-AG, die für 55.400,00 EUR angeschafft und bisher entsprechend bilanziert wurden. Wegen finanzieller Probleme der X-AG sinkt der Wert dieser Aktien zum 31. Dez. 04 (Bilanzstichtag) voraussichtlich dauerhaft auf 40.000,00 EUR.

Da eine dauernde Wertminderung vorliegt, muss eine Abschreibung auf den niedrigeren Wert erfolgen.

Buchungssatz:

	Soll/EUR	Haben/EUR
4870/7200 Abschreibungen auf Finanzanlagen an 0525/0900 Wertpapiere d. Anlagevermögens	15.400,00	 15.400,00

Entfallen nachträglich die Gründe für die Vornahme einer Abschreibung auf den niedrigeren Wert, ist es Einzelunternehmen und Personengesellschaften handelsrechtlich möglich (§ 253 Abs. 5 HGB), den in der Vergangenheit gewählten niedrigeren Wertansatz für diese Finanzanlagen beizubehalten (Wertbeibehaltungswahlrecht).

Es besteht handelsrechtlich aber auch die Möglichkeit, für Kapitalgesellschaften und KapGes & Co. KG/OHG allerdings die Verpflichtung (§ 280 Abs. 1 HGB), wieder einen höheren Wert für diesen Vermögensgegenstand anzusetzen (Zuschreibung). Dieser darf jedoch nicht über den ursprünglichen Anschaffungskosten des Wirtschaftsguts liegen.

Steuerrechtlich besteht für alle Unternehmensformen eine Zuschreibungsverpflichtung, wenn die Gründe für die Vornahme einer Teilwertabschreibung entfallen oder es aus anderen Gründen zu einer Erhöhung des Teilwerts kommt (§ 6 Abs. 1 Ziff. 2 S. 3 EStG).

Beispiel:

Infolge einer unerwartet guten Ertragslage steigt der Wert der im Jahr 04 auf 40.000,00 EUR abgeschriebenen Aktien der X-AG zum Ende des Jahres 07 auf 60.000,00 EUR an.

Die GmbH muss die Aktien handels- und steuerrechtlich wieder höher bewerten, allerdings höchstens mit den Anschaffungskosten.

Buchungssatz:

	Soll/EUR	Haben/EUR
0525/0900 Wertpapiere des Anlagevermögens an 2710/4910 Erträge aus Zuschreibungen des Anlagevermögens	15.400,00	 15.400,00

Übersteigt der tatsächliche Wert der Finanzanlagen den ermittelten Buchwert, kommt es zur Bildung stiller Rücklagen (Unterbewertung von Vermögensgegenständen). Dies ist der Fall, wenn Wertsteigerungen stattgefunden haben oder wenn Zuschreibungen beim Fortfall des Abschreibungsgrundes durch Einzelunternehmen und Personengesellschaften nicht vorgenommen werden (§ 253 Abs. 5 HGB).

Bewertung von Finanzanlagen			
	handelsrechtlich		steuerrechtlich
	EU/PersGes	KapGes und KapGes & Co. KG/OHG	alle Unternehmensformen
grundsätzlich	AK	AK	AK
bei dauernder Wertminderung	Abschreibung vorgeschrieben	Abschreibung vorgeschrieben	Abschreibung vorgeschrieben
bei vorübergehender Wertminderung	Abschreibung zulässig	Abschreibung zulässig	Abschreibung unzulässig
bei Fortfall des Abschreibungsgrundes oder einer Erhöhung des Teilswerts aus anderen Gründen	Zuschreibung möglich	Zuschreibung vorgeschrieben	Zuschreibung vorgeschrieben

Kontrollaufgaben

1. In welche Gruppen wird das Finanzanlagevermögen eingeteilt?
2. Unter welcher Voraussetzung gehören Wertpapiere zum Finanzanlagevermögen?
3. Mit welchem Wert ist das Finanzanlagevermögen grundsätzlich in der Bilanz auszuweisen?
4. Wann
   a) dürfen,
   b) müssen

   die Wirtschaftsgüter des Finanzanlagevermögens auf einen niedrigeren Wert abgeschrieben werden?
5. Welche Bewertungsmöglichkeiten bestehen, wenn der Grund für eine Abschreibung des Finanzanlagevermögens nachträglich entfällt?

Übungen

Vorbemerkungen zu den Geschäftsvorfällen 1 bis 9:

- Die Buchungssätze sind nach handelsrechtlichen Vorschriften zu bilden.
- Zeigen Sie jeweils, wie sich die Geschäftsvorfälle einerseits auf den handelsrechtlichen, andererseits auf den steuerrechtlichen Erfolg auswirken.

1. Ihr Mandant gewährte einem guten Kunden zur Neueinrichtung des Geschäftslokals im Jahr 01 ein Darlehen in Höhe von 100.000,00 EUR, das bisher entsprechend bilanziert wurde. Zum Ende des Geschäftsjahres 05 muss wegen der inzwischen erfolgten Eröffnung des Insolvenzverfahrens über das Vermögen dieses Kunden mit einem 95 %igen Ausfall dieses Betrages gerechnet werden. Diese Beurteilung ist auch noch am Tag der Bilanzerstellung zutreffend.

   Bilden Sie den Buchungssatz.

2. Von den 100 Stück X-Aktien, die als Anlagevermögen behandelt und mit 18.750,00 EUR (AK) bilanziert wurden, verkaufte Ihr Mandant am 30. Dez. 02 70 Stück und erhielt über diesen Vorgang folgende Abrechnung seiner Bank:

Kurswert		18.375,00 EUR
– Verkaufsspesen:	Provision	183,75 EUR
	Maklergebühr	14,70 EUR
Gesamtbetrag		18.176,55 EUR

a) Buchen Sie den Vorgang.
b) Bestimmen Sie den höchstmöglichen Bilanzansatz für die verbleibenden Aktien. Eine dauernde Wertminderung kann nicht unterstellt werden.

3. Im Betriebsvermögen Ihres Mandanten, eines Einzelunternehmers, befinden sich 100 Aktien (Wertpapiere AV) der Handels-AG, Köln. Die Anschaffungskosten in 01 betrugen 44.950,00 EUR. Zum 31. Dez. 01 wurden sie zutreffend mit 16.750,00 EUR, zum 31. Dez. 02 zutreffend mit 42.450,00 EUR handels- und steuerrechtlich bilanziert. Der Wert zum 31. Dez. 03 beläuft sich auf 49.860,00 EUR.

   Es soll der geringstmögliche Gewinn ausgewiesen werden.

   Bilden Sie den ggf. notwendigen Buchungssatz.

4. Die Anschaffungskosten der im Anlagevermögen Ihres Mandanten erfassten Wertpapiere betrugen im Jahr 01 45.000,00 EUR. Aufgrund der wirtschaftlichen Verhältnisse ist der Wert am Ende des Jahres 02 auf 30.000,00 EUR gefallen.

   Wie lauten die Buchungssätze zum 31. Dez. 02, wenn
   a) diese Wertminderung aller Voraussicht nach von Dauer ist,
   b) aufgrund einer Produktionsumstellung mit einer baldigen Kurserholung gerechnet wird?

5. Zum Anlagevermögen Ihres Mandanten gehört eine Bundesanleihe im Nennwert von 6.000,00 EUR, die am 22. Aug. 01 bei Nebenkosten von 0,575 % vom Nennwert zum Kurs von 99 % erworben wurde.
   a) Bilden Sie den Buchungssatz für die Anschaffung der Anleihe.
   b) Wie ist die Anleihe zum 31. Dez. 01 zu bewerten, wenn der Kurs zum Bilanzstichtag 101 % beträgt?

6. Die Anschaffungskosten der Wertpapiere des Anlagevermögens betrugen im Jahr 01 42.580,00 EUR. Aufgrund der wirtschaftlichen Lage des Unternehmens ist der Wert am Ende des Jahres 02 auf 29.450,00 EUR gefallen.

   Wie lautet der Buchungssatz zum 31. Dez. 02, wenn davon auszugehen ist, dass die Wertminderung von Dauer ist?

7. Ihr Mandant verfügt am 31. Dez. 02 über folgende Wertpapiere des Anlagevermögens:

	Anschaffungskosten in EUR	Bilanzansatz 31. Dez. 01 in EUR	Wert am 31. Dez. 02 in EUR
A-Aktie	140,00	120,00	180,00
B-Aktie	160,00	160,00	140,00
C-Aktie	80,00	80,00	100,00
D-Aktie	250,00	210,00	220,00

Bestimmen Sie den Bilanzansatz zum 31. Dez. 02 und begründen Sie Ihre Entscheidung. Dauernde Wertminderungen lagen und liegen nicht vor.

8. Eine im Jahr 01 für 250.000,00 EUR erworbene Beteiligung wurde im Jahr 03 wegen voraussichtlich dauernder Wertminderung außerplanmäßig mit 100.000,00 EUR abgeschrieben. Im Jahr 04 erfolgte zulässigerweise eine Zuschreibung in Höhe von 70.000,00 EUR. Weil der Wert der Beteiligung im Jahr 06 auf 280.000,00 EUR gestiegen ist, soll zum 31. Dez. 06 eine weitere Zuschreibung in Höhe von 50.000,00 EUR vorgenommen werden.

   Bilden Sie den Buchungssatz. Gehen Sie davon aus, dass ein höchstmöglicher Gewinn ausgewiesen werden soll.

9. Ihr Mandant, ein Einzelunternehmer, ist mit 40% an einer GmbH beteiligt. Die Anschaffungskosten dieser Beteiligung wurden in der Bilanz zum 31. Dez. 01 korrekt mit 80.000,00 EUR ausgewiesen. Als die GmbH im Jahr 02 die Eröffnung eines Insolvenzverfahrens beantragen musste, schrieb Ihr Mandant die Beteiligung zutreffend auf 20.000,00 EUR ab.

   Im Jahr 03 arbeitet die GmbH wieder sehr erfolgreich.

   Beraten Sie Ihren Mandanten, wie er sich zum Jahresende verhalten soll.

2.2 Bewertung des immateriellen Anlagevermögens

2.2.1 Rechte, rechtsähnliche Werte und sonstige Vorteile

Nach der Bilanzgliederung des § 266 HGB handelt es sich bei den allgemeinen immateriellen Vermögensgegenständen um Rechte, rechtsähnliche Werte und sonstige Vorteile. Als solche kommen insbesondere Nutzungsrechte an Gebäuden, Patente, Markenzeichen, Urheberrechte, Verlagsrechte, Belieferungsrechte, Optionsrechte, Konzessionen, Lizenzen, ungeschützte Erfindungen, Gebrauchsmuster, Fabrikationsverfahren und das Know-how in Betracht.

Auch Computerprogramme sind immaterielle Wirtschaftsgüter, wenn dem Programminhalt ein größerer Wert als dem Programmträger (z. B. der Diskette) beizumessen ist. Diese Voraussetzung ist nur dann nicht erfüllt, wenn Programme keine Befehlsstruktur enthalten und lediglich zur Speicherung von Daten zur Weiterverarbeitung dienen (Trivialprogramme). Genauso wie Trivialprogramme sind allerdings auch Programme, deren Anschaffungskosten nicht mehr als 410,00 EUR betragen, zu behandeln.

Trivialprogramme und Programme mit Anschaffungskosten von nicht mehr als 410,00 EUR gehören damit nicht zu den immateriellen, sondern zu den materiellen Wirtschaftsgütern, d. h. zum beweglichen abnutzbaren Sachanlagevermögen (R 31 a EStR).

Die Aktivierung immaterieller Vermögensgegenstände des Anlagevermögens ist nur erlaubt (§ 248 Abs. 2 HGB, § 5 Abs. 2 EStG), gleichzeitig aber auch vorgeschrieben (§ 246 Abs. 1 HGB), wenn diese entgeltlich erworben worden sind.

Ein Erwerbsvorgang setzt voraus, dass ein Wirtschaftsgut aus dem Vermögen eines Dritten in das Vermögen des Steuerpflichtigen gelangt. Diese Voraussetzung ist nicht erfüllt, wenn der Steuerpflichtige selbst etwas herstellt, auch dann nicht, wenn ihm dadurch hohe Aufwendungen entstehen.

Immaterielle Wirtschaftsgüter können zum nicht abnutzbaren, aber auch zum abnutzbaren Anlagevermögen gehören.

Bleibt ein immaterielles Wirtschaftsgut dem Betrieb voraussichtlich für die Dauer seines Bestehens in unveränderter Höhe erhalten, das trifft z. B. auf eine Linienbus- oder Güterfernverkehrskonzession zu, ist das immaterielle Wirtschaftsgut dem nicht abnutzbaren Anlagevermögen zuzurechnen.

Ist der Nutzen eines immateriellen Wirtschaftsguts zeitlich begrenzt, wie das z. B. bei Lizenzen und i. d. R. bei Nutzungsrechten an Gebäuden der Fall ist, liegt ein abnutzbares immaterielles Wirtschaftsgut vor.

Nicht abnutzbare Wirtschaftsgüter des Anlagevermögens sind grundsätzlich mit ihren Anschaffungskosten zu bewerten, abnutzbare mit ihren Anschaffungskosten abzüglich der (zeitanteiligen) linearen Absetzung für Abnutzung (R 42 Abs. 1 EStR). Liegt zum Bilanzstichtag eine darüber hinausgehende Wertminderung vor (§ 6 Abs. 1 EStG, § 253 Abs. 2 HGB),

- muss handels- und steuerrechtlich (Maßgeblichkeitsprinzip) eine Abschreibung des Vermögensgegenstandes auf den niedrigeren Wert erfolgen, wenn die Wertminderung voraussichtlich von Dauer ist (strenges Niederstwertprinzip),
- darf, allerdings nur handelsrechtlich, durch Einzelunternehmen und Personengesellschaften (§ 253 Abs. 2 und § 279 Abs. 1 S. 2 HGB) eine Abschreibung auf den niedrigeren Wert erfolgen, auch wenn es sich voraussichtlich nur um eine vorübergehende Wertminderung des Vermögensgegenstandes handelt (gemildertes Niederstwertprinzip).

Beispiel:

Im Jahr 01 hat ein Einzelunternehmer für 100.000,00 EUR das Recht erworben, allein als Lieferant eines bestimmten Produkts für ein marktbeherrschendes Unternehmen berücksichtigt zu werden. Dieses Recht wurde bisher auch mit 100.000,00 EUR bilanziert.

Als das Handelsunternehmen im Jahr 04 überraschend Konkurrenz erhält, kommt es zu einem Umsatzeinbruch. Dadurch sinkt der Wert des Belieferungsrechts voraussichtlich dauerhaft auf 50.000,00 EUR.

Wegen der voraussichtlich dauerhaften Wertminderung ist eine Abschreibung auf den niedrigeren Wert vorzunehmen.

Buchungssatz:

	Soll/EUR	Haben/EUR
4826/6210 außerplanmäßige Abschr. auf immaterielle Vermögensgegenstände an 0015/0110 Belieferungsrechte	50.000,00	50.000,00

Entfallen nachträglich die Gründe für die Vornahme einer Abschreibung auf den niedrigeren Wert, ist es Einzelunternehmen und Personengesellschaften handelsrechtlich möglich (§ 253 Abs. 5 HGB), den in der Vergangenheit gewählten niedrigeren Wertansatz für diesen Vermögensgegenstand beizubehalten (Wertbeibehaltungswahlrecht).

Es besteht handelsrechtlich aber auch die Möglichkeit, für Kapitalgesellschaften und KapGes & Co. KG/OHG allerdings die Verpflichtung (§ 280 Abs. 1 HGB), wieder einen höheren Wert für diesen Vermögensgegenstand anzusetzen (Zuschreibung). Dieser darf jedoch

- bei nicht abnutzbaren immateriellen Vermögensgegenständen nicht über den ursprünglichen Anschaffungskosten,
- bei abnutzbaren immateriellen Wirtschaftsgütern nicht über den fortgeführten Anschaffungskosten (Anschaffungskosten abzüglich der AfA, die bis zum Zeitpunkt der Werterhöhung vorzunehmen gewesen wäre) des Wirtschaftsguts liegen.

Steuerrechtlich besteht für alle Unternehmensformen eine Zuschreibungsverpflichtung, wenn die Gründe für die Vornahme einer Teilwertabschreibung entfallen (§ 6 Abs. 1 Ziff. 2 S. 3 EStG).

Beispiel:

Zum Ende des Jahres 08 erlangt das Handelsunternehmen wieder die marktbeherrschende Stellung, weil das Konkurrenzunternehmen aufgrund eines Insolvenzverfahrens aufgelöst wird. Aus diesem Grunde steigt der Wert des Belieferungsrechts auf 120.000,00 EUR an.

Der Einzelunternehmer hat handelsrechtlich die Möglichkeit, den Bilanzansatz in Höhe von 50.000,00 EUR beizubehalten, er kann aber auch eine Zuschreibung bis zur Höhe der Anschaffungskosten des Belieferungsrechts vornehmen. Steuerrechtlich ist die Zuschreibung zwingend vorgeschrieben.

Buchungssatz (bei Zuschreibung):

	Soll/EUR	Haben/EUR
0015/0110 Belieferungsrechte an 2710/4910 Erträge aus Zuschreibungen des Anlagevermögens	50.000,00	50.000,00

Übersteigt der tatsächliche Wert der immateriellen Vermögensgegenstände den ermittelten Buchwert, kommt es zur Bildung stiller Rücklagen (Unterbewertung von Vermögensgegenständen). Diese Möglichkeit besteht, wenn Wertsteigerungen stattgefunden haben, wenn Zuschreibungen beim Fortfall des Abschreibungsgrundes durch Einzelunternehmen und Personengesellschaften nicht vorgenommen werden (§ 253 Abs. 5 HGB), aber auch, wenn selbst geschaffene immaterielle Vermögensgegenstände nicht aktiviert werden dürfen.

Kontrollaufgaben

1. Bei welchen Bilanzposten handelt es sich um immaterielle Vermögensgegenstände des Anlagevermögens?
2. Wie sind immaterielle Vermögensgegenstände des Anlagevermögens grundsätzlich zu bewerten?
3. Mit welchem Wert sind selbst geschaffene immaterielle Vermögensgegenstände des Anlagevermögens in der Bilanz auszuweisen?

Übungen

1. Am 1. Aug. 01 erwarb Ihr Mandant ein EDV-Programm für 30.000,00 EUR zuzüglich 4.800,00 EUR USt. Dieses dient zur Erstellung technischer Zeichnungen.

   Es wurde gebucht:

4930/6815 Bürobedarf	30.000,00	
1570/1400 Vorsteuer	4.800,00	
an 1200/1800 Bank		34.800,00

   Wie ist zum Ende des Wirtschaftsjahres 01 zu buchen, wenn die voraussichtliche Nutzungsdauer für dieses Programm 3 Jahre beträgt?
2. Im Zusammenhang mit der Entwicklung neuer Verfahren und der sich daraufhin ergebenden Patentanmeldung entstanden Ihrem Mandanten im Jahr 01 Aufwendungen in Höhe von 150.000,00 EUR. Soweit es gesetzlich möglich ist, sollen diese aktiviert werden.

   Nehmen Sie Stellung und bilden Sie ggf. den Buchungssatz.

2.2.2 Geschäfts- oder Firmenwert

Der Geschäfts- oder Firmenwert ist nicht vom Wert der Besitz- und Schuldposten des Unternehmens abhängig. Vielmehr ist er auf den guten Ruf, den Kundenstamm, die Erfahrung der Belegschaft, die betriebliche Organisation, die Zukunftsaussichten usw. zurückzuführen.

Der Geschäfts- oder Firmenwert kann nach und nach, z. B. durch Werbung oder die Schaffung eines guten Betriebsklimas, entstehen. Er gilt dann als selbst geschaffener (originärer) Firmenwert.

Bilanziert werden darf ein Geschäfts- oder Firmenwert aber nur dann, wenn er nicht selbst geschaffen, sondern von einem Dritten entgeltlich erworben wird. Die alleinige Übertragung des Geschäfts- oder Firmenwerts auf eine andere Person ist jedoch nicht möglich. Sie ist stets mit einem entgeltlichen Übergang eines Unternehmens oder eines Teils davon (z. B. beim Ausscheiden eines Gesellschafters) verbunden.

Die Höhe des bilanzierungsfähigen, d. h. entgeltlich erworbenen Geschäfts- oder Firmenwerts (derivativer Firmenwert), errechnet sich wie folgt (§ 255 Abs. 4 S. 1 HGB):

Kaufpreis	
– Substanzwert	(Wert der einzelnen erworbenen Vermögensgegenstände – Wert der übernommenen Schulden)
= Firmenwert	

Beim entgeltlich erworbenen Geschäfts- oder Firmenwert handelt es sich um ein abnutzbares immaterielles Wirtschaftsgut.

Handelsrechtlich besteht keine Verpflichtung, den Geschäfts- oder Firmenwert zu bilanzieren (§ 255 Abs. 4 HGB). Es besteht lediglich ein Aktivierungswahlrecht. Dies führt aufgrund des Maßgeblichkeitsprinzips dazu, dass der Geschäfts- oder Firmenwert in der Steuerbilanz aktiviert werden muss.

Beispiel:

Im Zusammenhang mit dem Erwerb eines Konkurrenzunternehmens, dessen Vermögenswerte sich auf 300.000,00 EUR und dessen Schulden sich auf 80.000,00 EUR belaufen, zahlte der Unternehmer 370.000,00 EUR durch Banküberweisung.

Als Geschäfts- oder Firmenwert kann bzw. muss ein Betrag in Höhe von 150.000,00 EUR aktiviert werden. Dieser Betrag wurde als sonstiger betrieblicher Aufwand gebucht.

Buchungssatz:

	Soll/EUR	**Haben/EUR**
0035/0150 Geschäfts- oder Firmenwert an 2300/6300 sonst. betr. Aufwand	150.000,00	 150.000,00

Entscheidet sich der Unternehmer zur Bilanzierung des Geschäfts- oder Firmenwerts (in der Handelsbilanz), hat er diesen

- in jedem folgenden Geschäftsjahr mindestens mit einem Viertel oder
- planmäßig über die voraussichtliche Nutzungsdauer (z. B. 15 Jahre)

abzuschreiben.

Aufgrund steuerrechtlicher Vorschriften ist der Geschäfts- oder Firmenwert mit den Anschaffungskosten abzüglich der AfA zu bilanzieren. Die Höhe der AfA ist nach § 7 Abs. 1 EStG zu berechnen. Nach dieser Vorschrift hat die Ermittlung des AfA-Betrages unter Berücksichtigung einer betriebsgewöhnlichen Nutzungsdauer von 15 Jahren (zeitanteilig) linear zu erfolgen.

Kontrollaufgaben

1. Aus welchen Bestandteilen setzt sich der Firmenwert zusammen?
2. Nach welchen Vorschriften
   a) muss,
   b) darf

   der derivative Firmenwert in der Bilanz ausgewiesen werden?
3. Welche Möglichkeiten bestehen
   a) handelsrechtlich,
   b) steuerrechtlich

   zur Abschreibung des Firmenwerts?

Übungen

1. Ihr Mandant hat sich zum Beginn des Jahres 01 selbstständig gemacht und einen Industriebetrieb erworben. Für den Firmenwert zahlte er 180.000,00 EUR.

   Es ist davon auszugehen, dass dieser Firmenwert nach Ablauf von 5 Jahren aufgezehrt sein wird.

   a) Bestimmen Sie die möglichen Wertansätze für den Firmenwert
      - in der Handelsbilanz,
      - in der Steuerbilanz

      für das Jahr 01.
   b) Bilden Sie den Buchungssatz für die steuerrechtliche (= handelsrechtliche) Abschreibung des Firmenwerts im Jahr 01.
2. Ihr Mandant hat zum 1. Jul. 01 einen Großhandelsbetrieb erworben. Aus den vorliegenden Unterlagen ergibt sich Folgendes:

- Kaufpreis	3,0 Mio. EUR
- Zeitwert der Aktiva	6,5 Mio. EUR
- Zeitwert der Passiva	4,7 Mio. EUR

   a) Bestimmen Sie die Höhe des Geschäfts- oder Firmenwerts.
   b) Der Geschäfts- oder Firmenwert wird sowohl in der Handelsbilanz als auch in der Steuerbilanz bilanziert. Ermitteln Sie für diesen Geschäfts- oder Firmenwert zum 31. Dez. 01
      - den höchstmöglichen Bilanzansatz in der Handelsbilanz,
      - den Bilanzansatz in der Steuerbilanz,

      wenn für diesen Geschäfts- oder Firmenwert eine Nutzungsdauer von 9 Jahren unterstellt wird.

2.3 Bewertung des abnutzbaren Sachanlagevermögens

Zum abnutzbaren Sachanlagevermögen gehören die Wirtschaftsgüter (z. B. Gebäude, Maschinen, Fahrzeuge), die dem Unternehmen zeitlich begrenzt zur Nutzung zur Verfügung stehen.

Das abnutzbare Sachanlagevermögen ist dadurch gekennzeichnet, dass sein Wert durch die betriebliche Inanspruchnahme ständig sinkt und am Ende der betriebsgewöhnlichen Nutzungsdauer null ist.

Die Bewertung der Wirtschaftsgüter des abnutzbaren Sachanlagevermögens hat deshalb grundsätzlich mit den Anschaffungs-/Herstellungskosten abzüglich der planmäßigen Abschreibung zu erfolgen (§ 253 Abs. 2 S. 1 HGB, § 6 Abs. 1 Ziff. 1 EStG).

Kommt es allerdings zu Ereignissen, die eine darüber hinausgehende Wertminderung der Vermögensgegenstände zum Bilanzstichtag zur Folge haben,

- muss eine Abschreibung des Vermögensgegenstandes auf den niedrigeren Wert erfolgen, wenn die Wertminderung voraussichtlich von Dauer ist (strenges Niederstwertprinzip),
- darf, allerdings nur handelsrechtlich, durch Einzelunternehmen und Personengesellschaften (§ 253 Abs. 2 und § 279 Abs. 1 S. 2 HGB) eine Abschreibung auf den niedrigeren Wert erfolgen, auch wenn es sich voraussichtlich nur um eine vorübergehende Wertminderung des Vermögensgegenstandes handelt (gemildertes Niederstwertprinzip).

Neben planmäßigen (§ 253 Abs. 2 S. 1 HGB) und außerplanmäßigen Abschreibungen (§ 253 Abs. 2 S. 3 HGB) dürfen alle Kaufleute in der Handelsbilanz auch Abschreibungen vornehmen, die sich nur aus dem Steuerrecht ergeben. Es handelt sich dabei um erhöhte Abschreibungen, z. B. für Wirtschaftgüter, die dem Umweltschutz dienen, und Sonderabschreibungen, z. B. zur Förderung kleiner und mittlererer Betriebe. Dieses Wahlrecht ermöglicht es allen Kaufleuten, die Handelsbilanz so aufzustellen, dass sie nach einigen Änderungen auch für die steuerrechtliche Gewinnermittlung Gültigkeit hat (§§ 254, 279 Abs. 2 HGB, § 5 Abs. 1 EStG - umgekehrte Maßgeblichkeit).

Einzelunternehmen und Personengesellschaften dürfen darüber hinaus - nur handelsrechtlich - auch noch außerplanmäßige Abschreibungen im Rahmen vernünftiger kaufmännischer Beurteilung vornehmen (§§ 253 Abs. 4 und 279 Abs. 1 HGB). Diese Abschreibungen werden z. B. in Anspruch genommen, um unerwünscht hohe Gewinnausschüttungen an atypische stille Gesellschafter oder Kommanditisten zu verhindern.

Stellt sich nachträglich heraus, dass die Gründe für die Vornahme einer Abschreibung auf den niedrigeren Wert nicht mehr bestehen, ist es Einzelunternehmen und Personengesellschaften handelsrechtlich möglich (§ 253 Abs. 5 HGB), den in der Vergangenheit gewählten niedrigeren Wertansatz für diesen Vermögensgegenstand beizubehalten (Wertbeibehaltungswahlrecht).

Es besteht handelsrechtlich aber auch die Möglichkeit, für Kapitalgesellschaften und KapGes & Co. KG/OHG allerdings die Verpflichtung (§ 280 Abs. 1 HGB), wieder einen höheren Wert für diesen Vermögensgegenstand anzusetzen (Zuschreibung). Dieser darf jedoch nicht über den fortgeführten Anschaffungskosten (Anschaffungskosten abzüglich der AfA, die bis zum Zeitpunkt der Werterhöhung vorzunehmen gewesen wäre) des Wirtschaftsguts liegen.

Steuerrechtlich besteht für alle Unternehmensformen eine Zuschreibungsverpflichtung, wenn die Gründe für die Vornahme einer Teilwertabschreibung entfallen oder es aus anderen Gründen zu einer Erhöhung des Teilwerts kommt (§ 6 Abs. 1 Ziff. 2 S. 3 EStG).

Übersteigt der tatsächliche Wert abnutzbarer Sachanlagen den ermittelten Buchwert, kommt es zur Bildung stiller Rücklagen (Unterbewertung von Vermögensgegenständen). Dies ist der Fall, wenn Sonderabschreibungen in Anspruch genommen werden, die geltend gemachten AfA-Beträge die tatsächliche Wertminderung übersteigen, Wertsteigerungen stattgefunden haben oder wenn Zuschreibungen beim Fortfall des Abschreibungsgrundes durch Einzelunternehmen und Personengesellschaften (§ 253 Abs. 5 HGB) nicht vorgenommen werden.

Bewertung abnutzbarer Sachanlagen			
	handelsrechtlich		steuerrechtlich
	EU/PersGes	KapGes und KapGes & Co. KG/OHG	alle Unternehmensformen
grundsätzlich	AK/HK abzüglich planmäßiger Abschreibung	AK/HK abzüglich planmäßiger Abschreibung	AK/HK abzüglich AfA, ... Sonderabschreibungen
bei darüber hinausgehender - dauernder Wertminderung	Abschreibung vorgeschrieben	Abschreibung vorgeschrieben	Abschreibung vorgeschrieben
- vorübergehender Wertminderung	Abschreibung zulässig	Abschreibung unzulässig	Abschreibung unzulässig
aufgrund vernünftiger kaufmännischer Beurteilung	Abschreibung zulässig	Abschreibung unzulässig	Abschreibung unzulässig
aufgrund nur steuerrechtlicher Bewertungsvorschriften	Abschreibung zulässig	Abschreibung zulässig	Abschreibung zulässig (siehe oben Sonderabschreibungen)
bei Fortfall des Abschreibungsgrundes oder einer Erhöhung des Teilwerts aus anderen Gründen	Zuschreibung bis zur Höhe der fortgeführten AK/HK möglich	Zuschreibung bis zur Höhe der fortgeführten AK/HK vorgeschrieben	Zuschreibung bis zur Höhe der fortgeführten AK/HK vorgeschrieben

Kontrollaufgaben

1. Mit welchem Wert sind abnutzbare Wirtschaftsgüter des Anlagevermögens grundsätzlich in der Bilanz auszuweisen?

2. Unter welcher Voraussetzung
   a) dürfen,
   b) müssen

   Vermögensgegenstände des abnutzbaren Sachanlagevermögens nicht nur planmäßig, sondern auch außerplanmäßig abgeschrieben werden?

3. Wie ist das abnutzbare Sachanlagevermögen
   a) in der Steuerbilanz,
   b) in der Handelsbilanz

   zu bewerten, wenn der Grund für eine vorgenommene außerplanmäßige Abschreibung in einem der folgenden Wirtschaftsjahre entfällt?

4. Welche Auswirkungen haben Abschreibungen, die sich nur aus dem Steuerrecht ergeben, auf den Bilanzansatz abnutzbarer Wirtschaftsgüter des Sachanlagevermögens
   a) in der Steuerbilanz,
   b) in der Handelsbilanz?
5. Wie und bei welchen Unternehmensformen beeinflussen Abschreibungen im Rahmen vernünftiger kaufmännischer Beurteilung den Wert abnutzbarer Sachanlagen
   a) in der Steuerbilanz,
   b) in der Handelsbilanz?

2.3.1 Gebäude

Werden Gebäude abgeschrieben, ergeben sich die Abschreibungsmöglichkeiten aus § 253 Abs. 2 HGB, § 7 Abs. 4 und aus § 6 Abs. 1 EStG. Es wird zwischen der linearen Gebäude-AfA, der außergewöhnlichen AfA und der Teilwertabschreibung unterschieden.

Die Höhe der Gebäudeabschreibung ist nicht nur von der Art der Abschreibung, sondern auch von der Art der Gebäude abhängig.

2.3.1.1 Lineare Gebäude-AfA

Die lineare Gebäude-AfA (§ 7 Abs. 4 EStG) beträgt ohne Rücksicht auf die tätsächliche Nutzungsdauer für

a) neue Wirtschaftsgebäude (Gebäude, die nicht Wohnzwecken dienen und für die der Bauantrag nach dem 31. Mär. 1985 gestellt worden ist)
   - 25 Jahre je 4% (Kaufvertrag bzw. Beginn der Herstellung vor dem 1. Jan. 2001),
   - 33 Jahre je 3% (Kaufvertrag bzw. Beginn der Herstellung nach dem 31. Dez. 2000),

b) andere Gebäude, die
   - vor dem 1. Jan. 1925 fertig gestellt wurden, 40 Jahre je 2,5%,
   - nach dem 31. Dez. 1924 fertig gestellt wurden, 50 Jahre je 2%

der Anschaffungs-/Herstellungskosten des Gebäudes. (Der Anteil des Grund und Bodens unterliegt nicht der Abnutzung.)

Nur bei nachweislich kürzerer Nutzungsdauer kann eine der tatsächlichen Nutzungsdauer entsprechende AfA berücksichtigt werden.

Im Jahr der Anschaffung/Herstellung und im Jahr der Veräußerung ist die AfA zeitanteilig vorzunehmen. Dabei ist nicht zu beanstanden, dass angefangene Monate im Zugangsjahr auf- und im Abgangsjahr abgerundet werden.

Beispiel:

Eine Fabrikhalle, die 1975 fertig gestellt wurde, wird am 1. Apr. 01 für 850.000,00 EUR erworben. Der Anteil des Grund und Bodens beträgt 20%.

Anschaffungskosten 1. Apr. 01 insgesamt	850.000,00 EUR
Grund und Boden	170.000,00 EUR
Anschaffungskosten des Gebäudes	680.000,00 EUR
AfA 01 2% für 9 Monate	10.200,00 EUR
Buchwert 31. Dez. 01	669.800,00 EUR

Buchungssatz:

	Soll/EUR	Haben/EUR
4830/6220 Abschreibung auf Sachanlagen an 0100/0250 Fabrikbauten	10.200,00	 10.200,00

2.3.1.2 Außergewöhnliche AfA bei Gebäuden

Die außergewöhnliche technische oder wirtschaftliche AfA kann nur für Gebäude (oder Teile eines Gebäudes) in Anspruch genommen werden, deren Nutzungsdauer sich infolge eines Unwetters, eines Brandes, einer Explosion oder eines Abbruchs verkürzt. Die außergewöhnliche AfA ist in diesem Falle zusätzlich neben der planmäßigen AfA vorzunehmen.

Beispiel:

Ein Fabrikgebäude mit Anschaffungskosten in Höhe von 540.000,00 EUR wurde zum 31. Dez. 01 mit 450.000,00 EUR bilanziert. Die Abschreibung erfolgt linear mit 2 %. Infolge eines Brandes im Jahr 02 wird das Gebäude Anfang September 02 völlig vernichtet, sodass es erforderlich ist, zusätzlich eine außergewöhnliche Abschreibung vorzunehmen.

Buchungssatz:

	Soll/EUR	Haben/EUR
4830/6620 Abschreibung auf SA	7.200,00	
4840/6230 außerplanmäßige Abschr. auf SA	442.800,00	
an 0100/0250 Fabrikbauten		450.000,00

Entfällt der Grund für eine Abschreibung auf den niedrigeren Wert

- dürfen Einzelunternehmen und Personengesellschaften,
- müssen Kapitalgesellschaften und KapGes & Co. KG/OHG

eine Zuschreibung bis zur Höhe der fortgeführten Anschaffungs-/Herstellungskosten vornehmen.

Steuerrechtlich ist beim Fortfall des Abschreibungsgrundes durch alle Unternehmensformen eine Zuschreibung vorzunehmen (§ 7 Abs. 1 S. 6 EStG).

2.3.1.3 Teilwertabschreibung bei Gebäuden

Außerplanmäßige Abschreibungen bei Gebäuden sind vorzunehmen, wenn der Wert des Gebäudes voraussichtlich dauerhaft unter den Wert fällt, der sich nach Abzug der planmäßigen Abschreibung von den AK/HK ergibt. Als Abschreibungsbetrag ist handelsrechtlich dann immer der Differenzbetrag zwischen dem planmäßig ermittelten Buchwert und dem niedrigeren Wert (Nettowert, zu dem das Gebäude im selben Zustand beschafft werden könnte) anzusetzen.

Beispiel:

Ein Geschäftsgebäude, das im Jan. 01 für 400.000,00 EUR auf einem betriebseigenen Grundstück errichtet wurde, wird jährlich mit 2 % abgeschrieben.

Weil die Gemeinde die weitere Bebauung des Grundstücks und die Durchführung notwendiger Reparaturen untersagt, sinkt der Wert des Geschäftsgebäudes im Jahr 06 voraussichtlich dauerhaft auf

a) 100.000,00 EUR,
b) 200.000,00 EUR.

Anschaffungskosten 01	400.000,00 EUR	
planmäßige Abschreibung (400.000,00 EUR · 2 % für 6 Jahre)	48.000,00 EUR	
Buchwert nach planmäßiger Abschreibung 06	352.000,00 EUR	
Wert des Gebäudes zum 31. Dez. 06	100.000,00 EUR	200.000,00 EUR
außerplanmäßige Wertminderung	252.000,00 EUR	152.000,00 EUR

Buchungssatz:

	Soll/EUR	Haben/EUR
4830/6220 Abschreibung auf Sachanlagen 4840/6230 außerplanm. Abschr. a. Sachanl.	8.000,00 252.000,00 (152.000,00)	
an 0090/0240 Geschäftsbauten		260.000,00 (160.000,00)

Aus steuerrechtlicher Sicht[1] liegt nur dann eine dauernde Wertminderung vor, wenn der Wert des Gebäudes zum Bilanzstichtag mindestens für die halbe Restnutzungsdauer unter dem planmäßigen Restbuchwert liegt. - Bei einer verbleibenden Restnutzungsdauer von 44 Jahren beträgt die halbe Restnutzungsdauer 22 Jahre. - Nach insgesamt 28 Jahren würde sich ein planmäßiger Restbuchwert von 176.000,00 EUR ergeben. Da der Teilwert im Fall a) unter diesem Betrag liegt, ist auch nach § 6 Abs. 1 Ziff. 1 EStG eine Abschreibung in Höhe von 252.000,00 EUR möglich und vorgeschrieben. Im Gegensatz dazu hat die Teilwertabschreibung im Fall b) wegen des noch zu hohen Gebäudewerts zu unterbleiben.[2]

Anschaffungskosten 01	400.000,00 EUR	
planmäßige AfA 01 bis 06 insgesamt	48.000,00 EUR	
planmäßiger Restbuchwert 31. Dez. 06	352.000,00 EUR	
Restnutzungsdauer 44 Jahre → halbe Restnutzungsdauer 22 Jahre		
planmäßige AfA 07 bis 28	176.000,00 EUR	
planmäßiger Restbuchwert 31. Dez. 28 (nach halber Restnutzungsdauer)	176.000,00 EUR	
Teilwert 31. Dez. 06	100.000,00 EUR	200.000,00 EUR
dauernde Wertminderung (auch steuerrechtlich)	ja	nein
Teilwertabschreibung	vorgeschrieben	nicht zulässig

Entfällt der Grund für eine Abschreibung auf den niedrigeren Wert

- dürfen Einzelunternehmen und Personengesellschaften,
- müssen Kapitalgesellschaften und KapGes & Co. KG/OHG

eine Zuschreibung bis zur Höhe der fortgeführten Anschaffungs-/Herstellungskosten vornehmen.

Steuerrechtlich ist beim Fortfall des Abschreibungsgrundes oder einer Erhöhung des Teilwerts aus anderen Gründen durch alle Unternehmensformen eine Zuschreibung vorzunehmen.

Kontrollaufgaben

1. Welche AfA-Methoden kommen für Gebäudeabschreibungen in Betracht?
2. Wie ist die Gebäude-AfA zu berechnen, wenn die Anschaffung/Herstellung des Gebäudes im Laufe des Wirtschaftsjahres erfolgt?
3. Wie ist der Restbuchwert zu ermitteln, wenn ein Gebäude im Laufe des Wirtschaftsjahres aus dem Betriebsvermögen ausscheidet?

1 BStBl. I 2000 S. 372
2 vgl. S. 499

Übungen

1. Die Anschaffungskosten eines Grundstücks mit Gebäude (Baujahr 1980) betrugen 1.250.000,00 EUR und wurden in voller Höhe auf dem Konto Gebäude erfasst. Laut Auskunft des Finanzamts entfallen 20 % dieses Betrages auf den Grund und Boden.

   Wie hat Ihr Mandant zum 31. Dez. 01 zu buchen, wenn die Anschaffung zum 15. Mär. 01 erfolgte und die AfA nach § 7 Abs. 4 EStG ermittelt werden soll?

2. Ihr Mandant erwirbt am 1. Mär. 01 ein Fabrikgebäude (Baujahr 01) gegen Bankscheck. Der gesamte Anschaffungspreis beträgt 2.207.980,00 EUR und setzt sich folgendermaßen zusammen:

– Kaufpreis lt. Vertrag	2.100.000,00 EUR
darin enthaltener Grund-und-Boden-Anteil	350.000,00 EUR
– Notargebühren	28.000,00 EUR
16 % USt	4.480,00 EUR
– Gerichtskosten	2.000,00 EUR
– Grunderwerbsteuer	73.500,00 EUR

   Der Anschaffungsvorgang ist korrekt erfasst worden.

   Wie ist zum 31. Dez. 01 zu buchen, wenn die AfA nach § 7 Abs. 4 EStG erfolgt?

3. Ihr Mandant erwirbt am 8. Jun. 01 ein betriebliches Verwaltungsgebäude (Baujahr 1990). Der Kaufpreis beträgt 240.000,00 EUR. Davon entfallen auf den Grund und Boden 20 %, auf das Gebäude 80 %.

   Als Erwerbsnebenkosten fallen 3,5 % Grunderwerbsteuer, 1.000,00 EUR Notargebühren zuzüglich 160,00 EUR USt und 100,00 EUR Grundbuchgebühren an. Diese Beträge werden durch Banküberweisung bezahlt.

   Bilden Sie die Buchungssätze

   a) für den Kauf, b) zum 31. Dez. 01.

4. Ihr Mandant errichtet auf betrieblichem Grund und Boden eine neue Fabrikhalle. Sie wird am 11. Sep. 01 fertig gestellt.

   Bilden Sie die Buchungssätze

   a) zum 11. Sep. 01, b) zum 31. Dez. 01,

   wenn die Herstellungskosten lt. Eingangsrechnung 400.000,00 EUR zuzüglich 64.000,00 EUR USt betragen und die AfA höchstmöglich erfolgen soll.

5. Am 20. Mär. 01 wird ein Betriebsgebäude mit dem dazugehörigen Grund und Boden durch Ihren Mandanten erworben. Die Anschaffungskosten des Gebäudes selbst (Baujahr 1962) belaufen sich auf 220.000,00 EUR. Sie wurden ebenso wie die Anschaffungskosten des Grund und Bodens korrekt erfasst.

   Bilden Sie den Buchungssatz zum 31. Dez. 01. Unterstellen Sie, dass die Restnutzungsdauer des Gebäudes zum Zeitpunkt des Erwerbs nachweislich nur noch 16 Jahre beträgt.

6. Ihr Mandant ließ auf betrieblichem Grund und Boden eine neue Produktionshalle durch eigene Arbeitnehmer errichten. Nach den vorliegenden Aufzeichnungen fielen dabei Fertigungslöhne in Höhe von 90.000,00 EUR sowie Fertigungsmaterial im Nettowert von 28.000,00 EUR an. Außerdem wurde berechnet, dass für

Fertigungsgemeinkosten	55 %	Verwaltungsgemeinkosten	7 %
Materialgemeinkosten	6 %	Vertriebskosten	2 %

   zu berücksichtigen sind.

Buchen Sie

a) die Aktivierung dieses Gebäudes bei höchstmöglichen Herstellungskosten,
b) die höchstmögliche AfA des Gebäudes, das am 20. Aug. 01 fertig gestellt wurde.

7. Im Zusammenhang mit der Anschaffung einer Lagerhalle (Baujahr 01) zahlte Ihr Mandant die folgenden - noch nicht gebuchten - Beträge durch Banküberweisung:

Gebäude		960.000,00 EUR
Grundstück		120.000,00 EUR
Grunderwerbsteuer		37.800,00 EUR
Notariatsgebühren	10.800,00 EUR	
+ 16 % USt	1.728,00 EUR	12.528,00 EUR
Maklergebühren	32.400,00 EUR	
+ 16 % USt	5.184,00 EUR	37.584,00 EUR

Buchen Sie

a) die Anschaffung des bebauten Grundstücks zum 4. Jul. 01,
b) die höchstmögliche AfA zum 31. Dez. 01.

8. Ihr Mandant erwarb im Jahr 01 ein mit einer Lagerhalle (Baujahr 1970) bebautes Grundstück, dessen Anschaffungskosten mit 800.000,00 EUR ermittelt wurden.

Am 31. Jan. 01 wurde der notarielle Kaufvertrag abgeschlossen,
am 2. Feb. 01 erfolgte die Eintragung der Auflassungsvormerkung,
am 1. Mär. 01 ging das wirtschaftliche Eigentum auf Ihren Mandanten über,
am 20. Mai 01 erfolgte die Umschreibung im Grundbuch.

Wie ist zu buchen, wenn der Anteil des Grund und Bodens 220.000,00 EUR beträgt und die AfA nach § 7 Abs. 4 EStG erfolgt?

2.3.1.4 AfA bei Grundstücken ohne Gebäude

Befinden sich auf einem Grundstück keine Gebäude, kann es nur dann zu AfA kommen, wenn Außenanlagen wie Fahrbahnen, Brücken, Parkplätze, Hofbefestigungen und Umzäunungen zu diesem Grundstück gehören.

Die AfA erfolgt in diesem Fall lediglich von den Anschaffungs-/Herstellungskosten der Außenanlagen. Ihre Höhe ist immer durch gleichmäßige Verteilung der Anschaffungs-/Herstellungskosten auf die betriebsgewöhnliche Nutzungsdauer zu ermitteln.

Beispiel:

Auf einem unbebauten Grundstück wurde für 81.000,00 EUR zuzüglich 12.960,00 EUR USt ein betrieblicher Parkplatz geschaffen. Die Fertigstellung erfolgte am 1. Apr. 01. Die betriebsgewöhnliche Nutzungsdauer beträgt voraussichtlich 9 Jahre.

Jahres-AfA: 81.000,00 EUR : 9 = 9.000,00 EUR

zeitanteilige AfA: 9.000,00 EUR · $^{9}/_{12}$ = 6.750,00 EUR

Buchungssatz:

	Soll/EUR	Haben/EUR
4830/6220 Abschreibungen auf Sachanlagen an 0146/0310 Außenanlagen	6.750,00	 6.750,00

Kontrollaufgabe

Warum werden Außenanlagen nicht nach § 7 Abs. 4 EStG abgeschrieben?

Übungen

1. Ihr Mandant kommt der Auflage der Gemeinde, neue Parkplätze zu schaffen, dadurch nach, dass er im September 01 ein bisher unbebautes betriebliches Grundstück mit Verbundsteinen pflastern und als Parkfläche ausweisen lässt. Da sämtliche Aufwendungen für das Grundstück korrekt erfasst wurden, wird es in der vorläufigen Saldenbilanz nunmehr mit 46.500,00 EUR aktiviert.

   Wie ist zum 31. Dez. 01 zu buchen, wenn der Buchwert des Grundstücks vor der Nutzungsänderung 18.000,00 EUR betrug, die betriebsgewöhnliche Nutzungsdauer des Verbundsteinpflasters 19 Jahre beträgt und die AfA höchstmöglich erfolgen soll?

2. Ihr Mandant ließ eine hinter dem Betriebsgebäude liegende, bisher als Garten genutzte Fläche mit Schotter befestigen, um Kunden und Lieferanten bessere Parkmöglichkeiten zu bieten. Für diese Arbeiten, die am 1. Apr. 01 beendet waren, ging am 15. Apr. 01 eine Rechnung über 36.000,00 EUR zuzüglich 5.760,00 EUR USt ein.

   Wie ist

   a) die Eingangsrechnung zu buchen?
   b) die Abschreibung zu buchen, wenn von einer 9-jährigen Nutzungsdauer auszugehen ist?

2.3.2 Bewegliche abnutzbare Anlagegüter

Werden bewegliche abnutzbare Anlagegüter abgeschrieben, ergeben sich die Abschreibungsmöglichkeiten aus § 7 Abs. 1 und 2, aus § 6 Abs. 1 und aus den §§ 7 ff. EStG. § 7 EStG enthält die Vorschriften bezüglich der linearen AfA, der degressiven AfA, der AfA nach Maßgabe der Leistung und der außergewöhnlichen technischen oder wirtschaftlichen AfA. § 6 Abs. 1 nennt die Bedingungen, die zur Inanspruchnahme der Teilwertabschreibung erfüllt sein müssen. Sonderabschreibungen sind in den §§ 7 ff. EStG geregelt.

2.3.2.1 Absetzung für Abnutzung

Lineare AfA bei beweglichen abnutzbaren Anlagegütern

Bei der linearen AfA werden die Anschaffungs-/Herstellungskosten gleichmäßig auf die Jahre der betriebsgewöhnlichen Nutzungsdauer verteilt. Zur Berechnung des jährlich gleich hohen AfA-Betrages stehen zwei Möglichkeiten zur Verfügung. Die Anschaffungs-/Herstellungskosten werden entweder

- durch die Jahre der betriebsgewöhnlichen Nutzungsdauer dividiert oder
- mit einem gleich bleibenden Prozentsatz (Berechnung: 100 % : betriebsgewöhnliche Nutzungsdauer) multipliziert.

Bewegliche Wirtschaftsgüter des abnutzbaren Anlagevermögens sind im Jahr der Anschaffung/Herstellung grundsätzlich zeitanteilig, d. h. auf Monate genau, abzuschreiben. Im Falle der Anschaffung beginnt die AfA mit dem Zeitpunkt der Lieferung, im Falle der Herstellung mit dem Zeitpunkt der Fertigstellung. Es ist allerdings nicht zu beanstanden, wenn für die in der ersten Jahreshälfte angeschafften oder hergestellten Wirtschaftsgüter die volle Jahres-AfA, für die in der zweiten Jahreshälfte angeschafften oder hergestellten Wirtschaftsgüter die halbe Jahres-AfA in Anspruch genommen wird (R 44 Abs. 2 EStR).

Degressive AfA bei beweglichen abnutzbaren Anlagegütern

Erfolgt die AfA degressiv, kommt es zu AfA-Beträgen, die zunächst sehr hoch sind und dann von Jahr zu Jahr sinken. Das wird dadurch erreicht, dass die AfA mit einem gleich bleibenden Prozentsatz vom jeweiligen (Rest-)Buchwert berechnet wird. Dieser darf

- dreimal so hoch wie bei linearer AfA sein, höchstens jedoch 30 % betragen (Anschaffung/Herstellung vor dem 1. Jan. 2001),
- zweimal so hoch wie bei linearer AfA sein, höchstens jedoch 20 % betragen (Anschaffung/Herstellung nach dem 31. Dez. 2000).

Beispiel:

Die betriebsgewöhnliche Nutzungsdauer einer Maschine, die am 2. Jan. 01 für 56.000,00 EUR zuzüglich 8.960,00 EUR USt angeschafft worden ist, beträgt 8 Jahre. Ihre Abschreibung erfolgt degressiv.

linearer AfA-Satz: $\frac{100\,\%}{8} = 12{,}5\,\%$

degressiver AfA Satz: 12,5 % · 2 = 25 %, höchstens 20 %

Der Buchwert der Maschine entwickelt sich wie folgt:

Anschaffungskosten	56.000,00 EUR
– AfA 1. Jahr 20 %	11.200,00 EUR
Buchwert 31. Dez. 01	44.800,00 EUR
– AfA 2. Jahr 20 %	8.960,00 EUR
Buchwert 31. Dez. 02	35.840,00 EUR
– AfA 3. Jahr 20 %	7.168,00 EUR
Buchwert 31. Dez. 03	28.672,00 EUR
usw.	

Auch bei degressiver AfA ist im Jahr der Anschaffung/Herstellung und im Jahr des Ausscheidens der Anlagegüter zeitanteilig abzuschreiben. Im Jahr der Anschaffung/Herstellung darf aber auch die Vereinfachungsregelung (R 44 Abs. 2 EStG) in Anspruch genommen werden.

Die degressive AfA-Berechnung hat zur Folge, dass die Sachanlagen am Ende der betriebsgewöhnlichen Nutzungsdauer nicht vollständig abgeschrieben sind. Da die Inanspruchnahme der degressiven AfA nicht zu einer Verlängerung der Nutzungsdauer führen soll, bestehen zwei Möglichkeiten, zu einem Buchwert von null zu kommen.

Entweder wird der Restwert zusätzlich im letzten Nutzungsjahr abgeschrieben oder es erfolgt bereits vor Ende der betriebsgewöhnlichen Nutzungsdauer ein Übergang von der degressiven zur linearen AfA (§ 7 Abs. 3 EStG).

In der Praxis ist es üblich, von der degressiven AfA zur linearen AfA überzugehen. Der grundsätzlich günstigste Zeitpunkt des Wechsels der Abschreibungsmethode liegt dann vor, wenn die jährliche weitere degressive AfA niedriger wird, als die lineare AfA bei Verteilung des Restbuchwertes auf die Restnutzungsdauer.

Beispiel:

Die betriebsgewöhnliche Nutzungsdauer einer Maschine, die am 2. Jan. 01 für 60.000,00 EUR zuzüglich 9.600,00 EUR USt angeschafft worden ist, beträgt 7 Jahre. Ihre Abschreibung erfolgt degressiv.

Anschaffungskosten	60.000,00 EUR			
AfA 01 20% degr.	12.000,00 EUR			
Buchwert 31. Dez. 01	48.000,00 EUR	48.000,00 EUR : 6 =		
AfA 02 20% degr.	9.600,00 EUR			8.000,00 EUR
Buchwert 31. Dez. 02	38.400,00 EUR	38.400,00 EUR : 5 =		
AfA 03 20% degr.	7.680,00 EUR			7.680,00 EUR
Buchwert 31. Dez. 03	30.720,00 EUR	30.720,00 EUR : 4 =		
AfA 04 20% degr.	6.144,00 EUR	7.680,00 EUR	linear	
Buchwert 31. Dez. 04		23.040,00 EUR		
AfA 05 linear		7.680,00 EUR		
Buchwert 31. Dez. 05		15.360,00 EUR		
AfA 06 linear		7.680,00 EUR		
Buchwert 31. Dez. 06		7.680,00 EUR		
AfA 07 linear		7.680,00 EUR		
Buchwert 31. Dez. 07		-		

Der Wechsel zur linearen AfA erfolgt bei der AfA-Berechnung für das Jahr 04.

AfA nach Maßgabe der Leistung bei abnutzbaren Anlagegütern

Anstelle der linearen oder der degressiven AfA kann auch die AfA nach Maßgabe der Leistung (Leistungs-AfA) in Anspruch genommen werden. Voraussetzung ist allerdings, dass die Inanspruchnahme dieser AfA wirtschaftlich begründet ist und der auf das einzelne Jahr entfallende Umfang der Leistung nachgewiesen wird.

Wirtschaftlich begründet ist die Anwendung dieser AfA-Methode immer, wenn die Leistung der Anlagegüter von Jahr zu Jahr erheblich schwankt und ihr Verschleiß dementsprechend sehr unterschiedlich ist.

Der Nachweis der in Anspruch genommenen Leistung kann z. B. bei einer Spezialmaschine durch ein die Anzahl der Arbeitsvorgänge registrierendes Zählwerk oder bei einem Kraftfahrzeug durch den Kilometerzähler geführt werden (R 44 Abs. 5 EStR).

Die Höhe der jährlichen Leistungs-AfA ergibt sich dadurch, dass die Anschaffungs-/Herstellungskosten mit der Jahresleistung multipliziert und durch die Gesamtleistung dividiert werden.

$$\text{Jahresbetrag der Abschreibung: } \frac{\text{AK/HK} \cdot \text{Jahresleistung}}{\text{Gesamtleistung}}$$

Die betriebsgewöhnliche Nutzungsdauer ist bei der Berechnung des AfA-Betrages nur von Bedeutung, wenn eine Umstellung von der Leistungs-AfA auf die lineare AfA erfolgen soll.

Beispiel:

Der in 01 für 135.000,00 EUR zuzüglich 21.600,00 EUR USt angeschaffte LKW leistet voraussichtlich 300.000 km. Bis zum Ende des Jahres 01 sind lt. Tachostand 40.000 km, bis zum Ende des Jahres 02 weitere 120.000 km gefahren worden.

AfA 01: $135.000,00\ \text{EUR} \cdot \frac{40.000}{300.000} = 18.000,00\ \text{EUR}$

AfA 02: $135.000,00\ \text{EUR} \cdot \frac{120.000}{300.000} = 54.000,00\ \text{EUR}$

Möglichkeiten der planmäßigen Abschreibung		
lineare AfA	degressive AfA	Leistungs-AfA
mit gleich bleibenden Jahresbeträgen von den AK/HK	mit fallenden Jahresbeträgen vom jeweiligen Buchwert	mit schwankenden Jahresbeträgen, entsprechend der in Anspruch genommenen Leistung
	AfA Satz	
$\frac{100\,\%}{\text{Nutzungsdauer}}$	linearer AfA-Satz · 2, höchstens 20 %	—
	AfA-Betrag	
$\frac{\text{AK/HK}}{\text{Nutzungsdauer}}$	Buch- bzw. Restwert · AfA-Satz	$\frac{\text{AK/HK} \cdot \text{Jahresleistung}}{\text{Gesamtleistung}}$

Absetzung für außergewöhnliche Abnutzung

Eine außergewöhnliche AfA ist zulässig, wenn wirtschaftliche (z. B. Modewechsel, kostengünstigere Produktionsverfahren) oder technische Ursachen (z. B. Brand, unsachgemäße Bedienung) zu einer Verkürzung der betriebsgewöhnlichen Nutzungsdauer des Anlagegutes führen. Die außergewöhnliche AfA kann in diesem Falle neben der planmäßigen AfA in Anspruch genommen werden, wenn diese linear oder nach Maßgabe der Leistung berechnet wird.

Beispiel:

Eine Maschine mit Anschaffungskosten von 150.000,00 EUR zuzüglich 24.000,00 EUR USt hat eine betriebsgewöhnliche Nutzungsdauer von 10 Jahren und wird linear abgeschrieben. Im Jahr 07 stellt sich heraus, dass sich die Nutzungsdauer der Maschine infolge neu entwickelter Produktionsverfahren um 2 Jahre verkürzt.

Tatsächlich berücksichtigte AfA: 150.000,00 EUR : 10 = 15.000,00 EUR pro Jahr, 15.000,00 EUR · 6 Jahre = 90.000,00 EUR zu berücksichtigende AfA bei verkürzter Nutzungsdauer: 150.000,00 EUR : 8 = 18.750,00 EUR pro Jahr, 18.750,00 EUR · 6 Jahre = 112.500,00 EUR

zu berücksichtigende lineare AfA für 01 bis 06:	112.500,00 EUR
berücksichtigte AfA für 01 bis 06:	90.000,00 EUR
außergewöhnliche AfA 07	22.500,00 EUR
planmäßige AfA 07 (150.000,00 EUR : 8)	18.750,00 EUR

Buchungssatz:

	Soll/EUR	Haben/EUR
4830/6220 Abschreibungen auf Sachanlagen	18.750,00	
4840/6230 außerplanm. Abschr. a. Sachanl.	22.500,00	
an 0210/0440 Maschinen		41.250,00

Bei Anlagegütern, deren AfA-Berechnung degressiv erfolgt, sind außergewöhnliche AfA nicht zulässig. Um bei diesen Anlagegegenständen AfA für außergewöhnliche Abnutzung geltend machen zu können, ist es erforderlich, vorher zur linearen AfA überzugehen.

Beim Fortfall des Grundes für eine außergewöhnliche AfA ist steuerrechtlich für alle Unternehmensformen eine Zuschreibung vorgeschrieben (§ 7 Abs. 1 S. 6 EStG).

Kontrollaufgaben

1. Welche AfA-Methoden kommen für die planmäßige Abschreibung in Betracht?
2. Welche Kenntnisse sind erforderlich, um die Höhe der
   a) linearen,
   b) degressiven
   AfA berechnen zu können?
3. Wie wird die Höhe der
   a) linearen AfA,
   b) degressiven AfA,
   c) AfA nach Maßgabe der Leistung berechnet?
4. Welche Voraussetzungen müssen erfüllt sein, damit ein bewegliches Wirtschaftsgut nach Maßgabe der Leistung abgeschrieben werden kann?
5. Wann ist von der degressiven AfA (§ 7 Abs. 2 EStG) auf die lineare AfA (§ 7 Abs. 1 EStG) überzugehen, wenn stets die höchstmögliche AfA in Anspruch genommen werden soll?
6. Was ist unter dem Begriff Vereinfachungsregelung zu verstehen?
7. Bei welchen Wirtschaftsgütern und in welchem Wirtschaftsjahr kann die Vereinfachungsregelung angewandt werden?

Übungen

1. Eine Maschine, die Ihr Mandant am 2. Mär. 01 für netto 12.000,00 EUR angeschafft hatte, wird bei einer Nutzungsdauer von 6 Jahren degressiv abgeschrieben.
   a) Wann ist es ratsam, zur linearen AfA überzugehen, wenn so früh wie möglich höchstmögliche Aufwendungen geltend gemacht werden sollen?
   b) Wie hoch sind die degressiven und linearen AfA-Beträge im Jahr des Wechsels?

2. Ihr Mandant kaufte am 27. Aug. 01 eine Drehbank und erhielt darüber am selben Tag folgende Rechnung:

Drehbank 028375, Listenpreis	180.000,00 EUR
– 10 % Rabatt	18.000,00 EUR
Nettopreis	162.000,00 EUR
+ 16 % USt	25.920,00 EUR
Rechnungsbetrag	187.920,00 EUR

   Den Geschäftsunterlagen ist zu entnehmen, dass im Zusammenhang mit der Anschaffung zusätzlich die folgenden Beträge angefallen sind:
   - für den Transport der Maschine 5.000,00 EUR zuzüglich 800,00 EUR USt,
   - für das Aufstellen der Maschine 7.000,00 EUR zuzüglich 1.120,00 EUR USt,
   - für einen kurzfristigen Kredit zur Finanzierung des Kaufpreises der Maschine 4.000,00 EUR.

   Die Drehbank hat eine betriebsgewöhnliche Nutzungsdauer von 16 Jahren.

   Buchen Sie die Anschaffung der Maschine und ermitteln Sie die geringstmöglichen Buchwerte zum 31. Dez. 01 und 31. Dez. 02 bei degressiver AfA.

3. Eine Maschine, die am 10. Dez. 01 für 420.000,00 EUR (netto) durch Ihren Mandanten angeschafft wurde, hat eine betriebsgewöhnliche Nutzungsdauer von 14 Jahren. Lt. Herstellerauskunft soll ihre Gesamtleistung 1,5 Mio. Einheiten betragen.

   Im Jahr 03 wird die Maschine für 165.000 Leistungseinheiten in Anspruch genommen.

   Berechnen Sie die Höhe der
   a) linearen AfA,
   b) degressiven AfA,
   c) Leistungsabschreibung

   für das Jahr 03, wenn im Jahr der Anschaffung von der Vereinfachungsregelung Gebrauch gemacht wurde.

4. Am 20. Aug. 01 wurde eine Maschine für 36.000,00 EUR zuzüglich 5.760,00 EUR USt angeschafft. Der Ausgleich des Rechnungsbetrages von 41.760,00 EUR erfolgte am 1. Sep. 01 durch Banküberweisung mit einem Skontoabzug von 2 %. Die gleichzeitig vorgenommene Buchung lautete:

Verbindlichkeiten LuL	40.924,80 EUR	
an Bank		40.924,80 EUR

   Am 2. Sep. 01 ging die Frachtrechnung für die Anlieferung der Maschine im Betrag von 460,00 EUR zuzüglich 73,60 EUR USt ein. Der Buchhalter Ihres Mandanten buchte:

Anschaffungsnebenkosten	460,00 EUR	
Vorsteuer	73,60 EUR	
an Verbindlichkeiten LuL		533,60 EUR

   Die Maschine hat eine betriebsgewöhnliche Nutzungsdauer von 12 Jahren und soll planmäßig so abgeschrieben werden, dass für das Jahr 01 ein möglichst niedriger Gewinn entsteht.

   Wie lauten die Buchungen zum 31. Dez. 01?

5. Am 9. Jul. 04 verkaufte Ihr Mandant eine gebrauchte Maschine für 8.200,00 EUR zuzüglich 1.312,00 EUR USt auf Ziel.

   Wie hoch ist die AfA, wenn der Anlagenkartei die folgenden Angaben zu entnehmen sind?

Tag der Anschaffung	2. Dez. 01
Anschaffungskosten	60.000,00 EUR
Nutzungsdauer	8 Jahre
Abschreibungsart	degressiv

   Gehen Sie davon aus, dass die Höhe der AfA im Jahr der Anschaffung mit Hilfe der Vereinfachungsregelung ermittelt wurde.

6. Eine Maschine, die am 5. Aug. 01 für 95.000,00 EUR zuzüglich 15.200,00 EUR USt durch Ihren Mandanten angeschafft wurde, hat eine betriebsgewöhnliche Nutzungsdauer von 12 Jahren.

   Wie lauten die Buchungssätze zum 31. Dez. 01 und 31. Dez. 02, wenn die AfA höchstmöglich

   a) linear,
   b) degressiv

   erfolgen soll?

7. Eine Maschine mit Anschaffungskosten von 77.000,00 EUR hat bei 2.000 Betriebsstunden pro Jahr eine geschätzte Nutzungsdauer von 7 Jahren. Aufgrund der Aufzeichnungen Ihres Mandanten wird jedoch festgestellt, dass die Maschine in den ersten Jahren wie folgt beansprucht wurde:

   Jahr 01: 3.000 Stunden
   Jahr 02: 2.500 Stunden
   Jahr 03: 2.000 Stunden
   Jahr 04: 6.000 Stunden

   a) Erläutern Sie, wie sich die erhöhte Beanspruchung auf die Nutzungsdauer der Maschine auswirkt.
   b) Berechnen Sie die Höhe der Abschreibungsbeträge für die Jahre 01 bis 04, wenn die Abschreibung nach Maßgabe der Leistung erfolgt.

8. Ihr Mandant hat am 2. Nov. 01 eine Maschine mit Anschaffungskosten von 140.000,00 EUR erworben. Sie hat eine betriebsgewöhnliche Nutzungsdauer von 6 Jahren oder 9.000 Betriebsstunden.

   Welche höchstmögliche AfA ergibt sich bis zum 31. Dez. 03, wenn die Höhe der AfA linear, degressiv oder nach Leistung berechnet wird und bekannt ist, dass die Maschine

   im Jahr 01 1.500 Betriebsstunden,
   im Jahr 02 3.200 Betriebsstunden und
   im Jahr 03 2.100 Betriebsstunden

   eingesetzt wurde?

9. Ihr Mandant erwirbt am 23. Dez. 01 eine CNC-Maschine für 238.000,00 EUR zuzüglich 38.080,00 EUR USt. Aus zeitlichen Gründen ist es ihm erst am 2. Jan. 02 möglich, die Rechnung zu begleichen. Nach Abzug von 2 % Skonto überweist er 270.558,40 EUR auf das Konto des Herstellers.

   a) Buchen Sie die Anschaffung und die Bezahlung der Maschine.
   b) Die Maschine hat eine betriebsgewöhnliche Nutzungsdauer von 12 Jahren. Wie lauten die Buchungssätze zum 31. Dez. 01 und 31. Dez. 02, wenn die AfA höchstmöglich degressiv erfolgt?

32 Hengstebeck – ISBN 3-8120-0068-7

10. Ein LKW mit Anschaffungskosten von 126.000,00 EUR wurde am 10. Jul. 01 erworben. Er hat eine betriebsgewöhnliche Nutzungsdauer von 5 Jahren und wird linear abgeschrieben.

    Am 10. Sep. 02 wird der LKW durch Verschulden des Fahrers Ihres Mandanten schwer beschädigt. Obwohl das Fahrzeug am 15. Sep. 02 für 15.000,00 EUR zuzüglich 2.400,00 EUR USt repariert wurde, verkürzt sich die betriebsgewöhnliche Nutzungsdauer durch den Unfall um 2 Jahre.

    Bilden Sie die Buchungssätze zum 15. Sep. und 31. Dez. 02.

11. Ihr Mandant hat im Januar 01 eine Maschine für 15.000,00 EUR zuzüglich 2.400,00 EUR USt gekauft, die linear mit 10 % abgeschrieben wird.

    Infolge einer Produktionsumstellung im Jahre 03 ist die Maschine ab dem Jahr 04 nicht mehr verwendbar.

    Berechnen und buchen Sie die Abschreibung zum 31. Dez. 03 und zum 31. Dez. 04.

12. Eine Maschine (Anschaffung 5. Jan. 01) mit Anschaffungskosten von 180.000,00 EUR wurde bei einer betriebsgewöhnlichen Nutzungsdauer von 8 Jahren linear durch Ihren Mandanten abgeschrieben. Aufgrund geänderter Konsumgewohnheiten sind die mit der Maschine produzierten Gegenstände im Jahr 05 nicht mehr absetzbar. Da nicht zu erwarten ist, dass sich dieser Zustand ändert, ist die Maschine zum 31. Dez. 05 in voller Höhe abzuschreiben.

    Führen Sie die Buchung zum 31. Dez. 05 durch.

13. Ihr Mandant erwarb am 15. Dez. 01 eine Maschine für 90.000,00 EUR zuzüglich 14.400,00 EUR USt. Bei einer Nutzungsdauer von 10 Jahren schrieb er sie höchstmöglich linear ab.

    Durch einen Kurzschluss erlitt die Maschine im Jahr 03 erheblichen Sachschaden. Dem daraufhin erstellten Sachverständigengutachten ist zu entnehmen, dass der Wert der Maschine zum 31. Dez. 03 mit 25.000,00 EUR anzunehmen ist.

    Bilden Sie die Buchungssätze zum 31. Dez. 01, 31. Dez. 03 und 31. Dez. 04.

2.3.2.2 Teilwertabschreibung

Eine Teilwertabschreibung/Abschreibung auf den niedrigeren Wert ist erforderlich, wenn es bei Anlagegütern über die Absetzung für Abnutzung (und Sonderabschreibungen) hinaus zu dauernden Wertminderungen kommt, ohne dass dies zu einer Verkürzung der betriebsgewöhnlichen Nutzungsdauer führt.

Entsprechende Wertminderungen liegen vor allem vor, wenn die Wiederbeschaffungskosten der vorhandenen Sachanlagen (im entsprechenden Zustand) unter die entsprechenden Buchwerte fallen.

Beispiel:

Der Unternehmer hat zum Beginn des Jahres 01 eine Maschine mit Anschaffungskosten in Höhe von 100.000,00 EUR erworben. Diese Maschine hat eine betriebsgewöhnliche Nutzungsdauer von 10 Jahren und wird linear abgeschrieben.

Zum Ende des Jahres 02 erscheint eine neue Maschinengeneration auf dem Markt. Laut Herstellerinformation soll es mit diesen Maschinen möglich sein, erheblich schneller und kostengünstiger zu arbeiten.

Aufgrund dieses Ereignisses sinkt der Wert der eigenen Maschine zum Ende des Jahres 02 voraussichtlich dauerhaft auf

a) 30.000,00 EUR
b) 50.000,00 EUR.

Da es sich um eine voraussichtlich dauerhafte Wertminderung handelt, muss handelsrechtlich in beiden Fällen eine Abschreibung auf den niedrigeren Wert erfolgen.

Buchungssatz (zum Ende des Jahres 02):

	Soll/EUR	Haben/EUR
4830/6220 Abschreibungen auf Sachanlagen 4840/6230 außerplanm. Abschr. auf Sachanlagen an 0210/0440 Maschinen	10.000,00 50.000,00 (30.000,00)	 60.000,00 (40.000,00)

Aus steuerrechtlicher Sicht[1] liegt nur dann eine dauernde Wertminderung vor, wenn der Wert des abnutzbaren Wirtschaftsguts zum Bilanzstichtag mindestens für die halbe Restnutzungsdauer unter dem durch lineare Abschreibung ermittelten planmäßigen Restbuchwert liegt. - Bei einer verbleibenden Restnutzungsdauer von 8 Jahren beträgt die halbe Restnutzungsdauer 4 Jahre. - Nach insgesamt 6 Jahren würde sich ein planmäßiger Restbuchwert von 40.000,00 EUR ergeben. Da der Teilwert im Fall a) unter diesem Betrag liegt, ist auch nach § 6 Abs. 1 Ziff. 1 EStG eine Abschreibung in Höhe von 50.000,00 EUR möglich und vorgeschrieben. Im Gegensatz dazu hat die Teilwertabschreibung im Fall b) wegen des noch zu hohen Maschinenwertes zu unterbleiben.

Anschaffungskosten 01	100.000,00 EUR	
planmäßige AfA 01 und 02 insgesamt	20.000,00 EUR	
planmäßiger Restbuchwert 31. Dez. 02	80.000,00 EUR	
Restnutzungsdauer 8 Jahre ⟶ halbe Restnutzungsdauer 4 Jahre		
planmäßige AfA 03 bis 06	40.000,00 EUR	
planmäßiger Restbuchwert 31. Dez. 06 (nach halber Restnutzungsdauer)	40.000,00 EUR	
Teilwert 31. Dez. 02	30.000,00 EUR	50.000,00 EUR
dauernde Wertminderung (auch steuerrechtlich)	ja	nein
Teilwertabschreibung	vorgeschrieben	nicht zulässig

Beispiel:

Die zum Ende des Jahres 02 mit 30.000,00 EUR bewertete Maschine wird in den Folgejahren mit jeweils 3.750,00 EUR abgeschrieben. Zum Ende des Jahres 05 stellt sich allerdings heraus, dass die neue Maschinengeneration die an sie gerichteten Erwartungen nicht erfüllen kann. Eine Produktion mit den alten Maschinen ist nach den vorliegenden Informationen ebenso kostengünstig und schnell wie mit den neuen Maschinen möglich.

Obwohl der Grund für die außerplanmäßige Abschreibung entfallen ist, dürfen Einzelunternehmen und Personengesellschaften den niedrigeren Wert beibehalten. Es ist allerdings auch eine Wertaufholung möglich. Für Kapitalgesellschaften und KapGes & Co. KG/OHG ist diese vorgeschrieben.

Beim Fortfall des Grundes für eine Teilwertabschreibung ist steuerrechtlich für alle Unternehmensformen eine Zuschreibung vorgeschrieben (§ 6 Abs. 1 Ziff. 2 S. 3 EStG).

1 BStBl. I 2000 S. 372

Der Zuschreibungsbetrag wird wie folgt berechnet:

Anschaffungskosten		100.000,00 EUR	100.000,00 EUR
planmäßige Abschreibung	01	10.000,00 EUR	10.000,00 EUR
	02	10.000,00 EUR	10.000,00 EUR
außerplanm. Abschreibung	02	50.000,00 EUR	--
Buchwert 31. Dez. 02		30.000,00 EUR	80.000,00 EUR
planmäßige Abschreibung	03	3.750,00 EUR	10.000,00 EUR
planmäßige Abschreibung	04	3.750,00 EUR	10.000,00 EUR
planmäßige Abschreibung	05	--	10.000,00 EUR
mögliche Zuschreibung	05	22.500,00 EUR	--
fortgeführte Anschaffungskosten		50.000,00 EUR	50.000,00 EUR

Buchungssatz (bei Zuschreibung):

	Soll/EUR	Haben/EUR
0210/0440 Maschinen an 2710/4910 Erträge aus Zuschreibungen des Anlagevermögens	22.500,00	22.500,00

Kontrollaufgabe

Stellen Sie den grundsätzlichen Unterschied zwischen Absetzungen für außergewöhnliche Abnutzung und der Teilwertabschreibung dar.

Übungen

Vorbemerkungen zu den Geschäftsvorfällen 1 bis 9:
- Die Buchungssätze sind nach handelsrechtlichen Vorschriften zu bilden.
- Zeigen Sie jeweils, wie sich die Geschäftsvorfälle einerseits auf den handelsrechtlichen, andererseits auf den steuerrechtlichen Erfolg auswirken.

1. Ihr Mandant erwarb am 10. Mai 01 ein Gerät zur Herstellung von Druckplatten für den Offsetdruck. Die Anschaffungskosten betrugen 80.000,00 EUR. Die betriebsgewöhnliche Nutzungsdauer des Gerätes wurde auf 10 Jahre veranschlagt.

   Ende Dezember 02 bot ein anderer Hersteller ein ähnliches, technisch allerdings erheblich verbessertes Gerät an. Der Kaufpreis dieses Gerätes beträgt außerdem nur 60.000,00 EUR zuzüglich 9.600,00 EUR USt.

   Aufgrund dieser Neuentwicklung sinkt der Wert des bereits genutzten Gerätes zum 31. Dez. 02 voraussichtlich dauerhaft auf 30.000,00 EUR.

   Mit welchen Werten ist das Gerät in den Bilanzen zum 31. Dez. 01, 31. Dez. 02 und 31. Dez. 03 auszuweisen, wenn Ihr Mandant linear abschreibt?

   Bilden Sie den Buchungssatz zum 31. Dez. 02.

2. Am 17. Jun. 01 erwarb Ihr Mandant einen PC für 7.200,00 EUR zuzüglich 1.152,00 EUR USt. Bei einer betriebsgewöhnlichen Nutzungsdauer von 3 Jahren wird das Gerät höchstmöglich abgeschrieben.

   Zum Ende des Jahres 02 bietet ein Büromaschinenhändler Ihrem Mandanten PC des gleichen Typs für 4.200,00 EUR zuzüglich 672,00 EUR USt an. Dadurch sinkt der Wert des vorhandenen PC (dauernde Wertminderung) auf 1.950,00 EUR.

   Bilden Sie den Buchungssatz für die korrekte Bewertung des am 17. Jun. 01 erworbenen PC zum 31. Dez. 02.

3. Ihr Mandant erwarb im Januar 01 eine hochmoderne EDV-Anlage für 245.000,00 EUR zuzüglich 39.200,00 EUR USt. Die Anlage wird linear mit 7% abgeschrieben.

   Zum Jahresende 03 bietet ein Hersteller eine erheblich schneller und kostengünstiger arbeitende EDV-Anlage an. Dadurch sinkt der Wert der eigenen Anlage voraussichtlich dauerhaft auf 100.000,00 EUR.

   a) Berechnen Sie die Abschreibungsbeträge zum 31. Dez. 01, 31. Dez. 02, 31. Dez. 03 und 31. Dez. 04.
   b) Bilden Sie den Buchungssatz zum 31. Dez. 03.

4. Eine Maschine ist bei einer Nutzungsdauer von 8 Jahren bisher lediglich linear abgeschrieben worden. Der Restwert am Anfang des 5. Nutzungsjahres beträgt noch 48.000,00 EUR.

   Wie ist zum Ende des 5. Jahres zu buchen, wenn durch das Erscheinen einer neuen Maschinengeneration der Wert zum Bilanzstichtag dauerhaft auf 20.000,00 EUR gefallen ist?

5. Eine Maschine mit Anschaffungskosten von 200.000,00 EUR hat eine betriebsgewöhnliche Nutzungsdauer von 10 Jahren und wird linear abgeschrieben. Am Ende des 2. Jahres sinkt ihr Wert infolge einer voraussichtlich dauerhaften Wertminderung auf 100.000,00 EUR. Der Grund für diese Wertminderung entfällt allerdings am Schluss des 6. Jahres.

   Wie ist zum 31. Dez. 06 zu buchen, wenn Ihr Mandant, eine GmbH, den geringstmöglichen Gewinn ausweisen möchte?

6. Eine Maschine (Anschaffung 5. Jan. 01) mit Anschaffungskosten in Höhe von 180.000,00 EUR wird bei einer betriebsgewöhnlichen Nutzungsdauer von 8 Jahren linear durch Ihren Mandanten abgeschrieben. Aufgrund eines Preisverfalls bei gleichartigen Maschinen kommt es im Jahr 04 zu einer dauerhaften Wertminderung bei dieser Maschine. Laut Gutachten eines Sachverständigen hat die Maschine zum 31. Dez. 04 nur noch einen Wert in Höhe von 65.000,00 EUR.

   Führen Sie die Buchung zum 31. Dez. 04 durch.

7. Ihr Mandant hat am 6. Jan. 01 eine Maschine für 64.000,00 EUR zuzüglich 10.240,00 EUR USt erworben. Vereinbarungsgemäß überwies er den Rechnungsbetrag innerhalb von 10 Tagen nach Rechnungsdatum nach Abzug von 2% Skonto vom betrieblichen Bankkonto.

   Bei einer betriebsgewöhnlichen Nutzungsdauer von 8 Jahren erfolgt die AfA linear. Zum 31. Dez. 03 sieht sich Ihr Mandant - bedingt durch das Erscheinen einer neuen Maschinengeneration - allerdings gezwungen, neben der linearen AfA eine Abschreibung in Höhe von 15.000,00 EUR vorzunehmen.

   Bilden Sie die Buchungssätze

   a) für den Kauf und die Bezahlung der Maschine,
   b) für die Abschreibung zum 31. Dez. 03 und 31. Dez. 04.

8. Ihr Mandant hat eine Maschine, deren Anschaffungskosten 150.000,00 EUR betragen haben, 5 volle Jahre linear mit jeweils 15.000,00 EUR abgeschrieben. Infolge einer voraussichtlich dauerhaften Wertminderung sank der Wert der Maschine zum Ende des 5. Jahres zusätzlich um 55.000,00 EUR.

   Der Grund für diese Wertminderung entfällt allerdings im Jahr 07.

   Wie ist zu buchen, wenn Ihr Mandant, eine GmbH, zum 31. Dez. 07 einen geringstmöglichen Gewinn ausweisen möchte?

9. Eine Maschine mit einer betriebsgewöhnlichen Nutzungsdauer von 8 Jahren wird degressiv durch Ihren Mandanten abgeschrieben. Die Maschine wurde im Jan. 01 für 49.000,00 EUR zuzüglich 7.840,00 EUR USt angeschafft, wird degressiv abgeschrieben und hat am 31. Dez. 04 einen Restbuchwert von 11.764,90 EUR. Weil die Maschine technisch überholt ist, wird sie seit Mitte des Jahres 05 nicht mehr genutzt. Sie wirkt sich störend auf den Betriebsablauf aus und soll deshalb schnellstmöglich verschrottet werden.

   Bilden Sie den Buchungssatz zum 31. Dez. 05.

2.3.2.3 Sonderabschreibung nach § 7 g EStG

Bei neuen beweglichen Wirtschaftsgütern des Anlagevermögens können durch Klein- oder Mittelbetriebe, die eine Ansparabschreibung (vgl. S. 613) vorgenommen haben, im Jahr der Anschaffung oder Herstellung und in den folgenden vier Jahren neben den normalen Absetzungen für Abnutzung nach § 7 Abs. 1 und 2 EStG Sonderabschreibungen in Anspruch genommen werden. Diese dürfen insgesamt 20% der Anschaffungs-/Herstellungskosten nicht übersteigen.

Als kleine und mittlere Betriebe gelten Gewerbetreibende, deren Betriebsvermögen nicht mehr als 204.517,00 EUR beträgt.

Begünstigt sind nur neue bewegliche Wirtschaftsgüter des Anlagevermögens, die

- im Jahr der Inanspruchnahme von Sonderabschreibungen im Betrieb ausschließlich oder fast ausschließlich betrieblich, d.h. zu mehr als 90% eigengewerblich, genutzt werden und
- nach ihrer Anschaffung oder Herstellung mindestens ein Jahr in einer inländischen Betriebsstätte des begünstigten Betriebs verblieben sind.

Wird neben den Sonderabschreibungen die degressive AfA in Anspruch genommen, mindern die Sonderabschreibungen und die degressive AfA den jeweiligen Buchwert und damit die Bemessungsgrundlage für die degressive AfA in den darauf folgenden Jahren.

Nach Ablauf des Begünstigungszeitraums ist die Restnutzungsdauer des Wirtschaftsguts grundsätzlich neu zu schätzen. Für die weiteren AfA kann aber auch die um den Begünstigungszeitraum verminderte ursprüngliche Nutzungsdauer als Restnutzungsdauer zugrunde gelegt werden.

Beispiel:

Zum Beginn des Jahres 01 wird eine Maschine mit Anschaffungskosten von 20.000,00 EUR und einer betriebsgewöhnlichen Nutzungsdauer von 10 Jahren erworben. Da die Voraussetzungen für die Inanspruchnahme der Sonderabschreibung nach § 7 g EStG vorliegen, wird diese im Jahr 01 in voller Höhe in Anspruch genommen.

Lineare AfA

Anschaffungskosten	20.000,00 EUR
AfA 01 bis 05, jeweils 10%	10.000,00 EUR
Sonderabschreibung nach § 7 g EStG, 20% der AK	4.000,00 EUR
Buchwert 31. Dez. 05	6.000,00 EUR

Die jährliche AfA ab dem Jahr 06 beträgt (6.000,00 EUR : 5) 1.200,00 EUR.

Degressive AfA

Anschaffungskosten	20.000,00 EUR
AfA 01 20%	4.000,00 EUR
Sonderabschreibung nach § 7 g EStG, 20% der AK	4.000,00 EUR
Buchwert 31. Dez. 01	12.000,00 EUR
AfA 02 20% vom Buchwert	2.400,00 EUR
Buchwert 31. Dez. 02	9.600,00 EUR

Die AfA in den folgenden Jahren beträgt jeweils 20 % vom jeweiligen Buchwert.

Im 7. Jahr empfiehlt es sich, auf die lineare AfA überzugehen.

Buchungssatz (im Jahr 01):

	Soll/EUR	Haben/EUR
4830/6220 Abschreibungen auf Sachanlagen	2.000,00 (4.000,00)	
4850/6240 Abschr. aufgrund steuerr. Vorschr.	4.000,00	
an 0210/0440 Maschinen		6.000,00 (8.000,00)

Die Inanspruchnahme steuerrechtlicher Sonderabschreibungen ist nur zulässig, wenn handelsrechtlich entsprechend verfahren wird (umgekehrte Maßgeblichkeit § 5 Abs. 1 S. 2 EStG, § 254 HGB).

Werden Sonderabschreibungen in Anspruch genommen, führt dies zu Unterbewertungen, also zusätzlich zur Bildung stiller Reserven.

Kontrollaufgaben

1. Wann und durch wen können Sonderabschreibungen nach § 7 g EStG geltend gemacht werden?
2. In welcher Höhe sind Sonderabschreibungen nach § 7 g EStG möglich?
3. Wie ist die Höhe der
   a) linearen,
   b) degressiven

   AfA zu berechnen, wenn im Jahr der Anschaffung/Herstellung die höchstmöglichen Sonderabschreibungen nach § 7 g EStG in Anspruch genommen werden?
4. Wie hat die Abschreibung nach Ablauf des Begünstigungszeitraums zu erfolgen?

Übungen

1. Ihr Mandant, der zum Vorsteuerabzug berechtigt ist, erwarb am 5. Aug. 01 eine Maschine für 88.000,00 EUR zuzüglich 14.080,00 EUR USt und buchte:

Maschinen	88.000,00 EUR	
Vorsteuer	14.080,00 EUR	
an Verbindlichkeiten LuL		102.080,00 EUR

   Die Maschine hat eine betriebsgewöhnliche Nutzungsdauer von 8 Jahren. Sie ist im Jahr 01 höchstmöglich abzuschreiben. Dabei ist zu berücksichtigen, dass die Voraussetzungen für die Inanspruchnahme der Sonderabschreibung nach § 7 g EStG vorliegen.

   Bilden Sie die Buchungssätze zum 31. Dez. 01 und 31. Dez. 02.

2. Ihr Mandant, für dessen Betrieb ein Betriebsvermögen in Höhe von 100.000,00 EUR ermittelt worden ist, erwirbt am 20. Dez. 01 einen Kleintransporter mit einer betriebsgewöhnlichen Nutzungsdauer von 6 Jahren. Der am 21. Dez. 01 eintreffenden Eingangsrechnung sind u. a. die folgenden Angaben zu entnehmen:

Kleintransporter	45.000,00 EUR
Überführung	600,00 EUR
	45.600,00 EUR
+ 16 % USt	7.296,00 EUR
	52.896,00 EUR
verauslagte Beträge:	
Nummernschilder (incl. 16 % USt)	34,80 EUR
Zulassungskosten	50,00 EUR
Kraftstoff (incl. 16 % USt)	92,80 EUR
Rechnungsbetrag	53.073,60 EUR

   Der Rechnungsausgleich erfolgt am 3. Jan. 02. Nach Abzug von 2 % Skonto, berechnet von 52.896,00 EUR, überweist Ihr Mandant den Restbetrag vom betrieblichen Bankkonto.

   a) Buchen Sie den gesamten Vorgang.

   b) Wie lautet der Buchungssatz zum 31. Dez. 01, wenn im Vorjahr eine Ansparabschreibung vorgenommen worden ist und die Abschreibung höchstmöglich erfolgen soll?

   c) Buchen Sie die Abschreibung zum 31. Dez. 02.

3. Eine Maschine mit einer Nutzungsdauer von 6 Jahren wurde am 6. Okt. 01 für 42.000,00 EUR zuzüglich 6.720,00 EUR USt erworben. Ihr Mandant kürzte den Kaufpreis um 2% Skonto, gab eine voll abgeschriebene Maschine für 950,00 EUR zuzüglich 152,00 EUR USt in Zahlung und beglich den Restbetrag durch Übergabe eines Bankschecks.

Dieser Vorgang wurde bisher lediglich wie folgt erfasst:

Verbindlichkeiten LuL	46.643,60 EUR	
an Bank		46.643,60 EUR

Auf Anweisung des Umweltamtes wurde am 15. Nov. 01 eigens für diese Maschine eine Ölauffangwanne montiert. Laut Eingangsrechnung beliefen sich die Materialkosten auf 1.800,00 EUR zuzüglich 288,00 EUR USt, die Montagekosten auf 780,00 EUR zuzüglich 124,80 EUR USt.

Gebucht wurde dies:

Instandhaltung Maschinen	2.992,80 EUR	
an Bank		2.992,80 EUR

Führen Sie alle noch notwendigen Buchungen zum 31. Dez. 01 durch. Unterstellen Sie dabei, dass die Höhe der linearen AfA mit Hilfe der Vereinfachungsregelung zu ermitteln ist und die nach § 7 g EStG mögliche Sonderabschreibung (Voraussetzungen sind erfüllt) höchstmöglich in Anspruch genommen werden soll.

4. Bilden Sie die Buchungssätze zu den folgenden Geschäftsvorfällen:
a) Ihr Mandant kauft am 2. Nov. 01 eine Maschine für 192.000,00 EUR zuzüglich 30.720,00 EUR USt auf Ziel.
b) Für den Anschluss der Maschine an das Stromnetz verlangt ein Elektroinstallateur am 3. Nov. 01 820,00 EUR zuzüglich 131,20 EUR USt. Ihr Mandant zahlt diesen Betrag sofort bar.
c) Der Rechnungsbetrag des Lieferanten wird am 15. Nov. 01 nach Abzug von 2% Skonto durch Banküberweisung bezahlt.
d) Zum 31. Dez. 01 wird die Maschine höchstmöglich abgeschrieben. Beachten Sie dabei, dass die betriebsgewöhnliche Nutzungsdauer 8 Jahre beträgt und die Voraussetzungen für die Inanspruchnahme der Sonderabschreibung nach § 7 g EStG erfüllt sind.

5. Ihr Mandant hat am 15. Nov. 01 eine Maschine für 150.000,00 EUR zuzüglich 16% USt angeschafft. Ihre Nutzungsdauer beträgt 6 Jahre.

Wie ist zum 31. Dez. 01 zu buchen, wenn die AfA degressiv erfolgt und zulässigerweise die Sonderabschreibung nach § 7 g EStG in Anspruch genommen wird?

6. Ihr Mandant erwarb am 28. Dez. 01 eine Maschine für 40.000,00 EUR zuzüglich 6.400,00 EUR USt. Den Rechnungsbetrag von 46.400,00 EUR beglich er am 6. Jan. 02 nach Abzug von 3% Skonto durch Banküberweisung.

Am Tag der Lieferung wurde die Maschine ans Stromnetz angeschlossen. Die Rechnung des Elektroinstallateurs über 620,00 EUR zuzüglich 99,20 EUR USt traf am 5. Jan. 02 ein. Sie wurde durch Überweisung vom privaten Bankkonto Ihres Mandanten beglichen.

Buchen Sie
a) die Anschaffung der Maschine im Jahr 01.
b) die höchstmögliche Abschreibung der Maschine zum 31. Dez. 01. Gehen Sie davon aus, dass die betriebsgewöhnliche Nutzungsdauer 8 Jahre beträgt und die Voraussetzungen für die Inanspruchnahme der Sonderabschreibung nach § 7 g EStG erfüllt sind.
c) die Abschreibung der Maschine zum 31. Dez. 02.

7. Ihr Mandant, ein Einzelhändler, dessen Kundschaft in der ländlichen Umgebung wohnt, erwarb am 20. Sep. 01 einen Verkaufswagen für 80.000,00 EUR zuzüglich 12.800,00 EUR USt. Das Fahrzeug hat eine Nutzungsdauer von 6 Jahren.

Welcher höchstmögliche Abschreibungsbetrag kann für die Jahre 01 und 02 insgesamt geltend gemacht werden, wenn zusätzlich bekannt ist, dass die Voraussetzungen für die Inanspruchnahme des § 7 g EStG vorliegen?

8. Ihr Mandant hat am 28. Okt. 01 eine Stanzmaschine für 42.600,00 EUR zuzüglich 6.816,00 EUR USt angeschafft. Der Rechnungsausgleich erfolgte durch Banküberweisung unter Abzug von 3% Skonto.

Für den Transport fielen 580,00 EUR zuzüglich 92,80 EUR USt, für Fundamentierungs- und Montagearbeiten 1.850,00 EUR zuzüglich 296,00 EUR USt an. Diese Beträge wurden durch Postscheck bezahlt.

Die betriebsgewöhnliche Nutzungsdauer wird auf 14 Jahre geschätzt. Außerdem ist bekannt, dass Ihr Mandant die Voraussetzungen für die Inanspruchnahme von Sonderabschreibungen nach § 7 g EStG erfüllt, bereits vorhandene gleichartige Maschinen aber lediglich linear abgeschrieben werden.

Buchen Sie den gesamten Vorgang. Berücksichtigen Sie dabei, dass der Unternehmer den Gewinn des Jahres 01 möglichst niedrig ausweisen möchte.

2.4 Besonderheiten bei der Bewertung abnutzbarer beweglicher Sachanlagen

2.4.1 Bewertungsfreiheit für geringwertige Wirtschaftsgüter

Als geringwertige Wirtschaftsgüter sind nur bewegliche abnutzbare Wirtschaftsgüter des Anlagevermögens zu berücksichtigen, wenn diese einer selbstständigen Nutzung fähig sind und feststeht, dass die Anschaffungs-/Herstellungskosten (oder ein entsprechender Wert § 6 Abs. 2 EStG) für das einzelne Wirtschaftsgut 410,00 EUR nicht übersteigen.

Die Höhe der Anschaffungs-/Herstellungskosten ist grundsätzlich wie bei den anderen Wirtschaftsgütern des Anlagevermögens zu ermitteln. Bei der Prüfung, ob die 410-EUR-Grenze überschritten ist, bleiben Vorsteuerbeträge, gleichgültig ob diese abziehbar oder nicht abziehbar sind, außer Acht. Es ist also stets der Nettowert maßgebend (R 86 Abs. 5 EStR).

Die Behandlung abnutzbarer beweglicher Wirtschaftsgüter als geringwertige Wirtschaftsgüter setzt außerdem voraus, dass diese unter Angabe des Tages der Anschaffung oder Herstellung und der Anschaffungs- oder Herstellungskosten in einem besonderen, laufend zu führenden Verzeichnis aufgeführt sind. Ergeben sich die erforderlichen Angaben aus der Buchführung, d. h. werden die geringwertigen Wirtschaftsgüter auf einem besonderen Konto gebucht, oder betragen die Anschaffungs-/Herstellungskosten für das einzelne geringwertige Wirtschaftsgut nicht mehr als 51,00 EUR,[1] kann auf die Führung dieses Verzeichnisses verzichtet werden.

Für die Bewertung geringwertiger Wirtschaftsgüter stehen dem Unternehmer zwei Möglichkeiten zur Verfügung:

- Er kann die Wirtschaftsgüter aktivieren und – wie alle anderen abnutzbaren Wirtschaftsgüter des Anlagevermögens – planmäßig über die betriebsgewöhnliche Nutzungsdauer abschreiben,
- er ist aber auch berechtigt, die gesamten Anschaffungs-/Herstellungskosten dieser Wirtschaftsgüter im Jahr der Anschaffung/Herstellung als Betriebsausgaben (Abschreibungen) geltend zu machen (Bewertungsfreiheit).

Nimmt der Unternehmer die Bewertungsfreiheit nach § 6 Abs. 2 EStG in Anspruch, muss er die für dieses Wirtschaftsgut entstandenen Aufwendungen in voller Höhe im Jahr der Anschaffung oder Herstellung absetzen. Es ist ausgeschlossen, im Jahr der Anschaffung oder Herstellung nur einen Teil der Aufwendungen erfolgsmindernd geltend zu machen und den Restbetrag auf die betriebsgewöhnliche Nutzungsdauer zu verteilen. Selbstverständlich ist es auch nicht möglich, erst in einem Folgejahr von der Bewertungsfreiheit Gebrauch zu machen.

---

1 Errechneter Wert.

Beispiel:

Der Unternehmer kauft am 2. Aug. 01 eine Schreibmaschine für 415,00 EUR zuzüglich 66,40 EUR USt.

Buchungssatz:

	Soll/EUR	Haben/EUR
0420/0650 Büroeinrichtung 1570/1400 Vorsteuer an 1600/3300 Verbindlichkeiten LuL	415,00 66,40 	 481,40

Der Rechnungsausgleich findet am 20. Aug. 01 mit Abzug von 3% Skonto durch Banküberweisung statt.

Buchungssätze:

	Soll/EUR	Haben/EUR
1600/3300 Verbindlichkeiten LuL an 1200/1800 Bank an 0420/0650 Büroeinrichtung an 1570/1400 Vorsteuer	481,40	 466,96 12,45 1,99
0480/0670 geringwertige Wirtschaftsgüter an 0420/0650 Büroeinrichtung	402,55	 402,55

Der Unternehmer macht zum Ende des Wirtschaftsjahres von der Bewertungsfreiheit nach § 6 Abs. 2 EStG Gebrauch.

Buchungssatz:

	Soll/EUR	Haben/EUR
4855/6260 Sofortabschreibung GWG an 0480/0670 geringwertige Wirtschaftsgüter	402,55	 402,55

Kontrollaufgaben

1. Welche Vermögensgegenstände werden als geringwertige Wirtschaftsgüter bezeichnet?
2. Unter welchen Voraussetzungen kann die Bewertungsfreiheit nach § 6 Abs. 2 EStG für GWG in Anspruch genommen werden?
3. In welcher Höhe
   a) müssen mindestens,
   b) dürfen höchstens

   Abschreibungen auf GWG im Jahr der Anschaffung/Herstellung vorgenommen werden?

Übungen

1. Auf dem Konto Büroeinrichtung ist eine Schreibmaschine mit Anschaffungskosten von 414,15 EUR erfasst. Da die Schreibmaschine eine betriebsgewöhnliche Nutzungsdauer von 5 Jahren hat, wurden als AfA 20 %, d. h. 82,83 EUR gebucht.

   Bei der Abstimmung der Konten stellt sich überraschend heraus, dass die Schreibmaschine unter Abzug von 14,53 EUR Skonto (einschließlich 16 % USt) bezahlt worden ist. Der Gesamtbetrag wurde auf dem Konto erhaltene Skonti erfasst.

   Erstellen Sie die notwendigen Korrekturbuchungen zum 31. Dez. 01. Berücksichtigen Sie dabei die steuerlich höchstmögliche Abschreibung.

2. Ihr in Köln ansässiger Mandant erwarb am 27. Jun. 01 vom Hersteller in Koblenz ein schnurloses Telefon für 421,30 EUR zuzüglich 67,41 EUR USt. Der Rechnungsausgleich erfolgte am 4. Jul. 01 nach Abzug von 3 % Skonto durch Banküberweisung.

   Buchen Sie

   a) den Rechnungseingang,
   b) den Rechnungsausgleich,
   c) die höchstmöglichen Abschreibungen für 01, wenn die betriebsgewöhnliche Nutzungsdauer 5 Jahre beträgt.

3. Beim Kauf eines Ladenregals für 406,48 EUR zuzüglich 65,04 EUR USt fielen am 15. Dez. 01 Frachtkosten von 21,47 EUR zuzüglich 3,44 EUR USt an.

   Das Ladenregal (Nutzungsdauer 5 Jahre) erfasste Ihr Mandant mit dem Nettowert als GWG, die Frachtkosten (netto) buchte er auf Anschaffungsnebenkosten für bezogene Waren.

   Welche Buchung ist vorzunehmen, damit die korrekte Höhe der Abschreibung mit Hilfe der Zahlen der Buchführung ermittelt werden kann?

4. Ihr Mandant, ein freiwillig buchführender Arzt, kaufte am 5. Sep. 01 eine elektronische Waage zur Gewichtskontrolle der Patienten. Der Kaufpreis von 479,21 EUR setzt sich lt. Rechnung aus dem Nettobetrag von 413,11 EUR zuzüglich der USt von 66,10 EUR zusammen.

   Die Waage hat eine betriebsgewöhnliche Nutzungsdauer von 5 Jahren.

   Wie bucht der Arzt

   a) zum 5. Sep. 01,
   b) zum 13. Sep. 01, wenn der Rechnungsausgleich durch Banküberweisung nach Abzug von 3 % Skonto erfolgt,
   c) zum 31. Dez. 01, wenn er die steuerlich höchstmöglichen Abschreibungen geltend machen möchte?

5. Ein Bücherregal, das Ihr Mandant am 13. Nov. 01 in Originalverpackung für 536,86 EUR zuzüglich 85,90 EUR USt erwarb, wurde sofort bar bezahlt.

   Bei der Aufstellung am 14. Nov. 01 stellte sich heraus, dass einige Teile Kratzer aufwiesen. Der Lieferant wurde sofort darüber informiert. Nach einer Besichtigung des aufgestellten Regals gewährte er einen Preisnachlass von 132,94 EUR zuzüglich 21,27 EUR USt. Der Betrag ging am 20. Nov. 01 auf dem betrieblichen Bankkonto ein.

   Bilden Sie die Buchungssätze zum 14. Nov., 20. Nov. und 31. Dez. 01. Nehmen Sie die Abschreibung bei einer Nutzungsdauer von 6 Jahren höchstmöglich vor.

6. Ihr Mandant erwarb am 10. Jun. 01 40 Behälter für innerbetriebliche Transporte zum Stückpreis von 419,26 EUR zuzüglich 67,08 EUR USt. Der Rechnungsausgleich erfolgte nach Abzug von 3 % Skonto durch Banküberweisung.

   Bei einer Nutzungsdauer von 4 Jahren ermittelte Ihr Mandant den Bilanzansatz wie folgt (bereits gebucht):

40 Behälter zu je 419,26 EUR	16.770,40 EUR
– 25% AfA	4.192,60 EUR
Buchwert	12.577,80 EUR

Wie lauten die Buchungen zum 31. Dez. 01, wenn der geringstmögliche Gewinn ausgewiesen werden soll?

7. In der vorläufigen Saldenbilanz zum 31. Dez. 03 sind für 2.454,20 EUR geringwertige Wirtschaftsgüter ausgewiesen, die Ihr Mandant vor zwei Jahren angeschafft und bisher insgesamt mit 40% (2 · 20%) abgeschrieben hat. Weil er zum 31. Dez. 03 einen möglichst niedrigen Gewinn ausweisen möchte, beabsichtigt er, diese GWG nun voll abzuschreiben.

Wie lautet die Buchung zum 31. Dez. 03?

8. Der Konferenzraum Ihres Mandanten wurde am 5. Jan. 01 mit 15 neuen Sesseln und einem neuen Konferenztisch ausgestattet. Der Preis für die Sessel betrug insgesamt 5.153,82 EUR netto, der Preis für den Tisch 1.175,97 EUR netto. Der Ausweis der USt erfolgte ordnungsgemäß.

Als betriebsgewöhnliche Nutzungsdauer wird ein Zeitraum von 10 Jahren unterstellt.

Buchen Sie den Geschäftsvorfall und die Abschreibung. Wählen Sie den höchstmöglichen Bilanzansatz.

9. Ein betrieblicher Konferenzraum Ihres Mandanten wurde, nachdem die Renovierungsarbeiten abgeschlossen waren, am 20. Apr. 01 neu eingerichtet. Der Rechnung über diesen Vorgang sind u. a. folgende Angaben zu entnehmen:

15 Stühle mit Lederpolstern, insgesamt	3.144,45 EUR
3 Tische (jeweils 1 m · 2 m), insgesamt	1.636,13 EUR
	4.780,58 EUR
+ 16% USt	764,89 EUR
Rechnungsbetrag	5.545,47 EUR

Der Rechnungsausgleich erfolgte sofort nach Rechnungseingang mit Abzug von 3% Skonto durch Banküberweisung.

Buchen Sie den Vorgang bei höchstmöglicher Abschreibung.

Die betriebsgewöhnliche Nutzungsdauer der Tische beträgt 10 Jahre, die der Stühle 4 Jahre.

2.4.2 Exkurs: Bildung von Festwerten

Grundsätzlich sind die zum Betriebsvermögen gehörenden Wirtschaftsgüter einzeln zu bewerten, d. h., jedes neu aufgenommene Wirtschaftsgut ist zu aktivieren und über die betriebsgewöhnliche Nutzungsdauer abzuschreiben. Dieses Verfahren ist häufig mit erheblichem Arbeitsaufwand verbunden. Aus diesem Grunde ist es erlaubt (§ 240 Abs. 3 HGB, R 31 Abs. 3 und 4 EStR), für einen „eisernen Bestand" bestimmter Wirtschaftsgüter einen Festwert zu bilden, wenn diese Wirtschaftsgüter für das Unternehmen von nachrangiger Bedeutung sind.

Für eine Festwertbildung eignen sich vor allem Anlagegüter, die hinsichtlich ihrer mengen- und wertmäßigen Zusammensetzung über einen längeren Zeitraum nur geringfügigen Veränderungen unterworfen sind. Dies kann z. B. bei Werkzeugen, Hotelgeschirr, Beleuchtungsanlagen, Behältern und Schalungsteilen der Fall sein.

Unter einem Festwert ist ein Durchschnittswert zu verstehen, der sich aus den Werten neu angeschaffter und unterschiedlich abgenutzter Wirtschaftsgüter zusammensetzt. Im Allgemeinen beträgt er 50% des Neuwerts der Wirtschaftsgüter. Bei Gerüst- und Schalungsteilen ist er mit 40% des Neuwerts anzusetzen. Wird er gebildet, ist er so lange unverändert in der Bilanz auszuweisen, bis sich wesentliche Mengen- und Wertänderungen ergeben.

Beispiel:

Der Unternehmer bildet zum Ende des Jahres 05 einen Festwert für die vorhandenen Kisten und Flaschen. Da die Anschaffungskosten der Kisten und Flaschen, die zu unterschiedlichen Zeitpunkten angeschafft wurden und unterschiedlich stark abgenutzt sind, 100.000,00 EUR betrugen, wird ein Festwert in Höhe von 50.000,00 EUR gebildet. Dieser Wert stimmt mit dem unter Berücksichtigung der AfA ermittelten Gesamtbuchwert der entsprechenden Kisten und Flaschen zum Zeitpunkt der Festwertbildung überein.

Die Bildung von Festwerten hat zur Folge, dass Absetzungen für Abnutzung auf die als Festwert berücksichtigten Wirtschaftsgüter nicht mehr möglich sind. Um den tatsächlichen Wertverlust erfassen zu können, werden die Aufwendungen für Zukäufe nicht aktiviert, sondern als sofort abzugsfähige Betriebsausgaben behandelt.

Beispiel:

Im Laufe des Jahres 06 ist es erforderlich, zerbrochene und unansehnlich gewordene Kisten und Flaschen durch neue zu ersetzen. Für die entsprechenden Zukäufe werden dem Unternehmer 22.000,00 EUR zuzüglich 3.520,00 EUR USt in Rechnung gestellt.

Buchungssatz:

	Soll/EUR	Haben/EUR
4805/6470 Instandhaltung von BGA	22.000,00	
1570/1400 Vorsteuer	3.520,00	
an 1600/3300 Verbindlichkeiten LuL		25.520,00

Die Bewertung des „eisernen Bestandes" mit Festwerten soll möglichst unverändert fortgeführt werden. Gleichzeitig wird aber auch erwartet, dass keine falschen Werte bilanziert werden. Um diesen Ansprüchen zu genügen, ist nicht an jedem, sondern in der Regel an jedem dritten, spätestens aber an jedem fünften Bilanzstichtag eine mengen- und wertmäßige Bestandsaufnahme der im Festwert enthaltenen Wirtschaftsgüter vorzunehmen (§ 240 Abs. 3 HGB, R 31 Abs. 4 EStR).

Übersteigt der bei der Inventur ermittelte Wert den bisherigen Festwert um mehr als 10%, muss, übersteigt er ihn um nicht mehr als 10%, darf eine Aufstockung des Festwerts erfolgen.

Die Aufstockung geschieht dadurch, dass die Anschaffungs-/Herstellungskosten der Zugänge, die im Abschlussjahr als Aufwendungen im Konto Instandhaltung von Betriebs- und Geschäftsausstattung erfasst worden sind, bis zur Höhe des Differenzbetrages zwischen altem und neuem Festwert auf das Festwertkonto umgebucht werden.

Beispiel:

In der Bilanz zum 31. Dez. 05 ist für Kisten und Flaschen ein Festwert in Höhe von 100.000,00 EUR gebildet worden. Bei der Inventur zum 31. Dez. 08 wird ein Festwert in Höhe von 140.000,00 EUR ermittelt.

Die im Jahr 08 erfolgten und im Konto Instandhaltung von Betriebs- und Geschäftsausstattung erfassten Zukäufe belaufen sich auf 25.000,00 EUR.

Der Wert der Zukäufe ist auf das Festwertkonto umzubuchen. Zum Ende des Wirtschaftsjahres 08 wird dementsprechend für Kisten und Flaschen ein Wert in Höhe von 125.000,00 EUR in der Bilanz ausgewiesen.

Buchungssatz:

	Soll/EUR	Haben/EUR
0490/0690 Kisten und Flaschen an 4805/6470 Instandhaltung von BGA	25.000,00	 25.000,00

Reichen die Zugänge im Abschlussjahr nicht aus, um den Festwert aufzufüllen (wie das im Beispiel der Fall ist), müssen auch die Zugänge der Folgejahre zur Aufstockung des Festwerts verwendet werden.

Beispiel:

Im Jahr 09 werden Kisten und Flaschen für 35.000,00 EUR zuzüglich 5.600,00 EUR auf Ziel zugekauft.

Zur Aufstockung des Festwerts werden Zukäufe im Wert von 15.000,00 EUR verwendet. Die restlichen Zukäufe im Wert von 20.000,00 EUR sind als laufender Aufwand zu berücksichtigen.

Buchungssatz:

	Soll/EUR	Haben/EUR
0490/0690 Kisten und Flaschen 4805/6470 Instandhaltung von BGA 1570/1400 Vorsteuer an 1600/3300 Verbindlichkeiten LuL	15.000,00 20.000,00 5.600,00	 40.600,00

Ist der bei der Bestandsaufnahme ermittelte Wert niedriger als der bisherige Festwert, besteht immer die Möglichkeit, den niedrigeren Wert als Festwert anzusetzen. Ist die festgestellte Wertminderung voraussichtlich von Dauer, muss eine Abschreibung auf den niedrigeren Wert erfolgen (strenges Niederstwertprinzip).

Beispiel:

Der Festwert für Kisten und Flaschen beträgt zum Ende des Wirtschaftsjahres 09 140.000,00 EUR. Bei der Inventur zum Ende des Wirtschaftsjahres 10 ergibt sich ein Festwert in Höhe von 120.000,00 EUR. Es muss davon ausgegangen werden, dass die Wertminderung von Dauer ist.

Aufgrund der dauernden Wertminderung ist auf den niedrigeren Wert abzuschreiben.

Buchungssatz:

	Soll/EUR	Haben/EUR
4840/6230 außerplanm. Abschr. auf Sachanl. an 0490/0690 Kisten und Flaschen	20.000,00	 20.000,00

Kontrollaufgaben

1. Unter welcher Voraussetzung ist es möglich, Wirtschaftsgüter des Anlagevermögens mit einem Festwert zu bilanzieren?
2. Wie wird die Höhe des Festwerts berechnet?
3. In welchen zeitlichen Abständen ist die Höhe des Festwerts zu überprüfen?
4. Welchen Einfluss haben Zukäufe auf die Höhe des Festwerts?

Vermischte Übungen

1. Für eine Werbeanzeige in der Tageszeitung ist lt. Eingangsrechnung (noch nicht gebucht) ein Betrag von 1.100,00 EUR zuzüglich 176,00 EUR USt zu zahlen.

   Zulässigerweise erfolgt der Rechnungsausgleich nach Abzug von 3 % Skonto durch Banküberweisung.

   Wie lauten die Buchungssätze?

2. Das Konto Werbekosten enthält im Soll einen Betrag von 500,00 EUR. Laut Auskunft Ihres Mandanten handelt es sich bei diesem Betrag um ein Geldgeschenk zur Hochzeit seines Enkels.

   Welche Buchung ist vorzunehmen?

3. Ihr Mandant erwarb am 2. Dez. 03 einen neuen PC für 4.200,00 EUR zuzüglich 672,00 EUR USt. Der Rechnungsausgleich erfolgte durch Inzahlunggabe eines gebrauchten PC für 928,00 EUR (einschließlich 16 % USt) und einen Bankscheck über den Restbetrag.

   Der alte PC war am 5. Jan. 01 für 5.500,00 EUR zuzüglich 880,00 EUR USt angeschafft worden. Bei einer betriebsgewöhnlichen Nutzungsdauer von 4 Jahren wurde er in den Jahren 01 und 02 mit jeweils 1.375,00 EUR abgeschrieben.

   Bilden Sie sämtliche Buchungssätze für das Jahr 03. Gehen Sie davon aus, dass die Nutzungsdauer des neuen PC 3 Jahre beträgt, die Abschreibung höchstmöglich zu erfolgen hat und die Voraussetzungen für die Sonderabschreibung nach § 7 g EStG vorliegen.

4. Erstellen Sie das Anlagenverzeichnis für die Zeit vom 1. Jan. 07 bis zum 31. Dez. 07. Berücksichtigen Sie dabei die folgenden Angaben:

Kto.-Nr.	Bezeichnung des Gegenstandes	Tag der Ansch./ Herst.	AK/HK	ND in Jahren	AfA-Art	Bilanzwert 31. Dez. 06
0235	Grund u. Boden Uferstr. 22	10. Mai 01	120.000,00			120.000,00
0250	Fabrikgebäude Uferstr. 22	20. Nov. 02	540.000,00	25	lin.	450.000,00
0300	Kraftfahrzeuge					
	PKW	18. Feb. 05	45.000,00	5	degr.	22.050,00
	LKW	15. Nov. 06	120.000,00	5	lin.	108.000,00
0400	andere BGA					
	EDV-Anlage	3. Jun. 06	80.000,00	5	degr.	56.000,00
	Büromöbel	11. Okt. 04	70.000,00	10	lin.	52.500,00

5. Im Monat Juli 01 kommt es, bedingt durch die betriebliche EDV-Anlage, zu folgenden Rechnungseingängen bei Ihrem Mandanten:
   - 500,00 EUR zuzüglich 80,00 EUR USt für Wartungsarbeiten,
   - 60,00 EUR zuzüglich 9,60 EUR USt für die Anschaffung von Disketten,
   - 30,00 EUR zuzüglich 4,80 EUR USt für die Anschaffung eines Druckerkabels (Ersatzanschaffung für ein defektes Druckerkabel),
   - 150,00 EUR zuzüglich 24,00 EUR USt für ein zusätzliches Diskettenlaufwerk,
   - 400,00 EUR zuzüglich 64,00 EUR USt für die Reparatur eines im PC eingebauten Diskettenlaufwerks,
   - 70,00 EUR zuzüglich 11,20 EUR USt für Druckerfarbbänder,
   - 200,00 EUR zuzüglich 32,00 EUR USt für Druckerpapier,
   - 550,00 EUR zuzüglich 88,00 EUR USt für die Anschaffung eines Streamers zur Datensicherung.

   Wie lauten die Buchungssätze?

6. Eine für einen Kunden bestellte EDV-Anlage trifft 5 Tage später als vereinbart bei Ihrem Mandanten ein. Laut Eingangsrechnung beläuft sich der Rechnungsbetrag auf 8.200,00 EUR zuzüglich 1.312,00 EUR USt. Er wird nach Abzug von 3% Skonto sowie der Konventionalstrafe von 70,00 EUR täglich durch Banküberweisung beglichen.

   Wie ist zu buchen?

7. Ihr Mandant kaufte am 27. Jul. 01 eine Maschine für 40.000,00 EUR zuzüglich 6.400,00 EUR USt. Der Rechnungsausgleich erfolgte durch
   - Inzahlunggabe einer voll abgeschriebenen Maschine für 1.200,00 EUR zuzüglich 192,00 EUR USt,
   - Abzug von 2% Skonto, berechnet vom Kaufpreis, und
   - Aushändigung eines Bankverrechnungsschecks im Betrag von 44.080,00 EUR.

   Bisher wurde lediglich gebucht:

Verbindlichkeiten LuL	44.080,00 EUR	
an Bank		44.080,00 EUR

   Um die Standfestigkeit der Maschine zu erhöhen, musste im August 01 eine Verankerung erfolgen. Für diese Arbeiten erhielt Ihr Mandant eine Eingangsrechnung über 2.800,00 EUR zuzüglich 448,00 EUR USt. Der Rechnungsausgleich erfolgte durch Banküberweisung.

   Gebucht wurde:

Instandhaltung Maschinen	2.800,00 EUR	
Vorsteuer	448,00 EUR	
an Bank		3.248,00 EUR

   Führen Sie die ggf. notwendigen Korrekturbuchungen durch.

8. Ein Kunde kann am fest vereinbarten Fälligkeitstag nicht zahlen. Er wendet sich an Ihren Mandanten und bittet ihn, den Rechnungsbetrag in Höhe von 7.475,00 EUR (gesonderte Kreditgewährung) für vier Monate zu stunden.

   Ihr Mandant ist einverstanden. Nach Ablauf der Stundungsfrist belastet er den Kunden mit 6% Stundungszinsen.

   Wie ist zu buchen?

9. Der Kauf einer Maschine mit einer betriebsgewöhnlichen Nutzungsdauer von 5 Jahren erfolgte am 2. Nov. 01 für 44.000,00 EUR zuzüglich 7.040,00 EUR USt. Den Vertragsbedingungen ist zu entnehmen, dass bei Lieferung ein Betrag von 7.040,00 EUR zu zahlen ist und der Ausgleich des Restbetrages in 5 gleichen Monatsraten, die jeweils am Monatsersten fällig sind, zu erfolgen hat.

Da die Zahlungen bis zum 31. Dez. 01 pünktlich geleistet wurden, buchte der Buchhalter Ihres Mandanten

zum 2. Nov. 01		
Vorsteuer	7.040,00 EUR	
an Bank		7.040,00 EUR
zum 1. Dez. 01		
Maschinen	8.800,00 EUR	
an Bank		8.800,00 EUR

und zum 31. Dez. 01, da die AfA linear erfolgen soll:

Abschreibung auf Sachanlagen	880,00 EUR	
an Maschinen		880,00 EUR

Nehmen Sie die ggf. notwendigen Korrekturbuchungen zum 31. Dez. 01 vor. Gehen Sie davon aus, dass die Aufwendungen für 01 möglichst hoch sein sollen.

10. Anlässlich seiner Hochzeit erhielt ein Geschäftsfreund als Geschenk eine Ledermappe. Ihr Mandant hatte diese für 220,00 EUR zuzüglich 16 % USt bezogen. Kunden bietet er entsprechende Mappen für 400,00 EUR an.

    Wie ist zu buchen?

11. Eine am 5. Jul. 01 für 84.000,00 EUR zuzüglich 13.440,00 EUR USt angeschaffte Maschine Ihres Mandanten wird infolge eines Maschinenbrandes am 5. Sep. 02 völlig zerstört. Am 30. Sep. 02 wurde sie einem Schrotthändler übergeben, der für die Demontage und den Abtransport 1.200,00 EUR zuzüglich 192,00 EUR USt erhielt. Die Maschine hatte eine betriebsgewöhnliche Nutzungsdauer von 6 Jahren und wurde in 01 degressiv abgeschrieben.

    Buchen Sie den gesamten Vorgang.

12. Ihr Mandant, ein Großhändler (USt 16 %), arbeitet mit einem Kalkulationszuschlag von 30 %.

    Wie hat er deshalb zu buchen, wenn er eine Ware, die er für 2.200,00 EUR bezogen hat, an einen Einzelhändler auf Ziel verkauft?

13. Ihr Mandant (USt 16 %) in Bremen lieferte am 20. Nov. 01 Waren im Nettowert von

    a) 5.000,00 EUR an einen Unternehmer in Südafrika,
    b) 6.200,00 EUR an einen Privatmann in Marokko,
    c) 4.400,00 EUR an einen Unternehmer in Lissabon,
    d) 7.700,00 EUR an einen Privatmann in Brüssel.

    Wie ist zu buchen, wenn sämtliche ggf. erforderlichen Nachweise/USt-Id.-Nrn. vorliegen?

3 Umlaufvermögen

Zum Umlaufvermögen gehören Wirtschaftsgüter, die dazu bestimmt sind, dem Geschäftsbetrieb nur vorübergehend zu dienen. Sie sind entweder zum Verbrauch, zur Veräußerung oder für eine sonstige kurzfristige Verwertung innerhalb des Unternehmens vorgesehen. Als Umlaufvermögen sind deshalb vor allem Vorräte, Forderungen, Geldbestände, Wechsel und zur vorübergehenden Geldanlage gehaltene Wertpapiere zu behandeln.

Da die Wirtschaftsgüter des Umlaufvermögens keiner Abnutzung unterliegen, sind sie grundsätzlich mit ihren Anschaffungs-/Herstellungskosten zu bewerten (§ 253 Abs. 1 S. 1 HGB, § 6 Abs. 1 Ziff. 2 EStG). Dieser Wert darf nie überschritten werden. Ein niedrigerer Wertansatz ist allerdings möglich, in bestimmten Fällen sogar vorgeschrieben.

33 Hengstebeck - ISBN 3-8120-0068-7

Sinkt der Wert eines zum Umlaufvermögen gehörenden Vermögensgegenstandes zum Bilanzstichtag unter seine Anschaffungs- oder Herstellungskosten, muss handelsrechtlich, auch bei nur vorübergehender Wertminderung, eine Abschreibung auf den niedrigeren Wert erfolgen (§ 253 Abs. 3 S. 1 HGB). Dies gilt für alle Unternehmensformen. Steuerrechtlich muss und darf allerdings nur bei einer voraussichtlich dauernden Wertminderung eine Abschreibung auf den niedrigeren Wert erfolgen (§ 6 Abs. 1 Ziff. 2 S. 2 EStG).

Da die Wirtschaftsgüter des Umlaufvermögens nicht dazu bestimmt sind, dem Betrieb auf Dauer zu dienen, kommt dem Zeitpunkt der Veräußerung oder Verwendung für die Bestimmung einer auch aus steuerrechtlicher Sicht voraussichtlichen dauernden Wertminderung eine besondere Bedeutung zu. Hält die Wertminderung bis zum Zeitpunkt der Aufstellung der Bilanz oder dem vorangegangenen Verkaufs- oder Verbrauchszeitpunkt an, so ist die Wertminderung voraussichtlich von Dauer. Zusätzliche Erkenntnisse bis zu diesem Zeitpunkt sind allerdings zu berücksichtigen.

Der niedrigere Wert entspricht in der Regel dem Börsen- oder Marktpreis (§ 253 Abs. 3 S. 1 HGB). Ist ein Börsen- oder Marktpreis nicht feststellbar, übersteigen die Anschaffungs- oder Herstellungskosten aber den Wert, der dem Vermögensgegenstand am Abschlussstichtag beizulegen ist, so ist der Vermögensgegenstand auf diesen niedrigeren Wert abzuschreiben (§ 253 Abs. 3 S. 2 HGB).

Außerdem dürfen von allen Unternehmensformen (nur handelsrechtlich) Abschreibungen vorgenommen werden, soweit diese nach vernünftiger kaufmännischer Beurteilung notwendig sind (§ 253 Abs. 3 S. 3 HGB), um zu verhindern, dass der zum Bilanzstichtag gewählte Wertansatz aufgrund von Wertschwankungen in der nächsten Zukunft (innerhalb der nächsten zwei Wirtschaftsjahre) geändert werden muss.

Diese Regelung ist insbesondere für Vermögensgegenstände von Bedeutung, die einen Kurswert haben (z. B. Wertpapiere, Edelmetalle).

Einzelunternehmen und Personengesellschaften dürfen darüber hinaus (nur handelsrechtlich) auch noch außerplanmäßige Abschreibungen im Rahmen vernünftiger kaufmännischer Beurteilung vornehmen (§§ 253 Abs. 4 und 279 Abs. 1 HGB). Diese Abschreibungen werden z. B. in Anspruch genommen, um unerwünscht hohe Gewinnausschüttungen an atypische stille Gesellschafter oder Kommanditisten zu verhindern.

Entfallen nachträglich die Gründe für die Vornahme einer Abschreibung auf den niedrigeren Wert, ist es Einzelunternehmen und Personengesellschaften handelsrechtlich möglich (§ 253 Abs. 5 HGB), den in der Vergangenheit gewählten niedrigeren Wertansatz für diesen Vermögensgegenstand beizubehalten (Wertbeibehaltungswahlrecht).

Es besteht handelsrechtlich aber auch die Möglichkeit, für Kapitalgesellschaften und KapGes & Co. KG/OHG allerdings die Verpflichtung (§ 280 Abs. 1 HGB), wieder einen höheren Wert für diesen Vermögensgegenstand anzusetzen (Zuschreibung). Dieser darf jedoch nicht über den ursprünglichen Anschaffungskosten des Wirtschaftsguts liegen.

Steuerrechtlich besteht für alle Unternehmensformen eine Zuschreibungsverpflichtung, wenn die Gründe für die Vornahme einer Abschreibung entfallen oder es aus anderen Gründen zu einer Erhöhung des Teilwerts kommt (§ 6 Abs. 1 Ziff. 2 S. 3 EStG).

Übersteigt der tatsächliche Wert der Vermögensgegenstände des Umlaufvermögens den ermittelten Buchwert, kommt es zur Bildung stiller Rücklagen (Unterbewertung von Vermögensgegenständen). Möglich ist dies, wenn Wertsteigerungen stattgefunden haben oder wenn Zuschreibungen bei Fortfall des Abschreibungsgrundes durch Einzelunternehmen und Personengesellschaften (§ 253 Abs. 5 HGB) nicht vorgenommen werden.

Bewertung des Umlaufvermögens			
	handelsrechtlich		steuerrechtlich
	EU/PersGes	KapGes und KapGes & Co. KG/OHG	alle Unternehmensformen
grundsätzlich	AK	AK	AK
bei dauernder Wertminderung	Abschreibung vorgeschrieben	Abschreibung vorgeschrieben	Abschreibung vorgeschrieben
bei vorübergehender Wertminderung	Abschreibung vorgeschrieben	Abschreibung vorgeschrieben	Abschreibung unzulässig
aufgrund erwarteter künftiger Wertschwankungen	Abschreibung zulässig	Abschreibung zulässig	Abschreibung unzulässig
aufgrund vernünftiger kaufmännischer Beurteilung	Abschreibung zulässig	Abschreibung unzulässig	Abschreibung unzulässig
bei Fortfall des Abschreibungsgrundes oder einer Erhöhung des Teilwerts aus anderen Gründen	Zuschreibung möglich	Zuschreibung vorgeschrieben	Zuschreibung vorgeschrieben

Kontrollaufgaben

1. Nennen Sie Beispiele für Wirtschaftsgüter des Umlaufvermögens.
2. Mit welchem Wert sind Wirtschaftsgüter des Umlaufvermögens grundsätzlich in der Bilanz auszuweisen?
3. Wann sind Wirtschaftsgüter des Umlaufvermögens mit einem unter den Anschaffungs-/Herstellungskosten liegenden niedrigeren Wert zu bilanzieren?
4. Unter welcher Voraussetzung und in welcher Bilanz dürfen Wirtschaftsgüter des Umlaufvermögens mit dem niedrigeren Zukunftswert angesetzt werden?
5. Wie und bei welchen Unternehmensformen beeinflussen Abschreibungen im Rahmen vernünftiger kaufmännischer Beurteilung den Wert der Wirtschaftsgüter des Umlaufvermögens
   a) in der Steuerbilanz,
   b) in der Handelsbilanz?

3.1 Bewertung von Vorräten

Die Bewertung von Vorräten ist in § 253 Abs. 3 HGB sowie in § 6 Abs. 1 Ziff. 2 EStG geregelt. Danach sind Vorräte grundsätzlich mit ihren Anschaffungs-/Herstellungskosten zu aktivieren. Ist ihr Wert am Bilanzstichtag voraussichtlich dauerhaft niedriger, muss sowohl handels- als auch steuerrechtlich eine Abschreibung auf den niedrigeren Wert erfolgen. Darüber hinaus ist, allerdings nur handelsrechtlich, auch bei einer nur vorübergehenden Wertminderung eine Abschreibung auf den niedrigeren Wert vorgeschrieben.

Aus steuerrechtlicher Sicht liegt bei den Wirtschaftsgütern des Vorratsvermögens eine voraussichtlich dauernde Wertminderung vor, wenn ihr Teilwert am Bilanzstichtag und - soweit noch vorhanden - auch bis zum Zeitpunkt der Aufstellung der Bilanz niedriger als ihre Anschaffungs-/Herstellungskosten ist.

Grundsätzlich verlangt § 240 Abs. 1 HGB die Einzelbewertung aller Vermögensgegenstände. Das setzt zunächst voraus, dass die Höhe der entsprechenden Anschaffungs- oder Herstellungskosten für jedes Wirtschaftsgut genau bestimmt werden kann.

Werden gleichartige Wirtschaftsgüter zu unterschiedlichen Preisen eingekauft/hergestellt und gemeinsam gelagert, ist die Bestimmung der jeweiligen Anschaffungs-/Herstellungskosten zum Abschlussstichtag häufig mit erheblichen Problemen verbunden.

Der Grundsatz der Einzelbewertung tritt deshalb in den Hintergrund, wenn die Aufwendungen, die zur Bestimmung der Anschaffungs-/Herstellungskosten für die einzelnen Wirtschaftsgüter anfallen, den mit der Einzelerfassung verbundenen Informationsgewinn nicht mehr rechtfertigen. In diesen Fällen lässt der Gesetzgeber verschiedene Schätzverfahren zur Bestimmung der Anschaffungs-/Herstellungskosten zu (§§ 256, 240 Abs. 3 und 4 HGB). Er erlaubt damit anstelle der Einzelbewertung die Sammel- oder Gruppenbewertung.

Als Schätzverfahren für die Bestimmung der Höhe der Anschaffungs-/Herstellungskosten kommen die Durchschnittsbewertung, die Wertermittlung nach bestimmten Verbrauchsfolgeverfahren und Festwerte in Betracht.

3.1.1 Durchschnittsbewertung

Werden die Anschaffungskosten für eine Gruppe von Vermögensgegenständen mit Hilfe der Durchschnittsbewertung ermittelt (R 36 Abs. 4 EStR), bedeutet das, dass als Wert der Vorräte ein gewogener Durchschnittswert berechnet wird.

In die Berechnung gehen die Anschaffungskosten aller im Wirtschaftsjahr beschafften Vorräte ein. Ist bereits ein Anfangsbestand vorhanden, so wird der Durchschnittswert aus dem Anfangsbestand und den Anschaffungskosten der Wareneingänge des lfd. Jahres ermittelt.

Beispiel:

Ein Großhändler kaufte im abgelaufenen Wirtschaftsjahr folgende Waren der Warengruppe I ein:

10. Feb.	2.000 kg	2,40 EUR/kg	=	4.800,00 EUR netto
15. Mai	3.000 kg	2,33 EUR/kg	=	6.990,00 EUR netto
20. Aug.	5.000 kg	2,10 EUR/kg	=	10.500,00 EUR netto
10. Nov.	2.000 kg	2,50 EUR/kg	=	5.000,00 EUR netto
20. Dez.	1.000 kg	3,00 EUR/kg	=	3.000,00 EUR netto
	13.000 kg	zum Preis von insgesamt		30.290,00 EUR netto

Am Bilanzstichtag sind noch 2.400 kg der Warengruppe I auf Lager. Die Wiederbeschaffungskosten zum Bilanzstichtag betragen 3,20 EUR je kg, am Tag der Bilanzaufstellung 2,70 EUR je kg.

Die Bewertung der Vorräte hat mit 2,33 EUR je kg (30.290,00 EUR : 13.000), also mit 5.592,00 EUR zu erfolgen.

Noch genauer ist die Ermittlung des Durchschnittswerts aufgrund permanenter Fortschreibung der Zu- und Abgänge. Nach jedem Zugang wird ein neuer Durchschnittswert ermittelt. Kommt es zu Abgängen, sind diese mit dem jeweils aktuellen Durchschnittspreis zu berücksichtigen.

Beispiel:

Der Lagerbestand der Warengruppe I entwickelte sich im abgelaufenen Wirtschaftsjahr wie folgt:

Anfangsbestand	600 kg	6,00 EUR/kg	=	3.600,00 EUR
+ Zugang	900 kg	7,00 EUR/kg	=	6.300,00 EUR
neuer Bestand	1.500 kg	6,60 EUR/kg	=	9.900,00 EUR
+ Zugang	500 kg	7,40 EUR/kg	=	3.700,00 EUR
neuer Bestand	2.000 kg	6,80 EUR/kg	=	13.600,00 EUR
– Abgang	1.000 kg	6,80 EUR/kg	=	6.800,00 EUR
neuer Bestand	1.000 kg	6,80 EUR/kg	=	6.800,00 EUR
+ Zugang	400 kg	5,75 EUR/kg	=	2.300,00 EUR
neuer Bestand	1.400 kg	6,50 EUR/kg	=	9.100,00 EUR

Der Marktpreis am Bilanzstichtag beträgt 6,20 EUR.

Als gewogener Durchschnittswert wird ein kg-Preis in Höhe von 6,50 EUR ermittelt. Da der Marktpreis nur 6,20 EUR beträgt, hat die Bewertung handelsrechtlich mit 6,20 EUR je kg, also insgesamt mit 8.680,00 EUR zu erfolgen. Steuerrechtlich ist dieser Wert nur bei einer voraussichtlich dauerhaften Wertminderung anzusetzen. Diese liegt vor, wenn der Marktpreis auch bis zum Tag der Bilanzaufstellung unter 6,50 EUR liegt.

Zu einer Buchung kommt es daraufhin im Allgemeinen nicht, weil der niedrigere Wert im Wert des Schlussbestandes (lt. Inventur) berücksichtigt wird.

3.1.2 Wertermittlung nach bestimmten Verbrauchsfolgeverfahren

Die Anschaffungskosten der Wirtschaftsgüter des Vorratsvermögens können auch nach Verfahren berechnet werden, die eine bestimmte Verbrauchsfolge unterstellen (§ 256 HGB). Als solche kommen vor allem die Fifo-Methode, die Lifo-Methode und die Hifo-Methode in Betracht.

Fifo-Methode (first in – first out)

Hier gelten die zuerst angeschafften oder hergestellten Vermögensgegenstände auch als zuerst verbraucht oder veräußert, d. h., die zu bewertenden Vorräte stammen aus den letzten Anschaffungen.

Bei ständig fallenden Preisen kommt eine Bewertung durch Anwendung der Fifo-Methode den aktuellen Marktpreisen am nächsten.

Lifo-Methode (last in – first out)

Bei diesem Verfahren gelten die zuletzt angeschafften oder hergestellten Vermögensgegenstände als zuerst verbraucht oder veräußert, d. h., die zu bewertenden Vorräte stammen aus dem Anfangsbestand und den ersten Anschaffungen.

Bei ständig steigenden Preisen hat das Lifo-Verfahren die Bildung stiller Reserven zur Folge.

Hifo-Methode (highest in – first out)

Hier wird unterstellt, dass die Bestände mit den höchsten Anschaffungs-/Herstellungskosten zuerst verbraucht oder veräußert werden.

Da die Bestände mit den niedrigsten Anschaffungs- oder Herstellungskosten bewertet werden, führt das Verfahren bei jeder Preisentwicklung zur Bildung von stillen Reserven.

Handelsrechtlich sind alle diese Bewertungsmethoden zulässig. Steuerrechtlich wird nur das Lifo-Verfahren als Verbrauchsfolgeverfahren anerkannt (§ 6 Abs. 1 Ziff. 2 a EStG).

Beispiel:

Ein Großhändler kaufte im abgelaufenen Wirtschaftsjahr folgende Waren der Warengruppe I ein:

10. Feb.	2.000 kg	2,40 EUR/kg	=	4.800,00 EUR netto
15. Mai	3.000 kg	2,33 EUR/kg	=	6.990,00 EUR netto
20. Aug.	5.000 kg	2,10 EUR/kg	=	10.500,00 EUR netto
10. Nov.	2.000 kg	2,50 EUR/kg	=	5.000,00 EUR netto
20. Dez.	1.000 kg	3,00 EUR/kg	=	3.000,00 EUR netto

Am Bilanzstichtag sind noch 2.400 kg der Warengruppe I auf Lager.

Als Anschaffungskosten ergeben sich nach der

a) Lifo-Methode 5.732,00 EUR (2.000 · 2,40 EUR = 4.800,00 EUR
400 · 2,33 EUR = 932,00 EUR)

b) Fifo-Methode 6.500,00 EUR (1.000 · 3,00 EUR = 3.000,00 EUR
1.400 · 2,50 EUR = 3.500,00 EUR)

c) Hifo-Methode 5.040,00 EUR (2.400 · 2,10 EUR = 5.040,00 EUR)

3.1.3 Exkurs: Bildung von Festwerten

Die Bildung von Festwerten für Vermögensgegenstände des Vorratsvermögens ist nur für den Bestand an Roh-, Hilfs- und Betriebsstoffen (nicht für Waren sowie fertige und unfertige Erzeugnisse) zulässig (R 36 Abs. 5 EStR, § 240 Abs. 3 HGB). Dies aber auch nur dann, wenn

- Abgänge regelmäßig ersetzt werden,
- der Wert dieser Vorräte für das Unternehmen von nachrangiger Bedeutung ist und
- es bei diesen Beständen über längere Zeit nur zu geringfügigen mengen- und wertmäßigen Änderungen kommt.

Die Höhe des Festwerts wird durch die Anschaffungskosten der im Festwert erfassten Vorräte bestimmt.

Da nicht auszuschließen ist, dass gelegentlich auch größere Abweichungen zwischen dem tatsächlichen Wert der Roh-, Hilfs- und Betriebsstoffe, für die ein Festwert gebildet worden ist, und der Höhe des Festwerts eintreten können, muss der Festwert von Zeit zu Zeit durch eine körperliche Bestandsaufnahme überprüft werden. In der Regel ist dies an jedem dritten Bilanzstichtag der Fall.

Kontrollaufgaben

1. Unter welchen Voraussetzungen ist es zulässig, den Bilanzansatz für Wirtschaftsgüter des Umlaufvermögens durch Sammel- oder Gruppenbewertung zu ermitteln?
2. Welche Möglichkeiten der Sammel- oder Gruppenbewertung stehen zur Verfügung?
3. Beschreiben Sie, wie der Wert der Wirtschaftsgüter des Umlaufvermögens im Falle
   a) der Durchschnittsbewertung,
   b) der Wertermittlung nach Verbrauchsfolgeverfahren,
   c) der Bildung von Festwerten
   ermittelt wird.

4. Mit welchem Wert sind die Wirtschaftsgüter des Umlaufvermögens in der Bilanz auszuweisen, wenn die Anschaffungs-/Herstellungskosten zum Abschlussstichtag

   a) über,

   b) unter

   dem zu 3. ermittelten Wert liegen?

Übungen

Vorbemerkungen zu den Geschäftsvorfällen 1 bis 18:

Bestimmen Sie, mit welchen Werten die Vermögensgegenstände des Umlaufvermögens

- in der Handelsbilanz (einerseits bei KapGes, andererseits bei EU/PersGes),
- in der Steuerbilanz

auszuweisen sind.

1. Den Aufzeichnungen Ihres Mandanten ist folgende Entwicklung des Bestandes an Drahtstiften, Flachkopf, Länge 35 mm, zu entnehmen:

Anfangsbestand	1. Jan. 01	15.600 kg	zu 5,70 EUR/kg
Abgang	19. Feb. 01	7.100 kg	
Zugang	24. Mai 01	9.300 kg	zu 6,10 EUR/kg
Zugang	10. Jul. 01	5.400 kg	zu 5,90 EUR/kg
Abgang	7. Sep. 01	12.500 kg	

   Mit welchem Betrag ist der Endbestand zum 31. Dez. 01 bei Durchschnittsbewertung anzusetzen, wenn die Wiederbeschaffungskosten zum Bilanzstichtag 5,80 EUR, am Tag der Bilanzaufstellung aber 5,90 EUR betragen?

2. Bei der Inventur zum 31. Dez. 01 ermittelte Ihr Mandant, ein Textileinzelhändler, einen Warenbestand zu Verkaufspreisen (incl. 16 % USt) von 378.000,00 EUR.

   Mit welchem Betrag ist der Warenbestand zu bilanzieren, wenn Ihr Mandant, der mit einem Kalkulationszuschlag von 110 % arbeitet, diese Waren am Bilanzstichtag und auch am Tag der Bilanzaufstellung mit einem Preisnachlass von 80 % beziehen könnte?

3. Ihr Mandant kaufte im Jahr 01 erstmals eine Standardware zu unterschiedlichen Nettopreisen ein:

20. Jan. 01	360 kg	zu 6,80 EUR/kg
15. Mär. 01	610 kg	zu 5,90 EUR/kg
20. Jul. 01	420 kg	zu 6,30 EUR/kg
25. Sep. 01	530 kg	zu 6,40 EUR/kg

   Wie hoch ist der Wert des Endbestandes

   a) nach dem gewogenen Durchschnitt,

   b) nach der Lifo-Methode,

   wenn am 31. Dez. 01 noch 570 kg der Ware vorhanden sind und der Wert zum Bilanzstichtag 6,70 EUR/kg, am Tag der Bilanzaufstellung aber 6,20 EUR/kg beträgt?

4. Ihr Mandant, ein Einzelunternehmer, erwarb im Juli 01 zum Zwecke der Weiterveräußerung 500.000 l Heizöl zum Literpreis von 0,21 EUR. Die am 31. Dez. 01 noch vorhandenen 380.000 l Heizöl wurden wegen der gesunkenen Wiederbeschaffungskosten handels- und steuerrechtlich zutreffend mit 0,17 EUR bewertet.

   Mit welchen Beträgen kann der am 31. Dez. 02 noch vorhandene Ölvorrat von 40.000 l bewertet werden, wenn der Ölpreis bis dahin auf 0,29 EUR, bis zum Tag der Bilanzaufstellung sogar bis auf 0,35 EUR gestiegen ist?

5. Im Laufe eines Jahres kommt es zu folgenden Rohstoffeinkäufen durch Ihren Mandanten:

15. Mai 01	3.000 kg	zu	4,20 EUR/kg
20. Aug. 01	5.000 kg	zu	5,10 EUR/kg
10. Nov. 01	2.000 kg	zu	4,70 EUR/kg
20. Dez. 01	1.000 kg	zu	4,90 EUR/kg

Am 31. Dez. 01 sind noch 2.750 kg des Rohstoffs auf Lager.

a) Berechnen Sie den Wert des Endbestandes
   - nach dem gewogenen Durchschnitt,
   - nach der Lifo-Methode.

b) Bestimmen Sie den Bilanzansatz für diese Vorräte. Gehen Sie davon aus, dass sich die Wiederbeschaffungskosten zum Bilanzstichtag auf 4,50 EUR/kg belaufen, am Tag der Bilanzaufstellung aber 4,80 EUR/kg betragen.

6. Im Warenbestand Ihres Mandanten befinden sich am Bilanzstichtag noch 80 von 250 Flaschen Wein, die im Oktober 01 für 6,40 EUR je Flasche eingekauft und zum 31. Dez. 01 handels- und steuerrechtlich zutreffend mit 5,80 EUR je Flasche bewertet wurden.

   Die Wiederbeschaffungskosten der am 31. Dez. 02 noch vorhandenen Flaschen belaufen sich auf insgesamt 540,00 EUR, am Tag der Bilanzaufstellung sogar auf 580,00 EUR.

   Ermitteln Sie den Bilanzansatz zum 31. Dez. 02.

7. Ihr Mandant, der lediglich eine Standardware vertreibt, legt Ihnen folgende Zahlen über die Entwicklung des Warenbestandes vor:

1. Jan. 01	Anfangsbestand	2.700 Stück	zu je 3,50 EUR
20. Jan. 01	Verkauf	800 Stück	
27. Jan. 01	Einkauf	3.500 Stück	zu je 3,30 EUR
31. Jan. 01	Verkauf	1.200 Stück	
15. Feb. 01	Einkauf	900 Stück	zu je 3,60 EUR
28. Feb. 01	Verkauf	1.700 Stück	
10. Mär. 01	Einkauf	1.400 Stück	zu je 3,72 EUR
25. Mär. 01	Verkauf	1.900 Stück	

   Berechnen Sie den Warenbestand zum 31. Mär. 01

   a) nach dem gewogenen Durchschnitt,

   b) nach der Lifo-Methode.

8. Den Aufzeichnungen Ihres Mandanten sind zum 31. Dez. 01 folgende Angaben zu entnehmen:

Warenbestand zu Nettoeinkaufspreisen	182.600,00 EUR
anteilige Anschaffungsnebenkosten	5.740,00 EUR
Bestand zu Nettoverkaufspreisen	339.012,00 EUR
Bestand zu Wiederbeschaffungskosten	192.700,00 EUR

   Mit welchem Betrag ist der Warenbestand zu bilanzieren?

9. Ihr Mandant, der seinen Gewinn nach § 5 EStG ermittelt, verkaufte im Laufe des Jahres 01 8.500 kg einer Standardware.

   Wie hoch ist der Bilanzansatz für den Endbestand, wenn die Bewertung grundsätzlich nach der Lifo-Methode erfolgt und folgende Angaben vorliegen:

1. Jan. 01	Anfangsbestand	2.500 kg zu 23,00 EUR/kg
27. Mär. 01	Zugang	2.800 kg zu 21,00 EUR/kg
30. Jul. 01	Zugang	3.200 kg zu 26,00 EUR/kg
2. Okt. 01	Zugang	2.900 kg zu 24,00 EUR/kg
31. Dez. 01	Wiederbeschaffungskosten	25,00 EUR/kg

10. Ihr Mandant hat am 20. Jul. 01 Waren zum Nettopreis von 6.500,00 EUR erworben. Diese hat er am 20. Feb. 02 für 7.800,00 EUR zuzüglich USt verkauft.

Mit welchem Betrag sind diese Waren in der Bilanz anzusetzen, wenn sich die Wiederbeschaffungskosten zum 31. Dez. 01 auf 6.000,00 EUR, am Tag des Verkaufs auf 5.000,00 EUR belaufen?

11. Ihr Mandant hat am 5. Aug. 01 800 kg einer bestimmten Ware für 11.200,00 EUR zuzüglich 1.792,00 EUR USt erworben. Bis zum Bilanzstichtag hat er 500 kg der Ware für insgesamt 10.500,00 EUR zuzüglich 1.680,00 EUR USt veräußert.

Mit welchem Betrag ist der Endbestand dieser Waren in der Bilanz zum 31. Dez. 01 anzusetzen, wenn 800 kg zu diesem Zeitpunkt und auch bis zum Tag der Bilanzaufstellung

a) für 12.800,00 EUR (netto),
b) für 10.400,00 EUR (netto)

bezogen werden können?

12. Ihr Mandant kaufte im Jahr 01 Rohstoffe der Gruppe I zu folgenden Mengen und Preisen ein:

Datum	Menge in t	Nettopreis je t	Nettopreis der Lieferung
15. Jan.	200	138,00 EUR	27.600,00 EUR
19. Mär.	340	142,00 EUR	48.280,00 EUR
20. Mai	120	150,00 EUR	18.000,00 EUR
11. Jun.	310	135,00 EUR	41.850,00 EUR
25. Sep.	280	134,00 EUR	37.520,00 EUR
10. Dez.	150	133,00 EUR	19.950,00 EUR
	1.400		193.200,00 EUR

Am Bilanzstichtag sind noch 240 t auf Lager.

Welche Beträge lassen HGB und EStG als Wertansätze zu, wenn die Wiederbeschaffungskosten pro t zum 31. Dez. 01 148,00 EUR, am Tag der Bilanzaufstellung aber 152,00 EUR betragen?

13. Im Sortiment Ihres Mandanten befinden sich auch Standardwaren. Ein Posten solcher Waren wurde zum 31. Dez. 02 handels- und steuerrechtlich zutreffend mit 5.040,00 EUR bilanziert.

Aus den Aufzeichnungen Ihres Mandanten geht hervor, dass die Anschaffungskosten dieser Waren im Jahr 01 6.000,00 EUR betragen haben.

Weiter ist bekannt, dass sich die Wiederbeschaffungskosten zum 31. Dez. 03 auf 6.500,00 EUR belaufen und sich bis zum Tag der Bilanzaufstellung nicht verändert haben.

a) Welche Bewertungsmöglichkeiten stehen Ihrem Mandanten zum 31. Dez. 03 zur Verfügung?
b) Bilden Sie, falls erforderlich, den Buchungssatz.

14. Ihr Mandant hat am 31. Dez. 01 einen Lagerbestand von 1.800 Maurereimern, deren Anschaffungskosten 2,50 EUR/Stück betragen haben.

Am Bilanzstichtag bietet ein Hersteller gleichartige Eimer zu folgenden Konditionen an:

Abnahmemenge bis 2.000 Stück	2,80 EUR/Stück
Abnahmemenge ab 2.001 Stück	2,70 EUR/Stück
Abnahmemenge ab 3.501 Stück	2,55 EUR/Stück

Wie lautet der Bilanzansatz zum 31. Dez. 01, wenn die übliche Bestellmenge des Baumarktes bei 2.500 Eimern liegt?

15. Im Warenbestand Ihres Mandanten befindet sich ein PC, dessen Anschaffungskosten 6.300,00 EUR betragen haben. Dieses Gerät wurde häufig zu Vorführzwecken ausgeliehen und ist daher nur noch mit einem höheren Preisnachlass zu veräußern. Zurzeit wird es Interessenten für 4.100,00 EUR zuzüglich 656,00 EUR USt angeboten.

Wie ist das Gerät zum Bilanzstichtag zu bilanzieren, wenn Ihr Mandant ein gleichartiges Gerät im gleichen Zustand am 31. Dez. 01 für 3.800,00 EUR, am Tag der Bilanzaufstellung aber nur noch für 3.500,00 EUR in Zahlung nehmen würde?

16. Bei der Inventur zum 31. Dez. 01 wurde ein Warenbestand von 376.500,00 EUR ermittelt. Eine Routinekontrolle ergab allerdings, dass die Anschaffungskosten einer mit 62.650,00 EUR erfassten Warengruppe lediglich 34.570,00 EUR betrugen.

Begründen Sie, ob eine Korrektur des bei der Inventur ermittelten Warenbestandes erforderlich ist, wenn die Wiederbeschaffungskosten der betreffenden Warengruppe zum Bilanzstichtag 62.650,00 EUR, am Tag der Bilanzaufstellung sogar 70.190,00 EUR betragen.

17. Ihr Mandant hat am 31. Dez. 01 noch 15 Rollen Teppichboden zu je 4 m · 10 m auf Lager, deren Anschaffungskosten 25,00 EUR je m^2 betragen haben.

Mit welchem Betrag sind die 15 Rollen zu bilanzieren, wenn die Wiederbeschaffungskosten am 31. Dez. 01 20,00 EUR und bei Bilanzaufstellung am 3. Apr. 02 26,00 EUR je m^2 betragen?

3.2 Bewertung von Forderungen

Forderungen, die zum Umlaufvermögen gehören, entstehen insbesondere bei der Ausführung von Lieferungen und Leistungen. Sie stellen das Recht des Unternehmers auf eine Gegenleistung dar, weil er, aber noch nicht der Abnehmer, die in einem Vertrag übernommenen Verpflichtungen erfüllt hat.

Forderungen sind grundsätzlich mit ihren Anschaffungskosten zu bewerten (§ 253 Abs. 1 HGB, § 6 Abs. 1 Ziff. 2 EStG). Diese entsprechen dem Nennwert der Forderung, d. h. dem Rechnungsbetrag einschließlich der Umsatzsteuer.

Ist der tatsächliche Wert einer Forderung zum Abschlussstichtag niedriger als ihr Nennwert, muss eine Abschreibung auf den niedrigeren Wert erfolgen (strenges Niederstwertprinzip, § 253 Abs. 2 S. 3 HGB). Da unterstellt werden kann, dass eine dauernde Wertminderung vorliegt, ist auch steuerrechtlich der niedrigere Teilwert der Forderung anzusetzen (§ 6 Abs. 1 Ziff. 2 S. 2 EStG).

Entscheidend für die Bewertung sind die tatsächlichen Verhältnisse am Bilanzstichtag. Alle Risiken und Verluste, die bereits am Bilanzstichtag bestanden haben, dem Bilanzierenden aber erst später, d. h. bis zum Tag der Aufstellung des Jahresabschlusses bekannt werden, sind im Jahresabschluss zu berücksichtigen (Wertaufhellung, § 252 Abs. 1 Ziff. 4 HGB).

Beispiel:

Der Unternehmer erstellt die Bilanz zum 31. Dez. 02 am 15. Mär. 03. Erst zu diesem Zeitpunkt erfährt er, dass ein Kunde, der einige Ausgangsrechnungen noch nicht beglichen hat, bereits im Dezember 02 zahlungsunfähig geworden ist.

Weil der Kunde bereits im Abschlussjahr zahlungsunfähig geworden ist, muss die Forderung in der Bilanz für 02 mit dem niedrigeren Wert angesetzt werden.

Liegen zum Zeitpunkt der Bilanzerstellung genauere Kenntnisse bezüglich des Werts einer Forderung vor als am Abschlussstichtag, muss die Forderung mit dem genaueren Wert bewertet werden (BFH v. 21. Okt. 1981, BStBl. 1982 II S. 121).

Beispiel:

Der Unternehmer hat zum 31. Dez. 02 eine Forderung an den Kunden A wegen zu erwartender Zahlungsunfähigkeit zu 90% abgeschrieben.

Bei Erstellung der Bilanz am 20. Mär. 03 steht fest, dass der Kunde A die Ausgangsrechnung in voller Höhe beglichen hat.

Da kein Ausfallrisiko vorliegt, ist es unzulässig, eine niedrigere Bewertung dieser Forderung zum 31. Dez. 02 vorzunehmen.

Zu beachten ist aber, dass Vorgänge und Tatsachen, die erst nach dem Bilanzstichtag eintreten, den Wertansatz in der Bilanz nicht beeinflussen dürfen.

Beispiel:

Der Unternehmer erstellt die Bilanz zum 31. Dez. 02 am 15. Mai 03. Bei dieser Gelegenheit erfährt er, dass ein Kunde, der einige Ausgangsrechnungen noch nicht beglichen hat, am 9. Mär. 03 zahlungsunfähig geworden ist.

Weil die Zahlungsunfähigkeit des Kunden erst im Jahr 03 eintritt, darf der Forderungsausfall in der Bilanz für 02 noch nicht berücksichtigt werden.

Der den Forderungen beizulegende Wert kann i. d. R. nur durch Schätzung ermittelt werden. Bei dieser Schätzung sind alle Umstände zu berücksichtigen, die den Wert der Forderung zum Bilanzstichtag beeinträchtigen. Von besonderer Bedeutung ist dabei, wie die Zahlungsfähig- und -willigkeit des Schuldners zu beurteilen ist.

Aufgrund dieser Schätzung lassen sich die Forderungen in drei Gruppen einteilen, und zwar in

- uneinbringliche Forderungen,
- zweifelhafte Forderungen und
- (vermutlich) einwandfreie Forderungen.

Da in der Bilanz nur EUR-Beträge ausgewiesen werden dürfen, ist zusätzlich zu beachten, dass bei Forderungen, die auf Auslandswährung lauten, zunächst entsprechende Umrechnungen vorzunehmen sind.[1]

3.2.1 Uneinbringliche Forderungen

Eine Forderung ist uneinbringlich, wenn der Forderungsausfall am Bilanzstichtag endgültig feststeht. Dies ist immer der Fall, wenn

- ein Insolvenzverfahren über das Vermögen des Schuldners eröffnet wurde (Abschn. 223 Abs. 5 UStR),
- ein Insolvenzverfahren über das Vermögen des Schuldners mangels Masse nicht eröffnet wurde,
- eine Zwangsvollstreckung beim Schuldner fruchtlos verlaufen ist,
- der Schuldner eine eidesstattliche Versicherung abgegeben hat,
- der Schuldner, ohne Vermögenswerte zu hinterlassen, verstorben, verzogen oder ausgewandert ist,
- das Gericht eine Forderung für unberechtigt erklärt hat,

1 Zur Berechnung siehe S. 552.

- der Schuldner gegen eine Forderung die Einrede der Verjährung geltend gemacht hat oder
- der Unternehmer als Gläubiger auf einen Teil seiner Forderungen verzichtet hat.

Wird eine Forderung (endgültig) uneinbringlich (dauernde Wertminderung), sinkt ihr Wert auf null. Sie ist dann in voller Höhe auszubuchen.

Dies geschieht dadurch, dass sie in Höhe des Nettobetrages abgeschrieben wird und - wegen der nachträglichen Änderung (§ 17 Abs. 1 UStG) der Bemessungsgrundlage - in Höhe des Steuerbetrages eine USt-Korrektur erfolgt.

Beispiel:

Ein Kunde, gegen den eine Forderung in Höhe von 17.400,00 EUR (USt 16 %) besteht, macht berechtigterweise zum 2. Jan. 06 von seinem Recht auf Einrede der Verjährung Gebrauch.

Da die Forderung ausfällt, ist sie auszubuchen.

Buchungssatz:

	Soll/EUR	Haben/EUR
2400/6930 Forderungsverluste	15.000,00	
1770/3800 Umsatzsteuer	2.400,00	
an 1400/1200 Forderungen LuL		17.400,00

Geht die Zahlung für eine ausgebuchte Forderung doch nachträglich noch ein, führt dies im Jahr des Zuflusses zu einer Erhöhung des Erfolgs und zu einem Wiederaufleben der Umsatzsteuer (zum ursprünglichen USt-Satz).

Beispiel:

Der Kunde hat erkannt, dass es nur möglich ist, weiter Geschäfte mit dem Unternehmer zu machen, wenn er den verjährten Betrag zahlt. Er überweist deshalb am 14. Mär. 08 die ausgebuchten 17.400,00 EUR auf das Bankkonto.

Buchungssatz:

	Soll/EUR	Haben/EUR
1200/1800 Bank	17.400,00	
an 2732/4925 Erträge aus abgeschr. Ford.		15.000,00
an 1770/3800 USt		2.400,00

3.2.2 Zweifelhafte Forderungen

Eine Forderung ist dann zweifelhaft, wenn zum Bilanzstichtag damit zu rechnen ist, dass der Forderungsbetrag wahrscheinlich nicht oder nicht in voller Höhe eingehen wird, also eine dauernde Wertminderung vorliegt. Dies ist der Fall, wenn

- der Schuldner trotz mehrfacher Mahnung nicht gezahlt hat,
- der Schuldner Mahnbescheiden widersprochen hat,
- Wechsel des Schuldners zu Protest gegangen sind,
- bekannt wird, dass der Schuldner seine Zahlungen eingestellt hat.

Werden Forderungen zweifelhaft, sind die entsprechenden Beträge aus Gründen der Klarheit auf das Konto zweifelhafte Forderungen umzubuchen.

Beispiel:

Trotz Mahnung kommt ein Kunde seiner Zahlungsverpflichtung nicht nach. Er befindet sich offensichtlich in Zahlungsschwierigkeiten. Die Forderung an diesen Kunden beträgt 2.320,00 EUR (USt 16 %).

Buchungssatz:

	Soll/EUR	Haben/EUR
1460/1240 zweifelhafte Forderungen an 1400/1200 Forderungen LuL	2.320,00	 2.320,00

Auch zweifelhafte Forderungen sind grundsätzlich, wie die übrigen Wirtschaftsgüter des Betriebsvermögens, zum Bilanzstichtag einzeln zu bewerten.

Voraussetzung für die Behandlung einer Forderung als zweifelhafte Forderung und die entsprechende Einzelbewertung ist jedoch, dass eine Forderung mit einem speziellen Ausfallrisiko behaftet und dies dem Unternehmer bekannt ist.

Beispiel:

Zum 31. Dez. 02 ist damit zu rechnen, dass der Kunde 50 % der Forderung bezahlen wird.

Da die endgültige Höhe des Forderungsausfalls noch nicht feststeht, kommt es zum Abschlussstichtag lediglich zu einer Abschreibung der Forderung, die sich auf 50 % des Nettobetrages beläuft. Eine USt-Korrektur ist erst vorzunehmen, wenn die Höhe des Forderungsausfalls endgültig feststeht (Abschn. 223 Abs. 5 UStR).

Die Höhe des Abschreibungsbetrages wird immer im Soll des Kontos Forderungsverluste erfasst. Die Habenbuchung erfolgt entweder im Konto Einzelwertberichtigung zu Forderungen oder im Konto zweifelhafte Forderungen.

Der Vorteil der Abschreibung über das Konto Einzelwertberichtigung zu Forderungen (indirekte Abschreibung) liegt darin, dass die Forderungsbeträge ungekürzt im Konto zweifelhafte Forderungen ausgewiesen werden. Machen Kapitalgesellschaften von dieser Möglichkeit Gebrauch, sind sie verpflichtet, bei Erstellung der Bilanz die im Konto Wertberichtigungen gebuchten Beträge mit den im Forderungskonto gebuchten Beträgen zu verrechnen.

Buchungssatz (indirekte Abschreibung):

	Soll/EUR	Haben/EUR
2400/6390 Forderungsverluste an 1478/1246 Einzelwertberichtigung zu Ford.	1.000,00	 1.000,00

Erfolgt die Abschreibung über das Konto zweifelhafte Forderungen (direkte Abschreibung), ist die Höhe der ursprünglichen Forderungen mit Hilfe dieses Kontos später nicht mehr feststellbar.

Buchungssatz (direkte Abschreibung):

	Soll/EUR	Haben/EUR
2400/6390 Forderungsverluste an 1460/1240 zweifelhafte Forderungen	1.000,00	 1.000,00

Es ist möglich, dass die Höhe des endgültigen Forderungsausfalls dem geschätzten Forderungsausfall entspricht. Wahrscheinlicher ist aber, dass der tatsächliche Forderungsausfall größer oder kleiner als der geschätzte Forderungsausfall ist. Dementsprechend kann es zu unterschiedlichen Buchungen kommen. Zu beachten ist aber immer, dass jeder endgültige Forderungsausfall zu einer USt-Korrektur führt.

Beispiel:

Der Kunde zahlt aufgrund eines außergerichtlichen Vergleichs am 20. Jan. 04

a) 1.160,00 EUR,
b) 1.392,00 EUR,
c) 928,00 EUR

auf das Bankkonto.

Im Fall a) stimmt die Höhe des erwarteten Forderungsausfalls mit dem tatsächlichen Forderungsausfall überein. Deshalb mindert sich die Bemessungsgrundlage für die USt um 1.000,00 EUR. Die entsprechende USt-Korrektur beträgt demnach 160,00 EUR.

Buchungssatz a):

	Soll/EUR	Haben/EUR
1200/1800 Bank	1.160,00	
1478/1246 Einzelwertberichtigung zu Ford.	1.000,00	
1770/3800 USt	160,00	
an 1460/1240 zweifelhafte Forderungen		2.320,00

Im Fall b) lässt sich die Höhe der USt-Korrektur und des zu viel als Forderungsabschreibung gebuchten Betrages wie folgt berechnen:

Rechnungsbetrag	2.320,00 EUR	
Zahlungseingang	1.392,00 EUR	
Ausfall insgesamt	928,00 EUR (: 1,16)	
Ausfall netto insgesamt	800,00 EUR	800,00 EUR
als Aufwand gebucht		1.000,00 EUR
zu viel als Aufwand gebucht		200,00 EUR
USt-Korrektur von 800,00 EUR	128,00 EUR	

Buchungssatz b):

	Soll/EUR	Haben/EUR
1200/1800 Bank	1.392,00	
1478/1246 Einzelwertberichtigung zu Ford.	1.000,00	
1770/3800 USt	128,00	
an 1460/1240 zweifelhafte Forderungen		2.320,00
an 2732/4925 Erträge aus abg. Forderungen		200,00

Im Fall c) ist die Höhe der USt-Korrektur und des zu wenig als Forderungsabschreibung gebuchten Betrages folgendermaßen zu berechnen:

Rechnungsbetrag	2.320,00 EUR	
Zahlungseingang	928,00 EUR	
Ausfall insgesamt	1.392,00 EUR (:1,16)	
Ausfall netto insgesamt	1.200,00 EUR	1.200,00 EUR
als Aufwand gebucht		1.000,00 EUR
zu wenig als Aufwand gebucht		200,00 EUR
USt-Korrektur von 1.200,00 EUR	192,00 EUR	

Buchungssatz c):

	Soll/EUR	Haben/EUR
1200/1800 Bank	928,00	
1478/1246 Einzelwertberichtigung zu Ford.	1.000,00	
2400/6390 Forderungsverluste	200,00	
1770/3800 USt	192,00	
an 1460/1240 zweifelhafte Forderungen		2.320,00

3.2.3 (Vermeintlich) einwandfreie Forderungen

(Vermeintlich) einwandfrei sind Forderungen dann, wenn sie weder uneinbringlich noch zweifelhaft sind. Da diese Forderungen nicht mit besonderen Risiken behaftet sind, wird grundsätzlich damit gerechnet, dass sie in voller Höhe und ohne zusätzlich entstehende Aufwendungen zu Zahlungseingängen führen werden. Diese Erwartung wird aber nicht immer bestätigt.

Wegen

- des allgemeinen Ausfallrisikos,
- zu erwartender Zinsverluste durch verspätete Kundenzahlungen,
- noch zu erwartender Skontoabzüge und
- anfallender Aufwendungen für das Mahnverfahren, für Zwangsvollstreckungen und die Inanspruchnahme von Inkassoinstituten

hat deshalb auch bei den (vermeintlich) einwandfreien Forderungen eine Abschreibung auf den niedrigeren Wert zu erfolgen (strenges Niederstwertprinzip).

Die (vermeintlich) einwandfreien Forderungen bestehen häufig gegenüber einer Vielzahl von Kunden, sodass Einzelbewertungen praktisch nicht mehr durchführbar sind. Der Unternehmer hat deshalb die Möglichkeit (§ 252 Abs. 2 HGB), diese Gruppe von Forderungen pauschal zu bewerten, d. h. die entsprechenden Nettobeträge einheitlich mit einem bestimmten Prozentsatz, der sich an den Forderungsausfällen der vorangegangenen Jahre orientiert, abzuschreiben.

Allerdings werden nur Forderungen, für die eine Einzelbewertung nicht in Betracht kommt, pauschal abgeschrieben. Vom Gesamtbestand der Forderungen werden deshalb zunächst die uneinbringlichen und zweifelhaften Forderungen abgezogen und einzeln wertberichtigt. Anschließend erfolgt eine pauschale Wertberichtigung (Abschreibung) auf den verbleibenden Forderungsbestand.

Beispiel:

Der Kunde A, gegenüber dem Forderungen (USt 16 %) in Höhe von 11.600,00 EUR bestehen, hat einen Insolvenzantrag gestellt. Weil das Amtsgericht die Eröffnung des Verfahrens mangels Masse abgelehnt hat, ist die Forderung zum Ende des Jahres 01 mit null EUR zu bewerten.

Da die Forderung in voller Höhe ausfällt, ist sie in Höhe des Nettobetrages abzuschreiben. Die entsprechende USt-Korrektur beläuft sich auf 1.600,00 EUR.

Buchungssatz:

	Soll/EUR	Haben/EUR
2400/6930 Forderungsverluste	10.000,00	
1770/3800 USt	1.600,00	
an 1400/1200 Forderungen LuL		11.600,00

Der Kunde B, gegenüber dem Forderungen (USt 16 %) in Höhe von 23.200,00 EUR bestehen, befindet sich in Zahlungsschwierigkeiten. Zum Ende des Jahres 01 ist nur noch mit einem Zahlungseingang von 60 % zu rechnen.

Die Forderung wird in voller Höhe zweifelhaft und ist mit 40 % des Nettobetrages abzuschreiben. Da der Forderungsausfall noch nicht endgültig feststeht, kommt es noch nicht zu einer USt-Korrektur.

Buchungssätze:

	Soll/EUR	Haben/EUR
1460/1240 zweifelhafte Forderungen	23.200,00	
an 1400/1200 Forderungen LuL		23.200,00
2400/6930 Forderungsverluste	8.000,00	
an 1478/1246 Einzelwertberichtigung zu Ford.		8.000,00
(an 1460/1240 zweifelhafte Forderungen)		

Darüber hinaus ist erstmals zum Ende des Jahres 01 eine Pauschalwertberichtigung in Höhe von 2 % zu bilden.

Der gesamte Forderungsbestand des Unternehmens, einschließlich der uneinbringlichen und zweifelhaften Forderungen, beträgt 174.000,00 EUR (USt 16 %).

Forderungsbestand insgesamt	174.000,00 EUR	brutto
uneinbringliche Forderung	11.600,00 EUR	brutto
zweifelhafte Forderung	23.200,00 EUR	brutto
vermeintlich einwandfreie Forderung	139.200,00 EUR	brutto (:1,16)
vermeintlich einwandfreie Forderung	120.000,00 EUR	netto
davon 2 % Pauschalwertberichtigung	2.400,00 EUR	

Die Pauschalwertberichtigung beläuft sich auf 2.400,00 EUR. Da dieser Forderungsausfall nur vermutet wird, kommt es noch nicht zu einer USt-Korrektur.

Buchungssatz:

	Soll/EUR	Haben/EUR
2450/6920 Einstellung in Pauschalwertb. zu Ford.	2.400,00	
an 0096/1248 Pauschalwertberichtigung zu Ford.		2.400,00

Pauschale Forderungsabschreibungen werden vorgenommen, um Forderungsausfälle, die im Abschlussjahr verursacht sind, periodengerecht als Aufwand zu erfassen. Kommt es im Folgejahr zu Forderungsausfällen, besteht die Möglichkeit, die Pauschalwertberichtigung entsprechend aufzulösen. Gleichzeitig hat eine Korrektur der Umsatzsteuer zu erfolgen.

Beispiel:

Eine aus dem Jahr 01 stammende Forderung in Höhe von 2.320,00 EUR (USt 16 %), für die zum Ende des Jahres 01 keine Einzelwertberichtigung gebildet worden ist, wird am 25. Aug. 02 uneinbringlich.

Buchungssatz:

	Soll/EUR	Haben/EUR
0096/1248 Pauschalwerberichtigung zu Ford. 1770/3800 USt an 1400/1200 Forderungen LuL	2.000,00 320,00	 2.320,00

Von dieser Möglichkeit wird jedoch nur selten Gebrauch gemacht. Vielmehr ist es üblich, die im Laufe des Jahres ausfallenden Forderungen direkt auf dem Konto Forderungsausfälle zu buchen, dann aber zum Ende des Abschlussjahres eine Anpassung des Kontos Pauschalwertberichtigung an den veränderten Forderungsbestand vorzunehmen.

Im Falle einer Erhöhung der Pauschalwertberichtigung ist der entsprechende Aufwand im Konto Einstellung in Pauschalwertberichtigung zu Forderungen zu buchen. Ist die Pauschalwertberichtigung teilweise aufzulösen, erfolgt die Buchung des entsprechenden Ertrages im Konto Erträge aus der Herabsetzung der Pauschalwertberichtigungen zu Forderungen.

Beispiel:

Die vermeintlich einwandfreien Forderungen beliefen sich zum Ende des Jahres 01 auf 487.200,00 EUR (USt 16 %). Sie wurden pauschal mit 3 % (= 12.600,00 EUR) wertberichtigt. Zum Ende des Jahres 02 ist diese Pauschalwertberichtigung noch in voller Höhe vorhanden. Die vermeintlich einwandfreien Forderungen haben sich jedoch auf 591.600,00 EUR (USt 16 %) erhöht.

Pauschalwertberichtigung zum 31. Dez. 02 (3 % von 510.000,00 EUR)	15.300,00 EUR
– Pauschalwertberichtigung zum 31. Dez. 01	12.600,00 EUR
Einstellung in Pauschalwertberichtigung	2.700,00 EUR

Buchungssatz:

	Soll/EUR	Haben/EUR
2450/6920 Einstellung in Pauschalwertb. zu Ford. an 0096/1248 Pauschalwertberichtigung zu Ford.	2.700,00	 2.700,00

Die Anpassung der Pauschalwertberichtigung kann auch dadurch erfolgen, dass die alte Pauschalwertberichtigung in voller Höhe erfolgserhöhend aufgelöst und eine dem aktuellen Forderungsbestand entsprechende neue Pauschalwertberichtigung in voller Höhe erfolgsmindernd gebildet wird.

Beispiel:

Aus dem Jahr 01 ist noch eine Pauschalwertberichtigung in Höhe von 12.600,00 EUR vorhanden. Aufgrund des Forderungsbestandes zum Ende des Jahres 02 muss diese Pauschalwertberichtigung auf 15.300,00 EUR erhöht werden.

Buchungssätze:

	Soll/EUR	Haben/EUR
0096/1248 Pauschalwertberichtigung zu Ford. an 2730/4920 Erträge aus der Herabsetzung der Pauschalwertb. zu Ford.	12.600,00	 12.600,00
2450/6920 Einstellung in Pauschalwertb. zu Ford. an 0096/1248 Pauschalwertb. zu Ford.	15.300,00	 15.300,00

Bewertung von Forderungen (strenges Niederstwertprinzip)		
Uneinbringliche Forderungen	**Zweifelhafte Forderungen**	**Vermutlich einwandfreie Forderungen**
▶ tatsächlicher und endgültiger Forderungsausfall	▶ Ausfall der Forderung ist mit einiger Wahrscheinlichkeit zu erwarten ▶ Umbuchung auf zweifelhafte Forderungen ▶ Schätzung der Ausfallquote zum Bilanzstichtag	▶ Berücksichtigung - des allgemeinen Ausfallrisikos - möglicher Skontoinanspruchnahme - von Zinsverlusten wegen verspäteter Zahlung - voraussichtlicher Inkassokosten
▶ sofortige volle Abschreibung (direkt) ▶ sofortige USt-Korrektur	▶ Abschreibung des entsprechenden Teilbetrags (direkt oder indirekt) ▶ noch keine USt-Korrektur	▶ Abschreibung mit errechneten betrieblichen Ausfallquoten (indir.) ▶ keine USt-Korrektur

Steuerrechtlich sind Forderungen nur dann abzuschreiben, wenn eine voraussichtlich dauernde Wertminderung nachgewiesen wird (§ 6 Abs. 1 Ziff. 2 EStG). Da dieser Nachweis bei den (vermeintlich) einwandfreien Forderungen nicht möglich ist, ist die Bildung von Pauschalwertberichtigungen nach Meinung des Verfassers steuerrechtlich unzulässig.

Kontrollaufgaben

1. Mit welchem Wert sind Forderungen grundsätzlich in der Bilanz auszuweisen?
2. In welche Gruppen werden Forderungen im Hinblick auf die Sicherheit des Zahlungseingangs eingeteilt?
3. Welcher Unterschied besteht zwischen der Einzel- und der Pauschalwertberichtigung?
4. Erläutern Sie die mit Forderungsabschreibungen zusammenhängenden umsatzsteuerrechtlichen Probleme.

Übungen

Vorbemerkungen zu den Geschäftsvorfällen 1 bis 26:

- Die Buchungssätze sind nach handelsrechtlichen Vorschriften zu bilden.
- Zeigen Sie jeweils, wie sich die Geschäftsvorfälle einerseits auf den handelsrechtlichen, andererseits auf den steuerrechtlichen Erfolg auswirken.

1. Das Konto Pauschalwertberichtigungen zu Forderungen weist zum 31. Dez. 02 einen Betrag von 4.000,00 EUR aus, der bereits zum 31. Dez. 01 gebildet worden ist.

   Die vermeintlich einwandfreien Forderungen betragen zum 31. Dez. 02 353.800,00 EUR (USt 16 %).

   Wie ist zu buchen, wenn der betriebliche Erfahrungssatz über den Ausfall der vermeintlich einwandfreien Forderungen unverändert 2 % beträgt und die Leistungen Ihres Mandanten dem allgemeinen Steuersatz unterliegen.

2. Aus der Insolvenzmasse eines Kunden wird dem Bankkonto Ihres Mandanten im Jahr 02 (nach Bilanzerstellung für 01) unerwartet ein Betrag von 1.740,00 EUR gutgeschrieben.

   Wie ist zum Zeitpunkt des Zahlungseingangs zu buchen, wenn die Forderung an den Kunden, die einschließlich 16 % USt 10.440,00 EUR betrug, zum 31. Dez. 01 wegen Uneinbringlichkeit direkt und in voller Höhe abgeschrieben wurde?

3. Im Konto Forderungen aus Lieferungen und Leistungen war ein seit dem 15. Aug. 01 fälliger Betrag von 92.800,00 EUR (USt 16 %) ausgewiesen. Der Schuldner hatte auf verschiedene Mahnungen nicht geantwortet und war dem Vernehmen nach in Zahlungsschwierigkeiten. Vorsichtshalber bildete Ihr Mandant deshalb zum 31. Dez. 01 eine Einzelwertberichtigung (indirekte Abschreibung) in Höhe von 50 %.

   Wie ist zu buchen, wenn im Jahr 02 (nach Bilanzerstellung für 01) ein außergerichtlicher Vergleich mit dem Kunden zustande kommt, woraufhin diesem 60 % seiner Schulden erlassen werden und der Restbetrag auf dem betrieblichen Bankkonto eingeht?

4. Ihr Mandant hat eine Forderung von 23.200,00 EUR (USt 16 %) an einen Kunden, der unverschuldet in Zahlungsschwierigkeiten gekommen ist. Aufgrund der langjährigen hervorragenden Zusammenarbeit mit dem Kunden teilt Ihr Mandant diesem Kunden mit, dass er freiwillig auf 25 % seiner Forderung verzichtet.

   Bilden Sie den Buchungssatz.

5. Aus der Tageszeitung erfährt Ihr Mandant, dass am 3. Dez. 01 das Insolvenzverfahren über das Vermögen eines Kunden, gegen den eine Forderung in Höhe von 4.640,00 EUR (USt 16 %) besteht, eröffnet worden ist.

   Bilden Sie den Buchungssatz.

6. Ein Kunde, dessen offene Rechnungen sich bei Ihrem Mandanten auf 870,00 EUR (USt 16 %) belaufen, hat am 1. Nov. 01 ein außergerichtliches Vergleichsverfahren beantragt. Nach den vorliegenden Informationen ist am 31. Dez. 01 mit einer Vergleichsquote von 40 % zu rechnen.

   Wie lauten die Buchungssätze zum 31. Dez. 01, wenn bisher noch keine Buchung erfolgt ist?

7. Der Forderungsbestand Ihres Mandanten beträgt zum 31. Dez. 02 319.000,00 EUR (USt 16 %).

   Wie ist zu buchen, wenn die Forderungen pauschal mit 2 % berichtigt werden sollen und sich der Restbestand der letztjährigen Pauschalwertberichtigung auf 1.500,00 EUR beläuft?

8. Für eine aus dem Jahr 01 stammende zweifelhafte Forderung über 3.480,00 EUR (USt 16 %) gehen am 10. Dez. 02 1.392,00 EUR auf dem Bankkonto ein.

   Wie ist zu buchen, wenn Ihr Mandant die zweifelhafte Forderung zum 31. Dez. 01 indirekt mit 2.500,00 EUR abgeschrieben hat und der noch offene Restbetrag uneinbringlich ist?

9. Bilden Sie die Buchungssätze für folgende Geschäftsvorfälle (USt 16 %):

   a) Ein Kunde Ihres Mandanten beantragt am 12. Okt. 01 ein außergerichtliches Vergleichsverfahren. Die Forderung an ihn beträgt 4.640,00 EUR.

   b) Nach vorsichtiger Schätzung Ihres Mandanten ist am 31. Dez. 01 mit einer Vergleichsquote von 60 % zu rechnen.

   c) Am 25. Nov. 02 (nach Bilanzerstellung für 01) wird das Vergleichsverfahren mit einer Zahlung (Banküberweisung) in Höhe von 1.856,00 EUR beendet.

10. Welche Buchung ist zum 31. Dez. 02 vorzunehmen, wenn die vorläufige Saldenbilanz Ihres Mandanten folgende Angaben enthält (USt 16%):

Forderungen aus LuL	50.750,00 EUR	
Pauschalwertberichtigung zu Forderungen		1.600,00 EUR

Die Pauschalwertberichtigung beträgt unverändert 3%.

11. Durch die Veröffentlichung der Handelsregistereintragungen in der Tageszeitung erfährt Ihr Mandant am 7. Jan. 02, dass am 21. Dez. 01 ein Insolvenzverfahren über das Vermögen eines Kunden eröffnet worden ist.

Wie ist zum 31. Dez. 01 zu buchen, wenn die noch offenen Rechnungen des Kunden 69.600,00 EUR (USt 16%) betragen?

12. Am 12. Nov. 01 wird das Insolvenzverfahren über das Vermögen eines Kunden eröffnet. Da nach Meinung Ihres Mandanten zum 31. Dez. 01 nicht mehr mit einem Zahlungseingang zu rechnen ist, wird die Forderung in Höhe von 9.860,00 EUR (USt 16%) direkt in voller Höhe abgeschrieben.

Am 25. Apr. 02 (nach Bilanzerstellung für 01) geht die Mitteilung des Insolvenzverwalters ein. Sie bestätigt, dass die Forderung Ihres Mandanten in voller Höhe uneinbringlich ist.

Buchen Sie den gesamten Vorgang.

13. Die vermeintlich einwandfreien Forderungen Ihres Mandanten belaufen sich zum 31. Dez. 02 auf 324.800,00 EUR (USt 16%). Aufgrund der Erfahrungen in den vorangegangenen Jahren ist es notwendig, für diesen Betrag eine Pauschalwertberichtigung von 3% zu bilden.

Wie lautet der Buchungssatz zum Ende des Geschäftsjahres, wenn in der vorläufigen Saldenbilanz bereits eine Pauschalwertberichtigung von 7.230,00 EUR ausgewiesen ist?

14. In der vorläufigen Saldenbilanz Ihres Mandanten weist das Konto Forderungen LuL einen Betrag von 185.600,00 EUR, das Konto zweifelhafte Forderungen einen Betrag von 4.060,00 EUR, das Konto Pauschalwertberichtigung zu Forderungen einen Betrag von 4.250,00 EUR und das Konto Einzelwertberichtigung zu Forderungen einen Betrag von 1.400,00 EUR aus.

Wie ist zum 31. Dez. 02 zu buchen, wenn noch folgende Geschäftsvorfälle zu berücksichtigen sind (USt 16%):

a) An den Kunden A besteht eine Forderung in Höhe von 4.640,00 EUR, die auf eine Warenlieferung vom 20. Feb. 02 zurückzuführen ist. Der Kunde hat auf mehrere Mahnungen nicht reagiert. Er ist nach Angaben der Polizei seit März 02 nicht mehr auffindbar.

b) Die zweifelhafte Forderung ist zum 31. Dez. 01 indirekt um 1.400,00 EUR abgeschrieben worden. Nach Abschluss des außergerichtlichen Vergleichsverfahrens überwies der Kunde am 30. Dez. 02 (nach Bilanzerstellung für 01) einen Betrag von 928,00 EUR auf das Bankkonto. Der Restbetrag ist uneinbringlich.

c) Außerdem ist zum 31. Dez. 02 eine Pauschalwertberichtigung von 3% zu bilden, wobei der Rest der alten Pauschalwertberichtigung zu berücksichtigen ist.

15. Bei der Überprüfung der Buchführung eines Mandanten fallen Ihnen drei Fälle auf (USt 16%):

a) Die Eröffnung eines Insolvenzverfahrens über das Vermögen des Kunden A wurde mangels Masse abgelehnt. An den Kunden besteht seit dem 10. Apr. 01 eine Forderung, die folgendermaßen abgeschrieben wurde:

Forderungsverluste	17.400,00 EUR	
an Forderungen LuL		17.400,00 EUR

b) Eine weitere Forderung besteht gegen den Kunden B. Sie stammt vom 3. Jul. 02, beträgt 22.040,00 EUR und ist, weil der Kunde die Zahlungen eingestellt hat, zweifelhaft geworden. Da nach vorsichtiger Schätzung Ihres Mandanten mit einem Forderungsausfall von 60 % zu rechnen ist, wurde gebucht:

Forderungsverluste	19.000,00 EUR	
USt	3.040,00 EUR	
an Forderungen LuL		22.040,00 EUR

c) Für die vermeintlich einwandfreien Forderungen LuL in Höhe von 493.000,00 EUR wurde erstmalig eine Pauschalwertberichtigung in Höhe von 3 % gebildet und wie folgt gebucht:

Einstellungen in PWB	12.750,00 EUR	
USt	2.040,00 EUR	
an Pauschalwertb. zu Ford.		14.790,00 EUR

Überprüfen Sie die Buchungssätze und führen Sie die ggf. notwendigen Berichtigungsbuchungen durch.

16. Die Forderung an den Kunden X in Höhe von 1.740,00 EUR wurde wegen der Eröffnung des Insolvenzverfahrens zum 31. Dez. 01 folgendermaßen durch Ihren Mandanten abgeschrieben:

Forderungsverluste	1.500,00 EUR	
USt	240,00 EUR	
an Forderungen LuL		1.740,00 EUR

Am 20. Dez. 02 überwies der Insolvenzverwalter einen Betrag von 580,00 EUR auf das Bankkonto. Es wurde gebucht:

Bank	580,00 EUR	
an Ertr. a. abg. Ford.		580,00 EUR

Gleichzeitig wurde die Schlussabrechnung zugestellt, sodass mit weiteren Zahlungen nicht mehr gerechnet werden kann.

Nehmen Sie die noch erforderlichen Buchungen vor.

17. Das außergerichtliche Vergleichsverfahren gegen den Kunden A endet mit einer Vergleichsquote von 40 %. Dementsprechend überwies der Kunde am 27. Dez. 02 einen Betrag von 13.363,20 EUR (USt 16 %) auf das betriebliche Bankkonto Ihres Mandanten.

Der Kunde A hatte bereits im November 01 erhebliche Zahlungsschwierigkeiten. Um den gesetzlichen Vorschriften Folge zu leisten, bildete Ihr Mandant zum 31. Dez. 01 für diese zweifelhafte Forderung eine Einzelwertberichtigung von 14.400,00 EUR. Dabei unterstellte er einen Forderungsausfall von 50 %.

Bilden Sie die Buchungssätze für das Jahr 02.

18. Der Kunde A, gegen den eine Forderung von 10.440,00 EUR (USt 16 %) besteht, befindet sich seit Oktober 01 in Zahlungsschwierigkeiten. Da der Forderungsausfall auf 50 % geschätzt wurde, buchte Ihr Mandant zum 31. Dez. 01:

Abschreibung auf Forderungen	4.500,00 EUR	
an Einzelwertb. zu Ford.		4.500,00 EUR

Aufgrund eines außergerichtlichen Vergleichs kommt es am 7. Mai 03 zu einer Überweisung auf das betriebliche Bankkonto.

Wie ist zu buchen, wenn der überwiesene Betrag

a) 4.176,00 EUR,
b) 5.220,00 EUR bzw.
c) 6.264,00 EUR

ausmacht?

19. Ihr Mandant weist in der vorläufigen Saldenbilanz einen Forderungsbestand (USt 16 %) von 349.542,80 EUR aus.

Wie ist zum 31. Dez. 01 zu buchen, wenn folgende Sachverhalte bisher nicht berücksichtigt wurden:

a) Eine Forderung in Höhe von 107.300,00 EUR ist am 20. Dez. 01 uneinbringlich geworden.

b) Eine weitere Forderung in Höhe von 14.500,00 EUR ist am 22. Dez. 01 zweifelhaft geworden. Zum 31. Dez. 01 wird mit einem Ausfall von 45 % gerechnet.

c) Die übrigen Forderungen, die dem allgemeinen Ausfallrisiko unterliegen, sind pauschal um 3 % zu berichtigen.

20. Der Forderungsbestand Ihres Mandanten setzt sich zum 31. Dez. 02 folgendermaßen zusammen:

Die vermutlich einwandfreien

- Inlandsforderungen (USt 16 %) belaufen sich auf 475.600,00 EUR,
- Forderungen aufgrund steuerfreier Ausfuhrlieferungen sind mit 216.600,00 EUR ausgewiesen,
- Forderungen, die auf steuerfreie Lieferungen im Gemeinschaftsgebiet zurückzuführen sind, betragen 176.700,00 EUR.

Außerdem ist im Konto zweifelhafte Forderungen ein Betrag von 27.840,00 EUR (USt 16 %) ausgewiesen. Die Forderung wurde zweifelhaft, weil ein Kunde seit dem 20. Sep. 02 seinen Zahlungsverpflichtungen nicht mehr nachkommen kann und um einen teilweisen Erlass seiner Schulden gebeten hat.

Wie ist zum Bilanzstichtag zu buchen, wenn Ihr Mandant davon auszugehen hat, dass

a) der Schuldenerlass 60 % betragen wird,

b) das allgemeine Ausfallrisiko
   - bei den Inlandsforderungen mit 2 %,
   - bei den steuerfreien Exportlieferungen mit 5 % zu veranschlagen ist?

Gehen Sie davon aus, dass das Konto Pauschalwertberichtigung noch einen Vorjahresbestand von 28.000,00 EUR ausweist.

21. In der vorläufigen Saldenbilanz sind die einwandfreien Forderungen mit 986.000,00 EUR und die zweifelhaften Forderungen mit 52.200,00 EUR (USt 16 %) ausgewiesen. Zur Ermittlung des endgültigen Forderungsbestandes hat Ihr Mandant noch die folgenden Sachverhalte zu berücksichtigen:

a) Der Kunde A, gegen den eine Forderung von 52.200,00 EUR besteht, hat am 28. Okt. 01 die Eröffnung des Insolvenzverfahrens beantragt. Gleichzeitig wurde gebucht:

zweifelhafte Forderungen	52.200,00 EUR	
an Forderungen LuL		52.200,00 EUR

b) Der Kunde B, der Ihrem Mandanten einen Betrag von 34.800,00 EUR schuldet, hat am 2. Dez. 01 seine Zahlungen eingestellt. Nach vorsichtiger Schätzung Ihres Mandanten ist noch mit einem Zahlungseingang von 40 % zu rechnen.

c) Der verbleibende Forderungsbestand ist vermutlich als einwandfrei anzusehen.

Die Forderungen mit allgemeinem Ausfallrisiko sind um den errechneten betrieblichen Ausfallsatz von 3 % zu korrigieren. Beachten Sie dabei, dass das Konto Pauschalwertberichtigung aus dem Vorjahr einen Restbestand von 14.700,00 EUR ausweist.

Nehmen Sie die notwendigen Buchungen vor.

22. Die vorläufige Saldenbilanz Ihres Mandanten weist u. a. die folgenden Bestände aus:

Forderungen LuL	237.800,00 EUR	
zweifelhafte Forderungen	5.510,00 EUR	
Einzelwertberichtigungen zu Ford.		1.900,00 EUR
Pauschalwertberichtigung zu Ford.		4.700,00 EUR

Welche Buchungen sind zum 31. Dez. 04 vorzunehmen, wenn folgende Geschäftsvorfälle (USt 16 %) noch nicht berücksichtigt worden sind:

a) Die zweifelhaften Forderungen bestehen nicht mehr. Nach Abschluss des außergerichtlichen Vergleichsverfahrens überwies der Kunde einen Betrag von 2.610,00 EUR. Die für diese Forderung gebildete Einzelwertberichtigung beläuft sich auf 1.900,00 EUR.

b) Gegen einen Privatmann besteht seit dem 15. Dez. 01 eine Forderung in Höhe von 6.960,00 EUR. Auf eine Mahnung am 10. Dez. 04 erklärte dieser, die Forderung sei zwar berechtigt, er zahle aber nicht mehr.

c) Der Rest der Forderungen soll aufgrund betrieblicher Erfahrungen pauschal mit 3 % wertberichtigt werden.

23. Der Bestand an Forderungen LuL beträgt bei einem USt-Satz von 16 % am 31. Dez. 04 765.600,00 EUR, an Besitzwechseln 108.460,00 EUR.

Mit welchem Betrag sind die Forderungen LuL in der Bilanz auszuweisen, wenn noch die folgenden Sachverhalte zu berücksichtigen sind:

a) Die Eröffnung des Insolvenzverfahrens über das Vermögen des Kunden A wurde am 20. Dez. 04 mangels Masse abgelehnt. Seine offenen Rechnungen bei Ihrem Mandanten belaufen sich auf 11.020,00 EUR.

b) Gegen den finanzkräftigen Privatmann B besteht seit dem 15. Mär. 02 eine Forderung in Höhe von 8.120,00 EUR. Da die Forderung zu verjähren drohte, wurde am 31. Dez. 04 ein Mahnbescheid beantragt. Wegen Arbeitsüberlastung des Amtsgerichts konnte dieser allerdings erst am 6. Jan. 05 zugestellt werden. Eine Zahlung des offenen Betrages ist bisher noch nicht erfolgt.

c) Die verbleibenden einwandfreien Forderungen werden erstmalig um 2 % indirekt wertberichtigt. Dieser Satz wurde aufgrund betrieblicher Erfahrungen ermittelt.

Bilden Sie die Buchungssätze.

24. Zum 31. Dez. 01 wurden in der Bilanz Ihres Mandanten, einer GmbH, Forderungen aus Lieferungen und Leistungen in erheblicher Höhe ausgewiesen. Die Höhe des Bestandes setzte sich aus (vermutlich) einwandfreien Forderungen in Höhe von 446.600,00 EUR, einer direkt um 40 % abgeschriebenen Forderung an den Kunden A in Höhe von 57.000,00 EUR (USt-Anteil 12.000,00 EUR) sowie einer direkt um 70 % abgeschriebenen Forderung an den Kunden B in Höhe von 5.801,75 EUR (USt-Anteil 2.018,00 EUR) zusammen.

Wie ist bei einem USt-Satz von 16 % zum 31. Dez. 02 zu buchen, wenn der Forderungsbestand Ihres Mandanten vor Berücksichtigung der folgenden Sachverhalte 509.396,00 EUR beträgt, aber

a) die Forderung an den Kunden A seit dem 28. Dez. 02 endgültig und in voller Höhe uneinbringlich ist und

b) die Forderung an den Kunden B infolge einer größeren Erbschaft des Schuldners wieder als vollwertig anzusehen ist?

25. Die vorläufige Saldenbilanz Ihres Mandanten weist zum 31. Dez. 02 vor Berücksichtigung der unten aufgeführten Sachverhalte u. a. folgende Beträge aus:

Forderungen LuL	307.400,00 EUR	
zweifelhafte Forderungen	3.944,00 EUR	
Einzelwertberichtigungen zu Ford.		1.020,00 EUR

Wie lauten die Buchungssätze (USt 16%), wenn

a) die zweifelhaften Forderungen zum 31. Dez. 01 indirekt mit 30% abgeschrieben wurden, nach Abschluss des außergerichtlichen Vergleichsverfahrens am 28. Dez. 02 aber eine Vergleichsquote von 55% auf das Bankkonto überwiesen wurde,

b) am 2. Dez. 02 das Insolvenzverfahren über das Vermögen eines Kunden, gegen den eine Forderung von 9.396,00 EUR besteht, eröffnet wurde,

c) bei einer weiteren Forderung in Höhe von 1.972,00 EUR mit einem Ausfall von 50% gerechnet werden muss.

26. In der vorläufigen Saldenbilanz zum 31. Dez. 05 sind die Forderungsabschreibungen mit einem Betrag von 62.500,00 EUR ausgewiesen. Dieser Betrag ist auf folgende Fälle zurückzuführen:

- Die Eröffnung des Insolvenzverfahrens gegen den Kunden A in Frankfurt, gegen den seit dem 1. Sep. 05 eine Forderung von 12.760,00 EUR (USt 16 %) besteht, wurde mangels Masse abgelehnt.
- Über das Vermögen des Kunden B in Essen wurde am 20. Nov. 05 ein außergerichtliches Vergleichsverfahren eröffnet. Die Forderung von 33.988,00 EUR (USt 16%) wird nach Meinung Ihres Mandanten wahrscheinlich zu 60% ausfallen.
- Die Forderung gegen den Kunden C in den USA in Höhe von 22.200,00 EUR ist nicht mehr einzutreiben.

a) Nehmen Sie die ggf. notwendige Korrekturbuchung für Ihren Mandanten vor.

b) Wie ist zum 31. Dez. 05 zu buchen, wenn die noch nicht korrigierten Forderungen LuL an Kunden

   - im Inland 371.200,00 EUR,
   - im Ausland 39.800,00 EUR

   betrugen und sich die Ausfälle der einwandfreien Forderungen betriebsüblich auf 3% belaufen?

3.3 Bewertung der Wertpapiere des Umlaufvermögens

Wertpapiere werden dem Umlaufvermögen zugerechnet, wenn sie nicht auf Dauer zum Betriebsvermögen gehören sollen. Das ist insbesondere dann der Fall, wenn sie zur vorübergehenden Anlage flüssiger Mittel erworben werden.

Wie alle Vermögensgegenstände des Umlaufvermögens, sind auch die Wertpapiere des Umlaufvermögens grundsätzlich mit ihren Anschaffungskosten (§ 6 Abs. 1 Ziff. 2 EStG, § 253 Abs. 1 HGB) zu bewerten. Neben dem eigentlichen Kaufpreis (Kurswert) bestehen diese aus den Nebenkosten (§ 255 Abs. 1 HGB), die der Unternehmer aufwenden muss, um die Wertpapiere zu erhalten. Vor allem sind das die Bankprovision, die Maklergebühr und Spesen.

Gehören zum Umlaufvermögen mehrere Wertpapiere gleicher Art, ergeben sich Bewertungsprobleme, wenn diese Papiere zu unterschiedlichen Anschaffungskosten erworben wurden und bei der Bank in einem Sammeldepot verwahrt werden. Es ist nämlich nicht mehr möglich herauszufinden, wie hoch die Anschaffungskosten für ein bestimmtes Wertpapier waren. Als Bilanzansatz für die als Umlaufvermögen gehaltenen Wertpapiere (derselben Art) dürfen deshalb grundsätzlich die durchschnittlichen Anschaffungskosten (gewogener Durchschnitt) berücksichtigt werden. Die Bewertung der Wertpapiere mit Hilfe des Lifo- oder Fifo-Verfahrens ist nicht zulässig (BStBl. 1966 III S. 274).

Sinkt der Wert der Wertpapiere des Umlaufvermögens zum Abschlussstichtag voraussichtlich dauerhaft unter den Wert der Anschaffungskosten, muss handels- und steuerrechtlich (Maßgeblichkeitsprinzip) eine Abschreibung auf den niedrigeren Wert erfolgen (§ 6 Abs. 1 Ziff. 2 EStG, § 253 Abs. 2 S. 3 HGB). Nur handelsrechtlich ist darüber hinaus auch bei einer nur vorübergehenden Wertminderung eine Abschreibung auf den niedrigeren Wert vorzunehmen.

Da Wertpapiere des Umlaufvermögens nicht dazu bestimmt sind, dem Betrieb auf Dauer zu dienen, liegt aus steuerrechtlicher Sicht[1] bereits dann eine voraussichtlich dauernde Wertminderung vor, wenn der Teilwert der Wertpapiere des Umlaufvermögens am Bilanzstichtag und danach bis zum Zeitpunkt der Aufstellung der Bilanz oder zum Zeitpunkt der vorherigen Veräußerung unter den Anschaffungskosten dieser Wertpapiere liegt.

Der anzusetzende niedrigere Wert entspricht dann dem niedrigeren Kurswert der Wertpapiere zuzüglich der auf diesen Wert entfallenden Nebenkosten (BStBl. 1966 III S. 643).

Beispiel:

Der Unternehmer hat am 10. Jan. 01 Aktien mit Anschaffungskosten von 20.000,00 EUR als Umlaufvermögen erworben. Am Bilanzstichtag hätte er diese Wertpapiere für 16.000,00 EUR kaufen können.

a) Bis zum Tag der Bilanzaufstellung für das Jahr 01 hat der Wert dieser Aktien zwischen 14.000,00 EUR und 18.000,00 EUR geschwankt.

Handelsrechtlich ist eine Abschreibung in Höhe von 4.000,00 EUR vorzunehmen. Aus steuerrechtlicher Sicht liegt nur eine voraussichtlich dauernde Wertminderung in Höhe von 2.000,00 EUR vor (20.000,00 EUR – 18.000,00 EUR). Die vorzunehmende Teilwertabschreibung beläuft sich deshalb nur auf 2.000,00 EUR.

Buchungssatz:

	Soll/EUR	Haben/EUR
4875/7210 Abschreibungen auf Wertpapiere UV an 1348/1510 sonstige Wertpapiere	4.000,00	 4.000,00

b) Bis zum Tag der Bilanzaufstellung für das Jahr 01 hat der Wert dieser Aktien zwischen 14.000,00 EUR und 22.000,00 EUR geschwankt.

Handelsrechtlich ist eine Abschreibung in Höhe von 4.000,00 EUR vorzunehmen. Eine Teilwertabschreibung findet nicht statt, da aus steuerrechtlicher Sicht keine voraussichtlich dauernde Wertminderung vorliegt.

Buchungssatz:

	Soll/EUR	Haben/EUR
4875/7210 Abschreibungen auf Wertpapiere UV an 1348/1510 sonstige Wertpapiere	4.000,00	 4.000,00

Entfallen nachträglich die Gründe für die Vornahme einer Abschreibung auf den niedrigeren Wert, ist es Einzelunternehmen und Personengesellschaften handelsrechtlich möglich (§ 253 Abs. 5 HGB), den in der Vergangenheit gewählten niedrigeren Wertansatz für diesen Vermögensgegenstand beizubehalten (Wertbeibehaltungswahlrecht).

1 BStBl. I 2000 S. 372.

Es besteht handelsrechtlich aber auch die Möglichkeit, für Kapitalgesellschaften und KapGes & Co. KG/OHG allerdings die Verpflichtung (§ 280 Abs. 1 HGB), wieder einen höheren Wert für diesen Vermögensgegenstand anzusetzen (Zuschreibung). Dieser darf jedoch nicht über den ursprünglichen Anschaffungskosten des Wirtschaftsguts liegen.

Beispiel:

Der Kaufpreis der Aktien, die für 20.000,00 EUR angeschafft und auf 16.000,00 EUR abgeschrieben wurden, ist zum 31. Dez. 05 auf 25.000,00 EUR gestiegen.

Eine Kapitalgesellschaft oder KapGes & Co. KG/OHG muss eine Zuschreibung in Höhe von 4.000,00 EUR vornehmen. Eine Einzelunternehmung oder Personengesellschaft darf diese Zuschreibung vornehmen, sie ist aber auch berechtigt, den bisherigen Bilanzansatz beizubehalten (und bildet dann eine stille Rücklage).

Buchungssatz (bei höchstmöglicher Zuschreibung):

	Soll/EUR	Haben/EUR
1348/1510 sonstige Wertpapiere an 2680/7120 zinsähnliche Erträge	4.000,00	 4.000,00

Steuerrechtlich besteht für alle Unternehmensformen eine Zuschreibungsverpflichtung, wenn die Gründe für die Vornahme einer Teilwertabschreibung entfallen (§ 6 Abs. 1 Ziff. 2 S. 3 EStG).

Kontrollaufgaben

1. Wann sind Wertpapiere dem Umlaufvermögen zuzurechnen?
2. Mit welchem Wert sind die Wertpapiere des Umlaufvermögens grundsätzlich in der Bilanz auszuweisen?
3. Wann sind Wertpapiere des Umlaufvermögens mit dem niedrigeren Wert zu bilanzieren?
4. Wie wird der niedrigere Wert der Wertpapiere des Umlaufvermögens berechnet?
5. Warum und in welcher Höhe sind Wertaufholungen bei Wertpapieren des Umlaufvermögens möglich?

Übungen

Vorbemerkungen zu den Geschäftsvorfällen 1 bis 16:

- Die Buchungssätze sind nach handelsrechtlichen Vorschriften zu bilden.
- Bestimmen Sie, mit welchen Werten die Vermögensgegenstände des Umlaufvermögens
  - ▶ in der Handelsbilanz (einerseits bei KapGes, andererseits bei EU/PersGes),
  - ▶ in der Steuerbilanz

  auszuweisen sind.

1. Ihr Mandant verfügt am 31. Dez. 03 über folgende Wertpapiere des Umlaufvermögens:

Art	Anschaffungs-kosten	Bilanzansatz 31. Dez. 02	Wert am 31. Dez. 03
A-Aktie	140,00 EUR	120,00 EUR	180,00 EUR
B-Aktie	160,00 EUR	160,00 EUR	140,00 EUR
C-Aktie	80,00 EUR	80,00 EUR	100,00 EUR
D-Aktie	250,00 EUR	210,00 EUR	250,00 EUR

Bestimmen Sie den Bilanzansatz zum 31. Dez. 03 und begründen Sie Ihre Entscheidung. Dauernde Wertminderungen lagen und liegen nicht vor.

2. Ihr Mandant verfügt am 1. Jan. 01 über 220 Aktien, die zum Umlaufvermögen gehören. Die Anschaffungskosten betrugen 112,00 EUR je Stück. Wie ist zu buchen, wenn
   a) am 10. Dez. 01 20 Aktien zum Kurs von 125,00 EUR bei 1,08 % Nebenkosten vom Kurswert veräußert werden und
   b) der Wert der noch vorhandenen 200 Aktien am 31. Dez. 01 120,00 EUR, am Tag der Bilanzaufstellung aber 110,00 EUR beträgt?

3. Im Juli 01 hat Ihr Mandant Wertpapiere des Umlaufvermögens für 6.500,00 EUR angeschafft. Weil der Kurswert zum 31. Dez. 01 um 1.100,00 EUR gestiegen war, bilanzierte er diese Papiere mit einem Betrag von 7.600,00 EUR.

   Nehmen Sie die ggf. erforderliche Korrekturbuchung vor.

4. Am 20. Jul. 01 erwarb Ihr Mandant folgende Wertpapiere:
   a) 50 Pharmaaktien zu 270,00 EUR Anschaffungskosten (spesenfrei) und
   b) 15.000,00 EUR Staatsanleihen zu 97 % Anschaffungskurs (spesenfrei).

   Die Wertpapiere gehören zum Umlaufvermögen und sollen entsprechend bilanziert werden.

   Am 31. Dez. 02 liegt der Kurs der Aktien bei 230,00 EUR je Stück und der Kurs der Staatsanleihen bei 99 %. Bis zum Tag der Bilanzaufstellung hat sich der Wert der Aktien auf 280,00 EUR/Stück und der Kurs der Anleihen auf 100 % erhöht.

   Der gesamte Vorgang ist buchhalterisch noch nicht erfasst. Holen Sie diese Arbeiten nach. Geben Sie eine kurze Begründung für die zum 31. Dez. 01 gewählten Wertansätze.

5. Am 2. Mai 01 kaufte Ihr Mandant 4.000 Stück A-Aktien (Wertpapiere UV) zum Kurs von 120,00 EUR je Stück. An Spesen fielen 5.184,00 EUR an.

   Am 20. Dez. 01 verkaufte er 3.000 Stück dieser Aktien zum Kurs von 132,00 EUR je Stück bei Spesen von 4.276,80 EUR.

   Der Kurs am 31. Dez. 01 betrug 125,00 EUR.
   a) Führen Sie alle Buchungen für den An- und Verkauf der Wertpapiere durch.
   b) Mit welchem Wert sind die Wertpapiere zum 31. Dez. 01 zu bilanzieren?

6. Am 15. Jul. 01 wurden durch Ihren Mandanten Aktien für 60.646,73 EUR angeschafft und als Umlaufvermögen aktiviert. Zum 31. Dez. 01 ist der Wert dieser Aktien voraussichtlich dauerhaft auf 11.200,00 EUR gefallen. Zu diesem Kursverlust kam es, weil die AG, deren Aktien Ihr Mandant besitzt, die Eröffnung eines Insolvenzverfahrens beantragt hatte.

   Nehmen Sie die Buchung vor und begründen Sie Ihre Ansicht.

7. Ihr Mandant erwarb am 5. Jul. 01 90 Stück Bankaktien zum Stückkurs von 405,50 EUR.

   Von diesen Aktien verkaufte er am 17. Sep. 01 50 Stück zum Kurswert von 397,10 EUR je Stück.

   Die restlichen Aktien befinden sich am 31. Dez. 01 im Umlaufvermögen des gewerblichen Betriebes.

Sowohl der Kauf als auch der Verkauf wurden über die Hausbank durchgeführt. Laut Kauf-/Verkaufsabrechnung fielen dabei jeweils 0,08 % Maklergebühr sowie 1 % Bankprovision als Nebenkosten an.

Zum 31. Dez. 01 beträgt der Stückkurs der Bankaktien voraussichtlich dauerhaft 157,60 EUR.

a) Bilden Sie die Buchungssätze zum 5. Jul. 01, 17. Sep. 01 und 31. Dez. 01.

b) Mit welchem Betrag sind die Wertpapiere zum Bilanzstichtag zu bilanzieren?

8. Zum Umlaufvermögen Ihres Mandanten gehört eine Bundesanleihe im Nennwert von 6.000,00 EUR, die am 22. Aug. 01 bei Nebenkosten von 0,575 % vom Nennwert zum Kurs von 99 % erworben wurde.

a) Bilden Sie den Buchungssatz für die Anschaffung der Anleihe.

b) Wie ist die Anleihe zum 31. Dez. 01 zu bewerten, wenn der Kurs zum Bilanzstichtag 96 %, am Tag der Bilanzaufstellung aber 97 % beträgt und zwischenzeitliche Kursänderungen nicht stattgefunden haben?

9. Zum Umlaufvermögen Ihres Mandanten gehören 50 Aktien, die zum 31. Dez. 01 mit ihren Anschaffungskosten von insgesamt 15.425,00 EUR bewertet wurden.

Am 31. Dez. 02 werden die Aktien an der Börse mit einem Stückkurs

a) von 368,50 EUR,

b) von 278,40 EUR

notiert. Bis zum Tag der Bilanzaufstellung schwankt der Kurs dieser Aktien (in den Fällen a und b) zwischen 250,00 EUR und 380,00 EUR.

Mit welchem Betrag sind die Aktien zu bilanzieren, wenn die Kaufnebenkosten unverändert 1,08 % (vom Kurswert) betragen?

10. Zur vorübergehenden Anlage betrieblicher liquider Mittel kaufte Ihr Mandant im Dezember 01 9 %-Pfandbriefe im Nennwert von 15.000,00 EUR. Da Zinstermine der 1. Jan. und 1. Jul. sind, belastete ihn die Bank mit Stückzinsen in Höhe von 562,50 EUR.

Bei einem Ankaufskurs von 97 % bilanzierte Ihr Mandant diese Wertpapiere mit 14.550,00 EUR. Die Nebenkosten von 0,575 % (Provision und Maklergebühr vom Nennwert) wurden wie folgt gebucht:

Nebenkosten des GV	86,25 EUR	
an Bank		86,25 EUR

Welche Buchungen haben zum 31. Dez. 01 noch zu erfolgen, wenn der Kurs der Wertpapiere am Bilanzstichtag auf 95 % gesunken ist, am Tag der Bilanzaufstellung aber 96 % beträgt?

11. Bei den als Umlaufvermögen ausgewiesenen Wertpapieren handelt es sich um 10 %ige Landesanleihen, die im Jahr 01 zum Kurs von 100 % zuzüglich der Nebenkosten für 32.184,00 EUR erworben wurden. Wegen der inzwischen eingetretenen Preissteigerungen wurden sie zum Bilanzstichtag 02 mit einem Wert von 32.666,76 EUR bilanziert.

Führen Sie die ggf. erforderliche Korrekturbuchung durch.

12. Ihr Mandant hat im Jahr 01 Aktien (UV) der A-AG zu unterschiedlichen Stückkursen angeschafft, und zwar

120 Stück zum Kurs von 280,00 EUR/Stück	33.600,00 EUR
80 Stück zum Kurs von 210,00 EUR/Stück	16.800,00 EUR
60 Stück zum Kurs von 240,00 EUR/Stück	14.400,00 EUR
110 Stück zum Kurs von 220,00 EUR/Stück	24.200,00 EUR

Im Laufe des Geschäftsjahres wurden 140 A-Aktien verkauft.

Ermitteln Sie den höchstmöglichen Wert des Endbestandes. Berücksichtigen Sie dabei, dass die Anschaffungsnebenkosten 1,08 % betragen haben und sich die Wiederbeschaffungskosten pro Aktie zum 31. Dez. 01 auf 252,70 EUR belaufen.

13. Der Kauf 9 %iger Pfandbriefe im Nennwert von 40.000,00 EUR, A/O, erfolgt am 30. Okt. 01 zum Kurs von 98 %. Bei Stückzinsen von 300,00 EUR und 0,575 % Spesen (vom Kurswert) belastet die Bank das Konto Ihres Mandanten mit insgesamt 39.750,00 EUR.

Wie ist zu buchen

a) bei Anschaffung der Wertpapiere, wenn diese nur zur kurzfristigen Geldanlage erworben werden,

b) zum 31. Dez. 01, wenn der Kurs am Bilanzstichtag auf 95 % gesunken ist, am Tag der Bilanzaufstellung aber 99 % beträgt,

c) zum 1. Apr. 02, wenn die Zinsgutschrift für das vorangegangene Halbjahr erfolgt (KapESt 30 %, SZ 5,5 %)?

14. Ihr Mandant erwarb am 20. Mär. 01 200 Aktien zum Stückkurs von 235,00 EUR zuzüglich der Nebenkosten von 507,60 EUR.

Zum 31. Dez. 01 stieg der Stückkurs der Aktien auf 250,00 EUR, zum 31. Dez. 02 betrug er voraussichtlich dauerhaft nur noch 180,00 EUR.

Aufgrund eines abweichenden Wirtschaftsjahres der AG wurde die Dividende von jeweils 6,50 EUR je Aktie erst am 15. Dez. 01 bzw. am 18. Dez. 02 beschlossen. Die Gutschriften der entsprechenden Beträge gingen entsprechend dem Beschluss der Hauptversammlung am 13. Jan. 02 bzw. am 4. Jan. 03 auf dem Bankkonto ein. Steuerbescheinigungen liegen vor.

Bilden Sie sämtliche Buchungssätze für 01 und 02.

Hauptabschlussübersicht

Ihr Mandant betreibt ein Großhandelsunternehmen und ist mit seiner Firma im Handelsregister eingetragen. Er hat die beiliegende Hauptabschlussübersicht 02 bis zur vorläufigen Saldenbilanz zum 31. Dez. 02 erstellt.

Die Umsätze im Jahr 02 unterliegen der Regelbesteuerung mit dem allgemeinen Steuersatz von 16 %.

Entwickeln Sie die Hauptabschlussübersicht 02 bis zur Bilanz und Gewinn- und Verlustrechnung. Berücksichtigen Sie dabei die nachstehenden Angaben.

SKR 03

Kto.-Nr.	Kontenbezeichnung	Saldenbilanz I	
		Soll	Haben
0085	Grund und Boden	475.200,00	
0090	Geschäftsbauten	1.106.880,00	
0320	Fahrzeuge	112.230,00	
0430	Ladeneinrichtung	225.860,00	
0480	GWG	13.518,00	
0630	Verbindlichkeiten KI		638.990,00
0870	Eigenkapital		1.902.240,00
0980	aktive RAP		
1000/1200	Geldkonten	173.718,00	
1348	Wertpapiere UV	80.800,00	
1400	Forderungen LuL	382.800,00	
1460	zweifelh. Ford.	4.060,00	
1475	Einzelwertb. z. Ford.		3.500,00
1478	PWB auf Ford.		6.080,00
1500	sonstige VG	8.240,00	
1570	Vorsteuer	34.820,00	

1600	Verbindlichkeiten LuL		363.640,00
1700	sonstige Verb.		34.000,00
1770	USt		55.490,00
1800	Privat	115.000,00	
2100	Zinsaufwendungen		
2650	Zinserträge		4.150,00
2680	zinsähnliche Ertr.		2.000,00
2750	Grundstückserträge		2.440,00
3200	Einkauf von Waren	3.171.750,00	
3980	Warenbestand	316.780,00	
4100	Aufw. für Personal	320.500,00	
4200	Raumkosten	129.500,00	
4330	Gewerbesteuer	39.900,00	
4340	sonstige Steuern	510,00	
4360	Versicherungen	38.500,00	
4500	Fahrzeugkosten	40.614,00	
4805	Inst. BGA	22.150,00	
4830	Abschreibungen SA		
4886	Abschreibung auf Ford.		
8000	Verkaufserlöse		3.800.800,00
8900	Entnahmen § 3 Abs. 1 b		
		6.813.330,00	6.813.330,00

1. Weil eine Forderung in Höhe von 3.132,00 EUR infolge der Eröffnung eines außergerichtlichen Vergleichsverfahrens zweifelhaft wurde, bildete Ihr Mandant zum 31. Dez. 01 eine Einzelwertberichtigung in Höhe von 1.500,00 EUR. Nach Abschluss des Verfahrens gingen im Laufe des Jahres 02 für diese Forderung insgesamt 2.088,00 EUR ein. Der Zahlungseingang wurde mit dem Buchungssatz

Bank	2.088,00 EUR	
an zweifelh. Ford.		2.088,00 EUR

   erfasst.
2. In den Forderungen ist ein Betrag von insgesamt 13.920,00 EUR für eine Warenlieferung vom September 02 enthalten. Im Dezember 02 wird bekannt, dass über das Vermögen des entsprechenden Kunden das Insolvenzverfahren eröffnet wurde. Vor der Bilanzerstellung teilt der Insolvenzverwalter mit, dass das Verfahren mangels Masse eingestellt wurde.
3. Nach der betrieblichen Erfahrung kann – wie in den vergangenen Jahren – damit gerechnet werden, dass 2 % der verbleibenden Forderungen ausfallen werden.
4. Ein Teil des Betriebsgebäudes ist zu fremden gewerblichen Zwecken vermietet. Der vereinbarte monatliche Mietzins beträgt 1.500,00 EUR zuzüglich 240,00 EUR USt = 1.740,00 EUR. Auf die mögliche Steuerbefreiung wurde gemäß § 9 UStG verzichtet.

   Die Miete für den Monat Dezember 02 geht erst mit der Januar-Miete 03 am 15. Jan. 03 ein.
5. Im Mai 02 wurde eine gebrauchte Verpackungsmaschine für 350,00 EUR zuzüglich 56,00 EUR USt erworben und mit dem Nettowert als GWG gebucht. Vor Inbetriebnahme wurde die Maschine generalüberholt. Dafür stellte die Werkstatt 700,00 EUR zuzüglich 112,00 EUR USt in Rechnung. Bei der Zahlung im Juni 02 wurde das Konto Instandhaltung BGA mit dem Nettowert belastet. Die USt wurde korrekt erfasst.
6. Die Wertpapiere des Umlaufvermögens wurden im Vorjahr für 79.200,00 EUR angeschafft und aktiviert (80.000,00 EUR nominal zu 99 %). Laut Depotauszug vom 31. Dez. 03 ist der Wert der nominal 80.000,00 EUR 8 %igen Bundesanleihen auf 80.800,00 EUR gestiegen und nunmehr mit diesem Betrag in der Buchführung ausgewiesen. Der Erhöhungsbetrag wurde als zinsähnlicher Ertrag erfasst.

7. Für die vorgenannten Wertpapiere werden die Zinsen jährlich nachträglich zum 15. Aug. eines jeden Jahres ausgezahlt.

8. Die am 31. Dez. 02 fällige Tilgungsrate (11.200,00 EUR) für ein Darlehen, das zur Finanzierung des Betriebsgebäudes aufgenommen wurde, wurde am 5. Jan. 03 dem Bankkonto belastet.

9. Am 28. Apr. 02 wurde die Einbruch-, Diebstahl- und Feuerversicherung für den Betrieb für die Zeit vom 1. Mai 02 bis zum 30. Apr. 03 im Voraus durch Banküberweisung bezahlt. Der Betrag in Höhe von 14.640,00 EUR wurde auf dem Konto Versicherungen im Soll gebucht.

10. Nach eigenen Aufzeichnungen hat Ihr Mandant im Jahr 02 Textilien mit einem Ladenverkaufspreis von 6.728,00 EUR für seine Familie aus dem Geschäft entnommen. Der Einstandspreis betrug 3.000,00 EUR. Zum Zeitpunkt der Entnahme hätten für den Einkauf dieser Waren 4.060,00 EUR (incl. 16 % USt) bezahlt werden müssen.

11. Die Abschreibung ist vorzunehmen
    a) auf Betriebsgebäude mit 2 % linear von 1.222.000,00 EUR Herstellungskosten,
    b) auf Kraftfahrzeuge mit 20 % linear von 160.800,00 EUR Anschaffungskosten,
    c) auf Ladeneinrichtung mit 10 % linear von 330.300,00 EUR Anschaffungskosten. Für geringwertige Wirtschaftsgüter wird die Bewertungsfreiheit nach § 6 Abs. 2 EStG voll in Anspruch genommen.

12. Die Konten Vorsteuer und Privat sind abzuschließen.

13. Als Warenbestand wurde durch Inventur zum 31. Dez. 02 ein Wert von 320.800,00 EUR ermittelt.

14. Zeigen Sie, wie sich die Geschäftsvorfälle 1 bis 11 und 13
    a) auf den Erfolg,
    b) auf die Bilanzsumme auswirken.

15. Berechnen Sie auch die Höhe des steuerrechtlichen Erfolgs.

SKR 04

Kto.-Nr.	Kontenbezeichnung	Saldenbilanz I	
		Soll	Haben
0235	Grund und Boden	475.200,00	
0240	Geschäftsbauten	1.106.880,00	
0520	Fahrzeuge	112.230,00	
0640	Ladeneinrichtung	225.860,00	
0670	GWG	13.518,00	
1140	Warenbestand	316.780,00	
1200	Forderungen LuL	382.800,00	
1240	zweifelh. Ford.	4.060,00	
1246	Einzelwertb. z. Ford.		3.500,00
1248	PWB auf Ford.		6.080,00
1300	sonstige VG	8.240,00	
1400	Vorsteuer	34.820,00	
1510	Wertpapiere UV	80.800,00	
1600/1800	Geldkonten	173.718,00	
1900	aktive RAP		
2000	Eigenkapital		1.902.240,00
2100	Privat	115.000,00	
3150	Verbindlichkeiten KI		638.990,00
3300	Verbindlichkeiten LuL		363.640,00

3500	sonstige Verb.		34.000,00
3800	USt		55.490,00
4000	Verkaufserlöse		3.800.800,00
4600	Entnahmen § 3 Abs. 1 b		
4860	Grundstückserträge		2.440,00
5200	Einkauf von Waren	3.171.750,00	
6020	Aufw. für Personal	320.500,00	
6220	Abschreibungen SA		
6305	Raumkosten	129.500,00	
6400	Versicherungen	38.500,00	
6470	Inst. BGA	22.150,00	
6500	Fahrzeugkosten	40.614,00	
6910	Abschreibung auf Ford.		
7100	Zinserträge		4.150,00
7140	zinsähnliche Ertr.		2.000,00
7300	Zinsaufwendungen		
7620	Gewerbesteuer	39.900,00	
7670	sonstige Steuern	510,00	
		6.813.330,00	6.813.330,00

Vermischte Übungen

1. Beim Kauf einer neuen Stanzmaschine für 56.000,00 EUR zuzüglich 8.960,00 EUR USt gibt Ihr Mandant am 1. Sep. 04 eine gebrauchte Stanzmaschine für 20.880,00 EUR (incl. 16% USt) in Zahlung.

   Der Buchwert der alten Maschine, die am 5. Jul. 01 für 54.000,00 EUR zuzüglich 8.640,00 EUR USt gekauft wurde, eine Nutzungsdauer von 6 Jahren hat und linear abgeschrieben wird, beträgt zum 31. Dez. 03 31.500,00 EUR.

   Der Ausgleich des Restbetrages erfolgt am 10. Sep. 04 nach Abzug von 2% Skonto, berechnet vom Kaufpreis, durch Banküberweisung.

   Bilden Sie sämtliche Buchungssätze für das Jahr 04. Unterstellen Sie, dass die neue Maschine eine Nutzungsdauer von 14 Jahren hat.

2. Im Monat Januar 01 kommt es im Zusammenhang mit dem Fuhrpark zu folgenden Geschäftsvorfällen bei Ihrem Mandanten:

   Für

   a) die Lieferung von Kraftstoff geht eine Rechnung in Höhe von 600,00 EUR zuzüglich 96,00 EUR USt ein.
   b) die Reinigung der Fahrzeuge werden bar 150,00 EUR zuzüglich 24,00 EUR USt gezahlt.
   c) Garagenmiete werden vom Bankkonto 100,00 EUR abgebucht.
   d) die Erneuerung eines Kotflügels geht eine Rechnung in Höhe von 800,00 EUR zuzüglich 128,00 EUR USt ein.
   e) Kfz-Steuer werden vom Bankkonto 600,00 EUR, für Kfz-Versicherung 2.000,00 EUR abgebucht.
   f) den Einbau einer Anhängerkupplung werden Ihrem Mandanten 1.100,00 EUR zuzüglich 176,00 EUR USt in Rechnung gestellt.
   g) die Anschaffung neuer Reifen werden 700,00 EUR zuzüglich 112,00 EUR USt sofort bar gezahlt.

   Bilden Sie die Buchungssätze.

3. Auf Wunsch Ihres Mandanten verrechnet das Finanzamt ein Einkommensteuerguthaben mit folgenden fälligen, noch nicht gebuchten Beträgen:

ESt-Vorauszahlung II. Quartal 03	3.930,00 EUR
Säumniszuschlag zur ESt	78,00 EUR
Grunderwerbsteuer für unbeb. Betriebsgrundstück	7.150,00 EUR
LSt/KiSt/SZ Mai 03 (Nettobuchung)	3.250,00 EUR
Säumniszuschlag zur LSt/KiSt und dem SZ	65,00 EUR
Erbschaftsteuer	3.150,00 EUR

Der Restbetrag von 1.480,00 EUR geht auf dem betrieblichen Bankkonto ein.

Bilden Sie den Buchungssatz.

4. Ihr Mandant kauft einen neuen Betriebs-PKW. Der Nettopreis beträgt 40.000,00 EUR, die Überführungskosten zusätzlich 540,00 EUR und die USt 6.486,40 EUR. Auf den Kaufpreis wird ein in Zahlung gegebener gebrauchter PKW mit 7.000,00 EUR zuzüglich 1.120,00 EUR USt angerechnet. Der Restbetrag wird durch Postscheck beglichen.

   An zusätzlichen Barauslagen entstehen Ihrem Mandanten 60,00 EUR für Zulassungskosten (durchlaufender Posten) und 23,20 EUR einschließlich 16% USt für das Kfz-Kennzeichen.

   Der in Zahlung gegebene PKW hatte zum Zeitpunkt des Ausscheidens einen Buchwert von 5.500,00 EUR.

   Buchen Sie den Vorgang.

5. Am 2. Apr. 01 erwarb Ihr Mandant das bis dahin gemietete Betriebsgebäude (Baujahr 1965). Der vereinbarte Kaufpreis, von dem 25% auf Grund und Boden entfallen, betrug 410.000,00 EUR.

   Die gezahlten Notariats- und Gerichtsgebühren von 5.200,00 EUR wurden im Soll des Kontos Grundstücksaufwendungen, die überwiesene Grunderwerbsteuer (3,5%) im Soll des Kontos sonstige Steuern und die in Rechnung gestellte USt im Soll des Kontos Vorsteuer gebucht.

   Welche Buchungen haben zum 31. Dez. 01 zu erfolgen, wenn die AfA nach § 7 Abs. 4 EStG zu berechnen ist?

6. Ein Kunde Ihres Mandanten befindet sich seit drei Monaten mit einem Betrag in Höhe von 60.000,00 EUR in Zahlungsverzug. Um keine finanziellen Nachteile zu erleiden, belastet Ihr Mandant diesen Kunden mit Mahngebühren in Höhe von 6,00 EUR und mit Verzugszinsen in Höhe von 9,26%.

   Bilden Sie den Buchungssatz.

7. Ihr Mandant kauft am 10. Nov. 01 einen Kleintransporter für 52.000,00 EUR zuzüglich 8.320,00 EUR USt. Der Rechnungsausgleich erfolgt

   - durch Inzahlunggabe eines gebrauchten LKW für 6.000,00 EUR zuzüglich 960,00 EUR USt. (Der Buchwert dieses LKW beträgt am Tag des Verkaufs noch 9.000,00 EUR.),
   - durch Abzug von 3% Skonto vom Kaufpreis,
   - durch Übergabe eines Barschecks in Höhe des Restbetrages.

   Wie haben Sie zu buchen?

8. Der Buchwert eines unbebauten, als Lagerplatz genutzten Grundstücks, beträgt seit Jahren 150.000,00 EUR.

   Infolge einer Straßenverlegung sinkt sein Wert voraussichtlich vorübergehend auf 100.000,00 EUR.

   Nehmen Sie die ggf. notwendige Buchung vor.

35 Hengstebeck - ISBN 3-8120-0068-7

9. Erstellen Sie das Anlagenverzeichnis für die Zeit vom 1. Jan. 07 bis zum 31. Dez. 07. Berücksichtigen Sie dabei die folgenden Angaben:

Kto.-Nr.	Bezeichnung des Gegenstandes	Tag der Ansch./ Herst.	AK/HK	ND in Jahren	AfA-Art	Bilanzwert 31. Dez. 06
0235	Grund und Boden	17. Feb. 01	12.000,00			12.000,00
0250	Fabrikgebäude	2. Jun. 03	720.000,00	25	lin.	616.800,00
0300	Fahrzeuge					
	PKW	15. Okt. 04	38.000,00	5	lin.	19.000,00
	LKW	9. Mär. 05	85.000,00	5	degr.	41.650,00
	LKW-Anhänger	10. Jul. 05	38.000,00	5	degr.	22.610,00
0400	Betriebsausst.					
	Drehbank	5. Mai 04	40.000,00	8	degr.	13.720,00
	Kompressor	25. Jul. 01	15.000,00	10	lin.	6.750,00
0420	Büroeinrichtung					
	EDV-Anlage	7. Nov. 07	45.000,00	3	lin.	-
	Schreibtisch	8. Okt. 01	4.800,00	10	lin.	2.160,00
	Schreibmaschine	19. Apr. 05	960,00	4	lin.	480,00

10. Ein LKW, dessen Anschaffungskosten am 3. Jan. 01 120.000,00 EUR betrugen, wurde zum 31. Dez. 01 und 31. Dez. 02 mit insgesamt 78.000,00 EUR abgeschrieben. Er hat eine betriebsgewöhnliche Nutzungsdauer von 6 Jahren und wird am 2. Feb. 03 für 72.000,00 EUR zuzüglich 11.520,00 EUR USt verkauft.

    Wie ist zum 2. Feb. 03 zu buchen, wenn die Voraussetzungen für die Sonderabschreibung nach § 7 g EStG erfüllt sind und die Abschreibung in den Jahren 01 und 02 höchstmöglich erfolgte?

11. Ihr Mandant (Einzelhändler) verkauft eine Ware, die er für 210,00 EUR eingekauft hat, gegen Barzahlung. Bei der Berechnung des Ladenverkaufspreises hat er einen Kalkulationszuschlag von 130% (USt 16%) berücksichtigt.

    Bilden Sie den Buchungssatz.

12. Bei Ihrem Mandanten (USt 16%) in Münster gehen am 25. Okt. 01 folgende Warenlieferungen mit ordnungsgemäßen Rechnungen ein:

    a) von einem Hersteller in Norwegen, netto 32.000,00 EUR,
    b) von einem Großhändler in Frankfurt, netto 28.300,00 EUR,
    c) von einem Importeur in Hagen, netto 12.500,00 EUR,
    d) von einem Hersteller in Amsterdam, netto 24.300,00 EUR.

    Wie ist zu buchen, wenn ggf. erforderliche Belege über entrichtete EUSt oder andere ggf. notwendige Nachweise vorliegen?

13. Ein Kunde Ihres Mandanten möchte eine fällige Rechnung in Höhe von 25.000,00 EUR durch Wechselakzept begleichen (gesonderte Kreditgewährung).

    a) Auf welchen Betrag muss die Wechselsumme lauten, wenn der Wechsel, der eine Laufzeit von 90 Tagen hat, unter Berücksichtigung von 6% Diskont auszustellen ist?

    b) Wie lautet der Buchungssatz?

4 Verbindlichkeiten

Zu Verbindlichkeiten kommt es vor allem, wenn Eingangsrechnungen nicht sofort beglichen oder Kredite aufgenommen werden. Verbindlichkeiten sind demnach Verpflichtungen des Unternehmens, die am Bilanzstichtag grundsätzlich hinsichtlich ihrer Höhe und des Zeitpunkts ihrer Fälligkeit bekannt sind.

Ihre Bewertung hat grundsätzlich mit dem Rückzahlungsbetrag zu erfolgen. Ausnahmsweise, d. h., wenn Verbindlichkeiten unverzinslich sind, keine Anzahlungen darstellen und eine Restlaufzeit von mehr als 12 Monaten haben, ist der Rückzahlungsbetrag abzuzinsen (steuerrechtlich mit einem Zinssatz von 5,5 %).

Kommt es allerdings zu Ereignissen, die eine Werterhöhung der Verbindlichkeiten zum Bilanzstichtag zur Folge haben,

- muss handels- und steuerrechtlich (Maßgeblichkeitsprinzip) eine Zuschreibung der Verbindlichkeit auf den höheren Wert erfolgen, wenn diese Werterhöhung voraussichtlich von Dauer ist,
- muss, allerdings nur handelsrechtlich (§ 253 Abs. 1 HGB), eine Zuschreibung auf den höheren Wert erfolgen, auch wenn es sich voraussichtlich nur um eine vorübergehende Werterhöhung der Verbindlichkeit handelt.

Entfallen nachträglich die Gründe für die Vornahme einer Zuschreibung auf den höheren Wert, ist sowohl handelsrechtlich als auch steuerrechtlich (§ 253 Abs. 1 HGB, § 6 Abs. 1 Ziff. 3 EStG) eine Abschreibung auf den niedrigeren Wert vorzunehmen.

Bewertung von Verbindlichkeiten			
	handelsrechtlich		steuerrechtlich
	EU/PersGes	KapGes und KapGes & Co. KG/OHG	alle Unternehmensformen
grundsätzlich	Rückzahlungsbetrag	Rückzahlungsbetrag	Rückzahlungsbetrag
wenn unverzinslich, keine Anzahlung und Restlaufzeit > 12 Monate	abgezinster Rückzahlungsbetrag (steuerrechtlich mit dem Zinssatz von 5,5 %)		
bei dauernder Werterhöhung	Zuschreibung vorgeschrieben	Zuschreibung vorgeschrieben	Zuschreibung vorgeschrieben
bei vorübergehender Werterhöhung	Zuschreibung vorgeschrieben	Zuschreibung vorgeschrieben	Zuschreibung unzulässig
bei Fortfall der Werterhöhung	Abschreibung vorgeschrieben	Abschreibung vorgeschrieben	Abschreibung vorgeschrieben

4.1 Verbindlichkeiten aus Lieferungen und Leistungen

Bei Verbindlichkeiten aus Lieferungen und Leistungen, die in EUR zu begleichen sind, ergeben sich keine Bewertungsprobleme. Sie sind stets in Höhe des Rechnungsbetrages, d. h. einschließlich der Umsatzsteuer, als betriebliche Schulden auszuweisen.

4.2 Verbindlichkeiten gegenüber Kreditinstituten

Verbindlichkeiten gegenüber Kreditinstituten können Kontokorrentkredite, aber auch Darlehen sein.

Kontokorrentkredite werden in Höhe des Nennwerts gewährt und sind stets in Höhe des Nennwerts (Anschaffungskosten) zurückzuzahlen.

Werden verzinsliche Darlehen in Anspruch genommen, sind verschiedene Möglichkeiten denkbar. Es kann vereinbart sein, dass das Darlehen

- zum Nennwert ausgezahlt wird und in Höhe des Nennwerts zurückzuzahlen ist,
- nach Abzug eines Disagios (Damnums, Abgelds) vom Nennwert ausgezahlt wird und in Höhe des Nennwerts zurückzuzahlen ist oder aber
- zum Nennwert ausgezahlt wird und neben dem Nennwert ein Agio (Aufgeld) zurückzuzahlen ist.

Als Bilanzansatz für diese Verbindlichkeiten ist stets der Rückzahlungsbetrag zu berücksichtigen.

Beispiel:

Zur Finanzierung eines Maschinenkaufs nimmt der Unternehmer ein Darlehen in Höhe von 120.000,00 EUR auf. Dieses wird dem Bankguthabenkonto nach Abzug eines Disagios in Höhe von 5 % gutgeschrieben.

Als Verbindlichkeiten KI ist ein Betrag in Höhe von 120.000,00 EUR zu buchen.

Buchungssatz:

	Soll/EUR	Haben/EUR
1200/1800 Bank	114.000,00	
0986/1940 Disagio	6.000,00	
an 0630/3150 Verbindlichkeiten KI		120.000,00

Wird ein Disagio vereinbart, darf dieses handelsrechtlich sofort und in voller Höhe als Aufwand (zinsähnliche Aufwendungen) berücksichtigt werden. Es ist aber auch zulässig, diesen Betrag im Konto Disagio zu erfassen und auf der Aktivseite der Bilanz (bei den aktiven Rechnungsabgrenzungsposten) auszuweisen. Erfolgt eine Aktivierung, ist der im Konto Disagio/Agio erfasste Betrag durch planmäßige Abschreibungen auf die Laufzeit des Darlehens zu verteilen (§ 250 Abs. 3 Satz 2 HGB). Steuerrechtlich müssen die einmalig anfallenden Aufwendungen immer aktiviert und auf die Laufzeit des Darlehens verteilt werden (H 37 Abs. 3 EStR).

Es gibt keine Vorschrift, nach welcher Methode die Höhe des Abschreibungsbetrages für die aktivierten Beträge zu berechnen ist. Aufgrund wirtschaftlicher Überlegungen bietet es sich jedoch an, die Abschreibung des aktivierten Betrages der Entwicklung des Darlehens anzupassen.

Bei Fälligkeitsdarlehen erfolgt die Tilgung des Darlehens in einer Summe am Ende der Laufzeit. Deshalb verändert sich die Höhe des Darlehens während der Laufzeit nicht.

Aus diesem Grunde ist es sinnvoll, den im Konto Disagio/Agio erfassten Betrag linear zu verteilen.

Beispiel:

Bei der Auszahlung eines Fälligkeitsdarlehens, das eine Laufzeit von 10 Jahren hat, behält die Bank einen Betrag in Höhe von 5.000,00 EUR als Disagio ein.

Die Abschreibung des Disagios erfolgt jährlich mit 500,00 EUR.

Bei Abzahlungsdarlehen verringert sich die Höhe des Darlehens durch jährlich gleich bleibende Tilgungsraten. Das bedeutet, dass das Darlehen von Jahr zu Jahr gleichmäßig sinkt.

Bei der Berechnung der Höhe der Abschreibung wird dieser Entwicklung dadurch Rechnung getragen, dass die Abschreibung des im Konto Disagio/Agio erfassten Betrages arithmetisch-degressiv (oder digital) erfolgt.

Zur Berechnung dieser Abschreibung wird eine Bruchzahl gebildet. Der Zähler der Bruchzahl entspricht im ersten Jahr der Anzahl der Jahre, für die der Darlehensvertrag abgeschlossen wurde. Er verringert sich von Jahr zu Jahr um 1. Der Nenner besteht aus einer Addition der Ziffern der Jahre, in denen die Abschreibung erfolgen soll.

Beispiel:

Bei der Auszahlung eines Abzahlungsdarlehens, das eine Laufzeit von 4 Jahren hat, behält die Bank einen Betrag in Höhe von 5.000,00 EUR als Disagio ein.

Die Abschreibung des Disagios erfolgt im ersten Jahr mit

$\frac{4}{1 + 2 + 3 + 4}$ oder $^{4}/_{10}$ von 5.000,00 EUR, also mit 2.000,00 EUR,

im zweiten Jahr mit $^{3}/_{10}$ von 5.000,00 EUR, also mit 1.500,00 EUR usw.

Bei Annuitätendarlehen hat der Kreditnehmer während der Laufzeit des Darlehens einen jährlich gleich hohen Gesamtbetrag für Tilgung und Zinsen (Annuität) zu zahlen. Da immer nur der nach der jeweiligen Tilgung verbleibende Kreditbetrag zu verzinsen ist, die Zinsen also von Jahr zu Jahr sinken, nimmt der jährliche Tilgungsanteil entsprechend zu.

Zur Berechnung der Abschreibungshöhe wird der im Konto Disagio/Agio erfasste Betrag mit einer Bruchzahl multipliziert. Ihr Zähler besteht aus den für das einzelne Jahr zu zahlenden Zinsen, ihr Nenner setzt sich aus der Summe der für die Gesamtlaufzeit zu zahlenden Zinsen zusammen.

Beispiel:

Ein Annuitätendarlehen in Höhe von 100.000,00 EUR ist jährlich mit 10% zu verzinsen. Es hat eine Laufzeit von 3 Jahren und wird dem Bankkonto des Unternehmers nach Abzug eines Disagios in Höhe von 5.000,00 EUR gutgeschrieben. Für Zinsen und Tilgung sind jährlich nachträglich 40.211,48 EUR (Annuität) zu zahlen.

Jahr	Darlehensbetrag	Zinsen	Tilgung	Restdarlehen
01	100.000,00	10.000,00	30.211,48	69.788,52
02	69.788,52	6.978,85	33.232,63	36.555,89
03	36.555,89	3.655,59	36.555,89	-
		20.634,44		

Die Abschreibung des Disagios erfolgt im ersten Jahr mit

$\frac{10.000,00}{20.634,44} \cdot 5.000,00$ EUR = 2.423,13 EUR,

im zweiten Jahr mit $\frac{6.978,85}{20.634,44} \cdot 5.000,00$ EUR = 1.691,07 EUR

Kontrollaufgaben

1. Definieren Sie die Begriffe Fälligkeits-, Abzahlungs- und Annuitätendarlehen.
2. Wie wird ein in der Steuerbilanz ausgewiesenes Disagio für ein
   a) Fälligkeitsdarlehen,
   b) Abzahlungsdarlehen,
   c) Annuitätendarlehen

   abgeschrieben, wenn es entsprechend der Inanspruchnahme des Darlehens zu verteilen ist?

Übungen

Vorbemerkungen zu den Geschäftsvorfällen 1 bis 10:

- Die Buchungssätze sind nach handelsrechtlichen Vorschriften zu bilden.
- Zeigen Sie jeweils, wie sich die Geschäftsvorfälle einerseits auf den handelsrechtlichen, andererseits auf den steuerrechtlichen Erfolg auswirken.

1. In der vorläufigen Saldenbilanz Ihres Mandanten ist zum 31. Dez. 08 ein Disagio von 4.800,00 EUR ausgewiesen. Zum Zeitpunkt der Kreditaufnahme (1. Jan. 01) betrug es 8.000,00 EUR, d. h. 2% vom aufgenommenen Darlehen.

   Da die Tilgung des Darlehens in einer Summe am Ende der Laufzeit erfolgt, wird die Abschreibung des Disagios linear vorgenommen.

   Bilden Sie den Buchungssatz zum 31. Dez. 08.

2. Das von der Hausbank zugesagte Darlehen (Laufzeit 5 Jahre) über 120.000,00 EUR wird am 1. Apr. 01 zu 94% ausgezahlt, d. h. dem Bankkonto Ihres Mandanten gutgeschrieben.

   Laut Kreditvertrag beträgt der Zinsanteil für April 900,00 EUR, der monatliche Tilgungsanteil 2.000,00 EUR.

   Buchen Sie
   a) die Darlehensauszahlung zum 1. Apr. 01,
   b) die nachträgliche Zins- und Tilgungszahlung für April 01,
   c) die Abgrenzung des nicht sofort als Aufwand berücksichtigten Disagios (digital) zum 31. Dez. 01.

3. Zur Finanzierung eines Gebäudekaufs nimmt Ihr Mandant ein Darlehen von 450.000,00 EUR auf. Laut Vertrag ist jährlich ein gleich bleibender Betrag von 54.000,00 EUR zu zahlen, der im ersten Jahr durch eine Verzinsung von 8% und eine Tilgung von 4% zustande kommt. In den Folgejahren sollen die bei gleich bleibendem Zinssatz ersparten Zinsen dem Tilgungsanteil zugerechnet werden.

   Berechnen Sie die Darlehensschuld zum Ende des 3. Jahres.

4. Ihr Mandant nimmt ein Darlehen im Nennwert von 150.000,00 EUR auf, das dem betrieblichen Bankkonto mit 140.000,00 EUR gutgeschrieben wird.

   Das Darlehen, das zum 1. Dez. 02 bewilligt wurde (Laufzeit 5 Jahre), ist mit 8% zu verzinsen. Die Zinszahlungen haben am Ende eines jeden Monats, erstmals am 31. Dez. 02, zu erfolgen. Die Tilgungszahlungen sind nachträglich am 30. Nov. eines jeden Jahres fällig.

   Bilden Sie die Buchungssätze zum 1. Dez. 02 und 31. Dez. 02. Beachten Sie, dass Ihr Mandant
   a) einen höchstmöglichen,
   b) einen geringstmöglichen

   handelsrechtlichen Erfolg ausweisen möchte.

5. Der Kaufpreis für ein Gebäude wird außer durch eigene flüssige Mittel durch Aufnahme eines Bankdarlehens in Höhe von 300.000,00 EUR beglichen.

Das entsprechende Darlehen wird am 1. Okt. 01 zu 95 % ausgezahlt. Es ist vierteljährlich nachträglich - erstmals am 31. Dez. 01 - zu verzinsen und mit 2 % zu tilgen. Der vereinbarte Zinssatz von 7,5 % gilt für einen Zeitraum von 10 Jahren.

Buchen Sie für Ihren Mandanten

a) die Bankgutschrift des Darlehens,
b) die Zinsbelastung, die Abschreibung des nicht sofort als Aufwand berücksichtigten Disagios und die Tilgungszahlung zum 31. Dez. 01.

6. Ihr Mandant nimmt zur Finanzierung eines Gebäudekaufs ein Darlehen über 250.000,00 EUR auf. Laut Vertrag ist jährlich ein Gesamtbetrag von 50.000,00 EUR an die Bank zu zahlen. Dieser setzt sich aus einem Zinsanteil (8 % von der jeweiligen Restschuld) und einem Tilgungsanteil zusammen.

Ermitteln Sie

a) die Summe der Tilgungsbeträge der Jahre 01 bis 03.
b) die Restschuld des Darlehens zum Ende des Jahres 03.

7. Zur Finanzierung eines Gebäudekaufs nahm Ihr Mandant zum 1. Jan. 01 ein Darlehen im Nennwert von 300.000,00 EUR auf. Bei halbjährlich nachträglich zu zahlenden Zinsen (Zinssatz 7 %) erfolgte die Auszahlung zu 96 %. Das in einer Summe rückzahlbare Darlehen hat eine vereinbarte Laufzeit von 10 Jahren.

Zum 1. Jan. 07 wird das Gebäude wieder veräußert. Aus diesem Grunde wird das Darlehen nicht mehr benötigt.

Mit welchem Betrag sind diese Verbindlichkeiten in der Bilanz zum 31. Dez. 06 anzusetzen, wenn das Darlehen zulässigerweise rechtzeitig gekündigt wurde und die Tilgung durch Abbuchung vom Bankkonto am 2. Jan. 07 erfolgt? (Vorfälligkeitsentschädigung fällt nicht an.)

8. Ein Tilgungs-(Raten-)Darlehen in Höhe von 400.000,00 EUR wird am 1. Mär. 01 durch Ihren Mandanten aufgenommen. Es hat eine Laufzeit von 10 Jahren, wird dem betrieblichen Bankkonto mit 96 % gutgeschrieben und ist mit 16 % zu verzinsen.

Die Lastschrift über die erstmals am 1. Sep. 01 halbjährlich fällige Rate von 52.000,00 EUR (Zinsen und Tilgung) liegt vor.

Bilden Sie die Buchungssätze

a) zum 1. Mär. 01,
b) zum 1. Sep. 01,
c) zum 31. Dez. 01.

Beachten Sie, dass Ihr Mandant einen höchstmöglichen handelsrechtlichen Erfolg ausweisen möchte.

9. Zur Finanzierung eines Maschinenkaufs nimmt Ihr Mandant ein Darlehen von 300.000,00 EUR auf. Laut Vertrag sind jährlich 9 % Zinsen von der jeweiligen Restschuld zu zahlen und ist eine jährliche Tilgung von 5 % des ursprünglichen Darlehens vorzunehmen.

a) Berechnen Sie die Darlehensschuld zum Ende des 3. Jahres.
b) Berechnen Sie die Annuitäten (Jahreszahlungen) für die ersten 3 Jahre.
c) Bilden Sie die Buchungssätze für die im Laufe des Jahres 03 stattfindenden Zahlungen.

10. Ihr Mandant nahm am 1. Okt. 01 ein Darlehen im Nennwert von 100.000,00 EUR auf. Laut Vertrag ist dieses Darlehen mit 8 % zu verzinsen und nach 5 Jahren, d. h. am 30. Sep. 06, in einer Summe zuzüglich eines Agios von 5 % - dieses soll aktiviert werden - zurückzuzahlen.

Wie ist

a) zum Zeitpunkt der Darlehensgutschrift,
b) zum 31. Dez. 01

zu buchen, wenn die Zinsen halbjährlich im Voraus vom Bankkonto abgebucht werden?

4.3 Fremdwährungsverbindlichkeiten

Verbindlichkeiten können auch in ausländischer Währung zu begleichen sein (Valutaverbindlichkeiten). Ist dies der Fall, lässt sich die Höhe des Betrages, der bei Fälligkeit der Rechnung zu zahlen ist, nicht eindeutig ermitteln. Das ist darauf zurückzuführen, dass der Kurs der ausländischen Währung ständig schwankt.

Beim Eingang der Rechnung werden diese Verbindlichkeiten unter Berücksichtigung des zu diesem Zeitpunkt maßgeblichen Kurses (Kurswert im Zeitpunkt der Entstehung der Verbindlichkeit) angesetzt.

Um den gesuchten Betrag zu erhalten, ist es erforderlich, die ausländischen Währungseinheiten, z. B. USD, in EUR umzurechnen.

Beispiel:

Der Unternehmer hat am 3. Dez. 01 Waren in den USA eingekauft. Die entsprechende Eingangsrechnung lautet auf 20.000,00 USD. Vertraglich ist vereinbart, dass der Ausgleich der Rechnung in USD zu erfolgen hat. Am Tag des Rechnungseingangs wird der EUR mit 0,9884 USD notiert.

Die Höhe des Gutschriftsbetrages kann mit Hilfe des Dreisatzes oder des Kettensatzes berechnet werden.

Dreisatz:

0,9884 USD - 1,00 EUR
20.000,00 USD - x EUR

Kettensatz:

? EUR - 20.000,00 USD
0,9884 USD - 1,00 EUR

Beide Ansätze führen zur gleichen Berechnung und Lösung.

$$\frac{20.000,00 \cdot 1}{0,9884} = 20.234,72 \text{ (EUR)}$$

Als Verbindlichkeit ist ein Betrag in Höhe von 20.234,72 EUR zu buchen.

Buchungssatz:

	Soll/EUR	Haben/EUR
3200/5200 Einkauf von Waren an 1600/3300 Verbindlichkeiten LuL	20.234,72	 20.234,72

Steigt der Wert des EUR zum Bilanzstichtag, sinken die Schulden unter den Wert der ausgewiesenen Verbindlichkeiten. Eine Herabsetzung der Verbindlichkeiten auf den niedrigeren Wert erfolgt jedoch nicht (H 37 Abs. 4 EStR), weil eine Herabsetzung zu einem noch nicht realisierten Gewinn führen würde (Imparitätsprinzip, Höchstwertprinzip).

Sinkt der Wert des EUR zum Bilanzstichtag, steigen die Schulden über den Wert der ausgewiesenen Verbindlichkeiten. Da auch in diesem Fall das Imparitätsprinzip (und das Höchstwertprinzip) gilt, sind die noch nicht realisierten Verluste handelsrechtlich auszuweisen. Dies führt zu einer Erhöhung des Bilanzansatzes für diese Verbindlichkeiten (§ 253 Abs. 1 HGB). Steuerrechtlich ist diese Zuschreibung nur bei einer voraussichtlich dauerhaften Werterhöhung vorgeschrieben und zulässig (§ 6 Abs. 1 Ziff. 3 EStG).

Eine voraussichtlich dauerhafte Werterhöhung liegt aus steuerrechtlicher Sicht[1] bei kurzfristigen Fremdwährungsverbindlichkeiten bereits dann vor, wenn ihr Wert am Bilanzstichtag und auch danach, d. h. bis zum Tag der Bilanzaufstellung (oder dem davor liegenden Zeitpunkt des Rechnungsausgleichs), stets höher als zum Zeitpunkt der Entstehung der Verbindlichkeit ist.

1 BStBl. I 2000 S. 372

Bei längerfristigen Fremdwährungsverbindlichkeiten führen ständige Wechselkursänderungen nicht zu einer voraussichtlich dauerhaften Werterhöhung. Kommt es jedoch zu einer Abwertung des EUR bzw. einer Aufwertung ausländischer Währungen, liegt auch hier aus steuerrechtlicher Sicht eine voraussichtlich dauerhafte Werterhöhung vor.

Beispiel:

Seit dem Tag des Rechnungseingangs sank der EUR-Kurs (stieg der USD-Kurs) ständig. Am Abschlussstichtag wird er mit 0,9579 USD, am Tag der Bilanzaufstellung mit 0,9358 USD notiert.

Die Bewertung der Verbindlichkeit hat handels- und steuerrechtlich mit 20.879,01 EUR zu erfolgen.

Buchungssatz:

	Soll/EUR	Haben/EUR
2140/7330 zinsähnliche Aufwendungen (2150/6880 Aufwendungen aus Kursdifferenzen) an 1600/3300 Verbindlichkeiten LuL	644,29	 644,29

Sinkt der Wert einer Fremdwährungsverbindlichkeit aufgrund eines gestiegenen EUR-Kurses zu einem späteren Bilanzstichtag wieder, ist sowohl handels- als auch steuerrechtlich der niedrigere Wert anzusetzen. Dabei ist zu beachten, dass die Bewertung dieser Verbindlichkeiten mindestens mit ihren Anschaffungskosten zu erfolgen hat (Rückzahlungsbetrag § 253 Abs. 1 HGB, § 6 Abs. 1 Ziff. 3 EStG).

Beispiel:

Die vom 3. Dez. 01 stammende Eingangsrechnung in Höhe von 20.000,00 USD ist bis zum 31. Dez. 02 (Abschlussstichtag) immer noch nicht beglichen worden. Am Ende des Wirtschaftsjahres 02 wird der EUR-Kurs mit 0,9711 USD notiert.

Der Unternehmer muss die Verbindlichkeit handels- und steuerrechtlich mit 20.595,20 EUR bewerten (Rückgängigmachung eines noch nicht realisierten Verlustes).

Buchungssatz:

	Soll/EUR	Haben/EUR
1600/3300 Verbindlichkeiten LuL an 2660/4840 Erträge aus Kursdifferenzen	283,81	 283,81

Erst beim Rechnungsausgleich steht fest, in welcher Höhe tatsächlich Schulden bestanden haben. Der gezahlte Betrag kann der Höhe der bilanzierten Verbindlichkeit entsprechen, er kann aber auch höher oder niedriger als dieser Betrag sein. Entspricht er dem bilanzierten Betrag, ergibt sich keine Auswirkung auf den Erfolg des Unternehmens. Ist er höher, kommt es zu Aufwendungen, die als zinsähnliche Aufwendungen gebucht werden, ist er niedriger, kommt es zu Erträgen, die als Erträge aus Kursdifferenzen zu erfassen sind.

Beispiel:

Der Ausgleich der Eingangsrechnung über 20.000,00 USD vom 3. Dez. 01 erfolgt am 5. Mär. 03 durch Banküberweisung. An diesem Tag wird der EUR mit 0,9623 USD notiert.

Buchungssatz:

	Soll/EUR	Haben/EUR
1600/3300 Verbindlichkeiten LuL 2140/7330 zinsähnliche Aufwendungen (2150/6880 Aufwendungen aus Kursdifferenzen) an 1200/1800 Bank	20.595,20 188,34	20.783,54

Sinkt der Wert der Fremdwährungsverbindlichkeiten unter die Anschaffungskosten, kommt es zur Bildung stiller Rücklagen (Höherbewertung der Schulden).

Kontrollaufgaben

1. Mit welchem Wert sind Schulden grundsätzlich in der Bilanz auszuweisen?
2. Nach welchem Prinzip hat die Bewertung von Verbindlichkeiten zu erfolgen?
3. Wie ist zu bilanzieren, wenn der Wert einer Verbindlichkeit zum Bilanzstichtag
   a) gestiegen ist,
   b) gesunken ist?
4. Wie sind Fremdwährungsverbindlichkeiten (Valutaverbindlichkeiten) zu bilanzieren, wenn der EUR-Kurs zum Bilanzstichtag
   a) gestiegen ist,
   b) gesunken ist?

Übungen

Vorbemerkungen zu den Geschäftsvorfällen 1 bis 16:

- Die Buchungssätze sind nach handelsrechtlichen Vorschriften zu bilden.
- Bestimmen Sie die Bilanzansätze aus handels- und steuerrechtlicher Sicht.

1. Ihr Mandant erwarb am 10. Nov. 01 Waren für 15.000,00 USD in den USA und buchte den in USD zu begleichenden Rechnungsbetrag zum Kurs von 0,9079 USD für 1 EUR im Konto Verbindlichkeiten LuL.

   Am 31. Dez. 01 wird der EUR-Kurs mit 0,9245 USD ermittelt.

   a) Wählen Sie den Bilanzansatz für diese Verbindlichkeit.
   b) Bilden Sie, falls notwendig, den Buchungssatz.

2. Am 20. Dez. 01 kaufte Ihr Mandant Waren zum Preis von 9,60 CAD je kg in Kanada ein. Da der Kurs für 1 EUR 1,7624 CAD betrug, wurde zutreffend wie folgt gebucht:

Wareneinkauf	34.560,00 EUR	
an Verbindlichkeiten LuL		34.560,00 EUR

   Laut Vertrag hat der Rechnungsausgleich am 10. Jan. 02 in CAD zu erfolgen.

Wie lautet die Buchung zum Bilanzstichtag, wenn der Kurs für einen EUR am 31. Dez. 01

a) 1,7438 CAD,
b) 1,7845 CAD

beträgt, am Tag der Bilanzaufstellung jedoch mit 1,7703 CAD festgestellt wird?

3. Ihr Mandant bezog am 22. Dez. 01 Waren verzollt und versteuert aus den Vereinigten Staaten. Die spätestens am 22. Jan. 02 ohne Abzug in Auslandswährung zu begleichende Eingangsrechnung lautete auf 80.000,00 USD.

   Der Kurs für einen EUR betrug am 22. Dez. 01 0,9275 USD, am 31. Dez. 01 0,8968 USD, am 22. Jan. 02 0,8752 USD.

   Bilden Sie die Buchungssätze

   a) zum Zeitpunkt des Einkaufs,
   b) zum Bilanzstichtag.

4. Ihr Mandant, ein Getränkehändler, kaufte im November 01 Wein in Kalifornien ein. Als im Dezember 01 die Rechnung einging, wurde der Rechnungsbetrag im Nettowert von 15.000,00 USD zu einem Kurs von 0,9158 USD für 1 EUR gebucht.

   Am 31. Dez. 01 betrug der Kurs für 1 EUR alternativ
   - 0,9266 USD,
   - 0,8943 USD.

   Er veränderte sich bis zum Tag der Bilanzaufstellung nicht mehr.

   a) Welche Konsequenzen ergeben sich zum 31. Dez. 01 für den Bilanzansatz der in Auslandswährung zu begleichenden Verbindlichkeiten und der Waren, wenn noch keine Verkäufe stattgefunden haben?
   b) Wie ist bei einem Wertverlust des EUR zu buchen?

5. Am 10. Dez. 01 kaufte Ihr Mandant 2.000 kg Rohstoffe zum Preis von 9,60 CAD je kg ein. Die Rechnung war am 10. Jan. 02 fällig und wurde am 10. Dez. 01 zum Kurs von 1,7624 CAD für 1 EUR wie folgt gebucht:

Rohstoffe	10.894,24 EUR	
an Verbindlichkeiten LuL		10.894,24 EUR

   Der Kurs für 1 EUR steht am 31. Dez. 01 bei

   a) 1,7425 CAD,
   b) 1,7736 CAD.

   Wie ist zum 31. Dez. 01 zu buchen, wenn sich noch 1.200 kg dieser Rohstoffe auf dem Lager befinden, der Kurs des EUR am Tag der Bilanzaufstellung 1,7702 CAD beträgt und der Rechnungsausgleich in CAD zu erfolgen hat?

6. Ihr Mandant nahm im Februar 01 ein in Auslandswährung zu tilgendes Darlehen mit einer Laufzeit von 2 Jahren auf. Der Darlehensbetrag über 300.000,00 NOK wurde zum Kurs von 8,6438 NOK für 1 EUR gutgeschrieben. Zum 31. Dez. 01 verringerte sich der Kurs für 1 EUR auf 8,3865 NOK, zum 31. Dez. 02 erhöhte er sich auf 8,7549 NOK.

   Wie ist zum 31. Dez. 01 und zum 31. Dez. 02 zu buchen, wenn der Gewinn jeweils möglichst niedrig ausgewiesen werden soll?

7. Ihr Mandant nahm am 10. Sep. 01 ein in USD rückzahlbares Darlehen über 60.000,00 USD zum Kurs von 0,9148 USD je EUR auf.

   Wie lauten die Bilanzansätze für das noch nicht getilgte Darlehen, wenn die Kurse für 1 EUR am 31. Dez. 01 0,9281 USD, am 31. Dez. 02 0,9064 USD und am 31. Dez. 03 0,9221 USD betragen?

8. Ihr Mandant, ein Autohändler, erwarb am 20. Dez. 01 20 PKW, Modell 134, zum Preis von insgesamt 168.726,32 EUR vom Hersteller in Japan. Der Rechnungsausgleich hat vereinbarungsgemäß am 20. Jan. 02 in JPY zu erfolgen.

   Der Kurs für 1 EUR beträgt

   a) am 20. Dez. 01 133,01 JPY,
   b) am 31. Dez. 01 131,22 JPY,
   c) am Tag des Rechnungsausgleichs (20. Jan. 02) 130,75 JPY.

   Welche Buchungen haben zum 31. Dez. 01 zu erfolgen, wenn der Einkauf ordnungsmäßig erfasst wurde und sich noch 14 PKW auf Lager befinden?

9. Ihr Mandant bezog am 5. Nov. 01 280 Kameras von einem Hersteller in Japan. Der Stückpreis belief sich auf 15.000,00 JPY. Vereinbarungsgemäß erfolgte der Rechnungsausgleich bisher durch Banküberweisungen in Höhe von jeweils 1 Mio. JPY am 10. Nov. 01, am 10. Dez. 01 und am 10. Jan. 02.

   Bis zum Bilanzstichtag wurden bereits 120 Kameras verkauft.

   Wie ist zum 31. Dez. 01 zu buchen, wenn 1 EUR
   - am 5. Nov. 01 mit 134,15 JPY,
   - am 10. Nov. 01 mit 132,21 JPY,
   - am 10. Dez. 01 mit 132,70 JPY,
   - am 31. Dez. 01 mit 134,05 JPY und
   - am 10. Jan. 02 mit 133,38 JPY

   notiert wurde?

10. Aufgrund der Betriebsferien vom 24. Dez. 01 bis zum 3. Jan. 02 wurde eine in Auslandswährung zu begleichende Wareneingangsrechnung vom 20. Dez. 01 in Höhe von 38.000,00 PLN erst am 4. Jan. 02 durch Banküberweisung mit Abzug von 2% Skonto bezahlt.

    Wie hat Ihr Mandant zum 31. Dez. 01 und zum 4. Jan. 02 zu buchen, wenn der Rechnungseingang korrekt erfasst wurde und der Kurs für 1 EUR
    - am 24. Dez. 01 mit 4,0844 PLN,
    - am 31. Dez. 01 mit 3,9658 PLN,
    - am 4. Jan. 02 mit 3,9547 PLN

    notiert wurde?

11. Der Rechnungsausgleich für eine am 2. Nov. 01 in Norwegen für 60.000,00 NOK erworbene Maschine hat lt. Kaufvertrag in drei Raten zu je 20.000,00 NOK zu erfolgen. Als Zahlungszeitpunkte sind der 2. Dez. 01, der 2. Jan. 02 und der 2. Feb. 02 vereinbart.

    Sämtliche Zahlungen wurden pünktlich durch Banküberweisung geleistet.

    1 EUR wurde am 2. Nov. 01 mit 8,7254 NOK, am 2. Dez. 01 mit 8,6476 NOK notiert.

    Wie hat Ihr Mandant die Verbindlichkeit zum 31. Dez. 01 zu bewerten, wenn der Kurs für 1 EUR an diesem Tag 8,7396 NOK beträgt?

12. Im August 01 nahm Ihr Mandant bei einer Bank in der Schweiz ein Darlehen über 10.000,00 CHF auf, das in CHF zurückzuzahlen ist. Bei einem Kurs von 1,6023 CHF buchte er:

Bank	6.241,03 EUR	
an Verbindlichkeiten KI		6.241,03 EUR

    Wie ist

    a) zum 31. Dez. 01 zu buchen, wenn der Kurs für 1 EUR 1,5871 CHF ausmacht,
    b) zum 31. Dez. 02 zu buchen, wenn der Kurs für 1 EUR 1,6148 CHF beträgt?

13. Ihr Mandant, der am 20. Jul. 01 Waren aus Kanada für 120.000,00 CAD bezogen hatte, war wegen vorübergehender Zahlungsschwierigkeiten erst am 28. Feb. 02 in der Lage, die in Auslandswährung zu begleichende Rechnung auszugleichen.

    Mit welchem Betrag ist die Verbindlichkeit zum 31. Dez. 01 zu bewerten, wenn der Kurs für 1 EUR

    - am 20. Jul. 01 1,7725 CAD,
    - am 31. Dez. 01 1,7418 CAD
    - am 28. Feb. 02 1,7566 CAD

    beträgt?

5 Private Vorgänge

5.1 Abgrenzung von Betriebs- und Privatvermögen

Die Bilanz hat (§ 246 Abs. 1 HGB) sämtliche Vermögensgegenstände und Schulden zu enthalten. Daraus ist jedoch nicht zu schließen, dass der Kaufmann sein gesamtes Vermögen und seine gesamten Schulden zu bilanzieren hat. Aus der Verpflichtung, zum Ende eines jeden Wirtschaftsjahres die Höhe des Betriebsvermögens (§ 4 Abs. 1 EStG) zu ermitteln, ergibt sich vielmehr die Forderung, dass der Kaufmann die Bilanzierung auf das betriebliche Vermögen und die betrieblichen Schulden zu beschränken hat. Er muss also sein Betriebsvermögen von seinem Privatvermögen abgrenzen.

Die mit dieser Abgrenzung zusammenhängenden Probleme betreffen lediglich Einzelunternehmen und Personengesellschaften. Bei Kapitalgesellschaften können sie nicht auftreten, weil diese über kein Privatvermögen verfügen.

5.1.1 Allgemeine Regelung

Zum Vermögen von Einzelunternehmern und Gesellschaftern von Personengesellschaften gehören sowohl Wirtschaftsgüter, die immer als Privatvermögen zu behandeln sind, als auch Wirtschaftsgüter, die immer Betriebsvermögen darstellen. Darüber hinaus verfügen diese Personen häufig über Wirtschaftsgüter, die entweder als Betriebs- oder als Privatvermögen berücksichtigt werden können.

5.1.1.1 Notwendiges Betriebsvermögen

Zum notwendigen Betriebsvermögen gehören alle Wirtschaftsgüter, die mit dem Betrieb des Steuerpflichtigen in engem Zusammenhang stehen. Diese Wirtschaftsgüter dienen unmittelbar betrieblichen Zwecken und sind für die Fortführung des Betriebes wesentlich und notwendig.

Notwendiges Betriebsvermögen sind deshalb z. B. immer Maschinen, Betriebs- und Geschäftsausstattung, Werkzeuge, Waren, Forderungen aus Lieferungen und Leistungen, Verbindlichkeiten aus Lieferungen und Leistungen sowie andere betriebliche Schulden (R 13 Abs. 15 EStR).

Für die Zuordnung zum Betriebsvermögen ist die ausschließliche betriebliche Nutzung des Wirtschaftsguts nicht erforderlich. Es genügt, dass das Wirtschaftsgut überwiegend dem Betrieb dient. Das ist immer der Fall, wenn ein Wirtschaftsgut zu mehr als 50 % betrieblich genutzt wird (R 13 Abs. 1 Satz 5 EStR).

5.1.1.2 Notwendiges Privatvermögen

Zum notwendigen Privatvermögen gehören alle Wirtschaftsgüter, die ihrem Wesen nach ungeeignet sind, Betriebszwecken zu dienen.

Notwendiges Privatvermögen sind deshalb z. B. immer das selbst bewohnte Einfamilienhaus, die Wohnungseinrichtung, Bekleidung, Schmuckgegenstände sowie die im privaten Bereich entstandenen Forderungen und Verbindlichkeiten.

Außerdem sind Wirtschaftsgüter, die sowohl privat als auch betrieblich genutzt werden können, als notwendiges Privatvermögen zu behandeln, wenn sie zu weniger als 10 % für betriebliche Zwecke genutzt werden (R 13 Abs. 1 Satz 6 EStR).

5.1.1.3 Gewillkürtes Betriebsvermögen

Neben dem notwendigen Betriebs- und Privatvermögen gibt es Wirtschaftsgüter, die keiner der beiden Gruppen eindeutig zuzurechnen sind. Werden diese Wirtschaftsgüter mindestens zu 10 % betrieblich genutzt, hat der Unternehmer ein Wahlrecht. Er kann entscheiden, ob er diese Wirtschaftsgüter als Betriebsvermögen (gewillkürtes Betriebsvermögen) oder als Privatvermögen (gewillkürtes Privatvermögen) behandeln will.

Typische Beispiele für diesen Vermögensbereich sind Wertpapiere und Kraftfahrzeuge.

Grundsätzlich gehören die Wirtschaftsgüter also entweder in vollem Umfang zum Betriebsvermögen oder in vollem Umfang zum Privatvermögen.

5.1.2 Sonderregelung für Grundstücke und Grundstücksteile

Grundstücke bzw. Grundstücksteile dürfen ausnahmsweise teilweise zum Betriebs- und teilweise zum Privatvermögen gehören.

Wird ein Grundstück oder Grundstücksteil ausschließlich und unmittelbar für eigenbetriebliche Zwecke genutzt, handelt es sich bei diesem Grundstück oder Grundstücksteil grundsätzlich um notwendiges Betriebsvermögen. Eine andere Zuordnung hat nur zu erfolgen, wenn der Wert des eigengewerblich genutzten Grundstücksteils nicht mehr als 20 % des Werts des ganzen Grundstücks und nicht mehr als 20.452,00 EUR[1] beträgt. (Diese Grundstücksteile können dann aber als gewillkürtes Betriebsvermögen behandelt werden.)

Wird ein Grundstück oder Grundstücksteil zur gewerblichen Nutzung oder zu Wohnzwecken vermietet, besteht die Möglichkeit, das Grundstück oder den Grundstücksteil als gewillkürtes Betriebsvermögen zu behandeln.

Wird ein Grundstück oder ein Grundstücksteil für eigene Wohnzwecke des Unternehmers genutzt, ist dieses Grundstück bzw. dieser Grundstücksteil als notwendiges Privatvermögen zu behandeln.

Schulden, die zur Anschaffung von Grundstücken aufgenommen werden, teilen das Schicksal des Grundstücks bzw. des Grundstücksteils (R 13 Abs. 15 EStR). Wird das gesamte Grundstück als Betriebsvermögen behandelt, sind auch die Schulden in voller Höhe Bestandteil des Betriebsvermögens. Gehört nur ein Teil eines Grundstücks zum Betriebsvermögen, sind auch die Schulden nur anteilig im Betriebsvermögen zu berücksichtigen.

---

1 Errechneter Wert.

Kontrollaufgaben

1. Bei welchen Unternehmensformen kann eine Abgrenzung zwischen Betriebs- und Privatvermögen erforderlich sein?
2. Unter welchen Voraussetzungen gehören Wirtschaftsgüter grundsätzlich zum
   a) notwendigen Betriebsvermögen,
   b) gewillkürten Betriebsvermögen,
   c) notwendigen Privatvermögen?
3. Welche Besonderheiten gelten für die Zuordnung von Grundstücken zum Betriebs- bzw. Privatvermögen?

Übungen

1. Das Vermögen Ihres Mandanten besteht aus Betriebs- und Privatvermögen. Bei der Ermittlung des Gewinns nach § 5 EStG ergibt sich daraus die Verpflichtung bzw. das Verbot, bestimmte Wirtschaftsgüter zu bilanzieren. Werden Wirtschaftsgüter sowohl betrieblich als auch privat genutzt, besteht u. U. ein Bilanzierungswahlrecht.

   Erläutern Sie kurz, wie die Wirtschaftsgüter in den folgenden Fällen zu behandeln sind, und zwar
   a) ein PKW, der zu 40 % für betriebliche und zu 60 % für private Fahrten genutzt wird.
   b) eine Videokamera, die zu 80 % zur Überwachung der Verkaufsräume und zu 20 % für private Zwecke Verwendung findet.
   c) ein PC, der zu 8 % für betriebliche Zwecke eingesetzt wird und ansonsten für Spielzwecke dient.
   d) Waren, die für private Zwecke erworben werden.
   e) Dividendenpapiere.
   f) ein Darlehen zur Anschaffung eines privaten PKW. Die Absicherung erfolgt durch Eintragung einer Grundschuld auf das Betriebsgebäude.
   g) ein gemischt genutztes Grundstück, das zu 70 % für eigengewerbliche Zwecke und zu 30 % für fremde Wohnzwecke genutzt wird.
2. Entscheiden und begründen Sie, ob Ihr Mandant die folgenden Wirtschaftsgüter bilanzieren muss, wenn er es wünscht, bilanzieren kann, oder aber nicht bilanzieren darf:
   a) Die Anschaffung eines gemischt genutzten Grundstücks, das zu 40 % für eigengewerbliche Zwecke, zu 40 % für fremdgewerbliche Zwecke und zu 20 % für Wohnzwecke der bei Ihrem Mandanten beschäftigten Arbeitnehmer genutzt wird.
   b) Die Aufnahme eines Darlehens zur Anschaffung einer Maschine. Zur Absicherung des Darlehens wird das private Mietwohngrundstück Ihres Mandanten durch eine Grundschuld belastet.
   c) Der Erwerb von festverzinslichen Wertpapieren.
   d) Der Einkauf von Waren zur Weiterveräußerung.
   e) Die Anschaffung eines PKW, der zu 5 % für betriebliche und zu 95 % für private Fahrten genutzt wird.
   f) Die Wiederbeschaffung einer Maschine, die im Vorjahr zerstört worden war.
   g) Der Kauf eines PC, der zu 45 % für betriebliche und zu 55 % für private Zwecke genutzt wird.
3. Ihr Mandant erwarb am 15. Nov. 01 einen PKW für 28.000,00 EUR zuzüglich 4.480,00 EUR USt und buchte:

Fahrzeuge	28.000,00 EUR	
Vorsteuer	4.480,00 EUR	
an Verbindlichkeiten LuL		32.480,00 EUR

Nach Ausgleich des Rechnungsbetrages unter Abzug von 2 % Skonto wurde gebucht:

Verbindlichkeiten LuL	32.480,00 EUR	
an Bank		31.830,40 EUR
an erhaltene Skonti		649,60 EUR

Da das Fahrzeug bis zum 31. Dez. 01 ausschließlich für private Zwecke genutzt wurde, ist davon auszugehen, dass die betriebliche Nutzung auch in den kommenden Jahren höchstens 8 % der Gesamtnutzung betragen wird.

Entscheiden Sie, ob und ggf. welche Buchungen zum 31. Dez. 01 durchzuführen sind.

4. Zur Finanzierung eines privaten PKW-Kaufs nahm Ihr Mandant zum 1. Jul. 01 ein Darlehen in Höhe von 60.000,00 EUR auf, das durch Eintragung einer Grundschuld auf das Betriebsgrundstück abgesichert und dem betrieblichen Bankkonto gutgeschrieben wurde.

   Laut Kreditvertrag wurde das Darlehen zu 97,5 % ausgezahlt. Es ist jährlich nachträglich mit 10 % zu verzinsen und mit 20 % zu tilgen.

   Bisher wurde wie folgt gebucht:

Bank	58.500,00 EUR	
Disagio	1.500,00 EUR	
an Verbindlichkeiten KI		60.000,00 EUR
Privat	58.500,00 EUR	
an Bank		58.500,00 EUR
Zinsaufwand	6.000,00 EUR	
Verbindlichkeiten KI	5.850,00 EUR	
an Bank		11.850,00 EUR
zinsähnliche Aufwendungen	150,00 EUR	
an Disagio		150,00 EUR

   Nehmen Sie die ggf. notwendigen Korrekturbuchungen zum 31. Dez. 01 vor.

5. Ihr Mandant errichtete am 2. Jul. 02 auf betrieblichem Grund und Boden ein Gebäude, das zu 40 % für eigengewerbliche Zwecke und zu 60 % für die Vermietung an Arbeitnehmer des Betriebes genutzt wird.

   Nach den Eingangsrechnungen betrugen die Herstellungskosten des Gebäudes 550.000,00 EUR. Außerdem war die USt mit 88.000,00 EUR in den Rechnungen ausgewiesen.

   Wie lauten die Buchungssätze zum 31. Dez. 02, wenn

   - das unbebaute Grundstück zum 31. Dez. 01 mit 60.000,00 EUR in der Bilanz ausgewiesen wurde,
   - das Gebäude höchstmöglich bilanziert werden soll und
   - die AfA nach § 7 Abs. 4 EStG zu erfolgen hat?

6. Zum Ende des Geschäftsjahres sind noch folgende Geschäftsvorfälle zu beurteilen:

   a) Es wurden Wertpapiere angeschafft, die nur vorübergehend das Betriebsvermögen verstärken sollen.

   b) Ein Oldtimer (DKW Baujahr 1940), der im lfd. Geschäftsjahr erworben wurde, wird nur sehr selten, d. h. zu etwa 6 %, für betriebliche Zwecke genutzt.

   c) Zur Finanzierung eines Maschinenkaufs wurde ein Darlehen aufgenommen, das durch Eintragung einer Grundschuld auf das private Einfamilienhaus Ihres Mandanten abgesichert wurde.

   d) Ein neu erworbenes Grundstück dient zu 75 % eigengewerblichen Zwecken und ist zu 25 % für fremdgewerbliche Zwecke vermietet.

   e) Die erst kürzlich erworbene EDV-Anlage wird zu 80 % betrieblich und zu 20 % privat genutzt.

   Welche der Vermögensgegenstände müssen, dürfen bzw. dürfen nicht bilanziert werden? Begründen Sie Ihre Entscheidung.

5.2 Privat verursachte Betriebsvermögensänderungen

5.2.1 Einlagen

5.2.1.1 Einlage von Sachanlagen

Besitzt der Unternehmer in seinem Privatvermögen Gegenstände, die sich auch betrieblich nutzen lassen, kann er sie dem Betrieb zuführen (§ 4 Abs. 1 EStG). Diese Einlagen erhöhen das Eigenkapital der Unternehmung und sind deshalb auf dem Privatkonto des Unternehmers zu erfassen.

Einlagen sind grundsätzlich mit dem Wert (ohne USt) anzusetzen (§ 6 Abs. 1 Ziff. 5 EStG), zu dem der Gegenstand zum Zeitpunkt der Einlage anderweitig erworben werden könnte (Teilwert).

Beispiel:

Der Unternehmer legt im Jahr 06 ein Grundstück, das er im Jahr 01 für 60.000,00 EUR erworben hat, in den Betrieb ein. Zum Zeitpunkt der Einlage beträgt der Teilwert des Grundstücks

a) 140.000,00 EUR,
b) 45.000,00 EUR.

Im Fall a) hat die Einlage mit 140.000,00 EUR, im Fall b) mit 45.000,00 EUR zu erfolgen.

Buchungssatz: z. B.

	Soll/EUR	Haben/EUR
0065/0215 unbebaute Grundstücke an 1800/2100 Privat	140.000,00	 140.000,00

Werden dem Betriebsvermögen Anlagegüter aus dem privaten Vermögen zugeführt, die innerhalb der letzten 3 Jahre vor der Einlage angeschafft oder hergestellt worden sind, sind als Einlagebetrag

- bei nicht abnutzbaren Sachanlagen höchstens die Anschaffungs-/Herstellungekosten,
- bei abnutzbaren Sachanlagen höchstens die um die (zeitanteilige lineare) AfA verminderten Anschaffungs-/Herstellungskosten (fortgeführte Anschaffungs-/Herstellungskosten)

zu berücksichtigen (einschließlich der USt).

Beispiel:

Der Unternehmer legt am 2. Jan. 03 einen privaten PC mit einer Nutzungsdauer von 3 Jahren in das Betriebsvermögen ein. Der PC wurde am 2. Jan. 01 für 3.126,00 EUR zuzüglich 500,16 EUR USt erworben. Sein Teilwert zum Zeitpunkt der Einlage beträgt 1.250,00 EUR.

Die im Privatbereich nicht abziehbare Vorsteuer gehört zu den Anschaffungskosten, ist aber bei der Ermittlung des Teilwerts nicht zu berücksichtigen.

Da der PC noch eine Nutzungsdauer von 1 Jahr hat und der Teilwert über den fortgeführten Anschaffungskosten liegt, ist der eingelegte PC mit 1.208,72 EUR zu bewerten.

Buchungssatz:

	Soll/EUR	Haben/EUR
0420/0650 Büroeinrichtung an 1800/2100 Privat	1.208,72	 1.208,72

Legt der Unternehmer Gegenstände in das Betriebsvermögen ein, die er zuvor dem Betriebsvermögen entnommen hat, ist diese Einlage mit dem Teilwert zum Zeitpunkt der vorherigen Entnahme (bei abnutzbaren Wirtschaftsgütern abzüglich der zwischenzeitlich zu berücksichtigenden AfA) zu bewerten.

Beispiel:

Im Jahr 01 wurde dem Betriebsvermögen ein Grundstück als Bauplatz für ein privates Einfamilienhaus entnommen. Da der Unternehmer im Jahr 03 ein bereits fertig gestelltes Wohnhaus erwirbt, legt er das Grundstück wieder ins Betriebsvermögen ein. Der Teilwert des Grundstücks zum Zeitpunkt der Entnahme betrug 30.000,00 EUR. Zum Zeitpunkt der Einlage ist er auf 50.000,00 EUR gestiegen.

Die Einlage des Grundstücks hat mit 30.000,00 EUR zu erfolgen.

Buchungssatz:

	Soll/EUR	Haben/EUR
0065/0215 unbebaute Grundstücke an 1800/2100 Privat	30.000,00	 30.000,00

Bewertung eingelegter Sachanlagen grundsätzlich mit Teilwert

Besonderheiten bei

- Einlage innerhalb von 3 Jahren nach der Anschaffung/Herstellung, wenn Sachanlagen
  - nicht abnutzbar: höchstens Anschaffungs-/Herstellungskosten
  - abnutzbar: höchstens die um die zeitanteilige lineare AfA verminderten Anschaffungs-/Herstellungskosten
- vorheriger Einnahme: höchstens Teilwert zum Zeitpunkt der vorherigen Entnahme

Die Höhe der AfA wird bei eingelegten Wirtschaftsgütern grundsätzlich vom Einlagewert unter Berücksichtigung der Restnutzungsdauer des Wirtschaftsguts ermittelt. Werden dem Betriebsvermögen jedoch Wirtschaftsgüter zugeführt, die bisher zur Erzielung von Überschusseinkünften (z. B. Vermietung und Verpachtung) genutzt wurden, ist die Höhe der AfA nicht vom inzwischen höheren Teilwert, sondern vom Restbuchwert des Wirtschaftsguts zu berechnen (§ 7 Abs. 1 S. 4 EStG).

Beispiel:

Ein bebautes Grundstück wurde zur Erzielung von Einkünften aus Vermietung und Verpachtung genutzt, bevor es im Jahr 01 zur ausschließlich eigenbetrieblichen Nutzung in das Betriebsvermögen eingelegt wird. Zum Zeitpunkt der Einlage beläuft sich der Teilwert des Gebäudes auf 500.000,00 EUR. Der Restbuchwert des Gebäudes, das zu Herstellungskosten von 800.000,00 EUR errichtet worden war, beträgt 300.000,00 EUR.

Bemessungsgrundlage für die Berechnung der AfA ist der Restbuchwert in Höhe von 300.000,00 EUR.

Kontrollaufgaben

1. Mit welchem Wert sind Gegenstände des Anlagevermögens grundsätzlich ins Betriebsvermögen einzulegen?
2. Welche Besonderheiten sind zu beachten, wenn
   a) nicht abnutzbare,
   b) abnutzbare

   Sachanlagen innerhalb von 3 Jahren nach ihrer Anschaffung ins Betriebsvermögen eingelegt werden?

Übungen

1. Am 20. Apr. 01 kaufte Ihr Mandant einen PKW für 70.000,00 EUR zuzüglich 16 % USt. Er nutzte diesen PKW bis zum 31. Mai 04 ausschließlich für private Zwecke.

   Am 1. Jun. 04 überführte er den PKW zur weiteren, ausschließlich betrieblichen Nutzung in das Betriebsvermögen.

   Er ließ deshalb zum Zeitpunkt der Einlage ein Gutachten erstellen. Der Verkehrswert des PKW betrug danach 30.000,00 EUR netto.

   Der PKW hat eine Nutzungsdauer von insgesamt 5 Jahren.

   Bilden Sie den korrekten Buchungssatz zum Zeitpunkt der Einlage.
2. Ihr Mandant, der früher Arbeitnehmer war, macht sich am 1. Jan. 04 als Handelsvertreter selbstständig. Da sein im Januar 02 erworbener, bisher ausschließlich privat genutzter PKW noch einwandfrei ist, legt er ihn zur ausschließlichen betrieblichen Nutzung in das Betriebsvermögen ein.

   Der PKW kostete im Januar 02 34.800,00 EUR brutto. Er hat eine betriebsgewöhnliche Nutzungsdauer von 5 Jahren. Sein Teilwert zum Zeitpunkt der Einlage beträgt 32.750,00 EUR.

   Die Buchung des Vorgangs ist noch vorzunehmen.
3. Ihr Mandant erwarb im Jahr 02 ein an den Betrieb angrenzendes unbebautes Grundstück als Privatvermögen. Der Kaufpreis in Höhe von 90.000,00 EUR sowie die beim Kauf anfallenden Nebenkosten (Grunderwerbsteuer, Notar- und Gerichtsgebühren, USt usw.) in Höhe von 4.600,00 EUR wurden seinerzeit durch Überweisung von privaten Konten beglichen.

   Aufgrund der rasanten Entwicklung des Unternehmens wurde dieses Grundstück dringend als Lagerplatz des Betriebes benötigt. Ihr Mandant legte es aus diesem Grunde am 30. Sep. 04 in das Betriebsvermögen ein.

   Er buchte:

unbebaute Grundstücke	90.000,00 EUR	
an Privat		90.000,00 EUR

   Der Teilwert des Grundstücks belief sich
   am 30. Sep. 04 auf 115.000,00 EUR,
   am 31. Dez. 03 auf 109.000,00 EUR.

   Nehmen Sie die eventuell erforderliche Berichtigungsbuchung vor.
4. Ein bebautes Grundstück, das Ihr Mandant seit 5 Jahren zur Erzielung von Einkünften aus Vermietung genutzt hat, wird dem Betriebsvermögen am 1. Januar 01 zur ausschließlich eigengewerblichen Nutzung zugeführt. Zum Zeitpunkt der Anschaffung betrugen die Anschaffungskosten des Grund und Bodens 100.000,00 EUR, die des Gebäudes 400.000,00 EUR. Die AfA erfolgte bisher mit 2 %. Zum Zeitpunkt der Einlage beträgt der Teilwert des Grund und Bodens 150.000,00 EUR, der des Gebäudes 500.000,00 EUR.
   a) Bilden Sie den Buchungssatz zum Zeitpunkt der Einlage.
   b) Berechnen Sie die Höhe der AfA für das Jahr 01 bei einer Restnutzungsdauer des Gebäudes von 45 Jahren.

5. Ein am 1. Jul. 01 für private Zwecke erworbener PKW (Nutzungsdauer 5 Jahre) wurde am 1. Dez. 03 wegen der nunmehr ausschließlichen betrieblichen Nutzung dem Betriebsvermögen Ihres Mandanten zugeführt.

   Der PKW war für 35.000,00 EUR zuzüglich 5.600,00 EUR USt erworben worden. Sein Teilwert zum Zeitpunkt der Einlage beträgt 27.000,00 EUR.

   Zum Zeitpunkt der Einlage wurde gebucht:

PKW	27.000,00 EUR	
an Privat		27.000,00 EUR

   Die Abschreibung über die Restnutzungsdauer erfolgt linear. Deshalb wurde zum 31. Dez. 03 gebucht:

Abschreibung auf Sachanlagen	403,00 EUR	
an PKW		403,00 EUR

   Führen Sie die ggf. notwendigen Korrekturbuchungen durch.

6. Ihr Mandant kaufte im März 01 einen privaten PKW für 35.000,00 EUR zuzüglich 16% USt. Weil der betriebliche PKW aufgrund eines Kurzschlusses im September 04 völlig unbrauchbar wird und kurzfristig kein geeignetes Ersatzfahrzeug durch einen PKW-Händler beschafft werden kann, legt Ihr Mandant den privaten PKW zwecks weiterer ausschließlich betrieblicher Nutzung ins Betriebsvermögen ein.

   Die ursprüngliche Nutzungsdauer des privaten PKW wird auf 5 Jahre geschätzt. Ein gleichwertiger PKW kann zum Zeitpunkt der Einlage für 17.000,00 EUR zuzüglich 2.720,00 EUR USt erworben werden.

   Buchen Sie den Einlagevorgang.

7. Ihr Mandant hat vor vier Jahren ein Gemälde für sein privates Wohnzimmer erworben. Da dieses Bild in seinem Büro im Geschäftsgebäude wesentlich besser als zu Hause zur Geltung kommt, soll es künftig diesen Raum schmücken.

   Die Anschaffungskosten des Bildes haben 5.000,00 EUR betragen. Zum Zeitpunkt der Einlage beträgt sein Teilwert 7.000,00 EUR.

   Buchen Sie den Einlagevorgang.

8. Ihr Mandant erwarb am 10. Mär. 01 ein unbebautes Grundstück als Privatvermögen. Da sich dieses Grundstück hervorragend als Lagerplatz eignet, wird es am 30. Jun. 02 ins Betriebsvermögen überführt.

   Das Grundstück wurde in 01 zum Preis von 100.000,00 EUR zuzüglich 3,5% Grunderwerbsteuer sowie 1,5% Notargebühren zuzüglich 240,00 EUR USt erworben. Zum Zeitpunkt der Einlage beträgt der Teilwert des Grundstücks 150.000,00 EUR.

   Bisher wurde gebucht:

unbebaute Grundstücke	100.000,00 EUR	
an Privat		100.000,00 EUR

   Nehmen Sie die ggf. erforderliche Korrekturbuchung vor.

9. Ihr Mandant erwarb am 15. Jan. 01 einen Schreibtisch für 4.000,00 EUR zuzüglich 640,00 EUR USt als Privatvermögen. Als zur Eröffnung eines zusätzlichen Büros kurzfristig keine entsprechende Büroeinrichtung zu beschaffen war, stellte er diesen Schreibtisch dem Unternehmen am 2. Jan. 03 zur weiteren Nutzung zur Verfügung.

   Der Schreibtisch hat eine Restnutzungsdauer von 8 Jahren. Er wird linear abgeschrieben. Sein Teilwert zum Zeitpunkt der Einlage beträgt 2.700,00 EUR.

   Bilden Sie die Buchungssätze zum 2. Jan. und 31. Dez. 03.

10. Nachdem Ihr Mandant einen neuen privaten PKW erworben hatte, überführte er am 1. Jul. 03 das bisher als Privatwagen genutzte Fahrzeug (Nutzungsdauer 5 Jahre) zur ausschließlich betrieblichen Nutzung ins Betriebsvermögen. Der Kaufpreis des PKW hatte im Januar 01 incl. 16 % USt 36.000,00 EUR betragen. Da der Teilwert des PKW 15.000,00 EUR betrug, buchte er:

PKW	15.000,00 EUR	
an Privat		15.000,00 EUR

Welche Buchung ist noch vorzunehmen, wenn die Restnutzungsdauer des PKW zum Zeitpunkt der Einlage 2 $^{1}/_{2}$ Jahre beträgt?

11. Ihr Mandant legt ein bebautes Grundstück im Wert von 480.000,00 EUR in das Betriebsvermögen ein. Das Grundstück ist mit einer Grundschuld von 250.000,00 EUR belastet. Diese dient zur Absicherung eines privaten Kredites, der noch nicht getilgt ist.

Buchen Sie den Einlagevorgang.

5.2.1.2 Einlage von Wertpapieren

Besitzt der Unternehmer in seinem Privatvermögen Wertpapiere, die geeignet sind, dem Betrieb zu dienen, hat er die Möglichkeit, diese ins Betriebsvermögen zu überführen.

Die Einlage hat grundsätzlich mit dem Teilwert, den die Wertpapiere zum Zeitpunkt der Überführung ins Betriebsvermögen haben, zu erfolgen. Als Teilwert gilt der Kurswert am Tag der Einlage zuzüglich der anteiligen Aufwendungen für die Anschaffungsnebenkosten.

Beispiel:

Die im Jahr 01 privat angeschafften Aktien mit Anschaffungskosten in Höhe von 15.000,00 EUR werden im Jahr 06 ins Betriebsvermögen (Umlaufvermögen) überführt. Der Teilwert der Aktien am Tag der Einlage beträgt 18.324,00 EUR (Kurswert 18.000,00 EUR, Nebenkosten 324,00 EUR).

Buchungssatz:

	Soll/EUR	Haben/EUR
1348/1510 sonstige Wertpapiere	18.324,00	
an 1800/2100 Privat		18.324,00

Von der grundsätzlichen Regelung, dass die Einlage von Wertpapieren mit dem Teilwert zu erfolgen hat, gibt es zwei Ausnahmen (§ 6 Abs. 1 Ziff. 5 a und b EStG):

- Wertpapiere, die innerhalb der letzten drei Jahre vor dem Zeitpunkt der Einlage angeschafft worden sind, und
- Aktien, deren Nennbetrag zusammen mit den übrigen Anteilen des Unternehmers mehr als 25 % des Grundkapitals der AG betragen, an der die Beteiligung besteht,

dürfen bei ihrer Einlage in das Betriebsvermögen höchstens mit den Anschaffungskosten angesetzt werden.

Beispiel:

Die am 10. Mai 01 privat angeschafften Aktien mit Anschaffungskosten in Höhe von 15.000,00 EUR werden am 20. Okt. 03 ins Betriebsvermögen (Umlaufvermögen) überführt. Am Tag der Einlage beträgt der Teilwert der Aktien 18.324,00 EUR (Kurswert 18.000,00 EUR, Nebenkosten 324,00 EUR).

Buchungssatz:

	Soll/EUR	Haben/EUR
1348/1510 sonstige Wertpapiere an 1800/2100 Privat	15.000,00	 15.000,00

Werden festverzinsliche Wertpapiere eingelegt, geht auch der laufende Zinsschein ins Betriebsvermögen über. Dem Unternehmer (als Einlegendem) sind deshalb die seit der letzten Zinszahlung bis zum Tag der Einlage entstandenen Zinsen gutzuschreiben.

Beispiel:

Die auf den Zeitraum von der letzten Zinszahlung bis zum Tag der Einlage der festverzinslichen Wertpapiere entfallenden Zinsen belaufen sich auf 320,00 EUR.

Buchungssatz:

	Soll/EUR	Haben/EUR
2650/7100 Zinserträge an 1800/2100 Privat	320,00	 320,00

Kontrollaufgabe

Mit welchem Wert hat die Einlage von Wertpapieren ins Betriebsvermögen zu erfolgen, wenn die Anschaffung der Wertpapiere

a) vor mehr als 3 Jahren,
b) innerhalb von 3 Jahren

vor der Einlage erfolgt ist?

Übungen

1. Ihr Mandant hat am 1. Feb. 01 10 Aktien zum Preis von insgesamt 12.000,00 EUR erworben. Diese werden nachträglich dem Betriebsvermögen zugeführt. Der Teilwert am Tag der Einlage beträgt 20.000,00 EUR.

   Erstellen Sie den Buchungssatz. Gehen Sie davon aus, dass die Einlage

   a) zum 31. Dez. 03,
   b) zum 31. Dez. 04 erfolgt.

2. Ihr Mandant legte seine vor 5 Jahren für private Zwecke erworbenen Aktien im Jahr 06 in das Betriebsvermögen ein. Dem Konto Wertpapiere UV ist zu entnehmen, dass die Einlage mit den seinerzeitigen Anschaffungskosten von 7.500,00 EUR erfolgte, obwohl der Teilwert der Wertpapiere zum Zeitpunkt der Einlage 12.300,00 EUR betrug.

   Nehmen Sie die ggf. notwendige Korrekturbuchung vor.

3. Ihr Mandant hat am 25. Jul. 03 60 Automobilaktien geerbt.

   Diese Aktien legte er am 31. Dez. 04 in das Betriebsvermögen ein, um die Eigenkapitalausstattung seines Unternehmens zu verbessern.

Er buchte:

sonstige Wertpapiere	19.200,00 EUR	
an Privat		19.200,00 EUR

Die Kurse der Automobilaktien betrugen

am 25. Jul. 03	320,00 EUR/Stück
am 31. Dez. 03	295,00 EUR/Stück
am 31. Dez. 04	350,00 EUR/Stück

Beim Aktienkauf über eine Bank würden Nebenkosten in Höhe von 1,08 % (berechnet vom Kurswert) anfallen.

Führen Sie die Korrekturbuchungen durch.

4. Zum Privatvermögen Ihres Mandanten gehören 80 Aktien, die zum Stückkurs von 235,00 EUR angeschafft wurden. Zum Zeitpunkt der Anschaffung beliefen sich die in Rechnung gestellten Nebenkosten auf 1,08 %, berechnet vom Kurswert.

   Die Aktien werden am 20. Jun. 03 dem Betriebsvermögen zugeführt. Zu diesem Zeitpunkt beträgt der Stückkurs

   a) 195,00 EUR,
   b) 275,00 EUR.

   Wie lautet der Buchungssatz, wenn die Anschaffung der Wertpapiere am 10. Feb. 01 erfolgte?

5. Ihr Mandant legt am 20. Nov. 03 Aktien, die er am 5. Feb. 01 für 68.000,00 EUR als Privatvermögen erworben hatte, in das Betriebsvermögen ein. Da die Wertpapiere geeignet sind, den Betrieb auf Dauer zu fördern, sollen sie als Anlagevermögen behandelt werden.

   Der Teilwert der Aktien beträgt am 20. Nov. 03 75.000,00 EUR, am 31. Dez. 03 60.000,00 EUR.

   Bilden Sie den Buchungssatz zum Tag der Einlage.

5.2.2 Entnahmen

5.2.2.1 Entnahme von Sachanlagen

Gelegentlich entnimmt der Unternehmer dem Betrieb nicht mehr benötigte Sachanlagen, um sie für private Zwecke zu nutzen. Zu diesen Sachanlagen gehören unbebaute Grundstücke, Gebäude und Gebäudeteile, vor allem aber gebrauchte Fahrzeuge und PC.

1. Entnahme unbebauter Grundstücke

Werden dem Betriebsvermögen durch den Unternehmer unbebaute Grundstücke entnommen, ist als Entnahmebetrag der Teilwert anzusetzen (§ 6 Abs. 1 Nr. 4 EStG). Darunter ist der Betrag zu verstehen, den ein Erwerber des ganzen Betriebes für das einzelne Wirtschaftsgut bei Fortführung des Unternehmens aufwenden würde.

Der Buchungssatz sieht grundsätzlich genauso aus, wie bei einem Grundstücksverkauf. Anstelle eines Forderungs- oder Zahlungsmittelzugangs wird jedoch eine private Entnahme gebucht.

Beispiel:

Ein unbebautes Grundstück mit einem Buchwert von 25.000,00 EUR wird dem Betriebsvermögen als Bauplatz für ein privates Einfamilienhaus entnommen. Zum Zeitpunkt der Entnahme beträgt der Teilwert des Grundstücks 40.000,00 EUR.

Buchungssatz:

	Soll/EUR	Haben/EUR
1800/2100 Privat an 0065/0215 unbebaute Grundstücke an 2720/4900 Erträge a.d.A.v.G.d. AV	40.000,00	 25.000,00 15.000,00

2. Entnahme von Gebäuden/Gebäudeteilen

Werden Gebäude nicht mehr für eigengewerbliche Zwecke genutzt, besteht neben dem Verkauf die Möglichkeit, die Gebäude zu entnehmen. Als Entnahmebetrag ist wiederum der Teilwert zu berücksichtigen.

Auch hier sieht der Buchungssatz grundsätzlich wie beim Verkauf von Gebäuden aus.

Beispiel:

Ein nicht mehr benötigtes Gebäude wird dem Betriebsvermögen entnommen. Es soll umgebaut und zu Wohnzwecken vermietet werden.

Zum Zeitpunkt der Entnahme beträgt der Buchwert des Grund und Bodens 40.000,00 EUR, der des Gebäudes 180.000,00 EUR.

Als Teilwert ist ein Betrag von 290.000,00 EUR ermittelt worden. Davon entfallen 80.000,00 EUR auf den Grund und Boden und 210.000,00 EUR auf das Gebäude.

Buchungssatz:

	Soll/EUR	Haben/EUR
1800/2100 Privat an 0085/0235 bebaute Grundstücke an 0090/0240 Geschäftsbauten an 2720/4900 Erträge a.d.A.v.G.d.AV	290.000,00	 40.000,00 180.000,00 70.000,00

3. Entnahme beweglicher abnutzbarer Sachanlagen

Werden dem Betriebsvermögen bewegliche abnutzbare Sachanlagen entnommen, liegt grundsätzlich ein nach § 3 Abs. 1 b UStG steuerpflichtiger Umsatz vor. Als Bemessungsgrundlage für die Umsatzsteuer ist der Einkaufspreis (netto) zuzüglich der Nebenkosten anzusetzen, der für Gegenstände im selben Zustand zum Zeitpunkt der Entnahme gezahlt werden müsste. Wurden die Gegenstände nicht gekauft, sondern selbst hergestellt, sind die (fertigungsbedingten) Selbstkosten als Bemessungsgrundlage zu berücksichtigen.

Nach einkommensteuerrechtlichen Vorschriften ist die Entnahme mit dem Teilwert zu bewerten. Dieser weicht aber grundsätzlich nicht von den umsatzsteuerrechtlichen Wertansätzen ab (Abschn. 155 Abs. 1 S. 3 und 4 UStR).

Sollen mit der Buchung selbst auch die umsatzsteuerrechtlichen Aufzeichnungspflichten erfüllt werden, müssen der Einkaufspreis (netto) zuzüglich der Nebenkosten bzw. die Selbstkosten als Erlös gebucht werden. Dies geschieht im Konto Entnahmen § 3 Abs. 1 b.

Da der im Konto Entnahmen § 3 Abs. 1 b erfasste Betrag nicht den Buchgewinn darstellt, hat – ebenso wie beim Verkauf abnutzbarer Sachanlagen – eine Berichtigungsbuchung zu erfolgen. Die Korrektur zum Konto Entnahmen § 3 Abs. 1 b findet im Konto Anlagenabgänge, die Korrektur der Sachanlagen im Anlagenkonto selbst statt.

Beispiel:

Ein PC, dessen Buchwert zum Zeitpunkt der Entnahme 1.000,00 EUR beträgt, wird aus dem Betriebsvermögen entnommen. Gleichwertige Geräte können zum selben Zeitpunkt für 1.200,00 EUR zuzüglich 192,00 EUR USt beschafft werden.

Buchungssätze:

	Soll/EUR	Haben/EUR
1800/2100 Privat	1.392,00	
an 8900/4600 Entnahmen § 3 Abs. 1b bei Buchgewinn		1.200,00
an 1770/3800 USt		192,00
2315/4855 Anlagenabgänge bei Buchgewinn	1.000,00	
an 0420/0650 Büroeinrichtung		1.000,00

Kontrollaufgaben

1. Bestimmen Sie den Wert, mit dem Vermögensgegenstände des Anlagevermögens grundsätzlich zu entnehmen sind.
2. Wodurch unterscheidet sich buchungstechnisch der Verkauf von der Entnahme abnutzbarer beweglicher Wirtschaftsgüter?

Übungen

1. Bedingt durch die Stilllegung einer Bahnlinie entnimmt Ihr Mandant einen im Betrieb nicht mehr benötigten PKW und stellt ihn seiner Familie zur Verfügung.

   Zum Entnahmezeitpunkt beträgt
   - der Buchwert des PKW 5.200,00 EUR,
   - der tatsächlich (unstrittig) erzielbare Verkaufspreis 5.500,00 EUR zuzüglich 16% USt.

   Buchen Sie den Vorgang.

2. Am 1. Nov. 03 entnahm Ihr Mandant für seinen Sohn einen PC aus dem Betriebsvermögen. Zu diesem Zeitpunkt hatte der PC noch einen Buchwert von 2.600,00 EUR. Ein vereidigter Sachverständiger bezifferte den Nettowert zum Entnahmetag auf 3.300,00 EUR.

   Bisher wurde gebucht:

Privat	2.600,00 EUR	
an Büroeinrichtung		2.600,00 EUR

   Nehmen Sie die ggf. noch notwendigen Buchungen zum Zeitpunkt der Entnahme vor.

3. Ein Gebäude, das bisher ausschließlich zur Bewirtung von Geschäftsfreunden genutzt wurde, wird dem Betriebsvermögen entnommen. Ihr Mandant beabsichtigt, das Gebäude künftig für private Wohnzwecke zu nutzen.

   Zum Zeitpunkt der Entnahme beträgt der Teilwert des Gebäudes 300.000,00 EUR. Davon entfallen auf das Grundstück 80.000,00 EUR, auf das Gebäude selbst 220.000,00 EUR.

   Der korrekt ermittelte Buchwert des bebauten Grundstücks beträgt 160.000,00 EUR. Der Wert des Grund und Bodens ist darin mit 20.000,00 EUR, der des Gebäudes selbst mit 140.000,00 EUR enthalten.

   Wie lautet der Buchungssatz?

4. Ihr Mandant beabsichtigt, ein privates Einfamilienhaus zu errichten. Aus diesem Grunde entnimmt er dem Betrieb ein unbebautes Lagergrundstück, das einen Buchwert von 12.000,00 EUR aufweist. Der Teilwert dieses Grundstücks beträgt 35.000,00 EUR.

   Buchen Sie den Entnahmevorgang.

5. Zum Zeitpunkt der Bilanzerstellung für 05 teilt Ihnen Ihr Mandant mit, dass er seinem Sohn am 3. Nov. 05 einen gebrauchten Betriebs-PKW geschenkt hat.

   Der PKW, der im Januar 01 für 50.000,00 EUR zuzüglich 16 % USt gekauft wurde, hat eine Nutzungsdauer von 5 Jahren und wird linear abgeschrieben.

   Der Buchwert zum 1. Jan. 05 lag bei 10.000,00 EUR, der Wiederbeschaffungspreis (netto) am 3. Nov. 05 bei 7.000,00 EUR.

   Am Entnahmetag buchte Ihr Mandant:

Privat	10.000,00 EUR	
an Entnahmen § 3 Abs. 1 b		10.000,00 EUR

   Berichtigen Sie den gesamten Vorgang.

6. Ein PKW, der Anfang März 01 für 40.000,00 EUR zuzüglich 6.400,00 EUR USt angeschafft und zunächst in vollem Umfang betrieblich genutzt wurde, ist wegen Umstellung des Betriebes nur noch bedingt für betriebliche Zwecke geeignet. Er wird deshalb Anfang Juni 01 dem Betriebsvermögen entnommen und der Ehefrau Ihres Mandanten zur privaten Nutzung geschenkt.

   Wie ist zu buchen, wenn der PKW eine betriebsgewöhnliche Nutzungsdauer von 6 Jahren hat, linear abgeschrieben wird und seine Wiederbeschaffungskosten am Entnahmetag 34.000,00 EUR zuzüglich 5.440,00 EUR USt betragen?

7. Ihr Mandant schenkte seinem Sohn am 1. Okt. 03 zur bestandenen Führerscheinprüfung einen gebrauchten betrieblichen PKW (betriebsgewöhnliche Nutzungsdauer 5 Jahre). Das Fahrzeug, das im März 01 für 30.000,00 EUR zuzüglich 16 % USt angeschafft worden war, wurde linear höchstmöglich abgeschrieben. Weil der Teilwert (Bezugspreis netto am Entnahmetag) 22.000,00 EUR betrug, wurde gebucht:

Privat	22.000,00 EUR	
an PKW		22.000,00 EUR

   Nehmen Sie die ggf. noch erforderlichen Korrekturbuchungen vor.

5.2.2.2 Entnahme von Waren[1]

Werden Waren nicht an Kunden geliefert, sondern dem Eigentümer des Unternehmens unentgeltlich überlassen, kommt es - wie beim Verkauf - zu Umsätzen. Diese sind jedoch nicht auf dem Konto Verkaufserlöse, sondern im Konto Entnahmen § 3 Abs. 1 b zu buchen.

Bemessungsgrundlage für die Höhe der Umsatzsteuer sind der Einkaufspreis (netto) und die Nebenkosten zum Zeitpunkt der Entnahme (§ 10 Abs. 4 UStG).

Beispiel:

Der Unternehmer Heinz Wilde entnimmt seinem Betrieb Waren, die für 1.000,00 EUR (netto) angeschafft wurden, zum Zeitpunkt des Umsatzes für 900,00 EUR (netto) bezogen werden könnten und Kunden für 1.100,00 EUR zuzüglich 16 % USt angeboten werden.

1 vgl. S. 99

Buchungssatz:

	Soll/EUR	Haben/EUR
1801/2101 Privat an 8900/4600 Entnahmen § 3 Abs. 1 b an 1770/3800 Umsatzsteuer	1.044,00	 900,00 144,00

Übungen

1. Ihr Mandant, ein Juwelier, entnimmt anlässlich der Verlobung seiner Tochter einen Brillantring aus seinem Geschäft und schenkt ihn ihr. Der Verkaufspreis des Ringes beträgt 630,00 EUR. Der Einkauf des Ringes wurde gebucht:

Einkauf von Waren	420,00 EUR	
Vorsteuer	67,20 EUR	
an Verbindlichkeiten LuL		487,20 EUR

   Zum Zeitpunkt der Entnahme müsste der Juwelier 380,00 EUR zuzüglich 16 % USt für die Wiederbeschaffung des gleichen Ringes zahlen.

   Nehmen Sie die Buchung vor.

2. Anfang Oktober entnahm Ihr Mandant dem Warenlager einen Computer zur privaten Nutzung durch seine Familie. Das zu diesem Zeitpunkt zum Ladenverkaufspreis von 6.960,00 EUR angebotene Gerät wurde Ende September des Jahres für 4.000,00 EUR zuzüglich 640,00 EUR USt eingekauft und buchhalterisch korrekt erfasst.

   Aufgrund des rasanten Fortschritts können Ende des Jahres die gleichen Geräte für 2.500,00 EUR zuzüglich 400,00 EUR USt vom Hersteller bezogen werden.

   Da Ihr Mandant unschlüssig ist, welchen Wert er für die Entnahme anzusetzen hat, ist eine Buchung bisher noch nicht erfolgt. Holen Sie diese Arbeit nach.

5.2.2.3 Entnahme von Wertpapieren

Befinden sich Wertpapiere im Betriebsvermögen, besteht jederzeit die Möglichkeit, diese aus dem Betrieb zu entnehmen und sie ins Privatvermögen zu überführen.

Geschieht dies, ist als Wertansatz für diese Entnahme nicht der Buchwert, sondern der höhere oder niedrigere Teilwert zu berücksichtigen. Bei Aktien besteht dieser Teilwert aus dem Kurswert und den üblichen Nebenkosten (Bankprovision, Maklergebühr) zum Zeitpunkt der Entnahme.

Beispiel:

Aktien des Umlaufvermögens, die mit 18.000,00 EUR bilanziert wurden, werden ins Privatvermögen überführt. Der Teilwert dieser Aktien beträgt am Entnahmetag 21.000,00 EUR.

Buchungssatz:

	Soll/EUR	Haben/EUR
1800/2100 Privat an 1340/1510 sonstige Wertpapiere an 2680/7120 zinsähnliche Erträge	21.000,00	 18.000,00 3.000,00

Bei festverzinslichen Wertpapieren wird auch der laufende Zinsschein entnommen. Dieser berechtigt den Inhaber des Zinsscheins, am nächsten Zinszahlungstermin die Zinsen für den gesamten vorangegangenen Zinszahlungszeitraum einzuziehen.

Bei einer Entnahme im Laufe eines Zinszahlungszeitraumes stellen die Zinsen bis zum Entnahmetag betriebliche Erträge dar. Die entsprechenden Beträge werden jedoch beim Einzug der Zinsen dem privaten Konto des Unternehmers gutgeschrieben. Deshalb sind die anteiligen Zinsen zum Zeitpunkt der Wertpapierentnahme als private Entnahme zu buchen.

Beispiel:

Der Unternehmer entnimmt am 29. Jun. 01 8%-Pfandbriefe im Nennwert von 70.000,00 EUR, Zinstermin A/O, zum Kurs von 97%. Die bis zum Entnahmetag angefallenen Zinsen belaufen sich auf 1.400,00 EUR. Bei einem Kauf dieser Wertpapiere über eine Bank würde diese Nebenkosten in Höhe von 402,50 EUR in Rechnung stellen.

Beim Kauf der Wertpapiere betrugen die Anschaffungskosten (Buchwert) 70.402,50 EUR.

Buchungssatz:

	Soll/EUR	Haben/EUR
1800/2100 Privat	69.702,50	
2145/7250 Verluste a. d. Abg. von Wertp.	2.100,00	
an 1348/1510 sonstige Wertpapiere		70.402,50
an 2650/7100 Zinserträge		1.400,00

Kontrollaufgabe

Mit welchem Wert sind Wertpapiere aus dem Betriebsvermögen zu entnehmen?

Übungen

1. Ihr Mandant hat in seiner Bilanz für 05 Aktien als Umlaufvermögen ausgewiesen, die er in 01 für 18.000,00 EUR angeschafft hat. Im April 06 entnimmt er diese Wertpapiere, um sie seinem Sohn als Gründungskapital für eine Einzelunternehmung zur Verfügung zu stellen. Zu diesem Zeitpunkt beträgt der Kurswert der Wertpapiere 32.000,00 EUR. Bei einem Erwerb dieser Aktien über eine Bank würde diese zusätzlich Nebenkosten (Bankprovision und Maklergebühr) in Höhe von 1,08% des Kurswertes in Rechnung stellen.

   Bilden Sie den Buchungssatz und begründen Sie Ihre Entscheidung für den gewählten Wertansatz.

2. Ihr Mandant entnimmt dem Betriebsvermögen am 29. Sep. 03 8.000,00 EUR 8%-Staatsanleihen (Wertpapiere UV). Zinstermine sind der 1. Januar und der 1. Juli. Der Kurswert am Entnahmetag beträgt 8.080,00 EUR, der Buchwert (AK) am 1. Jan. 03 7.850,00 EUR. Als Nebenkosten würde die Bank 46,46 EUR in Rechnung stellen. Die Zinsen bis zum Entnahmetag belaufen sich auf 160,00 EUR.

   Buchen Sie die Entnahme der 8%-Staatsanleihen.

5.2.3 Private Nutzung von Fahrzeugen

Gehören Fahrzeuge zum Betriebsvermögen, werden diese häufig nicht nur betrieblich, sondern auch privat genutzt.

Wird ein (nach dem 31. Mär. 1999 angeschaffter) PKW sowohl betrieblich als auch privat genutzt (betriebliche Nutzung mindestens 10 %), führt dies nicht zu Umsätzen, sondern lediglich zu sonstigen betrieblichen Erträgen (§ 3 Abs. 9 a S. 2 UStG). Als Ausgleich sind sämtliche in Eingangsrechnungen (§ 14 Abs. 1 UStG) enthaltenen USt-Beträge jedoch nur zur Hälfte als abziehbare Vorsteuer zu berücksichtigen, die andere Hälfte gehört entweder zu den Anschaffungskosten des Fahrzeugs oder aber zu den sofort abziehbaren Betriebsausgaben (sonstige Steuern/Kfz-Kosten).

Beispiel:

Ein betrieblich und privat genutzter PKW wird im April 01 für 35.000,00 EUR zuzüglich 5.600,00 EUR USt gegen Barzahlung angeschafft. Im selben Monat kommt es zur Zahlung der Kfz-Versicherungsprämie in Höhe von 1.200,00 EUR, der Kfz-Steuer in Höhe von 900,00 EUR und einer Kraftstoffrechnung in Höhe von 300,00 EUR zuzüglich 48,00 EUR USt durch Banküberweisung.

Buchungssätze:

	Soll/EUR		Haben/EUR
0320/0520 PKW		37.800,00	
1570/1400 Vorsteuer		2.800,00	
an 1000/1600 Kasse			40.600,00
4520/6520 Kfz-Versicherung		1.200,00	
4510/7685 Kfz-Steuer		900,00	
4530/6530 lfd. Kfz-Betriebskosten	324,00	(300,00)	
(4340/7650 sonstige Steuern)		(24,00)	
1570/1400 Vorsteuer		24,00	
an 1200/1800 Bank			2.448,00

1. Abrechnung nach Fahrtenbuch

Führt der Unternehmer ein Fahrtenbuch, lässt sich die genaue Höhe der privat verursachten und als Ertrag zu erfassenden Aufwendungen ermitteln, indem die insgesamt für den PKW entstandenen Aufwendungen im Verhältnis der betrieblichen zur privaten Nutzung aufgeteilt werden.

Als zu verrechnende Kfz-Aufwendungen sind vor allem grundsätzlich die Aufwendungen für

- Kraftstoffverbrauch,
- Inspektionen,
- TÜV,
- Garagenmiete,
- Vorsteuer,
- Reinigung,
- Kfz-Steuer,
- Kfz-Versicherungen,
- Absetzung für Abnutzung

zu berücksichtigen.

Beispiel:

Die im Jahr 01 angefallenen Kfz-Kosten für den sowohl betrieblich als auch privat genutzten PKW belaufen sich auf insgesamt 21.000,00 EUR.

Laut Fahrtenbuch wurden mit dem betrieblichen PKW im Jahr 01 insgesamt 35.000 km zurückgelegt. Davon entfielen 8.000 km auf private Fahrten im Inland, 4.000 km auf private Fahrten im Ausland.

Für 35.000 km betragen die Kfz-Kosten 21.000,00 EUR. Je km sind das 0,60 EUR. Als private Entnahme und Ertrag sind demnach (0,60 EUR · 12.000 km) = 7.200,00 EUR zu berücksichtigen.

Buchungssatz:

	Soll/EUR	Haben/EUR
1800/2100 Privat an 2700/4850 sonst. betr. Erträge (an 8950/4690 nicht steuerbare Umsätze)	7.200,00	 7.200,00

Nutzt der Unternehmer den betrieblichen PKW auch für Fahrten zwischen Wohnung und Betrieb, kommt es ebenfalls nicht zu Umsätzen, sondern lediglich ggf. zu nicht abzugsfähigen Betriebsausgaben und sonstigen betrieblichen Erträgen. Der als Ertrag und damit als nicht abzugsfähige Betriebsausgaben zu berücksichtigende Betrag entspricht den für diese Fahrten entstandenen Aufwendungen abzüglich der Pauschbeträge von jeweils 0,36 EUR für die ersten 10, von 0,41 EUR für jeden weiteren Entfernungskilometer (§ 4 Abs. 5 Ziff. 6 EStG).

Beispiel:

Der Unternehmer hat einen betrieblichen PKW auch für Fahrten zwischen Wohnung und Betrieb genutzt. An 180 Tagen fuhr er die Strecke (25 km Entfernung) jeweils einmal hin und zurück.

Nach den Berechnungen des Unternehmers liegen die Aufwendungen für den PKW bei 0,30 EUR je km.

0,30 EUR · 50 km · 180 Tage	2.700,00 EUR
– 0,36 EUR · 10 km · 180 Tage	648,00 EUR
– 0,41 EUR · 15 km · 180 Tage	1.107,00 EUR
(§ 9 Abs. 1 EStG) nicht abzugsfähig	945,00 EUR

Buchungssatz:

	Soll/EUR	Haben/EUR
4655/6645 nicht abzugsf. Betriebsausgaben an 2700/4850 sonst. betr. Erträge (an 8950/4690 nicht steuerbare Umsätze)	945,00	 945,00

2. Pauschale Abrechnung

Führt der Unternehmer kein Fahrtenbuch, sind für die private Nutzung des betrieblichen Fahrzeugs monatlich 1 % des inländischen Listenpreises im Zeitpunkt der Erstzulassung und die Kosten für Sonderausstattung einschließlich Umsatzsteuer anzusetzen (§ 4 Abs. 5 Ziff. 6 EStG).

Beispiel:

Der Unternehmer nutzt einen betrieblichen PKW auch für private Fahrten. Zum Zeitpunkt der Erstzulassung betrug der Listenpreis dieses Fahrzeugs 29.000,00 EUR (einschließlich 16 % USt).

Der Unternehmer ermittelt den monatlich als Privatentnahme zu berücksichtigenden Betrag wie folgt:

Listenpreis 29.000,00 EUR · 1% = 290,00 EUR

Buchungssatz:

	Soll/EUR	Haben/EUR
1800/2100 Privat an 2700/4850 sonst. betr. Erträge (an 8950/4690 nicht steuerbare Umsätze)	290,00	290,00

Nutzt der Unternehmer den betrieblichen PKW auch für Fahrten zwischen Wohnung und Betrieb, kommt es zusätzlich zu nicht abzugsfähigen Betriebsausgaben. Diese ergeben sich als Differenz zwischen dem Ergebnis aus 0,03% des Listenpreises je Kalendermonat und Entfernungskilometer und dem Pauschbetrag für Fahrten zwischen Wohnung und Arbeitsstätte (jeweils 0,36 EUR für die ersten 10, 0,41 EUR für jeden weiteren Entfernungskilometer).

Beispiel:

Ein PKW mit einem Listenpreis von 29.000,00 EUR wird vom Unternehmer für Fahrten zwischen Wohnung und Betrieb genutzt. Die (einfache) Entfernung zwischen Wohnung und Betrieb beträgt 20 Kilometer. Monatlich kommt es zu 20 Fahrten.

Der Unternehmer hat monatlich 20,00 EUR als nicht abzugsfähige Betriebsausgaben und sonstige betriebliche Erträge zu berücksichtigen.

29.000,00 EUR · 0,03% · 20 km	174,00 EUR
– 10 km · 20 Tage · 0,36 EUR	72,00 EUR
– 10 km · 20 Tage · 0,41 EUR	82,00 EUR
	20,00 EUR

Buchungssatz:

	Soll/EUR	Haben/EUR
4655/6645 nicht abzugsf. Betriebsausgaben an 2700/4850 sonst. betr. Erträge (an 8950/4690 nicht steuerbare Umsätze)	20,00	20,00

Übungen

1. Ihr Mandant nutzt einen betrieblichen PKW zu 35% für private Zwecke. Im Wirtschaftsjahr 02 wurden bisher für dieses Fahrzeug folgende Aufwendungen erfasst:

Kfz-Steuer	680,00 EUR
Kfz-Versicherung	790,00 EUR
Reparaturen	1.840,00 EUR
Kraftstoff und Öl	2.970,00 EUR

Die in den Eingangsrechnungen ausgewiesenen USt-Beträge (für Reparaturen, Kraftstoff und Öl) in Höhe von 769,60 EUR wurden als abziehbare Vorsteuer gebucht.

Der PKW wurde im Januar 01 für 36.000,00 EUR zuzüglich 5.760,00 EUR USt angeschafft. Seine betriebsgewöhnliche Nutzungsdauer wird auf 6 Jahre geschätzt.

Bilden Sie den Buchungssatz für die private Kfz-Nutzung bei linearer AfA.

2. Ihr Mandant nutzt seinen betrieblichen PKW auch für private Zwecke. Laut Fahrtenbuch entfallen von den insgesamt im Wirtschaftsjahr gefahrenen km 30 % auf Privatfahrten.

   Im Jahr 02 wurden bisher folgende Aufwendungen erfasst:

laufende Kosten (Kraftstoff, Öl usw.)	3.980,00 EUR
Reparaturen	1.810,00 EUR
Vorsteuer	463,20 EUR
Steuern	680,00 EUR
Versicherung	530,00 EUR

   Der PKW wurde im Januar 01 als Gebrauchtwagen für 25.000,00 EUR zuzüglich 4.000,00 EUR USt erworben, hat eine Restnutzungsdauer von 3 Jahren und wird linear abgeschrieben.

   Wie ist zu buchen?

3. Ihr Mandant hat einen betrieblichen PKW, der zum Listenpreis von 46.400,00 EUR (USt 16 %) erworben wurde, auch für Privatfahrten genutzt. Bis zum Ende des Wirtschaftsjahres ist dieser Vorgang nicht berücksichtigt worden.

   Bilden Sie den Buchungssatz.

4. Ihr Mandant weist die Fahrten des betrieblichen PKW durch ein Fahrtenbuch nach:

km-Stand 1. Jan. 02	32.500
km-Stand 31. Dez. 02	48.500
privat gefahrene km	3.200

   Die Kfz-Kosten betrugen in 02 für

Benzin, Öl und Reparaturen	4.800,00 EUR
Vorsteuer	384,00 EUR
Kfz-Steuer	650,00 EUR
Kfz-Versicherung	820,00 EUR

   Bilden Sie den Buchungssatz. Gehen Sie davon aus, dass der PKW im Jahr 01 für 38.000,00 EUR zuzüglich 6.080,00 EUR USt (Listenpreis) erworben wurde und linear über 6 Jahre abzuschreiben ist.

5. Ihr Mandant nutzt einen betrieblichen PKW sowohl für private Fahrten als auch für Fahrten zwischen Wohnung und Betrieb (einfache Entfernung 30 km).

   Wie ist im März 01 zu buchen, wenn
   - der PKW für 20 Fahrten zwischen Wohnung und Betrieb genutzt wurde,
   - der Listenpreis 48.700,00 EUR (einschließlich 16 % USt) betragen hat,
   - der PKW aber gebraucht für 20.000,00 EUR zuzüglich 3.200,00 EUR USt erworben wurde?

6. Ihr Mandant führt zur genauen Ermittlung der betrieblich und privat verursachten Kfz-Kosten ein Fahrtenbuch für den betrieblichen PKW.

Der km-Stand betrug am	1. Jan. 02	87.920
	31. Dez. 02	123.200

   Den Aufzeichnungen ist zu entnehmen, dass
   - 4.500 km privat gefahren wurden, davon 2.500 km während eines Urlaubs in Italien,
   - der PKW an 240 Tagen für Fahrten zwischen Wohnung und Betrieb genutzt wurde. Die einfache Entfernung beträgt 9 km.

   Die laufenden Kfz-Kosten des Jahres 02 setzen sich wie folgt zusammen:

Kfz-Steuer	450,00 EUR
Kfz-Versicherung	830,00 EUR
übrige laufende Kfz-Kosten	4.250,00 EUR

   Die in den Eingangsrechnungen ausgewiesenen USt-Beträge (für die laufenden Kfz-Kosten) in Höhe von 680,00 EUR wurden als abziehbare Vorsteuer gebucht.

Der PKW wurde im Jahr 01 als Neuwagen für 42.000,00 EUR zuzüglich 6.720,00 EUR USt erworben. Er hat eine betriebsgewöhnliche Nutzungsdauer von 6 Jahren und wird linear abgeschrieben.

Nehmen Sie die erforderlichen Buchungen vor.

7. Ein betrieblicher PKW wurde für 52.000,00 EUR zuzüglich 8.320,00 EUR USt angeschafft (Listenpreis 60.000,00 EUR). Er wird durch Ihren Mandanten für betriebliche Fahrten, private Fahrten und für Fahrten zwischen Wohnung und Betrieb (200 Fahrten, einfache Entfernung 25 km) genutzt.

   Wie ist zum Ende des Wirtschaftsjahres zu buchen, wenn bisher noch keine Buchung dieses Vorgangs erfolgt ist?

Hauptabschlussübersicht

Ihr Mandant betreibt ein Großhandelsgeschäft und ermittelt seinen Gewinn nach § 5 EStG. Die Umsatzsteuer wird nach vereinbarten Entgelten berechnet. Der Steuersatz beträgt 16%. Das Wirtschaftsjahr entspricht dem Kalenderjahr.

Die beigefügte Hauptabschlussübersicht zum 31. Dez. 02 ist fertig zu stellen. Dabei sind die nachfolgenden Sachverhalte noch zu berücksichtigen. Die vorgenommenen Buchungen sind zu überprüfen und evtl. zu berichtigen. Es sind nur die angegebenen Konten zu verwenden. Die Voraussetzungen für die Inanspruchnahme der Sonderabschreibung nach § 7 g EStG sind erfüllt. Es soll der niedrigstmögliche Gewinn ausgewiesen werden.

SKR 03

Kto.-Nr.	Kontenbezeichnung	Vorl. Saldenbilanz	
		Aktiva	Passiva
0085	Grund und Boden	72.800,00	
0090	Geschäftsbauten	342.000,00	
0320	Fahrzeuge	98.450,00	
0430	Ladeneinrichtung	169.750,00	
0480	GWG	6.850,00	
0630	Verbindlichkeiten KI		376.236,00
0870	Eigenkapital		293.613,00
0930	Sonderposten mit RA		20.000,00
0980	aktive RAP		
0986	Disagio	5.700,00	
0990	passive RAP		1.400,00
1000/1200	Geldkonten	111.730,00	
1348	Wertpapiere UV	15.300,00	
1400	Forderungen LuL	319.125,00	
1500	sonst. VG	21.300,00	
1570	Vorsteuer	88.400,00	
1600	Verbindlichkeiten LuL		298.920,00
1770	USt		188.200,00
1780	UStVZ	91.900,00	
1800	Privat	45.700,00	
2100	Zinsaufwendungen	21.400,00	
2140	zinsähnl. Aufw.	3.600,00	
2650	Zinserträge		3.710,00
2700	sonst. betr. Ertr.		18.900,00
3200	Einkauf von Waren	640.700,00	
3980	Warenbestand	138.420,00	

37 Hengstebeck - ISBN 3-8120-0068-7

4100	Aufw. für Personal	250.400,00	
4200	sonst. betr. Aufw.	92.804,00	
4330	Gewerbesteuer	15.450,00	
4340	sonstige Steuern	2.380,00	
4830	Abschreibungen SA		
4840	außerplanm. Abschr. SA		
4850	steuerr. Abschr.		
4860	Abschreibungen GWG		
8000	Verkaufserlöse		1.344.780,00
8900	Entnahmen § 3 Abs. 1 b		8.400,00
		2.554.159,00	2.554.159,00

1. Ihr Mandant hat festverzinsliche Wertpapiere erworben.

   Die Bankabrechnung lautete:

Kurswert	15.000,00 EUR
+ Stückzinsen	115,00 EUR
+ Kaufspesen	210,00 EUR
Summe	15.325,00 EUR

   Gebucht wurde:

Wertpapiere	15.115,00 EUR	
sonstige betriebliche Aufwendungen	210,00 EUR	
an Bank		15.325,00 EUR

2. Im November 02 hat Ihr Mandant einen neuen Kühlschrank für seinen privaten Haushalt angeschafft und das Altgerät (Anschaffung Januar 01) in das Betriebsvermögen überführt. Zum Zeitpunkt der Einlage wurde für das Altgerät ein Buchwert in Höhe von 280,00 EUR ermittelt. Zum selben Zeitpunkt betrug der Teilwert des Kühlschranks 250,00 EUR. Bisher erfolgte noch keine Buchung.

3. Einige Räume des Betriebsgebäudes sind als Wohnung für monatlich 1.500,00 EUR vermietet. Im Dezember 02 überwies der Mieter einen Betrag in Höhe von 3.000,00 EUR als Miete für die Monate Dezember 02 und Januar 03.

   Im Dezember 02 wurde gebucht:

Bank	3.000,00 EUR	
an sonst. betr. Ertr.		3.000,00 EUR

4. Im September 02 ist eine neue Kassenanlage angeschafft worden (Nutzungsdauer 6 Jahre).

   Zum Zeitpunkt der Lieferung wurde gebucht:

Ladeneinrichtung	50.000,00 EUR	
Vorsteuer	8.000,00 EUR	
an Verbindlichkeiten LuL		58.000,00 EUR

   Der Rechnungsausgleich erfolgte durch Banküberweisung mit Abzug von 3% Skonto.

   Gebucht wurde dies:

Verbindlichkeiten LuL	56.260,00 EUR	
an Bank		56.260,00 EUR

5. Der Betrag auf dem Konto Disagio steht im Zusammenhang mit einer Darlehensaufnahme im Jahr 01. Damals war ein Fälligkeitsdarlehen im Nennwert von 150.000,00 EUR zu 96% ausgezahlt worden. Die Laufzeit des Darlehens beträgt 10 Jahre. Das Disagio für 02 ist abzugrenzen.

6. Ihr Mandant hat die Giebelwand des Nachbarhauses als Reklamefläche angemietet. Die Miete hierfür ist vierteljährlich im Voraus fällig. Am 10. Dez. 02 erfolgte deshalb die Überweisung der Miete für die Monate Januar bis März 03. Laut Rechnung vom 5. Dez. 02 war dies ein Betrag in Höhe von 900,00 EUR zuzüglich 144,00 EUR USt.

   Gebucht wurde:

sonstige betr. Aufw.	1.044,00 EUR	
an Bank		1.044,00 EUR

7. Infolge eines Kurzschlusses ist eine Kühlmaschine nur noch bedingt einsatzfähig. Ihr Wert beträgt deshalb zum 31. Dez. 02 nur noch 4.830,00 EUR. Die Kühlmaschine wurde im Jahr der Anschaffung linear mit 10 % abgeschrieben und zum 31. Dez. 01 mit 24.030,00 EUR bilanziert.

8. Zusätzlich sind folgende Abschreibungen vorzunehmen:

   a) Geschäftsbauten: Die Abschreibung auf den Altbestand beträgt 4.200,00 EUR.

      Im Saldo des Kontos Geschäftsbauten sind auch noch die Herstellungskosten einer Lagerhalle enthalten. Der Bauantrag wurde am 1. Feb. 02 gestellt. Mit der Fertigstellung am 12. Dez. 02 übergab der Bauunternehmer die Rechnung über

Baukosten Lagerhalle	150.000,00 EUR
+ 16 % USt	24.000,00 EUR
Rechnungsbetrag	174.000,00 EUR

      Die Rechnung wurde richtig gebucht. Ermitteln und buchen Sie die Absetzung für Abnutzung.

   b) Fahrzeuge: Die Fahrzeuge werden planmäßig mit 29.660,00 EUR abgeschrieben.

   c) Kassenanlage: Berücksichtigen Sie die höchstmögliche Abschreibung.

   d) Die sonstige Ladeneinrichtung ist mit 8.000,00 EUR abzuschreiben.

   e) GWG: Die Bewertungsfreiheit gem. § 6 Abs. 2 EStG wird in Anspruch genommen.

9. Die USt-Konten sind abzuschließen.

10. Das Konto Privat ist abzuschließen.

11. Der Warenbestand lt. Inventur zum 31. Dez. 02 beträgt 118.000,00 EUR.

12. Zeigen Sie, wie sich die Geschäftsvorfälle 1 bis 8 und 11

    a) auf den Erfolg,

    b) auf die Bilanzsumme

    auswirken.

13. Berechnen Sie auch die Höhe des steuerrechtlichen Erfolgs.

SKR 04

Kto.-Nr.	Kontenbezeichnung	Vorl. Saldenbilanz	
		Aktiva	Passiva
0235	Grund und Boden	72.800,00	
0240	Geschäftsbauten	342.000,00	
0520	Fahrzeuge	98.450,00	
0640	Ladeneinrichtung	169.750,00	
0670	GWG	6.850,00	
1140	Warenbestand	138.420,00	
1200	Forderungen LuL	319.125,00	
1300	sonst. VG	21.300,00	
1400	Vorsteuer	88.400,00	
1510	Wertpapiere UV	15.300,00	

1600/1800	Geldkonten	111.730,00	
1900	aktive RAP		
1940	Disagio	5.700,00	
2000	Eigenkapital		293.613,00
2100	Privat	45.700,00	
2980	Sonderposten mit RA		20.000,00
3150	Verbindlichkeiten KI		376.236,00
3300	Verbindlichkeiten LuL		298.920,00
3800	USt		188.200,00
3820	UStVZ	91.900,00	
3900	passive RAP		1.400,00
4000	Verkaufserlöse		1.344.780,00
4600	Entnahmen § 3 Abs. 1 b		8.400,00
4860	sonst. betr. Ertr.		18.900,00
5200	Einkauf von Waren	640.700,00	
6000	Aufw. für Personal	250.400,00	
6220	Abschreibungen SA		
6230	außerplanm. Abschr. SA		
6240	steuerr. Abschr.		
6260	Abschreibungen GWG		
6300	sonst. betr. Aufw.	92.804,00	
7100	Zinserträge		3.710,00
7300	Zinsaufwendungen	21.400,00	
7330	zinsähnl. Aufw.	3.600,00	
7620	Gewerbesteuer	15.450,00	
7650	sonstige Steuern	2.380,00	
		2.554.159,00	2.554.159,00

6 Rückstellungen

6.1 Begriff und Einordnung der Rückstellungen

Im Jahresabschluss sind neben anderen Posten sämtliche Aufwendungen des Abschlussjahres auszuweisen. Bei diesen kann es sich neben den Aufwendungen, die im Abschlussjahr zu Ausgaben oder zu einer Erhöhung der sonstigen Verbindlichkeiten geführt haben, auch um Aufwendungen handeln, deren Ursache zwar bekannt, deren Höhe und/oder Zeitpunkt, an dem diese Aufwendungen zu Ausgaben führen, jedoch unbekannt ist.

Die letztgenannten Aufwendungen sind also in gewisser Weise unbestimmt, verpflichten den Unternehmer aber mit ziemlicher Wahrscheinlichkeit zu einer Zahlung oder unentgeltlichen Leistung in einem der folgenden Geschäftsjahre. Diese Verpflichtung des Unternehmers stellt damit eine betriebliche Schuld dar, die als Rückstellung bezeichnet wird.

Bei der Bildung von Rückstellungen geht es um die periodengerechte Erfolgsermittlung und um die vollständige Erfassung der Schulden. Die Buchung der entsprechenden Beträge hat deshalb sowohl in einem Aufwandskonto als auch in einem Bestandskonto (Rückstellungskonto) zu erfolgen.

Beispiel:

Aufgrund eines schwebenden Gerichtsverfahrens muss der Unternehmer zum Ende des Abschlussjahres damit rechnen, zur Zahlung von Gerichts- und Anwaltskosten in Höhe von 15.000,00 EUR herangezogen zu werden.

Buchungssatz:

	Soll/EUR	Haben/EUR
4950/6825 Rechts- und Beratungskosten an 0970/3070 sonstige Rückstellungen	15.000,00	 15.000,00

6.2 Bewertung neu zu bildender Rückstellungen

Rückstellungen sind nur in Höhe des Betrages zu bilden, der nach vernünftiger kaufmännischer Beurteilung notwendig ist (§ 253 Abs. 1 S. 2 HGB). Das Wort „nur" besagt, dass es dem Unternehmer untersagt ist, bewusst zu hohe Rückstellungen und damit stille Reserven zu bilden. Stille Reserven können sich aber auch unbeabsichtigt ergeben. Das ist deshalb so, weil die Höhe der Rückstellungen geschätzt werden muss und Schätzungen im Allgemeinen zu ungenauen Ergebnissen führen.

Der den Rückstellungen zuzuführende Betrag muss ausreichen, den Unternehmer von der zugrunde liegenden wirtschaftlichen Verpflichtung zu befreien. Die Höhe der Rückstellungen ist deshalb unter Beachtung des Prinzips der Vorsicht zu schätzen. Bei der Ermittlung der Schätzwerte steht dem Unternehmer allerdings kein Ermessensspielraum zu.

Die Schätzung hat - objektiv nachprüfbar - auf der Grundlage der vorhandenen Informationen zu erfolgen. Liegen jedoch mehrere gleich wahrscheinliche Schätzungen bezüglich der Höhe der Rückstellungen vor, ist der Schätzwert zu wählen, der zu den höchsten Aufwendungen und damit zur höchsten Rückstellung führt.

Entscheidend für die Höhe der Rückstellung sind die tatsächlichen Verhältnisse am Bilanzstichtag, auch wenn sie dem Bilanzierenden erst später, d. h. bis zum Tag der Aufstellung des Jahresabschlusses bekannt werden (Wertaufhellung, § 252 Abs. 1 Ziff. 4 HGB).

6.3 Auflösung nicht mehr bestehender Rückstellungen

Rückstellungen dürfen nur so lange in der Bilanz enthalten sein, bis der Grund für die Rückstellungsbildung entfällt (§ 249 Abs. 3 HGB). Tritt Gewissheit über das der Rückstellungsbildung zugrunde liegende Ereignis ein, sind die Rückstellungen aufzulösen.

Entspricht die Höhe der Rückstellung dem geltend gemachten Anspruch, ist die Rückstellung erfolgsneutral aufzulösen.

Beispiel:

Nach Abschluss eines Gerichtsverfahrens erhält der Unternehmer am 20. Jun. 02 eine Rechnung über 9.000,00 EUR Gerichtskosten sowie 6.000,00 EUR Rechtsanwaltsgebühren zuzüglich 960,00 EUR USt. Der Rechnungsausgleich erfolgt sofort durch Banküberweisung.

Die zum 31. Dez. 01 für die erwarteten Gerichts- und Anwaltskosten gebildete Rückstellung beläuft sich auf 15.000,00 EUR.

Buchungssatz:

	Soll/EUR	Haben/EUR
0970/3070 sonstige Rückstellungen 1570/1400 Vorsteuer an 1200/1800 Bank	15.000,00 960,00	 15.960,00

Weicht die Höhe der Rückstellung vom geltend gemachten Anspruch ab, ist auch diese Rückstellung in voller Höhe aufzulösen. Ein Fehlbetrag ist dann im entsprechenden Aufwandskonto, ein Mehrbetrag im Konto Erträge aus der Auflösung von Rückstellungen zu buchen.

Beispiel:

Nach Abschluss eines Gerichtsverfahrens erhält der Unternehmer am 20. Jun. 02 eine Rechnung über 10.000,00 EUR Gerichtskosten sowie 8.000,00 EUR Rechtsanwaltsgebühren zuzüglich 1.280,00 EUR USt. Der Rechnungsausgleich erfolgt sofort durch Banküberweisung.

Die zum 31. Dez. 01 für die erwarteten Gerichts- und Anwaltskosten gebildete Rückstellung beläuft sich auf 15.000,00 EUR.

Buchungssatz:

	Soll/EUR	Haben/EUR
0970/3070 sonstige Rückstellungen 4950/6825 Rechts- und Beratungskosten 1570/1400 Vorsteuer an 1200/1800 Bank	15.000,00 3.000,00 1.280,00	 19.280,00

Die Rückstellung ist außerdem ganz oder teilweise erfolgswirksam aufzulösen, wenn sich herausstellt, dass sie nicht mehr berechtigt oder nicht mehr in der ursprünglichen Höhe erforderlich ist.

Beispiel:

Aufgrund einer durch einen Kunden eingereichten Klage musste der Unternehmer zum 31. Dez. 01 damit rechnen, für Gerichts- und Anwaltskosten mit 8.000,00 EUR in Anspruch genommen zu werden. Er bildete deshalb eine Rückstellung in Höhe von 8.000,00 EUR.

Am 10. Apr. 02 erhält er die Mitteilung, dass der Kunde am 6. Apr. 02 die Klage zurückgezogen hat.

Buchungssatz:

	Soll/EUR	Haben/EUR
0970/3070 sonstige Rückstellungen an 2735/4930 Erträge aus der Aufl. von Rückst.	8.000,00	 8.000,00

Auflösung der Rückstellung			
Voraussetzungen für Bildung entfallen	Verpflichtungs-betrag = Rück-stellungsbetrag	Verpflichtungs-betrag > Rück-stellungsbetrag	Verpflichtungs-betrag < Rück-stellungsbetrag
Gesamtbetrag = Erträge aus der Auflösung von Rückstellungen		Mehrbetrag = entsprechender Aufwand	Minderbetrag = Erträge aus der Auflösung von Rückstellungen

6.4 Einteilung der Rückstellungen

Die Bildung von Rückstellungen ist sowohl nach handelsrechtlichen als auch nach steuerrechtlichen Vorschriften möglich bzw. vorgeschrieben.

6.4.1 Rückstellungen nach Handelsrecht

Im Handelsgesetzbuch (§ 249 HGB) ist abschließend aufgeführt, für welche Zwecke bei allen Unternehmensformen Rückstellungen gebildet werden müssen bzw. dürfen.

6.4.1.1 Pflichtrückstellungen

Rückstellungen sind zu bilden für

- ungewisse Verbindlichkeiten,
- drohende Verluste aus schwebenden Geschäften und
- Aufwendungen
  - für im Geschäftsjahr unterlassene Instandhaltung, die im folgenden Geschäftsjahr innerhalb von drei Monaten nachgeholt werden,
  - für im Geschäftsjahr unterlassene Abraumbeseitigung, die im folgenden Geschäftsjahr nachgeholt wird und
  - für Gewährleistungen, die ohne rechtliche Verpflichtung erbracht werden.

Rückstellungen für ungewisse Verbindlichkeiten sind zu bilden, wenn eine rechtlich begründete Verpflichtung gegenüber einem Dritten besteht. Ist am Abschlussstichtag mit Aufwendungen für Prozesskosten, für Bergschäden, für Garantieverpflichtungen, für den Jahresabschluss, für Gewerbesteuer, für Urlaubsansprüche, für Wechselobligo, für übernommene Bürgschaften, für Pensionsverpflichtungen usw. zu rechnen, hat das die Bildung entsprechender Rückstellungen zur Folge.

Zur Bildung von Rückstellungen für drohende Verluste aus schwebenden Geschäften kommt es dann, wenn z. B. Kaufverträge noch von keinem Vertragspartner erfüllt sind, aber bereits am Bilanzstichtag damit gerechnet werden muss, dass dem Betrieb aus diesen Verträgen Verluste erwachsen werden. Dies ist u. a. der Fall, wenn

- der Lieferant damit rechnen muss, für einen zu liefernden Gegenstand bei der Beschaffung/Herstellung mehr aufwenden zu müssen, als den Betrag, der als Verkaufserlös mit dem Kunden vereinbart worden ist oder

- der Leistungsempfänger vor Erhalt eines bestellten Gegenstandes feststellen muss, dass dieser Gegenstand überall preiswerter als vertraglich vereinbart beschafft werden kann.

Aufwandsrückstellungen sind für unterlassene Reparaturen an Maschinen, Gebäuden usw., für Bodenabtragungen, die im Zusammenhang mit dem Abbau von Rohstoffen erforderlich sind und für Kulanzleistungen, die ständig nach Ablauf der Garantiezeit erbracht werden, zu bilden (R 31 c EStR).

6.4.1.2 Wahlrückstellungen

Rückstellungen dürfen gebildet werden

- für im Geschäftsjahr unterlassene Aufwendungen für Instandhaltung, die im folgenden Geschäftsjahr nach Ablauf von drei Monaten bis zum Jahresende nachgeholt werden und
- für bestimmte andere Aufwendungen (§ 249 Abs. 2 HGB), insbesondere für Großreparaturen. Die Aufwendungen nach § 249 Abs. 2 HGB müssen
  - ihrer Eigenart nach genau umschrieben sein, d. h., es muss grundsätzlich bereits am Bilanzstichtag feststehen, welche Aufwendungen in welchem Umfang bei welchem Objekt anfallen werden,
  - mit großer Wahrscheinlichkeit anfallen, d. h., die entsprechenden Maßnahmen müssen ernsthaft geplant sein und mit ziemlicher Sicherheit auch durchgeführt werden,
  - bezüglich ihrer Höhe bzw. des Zeitpunkts, an dem die entsprechende Ausgabe erfolgt, ungewiss sein,
  - dem Geschäftsjahr oder einem früheren Geschäftsjahr zuzuordnen sein, d. h., es muss sich um Aufwendungen für vergangene Jahre und nicht um künftige Aufwendungen handeln.

6.4.2 Rückstellungen nach Steuerrecht

Der handelsrechtliche Rückstellungsbegriff stimmt mit dem steuerrechtlichen Rückstellungsbegriff überein. Jedoch ist die steuerrechtliche Möglichkeit zur Rückstellungsbildung aufgrund des Maßgeblichkeitsprinzips und spezieller steuerrechtlicher Vorschriften (§ 5 Abs. 4 a EStG) gegenüber der handelsrechtlichen Möglichkeit, Rückstellungen zu bilden, eingeschränkt.

Rückstellungen, zu deren Bildung der Unternehmer nach § 249 HGB (außer den Rückstellungen für drohende Verluste aus schwebenden Geschäften) verpflichtet ist, müssen auch steuerrechtlich gebildet werden. Für alle Rückstellungen, für deren Bildung nach § 249 HGB ein Wahlrecht besteht, besteht steuerrechtlich ein Passivierungsverbot. Die Bildung von Rückstellungen für drohende Verluste aus schwebenden Geschäften ist steuerrechtlich unzulässig.

Außerdem ist zu beachten, dass nach § 6 Abs. 1 Ziff. 3 a EStG Rückstellungen für Verpflichtungen (ungewisse Verbindlichkeiten), die frühestens in 12 Monaten erfüllt sein müssen, mit einem Zinssatz von 5,5 % abzuzinsen sind.

<table>
<tr><th colspan="4">Rückstellungen</th></tr>
<tr><td colspan="4">
<ul>
<li>sind Schulden (künftig erwartete Ausgaben),</li>
<li>die ihre Ursache im Abschlussjahr oder einem vorangegangenen Geschäftsjahr haben und</li>
<li>deren Höhe und/oder Zeitpunkt der Fälligkeit am Abschlussstichtag noch nicht feststeht.</li>
</ul>
</td></tr>
<tr><th colspan="4">Rückstellungen fallen an für</th></tr>
<tr><td>ungewisse Verbindlichkeiten</td><td>drohende Verluste aus schwebenden Geschäften</td><td colspan="2">betriebliche Lasten</td></tr>
<tr><td>Verpflichtung gegenüber Dritten</td><td>- Verpflichtungsgeschäft zustande gekommen, aber
- Erfüllungsgeschäft noch nicht begonnen</td><td colspan="2">keine Verpflichtung gegenüber Dritten</td></tr>
<tr><td>Rückstellungen für ungewisse Schulden, z. B.
- Jahresabschlusskosten
- Gewerbesteuer
- Garantieverpflichtung
- Bürgschaft
- Pensionsverpflichtung
- Prozesskosten</td><td>Drohverlustrückstellungen, wenn
- Selbstkosten einer zu erbringenden Leistung > vereinbarter Erlös oder
- vereinbarter Einkaufspreis > aktueller Einkaufspreis</td><td colspan="2">Aufwandsrückstellungen, z. B.
unterlassene Instandhaltung bei Nachholung innerhalb
von
drei / zwölf
Monaten</td></tr>
<tr><th colspan="4">Rückstellungsbildungen</th></tr>
<tr><td>handels- und steuerrechtlich vorgeschrieben</td><td>- handelsrechtlich vorgeschrieben
- steuerrechtlich nicht zulässig</td><td>- handels- und steuerrechtlich vorgeschrieben</td><td>- handelsrechtlich erlaubt
- steuerrechtlich unzulässig</td></tr>
<tr><td colspan="4">sind zu bilanzieren als
- Rückstellungen für Pensionen und ähnliche Verpflichtungen
- Steuerrückstellungen
- sonstige Rückstellungen</td></tr>
</table>

Kontrollaufgaben

1. Nach welchen Vorschriften ist die Bildung von Rückstellungen vorgeschrieben?
2. Unterscheiden Sie Pflicht- und Wahlrückstellungen.

3. Welche Konsequenzen ergeben sich bezüglich der Bildung von Rückstellungen aus dem Maßgeblichkeitsprinzip?

4. Inwiefern ist das Wertaufhellungsprinzip bei der Bildung von Rückstellungen von Bedeutung?

Übungen

Vorbemerkungen zu den Geschäftsvorfällen 1 bis 22:

- Die Buchungssätze sind nach handelsrechtlichen Vorschriften zu bilden.
- Zeigen Sie jeweils, wie sich die Geschäftsvorfälle einerseits auf den handelsrechtlichen, andererseits auf den steuerrechtlichen Erfolg auswirken.

1. Ihr Mandant gewährt allen seinen Kunden 6 Monate Garantie für die gelieferten Erzeugnisse. In den letzten Jahren wurde er im Durchschnitt mit 1 % seines Nettojahresumsatzes durch Garantieverpflichtungen in Anspruch genommen.

   Der Umsatz im Jahr 04 betrug 540.000,00 EUR.

   Wie ist zum 31. Dez. 04 zu buchen?

2. Der Gewerbesteuerbescheid für das Jahr 01 geht am 15. Okt. 02 (nach Bilanzerstellung für 01) bei Ihrem Mandanten ein. Für die bis zum 17. Nov. 02 zu leistende Abschlusszahlung über 2.600,00 EUR GewSt war zum 31. Dez. 01 eine Rückstellung von 2.150,00 EUR gebildet worden.

   Bilden Sie den Buchungssatz zum 31. Dez. 02, wenn der Betrag noch nicht überwiesen worden ist.

3. Für einen laufenden Prozess rechnet Ihr Mandant am 31. Dez. 02 mit einer Belastung in Höhe von 2.500,00 EUR.

   Wider Erwarten wird der Prozess am 20. Aug. 04 gewonnen, sodass keine Aufwendungen entstehen.

   Bilden Sie die Buchungssätze zum 31. Dez. 02 und 20. Aug. 04.

4. Nach dem Stand der Betriebsprüfung zum 31. Dez. 05 muss Ihr Mandant mit einer Gewerbesteuernachzahlung rechnen, und zwar
   - für das Jahr 04 1.900,00 EUR,
   - für das Jahr 03 3.000,00 EUR.

   Für das Jahr 04 war keine, für das Jahr 03 eine Gewerbesteuerrückstellung von 1.300,00 EUR gebildet worden.

   Außerdem ist für das Jahr 05 mit einer Gewerbesteuerabschlusszahlung von 2.000,00 EUR zu rechnen.

   Buchen Sie den gesamten Vorgang.

5. Aus begründetem Anlass bildete Ihr Mandant zum 31. Dez. 01 eine Prozessrückstellung von 6.500,00 EUR.

   Nachdem das Verfahren mit rechtskräftigem Urteil abgeschlossen wurde, erhielt Ihr Mandant am 25. Aug. 03 folgende Rechnung:

Gerichtskosten		4.800,00 EUR
Rechtsanwaltsgebühren	2.400,00 EUR	
+ 16 % USt	384,00 EUR	2.784,00 EUR
Gesamtbetrag		7.584,00 EUR

   Führen Sie die Buchung durch.

6. Für einen laufenden Prozess bildete Ihr Mandant zum 31. Dez. 03 eine Rückstellung in Höhe von 6.500,00 EUR. Das Verfahren endete im Juni 05 mit rechtskräftigem Urteil.

   - Da der Prozess verloren wurde, waren an das Gericht insgesamt 6.300,00 EUR zu zahlen. Die Überweisung erfolgte am 15. Jul. 05.
   - Außerdem erhielt Ihr Mandant am 25. Jul. 05 die Gebührenrechnung des Rechtsanwalts über 1.600,00 EUR zuzüglich 256,00 EUR USt, die er am 30. Jul. 05 durch Banküberweisung beglich.

   Erstellen Sie die Buchungssätze für das Jahr 05.

7. Ihr Mandant beschäftigt einen Arbeitnehmer, der am 31. Dez. 05 noch 10 Tage Urlaub für das Kalenderjahr 05 zu bekommen hat.

   Der tarifliche Arbeitslohn des Arbeitnehmers für diese Zeit beträgt 1.000,00 EUR. Außerdem steht ihm für jeden Urlaubstag ein Urlaubsgeld in Höhe von 50,00 EUR zu. Der auf den Gesamtbetrag entfallende Arbeitgeberanteil zur Sozialversicherung beläuft sich auf 361,23 EUR.

   Bilden Sie den Buchungssatz zum 31. Dez. 05.

8. Von den Arbeitnehmern Ihres Mandanten wird bemängelt, dass das Dach der Fabrikhalle defekt ist. Ein Dachdeckermeister erstellt am 2. Dez. 02 einen Kostenvoranschlag über 20.000,00 EUR zuzüglich 16 % USt und erhält kurze Zeit später den Auftrag, die Reparaturarbeiten sofort auszuführen.

   Wegen des plötzlichen Wintereinbruchs kann allerdings im laufenden Jahr nicht mehr mit den Arbeiten begonnen werden.

   Im Monat März 03 werden die Arbeiten aufgenommen und abgeschlossen. Die Rechnung über die durchgeführten Reparaturarbeiten in Höhe von 17.000,00 EUR zuzüglich 2.720,00 EUR USt geht am 28. Mär. 03 (nach Bilanzerstellung für 02) ein.

   Bilden Sie die Buchungssätze zum 31. Dez. 02 und zum 28. Mär. 03.

9. Am 22. Dez. 03 erhielt Ihr Mandant den Gewerbesteuerbescheid für das Jahr 02. Die festgesetzte Nachzahlung in Höhe von 3.800,00 EUR war innerhalb eines Monats fällig. Die Banküberweisung dieses Betrages erfolgte deshalb am 22. Jan. 04.

   Zum 31. Dez. 02 wurde für die erwartete Gewerbesteuernachzahlung eine Steuerrückstellung von 4.100,00 EUR gebildet. Diese ist am 31. Dez. 03 noch in unveränderter Höhe vorhanden.

   Bilden Sie die Buchungssätze zum 22. Dez. 03, 31. Dez. 03 und 22. Jan. 04.

10. Unter Berücksichtigung der Gewerbesteuer-Vorauszahlungen (als Aufwand gebucht) in Höhe von 24.000,00 EUR, erzielte Ihr Mandant, ein Einzelunternehmer, einen vorläufigen Steuermessbetrag in Höhe von 8.200,00 EUR.

    a) Berechnen Sie die Höhe der zu bildenden Gewerbesteuer-Rückstellung nach der $^{5}/_{6}$-Methode bei einem Gewerbesteuer-Hebesatz von 420 %.
    b) Bilden Sie den Buchungssatz.

11. Ihr Mandant übernahm für einen langjährigen Kunden, der sich wegen Zahlungsunfähigkeit eines Abnehmers in Zahlungsschwierigkeiten befand, eine Bürgschaft über 20.000,00 EUR.

    Aufgrund der weiteren geschäftlichen Entwicklung ist zum Bilanzstichtag damit zu rechnen, dass der Kunde seine durch die Bürgschaft Ihres Mandanten gesicherten Schulden nicht zurückzahlen kann. Ihr Mandant rechnet mit einer Inanspruchnahme von 15.000,00 EUR.

    Buchen Sie den Vorgang zum 31. Dez. 01.

12. Vor Kürzung um den Freibetrag erzielte Ihr Mandant (Einzelunternehmer) in 03 einen vorläufigen Gewerbeertrag von 158.000,00 EUR. Bekannt ist auch noch, dass er in 03 Gewerbesteuer-Vorauszahlungen in Höhe von 12.500,00 EUR geleistet und als Aufwand gebucht hat.

    a) In welcher Höhe ist eine Gewerbesteuer-Rückstellung zu bilden, wenn der Hebesatz der Gemeinde 380 % beträgt und die Berechnung nach der $^{5}/_{6}$-Methode zu erfolgen hat?
    b) Wie lautet der Buchungssatz?

13. Ihr Mandant hat mit dem Leiter der Verkaufsabteilung neben einem monatlichen Gehalt eine Tantieme im Höhe von 3 % des Gewinns vereinbart. Das Gehalt ist am 1. eines jeden Monats im Voraus, die Tantieme nach Erstellung des Jahresabschlusses fällig.

Wie ist

a) zum 31. Dez. 01 zu buchen, wenn der am 29. Mai 02 erstellte Jahresabschluss einen Gewinn von 180.000,00 EUR ausweist?

b) zum 31. Mai 02 zu buchen, wenn die Auszahlung des Gehalts (7.000,00 EUR) sowie der Tantieme durch Banküberweisung erfolgt und folgende Abzüge zu berücksichtigen sind:

Lohnsteuer für lfd. Arbeitslohn	1.390,00 EUR
Lohnsteuer für Gewinnbeteiligung	2.208,00 EUR
Sozialversicherungsanteil des AN	1.480,00 EUR

Der Sozialversicherungsanteil Ihres Mandanten beträgt ebenfalls 1.480,00 EUR.

14. Aufgrund einer Kundenreklamation bildete Ihr Mandant zum 31. Dez. 01 eine Rückstellung für Gewährleistungen in Höhe von 8.300,00 EUR. Da der eigene Betrieb voll ausgelastet ist, wird im Jahr 02 ein anderes Unternehmen beauftragt den Schaden zu beseitigen. Die Rechnung über die ausgeführten Arbeiten trifft am 25. Apr. 02 bei Ihrem Mandanten ein. Sie enthält u. a. folgende Angaben:

Materialkosten	5.400,00 EUR
Lohnkosten	5.000,00 EUR
	10.400,00 EUR
16 % USt	1.664,00 EUR
Rechnungsbetrag	12.064,00 EUR

Bilden Sie den Buchungssatz zum 25. Apr. 02 (nach Bilanzerstellung für 01).

15. Ein Kunde beanstandet innerhalb der Garantiezeit eine Videokamera. Laut Vertrag ist Ihr Mandant zur Beseitigung des Schadens verpflichtet.

Wegen der starken Auslastung des Betriebes zur Weihnachtszeit, kann die Reparatur nicht mehr bis zum 31. Dez. 04 durchgeführt werden. Die geschätzten Reparaturkosten betragen 600,00 EUR.

Am 10. Apr. 05 (nach Bilanzerstellung für 04) werden die Reparaturarbeiten abgeschlossen. Für Arbeitslöhne, Materialkosten usw. entsteht ein Gesamtbetrag in Höhe von 550,00 EUR.

Bilden Sie die Buchungssätze zum 31. Dez. 04 und zum 10. Apr. 05.

16. Ihr Mandant, ein EDV-Händler, bestellte im November 01 20 EDV-Geräte vom Typ AT 386 für je 7.000,00 EUR zuzüglich 16 % USt. Als Liefertermin wurde mit dem Lieferanten der 20. Feb. 02 vereinbart.

Aufgrund des rasanten technischen Fortschritts könnten diese Geräte zum Bilanzstichtag bereits für 6.000,00 EUR zuzüglich 16 % USt bezogen werden.

Die Lieferung der 20 Geräte erfolgt fristgerecht am 20. Feb. 02 mit beiliegender ordnungsmäßiger Rechnung zum vereinbarten Kaufpreis.

Buchen Sie den gesamten Vorgang.

17. Ihr Mandant, der mit Brennstoffen handelt, hat am 2. Jan. 02 einen 5-Jahresvertrag über die Lieferung von jährlich 50.000 Liter Heizöl zum Nettopreis von 0,25 EUR je Liter abgeschlossen.

Am 31. Dez. 02 muss er für das Heizöl selbst 0,30 EUR je Liter aufwenden.

Welche Buchungen hat der Händler

a) zum 31. Dez. 02 vorzunehmen, wenn er in 02 50.000 Liter Heizöl geliefert hat?

b) zum 31. Dez. 03 vorzunehmen, wenn die Selbstkosten unverändert 0,30 EUR je Liter betragen und er seinen Lieferverpflichtungen für die Jahre 02 und 03 nachgekommen ist?

18. Es war geplant, die dringend notwendigen - im Jahr 01 verursachten - Wartungsarbeiten am betrieblichen Maschinenpark in der ruhigen Zeit zwischen Weihnachten und Neujahr durchzuführen. Laut Auskunft des beauftragten Unternehmers sollte dafür ein Betrag in Höhe von 21.000,00 EUR zuzüglich 16 % USt anfallen.

Wegen eines unerwarteten, sofort auszuführenden Großauftrags waren die Maschinen aber auch während dieser Zeit voll ausgelastet, sodass die Wartungsarbeiten erst im Jahr 02 nachgeholt werden konnten.

Ein Teil der Maschinen wurde für 14.000,00 EUR zuzüglich 2.240,00 EUR USt im Januar 02, die restlichen Maschinen für 8.000,00 EUR zuzüglich 1.280,00 EUR USt erst im April des Jahres 02 gewartet.

Bilden Sie die Buchungssätze für die Jahre 01 und 02.

19. An einer von Ihrem Mandanten am 25. Nov. 01 gelieferten Maschine werden vom Abnehmer Mängel festgestellt. Diese sind nachweislich nicht durch Ihren Mandanten verursacht worden, sondern auf unsachgemäße Handhabung zurückzuführen.

Um eventuelle künftige Aufträge nicht zu gefährden, erklärt sich Ihr Mandant am 28. Dez. 01 bereit, die Mängel im Juni 02 (nach Bilanzerstellung für 01) unentgeltlich zu beheben. In ähnlich gelagerten Fällen verhält sich Ihr Mandant stets entsprechend.

Wie ist zu buchen, wenn sich die Aufwendungen hierfür voraussichtlich auf 3.250,00 EUR belaufen werden?

20. Ihr Mandant erteilt einem leitenden Angestellten im Alter von 50 Jahren eine Pensionszusage. Danach erhält dieser nach Vollendung des 65. Lebensjahres jeweils zum Beginn des Jahres eine Pension von 10.000,00 EUR.

Bilden Sie die Buchungssätze

a) zum Ende des Wirtschaftsjahres (01), in dem die verbindliche Zusage erfolgte, wenn der versicherungsmathematisch ermittelte Teilwert der Pensionsverpflichtung 6.050,00 EUR beträgt,

b) für die Erhöhung der Rückstellung zum 31. Dez. 02, wenn der Teilwert der Pensionsverpflichtung auf 12.323,00 EUR gestiegen ist,

c) im Jahr der ersten Pensionszahlung, die durch Banküberweisung erfolgt, wenn der Teilwert der Pensionsverpflichtung zum Beginn des Wirtschaftsjahres 128.494,00 EUR und zum Ende 120.801,00 EUR beträgt (eventuelle lohnsteuerrechtliche Vorschriften sind nicht zu beachten).

21. Am 15. Nov. 02 trifft eine Rechnung des Steuerberaters ein, deren Gesamtbetrag sich folgendermaßen zusammensetzt:

Erstellung	
- des Jahresabschlusses 01	3.200,00 EUR
- der ESt-Erklärung	680,00 EUR
- der GewSt-Erklärung	420,00 EUR
- der USt-Erklärung	250,00 EUR
- der Anlage V für ein zum Privatvermögen gehörendes vermietetes Mehrfamilienhaus	380,00 EUR
	4.930,00 EUR
+ 16 % USt	788,80 EUR
Rechnungsbetrag	5.718,80 EUR

Wie hat Ihr Mandant zu buchen, wenn er zum 31. Dez. 01 eine Rückstellung für Kosten des Jahresabschlusses in Höhe von 2.700,00 EUR gebildet hat?

22. Am 25. Nov. 01 verpflichtete sich Ihr Mandant am 15. Jun. 02 einen Posten Waren für 70.000,00 EUR zuzüglich 11.200,00 EUR USt an einen Kunden zu liefern. Beim Abschluss des Vertrages war nicht vorauszusehen, dass sich die Ware erheblich verteuern würde.

Bereits zum 31. Dez. 01 hätte die Ware nur noch für 80.000,00 EUR zuzüglich 12.800,00 EUR USt bezogen werden können.

Da der Kunde auf Lieferung bestand, musste Ihr Mandant zum Zeitpunkt der Lieferung die Ware selbst für 90.000,00 EUR zuzüglich 14.400,00 EUR USt beschaffen.

Wie ist dieser Vorgang

a) zum 31. Dez. 01,
b) zum 15. Jun. 02

zu buchen?

7 Exkurs: Steuerabgrenzung bei Kapitalgesellschaften

7.1 Exkurs: Notwendigkeit der Steuerabgrenzung

Nach dem Grundsatz der Maßgeblichkeit gelten die handelsrechtlichen Vorschriften auch für Zwecke der steuerrechtlichen Gewinnermittlung. Zu beachten ist jedoch, dass das Maßgeblichkeitsprinzip nicht uneingeschränkt Gültigkeit hat. In bestimmten Fällen besteht die Möglichkeit bzw. die Verpflichtung, steuerrechtlich anders als handelsrechtlich zu verfahren. Die Folge davon ist ein anderer steuerrechtlicher als der handelsrechtliche Gewinn.

Liegen nicht abzugsfähige Betriebsausgaben vor, mindern diese den handelsrechtlichen, nicht jedoch den steuerrechtlichen Gewinn. Da diese Ausgaben auch in den Folgejahren nicht anders zu beurteilen sind, ist der Steueraufwand endgültig und eine Steuerabgrenzung nicht möglich.

Zu Gewinnabweichungen kommt es aber auch, wenn Aufwendungen und/oder Erträge zwar handelsrechtlich und steuerrechtlich, aber zu verschiedenen Zeitpunkten zu berücksichtigen sind. Ist das der Fall, muss sich die Differenz zwischen dem handelsrechtlichen und dem steuerrechtlichen Erfolg in den Folgejahren wieder ausgleichen. Nur wenn diese Voraussetzung erfüllt ist - und nur dann - wird eine Steuerabgrenzung gefordert (§ 274 HGB).

Ziel der Abgrenzung ist also, Steueraufwendungen (KSt, GewSt) periodengerecht - bezogen auf das handelsrechtliche Ergebnis - abzugrenzen.

7.2 Exkurs: Arten der Steuerabgrenzung

7.2.1 Exkurs: Abgrenzung passiver latenter Steuern

Werden bei der steuerrechtlichen Gewinnermittlung Aufwendungen früher und/oder Erträge später als bei der handelsrechtlichen Gewinnermittlung berücksichtigt, kommt es tatsächlich zu einer Ertragsteuerbelastung, die niedriger ist als die, die sich auf der Grundlage des handelsrechtlichen Gewinns ergeben würde (fiktive Ertragsteuerbelastung).

Der sich aus der tatsächlichen Steuerbelastung und der höheren fiktiven Steuerbelastung ergebende Differenzbetrag stellt die handelsrechtlich noch nicht verrechneten Steuern dar. Diese sind als Steueraufwand des Abschlussjahres zu berücksichtigen und als Rückstellungen für latente Steuern in der Bilanz auszuweisen.

Differenzen dieser Art entstehen z. B., wenn

- Aufwendungen für die Ingangsetzung und Erweiterung des Geschäftsbetriebes (z. B. Aufwendungen für einen Werbefeldzug) in der Handelsbilanz aktiviert werden, obwohl sie steuerrechtlich als sofort abzugsfähige Betriebsausgaben zu behandeln sind,
- Fremdkapitalzinsen (§ 255 Abs. 3 HGB) als Herstellungskosten behandelt werden, obwohl dies steuerrechtlich nicht möglich ist (R 33 Abs. 7 EStR) und
- Vorräte bei steigenden Preisen handelsrechtlich nach dem Fifo-Verfahren, steuerrechtlich aber nach dem Durchschnittswertverfahren oder nach der Lifo-Methode bewertet werden.

Beispiel:

Der Unternehmer (GmbH) hat in der Handelsbilanz zum 31. Dez. 01 Aufwendungen für die Ingangsetzung und Erweiterung des Geschäftsbetriebes in Höhe von 180.000,00 EUR aktiviert (Bilanzierungshilfe).

Die Aktivierung dieses Betrages in der Steuerbilanz 01 ist nicht zulässig, weil Bilanzierungshilfen weder als Vermögensgegenstände im Sinne des Handelsrechts noch als Wirtschaftsgüter im Sinne des Steuerrechts gelten und damit nicht zum Betriebsvermögen gehören. Deshalb ist der handelsrechtliche Gewinn 180.000,00 EUR höher als der steuerrechtliche Gewinn.

Wegen des um 180.000,00 EUR zu niedrigen steuerrechtlichen Gewinns ist der Steueraufwand im handelsrechtlichen Jahresabschluss um 16 $^2/_3$% (5 % mal angenommener Hebesatz 400 %, dividiert durch 1, halber Hebesatz) Gewerbesteuer sowie um 25 % Körperschaftsteuer zu gering.

Da die aktivierten Aufwendungen für die Ingangsetzung und Erweiterung des Geschäftsbetriebes ab dem Jahr 02 mit jährlich mindestens 25 % abzuschreiben sind, wird sich der in 01 zu niedrige Steueraufwand in den folgenden Geschäftsjahren wieder ausgleichen.

In der Handelsbilanz zum 31. Dez. 01 ist deshalb eine Rückstellung für latente Steuern zu bilden.

Mehrgewinn nach Handelsrecht	180.000,00 EUR	
16 $^2/_3$% Gewerbesteuer	30.000,00 EUR	30.000,00 EUR
	150.000,00 EUR	
25 % Körperschaftsteuer	37.500,00 EUR	37.500,00 EUR
verbleibender Mehrgewinn	112.500,00 EUR	
Rückstellung für latente Steuern		67.500,00 EUR

Buchungssatz:

	Soll/EUR	Haben/EUR
2200/7600 Körperschaftsteuer	37.500,00	
4330/7620 Gewerbesteuer	30.000,00	
an 0969/3060 Rückstellung für latente Steuern		67.500,00

7.2.2 Exkurs: Abgrenzung aktiver latenter Steuern

Werden bei der handelsrechtlichen Gewinnermittlung Aufwendungen früher und/oder Erträge später als bei der steuerrechtlichen Gewinnermittlung berücksichtigt, kommt es tatsächlich zu einer Ertragsteuerbelastung, die höher ist als die, die sich auf der Grundlage des handelsrechtlichen Gewinns ergeben würde (fiktive Ertragsteuerbelastung).

Der sich aus der höheren tatsächlichen Steuerbelastung und der fiktiven Ertragsteuerbelastung ergebende Differenzbetrag stellt die nach Handelsrecht zu viel verrechneten Steuern dar. Diese dürfen als Steueraufwand der Folgejahre behandelt werden. Wird entsprechend verfahren, sind die zu viel verrechneten Steuern aktiv abzugrenzen und als Bilanzierungshilfe in der Bilanz auszuweisen.

Differenzen dieser Art entstehen z. B., wenn

- der derivative Firmenwert, der steuerrechtlich aktiviert werden muss, handelsrechtlich nicht aktiviert wird,
- die Abschreibung des sowohl handels- als auch steuerrechtlich aktivierten Firmenwerts handelsrechtlich mit höheren Abschreibungssätzen erfolgt, als dies steuerrechtlich zulässig ist,
- das steuerrechtlich aktivierungspflichtige Disagio (Damnum) handelsrechtlich nicht aktiviert wird,
- aufgrund des Maßgeblichkeitsprinzips handelsrechtlich höhere Rückstellungen (Wahlrückstellungen) gebildet werden, als dies steuerrechtlich möglich ist,
- die Bewertung von Vorräten handelsrechtlich nach der Lifo-Methode, steuerrechtlich aber nach der Durchschnittswertmethode erfolgt,
- Vermögensgegenstände bei vorübergehender Wertminderung handelsrechtlich auf den niedrigeren Wert abgeschrieben werden (müssen), dies steuerrechtlich aber nicht zulässig ist,
- Rückstellungen für drohende Verluste aus schwebenden Geschäften handelsrechtlich gebildet werden müssen, obwohl dies steuerrechtlich nicht möglich ist,
- Wertaufholungen handelsrechtlich unterbleiben, obwohl sie steuerrechtlich vorgeschrieben sind.

Beispiel:

Der Unternehmer (GmbH) hat in der Handelsbilanz zum 31. Dez. 01 eine Rückstellung nach § 249 Abs. 2 HGB (für Großreparaturen) in Höhe von 108.000,00 EUR passiviert (Wahlrückstellung).

Das Maßgeblichkeitsprinzip bestimmt, dass handelsrechtliche Bilanzierungswahlrechte, die die Passivseite der Bilanz betreffen, für Zwecke der steuerrechtlichen Gewinnermittlung nicht ausgeübt werden dürfen. Das hat zur Folge, dass der steuerrechtliche Gewinn um 108.000,00 EUR höher als der handelsrechtliche Gewinn ist.

Wegen des um 108.000,00 EUR zu hohen steuerrechtlichen Gewinns ist der Steueraufwand im handelsrechtlichen Jahresabschluss um 16 $^{2}/_{3}$% Gewerbesteuer sowie um 25 % Körperschaftsteuer zu hoch.

Da die Rückstellung nach § 249 Abs. 2 HGB bei ihrer Inanspruchnahme aufzulösen ist, wird sich der in 01 zu hohe Steueraufwand in den Folgejahren wieder ausgleichen.

In der Handelsbilanz zum 31. Dez. 01 darf deshalb eine Bilanzierungshilfe für aktive latente Steuern ausgewiesen werden.

Mindergewinn nach Handelsrecht	108.000,00 EUR	
16 $^{2}/_{3}$% Gewerbesteuer	18.000,00 EUR	18.000,00 EUR
	90.000,00 EUR	
25% Körperschaftsteuer	22.500,00 EUR	22.500,00 EUR
verbleibender Mindergewinn	67.500,00 EUR	
Bilanzierungshilfe für aktive latente Steuern		40.500,00 EUR

Buchungssatz:

	Soll/EUR	Haben/EUR
0983/1950 aktive latente Steuern	40.500,00	
an 2200/7600 Körperschaftsteuer		22.500,00
an 4330/7620 Gewerbesteuer		18.000,00

7.3 Exkurs: Ermittlung des Abgrenzungspostens

Die Buchung der latenten Steuern erfolgt im Rahmen des Jahresabschlusses. Zu diesem Zeitpunkt sind - unter Berücksichtigung der aufzulösenden Posten - sowohl die aktiven als auch die passiven latenten Steuern zu ermitteln, zu einer einzigen Position zusammenzufassen und entweder zu aktivieren (Aktivierungswahlrecht) oder zu passivieren (Passivierungspflicht). Dies ergibt sich aus § 274 HGB, der besagt, dass es in einer Bilanz nicht zum gleichzeitigen Ausweis einer Bilanzierungshilfe (für aktive latente Steuern) und einer Rückstellung für latente Steuern kommen kann.

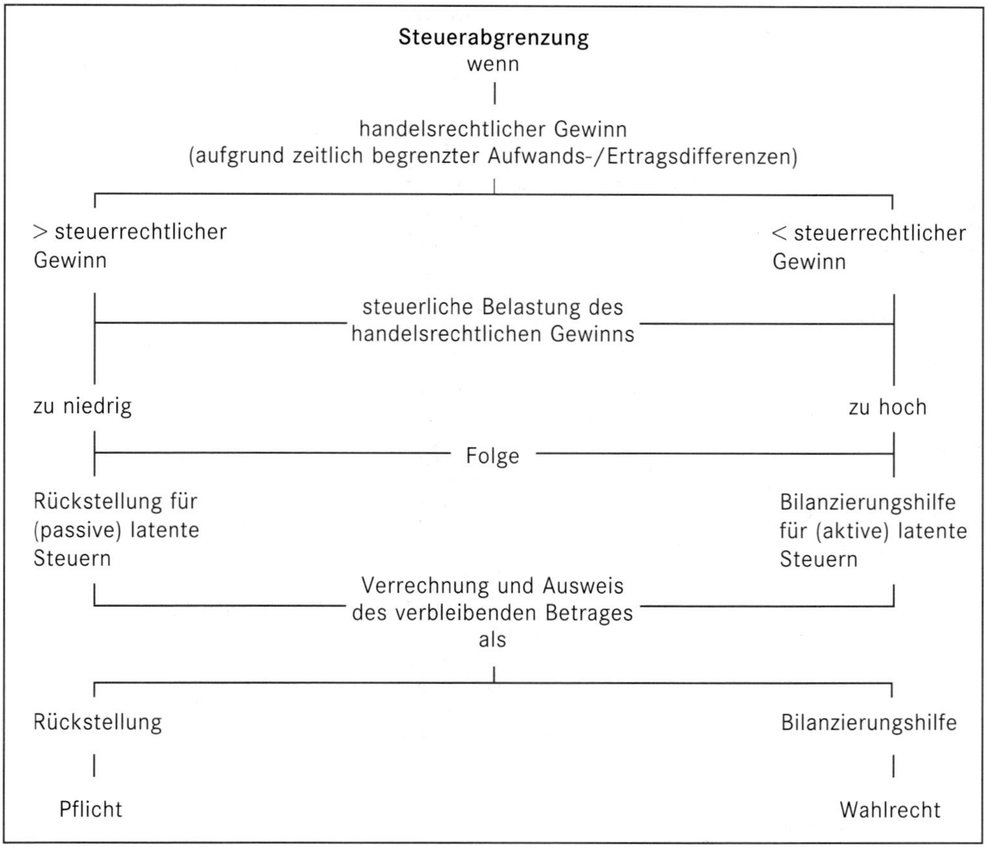

Kontrollaufgaben

1. Wodurch kommt es zur Entstehung latenter Steuern?
2. Wie beeinflussen
   a) aktive,
   b) passive

   Steuerabgrenzungen die Höhe des handelsrechtlichen Erfolgs?
3. Begründen Sie, warum
   a) aktive latente Steuern in der Bilanz ausgewiesen werden dürfen,
   b) passive latente Steuern in der Bilanz ausgewiesen werden müssen.
4. Wie werden gleichzeitig vorliegende aktive und passive latente Steuern in der Bilanz ausgewiesen?

Übungen

1. Im Abschlussjahr 01 bilanzierte Ihr Mandant Aufwendungen für die Ingangsetzung und Erweiterung des Geschäftsbetriebes in Höhe von 90.000,00 EUR, verzichtete aber darauf, den für 150.000,00 EUR erworbenen Firmenwert in der Handelsbilanz auszuweisen.
   a) Ermitteln Sie den Wert des ertragsteuerrechtlichen Ausgleichspostens bei einem Hebesatz von 400 %.
   b) Bilden Sie - falls erforderlich - den Buchungssatz.
2. Aus dem Wirtschaftsjahr 01 ist eine Rückstellung für latente Steuern in Höhe von 90.000,00 EUR vorhanden. Im Wirtschaftsjahr 02 werden die bilanzierten Aufwendungen für die Ingangsetzung und Erweiterung des Geschäftsbetriebes, die sich auf 120.000,00 EUR beliefen, mit 25 % abgeschrieben. Gleichzeitig wird eine Rückstellung für unterlassene Instandhaltungsarbeiten, die erst in der zweiten Hälfte des Wirtschaftsjahres 03 nachgeholt werden, gebildet. Als Aufwand wird ein Betrag in Höhe von 150.000,00 EUR erwartet.
   a) Ermitteln Sie den Wert des ertragsteuerrechtlichen Ausgleichspostens bei einem Hebesatz von 400 %.
   b) Bilden Sie - falls erforderlich - den Buchungssatz.
3. In der Bilanz für das Wirtschaftsjahr 01 wurde eine Bilanzierungshilfe für aktive latente Steuern in Höhe von 50.000,00 EUR ausgewiesen. Im Wirtschaftsjahr 02 wird ein Darlehen aufgenommen, das nach Einbehaltung eines Disagios in Höhe von 60.000,00 EUR ausgezahlt wurde. Das Disagio, das steuerrechtlich linear über 10 Jahre abgeschrieben wird, wird handelsrechtlich nicht aktiviert. Außerdem wird im Wirtschaftsjahr 02 ein aktivierter Firmenwert, der im Vorjahr Aufwendungen in Höhe von 105.000,00 EUR verursacht hat, handelsrechtlich mit 25 %, steuerrechtlich aber nur mit 6 $^2/_3$ % abgeschrieben.
   a) Ermitteln Sie den Wert des ertragsteuerrechtlichen Ausgleichspostens bei einem Hebesatz von 400 %.
   b) Bilden Sie - falls erforderlich - den Buchungssatz.

Hauptabschlussübersicht

Ihr Mandant, ein Großhändler, der seinen Gewinn nach § 5 EStG ermittelt, versteuert seine Umsätze nach vereinbarten Entgelten (USt 16 %).

Erstellen Sie in einer Hauptabschlussübersicht die Bilanz und Gewinn- und Verlustrechnung. Gehen Sie von der vorläufigen Saldenbilanz zum 31. Dez. 02 aus. Berücksichtigen Sie die folgenden noch zu buchenden Angaben.

SKR 03

Kto.-Nr.	Kontenbezeichnung	Vorl. Saldenbilanz	
		Aktiva	Passiva
0085	Grund und Boden	387.400,00	
0090	Geschäftsgebäude	931.000,00	
0320	Fahrzeuge	93.568,00	
0430	Ladeneinrichtung	188.200,00	
0630	Verbindlichkeiten KI		590.000,00
0870	Eigenkapital		769.616,00
0955	Steuerrückstellungen		25.200,00
0970	sonstige Rückst.		12.400,00
0980	aktive RAP/Disagio	5.200,00	
0990	passive RAP		
1000/1200	Geldkonten	53.460,00	
1400	Forderungen LuL	159.326,00	
1500	sonstige VG	4.288,00	
1570	Vorsteuer	15.480,00	
1600	Verbindlichkeiten LuL		239.086,00
1700	sonstige Verb.		9.350,00
1770	USt		29.428,00
1800	Privat	96.000,00	
2100	Zinsaufwendungen	29.500,00	
2140	zinsähnl. Aufw.	1.100,00	
2350	Inst. von Bauten	6.200,00	
2650	Zinserträge		3.460,00
2750	Grundstückserträge		7.700,00
2790	andere sonstige betr. Ertr.		21.920,00
3200	Einkauf von Waren	1.186.360,00	
3980	Warenbestand	122.580,00	
4100	Aufw. Personal	266.250,00	
4200	Raumkosten	124.000,00	
4260	Inst. von BGA	3.400,00	
4320	Gewerbesteuer	35.460,00	
4340	sonstige Steuern	8.186,00	
4360	Versicherungen	32.000,00	
4500	Fahrzeugkosten	32.988,00	
4790	Aufw. für Gewährl.	2.500,00	
4830	Abschr. SA		
4930	Bürobedarf	23.496,00	
4950	Rechts- u. Berk.	10.598,00	
8000	Umsatzerlöse		2.063.780,00
8900	Entnahmen § 3 Abs. 1 b		46.600,00
		3.818.540,00	3.818.540,00

1. Ihr Mandant hat zur Finanzierung des Grundstückserwerbs zum 1. Okt. 02 ein Darlehen aufgenommen:

Darlehenssumme	100.000,00 EUR
– Disagio 6 %	6.000,00 EUR
ausgezahlter Betrag	94.000,00 EUR

Das Darlehen ist jährlich jeweils zum 30. Sep. mit 20.000,00 EUR zu tilgen. Die Zinszahlungen erfolgen halbjährlich nachträglich, erstmals zum 31. Mär. 03. Der Zinssatz für das Darlehen beträgt 9 %.

Bisher wurde lediglich gebucht:

Bank	94.000,00 EUR	
an Verbindlichkeiten KI		94.000,00 EUR

2. Im Dezember 02 wurde mit einer Reparatur des Betriebsgebäudes begonnen. Am 31. Dez. 02 waren bereits 50 % der Arbeiten ausgeführt. Die verbleibenden Arbeiten wurden am 15. Feb. 03 beendet. Am 10. Mär. 03 traf die entsprechende Rechnung ein. Sie lautet auf 25.000,00 EUR zuzüglich 4.000,00 EUR USt.

3. Für die aufgrund der günstigen Gewinnentwicklung zu erwartende Einkommensteuer-Abschlusszahlung 02 hat Ihr Mandant eine Rückstellung in Höhe von 18.000,00 EUR gebildet.

Es wurde gebucht:

Privat	18.000,00 EUR	
an Steuerrückstellungen		18.000,00 EUR

4. Die voraussichtliche Gewerbesteuer-Abschlusszahlung 02 beträgt 1.300,00 EUR.

5. Die für die Betriebshaftpflichtversicherung zu zahlende Prämie in Höhe von 14.400,00 EUR wurde am 30. Nov. 02 für ein Jahr im Voraus vom Bankkonto überwiesen und in voller Höhe als Aufwand gebucht.

6. Laut Vertrag werden Ihrem Mandanten für Wartungsarbeiten an den Büromaschinen monatlich pauschal 150,00 EUR zuzüglich 16 % USt berechnet. Die Rechnung für den Zeitraum 1. Nov. 02 bis 31. Jan. 03 ging erst im Februar 03 ein und wurde am 16. Mär. 03 bezahlt.

7. Einige Räume des Betriebsgebäudes sind als Lagerräume für monatlich 900,00 EUR zuzüglich 144,00 EUR USt vermietet. Im Dezember 02 überwies der Mieter einen Betrag von 3.132,00 EUR als Miete für die Monate Dezember 02 bis Februar 03.

Gebucht wurde im Dezember 02:

Bank	900,00 EUR	
an Grundstückserträge		900,00 EUR

8. Laut Mitteilung des Steuerberaters ist zum 31. Dez. 02 mit folgenden Honoraren zu rechnen: Für

– Jahresabschluss	02 ca.	2.100,00 EUR + USt
– ESt-Erklärung	02 ca.	800,00 EUR + USt
– USt-Erklärung	02 ca.	650,00 EUR + USt
– GewSt-Erklärung	02 ca.	580,00 EUR + USt

9. Am 15. Nov. 01 (Vorjahr) hat Ihr Mandant vom betrieblichen Bankkonto folgende Beträge überweisen lassen:

   a) die Prämie in Höhe von 1.800,00 EUR zur betrieblichen Gebäudeversicherung für die Zeit vom 1. Dez. 01 bis zum 30. Nov. 02,

   b) die Prämie in Höhe von 2.400,00 EUR zur betrieblichen Kfz-Versicherung für die Zeit vom 1. Nov. 01 bis zum 31. Okt. 02.

Die beiden Vorgänge wurden im Abschluss 01 richtig behandelt. Für 02 erfolgte – außer der Eröffnungsbuchung zum 1. Jan. 02 – bisher keine Buchung.

10. Aus der Statistik ergibt sich, dass in den letzten Jahren nachträglich Garantieleistungen in Höhe von 1 % des Umsatzes erbracht werden mussten. Die noch vorhandene entsprechende Rückstellung aus dem Jahr 01 beläuft sich auf 1.200,00 EUR.
11. Es sind folgende Abschreibungen vorzunehmen:
    a) auf Gebäude 40.000,00 EUR,
    b) auf Fahrzeuge 24.400,00 EUR,
    c) auf Ladeneinrichtung 56.460,00 EUR.
12. Das Privatkonto ist abzuschließen.
13. Die USt-Konten sind abzuschließen.
14. Der Abschluss der Warenkonten ist vorzunehmen. Dabei ist zum 31. Dez. 02 ein Warenbestand lt. Inventur in Höhe von 108.000,00 EUR zu berücksichtigen.
15. Zeigen Sie, wie sich die Geschäftsvorfälle 1 bis 11 und 14
    a) auf den Erfolg,
    b) auf die Bilanzsumme

    auswirken.
16. Berechnen Sie auch die Höhe des steuerrechtlichen Erfolgs.

SKR 04

Kto.-Nr.	Kontenbezeichnung	Vorl. Saldenbilanz	
		Aktiva	Passiva
0235	Grund und Boden	387.400,00	
0240	Geschäftsgebäude	931.000,00	
0520	Fahrzeuge	93.568,00	
0640	Ladeneinrichtung	188.200,00	
1140	Warenbestand	122.580,00	
1200	Forderungen LuL	159.326,00	
1300	sonstige VG	4.288,00	
1400	Vorsteuer	15.480,00	
1600/1800	Geldkonten	53.460,00	
1900	aktive RAP/Disagio	5.200,00	
2000	Eigenkapital		769.616,00
2100	Privat	96.000,00	
3020	Steuerrückstellungen		25.200,00
3070	sonstige Rückst.		12.400,00
3150	Verbindlichkeiten KI		590.000,00
3300	Verbindlichkeiten LuL		239.086,00
3500	sonstige Verb.		9.350,00
3800	USt		29.428,00
3900	passive RAP		
4000	Umsatzerlöse		2.063.780,00
4600	Entnahmen § 3 Abs. 1 b		46.600,00
4860	Grundstückserträge		7.700,00
4900	andere sonstige betr. Ertr.		21.920,00
5200	Einkauf von Waren	1.186.360,00	
6000	Aufw. Personal	266.250,00	
6220	Abschr. SA		
6305	Raumkosten	124.000,00	
6400	Versicherungen	32.000,00	
6450	Inst. von Bauten	6.200,00	

6470	Inst. von BGA	3.400,00	
6500	Fahrzeugkosten	32.988,00	
6790	Aufw. für Gewährl.	2.500,00	
6815	Bürobedarf	23.496,00	
6825	Rechts- u. Berk.	10.598,00	
7100	Zinserträge		3.460,00
7300	Zinsaufwendungen	29.500,00	
7330	zinsähnl. Aufw.	1.100,00	
7620	Gewerbesteuer	35.460,00	
7650	sonstige Steuern	8.186,00	
		3.818.540,00	3.818.540,00

8 Sonderposten mit Rücklageanteil

Bilanzposten, die gleichzeitig (in einer Summe) sowohl Eigen- als auch Fremdkapitalbestandteile offen ausweisen, werden als Sonderposten mit Rücklageanteil bezeichnet. Bei den in diesen Posten ausgewiesenen Beträgen handelt es sich um Gewinne, die aufgrund nur steuerrechtlicher Vorschriften (umgekehrte Maßgeblichkeit) noch nicht versteuert sind. In Höhe der künftigen Steuerzahllast (für Einkommen-/Körperschaftsteuer und Gewerbesteuer) stellen sie Fremdkapital, in Höhe des Restbetrages Eigenkapital dar.

Sonderposten mit Rücklageanteil werden vor allem gebildet, um Steuerzahlungen auf einen späteren Zeitpunkt zu verschieben. Bei Einzelunternehmen und Personengesellschaften kann die Bildung von Sonderposten mit Rücklageanteil aber auch, bedingt durch die Steuerprogression, zu niedrigeren Steuerzahlungen führen.

8.1 Sonderposten zur Übertragung stiller Reserven

Solange ein Unternehmen fortgeführt wird, hat die Bewertung der Vermögensgegenstände und Schulden nach § 253 HGB zu erfolgen.

Die Posten des Anlage- und Umlaufvermögens sind danach höchstens mit den Anschaffungs-/Herstellungskosten bzw. den um planmäßige und bestimmte außerplanmäßige Abschreibungen verminderten Anschaffungs-/Herstellungskosten zu bewerten. Weil das Niederstwertprinzip gilt, sind diese Wertansätze auch dann zu wählen, wenn die tatsächlichen Werte dieser Vermögensgegenstände höher als die ermittelten Buchwerte sind.

Der Differenzbetrag zwischen dem realisierbaren (höheren) Wert und dem ermittelten Buchwert wird als stille Reserve (stille Rücklage) bezeichnet. Still deshalb, weil dieser Betrag aus der Bilanz nicht ersichtlich ist.

Stille Reserven entstehen zwangsläufig durch Preissteigerungen bei den Vermögensgegenständen.

Beispiel:

Der Unternehmer erwarb im Jahr 01 ein unbebautes Grundstück für 10.000,00 EUR. Zum Ende des Jahres 08 ist der Wert auf 50.000,00 EUR gestiegen.

Das Grundstück ist mit 10.000,00 EUR zu bewerten, weil die Anschaffungskosten als höchstmöglicher Wertansatz gelten.

Stille Reserven entstehen aber auch dann, wenn der Unternehmer Abschreibungen vornimmt, die über den Wertverlust der Vermögensgegenstände hinausgehen.

Beispiel:

Ein PKW mit Anschaffungskosten in Höhe von 42.000,00 EUR wurde zum Beginn des Jahres 01 erworben. Er hat eine betriebsgewöhnliche Nutzungsdauer von 5 Jahren und wird linear abgeschrieben.

Obwohl der Buchwert des PKW am Ende der betriebsgewöhnlichen Nutzungsdauer 0,00 EUR beträgt, kann davon ausgegangen werden, dass noch ein Restwert vorhanden ist.

Auch bei der Bewertung der Schuldposten kann es zur Bildung stiller Reserven kommen. Weil das Höchstwertprinzip gilt, geschieht dies zwangsläufig, wenn aufgrund unsicherer Erwartungen zum Bilanzstichtag höhere als die später tatsächlich zu begleichenden Schulden angesetzt werden müssen. Stille Reserven sind deshalb vor allem in Valutaverbindlichkeiten und in Rückstellungen enthalten.

Zur Auflösung stiller Reserven und damit zu einer Erfolgserhöhung kommt es grundsätzlich dann, wenn die Vermögensgegenstände aus dem Betriebsvermögen ausscheiden, Valutaverbindlichkeiten beglichen und Rückstellungen aufgelöst werden.

Kontrollaufgaben

1. Wodurch entstehen stille Rücklagen (stille Reserven)?
2. Nennen Sie Bilanzposten, die stille Rücklagen enthalten können.
3. Ist es möglich, mit Hilfe der Bilanz die Höhe der stillen Rücklagen zu bestimmen?
4. Wann kommt es grundsätzlich zur Auflösung stiller Rücklagen?
5. Wie beeinflusst die Auflösung stiller Rücklagen die Höhe des Unternehmenserfolgs?

8.1.1 Rücklage für Ersatzbeschaffung

Scheidet ein Wirtschaftsgut

- infolge höherer Gewalt (z. B. Brand, Sturm, Überschwemmung, Diebstahl) oder
- infolge oder zur Vermeidung eines behördlichen Eingriffs (z. B. drohende Enteignung, Bauverbot, Inanspruchnahme für Verteidigungszwecke)
- gegen eine Entschädigung, die höher als der Buchwert des ausscheidenden Wirtschaftsguts ist, aus dem Betriebsvermögen aus,

darf die aufgelöste stille Reserve zur Vermeidung eines höheren Gewinnausweises auf ein Ersatzwirtschaftsgut übertragen werden, wenn innerhalb einer bestimmten Frist eine Ersatzbeschaffung erfolgt (R 35 EStR).

Als Entschädigung gilt nur der Betrag, der für das ausgeschiedene Wirtschaftsgut selbst vergütet wird. Erstattete Beträge, die zwar mit dem Ausscheiden des Wirtschaftsguts zusammenhängen, aber nicht für dieses selbst gezahlt werden (z. B. Aufräumungskosten, entgangener Gewinn), gelten nicht als Entschädigung für das ausgeschiedene Wirtschaftsgut.

Ein Ersatzwirtschaftsgut liegt nur vor, wenn das neu angeschaffte oder hergestellte Wirtschaftsgut wirtschaftlich dieselbe oder eine gleichartige Aufgabe wie das ausgeschiedene Wirtschaftsgut erfüllt.

Beispiel:

Scheidet ein LKW infolge höherer Gewalt gegen eine über dem Buchwert liegende Entschädigung aus, kann die aufgedeckte stille Reserve nicht mit den Anschaffungskosten eines neuen betrieblichen PKW verrechnet werden.

Durch die erfolgsneutrale Behandlung aufgedeckter stiller Reserven soll sichergestellt werden, dass dem Unternehmer die Mittel für die Anschaffung/Herstellung von Ersatzwirtschaftsgütern zur Verfügung stehen. Schafft er z. B. für ein ausgeschiedenes ein neues Grundstück an, ist damit zu rechnen, dass der Preis für dieses Ersatzwirtschaftsgut ungefähr der Entschädigung, keinesfalls aber dem Buchwert des ausgeschiedenen Grundstücks entspricht.

Nimmt der Unternehmer in dem Wirtschaftsjahr, in dem das Wirtschaftsgut aus dem Betriebsvermögen ausscheidet, eine Ersatzbeschaffung vor, hat er die Möglichkeit die stille Reserve auf das Ersatzwirtschaftsgut zu übertragen.

Wird das Ersatzwirtschaftsgut erst später beschafft, besteht die Möglichkeit, die aufgelöste stille Reserve zunächst in den Sonderposten mit Rücklageanteil (Rücklage für Ersatzbeschaffung) einzustellen. Geschieht dies, ist der Sonderposten im Zeitunkt der Ersatzbeschaffung aufzulösen und mit den Anschaffungs- oder Herstellungskosten des Ersatzwirtschaftsguts zu verrechnen.

Da nach § 246 HGB die gesonderte Erfassung sämtlicher Aufwendungen und Erträge vorgeschrieben ist, kann die Buchung der Ersatzbeschaffungen und die Übertragung der stillen Reserven unabhängig davon, ob die Ersatzbeschaffung bis zum Bilanzstichtag oder erst danach erfolgt, in gleicher Weise vorgenommen werden.

Die AfA auf das Ersatzwirtschaftsgut ist in beiden Fällen nicht von den tatsächlichen AK/HK vorzunehmen. Berechnungsgrundlage ist vielmehr der um die übertragenen stillen Reserven gekürzte Betrag (§ 6 Abs. 1 Ziff. 1 S. 1 EStG).

Beispiel:

Eine computergesteuerte Maschine wird infolge eines Wassereinbruchs am 20. Nov. 01 völlig unbrauchbar. Ihr Buchwert zum Zeitpunkt der Zerstörung (ermittelt unter Berücksichtigung der zeitanteiligen planmäßigen Abschreibung) beträgt 720.000,00 EUR. Weil die Maschine versichert und der Schadensfall eindeutig ist, überweist die Versicherung bereits am 24. Nov. 01 die Entschädigung in Höhe von 850.000,00 EUR.

Buchungssätze:

	Soll/EUR	Haben/EUR
4840/6230 außerplanm. Abschr. SA	720.000,00	
an 0210/0440 Maschinen		720.000,00
1200/1800 Bank	850.000,00	
an 2700/4830 sonst. betr. Erträge		850.000,00
(an 2790/4970 Versicherungsentschädigungen)		

Eine Ersatzmaschine wurde sofort bestellt. Sie ist aber bis zum 31. Dez. 01 (Abschlussstichtag) noch nicht geliefert worden. Die aufgedeckte stille Reserve soll auf das Ersatzwirtschaftsgut übertragen werden.

Buchungssatz:

	Soll/EUR	Haben/EUR
2340/6927 Einstellungen in Sonderposten mit Rücklageanteil	130.000,00	
an 0930/2980 Sonderposten mit Rücklageanteil		130.000,00

Die Ersatzmaschine wird am 28. Jan. 02 geliefert. Der Rechnungsbetrag lautet auf 900.000,00 EUR zuzüglich 144.000,00 EUR USt.

Buchungssatz:

	Soll/EUR	Haben/EUR
0210/0440 Maschinen	900.000,00	
1570/1400 Vorsteuer	144.000,00	
an 1600/3300 Verbindlichkeiten LuL		1.044.000,00

Die Rücklage für Ersatzbeschaffung wird mit den Anschaffungskosten der Ersatzmaschine verrechnet.

Buchungsmöglichkeit 1:

	Soll/EUR	Haben/EUR
0930/2980 Sonderp. mit Rücklageanteil	130.000,00	
an 0210/0440 Maschinen		130.000,00

Buchungsmöglichkeit 2:[1]

	Soll/EUR	Haben/EUR
0930/2980 Sonderp. mit Rücklageanteil	130.000,00	
an 2740/4935 Erträge aus der Auflösung von Sonderp. mit Rücklageanteil		130.000,00
4840/6230 außerplanm. Abschr. auf SA	130.000,00	
an 0210/0440 Maschinen		130.000,00

Die planmäßige Abschreibung der Ersatzmaschine zum 31. Dez. 02 erfolgt degressiv mit 30%.

Buchungssatz:

	Soll/EUR	Haben/EUR
4830/6220 Abschreibungen auf SA	231.000,00	
an 0210/0440 Maschinen		231.000,00

1 Diese Buchung ist sinnvoll, wenn ein Anlagenspiegel zu erstellen ist.

Der Sonderposten mit Rücklageanteil ist erfolgswirksam aufzulösen, wenn die Anschaffung des Ersatzwirtschaftsguts nicht ernstlich geplant oder zu erwarten ist. Bei beweglichen Wirtschaftsgütern wird dies unterstellt, wenn die Beschaffung des Ersatzwirtschaftsguts nicht bis zum Schluss des ersten, bei Grundstücken und Gebäuden, wenn sie nicht bis zum Schluss des zweiten Wirtschaftsjahres, das der Bildung des Sonderpostens folgt, durchgeführt wird. Diese Fristen können im Einzelfall verlängert werden. Dies ist z. B. der Fall, wenn das Ersatzwirtschaftsgut bereits bestellt, aber aus besonderen Gründen, z. B. aufgrund von Lieferschwierigkeiten, noch nicht geliefert worden ist.

Beispiel:

Zum Ende des Jahres 02 steht fest, dass eine im Jahr 01 geplante Ersatzbeschaffung nicht erfolgt. Die entsprechende Rücklage für Ersatzbeschaffung in Höhe von 40.000,00 EUR ist deshalb aufzulösen.

Buchungssatz:

	Soll/EUR	Haben/EUR
0930/2980 Sonderp. mit Rücklageanteil an 2740/4935 Erträge aus der Auflösung von Sonderp. mit Rücklageanteil	40.000,00	 40.000,00

Sind die Anschaffungs-/Herstellungskosten des Ersatzwirtschaftsguts niedriger als die Entschädigung bzw. die Gegenleistung für das ausgeschiedene Wirtschaftsgut, darf der im Sonderposten mit Rücklageanteil erfasste Betrag nur anteilig mit den Anschaffungs-/Herstellungskosten des Ersatzwirtschaftsguts verrechnet werden. Der übertragbare Teil berechnet sich nach folgender Formel (H 35 Abs. 5 EStR):

$$\frac{\text{Rücklage für Ersatzbeschaffung} \cdot \text{Anschaffungskosten}}{\text{Entschädigung bzw. Gegenleistung}}$$

Beispiel:

Weil eine EDV-Anlage im Jahr 01 infolge höherer Gewalt zerstört wurde, leistete die Versicherung eine Entschädigung in Höhe von 210.000,00 EUR. Zum Zeitpunkt der Zerstörung hatte die Anlage einen Buchwert in Höhe von 180.000,00 EUR. Da eine Ersatzbeschaffung geplant war, wurde zum 31. Dez. 01 eine Rücklage für Ersatzbeschaffung gebildet.

Die neue EDV-Anlage wird am 15. Apr. 02 geliefert. Der Rechnungsbetrag beläuft sich auf 168.000,00 EUR zuzüglich 26.880,00 EUR USt.

Da die Anschaffungskosten der neuen Anlage niedriger als die Versicherungsentschädigung sind, kann die Rücklage für Ersatzbeschaffung nur teilweise, d. h. in Höhe von 24.000,00 EUR, mit den Anschaffungskosten verrechnet werden.

Buchungssätze:

	Soll/EUR	Haben/EUR
0420/0650 Büroeinrichtung 1570/1400 Vorsteuer an 1600/3300 Verbindlichkeiten LuL	168.000,00 26.880,00	 194.880,00
0930/2980 Sonderp. mit Rücklageanteil an 0420/0650 Büroeinrichtung an 2740/4935 Erträge aus der Auflösung von Sonderp. mit Rücklageanteil	30.000,00	 24.000,00 6.000,00

Die Übertragung von stillen Reserven auf Ersatzwirtschaftsgüter ist beim abnutzbaren Anlagevermögen, beim nicht abnutzbaren Anlagevermögen und auch beim Umlaufvermögen möglich.

Beim abnutzbaren Anlagevermögen kommt es während der Nutzungsdauer zu niedrigeren Abschreibungsbeträgen und damit zu höheren Gewinnen. Die stille Reserve wird durch Verrechnung dieser niedrigeren Abschreibungsbeträge nach und nach aufgelöst.

Beim nicht abnutzbaren Anlagevermögen und beim Umlaufvermögen führt die Übertragung der stillen Reserven zu einem niedrigeren Buchwert. Zu einer Auflösung dieser stillen Reserven, d. h. zu einer Gewinnerhöhung, kommt es aber erst dann, wenn das Ersatzwirtschaftsgut veräußert bzw. entnommen wird.

Rücklage für Ersatzbeschaffung (R 35 EStR)

Bildung möglich, wenn

Wirtschaftsgut infolge - höherer Gewalt (Unfall, Diebstahl, Brand, Unwetter) oder - eines behördlichen Eingriffs (Enteignung, Beschlagnahme für Verteidigungszwecke) aus dem Betriebsvermögen ausscheidet	und	Entschädigung von dritter Seite (Versicherung, Gemeinde, Land) > Buchwert des Wirtschaftsguts	und	Ersatzbeschaffung geplant, aber bis zum Bilanzstichtag noch nicht erfolgt

Höhe der Rücklage

Entschädigung abzüglich Buchwert

Behandlung der Rücklage für Ersatzbeschaffung

Übertragung auf Ersatzwirtschaftsgut

- in voller Höhe, wenn AK/HK des Ersatzwirtschaftsguts > oder = Entschädigung
- anteilig, wenn AK/HK des Ersatzwirtschaftsguts < Entschädigung

  Berechnung:

  $$\frac{\text{RfE} \cdot \text{AK/HK}}{\text{Entschädigung}}$$

Auflösung

bei beweglichem Anlagevermögen spätestens am Ende des ersten, bei unbeweglichem Anlagevermögen spätestens am Ende des zweiten Wj, das dem Wj der Bildung folgt

- in voller Höhe bei Verzicht auf Ersatz-WG
- teilweise, wenn AK/HK des Ersatz-WG < Entschädigung

Kontrollaufgaben

1. Wann ist es möglich, eine Rücklage für Ersatzbeschaffung zu bilden?
2. Innerhalb welcher Frist kann eine Rücklage für Ersatzbeschaffung mit den Anschaffungs-/Herstellungskosten eines Ersatzwirtschaftsguts verrechnet werden?
3. Was ist zu beachten, wenn die Anschaffungs-/Herstellungskosten eines Ersatzwirtschaftsguts niedriger als der Erlös für das ausgeschiedene Wirtschaftsgut sind?
4. Wie ist die Höhe der AfA zu berechnen, wenn die Rücklage für Ersatzbeschaffung mit den Anschaffungs-/Herstellungskosten des Ersatzwirtschaftsguts verrechnet worden ist?

Übungen

1. Eine Maschine, die linear mit 10% abgeschrieben wird, ist am 3. Jan. 01 für 100.000,00 EUR zuzüglich 16.000,00 EUR USt angeschafft worden. Sie wird am 31. Dez. 01 völlig zerstört. Die Versicherung erkennt den Schaden noch am selben Tag an und erklärt sich bereit, eine Entschädigung von 110.000,00 EUR zu zahlen.

   Am 22. Jan. 02 erwirbt Ihr Mandant eine Ersatzmaschine für 120.000,00 EUR zuzüglich 19.200,00 EUR USt. Der Rechnungsausgleich erfolgt am 30. Jan. 02 durch Banküberweisung.

   Wie lauten die Buchungssätze für die Jahre 01 und 02, wenn der Gewinnausweis für 01 so niedrig wie möglich erfolgen soll und auch die neue Maschine linear über 10 Jahre abzuschreiben ist?
2. Der Buchwert einer Fräsmaschine, die eine betriebsgewöhnliche Nutzungsdauer von 8 Jahren hat, beträgt zum 31. Dez. 04 300.000,00 EUR. Diese Maschine wird linear mit 75.000,00 EUR pro Jahr abgeschrieben.

   Am 3. Apr. 05 wird die Maschine durch einen Brand völlig vernichtet.

   Die Maschine ist mit 500.000,00 EUR versichert. Die Versicherung erkennt den Schaden am 2. Mai 05 in voller Höhe an.

   Am 20. Jan. 06 wird eine neue Maschine auf Ziel gekauft. Die Anschaffungskosten betragen 600.000,00 EUR zuzüglich 96.000,00 EUR USt.

   Buchen Sie den gesamten Vorgang. Beachten Sie dabei, dass Ihr Mandant den Gewinn zum 31. Dez. 05 möglichst niedrig ausweisen möchte.
3. Infolge höherer Gewalt wurde ein Betriebs-PKW am 20. Dez. 02 total zerstört. Die Versicherungsleistung für den PKW, der zum Zeitpunkt der Zerstörung einen Buchwert von 6.000,00 EUR hatte, betrug 8.000,00 EUR. Sie wurde am 30. Dez. 02 dem betrieblichen Bankkonto gutgeschrieben.

   Gebucht wurde:

Bank	8.000,00 EUR	
an Fahrzeuge		8.000,00 EUR

   Wie ist zum 31. Dez. 02 zu buchen, wenn der Gewinn Ihres Mandanten für das Jahr 02 möglichst niedrig ausgewiesen werden soll und ein Neukauf geplant ist?
4. Eine Maschine, die im März 01 für 100.000,00 EUR (netto) angeschafft wurde, hat eine betriebsgewöhnliche Nutzungsdauer von 8 Jahren und wird linear abgeschrieben. Infolge höherer Gewalt wird sie am 2. Mär. 04 völlig unbrauchbar.

   Da die Maschine in Höhe der Anschaffungskosten versichert war und die Sachlage eindeutig ist, erkennt die Versicherung den Schaden am 25. Mär. 04 an. Daraufhin wird am 29. Mär. 04 eine neue Maschine bestellt, die jedoch eine Lieferzeit von 12 Monaten hat.

   Am 10. Apr. 04 überweist die Versicherung 100.000,00 EUR auf das betriebliche Bankkonto.

Pünktlich am 29. Mär. 05 wird die neue Maschine mit Anschaffungskosten von 120.000,00 EUR zuzüglich 19.200,00 EUR USt geliefert. Der Rechnungsausgleich erfolgt am 5. Apr. 05 durch Banküberweisung nach Abzug von 2% Skonto.

Bilden Sie alle Buchungssätze für das Jahr 04 sowie zum 29. Mär. und 5. Apr. 05. Beachten Sie, dass Ihr Mandant zum 31. Dez. 04 einen möglichst niedrigen Gewinn ausweisen möchte.

5. Ein PKW (Buchwert 8.000,00 EUR) Ihres Mandanten wurde bei einem Unwetter am 12. Okt. 01 völlig unbrauchbar. Die Versicherung überwies daraufhin am 10. Nov. 01 einen Betrag von 10.500,00 EUR.

   Es wurde gebucht:

Bank	10.500,00 EUR	
an Fahrzeuge		10.500,00 EUR

   a) Zum 31. Dez. 01 wird eine Rücklage für Ersatzbeschaffung gebildet, da die Absicht besteht, im Jahr 02 einen Ersatzwagen zu kaufen.
   b) Im Jahr 02 wird auf den Kauf des neuen PKW verzichtet und stattdessen am 12. Jun. 02 eine neue Maschine mit Anschaffungskosten von 20.000,00 EUR zuzüglich 3.200,00 EUR USt erworben.

   Bilden Sie die Buchungssätze.

6. Durch höhere Gewalt wurde der betriebliche LKW am 2. Okt. 03 völlig unbrauchbar.

   Zum 1. Jan. 03 hatte der LKW einen Buchwert von 144.000,00 EUR. Er wird linear mit 36.000,00 EUR pro Jahr abgeschrieben. Sein Schrottwert am 2. Okt. 03 beträgt 4.000,00 EUR.

   Der LKW ist mit 180.000,00 EUR versichert. Mit Schreiben vom 30. Okt. 03 erkennt die Versicherung den Schaden in voller Höhe an.

   Den schrottreifen LKW verkauft Ihr Mandant am 2. Nov. 03 für 6.000,00 EUR zuzüglich 16% USt an eine Autoverwertungs-GmbH.

   Am 5. Nov. 03 wird der dringend benötigte neue LKW bestellt.

   Die Gutschriftsanzeige der Bank für den Versicherungsschaden in Höhe von 176.000,00 EUR geht am 5. Jan. 04 ein.

   Am 7. Jan. 04 wird der neue LKW geliefert. Die Anschaffungskosten betragen 190.000,00 EUR zuzüglich 30.400,00 EUR USt. Der Rechnungsausgleich erfolgt am 20. Jan. 04 durch Banküberweisung.

   Bilden Sie sämtliche Buchungssätze für die Jahre 03 und 04. Weisen Sie den Gewinn des Jahres 03 so niedrig wie möglich aus.

7. Eine Maschine mit Anschaffungskosten von 350.000,00 EUR wird degressiv mit 30% abgeschrieben. Ihr Buchwert zum 31. Dez. 02 beträgt 171.500,00 EUR.

   Am 1. Aug. 03 wird sie durch einen Brand völlig zerstört. Die sofort benachrichtigte Versicherungsgesellschaft überweist daraufhin am 10. Aug. 03 280.000,00 EUR zur Schadensregulierung.

   Am 20. Sep. 03 bestellt Ihr Mandant eine Ersatzmaschine, die am 15. Feb. 04 geliefert wird. Der gleichzeitig eingehenden Rechnung ist ein Nettobetrag von 250.000,00 EUR zuzüglich 40.000,00 EUR USt zu entnehmen. Der Rechnungsausgleich erfolgt am 22. Feb. 04 nach Abzug von 3 % Skonto durch Banküberweisung.

   Buchen Sie den gesamten Vorgang. Gehen Sie davon aus, dass der Gewinn des Jahres 03 so niedrig wie möglich ausgewiesen werden soll.

8. Am 25. Sep. 03 wurde eine Maschine mit Anschaffungskosten von 60.000,00 EUR infolge einer Überschwemmung völlig unbrauchbar. Ihr Buchwert zu diesem Zeitpunkt betrug 22.785,00 EUR.

   Nach Gutschrift der Versicherungsleistung von 45.000,00 EUR auf dem betrieblichen Bankkonto wurde am 20. Okt. 03 eine Ersatzmaschine für 72.000,00 EUR zuzüglich 11.520,00 EUR USt gekauft.

Ihr Mandant hat bisher wie folgt gebucht:

Bank	45.000,00 EUR	
an Maschinen		45.000,00 EUR
Maschinen	72.000,00 EUR	
Vorsteuer	11.520,00 EUR	
an Verbindlichkeiten LuL		83.520,00 EUR

Die Ersatzmaschine hat eine betriebsgewöhnliche Nutzungsdauer von 8 Jahren.

Welche Buchungen sind spätestens zum 31. Dez. 03 vorzunehmen, wenn der Bilanzansatz für diese Maschine so niedrig wie möglich sein soll? (Die Voraussetzungen für die Sonderabschreibung nach § 7 g EStG liegen nicht vor.)

9. Eine EDV-Anlage, die in der Bilanz Ihres Mandanten zum 31. Dez. 01 einen Buchwert von 64.000,00 EUR hatte, wurde am 5. Sep. 02 infolge einer Überschwemmung der Büroräume völlig unbrauchbar. Die Versicherung erkannte den Schaden am 27. Sep. 02 in voller Höhe an und überwies am 15. Okt. 02 90.000,00 EUR auf das Bankkonto.

Welche Buchungssätze sind zu bilden, wenn

- die Abschreibung der EDV-Anlage linear mit 32.000,00 EUR erfolgt,
- eine Ersatzanlage am 1. Nov. 02 bestellt wird,
- die neue Anlage am 10. Jan. 03 nebst Rechnung über 130.000,00 EUR zuzüglich 20.800,00 EUR USt eintrifft und
- der Gewinn des Jahres 02 durch diesen Vorgang nicht mehr als notwendig beeinflusst werden soll?

10. Ein ordnungsgemäß abgestellter Reisebus, den Ihr Mandant am 2. Jan. 01 für 360.000,00 EUR zuzüglich USt erworben hat, wird am 7. Apr. 01 durch Demonstranten total zerstört. Der in Höhe der Anschaffungskosten versicherte Bus wird jährlich mit 40.000,00 EUR abgeschrieben und soll durch einen neuen Reisebus ersetzt werden. Die Bestellung erfolgt bereits am 10. Mai 01.

Mit Schreiben vom 2. Mai 01 erkennt die Versicherung den Schaden in voller Höhe an. Als Anlage ist dem Schreiben ein Verrechnungsscheck über 360.000,00 EUR beigefügt.

Am 15. Jan. 02 wird der neue Reisebus geliefert. Weil der Hersteller einen Rabatt von 20% gewährte, lautet der Rechnungsbetrag lediglich auf 288.000,00 EUR zuzüglich 46.080,00 EUR USt.

Erstellen Sie alle Buchungen für die Jahre 01 und 02. Unterstellen Sie dabei, dass der Gewinnausweis Ihres Mandanten möglichst niedrig sein soll.

11. Eine am 5. Jan. 01 für 120.000,00 EUR zuzüglich 19.200,00 EUR USt angeschaffte Maschine wird infolge einer Explosion am 20. Sep. 02 völlig zerstört. Die Versicherung erkennt den Schaden sofort an. Sie erklärt sich bereit, Ihrem Mandanten, entsprechend den Vertragsbedingungen, als Entschädigung 100.000,00 EUR zu überweisen.

Am 5. Okt. 02 wird die Ersatzmaschine geliefert. Mit der gleichzeitig eintreffenden Rechnung verlangt der Lieferer einen Betrag von 110.000,00 EUR zuzüglich 17.600,00 EUR USt, der bei einem Rechnungsausgleich innerhalb von 10 Tagen um 3% Skonto gekürzt werden darf.

Bilden Sie die Buchungssätze für den gesamten Vorgang. Gehen Sie davon aus, dass die betriebsgewöhnliche Nutzungsdauer der Maschinen 10 Jahre beträgt, die AfA linear erfolgt, der Rechnungsausgleich nach 9 Tagen durch Banküberweisung erfolgt und der Gewinnausweis Ihres Mandanten für 02 möglichst niedrig sein soll.

12. Infolge Hochwassers werden die in Kellerräumen gelagerten Waren Ihres Mandanten am 17. Nov. 01 völlig unbrauchbar. Mit Schreiben vom 20. Nov. 01 erkennt die Versicherung den Schaden an. Obwohl der Buchwert des Warenbestandes nur 100.000,00 EUR beträgt, erklärt sie sich bereit, eine Entschädigung von 120.000,00 EUR zu zahlen.

Am 1. Dez. 01 werden neue Waren eingekauft, wegen der fortgeschrittenen Wintersaison allerdings nur für 70.000,00 EUR zuzüglich 11.200,00 EUR USt. Weitere Einkäufe für die Frühjahr-/ Sommersaison sind geplant.

Welche Buchungen sind bis zum 31. Dez. 01 vorzunehmen, wenn eine Rücklage für Ersatzbeschaffung gebildet werden soll?

13. Ein Betriebsgebäude, das 1977 errichtet und lt. Anlagenverzeichnis mit einem Grundstücksanteil von 20.000,00 EUR sowie einem Gebäudeanteil von 120.000,00 EUR in der Bilanz zum 31. Dez. 01 berücksichtigt worden ist, wird am 3. Sep. 02 infolge einer Stadtkernsanierung durch die Gemeinde enteignet.

Am 2. Okt. 02 geht als Entschädigung ein Gesamtbetrag von 260.000,00 EUR auf dem Bankkonto Ihres Mandanten ein. Nach Mitteilung der Stadtverwaltung sind 75.000,00 EUR als Ersatz für das Grundstück, der Rest als Ersatz für das Gebäude anzusehen.

Mit notariellem Vertrag vom 25. Feb. 03 wird als Ersatz ein Betriebsgebäude mit einem Grundstücksanteil von 90.000,00 EUR und einem Gebäudeanteil von 250.000,00 EUR erworben (AfA 2 %).

Bilden Sie sämtliche Buchungssätze für die Jahre 02 und 03. Gehen Sie davon aus, dass die zum 31. Dez. 02 zu bildende Rücklage für Ersatzbeschaffung mit den Anschaffungskosten des neuen Betriebsgebäudes zu verrechnen ist und die Jahres-AfA für das alte Gebäude 2.400,00 EUR beträgt.

14. Infolge eines Blitzeinschlags wurde eine Maschine Ihres Mandanten am 1. Jun. 05 völlig unbrauchbar. Die Anschaffungskosten der Maschine betrugen am 2. Jan. 01 92.000,00 EUR. Da die betriebsgewöhnliche Nutzungsdauer der Maschine 8 Jahre beträgt und die Abschreibung linear erfolgt, wurde ihr Buchwert zum 31. Dez. 04 mit 46.000,00 EUR ermittelt.

Zum Ausgleich des Schadensfalles überweist die Maschinenversicherung am 10. Jun. 05 eine Summe von 50.000,00 EUR. Gleichzeitig wird die Maschine durch Ihren Mandanten für 650,00 EUR zuzüglich 108,00 EUR USt bar an einen Schrotthändler verkauft.

Da der Maschinenhersteller gleichartige Maschinen auf Lager hat, erfolgt die Lieferung der Ersatzmaschine, die ebenfalls eine betriebsgewöhnliche Nutzungsdauer von 8 Jahren hat, schon am 30. Jun. 05. Der Rechnung sind u. a. der Nettopreis von 105.000,00 EUR und die USt mit 16.800,00 EUR zu entnehmen. Den Zahlungsbedingungen entsprechend, begleicht Ihr Mandant den Rechnungsbetrag nach Abzug von 2 % Skonto durch Banküberweisung.

Welche Buchungen sind im Jahr 05 durchzuführen, wenn die aufgedeckten stillen Reserven nicht zu einer Gewinnerhöhung führen sollen?

15. Ein LKW, dessen Buchwert zum 31. Dez. 02 72.000,00 EUR betrug, erlitt infolge eines Unwetters am 1. Mai 03 Totalschaden.

Wie hat Ihr Mandant zu buchen, wenn

a) der LKW linear pro Jahr mit 18.000,00 EUR abgeschrieben wird,
b) die Versicherung für den schrottreifen LKW am 5. Mai 03 126.000,00 EUR überweist und den LKW durch einen Schrotthändler abholen lässt,
c) die Lieferung des neuen LKW am 12. Jul. 03 für 186.000,00 EUR zuzüglich 29.760,00 EUR USt erfolgt und
d) bei einer Nutzungsdauer des neuen LKW von 9 Jahren der Gewinn zum 31. Dez. 03 so niedrig wie möglich ausgewiesen werden soll?

16. Eine am 2. Okt. 01 für 500.000,00 EUR zuzüglich 80.000,00 EUR USt erworbene Maschine hat eine betriebsgewöhnliche Nutzungsdauer von 8 Jahren (lineare AfA). Infolge höherer Gewalt scheidet sie aber bereits am 8. Apr. 02 aus dem Betriebsvermögen Ihres Mandanten aus.

Am 10. Mai 02 geht die Versicherungsleistung von 500.000,00 EUR auf dem Bankkonto ein. Das dringend benötigte Ersatzwirtschaftsgut wird am 10. Jul. 02 für 480.000,00 EUR zuzüglich 76.800,00 EUR USt geliefert (Nutzungsdauer 8 Jahre, lineare AfA).

Ermitteln Sie den steuerlich zulässigen höchsten und niedrigsten Bilanzansatz des Ersatzwirtschaftsguts zum 31. Dez. 02. Gehen Sie davon aus, dass der Buchwert der ausscheidenden Maschine zum 31. Dez. 01 484.375,00 EUR betrug.

17. Der betriebliche LKW Ihres Mandanten wurde am 2. Nov. 01 durch höhere Gewalt völlig zerstört. Gleichzeitig wurden die Waren, die mit diesem LKW bei einem Lieferanten abgeholt worden waren, unbrauchbar.

Der Buchwert des LKW betrug zum Zeitpunkt des Unfalls 22.500,00 EUR. Für die gerade abgeholten Waren hatte Ihr Mandant lt. Eingangsrechnung noch 6.500,00 EUR zuzüglich 1.040,00 EUR USt zu zahlen.

Zur Schadensregulierung überwies die Haftpflichtversicherung des Unfallgegners am 10. Dez. 01 28.000,00 EUR für den LKW und 12.000,00 EUR für die Waren. Gleichzeitig händigte Ihr Mandant die nicht mehr nutzbaren Gegenstände an die Versicherung aus.

Am 31. Dez. 01 besteht die Absicht, im Jahr 02 Ersatzbeschaffungen für den zerstörten LKW und die unbrauchbaren Waren vorzunehmen.

a) Wie ist zum 31. Dez. 01 zu buchen, wenn ein möglichst geringer Gewinn ausgewiesen werden soll?

b) Welche Buchungen sind im Jahr 02 vorzunehmen, wenn auf eine Ersatzbeschaffung des LKW verzichtet wird, aber Waren für 15.000,00 EUR zuzüglich 2.400,00 EUR USt angeschafft werden?

8.1.2 Exkurs: Rücklage nach § 6 b EStG

Eine weitere Möglichkeit, stille Reserven zu binden, wird durch § 6 b EStG geschaffen. Nach dieser Vorschrift ist es möglich, die Besteuerung von Gewinnen aus der (freiwilligen) Veräußerung bestimmter Anlagegüter ganz oder teilweise auf einen späteren Zeitpunkt zu verschieben, wenn die aufgedeckten stillen Reserven auf bestimmte Ersatzbeschaffungen (nicht unbedingt Ersatzwirtschaftsgüter) übertragen werden.

Der Unternehmer ist danach berechtigt, Gewinne, die aus der Veräußerung von Grund und Boden sowie Gebäuden entstanden sind mit den im Wirtschaftsjahr oder in folgenden Wirtschaftsjahren entstandenen Anschaffungs-/Herstellungskosten für neue Wirtschaftsgüter zu verrechnen.

Voraussetzung für die Übertragung ist aber, dass die veräußerten Wirtschaftsgüter mindestens 6 Jahre ununterbrochen zum Anlagevermögen einer inländischen Betriebsstätte gehört haben.

Rücklage nach § 6 b EStG Bildung möglich, wenn			
Veräußerung eines Wirtschaftsguts - freiwillig oder - unter Zwang (Vermeidung eines behördlichen Eingriffs)	Nettoverkaufspreis > Buchwert	Anschaffung/Herstellung von Grund und Boden bzw. Gebäuden geplant, aber bis zum Bilanzstichtag noch nicht erfolgt sind	veräußerte WG 6 Jahre zum Anlagevermögen gehört haben

Die aufgedeckten stillen Rücklagen sind nur auf Grundstücke und Gebäude übertragbar, die zum Anlagevermögen einer inländischen Betriebsstätte des Betriebes des Steuerpflichtigen gehören.

Soweit eine Übertragung der stillen Reserven im Jahr der Veräußerung nicht erfolgt ist, aber Ersatzbeschaffungen geplant sind, kann zum Ende des Wirtschaftsjahres eine den steuerlichen Gewinn mindernde Rücklage (Sonderposten mit Rücklageanteil) gebildet werden.

Beispiel:

Ein unbebautes Grundstück mit Anschaffungskosten von 20.000,00 EUR wurde jahrelang als Lagerplatz genutzt und stets in Höhe der Anschaffungskosten bilanziert.

Infolge einer Betriebsverlegung im Jahr 01 ist die weitere Nutzung dieses Grundstücks nicht mehr sinnvoll. Deshalb wird es für 50.000,00 EUR veräußert.

Buchungssatz:

	Soll/EUR	Haben/EUR
1500/1300 sonstige Vermögensgegenstände	50.000,00	
an 0065/0215 unbebaute Grundstücke		20.000,00
an 2720/4900 Ertr. a. d. Abg. v. G. d. AV		30.000,00

Da geplant ist, ein Ersatzgrundstück in der Nähe des neuen Betriebes zu kaufen, wird am Schluss des Wirtschaftsjahres eine Rücklage nach § 6 b EStG gebildet.

Buchungssatz:

	Soll/EUR	Haben/EUR
2340/6925 Einstellungen in Sonderposten mit Rücklageanteil	30.000,00	
an 0930/2980 Sonderp. mit Rücklageanteil		30.000,00

Das Ersatzgrundstück wird am 10. Jun. 02 erworben. Der Kaufpreis beträgt 60.000,00 EUR.

Buchungssatz:

	Soll/EUR	Haben/EUR
0065/0215 unbebaute Grundstücke	60.000,00	
an 1600/3300 Verbindlichkeiten LuL		60.000,00

Die Rücklage nach § 6 b EStG wird mit den Anschaffungskosten der Ersatzmaschine verrechnet.

Buchungsmöglichkeit 1:

	Soll/EUR	Haben/EUR
0930/2980 Sonderp. mit Rücklageanteil	30.000,00	
an 0065/0215 unbebaute Grundstücke		30.000,00

Buchungsmöglichkeit 2:[1]

	Soll/EUR	Haben/EUR
0930/2980 Sonderp. mit Rücklageanteil	30.000,00	
an 2740/4935 Erträge aus der Auflösung von Sonderp. mit Rückl.-Ant.		30.000,00
4840/6230 außerplanm. Abschr. auf SA	30.000,00	
an 0065/0215 unbebaute Grundstücke		30.000,00

1 Diese Buchung ist sinnvoll, wenn ein Anlagenspiegel zu erstellen ist.

39 Hengstebeck - ISBN 3-8120-0068-7

Handelt es sich bei dem neu angeschafften Vermögensgegenstand um ein abnutzbares Wirtschaftsgut, ist die AfA nicht von den tatsächlichen AK/HK vorzunehmen. Berechnungsgrundlage ist vielmehr der um die übertragenen stillen Reserven gekürzte Betrag (§ 6 b Abs. 6 EStG, § 6 Abs. 1 Ziff. 1 EStG).

Die Rücklage nach § 6 b EStG ist erfolgswirksam aufzulösen, wenn eine Ersatzbeschaffung nicht ernsthaft geplant oder zu erwarten ist. Dies wird unterstellt, wenn die Ersatzbeschaffung nicht bis zum Schluss des vierten Wirtschaftsjahres, das der Bildung des Sonderpostens folgt, durchgeführt wird. Bei neu hergestellten Gebäuden verlängert sich die Frist von vier auf sechs Jahre, wenn mit der Herstellung vor Ablauf der 4-Jahres-Frist begonnen worden ist.

Wird eine nach § 6 b EStG gebildete Rücklage nicht bzw. nur teilweise mit den Anschaffungs-/Herstellungskosten eines Ersatzwirtschaftsguts verrechnet, kommt es zu einer nicht gerechtfertigten Steuerverschiebung, d. h. zu einer Kreditgewährung durch das Finanzamt. Diese Kreditgewährung soll jedoch nicht unentgeltlich sein. Deshalb schreibt § 6 b Abs. 7 EStG vor, dass der Gewinn zusätzlich für jedes volle Wirtschaftsjahr, in dem die Rücklage (ohne Berechtigung) bestanden hat, um 6 % des aufzulösenden Rücklagenbetrages zu erhöhen ist.

Beispiel:

Im Jahr 01 wurde eine Rücklage nach § 6 b EStG in Höhe von 80.000,00 EUR gebildet. Da Ersatzbeschaffungen nicht stattfanden, ist diese am Ende des Jahres 05 aufzulösen.

Buchungssatz:

	Soll/EUR	Haben/EUR
0930/2980 Sonderp. mit Rücklageanteil an 2740/4935 Erträge aus der Auflösung von Sonderp. mit Rückl.-Ant.	80.000,00	 80.000,00

Vor Auflösung der 6 b-Rücklage betrug der steuerrechtliche Gewinn 400.000,00 EUR. Nach der Auflösung erhöht er sich

- um den aufgelösten Betrag in Höhe von 80.000,00 EUR und zusätzlich
- um 19.200,00 EUR durch den Gewinnzuschlag (4 · 6 % von 80.000,00 EUR)

auf insgesamt 499.200,00 EUR.

Behandlung der 6 b-Rücklage	
► Übertragung auf Neuinvestitionen innerhalb der folgenden vier Wirtschaftsjahre nach ihrer Bildung, bei Gebäuden, die hergestellt werden, innerhalb von 6 Wirtschaftsjahren nach ihrer Bildung, wenn mit der Herstellung vor Ende des vierten Wirtschaftsjahres begonnen worden ist.	► Auflösung bei Verzicht bzw. nur teilweiser Übertragung auf Neuinvestitionen, spätestens am Ende des auf die Bildung folgenden 4. (bzw. 6. - s. links) Wirtschaftsjahres; zusätzliche Gewinnerhöhung um 6 % der nicht übertragenen Rücklage für jedes volle Wirtschaftsjahr, in dem die Rücklage bestanden hat. (Auflösung immer erst zum Ende des Wirtschaftsjahres!)

Kontrollaufgaben

1. Wann und in welcher Höhe ist es nach § 6 b EStG möglich, stille Reserven in Sonderposten mit Rücklageanteil einzustellen?
2. In welcher Höhe ist die Übertragung von Rücklagen nach § 6 b EStG auf Ersatzbeschaffungen möglich?
3. Bis wann ist die Übertragung der Rücklage nach § 6 b EStG auf Ersatzbeschaffungen möglich?
4. Wann und in welcher Höhe sind Rücklagen nach § 6 b EStG aufzulösen?
5. Wie wird der ungerechtfertigte Steuervorteil bei Auflösung einer nicht verrechneten 6 b-Rücklage ausgeglichen?

Übungen

1. Zum Betriebsvermögen Ihres Mandanten gehörte 10 Jahre ein Platz in der Größe von 1.000 m^2, der für die Rohstofflagerung genutzt wurde. Da die Anschaffungskosten 1,00 EUR pro m^2 betrugen, wurde er mit 1.000,00 EUR bilanziert.

   Aufgrund einer Betriebsverlegung ist die weitere Nutzung des Platzes nicht mehr sinnvoll. Ihr Mandant entschließt sich daher, einen neuen Lagerplatz in der Nähe des neuen Betriebes zu kaufen.

   Der alte Lagerplatz wird am 30. Sep. 01 veräußert. Der Käufer zahlt 20.000,00 EUR bar.

   Beim Kauf des neuen Platzes treten Probleme auf, die dazu führen, dass der Platz frühestens im nächsten Wirtschaftsjahr erworben werden kann.

   Das Grundstück wird tatsächlich am 15. Jul. 02 gegen Bankscheck erworben. Der Kaufpreis beträgt 30.000,00 EUR.

   Erstellen Sie die Buchungssätze zum 30. Sep. und 31. Dez. 01 sowie den Buchungssatz zum 15. Jul. 02. Beachten Sie, dass Ihr Mandant zum 31. Dez. 01 einen möglichst niedrigen Gewinn ausweisen möchte.

2. Ihr Mandant beabsichtigt, aufgrund einer Auflage der Gemeinde, den Betrieb zu verlegen. Dazu erwirbt er am 20. Mär. 01 ein unbebautes Grundstück mit Anschaffungskosten von 120.000,00 EUR zuzüglich 19.200,00 EUR USt.

   Das bisher genutzte Betriebsgrundstück verkauft er am 25. Apr. 01 für 1.200.000,00 EUR. Von diesem Betrag entfallen 300.000,00 EUR auf den Grund und Boden, der Restbetrag auf das Gebäude. Als Buchwerte werden zum Zeitpunkt der Veräußerung für Grund und Boden 80.000,00 EUR, für das Gebäude 360.000,00 EUR ermittelt.

   Die Pläne für das neu zu errichtende Geschäftsgebäude sind bis zum 31. Dez. 01 erstellt, mit dem Bau kann aber erst im März 02 begonnen werden.

   Am 27. Jun. 03 wird das Geschäftsgebäude fertig gestellt. Für die Herstellung fällt ein Betrag von 1.500.000,00 EUR zuzüglich 240.000,00 EUR USt an.

   Bilden Sie die Buchungssätze für die Jahre 01 bis 03. Achten Sie jeweils darauf, dass es Ziel Ihres Mandanten ist, einen geringstmöglichen Gewinn auszuweisen.

3. Zum 31. Dez. 01 wurde ein mit einem Fabrikgebäude bebautes Grundstück Ihres Mandanten mit 580.000,00 EUR bilanziert (180.000,00 EUR Grund und Boden, 400.000,00 EUR Gebäude). Die ursprünglichen Herstellungskosten des Gebäudes beliefen sich auf 800.000,00 EUR. Die Jahres-AfA beträgt 2 %.

   Mit notariellem Vertrag vom 31. Aug. 02 wurde das bebaute Grundstück für 720.000,00 EUR veräußert. Lt. Auskunft des Finanzamts betrug der Wert des Grund und Bodens zu diesem Zeitpunkt 300.000,00 EUR.

Zum 1. Sep. 02 wurde wie folgt gebucht:

Abschr. auf Sachanlagen	16.000,00 EUR	
an Fabrikgebäude		16.000,00 EUR
Bank	720.000,00 EUR	
an Grund und Boden		180.000,00 EUR
an Fabrikgebäude		384.000,00 EUR
an sonst. betr. Erträge		156.000,00 EUR
Einstellung in SP mit RA	156.000,00 EUR	
an Sonderposten mit RA		156.000,00 EUR

Am 10. Apr. 03 wurde ein unbebautes Ersatzgrundstück mit einer Größe von 6.000 m² zum Preis von 70,00 EUR/m² angeschafft. Der Kaufpreis, die Erwerbsnebenkosten von 20.000,00 EUR sowie die in Rechnung gestellte USt von 1.800,00 EUR wurden durch Banküberweisung beglichen.

Es wurde gebucht:

Grund und Boden	440.000,00 EUR	
Sonderposten mit RA	156.000,00 EUR	
Vorsteuer	1.800,00 EUR	
an Bank		597.800,00 EUR

Eine Bebauung des unbebauten Grundstücks ist für die nächsten Jahre nicht geplant.

Führen Sie die ggf. notwendigen Korrekturbuchungen durch.

8.2 Sonderposten zum offenen Ausweis steuerrechtlicher Abschreibungen

8.2.1 Sonderabschreibung nach § 7 g EStG

Werden Abschreibungen aufgrund nur steuerrechtlicher Vorschriften vorgenommen, muss dies nicht zwangsläufig zu einem niedrigeren Bilanzansatz für die entsprechenden Wirtschaftsgüter führen. Das ist deshalb so, weil § 281 Abs. 1 HGB in diesem Fall die Möglichkeit bietet, den Abschreibungsbetrag auch indirekt in Form einer Wertberichtigung zu berücksichtigen. Die Wertberichtigung wird dadurch vorgenommen, dass als Korrekturposten zur Aktivseite ein Sonderposten mit Rücklageanteil gebildet wird, in den die nur steuerrechtlichen Abschreibungen eingestellt werden.

Der Sonderposten mit Rücklageanteil ist aufzulösen, wenn der Vermögensgegenstand aus dem Betriebsvermögen ausscheidet oder dann, wenn die steuerrechtliche Abschreibung durch handelsrechtliche Abschreibungen ersetzt wird.

Beispiel:

Der Unternehmer hat zum Beginn des Jahres 01 eine Maschine mit Anschaffungskosten in Höhe von 80.000,00 EUR erworben. Die Maschine hat eine betriebsgewöhnliche Nutzungsdauer von 8 Jahren. Sie wird linear abgeschrieben. Da die Voraussetzungen für die Inanspruchnahme der Sonderabschreibung nach § 7 g EStG vorliegen, erfolgt außerdem im Jahr 01 eine Sonderabschreibung in Höhe von 20% der Anschaffungskosten.

Buchungssatz (01):

	Soll/EUR	Haben/EUR
4830/6220 Abschreibungen auf Sachanlagen	10.000,00	
4850/6240 Abschr. aufgrund steuerrechtl. Sondervorschriften	16.000,00	
an 0210/0440 Maschinen		10.000,00
an 0930/2980 Sonderp. mit Rücklageanteil		16.000,00

In den Jahren 02 bis 05 erfolgt die AfA mit jeweils 10.000,00 EUR.

Buchungssätze (02 - 06, jeweils):

	Soll/EUR	Haben/EUR
4830/6220 Abschreibungen auf Sachanlagen	10.000,00	
an 0210/0440 Maschinen		10.000,00

Nach Ablauf des Begünstigungszeitraumes (bei kürzerer Nutzungsdauer auch früher) ist die steuerrechtliche Abschreibung durch handelsrechtliche Abschreibungen zu ersetzen. Der Sonderposten ist deshalb nach und nach aufzulösen.

Buchungssätze (06 - 08):

	Soll/EUR	Haben/EUR
4830/6220 Abschreibungen auf Sachanlagen	10.000,00	
an 0210/0440 Maschinen		10.000,00
0930/2980 Sonderp. mit Rücklageanteil	5.333,33	
an 2740/4937 Erträge aus der Auflösung von Sonderp. mit Rückl.-Ant.		5.333,33

Im Gegensatz zur AfA besteht bei Sonderabschreibungen die Möglichkeit, diese (jederzeit) erfolgserhöhend rückgängig zu machen. Dies aber nur, wenn handelsrechtlich entsprechend verfahren wird.

Ab dem Jahr 2001 ist die Sonderabschreibung nach § 7 g EStG nur noch möglich, wenn zuvor eine Ansparabschreibung nach § 7 g EStG erfolgt ist.

8.2.2 Ansparabschreibung nach § 7 g EStG

Für kleine und mittlere Unternehmen (Betriebsvermögen nicht mehr als 204.517,00 EUR) besteht nach § 7 g Abs. 3 bis 5 EStG eine weitere Möglichkeit, den Gewinn zu mindern. Beabsichtigen sie, bewegliche abnutzbare Anlagegüter anzuschaffen oder für eigengewerbliche Zwecke herzustellen, dürfen sie im Vorgriff auf spätere Abschreibungsmöglichkeiten eine Ansparabschreibung vornehmen. Diese darf sich auf 40%[1] der wahrscheinlich anfallenden Anschaffungs-/Herstellungskosten des Wirtschaftsguts belaufen, höchstens allerdings 154.000,00 EUR (Existenzgründer 307.000,00 EUR) je Betrieb betragen.

Weil noch kein Anlagegegenstand vorhanden ist, dessen Buchwert durch die Abschreibung vermindert werden könnte, muss der Abschreibungsbetrag im Konto Sonderposten mit Rücklageanteil erfasst werden.

1 bis zum 31. Dez. 2000 50%

Beispiel:

Ein Unternehmen, das die Voraussetzungen für die Inanspruchnahme des § 7 g EStG erfüllt, beabsichtigt im Jahr 01, im Jahr 03 eine Maschine mit Anschaffungskosten von 150.000,00 EUR zu erwerben.

In diesem Fall kann eine Ansparabschreibung in Höhe von 60.000,00 EUR erfolgen.

Buchungssatz:

	Soll/EUR	Haben/EUR
2340/6925 Einstellungen in Sonderposten mit Rücklageanteil	60.000,00	
an 0930/2980 Sonderp. mit Rücklageanteil		60.000,00

Der Sonderposten ist im Wirtschaftsjahr der Anschaffung/Herstellung, sonst spätestens zum Ende des zweiten (des fünften bei Existenzgründern) auf die Bildung des Sonderpostens folgenden Wirtschaftsjahres aufzulösen.

Werden die entsprechenden Wirtschaftsgüter rechtzeitig angeschafft/hergestellt, stehen dem Ertrag aus der Auflösung die gewinnmindernden Abschreibungsbeträge (z. B. 20% degressiv nach § 7 Abs. 2 und 20% nach § 7 g Abs. 1 EStG) gegenüber.

Erfolgt keine Anschaffung/Herstellung der entsprechenden Wirtschaftsgüter oder entstehen für die Anschaffung/Herstellung nur geringere Anschaffungs-/Herstellungskosten, kommt es infolge der Auflösung des Sonderpostens zu einer Gewinnerhöhung. Zusätzlich kommt es auch noch zu einem Gewinnzuschlag von 6% (nicht bei Existenzgründern) der ungerechtfertigt in Anspruch genommenen Ansparabschreibung pro Wirtschaftsjahr.

Übung

Ihr Mandant betreibt ein Großhandelsunternehmen und ist mit seiner Firma im Handelsregister eingetragen. Er hat die beiliegende Hauptabschlussübersicht 03 bis zur vorläufigen Saldenbilanz zum 31. Dez. 03 erstellt und beabsichtigt, den geringstmöglichen steuerrechtlichen Gewinn auszuweisen.

Die Umsätze im Jahre 03 unterliegen der Regelbesteuerung mit dem allgemeinen Steuersatz von 16%.

Entwickeln Sie die Hauptabschlussübersicht 03 bis zur Bilanz und Gewinn- und Verlustrechnung. Berücksichtigen Sie dabei die nachstehenden Angaben.

SKR 03

Kto.-Nr.	Kontenbezeichnung	Vorl. Saldenbilanz	
		Aktiva	Passiva
0085	Grund und Boden	320.000,00	
0090	Geschäftsbauten	1.400.000,00	
0320	Fahrzeuge	120.000,00	
0430	Ladeneinrichtung	230.000,00	
0630	Verbindlichkeiten KI		640.000,00
0870	Eigenkapital		1.797.300,00

0930	Sonderp. m. RA		57.400,00
0970	sonstige Rückst.		14.000,00
0986	Disagio		
1000/1200	Geldkonten	176.000,00	
1400	Forderungen LuL	440.800,00	
1460	zweifelh. Ford.	23.200,00	
1475	Einzelwertb. z. Ford.		7.000,00
1478	PWB auf Ford.		10.000,00
1500	sonstige VG	9.000,00	
1570	Vorsteuer	34.000,00	
1600	Verbindlichkeiten LuL		360.000,00
1700	sonstige Verb.		34.000,00
1770	USt		55.000,00
1800	Privat	137.400,00	
2100	Zinsaufwendungen	32.000,00	
2140	zinsähnliche Aufw.	9.000,00	
2340	Einst. in SP mit RA	22.400,00	
2350	Inst. von Gebäuden	152.000,00	
2710	Ertr. aus Zuschr. AV		3.000,00
2732	Ertr. a. abg. Ford.		
3200	Einkauf von Waren	3.100.000,00	
3980	Warenbestand	320.000,00	
4100	Aufw. für Personal	320.000,00	
4330	Gewerbesteuer	39.900,00	
4340	n. abzugsf. Steuern	2.500,00	
4345	sonstige Steuern	2.800,00	
4500	Fahrzeugkosten	40.000,00	
4610	Werbekosten	70.000,00	
4635	Geschenke über 40,00 EUR		
4650	Bewirtungskosten	4.200,00	
4651	n. abz. Bewirtungsk.	8.500,00	
4830	Abschreibungen SA		
4886	Abschreibung auf Ford.		
8000	Verkaufserlöse		4.000.000,00
8900	Entnahmen § 3 Abs. 1 b		36.000,00
		7.013.700,00	7.013.700,00

1. Ihr Mandant hat im Juni 03 Waren aus London auf Ziel erworben. Die Wareneingangsrechnung lautete auf 36.697,00 GBP, die zu einem EUR-Kurs von 0,7008 GBP gebucht wurden. Am 31. Dez. 03 beträgt der EUR-Kurs 0,6146 GBP. Die Rechnung wurde Ende Januar 04 bezahlt.

2. Im Betriebsvermögen befindet sich ein unbebautes Grundstück, das im Jahr 01 für 180.000,00 EUR angeschafft wurde. Wegen einer unvorhergesehenen Änderung des Bebauungsplans sank der Wert des Grundstücks, sodass es in der Bilanz zum 31. Dez. 02 mit 50.000,00 EUR ausgewiesen werden musste. Aufgrund eines Widerspruchs musste die Änderung des Bebauungsplans im Jahr 03 rückgängig gemacht werden. Dadurch stieg der Wert des Grundstücks zum 31. Dez. 03 auf 220.000,00 EUR an.

3. Am 27. Dez. 03 überwies ein Kunde wider Erwarten einen Betrag in Höhe von 6.960,00 EUR auf das betriebliche Bankkonto. Beim Abschluss zum 31. Dez. 02 war die entsprechende Forderung zu Recht als uneinbringlich abgeschrieben worden (USt-Satz 16 %).

   Beim Eingang der Überweisung wurde gebucht:

Bank	6.960,00 EUR	
an Forderungen LuL		6.960,00 EUR

4. Am 5. Jan. 04 wird bekannt, dass ein anderer Kunde am 30. Dez. 03 seinen Zahlungsverpflichtungen nicht mehr nachkommen konnte. Die aus dem Jahr 03 stammende Forderung an diesen Kunden beträgt 2.552,00 EUR (USt 16%). Es ist damit zu rechnen, dass 40% dieses Betrages ausfallen werden.

5. Aus Erfahrung fallen durchschnittlich 2% der einwandfreien Forderungen aus. Bilden Sie eine entsprechende Pauschalwertberichtigung. Beachten Sie dabei, dass die noch nicht aufgelöste Pauschalwertberichtigung aus dem Vorjahr 10.000,00 EUR beträgt.

6. Um die Renovierung des Geschäftsgebäudes finanzieren zu können, musste zum 1. Okt. 03 ein Darlehen in Höhe von 120.000,00 EUR aufgenommen werden (bereits gebucht). Die Zinsen in Höhe von 10% jährlich sind nachträglich jeweils halbjährlich zu entrichten. (In 03 erfolgten keine Zahlungen!)

7. Im Rahmen der Inventur wird festgestellt, dass im Laufe des Jahres 03 - wie bereits in den Vorjahren - Waren im Verkaufswert von etwa 13.920,00 EUR (USt 16%) gestohlen worden sind.

8. Die Auszahlung des am 1. Okt. 03 aufgenommenen Darlehens (vgl. 6.) erfolgte zu 95%. Das Disagio in Höhe von 6.000,00 EUR wurde sofort als zinsähnliche Aufwendungen gebucht. Die Laufzeit des Darlehens beträgt 5 Jahre.

9. Mitte Dezember 03 hat Ihr Mandant einem Kunden ein Werbegeschenk im Wert von 1.200,00 EUR zuzüglich 192,00 EUR USt gemacht. Gebucht wurde:

Werbekosten	1.200,00 EUR	
Vorsteuer	192,00 EUR	
an Geldkonten		1.392,00 EUR

10. Im Lager Ihres Mandanten wurden im Dezember 03 Waren, die für 40.000,00 EUR zuzüglich 6.400,00 EUR USt eingekauft worden waren, durch Brand vernichtet. Mit Schreiben vom 30. Dez. 03 sagte die Versicherung die vollständige Entschädigung zu. Der gesamte Vorgang ist bisher buchhalterisch nicht erfasst worden. Außerdem ist bisher nicht berücksichtigt worden, dass bereits Waren im Wert von 60.000,00 EUR bestellt worden sind, die aber erst im Februar 04 geliefert werden können.

11. Am 28. Dez. 03 hat Ihr Mandant zwei Geschäftsfreunde in einem Restaurant bewirtet. Der Rechnungsbetrag in Höhe von 170,00 EUR zuzüglich 27,20 EUR USt ist durch eine ordnungsgemäße Quittung belegt. Der Rechnungsausgleich erfolgte durch Barzahlung.

12. Am 20. Dez. 03 hat Ihr Mandant einen PKW mit Anschaffungskosten von 42.000,00 EUR zuzüglich 6.720,00 EUR USt erworben.

    Bisher wurde gebucht:

PKW	42.000,00 EUR	
Vorsteuer	6.720,00 EUR	
an Bank		48.720,00 EUR

    Dieser PKW ist ein Ersatzwirtschaftsgut, für das in der Bilanz zum 31. Dez. 02 eine Rücklage für Ersatzbeschaffung in Höhe von 35.000,00 EUR gebildet wurde.

13. Die Abschreibung ist vorzunehmen
    a) auf Betriebsgebäude mit 2% linear von 1.520.000,00 EUR Herstellungskosten,
    b) auf Kraftfahrzeuge mit 20% vom Buchwert des Neuwagens und 23.750,00 EUR vom Buchwert der Altwagen,
    c) auf Ladeneinrichtung mit 10% linear von 310.000,00 EUR Anschaffungskosten.

14. Die Konten Vorsteuer und Privat sind abzuschließen.

15. Als Warenbestand wurde durch Inventur zum 31. Dez. 02 ein Wert von 340.800,00 EUR ermittelt.

16. Ermitteln Sie sowohl den handelsrechtlichen als auch den steuerrechtlichen Gewinn.

SKR 04

Kto.-Nr.	Kontenbezeichnung	Vorl. Saldenbilanz	
		Aktiva	Passiva
0235	Grund und Boden	320.000,00	
0240	Geschäftsbauten	1.400.000,00	
0520	Fahrzeuge	120.000,00	
0640	Ladeneinrichtung	230.000,00	
1140	Warenbestand	320.000,00	
1200	Forderungen LuL	440.800,00	
1240	zweifelh. Ford.	23.200,00	
1246	Einzelwertb. z. Ford.		7.000,00
1248	PWB auf Ford.		10.000,00
1300	sonstige VG	9.000,00	
1400	Vorsteuer	34.000,00	
1600/1800	Geldkonten	176.000,00	
1940	Disagio		
2000	Eigenkapital		1.797.300,00
2100	Privat	137.400,00	
2980	Sonderp. m. RA		57.400,00
3070	sonstige Rückst.		14.000,00
3150	Verbindlichkeiten KI		640.000,00
3300	Verbindlichkeiten LuL		360.000,00
3500	sonstige Verb.		34.000,00
3800	USt		55.000,00
4000	Verkaufserlöse		4.000.000,00
4600	Entnahmen § 3 Abs. 1 b		36.000,00
4910	Ertr. aus Zuschr. AV		3.000,00
4930	Ertr. a. abg. Ford.		
5200	Einkauf von Waren	3.100.000,00	
6020	Aufw. für Personal	320.000,00	
6220	Abschreibungen SA		
6450	Inst. von Gebäuden	152.000,00	
6500	Fahrzeugkosten	40.000,00	
6600	Werbekosten	70.000,00	
6620	Geschenke über 40,00 EUR		
6640	Bewirtungskosten	4.200,00	
6641	n. abz. Bewirtungsk.	8.500,00	
6910	Abschreibung auf Ford.		
6925	Einst. in SP mit RA	22.400,00	
7300	Zinsaufwendungen	32.000,00	
7330	zinsähnliche Aufw.	9.000,00	
7620	Gewerbesteuer	39.900,00	
7650	n. abzugsf. Steuern	2.500,00	
7670	sonstige Steuern	2.800,00	
		7.013.700,00	7.013.700,00

Vermischte Übungen

Vorbemerkungen zu den Geschäftsvorfällen 1 bis 13:

- Die Buchungssätze sind nach handelsrechtlichen Vorschriften zu bilden.
- Zeigen Sie jeweils, wie sich die Geschäftsvorfälle einerseits auf den handelsrechtlichen, andererseits auf den steuerrechtlichen Erfolg auswirken.

1. Ihr Mandant hat am 2. Aug. 01 eine Maschine für 100.000,00 EUR zuzüglich 16.000,00 EUR USt erworben und diesen Vorgang korrekt erfasst. Die Maschine hat eine betriebsgewöhnliche Nutzungsdauer von 8 Jahren und wird zum Bilanzstichtag linear abgeschrieben.

a) Bilden Sie den Buchungssatz zum 31. Dez. 01.

b) Im Jahr 03 ist diese Maschine infolge einer Produktionsumstellung nicht mehr verwendbar. Sie wird daher zum 31. Dez. 03 voll abgeschrieben.

Wie ist zum 31. Dez. 03 zu buchen?

c) Infolge einer nochmaligen Produktionsumstellung ist die Maschine zum Beginn des Jahres 06 wieder voll nutzbar.

Wie ist zu buchen, wenn der Gewinnausweis für 06 höchstmöglich erfolgen soll?

2. Bei Ihrem Mandanten weist das Konto Forderungen aus Lieferungen und Leistungen zum 31. Dez. 01 einen Sollbetrag von 81.200,00 EUR (16% USt) aus.

Wie ist zu buchen, wenn die nachstehenden Vorgänge noch zu berücksichtigen sind:

a) Die Forderung an den Kunden A, bei dem im Dezember 01 die Eröffnung des Insolvenzverfahren mangels Masse abgelehnt wurde, beträgt 11.600,00 EUR.

b) Bei der Forderung an den Kunden B in Höhe von 23.200,00 EUR ist aufgrund von Zahlungsschwierigkeiten mit einem Ausfall von 70% zu rechnen.

c) Die Ausfälle der vermeintlich einwandfreien Forderungen aus Lieferungen und Leistungen betragen aufgrund betrieblicher Erfahrungen erstmalig 2%.

3. Eine Maschine mit Anschaffungskosten von 90.000,00 EUR wird bei einem Brand völlig unbrauchbar. Der Buchwert zur Zeit des Unfalls beträgt noch 45.000,00 EUR. Die Versicherung erkennt den Schaden laut Schreiben vom 10. Dez. 05 mit 75.000,00 EUR (Zeitwert der Maschine) an.

Die bestellte neue Maschine hat eine Lieferzeit von 3 Monaten. Sie wird pünktlich am 20. Feb. 06 geliefert. Ihre Anschaffungskosten betragen 143.000,00 EUR zuzüglich 22.880,00 EUR USt.

a) Wie ist am 10. Dez. 05 und am 20. Feb. 06 zu buchen, wenn Ihr Mandant am 31. Dez. 05 möglichst wenig Gewinn ausweisen will?

b) Wie hoch ist in diesem Fall die höchstmögliche AfA zum 31. Dez. 06, wenn die betriebsgewöhnliche Nutzungsdauer 10 Jahre beträgt?

4. Laut Kaufabrechnung erwarb Ihr Mandant am 24. Mär. 01 100 Stück Pharma-Aktien zum Stückkurs von 285,00 EUR bei Nebenkosten von 1,08% über seine Hausbank.

Am 31. Dez. 01 befanden sich noch sämtliche Aktien, deren Stückkurs allerdings mit 295,00 EUR festgestellt wurde, im Umlaufvermögen des Betriebes.

Wegen fehlender liquider Mittel verkaufte Ihr Mandant am 25. Feb. 02 70 Stück der Pharma-Aktien bei Nebenkosten von 1,08% zum Stückkurs von 300,00 EUR.

Am 31. Dez. 02 wurden die Pharma-Aktien an der Börse mit 270,00 EUR notiert. Bis zum Tag der Bilanzerstellung stieg der Kurs jedoch wieder auf 280,00 EUR.

a) Mit welchen Beträgen sind die Aktien zum 31. Dez. 01 und zum 31. Dez. 02 zu bewerten?

b) Bilden Sie die Buchungssätze zum 24. Mär. 01, 31. Dez. 01, 25. Feb. 02 und zum 31. Dez. 02.

5. Am 31. Okt. 01 wurde ein Darlehen von 80.000,00 EUR aufgenommen, das dem Bankkonto Ihres Mandanten nach Abzug eines Disagios von 4% gutgeschrieben wurde. Das Darlehen, das halbjährlich nachträglich zu verzinsen ist (Zinssatz 10%), ist am 31. Okt. 06 in einer Summe rückzahlbar.

   Welche Buchungen ergeben sich im Jahr 02, wenn im Jahr 01 korrekt gebucht wurde?

6. Die Diskontabrechnung eines Lieferers über 300,00 EUR zuzüglich 48,00 EUR USt geht am 8. Dez. 01 bei Ihrem Mandanten ein. Sie wird am 10. Dez. 01 durch Banküberweisung beglichen.

   Wie ist zum 31. Dez. 01 zu buchen, wenn der diskontierte Wechsel am Tag der Ausstellung, d. h. am 30. Nov. 01, eingereicht wurde und eine Laufzeit von 3 Monaten hat?

7. Die für das letzte Quartal 01 festgesetzte Gewerbesteuervorauszahlung von 7.500,00 EUR ist versehentlich noch nicht überwiesen worden. Die Zahlung wird erst am 5. Jan. 02 einschließlich des noch nicht gebuchten Säumniszuschlags von 2% durch Banküberweisung geleistet.

   Wie lautet der Buchungssatz zum 31. Dez. 01?

8. Die vorläufige Saldenbilanz Ihres Mandanten weist zum 31. Dez. 02 vor Berücksichtigung der unten aufgeführten Sachverhalte u. a. folgende Beträge aus:

Forderungen LuL	307.400,00 EUR	
zweifelhafte Forderungen	3.944,00 EUR	
Einzelwertberichtigungen zu Ford.		1.020,00 EUR

   Wie lauten die Buchungssätze (USt 16%), wenn

   a) die zweifelhaften Forderungen zum 31. Dez. 01 indirekt mit 30% abgeschrieben wurden, aufgrund einer Vereinbarung mit dem Kunden am 28. Dez. 02 aber eine Gutschrift von 40% auf dem Bankkonto erfolgte,
   b) am 2. Dez. 02 das Insolvenzverfahren über das Vermögen eines Kunden, gegen den eine Forderung von 9.396,00 EUR besteht, eröffnet wurde,
   c) bei einer weiteren Forderung in Höhe von 1.972,00 EUR mit einem Ausfall von 90% gerechnet werden muss?

9. Die monatliche Wartungspauschale für die Fensterreinigung beträgt 90,00 EUR netto. Die Rechnung für die Monate November 01 bis Januar 02 ging Ihrem Mandanten erst im Januar 02 zu. Sie wurde am 31. Jan. 02 durch Banküberweisung beglichen.

   Wie lauten die Buchungen

   a) zum 31. Dez. 01,
   b) zum 31. Jan. 02?

10. Ein Rechtsstreit war am 31. Dez. 03 noch nicht beendet. Ihr Mandant bildete deshalb eine Rückstellung von 8.000,00 EUR und buchte:

Rechts- und Beratungskosten	8.000,00 EUR	
an sonstige Rückstellungen		8.000,00 EUR

   Am 25. Mär. 05 ging die Mitteilung ein, dass der Prozess verloren wurde. Gleichzeitig erhielt Ihr Mandant die Rechnung des Rechtsanwalts, deren Gesamtbetrag sich folgendermaßen zusammensetzt:

verauslagte Gerichtskosten		5.500,00 EUR
Kosten für die Verteidigung	4.000,00 EUR	
+ 16% USt	640,00 EUR	4.640,00 EUR
Gesamtbetrag		10.140,00 EUR

   Bilden Sie den Buchungssatz zum 25. Mär. 05.

11. Zur Finanzierung eines Maschinenkaufs nahm Ihr Mandant am 1. Jul. 01 ein Darlehen über 300.000 CHF bei einer Bank in der Schweiz auf. Das bei einem Zinssatz von 7 % jährlich im Voraus zu verzinsende Darlehen wurde nach Abzug eines Disagios von 6 % dem Bankkonto gutgeschrieben, hat eine Laufzeit von 6 Jahren und ist am Ende der Laufzeit im Auslandswährung zu tilgen.

    Wie lauten die Buchungen zum 31. Dez. 01, wenn zum Zeitpunkt der Kreditaufnahme korrekt gebucht worden ist? Gehen Sie davon aus, dass der Kurs für 1 EUR am 1. Jul. 01 1,6125 CHF und am 31. Dez. 01 1,6023 CHF betrug.

12. Ein Grundstück wurde zum 1. Jan. 03 als Bauplatz für ein privates Einfamilienhaus aus dem Betriebsvermögen entnommen.

    Durch den Kauf eines bereits fertig gestellten Hauses erübrigt sich der Bau des Einfamilienhauses. Daher legt Ihr Mandant das Grundstück zum 31. Dez. 06 wieder ins Betriebsvermögen ein.

    Der Teilwert des Grundstücks

betrug zum Zeitpunkt der Entnahme	30.000,00 EUR,
beträgt zum Zeitpunkt der Einlage	50.000,00 EUR.

    Bilden Sie den Buchungssatz zum 31. Dez. 06.

13. Eine Forderung aus Lieferungen und Leistungen vom 27. Okt. 01, für die Ihr Mandant zum 31. Dez. 01 keine Einzelwertberichtigung gebildet hatte, wurde am 20. Mai 02 uneinbringlich.

    Bilden Sie den Buchungssatz, wenn außerdem die folgenden Angaben vorliegen:

Höhe der Forderung (USt 16 %)	6.960,00 EUR
noch nicht aufgelöste Pauschalwertberichtigung vom 31. Dez. 01	5.700,00 EUR

L Eigenkapitalausweis in der Bilanz

1 Eigenkapitalausweis bei Personengesellschaften

Da für Personengesellschaften keine Bilanzgliederungsvorschriften existieren, gibt es auch keine Vorschriften zur Gliederung des Eigenkapitals.

1.1 Eigenkapitalausweis nach Handelsrecht

1.1.1 Eigenkapitalausweis bei der OHG

Eine OHG liegt vor, wenn alle Gesellschafter

- ihre Handelsgeschäfte unter einer gemeinsamen Firma führen,
- unbeschränkt gegenüber den Gesellschaftsgläubigern haften,
- grundsätzlich zur Geschäftsführung berechtigt und verpflichtet sind und
- eine Kapitaleinlage zu leisten haben.

Die Höhe der Kapitaleinlagen bzw. -anteile der Gesellschafter ist gesetzlich nicht festgelegt. Häufig gibt es nicht einmal diesbezügliche vertragliche Bestimmungen. Das ist deshalb so, weil sich die Höhe der Kapitalanteile aus verschiedenen Gründen ändern kann.

Erzielt die OHG einen Gewinn, erhöht sich das Gesellschafterkapital, wenn es nicht zu einer Entnahme dieses Gewinns kommt. Zu einer Erhöhung kommt es auch, wenn ein Gesellschafter zusätzliche Einlagen leistet.

Wird ein Verlust erwirtschaftet, hat dies eine Verringerung des Gesellschafterkapitals zur Folge. Zu einer Verringerung kommt es auch, wenn ein Gesellschafter Entnahmen zu Lasten seines Kapitalanteils tätigt.

Der im Abschlussjahr erzielte (handelsrechtliche) Erfolg ist dem Gesellschaftsvertrag entsprechend aufzuteilen. Enthält der Gesellschaftsvertrag keine Bestimmungen zur Gewinn- und Verlustverteilung, werden die gesetzlichen Vorschriften wirksam (§ 121 HGB). Diese sehen eine 4 %ige Verzinsung der Kapitalanteile und eine Verteilung des Restgewinns nach Köpfen vor. Verluste sind nach dieser Vorschrift zu gleichen Teilen von den Gesellschaftern zu tragen.

Die Verzinsung der Kapitalanteile ist grundsätzlich unter Berücksichtigung der im Abschlussjahr erfolgten Entnahmen und Einlagen vorzunehmen. Da entsprechende Berechnungen mit erheblichem Arbeitsaufwand verbunden sein können, wird häufig vereinbart, der Zinsberechnung nur das Kapital zugrunde zu legen, das zum Beginn des Geschäftsjahres vorhanden war.

Beispiel:

Eine OHG, an der die Gesellschafter A und B beteiligt sind, weist in der Bilanz zum 31. Dez. 01 für A einen Kapitalanteil in Höhe von 600.000,00 EUR und für B einen Kapitalanteil in Höhe von 400.000,00 EUR aus. Als Gewinn des Geschäftsjahres 02 wird ein Betrag in Höhe von 200.000,00 EUR festgestellt.

Im Abschlussjahr kam es zu folgenden Kapitaländerungen: Gesellschafter A entnahm 20.000,00 EUR bar, Gesellschafter B legte 30.000,00 EUR bar ein. Es ist vereinbart, dass nur das zum 1. Jan. 02 vorhandene Kapital verzinst werden soll.

Weitere Vereinbarungen bezüglich der Gewinnverteilung liegen nicht vor.

Gesell-schafter	Kapital 1. Jan. 02	Gewinnverteilung			Ent-nahmen	Ein-lagen	Kapital 31. Dez. 02
		Verzinsung 4 %	Rest-gewinn	Gewinn-anteil			
A	600.000,00	24.000,00	80.000,00	104.000,00	20.000,00	-	684.000,00
B	400.000,00	16.000,00	80.000,00	96.000,00	-	30.000,00	526.000,00
	1.000.000,00	40.000,00	160.000,00	200.000,00	20.000,00	30.000,00	1.210.000,00

Trotz fehlender Vorschriften bezüglich der Gliederung des Eigenkapitals der OHG ist es üblich, zunächst einmal für jeden Gesellschafter einen Eigenkapitalposten in der Bilanz auszuweisen.

Aktiva	Bilanz zum 31. Dez. 02		Passiva
Anlagevermögen	.....	Eigenkapital	
Umlaufvermögen	.....	– Kapital A	684.000,00
		– Kapital B	526.000,00
		Fremdkapital	.....

Ist im Gesellschaftsvertrag vereinbart, dass die Beteiligungsverhältnisse der Gesellschafter stets gleich bleiben sollen, empfiehlt es sich außerdem, die Beträge, die laut Gesellschaftsvertrag als Einlage zu leisten sind, als feste Eigenkapitalposten auszuweisen. Für die Erfassung von Eigenkapitaländerungen, die durch nicht entnommene Gewinne, zusätzliche Einlagen sowie Entnahmen entstehen, sind in diesem Fall variable Kapitalposten zu bilden.

Aktiva	Bilanz zum 31. Dez. 02		Passiva
Anlagevermögen	.....	Eigenkapital	
Umlaufvermögen	.....	– Kapital A	
		festes Kapital	600.000,00
		variables Kapital	84.000,00
		- Kapitel B	
		festes Kapital	400.000,00
		variables Kapital	126.000,00
		Fremdkapital	.....

1.1.2 Eigenkapitalausweis bei der KG

Eine KG liegt vor, wenn alle Gesellschafter

- ihre Handelsgeschäfte unter einer gemeinsamen Firma führen und
- eine Kapitaleinlage zu leisten haben,

jedoch

- mindestens einer der Gesellschafter nur beschränkt gegenüber den Gesellschaftsgläubigern haftet (Kommanditist) und
- nur unbeschränkt haftende Gesellschafter (Komplementäre) zur Geschäftsführung berechtigt und verpflichtet sind.

Das Eigenkapital der Komplementäre wird analog dem Eigenkapital der OHG-Gesellschafter in der Bilanz ausgewiesen.

Die Einlage des Kommanditisten ist immer als Festkapital auszuweisen. Das ist deshalb so, weil sich die Haftung des Kommanditisten gegenüber Gesellschaftsgläubigern auf diesen Betrag beschränkt.

Hat der Kommanditist die Einlage noch nicht in voller Höhe eingezahlt, ist der noch nicht geleistete Betrag als ausstehende Einlage auf der Aktivseite der Bilanz (vor dem Anlagevermögen) auszuweisen.

Eine Verringerung des Kommanditkapitals ist nur durch Verluste möglich.

Entsteht ein Gewinn, ist dieser nur in Höhe des Betrages dem Kommanditkapital zuzuschreiben, um den dieses zuvor durch Verluste vermindert worden ist oder Einlagen des Kommanditisten noch nicht geleistet worden sind.

Sind Gewinne entstanden, aber keine Verluste auszugleichen oder sind die entstandenen Gewinne höher als die auszugleichenden Verluste, kommt es in der Bilanz zum Ausweis eines Darlehens oder einer sonstigen Verbindlichkeit gegenüber dem Kommanditisten.

Ein Ausweis als Darlehen erfolgt, wenn der nicht entnommene/ausgezahlte Gewinn dem Unternehmen künftig als Fremdkapital zur Verfügung stehen soll.

Ein Ausweis als sonstige Verbindlichkeit ist erforderlich, wenn der Gewinnanteil an den Kommanditisten ausgezahlt werden soll. Das muss so sein, weil die Höhe des Gewinnanteils erst bei der Erstellung des Jahresabschlusses ermittelt wird und damit eine Auszahlung am Ende des Geschäftsjahres ausgeschlossen ist.

Der im Abschlussjahr erzielte Erfolg ist entsprechend dem Gesellschaftsvertrag aufzuteilen, weil das HGB keine Regelung bezüglich der Gewinn-/Verlustverteilung der KG enthält. Das HGB besagt lediglich, dass ein Verlust in angemessenem Verhältnis, Gewinne in Höhe von 4 % des Eigenkapitals vorweg zu gewähren und ein Restgewinn ebenfalls in angemessenem Verhältnis zu verteilen ist.

Beispiel:

Eine KG hat die Komplementäre A und B und den Kommanditisten C als Gesellschafter. Die Kapitalanteile zum Beginn des Geschäftsjahres betragen für A 97.400,00 EUR, für B 124.600,00 EUR und für C 70.000,00 EUR.

Im Geschäftsjahr wird ein Gewinn in Höhe von 88.000,00 EUR erzielt. Laut Gesellschaftsvertrag ist dieser Betrag wie folgt zu verteilen:

- ▶ Das Kapital zum Beginn des Geschäftsjahres ist mit 4 % zu verzinsen.
- ▶ Ein verbleibender Restgewinn ist im Verhältnis 2 : 2 : 1 zu verteilen.

Im Laufe des Geschäftsjahres hat der Gesellschafter A 30.000,00 EUR, der Gesellschafter B 35.000,00 EUR entnommen.

Gesellschafter	Kapital 1. Jan. 02	Gewinnverteilung			Entnahmen	Kapital 31. Dez. 02
		Verzinsung 4 %	Restgewinn	Gewinnanteil		
A	97.400,00	3.896,00	30.528,00	34.424,00	30.000,00	101.824,00
B	124.600,00	4.984,00	30.528,00	35.512,00	35.000,00	125.112,00
C	70.000,00	2.800,00	15.264,00	18.064,00	-	70.000,00
	292.000,00	11.680,00	76.320,00	88.000,00	65.000,00	296.936,00

Kapitalausweis ohne variable Kapitalposten:

Aktiva	Bilanz zum 31. Dez. 02		Passiva
Anlagevermögen	.....	Eigenkapital	
Umlaufvermögen	.....	- Kapital A	101.824,00
		- Kapitel B	125.112,00
		- Kapital C	70.000,00
		Fremdkapital	
		- sonst. Verb. C	18.064,00
		übriges Fremdkapital	.....

Kapitalausweis mit variablen Kapitalposten:

Aktiva	Bilanz zum 31. Dez. 02		Passiva
Anlagevermögen	.....	Eigenkapital	
Umlaufvermögen	.....	- Kapital A	
		festes Kapital	97.400,00
		variables Kapital	4.424,00
		- Kapital B	
		festes Kapital	124.600,00
		variables Kapital	512,00
		- Kapital C	70.000,00
		Fremdkapital	
		- sonst. Verb. C	18.064,00
		übriges Fremdkapital	.....

Kontrollaufgaben

1. Wie ist der Gewinn einer OHG zu verteilen, wenn der Gesellschaftsvertrag keine diesbezügliche Vereinbarung enthält?
2. Wie ist der Verlust einer OHG nach § 121 HGB zu verteilen?
3. In welche Bereiche ist das Eigenkapital einer OHG mindestens zu unterteilen?
4. Erklären Sie, warum in der Bilanz einer OHG häufig feste und variable Kapitalposten für die Gesellschafter ausgewiesen werden?
5. Wie ist der Gewinn einer KG zu verteilen, wenn der Gesellschaftsvertrag keine diesbezügliche Regelung enthält?
6. Warum ist es gerade bei der KG sinnvoll, die Gewinnverteilung vertraglich zu regeln?
7. In welche Bereiche ist das Eigenkapital einer KG mindestens zu unterteilen?
8. Erklären Sie, warum in der Bilanz einer KG zwar häufig für die Komplementäre, nicht jedoch für die Kommanditisten, feste und variable Kapitalposten ausgewiesen werden.

Übungen

1. Zum 1. Jan. 02 sind die Gesellschafter A mit 70.000,00 EUR, B mit 80.000,00 EUR und C mit 95.000,00 EUR an einer OHG beteiligt. Für seine Geschäftsführertätigkeit erhält A vorweg monatlich 4.000,00 EUR durch Banküberweisung. Über die Verteilung des Restgewinns ist keine besondere Vereinbarung getroffen worden.

   Berechnen Sie die auf die Gesellschafter entfallenden Eigenkapitalbeträge zum 31. Dez. 02, wenn keine zusätzlichen Angaben zu berücksichtigen sind. Der Jahresgewinn beträgt 154.100,00 EUR.

2. An einer OHG sind zum Beginn des Geschäftsjahres 02 A mit 90.000,00 EUR, B mit 75.000,00 EUR und C mit 135.000,00 EUR beteiligt. Der Gewinn des Geschäftsjahres 02 beträgt 199.200,00 EUR.

   Bestimmen Sie die Höhe der auf die Gesellschafter entfallenden Eigenkapitalbeträge zum Ende des Geschäftsjahres 02, wenn der Gewinn lt. Gesellschaftsvertrag nach Kapitalanteilen zu verteilen ist, A während des Geschäftsjahres 12.000,00 EUR entnommen und B 18.000,00 EUR eingelegt hat.

3. Laut Gesellschaftsvertrag sind die der Gesellschaft jeweils zur Verfügung stehenden Kapitalanteile der Gesellschafter mit 7 % zu verzinsen.

   Wie viel EUR Zinsen erhält der Gesellschafter A, wenn sich sein Kapitalkonto im Laufe des Jahres 02 wie folgt entwickelt:

31. Dez. 01 Guthaben (Saldovortrag)	242.500,00 EUR
18. Feb. 02 Entnahme	6.800,00 EUR
10. Mai 02 Einlage	8.100,00 EUR
14. Aug. 02 Entnahme	4.900,00 EUR
20. Okt. 02 Entnahme	9.400,00 EUR

4. An einer KG sind zum Beginn des Geschäftsjahres 02 der Komplementär A und die Kommanditisten B und C beteiligt. Vom Gesamtgewinn in Höhe von 370.000,00 EUR erhält A für seine Geschäftsführertätigkeit monatlich vorab 5.000,00 EUR durch Banküberweisung. Der Restgewinn ist wie folgt zu verteilen: A bekommt 19 %, B 36 % und C den Rest.

   Berechnen Sie die Kapitalanteile der Gesellschafter zum Ende des Geschäftsjahres 02, wenn keine weiteren Angaben zu berücksichtigen sind.

5. Eine KG erhält von ihrem Kommanditisten ab 10. Jan. 02 ein Darlehen, das mit 9 % zu verzinsen ist. Bis zum 31. Dez. 02 entwickelt sich das Darlehenskonto dieses Gesellschafters wie folgt:

10. Jan. 02 Kreditgewährung	95.000,00 EUR
2. Apr. 02 Kreditrückzahlung	9.200,00 EUR
20. Aug. 02 Kreditrückzahlung	6.500,00 EUR
25. Okt. 02 Kreditgewährung	17.000,00 EUR

   Berechnen Sie die Höhe der Zinsen und den Kontostand zum 31. Dez. 02.

6. An einer OHG sind die Gesellschafter am 1. Jan. 01 mit folgenden Beträgen beteiligt: A mit 150.000,00 EUR, B mit 120.000,00 EUR und C mit 90.000,00 EUR.

   Vom Gewinn in Höhe von insgesamt 201.600,00 EUR erhält jeder Gesellschafter 8 % seiner Kapitaleinlage zum 1. Jan. 01. Für Geschäftsführertätigkeiten werden A 72.000,00 EUR und B 36.000,00 EUR vorab vergütet. Der Restgewinn wird nach Köpfen verteilt.

   Welcher Gewinnanteil entfällt auf die jeweiligen Gesellschafter?

40 Hengstebeck - ISBN 3-8120-0068-7

7. A ist Gesellschafter einer KG. Laut Gesellschaftsvertrag ist sein Kapitalanteil mit einem Zinssatz von 7,5 bzw. 8 % zu verzinsen.

   Im Laufe des Jahres 02 entwickelt sich das Kapitalkonto des Gesellschafters folgendermaßen:

31. Dez. 01 Guthaben (Saldovortrag)	81.000,00 EUR
5. Mär. 02 Einlage	22.700,00 EUR
15. Jun. 02 Entnahme	9.200,00 EUR
17. Sep. 02 Entnahme	4.800,00 EUR
2. Nov. 02 Entnahme	6.100,00 EUR

   Wie viel EUR beträgt die Zinsgutschrift für den Gesellschafter A, wenn der Zinssatz bis einschließlich 30. Jun. 02 8 % und danach 7,5 % beträgt?

8. An einer OHG sind die Gesellschafter A, B und C beteiligt. Die Gewinngutschrift zum 31. Dez. 01 beträgt für A 69.600,00 EUR, für B 70.000,00 EUR und für C 76.000,00 EUR.

   Wie hoch war Ihre Kapitaleinlage zum 1. Jan. 01, wenn die Gewinnverteilung nach den Vorschriften des HGB erfolgt ist und jeder Gesellschafter bei der Verteilung des Restgewinns 61.600,00 EUR bekommen hat?

9. Das variable Kapitalkonto eines OHG-Gesellschafters entwickelte sich im Laufe des Jahres 02 wie folgt:

31. Dez. 01 Saldovortrag (Haben)	94.000,00 EUR
10. Mär. 02 Entnahme	32.000,00 EUR
25. Apr. 02 Einlage	9.000,00 EUR
30. Sep. 02 Entnahme	85.000,00 EUR
10. Dez. 02 Einlage	84.000,00 EUR

   Laut Gesellschaftsvertrag verzinst sich ein Guthaben auf dem variablen Kapitalkonto mit 6 %, eine Schuld mit 9 %.

   Berechnen Sie die Höhe der in 02 anfallenden Zinsen.

10. Am Kapital einer KG im Gesamtbetrag von 850.000,00 EUR sind die Gesellschafter A, B und C beteiligt. Als anteiliger Jahresgewinn ist für A ein Betrag von 136.300,00 EUR, für B von 53.640,00 EUR und für C von 33.300,00 EUR ermittelt worden. Dabei wurde berücksichtigt, dass A für seine Arbeitsleistung 66.000,00 EUR vorweg erhält, die Kapitalanteile mit 7 % verzinst werden und der Restgewinn im Verhältnis 4 : 3 : 2 zu verteilen ist.

    Berechnen Sie die Kapitalanteile der einzelnen Gesellschafter.

1.2 Steuerrechtliche Besonderheiten

In der Handelsbilanz (und der daraus abgeleiteten Steuerbilanz) darf nur das Gesellschaftsvermögen, das auch als Gesamthandsvermögen bezeichnet wird, ausgewiesen werden. Es gibt aber auch Wirtschaftsgüter, die z. B. nur einem der Gesellschafter (Mitunternehmer) gehören. Wenn es sich bei diesen aus steuerrechtlicher Sicht um Betriebsvermögen (= Sonderbetriebsvermögen) handelt, sind sie in den steuerrechtlichen Betriebsvermögensvergleich (§ 4 Abs. 1 EStG) einzubeziehen. Dies geschieht grundsätzlich dadurch, dass zusätzlich zur Handelsbilanz (und der daraus abgeleiteten Steuerbilanz) eine Sonderbilanz für den Gesellschafter erstellt wird. Diese weist die Wirtschaftsgüter aus, die als notwendiges bzw. gewillkürtes Sonderbetriebsvermögen des Gesellschafters zu berücksichtigen sind. Die Sonderbilanz dient also der steuerrechtlich zutreffenden Gewinnfeststellung für die Mitunternehmerschaft.

Häufig wird zum selben Zweck auch eine Sondergewinn- und -verlustrechnung erstellt. Die hier erfassten Erträge und Aufwendungen betreffen lediglich den Sonderbetrieb des Mitunternehmers und werden deshalb als Sonderbetriebseinnahmen bzw. Sonderbetriebsausgaben bezeichnet.

Nach § 15 Abs. 1 S. 1 Nr. 2 EStG gehören bei Mitunternehmerschaften (z. B. OHG, KG) zunächst einmal die (handelsrechtlichen und daraus abgeleiteten steuerrechtlichen) Gewinnanteile zu den Einkünften aus Gewerbebetrieb beim jeweiligen Gesellschafter (Mitunternehmer).

Daneben gehören aber auch Sondervergütungen, die der Gesellschafter

- für seine Tätigkeit im Dienst der Gesellschaft oder
- für die Hingabe von Darlehen oder
- für die Überlassung von Wirtschaftsgütern

bezogen hat, zu den Einkünften aus Gewerbebetrieb. Sie müssen deshalb bei der einheitlichen Gewinnermittlung berücksichtigt werden. Die Folge davon ist, dass sich der Gesamtgewinn der Mitunternehmerschaft vom handelsrechtlichen (und daraus abgeleiteten steuerrechtlichen) Gewinn der Gesellschaft unterscheidet.

Im Zusammenhang mit dem Sonderbetrieb des Mitunternehmers kommt es zu einer Vielzahl von Vorgängen, die hinsichtlich ihrer Auswirkungen in der Sonderbilanz und Sondergewinn- und -verlustrechnung ganz unterschiedlich zu beurteilen sind.

Vorgänge im Zusammenhang mit dem Sonderbetrieb des Gesellschafters	**Berücksichtigung in der**	
	Sonderbilanz als	Sonder-G+V als
geleistete Zahlungen		
- ohne Erfolgsauswirkung (Tilgung von Schulden)	Privateinlagen	-
- mit Erfolgsauswirkung (Grundsteuer, Instandhaltungsaufwendungen)	Privateinlagen	Aufwendungen
Abschreibungen	Vermögensminderungen	Aufwendungen
erhaltene Zahlungen		
- ohne Erfolgsauswirkung	Privatentnahmen	-
- mit Erfolgsauswirkung (Tätigkeitsvergütungen, Miet- und Zinserträge)	Privatentnahmen	Erträge
Einlage von		
- schuldenfreien Wirtschaftsgütern	Bilanzierung als Vermögen und Eigenkapital	-
- mit Schulden belasteten Wirtschaftsgütern	Bilanzierung als Vermögen und Eigenkapital/Fremdkapital	-

Da bei der gesonderten und einheitlichen Gewinnfeststellung (§§ 179, 180 AO) der gesamte steuerliche Gewinn der Mitunternehmerschaft ermittelt wird, sind selbstverständlich auch die positiven bzw. negativen Abweichungen, die sich aus Sonderbilanzen bzw. Sondergewinn- und -verlustrechnungen ergeben, zu berücksichtigen.

Beispiel:

Eine OHG, an der Heinz Angermann und Petra König mit je 50% beteiligt sind, betreibt seit dem 1. Jan. 01 ihren Gewerbebetrieb auf einem von Angermann gemieteten Grundstück. Die an Angermann vereinbarungsgemäß gezahlte Jahresmiete beträgt 48.000,00 EUR. Sie wurde in der Buchführung der OHG als Aufwand gebucht.

Die Haus- und Grundstücksaufwendungen in Höhe von 5.000,00 EUR (Grundsteuer, Instandhaltungsaufwendungen, Gebäudeversicherungen usw.) hat Angermann selbst getragen. Bei Gründung der OHG betrug der steuerrechtlich zutreffende Wert des Grundstücks 500.000,00 EUR. Davon entfielen 100.000,00 EUR auf den Grund und Boden und 400.000,00 EUR auf das Gebäude. Die Abschreibung des Gebäudes erfolgt mit einem AfA-Satz von 2%.

In der Gesellschaftsbilanz (Handelsbilanz) der OHG wird für das Jahr 01 ein Jahresüberschuss von 200.000,00 EUR ausgewiesen.

Hinsichtlich der Gewinnverteilung enthält der Gesellschaftsvertrag folgende Vereinbarungen:

- Heinz Angermann erhält vorab für seine Tätigkeit als Geschäftsführer eine jährliche Vergütung in Höhe von 180.000,00 EUR.
- Eine Verzinsung der Kapitalkonten findet nicht statt.

Weiter ist bekannt, dass bei der Berechnung des Jahresüberschusses die Tätigkeitsvergütung als Aufwand berücksichtigt worden ist.

Lösung:

Sonderbilanz Heinz Angermann 1. Januar 01

Aktiva		Passiva	
Grund und Boden	100.000,00	Kapital 1. Jan. 01	500.000,00
Gebäude	400.000,00		
	500.000,00		500.000,00

Sonderbilanz Heinz Angermann 31. Dezember 01

Aktiva			Passiva		
Grund und Boden		100.000,00	Kapital 1. Jan. 01	500.000,00	
Gebäude	400.000,00		– Privatentnahmen		
– AfA	8.000,00	392.000,00	Gehalt	180.000,00	
			Miete	48.000,00	
			+ Privateinlage Grundstücksaufwendungen	5.000,00	
			+ Gewinn	215.000,00	
			Kapital 31. Dez. 01		492.000,00
		492.000,00			492.000,00

Sondergewinn- und -verlustrechnung Heinz Angermann

Soll		Haben	
Gebäudeabschreibung	8.000,00	Gehalt	180.000,00
Grundstücksaufwendungen	5.000,00	Mieterträge	48.000,00
Gewinn	215.000,00		
	228.000,00		228.000,00

Gewinn lt. Handelsbilanz		200.000,00 EUR
+ Sonderbetriebseinnahmen		
Miete an Angermann	48.000,00 EUR	
Tätigkeitsvergütung an Angermann	180.000,00 EUR	228.000,00 EUR
– Sonderbetriebsausgaben		
Gebäudeabschreibung durch Angermann	8.000,00 EUR	
Grundstücksaufw. von Angermann	5.000,00 EUR	13.000,00 EUR
Steuerrechtlicher Gewinn		415.000,00 EUR

Der Gewinn aus der Gesellschaftsbilanz (Handelsbilanz) ist, da eine Verzinsung nicht erfolgen soll, gem. § 121 Abs. 3 HGB nach Köpfen zu verteilen.

	Gesamtgewinn der OHG	Einkünfte aus Gewerbebetr.	
		H. Angermann	P. König
Gewinn lt. Handelsbilanz	200.000,00	100.000,00	100.000,00
Sondergewinn	215.000,00	215.000,00	0,00
Gesamtbetrag	415.000,00	315.000,00	100.000,00

Übungen

1. Eine OHG erwirtschaftete im Jahr 01 einen handelsrechtlichen Verlust in Höhe von 190.000,00 EUR. Bei der Berechnung dieses Betrages wurden u. a. die folgenden Beträge als Betriebsausgaben berücksichtigt:
   - das Geschäftsführergehalt für A und B von monatlich jeweils 7.000 EUR,
   - die Zinsgutschrift an B von monatlich 2.000,00 EUR (für ein auf einem variablen Kapitalkonto erfasstes Gesellschafterdarlehen).

   Außerdem liegen die folgenden Angaben vor:

Gesellschafter	Beteiligung
A	280.000,00 EUR
B	400.000,00 EUR

   Ermitteln Sie
   a) den handelsrechtlichen Gewinn- bzw. Verlustanteil für jeden Gesellschafter,
   b) den steuerrechtlichen Gesamtgewinn der OHG für das Jahr 01,
   c) die Höhe der Einkünfte aus Gewerbebetrieb für jeden der Gesellschafter.

2. A und B betreiben in Hamburg ein Spielwarengeschäft in der Rechtsform der OHG.

   Zur Ermittlung des steuerrechtlichen Gewinns für das Jahr 02 liegt ein Ausdruck des G+V-Kontos der OHG vor, aus dem sich der korrekte handelsrechtliche Gewinn ergibt.

Soll	G+V		Haben
Aufwand f. bez. Waren	880.000,00	Verkaufserlöse	1.400.000,00
Personalaufwand		sonst. betr. Erträge	6.000,00
- für Angestellte	45.000,00	Zinserträge	2.000,00
- für Gesellschafter	135.000,00		
Abschreibungen	24.000,00		
sonst. betr. Aufwendungen			
- abzugsfähig	40.000,00		
- nicht abzugsfähig	6.000,00		
Zinsaufwendungen	21.000,00		
Gewerbesteuer			
- Abschlusszahlung 01	7.000,00		
- Vorauszahlungen 02	35.000,00		
Gewinn 02	215.000,00		
	1.408.000,00		1.408.000,00

Führen Sie die Berechnung durch.

3. Eine OHG, an der die Gesellschafter A und B beteiligt sind, hat einen handelsrechtlichen Gewinn in Höhe von 449.500,00 EUR ermittelt.

Berechnen Sie den steuerrechtlichen Gewinn der OHG für das Jahr 02, wenn im G+V-Konto die folgenden Beträge erfasst wurden und zusätzlich die Angaben a) bis d) zu berücksichtigen sind.

Soll	G+V		Haben
Aufwand f. bez. Waren	2.500.000,00	Verkaufserlöse	3.800.000,00
Personalaufwand	350.000,00		
Abschreibungen	140.000,00		
sonst. betr. Aufwand			
- Miete für Geschäftsräume			
gezahlt an A	50.000,00		
gezahlt an B	30.000,00		
gezahlt an Dritte	5.000,00		
- Werbegeschenke	8.000,00		
- angemessene Bewirtungs-aufwendungen	2.500,00		
- übr. sonst. betr. Aufw.	169.520,00		
Zinsaufwendungen	95.000,00		
Vorsteuer auf nicht abz. Betriebsausgaben	480,00		
Gewinn 02	449.500,00		
	3.800.000,00		3.800.000,00

a) Für über den Gesellschaftsvertrag hinausgehende Arbeitsleistungen hat A 12.500,00 EUR erhalten. Dieser Betrag wurde im Konto Personalaufwand erfasst.

b) Ein Maschinenkauf musste langfristig finanziert werden. Die erforderlichen Mittel in Höhe von 75.000,00 EUR stellte B der OHG zur Verfügung. Im Jahr 02 kam es dadurch zu Zinszahlungen an B in Höhe von 6.000,00 EUR. Der entsprechende Betrag wurde im Konto Zinsaufwendungen gebucht.

c) Von den im Konto Werbegeschenke erfassten Aufwendungen entfallen 2.500,00 EUR auf Geschenke (an Geschäftsfreunde), deren Anschaffungskosten mehr als 40,00 EUR betragen haben.

d) Im Zusammenhang mit den an die OHG vermieteten Geschäftsräumen ist es bei A zu Abschreibungen in Höhe von 10.000,00 EUR und sonstigen Grundstücksaufwendungen in Höhe von 7.500,00 EUR, bei B zu Abschreibungen in Höhe von 6.000,00 EUR und sonstigen Grundstücksaufwendungen in Höhe von 4.500,00 EUR gekommen.

4. An einer KG sind die Komplementäre A und B sowie der Kommanditist C, dessen vereinbarte Einlage 150.000,00 EUR beträgt, beteiligt. Die Einzahlungen bis zum 1. Jan. 01 betragen bei A 220.000,00 EUR, bei B 180.000,00 EUR und bei C 100.000,00 EUR.

Laut Gesellschaftsvertrag ist vereinbart, dass A und B für ihre Geschäftsführertätigkeit monatlich jeweils 5.500,00 EUR und C für die Überlassung von Geschäftsräumen monatlich 2.500,00 EUR überwiesen werden.

Nach Buchung dieser Aufwendungen bleibt für das Jahr 01 ein handelsrechtlicher Gewinn in Höhe von 76.520,00 EUR, der folgendermaßen zu verteilen ist:

- das eingezahlte Kapital zum 1. Jan. 01 ist mit 8 % zu verzinsen,
- am Restgewinn ist jeder Gesellschafter entsprechend seiner vereinbarten Einlage beteiligt.

Zusätzlich ist bekannt, dass C im Zusammenhang mit den der KG überlassenen Geschäftsräumen Aufwendungen in Höhe von 4.500,00 EUR entstanden sind (AfA 2.000,00 EUR, Versicherungen 1.500,00 EUR, Instandhaltungsaufwendungen 1.000,00 EUR).

a) Ermitteln Sie den steuerrechtlichen Gewinn der KG.
b) Stellen Sie die Einkünfte aus Gewerbebetrieb für jeden der Gesellschafter fest.

5. Eine OHG, an der die Gesellschafter A mit 195.000,00 EUR und B mit 178.000,00 EUR beteiligt sind, erzielt einen handelsrechtlichen Gewinn in Höhe von 165.239,00 EUR. Dieser Betrag wurde unter Berücksichtigung der folgenden Aufwandsposten berechnet:

- Zinsen von 250,00 EUR monatlich für den Zeitraum 1. Mai bis 31. Dez. für ein von A gewährtes Darlehen,
- Mieten von 900,00 EUR monatlich für den Zeitraum 1. Jul. bis 31. Dez. für von B bereitgestellte Geschäftsräume,
- Gehälter von monatlich jeweils 6.000,00 EUR für den Zeitraum 1. Jan. bis 31. Dez. für die Mitarbeit der Gesellschafter.

Der handelsrechtliche Gewinn ist im Verhältnis der Kapitalanteile zu verteilen.

a) Berechnen Sie den steuerrechtlichen Gewinn der OHG.
b) Ermitteln Sie die steuerrechtlichen Gewinnanteile für jeden der Gesellschafter.

6. Eine OHG, an der die Gesellschafter A mit 130.000,00 EUR, B mit 165.000,00 EUR und C mit 170.000,00 EUR beteiligt sind, hat einen handelsrechtlichen Verlust in Höhe von 126.930,00 EUR erzielt.

Als Vorwegvergütung haben die Gesellschafter folgende Beträge, die als Aufwand gebucht wurden, erhalten:

- alle Gesellschafter: Geschäftsführergehälter von je 4.800,00 EUR monatlich,
- Gesellschafter A: 2.500,00 EUR für ein von A gewährtes Darlehen,
- Gesellschafter B: 480,00 EUR für die Überlassung einer Garage an die OHG,
- Gesellschafter C: 5.400,00 EUR Sondervergütung für die Vermittlung eines Großauftrags.

Berechnen Sie

a) den steuerrechtlichen Gewinn der OHG,
b) die Einkünfte aus Gewerbebetrieb für jeden der Gesellschafter.

Gehen Sie davon aus, dass der handelsrechtliche Verlust nach den gesetzlichen Vorschriften zu verteilen ist.

7. Eine KG weist zum Ende des Geschäftsjahres 02 einen handelsrechtlichen Gewinn von 134.439,00 EUR aus. Lt. Gesellschaftsvertrag steht den Komplementären A und B sowie dem Kommanditisten C eine 6%ige Verzinsung ihrer Einlagen von 100.000,00 EUR, 120.000,00 EUR bzw. 150.000,00 EUR zu. Komplementär A erhält zusätzlich vorab für seine Geschäftsführertätigkeit eine Vergütung von monatlich 5.200,00 EUR. Der Restgewinn ist im Verhältnis der Kapitalanteile zu verteilen.

   Zu Lasten des Gewinns wurden bereits gebucht:

   - Zinsen für ein von A gewährtes Darlehen, 3.780,00 EUR,
   - Mieten für die Überlassung von Geschäftsräumen durch C, monatlich 2.700,00 EUR,
   - Vergütungen für den von B zur betrieblichen Nutzung bereitgestellten PKW, monatlich 1.000,00 EUR.

   Zusätzlich ist am Ende des Geschäftsjahres 02 bekannt, dass C im Zusammenhang mit der Überlassung von Geschäftsräumen Aufwendungen in Höhe von 10.000,00 EUR, B im Zusammenhang mit der Überlassung des PKW Aufwendungen in Höhe von 6.000,00 EUR entstanden sind.

   Ermitteln Sie

   a) den steuerrechtlichen Gewinn der KG,
   b) die steuerrechtlichen Gewinnanteile für jeden der Gesellschafter.

8. Der handelsrechtlich zutreffend ermittelte Verlust einer OHG beläuft sich für das Geschäftsjahr 02 auf 88.180,00 EUR. Laut Gesellschaftsvertrag ist vereinbart, dass

   - A und B für ihre Geschäftsführertätigkeit monatlich jeweils 6.100,00 EUR erhalten,
   - ein durch B gewährtes Darlehen von 80.000,00 EUR mit 7% verzinst wird und
   - für ein A gehörendes, durch die OHG genutztes Grundstück, 16.800,00 EUR Pachtzinsen vergütet werden.

   Sämtliche Beträge sind als Aufwand gebucht und ausgezahlt worden.

   Zusätzlich ist bekannt, dass die AfA für das betrieblich genutzte Grundstück 3.000,00 EUR ausmacht und A außerdem im Geschäftsjahr 02 4.000,00 EUR an Grundstücksaufwendungen zu tragen hatte.

   Ermitteln Sie

   a) den steuerrechtlichen Gewinn der OHG,
   b) die Einkünfte aus Gewerbebetrieb für jeden der Gesellschafter.

9. Die Handelsbilanz einer OHG weist zum 1. Jan. 01 folgende Kapitalanteile aus:

Gesellschafter A	240.000,00 EUR
Gesellschafter B	300.000,00 EUR
Gesellschafter C	270.000,00 EUR

   Der zutreffend ermittelte handelsrechtliche Verlust der OHG beläuft sich auf 30.300,00 EUR.

   Als Vorwegvergütung haben die Gesellschafter folgende Beträge, die als Aufwand gebucht wurden, erhalten:

   - A und B als Geschäftsführer ein monatliches Gehalt von 7.100,00 EUR,
   - C für ein der OHG gewährtes Darlehen von 120.000,00 EUR Zinsen in Höhe von 8%,
   - B für einen der OHG überlassenen Lagerplatz ab 1. April monatlich Pacht in Höhe von 950,00 EUR.

   Zusätzlich ist bekannt, dass B für den der OHG überlassenen Lagerplatz seit April 01 vierteljährlich 300,00 EUR Grundsteuer gezahlt hat.

   Bezüglich der Verteilung des handelsrechtlichen Verlustes auf die Gesellschafter liegt keine vertragliche Regelung vor.

   a) Ermitteln Sie den steuerrechtlichen Gewinn der OHG für das Jahr 01.
   b) Stellen Sie die Einkünfte aus Gewerbebetrieb für jeden der Gesellschafter fest.

10. An einer KG sind A als Komplementär mit 300.000,00 EUR, B als Kommanditist mit 60.000,00 EUR und C als Kommanditist mit 50.000,00 EUR beteiligt. Im Geschäftsjahr 02 wurde ein steuerrechtlicher Verlust in Höhe von 256.800,00 EUR erzielt. Laut Gesellschaftsvertrag ist die Gewinn-/Verlustverteilung wie folgt geregelt:
   - A erhält vorweg für seine Geschäftsführertätigkeit 13 Monatsgehälter in Höhe von jeweils 8.000,00 EUR.
   - Wird ein Jahresüberschuss erzielt, werden die Kapitalanteile der Gesellschafter nach dem Stand zum Beginn des Geschäftsjahres mit 8 % verzinst.
   - Der Restgewinn/-verlust wird im Verhältnis der Kapitalanteile zum Beginn des Geschäftsjahres verteilt.

   Die Geschäftsführergehälter sind als Aufwand gebucht worden.

   Berechnen Sie die steuerrechtlichen Gewinn- bzw. Verlustanteile für die jeweiligen Gesellschafter.

11. Der nach den Vorschriften des EStG korrekt ermittelte Verlust einer KG beträgt 21.600,00 EUR. Aus dem Gesellschaftsvertrag geht hervor, dass
   - dem Komplementär A für seine Geschäftsführertätigkeit eine monatliche Vergütung von 7.600,00 EUR zusteht,
   - der Kommanditist B für die Überlassung von Geschäftsräumen ab 1. Feb. des Geschäftsjahres monatlich 3.400,00 EUR erhält,
   - der Kommanditist C Pachtzinsen von monatlich 1.600,00 EUR bekommt und
   - ein handelsrechtlicher Gewinn/Verlust im Verhältnis der Kapitalanteile zum Beginn des Geschäftsjahres (A = 250.000,00 EUR, B = 170.000,00 EUR, C = 130.000,00 EUR) zu verteilen ist.

   Berechnen Sie die Einkünfte aus Gewerbebetrieb für die Gesellschafter A, B und C. Unterstellen Sie dabei, dass das Geschäftsführergehalt sowie die Miet- und Pachtzinsen als Aufwand gebucht worden sind.

12. Die Handelsbilanz einer OHG weist zum 1. Jan. 01 folgende Kapitalanteile aus:

Gesellschafter A	180.000,00 EUR
Gesellschafter B	240.000,00 EUR
Gesellschafter C	300.000,00 EUR

   Der für Zwecke der Besteuerung zutreffend ermittelte Verlust der OHG beläuft sich auf 135.000,00 EUR.

   Hinsichtlich der Gewinn-/Verlustverteilung ist laut Gesellschaftsvertrag Folgendes vereinbart:
   - A und B erhalten als Geschäftsführer jeweils ein monatliches Gehalt von 8.000,00 EUR,
   - für ein der OHG gewährtes Darlehen von 100.000,00 EUR bekommt C Zinsen in Höhe von 7 %,
   - B erhält für die Überlassung eines Gebäudes eine monatliche Miete von 2.500,00,00 EUR.
   - ein handelsrechtlicher Gewinn oder Verlust wird nach Köpfen verteilt.

   In der Buchführung wurden die Geschäftsführergehälter, die Zinsen an C und die Miete an B als Aufwand erfasst.

   Bestimmen Sie die steuerrechtlichen Gewinn-/Verlustanteile für jeden der Gesellschafter.

2 *Eigenkapitalausweis bei Kapitalgesellschaften*

Das Eigenkapital von Kapitalgesellschaften setzt sich (§ 266 Abs. 3 HGB) aus den folgenden Posten zusammen:

- dem gezeichneten Kapital,
- der Kapitalrücklage,
- den Gewinnrücklagen,
- dem Gewinn-/Verlustvortrag,
- dem Jahresüberschuss/-fehlbetrag.

} ggf. Bilanzgewinn/-verlust

2.1 Gezeichnetes Kapital

Das gezeichnete Kapital ist das Kapital, auf das die Haftung der Gesellschafter für die Verbindlichkeiten der Kapitalgesellschaft beschränkt ist (§ 272 HGB). Unter dieser Postenbezeichnung wird also das lt. Satzung oder Gesellschaftsvertrag im Handelsregister eingetragene Haftungskapital ausgewiesen. Bei Aktiengesellschaften ist damit das Grundkapital, bei GmbHs das Stammkapital gemeint.

Ist dieses Haftungskapital noch nicht voll eingezahlt worden, besteht die Möglichkeit, dies entweder auf der Aktivseite (Bruttoausweis) oder auf der Passivseite (Nettoausweis) der Bilanz kenntlich zu machen.

2.1.1 Bruttoausweis der ausstehenden Einlagen

Bruttoausweis bedeutet, dass die Höhe des gezeichneten Kapitals in voller Höhe auf der Passivseite ausgewiesen wird, gleichzeitig aber auf der Aktivseite (als erste Position) anzugeben ist, in welcher Höhe diese Einlagen noch nicht geleistet worden sind. Sind Teile dieser ausstehenden Einlagen bereits eingefordert, aber noch nicht eingezahlt worden, ist dies entsprechend zu vermerken.

2.1.2 Nettoausweis der ausstehenden Einlagen

Von Nettoausweis wird gesprochen, wenn die noch nicht eingeforderten (ausstehenden) Einlagen auf der Passivseite offen vom gezeichneten Kapital abgesetzt werden. Dies geschieht in einer Vorspalte, in der die Höhe des gezeichneten Kapitals ausgewiesen und dieses um die bisher nicht eingeforderten Einlagen gekürzt wird. Der Ausweis des Restbetrages erfolgt in der Hauptspalte der Bilanz unter der Bezeichnung eingefordertes Kapital. Der Posten eingefordertes Kapital besteht demnach aus der Summe der bereits geleisteten und den am Bilanzstichtag noch nicht geleisteten, aber bereits eingeforderten Einlagen. Die eingeforderten, aber noch nicht eingezahlten Einlagen sind auf der Aktivseite gesondert als Forderungen auszuweisen.

Besonderheiten bei ausstehenden Einlagen von Kapitalgesellschaften	
Bruttoausweis	**Nettoausweis**
▶ gesonderte Bilanzierung als „ausstehende Einlagen“, und zwar vor dem Anlagevermögen ▶ zusätzlicher Vermerk bezüglich der hiervon eingeforderten Einlagen	▶ offene Absetzung der nicht eingeforderten ausstehenden Einlagen von der Bilanzposition „gezeichnetes Kapital“ ▶ Bilanzierung des Differenzbetrages als „eingefordertes Kapital“ ▶ evtl. Aktivierung eingeforderter ausstehender Einlagen unter „Forderungen und sonstige Vermögensgegenstände“

Beispiel:

Eine AG hat ein Grundkapital in Höhe von 100.000,00 EUR. Dieses ist erst zu 50 % eingezahlt und zusätzlich in Höhe von 20 % eingefordert worden.

Aktiva	Bruttoausweis	Passiva	
A. Ausstehende Einlagen	50.000,00	A. Eigenkapital	
davon eingef.	20.000,00	I. Gez. Kapital	100.000,00
B. Anlagevermögen	...	II. Kapitalrücklage	...

Aktiva	Nettoausweis	Passiva		
A. ...	...	A. Eigenkapital		
B. Umlaufvermögen		I. Gez. Kapital	100.000,00	
I. ...	...	Nicht eingeforderte Einlage	– 30.000,00	
II. Forderungen und sonstige Vermögensgegenst.		Eingefordertes Kapital		70.000,00
1. ...	...	II. Kapitalrücklage		...
2. ...	...			
3. ...	...			
4. Sonst. Vermögensgegenst. Eingeforderte ausstehende Einlagen	20.000,00			

2.2 Kapitalrücklage

Werden der Kapitalgesellschaft von außen Eigenkapitalanteile zugeführt, sind diese in der Bilanz als Kapitalrücklage auszuweisen. In diesen Posten sind deshalb folgende Beträge einzustellen:

- das Agio aus der Ausgabe von Anteilen über dem Nennwert,
- das Agio aus Wandlungs- und Optionsrechten,
- Zuzahlungen der Gesellschafter gegen Vorzugsgewährung,
- Beiträge der Gesellschafter zur Stärkung des Eigenkapitals und
- Nachschüsse, die von der GmbH erhoben werden.

2.3 Gewinnrücklagen

Gewinnrücklagen können nur aus bereits versteuerten Gewinnen gebildet werden, die im Geschäftsjahr oder einem früheren Geschäftsjahr erzielt worden sind. Nach dem Bilanzgliederungsschema (§ 266 HGB) gehören dazu

- die gesetzliche Rücklage,
- die Rücklage für eigene Anteile,
- satzungsmäßige Rücklagen und
- andere Gewinnrücklagen.

Gesetzliche Rücklage

Die AG muss im Gegensatz zur GmbH eine gesetzliche Rücklage bilden. In diese sind 5% des um einen Verlustvortrag aus dem Vorjahr geminderten Jahresüberschusses einzustellen, bis die gesetzliche Rücklage und die Kapitalrücklagen nach § 272 Abs. 2 Nr. 1 bis 3 HGB zusammen 10% oder den in der Satzung bestimmten höheren Teil des Grundkapitals erreichen.

Rücklage für eigene Anteile

Erwirbt eine Kapitalgesellschaft eigene Anteile, muss sie in der Bilanz in Höhe des Werts der eigenen Anteile eine Rücklage für diese Anteile ausweisen. Zweck dieser Rücklagenbildung ist es, Gewinnausschüttungen in Höhe des Werts der eigenen Anteile auszuschließen. Die Auflösung der Rücklage erfolgt bei Ausgabe, Weiterveräußerung, Einzug oder Abschreibung der Anteile.

Satzungsgemäße Rücklagen

Ob und in welcher Höhe satzungsgemäße Rücklagen zu bilden sind, ergibt sich aus dem Gesellschaftsvertrag oder der Satzung der Kapitalgesellschaft. In der Regel handelt es sich bei diesen Rücklagen um zweckgebundene Beträge.

Andere Gewinnrücklagen

Zu anderen Gewinnrücklagen kommt es z. B., wenn durch Beschluss der Gesellschafterversammlung oder aufgrund eines Hauptversammlungsbeschlusses freiwillig Rücklagen aus versteuerten Gewinnen gebildet werden.

2.4 Weitere Eigenkapitalposten

2.4.1 Ausweis vor Ergebnisverwendung

Gewinnvortrag/Verlustvortrag

Ein Gewinnvortrag entsteht, wenn und soweit ein Jahresüberschuss des Vorjahres oder der Vorjahre nicht ausgeschüttet und nicht in Gewinnrücklagen eingestellt, sondern vorgetragen wurde. Ein Verlustvortrag ergibt sich dann, wenn aus dem Vorjahr ein Bilanzverlust übertragen wird.

Jahresüberschuss/Jahresfehlbetrag

Wird die Bilanz vor Verwendung des Jahresergebnisses aufgestellt, ist in dieser der Erfolg des Abschlussjahres auszuweisen. Übersteigen die Erträge die Aufwendungen, wird dieser Erfolg als Jahresüberschuss bezeichnet, übersteigen die Aufwendungen die Erträge, ergibt sich ein Jahresfehlbetrag.

2.4.2 Ausweis nach teilweiser Ergebnisverwendung

Wird die Bilanz nach teilweiser Verwendung des Jahresergebnisses aufgestellt, bedeutet das, dass bereits Einstellungen in die Gewinnrücklagen und Entnahmen aus den Gewinnrücklagen sowie außerdem ggf. Entnahmen aus Kapitalrücklagen vorgenommen worden sind. In diesem Fall tritt an die Stelle der Posten Jahresüberschuss/Jahresfehlbetrag und Gewinnvortrag/Verlustvortrag der Posten Bilanzgewinn/Bilanzverlust (§ 268 Abs. 1 HGB). Dieser Posten gibt den Betrag an, der für Gewinnausschüttungen oder weitere Einstellungen in Gewinnrücklagen zur Verfügung steht.

Der Bilanzgewinn/-verlust wird wie folgt ermittelt:

	Jahresüberschuss/Jahresfehlbetrag
+/−	Gewinnvortrag/Verlustvortrag aus dem Vorjahr
+	Entnahmen aus Kapitalrücklagen
+	Entnahmen aus Gewinnrücklagen
−	Einstellungen in Gewinnrücklagen
=	Bilanzgewinn/Bilanzverlust

Nach diesem Berechnungsschema ist es einer Kapitalgesellschaft selbst dann möglich einen Bilanzgewinn auszuweisen, wenn im Abschlussjahr ein Jahresfehlbetrag entstanden ist.

Beispiel:

Eine Aktiengesellschaft verfügt zum Beginn des Wirtschaftsjahres über ein Grundkapital in Höhe von 500.000,00 EUR, eine gesetzliche Rücklage (Gewinnrücklage) in Höhe von 16.000,00 EUR, andere Gewinnrücklagen in Höhe von 120.000,00 EUR und einen aus dem Vorjahr stammenden Gewinnvortrag in Höhe von 40.000,00 EUR.

Im Abschlussjahr wird ein Jahresüberschuss in Höhe von 300.000,00 EUR erzielt. Vorstand und Aufsichtsrat erstellen den Jahresabschluss und beschließen, 15.000,00 EUR in die gesetzliche Rücklage und 100.000,00 EUR in andere Gewinnrücklagen einzustellen.

Nach teilweiser Gewinnverwendung entwickeln sich die Eigenkapitalposten wie folgt:

gezeichnetes Kapital:		500.000,00 EUR
Gewinnrücklagen:		
− gesetzliche Rücklage	16.000,00 EUR	
Zugang	15.000,00 EUR	31.000,00 EUR
− andere Gewinnrücklagen	120.000,00 EUR	
Zugang	100.000,00 EUR	220.000,00 EUR
Gewinnvortrag:		0,00 EUR
Bilanzgewinn:		
Jahresüberschuss	300.000,00 EUR	
+ Gewinnvortrag	40.000,00 EUR	
− gesetzliche Rücklage	15.000,00 EUR	
− andere Gewinnrücklagen	100.000,00 EUR	225.000,00 EUR

2.5 Nicht durch Eigenkapital gedeckter Fehlbetrag

Arbeitet ein Unternehmen langfristig mit Verlusten, verringert sich das Eigenkapital ständig, bis es schließlich verbraucht ist und negativ wird. Ist es negativ, bedeutet das, dass die Schulden des Unternehmens den Wert der Vermögensgegenstände übersteigen, sodass buchmäßig eine Überschuldung vorliegt.

Der Ausweis des entsprechenden Betrages hat auf der Aktivseite der Bilanz unter der Bezeichnung nicht durch Eigenkapital gedeckter Fehlbetrag zu erfolgen (letzter Aktivposten).

Beispiel:

Aktiva — Bilanz zum 31. Dez. 02 — Passiva

	31. Dez. 02	31. Dez. 01			31. Dez. 02	31. Dez. 01
A. Anlagevermögen	......	......	A. Eigenkapital			
B. Umlaufvermögen	......	......	I. Gezeichnetes Kapital	500.000,00	0,00	500.000,00
C. Rechnungsabgrenzungsposten	......	......	II. Kapitalrücklage	150.000,00	0,00	0,00
D. Nicht durch Eigenkapital gedeckter Fehlbetrag	60.000,00	......	III. Gewinnrücklagen	100.000,00	0,00	100.000,00
			IV. Verlustvortrag	– 140.000,00	–	30.000,00
			V. Jahresfehlbetrag	– 670.000,00	0,00	– 110.000,00
				– 60.000,00	0,00	460.000,00

Ist eine Kapitalgesellschaft nicht nur buchmäßig, sondern auch nach der Auflösung der stillen Reserven noch überschuldet, sind die Geschäftsführer der GmbH bzw. der Vorstand der AG verpflichtet, das Insolvenzverfahren zu beantragen (§ 64 GmbHG, § 92 Abs. 1 AktG).

Kontrollaufgaben

1. Welche Posten gehören zum Eigenkapital von Kapitalgesellschaften?
2. Wie können ausstehende Einlagen in der Bilanz von Kapitalgesellschaften dargestellt werden?
3. Wann kommt es auf der Aktivseite der Bilanz zum Ausweis eines nicht durch Eigenkapital gedeckten Fehlbetrages?
4. Unter welcher Bezeichnung wird ein nach teilweiser Ergebnisverwendung verbleibender Restgewinn in der Bilanz ausgewiesen?
5. Welcher Unterschied besteht zwischen dem Jahresüberschuss und dem Bilanzgewinn?
6. Zeigen Sie, wie
   a) stille Rücklagen,
   b) Rücklagen für Ersatzbeschaffung,
   c) Gewinnrücklagen

   gebildet werden.
7. Wie wirkt sich die Bildung der
   a) stillen Rücklagen,
   b) Rücklagen für Ersatzbeschaffung,
   c) Gewinnrücklagen

   auf die Höhe des Unternehmenserfolgs aus?

Übungen

1. Die X-AG weist in der Bilanz zum 31. Dez. 01 ein Grundkapital in Höhe von 4.000.000,00 EUR, eine Kapitalrücklage in Höhe von 240.000,00 EUR, eine gesetzliche Rücklage (Gewinnrücklage) in Höhe von 200.000,00 EUR und andere Gewinnrücklagen in Höhe von 100.000,00 EUR aus. Außerdem ist bekannt, dass ein Gewinnvortrag in Höhe von 15.000,00 EUR vorhanden ist.

   Zum 31. Dez. 02 wird ein Jahresüberschuss in Höhe von 650.000,00 EUR erzielt.

   Vorstand und Aufsichtsrat erstellen den Jahresabschluss und beschließen, 5 % des Jahresüberschusses in die gesetzliche Rücklage und 350.000,00 EUR in andere Gewinnrücklagen einzustellen.

   Stellen Sie dar, wie sich die Posten

   - gezeichnetes Kapital,
   - Kapitalrücklage,
   - Gewinnrücklagen (gesetzliche und andere),
   - Gewinnvortrag und
   - Bilanzgewinn

   daraufhin entwickeln.

2. Eine kleine GmbH hat ein Stammkapital in Höhe von 100.000,00 EUR. Von diesem Betrag sind bisher lediglich 60.000,00 EUR einbezahlt worden. Der Restbetrag wurde noch nicht eingefordert.

   Zeigen Sie in einer verkürzten Bilanz

   a) den Bruttoausweis,
   b) den Nettoausweis

   der ausstehenden Einlagen.

   Gehen Sie davon aus, dass die GmbH über ein Anlagevermögen in Höhe von 180.000,00 EUR und ein Umlaufvermögen in Höhe von 70.000,00 EUR verfügt und außerdem Schulden in Höhe von 190.000,00 EUR vorhanden sind.

3 *Eigenkapitalausweis bei KapGes & Co. KG/OHG*

Das Eigenkapital von Personengesellschaften (KapGes & Co. KG/OHG), bei denen nicht wenigstens ein persönlich haftender Gesellschafter (§ 264a HGB)

- eine natürliche Person ist oder
- eine OHG, KG oder andere Personengesellschaft ist, die eine natürliche Person als persönlich haftenden Gesellschafter hat,

umfasst die folgenden Posten (§ 264c Abs. 2 HGB):

I. Kapitalanteile
II. Rücklagen
III. Gewinnvortrag/Verlustvortrag
IV. Jahresüberschuss/Jahresfehlbetrag } ggf. Bilanzgewinn/-verlust

3.1 Kapitalanteile

Anstelle des Postens Gezeichnetes Kapital sind die Kapitalanteile der persönlich haftenden Gesellschafter und der Kommanditisten gesondert in der Bilanz anzugeben. Dabei ist es zulässig, die Kapitalanteile der persönlich haftenden Gesellschafter bzw. der Kommanditisten zusammenzufassen. Der Bilanzausweis erfolgt dann folgendermaßen:

1. Kapitalanteile persönlich haftender Gesellschafter,
2. Kapitalanteile Kommanditisten.

Eine weitere Untergliederung ist nicht vorgeschrieben.

Im Posten Kapitalanteile persönlich haftender Gesellschafter werden deshalb für jeden Vollhafter das Festkapital, das bewegliche Kapital, Gesellschafter-Darlehen mit Eigenkapitalcharakter und das Verlust-/Vortragskonto, im Posten Kapitalanteile der Kommanditisten für jeden Kommanditisten das Haftkapital, das bewegliche Kapital bzw. Verlustausgleichskonto und Gesellschafter-Darlehen mit Eigenkapitalcharakter ausgewiesen.

3.2 Rücklagen

Als Rücklagen sind nur solche Beträge auszuweisen, die aufgrund einer gesellschaftsrechtlichen Vereinbarung gebildet worden sind.

3.3 Gewinnvortrag/Verlustvortrag und Jahresüberschuss/Jahresfehlbetrag

Diese Posten entsprechen den Posten Gewinnvortrag/Verlustvortrag und Jahresüberschuss/Jahresfehlbetrag in der Bilanz von Kapitalgesellschaften. Eine Darstellung dieser Posten entfällt jedoch grundsätzlich, da das Jahresergebnis (§§ 121 und 168 HGB) bei der Bilanzaufstellung auf die Gesellschafter verteilt, d. h. die Bilanz erst nach Gewinnverwendung aufgestellt wird. Somit liegt Ergebnisverwendung vor, sodass anstelle der Posten Gewinnvortrag/Verlustvortrag und Jahresüberschuss/Jahresfehlbetrag der Eigenkapitalposten Bilanzgewinn/Bilanzverlust in die Bilanz aufzunehmen ist (§ 268 Abs. 1 HGB).

M Jahresabschluss

Jeder Kaufmann ist verpflichtet, zum Ende eines Geschäftsjahres einen Jahresabschluss aufzustellen (§ 242 HGB). Dieser besteht mindestens aus der Bilanz und der Gewinn- und Verlustrechnung.

In der Bilanz sind alle Vermögensgegenstände, Schulden und Rechnungsabgrenzungsposten, in der Gewinn- und Verlustrechnung alle Aufwendungen und Erträge auszuweisen (Vollständigkeitsgebot, § 246 Abs. 1 HGB). Verrechnungen von Posten der Aktivseite mit Posten der Passivseite sowie von Aufwendungen mit Erträgen sind nicht zulässig (§ 246 Abs. 2 HGB).

1 Jahresabschluss von Einzelunternehmen und Personengesellschaften

Der Jahresabschluss von Einzelunternehmen und Personengesellschaften ist gesetzlich nicht abschließend geregelt. In § 247 Abs. 1 HGB heißt es zur Bilanz lediglich, dass das Anlage- und das Umlaufvermögen, das Eigenkapital und die Schulden sowie die Rechnungsabgrenzungsposten auszuweisen und hinreichend zu untergliedern sind. Wie ausführlich die Bilanzgliederung zu sein hat, ergibt sich nicht aus den handelsrechtlichen Vorschriften. Außerdem ist nicht geregelt, wie die Gewinn- und Verlustrechnung auszusehen hat.

Bezüglich der Form des Jahreabschlusses wird lediglich bestimmt, dass die Posten der Bilanz hinreichend zu untergliedern sind, der Grundsatz der Klarheit und Übersichtlichkeit zu beachten ist und die Grundsätze ordnungsmäßiger Buchführung bei der Erstellung des Jahresabschlusses berücksichtigt werden müssen.

Anhaltspunkte für den Umfang der Bilanzgliederung ergeben sich aus § 266 HGB, für den Aufbau der Gewinn- und Verlustrechnung aus § 275 HGB.

Diese für Kapitalgesellschaften geltenden Gliederungsvorschriften zur Bilanz und Gewinn- und Verlustrechnung können grundsätzlich von Einzelunternehmen und Personengesellschaften übernommen werden. Da die strengen handelsrechtlichen Vorschriften jedoch nicht zwangsläufig von Einzelunternehmen und Personengesellschaften zu beachten sind, ist es allerdings möglich, dass diese Unternehmen zusammengehörige Posten auch zusammengefasst ausweisen. Entsprechende Wahlrechte bestehen z. B. bei den verschiedenen Arten der Forderungen und Verbindlichkeiten.

Beispiel:

Der Komplementär einer KG ist nicht daran interessiert, den Kommanditisten vollständig über die Lage des Unternehmens zu informieren. Er addiert daher die in den Konten ausgewiesenen Beträge für Grundstücke, Gebäude, Maschinen, Betriebs- und Geschäftsausstattung und Finanzanlagen und weist die Summe unter der Bezeichnung Anlagevermögen in der Bilanz aus. Ebenso verfährt er mit den übrigen Bestandskonten, sodass in der Bilanz nur die Posten ausgewiesen werden, die in § 247 Abs. 1 HGB genannt sind.

Aktiva	Bilanz Passiva
Anlagevermögen	Eigenkapital
Umlaufvermögen	Schulden
Rechnungsabgrenzungsposten	Rechnungsabgrenzungsposten

41 Hengstebeck - ISBN 3-8120-0068-7

Diese Bilanzgliederung ist unzuläsig, weil nach § 247 Abs. 1 HGB eine hinreichende Untergliederung der Bilanzposten vorzunehmen ist.

Wie weitgehend eine Bilanz von Einzelunternehmen bzw. Personengesellschaften zu untergliedern ist, richtet sich nach der Unternehmensgröße. Kleine Einzelunternehmen und kleine Personengesellschaften weisen deshalb - wie kleine Kapitalgesellschaften - i.d.R. nur wenige Bilanzposten aus. Erreicht ein Unternehmen aber die Größenmerkmale des Publizitätsgesetzes (Bilanzsumme > 64 Mio. EUR,[1] Umsatzerlöse > 64 Mio. EUR[1] oder Arbeitnehmerzahl > 5.000), ist es verpflichtet, die für mittlere und große Kapitalgesellschaften geltenden Gliederungsvorschriften zu beachten.

Aus der Bilanz sind grundsätzlich neben den Vermögensgegenständen und dem Eigenkapital auch alle Schulden zu ersehen. Kann das Unternehmen jedoch auch noch aus der Weitergabe von Wechseln, aus Bürgschaften, aus Gewährleistungsverträgen oder wegen der Einräumung von Sicherheiten für fremde Verbindlichkeiten in Anspruch genommen werden (Eventualverbindlichkeiten), ist dies aus der Bilanz selbst nicht erkennbar. Da die Vermögenslage des Unternehmens nicht zu gut dargestellt werden darf, besteht (§ 251 HGB) in diesen Fällen die Verpflichtung, diese Eventualverbindlichkeiten gesondert unter der Bilanz auszuweisen.

Während die Buchführung in jeder lebenden Sprache geführt werden kann, muss der Jahresabschluss in deutscher Sprache und in Euro aufgestellt werden. Die Erstellung hat zum Schluss eines jeden Geschäftsjahres zu erfolgen, und zwar innerhalb einer Zeit, die einem ordnungsmäßigen Geschäftsgang entspricht. Fallen die Unternehmen nicht unter das Publizitätsgesetz, muss der Jahresabschluss innerhalb einer Frist von 12 Monaten nach dem Ende des Geschäftsjahres vorliegen (BStBl. 1984 II S. 227).

Hinsichtlich der Form ist außerdem zu beachten, dass der Jahresabschluss vom Kaufmann, bei Personengesellschaften von allen persönlich haftenden Gesellschaftern, unter Angabe des Datums zu unterzeichnen (§ 245 HGB) ist.

Kontrollaufgaben

1. Aus welchen Teilen besteht der Jahresabschluss von Einzelunternehmen und Personengesellschaften?
2. In welche Teilbereiche ist jede Bilanz
   a) auf der Aktivseite,
   b) auf der Passivseite

   zu untergliedern?
3. Wird den gesetzlichen Anforderungen entsprochen, wenn in der Bilanz lediglich die unter 2. genannten Bilanzposten ausgewiesen werden?
4. Nach welchem Gliederungsschema haben Einzelunternehmen und Personengesellschaften ihre Gewinn- und Verlustrechnung zu erstellen?
5. Von welchen Personen ist die Bilanz der Einzelunternehmen und Personengesellschaften zu unterschreiben?

1 Errechnete Werte.

2 *Jahresabschluss von Kapitalgesellschaften*[1]

2.1 Bestandteile des Jahresabschlusses

Der Jahresabschluss der Kapitalgesellschaft besteht aus der Bilanz, der Gewinn- und Verlustrechnung und aus einem Anhang, der mit der Bilanz und der Gewinn- und Verlustrechnung eine Einheit bildet. Er wird um einen Lagebericht ergänzt.

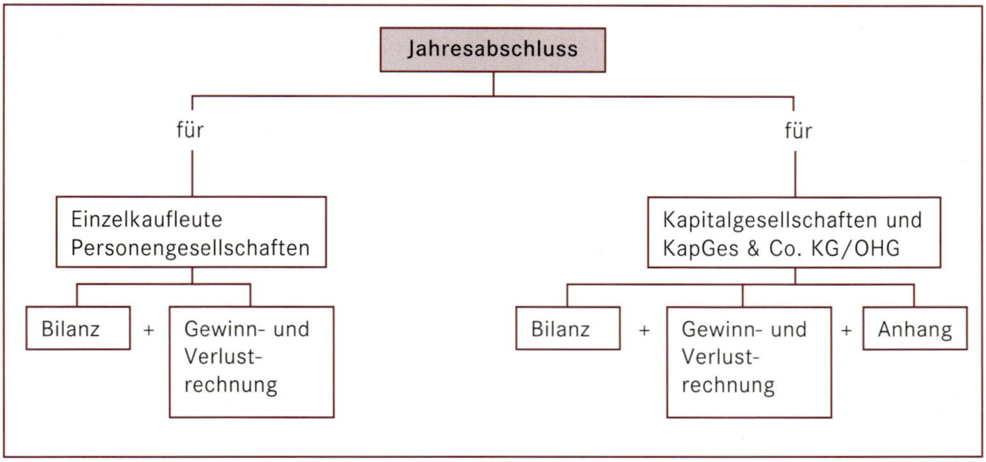

2.2 Allgemeine Gliederungsvorschriften

Für die Bilanz und die G+V-Rechnung von Kapitalgesellschaften legt § 265 HGB acht allgemeine Gliederungsgrundsätze fest, die vor allem der Vergleichbarkeit in zeitlicher und sachlicher Hinsicht, aber auch der Übersichtlichkeit der Darstellung dienen. Die Gliederungsprinzipien sind für Personenunternehmen nicht verbindlich. Es handelt sich um:

▶ **Stetigkeit der Darstellung**

Die Form der Darstellung, insbesondere die Gliederung der aufeinander folgenden Bilanzen und G+V-Rechnungen, ist beizubehalten, soweit nicht in Ausnahmefällen Abweichungen notwendig sind (z. B. bei Aufnahme eines neuen Geschäftszweiges).

▶ **Vorjahresbetrag**

Er ist zu jedem Posten der Bilanz und der Gewinn- und Verlustrechnung anzugeben. Diese Regelung bezieht sich jedoch nicht auf Wertangaben in Vorspalten und Vermerken.

▶ **Mitzugehörigkeitsvermerk**

Sind Vermögensgegenstände und Schulden mehr als einem Posten der Bilanz zuzurechnen, so ist die Mitzugehörigkeit zu vermerken oder im Anhang anzugeben, z. B. Übergabe eines Schuldwechsels an ein Unternehmen, mit dem ein Beteiligungsverhältnis besteht. Es besteht weiterhin eine Verbindlichkeit gegenüber einem Unternehmen, mit dem ein Beteiligungsverhältnis besteht, aber auch eine Verbindlichkeit aus der Ausstellung eines Schuldwechsels.

1 und KapGes & Co. KG/OHG

▶ **Verschiedene Geschäftszweige**

Umfasst das Unternehmen mehrere Geschäftszweige, und macht dies die Aufstellung des Jahresabschlusses nach verschiedenen Gliederungsvorschriften erforderlich, ist der Jahresabschluss nach der für einen Geschäftszweig vorgeschriebenen Gliederung aufzustellen und nach der für die anderen Geschäftszweige vorgeschriebenen Gliederung zu ergänzen. Die Ergänzung ist im Anhang anzugeben und zu begründen.

Zu beachten ist, dass von den Gliederungsvorschriften des HGB abweichende Bestimmungen durch Rechtsverordnung erlassen sein müssen (§ 330 HGB), wie dies z. B. für Kreditinstitute der Fall ist.

▶ **Weitere Untergliederung – neue Posten**

Die Posten dürfen über das Schema hinaus untergliedert werden (z. B. die flüssigen Mittel in Schecks, Kassenbestand usw.), jedoch ist das vorgeschriebene Schema zu beachten. Es dürfen auch neue Posten hinzugefügt werden, aber nur dann, wenn ihr Inhalt nicht von einem vorgeschriebenen Posten gedeckt wird. (Verbot des Ausweises von Wertberichtigungsposten!)

▶ **Anpassung von Gliederung und Bezeichnung**

Gliederung und Bezeichnung der mit arabischen Zahlen versehenen Posten der Bilanz und Gewinn- und Verlustrechnung sind zu ändern, wenn dies wegen Besonderheiten der Unternehmung für einen klaren und übersichtlichen Jahresabschluss erforderlich ist. Posten, die Aufzählungen enthalten, sind auf ihren tatsächlichen Inhalt zu beschränken. Auch muss eine zutreffendere Bezeichnung gewählt werden, wenn die Möglichkeit dazu gegeben ist, z. B. statt andere Anlagen LKW, PKW.

▶ **Zusammenfassung von Posten**

Posten, die in der Bilanz oder der Gewinn- und Verlustrechnung mit arabischen Zahlen versehen sind, dürfen zusammengefasst werden, wenn

→ der oder die ausgewiesenen Beträge nicht wesentlich sind oder
→ dadurch die Klarheit der Darstellung vergrößert wird (die zusammengefassten Posten sind dann im Anhang aufzugliedern).

▶ **Nichtaufführung von Posten**

Posten, bei denen auch ein Vorjahresbetrag nicht anzugeben ist, brauchen nicht aufgeführt zu werden. In diesem Fall entfällt die gesamte Postenbezeichnung einschließlich der Nummerierung. Die nachfolgenden Posten rücken auf.

2.3 Größenabhängige Vorschriften

Die Anforderungen an den Jahresabschluss von Kapitalgesellschaften sind von der Größenklasse abhängig. Dies gilt sowohl für die Gliederung der Bilanz und der Gewinn- und Verlustrechnung, als auch für die Prüfung und Offenlegung des Jahresabschlusses.

Nach § 267 HGB wird eine Einteilung der Kapitalgesellschaften in kleine, mittelgroße und große vorgenommmen.

Kapital-gesellschaften	Bilanzsumme in EUR[1]	Umsatzerlöse in EUR[1]	Arbeitnehmer
kleine	bis 3,44 Mio.	bis 6,87 Mio.	bis 50
mittelgroße	bis 13,75 Mio.	bis 27,50 Mio.	bis 250
große	über 13,75 Mio.	über 27,50 Mio.	über 250

Eine Zuordnung zu einer der drei Größenklassen erfolgt, wenn zwei der drei Merkmale an den Abschlussstichtagen von zwei aufeinander folgenden Geschäftsjahren jeweils über- bzw. unterschritten werden.

Beispiel:

Die Bilanzsumme der A-GmbH wurde zum 31. Dez. 01 mit 2,3 Mio. EUR, zum 31. Dez. 02 mit 3,3 Mio. EUR ermittelt. Die Umsätze in 01 betrugen 7,1 Mio. EUR, in 02 9,5 Mio. EUR. Durchschnittlich wurden im Jahr 01 145, im Jahr 02 160 Arbeitnehmer beschäftigt.

Die Größenmerkmale für die mittlere Kapitalgesellschaft werden bei den Umsatzerlösen und der Anzahl der Arbeitnehmer an zwei aufeinander folgenden Bilanzstichtagen erreicht. Deshalb gilt die betrachtete Kapitalgesellschaft als mittlere Kapitalgesellschaft.

2.3.1 Erstellungspflichten

Kleine Kapitalgesellschaften sind grundsätzlich verpflichtet, Jahresabschluss und Lagebericht innerhalb von drei Monaten nach dem Ende des Geschäftsjahres aufzustellen. Sie dürfen den Jahresabschluss und den Lagebericht auch später, d. h. innerhalb von sechs Monaten nach dem Ende des Geschäftsjahres aufstellen, wenn dies einem ordnungsgemäßen Geschäftsgang entspricht.

Mittelgroße und große Kapitalgesellschaften haben den Jahresabschluss und den Lagebericht innerhalb von drei Monaten nach dem Ende des Geschäftsjahres aufzustellen. Dasselbe gilt für die Erstellung des Jahresabschlusses und des Lageberichts von großen Kapitalgesellschaften.

Kap.-Ges.	Bilanz	GuV	Anhang	Lagebericht
kleine	6 Monate	6 Monate	6 Monate	6 Monate
mittelgroße	3 Monate	3 Monate	3 Monate	3 Monate
große	3 Monate	3 Monate	3 Monate	3 Monate

Die Bilanz von Kapitalgesellschaften ist unter Beachtung der gesetzlichen Gliederungsvorschriften zu erstellen und von den Mitgliedern des Vorstands der AG bzw. den Geschäftsführern der GmbH unter Angabe des Datums zu unterschreiben.

1 Errechnete Werte.

2.3.1.1 Bilanz

1. Bilanzgliederung für große und mittelgroße Kapitalgesellschaften[1]

Das Bilanzschema für große und mittelgroße Kapitalgesellschaften (§ 266 Abs. 2 HGB) sieht folgendermaßen aus:

Aktiva	Passiva
A. Anlagevermögen	A. Eigenkapital
I. Immaterielle Vermögensgegenstände	I. Gezeichnetes Kapital
1. Konzessionen, Schutzrechte	II. Kapitalrücklage
2. Firmenwert	III. Gewinnrücklage
3. geleistete Anzahlungen	1. gesetzl. Rücklage
II. Sachanlagen	2. Rücklage für eigene Anteile
1. Grundstücke, Bauten	3. satzungsmäßige Rücklagen
2. technische Anlagen, Maschinen	4. andere Gewinnrücklagen
3. andere Anlagen, B.- u. G.-Ausst.	IV. Gewinn-/Verlustvortrag
4. geleistete Anzahlungen/ Anlagen im Bau	V. Jahresüberschuss/-fehlbetrag
III. Finanzanlagen	B. Rückstellungen
1. Anteile an verbundenen Untern.	1. Rückstellungen für Pensionen
2. Ausleihungen an verb. Untern.	2. Steuerrückstellungen
3. Beteiligungen	3. sonstige Rückstellungen
4. Ausleihungen an bet. Untern.	
5. Wertpapiere des Anlagevermögens	C. Verbindlichkeiten
6. sonstige Ausleihungen	1. Anleihen
	2. Verbindlichkeiten gegenüber Kreditinstituten
B. Umlaufvermögen	3. erhaltene Anzahlungen
I. Vorräte	4. Verbindlichkeiten aus Lieferungen und Leistungen
1. Roh-, Hilfs- u. Betriebsstoffe	5. Verbindlichkeiten aus Wechseln
2. unfertige Erzeugnisse/ unfertige Leistungen	6. Verbindlichkeiten gegenüber verbundenen Unternehmen
3. fertige Erzeugnisse/Waren	7. Verbindlichkeiten gegenüber beteiligten Unternehmen
4. geleistete Anzahlungen	8. sonstige Verbindlichkeiten
II. Forderungen und sonstige Vermögensgegenstände	
1. Forderungen aus Lieferungen und Leistungen	D. Rechnungsabgrenzungsposten
2. Forderungen gegen verb. Untern.	
3. Forderungen gegen bet. Untern.	
4. sonst. Vermögensgegenstände	
III. Wertpapiere	
1. Anteile an verbundenen Untern.	
2. eigene Anteile	
3. sonstige Wertpapiere	
IV. Schecks, Kassenbestand, Bundesbank- u. Postbankguthaben, Guthaben bei Kreditinstituten	
C. Rechnungsabgrenzungsposten	

1 sowie für KapGes & Co. KG/OHG – jedoch mit anderer Eigenkapitalgliederung

Dieses Schema ist unter Umständen noch um ausstehende Einlagen auf das gezeichnete Kapital, Aufwendungen für die Ingangsetzung und Erweiterung des Geschäftsbetriebs, Sonderposten mit Rücklageanteil sowie Bilanzierungshilfen und Rückstellungen für latente Steuern zu ergänzen.

Der Betrag der Forderungen mit einer Restlaufzeit von mehr als einem Jahr und der Betrag der Verbindlichkeiten mit einer Restlaufzeit bis zu einem Jahr ist bei jedem gesondert ausgewiesenen Posten zu vermerken.

Mittelgroßen Kapitalgesellschaften sind bestimmte Erleichterungen hinsichtlich der Bilanzgliederung erst im Rahmen der Offenlegung (§ 327 HGB) gestattet, nicht schon bei der Aufstellung.

2. Bilanzgliederung für kleine Kapitalgesellschaften[1]

Kleine Kapitalgesellschaften können bereits bei Aufstellung des Jahresabschlusses bestimmte Bilanzpositionen zusammenfassen und eine verkürzte Bilanz aufstellen (§ 266 Abs. 1 S. 3 HGB). In diese sind lediglich die mit Buchstaben und römischen Zahlen bezeichneten Posten gesondert und in der vorgeschriebenen Reihenfolge zu übernehmen.

Aktiva	Passiva
A. Anlagevermögen	A. Eigenkapital
I. Immaterielle Vermögensgegenstände	I. Gezeichnetes Kapital
II. Sachanlagen	II. Kapitalrücklage
III. Finanzanlagen	III. Gewinnrücklagen
	IV. Gewinn-/Verlustvortrag
	V. Jahresüberschuss/-fehlbetrag
B. Umlaufvermögen	B. Rückstellungen
I. Vorräte	
II. Forderungen und sonstige Vermögensgegenstände	C. Verbindlichkeiten
III. Wertpapiere	
IV. Schecks, Kassenbestand, Bundesbank- und Postbankguthaben, Guthaben bei Kreditinstituten	D. Rechnungsabgrenzungsposten
C. Rechnungsabgrenzungsposten	

Auch dieses Schema ist ggf. um die in der Bilanzgliederung für große und mittelgroße Kapitalgesellschaften nicht aufgeführten Positionen zu ergänzen.

3. Bilanzgliederung für die Veröffentlichung

Für die Offenlegung dürfen mittlere Kapitalgesellschaften die Bilanz zunächst einmal wie kleine Kapitalgesellschaften verkürzen. Zusätzlich haben sie jedoch in der Bilanz oder im Anhang gesondert anzugeben (§ 327 Nr. 1 HGB):

1 sowie für KapGes & Co. KG/OHG – jedoch mit anderer Eigenkapitalgliederung

auf der **Aktivseite:**	
A.I.2	Geschäfts- oder Firmenwert
A.II.1	Grundstücke, grundstücksgleiche Rechte und Bauten einschließlich Bauten auf fremden Grundstücken
A.II.2	Technische Anlagen und Maschinen
A.II.3	Andere Anlagen, Betriebs- und Geschäftsausstattung
A.II.4	Geleistete Anzahlungen und Anlagen im Bau
A.III.1	Anteile an verbundenen Unternehmen
A.III.2	Ausleihungen an verbundene Unternehmen
A.III.3	Beteiligungen
A.III.4	Ausleihungen an Unternehmen, mit denen ein Beteiligungsverhältnis besteht
B.II.2	Forderungen gegen verbundene Unternehmen
B.II.3	Forderungen gegen Unternehmen, mit denen ein Beteiligungsverhältnis besteht
B.III.1	Anteile an verbundenen Unternehmen
B.III.2	Eigene Anteile
auf der **Passivseite:**	
C.1	Anleihen, davon konvertibel
C.2	Verbindlichkeiten gegenüber Kreditinstituten
C.6	Verbindlichkeiten gegenüber verbundenen Unternehmen
C.7	Verbindlichkeiten gegenüber Unternehmen, mit denen ein Beteiligungsverhältnis besteht

2.3.1.2 Gewinn- und Verlustrechnung

In der G+V-Rechnung wird durch Zusammenführung aller Erfolgskonten der Erfolg des Unternehmens zum Abschlussstichtag ermittelt. Dieser Erfolg wird in den Fällen, in denen noch keine Gewinnverwendungsentscheidungen (Ausschüttungen, Zuführungen zu Gewinnrücklagen usw.) getroffen wurden, Jahresüberschuss bzw. Jahresfehlbetrag genannt. Wurde dagegen der Jahreserfolg bereits ganz oder teilweise verwendet, so wird der G+V-Saldo als Bilanzgewinn oder -verlust bezeichnet.

Die G+V-Rechnung ist eine Gegenüberstellung der Aufwendungen und Erträge des Geschäftsjahres. Unter Aufwand ist der in Geldeinheiten bewertete Güter- und Leistungsverzehr zu verstehen. Erträge sind die in Geldeinheiten bewerteten Wertzuflüsse aus der Güter- und Leistungserstellung und -verwertung.

Die G+V-Rechnung ist nach dem Gesamt- oder Umsatzkostenverfahren in Staffelform zu erstellen. § 275 HGB weist die beiden Gliederungsalternativen aus, die in dieser Form für große Kapitalgesellschaften bezüglich Bezeichnung, Reihenfolge und Umfang grundsätzlich verbindlich sind.

1. Gesamtkostenverfahren

Beim Gesamtkostenverfahren wird von der Tatsache ausgegangen, dass sich die Produktion in den Kostenkonten, der Absatz in den Erlöskonten widerspiegelt. Deshalb werden alle Konten der Kostenarten (daher die Bezeichnung Gesamtkostenverfahren) zusammengefasst und zur Ermittlung des Erfolgs den Erlösen gegenübergestellt.

Allerdings beziehen sich die Kosten der Produktion auf die erzeugte Menge (Leistung), die Erlöse dagegen auf die abgesetzte Menge (Leistung). Der notwendige Ausgleich findet deshalb durch die Berücksichtigung von Bestandsveränderungen statt.

1.		Umsatzerlöse
2.	+/−	Erhöhung oder Verminderung des Bestandes an fertigen und unfertigen Erzeugnissen
3.	+	andere aktivierte Eigenleistungen = Gesamtleistung (1. - 3.)
4.	+	sonstige betriebliche Erträge
5.	−	Materialaufwand a) Aufwendungen für Roh-, Hilfs- und Betriebsstoffe und für bezogene Waren b) Aufwendungen für bezogene Leistungen
	=	Rohergebnis (1. - 5.)
6.	−	Personalaufwand a) Löhne und Gehälter b) soziale Abgaben und Aufwendungen für Unterstützung, davon für Altersversorgung
7.	−	Abschreibungen a) auf immaterielle Vermögensgegenstände des Anlagevermögens und Sachanlagen sowie auf aktivierte Aufwendungen für die Ingangsetzung und Erweiterung des Geschäftsbetriebes b) auf Vermögensgegenstände des Umlaufvermögens, soweit diese die in der Kapitalgesellschaft üblichen Abschreibungen überschreiten
8.	−	sonstige betriebliche Aufwendungen
	=	Ergebnis der eigentlichen Betriebstätigkeit (1. - 8.)
9.	+	Erträge aus Beteiligungen, davon aus verbundenen Unternehmen
10.	+	Erträge aus anderen Wertpapieren und Ausleihungen des Finanzanlagevermögens, davon aus verbundenen Unternehmen
11.	+	sonstige Zinsen und ähnliche Erträge, davon aus verbundenen Unternehmen
12.	−	Abschreibungen auf Finanzanlagen und auf Wertpapiere des Umlaufvermögens
13.	−	Zinsen und ähnliche Aufwendungen, davon aus verbundenen Unternehmen
	=	Finanzergebnis (9. - 13.)
14.	**Ergebnis der gewöhnlichen Geschäftstätigkeit** (1. - 13.)	
15.	+	außerordentliche Erträge
16.	−	außerordentliche Aufwendungen
17.	**außerordentliches Ergebnis** (15., 16.)	
18.	−	Steuern vom Einkommen und vom Ertrag
19.	−	sonstige Steuern
20.	**Jahresüberschuss/Jahresfehlbetrag** (1. − 19.)	

2. Umsatzkostenverfahren

Beim Umsatzkostenverfahren werden den gesamten Verkaufserlösen die Herstellungskosten der abgesetzten Leistungen, also des Umsatzes, gegenübergestellt (wird bisher vorwiegend von multinationalen Unternehmen angewandt).

Bei diesem Verfahren wird der Aufwand weder insgesamt noch nach Arten gezeigt. Als Ausgleich sind deshalb die Materialaufwendungen und die gesamten Personalaufwendungen, aufgegliedert wie beim Gesamtkostenverfahren, im Anhang anzugeben.

Vorteilhaft an diesem Verfahren ist, dass die Aufwendungen nach ihren Entstehungsbereichen dargestellt werden.

1.		Umsatzerlöse
2.	–	Herstellungskosten der zur Erzielung der Umsatzerlöse erbrachten Leistungen
3.		**Bruttoergebnis vom Umsatz** (1., 2.)
4.	–	Vertriebskosten
5.	–	allgemeine Verwaltungskosten
6.	+	sonstige betriebliche Erträge
7.	–	sonstige betriebliche Aufwendungen
	=	Ergebnis der eigentlichen Betriebstätigkeit (1. - 7.)
8.	+	Erträge aus Beteiligungen, davon aus verbundenen Unternehmen
9.	+	Erträge aus anderen Wertpapieren und Ausleihungen des Finanzanlagevermögens, davon aus verbundenen Unternehmen
10.	+	sonstige Zinsen und ähnliche Erträge, davon aus verbundenen Unternehmen
11.	–	Abschreibungen auf Finanzanlagen und auf Wertpapiere des Umlaufvermögens
12.	–	Zinsen und ähnliche Aufwendungen, davon an verbundene Unternehmen
	=	Finanzergebnis (8. - 12.)
13.		**Ergebnis der gewöhnlichen Geschäftstätigkeit** (8. - 12.)
14.	+	außerordentliche Erträge
15.	–	außerordentliche Aufwendungen
16.		**außerordentliches Ergebnis** (14., 15.)
17.	–	Steuern vom Einkommen und Ertrag
18.	–	sonstige Steuern
19.		**Jahresüberschuss/Jahresfehlbetrag** (1. – 18.)

Kleine und mittelgroße Kapitalgesellschaften und KapGes & Co. KG/OHG sind nicht verpflichtet, die G+V-Rechnung in der für große Kapitalgesellschaften vorgeschriebenen Ausführlichkeit anzufertigen (§ 276 HGB). Wird die G+V-Rechnung nach dem Gesamtkostenverfahren erstellt, dürfen die Posten 1 bis 5 zusammengefasst als Rohergebnis ausgewiesen werden. Bei der Erstellung der G+V-Rechnung nach dem Umsatzkostenverfahren ist es möglich, die Posten 1 bis 3 und 6 zum Rohergebnis zusammenzufassen.

2.3.1.3 Anhang

Der Anhang ist Pflichtbestandteil des Jahresabschlusses von Kapitalgesellschaften und KapGes & Co. KG/OHG (§ 264 Abs. 1 HGB). Aus diesem Grunde ist es diesen erlaubt, bestimmte Angaben statt in der Bilanz oder in der Gewinn- und Verlustrechnung im Anhang (§§ 284, 285 HGB) zu machen. Die Erfolgsermittlung hat aber stets in der Bilanz und der Gewinn- und Verlustrechnung zu erfolgen.

Der Anhang ergänzt die Bilanz und die G+V-Rechnung von Kapitalgesellschaften und KapGes & Co. KG/OHG.

Besondere Bedeutung kommt dem Anhang dann zu, wenn aufgrund von Bilanz und Gewinn- und Verlustrechnung allein, ein den tatsächlichen Verhältnissen entsprechendes Bild der Vermögens-, Finanz- und Ertragslage nicht vermittelt werden kann.

In den Anhang sind alle Angaben aufzunehmen, die gesetzlich vorgeschrieben sind oder freiwillig statt in der Bilanz oder in der Gewinn- und Verlustrechnung hier gemacht werden. Außerdem dürfen zusätzliche Angaben (z. B. Kapitalflussrechnungen, Wertschöpfungsrechnungen, Sozialberichte) in den Anhang aufgenommen werden. Das aber nur, wenn dadurch die Klarheit und Übersichtlichkeit des Anhangs nicht beeinträchtigt wird.

Beispiele für Pflicht- und Wahlangaben, die von großen Kapitalgesellschaften und KapGes & Co. KG/OHG im Anhang gemacht werden müssen bzw. dürfen sind

- die Erläuterungen zu den Posten der Bilanz und der Gewinn- und Verlustrechnung,
- der Betrag der Verbindlichkeiten, der durch Pfandrechte oder ähnliche Rechte gesichert ist,
- die Aufteilung der Steuern vom Einkommen und vom Ertrag auf das Ergebnis der gewöhnlichen Geschäftstätigkeit und das außerordentliche Ergebnis,
- die angewandten Bilanzierungs- und Bewertungsmethoden,
- die Grundlagen für die Umrechnung von Fremdwährungsverbindlichkeiten,
- das Ausmaß, in dem das Jahresergebnis durch Anwendung (nur) steuerrechtlicher Vorschriften beeinflusst worden ist,
- der Gesamtbetrag der sonstigen finanziellen Verpflichtungen,
- die Höhe der einzelnen Eventualverbindlichkeiten (Haftungsverhältnisse § 251 HGB),
- die Höhe der Aufwendungen für die Unternehmensleitung und die Aufsichtsorgane.

Von besonderer Bedeutung im Rahmen des Jahresabschlusses ist allerdings der Anlagenspiegel. Er kann Bestandteil der Bilanz sein, wird aber aus Gründen der Übersichtlichkeit i. d. R. in den Anhang verlagert.

Nach § 268 Abs. 2 HGB ist im Anlagenspiegel die Entwicklung der einzelnen Bilanzposten des Anlagevermögens zuzüglich des Postens Aufwendungen für die Ingangsetzung und Erweiterung des Geschäftsbetriebs nach der direkten Bruttomethode darzustellen. Dabei sind, ausgehend von den gesamten Anschaffungs- und Herstellungskosten, die Zugänge, Abgänge, Umbuchungen und Zuschreibungen des Geschäftsjahres ebenso anzugeben, wie die kumulierten Abschreibungen. Die Abschreibungen des Geschäftsjahres müssen bei dem betreffenden Bilanzposten vermerkt werden. Sie dürfen aber auch im Anhang in einer der Gliederung des Anlagevermögens entsprechenden Aufgliederung angegeben werden. Der Übersichtlichkeit des Anlagenspiegels wegen empfiehlt sich z. B. die Darstellung in den folgenden neun Spalten (zuzüglich der Vorspalte):

Bilanzposten	Gesamte Anschaffungs-/Herstellungskosten	Zugänge	Abgänge	Umbuchungen	Abschreibungen kumuliert	Zuschreibungen	Buchwert 31. Dez. Abschlussjahr	AK/HK 31. Dez. Abschlussjahr	Abschreibungen Abschlussjahr
	+	–	+/–	–	+				

Die vertikale Gliederung nach Anlagepositionen ist von der Unternehmensgröße abhängig. Das bedeutet, dass kleine Kapitalgesellschaften ihr Anlagevermögen auch im Anlagenspiegel nur in

- immaterielle Vermögensgegenstände
- Sachanlagen und
- Finanzanlagen sowie ggf.
- Aufwendungen für die Ingangsetzung und Erweiterung des Geschäftsbetriebs

gliedern müssen.

Der Anlagenspiegel mittelgroßer Kapitalgesellschaften darf nur für Zwecke der Offenlegung nach Maßgabe des § 327 HGB verkürzt werden.

Im Anlagenspiegel ergibt der Saldo der Spalten 1 bis 6 den Buchwert am Ende des Abschlussjahres (Spalte 7). Die Gleichung

	Spalte
gesamte Anschaffungs-/Herstellungskosten	1
+ Zugänge	2
– Abgänge	3
+/– Umbuchungen	4
– Abschreibungen kumuliert	5
+ Zuschreibungen	6
= Buchwert Abschlussjahr	7

muss grundsätzlich immer erfüllt sein. Es kommt allerdings zu Abweichungen in der Spalte Abschreibungen kumuliert, wenn ein abnutzbarer Vermögensgegenstand aus dem Betriebsvermögen ausscheidet. Das ist deshalb so, weil in dieser Spalte nur die kumulierten Abschreibungen auszuweisen sind, die auf die noch zum Betriebsvermögen gehörenden Vermögensgegenstände entfallen.

Die Spalten 8 und 9 sind erläuternd, d. h., sie werden bei der Berechnung bzw. bei der Entwicklung von den gesamten Anschaffungs-/Herstellungskosten bis zum Buchwert am Ende des Abschlussjahres nicht als Minus- oder Plusposten erfasst.

Beispiel:

Das Anlagevermögen einer GmbH ist durch folgende Merkmale gekennzeichnet:

- Historische Anschaffungs-/Herstellungskosten:

Grundstücke und Bauten	2.500.000,00 EUR
Maschinen und maschinelle Anlagen	1.600.000,00 EUR
Betriebs- und Geschäftsausstattung	900.000,00 EUR
geleistete Anzahlungen	120.000,00 EUR

- Bereits in den Vorjahren berücksichtigte Abschreibungen:

Grundstücke und Bauten	950.000,00 EUR
Maschinen und maschinelle Anlagen	800.000,00 EUR
Betriebs- und Geschäftsausstattung	500.000,00 EUR

Im Abschlussjahr wurde eine bereits voll abgeschriebene Maschine mit Anschaffungskosten von 50.000,00 EUR verschrottet. Eine Maschine, auf die im Vorjahr Anzahlungen von 120.000,00 EUR geleistet wurden, ist im Geschäftsjahr geliefert worden. Außerdem wurde für die verschrottete Maschine eine Ersatzmaschine mit Anschaffungskosten von 180.000,00 EUR erworben.

Im Abschlussjahr sind folgende Abschreibungen vorzunehmen:

Grundstücke und Bauten	60.000,00 EUR
Maschinen und maschinelle Anlagen	200.000,00 EUR
Betriebs- und Geschäftsausstattung	80.000,00 EUR

Bilanzposten	Gesamte Anschaffungs-/Herstellungskosten	Zugänge +	Abgänge –	Umbuchungen +/–	Abschreibungen kumuliert –	Zuschreibungen +	Buchwert 31. Dez. Abschlussjahr	AK/HK 31. Dez. Abschlussjahr	Abschreibungen Abschlussjahr
Grundstücke und Bauten	2.500.000	-	-	-	1.010.000	-	1.490.000	2.500.000	60.000
Maschinen und masch. Anlagen	1.600.000	180.000	50.000	120.000	**950.000**	-	900.000	1.850.000	200.000
Betriebs- und Geschäftsausst.	900.000	-	-	-	580.000	-	320.000	900.000	80.000
geleistete Anzahlungen	120.000	-	-	120.000	-	-	-	-	-

2.3.1.4 Lagebericht

Der Jahresabschluss der Kapitalgesellschaft und der KapGes & Co. KG/OHG wird um einen Lagebericht ergänzt. (Ist nicht Teil des Jahresabschlusses!)

Hauptzweck des Lageberichts ist es, die Lage der Kapitalgesellschaft und der KapGes & Co. KG/OHG so darzustellen, dass ein den tatsächlichen Verhältnissen entsprechendes Bild vermittelt wird (§ 289 Abs. 1 HGB). Dabei ist auch auf die Risiken der künftigen Entwicklung einzugehen. Der Lagebericht soll also zusätzliche Informationen über den Stand und die Entwicklung des Unternehmens geben.

Vor allem ist im Lagebericht einzugehen auf

- Vorgänge, die nach dem Schluss des Geschäftsjahres eingetreten und für die Gesellschaft von besonderer Bedeutung sind (z. B. Ausfuhrsperren, Verlust von Großabnehmern),
- die voraussichtliche Entwicklung der Gesellschaft und
- den Bereich Forschung und Entwicklung.

Im Gegensatz zum Jahresabschluss, der vergangenheitsorientiert ist, enthält der Lagebericht Hinweise zur zukünftigen Entwicklung des Unternehmens.

2.3.2 Prüfung des Jahresabschlusses

Mittelgroße und große Kapitalgesellschaften und KapGes & Co. KG/OHG müssen ihre Rechnungslegungsunterlagen durch einen Abschlussprüfer (z. B. Wirtschaftsprüfer) prüfen lassen. Solange eine Prüfung nicht stattgefunden hat, kann der Jahresabschluss nicht festgestellt werden (§ 316 HGB).

Die Prüfung erstreckt sich auf die Buchführung, den Jahresabschluss, also die Bilanz, die Gewinn- und Verlustrechnung sowie den Anhang, und den Lagebericht.

Sind nach Abschluss der Prüfung keine Einwendungen zu erheben, hat der Abschlussprüfer das Ergebnis der Prüfung in einem Bestätigungsvermerk zusammenzufassen. Nach § 322 HGB hat dieser z. B. folgenden Wortlaut: „Die Buchführung und der Jahresabschluss entsprechen nach meiner/unserer pflichtmäßigen Prüfung den gesetzlichen Vorschriften. Der Jahresabschluss vermittelt unter Beachtung der Grundsätze ordnungsmäßiger Buchführung ein den tatsächlichen Verhältnissen entsprechendes Bild der Vermögens-, Finanz- und Ertragslage der Kapitalgesellschaft bzw. der KapGes & Co. KG/OHG. Der Lagebericht steht im Einklang mit dem Jahresabschluss. Er vermittelt eine zutreffende Vorstellung von der Lage des Unternehmens.“

Bei Verstößen gegen Aufstellungs- und Prüfungspflichten kann ein Zwangsgeld von maximal 5.000,00 EUR auferlegt werden (§ 335 HGB).

2.3.3 Offenlegung des Jahresabschlusses

Nachdem der Jahresabschluss und der Lagebericht erstellt, geprüft und festgestellt sind, hat eine Offenlegung der Rechnungslegungsunterlagen zu erfolgen. Diese Offenlegung geschieht grundsätzlich, indem die Unterlagen zum Handelsregister eingereicht und im Bundesanzeiger veröffentlicht werden (§ 325 HGB). Hinsichtlich des Zeitpunkts und des Umfangs der Offenlegung gibt es allerdings größenabhängige Erleichterungen.

Kleine Kapitalgesellschaften und KapGes & Co. KG/OHG sind lediglich verpflichtet, die Bilanz und den Anhang zum Handelsregister einzureichen, d. h. es ist nicht erforderlich, die Gewinn- und Verlustrechnung und den Lagebericht zu hinterlegen. Außerdem muss der Anhang keine Angaben enthalten, die die Gewinn- und Verlustrechnung betreffen (§ 326 HGB).

Im Bundesanzeiger ist nur bekannt zu machen, bei welchem Handelsregister und unter welcher Nummer Bilanz und Anhang eingereicht worden sind.

Mittelgroße Kapitalgesellschaften und KapGes & Co. KG/OHG sind verpflichtet, neben der Bilanz und dem Anhang auch die Gewinn- und Verlustrechnung und den Lagebericht zum Handelsregister einzureichen.

Bilanz, Gewinn- und Verlustrechnung und Anhang werden allerdings nur in verkürzter Form erwartet (§ 327 HGB).

Im Bundesanzeiger haben mittelgroße Kapitalgesellschaften und KapGes & Co. KG/OHG nur bekannt zu machen, bei welchem Handelsregister und unter welcher Nummer Jahresabschluss und Lagebericht eingereicht worden sind (§ 325 HGB).

Große Kapitalgesellschaften und KapGes & Co. KG/OHG sind verpflichtet, ihren Jahresabschluss und ihren Lagebericht in ungekürzter Form im Bundesanzeiger bekannt zu geben und die Unterlagen beim Handelsregister einzureichen.

Offenlegungspflichten

Kapitalgesellschaften und KapGes & Co. KG/OHG	Bilanz	G+V	Anhang	Lagebericht
kleine	HR verkürzt	–	HR verkürzt	–
mittelgroße	HR verkürzt	HR verkürzt	HR verkürzt	HR
große	BA + HR	BA + HR	BA + HR	BA + HR

Die Offenlegung des Jahresabschlusses hat innerhalb von 12 Monaten nach Ablauf des Geschäftsjahres zu erfolgen.

Kleine Kapitalgesellschaften und KapGes & Co. KG/OHG haben die offen zu legenden Unterlagen innerhalb von zwölf Monaten nach Abschluss des Geschäftsjahres beim zuständigen Handelsregister einzureichen.

Mittelgroße Kapitalgesellschaften und KapGes & Co. KG/OHG sind verpflichtet, die offen zu legenden Unterlagen innerhalb von neun Monaten nach Abschluss des Geschäftsjahres beim zuständigen Handelsregister einzureichen.

Für **große Kapitalgesellschaften** und KapGes & Co. KG/OHG ist vorgeschrieben, dass sie die offen zu legenden Unterlagen innerhalb von neun Monaten nach Abschluss des Geschäftsjahres im Bundesanzeiger bekannt zu machen und gleichzeitig die Unterlagen beim zuständigen Handelsregister einzureichen haben.

Bei Verstößen gegen die Offenlegungspflichten ist auf Antrag von „Jedermann" nach Androhung und Ablauf bestimmter Fristen ein Ordnungsgeld von mindestens 5.000,00 EUR und höchstens 25.000,00 EUR festzusetzen (§ 335 a S. 4 HGB).

Kontrollaufgaben

1. Aus welchen Teilen besteht der Jahresabschluss von Kapitalgesellschaften?
2. Für welche Kapitalgesellschaften gilt die Bilanzgliederung des § 266 HGB uneingeschränkt?
3. Nach welchen Verfahren kann die Gewinn- und Verlustrechnung gegliedert sein?
4. Für welche Kapitalgesellschaften ist die G+V-Gliederung nach § 275 HGB verbindlich vorgeschrieben?
5. Welche Grobgliederung enthält die Gewinn- und Verlustrechnung?

6. Welchem Zweck dient der Anhang?
7. Nennen Sie Angaben, die der Anhang enthalten muss.
8. Zu welchem Teil des Jahresabschlusses gehört der Anlagenspiegel?
9. Wie ist der Anlagenspiegel aufgebaut?
10. Warum gehört der Lagebericht nicht zum Jahresabschluss?
11. Auf welche Vorgänge/Bereiche ist im Lagebericht besonders einzugehen?
12. Wann gelten Kapitalgesellschaften als
    a) große Kapitalgesellschaften,
    b) mittelgroße Kapitalgesellschaften,
    c) kleine Kapitalgesellschaften?
13. Innerhalb welcher Frist haben
    a) große,
    b) mittelgroße,
    c) kleine

    Kapitalgesellschaften ihren Jahresabschluss zu erstellen?
14. Welche Unternehmen sind prüfungspflichtig?
15. Auf welche Bereiche erstreckt sich die Pflichtprüfung?
16. Welche Unterschiede bestehen hinsichtlich der Publizitätspflicht großer, mittelgroßer und kleiner Kapitalgesellschaften?

Übungen

1. Erstellen Sie
    - die Bilanz und die G+V-Rechnung für eine große Kapitalgesellschaft,
    - die zu veröffentlichende Bilanz und G+V-Rechnung für eine mittelgroße Kapitalgesellschaft,
    - die Bilanz und die G+V-Rechnung für eine kleine Kapitalgesellschaft.

    Gehen Sie davon aus, dass auch im Vorjahr keine weiteren Posten zu berücksichtigen waren. (Die Angabe der Vorjahreswerte entfällt aus Vereinfachungsgründen.)

Hauptabschlussübersicht

Kontenbezeichnung	Endgültige Saldenbilanz	
	Soll	Haben
Grund u. Boden unbebaut	200.000,00	
Grund u. Boden bebaut	180.000,00	
Betriebsgebäude	1.200.000,00	
Maschinen	220.000,00	
Fuhrpark	168.750,00	
Betriebsausstattung	96.000,00	
Büroeinrichtung	52.000,00	
gel. Anzahlungen a. SA	42.250,00	
Anlagen im Bau	110.000,00	
Wertpapiere Anlagev.	36.750,00	
Rohstoffe	190.000,00	
Hilfsstoffe	20.000,00	
Betriebsstoffe	5.000,00	
unfertige Erzeugnisse	30.000,00	

fertige Erzeugnisse	60.000,00	
Forderungen a. LuL	171.000,00	
zweifelhafte Ford.	3.450,00	
Pauschalwertb. z. Ford.		3.000,00
Vorsteuer n. n. abzugsf.	8.300,00	
sonstige Vermögensg.	12.500,00	
Bankguthaben	2.000.000,00	
Kassenbestand	25.000,00	
aktive RAP	2.400,00	
gezeichnetes Kapital		1.000.000,00
satzungsgem. Rücklage		180.000,00
Gewinnvortrag		10.000,00
Jahresüberschuss		
Sonderp. m. Rückl.		40.000,00
Pensionsrückst.		50.000,00
Steuerrückstellungen		281.850,00
sonstige Rückstellungen		18.000,00
Verb. g. Kreditinst.		510.300,00
erh. Anzahl. a. Best.		18.600,00
Verbindlichkeiten LuL		1.550.000,00
Schuldwechsel		57.000,00
Umsatzsteuer		32.000,00
Verb. LSt/KiSt/SZ		44.300,00
Verb. Sozialvers.		46.500,00
übrige sonst. Verb.		3.950,00
Umsatzerlöse		5.143.800,00
gewährte Boni	10.000,00	
Bestandsv. unf. Erz.	13.800,00	
Bestandsv. f. Erz.		25.300,00
sonst. betr. Erträge		64.000,00
Aufw. f. Rohstoffe	380.000,00	
Aufw. f. Hilfsstoffe	30.000,00	
Aufw. f. Betriebsst.	2.000,00	
Löhne	1.200.000,00	
Gehälter	500.000,00	
ges. soziale Aufw.	250.000,00	
Abschreibungen SA	182.000,00	
Raumkosten	120.000,00	
Nebenkosten Geldv.	12.100,00	
Rechts-, Beratungsk.	15.700,00	
Bürobedarf	3.000,00	
Versicherungen	38.000,00	
Abschr. a. Ford.	13.800,00	
Einst. in Sonderp.	40.000,00	
Zinserträge		18.000,00
Zinsaufwendungen	21.000,00	
a. o. Erträge		109.050,00
a. o. Aufw.	1.124.747,00	
Gewerbesteuer	153.628,00	
Körperschaftsteuer	246.975,00	
sonstige Steuern	15.500,00	
	9.205.650,00	9.205.650,00

42 Hengstebeck - ISBN 3-8120-0068-7

2. Eine kleine GmbH erwirbt im Januar 01 eine Maschine für 150.000,00 EUR zuzüglich 24.000,00 EUR USt. Die Maschine hat eine betriebsgewöhnliche Nutzungsdauer von 5 Jahren und wird linear abgeschrieben. Da diese Maschine den betrieblichen Anforderungen nicht mehr gewachsen ist, wird sie am 31. Aug. 03

   a) zum Buchwert von 70.000,00 EUR,
   b) mit einem Buchverlust von 20.000,00 EUR

   gegen Bankscheck veräußert.

   Nehmen Sie im Anlagenspiegel alle Eintragungen vor, die sich im Zusammenhang mit dieser Maschine in den Jahren 01 bis 03 ergeben.

3. Eine GmbH hat im Januar 01 eine Maschine für 70.000,00 EUR zuzüglich 11.200,00 EUR USt erworben. Diese Maschine hat eine betriebsgewöhnliche Nutzungsdauer von 10 Jahren und wird linear abgeschrieben.

   Aufgrund der schlechten Auftragslage wird die Maschine zum Ende des Jahres 06 stillgelegt und durch eine außerplanmäßige Abschreibung voll abgeschrieben.

   Im Jahr 08 kann die Anlage infolge eines Großauftrags wieder voll eingesetzt werden. Es ist davon auszugehen, dass sie bis zum Ablauf der ursprünglichen Nutzungsdauer verwendet werden kann. Die GmbH nimmt deshalb zum Ende des 8. Jahres eine Wertaufholung (§ 280 HGB) in Höhe von 14.000,00 EUR vor.

   Stellen Sie die im Anlagenspiegel vorzunehmenden Eintragungen für die Jahre 01 bis 10 dar.

N Sachliche Abgrenzungen

Der Erfolg des Unternehmens wird in der G+V-Rechnung durch Gegenüberstellung von Aufwendungen und Erträgen ermittelt.

Ob diese Aufwendungen und Erträge zu einer Verringerung (Ausgaben) oder Erhöhung (Einnahmen) der flüssigen Mittel, d. h. zu einer Veränderung in den Konten Kasse bzw. Bank geführt haben, ist dabei ohne Bedeutung.

Für betriebswirtschaftliche Auswertungen ist das handelsrechtliche Ergebnis der G+V-Rechnung oft nur bedingt von Interesse. Wichtiger sind Aussagen darüber, welcher Erfolg auf die betriebliche Leistungserstellung und -verwertung zurückzuführen ist (Betriebsergebnis). Möglich sind solche Aussagen erst, wenn sachliche Abgrenzungen durchgeführt worden sind, also Untersuchungen stattgefunden haben, aus denen sich ergibt, ob und inwieweit die einzelnen Aufwands- und Ertragsposten mit der betrieblichen Leistungserstellung und -verwertung in Zusammenhang stehen.

Die Genauigkeit der Ergebnisse ist dabei von der Qualität der zur Verfügung stehenden Berechnungsgrundlagen abhängig. Berechnungen unter Berücksichtigung innerbetrieblichen Zahlenmaterials führen deshalb zu genaueren Ergebnissen als Berechnungen aufgrund von Zahlen, die jedermann zur Verfügung stehen.

1 Innerbetriebliche Abgrenzungsrechnung

Innerbetriebliche Abgrenzungen sind Voraussetzung für die Kosten- und Leistungsrechnung, d. h. um

- Aussagen über die Wirtschaftlichkeit der betrieblichen Leistungserstellung machen,
- kurzfristige betriebswirtschaftliche Erfolgsrechnungen durchführen und
- Grundlagen für die Preiskalkulation bereitstellen

zu können. Dies ist nur möglich, wenn anstelle von Aufwendungen und Erträgen mit Kosten und Leistungen gearbeitet wird.

Kosten sind definiert als bewerteter, betriebsbedingter Verbrauch von Gütern und Dienstleistungen für

- die Herstellung und den Absatz von betrieblichen Leistungen und
- die Aufrechterhaltung der für Herstellung und Absatz benötigten Kapazitäten.

Leistungen stellen das bewertete Ergebnis der betrieblichen Tätigkeit dar. Leistungen sind also Güter und Dienstleistungen, auf die die Kosten des Betriebes umgelegt werden.

Die Höhe der Kosten und Leistungen kann nicht einfach irgendwo abgelesen, sondern muss erst ermittelt werden. Ausgangsgrößen für entsprechende Berechnungen stellen die Aufwendungen bzw. Erträge der Finanzbuchführung dar.

1.1 Ermittlung der Kosten

1.1.1 Verhältnis Aufwand/Kosten

Aufwendungen werden nur zu Kosten, wenn sie im Rahmen der geplanten betrieblichen Leistungserstellung und -verwertung anfallen (Betriebs- oder Zweckaufwendungen). Das ist z. B. der Fall beim Wareneinsatz, bei Personalkosten, Abschreibungen, Zinsen, Kosten für Dienstleistungen Dritter und Steuern. Sind diese Posten bei der Ermittlung des Betriebsergebnisses in derselben Höhe wie in der Finanzbuchführung zu berücksichtigen (aufwandsgleiche Kosten), werden sie als Grundkosten bezeichnet. Sind sie mit anderen Werten anzusetzen (aufwandsungleiche Kosten), heißen sie Anderskosten. Außerdem umfasst der Kostenbegriff auch Beträge, die nicht Aufwendungen der Finanzbuchführung sind (aufwandslose Kosten). Sie werden Zusatzkosten genannt.

Aufwendungen ohne Kostencharakter sind neutrale Aufwendungen. Sie entstehen im Rahmen außerordentlicher, periodenfremder oder betriebsfremder Vorgänge.

Außerordentliche Aufwendungen sind zwar betrieblich veranlasste Aufwendungen. Sie gehören aber nicht zu den Kosten, weil sie nicht typisch sind oder aperiodisch bzw. zufallsbedingt anfallen. Beispiele sind Forderungsverluste oder Buchverluste aus Anlageverkäufen.

Zu periodenfremden Aufwendungen kommt es, wenn betriebliche Aufwendungen für bereits abgeschlossene Abrechnungsperioden anfallen, z. B. höhere als die zum Zeitpunkt des Jahresabschlusses erwarteten Aufwendungen für Gewerbesteuernachzahlungen.

Als betriebsfremd gelten Aufwendungen, die ohne Beziehung zum eigentlichen Betriebszweck anfallen, z. B. Verluste aus Wertpapiergeschäften, die ein Großhändler erleidet.

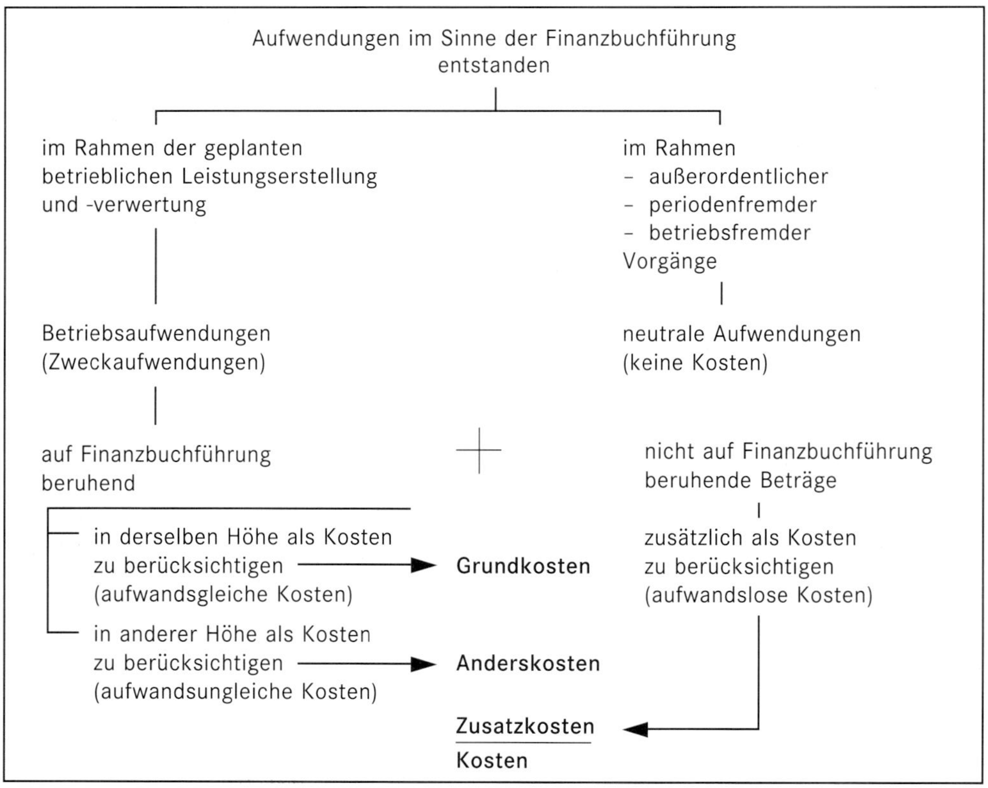

Kontrollaufgabe

Stellen Sie die Unterschiede zwischen den Begriffen Ausgaben, Aufwendungen und Kosten dar.

1.1.2 Kalkulatorische Kosten

Anders- und Zusatzkosten stellen kalkulatorische Kosten dar. Sie kommen als kalkulatorische Abschreibungen, Zinsen, Mieten, Wagnisse und als kalkulatorischer Unternehmerlohn vor. Ihre Höhe kann nur unter Berücksichtigung zusätzlicher Angaben bestimmt werden.

1.1.2.1 Kalkulatorische Abschreibungen

In der Finanzbuchführung werden die Abschreibungen aufgrund handels- und steuerrechtlicher Vorschriften vorgenommen. Die Berechnung dieser bilanziellen Abschreibungen erfolgt von den tatsächlich entstandenen Anschaffungs-/Herstellungskosten unter Berücksichtigung der betriebsgewöhnlichen Nutzungsdauer.

Soll das Betriebsergebnis ermittelt werden, oder wird der Abschreibungsbetrag zum Zwecke der Selbstkostenermittlung gesucht, erfolgt die Abschreibung von den voraussichtlichen Wiederbeschaffungs-/Wiederherstellungskosten unter Berücksichtigung der betriebsindividuellen Nutzungsdauer.

Beispiel:

Eine am 2. Jan. 01 angeschaffte Maschine, Anschaffungskosten 100.000,00 EUR, betriebsgewöhnliche Nutzungsdauer 8 Jahre, wird degressiv abgeschrieben.

Es ist damit zu rechnen, dass die Wiederbeschaffungskosten der Maschine 8 % über den Anschaffungskosten liegen werden.

Voraussichtlich wird die Maschine 12 Jahre lang in gleichem Umfang betrieblich genutzt.

Bilanzmäßige Abschreibung:		
Anschaffungskosten	100.000,00 EUR	
Abschreibung 20 %	20.000,00 EUR	
Buchwert 31. Dez. 01	80.000,00 EUR	
Abschreibung 01		20.000,00 EUR
Kalkulatorische Abschreibung (Anderskosten):		
geschätzte Wiederbeschaffungskosten	108.000,00 EUR	
Abschreibung 01 (linear = $^1/_{12}$ von 108.000,00 EUR)		9.000,00 EUR
Unterschiedsbetrag		- 11.000,00 EUR

1.1.2.2 Kalkulatorischer Unternehmerlohn

Bei Kapitalgesellschaften erfolgt die Geschäftsführung immer durch angestellte Geschäftsführer oder Vorstandsmitglieder. Gehaltszahlungen an diese Personen führen deshalb grundsätzlich zu Kosten des Betriebes.

Bei Einzelunternehmen und Personengesellschaften erfolgt die Geschäftsführung i. d. R. durch den Eigentümer bzw. die Gesellschafter. Da diese nicht Arbeitnehmer der Einzelunternehmung bzw. Personengesellschaft sein können, kommt es auch nicht zu Personalaufwendungen. Es käme aber zu Personalaufwendungen, wenn andere Personen mit der Geschäftsführung betraut werden müssten. Aus diesem Grunde wird im Rahmen der sachlichen Abgrenzung ein Betrag, den ein vergleichbarer Dritter für eine entsprechende Tätigkeit erhalten würde, als kalkulatorischer Unternehmerlohn (Kosten) berücksichtigt.

Beispiel:

Ein Einzelunternehmer leitet seinen Betrieb selbst. Ein vergleichbares Unternehmen wird in der Rechtsform der GmbH geführt. Für den Geschäftsführer entstehen der GmbH Kosten in Höhe von jährlich 150.000,00 EUR.

Die Einzelunternehmung hat als kalkulatorischen Unternehmerlohn einen Betrag von 150.000,00 EUR zu berücksichtigen (Zusatzkosten).

1.1.2.3 Kalkulatorische Zinsen

Zur Finanzierung des Vermögens benötigt der Unternehmer Kapital. Dieses setzt sich aus dem Eigenkapital und dem Fremdkapital zusammen. Die Inanspruchnahme von Eigenkapital führt nicht zu Aufwendungen, wohl aber die Inanspruchnahme von Fremdkapital. Für die Ermittlung des Betriebsergebnisses ist jedoch nicht die Höhe des gesamten Kapitals von Bedeutung, sondern nur das Kapital, das zur betrieblichen Leistungserstellung und -verwertung notwendig und zu verzinsen ist.

Dieses lässt sich in zwei Schritten ermitteln:

Zunächst wird das Vermögen (Anlage- und Umlaufvermögen) um die Posten gekürzt, die nicht betriebsnotwendig sind, z. B. um betrieblich nicht genutzte Grundstücke, stillgelegte Anlagen oder zu spekulativen Zwecken gehaltene Wertpapiere.

Vom verbleibenden Vermögen (betriebsnotwendiges Vermögen) werden dann Fremdkapitalbeträge abgezogen, die nicht zu Zinszahlungen führen. Bei diesen handelt es sich z. B. um Verbindlichkeiten aus Lieferungen und Leistungen (von denen kein Skontoabzug möglich ist), erhaltene Anzahlungen, sonstige Verbindlichkeiten und kurzfristige Rückstellungen.

Ergebnis ist das betriebsnotwendige (zu verzinsende) Kapital.

Die Höhe der als kalkulatorische Zinsen zu berücksichtigenden Kosten errechnet sich nun auf dieser Grundlage mit Hilfe des Zinssatzes für das langfristige Fremdkapital.

Beispiel:

Anhand der Bilanz wird das betriebsnotwendige Kapital wie folgt ermittelt:

betriebsnotwendiges Anlagevermögen	520.000,00 EUR
+ betriebsnotwendiges Umlaufvermögen	370.000,00 EUR
= betriebsnotwendiges Vermögen	890.000,00 EUR
− Abzugskapital (zinslos erhaltenes Fremdkapital)	270.000,00 EUR
= betriebsnotwendiges Kapital	620.000,00 EUR

Der Zinssatz für das langfristige Fremdkapital beträgt z. B. 8 %.

kalkulatorische Zinsen (Anderskosten, incl. der für das Eigenkapital anfallenden Zusatzkosten)

620.000,00 EUR · 8 %		49.600,00 EUR
– in der Finanzbuchführung erfasste Zinsaufwendungen		31.200,00 EUR
Unterschiedsbetrag	+	18.400,00 EUR

1.1.2.4 Kalkulatorische Miete

Räume, die zur betrieblichen Nutzung gemietet werden, führen zu Aufwendungen, die in derselben Höhe als Kosten zu verrechnen sind.

Anders sieht es aus, wenn Gebäude, die zum Betriebsvermögen gehören, betrieblich genutzt werden. Sie verursachen regelmäßig und auch unregelmäßig anfallende Aufwendungen, regelmäßige z. B. durch Abschreibungen, Darlehenszinsen, Grundsteuer, unregelmäßige z. B. durch Instandhaltungs- oder Instandsetzungsarbeiten. Da insbesondere die unregelmäßig anfallenden Aufwendungen das Betriebsergebnis auf unerwünschte Weise beeinflussen, d. h. seine Aussagefähigkeit einschränken würden, werden die Grundstücks-/ Gebäudeaufwendungen i. d. R. insgesamt neutralisiert. An ihre Stelle treten kalkulatorische Kosten, deren Höhe sich entweder nach den durchschnittlichen Grundstücks-/Gebäudeaufwendungen vergangener Abrechnungsperioden oder der ortsüblichen Miete für entsprechende Räume (Anderskosten) richtet.

Beispiel:

In einem Unternehmen entstanden im Durchschnitt der letzten Jahre Aufwendungen für das betriebseigene Gebäude in Höhe von 56.500,00 EUR. Im laufenden Jahr betragen diese Aufwendungen lediglich 27.900,00 EUR.

Für kalkulatorische Zwecke ist mit dem Betrag von 56.500,00 EUR (Anderskosten) zu arbeiten.

Stehen betrieblich genutzte Räume im privaten Eigentum des Unternehmers, kommt es nicht zu Aufwendungen. Würde der Unternehmer die Räume nicht zur Verfügung stellen, müssten diese aber von anderen Personen gemietet werden. Die eingesparten Mietaufwendungen stellen deshalb ebenfalls Kosten (Zusatzkosten) dar. Ihre Höhe richtet sich nach der ortsüblichen Miete.

Beispiel:

Ein Unternehmer nutzt in seinem privaten Wohnhaus 30 m^2 für betriebliche Zwecke. Die ortsübliche Miete für vergleichbare Räume liegt bei 8,00 EUR pro m^2 und Monat.

Als kalkulatorische Miete ist monatlich ein Betrag von 240,00 EUR (Zusatzkosten) zu verrechnen.

1.1.2.5 Kalkulatorische Wagnisse

Wer ein Unternehmen betreibt, muss damit rechnen, sein eingesetztes Kapital zu verlieren. Dies vor allem, wenn es zu

- Nachfrageverschiebungen,
- unerwartet schnellem technischem Fortschritt oder
- ungenügender Auslastung des Betriebes

kommt. Dieses allgemeine Unternehmerrisiko ist weder messbar noch im Voraus kalkulierbar. Es kann deshalb nicht als Kostenbestandteil berücksichtigt werden, sondern ist als Ausgleich zu den Gewinnchancen des Unternehmers zu sehen.

Im Gegensatz dazu sind Wagnisverluste, die sich bei der Herstellung und dem Vertrieb der Erzeugnisse ergeben (Einzelwagnisse) als Kosten zu verrechnen. Einzelwagnisse ergeben sich im Bereich der Anlagen, der Bestände, der Entwicklung, der Fertigung, des Vertriebs und der Gewährleistung. Zu Kosten kommt es

- im Bereich Anlagen durch Verluste an Anlagegütern, die infolge unsachgemäßer Behandlung, Brandes oder anderer Betriebsstörungen entstehen,
- im Bereich Bestände durch Verluste an Vorräten durch Schwund, Verderb, Diebstahl oder Qualitätsminderung,
- im Bereich Entwicklung durch Verluste, die auf fehlgeschlagene Versuchs- und Entwicklungsarbeiten zurückzuführen sind,
- im Bereich Fertigung durch Verluste, infolge von Material-, Arbeits- und Konstruktionsfehlern,
- im Bereich Vertrieb durch Forderungs- und Währungsverluste,
- im Bereich Gewährleistung durch Verluste aufgrund von Mängelrügen.

Soweit sich ein Betrieb gegen diese Risiken versichert hat, stellen die zu zahlenden Prämien Kosten dar (aufwandsgleiche Kosten). Liegt eine Fremdversicherung nicht vor, muss zur Ermittlung des Betriebsergebnisses für die noch vorhandenen Risiken eine Prämie für eine Art „Selbstversicherung" verrechnet werden. An die Stelle der tatsächlich zufällig angefallenen Aufwendungen (außerordentliche Aufwendungen) treten in diesem Falle kalkulatorische Kosten (Zusatzkosten), deren Höhe sich als Durchschnittswert aus den Wagnisverlusten der letzten 5 Jahre errechnet.

Beispiel:

In einem Handelsunternehmen, das nur Zielverkäufe tätigt, betrugen die Forderungsverluste der letzten 5 Jahre durchschnittlich 86.000,00 EUR (netto). Die im selben Zeitraum durchschnittlich erzielten Umsätze beliefen sich auf 3.440.000,00 EUR.

Durchschnittlich fielen also 2,5 % der Nettoforderungen aus. In entsprechender Höhe sind Zusatzkosten (kalkulatorische Kosten) zu verrechnen.

Kontrollaufgaben

1. Warum müssen kalkulatorische Kosten in der Kosten- und Leistungsrechnung berücksichtigt werden?
2. Wodurch unterscheiden sich Zusatz- und Anderskosten?
3. Zeigen Sie an einem Beispiel, wie die Höhe der kalkulatorischen Kosten zu ermitteln ist.

Übungen

1. Eine Maschine mit Anschaffungskosten von 100.000,00 EUR wurde zum Beginn des Jahres 01 angeschafft. Bei einer betriebsgewöhnlichen Nutzungsdauer von 5 Jahren wird sie handels- und steuerrechtlich linear abgeschrieben.

   Für Zwecke der Kosten- und Leistungsrechnung erfolgt die Abschreibung linear über die betriebsindividuelle Nutzungsdauer von 8 Jahren, und zwar von den Wiederbeschaffungskosten. Diese werden auf 120.000,00 EUR geschätzt.

   Stellen Sie die bilanziellen und kalkulatorischen Abschreibungsbeträge der ersten vier Jahre gegenüber.

2. Das betriebsnotwendige Vermögen eines Unternehmens setzt sich wie folgt zusammen:

Anlagevermögen:	bebaute Grundstücke	280.000,00 EUR
	Gebäude	720.000,00 EUR
	Maschinen	220.000,00 EUR
	Fahrzeuge	150.000,00 EUR
Umlaufvermögen:	Vorräte	480.000,00 EUR
	Forderungen aus LuL	230.000,00 EUR
	flüssige Mittel	110.000,00 EUR

Das Abzugskapital besteht aus Verbindlichkeiten aus LuL in Höhe von 150.000,00 EUR sowie erhaltenen Anzahlungen in Höhe von 60.000,00 EUR.

Der Zinssatz für langfristiges Fremdkapital beträgt 8 %.

Ermitteln Sie die Höhe des betriebsnotwendigen Kapitals und die Höhe der kalkulatorischen Zinsen.

3. Der Umsatz in den Geschäftsjahren 01 bis 05 belief sich auf insgesamt 45.000.000,00 EUR. Im selben Zeitraum kam es zu Forderungsausfällen (netto) in Höhe von 76.700,00 EUR.

   a) Auf wie viel Prozent beläuft sich der durchschnittliche Forderungsausfall, wenn nur 60 % der Verkäufe auf Ziel erfolgten?

   b) Wie hoch sind die kalkulatorischen Kosten für das Vertriebswagnis, wenn im Jahr 06 Umsätze (durch Zielverkäufe) in Höhe von 9.550.000,00 EUR erwartet werden?

4. Eine Maschine mit einer betriebsgewöhnlichen Nutzungsdauer von 6 Jahren wird handels- und steuerrechtlich degressiv abgeschrieben. Ihre Anschaffungskosten haben 70.000,00 EUR betragen.

   Für Zwecke der Kosten- und Leistungsrechnung erfolgt die Abschreibung nach der Leistungsinanspruchnahme, außerdem von den erwarteten Wiederbeschaffungskosten von 90.000,00 EUR. Als Gesamtleistung der Maschine wird eine Ausbringungsmenge von 100.000 Stück erwartet. Im Jahr 01 kommt es zu einer Ausbringung von 32.000 Stück, im Jahr 02 von 18.000 Stück und im Jahr 03 von 38.000 Stück.

   Stellen Sie die bilanziellen und kalkulatorischen Abschreibungsbeträge für die Jahre 01 bis 03 gegenüber.

5. Ein Industriebetrieb wird in der Rechtsform der OHG geführt. Gesellschafter dieser OHG sind Weise, Müller und Schulz. Im Innenverhältnis gilt hinsichtlich der Geschäftsführung Folgendes: Weise ist für den kaufmännischen Bereich, Müller für den technischen Bereich zuständig. Der Bereich Absatz wird gesondert geführt. Er ist dem Gesellschafter Schulz unterstellt.

   Ein Konkurrenzunternehmen, das in der Rechtsform der GmbH geführt wird, beschäftigt zur Erledigung der entsprechenden Arbeiten zwei Geschäftsführer sowie einen Abteilungsleiter. Die Geschäftsführer erhalten monatlich jeweils 15.000,00 EUR, der Abteilungsleiter erhält 10.000,00 EUR.

   Welcher kalkulatorische Unternehmerlohn errechnet sich, wenn die OHG die 1,2fache Größe der GmbH aufweist?

6. Ein Industriebetrieb arbeitet in betriebseigenen Räumen. Für diese sind in den vergangenen Jahren folgende Grundstücksaufwendungen entstanden:

   01 140.000,00 EUR, 02 32.000,00 EUR, 03 125.000,00 EUR, 04 84.000,00 EUR, 05 65.000,00 EUR.

   Welcher Betrag ist in der Kosten- und Leistungsrechnung in 06 als kalkulatorische Miete anzusetzen, wenn zu erwarten ist, dass die Aufwendungen im Jahr 06 15 % über dem errechneten Durchschnittswert liegen werden?

7. Ein Bautrocknungsgerät mit Anschaffungskosten von 120.000,00 EUR wird handels- und steuerrechtlich linear über 5 Jahre abgeschrieben. Die kalkulatorische Abschreibung ist über einen Zeitraum von 6 Jahren von den Wiederbeschaffungskosten vorzunehmen. Diese steigen jährlich um 5 %.
   a) Auf welchen Betrag (volle hundert EUR) belaufen sich die Wiederbeschaffungskosten zum Ende der betriebsindividuellen Nutzungsdauer?
   b) Stellen Sie die bilanziellen und kalkulatorischen Abschreibungsbeträge über die gesamte Abschreibungsdauer gegenüber.

1.2 Ermittlung der Leistungen

Leistungen ergeben sich zum Teil aus den Erträgen der Finanzbuchführung, entsprechen diesen aber nicht in vollem Umfang.

Als Erträge werden auch Beträge erfasst, die

1. zwar durch die betriebliche Leistungserstellung und -verwertung verursacht, aber ungewöhnlich sind (außerordentliche Erträge), z. B. Erträge aus Anlageverkäufen bzw. aus Schadenersatzansprüchen,
2. zwar betrieblich verursacht, aber einer anderen Abrechnungsperiode zuzuordnen sind, wie z. B. Erträge aus Steuererstattungen für Vorjahre,
3. gar nicht auf die Leistungserstellung und -verwertung zurückzuführen sind (betriebsfremde Erträge), wie z. B. Erträge aus Wertpapierverkäufen oder vermieteten Gebäuden.

Nur die verbleibenden Erträge wirken sich im Betriebsergebnis als Leistungen aus. Es handelt sich vor allem um

- Umsatzerlöse, die durch den Verkauf von Erzeugnissen und Waren erzielt werden,
- (positiv oder negativ zu berücksichtigende) Bestandsveränderungen an unfertigen und fertigen Erzeugnissen sowie
- aktivierte Eigenleistungen (z. B. Maschinen), soweit die entsprechenden Anlagen im eigenen Betrieb verwendet werden.

Sind diese Leistungen bei der Ermittlung des Betriebsergebnisses in derselben Höhe wie in der Finanzbuchführung zu berücksichtigen (ertragsgleiche Leistungen), werden sie als Grundleistungen bezeichnet. Sind sie mit anderen Werten anzusetzen, heißen sie Andersleistungen. Außerdem umfasst der Leistungsbegriff auch Beträge, die nicht Erträge der Finanzbuchführung sind. Sie werden als Zusatzleistungen bezeichnet.

Andersleistungen entstehen durch unterschiedliche Bewertung der unfertigen/fertigen Erzeugnisse oder aktivierten Eigenleistungen im Jahresabschluss bzw. im Betriebsergebnis.

Zu Zusatzleistungen kommt es, wenn (nicht aktivierbare) immaterielle Vermögensgegenstände (z. B. Patente) zur eigenen betrieblichen Nutzung geschaffen werden.

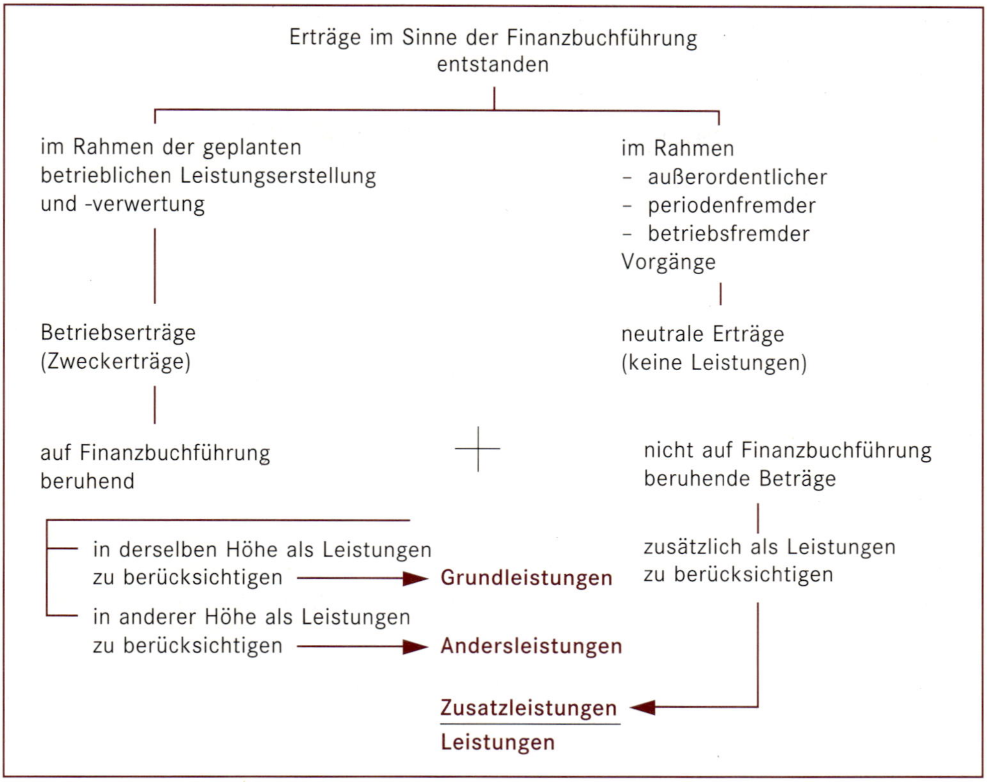

Kontrollaufgabe

Grenzen Sie die Begriffe Einnahmen, Erträge und Leistungen voneinander ab.

1.3 Ermittlung des Betriebsergebnisses

Die rechnerische Ableitung der Kosten und Leistungen erfolgt mit Hilfe der Abgrenzungsrechnung. In ihr sind in einer ersten Betragsspalte die Aufwendungen und Erträge der Buchführung aufgeführt. Diese werden dann entweder in voller Höhe, gar nicht oder nach Vornahme kostenrechnerischer Korrekturen in die Spalte Kosten- und Leistungsrechnung übernommen.

Handelt es sich bei den Aufwendungen der Buchführung um Grundkosten, werden diese in voller Höhe als Kosten übernommen.

Alle außerordentlichen, periodenfremden und betriebsfremden Aufwendungen sind zu neutralisieren, gehen also nicht in die Spalte Kosten- und Leistungsrechnung ein.

Zu kostenrechnerischen Korrekturen kommt es, wenn Anderskosten oder Zusatzkosten zu berücksichtigen sind.

Die Höhe der Leistungen ist grundsätzlich entsprechend zu ermitteln.

Beispiel:

Aus der Hauptabschlussübersicht des Einzelunternehmers Eduard Schäfer, Siegen, sind folgende Aufwendungen und Erträge des Geschäftsjahres 02 ersichtlich:

8000/4000	Verkaufserlöse	4.672.000,00 EUR
2750/4860	Grundstückserträge	12.500,00 EUR
2735/4930	Erträge aus der Aufl. von Rückstellungen	5.500,00 EUR
4000/5000	Aufwendungen für Rohstoffe	800.000,00 EUR
4010/5010	Aufwendungen für Hilfsstoffe	150.000,00 EUR
4020/5020	Aufwendungen für Betriebsstoffe	280.000,00 EUR
4110/6010	Fertigungslöhne	500.000,00 EUR
4115/6015	Hilfslöhne	80.000,00 EUR
4120/6020	Gehälter	320.000,00 EUR
4130/6110	soziale Aufwendungen	250.000,00 EUR
4830/6220	Abschreibungen auf Sachanlagen	280.000,00 EUR
4805/6470	Instandhaltung BGA	90.000,00 EUR
2320/6900	Verluste aus dem Abgang von Vermögensgegenständen des Anlagevermögens	40.000,00 EUR
2400/6930	Forderungsverluste	30.000,00 EUR
2300/6300	andere sonstige betriebl. Aufwendungen (kostenwirksam)	70.000,00 EUR
2100/7300	Zinsaufwendungen	95.000,00 EUR
4320/7620	Gewerbesteuer	218.000,00 EUR

Aus der Abteilung Kostenrechnung liegen folgende Angaben vor:

1. Von der Gewerbesteuer ist dem abgelaufenen Geschäftsjahr nur ein Betrag in Höhe von 200.000,00 EUR zuzurechnen.
2. Die kalkulatorischen Abschreibungen betragen 200.000,00 EUR (Anderskosten).
3. Die kalkulatorischen Zinsen sind mit 180.000,00 EUR ermittelt worden (Anderskosten).
4. Es sind kalkulatorische Wagniskosten (Vertriebswagnis) in Höhe von 70.000,00 EUR zu berücksichtigen (Zusatzkosten).
5. Geschäftsführer der Einzelunternehmung ist der Inhaber. Für vergleichbare Leistungen erhalten angestellte Geschäftsführer anderer Unternehmen ein Gehalt in Höhe von jährlich 180.000,00 EUR (Zusatzkosten).

Konto-nummer	Aufw.	Ertr.	Unternehmensbezogene Abgrenzungen Neutrale Beträge Aufw.	 Ertr.	Kostenrechnerische Korekturen (Zusatz- und Anderskosten) Aufw. lt. G+V-Konto	 Zu verr. Kosten	Kosten	Leistungen
8000/4000		4.672.000						4.672.000
2750/4860		12.500		12.500				
2735/4930		5.500		5.500				
4000/5000	800.000						800.000	
4010/5010	150.000						150.000	
4020/5020	280.000						280.000	
4110/6010	500.000						500.000	
4115/6015	80.000						80.000	
4120/6020	320.000				320.000	500.000	500.000	
4130/6110	250.000						250.000	
4830/6220	280.000				280.000	200.000	200.000	
4805/6470	90.000						90.000	
2320/6900	40.000		40.000					
2400/6930	30.000		30.000			70.000	70.000	
2300/6300	70.000						70.000	
2100/7300	95.000				95.000	180.000	180.000	
4320/7620	218.000		14.000				204.000	
			84.000	18.000	695.000	950.000		
	3.203.000		(−) 66.000		(+) 255.000		3.374.000	
		4.690.000						4.672.000
	Gewinn: 1.487.000		Abgrenzungsergebnis: 189.000				Betriebsergebnis: 1.298.000	

Übungen

1. Ermitteln Sie tabellarisch aus den im Konto G+V erfassten Aufwendungen und Erträgen die Kosten und Leistungen des Industriebetriebes Roland Heise, Frankfurt. Berücksichtigen Sie dabei die unten stehenden Angaben.

Verkaufserlöse	2.455.000,00
Bestandsveränderungen	+ 252.000,00
Erträge aus Kursdifferenzen	14.000,00
Einkauf von Rohstoffen	580.000,00
Einkauf von Waren	40.000,00
Löhne	650.000,00
Gehälter	130.000,00
gesetzliche soziale Aufwendungen	120.000,00
Abschreibungen auf Sachanlagen	200.000,00
Verluste aus dem Abgang von Gegenständen des Anlagevermögens	10.000,00
sonstige betriebliche Aufwendungen (kostenwirksam)	52.000,00
Verluste aus dem Abgang von Wertpapieren	5.000,00
Zinsaufwendungen	35.000,00

a) Die kalkulatorischen Abschreibungen betragen 180.000,00 EUR. Von den bilanziellen Abschreibungen entfallen 40.000,00 EUR auf ein vermietetes Lagergebäude.

b) Die kalkulatorischen Zinsen sind noch zu berechnen. Das betriebsnotwendige Kapital beträgt 1.500.000,00 EUR. Es ist ein kalkulatorischer Zinssatz von 8 % zu berücksichtigen.

c) Als kalkulatorischer Unternehmerlohn ist ein Betrag in Höhe von 240.000,00 EUR zu verrechnen.

d) Für betrieblich genutzte Privaträume des Unternehmers ist ein kalkulatorischer Mietwert in Höhe von 4.000,00 EUR anzusetzen.

2. Ermitteln Sie tabellarisch aus den im Konto G+V erfassten Aufwendungen und Erträgen die Kosten und Leistungen des Industriebetriebes Feinblech GmbH, Köln. Berücksichtigen Sie dabei die unten stehenden Angaben:

Verkaufserlöse	8.432.000,00
Erträge aus Anlagenverkäufen	435.000,00
Grundstückserträge	248.000,00
Einkauf von Roh-, Hilfs- und Betriebsstoffen	4.100.000,00
Fremdinstandhaltung	250.000,00
Löhne und Gehälter	1.200.000,00
gesetzliche soziale Aufwendungen	220.000,00
Abschreibungen auf Sachanlagen	150.000,00
Rechts- und Beratungskosten	8.000,00
Versicherungsbeiträge	12.000,00
Verluste aus dem Abgang von Gegenständen des Anlagevermögens	6.000,00
andere sonstige betriebliche Aufwendungen (kostenwirksam)	105.000,00
Zinsaufwendungen	80.000,00
sonstige Steuern	32.000,00

a) Die Aufwendungen für Fremdinstandhaltung sind durch Reparaturen im vermieteten Gebäudeteil (80.000,00 EUR) und Renovierungsarbeiten in einer Werkhalle (170.000,00 EUR) entstanden.

b) Für kalkulatorische Abschreibungen ist ein Betrag von 140.000,00 EUR anzusetzen. Von den bilanziellen Abschreibungen entfallen 20.000,00 EUR auf den vermieteten Gebäudeteil.

c) Von den Rechts- und Beratungskosten sind 2.000,00 EUR auf Streitigkeiten mit einem Mieter zurückzuführen.

d) Die Versicherungsprämien sind zu 40 % dem vermieteten Gebäudeteil zuzuordnen.

e) In den sonstigen Steuern ist die Grundsteuer für den vermieteten Gebäudeteil mit 3.000,00 EUR enthalten.

f) Das betriebliche Gebäude ist mit einer Grundschuld belastet. Von den Zinsen für das entsprechende Darlehen entfallen 40.000,00 EUR auf den vermieteten Gebäudeteil.

2 Sachliche Abgrenzung in der G+V-Rechnung

Die G+V-Rechnung ist Teil des handelsrechtlichen Jahresabschlusses. Sie dient vorwiegend der Information Außenstehender, also Banken, Lieferanten, Kunden, Gewerkschaften und den nicht an der Geschäftsführung beteiligten Gesellschaftern, z. B. Kommanditisten und Aktionären. Diese sollen einen Überblick darüber erhalten, wie das handelsrechtliche Ergebnis zustande gekommen ist.

Aus diesem Grunde erfolgt die Berechnung des handelsrechtlichen Erfolgs schrittweise.

Zuerst wird das aus dem Ergebnis der eigentlichen Betriebstätigkeit (Posten 1 – 8) und dem Finanzergebnis (Posten 9 – 13) bestehende Ergebnis der gewöhnlichen Geschäftstätigkeit (Posten 1 – 13) ermittelt, danach das außerordentliche Ergebnis (Posten 15 und 16), dann die Steuern, aufgeteilt in Steuern vom Einkommen und vom Ertrag (Posten 18) und in sonstige Steuern (Posten 19). Durch Zusammenfassung der Teilergebnisse ergibt sich abschließend die Höhe des Jahresüberschusses/-fehlbetrages.

Trotz dieser Aufgliederung sind Aussagen darüber, ob und in welcher Höhe in der Abrechnungsperiode durch die betriebliche Tätigkeit Gewinne erwirtschaftet worden sind, nur in eingeschränktem Maße möglich. Das ist deshalb so, weil weder das Ergebnis der eigentlichen Betriebstätigkeit noch das Ergebnis der gewöhnlichen Geschäftstätigkeit mit dem Betriebsergebnis der Kosten- und Leistungsrechnung übereinstimmen.

Im Ergebnis der eigentlichen Betriebstätigkeit werden zunächst einmal sowohl periodenfremde als auch außerordentliche Aufwendungen und Erträge (im Sinne der Kosten- und Leistungsrechnung) berücksichtigt. Als Aufwendungen werden z. B. Buchverluste aus Anlagenverkäufen und Forderungsverluste einbezogen, als entsprechende Erträge sind z. B. Erträge aus Steuererstattungen oder aus der Auflösung von Rückstellungen berücksichtigt.

Darüber hinaus beinhaltet das Ergebnis der eigentlichen Betriebstätigkeit Aufwendungen, die gar nichts mit der betrieblichen Leistungserstellung und -verwertung zu tun haben. Das ist zum Teil bei den Personalaufwendungen und sehr häufig bei den Abschreibungen der Fall. Nicht betriebsbedingt sind z. B. Abschreibungen auf nicht betrieblich genutzte Gebäude, aber auch steuerrechtliche Sonderabschreibungen.

Andererseits sind bestimmte Aufwendungen gar nicht im Ergebnis der eigentlichen Betriebstätigkeit enthalten. Dies trifft u. a. für die betrieblich verursachten Zinsen und Steuern zu.

Trotz allem ist es sinnvoll, dieses (nicht vorgeschriebene) Zwischenergebnis zu bilden. Es entspricht zwar nur näherungsweise dem Betriebsergebnis der Kosten- und Leistungsrechnung, ist aber für zwischenbetriebliche Vergleiche brauchbar.

Als Zwischenergebnis vorgeschrieben ist das Ergebnis der gewöhnlichen Geschäftstätigkeit. Die Bezeichnung ist jedoch etwas irritierend, denn einzelne Posten wie die

- Erträge aus Beteiligungen, Wertpapieren und Ausleihungen sowie
- Aufwendungen durch Abschreibungen auf Finanzanlagen und Wertpapiere

haben häufig nichts mit der gewöhnlichen Geschäftstätigkeit zu tun.

Gleichwohl ist dieses Ergebnis von Bedeutung, wenn auch nur für zwischenbetriebliche Vergleiche.

Die Erträge und Aufwendungen, die zum außerordentlichen Ergebnis führen, sind nie Bestandteil der Kosten- und Leistungsrechnung. Außerordentlich, besser außergewöhnlich, sind alle Aufwendungen und Erträge, die ungewöhnlich sind, selten vorkommen und sich in absehbarer Zukunft nicht wiederholen werden. Sie sind aber nur dann aus dem Ergebnis der gewöhnlichen Geschäftstätigkeit auszusondern, wenn die Beträge wesentlich oder erheblich sind.

Außerordentlich sind z. B. Erträge bzw. Aufwendungen aus

- dem Verkauf von Teilbetrieben und Beteiligungen,
- dem Verkauf von Betriebsgrundstücken, die die wesentliche Betriebsgrundlage darstellen,
- Sanierungen,
- außergewöhnlichen Schadenersatzleistungen,
- erheblichen Zuschreibungen aufgrund von Betriebsprüfungen,
- außergewöhnlichen Haftungsinanspruchnahmen, z. B. aus Produzentenhaftung,
- erheblichen Geldbußen, z. B. bei Verstößen gegen das Kartellrecht und
- Sozialplänen im Rahmen von Betriebs- oder Teilbetriebsstilllegungen.

Der Inhalt des außerordentlichen Ergebnisses ist also sehr begrenzt. Der Saldo des Postens kann positiv oder negativ sein.

Kontrollaufgabe

Wodurch unterscheidet sich die sachliche Abgrenzung innerhalb der G+V-Rechnung von der für Zwecke der Kosten- und Leistungsrechnung?

O Auswertung des Jahresabschlusses

Der Jahresabschluss ist so zu erstellen, dass es einem sachverständigen Dritten innerhalb angemessener Zeit möglich ist, die Vermögens-, Finanz- und Ertragslage des Unternehmens zu beurteilen.

1 Vorbereitende Arbeiten

Bilanz und Gewinn- und Verlustrechnung eignen sich in der gesetzlich vorgeschriebenen Form nicht unmittelbar zur Beurteilung der Lage des Unternehmens.

Um eine korrekte Beurteilung vornehmen zu können, ist es erforderlich, den Jahresabschluss auszuwerten. Das setzt voraus, dass die Angaben aus dem Anhang berücksichtigt, Berichtigungsposten aufgelöst, Umgruppierungen vorgenommen, Bilanz- bzw. G+V-Posten zu typischen Gruppen zusammengefasst und die Summen dieser Gruppen auf volle Tausend oder Millionen EUR auf- oder abgerundet werden.

1.1 Aufbereitung der Bilanz

1.1.1 Bereinigungen in der Bilanz

Enthält die Bilanz Posten, die zur Korrektur anderer Bilanzposten dienen, dann dürfen diese Posten nicht als Bestände der betreffenden Bilanzseite berücksichtigt werden. Sind sie mit negativem Vorzeichen versehen, werden diese Posten durch Saldierung auf derselben Bilanzseite aufgelöst. Stehen Korrekturposten auf der Aktivseite, muss eine Verrechnung mit den entsprechenden Passivposten erfolgen. Sind sie als Passivposten ausgewiesen, erfolgt die Verrechnung mit den entsprechenden Aktivposten.

Typische Beispiele für Korrekturposten sind:

- **Ausstehende Einlagen auf das gezeichnete Kapital**

Wenn diese auf der Aktivseite ausgewiesen werden und noch nicht eingefordert sind, werden sie vom gezeichneten Kapital abgesetzt. Sind sie bereits eingefordert, werden sie den kurzfristigen Forderungen zugeordnet.

- **Wertberichtigungen**

Diese dürfen nur in den Bilanzen von Einzelunternehmen und Personengesellschaften ausgewiesen sein. Sie sind mit den entsprechenden Aktivposten, z. B. Forderungen LuL, zu verrechnen.

- **Sonderposten mit Rücklageanteil**

Ist dieser gebildet worden, um nur steuerrechtliche Abschreibungen (z. B. nach § 7 g EStG) indirekt vornehmen zu können, ist dieser Posten mit dem entsprechenden Aktivposten, z. B. Sachanlagen, zu verrechnen.

- **Jahresfehlbetrag/Bilanzverlust/Verlustvortrag**

Diese Beträge sind mit den Gewinnrücklagen zu saldieren.

- **Erhaltene Anzahlungen auf Bestellungen**

Sie können offen von den Vorräten abgesetzt oder als kurzfristiges Fremdkapital behandelt werden.

43 Hengstebeck - ISBN 3-8120-0068-7

▶ Eigene Anteile

Diese Wertpapiere des Umlaufvermögens sind grundsätzlich mit den Gewinnrücklagen zu verrechnen.

1.1.2 Umgruppierungen in der Bilanz

Enthält die Bilanz Posten, die zum Zwecke der Auswertung anderen Bilanzposten zugeordnet werden können, ist es sinnvoll, diese Umgruppierungen vorzunehmen.

Für Umgruppierungen kommen vor allem in Betracht:

▶ Sonderposten mit Rücklageanteil

Er ist in einen Eigenkapital- und einen Fremdkapitalanteil aufzuteilen und den Gewinnrücklagen bzw. den Rückstellungen zuzurechnen (bei Kapitalgesellschaften Aufteilung im Verhältnis 60 : 40), wenn der Sonderposten auf die Bildung einer Rücklage für Ersatzbeschaffung, einer 6 b-Rücklage oder einer Ansparabschreibung zurückzuführen ist.

▶ Bilanzgewinn

Er ist in Höhe der Dividendenausschüttung den kurzfristigen Verbindlichkeiten zuzuordnen.

▶ Rechnungsabgrenzungsposten

Aktive Rechnungsabgrenzungsposten werden den Forderungen, passive den kurzfristigen Verbindlichkeiten zugerechnet.

1.1.3 Verdichtungen in der Bilanz

Um Vergleiche zu ermöglichen, ist es erforderlich, gleiche oder gleichartige Bilanzposten zu Gruppen zusammenzufassen. Die Aktiva werden nach der Liquidierbarkeit, die Passiva nach der Herkunft und Fristigkeit ausgewiesen. Dabei ist es üblich, neben den effektiven Zahlen auch die prozentuale Zusammensetzung der Werte der Aktiv- und Passivseite darzustellen. Das Ergebnis ist eine so genannte Strukturbilanz.

Verdichtungen auf der Aktivseite der Bilanz

Das Anlagevermögen kann i. d. R. in Höhe des Gesamtbetrages in die Bilanz übernommen werden.

Anders sieht es beim Umlaufvermögen aus. Es wird in die Bereiche flüssige Mittel, Forderungen und übriges Umlaufvermögen gegliedert.

Flüssige Mittel sind Vermögensgegenstände des Umlaufvermögens, die in Geld bestehen bzw. sofort zu Geld gemacht werden können. Zu den flüssigen Mitteln gehören z. B. der Kassenbestand, Postbankguthaben, Guthaben bei Kreditinstituten, Wertpapiere des Umlaufvermögens, Schecks und diskontfähige Besitzwechsel.

Forderungen stellen das übrige Finanzumlaufvermögen dar. Entsprechend auszuweisen sind z. B. geleistete Anzahlungen, Forderungen LuL, Forderungen an Personal, Steuerüberzahlungen und (nach der Umgruppierung) aktive Rechnungsabgrenzungsposten.

Zum übrigen Umlaufvermögen gehören Vorräte, also Roh-, Hilfs- und Betriebsstoffe, unfertige Erzeugnisse, fertige Erzeugnisse und Waren.

Verdichtungen auf der Passivseite der Bilanz

Das Eigenkapital von Einzelunternehmen ergibt sich unmittelbar aus der Bilanz. Bei Personengesellschaften muss es durch Addition des Kapitals der Gesellschafter ermittelt werden.

Aufwendiger ist die Eigenkapitalberechnung bei Kapitalgesellschaften. Zum gezeichneten Kapital (Grund- bzw. Stammkapital) sind die Kapitalrücklage, die Gewinnrücklagen und der Gewinnvortrag hinzuzurechnen. Zu einer Erhöhung des Eigenkapitals kommt es außerdem, wenn ein Jahresüberschuss erzielt wird. Entsteht ein Jahresfehlbetrag, wirkt sich dieser negativ auf die Höhe des Eigenkapitals aus.

Die Verbindlichkeiten (Schulden) des Betriebes werden als Fremdkapital bezeichnet. Es kann dem Unternehmen kurzfristig, mittelfristig oder langfristig zur Verfügung stehen.

Kurzfristig ist Fremdkapital dann, wenn es dem Unternehmen am Bilanzstichtag höchstens noch ein Jahr zur Verfügung steht. Zu diesem Bereich des Fremdkapitals gehören u. a. Verbindlichkeiten mit einer Restlaufzeit bis zu einem Jahr, vorgesehene Ausschüttungen, Verbindlichkeiten aus Wechseln, Steuerrückstellungen, sonstige Rückstellungen (ohne Pensionsrückstellungen) und passive Rechnungsabgrenzungsposten.

Mittelfristiges Fremdkapital liegt vor, wenn Verbindlichkeiten eine Restlaufzeit von mehr als einem Jahr, aber nicht mehr als fünf Jahren haben. Die zeitlichen Voraussetzungen können z. B. bei Verbindlichkeiten LuL, Verbindlichkeiten gegenüber Kreditinstituten und beim Fremdkapitalanteil des Sonderpostens mit Rücklageanteil erfüllt sein.

Fremdkapital gilt als langfristig, wenn es dem Unternehmen am Bilanzstichtag noch länger als fünf Jahre zur Verfügung steht. Typische Beispiele sind Verbindlichkeiten gegenüber Kreditinstituten, Gesellschafterdarlehen und Pensionsrückstellungen.

Strukturbilanz

Aktiva	TEUR	%
A. Anlagevermögen	12.530	66,9
B. Umlaufvermögen		
I. Übriges Umlaufvermögen	1.750	9,3
II. Forderungen	3.050	16,3
III. Flüssige Mittel	1.410	7,5
	18.740	100,0
Passiva	**TEUR**	**%**
A. Eigenkapital	10.180	54,3
B. Fremdkapital		
I. Langfristiges Fremdkapital	2.750	14,7
II. Mittelfristiges Fremdkapital	1.020	5,4
III. Kurzfristiges Fremdkapital	4.790	25,6
	18.740	100,0

1.2 Aufbereitung der Gewinn- und Verlustrechnung

Die Gewinn- und Verlustrechnung ist so aufgebaut, dass außer dem Erfolg des Jahres Zwischenergebnisse ermittelt werden müssen bzw. können.

Teilergebnisse der G+V-Rechnung
(Gesamtkostenverfahren)

Umsatzerlöse +/− Bestandsveränderungen + andere aktivierte Eigenleistungen	} Gesamtleistung		
	+ sonstige betriebliche Erträge − Materialaufwand	} Rohergebnis	
		− Personalaufwand − Abschreibungen − sonstige betriebliche Aufwendungen	} Ergebnis der eigentlichen Betriebstätigkeit
Erträge aus Beteiligungen + Erträge aus anderen Wertpapieren + sonstige Zinsen und ähnliche Erträge − Abschreibungen auf Finanzanlagen − Zinsen und ähnliche Aufwendungen			} +/− Finanzergebnis
			Ergebnis der gewöhnlichen Geschäftstätigkeit
Außerordentliche Erträge − außerordentliche Aufwendungen			} +/− **außerordentliches Ergebnis**
Steuern vom Einkommen und vom Ertrag + sonstige Steuern			} − Steueraufwendungen
			Jahresüberschuss/ Jahresfehlbetrag

Insbesondere bei der Auswertung der Gewinn- und Verlustrechnung durch unternehmensfremde Personen ist es sinnvoll, wenn diese sich an den Teilergebnissen der Gewinn- und Verlustrechnung orientieren. Orientierung bedeutet allerdings nicht kritiklose Übernahme der vorliegenden Ergebnisse. Da die Auswertung der Gewinn- und Verlustrechnung auch Aufschluss über die künftige Ertragslage des Unternehmens geben soll, ist es vor allem erforderlich, das Ergebnis der eigentlichen Betriebstätigkeit in der Weise zu korrigieren, dass es abschließend die Aufwendungen und

Erträge ausweist, die im Zusammenhang mit der betrieblichen Leistungserstellung und -verwertung angefallen sind. Nur dieses Ergebnis gibt Aufschluss darüber, welcher betriebliche Erfolg auch ohne außergewöhnliche Einflüsse erzielt worden wäre.

Können dem Jahresabschluss, insbesondere dem Anhang, entsprechende Informationen entnommen werden, sind deshalb die sonstigen Steuern, die Kostencharakter haben, und sonstige betriebliche Erträge, die nicht auf die betriebliche Leistungserstellung zurückzuführen sind, vom Ergebnis der eigentlichen Betriebstätigkeit abzuziehen und sonstige betriebliche Aufwendungen, die keinen Kostencharakter aufweisen, dem Ergebnis der eigentlichen Betriebstätigkeit hinzuzurechnen.

Eine entsprechend aufbereitete Gewinn- und Verlustrechnung, die neben den effektiven Zahlen auch die prozentuale Zusammensetzung der Erträge und Aufwendungen ausweist, wird als Struktur-G+V-Rechnung bezeichnet.

Struktur-G+V-Rechnung

	TEUR	Gesamterträge %	Gesamtaufw. %
1. Umsatzerlöse 2. + Erhöhung des Bestandes an unfertigen und fertigen Erzeugnissen 3. + andere aktivierte Eigenleistungen	21.520 210 20	96,5 1,0 0,1	
Gesamtleistung (Summe 1. bis 3.)	21.750	97,6	
4. + sonstige betriebliche Erträge 5. – Materialaufwand	280 7.260	1,3	 35,6
Rohergebnis Summe (1. bis 5.)	14.770		
6. – Personalaufwand 7. – Abschreibungen 8. – sonstige betriebliche Aufwendungen	7.820 2.280 600		38,4 11,2 3,0
Ergebnis der eigentlichen Betriebstätigkeit (Summe 1. bis 8.)	4.070		
9. + Erträge aus Beteiligungen 10. + Erträge aus anderen Wertpapieren 11. + sonstige Zinsen und ähnliche Erträge 12. – Abschreibungen auf Finanzanlagen 13. – Zinsen und ähnliche Aufwendungen	20 30 100 5 260	0,1 0,1 0,5	 – 1,3
Finanzergebnis (Summe 9. bis 13.)	115		
14. Ergebnis der gewöhnlichen Geschäftstätigkeit (Summe 1. bis 13.)	3.955		
15. + außerordentliche Erträge 16 – außerordentliche Aufwendungen	110 30	0,4	 0,1
17. außerordentliches Ergebnis (Summe 15. und 16.)	80		
18. – Steuern vom Einkommen und vom Ertrag 19. – sonstige Steuern	2.050 65		10,1 0,3
Summe Steuern (Summe 18. und 19.)	2.115		
20. Jahresüberschuss (Summe 1. bis 19.)	1.920		
Summe der Gesamterträge Summe der Gesamtaufwendungen	22.290 20.370		

2 Bildung von Kennziffern

Die Bildung von Kennziffern erfolgt mit dem Ziel, betriebswirtschaftliche Tatbestände und Vorgänge in verkürzter und dadurch übersichtlicherer Form darzustellen.

2.1 Kennziffern aus der Bilanz

Aus der aufbereiteten Bilanz können Kennziffern gewonnen werden, die entweder nur die Aktivseite, nur die Passivseite oder aber sowohl die Aktiv- als auch die Passivseite betreffen.

2.1.1 Kennziffern der Aktivseite

Auf der Aktivseite der Bilanz ist das gesamte Vermögen des Unternehmens, aufgegliedert in Anlage- und Umlaufvermögen, aufgeführt.

Der Anteil des Anlagevermögens am Gesamtvermögen wird als Anlagenintensität (ausgedrückt in %) bezeichnet.

$$\textbf{Anlagenintensität} = \frac{\text{Anlagevermögen}}{\text{Gesamtvermögen}} \cdot 100$$

Wird das Umlaufvermögen dem Gesamtvermögen gegenübergestellt, ergibt sich die Umlaufintensität (ausgedrückt in %).

$$\textbf{Umlaufintensität} = \frac{\text{Umlaufvermögen}}{\text{Gesamtvermögen}} \cdot 100$$

Es ist selbstverständlich möglich, die Intensitätskennziffern auf Teilbereiche des Anlage- oder Umlaufvermögens zu beschränken. In diesem Falle lässt sich – z. B. durch Vergleich der Forderungen mit dem Gesamtvermögen – eine Kennziffer für die Forderungsintensität oder – durch Vergleich der Vorräte mit dem Gesamtvermögen – eine Kennziffer für die Vorratsintensität bilden.

Eine weitere Kennziffer ergibt sich dadurch, dass das Anlagevermögen zum Umlaufvermögen ins Verhältnis gesetzt wird. Sie wird als Anlagenkoeffizient bezeichnet (ausgedrückt in %).

$$\textbf{Anlagenkoeffizient} = \frac{\text{Anlagevermögen}}{\text{Umlaufvermögen}} \cdot 100$$

Die Intensitätskennziffern und der Anlagenkoeffizient zeigen, ob ein Betrieb eher anlage- oder lohnintensiv arbeitet.

2.1.2 Kennziffern der Passivseite

Auf der Passivseite der Bilanz ist das gesamte Kapital des Unternehmens, aufgegliedert in Eigen- und Fremdkapital, ausgewiesen.

Der Anteil des Eigenkapitals am Gesamtkapital wird als Eigenkapitalquote (ausgedrückt in %) bezeichnet.

$$\textbf{Eigenkapitalquote} = \frac{\text{Eigenkapital}}{\text{Gesamtkapital}} \cdot 100$$

Wird das Fremdkapital dem Gesamtkapital gegenübergestellt, ergibt sich die Fremdkapitalquote (ausgedrückt in %).

$$\textbf{Fremdkapitalquote} = \frac{\text{Fremdkapital}}{\text{Gesamtkapital}} \cdot 100$$

Es ist selbstverständlich möglich, nicht das gesamte Fremdkapital, sondern nur das lang- und mittelfristige Fremdkapital oder nur das kurzfristige Fremdkapital zum Gesamtkapital ins Verhältnis zu setzen. In diesen Fällen kommt es zu Kennziffern, die als lang- und mittelfristige bzw. als kurzfristige Finanzierungsquote bezeichnet werden.

Eine weitere Kennziffer ergibt sich dadurch, dass das Fremdkapital zum Eigenkapital ins Verhältnis gesetzt wird. Sie wird als Verschuldungsgrad bezeichnet (ausgedrückt in %).

$$\textbf{Verschuldungsgrad} = \frac{\text{Fremdkapital}}{\text{Eigenkapital}} \cdot 100$$

Je höher die Eigenkapitalquote bzw. je niedriger der Verschuldungsgrad ist, umso unabhängiger ist das Unternehmen von fremden Geldgebern.

2.1.3 Kennziffern der Aktiv- und Passivseite

Werden Größen der Aktivseite Größen der Passivseite gegenübergestellt, ergeben sich als Kennziffern die Anlagendeckung und die Liquidität.

2.1.3.1 Anlagendeckung

Da das Anlagevermögen dazu bestimmt ist, dauernd dem Betrieb zu dienen, muss es durch Kapital, das dem Unternehmen langfristig zur Verfügung steht, finanziert werden.

Optimal ist es, wenn die Höhe des Eigenkapitals der Höhe des Anlagevermögens entspricht (goldene Bilanzregel). Reicht das Eigenkapital allein nicht zur Deckung des Anlagevermögens aus, besteht allerdings die Möglichkeit, langfristig zur Verfügung stehendes Fremdkapital zur Deckung des Anlagevermögens heranzuziehen.

Wird lediglich berechnet, inwieweit das Anlagevermögen durch Eigenkapital gedeckt ist, ergibt sich als Kennziffer die Anlagendeckung 1 (ausgedrückt in %).

$$\textbf{Anlagendeckung 1} = \frac{\text{Eigenkapital}}{\text{Anlagevermögen}} \cdot 100$$

Wird dem Anlagevermögen neben dem Eigenkapital auch das langfristige Fremdkapital gegenübergestellt, ist das Ergebnis die Anlagendeckung 2 (ausgedrückt in %).

$$\textbf{Anlagendeckung 2} = \frac{\text{(Eigenkapital + langfr. Fremdkapital)}}{\text{Anlagevermögen}} \cdot 100$$

2.1.3.2 Liquidität

Liquidität ist die Fähigkeit des Unternehmens, seinen finanziellen Verpflichtungen fristgerecht nachkommen zu können. Die Ermittlung dieser Kennziffer erfolgt durch Vergleich der flüssigen (liquiden) Mittel mit dem kurzfristigen Fremdkapital.

Zu unterscheiden sind die Liquidität 1., 2. und 3. Grades.

Zur Ermittlung der Liquidität 1. Grades (ausgedrückt in %) werden die flüssigen Mittel dem kurzfristigen Fremdkapital gegenübergestellt.

$$\textbf{Liquidität 1. Grades} = \frac{\text{flüssige Mittel}}{\text{kurzfristiges Fremdkapital}} \cdot 100$$

Die Liquidität 2. Grades (ausgedrückt in %) ergibt sich dann, wenn dem kurzfristigen Fremdkapital das gesamte Finanzumlaufvermögen, d. h. die flüssigen Mittel und die Forderungen, gegenübergestellt wird.

$$\textbf{Liquidität 2. Grades} = \frac{\text{Finanzumlaufvermögen}}{\text{kurzfristiges Fremdkapital}} \cdot 100$$

Von Liquidität 3. Grades (ausgedrückt in %) wird gesprochen, wenn das gesamte Umlaufvermögen mit dem kurzfristigen Fremdkapital verglichen wird.

$$\textbf{Liquidität 3. Grades} = \frac{\text{Umlaufvermögen}}{\text{kurzfristiges Fremdkapital}} \cdot 100$$

2.2 Kennziffern aus der G+V-Rechnung

Mit Hilfe der Kennziffern, die aus der G+V-Rechnung abgeleitet werden, soll die Beurteilung der Ertragslage erleichtert werden.

Es ist zunächst möglich, die verschiedenen Teilergebnisse der G+V-Rechnung ins Verhältnis zum Gesamtergebnis (Jahresüberschuss) zu setzen. Dadurch kommt es z. B. zu folgenden Kennziffern (ausgedrückt in %):

$$\text{Anteil des Betriebsergebnisses} = \frac{\text{Betriebsergebnis}}{\text{Jahresüberschuss}} \cdot 100$$

$$\text{Anteil des Finanzergebnisses} = \frac{\text{Finanzergebnis}}{\text{Jahresüberschuss}} \cdot 100$$

$$\text{Anteil des außerordentlichen Ergebnisses} = \frac{\text{außerordentliches Ergebnis}}{\text{Jahresüberschuss}} \cdot 100$$

Daneben besteht die Möglichkeit, bestimmte Aufwendungen ins Verhältnis zur Gesamtleistung zu setzen und z. B. die folgenden Kennziffern (ausgedrückt in %) zu ermitteln:

$$\text{Materialintensität} = \frac{\text{Materialaufwand}}{\text{Gesamtleistung}} \cdot 100$$

$$\text{Personalintensität} = \frac{\text{Personalaufwand}}{\text{Gesamtleistung}} \cdot 100$$

$$\text{Abschreibungsintensität} = \frac{\text{Abschreibungsaufwand}}{\text{Gesamtleistung}} \cdot 100$$

$$\text{Intensität der sonstigen betrieblichen Aufwendungen} = \frac{\text{sonstige betriebl. Aufw.}}{\text{Gesamtleistung}} \cdot 100$$

Kontrollaufgaben

1. Welches Ziel wird mit der Auswertung des Jahresabschlusses verfolgt?
2. Für welchen Personenkreis ist die Auswertung des Jahresabschlusses von besonderer Bedeutung?
3. Warum ist es notwendig, den Jahresabschluss vor der Auswertung aufzubereiten?
4. Welche Arbeiten fallen an
   a) bei der Aufbereitung der Bilanz,
   b) bei der Aufbereitung der Gewinn- und Verlustrechnung?
5. Was ist unter den Begriffen
   a) Bereinigung,
   b) Umgruppierung,
   c) Verdichtung

   im Zusammenhang mit der Erstellung einer Strukturbilanz zu verstehen?

6. Welche Angaben enthält die Strukturbilanz mindestens?
7. Wodurch unterscheidet sich die Struktur-G+V-Rechnung von der Gewinn- und Verlustrechnung nach § 275 HGB?
8. Definieren Sie die Begriffe
   a) Anlagenintensität,
   b) Umlaufintensität,
   c) Anlagenkoeffizient,
   d) Eigenkapitalquote,
   e) Fremdkapitalquote,
   f) Verschuldungsgrad,
   g) Anlagendeckung I und II,
   h) Liquidität 1., 2. und 3. Grades.
9. Nennen Sie Beispiele für Kennziffern, die lediglich aus der G+V-Rechnung gewonnen werden.

Übungen

1. Die bereits strukturierte Bilanz und G+V-Rechnung einer Einzelunternehmung sieht folgendermaßen aus:

Strukturbilanz

Aktiva	TEUR	%
A. Anlagevermögen	15.500	59,8
B. Umlaufvermögen		
I. Übriges Umlaufvermögen	3.700	14,3
II. Forderungen	4.600	17,8
III. Flüssige Mittel	2.100	8,1
	25.900	100,0

Passiva	TEUR	%
A. Eigenkapital (incl. Jahresüberschuss)	11.200	43,2
B. Fremdkapital		
I. Langfristiges Fremdkapital	6.500	25,1
I. Mittelfristiges Fremdkapital	4.300	16,6
III. Kurzfristiges Fremdkapital	3.900	15,1
	25.900	100,00

Struktur-G+V-Rechnung

	TEUR	Gesamt-erträge %	Gesamt-aufw. %
1. Umsatzerlöse	35.200	95,0	
2. + Erhöhung des Bestandes an unfertigen und fertigen Erzeugnissen	640	1,7	
3. + andere aktivierte Eigenleistungen	80	0,2	
Gesamtleistung (Summe 1. bis 3.)	35.920	96,9	
4. + sonstige betriebliche Erträge	750	2,0	
5. – Materialaufwand	8.520		27,4
Rohergebnis Summe (1. bis 5.)	28.150		
6. – Personalaufwand	12.900		41,6
7. – Abschreibungen	3.100		10,0
8. – sonstige betriebliche Aufwendungen	4.840		15,6
Ergebnis der eigentlichen Betriebstätigkeit (Summe 1. bis 8.)	7.310		
9. + Erträge aus Beteiligungen	30	0,1	
10. + Erträge aus anderen Wertpapieren	40	0,1	
11. + sonstige Zinsen und ähnliche Erträge	170	0,5	
12. – Abschreibungen auf Finanzanlagen	10		–
13. – Zinsen und ähnliche Aufwendungen	960		3,1
Finanzergebnis (Summe 9. bis 13.)	730		
14. Ergebnis der gewöhnlichen Geschäftstätigkeit (Summe 1. bis 13.)	6.580		
15. + außerordentliche Erträge	150	0,4	
16. – außerordentliche Aufwendungen	40		0,1
17. außerordentliches Ergebnis (Summe 15. und 16.)	110		
18. – Steuern vom Einkommen und vom Ertrag	600		1,9
19. – sonstige Steuern	90		0,3
Summe Steuern (Summe 18. und 19.)	690		
20. Jahresüberschuss (Summe 1. bis 19.)	6.000		
Summe der Gesamterträge	37.060		
Summe der Gesamtaufwendungen	31.060		

Berechnen Sie die Kennzahlen

a) Anlagenintensität,
b) Umlaufintensität,
c) Anlagenkoeffizient,
d) Eigenkapitalquote,
e) Fremdkapitalquote,
f) Verschuldungsgrad,

g) Anlagendeckung 1 und 2,
h) Liquidität 1., 2. und 3. Grades,
i) Anteil des Betriebsergebnisses,
j) Anteil des Finanzergebnisses,
k) Anteil des außerordentlichen Ergebnisses,
l) Materialintensität,
m) Personalintensität,
n) Abschreibungsintensität,
o) Intensität der sonstigen betrieblichen Aufwendungen.

2. Führen Sie für die im Text befindliche Strukturbilanz und G+V-Rechnung die gleichen Berechnungen wie zu 1. durch. Gehen Sie davon aus, dass die zugrunde liegenden Zahlen auf den Jahresabschluss einer Kapitalgesellschaft zurückzuführen sind und der Jahresüberschuss im Eigenkapital enthalten ist.

2.3 Kennziffern aus Bilanz und G+V-Rechnung

2.3.1 Rentabilitätskennziffern

Aus den Zahlen von Bilanz und G+V-Rechnung können Aussagen über die Rentabilität gewonnen werden. Unter diesem Begriff ist das prozentuale Verhältnis des Gewinns zum eingesetzten Kapital bzw. zum erzielten Umsatz zu verstehen.

Wird in die Berechnung neben dem Gewinn nur das Eigenkapital einbezogen, ergibt sich die Eigenkapital- oder Unternehmerrentabilität (ausgedrückt in %).

$$\textbf{Eigenkapitalrentabilität (allgemein)} = \frac{\text{Gewinn}}{\text{Eigenkapital}} \cdot 100$$

Bei Einzelunternehmen und Personengesellschaften wird der Unternehmerlohn grundsätzlich nicht als betrieblicher Aufwand berücksichtigt. Um einen Vergleich mit Kapitalgesellschaften zu ermöglichen, wird vom Jahresüberschuss, den Einzelunternehmen und Personengesellschaften erzielen, der Unternehmerlohn abgezogen. Nur der verbleibende Betrag geht als Ausgangswert in die Rentabilitätsberechnungen ein.

$$\textbf{Eigenkapitalrentabilität (EU und PersGes)} = \frac{\text{Gewinn} - \text{Unternehmerlohn}}{\text{Eigenkapital}} \cdot 100$$

Wird nicht nur das Eigenkapital, sondern auch das Fremdkapital zur Beurteilung der Ertragskraft des gesamten Unternehmens herangezogen, ist das Ergebnis die Unternehmungs- oder Gesamtkapitalrentabilität (ausgedrückt in %).

Da neben dem Gewinn auch die Fremdkapitalzinsen erwirtschaftet werden müssen, sind diese zusätzlich in die Berechnung einzubeziehen.

$$\textbf{Gesamtkapitalrentabilität (allgemein)} = \frac{(\text{Gewinn} + \text{FK-Zinsen})}{\text{Gesamtkapital}} \cdot 100$$

$$\textbf{Gesamtkapitalrentabilität (EU und PersGes)} = \frac{\text{Gewinn} - \text{Unternehmerlohn} + \text{Zinsen}}{\text{Gesamtkapital}} \cdot 100$$

Wird der Gewinn ins Verhältnis zu den Umsatzerlösen gesetzt, ergibt sich die Umsatzrentabilität (ausgedrückt in %).

$$\textbf{Umsatzrentabilität (allgemein)} = \frac{\text{Gewinn}}{\text{Umsatzerlöse}} \cdot 100$$

$$\textbf{Umsatzrentabilität (EU und PersG)} = \frac{\text{Gewinn} - \text{Unternehmerlohn}}{\text{Umsatzerlöse}} \cdot 100$$

Kontrollaufgabe

Definieren Sie die Begriffe

a) Eigenkapitalrentabilität,
b) Gesamtkapitalrentabilität,
c) Umsatzrentabilität.

Übungen

1. Aus dem Jahresabschluss eines Einzelunternehmers sind folgende Zahlen ersichtlich:

Gewinn des Wirtschaftsjahres	292.500,00 EUR
Eigenkapital zum 1. Jan. 01	1.500.000,00 EUR
Eigenkapital zum 31. Dez. 01	1.650.000,00 EUR
Fremdkapitalzinsen	45.000,00 EUR
Gesamtkapital zum 1. Jan. 01	4.500.000,00 EUR
Gesamtkapital zum 31. Dez. 01	4.650.000,00 EUR
Umsatzerlöse	20.000.000,00 EUR

   Berechnen Sie

   a) die Eigenkapitalrentabilität,
   b) die Gesamtkapitalrentabilität,
   c) die Umsatzrentabilität

   bei einem als Privatentnahme gebuchten Unternehmerlohn von jährlich 80.000,00 EUR.

2. Die verkürzte Bilanz und G+V-Rechnung eines Einzelunternehmens sieht folgendermaßen aus:

Aktiva	Bilanz zum 1. Jan. 02		Passiva
Anlagevermögen	600.000,00	Eigenkapital	800.000,00
Umlaufvermögen	2.400.000,00	Fremdkapital	2.200.000,00
	3.000.000,00		3.000.000,00

Aktiva	G+V-Rechnung zum 31. Dez. 02		Passiva
Wareneinsatz	6.650.000,00	Verkaufserlöse	8.370.000,00
Personalaufwendungen	490.000,00		
Abschreibungen	155.000,00		
sonstige betr. Aufw.	165.000,00		
Zinsaufwendungen	120.000,00		
Gewinn	790.000,00		
	8.370.000,00		8.370.000,00

Berechnen Sie

a) die Eigenkapitalrentabilität,

b) die Gesamtkapitalrentabilität,

c) die Umsatzrentabilität.

Gehen Sie davon aus, dass der Unternehmerlohn in Höhe von 7.500,00 EUR monatlich noch nicht erfolgsmindernd erfasst worden ist.

3. Der Bilanz einer AG können Sie die folgenden Angaben entnehmen:

	02	01
Eigenkapital zum 1. Jan.	555.000,00 EUR	480.000,00 EUR
Fremdkapital	405.000,00 EUR	330.000,00 EUR

Darüber hinaus sind in der G+V-Rechnung die folgenden Angaben enthalten:

	02	01
Zinsen für Fremdkapital	22.800,00 EUR	14.700,00 EUR
Umsatzerlöse	2.280.000,00 EUR	1.770.000,00 EUR
Jahresüberschuss	108.000,00 EUR	78.000,00 EUR

Berechnen Sie für beide Jahre

a) die Eigenkapitalrentabilität,

b) die Gesamtkapitalrentabilität,

c) die Umsatzrentabilität.

4. Bei einem Umsatz von 1.250.000,00 EUR erzielte Ihr Mandant eine Umsatzrentabilität von 2 %.

Berechnen Sie

a) die Eigenkapitalrentabilität,

b) die Gesamtkapitalrentabilität.

Gehen Sie davon aus, dass das Eigenkapital 200.000,00 EUR beträgt und Fremdkapitalzinsen (Zinssatz 9 %) in Höhe von 22.500,00 EUR entstanden sind.

2.3.2 Cashflow

Anhand von Bilanz und G+V-Rechnung ist auch die Berechnung des Cashflows möglich. Der Cashflow (Kassenfluss) ist eine Kennziffer, deren Aufgabe es ist, den gesamten Selbstfinanzierungsspielraum einer Unternehmung offen zu legen. Der Cashflow soll also Auskunft darüber geben, inwieweit eine Unternehmung Investitionen, Schuldentilgungen und Gewinnausschüttungen aus selbst erwirtschafteten Mitteln finanzieren kann.

Um entsprechende Aussagen machen zu können, ist es zunächst erforderlich, die Beträge festzustellen, die als Umsatzerlöse zugeflossen, aber noch nicht wieder für Ausgaben verwendet worden sind.

Der Cashflow ergibt sich, wenn dem Jahresergebnis alle nicht auszahlungswirksamen Aufwendungen hinzugerechnet werden. Nicht auszahlungswirksam sind vor allem solche Aufwendungen, die durch

- die Vornahme von Abschreibungen,
- die Bildung von Rückstellungen und
- Einstellungen in Sonderposten mit Rücklageanteil

entstanden sind.

Noch genauer wird die Kennziffer, wenn dann von diesem Ergebnis alle nicht einzahlungswirksamen Erträge abgerechnet werden.

Schematisch findet die Berechnung des Cashflows wie folgt statt:

Jahresüberschuss/Jahresfehlbetrag
+/− Abschreibungen/Zuschreibungen
+/− Erhöhung/Herabsetzung der Rückstellungen
+/− Erhöhung/Herabsetzung der Sonderposten mit Rücklageanteil

= Cashflow

Darüber hinaus kann mit Hilfe des Cashflows die Aussagefähigkeit der Rentabilitätskennziffern verbessert werden. Dies ist möglich, wenn er zum Eigenkapital, zum Gesamtkapital und zum Umsatz ins Verhältnis gesetzt wird.

$$\textbf{Cashflow-Eigenkapitalrentabilität} = \frac{\text{Cashflow}}{\text{Eigenkapital}} \cdot 100$$

$$\textbf{Cashflow-Gesamtkapitalrentabilität} = \frac{(\text{Cashflow} + \text{FK-Zinsen})}{\text{Gesamtkapital}} \cdot 100$$

$$\textbf{Cashflow-Umsatzrentabilität} = \frac{\text{Cashflow} \cdot 100}{\text{Umsatzerlöse}}$$

Kontrollaufgaben

1. Wie wird der Cashflow ermittelt?
2. Was besagt der Cashflow?

Übungen

1. Zur Berechnung des Cashflows können Sie den Jahresabschlüssen der Jahre 01 und 02 folgende Angaben entnehmen:

	01	02
Abschreibungen	152.000,00 EUR	144.000,00 EUR
Gewinn	244.000,00 EUR	261.000,00 EUR
Rückstellungen	74.000,00 EUR	63.000,00 EUR
Sonderposten mit Rücklageanteil	162.000,00 EUR	227.000,00 EUR

Berechnen Sie den Cashflow für das Jahr 02.

2. Die Jahresabschlüsse der Jahre 01 und 02 enthalten u. a. folgende Angaben:

	01	02
Gewinn	236.000,00 EUR	242.000,00 EUR
Abschreibungen	82.000,00 EUR	90.000,00 EUR
Zuschreibungen	1.000,00 EUR	10.000,00 EUR
Rückstellungen	84.000,00 EUR	96.000,00 EUR
Sonderposten mit Rücklageanteil	225.000,00 EUR	212.000,00 EUR

Führen Sie die Berechnung des Cashflows durch.

3. Den Jahresabschlüssen der Jahre 01 und 02 sind u. a. folgende Angaben zu entnehmen:

	01	02
Eigenkapital	550.000,00 EUR	490.000,00 EUR
Fremdkapital	420.000,00 EUR	470.000,00 EUR
Zinsen für Fremdkapital	25.000,00 EUR	27.000,00 EUR
Jahresüberschuss	48.000,00 EUR	46.000,00 EUR
Umsatzerlöse	1.490.000,00 EUR	1.520.000,00 EUR
Abschreibungen	198.000,00 EUR	205.000,00 EUR
Rückstellungen	88.000,00 EUR	92.000,00 EUR
Sonderposten mit Rücklageanteil	236.000,00 EUR	210.000,00 EUR

Berechnen Sie für das Jahr 02

a) den Cashflow,
b) die Eigenkapitalrentabilität,
c) die Gesamtkapitalrentabilität,
d) die Umsatzrentabilität,
e) die Cashflow-Eigenkapitalrentabilität,
f) die Cashflow-Gesamtkapitalrentabilität,
g) die Cashflow-Umsatzrentabilität.

2.3.3 Lagerhaltungskennziffern

Mit Hilfe der Zahlen von Bilanz und G+V-Rechnnung können auch Lagerhaltungskennziffern gewonnen werden. Diese dienen vor allem als Anhaltspunkt zur Optimierung der Kapitalbindung im Vorratsvermögen.

Durchschnittlicher Lagerbestand

Die Bilanz für ein Wirtschaftsjahr zeigt - bei Kapitalgesellschaften zwingend - für alle Bilanzposten den Wert des Vorjahres und den Wert des Abschlussjahres. Die Berechnung des durchschnittlichen Lagerbestandes (Vorratsvermögen) ist deshalb problemlos möglich, wenn zum Vorjahreswert der Wert des Abschlussjahres addiert und das Ergebnis durch zwei dividiert wird.

$$\textbf{Durchschnittlicher Lagerbestand} = \frac{\text{Jahresanfangs- + Jahresendbestand}}{2}$$

Die Höhe des durchschnittlichen Lagerbestandes ist nicht nur unternehmens-, sondern vor allem branchenabhängig. Ein Möbelgesschäft hat zwangsläufig einen höheren durchschnittlichen Lagerbestand als ein Blumengeschäft.

Umschlagshäufigkeit

Diese Kennziffer zeigt, wie oft der durchschnittliche Lagerbestand im Wirtschaftsjahr (zu Einstandspreisen) verkauft werden konnte. Je höher die Umschlagshäufigkeit ist, umso geringer ist der Anteil der entstandenen Lagerkosten am Preis des Produkts.

Zur Berechnung der Umschlagshäufigkeit wird der Wareneinsatz durch den durchschnittlichen Warenbestand dividiert.

$$\textbf{Umschlagshäufigkeit} = \frac{\text{Wareneinsatz}}{\text{durchschnittlicher Lagerbestand}}$$

Durchschnittliche Lagerdauer

Als Lagerdauer wird die Zeit bezeichnet, die zwischen dem Ein- und Verkauf der Waren (Vorräte) liegt. Die tatsächliche Lagerdauer für einzelne Stücke ist in der Regel nicht von Interesse. Insbesondere für den Bereich der Finanzierung interessiert vor allem die durchschnittliche Lagerdauer, d. h. die Lagerdauer für die Gesamtheit der Waren (gleicher Art). Berechnet wird sie, indem 360 Tage (1 Jahr) durch die Umschlagshäufigkeit dividiert werden.

$$\textbf{Durchschnittliche Lagerdauer} = \frac{360}{\text{Umschlagshäufigkeit}}$$

Lagerzinssatz

Die Kosten des in den Lagerbeständen gebundenen Kapitals werden als Lagerzinsen bezeichnet. Der Lagerzinssatz wird als Zeitprozentsatz berechnet. In die Berechnung gehen der mit einem Kreditgeber vereinbarte Fremdkapitalzinssatz und die durchschnittliche Lagerdauer ein. Die Höhe des Lagerzinssatzes ist vor allem für die Kalkulation von Bedeutung.

44 Hengstebeck - ISBN 3-8120-0068-7

$$\text{Lagerzinssatz} = \frac{\text{Jahreszinssatz} \cdot \text{durchschnittliche Lagerdauer}}{360}$$

Kontrollaufgaben

1. Warum werden Lagerhaltungskennziffern gebildet?
2. Zeigen Sie, wie die durchschnittliche Lagerdauer ermittelt wird.

Übungen

1. Welcher Wareneinsatz ergibt sich unter Berücksichtigung folgender Angaben:

	Warenanfangsbestand	Wareneinkäufe	Warenendbestand
a)	375.480,00 EUR	1.833.670,00 EUR	429.350,00 EUR
b)	1.447.860,00 EUR	1.926.640,00 EUR	1.291.640,00 EUR
c)	956.410,00 EUR	3.452.400,00 EUR	1.846.260,00 EUR

2. Ermitteln Sie für die verschiedenen Unternehmen
   a) die Umschlagshäufigkeit des Warenbestandes,
   b) die durchschnittliche Lagerdauer.

Unternehmen	Wareneinsatz	Durchschnittlicher Lagerbestand
A	8.235.620,00 EUR	4.977.250,00 EUR
B	1.435.740,00 EUR	87.680,00 EUR
C	2.768.630,00 EUR	3.764.890,00 EUR

3. Für die verschiedenen Abteilungen eines Warenhauses wird eine unterschiedlich hohe Lagerumschlagshäufigkeit festgestellt. Sie beträgt für die

Bekleidungsabteilung	2,4
Blumenabteilung	65,2
Möbelabteilung	0,8
Lebensmittelabteilung	20,6

   Stellen Sie die durchschnittliche Lagerdauer für die Produkte der einzelnen Abteilungen fest.

4. Welche Umschlagshäufigkeit und welcher Wareneinsatz ergeben sich unter Berücksichtigung folgender Angaben:
   - durchschnittlicher Lagerbestand 869.200,00 EUR,
   - durchschnittliche Lagerdauer 40 Tage.

5. Der Buchführung Ihres Mandanten sind folgende Angaben zu entnehmen:

S	Warenbestand		H
EBK	335.000,00	SBK	
___	___	E. v. W.	___
___	___	___	___

S	Einkauf von Waren		H
Verb.	695.000,00	Verb.	12.500,00
ANK	20.000,00	Skonti	20.000,00
Warenb.	___	G+V	993.500,00
___	1.026.000,00	___	1.026.000,00

S	G+V		H
E v. W.	993.500,00	VE	1.228.000,00

Ermitteln Sie die fehlenden Größen und berechnen Sie die Lagerkennziffern bei einem Jahreszinssatz von 12%.

6. Welchen Jahresumsatz
   a) einschließlich 16% USt,
   b) netto

   hat Ihr Mandant (Einzelhändler) erzielt, wenn er folgende Angaben errechnet hat:
   - durchschnittlicher Lagerbestand 445.000,00 EUR,
   - Lagerumschlag 4,2,
   - Kalkulationszuschlag 72%?

3 Aussagefähigkeit der Kennziffern

Kennziffern, die für das Abschlussjahr ermittelt werden, erlauben nur in eingeschränktem Maße Aussagen über die Lage des Unternehmens. Sinnvoller ist es, mit Vergleichskennziffern zu arbeiten. Diese können aus demselben Unternehmen, aber auch von Unternehmen derselben Branche stammen.

Werden Kennziffern desselben Unternehmens, die aus Abschlüssen früherer Wirtschaftsjahre gewonnen werden, in die Auswertung einbezogen, liegt ein Zeitvergleich vor. Er lässt Aussagen über die Entwicklung des Unternehmens im Zeitablauf zu.

Gleichzeitig kann mit Hilfe des Zeitvergleichs festgestellt werden, zu welchen Abweichungen es bei den einzelnen Gruppen von Aufwendungen und Erträgen gegenüber dem Vorjahr bzw. den Vorjahren gekommen ist.

Werden Kennziffern von Unternehmen derselben Branche in die Auswertung einbezogen, liegt ein Branchenvergleich vor. Er bietet die Möglichkeit, die Stellung des Unternehmens innerhalb der Branche zu bestimmen, zeigt Abweichungen von den Durchschnittskennziffern der gesamten Branche und trägt zur objektiveren Beurteilung des betrachteten Unternehmens bei.

P Umsatz- und Gewinnverprobung

1 Ziel der Verprobung

Um festzustellen, ob das Buchführungsergebnis mit der betrieblichen Kalkulation übereinstimmt oder mit den Ergebnissen früherer Geschäftsjahre vergleichbar ist, führt der Unternehmer Kontrollrechnungen durch, die als Verprobung bezeichnet werden. Diese sind Bestandteil des innerbetrieblichen Betriebsvergleichs.

Darüber hinaus ist es möglich, die Zahlen eines Betriebes mit denen anderer Betriebe, insbesondere denen derselben Branche, zu vergleichen (äußerer Betriebsvergleich). Neben den in Zeitschriften von Kammern und Verbänden veröffentlichten Zahlen sind dabei auch die amtlichen Richtsätze von Bedeutung. Bei diesen handelt es sich um Erfahrungssätze, die aufgrund von Außenprüfungen der Finanzämter bei buchführungspflichtigen Betrieben ermittelt worden sind.

Dieser äußere Betriebsvergleich kann vom Unternehmer selbst, vom Steuerberater, aber auch durch das Finanzamt durchgeführt werden.

Erfolgt er durch die Finanzverwaltung, unterstellt diese, dass der Unternehmer bei einem betragsmäßig bekannten Wareneinsatz unter Berücksichtigung der Angaben der Richtsatzsammlung einen bestimmten Umsatz, Rohgewinn und Reingewinn erzielen muss. Die berechneten Werte werden dann mit den tatsächlich im Betrieb erzielten Ergebnissen verglichen. Stimmen sie annähernd überein, kann davon ausgegangen werden, dass sämtliche Geschäftsvorfälle gebucht worden sind. Kommt es zu größeren Abweichungen, ist die Buchführung möglicherweise nicht ordnungsgemäß.

2 Bestimmung der Ausgangsgrößen

2.1 Wirtschaftlicher Wareneinsatz

Bei der Verprobung werden nur die Aufwendungen für bezogene Waren berücksichtigt, die tatsächlich im normalen Geschäftsverkehr mit der Absicht der Gewinnerzielung verkauft worden sind. Diese Aufwendungen werden als wirtschaftlicher Wareneinsatz bezeichnet.

Der wirtschaftliche Wareneinsatz ist stets ein Wert ohne Umsatzsteuer und deshalb wie folgt zu ermitteln:

Warenanfangsbestand
\+ Wareneinkäufe (ggf. erhöht um erhaltene Skonti und Boni)
\+ Anschaffungsnebenkosten für Waren
– Warenendbestand
– Warenrücksendungen an Lieferer
– Entnahmen von Waren
– innerbetrieblicher Warenverbrauch
– unentgeltliche Warenabgabe an Personal
– Warenverluste durch Diebstahl, Verderb usw.

---

wirtschaftlicher Wareneinsatz

2.2 Wirtschaftlicher Umsatz

Erlöse (Beträge ohne Umsatzsteuer), die der Unternehmer durch den wirtschaftlichen Wareneinsatz erzielt, werden als wirtschaftlicher Umsatz bezeichnet. Der gesuchte Wert ist jedoch nicht unmittelbar dem Konto Verkaufserlöse zu entnehmen, sondern folgendermaßen zu ermitteln:

Verkaufserlöse
– Rücksendungen von Kunden
– Forderungsverluste des laufenden Geschäftsjahres

---

wirtschaftlicher Umsatz

2.3 Wirtschaftlicher Rohgewinn

Sind die Größen wirtschaftlicher Umsatz und wirtschaftlicher Wareneinsatz bekannt, ist der wirtschaftliche Rohgewinn problemlos zu ermitteln:

wirtschaftlicher Umsatz
– wirtschaftlicher Wareneinsatz

---

wirtschaftlicher Rohgewinn

2.4 Wirtschaftlicher Reingewinn

Der wirtschaftliche Reingewinn ergibt sich, wenn der wirtschaftliche Rohgewinn um die sonstigen Betriebsausgaben gekürzt wird:

wirtschaftlicher Rohgewinn
– sonstige Betriebsausgaben

---

wirtschaftlicher Reingewinn

3 Ergebnisse der Verprobungsrechnungen

Mit Hilfe des wirtschaftlichen Wareneinsatzes, Rohgewinns und Reingewinns können nun der Rohgewinnaufschlagssatz, der Rohgewinnsatz und der Reingewinnsatz berechnet werden. Die Berechnung des Rohgewinnaufschlags entspricht grundsätzlich der des Kalkulationszuschlags, die des Rohgewinnsatzes der der Handelsspanne und die des Reingewinnsatzes der des Gewinns im Rahmen der Handelskalkulation. Sie sind jedoch aufgrund der unterschiedlichen Ausgangsgrößen nicht mit diesen identisch.

3.1 Rohgewinnaufschlagssatz

Zur Ermittlung des Rohgewinnaufschlagssatzes wird der wirtschaftliche Rohgewinn dem wirtschaftlichen Wareneinsatz (= 100 %) gegenübergestellt.

$$\text{Rohgewinnaufschlagssatz} = \frac{\text{wirtschaftlicher Rohgewinn} \cdot 100}{\text{wirtschaftlicher Wareneinsatz}}$$

3.2 Rohgewinnsatz

Soll der Rohgewinnsatz berechnet werden, muss der wirtschaftliche Rohgewinn mit dem wirtschaftlichen Umsatz (= 100 %) verglichen werden.

$$\text{Rohgewinnsatz} = \frac{\text{wirtschaftlicher Rohgewinn} \cdot 100}{\text{wirtschaftlicher Umsatz}}$$

3.3 Reingewinnsatz

Der Reingewinnsatz ergibt sich, wenn dem wirtschaftlichen Reingewinn der wirtschaftliche Umsatz (= 100 %) gegenübergestellt wird.

$$\text{Reingewinnsatz} = \frac{\text{wirtschaftlicher Reingewinn} \cdot 100}{\text{wirtschaftlicher Umsatz}}$$

Beispiel:

Zur Ermittlung des Rohgewinnaufschlagssatzes, des Rohgewinnsatzes und des Reingewinnsatzes für das Jahr 02 liegen folgende Kontenstände vor:

	Soll/EUR	**Haben/EUR**
Warenbestand	125.000,00 EUR	142.000,00 EUR
Wareneinkauf	463.000,00 EUR	
erhaltene Skonti		12.100,00 EUR
Verkaufserlöse		1.051.000,00 EUR
Rücksendungen an Lieferer		27.000,00 EUR
Rücksendungen von Kunden	41.000,00 EUR	
Geschäftskosten	336.000,00 EUR	

Lösung:

Warenbestand 1. Jan. 02	125.000,00 EUR
+ Wareneinkauf	463.000,00 EUR
− Warenbestand 31. Dez. 02	142.000,00 EUR
− Rücksendungen an Lieferer	27.000,00 EUR
wirtschaftlicher Wareneinsatz	419.000,00 EUR
Verkaufserlöse	1.051.000,00 EUR
− Rücksendungen von Kunden	41.000,00 EUR
wirtschaftlicher Umsatz	1.010.000,00 EUR

wirtschaftlicher Umsatz	1.010.000,00 EUR
− wirtschaftlicher Wareneinsatz	419.000,00 EUR
wirtschaftlicher Rohgewinn	591.000,00 EUR
wirtschaftlicher Rohgewinn	591.000,00 EUR
− sonstige Betriebsausgaben	336.000,00 EUR
wirtschaftlicher Reingewinn	255.000,00 EUR

Rohgewinnaufschlagssatz: $\frac{591.000 \cdot 100}{419.000} = 141{,}05\ (\%)$

Rohgewinnsatz: $\frac{591.000 \cdot 100}{1.010.000} = 58{,}51\ (\%)$

Reingewinnsatz: $\frac{255.000 \cdot 100}{1.010.000} = 25{,}25\ (\%)$

Übungen

1. Ein Mandant, der den wirtschaftlichen Wareneinsatz für jede Warengruppe getrennt ermittelt hat, stellt Ihnen folgende Zahlen zur Verfügung:

Warengruppe	Wirtschaftlicher Wareneinsatz in EUR	Rohgewinnaufschlagssatz in %
1	136.700,00	46
2	214.900,00	38
3	102.400,00	41
4	243.600,00	34

Stellen Sie fest, mit welchem Rohgewinnsatz der Mandant arbeitet.

2. Der Buchführung können Sie zum Jahresende folgende Angaben entnehmen:

	Soll	Haben
Warenanfangsbestand	176.500,00 EUR	
Einkauf von Waren	486.400,00 EUR	
erhaltene Skonti		25.300,00 EUR
Warenendbestand		165.900,00 EUR
Rücksendungen an Lieferer		3.400,00 EUR
innerbetrieblicher Warenverbrauch		6.200,00 EUR
Verkaufserlöse		738.800,00 EUR
Rücksendungen von Kunden	24.300,00 EUR	

Ermitteln Sie

a) den wirtschaftlichen Wareneinsatz,
b) den wirtschaftlichen Umsatz,
c) den Rohgewinnsatz,
d) den Reingewinn in EUR und Prozent bei Geschäftskosten von 224.600,00 EUR.

3. Der Rohgewinnsatz laut Richtwertsammlung beträgt für eine bestimmte Branche 47 %.

   Stellen Sie fest,

   a) welcher Rohgewinnsatz sich tatsächlich für Ihren Mandanten ergibt,
   b) um wie viel EUR der tatsächliche wirtschaftliche Rohgewinn vom Rohgewinn lt. Richtwertsammlung abweicht,

   wenn folgende Zahlen vorliegen:

Warenanfangsbestand	275.800,00 EUR
Einkauf von Waren	826.600,00 EUR
Rücksendungen an Lieferer	27.600,00 EUR
Entnahmen von Waren	18.200,00 EUR
Warenendbestand	365.200,00 EUR
Verkaufserlöse	1.205.600,00 EUR
Rücksendungen von Kunden	27.200,00 EUR

4. Für die Betriebe einer bestimmten Branche beträgt der Rohgewinnaufschlagssatz lt. Richtwertsammlung 75 %.

   Stellen Sie fest, um wie viel Prozentpunkte Ihr Mandant von diesem Richtwert abweicht, wenn der Buchführung folgende Angaben zu entnehmen sind:

Warenanfangsbestand	338.000,00 EUR
Einkauf von Waren	805.000,00 EUR
erhaltene Skonti	25.000,00 EUR
Rücksendungen an Lieferer	40.000,00 EUR
Forderungsverluste des lfd. Geschäftsjahres	22.000,00 EUR
Verkaufserlöse	1.252.000,00 EUR
Warenendbestand	438.000,00 EUR

5. Anhand der G+V-Rechnung haben Sie einen wirtschaftlichen Rohgewinn von 435.804,00 EUR ermittelt. Dieser Betrag entspricht einem Rohgewinnsatz von 69 %.

   Berechnen Sie

   a) den wirtschaftlichen Umsatz,
   b) den Reingewinnsatz

   bei Geschäftskosten von 240.000,00 EUR.

6. Ihr Mandant legt Ihnen folgende Zahlen vor:

Einkauf von Waren	300.000,00 EUR
wirtschaftlicher Wareneinsatz	336.000,00 EUR
wirtschaftlicher Umsatz	537.600,00 EUR
Geschäftskosten	174.720,00 EUR

   Ermitteln Sie

   a) den Rohgewinnaufschlagssatz,
   b) den Rohgewinnsatz,
   c) den Reingewinnsatz.

7. Ihr Mandant weist einen wirtschaftlichen Wareneinsatz von 1.224.000,00 EUR nach. Laut Richtsatzsammlung betragen sein Rohgewinnaufschlagssatz 40 % und sein Reingewinnsatz 2 %.

   Ermitteln Sie

   a) welchen wirtschaftlichen Umsatz,
   b) welchen wirtschaftlichen Reingewinn

   die Finanzverwaltung in diesem Fall grundsätzlich erwartet.

8. Ihr Mandant hat einen wirtschaftlichen Umsatz von 754.000,00 EUR erzielt. Bei einem Wareneinkauf von 374.000,00 EUR und einem Warenendbestand von 344.000,00 EUR hat er bereits einen wirtschaftlichen Rohgewinn von 420.000,00 EUR errechnet.

   Stellen Sie zusätzlich

   a) den wirtschaftlichen Wareneinsatz,
   b) den Warenanfangsbestand

   fest.

9. Zur Ermittlung des

   a) wirtschaftlichen Wareneinsatzes,
   b) wirtschaftlichen Reingewinns,
   c) Rohgewinnsatzes und
   d) Reingewinnsatzes

   macht Ihr Mandant folgende Angaben:

	Soll	Haben
Warenbestand	154.000,00 EUR	122.500,00 EUR
Einkauf von Waren	631.000,00 EUR	
erhaltene Skonti		14.300,00 EUR
Entnahmen von Waren		13.500,00 EUR
Verkaufserlöse		1.339.600,00 EUR
Rücksendungen an Lieferer		4.500,00 EUR
Forderungsverluste des lfd. Geschäftsjahres	22.800,00 EUR	
Rücksendungen von Kunden	42.900,00 EUR	
Geschäftskosten	352.000,00 EUR	

   Führen Sie die Berechnungen durch.

10. Ihr Mandant teilt Ihnen mit, dass er für seinen Warenanfangsbestand und die Einkäufe insgesamt einen Wert von 974.250,00 EUR errechnet hat. Außerdem nennt er einen wirtschaftlichen Umsatz von 1.125.000,00 EUR und Geschäftskosten von 455.000,00 EUR.

    Wie hoch muss der Warenendbestand sein, wenn Ihr Mandant lt. Richtsatzsammlung einen Reingewinnsatz von 7 % zu erzielen hat?

Q Statistik

1 Aufgaben der Statistik

Die Statistik ist Bestandteil des betrieblichen Rechnungswesens. Sie sammelt Zahlenmaterial aus allen betrieblichen Bereichen, vergleicht es und wertet es aus. Die Statistik dient damit - wie die übrigen Zweige des Rechnungswesens - der betrieblichen Kontrolle, Planung und Entscheidung.

Im Rahmen der Buchführung und der Kosten- und Leistungsrechnung werden vorwiegend Wertbewegungen und Wertveränderungen erfasst. Anders ist das bei der Statistik. Sie greift auf das Zahlenmaterial von Buchführung und Kosten- und Leistungsrechnung zurück, zeigt Beziehungen und Zusammenhänge zwischen den verschiedensten Größen auf und stellt diese in übersichtlicher Form dar. Obwohl sich die Statistik vorwiegend an Vergangenheitswerten orientiert, kann anhand dieser Auswertungen auch gezeigt werden, mit welchen Auswirkungen ein Unternehmen bei bestimmten betrieblichen Vorgängen in Zukunft rechnen muss.

2 Statistische Vergleichsrechnungen

2.1 Arten der Vergleichsrechnungen

Die Statistik ist eine Vergleichsrechnung. Sie kann sich auf einen Betrieb beziehen und dann die Entwicklung bestimmter betrieblicher Größen im Zeitablauf erfassen oder als Soll-Istvergleich durchgeführt werden. Außerdem sind zwischenbetriebliche Vergleichsrechnungen möglich. Bei diesen vergleicht der Unternehmer seine eigenen Zahlen mit denen von Betrieben derselben oder auch einer anderen Branche.

Der Zeitvergleich gibt einen Überblick über Kosten-, Umsatz- und Gewinnentwicklungen. Er zeigt auch, wie sich Beschäftigung, Materialverbrauch und Auftragsbestand gegenüber einer Vergleichsperiode verändert haben.

Der Soll-Ist-Vergleich besteht zunächst in der rechnerischen Erfassung der Differenzen zwischen vorgegebenen und tatsächlich erreichten Zahlen und dann in der Auswertung dieser Zahlen.

Ein Betriebsvergleich wird durchgeführt, um feststellen zu können, inwieweit die Zahlen des eigenen Betriebes mit denen anderer identisch sind bzw. in welchen Bereichen es zu wesentlichen Abweichungen gegenüber anderen Betrieben kommt. Er ist möglich, weil die zuständigen Fachverbände in Umfragen entsprechende Zahlen sammeln, Durchschnittswerte bilden und diese als Richtwerte veröffentlichen.

2.2 Durchführung der Vergleichsrechnungen

Zur Verdeutlichung betrieblicher Zusammenhänge bildet der Unternehmer Kennzahlen. Diese entstehen, wenn zwei oder mehrere Größen zueinander in Beziehung gesetzt werden. Kennzahlen zeigen Entwicklungen bzw. Relationen an, die absolute Größen (z. B. Höhe des Jahresumsatzes, Anzahl der Mitarbeiter) allein nicht liefern können.

Kennzahlen kommen als Gliederungszahlen, Beziehungszahlen und Indexzahlen vor.

Eine Gliederungszahl gibt an, welchen prozentualen Anteil eine Teilmasse an einer Gesamtmasse hat. Beispiele: Anteil des Eigenkapitals am Gesamtkapital, Anteil der Personalkosten an den Gesamtkosten.

Beziehungszahlen entstehen, wenn zwei beliebige, auch völlig verschiedene Massen zueinander in Beziehung gesetzt werden. Beispiele: Prozentuales Verhältnis von Eigenkapital zu Fremdkapital, prozentuales Verhältnis von Personalkosten zu Abschreibungen, prozentuales Verhältnis zweier Jahresumsätze aber auch Jahresumsatz je m^2 Verkaufsfläche oder Umsatz je Kunde.

Indexzahlen werden verwendet, um Entwicklungen im Zeitablauf deutlich zu machen. Ihre Bildung erfolgt dadurch, dass gleichartige Massen zueinander in Beziehung gesetzt werden. Ausgangsgrößen sind die Werte eines Basisjahres (100%). Änderungen in den Folgejahren werden stets an den Werten des Basisjahres gemessen. Beispiel: prozentuale Veränderung der Jahresumsätze gegenüber einem Ausgangsjahr.

3 *Grafische Darstellungsformen*

Statistisches Zahlenmaterial ist oft umfangreich und deshalb auch unübersichtlich. Dieser Nachteil wird beseitigt, wenn neben den Berechnungen statistische Grafiken erstellt werden. Grundformen solcher Grafiken sind

- das Kurvendiagramm,
- das Kreisdiagramm und
- das Säulendiagramm.

3.1 Kurvendiagramm

Beim Kurvendiagramm werden die statistischen Zusammenhänge in einem rechtwinkligen Koordinatensystem mit den Achsen X und Y dargestellt. Auf der X-Achse werden z. B. die Jahre 01 bis 05, auf der Y-Achse z. B. die Umsätze in EUR pro Jahr eingetragen. Die Grafik entsteht, indem zunächst die Umsätze eines jeden Jahres als Punkte in das Koordinatensystem eingezeichnet und anschließend geradlinig miteinander verbunden werden.

Das Kurvendiagramm eignet sich besonders, wenn Entwicklungen im Zeitablauf gezeigt und Aussagen über zu erwartende Änderungen gemacht werden sollen.

Beispiel:

Ein Unternehmen weist folgende Umsatzentwicklung auf:

Jahr	01	02	03	04	05
Umsatz in EUR	600.000	650.000	800.000	750.000	900.000

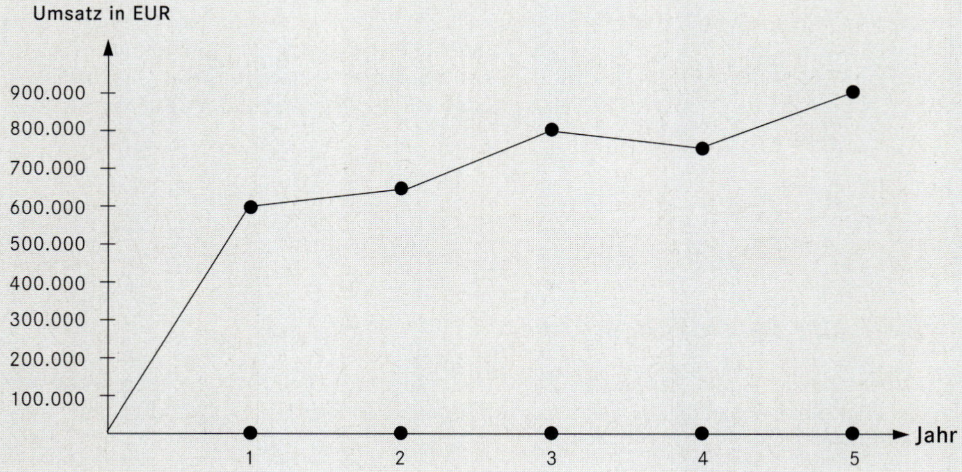

3.2 Kreisdiagramm

Soll die Größe von Teilmengen im Verhältnis zur Gesamtmenge dargestellt werden, kommt zur grafischen Darstellung das Kreisdiagramm zur Anwendung. Der Kreis wird dabei in entsprechende Sektoren aufgeteilt, wobei jeder Sektor eine Teilmenge und der Kreis die Gesamtmenge darstellt.

Beispiel:

Am Umsatz des Unternehmens sind das Inland mit 45 %, die übrigen Staaten der Europäischen Union mit 35 % und Drittstaaten mit 20 % beteiligt.

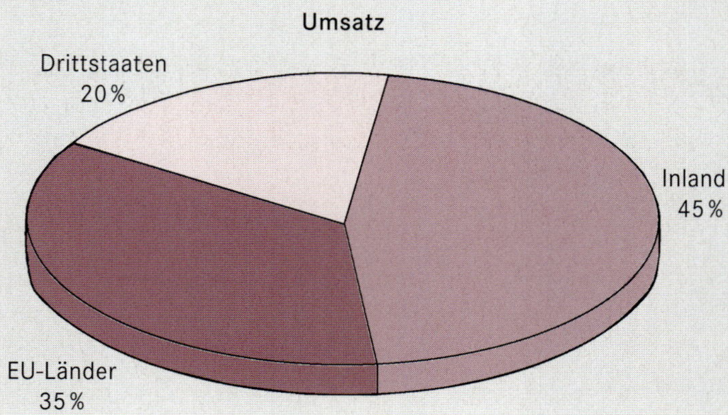

3.3 Säulendiagramm

Das Säulendiagramm wird in einem Koordinatensystem dargestellt. Mit Säulendiagrammen können - wie mit dem Kurvendiagramm - Entwicklungen gezeigt werden. Es besteht aber auch die Möglichkeit, mehrere gleichartige Größen - wie beim Kreisdiagramm - einfach nebeneinander darzustellen. Geschieht dies, werden Säulen freier Breite senkrecht zur X-Achse stehend in das Koordinatensystem eingezeichnet.

Beispiel:

Am Warenbestand des Jahres 01 im Wert von insgesamt 2.050.000,00 EUR sind die Artikel 001 bis 005 wie folgt beteiligt:

Artikel	001	002	003	004	005
Warenbestand in EUR	350.000	450.000	300.000	500.000	450.000

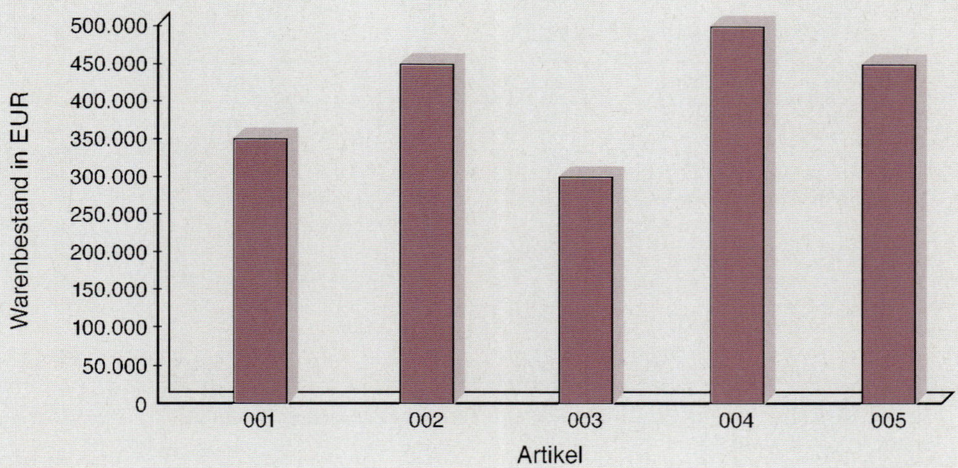

Übungen

1. Die Personalaufwendungen eines Unternehmens haben sich in den Jahren 01 bis 05 wie folgt entwickelt:

Jahr	01	02	03	04	05
Höhe in EUR	385.000	422.000	466.000	421.000	470.000

Stellen Sie diese Entwicklung grafisch dar, und zwar

a) als Säulendiagramm,
b) als Kurvendiagramm.

2. Von Ihrem Mandanten erhalten Sie folgende Informationen:

Aufwendungen	des eigenen Unternehmens in Mio. EUR	im Branchendurchschnitt in %
Aufwendungen für bezogene Waren	322.000	44
Personalaufwendungen	172.400	25
Abschreibungen	66.300	6
sonstige betriebl. Aufw.	92.500	7
Steueraufwendungen	146.800	18

a) Bestimmen Sie, welche prozentualen Anteile die einzelnen Aufwandsarten am Gesamtaufwand im Betrieb Ihres Mandanten haben.

b) Stellen Sie mit Hilfe eines Kreis- und Säulendiagramms, sowohl für das Unternehmen Ihres Mandanten, als auch für die gesamte Branche, die prozentualen Anteile der Aufwendungen dar.

3. Ihr Mandant stellt Ihnen folgende aufbereitete Bilanz zur Verfügung:

Aktiva	Bilanz zum 31. Dez. 02				Passiva
	02 Mio. EUR	01 Mio EUR		02 Mio. EUR	01 Mio EUR
A. Anlagevermögen	49,42	51,36	A. Eigenkapital	37,55	36,92
B. Umlaufvermögen			B. Fremdkapital		
Waren	23,96	19,88	langfr. FK	40,10	43,25
Forderungen	16,45	12,62	kurzfr. FK	15,78	9,46
fl. Mittel	3,60	5,77			
	93,43	89,63		93,43	89,63

Zeigen Sie anhand eines Kreis- und Säulendiagramms die prozentuale Zusammensetzung der Bilanz in den Jahren 02 und 01.

4. Stellen Sie die Umsätze des Jahres 01 anhand eines Säulendiagramms dar. Gehen Sie dabei von folgenden Angaben aus:

Zeitraum	Höhe in Mio. EUR
Januar	10,5
Februar	9,4
März	12,1
April	13,8
Mai	13,1
Juni	12,5
Juli	10,8
August	11,9
September	13,4
Oktober	10,2
November	11,0
Dezember	14,3

5. In den Jahren 01 bis 05 haben sich der Wareneinsatz und die Umsatzerlöse folgendermaßen entwickelt:

Jahr	01	02	03	04	05
Wareneinsatz in Mio. EUR Umsatzerlöse in Mio. EUR	2,6 5,3	2,8 5,8	2,9 5,6	2,7 5,1	3,2 6,2

Zeichnen Sie die entsprechenden Kurven in ein Koordinatensystem ein. Benutzen Sie ein Tabellenkalkulations-Programm.

R Gewinnermittlung durch Einnahme-Überschuss-Rechnung

1 Berechtigter Personenkreis

Steuerpflichtige, die nicht zur Buchführung und zur Erstellung von Jahresabschlüssen verpflichtet sind, haben die Möglichkeit, freiwillig ihren Gewinn durch Betriebsvermögensvergleich zu ermitteln. Tun sie dies nicht, muss ihre Gewinnermittlung grundsätzlich nach § 4 Abs. 3 EStG erfolgen. Als Gewinn wird dann der Überschuss der Betriebseinnahmen über die Betriebsausgaben angesetzt.

Die Überschussrechnung nach § 4 Abs. 3 EStG kommt insbesondere in Betracht für

- kleine Gewerbetreibende, die nicht im Handelsregister eingetragen sind, wenn ihr Betrieb die Grenzen des § 141 AO nicht übersteigt,
- Landwirte, deren Betrieb die Grenzen des § 141 AO nicht übersteigt, wenn ihr Gewinn nicht nach § 13 a EStG ermittelt wird und
- Freiberufler. Diese sind weder nach Handels- noch nach Steuerrecht buchführungspflichtig.

2 Grundsätzliche Vorgehensweise

Der Gewinn wird stets für ein Wirtschaftsjahr ermittelt. Dieses stimmt bei der Gewinnermittlung nach § 4 Abs. 3 EStG immer mit dem Kalenderjahr überein. Welchem Wirtschaftsjahr Betriebseinnahmen und Betriebsausgaben zuzurechnen sind, ergibt sich grundsätzlich aus § 11 EStG. Diese Vorschrift besagt, dass Betriebseinnahmen innerhalb des Wirtschaftsjahrs anzusetzen sind, in dem sie zugeflossen sind, Betriebsausgaben in dem Wirtschaftsjahr abzusetzen sind, in dem sie geleistet worden sind (Zufluss-/Abflussprinzip).

Regelmäßig wiederkehrende Betriebseinnahmen bzw. Betriebsausgaben gelten in dem Kalenderjahr als zu- bzw. abgeflossen, zu dem sie wirtschaftlich gehören. Voraussetzung ist allerdings, dass sie kurze Zeit vor Beginn oder kurze Zeit nach Beendigung des Kalenderjahres angefallen sein müssen. Als regelmäßig wiederkehrende Betriebseinnahmen bzw. Betriebsausgaben gelten u. a. Zinsen, Löhne, Gehälter, Mieten und Pachten. Als kurze Zeit gilt in diesem Zusammenhang ein Zeitraum von 10 Tagen (H 116 EStR).

3 Betriebseinnahmen und Betriebsausgaben

3.1 Betriebseinnahmen

Zu den Betriebseinnahmen gehört grundsätzlich alles, was dem Betrieb aufgrund betrieblicher Leistungen in Form von Geld oder Geldeswert zufließt. Betriebseinnahmen im Rahmen der Gewinnermittlung nach § 4 Abs. 3 EStG sind z. B:

Einnahmen aus der Veräußerung

- von Waren,
- von Wirtschaftsgütern des abnutzbaren Anlagevermögens,
- von Wirtschaftsgütern des nicht abnutzbaren Anlagevermögens,

Einnahmen

- als Entgelt für ausgeführte Dienstleistungen,
- als Entgelt für gewährte Darlehen,
- aufgrund von Schadensersatzansprüchen, z. B. gegenüber Versicherungen,
- durch Vorschüsse, Teil- und Abschlagszahlungen von Kunden,

Einnahmen

- aus vereinnahmter Umsatzsteuer im Zusammenhang mit Lieferungen und sonstigen Leistungen,
- aus der Erstattung von Umsatzsteuer-Guthaben durch das Finanzamt,

(fiktive) Einnahmen

- in Höhe des Teilwerts zum Ausgleich für Sachentnahmen durch den Unternehmer,
- in Höhe der anteiligen Kosten zum Ausgleich für Leistungsentnahmen durch den Unternehmer,
- in Höhe der auf die Umsätze nach § 3 Abs. 1 b Ziff. 1 und Abs. 9 a UStG entfallenden Umsatzsteuer,
- aus der „Auflösung" von Ansparabschreibungen.

Keine Betriebseinnahmen im Rahmen der Gewinnermittlung nach § 4 Abs. 3 EStG sind z. B.:

- Beträge, die im Namen und für Rechnung eines anderen vereinnahmt werden (durchlaufende Posten),
- Geldbeträge, die dem Betrieb durch private Einlagen oder die Aufnahme von Darlehen zugeflossen sind,
- Forderungen aus Lieferungen und Leistungen,
- erhaltene Aufmerksamkeiten.

3.2 Betriebsausgaben

Betriebsausgaben sind die Aufwendungen, die durch den Betrieb veranlasst sind (§ 4 Abs. 4 EStG). Im Rahmen der Gewinnermittlung nach § 4 Abs. 3 EStG sind diese in sofort abzugsfähige und nicht sofort abzugsfähige Betriebsausgaben zu unterteilen.

Sofort, d. h. bei Bezahlung (Abfluss) abzugsfähige Betriebsausgaben sind z. B.

- Anschaffungskosten geringwertiger Wirtschaftsgüter,
- Anschaffungskosten von Wirtschaftsgütern des Vorratsvermögens,
- laufende Aufwendungen für z. B. Löhne, Gehälter, Versicherungen, Mieten, Heizung, Beleuchtung, Gewerbesteuer,
- Geldverluste infolge Diebstahls, wenn der betriebliche Zusammenhang anhand konkreter oder objektiv greifbarer Anhaltspunkte festgestellt ist,
- Zinsen für betrieblich veranlasste Kredite,
- Disagio (Damnum) und Bearbeitungsgebühren im Zusammenhang mit einer Kreditaufnahme,
- abziehbare Vorsteuerbeträge,
- die an das Finanzamt abgeführte Umsatzsteuer-Zahllast,
- Anzahlungen/Vorauszahlungen auf Wirtschaftsgüter des Vorratsvermögens und solche, die die laufenden Aufwendungen betreffen.

Zu nicht sofort abzugsfähigen Betriebsausgaben kommt es bei der Anschaffung/Herstellung/Einlage von Wirtschaftsgütern des Anlagevermögens. Unabhängig davon, wann es zu diesen Betriebsausgaben (Abflüssen) kommt, dürfen

im Zusammenhang mit dem abnutzbaren Anlagevermögen (Ausnahme § 6 Abs. 2 EStG) nur

45 Hengstebeck - ISBN 3-8120-0068-7

- die auf das jeweilige Wirtschaftsjahr entfallenden AfA-Beträge und ggf. in Anspruch genommene Sonder- und Ansparabschreibungen sowie
- die zum Zeitpunkt des Ausscheidens der Wirtschaftsgüter noch vorhandenen Restbuchwerte,

im Zusammenhang mit der Anschaffung von nicht abnutzbaren Wirtschaftsgütern des Anlagevermögens angefallene Betriebsausgaben erst zum Zeitpunkt der Veräußerung oder Entnahme der Wirtschaftsgüter

als abzugsfähige Betriebsausgaben berücksichtigt werden.

Keine Betriebsausgaben im Rahmen der Gewinnermittlung nach § 4 Abs. 3 EStG sind z. B.:

- Beträge, die im Namen und für Rechnung eines anderen verausgabt werden (durchlaufende Posten),
- Geldbeträge, die der Betrieb für private Zwecke des Unternehmers oder zur Tilgung von Darlehen geleistet hat,
- nicht abzugsfähige Betriebsausgaben nach § 4 Abs. 5 EStG,
- Abschreibungen der Wirtschaftsgüter auf einen niedrigeren Teilwert,
- Warenverluste durch Verderb, Diebstahl usw.,
- Forderungsverluste,
- Verbindlichkeiten aus Lieferungen und Leistungen,
- Geldstrafen,
- Anzahlungen, die im Zusammenhang mit dem Erwerb von Wirtschaftsgütern des Anlagevermögens geleistet werden.

Beispiel:

Der Gewerbetreibende Alfred Müller in Siegen ermittelt seinen Gewinn gem. § 4 Abs. 3 EStG und versteuert seine Umsätze nach vereinnahmten Entgelten. Er hat die Absicht, den geringstmöglichen Gewinn zu ermitteln und ist berechtigt, Sonderabschreibungen nach § 7 g EStG in Anspruch zu nehmen. Für das Jahr 02 hat er bisher Betriebseinnahmen in Höhe von 124.700,00 EUR und Betriebsausgaben in Höhe von 46.470,00 EUR errechnet.

Folgende Fälle, bei denen sich Müller nicht sicher ist, ob und ggf. wie sie im Rahmen der Einnahme-Überschuss-Rechnung zu berücksichtigen sind, hat er dabei außer Acht gelassen:

1. Ein Kunde leistete eine Anzahlung in Höhe von 1.160,00 EUR (einschließlich 16 % USt). Die entsprechende Lieferung fand nicht mehr im Jahr 02 statt.
2. Ein Teil des Warenbestandes wurde unbrauchbar. Der Einstandspreis dieser Waren betrug 600,00 EUR.
3. Eine Maschine mit einem Restbuchwert von 2.400,00 EUR ging zu Bruch. Beim Verkauf, der gegen Barzahlung erfolgte, konnte nur noch der Schrottwert in Höhe von 150,00 EUR und die darauf entfallende USt (16 %) erzielt werden.
4. Ein Darlehen in Höhe von 20.000,00 EUR wurde am 1. Okt. 02 mit 19.500,00 EUR ausgezahlt. Es ist mit 8 % zu verzinsen. Die Zinsen sind jeweils nachträglich am 31. Mär. und am 30. Sep. fällig.
5. Der Kauf einer Maschine mit einer Nutzungsdauer von 10 Jahren erfolgte am 12. Okt. 02. Die Rechnung des Lieferanten ging erst am 5. Jan. 03 ein. Sie lautete auf 8.000,00 EUR zuzüglich 1.280,00 EUR USt. Im Jahr 01 war für diese Anschaffung eine Ansparabschreibung in Höhe von 3.200,00 EUR gebildet worden.
6. Die Miete für die betrieblich genutzten Räume ist immer schon am 15. des Vormonats fällig. Am 15. Dez. 02 überwies Müller deshalb die Januarmiete in Höhe von 1.500,00 EUR.
7. Eine Rechnung in Höhe von 2.320,00 EUR einschließlich 16 % USt wurde einem Kunden am 20. Dez. 02 zugeschickt. Der Rechnungsausgleich erfolgte jedoch erst am 8. Jan. 03.

8. Das Finanzamt erstattete am 10. Dez. 02 folgende Steuern, die dem betrieblichen Bankkonto gutgeschrieben wurden:
   - Umsatzsteuer 350,00 EUR
   - Einkommensteuer 1.420,00 EUR
9. Müller rechnet für das Jahr 02 mit einer Gewerbesteuer-Nachzahlung in Höhe von 500,00 EUR.

Lösung:

	Betriebs-einnahmen EUR	Betriebs-ausgaben EUR
Ausgangswerte	124.700,00	46.470,00
1. Die Anzahlung ist zugeflossen.	1.160,00	-
2. Es kommt nicht zu einem Geldabfluss, sondern nur zu keinem Geldzufluss.	-	-
3. In Höhe des Restbuchwertes kommt es zu einer Betriebsausgabe,	-	2.400,00
in Höhe des Zahlungseingangs zu einer Betriebseinnahme.	174,00	-
4. Durch Aufnahme von Darlehen kommt es nicht zur Erfolgsverbesserung.	-	-
Das Disagio ist sofort und in voller Höhe Betriebsausgabe.	-	500,00
Zinsen sind erst dann Betriebsausgaben, wenn sie gezahlt werden.	-	-
5. Die Anschaffung der Maschine selbst wirkt sich nicht auf den Erfolg aus,	-	-
wohl aber die AfA (20% für ein halbes Jahr) und die Sonderabschreibung		800,00
nach § 7 g EStG (20%).		1.600,00
Die Vorsteuer wirkt sich erst als Betriebsausgabe aus, wenn sie geleistet worden ist.	-	-
Die Ansparabschreibung ist „aufzulösen".	3.200,00	-
6. Da die Zahlung nicht innerhalb der 10-Tage-Frist erfolgt, ist sie dem Jahr 02 zuzurechnen.		1.500,00
7. Da keine regelmäßig wiederkehrende Zahlung vorliegt, ist der Vorgang im Folgejahr zu berücksichtigen.	-	-
8. In Höhe der erstatteten Umsatzsteuer liegt eine Betriebseinnahme vor.	350,00	-
Die ESt-Gutschrift stellt eine private Einlage dar, die sich nicht auf den Erfolg auswirkt.	-	-
9. Da es im Jahr 02 nicht zu einer Zahlung kommt, liegt keine Betriebsausgabe vor.	-	-
Summe der Betriebseinnahmen	129.584,00	
Summe der Betriebsausgaben		53.270,00
Gewinn nach § 4 Abs. 3 EStG	76.314,00	

Übungen

1. Ermitteln Sie den Gewinn Ihres Mandanten für das Jahr 01 durch Einnahme-Überschuss-Rechnung. Berücksichtigen Sie dabei die folgenden Angaben:

a)	Warenverkäufe gegen Barzahlung zuzüglich 16% USt	102.000,00 EUR
b)	Warenverkäufe auf Ziel zuzüglich 16% USt	12.000,00 EUR
c)	Bankgutschrift aufgrund von Kundenüberweisungen zum Rechnungsausgleich	3.000,00 EUR
d)	Wareneinkäufe gegen Barzahlung zuzüglich 16% USt	29.500,00 EUR
e)	Ausgleich von Liefererschulden in Höhe von mit Abzug von 3% Skonto	30.000,00 EUR
f)	Entnahme von Waren, Teilwert zuzüglich 16% USt	500,00 EUR
g)	bezahlte Personalaufwendungen	21.000,00 EUR
h)	noch abzuführende LSt-/KiSt-/SZ-Beträge für Dezember 01	350,00 EUR
i)	Bankgutschrift für eine im Vorjahr als uneinbringlich angesehene Forderung zuzüglich 16% USt	900,00 EUR
j)	Bargeldentnahme für eine Urlaubsreise Ihres Mandanten	6.000,00 EUR
k)	Geld- (800,00 EUR) und Warenverluste (1.500,00 EUR) infolge eines Einbruchs	
l)	Banklastschrift, Wertstellung 29. Dez. 01, für die Januarmiete 02	1.800,00 EUR

2. Nach einer vorläufigen Aufstellung für das Jahr 02 betragen die Betriebseinnahmen Ihres Mandanten, der sein Unternehmen in München betreibt, 102.168,00 EUR, die Betriebsausgaben 58.776,00 EUR.

   Folgende Fälle, bei denen sich Ihr Mandant nicht sicher ist, wie sie im Rahmen der Gewinnermittlung nach § 4 Abs. 3 EStG zu berücksichtigen sind, wurden bisher außer Acht gelassen:

   a) Ihr Mandant leistete bei der Bestellung einer Maschine am 10. Okt. 02 eine Anzahlung in Höhe von 4.000,00 EUR zuzüglich 640,00 EUR USt. Die Lieferung der Maschine erfolgte erst am 10. Jan. 03.

   b) Am 30. Nov. 02 wurde ein neuer LKW zum Preis von 49.000,00 EUR zuzüglich 6.400,00 EUR USt angeschafft. Seine Nutzungsdauer beträgt 7 Jahre. Laut Eingangsrechnung vom 5. Dez. 02 war der Rechnungsbetrag am 5. Jan. 03 fällig. Die Bezahlung erfolgte aber bereits am 15. Dez. 02. Die für diese Anschaffung im Jahr 01 vorgenommene Ansparabschreibung beträgt 19.600,00 EUR.

   c) Ihr Mandant hat dem Lager Waren (USt 16 %) für private Zwecke entnommen. Der Teilwert der Waren betrug am Entnahmetag 1.200,00 EUR. Gleichartige Waren werden Kunden zum Ladenpreis von 1.900,00 EUR angeboten.

   d) Nach Abschluss eines Insolvenzverfahrens wurde eine zweifelhafte Forderung in Höhe von 800,00 EUR (einschließlich USt) uneinbringlich.

e) Eine Eingangsrechnung über 15.000,00 EUR zuzüglich 2.400,00 EUR USt wurde durch Banküberweisung am 10. Nov. 02 beglichen.

f) Wegen eines Feuerschadens im Warenlager überwies eine Versicherungsgesellschaft einen Betrag von 6.500,00 EUR auf das Bankkonto.

g) Bei einem Einbruch ins Geschäftslokal wurden Waren im Wert von 5.000,00 EUR und die Registrierkasse samt Inhalt gestohlen. Die Registrierkasse hatte zu diesem Zeitpunkt einen Restbuchwert von 1.000,00 EUR. In ihr befand sich Bargeld in Höhe von 200,00 EUR. Die zeitanteilige Abschreibung der Registrierkasse ist bereits korrekt als Betriebsausgabe erfasst worden.

h) Bei der Überprüfung des Warenlagers wurden im Jahr 02 immer wieder Waren gefunden, deren Haltbarkeitsdatum überschritten war. Der Wert dieser Waren, die vernichtet wurden, belief sich auf insgesamt 800,00 EUR.

Stellen Sie den Gewinn des Jahres 02 fest. Berücksichtigen Sie dabei, dass Abschreibungen höchstmöglich vorzunehmen und die Voraussetzungen des § 7 g EStG erfüllt sind.

3. Ihr Mandant, der seinen Gewinn nach § 4 Abs. 3 EStG und seine USt nach § 20 UStG ermittelt, errechnete für das Kalenderjahr 02 bisher Betriebseinnahmen in Höhe von 95.650,00 EUR und Betriebsausgaben in Höhe von 62.730,00 EUR.

Berechnen Sie den geringstmöglichen Gewinn Ihres Mandanten, der die Voraussetzungen des § 7 g EStG erfüllt, unter Berücksichtigung der folgenden Angaben:

a) Ein Posten wärmeempfindlicher Waren ist durch Ausfall einer Kühlanlage fast unbrauchbar geworden. Die Anschaffungskosten betrugen 3.000,00 EUR, den Teilwert schätzt der Inhaber auf 700,00 EUR. 2.300,00 EUR wurden deshalb als Betriebsausgabe berücksichtigt.

b) Ein Kunde leistete eine Anzahlung von 1.000,00 EUR. Dieser Betrag ist noch nicht als Betriebseinnahme behandelt worden, weil die bestellte Ware noch nicht geliefert worden ist.

c) Zum Kauf einer neuen Maschine wurde zum 1. Okt. 02 ein Darlehen von 7.000,00 EUR aufgenommen. Die Bank zahlte nach Abzug eines Disagios von 350,00 EUR einen Betrag von 6.650,00 EUR aus. Dieser Betrag wurde als Betriebseinnahme behandelt.

d) Die Maschine wurde am 10. Jun. 02 zum Preis von 7.000,00 EUR zuzüglich 1.120,00 EUR USt gekauft und sofort bezahlt. Die betriebsgewöhnliche Nutzungsdauer der Maschine beträgt 5 Jahre. Als Betriebsausgabe wurden 1.624,00 EUR (= 20 % von 8.120,00 EUR) erfasst. Die für diesen Kauf im Vorjahr vorgenommene Ansparabschreibung beträgt 2.800,00 EUR.

e) Am 1. Nov. 02 ist die Miete für Geschäftsräume für ein halbes Jahr im Voraus bezahlt worden. Der Gesamtbetrag belief sich auf 3.600,00 EUR. Der davon auf das Jahr 02 entfallende Anteil der Mietaufwendungen ist mit 1.200,00 EUR als Betriebsausgabe berücksichtigt worden.

f) Die vierteljährlichen Gewerbesteuer-Vorauszahlungen über je 3.000,00 EUR und die vierteljährlichen Einkommensteuer-Vorauszahlungen über je 7.200,00 EUR sind als Betriebsausgaben aufgezeichnet worden.

g) Am 10. Aug. 02 wurde eine Kamera im Wert von 200,00 EUR zuzüglich 32,00 EUR USt als Geschenk für einen Geschäftsfreund gegen Barzahlung erworben, dem Kunden überreicht und als Betriebsausgabe erfasst.

h) Da Ihr Mandant beabsichtigt, im Jahr 04 eine Maschine für 50.000,00 EUR zuzüglich 8.000,00 EUR USt anzuschaffen, hat er bereits im Jahr 02 40 % der voraussichtlichen Anschaffungskosten als Betriebsausgaben angesetzt.

4. Ihr Mandant ist freiberuflich tätig. Er ermittelt seinen Gewinn gem. § 4 Abs. 3 EStG und versteuert seine Umsätze nach vereinnahmten Entgelten. Für das Jahr 02 hat er bisher Betriebseinnahmen in Höhe von 280.000,00 EUR und Betriebsausgaben in Höhe von 100.000,00 EUR errechnet.

Bestimmen Sie die Höhe seines steuerrechtlich höchstmöglichen Gewinns für 02 unter Beachtung der folgenden Angaben:

a) Der Kauf eines betrieblichen PKW erfolgte für 20.000,00 EUR zuzüglich 3.200,00 EUR USt am 2. Mai gegen Barzahlung. Der PKW hat eine Nutzungsdauer von 6 Jahren. Bisher wurde der Gesamtbetrag in Höhe von 23.200,00 EUR als Betriebsausgabe behandelt.

b) Am 2. Januar 03 wurde die betriebliche Feuerversicherungsprämie in Höhe von 1.200,00 EUR für den Zeitraum vom 1. Dez. 02 bis zum 30. Nov. 03 durch Banküberweisung bezahlt. Da die Zahlung in 03 stattfand, kam es in 02 nicht zum Ansatz von Betriebsausgaben.

c) Aufgrund der angespannten finanziellen Lage erließ Ihr Mandant einem Kunden Warenschulden in Höhe von 1.160,00 EUR (einschließlich USt) und berücksichtigte diesen Betrag als Betriebsausgabe.

d) Am 15. Dez. 02 verkaufte Ihr Mandant eine gebrauchte Maschine mit einem Restbuchwert von 1.800,00 EUR für 2.500,00 EUR zuzüglich 400,00 EUR USt. Da der Rechnungsausgleich durch den Kunden erst am 5. Jan. 03 erfolgte, wurde der Vorgang in 02 nicht erfasst.

e) Ihr Mandant erwarb am 15. Dez. 02 eine Schreibmaschine für 300,00 EUR zuzüglich 48,00 EUR USt auf Ziel. Zum Rechnungsausgleich kam es am 15. Jan. 03. Entsprechende Betriebsausgaben wurden im Jahr 02 nicht erfasst.

f) Ihr Mandant nahm zum 1. Okt. 02 ein Darlehen in Höhe von 10.000,00 EUR für betriebliche Zwecke auf. Obwohl die Auszahlung nur 9.500,00 EUR betrug, setzte er 10.000,00 EUR als Betriebseinnahme an. Das Disagio in Höhe von 500,00 EUR verteilte er auf die Laufzeit des Darlehens. Da das Darlehen eine Laufzeit von 4 Jahren hat, wurden davon im Jahr 02 125,00 EUR als Betriebsausgabe angesetzt.

g) Bisher wurde nicht berücksichtigt, dass das Finanzamt auf Wunsch Ihres Mandanten im Jahr 02 ein Umsatzsteuerguthaben in Höhe von 800,00 EUR mit einer Lohnsteuerschuld in Höhe von 600,00 EUR verrechnet hat. Es wurde lediglich der auf dem Bankkonto gutgeschriebene Differenzbetrag in Höhe von 200,00 EUR als Betriebseinnahme erfasst.

h) Beitragszahlungen an die private Krankenversicherung Ihres Mandanten (8.000,00 EUR), geleistete Spenden an das Deutsche Rote Kreuz (300,00 EUR) und gezahlte Steuern für den betrieblichen Grundbesitz (1.000,00 EUR) wurden als Betriebsausgaben behandelt.

5. Ihr Mandant ermittelt seinen Gewinn gem. § 4 Abs. 3 EStG und versteuert seine Umsätze nach vereinnahmten Entgelten. Er hat die Absicht, den geringstmöglichen Gewinn zu ermitteln und ist berechtigt, Sonder- und Ansparabschreibungen nach § 7 g EStG in Anspruch zu nehmen. Für das Jahr 02 hat er bisher Betriebseinnahmen in Höhe von 124.700,00 EUR und Betriebsausgaben in Höhe von 46.470,00 EUR errechnet.

Folgende Fälle, bei denen er nicht sicher ist, ob und ggf. wie sie im Rahmen der Einnahme-Überschuss-Rechnung zu berücksichtigen sind, hat er dabei außer Acht gelassen:

a) Der Kauf einer Maschine mit einer Nutzungsdauer von 10 Jahren erfolgte am 30. Apr. 02. Die Rechnung des Lieferanten lautete auf 15.000,00 EUR zuzüglich 2.400,00 EUR USt. Der Rechnungsausgleich erfolgte

- durch Inzahlunggabe einer gebrauchten Maschine für 2.000,00 EUR zuzüglich 320,00 EUR USt. Diese Maschine hatte laut Anlagenverzeichnis zu diesem Zeitpunkt noch einen Restbuchwert in Höhe von 1.000,00 EUR. Die zeitanteilige AfA wurde bereits als Betriebsausgabe berücksichtigt.
- durch Aushändigung eines Schecks in Höhe von 15.080,00 EUR.

Die für diesen Kauf im Jahr 01 vorgenommene Ansparabschreibung beträgt 6.000,00 EUR.

b) Am 20. Dez. 02 wurde ein Computer, dessen betriebliche Nutzungsdauer mit 3 Jahren anzusetzen ist, erworben. Zum Ausgleich des Rechnungsbetrages, der 1.740,00 EUR (einschließlich 16% USt) ausmacht, kam es am 5. Jan. 03. Vereinbarungsgemäß erfolgte dabei ein Skontoabzug in Höhe von 3%.

   Die für diese Anschaffung im Vorjahr vorgenommene Ansparabschreibung beträgt 600,00 EUR.

c) Am 10. Nov. 02 wurde ein unbebautes Grundstück mit Anschaffungskosten in Höhe von 15.000,00 EUR zuzüglich 80,00 EUR USt erworben. 5.000,00 EUR und die USt wurden noch im Jahr 02 überwiesen, die Überweisung des Restbetrages fand erst im Jahr 03 statt.

d) Ihr Mandant gewährte einem Mitarbeiter im Sep. 02 ein Darlehen in Höhe von 1.200,00 EUR durch Banküberweisung. Die Rückzahlung dieses Betrages erfolgte durch Einbehaltung vom Gehalt des Mitarbeiters für die Monate Okt. bis Dez. 02.

e) Für Beratungsleistungen hat Ihr Mandant am 15. Dez. 02 eine Rechnung über 450,00 EUR zuzüglich 72,00 EUR USt erstellt und verschickt. Der Rechnungsbetrag in Höhe von 522,00 EUR ging jedoch erst am 5. Jan. 03 auf dem betrieblichen Bankkonto ein.

f) Am 1. Aug. 02 wurde eine Maschine für 7.000,00 EUR zuzüglich 1.120,00 EUR USt gegen Barzahlung angeschafft. Die Maschine hat eine betriebsgewöhnliche Nutzungsdauer von 6 Jahren. Bereits im Vorjahr stand fest, dass diese Anschaffung erfolgen sollte. Aus diesem Grunde kam es im Jahr 01 zulässigerweise zu einer Ansparabschreibung in Höhe von 2.800,00 EUR.

g) Bei einer in den Geschäftsräumen installierten Überwachungsanlage kam es am 1. Jun. 02 infolge eines Gewitters zu einer Überspannung, die zur völligen Zerstörung der Anlage führte. Die Anlage hatte am 1. Jan. 02 einen Buchwert in Höhe von 1.500,00 EUR. Sie wurde bisher jährlich linear mit 900,00 EUR abgeschrieben.

h) Ihr Mandant bewirtete am 2. Nov. 02 einen Geschäftsfreund in einem Restaurant. Die entsprechende Rechnung in Höhe von 100,00 EUR zuzüglich 16,00 EUR USt beglich er sofort durch Barzahlung. Die Bewirtungskosten wurden ordnungsgemäß nachgewiesen. Es bestehen keine Zweifel, dass sie der Höhe nach angemessen sind.

6. Ihr Mandant, der in Stuttgart als selbstständiger Tischler tätig ist, ermittelt seinen Gewinn gemäß § 4 Abs. 3 EStG. Zu diesem Zweck hat er bereits Betriebseinnahmen in Höhe von 89.500,00 EUR und Betriebsausgaben in Höhe von 56.000,00 EUR erfasst.

   Prüfen Sie, ob er dabei die folgenden Sachverhalte zutreffend beurteilt hat, wenn er zur Inanspruchnahme der Sonderabschreibungen nach § 7 g EStG berechtigt ist und den geringstmöglichen Gewinn für das Jahr 02 ausweisen möchte.

   a) Ihr Mandant erwarb am 7. Okt. 02 ein unbebautes Grundstück für betriebliche Zwecke. Da sämtliche in diesem Zusammenhang angefallenen Beträge im Jahr 02 bezahlt wurden, berücksichtigte er den Kaufpreis in Höhe von 20.000,00 EUR, die Grunderwerbsteuer in Höhe von 700,00 EUR, die Gebühren des Amtsgerichts in Höhe von 300,00 EUR und die Gebühren des Notars in Höhe von 500,00 EUR zuzüglich 80,00 EUR USt als Betriebsausgaben.

   b) Am 20. Sep. 02 erwarb Ihr Mandant eine Maschine, Nutzungsdauer 8 Jahre, für 8.000,00 EUR zuzüglich 1.280,00 EUR USt. Der Rechnungsausgleich erfolgte am 20. Okt. 02 unter Abzug von 2% Skonto. Für den Transport der Maschine fielen zusätzlich 400,00 EUR zuzüglich 64,00 EUR USt an, die ein Spediteur bar erhielt. Bisher hat Ihr Mandant die Rechnungsbeträge in Höhe von 9.280,00 EUR und 464,00 EUR als Betriebsausgaben und die Kürzung aufgrund des Skontoabzugs als Betriebseinnahme behandelt.

      Die im Vorjahr für diese Anschaffung vorgenommene Ansparabschreibung beträgt 3.200,00 EUR.

c) Eine Maschine steht am 31. Dez. 01 noch mit 4.500,00 EUR im Anlagenverzeichnis. Infolge eines Kurzschlusses wurde sie so stark beschädigt, dass ihr Wert am 31. Dez. 02 nur noch 1.000,00 EUR beträgt. Als Betriebsausgabe wurde im Jahr 02 bisher lediglich die lineare AfA mit 1.500,00 EUR berücksichtigt.

d) Ihr Mandant zahlte einem Angestellten im Dezember 02 ein Darlehen in Höhe von 1.800,00 EUR bar aus. Dieser Betrag ist durch den Angestellten in monatlichen Raten zu je 150,00 EUR zurückzuzahlen. Das gewährte Darlehen ist in voller Höhe in den Betriebsausgaben des Jahres 02 enthalten.

e) Der Barkauf einer Schreibmaschine mit einer Nutzungsdauer von 9 Jahren und Anschaffungskosten von 400,00 EUR zuzüglich 64,00 EUR USt erfolgte am 12. Dez. 02 gegen Barzahlung. Der Gesamtbetrag in Höhe von 464,00 EUR wurde als Betriebsausgabe erfasst.

7. Ihr Mandant betreibt in Berlin einen Tiefbaubetrieb und ermittelt seinen Gewinn nach § 4 Abs. 3 EStG. Die Besteuerung der Umsätze findet nach den allgemeinen Vorschriften des UStG statt.

Nach seinen Aufzeichnungen betragen seine Betriebseinnahmen im Jahr 02 180.000,00 EUR und seine Betriebsausgaben 145.000,00 EUR. Bei der Ermittlung dieser Beträge wurden die folgenden Vorgänge nicht berücksichtigt.

a) Am 1. Sep. 02 wurde ein neuer LKW mit einer betriebsgewöhnlichen Nutzungsdauer von 7 Jahren erworben. Die Rechnung lautete auf 80.000,00 EUR zuzüglich 12.800,00 EUR USt. Der Rechnungsausgleich erfolgte am 10. Sep. 02 durch Inzahlunggabe eines gebrauchten LKW für 15.000,00 EUR zuzüglich 2.400,00 EUR USt und Banküberweisung des Restbetrages.

Die im Jahr 01 für diese Anschaffung vorgenommene Ansparabschreibung beträgt 32.000,00 EUR.

Zum Zeitpunkt des Ausscheidens hatte der gebrauchte LKW einen Buchwert von 12.000,00 EUR. Die zeitanteilige AfA wurde bereits zutreffend als Betriebsausgabe berücksichtigt.

b) Für den neuen LKW (vgl. a) fielen in 02 folgende Beträge an, die durch Banküberweisung gezahlt wurden:

- Kfz-Steuer	540,00 EUR	(bis 31. Aug. 03)
- Kfz-Versicherung	1.400,00 EUR	(bis 31. Aug. 03)
- Kraftstoff	2.400,00 EUR	zuzüglich 384,00 EUR USt
- Reparaturen	700,00 EUR	zuzüglich 112,00 EUR USt

c) Ihr Mandant hat am 30. Sep. 02 einen gebrauchten Presslufthammer, dessen Restbuchwert zum Zeitpunkt der Veräußerung (nach Berücksichtigung der zeitanteiligen AfA als Betriebsausgabe) noch 120,00 EUR betrug, für 200,00 EUR zuzüglich 32,00 EUR USt verkauft. Der Betrag in Höhe von 232,00 EUR ging erst nach mehreren Mahnungen am 5. Jan. 03 auf dem betrieblichen Bankkonto ein. Gleichwohl führte Ihr Mandant die USt in Höhe von 32,00 EUR im Rahmen der USt-Voranmeldung für das IV. Quartal 02 an das Finanzamt ab.

d) Die Anschaffung einer neuen Telefonanlage, deren betriebsgewöhnliche Nutzungsdauer 5 Jahre beträgt, erfolgte am 28. Dez. 02 für 400,00 EUR zuzüglich 64,00 EUR USt. Zur Inbetriebnahme kam es jedoch erst am 2. Jan. 03.

Die Rechnung mit Datum vom 30. Dez. 02 ging am 31. Dez. 02 ein. Zur Überweisung des Betrages in Höhe von 464,00 EUR kam es am 4. Jan. 03.

e) Ihr Mandant hat zum 1. Okt. 02 ein betriebliches Darlehen in Höhe von 10.000,00 EUR, Laufzeit 5 Jahre, Rückzahlung in einer Summe am 30. Sep. 07, aufgenommen. Die Bank schrieb die Darlehenssumme nach Abzug von 5 % Disagio und der Zinsen für ein Vierteljahr, Zinssatz 8 %, gut. Die Zinszahlung für das erste Quartal 03 erfolgte zutreffend am 31. Dez. 02.

f) Zum 1. Dez. 02 hat Ihr Mandant außerdem ein betriebliches Darlehen, zu dem Folgendes bekannt ist, erhalten:

Nennwert des Darlehens	20.000,00 EUR
Zinssatz	6 % p.a.
Laufzeit	2 Jahre
Disagio	2 %

Tilgung in einer Summe am Ende der Laufzeit.

Die Zinsen für den Zeitraum Dezember 02 bis März 03 wurden bei der Darlehensauszahlung ebenfalls einbehalten.

g) Waren, die dem ermäßigten Steuersatz unterliegen, wurden im Dezember 02 für private Zwecke entnommen. Ursprünglich hatten die Anschaffungskosten 600,00 EUR betragen. Zum Zeitpunkt der Entnahme beliefen sie sich auf 450,00 EUR.

Welcher geringstmögliche Gewinn ergibt sich für das Jahr 02, wenn Ihr Mandant die Voraussetzungen für die Inanspruchnahme der Sonderabschreibung nach § 7 g EStG erfüllt?

8. Ihr Mandant, Dr. Josef Hesse, ist als Internist tätig. Seine Praxisräume befinden sich in Siegen, Hochstr. 23. Wie in den Vorjahren ermittelt Dr. Hesse seinen Gewinn durch Einnahme-Überschuss-Rechnung. Den zu diesem Zweck geführten Aufzeichnungen für das Jahr 03 sind folgende Einnahmen und Ausgaben zu entnehmen:

a) Als Honorar für die Behandlung von Kassen- und Privatpatienten wurden dem Bankkonto des Dr. Hesse 260.000,00 EUR gutgeschrieben. Außerdem hat er von der kassenärztlichen Vereinigung für das 4. Quartal 03 eine Abschlagszahlung in Höhe von 38.000,00 EUR erhalten. Dieser Betrag ging jedoch erst am 9. Jan. 04 auf seinem Bankkonto ein.

b) Im Laufe des Jahres 03 hat Dr. Hesse Medikamente verwendet, die er in 03 für 20.000,00 EUR zuzüglich 3.200,00 EUR USt für seine Praxis erworben hatte, und zwar
   - im Wert von 500,00 EUR im Zusammenhang mit der unentgeltlichen Behandlung von Mitgliedern seiner Familie,
   - im Wert des Restbetrages im Zusammenhang mit der Behandlung anderer Personen.

c) Den Praxis-PKW nutzte Dr. Hesse lt. Fahrtenbuch zu 25 % für private Fahrten. Im Jahr 03 belaufen sich die Kfz-Kosten für dieses Fahrzeug einschließlich der AfA und der USt auf 12.000,00 EUR.

d) Die Praxisausgaben für Personal, Miete, Energie, Versicherungen usw. betragen im Jahr 03 38.800,00 EUR. In dieser Summe ist auch die Miete für Januar 04 in Höhe von 1.500,00 EUR enthalten, die Dr. Hesse bereits am 30. Dez 03 überwiesen hat.

e) Am 30. Aug. 03 hat Dr. Hesse eine neue EDV-Anlage für seine Praxis angeschafft. Die Anlage hat eine betriebsgewöhnliche Nutzungsdauer von 4 Jahren. Der Rechnungsbetrag in Höhe von 29.000,00 EUR (einschließlich 16 % USt) wurde am 5. Sep. 03 überwiesen.

   Die für die Anschaffung im Jahr 02 vorgenommene Ansparabschreibung beträgt 11.600,00 EUR.

f) Zur Finanzierung des Anlagenkaufs nahm Dr. Hesse ein Darlehen in Höhe von 27.000,00 EUR auf, das seinem Bankkonto am 1. Sep. 03 gutgeschrieben wurde.

g) Die bisher genutzte veraltete EDV-Anlage verkaufte Dr. Hesse am 4. Sep. 03 für 2.000,00 EUR gegen Barzahlung an einen Privatmann. Die Anlage hatte zum Beginn des Jahres 03 noch einen Buchwert von 8.000,00 EUR.

h) Nach den vertraglichen Vereinbarungen ist das Darlehen (vgl. f) vierteljährlich nachträglich zu verzinsen (Zinssatz 10 %) und zu tilgen. Die im Jahr 03 fälligen Beträge wurden pünktlich überwiesen.

Welchen geringstmöglichen Gewinn erklärt Dr. Hesse für das Jahr 03, wenn er die Voraussetzungen für die Inanspruchnahme der Sonderabschreibung nach § 7 g EStG erfüllt?

S Aufgaben zur Wiederholung

Im Auftrag Ihres Chefs betreuen Sie die Chemie GmbH in Berlin.

1. Vier Büroräume, die die Chemie GmbH im April neu angemietet hatte, wurden im Mai des Abschlussjahres mit in Größe und Aussehen identischen Bücherregalen ausgestattet. Weil kein Hersteller oder Händler in der Lage war, die benötigten Regale kurzfristig in der gewünschten Ausführung zu liefern, mussten sie durch die im eigenen Unternehmen beschäftigten Handwerker angefertigt werden. Für Holz, Beschläge, Leim und Farbe fielen lt. ordnungsgemäßer Eingangsrechnung 1.200,00 EUR zuzüglich 192,00 EUR USt an. Gebucht wurde dies:

Materialaufwendungen	1.200,00 EUR	
Vorsteuer	192,00 EUR	
an Verbindlichkeiten LuL		1.392,00 EUR

Die mit der Herstellung der Bücherregale beschäftigten Arbeitnehmer verursachten Fertigungslöhne in Höhe von 1.650,00 EUR und Fertigungsgemeinkosten in Höhe von 650,00 EUR. Außerdem fielen für Planungsarbeiten der eigenen Konstruktionsabteilung Aufwendungen in Höhe von 280,00 EUR an.

a) Berechnen Sie die aufgrund dieser Angaben höchstmöglichen Herstellungskosten der Bücherregale und bilden Sie die entsprechenden Buchungssätze.

b) Die betriebsgewöhnliche Nutzungsdauer der Bücherregale beträgt 6 Jahre. Ermitteln und buchen Sie die Abschreibung. Unterstellen Sie dabei, dass diese höchstmöglich zu erfolgen hat.

2. Der Forderungsbestand der Chemie GmbH setzt sich zum Ende des Geschäftsjahres aus vermutlich einwandfreien und zweifelhaften Forderungen zusammen:

Die vermutlich einwandfreien
- Inlandsforderungen (USt 16 %) belaufen sich auf 475.600,00 EUR,
- Auslandsforderungen betragen 393.300,00 EUR.

Im Konto zweifelhafte Forderungen ist ein Betrag von 27.840,00 EUR (USt 16 %) ausgewiesen. Die Forderung wurde zweifelhaft, weil sich am 20. September des Geschäftsjahres Zahlungsschwierigkeiten beim Kunden Peter Klauke ergaben.

Wie ist zum Bilanzstichtag zu buchen, wenn die Chemie GmbH davon ausgehen muss, dass

a) Klauke nur 40 % seiner Schulden begleichen kann,

b) das Ausfallrisiko
   - bei den Inlandsforderungen mit 2 %,
   - bei den Auslandsforderungen mit 5 %

   zu veranschlagen ist?

Berücksichtigen Sie bei Ihrer Buchung, dass das Konto Pauschalwertberichtigung zu Forderungen noch den Vorjahresbetrag von 26.000,00 EUR ausweist.

3. Der Kaufpreis für ein Fabrikgebäude wurde außer durch eigene flüssige Mittel durch Aufnahme eines Bankdarlehens in Höhe von 300.000,00 EUR beglichen.

Das der Chemie GmbH zum 1. Oktober des Abschlussjahres zu 95 % ausgezahlte Darlehen hat eine Laufzeit von 6 Jahren, ist vierteljährlich nachträglich - erstmals am 31. Dezember - zu verzinsen und mit 2 % (je Quartal) zu tilgen. Der vereinbarte Zinssatz beträgt 7,5 % pro Jahr.

Wie hat die Chemie GmbH

a) die Bankgutschrift des Darlehens,

b) die Zinsbelastung, die Abschreibung des Disagios und die Tilgungszahlung zum 31. Dezember des Abschlussjahres

zu buchen, wenn das Disagio in der Handelsbilanz nicht anders als in der Steuerbilanz zu berücksichtigen ist?

4. Vor Berücksichtigung der unten aufgeführten Sachverhalte weist die Buchführung der Chemie GmbH u. a. die folgenden Beträge aus:

Forderungen LuL	545.200,00 EUR
zweifelhafte Forderungen	53.360,00 EUR
Einzelwertberichtigungen zu Forderungen	16.000,00 EUR
Pauschalwertberichtigungen zu Forderungen	13.150,00 EUR

Welche Buchungssätze (USt 16%) sind im Abschlussjahr noch zu bilden, wenn

a) eine zweifelhafte Forderung an den Kunden Rainer Pfeiffer zum Ende des Vorjahres indirekt mit 30 % abgeschrieben worden ist, der tatsächlich am 28. Dezember des Abschlussjahres auf das Bankkonto überwiesene Betrag aber 55 % bzw. 15.312,00 EUR beträgt,

b) die Chemie GmbH an den Kunden Dieter Kleine, der am 23. Dezember unverschuldet in Zahlungsschwierigkeiten gekommen ist, eine Forderung in Höhe von 26.680,00 EUR hat, auf die jedoch am 31. Dezember aufgrund der langjährigen hervorragenden Geschäftsbeziehungen freiwillig verzichtet wird,

c) der Kunde Fritz Becker, dessen Schulden sich bei der Chemie GmbH auf 30.160,00 EUR belaufen, am 30. Dezember verstirbt, ohne Vermögen zu hinterlassen,

d) am 29. Dezember ein außergerichtliches Vergleichsverfahren über das Vermögen des Kunden Günter Menke, der der Chemie GmbH 35.960,00 EUR schuldet, eröffnet worden ist, das nach vorläufigen Berechnungen zu einem Forderungsausfall von 40% führen wird,

e) eine zweifelhafte Forderung in Höhe von 25.520,00 EUR, die im Vorjahr indirekt mit 40% wertberichtigt wurde, infolge einer größeren Erbschaft des Schuldners Rüdiger Althaus wieder als vermutlich einwandfrei anzusehen ist,

f) für die vermutlich einwandfreien Forderungen - wie im Vorjahr - eine Pauschalwertberichtigung in Höhe von 3% gebildet werden muss?

5. Die Chemie GmbH hat am 5. August 01 800 kg der Ware I für 11.200,00 EUR zuzüglich 1.792,00 EUR USt und am 10. September 500 kg der Ware II für 18.200,00 EUR zuzüglich 2.912,00 EUR USt erworben. Bis zum Bilanzstichtag hat sie 500 kg der Ware I für 10.500,00 EUR zuzüglich 1.680,00 EUR USt und 300 kg der Ware II für 9.100,00 EUR zuzüglich 1.456,00 EUR USt veräußert.

Mit welchem Betrag ist der Endbestand der Waren in

a) der Handelsbilanz,

b) der Steuerbilanz

zum 31. Dezember anzusetzen, wenn ab diesem Zeitpunkt 800 kg der Ware I dauerhaft für 12.800,00 EUR (netto) und 500 kg der Ware II dauerhaft für 16.100,00 EUR (netto) bezogen werden können?

6. Während des Abschlussjahres erfasste die Chemie GmbH die in den nachstehenden Geschäftsvorfällen angesprochenen Ausgaben und Einnahmen in voller Höhe als Aufwand bzw. Ertrag.

a) Am 1. November wurde die Kfz-Versicherungsprämie für den betrieblichen PKW für ein halbes Jahr im Voraus überwiesen. Die Hausbank belastete das Konto der Chemie GmbH mit 1.320,00 EUR.

b) Am 1. Oktober gewährte die Chemie GmbH einem Kunden ein Darlehen in Höhe von 20.000,00 EUR. Die Zinsen bis zum 31. März des Folgejahres (Zinssatz 5 % p. a.) wurden bei der Auszahlung des Darlehens einbehalten.

c) Am 30. November bezahlte die Chemie GmbH die Miete für angemietete Büroräume für 3 Monate im Voraus. Der Betrag in Höhe von insgesamt 8.100,00 EUR wurde dem Bankkonto belastet.

d) Die Chemie GmbH hat ein tilgungsfreies Darlehen in Höhe von 150.000,00 EUR am 31. März und am 30. September eines jeden Jahres im Voraus zu verzinsen (Zinssatz 8 % p. a.). Die letzte Banküberweisung fand am 30. September statt.

e) Eine Fabrikhalle ist gegen eine monatliche Miete von 20.000,00 EUR an eine Maschinenbau GmbH vermietet. Die GmbH nutzt die Halle zur Lagerung von Rohstoffen. Laut Mietvertrag hat die Überweisung der Miete vierteljährlich im Voraus zu erfolgen. Die letzte Überweisung ging pünktlich am 1. Dezember des Abschlussjahres auf dem Bankkonto ein.

f) Gegen eine im Voraus fällige Zahlung von 200.000,00 EUR erklärte sich die Chemie GmbH gegenüber einer Konkurrenzfirma in der Schweiz bereit, ab 1. Oktober des Abschlussjahres zwei Jahre lang jegliche Konkurrenztätigkeit am Absatzmarkt Estland zu unterlassen. Der vereinbarte Betrag ging pünktlich am 30. September auf dem Bankkonto ein.

g) Für eine Dienstreise, die am 5. Januar des Folgejahres stattfand, erwarb die Chemie GmbH das Flugticket bereits am 20. Dezember für 520,00 EUR zuzüglich 83,20 EUR USt.

h) Einem Chemie-Unternehmen in Bolivien wurde die Lizenz zur Herstellung eines Schmerzmittels erteilt. Der Abschluss des Lizenzvertrages erfolgte am 30. Juni des Wirtschaftsjahres. Er hat eine Laufzeit von 10 Jahren. Die Lizenzgebühren, die sich für die gesamte Zeit auf 150.000,00 EUR belaufen, wurden dem Bankkonto bereits im Juli des Abschlussjahres gutgeschrieben.

Aufgaben:

1. Nehmen Sie die ggf. erforderlichen Korrekturbuchungen zum Bilanzstichtag vor.
2. Begründen Sie Ihre jeweilige Entscheidung für bzw. gegen eine Abgrenzungsbuchung.

7. Die Chemie GmbH erwarb am 5. Januar des Abschlussjahres ein Kopiergerät für 50.000,00 EUR zuzüglich 8.000,00 EUR USt auf Ziel.

Für den Transport des Gerätes erhielt der beauftragte Spediteur von der Chemie GmbH zum Zeitpunkt der Anlieferung einen Betrag von 500,00 EUR zuzüglich 80,00 EUR USt in bar.

Am 12. Januar erfolgte der Rechnungsausgleich. Vereinbarungsgemäß machte die Chemie GmbH von der Möglichkeit des Skontoabzugs Gebrauch und überwies durch die Bank 56.260,00 EUR an den Lieferanten des Kopiergeräts.

Bisher wurde gebucht:

Büromaschinen	50.000,00 EUR	
Vorsteuer	8.000,00 EUR	
an Verbindlichkeiten LuL		58.000,00 EUR
Anschaffungsnebenkosten	500,00 EUR	
Vorsteuer	80,00 EUR	
an Kasse		580,00 EUR
Verbindlichkeiten LuL	56.260,00 EUR	
an Bank		56.260,00 EUR

Das Kopiergerät hat lt. AfA-Tabelle eine betriebsgewöhnliche Nutzungsdauer von 5 Jahren. Laut Herstellerauskunft soll es möglich sein, mit diesem Gerät insgesamt 15 Mio. Kopien herzustellen.

1. Berechnen Sie die Anschaffungskosten des Kopiergeräts.
2. Führen Sie die notwendigen Buchungen/Korrekturbuchungen durch.

3. Welche Abschreibungsbeträge ergeben sich im Jahr der Anschaffung bei
   a) linearer AfA,
   b) degressiver AfA,
   c) Leistungsabschreibung, wenn im Abschlussjahr bereits 5 Mio. Kopien erstellt worden sind?

8. Zum Ende des Abschlussjahres, das mit dem Kalenderjahr übereinstimmt, wurden die Aufwendungen und Erträge der Chemie GmbH korrekt abgegrenzt. Welche Buchungssätze sind im folgenden Wirtschaftsjahr (außer den Buchungssätzen zur Konteneröffnung) zu bilden, wenn Abgrenzungen bei folgenden Geschäftsvorfällen stattgefunden haben:

a) Für ein betriebliches Darlehen in Höhe von 120.000,00 EUR hat die Chemie GmbH jährlich nachträglich 9% Zinsen zu zahlen. Der Jahresbetrag wurde dem Bankkonto am 1. Juni des neuen Wirtschaftsjahres belastet.

b) Auf dem Bankkonto der Chemie GmbH ging am 1. Februar des neuen Geschäftsjahres die vierteljährlich nachträglich fällige Überweisung für eine vermietete Lagerhalle ein. Laut Bankauszug beträgt diese insgesamt 5.220,00 EUR. Dem Mietvertrag ist zu entnehmen, dass als Monatsmiete ein Betrag von 1.500,00 EUR zuzüglich 240,00 EUR USt vereinbart ist.

c) Die Kfz-Steuer für einen LKW der Chemie GmbH wurde für die Zeit vom 1. September bis zum 28. Februar bei Zinsen von 90,00 EUR gestundet. Zur Überweisung der Stundungszinsen und der Kfz-Steuer in Höhe von 3.000,00 EUR für den Zeitraum vom 1. September des Vorjahres bis zum 31. August des neuen Geschäftsjahres kam es am 1. März durch die Bank.

d) Nach den Berechnungen der Chemie GmbH waren die Vorauszahlungen an Gewerbesteuer für das Vorjahr um 3.650,00 EUR zu hoch. Laut Gewerbesteuerbescheid vom 25. April des neuen Wirtschaftsjahres stellte sich dies jedoch als Irrtum heraus. Die Gewerbesteuererstattung betrug tatsächlich nur 3.300,00 EUR. Dieser Betrag wurde mit der am 15. Mai fälligen Vorauszahlung in Höhe von 5.100,00 EUR verrechnet. Die Chemie GmbH überwies dementsprechend nur noch 1.800,00 EUR an die Gemeinde.

e) Die EDV-Geräte der Chemie GmbH werden durch einen Büromaschinenhändler gewartet. Die Rechnung für den Zeitraum November bis April ging am 30. April ein. Sie weist einen Betrag in Höhe von 2.100,00 EUR zuzüglich 336,00 EUR USt aus und wurde am 3. Mai des neuen Geschäftsjahres durch Banküberweisung beglichen.

f) Die Provisionsabrechnung eines für die Chemie GmbH tätigen Kreditmaklers für den Monat Dezember des Vorjahres traf erst am 3. Januar des neuen Wirtschaftsjahres ein. Sie weist einen Rechnungsbetrag von 3.800,00 EUR aus und wurde am 10. Januar durch Banküberweisung beglichen.

9. Entscheiden Sie ob, und ggf. aufgrund welcher handels- und steuerrechtlichen Vorschriften die Chemie GmbH wegen folgender Geschäftsvorfälle Rückstellungen bilden muss bzw. darf.

Wie lauten die ggf. erforderlichen Buchungssätze?

a) Weil die Arbeitnehmer der Chemie GmbH bemängelten, dass das Dach einer Fabrikhalle defekt war, wurde ein Dachdeckermeister beauftragt, die entsprechenden Arbeiten sofort auszuführen. Laut Kostenvoranschlag vom 2. Dezember des Abschlussjahres sollen für diese Arbeiten 30.000,00 EUR zuzüglich 16% USt anfallen.

   Wegen des plötzlichen Wintereinbruchs kann im Abschlussjahr nicht mehr mit den Arbeiten begonnen werden. Sie werden im Monat März des folgenden Wirtschaftsjahres aufgenommen und auch abgeschlossen.

b) Am 25. November des Abschlussjahres verpflichtete sich die Chemie GmbH, einem Kunden am 15. Mai des folgenden Wirtschaftsjahres einen Posten Waren für 70.000,00 EUR zuzüglich 11.200,00 EUR USt zu liefern.

   Zum Zeitpunkt des Kaufvertragsabschlusses war nicht vorauszusehen, dass sich die Ware erheblich verteuern würde. Bereits am Ende des Abschlussjahres hätte sie nur noch für 80.000,00 EUR zuzüglich 12.800,00 EUR USt bezogen werden können.

Da der Kunde auf Lieferung bestand, musste die Chemie GmbH die Ware zum Zeitpunkt der Lieferung selbst für 90.000,00 EUR zuzüglich 14.400,00 EUR USt beschaffen.

c) Die Chemie GmbH beschäftigt einen Arbeiter, der am Ende des Abschlussjahres noch 10 Tage Urlaub zu bekommen hat. Der tarifliche Arbeitslohn des Arbeiters für diese Zeit beträgt 1.800,00 EUR. Außerdem steht ihm für jeden Urlaubstag ein Urlaubsgeld in Höhe von 50,00 EUR zu. Der auf den Gesamtbetrag entfallende Arbeitgeberanteil zur Sozialversicherung beläuft sich auf 500,00 EUR.

d) Für einen langjährigen Kunden, der sich wegen des Konkurses eines seiner Abnehmer in Zahlungsschwierigkeiten befindet, übernahm die Chemie GmbH im Abschlussjahr eine Bürgschaft über 30.000,00 EUR. Da sich die finanzielle Situation dieses Kunden bis zum Ende des Abschlussjahres verschlechtert hat, ist damit zu rechnen, dass der Kunde seine durch die Bürgschaft gesicherten Schulden teilweise nicht zurückzahlen kann. Die Chemie GmbH rechnet mit einer Inanspruchnahme von 25.000,00 EUR.

e) Die Hauptversammlung der Chemie GmbH, bei der es vor allem darum geht, die Gewinnausschüttung für das Abschlussjahr zu beschließen und Entscheidungen für die Zukunft zu treffen, soll im Mai des folgenden Wirtschaftsjahres stattfinden. Aufgrund von Erfahrungswerten ist für diese Veranstaltung mit Aufwendungen in Höhe von 80.000,00 EUR zu rechnen.

f) Wegen des anhaltenden Umsatzrückgangs sieht sich die Chemie GmbH gezwungen, im neuen Wirtschaftsjahr 10 Außendienstmitarbeiter zu entlassen. Über die geplante Maßnahme wurde der Betriebsrat am 20. Dezember des Abschlussjahres informiert. Die Kosten für einen Sozialplan werden sich auf etwa 500.000,00 EUR belaufen.

g) Die Chemie GmbH lehnte am 25. September den Schadenersatzanspruch eines Kunden ab. Sie wurde daraufhin auf Zahlung verklagt. Nach dem letzten Stand der Auseinandersetzung muss zum Ende des Abschlussjahres damit gerechnet werden, dass die Chemie GmbH den Prozess verlieren wird. Die anfallenden Gerichts- und Anwaltskosten werden sich voraussichtlich auf 7.000,00 EUR belaufen.

h) Für die gesetzliche Verpflichtung zur Aufstellung des Jahresabschlusses rechnet die Chemie GmbH zum Bilanzstichtag mit Abschlusskosten von 12.500,00 EUR. Da Ihr Steuerberatungsbüro die entsprechenden Arbeiten erst im März des neuen Wirtschaftsjahres ausführen wird, ist dieser Sachverhalt bisher unberücksichtigt geblieben.

i) Zur Sicherung der Leistungsbereitschaft der Abteilungsleiter beteiligt die Chemie GmbH diese lt. Anstellungsvertrag am Erfolg des Unternehmens. Dies geschieht dadurch, dass ihnen nach Feststellung des Jahresüberschusses eine Tantieme gezahlt wird. Für das Abschlussjahr wird diese etwa 320.000,00 EUR betragen.

j) Die Chemie GmbH sagte einem leitenden Angestellten vor Jahren eine monatliche Pension in Höhe von 500,00 EUR zu. Dieser Betrag ist erstmalig fällig, wenn der Angestellte das 63. Lebensjahr vollendet hat.

   Zum Ende des vorangegangenen Wirtschaftsjahrs betrug der Teilwert der korrekt gebuchten Pensionsverpflichtung 72.500,00 EUR. Zum Ende des Abschlussjahres ist er auf 78.500,00 EUR gestiegen.

10. Mit notariellem Vertrag vom 5. November des Abschlussjahres erwarb die Chemie GmbH ein Bürogebäude, Baujahr 1995, mit dem dazugehörigen Grund und Boden. In diesem Zusammenhang fielen die folgenden Beträge an:

Kaufpreis lt. Vertrag	400.000,00 EUR	zuzüglich 64.000,00 EUR USt
Maklergebühren	12.000,00 EUR	zuzüglich 1.920,00 EUR USt
Grunderwerbsteuer	16.240,00 EUR	

Notariatsgebühren

- für den Kaufvertrag 4.000,00 EUR zuzüglich 640,00 EUR USt
- für die Bestellung einer Grundschuld 1.500,00 EUR zuzüglich 240,00 EUR USt

Grundbuchkosten

- für den Kauf 450,00 EUR
- für die Eintragung der Grundschuld 280,00 EUR

Bilden Sie die Buchungssätze, die sich aus diesen Vorgängen bis zum Ende des Abschlussjahres ergeben. Beachten Sie dabei, dass

a) der Grund-und-Boden-Anteil 20 % beträgt,

b) das zur Finanzierung dieses Anschaffungsvorgangs am 4. November aufgenommene Darlehen in Höhe von 430.000,00 EUR auf das betriebliche Bankkonto überwiesen wird,

c) der Ausgleich sämtlicher Eingangsrechnungen sofort durch Banküberweisung erfolgt und

d) die Abschreibung nach § 7 Abs. 4 EStG vorzunehmen ist.

11. Zum 1. Juli 01 nahm die Chemie GmbH ein Darlehen in Höhe von 60.000,00 EUR auf. Dieses wurde dem betrieblichen Bankkonto nach Abzug von 5 % Disagio mit 57.000,00 EUR gutgeschrieben. Das Darlehen ist jährlich nachträglich mit 10 % zu verzinsen und nach Ablauf von 7,5 Jahren in einer Summe zurückzuzahlen.

Bisher wurde folgendermaßen gebucht:

Bank	57.000,00 EUR	
zinsähnliche Aufwendungen	3.000,00 EUR	
an Verbindlichkeiten KI		60.000,00 EUR

a) Überprüfen Sie diese Buchung unter Beachtung handels- und steuerrechtlicher Vorschriften auf ihre Richtigkeit.

b) Wie lautet der Buchungssatz, wenn das Disagio handels- und steuerrechtlich in gleicher Weise zu berücksichtigen ist?

c) Bilden Sie den Buchungssatz für die Zinsabgrenzung im Abschlussjahr.

12. Bis zum Ende des Abschlussjahres ist für die folgenden Geschäftsvorfälle noch keine (weitere) Buchung erfolgt:

a) Die am 10. November des Abschlussjahres fällige (noch nicht gebuchte) Gewerbesteuerabschlusszahlung in Höhe von 15.300,00 EUR ist der Chemie GmbH unter Berücksichtigung von 229,31 EUR Zinsen, die nachträglich zu entrichten sind, bis zum 10. Februar des folgenden Wirtschaftsjahres gestundet worden. Die für die erwartete Gewerbesteuerabschlusszahlung bereits im Vorjahr gebildete Rückstellung beträgt 14.600,00 EUR.

b) Nach Vorlage der genehmigten Baupläne für die Errichtung eines neuen Geschäftslokals schloss die Chemie GmbH am 31. Dezember des Abschlussjahres einen Mietvertrag mit dem Bauherren ab. Dieser erhielt bereits zu diesem Zeitpunkt eine Kaution von 18.000,00 EUR durch Banküberweisung. Vereinbarungsgemäß soll diese Kaution mit monatlich 500,00 EUR auf die Mietzahlungen der ersten drei Jahre angerechnet werden. Mit der Fertigstellung des Gebäudes ist im Juli des neuen Wirtschaftsjahres zu rechnen.

c) Am 1. Dezember des Abschlussjahres erteilte die Chemie GmbH einer Werbeagentur den Auftrag, in den Monaten April, Mai und Juni des folgenden Geschäftsjahres einen Werbefeldzug durchzuführen. Aufgrund eines Kostenvoranschlags der Werbeagentur ist davon auszugehen, dass für diese Maßnahme Aufwendungen in Höhe von etwa 150.000,00 EUR entstehen werden.

d) Am 1. Dezember des Abschlussjahres überwies die Chemie GmbH die Kfz-Haftpflichtversicherungsprämie für die Zeit vom 1. Dezember bis zum 30. November und buchte:

Versicherungen	1.440,00 EUR	
an Bank		1.440,00 EUR

e) Die Überweisung des sich auf monatlich 480,00 EUR belaufenden Fahrtkostenzuschusses an einen Handlungsreisenden erfolgt vierteljährlich nachträglich. Die nächste Abrechnung und Überweisung der Chemie GmbH findet pünktlich am 1. Februar des neuen Wirtschaftsjahres statt.

f) Zum Ende des Abschlussjahres muss die Chemie GmbH damit rechnen, für Produkthaftung in Anspruch genommen zu werden. Anstelle einer 2,5-prozentigen Kochsalzlösung, die durch die Chemie GmbH vertrieben wird, war auf dem Beipackzettel wegen eines versehentlich ausgelassenen Kommas eine 25-prozentige Infusionslösung angegeben worden. Nach einer entsprechenden Verabreichung durch einen Arzt führte dies bei einem Patienten zu einem schweren Körperschaden. Der Schadenersatzanspruch wird auf 500.000,00 EUR geschätzt.

g) Erstmalig am 31. Dezember des Abschlussjahres waren für ein durch die Chemie GmbH am 1. Juli aufgenommenes Darlehen die Halbjahreszinsen in Höhe von 20.000,00 EUR sowie die halbjährliche Tilgungsrate in Höhe von 25.000,00 EUR fällig. Laut Bankauszug wurde der Gesamtbetrag am 2. Januar des neuen Geschäftsjahres vom Konto abgebucht.

Bilden Sie die entsprechenden Buchungssätze und zeigen Sie, wie diese
a) den handelsrechtlichen,
b) den steuerrechtlichen Erfolg
des Abschlussjahres beeinflussen.

13. Die Chemie GmbH kaufte im Abschlussjahr erstmals eine Standardware zu unterschiedlichen Nettopreisen frei Haus ein:

20. Januar	360 kg zu 6,80 EUR/kg
15. März	610 kg zu 5,90 EUR/kg
20. Juli	420 kg zu 6,30 EUR/kg
25. September	530 kg zu 6,40 EUR/kg

a) Wie hoch ist der rechnerische Wert des Endbestandes
   1. nach dem gewogenen Durchschnitt,
   2. nach der Lifo-Methode,
   3. nach der Fifo-Methode,
   4. nach der Hifo-Methode,

   wenn am 31. Dezember 01 noch 570 kg der Ware vorhanden sind?

b) Mit welchen Werten darf die Ware
   1. handelsrechtlich,
   2. steuerrechtlich

   bilanziert werden, wenn die Wiederbeschaffungskosten am Bilanzstichtag 6,40 EUR/kg betragen und sich bis zum Tag der Bilanzaufstellung nicht verändert haben?

14. Bis zum Ende des Abschlussjahres ist für die folgenden Geschäftsvorfälle – für die ordnungsmäßige Belege vorliegen – noch keine Buchung erfolgt:

a) Entsprechend dem Mietvertrag bezahlte die Chemie GmbH bereits am 28. Dezember die Büromiete in Höhe von 1.200,00 EUR zuzüglich 192,00 EUR USt für den Monat Januar des folgenden Wirtschaftsjahres durch Banküberweisung.

b) Wegen der ungünstig gelegenen Feiertage erfolgte die monatlich nachträglich fällige Zinszahlung für ein durch die Chemie GmbH in Anspruch genommenes Darlehen erst am 5. Januar des neuen Geschäftsjahres. Die Bank belastete das Konto mit 2.100,00 EUR.

c) Laut Bankauszug ging die Januarmiete für eine an einen Privatmann vermietete Garage bereits am 29. Dezember des Abschlussjahres ein. Dem Bankkonto der Chemie GmbH wurden 70,00 EUR gutgeschrieben.

d) Aufgrund des am 27. Dezember eingegangenen Kfz-Steuerbescheides erfolgte die Überweisung der Kfz-Steuer für das neue Geschäftsjahr bereits am 29. Dezember des Abschlussjahres. Die Bank belastete das Konto der Chemie GmbH mit 444,00 EUR.

e) Eine bereits am 28. November gebuchte, aber erst am 28. Dezember des Abschlussjahres fällige Eingangsrechnung über 12.500,00 EUR beglich die Chemie GmbH erst am 4. Januar des neuen Wirtschaftsjahres.

f) Ein Geschäftsfreund überwies die monatlich nachträglich fälligen Zinsen für ein durch die Chemie GmbH gewährtes Darlehen am 3. Januar des neuen Geschäftsjahres. Das Guthaben auf dem Bankkonto der Chemie GmbH erhöhte sich dadurch um 400,00 EUR.

Bilden Sie die entsprechenden Buchungssätze.

15. Den Aufzeichnungen der Chemie GmbH sind zum 31. Dezember 01 folgende Angaben zu entnehmen:

Warenbestand zu Nettoeinkaufspreisen	182.600,00 EUR
anteilige Anschaffungsnebenkosten	5.740,00 EUR
Nachlässe	3.644,00 EUR
Bestand zu Nettoverkaufspreisen	339.012,00 EUR
Erlösberichtigungen	6.470,00 EUR
Bestand zu Wiederbeschaffungskosten	192.700,00 EUR

Mit welchem Betrag ist der Warenbestand zu bilanzieren?

16. Bei der Chemie GmbH ist zum Ende des Wirtschaftsjahres das Fertigerzeugnis Biolack natur, dessen Bestand mit 2.000 hl ermittelt worden ist, zu bewerten.

Im Abschlussjahr wurden insgesamt 50.000 hl dieser Farbe hergestellt. Dabei kam es lt. Auskunft der Abteilung Kosten- und Leistungsrechnung zu folgenden Selbstkosten:

Fertigungsmaterial	150.000.000,00 EUR
Fertigungslöhne	180.000.000,00 EUR
Materialgemeinkosten	12.000.000,00 EUR
Fertigungsgemeinkosten (einschließlich 20,00 EUR kalkulatorische Wagniskosten je hl)	140.000.000,00 EUR
Verwaltungsgemeinkosten	50.000.000,00 EUR
Vertriebsgemeinkosten	60.000,000,00 EUR

a) Ermitteln Sie den Wert, mit dem der Biolack
   - mindestens,
   - höchstens

   handelsrechtlich zu bilanzieren ist.

b) Mit welchem Wert ist der Biolack
   - mindestens,
   - höchstens

   in der Steuerbilanz auszuweisen?

17. Die Chemie GmbH erwarb am 10. Juni des Abschlussjahres 40 Behälter für innerbetriebliche Transporte zum Stückpreis von 410,00 EUR zuzüglich 65,60 EUR USt. Der Rechnungsausgleich erfolgte nach Abzug von 3 % Skonto durch Banküberweisung. Die Buchungssätze lauteten:

Transportmittel	16.400,00 EUR	
Vorsteuer	2.624,00 EUR	
an Verbindlichkeiten LuL		19.024,00 EUR
Verbindlichkeiten LuL	19.024,00 EUR	
an Bank		18.453,28 EUR
an Transportmittel		492,00 EUR
an Vorsteuer		78,72 EUR

Bei einer Nutzungsdauer von 4 Jahren ermittelte die Chemie GmbH den Bilanzansatz wie folgt (bereits gebucht):

40 Behälter zu je 410,00 EUR	16.400,00 EUR
- 25 % AfA	4.100,00 EUR
Buchwert	12.300,00 EUR

46 Hengstebeck - ISBN 3-8120-0068-7

Außerdem wurde am 10. Oktober ein betrieblicher Konferenzraum der Chemie GmbH, nachdem die Renovierungsarbeiten abgeschlossen waren, neu eingerichtet. Der Rechnung über diesen Vorgang sind u. a. folgende Angaben zu entnehmen:

15 Stühle mit Lederpolstern, Einzelpreis 400,00 EUR	6.000,00 EUR
3 Tische, Eiche massiv, Einzelpreis 1.100,00 EUR	3.300,00 EUR
	9.300,00 EUR
+ 16 % USt	1.488,50 EUR
Rechnungsbetrag	10.788,00 EUR

Der Rechnungsausgleich erfolgte auch hier mit Abzug von 3 % Skonto durch Banküberweisung.

Den amtlichen AfA-Tabellen ist zu entnehmen, dass die betriebsgewöhnliche Nutzungsdauer der Stühle 5 Jahre, die der Tische aber 10 Jahre beträgt.

Wie lauten die noch notwendigen Buchungssätze zum 31. Dezember, wenn keine weiteren Angaben vorliegen und für das Abschlussjahr der geringstmögliche Gewinn ausgewiesen werden soll?

18. Zum Ende des vorangegangenen Wirtschaftsjahres hat die Chemie GmbH die Aufwendungen und Erträge korrekt abgegrenzt. Welche Buchungssätze ergeben sich im neuen Geschäftsjahr (außer den Eröffnungsbuchungen), wenn Abgrenzungen aufgrund der folgenden Geschäftsvorfälle stattgefunden haben:

a) Ein Arbeitnehmer der Chemie GmbH nahm am 8. Januar des neuen Geschäftsjahres an einer Fortbildungsveranstaltung teil. Die dafür anfallenden Kursgebühren in Höhe von 450,00 EUR zuzüglich 72,00 EUR USt wurden bereits am 28. Dezember des vorangegangenen Wirtschaftsjahres durch Banküberweisung an den Veranstalter gezahlt.

b) Am 1. Juni des Vorjahres gewährte die Chemie GmbH einem Kunden ein Darlehen in Höhe von 60.000,00 EUR. Wie vereinbart, wurden die Zinsen bis zum 31. Mai des neuen Wirtschaftsjahres (Zinssatz 8 % p. a.) bereits zum Zeitpunkt der Darlehenszuteilung einbehalten.

c) Am 31. August des abgelaufenen Wirtschaftsjahres überwies die Chemie GmbH die Kfz-Steuer für den betrieblichen PKW. Die Banklastschrift für den jährlich im Voraus zu zahlenden Betrag lautete auf 720,00 EUR.

d) Eine bisher nicht genutzte Etage im Bürogebäude wurde einem Rechtsanwalt gegen eine vierteljährlich im Voraus zu zahlende Miete, monatlich 1.800,00 EUR, ab 1. November des vorangegangenen Wirtschaftsjahres überlassen. Vereinbarungsgemäß überwies der Mieter den fälligen Gesamtbetrag bereits am 31. Oktober.

e) Seit dem 1. August des vorangegangenen Geschäftsjahres hat die Chemie GmbH ein Kopiergerät geleast. Der Leasingvertrag läuft über 30 Monate. Vereinbart wurden eine sofort fällige Leasingsonderzahlung in Höhe von 15.000,00 EUR zuzüglich 2.400,00 EUR USt sowie 30 jeweils am 1. eines Monats im Voraus fällige Raten in Höhe von 500,00 EUR zuzüglich 80,00 EUR USt. Sämtliche Zahlungen im abgelaufenen Geschäftsjahr wurden pünktlich geleistet.

f) Gegen eine im Voraus fällige Zahlung von 240.000,00 EUR erklärte sich die Chemie GmbH gegenüber einer Konkurrenzfirma in Frankreich bereit, ab 1. Mai des Vorjahres drei Jahre lang jegliche Konkurrenztätigkeit am Absatzmarkt Zaire zu unterlassen. Der in einer Summe fällige Betrag ging pünktlich am 30. April des Vorjahres auf dem Bankkonto ein.

g) Zum 1. August des dem Abschlussjahr vorhergehenden Jahres hat die Chemie GmbH ein Darlehen in Höhe von 250.000,00 EUR bei einer Geschäftsbank aufgenommen. Laut Kreditvertrag haben die Zinszahlungen für dieses Darlehen vierteljährlich im Voraus, die Tilgungszahlungen in Höhe von 8.000,00 EUR vierteljährlich nachträglich zu erfolgen. Der Darlehenszinssatz beträgt 8 % pro Jahr. Die Zinsen werden jeweils vom noch vorhandenen Darlehen berechnet. Die letzte Zins- und Tilgungszahlung fand am 31. Oktober des Abschlussjahres statt.

19. Im Rohstoffbestand der Chemie GmbH befinden sich am Ende des Abschlussjahres noch 8.000 hl von 25.000 hl einer Säure, die im Oktober des vorangegangenen Wirtschaftsjahres für 6.400,00 EUR (netto) je hl eingekauft und zum 31. Dezember des vorangegangenen Wirtschaftsjahres zutreffend mit 5.800,00 EUR je hl in der Handels- und Steuerbilanz bewertet wurden.

Die Wiederbeschaffungskosten für den noch vorhandenen Rohstoffvorrat belaufen sich am Ende des Abschlussjahres und bis zum Tag der Bilanzaufstellung auf insgesamt 45.600.000,00 EUR.

Bestimmen Sie, mit welchem Wert der Rohstoffvorrat am Ende des Abschlussjahres

a) handelsrechtlich,
b) steuerrechtlich

zu bewerten ist, wenn eine dauerhafte Wertminderung unterstellt werden kann.

20. Im Rahmen einer Überprüfung der Buchführung der Chemie GmbH fallen Ihnen sechs Fälle auf:

a) Die Eröffnung des Insolvenzverfahrens über das Vermögen des Kunden Werner Klinke wurde am 20. Dezember mangels Masse abgelehnt. An diesen Kunden besteht seit dem 10. April des Geschäftsjahres eine Forderung (USt 16%), die folgendermaßen abgeschrieben wurde:

Forderungsverluste	17.400,00 EUR	
an Forderungen LuL		17.400,00 EUR

b) Eine Forderung LuL in Höhe von 22.040,00 EUR (einschließlich 16% USt) gegen den Kunden Helmut Meiser stammt vom 3. Juli des Abschlussjahres. Sie ist durch Zahlungsschwierigkeiten des Kunden am 29. Dezember zweifelhaft geworden. Da mit einem Forderungsausfall von 60% zu rechnen ist, wurde gebucht:

Forderungsverluste	11.400,00 EUR	
Umsatzsteuer	1.824,00 EUR	
an Forderungen LuL		13.224,00 EUR

c) Der Kunde Elmar Dickel, gegen den eine Forderung in Höhe von 24.360,00 EUR (einschließlich 16% USt) besteht, machte berechtigterweise am 20. September des Abschlussjahres von seinem Recht auf Einrede der Verjährung Gebrauch. Dieser Vorgang wurde wie folgt erfasst:

zweifelhafte Forderungen	24.360,00 EUR	
an Forderungen LuL		24.360,00 EUR

d) Gegen den Kunden Wolfgang Peters besteht seit dem 6. März eine Forderung LuL in Höhe von 18.560,00 EUR (einschließlich 16% USt). Peters zahlte trotz mehrerer Mahnungen nicht. Da er nach Auskunft der Polizei seit Anfang Juli nicht mehr auffindbar war, wurde zu diesem Zeitpunkt gebucht:

Forderungsverluste	16.000,00 EUR	
Umsatzsteuer	2.560,00 EUR	
an Forderungen LuL		18.560,00 EUR

e) Gegenüber dem norwegischen Kunden Tore Svensson, Oslo, besteht eine in Auslandswährung zu begleichende Forderung in Höhe von 700.000,00 NOK. Zum Zeitpunkt der Rechnungserteilung betrug der Kurs für 1 EUR 8,6904 NOK. Deshalb wurde ein Betrag in Höhe von 80.548,65 EUR als Forderung gebucht. Am 31. Dezember beträgt der Kurs für 1 EUR 8,8025 NOK. Deshalb wurde gebucht:

Forderungen LuL	1.025,79 EUR	
an sonst. betriebl. Erträge		1.025,79 EUR

f) Für die vermutlich einwandfreien Inlandsforderungen LuL in Höhe von 493.000,00 EUR (einschließlich 16% USt) bildete die Chemie GmbH aufgrund der gewonnenen Erfahrungen in den Vorjahren erstmalig eine Pauschalwertberichtigung in Höhe von 3%. Gebucht wurde dies:

Einst. in Pauschalwertb. zu Ford. 12.750,00 EUR
Umsatzsteuer 2.040,00 EUR
an Pauschalwertb. zu Ford. 14.790,00 EUR

Überprüfen Sie die Buchungssätze und führen Sie die ggf. notwendigen Berichtigungsbuchungen zum 31. Dezember des Abschlussjahres durch.

21. Durch die Chemie GmbH wurden am 20. Dezember des dem Abschlussjahr vorhergehenden Wirtschaftsjahres 250 kg eines Rohstoffs für insgesamt 5.000,00 EUR zuzüglich 800,00 EUR USt eingekauft. Für den Transport erhielt ein Frachtführer 400,00 EUR zuzüglich 64,00 EUR USt bar. Der Ausgleich der Eingangsrechnung erfolgte mit Abzug von 3 % Skonto durch Banküberweisung.

Von den Rohstoffen waren am Ende des vorhergehenden Wirtschaftsjahres noch 220 kg auf Lager. Die Wiederbeschaffungskosten betrugen zu diesem Zeitpunkt 18,00 EUR je kg, am Tag der Bilanzerstellung jedoch 22,00 EUR je kg.

Von diesen Rohstoffen sind am 31. Dezember des Abschlussjahres noch 80 kg vorhanden. Zu diesem Zeitpunkt betragen die Wiederbeschaffungskosten 26,00 EUR je kg.

a) Berechnen Sie die Anschaffungskosten der Rohstoffe.

b) Bestimmen Sie, mit welchem Wert die Rohstoffe
   - in der Handelsbilanz,
   - in der Steuerbilanz

   zum Ende des vorangegangenen Wirtschaftsjahres ausgewiesen sein müssen.

c) Mit welchen Werten können die Rohstoffe zum Ende des Abschlussjahres
   - in der Handelsbilanz,
   - in der Steuerbilanz

   bilanziert werden?

d) Wie sind die Rohstoffe zum 31. Dezember des Abschlussjahres zu bilanzieren, wenn die Chemie GmbH einen möglichst niedrigen Erfolg ausweisen möchte?

22. Folgende Kunden der Chemie GmbH haben im Laufe des Geschäftsjahres einen außergerichtlichen Vergleich beantragt:

Kunde	Höhe der Forderung	Nettowert	USt
Heinemann	58.000,00 EUR	50.000,00 EUR	8.000,00 EUR
Barthels	69.600,00 EUR	60.000,00 EUR	9.600,00 EUR
Kraus	23.200,00 EUR	20.000,00 EUR	3.200,00 EUR

Bereits zum Zeitpunkt der Antragstellung wurde gebucht:

zweifelhafte Forderungen ..... EUR
an Forderungen LuL ..... EUR

Das Konto zweifelhafte Forderungen weist deshalb einen Gesamtbetrag in Höhe von 150.800,00 EUR aus.

a) Nach einer vorsichtigen Schätzung ist am Ende des Abschlussjahres mit folgenden Zahlungseingängen zu rechnen:

   Kunde Heinemann 50 %
   Kunde Barthels 40 %
   Kunde Kraus 60 %

   Buchen Sie den Vorgang.

b) Im Laufe des folgenden Geschäftsjahres werden die Vergleiche abgeschlossen.

Kunde	Beendigung des Vergleichs	Überweisung %	Überweisung EUR	Datum der Banküberweisung
Heinemann	22. Januar	50	29.000,00	22. Februar
Barthels	15. März	45	31.320,00	25. April
Kraus	11. August	55	12.760,00	20. September

Bilden Sie die entsprechenden Buchungssätze.

23. Zum 1. Juli des Abschlussjahres hat die Chemie GmbH ein Darlehen aufgenommen. Dem zugrunde liegenden Kreditvertrag ist Folgendes zu entnehmen:

Nennwert	240.000,00 EUR
Laufzeit	8 Jahre
Zinssatz	11% p.a.
Disagio	4%
Tilgung	30.000,00 EUR (jährlich nachträglich)
Fälligkeit der Zinszahlungen	halbjährlich nachträglich, erstmals am 31. Dezember des Abschlussjahres

Bisher wurde lediglich gebucht:

Bank	240.000,00 EUR	
an Verbindlichkeiten KI		240.000,00 EUR

Ziel der Chemie GmbH ist es, handelsrechtlich einen höchstmöglichen Erfolg auszuweisen.

Nehmen Sie alle notwendigen Buchungen bis zum Abschlussstichtag vor. Unterstellen Sie dabei, dass Einzugsermächtigung erteilt und pünktlich abgebucht wurde.

24. Die Chemie GmbH kaufte am 2. November des Abschlussjahres bei einem in der Schweiz ansässigen Hersteller eine Filteranlage. Wie vereinbart, wurde die Anlage am 5. Dezember mit beiliegender Rechnung über 200.000,00 CHF geliefert. Laut Vertrag ist die Rechnung in Auslandswährung zu begleichen. Die Überweisung des Kaufpreises erfolgte am 4. Januar des neuen Geschäftsjahres.

1 EUR wurde wie folgt notiert:

am 2. November mit 1,5908 CHF
am 5. Dezember mit 1,5817 CHF
am 31. Dezember mit 1,5645 CHF
am 4. Januar mit 1,5576 CHF

Gebucht wurde wie folgt:

Maschinen	126.446,22 EUR	
an Verbindlichkeiten LuL		126.446,22 EUR

Die im Dezember gezahlte Einfuhrumsatzsteuer in Höhe von 20.231,40 EUR wurde zutreffend als Vorsteuer erfasst.

Zum Zwecke des Rechnungsausgleichs nahm die Chemie GmbH am 28. Dezember des Abschlussjahres in den USA ein Darlehen in Höhe von 114.930,19 USD auf. Die Auszahlung des Darlehens erfolgte sofort in Höhe der vereinbarten Summe. Vereinbarungsgemäß hat die Rückzahlung des bis zum Ende des Abschlussjahres zinslos gewährten Darlehens nach Ablauf von 6 Jahren in einer Summe zu erfolgen.

Für 1 EUR wurden folgende Kurse notiert:

28. Dezember	0,9002 USD
31. Dezember	0,8856 USD
4. Januar	0,9245 USD

Bei Zuteilung des Darlehens wurde gebucht:

Bank	127.671,83 EUR	
an Verbindlichkeiten KI		127.671,83 EUR

Weitere Buchungen sind bisher nicht erfolgt.

Bilden Sie die Buchungssätze, die die Chemie GmbH zum Ende des Abschlussjahres noch berücksichtigen muss.

25. Am 5. März des Abschlussjahres bestellte die Chemie GmbH bei der Büromöbelwerke GmbH in Sennestadt eine neue Einrichtung für ihren Konferenzraum. Im Kaufvertrag verpflichtete sie sich, folgende Beträge zu zahlen:

29.000,00 EUR am 10. März,
58.000,00 EUR bei Lieferung.

Aufgrund der eingegangenen Anzahlungsrechnung über 25.000,00 EUR zuzüglich 4.000,00 EUR USt überwies die Chemie GmbH am 10. März 29.000,00 EUR durch die Bank an den Möbelhersteller.

Die Möbel für den Konferenzraum wurden am 2. April geliefert. Gleichzeitig ging folgende Endrechnung ein:

Möbel für Konferenzraum lt. Anlage		75.000,00 EUR
+ 16 % USt		12.000,00 EUR
		87.000,00 EUR
– Anzahlung 10. März	25.000,00 EUR	
+ 16 % USt	4.000,00 EUR	29.000,00 EUR
Restbetrag		58.000,00 EUR

1. Zu welchen Buchungen muss es im Abschlussjahr gekommen sein, wenn außerdem bekannt ist, dass
   a) die Chemie GmbH wegen geringfügiger Beschädigungen (leichte Kratzer) an einigen Möbelstücken am 5. April einen Preisnachlass von 5 % des Kaufpreises erhalten hat (ordnungsmäßiger Beleg liegt vor),
   b) der danach noch offene Rechnungsbetrag am 10. April nach Abzug von 1.740,00 EUR Skonto durch Banküberweisung beglichen wurde,
   c) die Einrichtungsgegenstände eine betriebsgewöhnliche Nutzungsdauer von 10 Jahren haben und wie die bisher genutzten Möbel des Konferenzraumes abgeschrieben wurden,
   d) der Verkauf der gebrauchten Büromöbel, die zum Beginn des Abschlussjahres einen Buchwert von 10.800,00 EUR hatten und jährlich mit 5.400,00 EUR abgeschrieben wurden, am 2. September für 6.500,00 EUR zuzüglich 16 % USt gegen Barzahlung erfolgte?
2. Zeigen Sie, wie und in welcher Höhe die einzelnen Geschäftsvorfälle den Erfolg der Chemie GmbH beeinflussen.

26. Am 5. Juni des Abschlussjahres kaufte die Chemie GmbH einen PKW für einen neu eingestellten Außendienstmitarbeiter. Über diesen Vorgang ging folgende Rechnung ein:

1 PKW, Modell XL, Listenpreis	43.500,00 EUR
– Rabatt für Auslaufmodell	4.350,00 EUR
	39.150,00 EUR
Überführung	450,00 EUR
Autoradio	960,00 EUR
Nummernschilder	28,00 EUR
	40.588,00 EUR
+ 16 % USt	6.494,08 EUR
Rechnungsbetrag	47.082,08 EUR
Verauslagte Beträge:	
Zulassung	30,00 EUR
Gesamtbetrag	46.706,20 EUR

Der verauslagte Betrag wurde sofort durch Barzahlung, der Restbetrag nach 8 Tagen mit Abzug von 3 % Skonto durch Banküberweisung beglichen.

Im Dezember des Abschlussjahres kam es, bedingt durch diesen PKW, außerdem zu folgenden Geschäftsvorfällen:

Für

a) die Lieferung von Kraftstoff ging eine Rechnung in Höhe von 600,00 EUR zuzüglich 96,00 EUR USt ein.

b) die Reinigung der Fahrzeuge wurden bar 150,00 EUR zuzüglich 24,00 EUR USt gezahlt.

c) Garagenmiete wurden vom Bankkonto 300,00 EUR abgebucht.

d) die Erneuerung eines Kotflügels ging eine Rechnung in Höhe von 800,00 EUR zuzüglich 128,00 EUR USt ein.

e) Kfz-Steuer wurden vom Bankkonto 600,00 EUR, für Kfz-Versicherung 2.000,00 EUR abgebucht.

f) den Einbau einer Anhängerkupplung wurden der Chemie GmbH 800,00 EUR zuzüglich 128,00 EUR USt in Rechnung gestellt.

g) die Anschaffung neuer Reifen wurden 700,00 EUR zuzüglich 112,00 EUR USt sofort bar gezahlt.

h) den Einbau einer Alarmanlage ging eine Rechnung in Höhe von 3.000,00 EUR zuzüglich 480,00 EUR USt ein.

1. Bilden Sie die Buchungssätze aufgrund der vorliegenden Geschäftsvorfälle.
2. Berechnen Sie die Anschaffungskosten des PKW.
3. Der PKW, bei dem es sich nicht um ein Ersatzfahrzeug handelt, hat eine betriebsgewöhnliche Nutzungsdauer von 6 Jahren. Er wird im Abschlussjahr höchstmöglich abgeschrieben. Ermitteln Sie den Abschreibungsbetrag.
4. Zeigen Sie, wie und in welcher Höhe die einzelnen Geschäftsvorfälle
   - den Erfolg,
   - die Bilanzsumme

   der Chemie GmbH beeinflussen.

27. Die Chemie GmbH kaufte im November des Abschlussjahres Rohstoffe für 150.000,00 USD in den USA ein. Als im Dezember die Rechnung des Lieferanten einging, wurde der Rechnungsbetrag im Nettowert von 150.000,00 USD zu einem EUR-Kurs von 0,9425 USD gebucht.

Zum Zeitpunkt der Einfuhr wurde die Einfuhrumsatzsteuer entrichtet und zutreffend in der Buchführung erfasst.

Am 31. Dezember betrug der Kurs für 1 EUR 0,9086 USD. Bis zum Tag der Bilanzaufstellung ist er stetig weiter gesunken.

Welche Konsequenzen ergeben sich zum 31. Dezember des Abschlussjahres für den Bilanzansatz der in Auslandswährung zu begleichenden Verbindlichkeiten und der Rohstoffe, wenn noch keine Verkäufe stattgefunden haben?

28. Am 20. Juni des Abschlussjahres schaffte die Chemie GmbH einen neuartigen Tank zur Lagerung flüssiger Chemikalien für 32.000,00 EUR zuzüglich 5.120,00 EUR USt an.

Der Ausgleich der korrekt gebuchten Eingangsrechnung erfolgte zulässigerweise mit einem Skontoabzug von 3%. Deshalb überwies die Chemie GmbH dem Lieferanten lediglich 36.006,40 EUR und buchte:

Verbindlichkeiten LuL	37.120,00 EUR	
an Bank		36.006,40 EUR
an erhaltene Skonti		960,00 EUR
an USt		153,60 EUR

Zur Einhaltung der vom Umweltamt vorgeschriebenen Sicherheitsvorschriften war es erforderlich, den Tank bis zu 60% seiner Höhe einzumauern. Die benötigten Materialien wurden am 21. Juni in einer Baustoffhandlung für 1.000,00 EUR zuzüglich 160,00 EUR USt eingekauft.

Gebucht wird dies:

Aufwendungen für sonst. Material	1.000,00 EUR	
Vorsteuer	160,00 EUR	
an Verbindlichkeiten LuL		1.160,00 EUR

Die anfallenden Maurer- und Verputzerarbeiten erledigten Arbeitnehmer der Chemie GmbH in der Zeit vom 22. bis zum 24. Juni. Nachweislich fielen für diese Arbeiten 2.500,00 EUR Lohn- und Lohnnebenkosten an. Da dieser Betrag zum laufenden Arbeitslohn der Arbeitnehmer gehörte, wurde er nicht gesondert erfasst.

a) Überprüfen Sie die gebildeten Buchungssätze auf ihre Richtigkeit und nehmen Sie ggf. erforderliche Korrekturbuchungen vor.

b) Bilden Sie die ggf. zusätzlich noch erforderlichen Buchungssätze zur korrekten Erfassung des Tanks in der Buchführung.

c) Berechnen Sie die Höhe der Anschaffungskosten des Tanks.

d) Welche Abschreibungsbeträge kann die Chemie GmbH wahlweise im Abschlussjahr berücksichtigen, wenn lediglich bekannt ist, dass der Tank eine betriebsgewöhnliche Nutzungsdauer von 12 Jahren hat?

29. Im Zusammenhang mit einem unbebauten Grundstück, das die Chemie GmbH am 5. Februar des Abschlussjahres als Lagerplatz erwarb, fielen verschiedene Beträge an:

a) der Kaufpreis, der sofort durch Banküberweisung beglichen wurde. Er wurde gebucht:

unbebaute Grundstücke	80.000,00 EUR	
an Bank		80.000,00 EUR

b) die Gebühren des Notars, über die eine ordnungsmäßige Rechnung vorliegt. Sie wurden gebucht:

Rechts- und Beratungskosten	1.250,00 EUR	
Vorsteuer	200,00 EUR	
an Verbindlichkeiten LuL		1.450,00 EUR

c) die Gebühren des Amtsgerichts, die sofort vom Postbankkonto überwiesen wurden. Sie wurden gebucht:

Gebühren	380,00 EUR	
an Postbank		380,00 EUR

d) die an das Finanzamt zu zahlende Grunderwerbsteuer. Sie wurde gebucht:

sonstige betriebl. Steuern	2.800,00 EUR	
an sonst. Verb.		2.800,00 EUR

1. Berechnen Sie die Anschaffungskosten des unbebauten Grundstücks.
2. Nehmen Sie die ggf. erforderlichen Korrekturbuchungen vor.
3. Zeigen Sie, wie durch
   - die Korrekturbuchungen,
   - den Anschaffungsvorgang selbst

   der Erfolg der Chemie GmbH beeinflusst wird.

30. Die Chemie GmbH hat ohne Berücksichtigung der zeitlichen Erfolgsabgrenzung einen Jahresüberschuss in Höhe von 320.000,00 EUR errechnet.

Zur Ermittlung des periodengerechten Jahreserfolges sind jedoch in den folgenden Fällen noch Erfolgskorrekturen vorzunehmen:

Art der Erträge/ Aufwendungen	Betrag in EUR	Buchung des Gesamtbetrages als Aufwand/Ertrag bei Zahlung im		Erfolgsanteil (in Monaten)	
		alten Jahr	neuen Jahr	altes Jahr	neues Jahr
Mieterträge	6.000,00	x		2	1
Provisionserlöse	19.200,00		x	12	0
Zinserträge	2.760,00	x		2	4
Leasingaufwendungen	4.800,00		x	1	2
Versicherungsbeiträge	14.400,00	x		9	3
Zinsaufwendungen	3.960,00		x	1	5
Gewerbesteuer	1.750,00		x	12	0

Berechnen Sie den Jahresüberschuss des Abschlussjahres.

31. Die Chemie GmbH bestellte am 16. Januar des Abschlussjahres bei der Anlagenbau AG in Berlin eine Destillationsanlage. Im Vertrag wurden u. a. festgelegt:

- der Preis der Anlage in Höhe von 650.000,00 EUR zuzüglich 16% USt,
- die darauf am 20. Januar zu leistende Anzahlung in Höhe von 250.000,00 EUR zuzüglich 40.000,00 EUR USt und
- die Verpflichtung der Anlagenbau AG, eine gebrauchte Destillationsanlage, deren Buchwert am 1. Januar des Abschlussjahres 60.000,00 EUR betrug, für 80.000,00 EUR zuzüglich 12.800,00 EUR USt in Zahlung zu nehmen.

Die Anzahlung der Chemie GmbH fand pünktlich durch Banküberweisung statt.

Am 2. April erfolgte die Lieferung der neuen Destillationsanlage. Gleichzeitig wurde der Anlagenbau AG die nun nicht mehr benötigte Altanlage zum Weiterverkauf überlassen.

Über den gesamten Vorgang ging am 5. April folgende Rechnung bei der Chemie GmbH ein:

Destillationsanlage		650.000,00 EUR
+ 16 % USt		104.000,00 EUR
		754.000,00 EUR
– Anzahlung vom 20. Januar	250.000,00 EUR	
+ 16 % USt	40.000,00 EUR	290.000,00 EUR
– Altanlage	80.000,00 EUR	
+ 16 % USt	12.800,00 EUR	92.800,00 EUR
Restforderung		371.200,00 EUR

Der Restbetrag wurde zulässigerweise am 12. April unter Berücksichtigung eines Skontoabzugs in Höhe von 19.836,00 EUR (einschließlich 16 % USt) durch Banküberweisung beglichen.

1. Bilden Sie die Buchungssätze für
   a) die geleistete Anzahlung,
   b) korrekte Erfassung der Eingangsrechnung,
   c) den Ausgleich des Restbetrages,
   d) die lineare Abschreibung der Altanlage, deren Restnutzungsdauer am 1. Januar noch ein Jahr beträgt,
   e) den Anlagenabgang,
   f) die höchstmögliche Abschreibung der Neuanlage, deren betriebsgewöhnliche Nutzungsdauer auf 8 Jahre geschätzt wird.
2. Zeigen Sie, wie und in welcher Höhe die einzelnen Geschäftsvorfälle
   - den Erfolg,
   - die Bilanzsumme

   der Chemie GmbH beeinflussen.

32. Über den Kauf eines EDV-Gerätes erhielt die Chemie GmbH am 10. März des Abschlussjahres folgende Eingangsrechnung:

1 Laptop, Modell 77099	5.000,00 EUR
1 Drucker, Modell 500	1.470,00 EUR
1 Druckeranschlusskabel	30,00 EUR
	6.500,00 EUR
Rabatt 15 %	975,00 EUR
	5.525,00 EUR
+ 16 % USt	884,00 EUR
Rechnungsbetrag	6.409,00 EUR

Im Monat Oktober desselben Jahres kam es im Zusammenhang mit diesem Gerät zu folgenden weiteren Rechnungseingängen bei der Chemie GmbH:

a) 500,00 EUR zuzüglich 80,00 EUR USt für Wartungsarbeiten am 2. Oktober,

b) 60,00 EUR zuzüglich 9,60 EUR USt für die Anschaffung von Disketten am 5. Oktober,

c) 30,00 EUR zuzüglich 4,80 EUR USt für die Anschaffung eines Druckerkabels (Ersatzanschaffung für ein defektes Druckerkabel) am 9. Oktober,

d) 150,00 EUR zuzüglich 24,00 EUR USt für ein zusätzliches Diskettenlaufwerk am 12. Oktober,

e) 400,00 EUR zuzüglich 64,00 EUR USt für die Reparatur eines im PC eingebauten Diskettenlaufwerks am 18. Oktober,

f) 70,00 EUR zuzüglich 11,20 EUR USt für Druckerfarbbänder am 20. Oktober,

g) 200,00 EUR zuzüglich 32,00 EUR USt für Druckerpapier am 25. Oktober und

h) 550,00 EUR zuzüglich 88,00 EUR USt für die Anschaffung eines Streamers zur Datensicherung am 31. Oktober.

1. Bilden Sie die Buchungssätze für die vorliegenden ordnungsgemäßen Eingangsrechnungen.
2. Bestimmen Sie die Anschaffungskosten des EDV-Geräts.
3. Wie ist zusätzlich zu buchen, wenn der Laptop eine betriebsgewöhnliche Nutzungsdauer von 4 Jahren hat und die Chemie GmbH im Jahresabschluss des Abschlussjahres einen möglichst niedrigen Gewinn ausweisen möchte?
4. Mit welchem Betrag ist das EDV-Gerät in der Bilanz des Abschlussjahres auszuweisen?
5. Zeigen Sie, wie aufgrund der vorliegenden Geschäftsvorfälle
   - der Erfolg,
   - die Bilanzsumme

   der Chemie GmbH im Abschlussjahr beeinflusst werden.

33. Als Gruppenleiter haben Sie einem besonders fähigen Mitarbeiter die Aufgabe übertragen, den vorläufigen Jahresabschluss der Chemie GmbH zu erstellen. Dies gelingt ihm jedoch nur teilweise.

Bei der Beurteilung und Buchung der folgenden Geschäftsvorfälle ist Ihr Mitarbeiter unsicher. Er bittet Sie deshalb um Hilfe.

a) Laut Vertrag hat die Chemie GmbH eine Lagerhalle für monatlich 2.100,00 EUR zuzüglich 336,00 EUR USt an einen Bauunternehmer in Köln vermietet. Obwohl die Miete monatlich im Voraus zu zahlen ist, ging sie für den Monat Dezember des Abschlussjahres erst am 3. Januar des neuen Wirtschaftsjahres - zusammen mit der Januarmiete - auf dem Bankkonto ein.

b) Die Chemie GmbH hat im vorangegangenen Geschäftsjahr ein Darlehen mit einer Laufzeit von 10 Jahren aufgenommen. Die bis zur Tilgung gleich bleibenden Jahreszinsen sind jährlich nachträglich am 1. August fällig. Laut Bankauszug belastete die Bank das Konto der Chemie GmbH deshalb am 1. August des Abschlussjahres mit 2.400,00 EUR.

c) Aufgrund fehlender Angaben eines für die Chemie GmbH tätigen Vertreters wurde die Abrechnung der Vertriebsprovision für Dezember des Abschlussjahres erst am 9. Januar des neuen Wirtschaftsjahres erstellt. Sie enthält u. a. folgende Angaben:

Vertriebsprovision	3.100,00 EUR
+ 16 % USt	496,00 EUR
Gutschrift	3.596,00 EUR

d) Am 15. Oktober des Abschlussjahres hat die Chemie GmbH dem Kunden Walter Lindemann ein Darlehen in Höhe von 50.000,00 EUR zum Zinssatz von 9 % p. a. gewährt. Die Zinszahlungen für dieses Darlehen haben halbjährlich nachträglich zu erfolgen.

e) Die Elektro-Service-GmbH, Köln, installierte im Dezember des Abschlussjahres in einer Lagerhalle der Chemie GmbH neue Elektrokabel. Die Rechnung über diesen Vorgang lautet auf 1.300,00 EUR zuzüglich 208,00 EUR USt. Sie ging am 31. Dezember ein, wurde aber erst am 6. Januar des neuen Geschäftsjahres durch Banküberweisung beglichen.

f) Die Chemie GmbH lässt die Büromaschinen durch den Hersteller der Geräte warten. Die Rechnung für den Zeitraum Dezember bis Februar ging am 28. Februar des neuen Geschäftsjahres ein. Sie weist einen Betrag in Höhe von 2.400,00 EUR zuzüglich 384,00 EUR USt aus.

g) Laut Vertrag hat die Chemie GmbH für die geleasten Maschinen vierteljährlich nachträglich einen Betrag von 9.000,00 EUR zuzüglich 1.440,00 EUR USt an das Leasingunternehmen zu überweisen. Die entsprechende Zahlung für den Zeitraum November bis Januar fand am 1. Februar des neuen Wirtschaftsjahres statt.

h) Der am 15. November des Abschlussjahres fällige Grundsteuerbetrag in Höhe von 18.000,00 EUR wurde auf Antrag der Chemie GmbH für drei Monate gestundet. Die für diesen Zeitraum von der Gemeinde festgesetzten und am 15. Februar des neuen Geschäftsjahres fälligen Stundungszinsen betragen 269,96 EUR.

i) Für Stromlieferungen hat die Chemie GmbH im Abschlussjahr monatliche Abschlagszahlungen in Höhe von jeweils 3.000,00 EUR zuzüglich 480,00 EUR USt geleistet und gebucht.

Aufgrund der Zählerablesung am 31. Dezember des Abschlussjahres ging am 8. Januar des neuen Wirtschaftsjahres die Jahresrechnung für den Stromverbrauch des Abschlussjahres ein. Aus ihr ergibt sich eine Nachzahlung von 1.850,00 EUR zuzüglich 296,00 EUR USt. Mit diesem Betrag wurde das Bankkonto der Chemie GmbH am 20. Januar des neuen Wirtschaftsjahres belastet.

Aufgaben:

1. Begründen Sie jeweils die Notwendigkeit, eine Buchung zum Ende des Abschlussjahres vornehmen zu müssen.
2. Wie lauten die jeweiligen Buchungssätze?

34. Die Chemie GmbH, die ihren Jahresabschluss am 30. März des neuen Wirtschaftsjahres erstellt, hat zum Ende des Abschlussjahres verschiedene Rückstellungen gebildet.

Wie ist im neuen Wirtschaftsjahr zu buchen, wenn es im Zusammenhang mit diesen Rückstellungen zu folgenden Geschäftsvorfällen kommt? Begründen Sie Ihre jeweilige Entscheidung.

a) Aus begründetem Anlass bildete die Chemie GmbH im Vorjahr eine Prozessrückstellung in Höhe von 6.500,00 EUR.

Nachdem das Verfahren mit rechtskräftigem Urteil abgeschlossen wurde, ging bei der Chemie GmbH am 25. August des neuen Wirtschaftsjahres folgende Rechnung des Anwalts ein. Diese wurde sofort bar bezahlt.

Gerichtskosten		4.800,00 EUR
Gebühren für die Verteidigung	2.400,00 EUR	
+ 16% USt	384,00 EUR	2.784,00 EUR
Rechnungsbetrag		7.584,00 EUR

b) Aufgrund eines Kostenvoranschlags bildete die Chemie GmbH im vorangegangenen Wirtschaftsjahr eine Rückstellung für unterlassene Instandhaltung in Höhe von 24.000,00 EUR.

Die notwendigen Reparaturarbeiten wurden im Februar des neuen Wirtschaftsjahres ausgeführt. Laut Eingangsrechnung vom 10. März fielen Reparaturkosten in Höhe von 25.000,00 EUR zuzüglich 4.000,00 EUR USt an.

c) Die Chemie GmbH verpflichtete sich am 10. August des vorangegangenen Wirtschaftsjahres, einem Kunden im Mai des neuen Geschäftsjahres 100.000 l Heizöl zum Nettopreis von 0,40 EUR je Liter zu liefern. Da ihre Selbstkosten pro Liter zum Abschlussstichtag auf 0,50 EUR gestiegen waren, bildete sie pflichtgemäß handelsrechtlich eine Rückstellung in Höhe von 10.000,00 EUR.

Die Öllieferung fand wie vereinbart am 5. Mai des neuen Wirtschaftsjahres auf Ziel statt. Gebucht wurde dies:

Forderungen LuL	46.400,00 EUR	
an Verkaufserlöse		40.000,00 EUR
an Umsatzsteuer		6.400,00 EUR

d) Ein Kunde beanstandete innerhalb der Garantiezeit ein von der Chemie GmbH geliefertes Fertigerzeugnis. Wegen der starken Auslastung des Betriebes konnten die erforderlichen Reparaturarbeiten im alten Geschäftsjahr nicht mehr durchgeführt werden. Aus diesem Grunde wurde eine nicht zu beanstandende Rückstellung in Höhe von 5.000,00 EUR gebildet.

Zur Ausführung der Reparaturarbeiten kam es am 10. April des neuen Wirtschaftsjahres. Nachweislich entstand für Arbeitslöhne, Materialkosten usw. ein Gesamtbetrag in Höhe von 5.500,00 EUR. Die Aufwandserfassung fand im Rahmen der laufenden Buchungen statt, beispielsweise wurde gebucht:

Aufwendungen für Rohstoffe	..... EUR	
an Rohstoffe		..... EUR

e) In den Steuerrückstellungen ist ein Betrag von 45.000,00 EUR enthalten. Die Zuführung dieses Betrages zu den Steuerrückstellungen erfolgte, weil die Chemie GmbH für das vorangegangene Wirtschaftsjahr mit einer entsprechend hohen Gewerbesteuerabschlusszahlung rechnete.

Der Gewerbesteuerbescheid für das Vorjahr ging am 23. September des neuen Geschäftsjahres ein. Als nachzuzahlenden Betrag setzte die Gemeinde jedoch nur 41.500,00 EUR fest.

35. Der Buchführung der Chemie GmbH sind u. a. die folgenden Angaben zu entnehmen:

Forderungen LuL	237.800,00 EUR
zweifelhafte Forderungen	5.510,00 EUR
Einzelwertberichtigung zu Forderungen	1.900,00 EUR
Pauschalwertberichtigung zu Forderungen	4.700,00 EUR

Welche Buchungen sind zum Ende des Geschäftsjahres vorzunehmen, wenn folgende Geschäftsvorfälle (USt 16 %) noch nicht berücksichtigt worden sind:

a) Die zweifelhaften Forderungen bestehen nicht mehr. Nach Abschluss des außergerichtlichen Vergleichsverfahrens überwies der Kunde Frank Giller einen Betrag in Höhe von 2.610,00 EUR. Die für diese Forderung gebildete Einzelwertberichtigung beläuft sich auf 1.900,00 EUR.

b) Gegen den Privatmann Martin Weller besteht seit mehreren Jahren eine bisher als einwandfrei beurteilte Forderung in Höhe von 6.960,00 EUR. Auf eine Mahnung am 10. Dezember des Geschäftsjahres erklärte Weller zutreffend, die Forderung bestehe zwar, sei aber verjährt. Zahlen werde er deshalb nicht mehr.

c) Auf die vermutlich einwandfreien Forderungen ist eine Pauschalwertberichtigung vorzunehmen. Der aufgrund betrieblicher Erfahrungen ermittelte Ausfallsatz beträgt 3 %.

36. Die Chemie GmbH nahm einige Zeit vor Beginn des Abschlussjahres ein in Auslandswährung zu tilgendes Darlehen mit einer Laufzeit von 2 Jahren auf. Der Darlehensbetrag über 300.000,00 CHF wurde zum EUR-Kurs von 1,5935 CHF gutgeschrieben und zutreffend gebucht. Zum Ende des Jahres der Darlehensaufnahme verringerte sich der Kurs für 1 EUR auf 1,5546 CHF, zum 31. Dezember des Abschlussjahres stieg er auf 1,6045 CHF.

a) Wie ist zum Ende des Jahres der Darlehensaufnahme und zum 31. Dezember des Abschlussjahres zu buchen, wenn der Gewinn jeweils möglichst niedrig ausgewiesen werden soll?

b) Welche Auswirkungen ergeben sich aufgrund der Kursänderungen in den beiden Jahren auf den steuerlichen Erfolg?

37. Laut Auskunft der Abteilung Kosten- und Leistungsrechnung verursachte das Fertigerzeugnis X, dessen Fertigungsmenge im Abschlussjahr 20.000 hl betrug, die folgenden Kosten:

Fertigungsmaterial	500.000,00 EUR
Fertigungslöhne	2.000.000,00 EUR
Sondereinzelkosten der Fertigung	150.000,00 EUR
Materialgemeinkosten	100.000,00 EUR
Fertigungsgemeinkosten (einschließlich 40.000,00 EUR kalkulatorische Wagniskosten)	800.000,00 EUR
Verwaltungsgemeinkosten	300.000,00 EUR
Vertriebsgemeinkosten (einschließlich 20.000,00 EUR kalkulatorische Wagniskosten)	250.000,00 EUR

Der im Rahmen der Inventur festgestellte Schlussbestand des Fertigerzeugnisses X beträgt 1.200 hl.

a) Welche Wertansätze sind für das Fertigerzeugnis X
   - handelsrechtlich,
   - steuerrechtlich

   zulässig, wenn weitere Angaben nicht vorliegen?

b) Welche Bilanzansätze sind für das Fertigerzeugnis X zu wählen, wenn

   1. die Ausschüttung an die Gesellschafter (der gesamte Gewinn wird ausgeschüttet) so niedrig wie möglich ausfallen soll,
   2. die Grundlage für die Berechnung der Steuern so gering wie möglich sein soll,
   3. die Vermögens- und Ertragslage zum Zwecke der Kreditbeschaffung (Außenfinanzierung) so günstig wie möglich dargestellt werden soll?

Stichwortverzeichnis

47 Hengstebeck - ISBN 3-8120-0068-7

I Auszug aus der Lohnsteuertabelle

Lohn/ Gehalt bis EURO	Steuerklasse	Lohnsteuer	ohne Kinderfreibeträge SolZ 5,5%	ohne Kinderfreibeträge Kirchensteuer 8%	ohne Kinderfreibeträge Kirchensteuer 9%	Zahl der Kinderfreibeträge 0,5 SolZ 5,5%	0,5 Kirchensteuer 8%	0,5 Kirchensteuer 9%	1,0 SolZ 5,5%	1,0 Kirchensteuer 8%	1,0 Kirchensteuer 9%	1,5 SolZ 5,5%	1,5 Kirchensteuer 8%	1,5 Kirchensteuer 9%	2,0 SolZ 5,5%	2,0 Kirchensteuer 8%	2,0 Kirchensteuer 9%
301,40	I																
	II																
	III																
	IV																
	V	42,35		3,38	3,81												
	VI	59,26		4,74	5,33												
308,30	I																
	II																
	III																
	IV																
	V	43,72		3,50	3,93												
	VI	60,63		4,85	5,46												
310,60	I																
	II																
	III																
	IV																
	V	44,14		3,53	3,97												
	VI	61,10		4,89	5,50												
312,91	I																
	II																
	III																
	IV																
	V	44,61		3,57	4,01												
	VI	61,56		4,92	5,54												
326,71	I																
	II																
	III																
	IV																
	V	47,38		3,79	4,26												
	VI	64,29		5,14	5,78												
1 106,69	I	45,80		3,66	4,12		1,03	1,16									
	II																
	III																
	IV	45,80		3,66	4,12		2,31	2,60		1,03	1,16						
	V	251,21	13,82	20,09	22,60												
	VI	278,48	15,31	22,28	25,06												
1 371,28	I	110,31	6,06	8,82	9,92		5,93	6,67		3,15	3,54		0,57	0,64			
	II	52,28		4,18	4,70		1,50	1,69									
	III																
	IV	110,31	6,06	8,82	9,92	2,76	7,36	8,28		5,93	6,67		4,52	5,09		3,15	3,54
	V	339,16	18,65	27,13	30,52												
	VI	369,41	20,31	29,55	33,24												
1 737,11	I	216,61	11,91	17,33	19,49	9,70	14,12	15,88	7,58	11,02	12,40	4,46	8,04	9,04		5,18	5,82
	II	152,11	8,36	12,17	13,69	6,29	9,15	10,29		6,24	7,02		3,45	3,88		0,84	0,95
	III	20,11		1,61	1,80												
	IV	216,61	11,91	17,33	19,49	10,80	15,71	17,67	9,70	14,12	15,88	8,63	12,55	14,12	7,58	11,02	12,40
	V	476,18	26,19	38,09	42,85												
	VI	510,69	28,09	40,85	45,96												
1 870,56	I	254,24	13,98	20,34	22,88	11,70	17,02	19,15	9,50	13,82	15,55	7,38	10,74	12,08	3,78	7,77	8,74
	II	187,60	10,32	15,01	16,88	8,17	11,88	13,37	6.09	8,87	9,98		5,97	6,72		3,19	3,59
	III	42,61		3,41	3,83		0,93	1,04									
	IV	254,24	13,98	20,34	22,88	12,83	18,66	20,99	11,70	17,02	19,15	10,59	15,41	17,33	9,50	13,82	15,55
	V	530,63	29,18	42,45	47,75												
	VI	566,59	31,16	45,33	50,99												
1 930,38	I	271,45	14,93	21,71	24,43	12,62	18,36	20,65	10,38	15,10	16,99	8,23	11,97	13,47	6,16	8,96	10,08
	II	203,92	11,21	16,31	18,35	9,03	13,14	14,78	6,93	10,08	11,34	2,20	7,14	8,03		4,31	4,85
	III	52,74		4,22	4,74		1,68	1,89									
	IV	271,45	14,93	21,71	24,43	13,76	20,02	22,52	12,62	18,36	20,65	11,49	16,71	18,80	10,38	15,10	16,99
	V	555,77	30,57	44,46	50,02												
	VI	592,50	32,58	47,40	53,32												

Lohn/ Gehalt bis EURO	Steuerklasse	Lohnsteuer	ohne Kinderfreibeträge SolZ 5,5%	ohne Kinderfreibeträge Kirchensteuer 8%	ohne Kinderfreibeträge Kirchensteuer 9%	0,5 SolZ 5,5%	0,5 Kirchensteuer 8%	0,5 Kirchensteuer 9%	1,0 SolZ 5,5%	1,0 Kirchensteuer 8%	1,0 Kirchensteuer 9%	1,5 SolZ 5,5%	1,5 Kirchensteuer 8%	1,5 Kirchensteuer 9%	2,0 SolZ 5,5%	2,0 Kirchensteuer 8%	2,0 Kirchensteuer 9%
1985,60	I	287,60	*15,81*	23,01	25,88	*13,47*	19,60	22,05	*11,21*	16,31	18,35	*9,03*	13,14	14,78	*6,93*	10,08	11,34
	II	219,17	*12,05*	17,53	19,72	*9,84*	14,31	16,10	*7,71*	11,21	12,61	*4,91*	8,22	9,25		5,35	6,02
	III	63,06		5,04	5,67		2,46	2,77									
	IV	287,60	*15,81*	23,01	25,88	*14,63*	21,29	23,95	*13,47*	19,60	22,05	*12,33*	17,94	20,18	*11,21*	16,31	18,35
	V	579,55	*31,87*	46,36	52,16												
	VI	616,79	*33,92*	49,34	55,51												
2001,70	I	292,37	*16,08*	23,39	26,31	*13,72*	19,97	22,46	*11,45*	16,66	18,74	*9,26*	13,48	15,16	*7,15*	10,40	11,70
	II	223,64	*12,30*	17,89	20,12	*10,08*	14,66	16,49	*7,94*	11,54	12,99	*5,73*	8,55	9,62		5,67	6,37
	III	66,13		5,29	5,95		2,69	3,03		0,25	0,28						
	IV	292,37	*16,08*	23,39	26,31	*14,89*	21,66	24,37	*13,72*	19,97	22,46	*12,58*	18,30	20,59	*11,45*	16,66	18,74
	V	586,53	*32,26*	46,92	52,79												
	VI	623,94	*34,31*	49,91	56,15												
2040,82	I	303,96	*16,71*	24,32	27,35	*14,34*	20,87	23,47	*12,05*	17,53	19,72	*9,84*	14,31	16,10	*7,71*	11,21	12,61
	II	234,60	*12,90*	18,76	21,11	*10,66*	15,50	17,44	*8,50*	12,36	13,91	*6,41*	9,33	10,50	*0,40*	6,42	7,22
	III	72,43		5,79	6,51		3,17	3,56		0,70	0,79						
	IV	303,96	*16,71*	24,32	27,35	*15,52*	22,57	25,40	*14,34*	20,87	23,47	*13,19*	19,18	21,58	*12,05*	17,53	19,72
	V	603,58	*33,19*	48,29	54,32												
	VI	641,58	*35,28*	51,32	57,74												
2070,73	I	312,86	*17,20*	25,03	28,16	*14,82*	21,56	24,25	*12,51*	18,20	20,47	*10,28*	14,96	16,82	*8,13*	11,83	13,31
	II	243,07	*13,37*	19,44	21,87	*11,11*	16,16	18,18	*8,93*	12,99	14,61	*6,83*	9,94	11,18	*1,86*	7,00	7,87
	III	79,84		6,39	7,18		3,73	4,19		1,23	1,38						
	IV	312,86	*17,20*	25,03	28,16	*16,00*	23,28	26,19	*14,82*	21,56	24,25	*13,66*	19,86	22,34	*12,51*	18,20	20,47
	V	616,79	*33,92*	49,34	55,51												
	VI	655,05	*36,03*	52,40	58,95												
2174,26	I	344,27	*18,93*	27,54	30,98	*16,49*	23,98	26,98	*14,12*	20,54	23,11	*11,84*	17,23	19,38	*9,64*	14,02	15,77
	II	272,82	*15,00*	21,82	24,55	*12,69*	18,46	20,76	*10,46*	15,21	17,11	*8,30*	12,07	13,58	*6,22*	9,05	10,18
	III	103,45		8,27	9,31		5,54	6,23		2,93	3,29		0,48	0,53			
	IV	344,27	*18,93*	27,54	30,98	*17,70*	25,75	28,97	*16,49*	23,98	26,98	*15,30*	22,25	25,03	*14,12*	20,54	23,11
	V	663,48	*36,49*	53,08	59,71												
	VI	702,85	*38,65*	56,23	63,25												
2190,37	I	349,25	*19,20*	27,94	31,43	*16,76*	24,37	27,42	*14,38*	20,92	23,53	*12,09*	17,58	19,78	*9,87*	14,36	16,16
	II	277,50	*15,26*	22,20	24,97	*12,94*	18,82	21,17	*10,69*	15,55	17,50	*8,53*	12,41	13,96	*6,45*	9,38	10,55
	III	106,69		8,53	9,60		5,79	6,51		3,17	3,56		0,70	0,79			
	IV	349,25	*19,20*	27,94	31,43	*17,97*	26,14	29,40	*16,76*	24,37	27,42	*15,55*	22,63	25,46	*14,38*	20,92	23,53
	V	670,81	*36,89*	53,67	60,37												
	VI	710,44	*39,07*	56,84	63,94												
2724,16	I	523,05	*28,77*	41,84	47,07	*26,02*	37,86	42,59	*23,36*	33,98	38,23	*20,78*	30,23	34,01	*18,28*	26,59	29,91
	II	442,78	*24,35*	35,42	39,85	*21,74*	31,62	35,57	*19,20*	27,94	31,43	*16,76*	24,37	27,42	*14,38*	20,92	23,53
	III	237,92	*13,08*	19,03	21,41	*8,93*	16,09	18,09	*1,70*	13,20	14,84		10,36	11,65		7,59	8,53
	IV	523,05	*28,77*	41,84	47,07	*27,38*	39,83	44,81	*26,02*	37,86	42,59	*24,69*	35,90	40,39	*23,36*	33,98	38,23
	V	927,27	*51,00*	74,18	83,45												
	VI	968,56	*53,27*	77,48	87,17												
2767,87	I	538,13	*29,59*	43,05	48,43	*26,83*	39,03	43,90	*24,14*	35,12	39,51	*21,54*	31,33	35,25	*19,01*	27,66	31,11
	II	457,18	*25,14*	36,57	41,14	*22,51*	32,74	36,83	*19,95*	29,02	32,65	*17,47*	25,42	28,59	*15,07*	21,93	24,67
	III	250,79	*13,79*	20,06	22,57	*11,45*	17,10	19,23	*4,17*	14,18	15,96		11,33	12,75		8,53	9,60
	IV	538,13	*29,59*	43,05	48,43	*28,20*	41,03	46,15	*26,83*	39,03	43,90	*25,48*	37,06	41,69	*24,14*	35,12	39,51
	V	948,49	*52,16*	75,88	85,36												
	VI	989,77	*54,44*	79,18	89,08												
2783,98	I	543,71	*29,90*	43,50	48,93	*27,13*	39,46	44,39	*24,43*	35,54	39,98	*21,82*	31,74	35,71	*19,29*	28,05	31,56
	II	462,50	*25,44*	37,00	41,62	*22,79*	33,15	37,29	*20,22*	29,42	33,10	*17,74*	25,80	29,03	*15,33*	22,30	25,09
	III	255,47	*14,05*	20,44	22,99	*12,01*	17,47	19,65	*5,06*	14,54	16,36		11,68	13,14		8,88	9,99
	IV	543,71	*29,90*	43,50	48,93	*28,50*	41,47	46,65	*27,13*	39,46	44,39	*25,77*	37,49	42,17	*24,43*	35,54	39,98
	V	956,28	*52,59*	76,50	86,06												
	VI	997,57	*54,86*	79,80	89,78												
2809,29	I	552,53	*30,39*	44,20	49,72	*27,60*	40,15	45,16	*24,89*	36,21	40,73	*22,26*	32,39	36,43	*19,71*	28,67	32,26
	II	470,90	*25,90*	37,67	42,38	*23,24*	33,81	38,03	*20,66*	30,05	33,81	*18,16*	26,42	29,72	*15,74*	22,90	25,76
	III	262,55	*14,44*	21,00	23,63	*12,38*	18,02	20,27	*6,42*	15,08	16,97		12,21	13,74		9,40	10,57
	IV	552,53	*30,39*	44,20	49,72	*28,99*	42,16	47,43	*27,60*	40,15	45,16	*26,23*	38,16	42,93	*24,89*	36,21	40,73
	V	968,56	*53,27*	77,48	87,17												
	VI	1009,84	*55,54*	80,78	90,88												

Lohn/ Gehalt bis EURO	Steuerklasse	Lohnsteuer	ohne Kinderfreibeträge SolZ 5,5%	Kirchensteuer 8%	9%	Zahl der Kinderfreibeträge 0,5 SolZ 5,5%	Kirchensteuer 8%	9%	1,0 SolZ 5,5%	Kirchensteuer 8%	9%	1,5 SolZ 5,5%	Kirchensteuer 8%	9%	2,0 SolZ 5,5%	Kirchensteuer 8%	9%
2 880,61	I	577,63	*31,77*	46,21	51,98	*28,94*	42,09	47,36	*26,19*	38,10	42,86	*23,52*	34,22	38,50	*20,94*	30,46	34,26
	II	494,84	*27,22*	39,58	44,53	*24,52*	35,66	40,12	*21,90*	31,85	35,84	*19,36*	28,16	31,68	*16,90*	24,59	27,66
	III	283,85	*15,61*	22,71	25,54	*13,53*	19,68	22,14	*10,53*	16,73	18,82	*3,27*	13,83	15,55		10,97	12,34
	IV	577,63	*31,77*	46,21	51,98	*30,34*	44,13	49,65	*28,94*	42,09	47,36	*27,56*	40,09	45,10	*26,19*	38,10	42,86
	V	1 003,15	*55,17*	80,25	90,28												
	VI	1 044,44	*57,44*	83,56	94,00												
2 901,32	I	584,96	*32,17*	46,79	52,64	*29,33*	42,67	48,00	*26,57*	38,65	43,49	*23,90*	34,76	39,10	*21,30*	30,98	34,85
	II	501,83	*27,60*	40,15	45,16	*24,89*	36,21	40,73	*22,26*	32,39	36,43	*19,71*	28,67	32,26	*17,25*	25,08	28,22
	III	289,82	*15,94*	23,18	26,08	*13,86*	20,16	22,68	*11,67*	17,18	19,33	*4,40*	14,28	16,06		11,42	12,84
	IV	584,96	*32,17*	46,79	52,64	*30,74*	44,72	50,31	*29,33*	42,67	48,00	*27,94*	40,65	45,72	*26,57*	38,65	43,49
	V	1 013,21	*55,73*	81,06	91,18												
	VI	1 054,49	*58,00*	84,36	94,90												
3 000,26	I	620,45	*34,12*	49,64	55,84	*31,23*	45,43	51,10	*28,42*	41,34	46,50	*25,69*	37,37	42,03	*23,03*	33,50	37,69
	II	535,75	*29,47*	42,86	48,21	*26,70*	38,84	43,70	*24,02*	34,94	39,31	*21,42*	31,15	35,04	*18,90*	27,49	30,92
	III	319,89	*17,59*	25,59	28,79	*15,48*	22,52	25,33	*13,41*	19,50	21,94	*10,07*	16,55	18,61	*2,81*	13,64	15,34
	IV	620,45	*34,12*	49,64	55,84	*32,67*	47,52	53,46	*31,23*	45,43	51,10	*29,81*	43,37	48,79	*28,42*	41,34	46,50
	V	1 061,19	*58,36*	84,89	95,50												
	VI	1 102,47	*60,63*	88,20	99,22												
3 039,37	I	634,64	*34,90*	50,77	57,12	*31,99*	46,53	52,35	*29,16*	42,41	47,71	*26,40*	38,41	43,21	*23,73*	34,52	38,84
	II	549,34	*30,21*	43,95	49,44	*27,43*	39,90	44,88	*24,73*	35,96	40,46	*22,10*	32,15	36,17	*19,56*	28,45	32,00
	III	332,08	*18,26*	26,57	29,89	*16,14*	23,47	26,40	*14,05*	20,44	22,99	*12,01*	17,47	19,65	*5,06*	14,54	16,36
	IV	634,64	*34,90*	50,77	57,12	*33,44*	48,64	54,72	*31,99*	46,53	52,35	*30,57*	44,46	50,02	*29,16*	42,41	47,71
	V	1 080,15	*59,41*	86,41	97,21												
	VI	1 121,43	*61,68*	89,71	100,92												
3 069,28	I	645,59	*35,50*	51,65	58,10	*32,57*	47,39	53,31	*29,73*	43,24	48,64	*26,96*	39,21	44,11	*24,27*	35,30	39,71
	II	559,78	*30,78*	44,78	50,38	*27,99*	40,71	45,80	*25,27*	36,75	41,35	*22,63*	32,92	37,03	*20,07*	29,19	32,84
	III	341,88	*18,80*	27,35	30,76	*16,66*	24,24	27,27	*14,57*	21,19	23,84	*12,51*	18,20	20,48	*6,88*	15,27	17,17
	IV	645,59	*35,50*	51,65	58,10	*34,03*	49,50	55,69	*32,57*	47,39	53,31	*31,14*	45,30	50,96	*29,73*	43,24	48,64
	V	1 094,63	*60,20*	87,57	98,52												
	VI	1 135,92	*62,47*	90,87	102,23												
3 147,51	I	674,48	*37,09*	53,96	60,70	*34,12*	49,64	55,84	*31,23*	45,43	51,10	*28,42*	41,34	46,50	*25,69*	37,37	42,03
	II	587,43	*32,31*	46,99	52,87	*29,47*	42,86	48,21	*26,70*	38,84	43,70	*24,02*	34,94	39,31	*21,42*	31,15	35,04
	III	365,32	*20,09*	29,23	32,88	*17,93*	26,08	29,34	*15,80*	22,99	25,87	*13,72*	19,97	22,46	*11,21*	17,00	19,12
	IV	674,48	*37,09*	53,96	60,70	*35,60*	51,78	58,26	*34,12*	49,64	55,84	*32,67*	47,52	53,46	*31,23*	45,43	51,10
	V	1 132,59	*62,29*	90,61	101,93												
	VI	1 173,88	*64,56*	93,91	105,65												
3 205,03	I	695,95	*38,28*	55,67	62,63	*35,27*	51,31	57,72	*32,35*	47,06	52,94	*29,51*	42,92	48,29	*26,75*	38,90	43,77
	II	608,01	*33,44*	48,64	54,72	*30,57*	44,46	50,02	*27,77*	40,40	45,44	*25,06*	36,45	41,01	*22,43*	32,62	36,70
	III	382,70	*21,04*	30,62	34,44	*18,87*	27,45	30,88	*16,73*	24,34	27,38	*14,63*	21,29	23,95	*12,58*	18,29	20,58
	IV	695,95	*38,28*	55,67	62,63	*36,76*	53,48	60,16	*35,27*	51,31	57,72	*33,80*	49,17	55,31	*32,35*	47,06	52,94
	V	1 160,50	*63,82*	92,84	104,44												
	VI	1 201,79	*66,09*	96,14	108,16												
3 237,24	I	708,09	*38,95*	56,65	63,73	*35,92*	52,25	58,78	*32,98*	47,98	53,98	*30,12*	43,82	49,29	*27,34*	39,77	44,74
	II	619,60	*34,08*	49,56	55,76	*31,18*	45,36	51,03	*28,38*	41,28	46,44	*25,65*	37,30	41,97	*22,99*	33,45	37,63
	III	391,48	*21,53*	31,32	35,23	*19,34*	28,13	31,65	*17,19*	25,01	28,14	*15,09*	21,95	24,69	*13,02*	18,94	21,31
	IV	708,09	*38,95*	56,65	63,73	*37,43*	54,44	61,24	*35,92*	52,25	58,78	*34,45*	50,10	56,36	*32,98*	47,98	53,98
	V	1 176,10	*64,68*	94,09	105,85												
	VI	1 217,39	*66,95*	97,39	109,56												
3 343,08	I	748,44	*41,16*	59,87	67,36	*38,09*	55,40	62,32	*35,09*	51,04	57,42	*32,17*	46,79	52,64	*29,33*	42,67	48,00
	II	658,29	*36,20*	52,66	59,24	*33,25*	48,37	54,42	*30,39*	44,20	49,72	*27,60*	40,15	45,16	*24,89*	36,21	40,73
	III	420,45	*23,12*	33,63	37,84	*20,91*	30,42	34,22	*18,73*	27,25	30,65	*16,60*	24,14	27,16	*14,51*	21,10	23,73
	IV	748,44	*41,16*	59,87	67,36	*39,61*	57,62	64,83	*38,09*	55,40	62,32	*36,58*	53,21	59,85	*35,09*	51,04	57,42
	V	1 227,44	*67,51*	98,19	110,46												
	VI	1 268,72	*69,78*	101,50	114,18												
3 347,68	I	750,23	*41,26*	60,02	67,52	*38,18*	55,54	62,48	*35,18*	51,18	57,57	*32,26*	46,93	52,79	*29,42*	42,80	48,14
	II	659,99	*36,30*	52,80	59,40	*33,35*	48,51	54,57	*30,48*	44,33	49,87	*27,69*	40,27	45,31	*24,97*	36,33	40,87
	III	421,73	*23,19*	33,74	37,95	*20,98*	30,51	34,33	*18,80*	27,35	30,76	*16,66*	24,24	27,27	*14,57*	21,19	23,84
	IV	750,23	*41,26*	60,02	67,52	*39,71*	57,77	64,99	*38,18*	55,54	62,48	*36,67*	53,34	60,01	*35,18*	51,18	57,57
	V	1 229,66	*67,63*	98,37	110,67												
	VI	1 270,94	*69,90*	101,68	114,38												

Lohn/ Gehalt bis EURO	Steuerklasse	Lohn- steuer	ohne Kinderfreibeträge			Zahl der Kinderfreibeträge 0,5			1,0			1,5			2,0		
			SolZ 5,5%	Kirchensteuer 8%	9%	SolZ 5,5%	Kirchensteuer 8%	9%	SolZ 5,5%	Kirchensteuer 8%	9%	SolZ 5,5%	Kirchensteuer 8%	9%	SolZ 5,5%	Kirchensteuer 8%	9%
3446,61	I	**788,67**	*43,37*	63,09	70,98	*40,24*	58,53	65,85	*37,19*	54,09	60,85	*34,22*	49,77	55,99	*31,32*	45,56	51,25
	II	**696,84**	*38,33*	55,75	62,72	*35,32*	51,37	57,80	*32,40*	47,12	53,01	*29,55*	42,98	48,36	*26,79*	38,97	43,83
	III	**449,85**	*24,74*	35,98	40,48	*22,50*	32,72	36,81	*20,29*	29,52	33,20	*18,13*	26,37	29,66	*16,00*	23,28	26,19
	IV	**788,67**	*43,37*	63,09	70,98	*41,80*	60,80	68,40	*40,24*	58,53	65,85	*38,70*	56,30	63,33	*37,19*	54,09	60,85
	V	**1277,67**	*70,27*	102,21	114,99												
	VI	**1318,96**	*72,54*	105,52	118,70												
3501,83	I	**810,40**	*44,57*	64,83	72,94	*41,40*	60,23	67,76	*38,33*	55,75	62,72	*35,32*	51,37	57,80	*32,40*	47,12	53,01
	II	**717,68**	*39,47*	57,41	64,59	*36,44*	53,00	59,63	*33,48*	48,71	54,79	*30,61*	44,52	50,09	*27,81*	40,46	45,52
	III	**465,36**	*25,59*	37,23	41,88	*23,34*	33,94	38,18	*21,11*	30,71	34,55	*18,94*	27,55	30,99	*16,80*	24,43	27,48
	IV	**810,40**	*44,57*	64,83	72,94	*42,98*	62,52	70,33	*41,40*	60,23	67,76	*39,86*	57,97	65,22	*38,33*	55,75	62,72
	V	**1304,43**	*71,74*	104,35	117,40												
	VI	**1345,72**	*74,01*	107,66	121,11												
3800,94	I	**931,70**	*51,24*	74,54	83,85	*47,92*	69,70	78,41	*44,67*	64,97	73,10	*41,51*	60,37	67,92	*38,42*	55,88	62,87
	II	**834,17**	*45,88*	66,73	75,07	*42,68*	62,09	69,85	*39,56*	57,55	64,74	*36,53*	53,13	59,78	*33,58*	48,84	54,94
	III	**551,00**	*30,30*	44,08	49,59	*27,96*	40,68	45,76	*25,66*	37,33	41,99	*23,40*	34,04	38,30	*21,18*	30,81	34,66
	IV	**931,70**	*51,24*	74,54	83,85	*49,57*	72,10	81,11	*47,92*	69,70	78,41	*46,28*	67,32	75,74	*44,67*	64,97	73,10
	V	**1449,51**	*79,72*	115,96	130,46												
	VI	**1490,80**	*81,99*	119,26	134,17												

II Kontenrahmen nach dem Abschlussgliederungsprinzip (SKR 04)

Kontenklasse 0: Anlagevermögen

0001	Ausstehende Einlagen
0095	Aufwendungen für die Ingangsetzung und Erweiterung des Geschäftsbetriebs
0100	Konzessionen, gewerbliche Schutzrechte u. Ä.
0135	EDV-Software
0150	Geschäfts- oder Firmenwert
0170	Geleistete Anzahlungen auf immaterielle Vermögensgegenstände
0200	Grund und Boden
0215	Unbebaute Grundstücke
0240	Geschäftsbauten
0250	Fabrikbauten
0270	Garagen
0310	Außenanlagen/Hofbefestigungen
0400	Betriebs- und Geschäftsausstattung
0440	Maschinen
0445	Technische Anlagen
0500	Fahrzeuge
0520	PKW
0540	LKW
0560	Sonstige Transportmittel
0620	Werkzeuge
0640	Ladeneinrichtung
0650	Büroeinrichtung
0670	Geringwertige Wirtschaftsgüter
0700	Geleistete Anzahlungen und Anlagen im Bau
0820	Beteiligungen
0900	Wertpapiere des Anlagevermögens
0930	Sonstige Ausleihungen
0940	Gewährte Darlehen

Kontenklasse 1: Umlaufvermögen

1000	Roh-, Hilfs- und Betriebsstoffe (Bestand)
1040	Unfertige Erzeugnisse (Bestand)
1100	Fertige Erzeugnisse (Bestand)
1140	Waren (Bestand)
1180	Geleistete Anzahlungen auf Vorräte
1200	Forderungen aus Lieferungen und Leistungen
1230	Wechsel aus Lieferungen und Leistungen
1240	Zweifelhafte Forderungen
1246	Einzelwertberichtigungen zu Forderungen
1248	Pauschalwertberichtigung zu Forderungen
1250	Forderungen aus Lieferungen und Leistungen gegen Gesellschafter
1300	Sonstige Vermögensgegenstände
1330	Forderungen gegen Gesellschafter
1340	Forderungen gegen Personal
1360	Darlehen

48 Hengstebeck - ISBN 3-8120-0068-7

1400	Anrechenbare Vorsteuer 16%
1401	Anrechenbare Vorsteuer 7%
1402	Vorsteuer aus innergemeinschaftlichem Erwerb
1405	Noch nicht anrechenbare Vorsteuer
1420	Umsatzsteuerforderungen
1435	Steuerüberzahlungen
1460	Geldtransit
1510	Sonstige Wertpapiere (Umlaufvermögen)
1550	Schecks
1600	Kasse
1700	Postbank
1800	Bank
1900	Aktive Rechnungsabgrenzung
1940	Disagio/Agio
1950	Aktive latente Steuern

Kontenklasse 2: Passiva

2000	Eigenkapital
2050	Kommanditkapital
2100	Privat
2980	Sonderposten mit Rücklageanteil

Kontenklasse 3: Passiva

3000	Rückstellungen für Pensionen und ähnliche Verpflichtungen
3020	Steuerrückstellungen
3060	Rückstellungen für passive latente Steuern
3070	Sonstige Rückstellungen
3100	Anleihen
3150	Verbindlichkeiten gegenüber Kreditinstituten
3250	Erhaltene Anzahlungen auf Bestellungen
3300	Verbindlichkeiten aus Lieferungen und Leistungen
3350	Verbindlichkeiten aus der Annahme gezogener und der Ausstellung eigener Wechsel (Schuldwechsel)
3500	Sonstige Verbindlichkeiten
3560	Darlehen
3700	Verbindlichkeiten aus Betriebssteuern und -abgaben
3720	Verbindlichkeiten Lohn und Gehalt
3730	Verbindlichkeiten aus Lohn-/Kirchensteuer/SZ
3740	Verbindlichkeiten im Rahmen der sozialen Sicherheit
3760	Verbindlichkeiten aus Einbehaltungen
3770	Verbindlichkeiten aus Vermögensbildung
3800	Umsatzsteuer 16%
3801	Umsatzsteuer 7%
3802	Umsatzsteuer aus innergemeinschaftlichem Erwerb
3810	Umsatzsteuer nicht fällig
3820	Umsatzsteuervorauszahlungen
3900	Passive Rechnungsabgrenzung

Kontenklasse 4: Betriebliche Erträge

4000	Verkaufserlöse
4100	Steuerfreie Umsätze
4105	Steuerfreie Umsätze DG
4115	Steuerfreie Umsätze EU
4405	Verrrechnungskonto Zahlscheingebühr
4500	Provisionserlöse
4520	Erlöse Leergut
4600	Entnahmen § 3 Abs. 1 b
4605	Entnahmen § 3 Abs. 9 a
4690	Nicht steuerbare Umsätze
4700	Erlösschmälerungen
4730	Gewährte Skonti
4740	Gewährte Boni
4770	Gewährte Rabatte
4800	Bestandsveränderungen
4820	Andere aktivierte Eigenleistungen
4830	Sonstige betriebliche Erträge
4840	Erträge aus Kursdifferenzen
4845	Erlöse aus Anlagenverkäufen (bei Buchgewinn)
4855	Anlagenabgänge - Restbuchwert bei Buchgewinn
4860	Grundstückserträge
4900	Erträge aus dem Abgang von Gegenständen des Anlagevermögens
4905	Erträge aus dem Abgang von Wertpapieren UV
4910	Erträge aus Zuschreibungen des Anlagevermögens
4915	Erträge aus Zuschreibungen des Umlaufvermögens (außer Vorräten)
4920	Erträge aus der Herabsetzung der Pauschalwertberichtigung zu Forderungen
4925	Erträge aus abgeschriebenen Forderungen
4930	Erträge aus der Auflösung von Rückstellungen
4935	Erträge aus der Auflösung von Sonderposten mit Rücklageanteil
4940	Verrechnete Sachbezüge steuerfrei
4945	Verrechnete Sachbezüge steuerpflichtig
4950	Steuererstattungen Vorjahre
4970	Versicherungsentschädigungen

Kontenklasse 5: Betriebliche Aufwendungen

5100	Einkauf von Roh-, Hilfs- und Betriebsstoffen
5110	Einkauf von Rohstoffen
5120	Einkauf von Hilfsstoffen
5130	Einkauf von Betriebsstoffen
5150	Einkauf von Fremdbauteilen
5200	Einkauf von Waren
5700	Nachlässe
5730	Erhaltene Skonti
5740	Erhaltene Boni
5770	Erhaltene Rabatte
5800	Anschaffungsnebenkosten
5820	Leergut
5900	Fremdleistungen

6000	Löhne und Gehälter
6010	Löhne
6015	Abschläge
6020	Gehälter
6030	Aushilfslöhne
6060	Freiwillige soziale Aufwendungen, lohnsteuerpflichtig
6080	Vermögenswirksame Leistungen
6090	Fahrtkostenerstattung Wohnung/Arbeitsstätte
6110	Gesetzliche soziale Aufwendungen
6120	Beiträge zur Berufsgenossenschaft
6130	Freiwillige soziale Aufwendungen, lohnsteuerfrei
6140	Aufwendungen für Altersversorgung
6200	Abschreibungen auf immaterielle Vermögensgegenstände
6205	Abschreibungen auf den Geschäfts- oder Firmenwert
6210	Außerplanmäßige Abschreibungen auf immaterielle Vermögensgegenstände
6220	Abschreibungen auf Sachanlagen
6230	Außerplanmäßige Abschreibungen auf Sachanlagen
6240	Abschreibungen auf Sachanlagen aufgrund steuerrechtlicher Sondervorschriften
6260	Sofortabschreibungen geringwertiger Wirtschaftsgüter
6262	Abschreibungen auf aktivierte geringwertige Wirtschaftsgüter
6268	Abschreibungen auf Aufwendungen für die Ingangsetzung und Erweiterung des Geschäftsbetriebs
6270	Abschreibungen auf Vermögensgegenstände des Umlaufvermögens (soweit unüblich hoch)
6275	Vorwegnahme künftiger Wertschwankungen im Umlaufvermögen (soweit unüblich hoch)
6280	Forderungsverluste (soweit unüblich hoch)
6300	Sonstige betriebliche Aufwendungen
6305	Raumkosten
6310	Miete
6315	Pacht
6320	Heizung
6325	Gas, Strom, Wasser
6330	Reinigung
6335	Instandhaltung betrieblicher Räume
6340	Abgaben für betrieblich genutzten Grundbesitz
6345	Sonstige Raumkosten
6350	Sonstige Grundstücksaufwendungen
6400	Versicherungen
6420	Beiträge
6450	Reparaturen und Instandhaltung von Bauten
6460	Reparaturen und Instandhaltung von technischen Anlagen und Maschinen
6470	Reparaturen und Instandhaltung von Betriebs- und Geschäftsausstattung
6500	Fahrzeugkosten
6520	Kfz-Versicherungen
6530	Laufende Kfz-Betriebskosten
6540	Kfz-Reparaturen
6550	Garagenmiete
6560	Fremdfahrzeuge
6570	Sonstige Kfz-Kosten

6600 Werbekosten
6610 Geschenke bis 40,00 EUR
6620 Geschenke über 40,00 EUR
6640 Bewirtungskosten
6641 Nicht abzugsfähige Bewirtungskosten
6645 Nicht abzugsfähige Betriebsausgaben
6650 Reisekosten Arbeitnehmer
6670 Reisekosten Unternehmer
6700 Kosten der Warenabgabe
6710 Verpackungsmaterial
6740 Ausgangsfrachten
6760 Transportversicherungen
6770 Verkaufsprovisionen
6780 Fremdarbeiten
6790 Aufwand für Gewährleistung
6800 Porto
6805 Telefon
6815 Bürobedarf
6820 Zeitschriften, Bücher
6825 Rechts- und Beratungskosten
6827 Abschluss- und Prüfungskosten
6830 Buchführungskosten
6835 Mieten für Einrichtungen
6840 Mietleasing
6850 Sonstiger Betriebsbedarf
6855 Nebenkosten des Geldverkehrs
6857 Nebenkosten des Geldverkehrs, nicht abzugsfähig
6875 Nicht abziehbare Hälfte der Aufsichtsratsvergütungen
6880 Aufwendungen aus Kursdifferenzen
6885 Erlöse aus Anlagenverkäufen (bei Buchgewinn)
6895 Anlagenabgänge - Restbuchwert bei Buchverlust
6900 Verluste aus dem Abgang von Gegenständen des Anlagevermögens
6905 Verluste aus dem Abgang von Gegenständen des Umlaufvermögens
6910 Abschreibungen auf Umlaufvermögen (außer Vorräten und Wertpapieren UV)
6915 Einstellungen in Rückstellungen
6920 Einstellungen in die Pauschalwertberichtigung zu Forderungen
6925 Einstellungen in Sonderposten mit Rücklageanteil
6930 Forderungsverluste (soweit übliche Höhe)
6940 Abschreibungen auf Forderungen

Kontenklasse 7: Weitere Erträge und Aufwendungen

7000 Erträge aus Beteiligungen
7010 Erträge aus anderen Wertpapieren und Ausleihungen des Finanzanlagevermögens
7110 Sonstige Zinserträge
7120 Zinsähnliche Erträge
7125 Zinsähnliche Erträge steuerfrei
7130 Diskonterträge
7200 Abschreibungen auf Finanzanlagen
7210 Abschreibungen auf Wertpapiere des Umlaufvermögens

7250 Verluste aus dem Abgang von Wertpapieren
7255 Verluste aus dem Abgang von Wertpapieren, nicht abzugsfähig
7310 Zinsaufwendungen
7330 Zinsähnliche Aufwendungen
7340 Diskontaufwendungen
7400 Außerordentliche Erträge
7500 Außerordentliche Aufwendungen
7600 Körperschaftsteuer
7620 Gewerbesteuer
7630 Kapitalertragsteuer
7635 Solidaritätszuschlag
7640 Steuernachzahlungen Vorjahre für Steuern vom Einkommen und Ertrag
7650 Sonstige Steuern
7655 Nicht abziehbare sonstige Steuern
7680 Grundsteuer
7685 Kfz-Steuer
7690 Steuernachzahlungen Vorjahre für sonstige Steuern

Kontenklasse 9: Vortragskonten – statistische Konten

9000 Saldenvorträge, Sachkonten
9008 Saldenvorträge Debitoren
9009 Saldenvorträge Kreditoren

10000 bis 69999 = Debitoren

70000 bis 99999 = Kreditoren

III Kontenrahmen nach dem Prozessgliederungsprinzip (SKR 03)

Kontenklasse 0: Anlage- und Kapitalkonten

0001	Aufwendungen für die Ingangsetzung und Erweiterung des Geschäftsbetriebs
0010	Konzessionen, gewerbliche Schutzrechte u. Ä.
0027	EDV-Software
0035	Geschäfts- oder Firmenwert
0039	Geleistete Anzahlungen auf immaterielle Vermögensgegenstände
0050	Grund und Boden
0065	Unbebaute Grundstücke
0085	Bebaute Grundstücke
0090	Geschäftsbauten
0100	Fabrikbauten
0110	Garagen
0111	Außenanlagen/Hofbefestigungen
0200	Betriebs- und Geschäftsausstattung
0210	Maschinen
0215	Technische Anlagen
0300	Fahrzeuge
0320	PKW
0350	LKW
0380	Sonstige Transportmittel
0420	Büroeinrichtung
0430	Ladeneinrichtung
0440	Werkzeuge
0480	Geringwertige Wirtschaftsgüter
0490	Geleistete Anzahlungen und Anlagen im Bau
0510	Beteiligungen
0525	Wertpapiere des Anlagevermögens
0540	Sonstige Ausleihungen
0550	Gewährte Darlehen
0600	Anleihen
0630	Verbindlichkeiten gegenüber Kreditinstituten
0801	Ausstehende Einlagen
0870	Eigenkapital
0900	Kommanditkapital
0930	Sonderposten mit Rücklageanteil
0950	Rückstellungen für Pensionen und ähnliche Verpflichtungen
0955	Steuerrückstellungen
0969	Rückstellungen für latente Steuern
0970	Sonstige Rückstellungen
0980	Aktive Rechnungsabgrenzung
0983	Abgrenzung aktiver latenter Steuern
0986	Disagio/Agio
0990	Passive Rechnungsabgrenzung
0996	Pauschalwertberichtigung zu Forderungen
0998	Einzelwertberichtigungen zu Forderungen

Kontenklasse 1: Finanz- und Privatkonten

1000 Kasse
1100 Postbank
1200 Bank
1300 Wechsel aus Lieferungen und Leistungen (Besitzwechsel)
1330 Schecks
1348 Sonstige Wertpapiere (Umlaufvermögen)
1360 Geldtransit
1400 Forderungen aus Lieferungen und Leistungen
1460 Zweifelhafte Forderungen
1490 Forderungen aus Lieferungen und Leistungen gegen Gesellschafter
1500 Sonstige Vermögensgegenstände
1507 Forderungen gegen Gesellschafter
1510 Geleistete Anzahlungen auf Vorräte
1530 Forderungen gegen Personal
1540 Steuerüberzahlungen
1545 Umsatzsteuerforderungen
1548 Noch nicht anrechenbare Vorsteuer
1550 Darlehen
1570 Anrechenbare Vorsteuer 16 %
1571 Anrechenbare Vorsteuer 7 %
1572 Vorsteuer aus innergemeinschaftlichem Erwerb
1600 Verbindlichkeiten aus Lieferungen und Leistungen
1660 Verbindlichkeiten aus der Annahme gezogener und der Ausstellung eigener Wechsel (Schuldwechsel)
1700 Sonstige Verbindlichkeiten
1705 Darlehen
1710 Erhaltene Anzahlungen auf Bestellungen
1736 Verbindlichkeiten aus Betriebssteuern und -abgaben
1740 Verbindlichkeiten Lohn und Gehalt
1741 Verbindlichkeiten aus Lohn-/Kirchensteuer/SZ
1742 Verbindlichkeiten im Rahmen der sozialen Sicherheit
1746 Verbindlichkeiten aus Einbehaltungen
1750 Verbindlichkeiten aus Vermögensbildung
1760 Umsatzsteuer nicht fällig
1770 Umsatzsteuer 16 %
1771 Umsatzsteuer 7 %
1772 Umsatzsteuer aus innergemeinschaftlichem Erwerb
1780 Umsatzsteuervorauszahlungen
1800 Privat

Kontenklasse 2: Abgrenzungskonten

2000 Außerordentliche Aufwendungen
2110 Zinsaufwendungen
2120 Zinsähnliche Aufwendungen
2130 Diskontaufwendungen
2145 Verluste aus dem Abgang von Wertpapieren
2147 Verluste aus dem Abgang von Wertpapieren, nicht abzugsfähig

2200 Körperschaftsteuer
2210 Kapitalertragsteuer
2215 Solidaritätszuschlag
2280 Steuernachzahlungen Vorjahre für Steuern vom Einkommen und Ertrag
2285 Steuernachzahlungen Vorjahre für sonstige Steuern
2300 Sonstige betriebliche Aufwendungen
2310 Anlagenabgänge - Restbuchwert bei Buchverlust
2315 Anlagenabgänge - Restbuchwert bei Buchgewinn
2320 Verluste aus dem Abgang von Gegenständen des Anlagevermögens
2325 Verluste aus dem Abgang von Gegenständen des Umlaufvermögens
2330 Einstellungen in Rückstellungen
2340 Einstellungen in Sonderposten mit Rücklageanteil
2350 Sonstige Grundstücksaufwendungen
2375 Grundsteuer
2385 Nicht abziehbare Hälfte der Aufsichtsratsvergütungen
2390 Abschreibungen auf Forderungen
2400 Forderungsverluste (soweit übliche Höhe)
2430 Forderungsverluste (soweit unüblich hoch)
2450 Einstellung in die Pauschalwertberichtigung zu Forderungen
2500 Außerordentliche Erträge
2600 Erträge aus Beteiligungen
2620 Erträge aus anderen Wertpapieren und Ausleihungen des Finanzanlagevermögens
2650 Sonstige Zinserträge
2660 Erträge aus Kursdifferenzen
2670 Diskonterträge
2680 Zinsähnliche Erträge
2685 Zinsähnliche Erträge steuerfrei
2700 Sonstige betriebliche Erträge
2710 Erträge aus Zuschreibungen des Anlagevermögens
2715 Erträge aus Zuschreibungen des Umlaufvermögens (außer Vorräten)
2725 Erträge aus dem Abgang von Gegenständen des Umlaufvermögens
2727 Erträge aus dem Abgang von Wertpapieren UV
2730 Erträge aus der Herabsetzung der Pauschalwertberichtigung zu Forderungen
2732 Erträge aus abgeschriebenen Forderungen
2735 Erträge aus der Auflösung von Rückstellungen
2740 Erträge aus der Auflösung von Sonderposten mit Rücklageanteil
2750 Grundstückserträge
2780 Steuererstattungen Vorjahre
2790 Versicherungsentschädigungen

Kontenklasse 3: Wareneingangs- und -bestandskonten

3000 Einkauf von Roh-, Hilfs- und Betriebsstoffen
3010 Einkauf von Rohstoffen
3020 Einkauf von Hilfsstoffen
3030 Einkauf von Betriebsstoffen
3050 Einkauf von Fremdbauteilen
3100 Fremdleistungen
3200 Einkauf von Waren
3700 Nachlässe
3730 Erhaltene Skonti

3740 Erhaltene Boni
3770 Erhaltene Rabatte
3800 Anschaffungsnebenkosten
3830 Leergut
3970 Roh-, Hilfs- und Betriebsstoffe (Bestand)
3980 Waren (Bestand)

Kontenklasse 4: Betriebliche Aufwendungen

4100 Löhne und Gehälter
4110 Löhne
4115 Abschläge
4120 Gehälter
4130 Gesetzliche soziale Aufwendungen
4138 Beiträge zur Berufsgenossenschaft
4140 Freiwillige soziale Aufwendungen, lohnsteuerfrei
4145 Freiwillige soziale Aufwendungen, lohnsteuerpflichtig
4165 Aufwendungen für Altersversorgung
4170 Vermögenswirksame Leistungen
4175 Fahrtkostenerstattung Wohnung/Arbeitsstätte
4190 Aushilfslöhne
4200 Raumkosten
4210 Miete
4220 Pacht
4230 Heizung
4240 Gas, Strom, Wasser
4250 Reinigung
4260 Instandhaltung betrieblicher Räume
4270 Abgaben für betrieblich genutzten Grundbesitz
4280 Sonstige Raumkosten
4330 Gewerbesteuer
4340 Sonstige Steuern
4345 Nicht abziehbare sonstige Steuern
4360 Versicherungen
4380 Beiträge
4500 Fahrzeugkosten
4510 Kfz-Steuer
4520 Kfz-Versicherungen
4530 Laufende Kfz-Betriebskosten
4540 Kfz-Reparaturen
4550 Garagenmiete
4575 Fremdfahrzeuge
4589 Sonstige Kfz-Kosten
4610 Werbekosten
4630 Geschenke bis 40,00 EUR
4635 Geschenke über 40,00 EUR
4650 Bewirtungskosten
4651 Nicht abzugsfähige Bewirtungskosten
4655 Nicht abzugsfähige Betriebsausgaben
4660 Reisekosten Arbeitnehmer

4670 Reisekosten Unternehmer
4700 Kosten der Warenabgabe
4710 Verpackungsmaterial
4730 Ausgangsfrachten
4750 Transportversicherungen
4760 Verkaufsprovisionen
4780 Fremdarbeiten
4790 Aufwand für Gewährleistung
4800 Reparaturen und Instandhaltung von technischen Anlagen und Maschinen
4805 Reparaturen und Instandhaltung von Betriebs- und Geschäftsausstattung
4810 Mietleasing
4820 Abschreibungen auf Aufwendungen für die Ingangsetzung und Erweiterung des Geschäftsbetriebs
4822 Abschreibungen auf immaterielle Vermögensgegenstände
4824 Abschreibung auf den Geschäfts- oder Firmenwert
4826 Außerplanmäßige Abschreibungen auf immaterielle Vermögensgegenstände
4830 Abschreibungen auf Sachanlagen
4840 Außerplanmäßige Abschreibungen auf Sachanlagen
4850 Abschreibungen auf Sachanlagen aufgrund steuerlicher Sondervorschriften
4855 Sofortabschreibung geringwertiger Wirtschaftsgüter
4860 Abschreibungen auf aktivierte geringwertige Wirtschaftsgüter
4870 Abschreibungen auf Finanzanlagen
4875 Abschreibungen auf Wertpapiere des Umlaufvermögens
4880 Abschreibungen auf Vermögensgegenstände des Umlaufvermögens (soweit unüblich hoch)
4885 Vorwegnahme künftiger Wertschwankungen im Umlaufvermögen (soweit unüblich hoch)
4886 Abschreibungen auf Umlaufvermögen (außer Vorräten und Wertpapieren UV)
4900 Sonstige betriebliche Aufwendungen
4910 Porto
4920 Telefon
4930 Bürobedarf
4940 Zeitschriften, Bücher
4950 Rechts- und Beratungskosten
4955 Buchführungskosten
4957 Abschluss- und Prüfungskosten
4960 Mieten für Einrichtungen
4970 Nebenkosten des Geldverkehrs
4975 Nebenkosten des Geldverkehrs, nicht abzugsfähig
4980 Sonstiger Betriebsbedarf

Kontenklasse 7: Bestände an Erzeugnissen

7050 Unfertige Erzeugnisse (Bestand)
7110 Fertige Erzeugnisse (Bestand)

Kontenklasse 8: Erlöskonten

8000 Verkaufserlöse
8005 Verrechnungskonto Zahlscheingebühr
8100 Steuerfreie Umsätze

8105 Steuerfreie Umsätze DG
8115 Steuerfreie Umsätze EU
8500 Provisionserlöse
8540 Erlöse Leergut
8590 Verrechnete Sachbezüge steuerfrei
8595 Verrechnete Sachbezüge steuerpflichtig
8700 Erlösschmälerungen
8730 Gewährte Skonti
8740 Gewährte Boni
8770 Gewährte Rabatte
8800 Erlöse aus Anlagenverkäufen (bei Buchverlust)
8820 Erlöse aus Anlagenverkäufen (bei Buchgewinn)
8900 Entnahmen § 3 Abs. 1 b
8905 Entnahmen § 3 Abs. 9 a
8950 Nicht steuerbare Umsätze
8960 Bestandsveränderungen
8990 Andere aktivierte Eigenleistungen

Kontenklasse 9: Vertragskonten - statistische Konten

9000 Saldenvorträge, Sachkonten
9008 Saldenvorträge Debitoren
9009 Saldenvorträge Kreditoren

10000 bis 69999 = Debitoren

70000 bis 99999 = Kreditoren